谨以此书纪念改革开放四十周年

2

司法解释全集

刑事篇 刑事诉讼篇 环境资源保护篇

最高人民法院 编

人民法院出版社

司法解释全集

总目录

（第一册）

综合篇 ……………………………………………………………………………（ 1 ）
 一、司法公开 …………………………………………………………………（ 3 ）
 二、司法便民利民 ……………………………………………………………（ 47 ）
 三、司法责任制 ………………………………………………………………（ 81 ）
 四、法院组织体系 ……………………………………………………………（ 103 ）
 五、审判程序 …………………………………………………………………（ 139 ）
 六、案例指导制度及自由裁量权规范 ………………………………………（ 190 ）
 七、队伍建设 …………………………………………………………………（ 459 ）
 八、司法服务与保障 …………………………………………………………（ 579 ）
 九、其他 ………………………………………………………………………（ 731 ）
  （一）改革纲要 ……………………………………………………………（ 731 ）
  （二）司法解释及废止目录 ………………………………………………（ 763 ）
  （三）审判管理 ……………………………………………………………（ 861 ）
  （四）司法统计、司法标准 ………………………………………………（ 886 ）
  （五）裁判文书、诉讼卷宗 ………………………………………………（ 900 ）
  （六）司法救助 ……………………………………………………………（ 909 ）
  （七）律师诉讼权利 ………………………………………………………（ 919 ）
  （八）涉诉信访 ……………………………………………………………（ 935 ）
  （九）其他 …………………………………………………………………（ 954 ）

附录：废止文件目录 ……………………………………………………………（1005）

（第二册）

刑事篇 ·· (1103)

  一、刑法总则 ·· (1105)
    （一）综合 ·· (1105)
    （二）刑法的适用范围 ··· (1133)
    （三）犯罪 ·· (1139)
    （四）刑罚 ·· (1148)
    （五）刑事裁判文书 ··· (1216)
    （六）其他规定 ·· (1238)
  二、刑法分则 ·· (1243)
    （一）综合 ·· (1243)
    （二）危害国家安全罪 ··· (1284)
    （三）危害公共安全罪 ··· (1286)
    （四）破坏社会主义市场经济秩序罪 ····································· (1324)
    （五）侵犯公民人身权利、民主权利罪 ·································· (1428)
    （六）侵犯财产罪 ··· (1453)
    （七）妨害社会管理秩序罪 ·· (1499)
    （八）危害国防利益罪 ··· (1639)
    （九）贪污贿赂罪 ··· (1643)
    （十）渎职罪 ·· (1667)
    （十一）军人违反职责罪 ·· (1673)

刑事诉讼篇 ··· (1675)

  一、综合 ··· (1677)
  二、管辖 ··· (1795)
  三、辩护 ··· (1799)
  四、证据 ··· (1807)
  五、强制措施 ·· (1835)
  六、刑事附带民事诉讼 ·· (1844)
  七、立案 ··· (1847)
  八、第一审程序 ·· (1848)
  九、第二审程序 ·· (1873)
  十、未成年人刑事案件审理程序的规定 ···································· (1882)
  十一、死刑复核程序 ·· (1889)
  十二、审判监督程序 ·· (1900)

十三、刑事涉外的规定 ·· (1913)
十四、执行 ··· (1933)
十五、赃款赃物处理 ·· (1965)
十六、法律援助、救助 ··· (1986)
十七、其他 ··· (2000)

环境资源保护篇 ·· (2007)

（第三册）

民事篇 ··· (2023)

  一、民事总类 ·· (2025)
    （一）综合 ··· (2025)
    （二）民事责任 ·· (2133)
    （三）诉讼时效 ·· (2165)
    （四）涉外民事 ·· (2187)
    （五）涉港澳台民事 ·· (2195)
  二、婚姻、家庭与继承 ··· (2204)
    （一）婚姻 ··· (2204)
    （二）家庭 ··· (2269)
    （三）继承 ··· (2298)
  三、侵权责任 ·· (2354)
  四、物权 ··· (2421)
    （一）综合 ··· (2421)
    （二）所有权 ··· (2432)
    （三）用益物权 ·· (2503)
    （四）担保物权 ·· (2525)
    （五）典权、典当 ··· (2546)
  五、民事合同 ·· (2570)
    （一）综合 ··· (2570)
    （二）买卖合同 ·· (2613)
    （三）民间借贷合同 ·· (2671)
    （四）租赁合同 ·· (2680)
    （五）建设工程合同 ·· (2688)
    （六）技术合同 ·· (2698)
    （七）旅游合同 ·· (2724)
    （八）特许经营合同 ·· (2728)

（九）借用合同 …………………………………………………………（2730）

　六、劳动争议、人事争议 ……………………………………………………（2733）

商事篇 ………………………………………………………………………（2757）

　一、综合 ………………………………………………………………………（2759）

　二、公司、企业 ………………………………………………………………（2778）

　三、破产、清算 ………………………………………………………………（2821）

　四、商事合同 …………………………………………………………………（2915）

　　（一）存单、借款、存款合同 ………………………………………………（2915）

　　（二）运输合同 ……………………………………………………………（2937）

　　（三）融资租赁合同 ………………………………………………………（2947）

　　（四）保证合同 ……………………………………………………………（2952）

　　（五）联营合同 ……………………………………………………………（2986）

　　（六）供用电合同 …………………………………………………………（2993）

　五、不良资产处置 ……………………………………………………………（2994）

　六、保险 ………………………………………………………………………（3011）

　七、票据 ………………………………………………………………………（3036）

　八、证券、期货 ………………………………………………………………（3052）

　九、信用证、独立保函 ………………………………………………………（3081）

　十、海商、海事 ………………………………………………………………（3091）

　　（一）海商、海事 …………………………………………………………（3091）

　　（二）海事诉讼程序 ………………………………………………………（3131）

（第四册）

知识产权篇 …………………………………………………………………（3171）

　一、综合 ………………………………………………………………………（3173）

　二、知识产权案件年度报告及典型案例 ……………………………………（3253）

　三、专利权 ……………………………………………………………………（3801）

　四、商标权 ……………………………………………………………………（3840）

　五、著作权 ……………………………………………………………………（3869）

　六、植物新品种权 ……………………………………………………………（3893）

　七、反不正当竞争 ……………………………………………………………（3897）

　八、反垄断 ……………………………………………………………………（3906）

　九、其他 ………………………………………………………………………（3909）

行政诉讼及国家赔偿篇 ………………………………………………… (3915)

一、行政诉讼 …………………………………………………………… (3917)
- （一）综合 …………………………………………………………… (3917)
- （二）受案范围 ……………………………………………………… (4003)
- （三）管辖 …………………………………………………………… (4010)
- （四）诉讼参加人 …………………………………………………… (4020)
- （五）起诉与受理 …………………………………………………… (4027)
- （六）证据 …………………………………………………………… (4044)
- （七）法律适用 ……………………………………………………… (4057)
- （八）送达、期限 …………………………………………………… (4131)
- （九）执行 …………………………………………………………… (4133)
- （十）其他 …………………………………………………………… (4148)

二、国家赔偿 …………………………………………………………… (4151)
- （一）综合 …………………………………………………………… (4151)
- （二）行政赔偿 ……………………………………………………… (4229)
- （三）司法赔偿 ……………………………………………………… (4245)

（第五册）

民事诉讼篇 …………………………………………………………… (4271)

- 一、综合 ………………………………………………………………… (4273)
- 二、起诉和受理 ………………………………………………………… (4379)
- 三、管辖 ………………………………………………………………… (4419)
- 四、回避 ………………………………………………………………… (4481)
- 五、诉讼参加人 ………………………………………………………… (4484)
- 六、证据 ………………………………………………………………… (4509)
- 七、期间、送达 ………………………………………………………… (4530)
- 八、调解 ………………………………………………………………… (4541)
- 九、保全和先予执行 …………………………………………………… (4566)
- 十、对妨害民事诉讼的强制措施 ……………………………………… (4593)
- 十一、诉讼费用 ………………………………………………………… (4595)
- 十二、第一审普通程序 ………………………………………………… (4601)
- 十三、简易程序、小额速裁程序 ……………………………………… (4607)
- 十四、公益诉讼 ………………………………………………………… (4621)
- 十五、第二审程序 ……………………………………………………… (4636)
- 十六、特别程序 ………………………………………………………… (4640)

十七、审判监督程序 …………………………………………………………（4642）
十八、督促程序 ……………………………………………………………（4680）
十九、公示催告程序 ………………………………………………………（4683）
二十、执行程序 ……………………………………………………………（4685）
二十一、涉港澳、涉台民事诉讼程序 ……………………………………（5036）
二十二、涉外民事诉讼程序 ………………………………………………（5084）
二十三、仲裁 ………………………………………………………………（5127）
二十四、公证 ………………………………………………………………（5259）
二十五、其他非诉讼矛盾纠纷解决机制 …………………………………（5267）
二十六、其他 ………………………………………………………………（5295）

目 录

（第二册）

刑事篇

一、刑法总则

（一）综　合

最高人民法院
　关于认真学习宣传贯彻修订的《中华人民共和国刑法》的通知
　　（1997年3月25日） ··· (1105)

最高人民法院
　印发《最高人民法院关于进一步加强刑事审判工作的决定》的通知
　　（2007年8月28日） ··· (1106)

最高人民法院
　印发《关于贯彻宽严相济刑事政策的若干意见》的通知
　　（2010年2月8日） ·· (1116)

最高人民法院
　印发《关于加强新时期人民法院刑事审判工作的意见》的通知
　　（2013年12月27日） ··· (1123)

（二）刑法的适用范围

最高人民法院
　关于适用刑法时间效力规定若干问题的解释
　　（1997年9月25日） ··· (1133)

最高人民法院
　　关于适用刑法第十二条几个问题的解释
　　　　（1997年12月31日）……………………………………………………（1134）
最高人民法院
　　关于《中华人民共和国刑法修正案（八）》时间效力问题的解释
　　　　（2011年4月25日）………………………………………………………（1135）
最高人民法院
　　关于《中华人民共和国刑法修正案（九）》时间效力问题的解释
　　　　（2015年10月29日）……………………………………………………（1136）
最高人民法院　最高人民检察院
　　关于适用刑事司法解释时间效力问题的规定
　　　　（2001年12月7日）………………………………………………………（1137）

（三）犯　　罪

最高人民法院　最高人民检察院　公安部
　　印发《关于当前办理集团犯罪案件中具体应用法律的若干问题的解答》的
　　　通知
　　　　（1984年6月15日）………………………………………………………（1139）
最高人民法院
　　关于在审理经济纠纷案件中涉及经济犯罪嫌疑若干问题的规定
　　　　（1998年4月21日）………………………………………………………（1141）
最高人民法院
　　关于审理单位犯罪案件具体应用法律有关问题的解释
　　　　（1999年6月25日）………………………………………………………（1143）
最高人民法院
　　关于审理单位犯罪案件对其直接负责的主管人员和其他直接责任人员是否
　　　区分主犯、从犯问题的批复
　　　　（2000年9月30日）………………………………………………………（1144）
最高人民法院
　　关于审理未成年人刑事案件具体应用法律若干问题的解释
　　　　（2006年1月11日）………………………………………………………（1144）
最高人民法院研究室
　　关于外国公司、企业、事业单位在我国领域内犯罪如何适用法律问题的
　　　答复
　　　　（2003年10月15日）……………………………………………………（1147）

(四) 刑　　罚

1. 刑罚种类

(1) 管制、拘役

最高人民法院
　关于管制犯在管制期间又犯新罪被判处拘役或有期徒刑应如何执行的问题
　　的批复
　　(1981年7月27日) ·· (1148)

最高人民法院　最高人民检察院　公安部　劳动人事部
　关于被判处管制、剥夺政治权利和宣告缓刑、假释的犯罪分子能否外出
　　经商等问题的通知
　　(1986年11月8日) ··· (1149)

最高人民法院　最高人民检察院　公安部　司法部
　印发《关于对判处管制、宣告缓刑的犯罪分子适用禁止令有关问题的
　　规定(试行)》的通知
　　(2011年4月28日) ··· (1149)

(2) 有期徒刑、无期徒刑

最高人民法院研究室
　关于有期徒刑罪犯减刑后又改判应如何确定执行刑期问题的答复
　　(1994年6月14日) ··· (1152)

最高人民法院　最高人民检察院　公安部　劳动人事部研究室
　关于对无期徒刑犯减刑后原审法院发现原判决确有错误予以改判，原减刑
　　裁定应如何适用法律条款予以撤销问题的答复
　　(1994年11月7日) ··· (1153)

最高人民法院研究室
　关于原判有期徒刑的罪犯被裁定减刑后又经再审改判为无期徒刑应如何
　　确定执行刑期问题的答复
　　(1995年12月25日) ·· (1155)

(3) 死　　刑

最高人民法院研究室
　关于如何理解"审判的时候怀孕的妇女不适用死刑"问题的电话答复
　　(1991年3月18日) ··· (1155)

最高人民法院
  关于对怀孕妇女在羁押期间自然流产审判时是否可以适用死刑问题的批复
    （1998年8月7日）………………………………………………………（1156）
最高人民法院
  关于对死刑缓期执行期间故意犯罪未执行死刑案件进行备案的通知
    （2016年9月26日）……………………………………………………（1156）

（4）罚金、剥夺政治权利、没收财产

最高人民法院
  关于对故意伤害、盗窃等严重破坏社会秩序的犯罪分子能否附加剥夺政治
    权利问题的批复
    （1997年12月31日）……………………………………………………（1157）
最高人民法院
  关于适用财产刑若干问题的规定
    （2000年12月13日）……………………………………………………（1158）
最高人民法院办公厅
  转发《全国人大常委会法工委关于对被告人在罚金执行完毕前又犯新罪的
    罚金应否与未执行完毕的罚金适用数罪并罚问题的答复意见》的通知
    （2017年11月30日）……………………………………………………（1159）

2. 刑罚的具体运用

（1）量　刑

最高人民法院
  关于适用刑法第六十四条有关问题的批复
    （2013年10月21日）……………………………………………………（1160）
最高人民法院
  关于实施修订后的《关于常见犯罪的量刑指导意见》的通知
    （2017年3月9日）………………………………………………………（1161）
最高人民法院
  关于在全国法院开展扩大量刑规范化范围试点的通知
    （2017年3月9日）………………………………………………………（1169）
最高人民法院　最高人民检察院　公安部　国家安全部　司法部
  关于加强协调配合积极推进量刑规范化改革的通知
    （2010年11月6日）……………………………………………………（1173）

最高人民法院研究室
  关于罪犯在刑罚执行期间的发明创造能否按照重大立功表现作为对其漏罪
    审判时的量刑情节问题的答复
      （2011年6月14日）······(1176)
最高人民法院研究室
  关于如何理解"在法定刑以下判处刑罚"问题的答复
      （2012年5月30日）······(1176)

（2）自首和立功

最高人民法院
  关于处理自首和立功具体应用法律若干问题的解释
      （1998年4月17日）······(1177)
最高人民法院
  关于被告人对行为性质的辩解是否影响自首成立问题的批复
      （2004年3月26日）······(1178)
最高人民法院　最高人民检察院
  印发《关于办理职务犯罪案件认定自首、立功等量刑情节若干问题的意见》
    的通知
      （2009年3月12日）······(1179)
最高人民法院
  印发《关于处理自首和立功若干具体问题的意见》的通知
      （2010年12月22日）······(1181)
最高人民法院研究室
  关于自动投案法律适用问题的答复
      （2013年1月20日）······(1185)

（3）数罪并罚

最高人民法院研究室
  关于对拘役犯在缓刑期间发现其隐瞒余罪判处有期徒刑应如何执行问题的
    电话答复
      （1984年9月17日）······(1186)
最高人民法院研究室
  关于被判处拘役缓刑的罪犯在考验期内又犯新罪应如何执行问题的电话
    答复
      （1988年3月24日）······(1188)

最高人民法院
  关于判决宣告后又发现被判刑的犯罪分子的同种漏罪是否实行数罪并罚
    问题的批复
    （1993年4月16日） ………………………………………………………………（1189）
最高人民法院
  关于在执行附加刑剥夺政治权利期间犯新罪应如何处理的批复
    （2009年5月25日） ……………………………………………………………（1189）
最高人民法院
  关于罪犯因漏罪、新罪数罪并罚时原减刑裁定应如何处理的意见
    （2012年1月18日） ……………………………………………………………（1190）

（4）缓　　刑

最高人民法院
  关于撤销缓刑时罪犯在宣告缓刑前羁押的时间能否折抵刑期问题的批复
    （2002年4月10日） ……………………………………………………………（1191）
最高人民法院　最高人民检察院
  印发《关于办理职务犯罪案件严格适用缓刑、免予刑事处罚若干问题的
    意见》的通知
    （2012年8月8日） ………………………………………………………………（1191）

（5）减刑、假释

最高人民法院
  关于办理减刑、假释案件具体应用法律的规定
    （2016年11月14日） ……………………………………………………………（1193）
最高人民法院
  关于办理减刑、假释案件具体应用法律若干问题的规定
    （2012年1月17日） ……………………………………………………………（1200）
最高人民法院
  关于对无期徒刑犯减刑后原审法院发现原判决确有错误予以改判，原减刑
    裁定应否撤销问题的批复
    （1989年1月3日） ………………………………………………………………（1204）
最高人民法院研究室
  关于有期徒刑犯减刑后又改判的原减刑裁定撤销后应如何办理减刑手续
    问题的电话答复
    （1990年4月5日） ………………………………………………………………（1204）
最高人民法院研究室
  关于原判无期徒刑的罪犯经减刑后又改判应如何处理减刑问题的电话答复
    （1992年1月20日） ……………………………………………………………（1205）

最高人民法院研究室
　关于死缓犯和无期徒刑犯经几次减刑后又改判原减刑裁定是否均应撤销
　　问题的电话答复
　　（1992年4月1日）……………………………………………………………（1206）
最高人民法院
　关于刘文占减刑一案的答复
　　（2007年8月11日）…………………………………………………………（1208）
最高人民法院
　关于执行《关于办理减刑、假释案件具体应用法律若干问题的规定》有关
　　问题的通知
　　（2013年9月11日）…………………………………………………………（1208）
最高人民法院
　关于对部分职务犯罪罪犯减刑、假释、暂予监外执行实行备案审查的通知
　　（2014年5月21日）…………………………………………………………（1209）

（6）时　　效

最高人民法院　最高人民检察院
　关于不再追诉去台人员在中华人民共和国成立前的犯罪行为的公告
　　（1988年3月14日）…………………………………………………………（1210）
最高人民法院　最高人民检察院
　关于不再追诉去台人员在中华人民共和国成立后当地人民政权建立前的
　　犯罪行为的公告
　　（1989年9月7日）……………………………………………………………（1210）
最高人民法院
　关于被告人林少钦受贿请示一案的答复
　　（2017年2月13日）…………………………………………………………（1211）

（7）折抵刑期

最高人民法院研究室
　关于因错判在服刑期"脱逃"后确有犯罪其错判服刑期限可否与后判刑期
　　折抵问题的电话答复
　　（1983年8月31日）…………………………………………………………（1211）
最高人民法院研究室
　关于行政拘留日期折抵刑期问题的电话答复
　　（1988年2月23日）…………………………………………………………（1213）

最高人民法院研究室
　　关于对再审改判前因犯新罪被加刑的罪犯再审时如何确定执行的刑罚问题
　　的电话答复
　　（1989年5月24日） ·· (1214)

（五）刑事裁判文书

最高人民法院
　　关于刑事裁判文书中刑期起止日期如何表述问题的批复
　　（2000年2月19日） ·· (1216)
最高人民法院
　　关于在裁判文书中如何表述修正前后刑法条文的批复
　　（2012年5月15日） ·· (1217)
最高人民法院
　　关于印发《法院刑事诉讼文书样式》（样本）的通知
　　（1999年4月30日） ·· (1218)
最高人民法院办公厅
　　关于实施《法院刑事诉讼文书样式》若干问题的解答
　　（2001年6月15日） ·· (1220)
最高人民法院
　　关于审理死刑缓期执行期间故意犯罪的一审案件如何制作裁判文书有关
　　问题的通知
　　（1999年11月18日） ·· (1229)
最高人民法院办公厅
　　关于印发一审未成年人刑事案件适用普通程序的刑事判决书样式和一审
　　未成年人刑事公诉案件适用简易程序的刑事判决书样式的通知
　　（2009年10月12日） ·· (1232)

（六）其他规定

最高人民法院
　　关于农村合作基金会从业人员犯罪如何定性问题的批复
　　（2000年5月8日） ·· (1238)
最高人民法院研究室
　　关于国家工作人员在农村合作基金会兼职从事管理工作如何认定身份问题
　　的答复
　　（2000年6月29日） ·· (1238)
最高人民法院
　　关于个人违法建房出售行为如何适用法律问题的答复
　　（2010年11月1日） ·· (1239)

最高人民法院　最高人民检察院　公安部　国家安全部　司法部
　　印发《关于建立犯罪人员犯罪记录制度的意见》的通知
　　　　（2012年5月10日）………………………………………………………（1239）

二、刑法分则

（一）综　合

最高人民法院
　　关于执行《中华人民共和国刑法》确定罪名的规定
　　　　（1997年12月11日）………………………………………………………（1243）
最高人民法院　最高人民检察院
　　关于执行《中华人民共和国刑法》确定罪名的补充规定
　　　　（2002年3月15日）…………………………………………………………（1257）
最高人民法院　最高人民检察院
　　关于执行《中华人民共和国刑法》确定罪名的补充规定（二）
　　　　（2003年8月15日）…………………………………………………………（1258）
最高人民法院　最高人民检察院
　　关于执行《中华人民共和国刑法》确定罪名的补充规定（三）
　　　　（2007年10月25日）…………………………………………………………（1259）
最高人民法院　最高人民检察院
　　关于执行《中华人民共和国刑法》确定罪名的补充规定（四）
　　　　（2009年10月14日）…………………………………………………………（1261）
最高人民法院　最高人民检察院
　　关于执行《中华人民共和国刑法》确定罪名的补充规定（五）
　　　　（2011年4月27日）…………………………………………………………（1262）
最高人民法院　最高人民检察院
　　关于执行《中华人民共和国刑法》确定罪名的补充规定（六）
　　　　（2015年10月30日）…………………………………………………………（1263）
最高人民法院
　　关于印发《全国法院维护农村稳定刑事审判工作座谈会纪要》的通知
　　　　（1999年10月27日）…………………………………………………………（1265）
最高人民法院　最高人民检察院　公安部　司法部
　　印发《关于依法惩治性侵害未成年人犯罪的意见》的通知
　　　　（2013年10月23日）…………………………………………………………（1272）
国家卫生和计划生育委员会　最高人民法院　最高人民检察院等
　　关于印发维护医疗秩序打击涉医违法犯罪专项行动方案的通知
　　　　（2013年12月20日）…………………………………………………………（1276）

最高人民法院　最高人民检察院　公安部　司法部　国家卫生和
　　计划生育委员会等
　　印发《关于依法惩处涉医违法犯罪维护正常医疗秩序的意见》的通知
　　（2014年4月22日） ··· (1281)

（二）危害国家安全罪

最高人民法院
　　关于审理为境外窃取、刺探、收买、非法提供国家秘密、情报案件具体
　　　应用法律若干问题的解释
　　（2001年1月17日） ··· (1284)
最高人民法院　国家保密局
　　关于执行《关于审理为境外窃取、刺探、收买、非法提供国家秘密、情报
　　案件具体应用法律若干问题的解释》有关问题的通知
　　（2001年8月22日） ··· (1285)

（三）危害公共安全罪

最高人民法院　最高人民检察院
　　关于办理妨害预防、控制突发传染病疫情等灾害的刑事案件具体应用法律
　　　若干问题的解释
　　（2003年5月14日） ··· (1286)
最高人民法院　最高人民检察院　公安部
　　关于办理暴力恐怖和宗教极端刑事案件适用法律若干问题的意见
　　（2014年9月9日） ·· (1289)
最高人民法院
　　关于审理破坏广播电视设施等刑事案件具体应用法律若干问题的解释
　　（2011年6月7日） ·· (1293)
最高人民法院　最高人民检察院　公安部　国家新闻出版广电总局
　　关于依法严厉打击非法电视网络接收设备违法犯罪活动的通知
　　（2015年9月18日） ··· (1294)
最高人民法院
　　关于审理破坏公用电信设施刑事案件具体应用法律若干问题的解释
　　（2004年12月30日） ·· (1296)
最高人民法院
　　关于修改《最高人民法院关于审理非法制造、买卖、运输枪支、弹药、
　　爆炸物等刑事案件具体应用法律若干问题的解释》的决定
　　（2009年11月16日） ·· (1297)

最高人民法院
　　关于九七刑法实施后发生的非法买卖枪支案件，审理时新的司法解释尚未
　　　作出，是否可以参照1995年9月20日最高人民法院《关于办理非法
　　　制造、买卖、运输非军用枪支、弹药刑事案件适用法律问题的解释》的
　　　规定审理案件请示的复函
　　　（2003年7月29日） ··· （1301）

最高人民法院　最高人民检察院
　　关于涉以压缩气体为动力的枪支、气枪铅弹刑事案件定罪量刑问题的批复
　　　（2018年3月8日） ··· （1302）

最高人民法院　最高人民检察院
　　关于办理非法制造、买卖、运输、储存毒鼠强等禁用剧毒化学品刑事案件
　　　具体应用法律若干问题的解释
　　　（2003年9月4日） ··· （1303）

最高人民法院
　　关于审理交通肇事刑事案件具体应用法律若干问题的解释
　　　（2000年11月15日） ··· （1305）

最高人民法院
　　关于印发醉酒驾车犯罪法律适用问题指导意见及相关典型案例的通知
　　　（2009年9月11日） ··· （1306）

最高人民法院　最高人民检察院　公安部
　　印发《关于办理醉酒驾驶机动车刑事案件适用法律若干问题的意见》的
　　　通知
　　　（2013年12月28日） ··· （1311）

最高人民法院　最高人民检察院
　　关于办理危害生产安全刑事案件适用法律若干问题的解释
　　　（2015年12月14日） ··· （1313）

最高人民法院　最高人民检察院　公安部　监察部　国家安全生产监督
　　管理总局
　　关于严格依法及时办理危害生产安全刑事案件的通知
　　　（2008年6月6日） ··· （1316）

最高人民法院研究室
　　关于被告人阮某重大劳动安全事故案有关法律适用问题的答复
　　　（2009年12月25日） ··· （1319）

最高人民法院
　　印发《关于进一步加强危害生产安全刑事案件审判工作的意见》的通知
　　　（2011年12月30日） ··· （1319）

（四）破坏社会主义市场经济秩序罪

1. 生产、销售伪劣商品罪

最高人民法院　最高人民检察院
　关于办理生产、销售伪劣商品刑事案件具体应用法律若干问题的解释
　　（2001年4月9日） ································· (1324)
最高人民法院
　关于审理生产、销售伪劣商品刑事案件有关鉴定问题的通知
　　（2001年5月21日） ································ (1326)
最高人民法院　最高人民检察院
　关于办理危害药品安全刑事案件适用法律若干问题的解释
　　（2014年11月3日） ································ (1327)
最高人民法院　最高人民检察院
　关于办理危害食品安全刑事案件适用法律若干问题的解释
　　（2013年5月2日） ································· (1330)
最高人民法院　最高人民检察院　公安部
　关于依法严惩"地沟油"犯罪活动的通知
　　（2012年1月9日） ································· (1334)
最高人民法院　最高人民检察院
　关于办理非法生产、销售、使用禁止在饲料和动物饮用水中使用的药品等
　　刑事案件具体应用法律若干问题的解释
　　（2002年8月16日） ································ (1336)

2. 走　私　罪

最高人民法院　最高人民检察院
　关于办理走私刑事案件适用法律若干问题的解释
　　（2014年8月12日） ································ (1339)
最高人民法院　最高人民检察院　海关总署
　关于印发《办理走私刑事案件适用法律若干问题的意见》的通知
　　（2002年7月8日） ································· (1345)
最高人民法院
　关于审理走私犯罪案件适用法律有关问题的通知
　　（2011年4月26日） ································ (1353)

3. 妨害对公司、企业的管理秩序罪

最高人民法院
关于如何认定国有控股、参股股份有限公司中的国有公司、企业人员的解释
（2005年8月1日） ·· (1354)

最高人民法院　最高人民检察院
印发《关于办理商业贿赂刑事案件适用法律若干问题的意见》的通知
（2008年11月20日） ·· (1354)

4. 破坏金融管理秩序罪

最高人民法院
关于审理伪造货币等案件具体应用法律若干问题的解释
（2000年9月8日） ·· (1357)

最高人民法院
关于审理伪造货币等案件具体应用法律若干问题的解释（二）
（2010年10月20日） ·· (1358)

最高人民法院研究室
关于认定非法吸收公众存款罪主体问题的复函
（2001年9月10日） ·· (1359)

最高人民法院　最高人民检察院
关于办理妨害信用卡管理刑事案件具体应用法律若干问题的解释
（2009年12月3日） ·· (1359)

最高人民法院研究室
关于《关于办理妨害信用卡管理刑事案件具体应用法律若干问题的解释》溯及力问题的复函
（2010年4月16日） ·· (1362)

最高人民法院研究室
关于信用卡犯罪法律适用若干问题的复函
（2010年7月5日） ·· (1363)

最高人民法院　最高人民检察院　公安部
关于信用卡诈骗犯罪管辖有关问题的通知
（2011年8月8日） ·· (1363)

最高人民法院　最高人民检察院
关于办理内幕交易、泄露内幕信息刑事案件具体应用法律若干问题的解释
（2012年3月29日） ·· (1364)

最高人民法院　最高人民检察院　公安部　中国证券监督管理委员会
　　关于印发《最高人民法院、最高人民检察院、公安部、中国证监会
　　　　关于办理证券期货违法犯罪案件工作若干问题的意见》的通知
　　　　（2011年4月27日） ……………………………………………………………（1366）
最高人民法院　最高人民检察院
　　关于贯彻执行《关于办理证券期货违法犯罪案件工作若干问题的意见》
　　　　有关问题的通知
　　　　（2012年3月14日） ……………………………………………………………（1368）
最高人民法院
　　关于审理骗购外汇、非法买卖外汇刑事案件具体应用法律若干问题的解释
　　　　（1998年8月28日） ……………………………………………………………（1369）
最高人民法院刑事审判第二庭
　　关于对银行工作人员违规票据贴现行为如何适用法律问题的函
　　　　（2006年7月5日） ………………………………………………………………（1370）
最高人民法院刑事审判第一庭
　　关于银行内部机构的工作人员以本部门与他人合办的公司为受益人开具
　　　　信用证是否属于"为他人出具信用证"问题的复函
　　　　（2000年6月27日） ……………………………………………………………（1370）
最高人民法院
　　关于审理洗钱等刑事案件具体应用法律若干问题的解释
　　　　（2009年11月4日） ……………………………………………………………（1371）
最高人民法院
　　关于印发《全国法院审理金融犯罪案件工作座谈会纪要》的通知
　　　　（2001年1月21日） ……………………………………………………………（1372）

5. 金融诈骗罪

最高人民法院
　　关于审理非法集资刑事案件具体应用法律若干问题的解释
　　　　（2010年12月13日） …………………………………………………………（1380）
最高人民法院
　　关于非法集资刑事案件性质认定问题的通知
　　　　（2011年8月18日） ……………………………………………………………（1383）
最高人民法院　最高人民检察院　公安部
　　关于办理非法集资刑事案件适用法律若干问题的意见
　　　　（2014年3月25日） ……………………………………………………………（1383）

6. 危害税收征管罪

最高人民法院
关于审理偷税抗税刑事案件具体应用法律若干问题的解释
（2002年11月5日） ·· (1386)

最高人民法院
关于审理骗取出口退税刑事案件具体应用法律若干问题的解释
（2002年9月17日） ·· (1388)

最高人民法院
印发《关于适用〈全国人民代表大会常务委员会关于惩治虚开、伪造和
非法出售增值税专用发票犯罪的决定〉的若干问题的解释》的通知
（1996年10月17日） ·· (1389)

最高人民法院研究室
关于税收通用完税证和车辆购置税完税证是否属于发票和属于何种发票
问题的回函
（2010年8月17日） ·· (1392)

最高人民法院刑事审判第二庭
关于航空运输代理机构虚开、销售虚假航空行程单的行为如何定性问题的
复函
（2010年6月21日） ·· (1393)

最高人民法院
关于对《审计署关于咨询虚开增值税专用发票罪问题的函》的复函
（2001年10月17日） ·· (1394)

7. 侵犯知识产权罪

最高人民法院　最高人民检察院
关于办理侵犯知识产权刑事案件具体应用法律若干问题的解释
（2004年12月8日） ·· (1394)

最高人民法院　最高人民检察院
关于办理侵犯知识产权刑事案件具体应用法律若干问题的解释（二）
（2007年4月5日） ·· (1398)

最高人民法院　最高人民检察院　公安部
印发《关于办理侵犯知识产权刑事案件适用法律若干问题的意见》的通知
（2011年1月10日） ·· (1399)

最高人民法院　最高人民检察院
关于办理侵犯著作权刑事案件中涉及录音录像制品有关问题的批复
（2005年10月13日） ·· (1404)

最高人民法院
 关于审理非法出版物刑事案件具体应用法律若干问题的解释
  (1998年12月17日) ··· (1405)

最高人民法院刑事审判第二庭
 关于集体商标是否属于我国刑法的保护范围问题的复函
  (2009年4月10日) ··· (1408)

8. 扰乱市场秩序罪

最高人民法院　最高人民检察院　公安部
 关于办理组织领导传销活动刑事案件适用法律若干问题的意见
  (2013年11月14日) ·· (1409)

最高人民法院　最高人民检察院
 关于办理非法生产、销售烟草专卖品等刑事案件具体应用法律若干问题的
 解释
  (2010年3月2日) ·· (1411)

最高人民法院
 关于对变造、倒卖变造邮票行为如何适用法律问题的解释
  (2000年12月5日) ··· (1413)

最高人民法院
 关于审理倒卖车票刑事案件有关问题的解释
  (1999年9月6日) ·· (1414)

最高人民法院　最高人民检察院　公安部　国家安全监管总局
 关于依法加强对涉嫌犯罪的非法生产经营烟花爆竹行为刑事责任追究的
 通知
  (2012年9月6日) ·· (1414)

最高人民法院　最高人民检察院　公安部　国家烟草专卖局
 关于印发《关于办理假冒伪劣烟草制品等刑事案件适用法律问题座谈会
 纪要》的通知
  (2003年12月23日) ·· (1416)

最高人民法院刑事审判第二庭
 关于对未经行政许可审批经营成品油批发业务是否构成非法经营罪的意见
  (2008年12月1日) ··· (1419)

最高人民法院
 关于被告人何伟光、张勇泉等非法经营案的批复
  (2012年2月26日) ··· (1420)

最高人民法院研究室
 关于对贩卖假金融票证行为如何适用法律问题的复函
  (2002年2月) ·· (1420)

最高人民法院
  关于被告人李明华非法经营请示一案的批复
    （2011年5月6日） ··· (1421)
最高人民法院　最高人民检察院　公安部　国家安全部
  关于依法办理非法生产销售使用"伪基站"设备案件的意见
    （2014年3月14日） ·· (1421)
最高人民法院
  关于打击整治非法生产销售使用"伪基站"违法犯罪活动专项行动相关
    问题的答复
    （2014年5月21日） ·· (1423)
最高人民法院
  关于审理扰乱电信市场管理秩序案件具体应用法律若干问题的解释
    （2000年5月12日） ·· (1424)
最高人民法院　最高人民检察院
  关于办理药品、医疗器械注册申请材料造假刑事案件适用法律若干问题的
    解释
    （2017年8月14日） ·· (1425)

（五）侵犯公民人身权利、民主权利罪

最高人民法院　最高人民检察院　公安部　国家安全部　司法部
  关于发布《人体损伤程度鉴定标准》的公告
    （2013年8月30日） ·· (1428)
最高人民法院
  关于执行《人体损伤程度鉴定标准》有关问题的通知
    （2014年1月2日） ·· (1428)
最高人民法院　最高人民检察院　公安部　国家安全部　司法部
  关于发布《人体损伤致残程度分级》的公告
    （2016年4月18日） ·· (1429)
最高人民法院
  关于对为索取法律不予保护的债务非法拘禁他人行为如何定罪问题的解释
    （2000年7月13日） ·· (1430)
最高人民法院研究室
  关于对在绑架勒索犯罪过程中对同一受害人又有抢劫行为应如何定罪问题
    的答复
    （1995年5月30日） ·· (1430)

最高人民法院
关于对在绑架过程中以暴力、胁迫等手段当场劫取被害人财物的行为如何
适用法律问题的答复
（2001年11月8日） ··· (1431)

最高人民法院
关于审理拐卖妇女案件适用法律有关问题的解释
（2000年1月3日） ··· (1431)

最高人民法院
关于审理拐卖妇女儿童犯罪案件具体应用法律若干问题的解释
（2016年12月21日） ··· (1432)

最高人民法院　最高人民检察院　公安部　司法部
印发《关于依法惩治拐卖妇女儿童犯罪的意见》的通知
（2010年3月15日） ··· (1433)

最高人民法院　最高人民检察院
关于办理利用信息网络实施诽谤等刑事案件适用法律若干问题的解释
（2013年9月6日） ··· (1439)

最高人民法院　最高人民检察院
关于办理侵犯公民个人信息刑事案件适用法律若干问题的解释
（2017年5月8日） ··· (1441)

最高人民法院　最高人民检察院　公安部
关于依法惩处侵害公民个人信息犯罪活动的通知
（2013年4月23日） ··· (1443)

最高人民法院研究室
关于军事法院判处的重婚案件其非法婚姻部分由谁判决问题的电话答复
（1980年11月27日） ··· (1445)

最高人民法院　最高人民检察院　公安部　司法部
印发《关于依法办理家庭暴力犯罪案件的意见》的通知
（2015年3月2日） ··· (1447)

（六）侵犯财产罪

1. 抢　劫　罪

最高人民法院
关于审理抢劫案件具体应用法律若干问题的解释
（2000年11月22日） ··· (1453)

最高人民法院
关于印发《关于审理抢劫刑事案件适用法律若干问题的指导意见》的通知
（2016年1月6日） ··· (1454)

最高人民法院
　印发《关于审理抢劫、抢夺刑事案件适用法律若干问题的意见》的通知
　　（2005年6月8日）……………………………………………………（1458）
最高人民法院
　关于抢劫过程中故意杀人案件如何定罪问题的批复
　　（2001年5月23日）……………………………………………………（1462）
最高人民法院研究室
　关于对非法占有强迫他人卖血所得款物案件如何定性问题的意见函
　　（1995年10月23日）……………………………………………………（1463）

2. 盗　窃　罪

最高人民法院　最高人民检察院
　关于办理盗窃刑事案件适用法律若干问题的解释
　　（2013年4月2日）………………………………………………………（1463）
最高人民法院研究室
　关于盗用他人长话账号案件如何定性问题的复函
　　（1991年9月14日）……………………………………………………（1466）
最高人民法院　最高人民检察院
　关于办理盗窃油气、破坏油气设备等刑事案件具体应用法律若干问题的
　　解释
　　（2007年1月15日）……………………………………………………（1468）
最高人民法院　最高人民检察院
　关于办理与盗窃、抢劫、诈骗、抢夺机动车相关刑事案件具体应用法律
　　若干问题的解释
　　（2007年5月9日）………………………………………………………（1469）
最高人民法院研究室
　关于《最高人民法院、最高人民检察院关于办理与盗窃、抢劫、诈骗、抢夺
　　机动车相关刑事案件具体应用法律若干问题的解释》有关规定如何适用
　　问题的答复
　　（2014年7月29日）……………………………………………………（1471）

3. 诈　骗　罪

最高人民法院　最高人民检察院
　关于办理诈骗刑事案件具体应用法律若干问题的解释
　　（2011年3月1日）………………………………………………………（1472）
最高人民法院研究室
　关于申付强诈骗案如何认定诈骗数额问题的电话答复
　　（1991年4月23日）……………………………………………………（1474）

最高人民法院　最高人民检察院　公安部等
　　关于防范和打击电信网络诈骗犯罪的通告
　　　　（2016年9月23日）……………………………………………（1474）
最高人民法院　最高人民检察院　公安部
　　关于办理电信网络诈骗等刑事案件适用法律若干问题的意见
　　　　（2016年12月19日）…………………………………………（1476）

4. 抢夺罪

最高人民法院　最高人民检察院
　　关于办理抢夺刑事案件适用法律若干问题的解释
　　　　（2013年11月11日）…………………………………………（1482）

5. 职务侵占罪

最高人民法院研究室
　　关于利用职务上的便利条件窃取技术资料转让获利是否构成犯罪问题的
　　　电话答复
　　　　（1992年5月19日）……………………………………………（1484）
最高人民法院
　　关于村民小组组长利用职务便利非法占有公共财物行为如何定性问题的
　　　批复
　　　　（1999年6月25日）……………………………………………（1485）
最高人民法院
　　关于在国有资本控股、参股的股份有限公司中从事管理工作的人员利用
　　　职务便利非法占有本公司财物如何定罪问题的批复
　　　　（2001年5月23日）……………………………………………（1486）
最高人民法院研究室
　　关于个人独资企业员工能否成为职务侵占罪主体问题的复函
　　　　（2011年2月15日）……………………………………………（1486）
最高人民法院研究室
　　关于对通过虚假验资骗取工商营业执照的"三无"企业能否成为职务
　　　侵占罪客体问题征求意见的复函
　　　　（2008年6月17日）……………………………………………（1487）

6. 挪用资金罪

最高人民法院
　　关于对受委托管理、经营国有财产人员挪用国有资金行为如何定罪问题的
　　　批复
　　　　（2000年2月16日）……………………………………………（1488）

最高人民法院
　　关于如何理解刑法第二百七十二条规定的"挪用本单位资金归个人使用
　　或者借贷给他人"问题的批复
　　　　（2000年7月20日） ·· (1488)
最高人民法院研究室
　　关于挪用退休职工社会养老金行为如何适用法律问题的复函
　　　　（2004年7月9日） ··· (1489)

7. 挪用特定款物罪

最高人民法院研究室
　　关于挪用民族贸易和民族用品生产贷款利息补贴行为如何定性问题的复函
　　　　（2003年2月24日） ·· (1489)

8. 敲诈勒索罪

最高人民法院　最高人民检察院
　　关于办理敲诈勒索刑事案件适用法律若干问题的解释
　　　　（2013年4月23日） ·· (1490)

9. 拒不支付劳动报酬罪

最高人民法院
　　关于审理拒不支付劳动报酬刑事案件适用法律若干问题的解释
　　　　（2013年1月16日） ·· (1491)
最高人民法院　最高人民检察院　人力资源和社会保障部　公安部
　　关于加强对拒不支付劳动报酬案件查处工作的通知
　　　　（2012年1月14日） ·· (1493)
最高人民法院　最高人民检察院　人力资源社会保障部　公安部
　　关于加强涉嫌拒不支付劳动报酬犯罪案件查处衔接工作的通知
　　　　（2014年12月23日） ··· (1496)

（七）妨害社会管理秩序罪

1. 扰乱公共秩序罪

最高人民法院　最高人民检察院
　　关于办理伪造、贩卖伪造的高等院校学历、学位证明刑事案件如何适用
　　法律问题的解释
　　　　（2001年7月3日） ··· (1499)

最高人民法院研究室
　《关于伪造、变造、买卖民用机动车号牌行为能否以伪造、变造、买卖
　　国家机关证件罪定罪处罚问题的请示》的答复
　　（2009年1月1日） ································· （1500）
最高人民法院　最高人民检察院
　关于办理危害计算机信息系统安全刑事案件应用法律若干问题的解释
　　（2011年8月1日） ································· （1501）
最高人民法院　最高人民检察院
　关于办理扰乱无线电通讯管理秩序等刑事案件适用法律若干问题的解释
　　（2017年6月27日） ································ （1504）
最高人民法院
　关于审理编造、故意传播虚假恐怖信息刑事案件适用法律若干问题的解释
　　（2013年9月18日） ································ （1507）
最高人民法院　最高人民检察院
　关于办理寻衅滋事刑事案件适用法律若干问题的解释
　　（2013年7月15日） ································ （1508）
最高人民法院
　关于审理黑社会性质组织犯罪的案件具体应用法律若干问题的解释
　　（2000年12月5日） ································ （1510）
最高人民法院　最高人民检察院　公安部
　关于印发《办理黑社会性质组织犯罪案件座谈会纪要》的通知
　　（2009年12月9日） ································ （1511）
全国部分法院审理黑社会性质组织犯罪案件工作座谈会纪要（节录）
　　（2015年10月13日） ······························· （1517）
最高人民法院　最高人民检察院　公安部　司法部
　关于依法严厉打击黑恶势力违法犯罪的通告
　　（2018年2月2日） ································· （1523）
最高人民法院　最高人民检察院
　关于办理组织、利用邪教组织破坏法律实施等刑事案件适用法律若干问题
　　的解释
　　（2017年1月25日） ································ （1524）
最高人民法院
　关于贯彻全国人大常委会《关于取缔邪教组织、防范和惩治邪教活动的
　　决定》和"两院"司法解释的通知
　　（1999年11月5日） ································ （1528）
最高人民法院　最高人民检察院
　关于办理赌博刑事案件具体应用法律若干问题的解释
　　（2005年5月11日） ································ （1530）

最高人民法院
　关于对设置圈套诱骗他人参赌又向索还钱财的受骗者施以暴力或暴力威胁
　　的行为应如何定罪问题的批复
　　（1995年11月6日） ………………………………………………………（1531）
最高人民法院　最高人民检察院　公安部
　关于办理利用赌博机开设赌场案件适用法律若干问题的意见
　　（2014年3月26日） ……………………………………………………（1531）

2. 妨害司法罪

最高人民法院
　关于审理拒不执行判决、裁定刑事案件适用法律若干问题的解释
　　（2015年7月20日） ……………………………………………………（1535）
最高人民法院研究室
　关于拒不执行人民法院调解书的行为是否构成拒不执行判决、裁定罪的
　　答复
　　（2000年12月14日） …………………………………………………（1536）
最高人民法院　最高人民检察院　公安部
　关于依法严肃查处拒不执行判决、裁定和暴力抗拒法院执行犯罪行为有关
　　问题的通知
　　（2007年8月30日） ……………………………………………………（1537）
最高人民法院
　关于实施《关于审理拒不执行判决、裁定刑事案件适用法律若干问题的
　　解释》有关问题的通知
　　（2015年9月14日） ……………………………………………………（1539）
最高人民法院
　关于拒不执行判决、裁定罪自诉案件受理工作有关问题的通知
　　（2018年5月30日） ……………………………………………………（1540）

3. 妨害国（边）境管理罪

最高人民法院　最高人民检察院
　关于办理妨害国（边）境管理刑事案件应用法律若干问题的解释
　　（2012年12月12日） …………………………………………………（1541）

4. 妨害文物管理罪

最高人民法院　最高人民检察院
　关于办理妨害文物管理等刑事案件适用法律若干问题的解释
　　（2015年12月30日） …………………………………………………（1543）

5. 危害公共卫生罪

最高人民法院　最高人民检察院
　关于办理非法采供血液等刑事案件具体应用法律若干问题的解释
　　（2008年9月22日） .... (1547)

最高人民法院
　关于修改《关于审理非法行医刑事案件具体应用法律若干问题的解释》的
　　决定
　　（2016年12月16日） .... (1549)

6. 破坏环境资源保护罪

最高人民法院　最高人民检察院
　关于办理环境污染刑事案件适用法律若干问题的解释
　　（2016年12月23日） .... (1551)

最高人民法院
　关于审理破坏野生动物资源刑事案件具体应用法律若干问题的解释
　　（2000年11月27日） .... (1555)

最高人民法院
　关于审理发生在我国管辖海域相关案件若干问题的规定（二）
　　（2016年8月1日） .... (1564)

最高人民法院　最高人民检察院　国家林业局　公安部　海关总署
　关于破坏野生动物资源刑事案件中涉及的CITES附录Ⅰ和附录Ⅱ所列陆生
　　野生动物制品价值核定问题的通知
　　（2012年9月17日） .... (1567)

最高人民法院研究室
　关于收购、运输、出售部分人工驯养繁殖技术成熟的野生动物适用法律
　　问题的复函
　　（2016年3月2日） .... (1568)

最高人民法院
　关于审理破坏土地资源刑事案件具体应用法律若干问题的解释
　　（2000年6月19日） .... (1569)

最高人民法院
　关于审理破坏草原资源刑事案件应用法律若干问题的解释
　　（2012年11月2日） .... (1571)

最高人民法院　最高人民检察院
　关于办理非法采矿、破坏性采矿刑事案件适用法律若干问题的解释
　　（2016年11月28日） .... (1572)

最高人民法院
　关于滥伐自己所有权的林木其林木应如何处理的问题的批复
　　（1993年7月24日） ·· (1575)
最高人民法院
　关于审理破坏森林资源刑事案件具体应用法律若干问题的解释
　　（2000年11月22日） ·· (1575)
最高人民法院
　关于在林木采伐许可证规定的地点以外采伐本单位或者本人所有的森林
　　或者其他林木的行为如何适用法律问题的批复
　　（2004年3月26日） ·· (1578)
最高人民法院
　关于审理破坏林地资源刑事案件具体应用法律若干问题的解释
　　（2005年12月26日） ·· (1579)

7. 走私、贩卖、运输、制造毒品罪

最高人民法院
　关于审理毒品犯罪案件适用法律若干问题的解释
　　（2016年4月6日） ·· (1580)
最高人民法院　最高人民检察院　公安部
　关于印发《办理毒品犯罪案件适用法律若干问题的意见》的通知
　　（2007年12月18日） ·· (1586)
最高人民法院
　关于印发《全国部分法院审理毒品犯罪案件工作座谈会纪要》的通知
　　（2008年12月1日） ·· (1588)
最高人民法院　最高人民检察院　公安部
　关于办理制毒物品犯罪案件适用法律若干问题的意见
　　（2009年6月23日） ·· (1597)
最高人民法院　最高人民检察院　公安部
　印发《关于规范毒品名称表述若干问题的意见》的通知
　　（2014年8月20日） ·· (1599)
中央宣传部　中央网信办　最高人民法院　最高人民检察院　公安部
工业和信息化部　国家工商行政管理总局　国家邮政局　国家禁毒委办公室
　关于印发《关于加强互联网禁毒工作的意见》的通知
　　（2015年4月14日） ·· (1601)
最高人民法院
　关于印发《全国法院毒品犯罪审判工作座谈会纪要》的通知
　　（2015年5月18日） ·· (1605)

最高人民法院　最高人民检察院　公安部
　　关于印发《办理毒品犯罪案件毒品提取、扣押、称量、取样和送检程序
　　　若干问题的规定》的通知
　　（2016年5月24日）……………………………………………………………（1612）
最高人民法院　最高人民检察院　公安部
　　印发《关于办理走私、非法买卖麻黄碱类复方制剂等刑事案件适用法律
　　　若干问题的意见》的通知
　　（2012年6月18日）……………………………………………………………（1619）
最高人民法院　最高人民检察院　公安部　农业部　国家食品药品监督管理总局
　　关于进一步加强麻黄草管理严厉打击非法买卖麻黄草等违法犯罪活动的
　　　通知
　　（2013年5月21日）……………………………………………………………（1622）
最高人民法院
　　关于涉氯胺酮毒品案件如何适用死刑标准的答复
　　（2013年3月1日）………………………………………………………………（1623）
最高人民法院　最高人民检察院　公安部
　　关于办理邻氯苯基环戊酮等三种制毒物品犯罪案件定罪量刑数量标准的
　　　通知
　　（2014年9月5日）………………………………………………………………（1625）

8. 组织、强迫、引诱、容留、介绍卖淫罪

最高人民法院　最高人民检察院
　　关于办理组织、强迫、引诱、容留、介绍卖淫刑事案件适用法律若干问题
　　　的解释
　　（2017年7月21日）……………………………………………………………（1626）

9. 制作、贩卖、传播淫秽物品罪

最高人民法院　最高人民检察院
　　关于办理利用互联网、移动通讯终端、声讯台制作、复制、出版、贩卖、
　　　传播淫秽电子信息刑事案件具体应用法律若干问题的解释
　　（2004年9月3日）………………………………………………………………（1629）
最高人民法院　最高人民检察院
　　关于办理利用互联网、移动通讯终端、声讯台制作、复制、出版、贩卖、
　　　传播淫秽电子信息刑事案件具体应用法律若干问题的解释（二）
　　（2010年2月2日）………………………………………………………………（1632）

最高人民法院　最高人民检察院
　　关于利用网络云盘制作、复制、贩卖、传播淫秽电子信息牟利行为定罪
　　　量刑问题的批复
　　　（2017年11月22日） ································· (1635)

10. 掩饰、隐瞒犯罪所得罪

最高人民法院
　　关于审理掩饰、隐瞒犯罪所得、犯罪所得收益刑事案件适用法律若干问题
　　　的解释
　　　（2015年5月29日） ································· (1636)

（八）危害国防利益罪

最高人民法院
　　关于审理危害军事通信刑事案件具体应用法律若干问题的解释
　　　（2007年6月26日） ································· (1639)
最高人民法院　最高人民检察院
　　关于办理妨害武装部队制式服装、车辆号牌管理秩序等刑事案件具体应用
　　　法律若干问题的解释
　　　（2011年7月20日） ································· (1641)

（九）贪污贿赂罪

最高人民法院　最高人民检察院
　　关于办理贪污贿赂刑事案件适用法律若干问题的解释
　　　（2016年4月18日） ································· (1643)
最高人民法院
　　关于审理挪用公款案件具体应用法律若干问题的解释
　　　（1998年4月29日） ································· (1647)
最高人民法院
　　关于审理贪污、职务侵占案件如何认定共同犯罪几个问题的解释
　　　（2000年6月30日） ································· (1649)
最高人民法院
　　关于挪用公款犯罪如何计算追诉期限问题的批复
　　　（2003年9月22日） ································· (1649)
最高人民法院
　　关于国家工作人员利用职务上的便利为他人谋取利益离退休后收受财物
　　　行为如何处理问题的批复
　　　（2000年7月13日） ································· (1650)

最高人民法院　最高人民检察院
　关于办理行贿刑事案件具体应用法律若干问题的解释
　　（2012年12月26日） ·· （1650）
最高人民法院
　关于印发《全国法院审理经济犯罪案件工作座谈会纪要》的通知
　　（2003年11月13日） ·· （1652）
最高人民法院　最高人民检察院
　关于在办理受贿犯罪大要案的同时要严肃查处严重行贿犯罪分子的通知
　　（1999年3月4日） ··· （1658）
最高人民法院研究室
　关于对行为人通过伪造国家机关公文、证件担任国家工作人员职务并利用
　　职务上的便利侵占本单位财物、收受贿赂、挪用本单位资金等行为如何
　　适用法律问题的答复
　　（2004年3月30日） ·· （1660）
最高人民法院　最高人民检察院
　关于印发《关于办理受贿刑事案件适用法律若干问题的意见》的通知
　　（2007年7月8日） ··· （1660）
最高人民法院　最高人民检察院
　印发《关于办理国家出资企业中职务犯罪案件具体应用法律若干问题的
　　意见》的通知
　　（2010年11月26日） ·· （1663）

（十）渎职罪

最高人民法院　最高人民检察院
　关于办理渎职刑事案件适用法律若干问题的解释（一）
　　（2012年12月7日） ·· （1667）
最高人民法院研究室
　关于对重大责任事故和玩忽职守案件造成经济损失需追究刑事责任的数额
　　标准应否做出规定问题的电话答复
　　（1987年10月20日） ·· （1669）
最高人民法院
　关于未被公安机关正式录用的人员、狱医能否构成失职致使在押人员
　　脱逃罪主体问题的批复
　　（2000年9月19日） ·· （1670）
最高人民法院研究室
　关于对滥用职权致使公共财产、国家和人民利益遭受重大损失如何认定
　　问题的答复
　　（2004年11月22日） ·· （1671）

最高人民法院刑事审判第二庭
  关于国有公司人员滥用职权犯罪追溯期限等问题的答复
    （2005年1月13日） ………………………………………………………（1671）
最高人民法院研究室
  关于违反经行政法规授权制定的规范一般纳税人资格的文件应否认定为
    "违反法律、行政法规的规定"问题的答复
    （2012年5月3日） …………………………………………………………（1672）

（十一）军人违反职责罪

最高人民法院　最高人民检察院
  关于对军人非战时逃离部队的行为能否定罪处罚问题的批复
    （2000年12月5日） …………………………………………………………（1673）

刑事诉讼篇

一、综　合

最高人民法院　最高人民检察院　公安部　国家安全部　司法部
  全国人大常委会法制工作委员会
  关于实施刑事诉讼法若干问题的规定
    （2012年12月26日） ………………………………………………………（1677）
最高人民法院
  关于适用《中华人民共和国刑事诉讼法》的解释
    （2012年12月20日） ………………………………………………………（1683）
最高人民法院
  印发《关于充分发挥刑事审判职能作用深入推进社会矛盾化解的若干意见》
    的通知
    （2010年12月31日） ………………………………………………………（1758）
最高人民法院
  印发《关于建立健全防范刑事冤假错案工作机制的意见》的通知
    （2013年10月9日） …………………………………………………………（1763）
最高人民法院　最高人民检察院　公安部　司法部
  印发《关于在部分地区开展刑事案件速裁程序试点工作的办法》的通知
    （2014年8月22日） …………………………………………………………（1766）

最高人民法院　最高人民检察院　公安部　国家安全部　司法部
　　印发《关于在部分地区开展刑事案件认罪认罚从宽制度试点工作的办法》
　　　的通知
　　（2016年11月11日）………………………………………………………（1769）
最高人民法院
　　关于全面深入推进刑事案件认罪认罚从宽制度试点工作的通知
　　（2018年5月2日）……………………………………………………………（1774）
最高人民法院　最高人民检察院　公安部　国家安全部　司法部
　　关于推进以审判为中心的刑事诉讼制度改革的意见
　　（2016年7月20日）……………………………………………………………（1775）
最高人民法院
　　印发《关于全面推进以审判为中心的刑事诉讼制度改革的实施意见》的
　　　通知
　　（2017年2月17日）……………………………………………………………（1778）
最高人民法院
　　关于刑事案件终审判决和裁定何时发生法律效力问题的批复
　　（2004年7月26日）……………………………………………………………（1783）
最高人民法院　最高人民检察院　公安部
　　关于严格依法履行职责切实保障刑事案件办案质量的通知
　　（2004年9月6日）……………………………………………………………（1783）
最高人民法院
　　关于进一步加强刑事审判工作的通知
　　（2005年7月26日）……………………………………………………………（1787）
最高人民法院　最高人民检察院
　　印发《关于人民检察院检察长列席人民法院审判委员会会议的实施意见》
　　　的通知
　　（2010年1月12日）……………………………………………………………（1789）
最高人民法院　最高人民检察院　公安部
　　关于办理网络犯罪案件适用刑事诉讼程序若干问题的意见
　　（2014年5月4日）……………………………………………………………（1790）

二、管　辖

最最高人民法院研究室
　　关于刘辉盗窃枪支、盗窃一案管辖问题的电话答复
　　（1988年2月5日）……………………………………………………………（1795）

最高人民法院　最高人民检察院　公安部
　　关于公安部证券犯罪侦查局直属分局办理经济犯罪案件适用刑事诉讼程序
　　　若干问题的通知
　　　　（2009年11月4日） ·· (1796)
最高人民法院　最高人民检察院　公安部　国家安全部　司法部
　　关于外国人犯罪案件管辖问题的通知
　　　　（2013年1月17日） ··· (1797)

三、辩　护

最高人民法院
　　关于第二审人民法院审理死刑案件被告人没有委托辩护人的是否应为其
　　　指定辩护人问题的批复
　　　　（1997年11月12日） ··· (1799)
最高人民法院　司法部
　　印发《关于充分保障律师依法履行辩护职责确保死刑案件办理质量的若干
　　　规定》的通知
　　　　（2008年5月21日） ··· (1800)
最高人民法院
　　关于辩护律师能否复制侦查机关讯问录像问题的批复
　　　　（2013年9月22日） ··· (1802)
最高人民法院　司法部
　　关于开展刑事案件律师辩护全覆盖试点工作的办法
　　　　（2017年10月11日） ··· (1803)

四、证　据

中国人民银行　最高人民法院　最高人民检察院　公安部
　　关于查询、冻结、扣划企业事业单位、机关、团体银行存款的通知
　　　　（1993年12月11日） ··· (1807)
最高人民法院　最高人民检察院　公安部
　　关于对冻结、扣划企业事业单位、机关团体在银行、非银行金融机构存款
　　　的执法活动加强监督的通知
　　　　（1996年8月13日） ··· (1810)
最高人民法院　最高人民检察院　公安部　国家安全部　司法部
　　印发《关于办理死刑案件审查判断证据若干问题的规定》和《关于办理
　　　刑事案件排除非法证据若干问题的规定》的通知
　　　　（2010年6月13日） ··· (1811)

· 31 ·

最高人民法院办公厅
　　转发最高人民检察院《关于适用〈关于办理死刑案件审查判断证据若干
　　　问题的规定〉和〈关于办理刑事案件排除非法证据若干问题的规定〉的
　　　指导意见》的通知
　　　　（2011年3月3日） ································· (1822)
最高人民法院　最高人民检察院　公安部
　　印发《关于办理刑事案件收集提取和审查判断电子数据若干问题的规定》
　　　的通知
　　　　（2016年9月9日） ································· (1823)
最高人民法院　最高人民检察院　公安部　国家安全部　司法部
　　印发《关于办理刑事案件严格排除非法证据若干问题的规定》的通知
　　　　（2017年6月20日） ································ (1829)

五、强制措施

最高人民法院　最高人民检察院　公安部
　　关于依法文明管理看守所在押人犯的通知
　　　　（1992年11月14日） ······························· (1835)
最高人民检察院　最高人民法院　公安部
　　关于严格执行刑事诉讼法关于对犯罪嫌疑人、被告人羁押期限的规定坚决
　　　纠正超期羁押问题的通知
　　　　（1998年10月19日） ······························· (1836)
最高人民法院　最高人民检察院　公安部
　　关于严格执行刑事诉讼法切实纠防超期羁押的通知
　　　　（2003年11月12日） ······························· (1837)
最高人民法院
　　关于推行十项制度切实防止产生新的超期羁押的通知
　　　　（2003年11月30日） ······························· (1839)
最高人民法院　最高人民检察院　公安部　国家安全部
　　关于机关事业单位工作人员被采取刑事强制措施和受刑事处罚实行向所在
　　　单位告知制度的通知
　　　　（2015年11月6日） ································ (1841)

六、刑事附带民事诉讼

最高人民法院研究室
关于判处死刑缓期二年执行的附带民事诉讼案件制作法律文书有关问题的
答复
（1993年8月12日） ·· (1844)

最高人民法院
关于调休后的工作日、节假日是否适用期间顺延规定的批复
（2016年4月29日） ·· (1846)

七、立　　案

最高人民法院
关于在经济犯罪审判中参照适用《最高人民检察院、公安部关于公安机关
管辖的刑事案件立案追诉标准的规定（二）》的通知
（2010年6月21日） ·· (1847)

八、第一审程序

最高人民法院
关于定期宣判的案件人民陪审员因故不能参加宣判时可否由审判员开庭
宣判问题的批复
（1981年8月4日） ·· (1848)

最高人民法院
关于人民法院公开审判非涉外案件是否准许外国人旁听或采访问题的批复
（1982年7月5日） ·· (1849)

最高人民法院
关于应当允许检察院派书记员随检察长或检察员出庭支持公诉的通知
（1986年11月7日） ·· (1850)

最高人民法院
关于减刑、假释案件审理程序的规定
（2014年4月23日） ·· (1851)

最高人民法院研究室
关于是否可待被告人在法庭或羁押室阅签庭审和宣判笔录后再将其还押
问题的答复
（2013年8月5日） ·· (1854)

最高人民法院
  关于印发《人民法院办理刑事案件庭前会议规程（试行）》《人民法院办理刑事案件排除非法证据规程（试行）》《人民法院办理刑事案件第一审普通程序法庭调查规程（试行）》的通知
    （2017年11月27日）·· (1855)

九、第二审程序

最高人民法院研究室
  关于刑事第二审案件如何确定审判时限问题的电话答复
    （1990年12月30日）·· (1873)
最高人民法院研究室
  关于上级人民检察院能否调阅下级人民法院审判卷宗问题的答复
    （1995年1月17日）·· (1874)
最高人民法院
  关于刑事第二审判决改变第一审判决认定的罪名后能否加重附加刑的批复
    （2008年6月6日）·· (1875)
最高人民法院
  关于对被判处死刑的被告人未提出上诉、共同犯罪的部分被告人或者附带民事诉讼原告人提出上诉的案件应适用何种程序审理的批复
    （2010年3月17日）·· (1876)
最高人民法院　最高人民检察院
  关于对死刑判决提出上诉的被告人在上诉期满后宣判前提出撤回上诉人民法院是否准许的批复
    （2010年8月6日）·· (1877)
最高人民法院
  关于适用刑事诉讼法第二百二十五条第二款有关问题的批复
    （2016年6月23日）·· (1878)
最高人民法院　最高人民检察院
  印发《最高人民法院、最高人民检察院关于死刑第二审案件开庭审理工作有关问题的会谈纪要》的通知
    （2006年4月5日）·· (1879)
最高人民法院
  关于死缓期间故意犯罪案件二审应开庭审理的通知
    （2014年12月22日）·· (1881)

十、未成年人刑事案件审理程序的规定

最高人民法院
印发《关于进一步加强少年法庭工作的意见》的通知
（2010年7月23日） ································· （1882）
最高人民法院
关于扩大中级人民法院设立独立建制未成年人案件审判庭试点范围的通知
（2012年12月25日） ································· （1886）

十一、死刑复核程序

最高人民法院
关于统一行使死刑案件核准权有关问题的决定
（2006年12月28日） ································· （1889）
最高人民法院
关于死刑缓期执行限制减刑案件审理程序若干问题的规定
（2011年4月25日） ································· （1890）
最高人民法院　最高人民检察院　公安部　司法部
印发《关于进一步严格依法办案确保办理死刑案件质量的意见》的通知
（2007年3月9日） ································· （1891）
最高人民法院
关于办理死刑复核案件听取辩护律师意见的办法
（2015年1月29日） ································· （1898）

十二、审判监督程序

最高人民法院
关于对"文化大革命"前判处的刑事案件提出的申诉应如何处理的通知
（1980年2月15日） ································· （1900）
最高人民法院
关于刑事再审案件开庭审理程序的具体规定（试行）
（2001年12月26日） ································· （1901）
最高人民法院研究室
关于对刑罚已执行完毕，由于发现新的证据，又因同一事实被以新的罪名重新起诉的案件，应适用何种程序进行审理等问题的答复
（2002年7月31日） ································· （1905）

最高人民法院
　关于处理涉枪、涉爆申诉案件有关问题的通知
　　（2003年1月15日）………………………………………………（1905）
最高人民法院审判监督庭
　印发《关于刑事再审工作几个具体程序问题的意见》的通知
　　（2003年10月15日）………………………………………………（1906）
最高人民法院
　关于审理人民检察院按照审判监督程序提出的刑事抗诉案件若干问题的
　　规定
　　（2011年10月14日）………………………………………………（1908）
最高人民法院
　关于自觉接受检察机关法律监督进一步推进刑事审判工作的通知
　　（2011年4月8日）…………………………………………………（1909）
最高人民法院研究室
　关于上诉发回重审案件重审判决后确需改判的应当通过何种程序进行的
　　答复
　　（2014年2月24日）………………………………………………（1911）
最高人民法院
　关于经最高人民法院裁定核准在法定刑以下量刑的案件当事人申诉应当由
　　哪一级法院受理问题的请示
　　（2014年4月10日）………………………………………………（1911）

十三、刑事涉外的规定

最高人民法院　最高人民检察院　公安部　外交部　司法部　财政部
　关于强制外国人出境的执行办法的规定
　　（1992年7月31日）………………………………………………（1913）
外交部　最高人民法院　最高人民检察院　公安部　安全部　司法部
　关于处理涉外案件若干问题的规定
　　（1995年6月20日）………………………………………………（1916）
最高人民法院办公厅
　关于转发中外领事条约（协定）和设领协议有关采取强制措施的领事通报
　　和探视时限的通知
　　（2017年5月3日）…………………………………………………（1930）

十四、执　　行

最高人民法院　最高人民检察院　公安部
　关于办理罪犯在服刑期间又犯罪案件过程中遇到被告刑期届满如何处理
　　问题的批复
　　　（1982年10月25日）……………………………………………………（1933）
公安部　最高人民法院　最高人民检察院
　关于严格控制在死刑执行现场进行拍摄和采访的通知
　　　（1990年7月16日）………………………………………………………（1934）
最高人民法院
　关于刑事裁判涉财产部分执行的若干规定
　　　（2014年10月30日）………………………………………………………（1934）
最高人民法院
　关于人民法院办理接收在台湾地区服刑的大陆居民回大陆服刑案件的规定
　　　（2016年4月27日）………………………………………………………（1937）
最高人民法院
　关于报送复核被告人在死缓考验期内故意犯罪应当执行死刑案件时应当
　　一并报送原审判处和核准被告人死缓案卷的通知
　　　（2004年6月15日）………………………………………………………（1939）
最高人民法院　最高人民检察院　公安部　司法部
　关于印发《社区矫正实施办法》的通知
　　　（2012年1月10日）………………………………………………………（1939）
中央社会治安综合治理委员会办公室　最高人民法院　最高人民检察院
　公安部　司法部
　关于印发《关于加强和规范监外执行工作的意见》的通知
　　　（2009年6月25日）………………………………………………………（1946）
最高人民法院　最高人民检察院　公安部　司法部
　关于全面推进社区矫正工作的意见
　　　（2014年8月28日）………………………………………………………（1950）
最高人民法院　最高人民检察院　公安部　司法部　国家卫生计生委
　关于印发《暂予监外执行规定》的通知
　　　（2014年10月24日）………………………………………………………（1954）
最高人民法院　最高人民检察院　公安部　司法部
　关于对因犯罪在大陆受审的台湾居民依法适用缓刑实行社区矫正有关问题
　　的意见
　　　（2016年7月26日）………………………………………………………（1959）

最高人民法院
　关于进一步做好刑事财产执行工作的通知
　　（2016年8月16日）··(1961)
最高人民法院
　关于罪犯交付执行前暂予监外执行组织诊断工作有关问题的通知
　　（2014年12月11日）··(1963)
最高人民法院
　关于印发《罪犯生活不能自理鉴别标准》的通知
　　（2016年7月26日）···(1964)

十五、赃款赃物处理

最高人民法院　最高人民检察院
　关于适用犯罪嫌疑人、被告人逃匿、死亡案件违法所得没收程序若干问题
　　的规定
　　（2017年1月4日）··(1965)
最高人民法院
　关于被告人亲属主动为被告人退缴赃款应如何处理的批复
　　（1987年8月26日）···(1968)
最高人民法院研究室
　关于对诈骗后抵债的赃款能否判决追缴问题的电话答复
　　（1992年8月26日）···(1969)
最高人民法院　最高人民检察院　公安部　国家计委
　关于统一赃物估价工作的通知
　　（1994年4月22日）···(1971)
最高人民法院
　关于严格执行有关走私案件涉案财物处理规定的通知
　　（2006年4月30日）···(1972)
最高人民法院　最高人民检察院　公安部　中国证券监督管理委员会
　关于查询、冻结、扣划证券和证券交易结算资金有关问题的通知
　　（2008年1月10日）···(1973)
最高人民法院　最高人民检察院　公安部等
　关于印发《公安机关办理刑事案件适用查封、冻结措施有关规定》的通知
　　（2013年9月1日）··(1976)

十六、法律援助、救助

最高人民法院　最高人民检察院　公安部　司法部
　关于在部分地区就加强和规范刑事诉讼法律援助工作进行试点的通知
　　（2003年12月30日） ·· (1986)

最高人民法院
　贯彻落实《关于开展刑事被害人救助工作的若干意见》的通知
　　（2009年3月30日） ·· (1991)

最高人民法院　最高人民检察院　公安部　司法部
　关于印发《关于刑事诉讼法律援助工作的规定》的通知
　　（2013年2月4日） ·· (1993)

最高人民法院　最高人民检察院　公安部　国家安全部　司法部
　关于开展法律援助值班律师工作的意见
　　（2017年8月28日） ·· (1997)

十七、其　　他

最高人民法院
　关于人民法院应否受理当事人不服治安管理处罚而提起的刑事自诉问题的
　　批复
　　（1993年9月3日） ·· (2000)

最高人民法院
　关于印发《人民法院司法警察刑事审判警务保障规则》的通知
　　（2009年7月30日） ·· (2001)

最高人民法院
　关于办理被告人丧失受审能力久押不决案件有关事项的通知
　　（2014年8月25日） ·· (2006)

环境资源保护篇

最高人民法院
　关于审理环境侵权责任纠纷案件适用法律若干问题的解释
　　（2015年6月1日） ·· (2009)

最高人民法院
  关于审理海洋自然资源与生态环境损害赔偿纠纷案件若干问题的规定
    （2017年12月29日）································（2011）

最高人民法院
  关于审理矿业权纠纷案件适用法律若干问题的解释
    （2017年6月24日）··································（2013）

最高人民法院
  关于全面加强环境资源审判工作为推进生态文明建设提供有力司法保障的
    意见
    （2014年6月23日）··································（2016）

刑事篇

一、刑法总则

（一）综　合

最高人民法院
关于认真学习宣传贯彻修订的
《中华人民共和国刑法》的通知

1997年3月25日　　　　　　　　　　　　　　　法发〔1997〕3号

各省、自治区、直辖市高级人民法院，解放军军事法院：

修订的《中华人民共和国刑法》业经第八届全国人民代表大会第五次会议通过，1997年10月1日起施行。刑法是国家的基本法，是人民法院审理刑事案件的重要法律依据。修订刑法，是健全社会主义法制的一件大事，是完善我国刑事法律和司法制度的重要步骤，引起国内外的普遍关注。认真学习、宣传、贯彻好修订的刑法，对于人民法院进一步提高执法水平，更好地履行打击犯罪、保护人民的职责，具有十分重要的意义。

为正确贯彻执行修订的刑法，特作如下通知：

一、各级人民法院要认真组织广大审判人员学习修订的刑法。修订的刑法认真总结了17年实施刑法的实践经验，借鉴国内外有关刑法的立法经验，明确规定了刑法的基本原则；突出了对社会主义市场经济秩序的保护；适应与犯罪行为作斗争的现实需要，对人民群众反映强烈的一些常见、多发罪作了更加明确、详细的规定；对新出现的需要追究的犯罪行为规定了相应的刑事责任；对一些重要的刑法制度作了修改、完善，是一部更加科学、统一、完备的刑法典。各级人民法院要制定学习计划，采用各种形式，不断深化学习，真正学懂、弄通。

二、各级人民法院要结合当地实际情况，与有关部门配合，广泛、深入地开展修订的刑法的宣传活动。修订的刑法是司法机关打击和惩治犯罪的有力武器，并将对社会政治经济生活的诸多方面产生重大影响。人民法院要充分发挥审判工作的优势,通过新闻媒介等多种形式,突出重点,有针对性地做好修订的刑法的宣传工作。

三、修订的刑法实施后,各级人民法院必须坚决贯彻执行。对于修订的刑法实施前发生的行为,10月1日实施后尚未处理或者正在处理的案件,依照修订的刑法第十二条的规定办理;对于修订的刑法实施前,人民法院已审结的案件,实施后人民法院按照审判监督程序重新审理的,适用原审结时的有关法律规定。

四、修订的刑法实施前,人民法院审判刑事案件仍然应当依照现行刑法和人大常委会修改、补充刑法的有关决定、补充规定及最高人民法院的有关司法解释,并应遵守刑事诉讼法有关程序和期限的规定。

五、修订的刑法实施后,对已明令废止的全国人大常委会有关决定和补充规定,最高人民法院原作出的有关司法解释不再适用。但是如果修订的刑法有关条文实质内容没有变化的,人民法院在刑事审判工作中,在没有新的司法解释前,可参照执行。其他对于与修订的刑法规定相抵触的司法解释,不再适用。

六、各级人民法院在学习、宣传和贯彻修订的刑法中,要加强调查研究,对遇到的理解和适用法律的重大、疑难问题,要注意收集,及时上报。

特此通知。

最高人民法院
印发《最高人民法院关于进一步加强刑事审判工作的决定》的通知

2007年8月28日　　　　　　　　　　　　　　法发〔2007〕28号

各省、自治区、直辖市高级人民法院,解放军军事法院,新疆维吾尔自治区高级人民法院生产建设兵团分院:

现将《最高人民法院关于进一步加强刑事审判工作的决定》印发给你们,请认真组织学习,贯彻执行。

附：

最高人民法院
关于进一步加强刑事审判工作的决定

为进一步严格执行刑法、刑事诉讼法，正确贯彻党的刑事政策，充分发挥人民法院刑事审判职能，为构建社会主义和谐社会、全面建设小康社会提供更加有力的司法保障，根据第五次全国刑事审判工作会议精神，结合当前刑事审判工作实际，作出如下决定。

一、充分认识加强刑事审判工作的重要性和必要性

1. 刑事审判作出了重要历史贡献。新中国成立以来，各级人民法院积极开展刑事审判工作，在党领导人民进行社会主义革命和建设的各个时期，都发挥了重要作用。特别是改革开放以来，各级人民法院忠实履行审判职责，正确执行刑事法律，依法惩处刑事犯罪，保障无罪的人不受刑事追究，落实社会治安综合治理的各项措施，积极稳妥地推进刑事审判制度改革，不断提高刑事司法水平，为巩固人民民主专政政权，维护国家安全和社会稳定，保护人民群众生命财产不受侵犯，保障改革开放，促进经济和社会发展，作出了重要贡献。

2. 刑事审判工作取得了新成就和新进展。刑法、刑事诉讼法修订实施以来，各级人民法院牢固树立科学的刑事司法理念，努力践行"公正与效率"工作主题，全面发挥刑事审判职能，依法有力惩罚犯罪，强化人权司法保护，保证了刑事法律和刑事政策的正确贯彻执行，刑事审判质量和效率明显提高。切实加强监督指导，促进了刑事司法统一。不断深化刑事司法改革，刑事审判制度逐步完善。稳步推进法官职业化建设，刑事审判队伍整体素质明显提高。

3. 刑事审判工作的历史经验必须长期坚持。回顾新中国成立以来刑事审判工作的发展历程，必须坚持以下基本经验：

——必须坚持有法可依、有法必依、执法必严、违法必究，严格依法办案，维护法律权威。

——必须坚持遵循司法规律，既要依法惩罚犯罪，又要保证无罪的人不受刑事追究，全面发挥刑事审判职能。

——必须坚持以科学发展观为指导，立足中国国情，适应经济社会的发展和人民群众的司法需求，善于借鉴人类司法文明的有益成果，不断改革创新，与时俱进。

——必须坚持服务大局，做到执行刑事法律与贯彻刑事政策紧密结合，确保法律效果和社会效果的有机统一。

——必须坚持党的领导，保证刑事审判工作的社会主义正确方向。

4. 新的形势对刑事审判工作提出更高要求。我国社会主义现代化建设正处在关键

时期，同时也是人民内部矛盾凸显、刑事犯罪高发、对敌斗争复杂的时期。人民法院维护国家安全和社会和谐稳定的责任更加重大，任务更加繁重。随着改革开放和经济发展，我国民主法制建设不断完善，全社会的法治观念明显增强，对刑事审判工作保障公民合法权益、维护社会公平正义提出了新的更高的要求。

5. 刑事审判工作面临良好的发展机遇。新的历史时期，人民法院刑事审判工作的发展具备现实的有利条件。党的十六届六中全会作出了《中共中央关于构建社会主义和谐社会若干重大问题的决定》，提出社会主义民主法制更加完善，依法治国基本方略得到全面落实，人民的各项权益得到切实尊重和保障的目标和任务，强调推进司法体制和工作机制改革，建设公正、高效、权威的社会主义司法制度；中共中央对进一步加强人民法院、人民检察院工作作出重要决定，优化了司法环境，有利于人民法院依法独立公正地行使刑事审判权；全国人大常委会通过了关于修改人民法院组织法的决定，自2007年1月1日起，由最高人民法院统一行使死刑核准权，有利于维护法制统一，为刑事审判工作的发展提供了良好契机。

6. 充分认识刑事审判工作的重要意义。刑事审判担负着惩罚犯罪，保护人民，维护公平正义，保障社会安定的司法职能，是改革、发展、稳定、和谐的重要保证，在建设社会主义法治国家、构建社会主义和谐社会中具有不可替代的作用。必须充分认识新形势下加强刑事审判工作的重要意义，切实增强政治责任感和历史使命感，正视面临的复杂形势，勇于应对挑战，准确把握历史机遇，振奋精神，锐意进取，狠抓各项工作任务和措施的落实，不断开创刑事审判工作的新局面。

二、刑事审判工作的指导思想和基本要求

7. 当前和今后一个时期刑事审判工作的指导思想。坚持以邓小平理论和"三个代表"重要思想为指导，全面落实科学发展观，紧紧围绕"公正司法，一心为民"指导方针和"公正与效率"工作主题，树立科学的刑事司法理念，继续深化刑事审判制度改革，充分发挥刑事审判职能作用，全面理解和正确执行宽严相济刑事政策，依法惩罚犯罪，依法保障人权，积极参与社会治安综合治理，为建设富强、民主、文明、和谐的社会主义现代化国家提供有力的司法保障。

8. 坚持宽严相济的刑事政策。宽严相济是党和国家一项基本的刑事司法政策，是我国在惩治犯罪、维护稳定的长期实践中形成的重要经验，是惩办与宽大相结合政策在新时期的继承、发展与完善。正确贯彻宽严相济的刑事政策，核心是实行区别对待，目标是促进社会和谐稳定，保持国家长治久安。在新形势下，必须更加注重贯彻执行宽严相济的刑事政策，根据维护社会稳定的需要和犯罪的具体情况，依法准确惩罚犯罪，做到该严则严，当宽则宽，宽严适度，效果良好，以打击、孤立极少数，教育和挽救大多数，最大限度地减少不和谐因素，最大限度地增加和谐因素。

9. 坚持惩罚犯罪与保障人权并重。既要充分发挥刑事审判惩罚犯罪的职能作用，增强人民群众的安全感，维护社会治安稳定，又要把依法维护人民群众合法权益、保障人权贯穿于刑事审判的整个过程。通过公正、文明的办案活动，保障被告人在刑事审判中依法行使各项诉讼权利，保证被告人受到合法、公正的审判，确保无罪的人不受追究。切实保护被害人的诉讼权利和合法权益，依法保障被害人民事赔偿权利，做好被害人的安抚工作。积极履行我国加入的国际公约，不断提高人权司法保障水平。

10. 坚持实体公正与程序公正统一。严格按照法定的原则和程序开展刑事审判活动，依法准确认定案件事实和公正适用刑罚。程序公正是实现实体公正的前提，实体公正是程序公正追求的目标。要将实体公正作为刑事审判工作的价值取向，将程序公正作为实现这一价值取向的根本保障，坚持两者的有机统一。

11. 坚持司法公正优先，兼顾刑事诉讼效率。在刑事审判工作中必须坚持司法公正优先、兼顾诉讼效率，效率必须服从质量。严格遵守案件审理期限的法律规定，在确保案件质量的前提下，努力提高办案效率，防止案件久拖不结。

12. 坚持依法独立审判，保证裁判公正。严格执行人民法院依照法律规定独立行使审判权的宪法原则，以事实为根据，以法律为准绳，独立公正审理刑事案件。正确理解、切实贯彻公检法机关分工负责、互相配合、互相制约的刑事诉讼原则，保证准确有效地执行国家刑事法律。

13. 坚持"事实清楚，证据确实充分"的裁判原则。确定被告人有罪，必须达到事实清楚、证据确实充分的法定证明标准。认定犯罪的事实不清、证据不足，特别是影响定罪的关键证据存在疑问，不能排除合理怀疑得出唯一结论的，要依法作出证据不足、指控的犯罪不能成立的无罪判决。

14. 坚持罪责刑相适应，量刑适当。刑罚的轻重，应当与犯罪分子所犯罪行和承担的刑事责任相适应，做到轻罪轻罚，重罪重罚，轻重适度，罪刑相当，罚当其罪，不枉不纵。既要保障法官在法律规定范围内行使自由裁量权，也要注意总结审判经验，完善制度和机制，加强指导和监督，确保量刑均衡，维护司法统一。

三、充分发挥刑事审判职能作用

15. 继续坚持依法严厉惩罚严重刑事犯罪。始终坚持把维护稳定作为刑事审判工作的首要任务，积极参加各种专项斗争，突出打击重点，针对特定时期比较突出的某一类或某几类严重危害社会治安和严重影响社会稳定的刑事犯罪，依法严厉惩罚，在法律规定的量刑幅度内从重判处，在确保办案质量的前提下，在法定期限内努力提高办案效率。

16. 维护国家安全和社会稳定。依法严厉打击危害国家安全犯罪、恐怖犯罪和黑社会性质组织犯罪，依法严厉惩处爆炸、杀人、抢劫、绑架等严重危害社会治安的犯罪，保障社会安定。依法严厉惩罚毒品犯罪、拐卖妇女儿童犯罪、组织卖淫等犯罪、依法打击抢夺、盗窃等多发性侵犯财产犯罪以及开设赌场、聚众赌博和网络犯罪，维护正常的社会秩序，保障人民群众安居乐业。

17. 维护国家经济安全和社会主义市场经济秩序。从严惩处金融、财税、证券、期货等领域内的严重犯罪，依法惩治生产活动中的重大责任事故犯罪，坚决打击制售伪劣商品、走私、侵犯知识产权等犯罪，保护人民群众生命健康，促进经济持续健康发展。依法惩处重大环境污染、非法采矿、盗伐林木、非法占用农用地等各种危害环境和破坏资源犯罪，保护自然资源和环境。

18. 依法从严惩处贪污贿赂等职务犯罪。依法严惩贪污、贿赂、渎职等职务犯罪，依法惩治商业贿赂犯罪，贯彻法律面前人人平等的原则，准确适用法律，促进反腐败斗争和廉政建设深入开展。

19. 继续做好未成年人犯罪案件的审判工作。对构成犯罪的未成年人，坚持"教育为主、惩罚为辅"的原则和"教育、感化、挽救"的方针，依法从轻、减轻或者免除处罚，通过适用缓刑、适时减刑、假释等措施，促使其早日回归社会。积极探索健全审理未成年人刑事案件的组织机构，进一步完善未成年人刑事审判制度。

20. 严格依法办理减刑、假释案件。准确把握减刑、假释的条件和标准，进一步改进和规范减刑、假释案件的审理方式。对服刑人员符合法定假释条件，假释后监督管理条件具备的，依法适用假释，促进罪犯改过从新。

21. 坚持贯彻"打防结合、预防为主"的方针。坚持贯彻打防结合、预防为主、专群结合、依靠群众的方针，围绕刑事审判活动，落实综合治理各项措施，支持和配合有关部门开展社会治安防控体系建设和基层平安创建活动，把打击、预防、教育、管理、建设、改造等各项工作提高到新的水平。

22. 加强司法建议工作。针对审判中发现的容易诱发犯罪的隐患和管理漏洞，积极向有关部门和单位提出司法建议，重视反馈意见，注重建议实效，促进有关部门和单位健全制度，加强管理，预防和减少犯罪。

23. 加强刑事审判的法制宣传。把坚持依法公开审判制度和加强法制宣传教育结合起来，注重组织群众旁听刑事案件开庭审理，特别注意继续做好人大代表、政协委员的旁听工作，接受监督，增进了解。通过公开审判、庭审直播等形式，以案讲法，教育公民自觉遵守法律，提高全社会的法治意识。

四、确保刑事审判质量与效率

24. 坚持贯彻刑法、刑事诉讼法的基本原则。始终坚持贯彻罪刑法定、罪责刑相适应、适用法律人人平等和程序法定、审判公开、"未经人民法院依法审判，对任何人都不得确定有罪"等原则，充分体现宪法的基本精神和刑事司法规律的基本要求，确保刑事审判严格依法进行。

25. 依法准确定罪量刑。对审理的每一起刑事案件，特别是新类型案件，严格依法区分罪与非罪、此罪与彼罪的界限，做到一要坚决，二要慎重，务必搞准，准确定罪，依法公正裁判。对符合刑法规定，构成犯罪的，坚决依法判处；对不构成犯罪的，坚决依法宣告无罪。在准确定罪的基础上，依法科学、适度裁量刑罚。对疑难复杂案件，慎重下判。

26. 依法正确适用量刑情节。对严重危害社会治安、给国家和人民利益造成重大损失以及具有法定从重处罚情节的犯罪分子，必须依法严厉惩处；对轻微犯罪以及被告人具有自首、立功、从犯等法定从轻、减轻情节的，依法予以从宽处罚；对于具有酌定从宽处罚情节的，也要依法予以考虑；对于刑事附带民事被告人积极赔偿被害人物质损失的，可以作为量刑情节予以考虑。

27. 依法正确适用非监禁刑。对轻微犯罪以及初次犯罪、偶然犯罪、过失犯罪等主观恶性不深，人身危险性较小，有悔改表现，积极赔偿损失取得被害人谅解，不致再危害社会的犯罪分子，依法从宽处理，尽可能给予改过自新的机会；对具备条件的依法适用缓刑、管制、单处罚金等非监禁刑罚，配合做好社区矫治工作，加强教育、感化、挽救、改造，促进重新回归社会。

28. 重视运用非刑罚处罚措施。要注意发挥非刑罚处罚措施的教育惩戒作用。对于犯罪情节轻微，不需要判处刑罚的，予以训诫或者责令具结悔过、赔礼道歉、赔偿损失，或者建议由主管部门予以行政处罚或行政处分。

29. 加强财产刑的适用和执行。注重发挥财产刑惩罚和预防犯罪的作用，依法适用财产刑，使犯罪分子受到经济上的惩罚，剥夺其重新犯罪的条件。加大赃款赃物的追缴力度，尽可能减少国家和被害人的损失。加强刑事审判庭与执行机构的协调配合，逐步将财产刑的执行工作纳入人民法院的统一执行体系中，真正将财产刑的执行和赃款赃物的追缴落到实处。

30. 进一步落实公开审判制度。严格实行死刑二审案件开庭审理，积极创造条件，逐步实现刑事第二审案件开庭审理。进一步提高庭审质量，注重把庭审作为查清案件事实、证据的主要渠道，真正通过庭审解决事实、证据认定中的疑点问题，法律适用中的难点问题。进一步提高裁判文书的质量，强化说理性，详细阐明裁判理由，辨法析理，增强裁判的公信力。

31. 严格证据采信制度。认真审查证据的客观性、合法性、关联性，"重证据，不轻信口供"。只有被告人供述，没有其他证据的，不能认定被告人有罪。对于采用刑讯逼供等非法方法取得的被告人供述、被害人陈述和证人证言，不得作为定罪的根据。健全证人、鉴定人出庭作证制度，落实证人、鉴定人等出庭作证的经济补偿措施，加强对证人、鉴定人的人身保护。

32. 依法充分适用简易程序。审理刑事案件实行繁简分流，对被告人认罪的案件依照有关规定积极适用普通程序简化审理方式，简化相关案件裁判文书的制作，不断提高刑事审判效率。

33. 充分发挥审判组织的作用。合议庭要在审查和认定事实、证据、适用法律等方面全面负起责任，认真审查把关。人民陪审员依法参加审理案件，享有与法官同等的权利，要保证依法履行职责。审判委员会审理案件，要认真听取合议庭关于事实认定、证据采信、法律适用等方面的意见，审慎研究，正确决定。院长、庭长必须依法履行监督、审核职责，保证审判组织公正、高效审判案件。

34. 加强刑事审判质量管理。建立符合刑事审判规律和特点的刑事案件质量考核体系，实行科学、有效的审理质量管理制度，保证案件审理依法进行，确保审理的每一起案件事实清楚，证据确实充分，定罪准确，量刑适当，审判程序合法。

35. 加强审判流程管理。健全刑事案件审判流程管理的各项制度，严格审判各个环节的责任，做到权责分明。严格执行刑事诉讼法和最高人民法院关于案件审理期限的规定，完善防止超期羁押的审理工作机制，严格审限管理，严禁超期羁押，保证案件依法及时审判。

五、深化刑事审判制度改革

36. 推进刑事审判制度改革。认真落实《人民法院第二个五年改革纲要》对人民法院刑事司法改革的总体目标、基本原则和各项措施，适应构建社会主义和谐社会的需要，从解决群众关心的司法公正和效率问题入手，不断提高刑事司法能力，建设公正、高效、权威的刑事司法制度。

37. 深化刑事审判方式改革。进一步完善刑事一审、二审程序和死刑复核程序，确保刑事案件依法规范审理。改革和完善刑事庭前程序，明确庭前程序与庭审程序的不同功能，推动和规范庭前证据展示等活动，继续深化庭审改革，提高庭审效率，保证庭审效果。

38. 重视做好调解工作。加大对刑事自诉案件和其他轻微刑事案件的调解力度，尽可能促进当事人和解，力争轻罪案件一审终了。注重刑事附带民事诉讼案件的民事调解，尽最大努力调解解决赔偿被害人损失，保护被害人的合法权益。

39. 研究制定刑事证据规则。规范举证、质证、认证活动；规范和完善刑事鉴定制度，健全和强化对认定案件事实和量刑有关键作用的证人、鉴定人出庭作证制度，并积极探索健全相关配套措施；规范排除非法言词证据的程序、举证责任、证明标准等问题，完善刑事证据制度。

40. 改革完善审判指导制度和法律统一适用机制。针对实践中迫切需要解决的问题，制定贯彻宽严相济刑事政策的规范性文件，明确适用范围和标准；制定死刑案件和其他刑事案件的量刑指导意见，建立和完善相对独立的量刑程序。探索建立刑事案例指导制度，及时发布在认定事实、适用法律等问题上具有指导意义的典型、疑难或者新类型的刑事案例，理论联系实际地准确诠释刑事法律法规和司法解释，提供有针对性、权威性的业务指导与参考。

41. 改革和完善审判委员会工作机制。审判委员会审理、决定案件，可以采取审判委员会委员直接参加合议庭或者旁听合议庭庭审等形式，更好地体现其作为审判组织的特征。

42. 探索建立刑事被害人国家救助制度。积极开展刑事被害人国家救助，对因犯罪行为导致生活确有困难的被害人及其亲属提供适当的经济资助，努力使被害人的损失减少到最低限度，化解矛盾，促进和谐。

六、严格控制和慎重适用死刑

43. 必须高度重视死刑案件的审判。死刑是剥夺犯罪分子生命的最严厉的刑罚。必须严格执行法律，准确惩治犯罪，慎重适用死刑，统一死刑适用标准，确保死刑案件审判质量，维护社会稳定，促进社会和谐。

44. 坚持死刑只适用于罪行极其严重的犯罪分子。正确处理严格控制和慎重适用死刑与依法严厉惩罚严重刑事犯罪的关系。充分考虑维护社会稳定的实际需要，充分考虑社会和公众的接受程度，对那些罪行极其严重，性质极其恶劣，社会危害极大，罪证确实充分，必须依法判处死刑立即执行的，坚决依法判处死刑立即执行。

45. 贯彻执行"保留死刑，严格控制死刑"的刑事政策。对于具有法定从轻、减轻情节的，依法从轻或者减轻处罚，一般不判处死刑立即执行。对于因婚姻家庭、邻里纠纷等民间矛盾激化引发的案件，因被害方的过错行为引起的案件，案发后真诚悔罪积极赔偿被害人经济损失的案件等具有酌定从轻情节的，应慎用死刑立即执行。注重发挥死缓制度既能够依法严惩犯罪又能够有效减少死刑执行的作用，凡是判处死刑可不立即执行的，一律判处死刑缓期二年执行。

46. 严格按照法律程序审理死刑案件。提高死刑案件第一审、第二审的质量，切实把基础工作做好。

——第一审人民法院开庭审理死刑案件，应当切实做到所有事实、证据的认定都必须经过庭审质证、认证，切实保证查清案件事实，准确适用法律，科学裁量刑罚。

——第二审人民法院认真执行最高人民法院、最高人民检察院《关于死刑第二审案件开庭审理程序若干问题的规定（试行）》，所有被判处死刑立即执行的案件都必须经过开庭审理，针对抗诉、上诉的理由，突出重点，确保取得预期的效果。严格执行死刑二审案件开庭审理全程录音录像的工作要求。

——第一审人民法院和第二审人民法院审理死刑案件，合议庭应当提请院长提交审判委员会审理决定。最高人民法院复核死刑案件，高级人民法院复核死刑缓期二年执行的案件，对于疑难、复杂的案件，合议庭认为难以作出决定的，应当提请院长提交审判委员会审理决定。

47. 严格依法复核死刑案件。高级人民法院和最高人民法院复核死刑案件，应当对原审裁判的事实认定、法律适用和诉讼程序进行全面审查。合议庭成员应当阅卷，并提出书面审查意见。对证据有疑问的，应当进行调查核实，必要时到案发现场调查。认真听取被告人委托的辩护人提出的意见，辩护人提出书面意见的应当附卷。高级人民法院复核死刑案件，应当讯问被告人；最高人民法院复核死刑案件，原则上要讯问被告人，切实保证死刑复核案件质量。

48. 公正、及时地审判死刑案件。切实把好死刑案件的事实关、证据关、程序关、适用法律关，把每一起死刑案件都办成铁案，经得起历史检验。定罪的证据确实，但影响量刑的证据存有疑点的刑事案件，处刑时应该予以考虑。在确保办案质量的前提下，努力提高审理死刑案件的效率。

49. 切实做好社会稳定工作。对于因判处死刑或者不判处死刑而引发的缠诉、上访和群体性过激事件，要紧紧依靠党委，积极争取政府和有关部门的支持，认真听取来访人的诉求，及时做好疏导、安抚、制止工作，防止事态扩大。建立死刑案件上访闹访应急处置工作机制，上下级法院要及时通报情况，努力把问题解决在当地，切实维护司法权威，确保社会稳定。

七、加强对刑事审判工作的指导和监督

50. 加强调查研究。及时总结审判实践经验，针对刑事审判工作中具有全局性、普遍性、典型性的新情况、新问题，有计划、有组织地开展调查研究，深入实践，深入基层，掌握客观、真实的素材、数据、案例，进行科学、系统的分析、研究，提出建设性的、前瞻性的、符合实际的对策和建议，注重调研成果转化为规范性指导文件。

51. 加强司法解释工作。最高人民法院根据各地人民法院在刑事审判工作中遇到的具体应用法律问题，通过适时制定司法解释，统一法律适用和裁判尺度，努力做到不同地区法院对同类案件裁判结果基本一致和不同法院对同一法律适用意见基本一致，保证准确适用法律，维护法律的统一。

52. 切实加强对刑事审判工作的指导。建立健全加强刑事审判工作指导的制度和相关配套措施，改进指导方式，着眼于提高办案质量和水平，统一和规范办案标准和程序。规范下级人民法院向上级人民法院的请示制度，除法律适用问题外，对案件事实和证据认定不得向上级人民法院请示。

53. 加强对重大、敏感、社会关注刑事案件审判工作的指导。严格按照最高人民法院有关报告制度的要求，及时逐级向上级人民法院和最高人民法院报告。上级人民法院要加强监督指导，及时掌握案件进展，帮助解决审判中遇到的困难和问题，严格依法审判，保证法律效果和社会效果的统一。

54. 加强刑事审判监督工作。积极探索提高监督质量和效率的方法，健全刑事审判的内外监督机制，改革和完善审判监督。进一步提高刑事审判监督的有效性、准确性、权威性。做好刑事案件审查申诉、再审工作，依法受理刑事申诉案件，及时妥善处理当事人的申诉。坚持依法纠错，确保再审质量。加强刑事赔偿工作，切实保证当事人的合法权益。

55. 主动接受人大及其常委会的监督。依据宪法和监督法自觉接受监督，依法认真向人大及其常委会报告人民法院的工作及专项工作，严格按照决议的要求执行；接受执法专项检查并认真进行整改；接受询问和质询；执行司法解释备案制度。

56. 依法接受检察机关监督。自觉接受人民检察院的法律监督。认真审理抗诉案件，对原判认定事实和适用法律确有不当，抗诉理由成立的，依法予以改判。完善检察长列席审判委员会制度，人民法院审判委员会审理案件，同级人民检察院检察长、受检察长委托的副检察长均可列席会议。

57. 正确对待舆论和社会各界监督。自觉接受人民群众、社会各界包括新闻舆论的监督，加强与新闻媒体的沟通联系，进一步完善新闻发言人制度，规范和加强案件发布制度，把握正确的舆论导向，注重宣传的社会效果，通过媒体广泛准确及时地传播审判活动的信息，最大限度地满足公民对审判程序和结果的了解，对法律精神的理解，为依法独立公正审判创造良好的舆论环境。

八、加强刑事审判队伍建设

58. 充实加强刑事审判力量。根据形势和任务的需要，不断充实政治可靠、作风正派、专业水平高和业务能力强的人员从事刑事审判工作。选调刑事法官要坚持高标准、严要求，对于不适合人员要坚决予以调整。要保证刑事审判人员在法院工作人员中的适当比例，注意保持刑事审判队伍尤其是业务骨干的稳定。

59. 加强思想政治建设。深入开展社会主义法治理念教育，进一步增强刑事法官的政治意识、大局意识、法律意识和责任意识。结合社会主义荣辱观教育，树立正确的世界观、人生观、价值观和权力观、地位观、利益观，不断提高职业道德素质，培养刚正不阿、实事求是、严谨细致、廉洁自律的优良作风和品格。

60. 加强业务能力建设。刑事法官应当加强学习，努力钻研刑事法律，准确掌握刑事政策，关注法学理论的前沿动态，注重司法经验的积累和交流，不断提高法学理论水平和驾驭庭审、适用法律和判决说理等司法能力和水平。有计划地组织业务学习和专业培训，刑事法官每年接受培训的时间累计不少于15天。对各级人民法院尤其是高级和中级人民法院审判委员会的委员进行集中培训，每3年轮训一次。

61. 加强纪律作风建设。建立健全队伍管理制度体系，逐步形成纪律作风建设的长效机制，加强职业修养，约束言行举止，严格审判纪律，改进司法作风，进一步规范司法行为，着力培养刑事法官严谨求实、公正司法、无私奉献的职业操守，不断提高职业化水平。

62. 加强廉政建设。健全完善保证司法廉洁的制度体系，加强党风廉政教育和审判纪律管理，强化对刑事司法行为的规范与监督。建立完善符合法官职业特点的不愿为的自律机制、不敢为的惩戒机制、不能为的防范机制、不必为的保障机制，确保刑事法官廉洁办案。加大查处违法违纪案件的力度，对于贪赃枉法、索贿受贿的，一律清除出法官队伍，构成犯罪的，坚决依法追究刑事责任。

63. 加强刑事法官职业保障。法官依法办案不受追究。建立刑事法官的职业风险和安全保障机制，加强刑事法官的安全保卫措施，切实争取并落实刑事法官异地开庭、出差办案的必要补贴和岗位津贴。在工作上、待遇上、生活上关心爱护刑事法官，对成绩突出的刑事法官在提拔任用、晋职晋级、学习培训、生活待遇等方面予以重视。对恪尽职守、成绩显著的刑事法官，及时给予表彰、奖励和宣传，每3年进行一次全国性表彰活动。适当延长资深刑事法官的工作年限，用事业、感情和适当的待遇增强刑事审判工作的吸引力。

64. 加强刑事审判辅助人员队伍建设。根据不同审级刑事审判工作的实际需要，积极探索对法官助理的配备和使用，科学确定书记员的配置比例。加强法警配备，不断提高业务能力和训练水平，为刑事审判活动提供有力保障。

65. 把队伍建设重点放在基层。关心和帮助基层人民法院解决队伍建设中面临的困难和问题，加大对基层人民法院刑事法官的培训和业务指导力度。基层人民法院在人员编制、大学生分配上要对刑事审判予以保障，以解决法官断层影响刑事审判工作的问题。加强人民法庭队伍建设，不断提高人民法庭处理轻微刑事案件的能力和水平。加强人民陪审员的选任和培训，更好地发挥人民陪审员在刑事审判工作中的积极作用。

九、加强对刑事审判工作的组织领导

66. 坚持和依靠党的领导。牢固树立党的领导的观念，坚决贯彻执行党的路线方针政策和重大决策部署，始终在政治上、思想上、行动上与党中央保持高度一致。审判工作中涉及全局性的事项，主动向党委报告，在党委的领导下把问题解决好。加强人民法院党组织的建设，把各级人民法院党组建设成为刑事审判工作的坚强领导核心，把刑事审判庭的基层党组织建设成为刑事审判工作的坚强战斗堡垒。加强刑事法官党员队伍建设，充分发挥党员在刑事审判工作中的政治影响和模范作用，保证刑事审判工作健康顺利发展。

67. 始终把刑事审判工作摆在重要位置。刑事审判工作要列入法院工作重要议事日程，各级人民法院院长要亲自过问、部署刑事审判工作，主持研究大案要案和敏感案件。院长、庭长要亲自担任审判长主持庭审、参加评议，不断增强刑事审判工作的领导能力。要配强刑事审判庭庭长、副庭长。

68. 加强审判委员会建设。保证审判委员会专职委员中有刑事专职委员，刑事审判庭庭长原则上都应当是审判委员会委员，审判经验丰富的资深刑事法官也可以成为审判委员会委员。最高人民法院审判委员会设立刑事审判专业委员会。高级人民法院和中级人民法院审判委员会根据需要可以设立刑事审判专业委员会。

69. 加强刑事审判物质装备建设和经费保障。积极争取各级党委、政府对刑事审判工作的关心与支持，通过多种途径解决经费"缺口"问题，加强办案用房、交通、押运工具、暂看室、押解设备等基础设施建设和物质装备建设。加快审判庭物质装备信息化建设的步伐，逐步配备录音录像、办公电脑、证据出示和远程作证、远程讯问等科技装备设施，保证刑事庭审活动公正、公开和高效进行。

最高人民法院
印发《关于贯彻宽严相济刑事政策的若干意见》的通知

2010年2月8日　　　　　　　　　　　　　　　　　法发〔2010〕9号

各省、自治区、直辖市高级人民法院，解放军军事法院，新疆维吾尔自治区高级人民法院生产建设兵团分院：

宽严相济刑事政策，是党中央在构建社会主义和谐社会新形势下提出的一项重要政策，是我国的基本刑事政策。它对于最大限度地预防和减少犯罪、化解社会矛盾、维护社会和谐稳定，具有特别重要的意义。最高人民法院在深入调查研究、广泛征求各方面意见的基础上，制定了《最高人民法院关于贯彻宽严相济刑事政策的若干意见》（以下简称《意见》），对人民法院在刑事审判工作中如何更好地贯彻落实宽严相济的刑事政策，提出了具体、明确的要求。

各级人民法院要认真组织学习，充分认识《意见》对于刑事审判工作的重要指导作用。要深刻领会《意见》精神，切实增强贯彻执行宽严相济刑事政策的自觉性，将这一政策的基本要求落实到刑事审判工作的每一个环节中去，切实做到该宽则宽，当严则严，宽严相济，罚当其罪，确保裁判法律效果和社会效果的高度统一。

现将《最高人民法院关于贯彻宽严相济刑事政策的若干意见》印发给你们，请结合落实好今年政法工作的"三项重点工作",认真贯彻执行。执行中的具体问题,请及时层报我院。

附:

关于贯彻宽严相济刑事政策的若干意见

宽严相济刑事政策是我国的基本刑事政策,贯穿于刑事立法、刑事司法和刑罚执行的全过程,是惩办与宽大相结合政策在新时期的继承、发展和完善,是司法机关惩罚犯罪,预防犯罪,保护人民,保障人权,正确实施国家法律的指南。为了在刑事审判工作中切实贯彻执行这一政策,特制定本意见。

一、贯彻宽严相济刑事政策的总体要求

1. 贯彻宽严相济刑事政策,要根据犯罪的具体情况,实行区别对待,做到该宽则宽,当严则严,宽严相济,罚当其罪,打击和孤立极少数,教育、感化和挽救大多数,最大限度地减少社会对立面,促进社会和谐稳定,维护国家长治久安。

2. 要正确把握宽与严的关系,切实做到宽严并用。既要注意克服重刑主义思想影响,防止片面从严,也要避免受轻刑化思想影响,一味从宽。

3. 贯彻宽严相济刑事政策,必须坚持严格依法办案,切实贯彻落实罪刑法定原则、罪刑相适应原则和法律面前人人平等原则,依照法律规定准确定罪量刑。从宽和从严都必须依照法律规定进行,做到宽严有据,罚当其罪。

4. 要根据经济社会的发展和治安形势的变化,尤其要根据犯罪情况的变化,在法律规定的范围内,适时调整从宽和从严的对象、范围和力度。要全面、客观把握不同时期不同地区的经济社会状况和社会治安形势,充分考虑人民群众的安全感以及惩治犯罪的实际需要,注重从严打击严重危害国家安全、社会治安和人民群众利益的犯罪。对于犯罪性质尚不严重,情节较轻和社会危害性较小的犯罪,以及被告人认罪、悔罪,从宽处罚更有利于社会和谐稳定的,依法可以从宽处理。

5. 贯彻宽严相济刑事政策,必须严格依法进行,维护法律的统一和权威,确保良好的法律效果。同时,必须充分考虑案件的处理是否有利于赢得广大人民群众的支持和社会稳定,是否有利于瓦解犯罪,化解矛盾,是否有利于罪犯的教育改造和回归社会,是否有利于减少社会对抗,促进社会和谐,争取更好的社会效果。要注意在裁判文书中充分说明裁判理由,尤其是从宽或从严的理由,促使被告人认罪服法,注重教育群众,实现案件裁判法律效果和社会效果的有机统一。

二、准确把握和正确适用依法从"严"的政策要求

6. 宽严相济刑事政策中的从"严",主要是指对于罪行十分严重、社会危害性极大,依法应当判处重刑或死刑的,要坚决地判处重刑或死刑;对于社会危害大或者具有法定、酌定从重处罚情节，以及主观恶性深、人身危险性大的被告人，要依法从严惩处。在审判活动中通过体现依法从"严"的政策要求，有效震慑犯罪分子和社会不稳定分子，达到有效遏制犯罪、预防犯罪的目的。

7. 贯彻宽严相济刑事政策，必须毫不动摇地坚持依法严惩严重刑事犯罪的方针。对于危害国家安全犯罪、恐怖组织犯罪、邪教组织犯罪、黑社会性质组织犯罪、恶势力犯罪、故意危害公共安全犯罪等严重危害国家政权稳固和社会治安的犯罪，故意杀人、故意伤害致人死亡、强奸、绑架、拐卖妇女儿童、抢劫、重大抢夺、重大盗窃等严重暴力犯罪和严重影响人民群众安全感的犯罪，走私、贩卖、运输、制造毒品等毒害人民健康的犯罪，要作为严惩的重点，依法从重处罚。尤其对于极端仇视国家和社会，以不特定人为侵害对象，所犯罪行特别严重的犯罪分子，该重判的要坚决依法重判，该判处死刑的要坚决依法判处死刑。

8. 对于国家工作人员贪污贿赂、滥用职权、失职渎职的严重犯罪，黑恶势力犯罪、重大安全责任事故、制售伪劣食品药品所涉及的国家工作人员职务犯罪，发生在社会保障、征地拆迁、灾后重建、企业改制、医疗、教育、就业等领域严重损害群众利益、社会影响恶劣、群众反映强烈的国家工作人员职务犯罪，发生在经济社会建设重点领域、重点行业的严重商业贿赂犯罪等，要依法从严惩处。

对于国家工作人员职务犯罪和商业贿赂犯罪中性质恶劣、情节严重、涉案范围广、影响面大的，或者案发后隐瞒犯罪事实、毁灭证据、订立攻守同盟、负案潜逃等拒不认罪悔罪的，要坚决依法从严惩处。

对于被告人犯罪所得数额不大，但对国家财产和人民群众利益造成重大损失、社会影响极其恶劣的职务犯罪和商业贿赂犯罪案件，也应依法从严惩处。

要严格掌握职务犯罪法定减轻处罚情节的认定标准与减轻处罚的幅度，严格控制依法减轻处罚后判处三年以下有期徒刑适用缓刑的范围，切实规范职务犯罪缓刑、免予刑事处罚的适用。

9. 当前和今后一段时期，对于集资诈骗、贷款诈骗、制贩假币以及扰乱、操纵证券、期货市场等严重危害金融秩序的犯罪，生产、销售假药、劣药、有毒有害食品等严重危害食品药品安全的犯罪，走私等严重侵害国家经济利益的犯罪，造成严重后果的重大安全责任事故犯罪，重大环境污染、非法采矿、盗伐林木等各种严重破坏环境资源的犯罪等，要依法从严惩处，维护国家的经济秩序，保护广大人民群众的生命健康安全。

10. 严惩严重刑事犯罪，必须充分考虑被告人的主观恶性和人身危险性。对于事先精心预谋、策划犯罪的被告人，具有惯犯、职业犯等情节的被告人，或者因故意犯罪受过刑事处罚、在缓刑、假释考验期内又犯罪的被告人，要依法严惩，以实现刑罚特殊预防的功能。

11. 要依法从严惩处累犯和毒品再犯。凡是依法构成累犯和毒品再犯的，即使犯罪情节较轻，也要体现从严惩处的精神。尤其是对于前罪为暴力犯罪或被判处重刑的累犯，更要依法从严惩处。

12. 要注重综合运用多种刑罚手段，特别是要重视依法适用财产刑，有效惩治犯罪。对于法律规定有附加财产刑的，要依法适用。对于侵财型和贪利型犯罪，更要注重通过依法适用财产刑使犯罪分子受到经济上的惩罚，剥夺其重新犯罪的能力和条件。要切实加大财产刑的执行力度，确保刑罚的严厉性和惩罚功能得以实现。被告人非法占有、处置被害人财产不能退赃的，在决定刑罚时，应作为重要情节予以考虑，体现从严处罚的精神。

13. 对于刑事案件被告人，要严格依法追究刑事责任，切实做到不枉不纵。要在确保司法公正的前提下，努力提高司法效率。特别是对于那些严重危害社会治安，引起社会关注的刑事案件，要在确保案件质量的前提下，抓紧审理，及时宣判。

三、准确把握和正确适用依法从"宽"的政策要求

14. 宽严相济刑事政策中的从"宽"，主要是指对于情节较轻、社会危害性较小的犯罪，或者罪行虽然严重，但具有法定、酌定从宽处罚情节，以及主观恶性相对较小、人身危险性不大的被告人，可以依法从轻、减轻或者免除处罚；对于具有一定社会危害性，但情节显著轻微危害不大的行为，不作为犯罪处理；对于依法可不监禁的，尽量适用缓刑或者判处管制、单处罚金等非监禁刑。

15. 被告人的行为已经构成犯罪，但犯罪情节轻微，或者未成年人、在校学生实施的较轻犯罪，或者被告人具有犯罪预备、犯罪中止、从犯、胁从犯、防卫过当、避险过当等情节，依法不需要判处刑罚的，可以免予刑事处罚。对免予刑事处罚的，应当根据刑法第三十七条规定，做好善后、帮教工作或者交由有关部门进行处理，争取更好的社会效果。

16. 对于所犯罪行不重、主观恶性不深、人身危险性较小、有悔改表现、不致再危害社会的犯罪分子，要依法从宽处理。对于其中具备条件的，应当依法适用缓刑或者管制、单处罚金等非监禁刑。同时配合做好社区矫正，加强教育、感化、帮教、挽救工作。

17. 对于自首的被告人，除了罪行极其严重、主观恶性极深、人身危险性极大，或者恶意地利用自首规避法律制裁者以外，一般均应当依法从宽处罚。

对于亲属以不同形式送被告人归案或协助司法机关抓获被告人而认定为自首的，原则上都应当依法从宽处罚；有的虽然不能认定为自首，但考虑到被告人亲属支持司法机关工作，促使被告人到案、认罪、悔罪，在决定对被告人具体处罚时，也应当予以充分考虑。

18. 对于被告人检举揭发他人犯罪构成立功的，一般均应当依法从宽处罚。对于犯罪情节不是十分恶劣，犯罪后果不是十分严重的被告人立功的，从宽处罚的幅度应当更大。

19. 对于较轻犯罪的初犯、偶犯，应当综合考虑其犯罪的动机、手段、情节、后果和犯罪时的主观状态，酌情予以从宽处罚。对于犯罪情节轻微的初犯、偶犯，可以免予刑事处罚；依法应当予以刑事处罚的，也应当尽量适用缓刑或者判处管制、单处罚金等非监禁刑。

20. 对于未成年人犯罪，在具体考虑其实施犯罪的动机和目的、犯罪性质、情节和社会危害程度的同时，还要充分考虑其是否属于初犯，归案后是否悔罪，以及个人成长

经历和一贯表现等因素,坚持"教育为主、惩罚为辅"的原则和"教育、感化、挽救"的方针进行处理。对于偶尔盗窃、抢夺、诈骗,数额刚达到较大的标准,案发后能如实交代并积极退赃的,可以认定为情节显著轻微,不作为犯罪处理。对于罪行较轻的,可以依法适当多适用缓刑或者判处管制、单处罚金等非监禁刑;依法可免予刑事处罚的,应当免予刑事处罚。对于犯罪情节严重的未成年人,也应当依照刑法第十七条第三款的规定予以从轻或者减轻处罚。对于已满十四周岁不满十六周岁的未成年犯罪人,一般不判处无期徒刑。

21. 对于老年人犯罪,要充分考虑其犯罪的动机、目的、情节、后果以及悔罪表现等,并结合其人身危险性和再犯可能性,酌情予以从宽处罚。

22. 对于因恋爱、婚姻、家庭、邻里纠纷等民间矛盾激化引发的犯罪,因劳动纠纷、管理失当等原因引发、犯罪动机不属恶劣的犯罪,因被害方过错或者基于义愤引发的或者具有防卫因素的突发性犯罪,应酌情从宽处罚。

23. 被告人案发后对被害人积极进行赔偿,并认罪、悔罪的,依法可以作为酌定量刑情节予以考虑。因婚姻家庭等民间纠纷激化引发的犯罪,被害人及其家属对被告人表示谅解的,应当作为酌定量刑情节予以考虑。犯罪情节轻微,取得被害人谅解的,可以依法从宽处理,不需判处刑罚的,可以免予刑事处罚。

24. 对于刑事被告人,如果采取取保候审、监视居住等非羁押性强制措施足以防止发生社会危险性,且不影响刑事诉讼正常进行的,一般可不采取羁押措施。对人民检察院提起公诉而被告人未被采取逮捕措施的,除存在被告人逃跑、串供、重新犯罪等具有人身危险性或者可能影响刑事诉讼正常进行的情形外,人民法院一般可不决定逮捕被告人。

四、准确把握和正确适用宽严"相济"的政策要求

25. 宽严相济刑事政策中的"相济",主要是指在对各类犯罪依法处罚时,要善于综合运用宽和严两种手段,对不同的犯罪和犯罪分子区别对待,做到严中有宽、宽以济严;宽中有严、严以济宽。

26. 在对严重刑事犯罪依法从严惩处的同时,对被告人具有自首、立功、从犯等法定或酌定从宽处罚情节的,还要注意宽以济严,根据犯罪的具体情况,依法应当或可以从宽的,都应当在量刑上予以充分考虑。

27. 在对较轻刑事犯罪依法从轻处罚的同时,要注意严以济宽,充分考虑被告人是否具有屡教不改、严重滋扰社会、群众反映强烈等酌定从严处罚的情况,对于不从严不足以有效惩戒者,也应当在量刑上有所体现,做到济之以严,使犯罪分子受到应有处罚,切实增强改造效果。

28. 对于被告人同时具有法定、酌定从严和法定、酌定从宽处罚情节的案件,要在全面考察犯罪的事实、性质、情节和对社会危害程度的基础上,结合被告人的主观恶性、人身危险性、社会治安状况等因素,综合作出分析判断,总体从严,或者总体从宽。

29. 要准确理解和严格执行"保留死刑,严格控制和慎重适用死刑"的政策。对于

罪行极其严重的犯罪分子,论罪应当判处死刑的,要坚决依法判处死刑。要依法严格控制死刑的适用,统一死刑案件的裁判标准,确保死刑只适用于极少数罪行极其严重的犯罪分子。拟判处死刑的具体案件定罪或者量刑的证据必须确实、充分,得出唯一结论。对于罪行极其严重,但只要是依法可不立即执行的,就不应当判处死刑立即执行。

30. 对于恐怖组织犯罪、邪教组织犯罪、黑社会性质组织犯罪和进行走私、诈骗、贩毒等犯罪活动的犯罪集团,在处理时要分别情况,区别对待:对犯罪组织或集团中的为首组织、指挥、策划者和骨干分子,要依法从严惩处,该判处重刑或死刑的要坚决判处重刑或死刑;对受欺骗、胁迫参加犯罪组织、犯罪集团或只是一般参加者,在犯罪中起次要、辅助作用的从犯,依法应当从轻或减轻处罚,符合缓刑条件的,可以适用缓刑。

对于群体性事件中发生的杀人、放火、抢劫、伤害等犯罪案件,要注意重点打击其中的组织、指挥、策划者和直接实施犯罪行为的积极参与者;对因被煽动、欺骗、裹胁而参加,情节较轻,经教育确有悔改表现的,应当依法从宽处理。

31. 对于一般共同犯罪案件,应当充分考虑各被告人在共同犯罪中的地位和作用,以及在主观恶性和人身危险性方面的不同,根据事实和证据能分清主从犯的,都应当认定主从犯。有多名主犯的,应在主犯中进一步区分出罪行最为严重者。对于多名被告人共同致死一名被害人的案件,要进一步分清各被告人的作用,准确确定各被告人的罪责,以做到区别对待;不能以分不清主次为由,简单地一律判处重刑。

32. 对于过失犯罪,如安全责任事故犯罪等,主要应当根据犯罪造成危害后果的严重程度、被告人主观罪过的大小以及被告人案发后的表现等,综合掌握处罚的宽严尺度。对于过失犯罪后积极抢救、挽回损失或者有效防止损失进一步扩大的,要依法从宽。对于造成的危害后果虽然不是特别严重,但情节特别恶劣或案发后故意隐瞒案情,甚至逃逸,给及时查明事故原因和迅速组织抢救造成贻误的,则要依法从重处罚。

33. 在共同犯罪案件中,对于主犯或首要分子检举、揭发同案地位、作用较次犯罪分子构成立功的,从轻或者减轻处罚应当从严掌握,如果从轻处罚可能导致全案量刑失衡的,一般不予从轻处罚;如果检举、揭发的是其他犯罪案件中罪行同样严重的犯罪分子,或者协助抓获的是同案中的其他主犯、首要分子的,原则上应予依法从轻或者减轻处罚。对于从犯或犯罪集团中的一般成员立功,特别是协助抓获主犯、首要分子的,应当充分体现政策,依法从轻、减轻或者免除处罚。

34. 对于危害国家安全犯罪、故意危害公共安全犯罪、严重暴力犯罪、涉众型经济犯罪等严重犯罪;恐怖组织犯罪、邪教组织犯罪、黑恶势力犯罪等有组织犯罪的领导者、组织者和骨干分子;毒品犯罪再犯的严重犯罪者;确有执行能力而拒不依法积极主动缴付财产执行财产刑或确有履行能力而不积极主动履行附带民事赔偿责任的,在依法减刑、假释时,应当从严掌握。对累犯减刑时,应当从严掌握。拒不交代真实身份或对减刑、假释材料弄虚作假,不符合减刑、假释条件的,不得减刑、假释。

对于因犯故意杀人、爆炸、抢劫、强奸、绑架等暴力犯罪,致人死亡或严重残疾而被判处死刑缓期二年执行或无期徒刑的罪犯,要严格控制减刑的频度和每次减刑的幅度,要保证其相对较长的实际服刑期限,维护公平正义,确保改造效果。

对于未成年犯、老年犯、残疾罪犯、过失犯、中止犯、胁从犯、积极主动缴付财产执行财产刑或履行民事赔偿责任的罪犯、因防卫过当或避险过当而判处徒刑的罪犯以及其他主观恶性不深、人身危险性不大的罪犯，在依法减刑、假释时，应当根据悔改表现予以从宽掌握。对认罪服法，遵守监规，积极参加学习、劳动，确有悔改表现的，依法予以减刑，减刑的幅度可以适当放宽，间隔的时间可以相应缩短。符合刑法第八十一条第一款规定的假释条件的，应当依法多适用假释。

五、完善贯彻宽严相济刑事政策的工作机制

35. 要注意总结审判经验，积极稳妥地推进量刑规范化工作。要规范法官的自由裁量权，逐步把量刑纳入法庭审理程序，增强量刑的公开性和透明度，充分实现量刑的公正和均衡，不断提高审理刑事案件的质量和效率。

36. 最高人民法院将继续通过总结审判经验，制发典型案例，加强审判指导，并制定关于案例指导制度的规范性文件，推进对贯彻宽严相济刑事政策案例指导制度的不断健全和完善。

37. 要积极探索人民法庭受理轻微刑事案件的工作机制，充分发挥人民法庭便民、利民和受案、审理快捷的优势，进一步促进轻微刑事案件及时审判，确保法律效果和社会效果的有机统一。

38. 要充分发挥刑事简易程序节约司法资源、提高审判效率、促进司法公正的功能，进一步强化简易程序的适用。对于被告人对被指控的基本犯罪事实无异议，并自愿认罪的第一审公诉案件，要依法进一步强化普通程序简化审的适用力度，以保障符合条件的案件都能得到及时高效的审理。

39. 要建立健全符合未成年人特点的刑事案件审理机制，寓教于审，惩教结合，通过科学、人性化的审理方式，更好地实现"教育、感化、挽救"的目的，促使未成年犯罪人早日回归社会。要积极推动有利于未成年犯罪人改造和管理的各项制度建设。对公安部门针对未成年人在缓刑、假释期间违法犯罪情况报送的拟撤销未成年犯罪人的缓刑或假释的报告，要及时审查，并在法定期限内及时做出决定，以真正形成合力，共同做好未成年人犯罪的惩戒和预防工作。

40. 对于刑事自诉案件，要尽可能多做化解矛盾的调解工作，促进双方自行和解。对于经过司法机关做工作，被告人认罪悔过，愿意赔偿被害人损失，取得被害人谅解，从而达成和解协议的，可以由自诉人撤回起诉，或者对被告人依法从轻或免予刑事处罚。对于可公诉、也可自诉的刑事案件，检察机关提起公诉的，人民法院应当依法进行审理，依法定罪处罚。对民间纠纷引发的轻伤害等轻微刑事案件，诉至法院后当事人自行和解的，应当予以准许并记录在案。人民法院也可以在不违反法律规定的前提下，对此类案件尝试做一些促进和解的工作。

41. 要尽可能把握一切有利于附带民事诉讼调解结案的积极因素，多做促进当事人双方和解的辨法析理工作，以更好地落实宽严相济刑事政策，努力做到案结事了。要充分发挥被告人、被害人所在单位、社区基层组织、辩护人、诉讼代理人和近亲属在附带民事诉讼调解工作中的积极作用，协调各方共同做好促进调解工作，尽可能通过调解达成民事赔偿协议并以此取得被害人及其家属对被告人的谅解,化解矛盾,促进社会和谐。

42. 对于因受到犯罪行为侵害、无法及时获得有效赔偿、存在特殊生活困难的被害人及其亲属,由有关方面给予适当的资金救助,有利于化解矛盾纠纷,促进社会和谐稳定。各地法院要结合当地实际,在党委、政府的统筹协调和具体指导下,落实好、执行好刑事被害人救助制度,确保此项工作顺利开展,取得实效。

43. 对减刑、假释案件,要采取开庭审理与书面审理相结合的方式。对于职务犯罪案件,尤其是原为县处级以上领导干部罪犯的减刑、假释案件,要一律开庭审理。对于故意杀人、抢劫、故意伤害等严重危害社会治安的暴力犯罪分子,有组织犯罪案件中的首要分子和其他主犯以及其他重大、有影响案件罪犯的减刑、假释,原则上也要开庭审理。书面审理的案件,拟裁定减刑、假释的,要在羁押场所公示拟减刑、假释人员名单,接受其他在押罪犯的广泛监督。

44. 要完善对刑事审判人员贯彻宽严相济刑事政策的监督机制,防止宽严失当、枉法裁判、以权谋私。要改进审判考核考评指标体系,完善错案认定标准和错案责任追究制度,完善法官考核机制。要切实改变单纯以改判率、发回重审率的高低来衡量刑事审判工作质量和法官业绩的做法。要探索建立既能体现审判规律、符合法官职业特点,又能准确反映法官综合素质和司法能力的考评体制,对法官审理刑事案件质量,落实宽严相济刑事政策,实现刑事审判法律效果和社会效果有机统一进行全面、科学的考核。

45. 各级人民法院要加强与公安机关、国家安全机关、人民检察院、司法行政机关等部门的联系和协调,建立经常性的工作协调机制,共同研究贯彻宽严相济刑事政策的工作措施,及时解决工作中出现的具体问题。要根据"分工负责、相互配合、相互制约"的法律原则,加强与公安机关、人民检察院的工作联系,既各司其职,又进一步形成合力,不断提高司法公信,维护司法权威。要在律师辩护代理、法律援助、监狱提请减刑假释、开展社区矫正等方面加强与司法行政机关的沟通和协调,促进宽严相济刑事政策的有效实施。

最高人民法院
印发《关于加强新时期人民法院刑事审判工作的意见》的通知

2013年12月27日 　　　　　　　　　　　　法〔2013〕298号

各省、自治区、直辖市高级人民法院,解放军军事法院,新疆维吾尔自治区高级人民法院生产建设兵团分院:

根据第六次全国刑事审判工作会议精神,最高人民法院研究制定了《关于加强新时期人民法院刑事审判工作的意见》，现予印发，请及时转发下级人民法院，并结合实际认真贯彻落实。

附：

最高人民法院
关于加强新时期人民法院刑事审判工作的意见

为全面加强刑事审判工作，充分发挥刑事审判职能作用，严格执行刑法和刑事诉讼法，确保刑事司法公正，努力实现让人民群众在每一个司法案件中都感受到公平正义，为平安中国、法治中国建设提供有力司法保障，根据第六次全国刑事审判工作会议精神，结合当前刑事审判工作实际，现就加强新时期人民法院刑事审判工作提出以下意见。

一、进一步明确新时期刑事审判工作面临的目标任务

1. 刑事审判工作取得显著进步。第五次全国刑事审判工作会议以来，全国各级人民法院坚持以邓小平理论、"三个代表"重要思想、科学发展观为指导，忠实履行宪法和法律赋予的职责，全面加强刑事审判工作，为维护国家安全和社会和谐稳定、促进经济社会持续健康发展提供了有力司法保障。刑事审判职能作用得到充分发挥，宽严相济刑事政策得到有效落实，刑事案件质量和效率不断提高。死刑案件审判工作平稳有序，有力促进了刑事审判整体水平的提升。刑事司法改革取得丰硕成果，促进了中国特色社会主义法律体系和司法制度的发展完善。刑事审判队伍素质进一步提升，刑事司法能力显著增强。

2. 刑事审判积累了宝贵经验。总结多年的刑事司法实践，必须不断坚持、发展和完善以下理念和做法：

——必须坚持严格依法办案，以事实为根据，以法律为准绳，始终遵循刑事司法规律。

——必须坚持惩罚犯罪与保障人权并重，全面发挥刑事审判职能作用。

——必须坚持实体公正与程序公正并重，以看得见的方式实现实体公正，提升司法权威和司法公信力。

——必须不断推进刑事司法改革，不断完善刑事审判制度，实现刑事审判工作科学发展。

——必须坚持党的领导和人大监督，确保刑事审判工作沿着正确的道路健康发展。

3. 刑事审判工作面临的新形势新任务。党的十八大从全面建成小康社会的战略高度，对全面推进依法治国、加快建设社会主义法治国家提出了新要求。习近平总书记对建设法治中国、平安中国作出了重要指示，为开创人民法院工作新局面指明了方向。我国法治建设已经进入新的历史阶段，但是从国家安全和社会稳定形势看，我国仍然处于

刑事犯罪高发期，境内外敌对势力对我渗透、破坏和颠覆从未停止；严重危害社会治安的犯罪高发频发；贪污贿赂、渎职犯罪形势依然严峻，食品药品安全、环境污染、重大公共安全事故时有发生，给社会稳定带来新的压力，对刑事审判工作提出了严峻挑战和新的考验。人民群众对刑事审判工作的期待越来越高，不仅要求严厉打击犯罪，维护社会秩序，同时要求刑事司法公平公正，每一个案件都能经得起法律和历史的检验，对刑事审判工作提出了新的更高要求。同时，刑事审判自身建设在司法理念、审判方式、审判管理、监督制约等方面仍然存在不容忽视的问题，必须高度重视，采取有力措施切实加以解决。

4. 当前和今后一个时期刑事审判工作的总体思路和目标任务。刑事审判承担着打击犯罪、保护人民、维护稳定、促进和谐等重要职能，事关国家安全和社会稳定，事关人民群众根本利益，在党和国家工作大局和人民法院工作全局中具有举足轻重的地位，在推进平安中国、法治中国建设中发挥十分重大的作用。面对新形势、新任务，刑事审判工作必须加强，不能削弱。当前和今后一个时期，人民法院刑事审判工作的总体思路和目标任务是：认真贯彻落实党的十八大和习近平总书记关于法治建设重要论述，紧紧围绕"努力让人民群众在每一个司法案件中都感受到公平正义"这个目标，牢牢把握司法为民公正司法这条主线，树立科学的刑事司法理念，依法惩罚犯罪、保护人民、维护稳定、促进和谐，深化刑事司法改革，确保刑事司法公正，为推进平安中国、法治中国建设提供更加有力的司法保障。

二、充分发挥刑事审判职能作用

5. 依法严惩危害国家安全和严重危害社会治安的犯罪。依法严惩危害国家安全、煽动民族分裂以及暴力恐怖犯罪，维护国家长治久安。依法严惩爆炸、杀人、抢劫、绑架、强奸、毒品等严重危害社会治安的犯罪，保障人民群众安居乐业。依法惩治编造、故意传播虚假恐怖信息犯罪、信息网络犯罪、性侵害未成年人犯罪等刑事犯罪活动，保护公民的人身权利、财产权利、民主权利和其他权利。针对不同时期、不同地域出现的突出犯罪类型和严重犯罪分子，依法予以严惩，坚决遏制相关犯罪的高发态势。

6. 依法惩治经济领域犯罪和危害民生犯罪。依法惩治金融、财税、证券、期货等领域的犯罪和商业贿赂犯罪，依法惩治制售伪劣商品、走私、侵犯知识产权等犯罪，维护良好的市场经济秩序。依法惩治制售假冒伪劣、有毒、有害食品、药品等犯罪，保障人民群众生命健康。依法惩治制售伪劣农药、兽药、化肥、种子等坑农害农的犯罪，保障农业生产经营，维护农民根本利益。

7. 依法惩治贪污贿赂等职务犯罪。依法惩治贪污、贿赂、渎职等职务犯罪，依法惩治重大安全责任事故、伪劣食品药品事件所涉及的国家工作人员职务犯罪，依法惩治发生在金融、电信等公共服务行业和社会保障、征地拆迁、企业改制、扶贫救灾等领域的职务犯罪，推动反腐败斗争和廉政建设深入开展。

8. 全面落实宽严相济刑事政策。根据犯罪的具体情况区别对待，做到该宽则宽，当严则严，宽严相济，罚当其罪，打击和孤立极少数，教育、感化和挽救大多数，最大限度减少社会对立面，促进社会和谐稳定。

——正确把握宽严相济刑事政策的总体要求，该严的要严到位，该宽的要宽到位，既要防止失之过严，又要防止失之过宽，防止政策执行的孤立化、绝对化、片面化。

——细化宽严相济的具体标准，根据经济社会的发展和治安形势的变化，在法律规定的范围内，适时、适度调整从宽和从严的对象、范围和力度，增强政策的针对性和可操作性。

——正确处理执行政策与适用法律的关系，适用从宽或者从严处罚情节，必须遵循罪刑法定、罪责刑相适应等刑法基本原则，严格依照刑法、刑事诉讼法及相关司法解释办案，不能逾越法律界限。

9. 深入推进社会矛盾化解工作。坚持把化解矛盾贯穿于一审、二审、再审、死刑复核等刑事审判程序的全过程和各个环节，切实做好辨法析理、服判息诉工作，促进矛盾纠纷的实质性解决。坚持好、发展好"依靠群众就地化解矛盾"的"枫桥经验"，注重加强矛盾排查，对发现的苗头性、倾向性问题，及时做好预防化解工作，防止矛盾激化。高度重视做好刑事附带民事诉讼和刑事自诉案件的调解工作，在坚持自愿、合法原则基础上，充分调动各种有利于调解的积极因素，促使被告人真诚悔罪，取得被害方谅解，修复社会关系，增进社会和谐。

10. 继续加强少年审判工作。对犯罪的未成年人，坚持"教育为主、惩罚为辅"的原则，积极实行"教育、感化、挽救"的方针，使未成年犯得到及时有效的改造。认真贯彻修改后刑事诉讼法关于未成年人刑事诉讼特别程序的规定，落实社会调查、合适成年人参与诉讼、犯罪记录封存等制度，推进独立建制未成年人案件综合审判庭和指导机构建设，深化中国特色社会主义少年司法制度的改革探索。

11. 规范减刑、假释和暂予监外执行工作。加快建立减刑、假释案件办理流程，加强开庭审理、裁前公示工作，实行重大敏感案件报告备案制度。依法、适度、合理掌握减刑的起始时间、间隔时间和减刑幅度，确保刑罚执行的良好效果。实行减刑、假释和暂予监外执行案件归口办理，明确相应的审判机构及其职责。及时研究和解决刑罚执行中出现的新情况、新问题，与有关部门共同推进对刑满释放人员、社区矫正对象等特殊人群的帮教管理。

12. 积极参与社会管理综合治理。立足审判工作，采取多种方式参与社会管理综合治理，依法处理影响社会和谐稳定的突出问题。深入分析各类犯罪原因、规律、特点及相关社会管理职能中存在的薄弱环节，及时向有关部门提出司法建议，促进有关部门和单位健全制度，加强管理，预防和减少犯罪。积极参与各种专项斗争，支持社会治安防控体系建设和基层平安创建活动，共同营造和谐稳定的社会环境。

三、严格贯彻刑法和刑事诉讼法

13. 牢固树立尊重和保障人权理念。在强化依法打击犯罪的同时，更加注重规范司法权力，切实依法保障人权。彻底摒弃"重打击、轻保护""重实体、轻程序"等观念，既要让有罪的人受到公正合法的审判，也要保障无罪的人不受刑事追究。注重加强对刑事被害人的保护，切实保障其合法权益和正当要求，维护社会公平正义。

——严格贯彻罪刑法定原则，严格定罪标准，正确区分罪与非罪、此罪与彼罪的界限，落实法无明文规定不为罪的要求，防止不当扩大打击范围，确保定罪准确。

——严格落实疑罪从无原则，对那些"定放两难"的案件，不能为找出路而降低证明标准、勉强定罪，切实维护被告人合法权益和司法权威，坚决防止冤假错案的发生。

——坚持法律面前人人平等，依法平等保护各方当事人的合法权益，平等对待控辩双方，保证双方在法庭上享有均等的诉讼权利和机会，在证据采信、事实认定、适用法律上一视同仁，确保案件得到公正裁判。

——严格落实罪责刑相适应原则，摒弃"重定罪、轻量刑"的观念，根据犯罪的事实、性质、情节和对社会的危害程度，准确适用刑罚。

14. 坚持依法独立公正行使审判权。坚持严格依法办案，严守法治原则，坚持以事实为根据、以法律为准绳，真正做到有法必依、执法必严、违法必究。敢于排除各种干扰，建立健全保障人民法院依法独立公正行使审判权的机制。上级法院要理直气壮地支持下级法院公正办案。加强与公安、检察机关互相配合的同时，严格遵循疑罪从无、证据裁判、程序法治等原则，通过公开公正审理、严格依法裁判，充分发挥审判对侦查、起诉环节的制约和引导作用，着力提升刑事诉讼整体水平，共同维护刑事司法公正。

15. 牢固树立庭审中心理念。突出庭审的中心地位，全面落实直接言词原则、辩论原则、居中裁判原则、公开审判原则，充分发挥庭审的功能作用，真正做到事实调查在法庭、证据展示在法庭、控诉辩护在法庭、裁判说理在法庭，通过庭审查明案件事实，确保司法公正，维护司法权威。

——强化庭审公开。除法律规定不能公开的以外，刑事案件一律公开审理，特别是社会关注、敏感复杂的案件，要以公开开庭审理的方式，向社会完整展示案件审判的全过程，消除群众疑惑、赢得社会公信。庭审全程录音录像。

——强化庭审程序。严格依照法定程序办案，使诉讼各方能够围绕起诉指控的事实和定罪量刑问题，充分提出证据、发表意见，充分进行交叉询问、辩论，充分发挥举证、质证、认证各环节的作用，充分尊重和保障辩护律师依法履职的权利，使庭审真正成为确认和解决罪、责、刑问题的关键环节。

16. 牢固树立证据裁判理念。严格落实证据裁判原则，把开庭审理的重心放在审查判断证据上，对控辩双方提交的证据依照法定程序进行审查，准确认定证据效力和证明力。认定案件事实必须以经过法定程序审查认定的证据为根据，确保每一起刑事案件认定事实清楚，证据确实、充分。

——全面审查证据，不仅要重视审查对被告人的有罪指控和有罪证据，也要重视审查对被告人无罪、罪轻的辩护和辩解，真正做到兼听则明。对被告人或律师提供的重要证据线索，本人无法调取的，法院应当依职权调查取证，确保不遗漏重要证据。

——坚持科学认证，做到重客观证据、不轻信口供，重证据分析、不主观臆断，重调查研究、不轻信经验，重证明标准、不心存侥幸，努力得出客观真实的结论。

——严格把握证明标准，认定被告人有罪必须做到证据确实、充分，不得以其他标准降低法定证明标准。对于定罪证据不足的案件，应当坚持疑罪从无，依法宣告无罪，不能降格作出"留有余地"的处理。

17. 重视运用好庭前会议制度。进一步完善相应的程序和实施细则，充分发挥庭前会议的作用。对当事人或者辩护人、诉讼代理人在庭前就反映非法取证问题的,可以利用庭前会议进行初步核查,并请检察机关围绕所反映的问题,有针对性地做好证明取证合法的有关工作,主动排除不合法证据,以保障庭审依法、有序、高效进行。

18. 认真落实证人、鉴定人出庭作证制度。积极协调有关部门,认真贯彻修改后刑事诉讼法,健全完善强制证人到庭、证人保护、证人、鉴定人出庭作证等制度,推动建立与立法相配套的工作机制。着力提升证人、鉴定人出庭的实际效果,发挥庭审质证特别是对质、交叉询问的作用,避免质证形式化。

19. 严格执行非法证据排除制度。高度重视被告人及其辩护人提出的非法证据排除申请,对于案件经审理,确认或者不能排除存在法律规定的非法取证情形的,对有关证据应当坚决予以排除。不断总结实践经验,健全完善非法证据排除标准和工作机制。

20. 依法合理适用简易程序。进一步扩大简易程序适用范围,合理配置司法资源,规范庭审流程,努力实现公正与效率的统一。对适用简易程序审理的案件,科学简化定罪事实调查的举证、质证程序,把量刑事实、情节作为法庭调查的重点,确保简单案件得到高效处理。

21. 严格执行二审开庭规定。依法应当开庭审理的案件,必须开庭审理,不断提高二审开庭的比例。准确把握庭审重点,在贯彻落实二审全面审查原则的同时,重点围绕控辩双方争议问题和其他影响定罪、量刑的事实、证据问题进行审理,确保庭审质量和效率。

22. 严格执行审限制度。认真落实刑事诉讼法及司法解释、指导性文件关于审理期限的规定,提高办案效率,提高审限内结案率。依照法律和程序积极清理超审限案件,避免案件久押不决。

23. 加强新闻宣传和舆情应对工作。进一步加大对刑法、刑事诉讼法及相关司法解释的宣传力度,使社会公众准确理解罪刑法定、罪责刑相适应、疑罪从无、证据裁判等司法原则和理念。创新宣传工作机制,对影响较大、社会普遍关注的案件,充分利用报纸、广播、电视等传统媒体和网络、微博、微信等新兴媒体,依法公开案件审理过程,以司法公开回应社会关切。认真总结宣传工作经验,提高在新媒体环境下与媒体打交道的能力。对重大敏感案件和社会关注的热点问题,要积极主动加以应对,及时提供客观、权威信息,澄清事实真相,消除公众误解,为法院工作营造良好的舆论环境。

四、严格控制和慎重适用死刑

24. 高度重视死刑案件审判工作。充分认识死刑案件审判工作的重要性及其在刑事审判乃至整个法院工作中的核心地位。坚定不移地贯彻好、执行好"保留死刑,严格控制和慎重适用死刑"的政策,确保死刑只适用于极少数罪行极其严重的犯罪分子。

25. 依法严格控制和慎重适用死刑。对于严重危害国家安全、严重危害社会治安、严重影响人民群众安全感的罪行极其严重的犯罪分子,依法应当判处死刑的要坚决判处死刑。对于依法不是必须判处死刑的,不得降低死刑适用标准。对于被告人论罪应当处死刑,但具有自首等法定从宽处罚情节的,除主观恶性极深、人身危险性极大、社会危害性极大,或者恶意利用自首规避法律制裁等确实不足以从宽处罚的情形外,要最大限度体现从宽，一般不应判处死刑立即执行。对于因婚姻家庭、邻里纠纷等民间矛盾激化引发的故意杀人等犯罪，处理上要与严重危害社会治安的犯罪有所区别，能不判死刑的尽量不判死刑。充分发挥好死缓限制减刑制度的作用，确保死刑政策的严格执行。

26. 确保死刑案件质量。牢固树立质量第一的观念，始终坚持最高最严的证明标准，不仅定罪证据要确实、充分，判处死刑的证据也要确实、充分，死刑案件必须办成"铁案"。对于案件的主要定案证据存在疑问，不能得出是被告人犯罪唯一结论的，必须坚持"疑罪从无"，依法作出无罪判决；对于认定被告人有罪的事实清楚，但影响死刑适用的重要量刑事实存疑的，要留有余地，不能判处死刑立即执行；对于没有客观性证据，主要依靠被告人口供定案的，或者主要根据间接证据定案的，适用死刑要特别慎重，确保死刑案件"零差错"。

27. 强化一、二审职能作用。在死刑案件一审、二审、复核审程序中，各个环节都要严格把关，特别是一、二审法院要严格履行职责，认真落实相关程序制度，切实发挥"一审是基础""二审是关键"的作用，打牢死刑案件质量基础。

——第一审人民法院开庭审理死刑案件，应当切实做到所有事实、证据的认定都必须经过庭审质证、认证，特别是对于当事人提出异议、对定案有关键作用的证人证言、鉴定意见，依法应当出庭作证的，必须通知证人、鉴定人出庭作证，切实保证查清案件事实，准确适用法律，科学裁量刑罚。

——第二审人民法院开庭审理死刑案件，应当针对抗诉、上诉的理由，重点查明可能影响定罪量刑的事实证据问题，确保案件事实清楚，证据确实、充分，定罪准确，量刑适当，审判程序合法。同时严格执行二审限制发回重审的规定，确保死刑案件办案质量。

——切实做好死刑案件的补查补正工作，一、二审法院要进一步增强补查补正工作的主动性，对于本院发现需要补查补正，或者上级法院提出补查补正要求的死刑案件，都要及时商公安、检察机关补查补正，保证案件质量。

28. 切实做好死刑案件附带民事诉讼调解工作。对于因婚姻家庭、邻里纠纷等民间矛盾激化引发的犯罪，因劳动纠纷、管理失当等原因引发、犯罪动机不属恶劣的犯罪，因被害方过错或者基于义愤引发的或者具有防卫因素的突发性犯罪，要尽量做好附带民事调解工作。即使没有法定从轻情节，只要被告人认罪、悔罪，案发后积极赔偿，被害方表示谅解的，一般可以不判处死刑立即执行。同时，用好用足刑事被害人救助制度，切实发挥救助制度对严格执行死刑政策的辅助和促进作用。

29. 切实保障死刑被告人的诉讼权利。复核死刑案件，必须讯问被告人。辩护律师提出反映意见要求的，应当认真听取。推进远程视频提讯技术升级，增强提讯效果，切实保障死刑被告人的各项权利。认真执行司法解释的相关规定，充分保障死刑犯在临刑前会见近亲属的权利。

30. 完善死刑案件审判工作机制。应当选择业务能力强、经验丰富的法官审理死刑案件，原则上全部由法官组成合议庭审理死刑案件。合议庭成员承担与承办法官同等的责任，认真参与开庭、评议，对事实、证据独立进行判断并提出意见。庭、院领导审核死刑案件建议合议庭复议的，应当书面详细列举存在的问题、意见和理由。审判委员会讨论死刑案件应当深入、具体，充分发挥集体把关作用，每位委员都要独立发表意见，并详细阐述观点和理由。高级人民法院原则上应当设立刑事审判专业委员会，死刑案件较多的中级人民法院也要尽可能设立刑事审判专业委员会，进一步加强对死刑案件的审判能力。

五、切实深化刑事司法改革

31. 探索完善轻罪案件速裁机制。加强与检察机关等部门的沟通协调，探索完善轻罪速裁机制，在法律框架内最大限度简化轻罪案件审理程序，公正高效审理轻罪刑事案件。

32. 健全完善刑事涉诉信访工作机制。配合做好涉法涉诉信访工作改革，用法治思维和法治方式解决刑事涉诉信访问题，加强与检察机关、信访部门的工作衔接，积极推动建立诉访分离、申诉案件终结机制，努力实现维护司法权威与维护群众合法权益的统一。

33. 继续推进量刑规范化改革。认真总结实践经验，积极稳妥实施量刑规范化工作，完善量刑程序，并逐步扩大量刑规范化的罪名和刑种范围，形成科学完善的量刑指导体系，确保量刑公开、公平、公正。深化量刑改革理论研究，促进改革实践深入发展。

34. 进一步推动落实被害人救助制度。积极争取地方党委、人大、政府及各方面支持，落实救助资金，规范救助程序，明确救助对象、条件和标准，设立刑事被害人专项救助资金，把司法为民贯穿被害人救助工作全过程。

35. 完善司法公开机制。加快建设审判流程公开、裁判文书公开、执行信息公开三大平台。全面增强刑事裁判文书说理性，有序推进刑事裁判文书上网公布工作，增强裁判的公信力。

36. 完善人民陪审员工作机制。增加陪审员选任范围和人数，规范人民陪审员参与审理刑事案件的方式和流程，加强对人民陪审员的业务培训，确保人民陪审员依法有序参与审判活动。

37. 完善刑事审判权运行机制。推进审判组织改革，科学界定合议庭、审判委员会的职责，完善主审法官、合议庭办案责任制，规范司法行为，把好刑事案件质量关。建立健全案件审理责任制和违法办案责任追究机制。

38. 深化审判管理改革。继续加强刑事审判管理工作，本着依法管理、科学管理、规范管理的原则，建立健全符合刑事审判工作特点的审判管理机制。

39. 完善刑事审判绩效考核制度。规范考核指标，科学设定合理区间，杜绝唯数字论、唯指标论的不良倾向，发挥绩效考核的正面导向作用，推动刑事审判工作科学发展。

六、着力加强刑事审判监督指导工作

40. 强化对下监督指导。认真落实重心下移方针，切实加大事前指导、政策指导、宏观指导力度，完善指导工作机制，努力推动刑事司法观念更新，进一步统一办案思想、标准和程序,确保刑法和刑事诉讼法得到不折不扣的贯彻实施。坚持以问题为导向,加强调查研究,强化分类指导,有针对性地解决刑法、刑事诉讼法实施中遇到的突出问题。

41. 加强司法解释工作。认真研究修改后的刑法和刑事诉讼法实施中遇到的新情况新问题,特别是针对当前部分经济犯罪、职务犯罪、涉黑犯罪、侵犯儿童权益犯罪以及刑事附带民事赔偿等方面存在的问题,认真研究制定司法解释或指导性文件,为刑事审判提供更加有力的法律依据和业务指导。

42. 加强案例指导工作。进一步完善中国特色案例指导制度,提高案例指导水平,充分发挥典型案例对刑事审判的指导作用。

43. 加强对重大、敏感、社会关注案件的审判指导。对社会关注的重大敏感案件,要同时做好三种预案:一是庭审工作预案;二是舆情应对预案;三是维护稳定预案。上级法院既要支持下级法院依法独立审判,又要加强对特定案件庭审预案、证据审查、事实认定以及法律适用的指导,及时把握案件审理进度,帮助下级法院解决审判中遇到的困难,同时要高度重视加强舆论引导,为案件公正审判提供有力保障。

44. 健全预防和纠正冤假错案工作机制。对于已经发现的冤假错案,发现一起坚决依法纠正一起。深入研究冤假错案形成原因,健全完善并严格落实与公安、检察机关互相配合、互相制约、及时沟通的工作机制,最大限度避免冤假错案。建立刑事审判与刑事赔偿的衔接机制,对于可能宣告无罪并进入刑事赔偿程序的案件,要将刑事赔偿纳入工作预案,及时依法启动赔偿程序,保障当事人的合法权益。

45. 健全刑事审判监督工作机制。建立公开、高效、平等的申诉审查程序,依法审查提起再审的刑事案件,推进再审公开,依法保障当事人的申诉权利。完善重大冤错案件分析通报制度,认真查找问题,深入剖析根源,促进提升刑事案件办案质量。

七、大力加强刑事审判队伍建设

46. 建设高素质刑事审判队伍。建设一支政治素质高、业务能力强、纪律作风好的刑事审判队伍,是做好刑事审判工作、确保刑事司法公正的根本保证。切实加强刑事审判队伍的正规化、专业化、职业化建设,努力建设一支让党放心、让人民满意的高素质刑事审判队伍。

47. 加强思想政治建设。认真学习党的十八大精神和习近平总书记关于法治建设的重要论述,深化社会主义法治理念教育,始终保持刑事审判工作的正确政治方向。努力提高刑事审判干警的职业道德水平,着力培养公正司法、刚正不阿、严谨求实的职业道德操守,确保刑事审判队伍始终忠于党、忠于国家、忠于人民、忠于宪法和法律。

48. 加强业务能力建设。加强刑事审判队伍专业化建设,进一步加强对刑事法官的教育培训,不断提高刑事法官驾驭庭审、认定事实、适用法律、裁判说理和案件审判解读的能力。坚持群众路线,提高做群众工作的能力和水平,更加准确地把握和执行刑事法律政策,更加有效地化解社会矛盾。进一步加强刑事审判理论研究,提高队伍业务素质和司法能力。

49. 加强司法作风和廉政建设。以开展党的群众路线教育实践活动为契机,结合刑事审判实际，认真解决刑事审判队伍中存在的"四风"问题，及时查纠损害群众利益、伤害群众感情的行为，引导刑事审判干警切实增强群众观点，更好地落实司法为民根本宗旨。严格执行任职回避、"五个严禁"等反腐倡廉的制度规定，严肃查处违纪违法行为，以公正廉洁司法的实际行动取信于民。

50.加强刑事审判力量建设。各级法院"一把手"要高度重视刑事审判力量建设，保持刑事审判队伍特别是业务骨干的相对稳定。重视解决基层刑事法官断档问题，通过完善进人、用人机制，充实刑事审判队伍。加强审判委员会专业化建设，在专职委员中配备一定数量的刑事专职委员，刑事审判庭庭长原则上都应当担任审判委员会委员。加强刑事审判队伍的职业保障，保障刑事法官依法行使审判权不受追究，在工作上、待遇上、生活上关心爱护刑事审判干警，用事业、感情和适当的待遇提升刑事审判工作的吸引力，千方百计解决干警的后顾之忧，激励广大干警为刑事审判工作的发展进步贡献力量。

（二）刑法的适用范围

最高人民法院关于适用刑法时间效力规定若干问题的解释

法释〔1997〕5号

（1997年9月25日最高人民法院审判委员会第937次会议通过 1997年9月25日最高人民法院公告公布 自1997年10月1日起施行）

为正确适用刑法，现就人民法院1997年10月1日以后审理的刑事案件，具体适用修订前的刑法或者修订后的刑法的有关问题规定如下：

第一条 对于行为人1997年9月30日以前实施的犯罪行为，在人民检察院、公安机关、国家安全机关立案侦查或者在人民法院受理案件以后，行为人逃避侦查或者审判，超过追诉期限或者被害人在追诉期限内提出控告，人民法院、人民检察院、公安机关应当立案而不予立案，超过追诉期限的，是否追究行为人的刑事责任，适用修订前的刑法第七十七条的规定。

第二条 犯罪分子1997年9月30日以前犯罪，不具有法定减轻处罚情节，但是根据案件的具体情况需要在法定刑以下判处刑罚的，适用修订前的刑法第五十九条第二款的规定。

第三条 前罪判处的刑罚已经执行完毕或者赦免，在1997年9月30日以前又犯应当判处有期徒刑以上刑罚之罪，是否构成累犯，适用修订前的刑法第六十一条的规定；1997年10月1日以后又犯应当判处有期徒刑以上刑罚之罪的，是否构成累犯，适用刑法第六十五条的规定。

第四条 1997年9月30日以前被采取强制措施的犯罪嫌疑人、被告人或者1997年9月30日以前犯罪，1997年10月1日以后仍在服刑的罪犯，如实供述司法机关还未掌握的本人其他罪行的，适用刑法第六十七条第二款的规定。

第五条 1997年9月30日以前犯罪的犯罪分子，有揭发他人犯罪行为，或者提供重要线索，从而得以侦破其他案件等立功表现的，适用刑法第六十八条的规定。

第六条 1997年9月30日以前犯罪被宣告缓刑的犯罪分子，在1997年10月1日以后的缓刑考验期间又犯新罪、被发现漏罪或者违反法律、行政法规或者国务院公安部门有关缓刑的监督管理规定，情节严重的，适用刑法第七十七条的规定，撤销缓刑。

第七条 1997年9月30日以前犯罪，1997年10月1日以后仍在服刑的犯罪分子，因特殊情况，需要不受执行刑期限制假释的，适用刑法第八十一条第一款的规定，报经最高人民法院核准。

第八条 1997年9月30日以前犯罪，1997年10月1日以后仍在服刑的累犯以及因杀人、爆炸、抢劫、强奸、绑架等暴力性犯罪被判处十年以上有期徒刑、无期徒刑的犯罪分子，适用修订前的刑法第七十三条的规定，可以假释。

第九条 1997年9月30日以前被假释的犯罪分子，在1997年10月1日以后的假释考验期内，又犯新罪、被发现漏罪或者违反法律、行政法规或者国务院公安部门有关假释的监督管理规定的，适用刑法第八十六条的规定，撤销假释。

第十条 按照审判监督程序重新审判的案件，适用行为时的法律。

最高人民法院
关于适用刑法第十二条几个问题的解释

法释〔1997〕12号

（1997年12月23日最高人民法院审判委员会第952次会议通过 1997年12月31日最高人民法院公告公布 自1998年1月13日起施行）

修订后的《中华人民共和国刑法》1997年10月1日施行以来，一些地方法院就刑法第十二条适用中的几个具体问题向我院请示。现解释如下：

第一条 刑法第十二条规定的"处刑较轻"，是指刑法对某种犯罪规定的刑罚即法定刑比修订前刑法轻。法定刑较轻是指法定最高刑较轻；如果法定最高刑相同，则指法定最低刑较轻。

第二条 如果刑法规定的某一犯罪只有一个法定刑幅度，法定最高刑或者最低刑是指该法定刑幅度的最高刑或者最低刑；如果刑法规定的某一犯罪有两个以上的法定刑幅度，法定最高刑或者最低刑是指具体犯罪行为应当适用的法定刑幅度的最高刑或者最低刑。

第三条 1997年10月1日以后审理1997年9月30日以前发生的刑事案件，如果刑法规定的定罪处刑标准、法定刑与修订前刑法相同的，应当适用修订前的刑法。

最高人民法院
关于《中华人民共和国刑法修正案（八）》时间效力问题的解释

法释〔2011〕9号

（2011年4月20日最高人民法院审判委员会第1519次会议通过 2011年4月25日最高人民法院公告公布 自2011年5月1日起施行）

为正确适用《中华人民共和国刑法修正案（八）》，根据刑法有关规定，现就人民法院2011年5月1日以后审理的刑事案件，具体适用刑法的有关问题规定如下：

第一条 对于2011年4月30日以前犯罪，依法应当判处管制或者宣告缓刑的，人民法院根据犯罪情况，认为确有必要同时禁止犯罪分子在管制期间或者缓刑考验期内从事特定活动，进入特定区域、场所，接触特定人的，适用修正后刑法第三十八条第二款或者第七十二条第二款的规定。

犯罪分子在管制期间或者缓刑考验期内，违反人民法院判决中的禁止令的，适用修正后刑法第三十八条第四款或者第七十七条第二款的规定。

第二条 2011年4月30日以前犯罪，判处死刑缓期执行的，适用修正前刑法第五十条的规定。

被告人具有累犯情节，或者所犯之罪是故意杀人、强奸、抢劫、绑架、放火、爆炸、投放危险物质或者有组织的暴力性犯罪，罪行极其严重，根据修正前刑法判处死刑缓期执行不能体现罪刑相适应原则，而根据修正后刑法判处死刑缓期执行同时决定限制减刑可以罚当其罪的，适用修正后刑法第五十条第二款的规定。

第三条 被判处有期徒刑以上刑罚，刑罚执行完毕或者赦免以后，在2011年4月30日以前再犯应当判处有期徒刑以上刑罚之罪的，是否构成累犯，适用修正前刑法第六十五条的规定；但是，前罪实施时不满十八周岁的，是否构成累犯，适用修正后刑法第六十五条的规定。

曾犯危害国家安全犯罪，刑罚执行完毕或者赦免以后，在2011年4月30日以前再犯危害国家安全犯罪的，是否构成累犯，适用修正前刑法第六十六条的规定。

曾被判处有期徒刑以上刑罚，或者曾犯危害国家安全犯罪、恐怖活动犯罪、黑社会性质的组织犯罪，在2011年5月1日以后再犯罪的，是否构成累犯，适用修正后刑法第六十五条、第六十六条的规定。

第四条 2011年4月30日以前犯罪，虽不具有自首情节，但是如实供述自己罪行的，适用修正后刑法第六十七条第三款的规定。

第五条 2011年4月30日以前犯罪，犯罪后自首又有重大立功表现的，适用修正前刑法第六十八条第二款的规定。

第六条 2011年4月30日以前一人犯数罪，应当数罪并罚的，适用修正前刑法第六十九条的规定；2011年4月30日前后一人犯数罪，其中一罪发生在2011年5月1日以后的，适用修正后刑法第六十九条的规定。

第七条 2011年4月30日以前犯罪，被判处无期徒刑的罪犯，减刑以后或者假释前实际执行的刑期，适用修正前刑法第七十八条第二款、第八十一条第一款的规定。

第八条 2011年4月30日以前犯罪，因具有累犯情节或者系故意杀人、强奸、抢劫、绑架、放火、爆炸、投放危险物质或者有组织的暴力性犯罪并被判处十年以上有期徒刑、无期徒刑的犯罪分子，2011年5月1日以后仍在服刑的，能否假释，适用修正前刑法第八十一条第二款的规定；2011年4月30日以前犯罪，因其他暴力性犯罪被判处十年以上有期徒刑、无期徒刑的犯罪分子，2011年5月1日以后仍在服刑的，能否假释，适用修正后刑法第八十一条第二款、第三款的规定。

最高人民法院
关于《中华人民共和国刑法修正案（九）》时间效力问题的解释

法释〔2015〕19号

（2015年10月19日最高人民法院审判委员会第1664次会议通过 2015年10月29日最高人民法院公告公布 自2015年11月1日起施行）

为正确适用《中华人民共和国刑法修正案（九）》，根据《中华人民共和国刑法》第十二条规定，现就人民法院2015年11月1日以后审理的刑事案件，具体适用修正前后刑法的有关问题规定如下：

第一条 对于2015年10月31日以前因利用职业便利实施犯罪，或者实施违背职业要求的特定义务的犯罪的，不适用修正后刑法第三十七条之一第一款的规定。其他法律、行政法规另有规定的，从其规定。

第二条 对于被判处死刑缓期执行的犯罪分子，在死刑缓期执行期间，且在2015年10月31日以前故意犯罪的，适用修正后刑法第五十条第一款的规定。

第三条 对于2015年10月31日以前一人犯数罪，数罪中有判处有期徒刑和拘役，有期徒刑和管制，或者拘役和管制，予以数罪并罚的，适用修正后刑法第六十九条第二款的规定。

第四条 对于2015年10月31日以前通过信息网络实施的刑法第二百四十六条第一款规定的侮辱、诽谤行为，被害人向人民法院告诉，但提供证据确有困难的，适用修正后刑法第二百四十六条第三款的规定。

第五条　对于2015年10月31日以前实施的刑法第二百六十条第一款规定的虐待行为，被害人没有能力告诉，或者因受到强制、威吓无法告诉的，适用修正后刑法第二百六十条第三款的规定。

第六条　对于2015年10月31日以前组织考试作弊，为他人组织考试作弊提供作弊器材或者其他帮助，以及非法向他人出售或者提供考试试题、答案，根据修正前刑法应当以非法获取国家秘密罪、非法生产、销售间谍专用器材罪或者故意泄露国家秘密罪等追究刑事责任的，适用修正前刑法的有关规定。但是，根据修正后刑法第二百八十四条之一的规定处刑较轻的，适用修正后刑法的有关规定。

第七条　对于2015年10月31日以前以捏造的事实提起民事诉讼，妨害司法秩序或者严重侵害他人合法权益，根据修正前刑法应当以伪造公司、企业、事业单位、人民团体印章罪或者妨害作证罪等追究刑事责任的，适用修正前刑法的有关规定。但是，根据修正后刑法第三百零七条之一的规定处刑较轻的，适用修正后刑法的有关规定。

实施第一款行为，非法占有他人财产或者逃避合法债务，根据修正前刑法应当以诈骗罪、职务侵占罪或者贪污罪等追究刑事责任的，适用修正前刑法的有关规定。

第八条　对于2015年10月31日以前实施贪污、受贿行为，罪行极其严重，根据修正前刑法判处死刑缓期执行不能体现罪刑相适应原则，而根据修正后刑法判处死刑缓期执行同时决定在其死刑缓期执行二年期满依法减为无期徒刑后，终身监禁，不得减刑、假释可以罚当其罪的，适用修正后刑法第三百八十三条第四款的规定。根据修正前刑法判处死刑缓期执行足以罚当其罪的，不适用修正后刑法第三百八十三条第四款的规定。

第九条　本解释自2015年11月1日起施行。

最高人民法院　最高人民检察院
关于适用刑事司法解释时间效力问题的规定

高检发释字〔2001〕5号

（2001年9月18日最高人民法院审判委员会第1193次会议、
2001年6月18日最高人民检察院第九届检察委员会
第90次会议通过　2001年12月7日最高人民法院、
最高人民检察院公告公布　自2001年12月17日起施行）

为正确适用司法解释办理案件，现对适用刑事司法解释时间效力问题提出如下意见：

一、司法解释是最高人民法院对审判工作中具体应用法律问题和最高人民检察院对检察工作中具体应用法律问题所作的具有法律效力的解释，自发布或者规定之日起施行，效力适用于法律的施行期间。

二、对于司法解释实施前发生的行为，行为时没有相关司法解释，司法解释施行后尚未处理或者正在处理的案件，依照司法解释的规定办理。

三、对于新的司法解释实施前发生的行为，行为时已有相关司法解释，依照行为时的司法解释办理，但适用新的司法解释对犯罪嫌疑人、被告人有利的，适用新的司法解释。

四、对于在司法解释施行前已办结的案件，按照当时的法律和司法解释，认定事实和适用法律没有错误的，不再变动。

（三）犯　　罪

最高人民法院　最高人民检察院　公安部
印发《关于当前办理集团犯罪案件中具体应用法律的若干问题的解答》的通知

1984年6月15日　　　　　　　　　　　　　　　　　　　〔84〕法研字第9号

各省、自治区、直辖市高级人民法院、人民检察院、公安厅（局），军事法院、军事检察院，铁路运输高级法院、铁路运输检察院、铁路公安局：

现将《关于当前办理集团犯罪案件中具体应用法律的若干问题的解答》印发给你们，请在工作中参照执行。

附：

最高人民法院　最高人民检察院　公安部
关于当前办理集团犯罪案件中具体应用法律的若干问题的解答

《中华人民共和国刑法》第二章第三节"共同犯罪"的有关条文：

第二十二条第一款：共同犯罪是指二人以上共同故意犯罪。

第二十三条：组织、领导犯罪集团进行犯罪活动的或者在共同犯罪中起主要作用的，是主犯。

对于主犯，除本法分则已有规定的以外，应当从重处罚。

第二十四条：在共同犯罪中起次要或者辅助作用的，是从犯。

对于从犯，应当比照主犯从轻、减轻处罚或者免除处罚。

第二十五条：对于被胁迫、被诱骗参加犯罪的，应当按照他的犯罪情节，比照从犯减轻处罚或者免除处罚。

第二十六条第一款：教唆他人犯罪的，应当按照他在共同犯罪中所起的作用处罚。教唆不满十八岁的人犯罪的，应当从重处罚。

《中华人民共和国刑法》第五章"其他规定"的有关条文：

第八十六条：本法所说的首要分子是指在犯罪集团或者聚众犯罪中起组织、策划、指挥作用的犯罪分子。

一、怎样办理团伙犯罪的案件？

办理团伙犯罪的重大案件，应当在党的方针政策指导下，依照刑法和《全国人民代表大会常务委员会关于严惩严重危害社会治安的犯罪分子的决定》的有关规定执行。鉴于在刑法和全国人大常务会的有关决定中，只有共同犯罪和犯罪集团的规定，在法律文书中，应当统一使用法律规定的提法。即：

办理团伙犯罪案件，凡其中符合刑事犯罪集团基本特征的，应按犯罪集团处理；不符合犯罪集团基本特征的，就按一般共同犯罪处理，并根据其共同犯罪的事实和情节，该重判的重判，该轻判的轻判。

对犯罪团伙既要坚决打击，又必须打准。不要把三人以上共同犯罪，但罪行较轻，危害较小的案件当作犯罪团伙，进而当作"犯罪集团"来严厉打击。

二、在办案实践中怎样认定刑事犯罪集团？

刑事犯罪集团一般应具备下列基本特征：（1）人数较多（三人以上），重要成员固定或基本固定。（2）经常纠集一起进行一种或数种严重的刑事犯罪活动。（3）有明显的首要分子。有的首要分子是在纠集过程中形成的，有的首要分子在纠集开始时就是组织者和领导者。（4）有预谋地实施犯罪活动。（5）不论作案次数多少，对社会造成的危害或其具有的危险性都很严重。

刑事犯罪集团的首要分子，是指在该集团中起组织、策划、指挥作用的犯罪分子（见刑法第二十三条、第八十六条）。首要分子可以是一名，也可以不只一名。首要分子应对该集团经过预谋、有共同故意的全部罪行负责。集团的其他成员，应按其地位和作用，分别对其参与实施的具体罪行负责。如果某个成员实施了该集团共同故意犯罪范围以外的其他犯罪，则应由他个人负责。

对单一的犯罪集团，应按其所犯的罪定性；对一个犯罪集团犯多种罪的，应按其主罪定性；犯罪集团成员或一般共同犯罪的共犯，犯数罪的，分别按数罪并罚的原则处罚。

三、为什么对共同犯罪的案件必须坚持全案审判？

办理共同犯罪案件特别是集团犯罪案件，除对其中已逃跑的成员可以另案处理外，一定要把全案的事实查清，然后对应当追究刑事责任的同案人，全案起诉，全案判处。切不要全案事实还没有查清，就急于杀掉首要分子或主犯，或者把案件拆散，分开处理。这样做，不仅可能造成定罪不准，量刑失当，而且会造成死无对证，很容易漏掉同案成员的罪行，甚至漏掉罪犯，难以做到依法"从重从快，一网打尽"。

四、办理犯罪集团和一般共同犯罪中的重大案件，怎样执行党的政策，做到区别对待？

办理上述两类案件，应根据犯罪分子在犯罪活动中的地位、作用及危害大小，依照党的政策和刑法、全国人大常委会有关决定的规定，实行区别对待。

对犯罪集团的首要分子和其他主犯，一般共同犯罪中的重大案件的主犯，应依法从重严惩，其中罪行特别严重、不杀不足以平民愤的，应依法判处死刑。

上述两类案件的从犯，应根据其不同的犯罪情节，比照主犯依法从轻、减轻或者免除刑罚。对于胁从犯，应比照从犯依法减轻处罚或免除处罚。犯罪情节轻微，不需要追究刑事责任的，可以免予起诉或由公安部门作其他处理。

对于同犯罪集团成员有一般来往，而无犯罪行为的人，不要株连。

五、有些犯罪分子参加几起共同犯罪活动，应如何办理这些案件？

对这类案件，应分案判处，不能凑合成一案处理。某罪犯主要参加那个案件的共同犯罪活动，就列入那个案件去处理（在该犯参加的其他案件中可注明该犯已另案处理）。

最高人民法院
关于在审理经济纠纷案件中涉及经济犯罪嫌疑若干问题的规定

法释〔1998〕7号

（1998年4月9日最高人民法院审判委员会第974次会议通过
1998年4月21日最高人民法院公告公布　自1998年4月29日起施行）

根据《中华人民共和国民法通则》、《中华人民共和国刑法》、《中华人民共和国民事诉讼法》、《中华人民共和国刑事诉讼法》等有关规定，对审理经济纠纷案件中涉及经济犯罪嫌疑问题作以下规定：

第一条　同一公民、法人或其他经济组织因不同的法律事实，分别涉及经济纠纷和经济犯罪嫌疑的，经济纠纷案件和经济犯罪嫌疑案件应当分开审理。

第二条　单位直接负责的主管人员和其他直接责任人员，以为单位骗取财物为目的，采取欺骗手段对外签订经济合同，骗取的财物被该单位占有、使用或处分构成犯罪的，除依法追究有关人员的刑事责任，责令该单位返还骗取的财物外，如给被害人造成经济损失的，单位应当承担赔偿责任。

第三条　单位直接负责的主管人员和其他直接责任人员，以该单位的名义对外签订经济合同，将取得的财物部分或全部占为己有构成犯罪的，除依法追究行为人的刑事责任外，该单位对行为人因签订、履行该经济合同造成的后果，依法应当承担民事责任。

第四条 个人借用单位的业务介绍信、合同专用章或者盖有公章的空白合同书，以出借单位名义签订经济合同，骗取财物归个人占有、使用、处分或者进行其他犯罪活动，给对方造成经济损失构成犯罪的，除依法追究借用人的刑事责任外，出借业务介绍信、合同专用章或者盖有公章的空白合同书的单位，依法应当承担赔偿责任。但是，有证据证明被害人明知签订合同对方当事人是借用行为，仍与之签订合同的除外。

第五条 行为人盗窃、盗用单位的公章、业务介绍信、盖有公章的空白合同书，或者私刻单位的公章签订经济合同，骗取财物归个人占有、使用、处分或者进行其他犯罪活动构成犯罪的，单位对行为人该犯罪行为所造成的经济损失不承担民事责任。

行为人私刻单位公章或者擅自使用单位公章、业务介绍信、盖有公章的空白合同书以签订经济合同的方法进行的犯罪行为，单位有明显过错，且该过错行为与被害人的经济损失之间具有因果关系的，单位对该犯罪行为所造成的经济损失，依法应当承担赔偿责任。

第六条 企业承包、租赁经营合同期满后，企业按规定办理了企业法定代表人的变更登记，而企业法人未采取有效措施收回其公章、业务介绍信、盖有公章的空白合同书，或者没有及时采取措施通知相对人，致原企业承包人、租赁人得以用原承包、租赁企业的名义签订经济合同，骗取财物占为己有构成犯罪的，该企业对被害人的经济损失，依法应当承担赔偿责任。但是，原承包人、承租人利用擅自保留的公章、业务介绍信、盖有公章的空白合同书以原承包、租赁企业的名义签订经济合同，骗取财物占为己有构成犯罪的，企业一般不承担民事责任。

单位聘用的人员被解聘后，或者受单位委托保管公章的人员被解除委托后，单位未及时收回其公章，行为人擅自利用保留的原单位公章签订经济合同，骗取财物占为己有构成犯罪，如给被害人造成经济损失的，单位应当承担赔偿责任。

第七条 单位直接负责的主管人员和其他直接责任人员，将单位进行走私或其他犯罪活动所得财物以签订经济合同的方法予以销售，买方明知或者应当知道的，如因此造成经济损失，其损失由买方自负。但是，如果买方不知该经济合同的标的物是犯罪行为所得财物而购买的，卖方对买方所造成的经济损失应当承担民事责任。

第八条 根据《中华人民共和国刑事诉讼法》第七十七条第一款的规定，被害人对本《规定》第二条因单位犯罪行为造成经济损失的，对第四条、第五条第一款、第六条应当承担刑事责任的被告人未能返还财物而遭受经济损失提起附带民事诉讼的，受理刑事案件的人民法院应当依法一并审理。被害人因其遭受经济损失也有权对单位另行提起民事诉讼。若被害人另行提起民事诉讼的，有管辖权的人民法院应当依法受理。

第九条 被害人请求保护其民事权利的诉讼时效在公安机关、检察机关查处经济犯罪嫌疑期间中断。如果公安机关决定撤销涉嫌经济犯罪案件或者检察机关决定不起诉的，诉讼时效从撤销案件或决定不起诉之次日起重新计算。

第十条 人民法院在审理经济纠纷案件中，发现与本案有牵连，但与本案不是同一法律关系的经济犯罪嫌疑线索、材料，应将犯罪嫌疑线索、材料移送有关公安机关或检察机关查处，经济纠纷案件继续审理。

第十一条　人民法院作为经济纠纷受理的案件，经审理认为不属经济纠纷案件而有经济犯罪嫌疑的，应当裁定驳回起诉，将有关材料移送公安机关或检察机关。

第十二条　人民法院已立案审理的经济纠纷案件，公安机关或检察机关认为有经济犯罪嫌疑，并说明理由附有关材料函告受理该案的人民法院的，有关人民法院应当认真审查。经过审查，认为确有经济犯罪嫌疑的，应当将案件移送公安机关或检察机关，并书面通知当事人，退还案件受理费；如认为确属经济纠纷案件的，应当依法继续审理，并将结果函告有关公安机关或检察机关。

最高人民法院
关于审理单位犯罪案件具体应用法律有关问题的解释

法释〔1999〕14号

（1999年6月18日最高人民法院审判委员会第1069次会议通过　1999年6月25日最高人民法院公告公布　自1999年7月3日起施行）

为依法惩治单位犯罪活动，根据刑法的有关规定，现对审理单位犯罪案件具体应用法律的有关问题解释如下：

第一条　刑法第三十条规定的"公司、企业、事业单位"，既包括国有、集体所有的公司、企业、事业单位，也包括依法设立的合资经营、合作经营企业和具有法人资格的独资、私营等公司、企业、事业单位。

第二条　个人为进行违法犯罪活动而设立的公司、企业、事业单位实施犯罪的，或者公司、企业、事业单位设立后，以实施犯罪为主要活动的，不以单位犯罪论处。

第三条　盗用单位名义实施犯罪，违法所得由实施犯罪的个人私分的，依照刑法有关自然人犯罪的规定定罪处罚。

最高人民法院
关于审理单位犯罪案件对其直接负责的主管人员和其他直接责任人员是否区分主犯、从犯问题的批复

法释〔2000〕31号

(2000年9月28日最高人民法院审判委员会第1132次会议通过　2000年9月30日最高人民法院公告公布　自2000年10月10日起施行)

湖北省高级人民法院：

你院鄂高法〔1999〕374号《关于单位犯信用证诈骗罪案件中对其"直接负责的主管人员"和"其他直接责任人员"是否划分主从犯问题的请示》收悉。经研究，答复如下：

在审理单位故意犯罪案件时，对其直接负责的主管人员和其他直接责任人员，可不区分主犯、从犯，按照其在单位犯罪中所起的作用判处刑罚。

此复。

最高人民法院
关于审理未成年人刑事案件具体应用法律若干问题的解释

法释〔2006〕1号

(2005年12月12日最高人民法院审判委员会第1373次会议通过　2006年1月11日最高人民法院公告公布　自2006年1月23日起施行)

为正确审理未成年人刑事案件，贯彻"教育为主，惩罚为辅"的原则，根据刑法等有关法律的规定，现就审理未成年人刑事案件具体应用法律的若干问题解释如下：

第一条　本解释所称未成年人刑事案件，是指被告人实施被指控的犯罪时已满十四周岁不满十八周岁的案件。

第二条　刑法第十七条规定的"周岁"，按照公历的年、月、日计算，从周岁生日的第二天起算。

第三条 审理未成年人刑事案件,应当查明被告人实施被指控的犯罪时的年龄。裁判文书中应当写明被告人出生的年、月、日。

第四条 对于没有充分证据证明被告人实施被指控的犯罪时已经达到法定刑事责任年龄且确实无法查明的,应当推定其没有达到相应法定刑事责任年龄。

相关证据足以证明被告人实施被指控的犯罪时已经达到法定刑事责任年龄,但是无法准确查明被告人具体出生日期的,应当认定其达到相应法定刑事责任年龄。

第五条 已满十四周岁不满十六周岁的人实施刑法第十七条第二款规定以外的行为,如果同时触犯了刑法第十七条第二款规定的,应当依照刑法第十七条第二款的规定确定罪名,定罪处罚。

第六条 已满十四周岁不满十六周岁的人偶尔与幼女发生性行为,情节轻微、未造成严重后果的,不认为是犯罪。

第七条 已满十四周岁不满十六周岁的人使用轻微暴力或者威胁,强行索要其他未成年人随身携带的生活、学习用品或者钱财数量不大,且未造成被害人轻微伤以上或者不敢正常到校学习、生活等危害后果的,不认为是犯罪。

已满十六周岁不满十八周岁的人具有前款规定情形的,一般也不认为是犯罪。

第八条 已满十六周岁不满十八周岁的人出于以大欺小、以强凌弱或者寻求精神刺激,随意殴打其他未成年人、多次对其他未成年人强拿硬要或者任意损毁公私财物,扰乱学校及其他公共场所秩序,情节严重的,以寻衅滋事罪定罪处罚。

第九条 已满十六周岁不满十八周岁的人实施盗窃行为未超过三次,盗窃数额虽已达到"数额较大"标准,但案发后能如实供述全部盗窃事实并积极退赃,且具有下列情形之一的,可以认定为"情节显著轻微危害不大",不认为是犯罪:

(一)系又聋又哑的人或者盲人;

(二)在共同盗窃中起次要或者辅助作用,或者被胁迫;

(三)具有其他轻微情节的。

已满十六周岁不满十八周岁的人盗窃未遂或者中止的,可不认为是犯罪。

已满十六周岁不满十八周岁的人盗窃自己家庭或者近亲属财物,或者盗窃其他亲属财物但其他亲属要求不予追究的,可以不按犯罪处理。

第十条 已满十四周岁不满十六周岁的人盗窃、诈骗、抢夺他人财物,为窝藏赃物、抗拒抓捕或者毁灭罪证,当场使用暴力,故意伤害致人重伤或者死亡,或者故意杀人的,应当分别以故意伤害罪或者故意杀人罪定罪处罚。

已满十六周岁不满十八周岁的人犯盗窃、诈骗、抢夺罪,为窝藏赃物、抗拒抓捕或者毁灭罪证而当场使用暴力或者以暴力相威胁的,应当依照刑法第二百六十九条的规定定罪处罚;情节轻微的,可不以抢劫罪定罪处罚。

第十一条 对未成年罪犯适用刑罚,应当充分考虑是否有利于未成年罪犯的教育和矫正。

对未成年罪犯量刑应当依照刑法第六十一条的规定,并充分考虑未成年人实施犯罪行为的动机和目的、犯罪时的年龄、是否初次犯罪、犯罪后的悔罪表现、个人成长经历和一贯表现等因素。对符合管制、缓刑、单处罚金或者免予刑事处罚适用条件的未成年罪犯，应当依法适用管制、缓刑、单处罚金或者免予刑事处罚。

第十二条 行为人在达到法定刑事责任年龄前后均实施了危害社会的行为，只能依法追究其达到法定刑事责任年龄后实施的危害社会行为的刑事责任。

行为人在年满十八周岁前后实施了不同种犯罪行为，对其年满十八周岁以前实施的犯罪应当依法从轻或者减轻处罚。行为人在年满十八周岁前后实施了同种犯罪行为，在量刑时应当考虑对年满十八周岁以前实施的犯罪，适当给予从轻或者减轻处罚。

第十三条 未成年人犯罪只有罪行极其严重的，才可以适用无期徒刑。对已满十四周岁不满十六周岁的人犯罪一般不判处无期徒刑。

第十四条 除刑法规定"应当"附加剥夺政治权利外，对未成年罪犯一般不判处附加剥夺政治权利。

如果对未成年罪犯判处附加剥夺政治权利的，应当依法从轻判处。

对实施被指控犯罪时未成年、审判时已成年的罪犯判处附加剥夺政治权利，适用前款的规定。

第十五条 对未成年罪犯实施刑法规定的"并处"没收财产或者罚金的犯罪，应当依法判处相应的财产刑；对未成年罪犯实施刑法规定的"可以并处"没收财产或者罚金的犯罪，一般不判处财产刑。

对未成年罪犯判处罚金刑时，应当依法从轻或者减轻判处，并根据犯罪情节，综合考虑其缴纳罚金的能力，确定罚金数额。但罚金的最低数额不得少于五百元人民币。

对被判处罚金刑的未成年罪犯，其监护人或者其他人自愿代为垫付罚金的，人民法院应当允许。

第十六条 对未成年罪犯符合刑法第七十二条第一款规定的，可以宣告缓刑。如果同时具有下列情形之一，对其适用缓刑确实不致再危害社会的，应当宣告缓刑：

（一）初次犯罪；

（二）积极退赃或赔偿被害人经济损失；

（三）具备监护、帮教条件。

第十七条 未成年罪犯根据其所犯罪行，可能被判处拘役、三年以下有期徒刑，如果悔罪表现好，并具有下列情形之一的，应当依照刑法第三十七条的规定免予刑事处罚：

（一）系又聋又哑的人或者盲人；

（二）防卫过当或者避险过当；

（三）犯罪预备、中止或者未遂；

（四）共同犯罪中从犯、胁从犯；

（五）犯罪后自首或者有立功表现；

（六）其他犯罪情节轻微不需要判处刑罚的。

第十八条 对未成年罪犯的减刑、假释，在掌握标准上可以比照成年罪犯依法适度放宽。

未成年罪犯能认罪服法，遵守监规，积极参加学习、劳动的，即可视为"确有悔改表现"予以减刑，其减刑的幅度可以适当放宽，间隔的时间可以相应缩短。符合刑法第八十一条第一款规定的,可以假释。

未成年罪犯在服刑期间已经成年的,对其减刑、假释可以适用上述规定。

第十九条 刑事附带民事案件的未成年被告人有个人财产的,应当由本人承担民事赔偿责任,不足部分由监护人予以赔偿,但单位担任监护人的除外。

被告人对被害人物质损失的赔偿情况,可以作为量刑情节予以考虑。

第二十条 本解释自公布之日起施行。

《最高人民法院关于办理未成年人刑事案件适用法律的若干问题的解释》(法发〔1995〕9号)自本解释公布之日起不再执行。

最高人民法院研究室
关于外国公司、企业、事业单位在我国领域内犯罪如何适用法律问题的答复

2003年10月15日　　　　　　　　　　　　　　法研〔2003〕153号

天津市高级人民法院:

你院津高法〔2003〕30号《关于韩国注册企业在我国犯走私普通货物罪能否按单位犯罪处理的请示》收悉。经研究,答复如下:

符合我国法人资格条件的外国公司、企业、事业单位,在我国领域内实施危害社会的行为,依照我国《刑法》构成犯罪的,应当依照我国《刑法》关于单位犯罪的规定追究刑事责任。

个人为在我国领域内进行违法犯罪活动而设立的外国公司、企业、事业单位实施犯罪的,或者外国公司、企业、事业单位设立后在我国领域内以实施违法犯罪为主要活动的,不以单位犯罪论处。

（四）刑　　罚

1. 刑罚种类

（1）管制、拘役

最高人民法院
关于管制犯在管制期间又犯新罪被判处拘役或
有期徒刑应如何执行的问题的批复

1981年7月27日　　　　　　　　　　　　〔1981〕法研字第18号

四川、河北省高级人民法院：

　　你们来文请示关于管制犯在管制期间又犯新罪被判处拘役或有期徒刑应如何执行的问题，经我们研究认为，由于管制和拘役、有期徒刑不属于同一刑种，执行的方法也不同，如何按照数罪并罚的原则决定执行的刑罚，在刑法中尚无具体规定，因此，仍可按照本院1957年2月16日法研字第3540号复函的意见办理，即："在对新罪所判处的有期徒刑或者拘役执行完毕后，再执行前罪所没有执行完的管制。"对于管制犯在管制期间因发现判决时没有发现的罪行而被判处拘役或有期徒刑应如何执行的问题，也可按照上述意见办理。

　　此复。

最高人民法院 最高人民检察院 公安部 劳动人事部
关于被判处管制、剥夺政治权利和宣告缓刑、假释的犯罪分子能否外出经商等问题的通知

1986年11月8日　　　　　　　　　　〔1986〕高检会（三）字第2号

各省、自治区、直辖市高级人民法院、人民检察院、公安厅（局）、劳动人事厅（局）：

近年来，不少地方对被判处管制、剥夺政治权利和宣告缓刑、假释的犯罪分子在监督改造或考察期间，能否外出经商，能否搞承包或从事其他个体劳动，能否担任国营企事业或乡镇企业的领导职务等问题，屡有请示。对此，现特作如下通知：

一、对被判处管制、剥夺政治权利和宣告缓刑、假释的犯罪分子，公安机关和有关单位要依法对其实行经常性的监督改造或考察。被管制、假释的犯罪分子，不能外出经商；被剥夺政治权利和宣告缓刑的犯罪分子，按现行规定，属于允许经商范围之内的，如外出经商，需事先经公安机关允许。

二、犯罪分子在被管制、剥夺政治权利、缓刑、假释期间，若原所在单位确有特殊情况不能安排工作的，在不影响对其实行监督考察的情况下，经工商管理部门批准，可以在常住户口所在地自谋生计；家在农村的，亦可就地从事或承包一些农副业生产。

三、犯罪分子在被管制、剥夺政治权利、缓刑、假释期间，不能担任国营或集体企事业单位的领导职务。

最高人民法院 最高人民检察院 公安部 司法部
印发《关于对判处管制、宣告缓刑的犯罪分子适用禁止令有关问题的规定（试行）》的通知

2011年4月28日　　　　　　　　　　法发〔2011〕9号

各省、自治区、直辖市高级人民法院、人民检察院、公安厅（局）、司法厅（局），解放军军事法院、军事检察院、总政治部保卫部，新疆维吾尔自治区高级人民法院生产建设兵团分院、新疆生产建设兵团人民检察院、公安局、司法局：

现将《关于对判处管制、宣告缓刑的犯罪分子适用禁止令有关问题的规定（试行）》印发给你们，请认真遵照执行。执行情况及遇到的问题，请分别及时报告最高人民法

院、最高人民检察院、公安部、司法部。

附：

关于对判处管制、宣告缓刑的犯罪分子
适用禁止令有关问题的规定（试行）

为正确适用《中华人民共和国刑法修正案（八）》，确保管制和缓刑的执行效果，根据刑法和刑事诉讼法的有关规定，现就判处管制、宣告缓刑的犯罪分子适用禁止令的有关问题规定如下：

第一条 对判处管制、宣告缓刑的犯罪分子，人民法院根据犯罪情况，认为从促进犯罪分子教育矫正、有效维护社会秩序的需要出发，确有必要禁止其在管制执行期间、缓刑考验期限内从事特定活动，进入特定区域、场所，接触特定人的，可以根据刑法第三十八条第二款、第七十二条第二款的规定，同时宣告禁止令。

第二条 人民法院宣告禁止令，应当根据犯罪分子的犯罪原因、犯罪性质、犯罪手段、犯罪后的悔罪表现、个人一贯表现等情况，充分考虑与犯罪分子所犯罪行的关联程度，有针对性地决定禁止其在管制执行期间、缓刑考验期限内"从事特定活动，进入特定区域、场所，接触特定的人"的一项或者几项内容。

第三条 人民法院可以根据犯罪情况，禁止判处管制、宣告缓刑的犯罪分子在管制执行期间、缓刑考验期限内从事以下一项或者几项活动：

（一）个人为进行违法犯罪活动而设立公司、企业、事业单位或者在设立公司、企业、事业单位后以实施犯罪为主要活动的，禁止设立公司、企业、事业单位；

（二）实施证券犯罪、贷款犯罪、票据犯罪、信用卡犯罪等金融犯罪的，禁止从事证券交易、申领贷款、使用票据或者申领、使用信用卡等金融活动；

（三）利用从事特定生产经营活动实施犯罪的，禁止从事相关生产经营活动；

（四）附带民事赔偿义务未履行完毕，违法所得未追缴、退赔到位，或者罚金尚未足额缴纳的，禁止从事高消费活动；

（五）其他确有必要禁止从事的活动。

第四条 人民法院可以根据犯罪情况，禁止判处管制、宣告缓刑的犯罪分子在管制执行期间、缓刑考验期限内进入以下一类或者几类区域、场所：

（一）禁止进入夜总会、酒吧、迪厅、网吧等娱乐场所；

（二）未经执行机关批准，禁止进入举办大型群众性活动的场所；

（三）禁止进入中小学校区、幼儿园园区及周边地区，确因本人就学、居住等原因，经执行机关批准的除外；

（四）其他确有必要禁止进入的区域、场所。

第五条 人民法院可以根据犯罪情况，禁止判处管制、宣告缓刑的犯罪分子在管制执行期间、缓刑考验期限内接触以下一类或者几类人员：

（一）未经对方同意，禁止接触被害人及其法定代理人、近亲属；
（二）未经对方同意，禁止接触证人及其法定代理人、近亲属；
（三）未经对方同意，禁止接触控告人、批评人、举报人及其法定代理人、近亲属；
（四）禁止接触同案犯；
（五）禁止接触其他可能遭受其侵害、滋扰的人或者可能诱发其再次危害社会的人。

第六条 禁止令的期限，既可以与管制执行、缓刑考验的期限相同，也可以短于管制执行、缓刑考验的期限，但判处管制的，禁止令的期限不得少于三个月，宣告缓刑的，禁止令的期限不得少于二个月。

判处管制的犯罪分子在判决执行以前先行羁押以致管制执行的期限少于三个月的，禁止令的期限不受前款规定的最短期限的限制。

禁止令的执行期限，从管制、缓刑执行之日起计算。

第七条 人民检察院在提起公诉时，对可能判处管制、宣告缓刑的被告人可以提出宣告禁止令的建议。当事人、辩护人、诉讼代理人可以就应否对被告人宣告禁止令提出意见，并说明理由。

公安机关在移送审查起诉时，可以根据犯罪嫌疑人涉嫌犯罪的情况，就应否宣告禁止令及宣告何种禁止令，向人民检察院提出意见。

第八条 人民法院对判处管制、宣告缓刑的被告人宣告禁止令的，应当在裁判文书主文部分单独作为一项予以宣告。

第九条 禁止令由司法行政机关指导管理的社区矫正机构负责执行。

第十条 人民检察院对社区矫正机构执行禁止令的活动实行监督。发现有违反法律规定的情况，应当通知社区矫正机构纠正。

第十一条 判处管制的犯罪分子违反禁止令，或者被宣告缓刑的犯罪分子违反禁止令尚不属情节严重的，由负责执行禁止令的社区矫正机构所在地的公安机关依照《中华人民共和国治安管理处罚法》第六十条的规定处罚。

第十二条 被宣告缓刑的犯罪分子违反禁止令，情节严重的，应当撤销缓刑，执行原判刑罚。原作出缓刑裁判的人民法院应当自收到当地社区矫正机构提出的撤销缓刑建议书之日起一个月内依法作出裁定。人民法院撤销缓刑的裁定一经作出，立即生效。

违反禁止令，具有下列情形之一的，应当认定为"情节严重"：
（一）三次以上违反禁止令的；
（二）因违反禁止令被治安管理处罚后，再次违反禁止令的；
（三）违反禁止令，发生较为严重危害后果的；
（四）其他情节严重的情形。

第十三条 被宣告禁止令的犯罪分子被依法减刑时，禁止令的期限可以相应缩短，由人民法院在减刑裁定中确定新的禁止令期限。

(2) 有期徒刑、无期徒刑

最高人民法院研究室
关于有期徒刑罪犯减刑后又改判应
如何确定执行刑期问题的答复

(1994年6月14日)

浙江省高级人民法院：

你院浙高法〔1994〕40号《关于有期徒刑罪犯减刑后又改判应如何确定执行刑期的请示报告》收悉。经研究，答复如下：

关于有期徒刑罪犯减刑后又改判应如何确定执行刑期的问题，请参照我院1964年2月20日〔64〕法研字第16号《关于劳改犯减刑后又改判应如何确定执行刑期问题的批复》办理。即：对原判有期徒刑的罪犯，已经法院裁定宣布减刑后，原审法院发现原判决确有错误，需要改判的，可将本来打算改判的刑期减去已裁定减刑的刑期，确定为应改判的刑期，并在改判的法律文书中说明改判的刑期已经扣除了改判前裁定减刑的刑期。

此复。

附：

浙江省高级人民法院
关于有期徒刑罪犯减刑后又改判
应如何确定执行刑期的请示报告

1994年4月25日　　　　　　　　　　　　　　浙高法〔1994〕40号

最高人民法院：

近来，我们发现我省有些监狱就有期徒刑罪犯减刑后又改判如何确定执行刑期的问题，在执行钧院1964年2月20日〔64〕法研字第16号《关于劳改犯减刑后又改判应如何确定执行刑期问题的批复》时认识不同，做法不一：有的视原减刑裁定一律无效，按改判刑期执行；有的则将原减刑裁定报原审法院再行裁定。在报送再行裁定时，有的只报原减刑裁定书，有的则把犯人服刑期内的表现情况，层层审批后，再报原审法院裁定减刑。我们认为,犯人服刑地分散在全国各地,原审法院在再审改判时很难掌握犯人的减刑情况,而且,原审法院即使在改判时确已了解原判执行期内的减刑情况并在改判时考虑了减刑的刑期,但仅凭改判宣判时向犯人说明,也很难使犯人口服心服。现经研究,提出两种处理意见:

一、原审法院改判时已掌握原判执行期内减刑情况的,可将本来打算改判的刑期减去已裁定减刑的刑期,确定为应改判的刑期,并在判决书论理部分予以说明;原审法院改判时没有掌握或者在改判时没有考虑已裁定宣布减刑的刑期的,则应由监管部门向原审法院再报已裁定减刑的裁定书,原审法院在不违反刑法第七十一条规定的情况下,再行裁定,然后确定应执行的刑期。

二、考虑犯人服刑地分散在全国各地,原审法院在再审时一般很难确切掌握犯人减刑情况,为了便于执行,可视原减刑裁定仍然有效,由监管部门在不违反刑法第七十一条规定的情况下,将已裁定减刑的刑期在改判刑期中扣除,决定应执行的刑期。

我们倾向第二种意见。妥否,请示复。

最高人民法院 最高人民检察院 公安部 劳动人事部研究室 关于对无期徒刑犯减刑后原审法院发现原判决确有错误予以改判,原减刑裁定应如何适用法律条款予以撤销问题的答复[*]

(1994年11月7日)

江西省高级人民法院:

你院赣高法〔1994〕110号《关于撤销减刑裁定应当如何适用法律条款的请示》收悉。经研究,答复如下:

被判处无期徒刑的罪犯由服刑地的高级人民法院依法裁定减刑后,原审人民法院发一原判决确有错误并依照审判监督程序改判为有期徒刑的,应当依照我院法〔研〕复〔1989〕2号批复撤销原减刑裁定。鉴于原减刑裁定是在无期徒刑基础上的减刑,既然原判无期徒刑已被认定为错判,那么原减刑裁定在认定事实和适用法律上亦应视为确有错误。由此,由罪犯服刑地的高级人民法院根据刑事诉讼法第一百四十九条第一款的规定,按照审判监督程序撤销原减刑裁定是适宜的。

---

[*] 也作"最高人民法院关于对无期徒刑犯减刑后又改判,原减刑裁定应否撤销问题的批复"。

附：

江西省高级人民法院
关于撤销减刑裁定应当如何适用法律条款的请示

1994年9月21日　　　　　　　　　　赣高法〔1994〕110号

最高人民法院：

本院曾以〔88〕赣法研二字第3号请示报告向你院请示"关于对无期徒刑犯减刑后又改判原减刑裁定应否撤销"的问题，你院1989年1月3日以法〔研〕复〔1989〕8号批复对此问题作出了答复。我们在执行上述批复的过程中，对此类情况下撤销减刑裁定应当如何适用法律条款有不同认识。一种意见认为，被判处无期徒刑的罪犯经依法裁定减刑后，发现原审判决确有错误依法改判为有期徒刑，应当撤销原减刑裁定。撤销减刑裁定的原因是原减刑的基础已不存在，可以视为原减刑裁定认定事实有误。因此，撤销减刑的裁定书应当适用刑事诉讼法第一百四十九条的规定。另一种意见认为，因原判无期徒刑确有错误被改判为有期徒刑而撤销减刑裁定，并非原减刑有错误。司法机关根据罪犯在服刑中的表现作出的减刑裁定本身没有错误，之所以要撤销减刑裁定，是因为原判刑罚已经改判，该减刑裁定不具有实际意义了，但撤销减刑裁定不属于适用审判监督程序的范畴，不必在撤销减刑裁定书中引用刑事诉讼法第一百四十九条，目前刑事诉讼法对此类情况的撤销减刑裁定未作规定，今后修改法律时应予规定。

对撤销减刑裁定如何适用法律条款的问题我们把握不准，特向你院请示。望予批复。

最高人民法院研究室关于原判有期徒刑的罪犯被裁定减刑后又经再审改判为无期徒刑应如何确定执行刑期问题的答复

(1995年12月25日)

宁夏回族自治区高级人民法院：

你院宁法明传〔1995〕84号"关于原判处有期徒刑的罪犯再审改判为无期徒刑后，如何确定执行刑期的请示"收悉。经研究，答复如下：

一、原判处有期徒刑并已被裁定减刑的罪犯经再审改判为无期徒刑，再审法院应当将改判的判决书副本送达作出减刑裁定的人民法院，由该院依法裁定撤销原减刑裁定。如果罪犯在改判后符合无期徒刑减刑条件的，应当重新依法报请减刑。

二、再审改判无期徒刑的执行期间从再审判决确定之日起算。对改判前已执行的刑期，应在对无期徒刑裁定减刑时，折抵为无期徒刑已实际执行的刑期。

（3）死　　刑

最高人民法院研究室关于如何理解"审判的时候怀孕的妇女不适用死刑"问题的电话答复

(1991年3月18日)

广东省高级人民法院：

你院〔1990〕粤法刑一文字第16号《关于如何理解"审判的时候怀孕的妇女不适用死刑"问题的请示》已收悉。经研究，现答复如下：

在羁押期间已是孕妇的被告人，无论其怀孕是否属于违反国家计划生育政策，也不论其是否自然流产或者经人工流产以及流产后移送起诉或审判期间的长短，仍应执行我院〔83〕法研字第18号《关于人民法院审判严重刑事犯罪案件中具体应用法律的若干问题的答复》中对第三个问题的答复:"对于这类案件,应当按照刑法第四十四条和刑事诉讼法第一百五十四条的规定办理,即:人民法院对'审判的时候怀孕的妇女,不适用死刑'。如果人民法院在审判时发现,在羁押受审时已是孕妇的,仍应依照上述法律规定,不适用死刑。"

最高人民法院关于对怀孕妇女在羁押期间自然流产审判时是否可以适用死刑问题的批复

法释〔1998〕18号

(1998年8月4日最高人民法院审判委员会第1010次会议通过 1998年8月7日最高人民法院公告公布 自1998年8月13日起施行)

河北省高级人民法院:

你院冀高法〔1998〕40号《关于审判时对怀孕妇女在公安预审羁押期间自然流产,是否适用死刑的请示》收悉。经研究,答复如下:

怀孕妇女因涉嫌犯罪在羁押期间自然流产后,又因同一事实被起诉、交付审判的,应当视为"审判的时候怀孕的妇女",依法不适用死刑。

此复。

最高人民法院关于对死刑缓期执行期间故意犯罪未执行死刑案件进行备案的通知

2016年9月26日　　　　　　　　　　　　　法〔2016〕318号

各省、自治区、直辖市高级人民法院,解放军军事法院,新疆维吾尔自治区高级人民法院生产建设兵团分院:

为正确适用《中华人民共和国刑法修正案(九)》关于"对于故意犯罪未执行死刑的,死刑缓期执行的期间重新计算,并报最高人民法院备案"的规定,规范相关备案程序,确保死刑缓期执行期间故意犯罪未执行死刑案件办案质量,现对死刑缓期执行期间故意犯罪未执行死刑案件报请我院备案的有关事项通知如下:

一、高级人民法院判决、裁定对死刑缓期执行期间故意犯罪不执行死刑的,应当在裁判文书生效后二十日内报我院备案。备案材料报送我院审判监督庭,具体包括:1.关于被告人死刑缓期执行期间故意犯罪未执行死刑一案的报备报告;2.第一、二审(复核审)裁判文书、审理报告;3.被告人被判处死刑缓期执行的原第审(复核审)裁判文书、审理报告。

二、中级人民法院判决对死刑缓期执行期间故意犯罪不执行死刑的,不需要再报高级人民法院核准,应当在判决书生效后二十日内报高级人民法院备案。高级人民法院应当依法组成合议庭进行审查。高级人民法院同意不执行死刑的,再报我院备案。报送材料包括:1.关于被告人死刑缓期执行期间故意犯罪未执行死刑案的报备报告;2.第一审判决书、审理报告,高级人民法院审查报告;3.被告人被判处死刑缓期执行的原第一、二审(复核审)裁判文书、审理报告。

三、高级人民法院、中级人民法院判决、裁定对死刑缓期执行期间故意犯罪不执行死刑的,应当及时宣判并交付执行。报备工作不影响上述判决、裁定的生效和执行。对于高级人民法院报我院备案的死刑缓期执行期间故意犯罪未执行死刑案件,我院将对报送材料予以登记存案,以备审查。经审查认为原生效裁判确有错误的,将按照审判监督程序依法予以纠正。

(4) 罚金、剥夺政治权利、没收财产

最高人民法院
关于对故意伤害、盗窃等严重破坏社会秩序的犯罪分子能否附加剥夺政治权利问题的批复

法释〔1997〕11号

(1997年12月23日最高人民法院审判委员会第952次会议通过
1997年12月31日最高人民法院公告公布 自1998年1月13日起施行)

福建省高级人民法院:

你院《关于对故意伤害、盗窃(重大)等犯罪分子被判处有期徒刑的,能否附加剥夺政治权利的请示》收悉。经研究,答复如下:

根据刑法第五十六条规定,对于故意杀人、强奸、放火、爆炸、投毒、抢劫等严重破坏社会秩序的犯罪分子,可以附加剥夺政治权利。对故意伤害、盗窃等其他严重破坏社会秩序的犯罪,犯罪分子主观恶性较深、犯罪情节恶劣、罪行严重的,也可以依法附加剥夺政治权利。

此复。

最高人民法院
关于适用财产刑若干问题的规定

法释〔2000〕45号

(2000年11月15日最高人民法院审判委员会第1139次会议通过 2000年12月13日最高人民法院公告公布 自2000年12月19日起施行)

为正确理解和执行刑法有关财产刑的规定,现就适用财产刑的若干问题规定如下:

第一条 刑法规定"并处"没收财产或者罚金的犯罪,人民法院在对犯罪分子判处主刑的同时,必须依法判处相应的财产刑;刑法规定"可以并处"没收财产或者罚金的犯罪,人民法院应当根据案件具体情况及犯罪分子的财产状况,决定是否适用财产刑。

第二条 人民法院应当根据犯罪情节,如违法所得数额、造成损失的大小等,并综合考虑犯罪分子缴纳罚金的能力,依法判处罚金。刑法没有明确规定罚金数额标准的,罚金的最低数额不能少于一千元。

对未成年人犯罪应当从轻或者减轻判处罚金,但罚金的最低数额不能少于五百元。

第三条 依法对犯罪分子所犯数罪分别判处罚金的,应当实行并罚,将所判处的罚金数额相加,执行总和数额。

一人犯数罪依法同时并处罚金和没收财产的,应当合并执行;但并处没收全部财产的,只执行没收财产刑。

第四条 犯罪情节较轻,适用单处罚金不致再危害社会并具有下列情形之一的,可以依法单处罚金:

(一)偶犯或者初犯;

(二)自首或者有立功表现的;

(三)犯罪时不满十八周岁的;

(四)犯罪预备、中止或者未遂的;

(五)被胁迫参加犯罪的;

(六)全部退赃并有悔罪表现的;

(七)其他可以依法单处罚金的情形。

第五条 刑法第五十三条规定的"判决指定的期限"应当在判决书中予以确定;"判决指定的期限"应为从判决发生法律效力第二日起最长不超过三个月。

第六条 刑法第五十三条规定的"由于遭遇不能抗拒的灾祸缴纳确实有困难的",主要是指因遭受火灾、水灾、地震等灾祸而丧失财产;罪犯因重病、伤残等而丧失劳动能力,或者需要罪犯抚养的近亲属患有重病,需支付巨额医药费等,确实没有财产可供执行的情形。

具有刑法第五十三条规定"可以酌情减少或者免除"事由的，由罪犯本人、亲属或者犯罪单位向负责执行的人民法院提出书面申请，并提供相应的证明材料。人民法院审查以后，根据实际情况，裁定减少或者免除应当缴纳的罚金数额。

第七条 刑法第六十条规定的"没收财产以前犯罪分子所负的正当债务"，是指犯罪分子在判决生效前所负他人的合法债务。

第八条 罚金刑的数额应当以人民币为计算单位。

第九条 人民法院认为依法应当判处被告人财产刑的，可以在案件审理过程中，决定扣押或者冻结被告人的财产。

第十条 财产刑由第一审人民法院执行。

犯罪分子的财产在异地的，第一审人民法院可以委托财产所在地人民法院代为执行。

第十一条 自判决指定的期限届满第二日起，人民法院对于没有法定减免事由不缴纳罚金的，应当强制其缴纳。

对于隐藏、转移、变卖、损毁已被扣押、冻结财产情节严重的，依照刑法第三百一十四条的规定追究刑事责任。

最高人民法院办公厅
转发《全国人大常委会法工委关于对被告人在罚金执行完毕前又犯新罪的罚金应否与未执行完毕的罚金适用数罪并罚问题的答复意见》的通知

2017年11月30日　　　　　　　　　　　　　法办〔2017〕195号

各省、自治区、直辖市高级人民法院，解放军军事法院，新疆维吾尔自治区高级人民法院生产建设兵团分院；最高人民法院各刑事审判庭、审判监督庭、执行局：

近日，我院收到全国人大常委会法工委《关于对被告人在罚金执行完毕前又犯新罪的罚金应否与未执行完毕的罚金适用数罪并罚问题的答复意见》（法工办复〔2017〕2号），现将该意见转发给你们，请遵照执行。

附：

全国人民代表大会常务委员会法制工作委员会
关于被告人在罚金刑执行完毕前又犯新罪的罚金应否与未执行完毕的罚金适用数罪并罚问题的答复意见

2017年11月26日　　　　　　　　　　法工办复〔2017〕2号

最高人民检察院办公厅：

你厅《关于对被告人在罚金刑执行完毕前又犯新罪的罚金应否与未执行完毕的罚金适用数罪并罚问题征求意见的函》（高检办字〔2017〕281号）收悉。经研究，答复如下：

刑法第七十一条中的"刑罚执行完毕以前"应是指主刑执行完毕以前。如果被告人主刑已执行完毕，只是罚金尚未执行完毕的，根据刑法第五十三条的规定，人民法院在任何时候发现有可以执行的财产，应当随时追缴。因此，被告人前罪主刑已执行完毕，罚金尚未执行完毕的，应当由人民法院继续执行未执行完毕的罚金，不必与新罪判处的罚金数罪并罚。

特此函复。

2. 刑罚的具体运用

（1）量　刑

最高人民法院
关于适用刑法第六十四条有关问题的批复

2013年10月21日　　　　　　　　　　法〔2013〕229号

河南省高级人民法院：

你院《关于刑法第六十四条法律适用问题的请示》收悉。经研究，批复如下：

根据刑法第六十四条和《最高人民法院关于适用〈中华人民共和国刑事诉讼法〉》的

解释》第一百三十八条、第一百三十九条的规定，被告人非法占有、处置被害人财产的，应当依法予以追缴或者责令退赔。据此，追缴或者责令退赔的具体内容，应当在判决主文中写明；其中，判决前已经发还被害人的财产，应当注明。被害人提起附带民事诉讼，或者另行提起民事诉讼请求返还被非法占有、处置的财产的，人民法院不予受理。

最高人民法院关于实施修订后的《关于常见犯罪的量刑指导意见》的通知

2017年3月9日　　　　　　　　　　　　　　　　法发〔2017〕7号

各省、自治区、直辖市高级人民法院，解放军军事法院，新疆维吾尔自治区高级人民法院生产建设兵团分院：

最高人民法院《关于常见犯罪的量刑指导意见》从2014年起在全国中级、基层人民法院正式实施。各高级人民法院高度重视，积极稳妥组织实施，取得良好效果。我院在总结实践经验的基础上，对量刑指导意见作了进一步修改、完善。现印发修订后的《关于常见犯罪的量刑指导意见》（以下简称《量刑指导见》），并从2017年4月1日起实施。现将有关事项通知如下：

（一）认真修改实施细则。《量刑指导意见》进一步完善量刑方法，明确"以定性分析为主，定量分析为辅"的量刑方法；进一步修改完善常见量刑情节的适用和个罪的量刑规范。各高级人民法院要认真学习领会，在总结经验的基础上，结合新出台的刑事法律、司法解释、业务指导文件和审判实际，对照修改完善实施细则，保证实施细则依法有据，符合罪责刑相适应原则，符合量刑实际，具有可操作性。实施细则经审判委员会讨论通过后实施，并于4月底前报最高人民法院备案。

（二）全面深入组织实施。量刑规范化工作是一项长期的工作。各级人民法院要以这次修改《量刑指导意见》和实施细则为契机，认其总结经验，全面深入推进量刑规范化工作，将十五种常见犯罪全部纳入规范范围，所有中级、基层法院全面实施到位。要结合审判实际，主动对接以审判为中心的刑事诉讼制度改革、认罪认罚从宽制度改革和刑事速裁程序改革，建立完善量刑规范化长效工作机制，促进量刑规范化工作制度化、常态化，努力让人民群众在每一个司法案件中感受到公平正义。

（三）切实加强培训指导。《量刑指导意见》对量刑方法等内容作了重要修改，各地法院要结合工作实际，加强对中级、基层法院办案法官特别是新任法官的业务培训，保证《量刑指导意见》及实施细则的正确实施。在量刑过程中，定性分析始终处于主导地位，应在定性分析的基础上进行定量分析，依法确定量刑起点、基准刑和宣告刑，保证罪责刑相适应。上级法院要切实加强调研指导，对实施过程中出现的新情况新问题，及时加以研究解决，不断总结提高。实施中遇到的重大疑难问题，要及时层报最高人民法院，保证量刑规范化工作持续、深入发展。

附：

最高人民法院
关于常见犯罪的量刑指导意见

为进一步规范刑罚裁量权，落实宽严相济刑事政策，增强量刑的公开性，实现量刑公正，根据刑法和刑事司法解释等有关规定，结合审判实践，制定本指导意见。

一、量刑的指导原则

1. 量刑应当以事实为根据，以法律为准绳，根据犯罪的事实、性质、情节和对于社会的危害程度，决定判处的刑罚。

2. 量刑既要考虑被告人所犯罪行的轻重，又要考虑被告人应负刑事责任的大小，做到罪责刑相适应，实现惩罚和预防犯罪的目的。

3. 量刑应当贯彻宽严相济的刑事政策，做到该宽则宽，当严则严，宽严相济，罚当其罪，确保裁判法律效果和社会效果的统一。

4. 量刑要客观、全面把握不同时期不同地区的经济社会发展和治安形势的变化，确保刑法任务的实现；对于同一地区同一时期、案情相似的案件，所判处的刑罚应当基本均衡。

二、量刑的基本方法

量刑时，应以定性分析为主，定量分析为辅，依次确定量刑起点、基准刑和宣告刑。

1. 量刑步骤

（1）根据基本犯罪构成事实在相应的法定刑幅度内确定量刑起点。

（2）根据其他影响犯罪构成的犯罪数额、犯罪次数、犯罪后果等犯罪事实，在量刑起点的基础上增加刑罚量确定基准刑。

（3）根据量刑情节调节基准刑，并综合考虑全案情况，依法确定宣告刑。

2. 调节基准刑的方法

（1）具有单个量刑情节的，根据量刑情节的调节比例直接调节基准刑。

（2）具有多个量刑情节的，一般根据各个量刑情节的调节比例，采用同向相加、逆向相减的方法调节基准刑；具有未成年人犯罪、老年人犯罪、限制行为能力的精神病人犯罪、又聋又哑的人或者盲人犯罪，防卫过当、避险过当、犯罪预备、犯罪未遂、犯罪中止，从犯、胁从犯和教唆犯等量刑情节的，先适用该量刑情节对基准刑进行调节，在此基础上，再适用其他量刑情节进行调节。

（3）被告人犯数罪，同时具有适用于各个罪的立功、累犯等量刑情节的，先适用该量刑情节调节个罪的基准刑，确定个罪所应判处的刑罚，再依法实行数罪并罚，决定执行的刑罚。

3. 确定宣告刑的方法

（1）量刑情节对基准刑的调节结果在法定刑幅度内，且罪责刑相适应的，可以直接确定为宣告刑；如果具有应当减轻处罚情节的，应依法在法定最低刑以下确定宣告刑。

（2）量刑情节对基准刑的调节结果在法定最低刑以下，具有法定减轻处罚情节，且罪责刑相适应的，可以直接确定为宣告刑；只有从轻处罚情节的，可以依法确定法定最低刑为宣告刑；但是根据案件的特殊情况，经最高人民法院核准，也可以在法定刑以下判处刑罚。

（3）量刑情节对基准刑的调节结果在法定最高刑以上的，可以依法确定法定最高刑为宣告刑。

（4）综合考虑全案情况，独任审判员或合议庭可以在20%的幅度内对调节结果进行调整，确定宣告刑。当调节后的结果仍不符合罪责刑相适应原则的，应提交审判委员会讨论，依法确定宣告刑。

（5）综合全案犯罪事实和量刑情节，依法应当判处无期徒刑以上刑罚、管制或者单处附加刑、缓刑、免刑的，应当依法适用。

三、常见量刑情节的适用

量刑时要充分考虑各种法定和酌定量刑情节，根据案件的全部犯罪事实以及量刑情节的不同情形，依法确定量刑情节的适用及其调节比例。对严重暴力犯罪、毒品犯罪等严重危害社会治安犯罪，在确定从宽的幅度时，应当从严掌握；对犯罪情节较轻的犯罪，应当充分体现从宽。具体确定各个量刑情节的调节比例时，应当综合平衡调节幅度与实际增减刑罚量的关系，确保罪责刑相适应。

1. 对于未成年人犯罪，应当综合考虑未成年人对犯罪的认识能力、实施犯罪行为的动机和目的、犯罪时的年龄、是否初犯、偶犯、悔罪表现、个人成长经历和一贯表现等情况，予以从宽处罚。

（1）已满十四周岁不满十六周岁的未成年人犯罪，减少基准刑的30%～60%；

（2）已满十六周岁不满十八周岁的未成年人犯罪，减少基准刑的10%～50%。

2. 对于未遂犯，综合考虑犯罪行为的实行程度、造成损害的大小、犯罪未得逞的原因等情况，可以比照既遂犯减少基准刑的50%以下。

3. 对于从犯，应当综合考虑其在共同犯罪中的地位、作用等情况，予以从宽处罚，减少基准刑的20%～50%；犯罪较轻的，减少基准刑的50%以上或者依法免除处罚。

4. 对于自首情节，综合考虑自首的动机、时间、方式、罪行轻重、如实供述罪行的程度以及悔罪表现等情况，可以减少基准刑的40%以下；犯罪较轻的，可以减少基准刑的40%以上或者依法免除处罚。恶意利用自首规避法律制裁等不足以从宽处罚的除外。

5. 对于坦白情节，综合考虑如实供述罪行的阶段、程度、罪行轻重以及悔罪程度等情况，确定从宽的幅度。

（1）如实供述自己罪行的，可以减少基准刑的20%以下；

（2）如实供述司法机关尚未掌握的同种较重罪行的，可以减少基准刑的10%～30%；

（3）因如实供述自己罪行，避免特别严重后果发生的，可以减少基准刑的30%～50%。

6. 对于当庭自愿认罪的，根据犯罪的性质、罪行的轻重、认罪程度以及悔罪表现等情况，可以减少基准刑的10%以下。依法认定自首、坦白的除外。

7. 对于立功情节，综合考虑立功的大小、次数、内容、来源、效果以及罪行轻重等情况，确定从宽的幅度。

（1）一般立功的，可以减少基准刑的20%以下；

（2）重大立功的，可以减少基准刑的20%～50%；犯罪较轻的，减少基准刑的50%以上或者依法免除处罚。

8. 对于退赃、退赔的，综合考虑犯罪性质，退赃、退赔行为对损害结果所能弥补的程度，退赃、退赔的数额及主动程度等情况，可以减少基准刑的30%以下；其中抢劫等严重危害社会治安犯罪的应从严掌握。

9. 对于积极赔偿被害人经济损失并取得谅解的，综合考虑犯罪性质、赔偿数额、赔偿能力以及认罪、悔罪程度等情况，可以减少基准刑的40%以下；积极赔偿但没有取得谅解的，可以减少基准刑的30%以下；尽管没有赔偿，但取得谅解的，可以减少基准刑的20%以下；其中抢劫、强奸等严重危害社会治安犯罪的应从严掌握。

10. 对于当事人根据刑事诉讼法第二百七十七条达成刑事和解协议的，综合考虑犯罪性质、赔偿数额、赔礼道歉以及真诚悔罪等情况，可以减少基准刑的50%以下；犯罪较轻的，可以减少基准刑的50%以上或者依法免除处罚。

11. 对于累犯，应当综合考虑前后罪的性质、刑罚执行完毕或赦免以后至再犯罪时间的长短以及前后罪罪行轻重等情况，增加基准刑的10%～40%，一般不少于3个月。

12. 对于有前科的，综合考虑前科的性质、时间间隔长短、次数、处罚轻重等情况，可以增加基准刑的10%以下。前科犯罪为过失犯罪和未成年人犯罪的除外。

13. 对于犯罪对象为未成年人、老年人、残疾人、孕妇等弱势人员的，综合考虑犯罪的性质、犯罪的严重程度等情况，可以增加基准刑的20%以下。

14. 对于在重大自然灾害、预防、控制突发传染病疫情等灾害期间故意犯罪的，根据案件的具体情况，可以增加基准刑的20%以下。

四、常见犯罪的量刑

（一）交通肇事罪

1. 构成交通肇事罪的，可以根据下列不同情形在相应的幅度内确定量刑起点：

（1）致人重伤、死亡或者使公私财产遭受重大损失的，可以在二年以下有期徒刑、拘役幅度内确定量刑起点。

（2）交通运输肇事后逃逸或者有其他特别恶劣情节的，可以在三年至五年有期徒刑幅度内确定量刑起点。

（3）因逃逸致一人死亡的，可以在七年至十年有期徒刑幅度内确定量刑起点。

2. 在量刑起点的基础上，可以根据事故责任、致人重伤、死亡的人数或者财产损失的数额以及逃逸等其他影响犯罪构成的犯罪事实增加刑罚量，确定基准刑。

（二）故意伤害罪

1. 构成故意伤害罪的，可以根据下列不同情形在相应的幅度内确定量刑起点：

（1）故意伤害致一人轻伤的，可以在二年以下有期徒刑、拘役幅度内确定量刑起点。

（2）故意伤害致一人重伤的，可以在三年至五年有期徒刑幅度内确定量刑起点。

（3）以特别残忍手段故意伤害致一人重伤，造成六级严重残疾的，可以在十年至十三年有期徒刑幅度内确定量刑起点。依法应当判处无期徒刑以上刑罚的除外。

2. 在量刑起点的基础上，可以根据伤害后果、伤残等级、手段残忍程度等其他影响犯罪构成的犯罪事实增加刑罚量，确定基准刑。

故意伤害致人轻伤的，伤残程度可在确定量刑起点时考虑，或者作为调节基准刑的量刑情节。

（三）强奸罪

1. 构成强奸罪的，可以根据下列不同情形在相应的幅度内确定量刑起点：

（1）强奸妇女一人的，可以在三年至六年有期徒刑幅度内确定量刑起点。

奸淫幼女一人的，可以在四年至七年有期徒刑幅度内确定量刑起点。

（2）有下列情形之一的，可以在十年至十三年有期徒刑幅度内确定量刑起点：强奸妇女、奸淫幼女情节恶劣的；强奸妇女、奸淫幼女三人的；在公共场所当众强奸妇女的；二人以上轮奸妇女的；强奸致被害人重伤或者造成其他严重后果的。依法应当判处无期徒刑以上刑罚的除外。

2. 在量刑起点的基础上，可以根据强奸妇女、奸淫幼女情节恶劣程度、强奸人数、致人伤害后果等其他影响犯罪构成的犯罪事实增加刑罚量，确定基准刑。

强奸多人多次的，以强奸人数作为增加刑罚量的事实，强奸次数作为调节基准刑的量刑情节。

（四）非法拘禁罪

1. 构成非法拘禁罪的，可以根据下列不同情形在相应的幅度内确定量刑起点：

（1）犯罪情节一般的，可以在一年以下有期徒刑、拘役幅度内确定量刑起点。

（2）致一人重伤的，可以在三年至五年有期徒刑幅度内确定量刑起点。

（3）致一人死亡的，可以在十年至十三年有期徒刑幅度内确定量刑起点。

2. 在量刑起点的基础上，可以根据非法拘禁人数、拘禁时间、致人伤亡后果等其他影响犯罪构成的犯罪事实增加刑罚量，确定基准刑。

非法拘禁多人多次的，以非法拘禁人数作为增加刑罚量的事实，非法拘禁次数作为调节基准刑的量刑情节。

3. 有下列情节之一的，可以增加基准刑的 10%～20%：

(1) 具有殴打、侮辱情节的（致人重伤、死亡的除外）；
(2) 国家机关工作人员利用职权非法扣押、拘禁他人的。

（五）抢劫罪

1. 构成抢劫罪的，可以根据下列不同情形在相应的幅度内确定量刑起点：

(1) 抢劫一次的，可以在三年至六年有期徒刑幅度内确定量刑起点。

(2) 有下列情形之一的，可以在十年至十三年有期徒刑幅度内确定量刑起点：入户抢劫的；在公共交通工具上抢劫的；抢劫银行或者其他金融机构的；抢劫三次或者抢劫数额达到数额巨大起点的；抢劫致一人重伤的；冒充军警人员抢劫的；持枪抢劫的；抢劫军用物资或者抢险、救灾、救济物资的。依法应当判处无期徒刑以上刑罚的除外。

2. 在量刑起点的基础上，可以根据抢劫情节严重程度、抢劫次数、数额、致人伤害后果等其他影响犯罪构成的犯罪事实增加刑罚量，确定基准刑。

（六）盗窃罪

1. 构成盗窃罪的，可以根据下列不同情形在相应的幅度内确定量刑起点：

(1) 达到数额较大起点的，两年内三次盗窃的，入户盗窃的，携带凶器盗窃的，或者扒窃的，可以在一年以下有期徒刑、拘役幅度内确定量刑起点。

(2) 达到数额巨大起点或者有其他严重情节的，可以在三年至四年有期徒刑幅度内确定量刑起点。

(3) 达到数额特别巨大起点或者有其他特别严重情节的，可以在十年至十二年有期徒刑幅度内确定量刑起点。依法应当判处无期徒刑的除外。

2. 在量刑起点的基础上，可以根据盗窃数额、次数、手段等其他影响犯罪构成的犯罪事实增加刑罚量，确定基准刑。

多次盗窃，数额达到较大以上的，以盗窃数额确定量刑起点，盗窃次数可作为调节基准刑的量刑情节；数额未达到较大的，以盗窃次数确定量刑起点，超过三次的次数作为增加刑罚量的事实。

（七）诈骗罪

1. 构成诈骗罪的，可以根据下列不同情形在相应的幅度内确定量刑起点：

(1) 达到数额较大起点的，可以在一年以下有期徒刑、拘役幅度内确定量刑起点。

(2) 达到数额巨大起点或者有其他严重情节的，可以在三年至四年有期徒刑幅度内确定量刑起点。

(3) 达到数额特别巨大起点或者有其他特别严重情节的，可以在十年至十二年有期徒刑幅度内确定量刑起点。依法应当判处无期徒刑的除外。

2. 在量刑起点的基础上，可以根据诈骗数额等其他影响犯罪构成的犯罪事实增加刑罚量，确定基准刑。

（八）抢夺罪

1. 构成抢夺罪的，可以根据下列不同情形在相应的幅度内确定量刑起点：

(1) 达到数额较大起点或者两年内三次抢夺的，可以在一年以下有期徒刑、拘役幅度内确定量刑起点。

(2) 达到数额巨大起点或者有其他严重情节的，可以在三年至五年有期徒刑幅度内确定量刑起点。

（3）达到数额特别巨大起点或者有其他特别严重情节的，可以在十年至十二年有期徒刑幅度内确定量刑起点。依法应当判处无期徒刑的除外。

2. 在量刑起点的基础上，可以根据抢夺数额、次数等其他影响犯罪构成的犯罪事实增加刑罚量，确定基准刑。

多次抢夺，数额达到较大以上的，以抢夺数额确定量刑起点，抢夺次数可作为调节基准刑的量刑情节；数额未达到较大的，以抢夺次数确定量刑起点，超过三次的次数作为增加刑罚量的事实。

（九）职务侵占罪

1. 构成职务侵占罪的，可以根据下列不同情形在相应的幅度内确定量刑起点：

（1）达到数额较大起点的，可以在二年以下有期徒刑、拘役幅度内确定量刑起点。

（2）达到数额巨大起点的，可以在五年至六年有期徒刑幅度内确定量刑起点。

2. 在量刑起点的基础上，可以根据职务侵占数额等其他影响犯罪构成的犯罪事实增加刑罚量，确定基准刑。

（十）敲诈勒索罪

1. 构成敲诈勒索罪的，可以根据下列不同情形在相应的幅度内确定量刑起点：

（1）达到数额较大起点的，或者两年内三次敲诈勒索的，可以在一年以下有期徒刑、拘役幅度内确定量刑起点。

（2）达到数额巨大起点或者有其他严重情节的，可以在三年至五年有期徒刑幅度内确定量刑起点。

（3）达到数额特别巨大起点或者有其他特别严重情节的，可以在十年至十二年有期徒刑幅度内确定量刑起点。

2. 在量刑起点的基础上，可以根据敲诈勒索数额、次数、犯罪情节严重程度等其他影响犯罪构成的犯罪事实增加刑罚量，确定基准刑。

多次敲诈勒索，数额达到较大以上的，以敲诈勒索数额确定量刑起点，敲诈勒索次数可作为调节基准刑的量刑情节；数额未达到较大的，以敲诈勒索次数确定量刑起点，超过三次的次数作为增加刑罚量的事实。

（十一）妨害公务罪

1. 构成妨害公务罪的，可以在二年以下有期徒刑、拘役幅度内确定量刑起点。

2. 在量刑起点的基础上，可以根据妨害公务造成的后果、犯罪情节严重程度等其他影响犯罪构成的犯罪事实增加刑罚量，确定基准刑。

3. 暴力袭击正在依法执行职务的人民警察的，可以增加基准刑的10%～30%。

（十二）聚众斗殴罪

1. 构成聚众斗殴罪的，可以根据下列不同情形在相应的幅度内确定量刑起点：

（1）犯罪情节一般的，可以在二年以下有期徒刑、拘役幅度内确定量刑起点。

（2）有下列情形之一的，可以在三年至五年有期徒刑幅度内确定量刑起点：聚众斗殴三次的；聚众斗殴人数多，规模大，社会影响恶劣的；在公共场所或者交通要道聚众斗殴，造成社会秩序严重混乱的；持械聚众斗殴的。

2. 在量刑起点的基础上，可以根据聚众斗殴人数、次数、手段严重程度等其他影响犯罪构成的犯罪事实增加刑罚量，确定基准刑。

（十三）寻衅滋事罪

1. 构成寻衅滋事罪的，可以根据下列不同情形在相应的幅度内确定量刑起点：

（1）寻衅滋事一次的，可以在三年以下有期徒刑、拘役幅度内确定量刑起点。

（2）纠集他人三次寻衅滋事（每次都构成犯罪），严重破坏社会秩序的，可以在五年至七年有期徒刑幅度内确定量刑起点。

2. 在量刑起点的基础上，可以根据寻衅滋事次数、伤害后果、强拿硬要他人财物或任意损毁、占用公私财物数额等其他影响犯罪构成的犯罪事实增加刑罚量，确定基准刑。

（十四）掩饰、隐瞒犯罪所得、犯罪所得收益罪

1. 构成掩饰、隐瞒犯罪所得、犯罪所得收益罪的，可以根据下列不同情形在相应的幅度内确定量刑起点：

（1）犯罪情节一般的，可以在一年以下有期徒刑、拘役幅度内确定量刑起点。

（2）情节严重的，可以在三年至四年有期徒刑幅度内确定量刑起点。

2. 在量刑起点的基础上，可以根据犯罪数额等其他影响犯罪构成的犯罪事实增加刑罚量，确定基准刑。

（十五）走私、贩卖、运输、制造毒品罪

1. 构成走私、贩卖、运输、制造毒品罪的，可以根据下列不同情形在相应的幅度内确定量刑起点：

（1）走私、贩卖、运输、制造鸦片一千克，海洛因、甲基苯丙胺五十克或者其他毒品数量达到数量大起点的，量刑起点为十五年有期徒刑。依法应当判处无期徒刑以上刑罚的除外。

（2）走私、贩卖、运输、制造鸦片二百克，海洛因、甲基苯丙胺十克或者其它毒品数量达到数量较大起点的，可以在七年至八年有期徒刑幅度内确定量刑起点。

（3）走私、贩卖、运输、制造鸦片不满二百克，海洛因、甲基苯丙胺不满十克或者其他少量毒品的，可以在三年以下有期徒刑、拘役幅度内确定量刑起点；情节严重的，可以在三年至四年有期徒刑幅度内确定量刑起点。

2. 在量刑起点的基础上，可以根据毒品犯罪次数、人次、毒品数量等其他影响犯罪构成的犯罪事实增加刑罚量，确定基准刑。

3. 有下列情节之一的，可以增加基准刑的10%～30%：

（1）利用、教唆未成年人走私、贩卖、运输、制造毒品的；

（2）向未成年人出售毒品的；

（3）毒品再犯。

4. 有下列情节之一的，可以减少基准刑的30%以下：

（1）受雇运输毒品的；

（2）毒品含量明显偏低的；

（3）存在数量引诱情形的。

五、附　则

1. 本指导意见规范上列十五种犯罪判处有期徒刑、拘役的案件。其他判处有期徒刑、拘役的案件，可以参照量刑的指导原则、基本方法和常见量刑情节的适用规范量刑。

2. 各高级人民法院应当结合当地实际制定实施细则。

3. 本指导意见自2017年4月1日起实施。《最高人民法院关于实施量刑规范化工作的通知》（〔2013〕14号）同时废止。

4. 相关刑法条文：（略）

最高人民法院
关于在全国法院开展扩大量刑规范化范围试点的通知

2017年3月9日　　　　　　　　　　　　　　法〔2017〕74号

各省、自治区、直辖市高级人民法院，解放军军事法院，新疆维吾尔自治区高级人民法院生产建设兵团分院：

为继续推进量刑规范化改革，最高人民法院于2016年4月决定开展扩大量刑规范化范围试点，将危险驾驶罪等八个罪名的有期徒刑、拘役、罚金和缓刑纳入规范范围，并指定天津、辽宁、福建、海南、湖北、广西、云南、陕西等八个高级人民法院开展第一批试点，同时指定广东省广州市白云区人民法院就罚金刑开展试点。试点法院高度重视，积极稳妥组织试点，取得良好效果，为在全国法院试点积累了经验。我院在总结试点经验的基础上，制定了《关于常见犯罪的量刑指导意见（二）》（试行）[以下简称《量刑指导意见（二）》]。经研究决定，从2017年5月1日起在全国法院开展第二批试点。现将有关事项通知如下：

一、扩大试点范围

第二批试点法院的试点范围：危险驾驶罪、非法吸收公众存款罪、集资诈骗罪、信用卡诈骗罪、合同诈骗罪、非法持有毒品罪、容留他人吸毒罪和引诱、容留、介绍卖淫罪等八个罪名的有期徒刑和拘役，不包括罚金和缓刑。

第一批试点法院继续就上列八个罪名的有期徒刑、拘役、罚金和缓刑试点。广州市白云区人民法院继续就罚金刑试点。

二、试点目标任务

试点工作的目标任务是：根据《量刑指导意见（二）》制定实施细则，开展试点工作，在总结试点经验的基础上，修改完善《量刑指导意见（二）》和实施细则，为在全国法院全面试行积累经验。

（一）确定试点法院。各高级人民法院在辖区内指定1～2个中级法院、2～4个基层法院开展试点工作。试点法院应具有代表性，且有较好的工作基础。第一批试点中级、基层法院继续试点。

（二）制定工作方案。各高级人民法院要认真研究制定试点工作方案，明确工作任务、工作措施、工作责任和工作时间表，确定责任人和联络员，保证试点工作落到实处。于3月底前将试点工作方案报送最高人民法院刑三庭。

（三）制定实施细则。《量刑指导意见（二）》就八个罪名的量刑作了原则性规定。各高级人民法院要在深入调研、总结经验的基础上，结合审判实际研究制定实施细则，对个罪的量刑起点幅度、增加刑罚量确定基准刑的情形及各种从重从轻量刑情节进行细化。第一批试点法院要认真修改完善罚金刑、缓刑的适用。实施细则要符合法律、司法解释规定，符合罪责刑相适应原则，符合量刑实际，具有可操作性。实施细则经审判委员会讨论，于4月底前报最高人民法院审查备案，经批准后正式试点。

（四）开展试点工作。试点工作从今年5月至10月，为期半年。试点法院应通过具体案件的试点，全面检验《量刑指导意见（二）》及实施细则，重点检验个罪的量刑起点幅度、增加刑罚量确定基准刑的刑罚幅度、从重从轻量刑情节的调节幅度等，确保试点案件的量刑公正。

三、试点工作要求

一要加强组织领导。试点工作时间紧、任务重，各高级人民法院和试点法院要高度重视，切实加强领导，精心组织试点。高级人民法院是试点工作的主要责任单位，要指定一名主管刑事的副院长具体负责，成立由高院刑庭负责人和试点中级、基层法院领导等参加的试点工作小组，层层抓好工作落实。要组织试点法院刑事法官认真学习《量刑指导意见（二）》及实施细则，保证试点取得实效。

二要精心试点案件。试点法院要认真做好试点案件审理工作，量刑时，合议庭要对量刑起点、基准刑、量刑情节调节比例、宣告刑的确定等进行重点评议，保证量刑公正。试点案件要做到一案一表，将每个试点案件的量刑情况纳入数据库，为实证研究积累第一手资料。上级法院要通过庭审观摩、案件评查等方式，加强对试点案件的具体指导，及时发现、解决实践中遇到的问题，保证量刑不出现大起大落。试点中遇到的重大问题，要及时层报最高人民法院。

三要及时总结经验。高级人民法院要及时掌握试点工作动态，加强试点工作研究，坚持边试点边总结，及时完善实施细则。今年11月底前对试点工作进行全面总结，对《量刑指导意见（二）》提出修改意见和建议，形成数据详实、有理有据的试点工作报告，报送最高人民法院。第一批试点法院同时就规范罚金刑、缓刑的适用进行总结，并提出意见和建议。

附:

最高人民法院
关于常见犯罪的量刑指导意见（二）（试行）

为深入推进量刑规范化改革，进一步扩大量刑规范化范围，根据刑法、刑事司法解释等相关规定，结合刑事审判实践，制定本指导意见。

一、八种常见犯罪的量刑

（一）危险驾驶罪

1. 构成危险驾驶罪的，可以在一个月至二个月拘役幅度内确定量刑起点。

2. 在量刑起点的基础上，可以根据危险驾驶行为等其他影响犯罪构成的犯罪事实增加刑罚量，确定基准刑。

3. 对于醉酒驾驶机动车的被告人，应当综合考虑被告人的醉酒程度、机动车类型、车辆行驶道路、行车速度、是否造成实际损害以及认罪悔罪等情况，准确定罪量刑。对于情节显著轻微危害不大的，不予定罪处罚；犯罪情节轻微不需要判处刑罚的，可以免予刑事处罚。

（二）非法吸收公众存款罪

1. 构成非法吸收公众存款罪的，可以根据下列不同情形在相应的幅度内确定量刑起点：

（1）犯罪情节一般的，可以在一年以下有期徒刑、拘役幅度内确定量刑起点。

（2）达到数额巨大起点或者有其他严重情节的，可以在三年至四年有期徒刑幅度内确定量刑起点。

2. 在量刑起点的基础上，可以根据非法吸收存款数额等其他影响犯罪构成的犯罪事实增加刑罚量，确定基准刑。

（三）集资诈骗罪

1. 构成集资诈骗罪的，可以根据下列不同情形在相应的幅度内确定量刑起点：

（1）达到数额较大起点的，可以在二年以下有期徒刑、拘役幅度内确定量刑起点。

（2）达到数额巨大起点或者有其他严重情节的，可以在五年至六年有期徒刑幅度内确定量刑起点。

（3）达到数额特别巨大起点或者有其他特别严重情节的，可以在十年至十二年有期徒刑幅度内确定量刑起点。依法应当判处无期徒刑的除外。

2. 在量刑起点的基础上，根据集资诈骗数额等其他影响犯罪构成的犯罪事实增加刑罚量，确定基准刑。

（四）信用卡诈骗罪

1. 构成信用卡诈骗罪的，可以根据下列不同情形在相应的幅度内确定量刑起点：

（1）达到数额较大起点的，可以在二年以下有期徒刑、拘役幅度内确定量刑起点。

（2）达到数额巨大起点或者有其他严重情节的，可以在五年至六年有期徒刑幅度内确定量刑起点。

（3）达到数额特别巨大起点或者有其他特别严重情节的，可以在十年至十二年有期徒刑幅度内确定量刑起点。依法应当判处无期徒刑的除外。

2. 在量刑起点的基础上，可以根据信用卡诈骗数额等其他影响犯罪构成的犯罪事实增加刑罚量，确定基准刑。

（五）合同诈骗罪

1. 构成合同诈骗罪的，可以根据下列不同情形在相应的幅度内确定量刑起点：

（1）达到数额较大起点的，可以在一年以下有期徒刑、拘役幅度内确定量刑起点。

（2）达到数额巨大起点或者有其他严重情节的，可以在三年至四年有期徒刑幅度内确定量刑起点。

（3）达到数额特别巨大起点或者有其他特别严重情节的，可以在十年至十二年有期徒刑幅度内确定量刑起点。依法应当判处无期徒刑的除外。

2. 在量刑起点的基础上，可以根据合同诈骗数额等其他影响犯罪构成的犯罪事实增加刑罚量，确定基准刑。

（六）非法持有毒品罪

1. 构成非法持有毒品罪的，可以根据下列不同情形在相应的幅度内确定量刑起点：

（1）非法持有鸦片一千克、海洛因或者甲基苯丙胺五十克或者其他毒品数量大的，可以在七年至九年有期徒刑幅度内确定量刑起点。依法应当判处无期徒刑的除外。

（2）非法持有毒品情节严重的，可以在三年至四年有期徒刑幅度内确定量刑起点。

（3）非法持有鸦片二百克、海洛因或者甲基苯丙胺十克或者其他毒品数量较大的，可以在一年以下有期徒刑、拘役幅度内确定量刑起点。

2. 在量刑起点的基础上，可以根据毒品数量等其他影响犯罪构成的犯罪事实增加刑罚量，确定基准刑。

（七）容留他人吸毒罪

1. 构成容留他人吸毒罪的，可以在一年以下有期徒刑、拘役幅度内确定量刑起点。

2. 在量刑起点的基础上，可以根据容留他人吸毒的人数、次数等其他影响犯罪构成的犯罪事实增加刑罚量，确定基准刑。

（八）引诱、容留、介绍卖淫罪

1. 构成引诱、容留、介绍卖淫罪的，可以根据下列不同情形在相应的幅度内确定量刑起点：

（1）情节一般的，可以在二年以下有期徒刑、拘役幅度内确定量刑起点。

（2）情节严重的，可以在五年至七年有期徒刑幅度内确定量刑起点。

2. 在量刑起点基础上，可以根据引诱、容留、介绍卖淫的人数、次数等其他影响犯罪构成的犯罪事实增加刑罚量，确定基准刑。

3. 旅馆业、饮食服务业、文化娱乐业、出租汽车业等单位的主要负责人,利用本单位的条件,引诱、容留、介绍他人卖淫的,可以增加基准刑的10%－20%。

二、附 则

1. 本指导意见规范上列八种犯罪判处有期徒刑、拘役的案件。
2. 各高级人民法院应当结合当地实际制定实施细则。
3. 本指导意见自2017年5月1日起试行。
4. 相关刑法条文：(略)

最高人民法院 最高人民检察院 公安部 国家安全部 司法部 关于加强协调配合积极推进量刑规范化改革的通知

2010年11月6日　　　　　　　　　　　　法发〔2010〕47号

各省、自治区、直辖市高级人民法院、人民检察院、公安厅（局）、国家安全厅（局）、司法厅（局），解放军军事法院、军事检察院，新疆维吾尔自治区高级人民法院生产建设兵团分院、新疆生产建设兵团人民检察院、公安局、国家安全局、司法局：

"规范裁量权，将量刑纳入法庭审理程序"（以下简称量刑规范化改革）是中央确定的重大司法改革项目。根据中央关于深化司法体制和工作机制改革的总体部署要求，在深入调研论证、广泛征求各方面意见的基础上，最高人民法院制定了《人民法院量刑指导意见（试行）》，最高人民法院、最高人民检察院、公安部、国家安全部、司法部联合制定了《关于规范量刑程序若干问题的意见（试行）》。经中央批准同意，从2010年10月1日起在全国全面推行量刑规范化改革。为认真贯彻落实中央的重大决策部署，积极推进量刑规范化改革，确保改革取得成效，现就有关问题通知如下：

一、充分认识量刑规范化改革的重要意义，全面开展量刑规范化改革

1. 量刑规范化改革是规范裁量权，实现量刑公正和均衡，提高执法公信力和权威的重要保证，是推动社会矛盾化解、完善社会管理创新、促进公正廉洁执法的重要举措。量刑规范化改革是中央根据新时期新形势，认真总结司法实践经验，倾听人民群众对司法公正的呼声，作出的决策部署。中央决定实施量刑规范化改革，是对时代呼唤、群众心声和现实需要的积极回应，事关人心向背，事关党的执政基础。改革的主要目的，是进一步规范法官审理刑事案件的刑罚裁量权，通过将量刑纳入法庭审理程序，增强量刑的公开性与透明度，统一法律适用标准，更好地贯彻落实宽严相济的刑事政策。这项改革的顺利施行，将更加有利于依法准确惩罚刑事犯罪，更加有利于依法保障公民

的诉讼权利,更加有利于维护社会和谐稳定,更加有利于刑事司法工作的科学发展,意义重大。各级人民法院、人民检察院、公安机关、国家安全机关和司法行政机关,一定要从全局高度认识中央这一决策部署的重大意义,进一步统一思想,提高认识,认真学习有关文件,准确把握改革内容,积极开展量刑规范化改革,确保取得良好的法律效果和社会效果。

二、更新执法理念,加强协作配合,深入推进量刑规范化改革

2. 要更新刑事执法理念。量刑规范化改革是一项新的工作,对执法人员的执法理念、程序意识、执法能力都提出了新的更高的要求。各级人民法院、人民检察院、公安机关、国家安全机关和司法行政机关要通过深入开展社会主义法治理念教育,彻底清理和摒弃那些不符合、不适应社会主义法治理念要求的陈旧观念,牢固树立打击犯罪与保障人权并重、定罪与量刑并重、实体公正与程序公正并重的社会主义刑事执法理念,切实提高执法办案的能力和水平,实现办案法律效果和社会效果有机统一。

3. 要高度重视调查取证工作。侦查机关、检察机关不但要注重收集各种证明犯罪嫌疑人、被告人有罪、罪重的证据,而且要注重收集各种证明犯罪嫌疑人、被告人无罪、罪轻的证据;不但要注重收集各种法定量刑情节,而且要注重查明各种酌定量刑情节,比如案件起因、被害人过错、退赃退赔、民事赔偿、犯罪嫌疑人、被告人一贯表现等,确保定罪量刑事实清楚,证据确实充分。为量刑规范化和公正量刑,以及做好调解工作、化解社会矛盾奠定基础。

4. 要进一步强化审查起诉工作。人民检察院审查案件,要客观全面审查案件证据,既要注重审查定罪证据,也要注重审查量刑证据;既要注重审查法定量刑情节,也要注重审查酌定量刑情节;既要注重审查从重量刑情节,也要注重审查从轻、减轻、免除处罚量刑情节。在审查案件过程中,可以要求侦查机关提供法庭审判所必需的与量刑有关的各种证据材料。对于量刑证据材料的移送,依照有关规定进行。

5. 要全面执行刑事诉讼法规定的各种强制措施。在侦查活动中,对于罪行较轻、社会危害性较小的犯罪嫌疑人,如果符合取保候审、监视居住条件,要尽量适用取保候审、监视居住等强制措施,减少羁押性强制措施的适用;人民检察院、人民法院在审查起诉、审判过程中,发现羁押期限可能超过所应判处刑罚的,可以根据案件情况变更强制措施,避免羁押期超过判处的刑期,切实保障被告人的合法权益。

6. 要继续完善量刑建议制度。检察机关要坚持积极、慎重、稳妥的原则,由易到难,边实践边总结,逐步扩大案件适用范围。要依法规范提出量刑建议,注重量刑建议的质量和效果。提出量刑建议,一般应当制作量刑建议书。对于人民检察院不派员出席法庭的简易程序案件,应当制作量刑建议书。量刑建议一般应当具有一定的幅度,但对于敏感复杂的案件、社会关注的案件、涉及国家安全和严重影响局部地区稳定的案件等,可以不提出具体的量刑建议,而仅提出依法从重、从轻、减轻处罚等概括性建议。

7. 要加强律师辩护工作指导,加大法律援助工作力度。各级司法行政机关、律师协会要加强对律师辩护工作的指导,完善律师办理刑事案件业务规则,规范律师执业行为。律师办理刑事案件,要依法履行辩护职责,切实维护犯罪嫌疑人、被告人的合法权益。司法机关应当充分保障律师执业权利,重视辩护律师提出的量刑证据和量刑意见。司法行政机关要进一步扩大法律援助范围,加大法律援助投入,壮大法律援助队伍,尽可能地为那些不认罪或者对量刑建议有争议、因经济困难或者其他原因没有委托辩护人的被告人提供法律援助,更好地保护被告人的辩护权。

8. 要进一步提高法庭审理的质量和水平。在法庭审理中,应当保障量刑程序的相对独立性,要合理安排定罪量刑事实调查顺序和辩论重点,对于被告人对指控的犯罪事实和罪名没有异议的案件,可以主要围绕量刑和其他有争议的问题进行调查和辩论;对于被告人不认罪或者辩护人作无罪辩护的案件,应当先查明定罪事实和量刑事实,再围绕定罪和量刑问题进行辩论。公诉人、辩护人要积极参与法庭调查和法庭辩论。审判人员对量刑证据有疑问的,可以对证据进行调查核实,必要时也可以要求人民检察院补充调查核实。人民检察院应当补充调查核实有关证据,必要时可以要求侦查机关提供协助。

三、加强组织协调,确保量刑规范化改革取得实效

9. 加强组织领导,形成工作合力。量刑规范化改革牵涉到政法工作全局,必须依靠党委领导、人大监督和政法各部门的相互支持、相互配合,才能保证各项改革措施落到实处。各级人民法院、人民检察院、公安机关、国家安全机关、司法行政机关要高度重视,严格按照中央的部署要求,切实加强组织领导,认真抓好工作落实。要建立完善工作联席机制,加强相互沟通协调,形成工作合力,及时协调研究解决量刑规范化改革过程中遇到的问题和困难,确保量刑规范化改革顺利推进。

10. 加强业务培训,提高素质能力。量刑规范化改革对调查取证、审查起诉、律师辩护、法律援助、法庭审理等工作提出了新的更高的要求。各级人民法院、人民检察院、公安机关、国家安全机关、司法行政机关要根据工作实际,通过不同途径,采取不同方式,加强业务培训,确保相关刑事办案人员正确理解量刑规范化改革的重要性和必要性,强化量刑程序意识,掌握科学量刑方法,不断提高执法办案的能力和水平,确保刑事办案质量。

11. 加大宣传力度,不断总结提高。量刑规范化改革需要社会各界的理解和支持,要进一步加强宣传解释工作,积极传播量刑规范化改革的重要意义和实际成效,让人民群众充分感受到量刑规范化改革带来的成果。量刑规范化改革目前还处在试行阶段,需要有一个不断总结完善的过程。各级人民法院、人民检察院、公安机关、国家安全机关、司法行政机关要及时总结经验,发现问题,加以改进。上级机关要加强对下级机关的监督指导,及时掌握工作进展情况,切实解决试行工作中存在的问题,不断提高量刑规范化工作水平。对于重大问题,要及时层报最高人民法院、最高人民检察院、公安部、国家安全部和司法部。将于明年对各地量刑规范化改革试行情况进行全面检查总结,修改完善试行文件,不断深化量刑规范化改革。

最高人民法院研究室
关于罪犯在刑罚执行期间的发明创造能否按照重大立功表现作为对其漏罪审判时的量刑情节问题的答复

2011 年 6 月 14 日　　　　　　　　　　　　　法研〔2011〕79 号

青海省高级人民法院：

你院〔2010〕青刑终字第 62 号《关于被告人在刑罚执行期间的发明创造能否按照重大立功表现作为对其漏罪审判时的量刑情节问题的请示》收悉。经研究，答复如下：

罪犯在服刑期间的发明创造构成立功或者重大立功的，可以作为依法减刑的条件予以考虑，但不能作为追诉漏罪的法定量刑情节考虑。

最高人民法院研究室
关于如何理解"在法定刑以下判处刑罚"问题的答复

2012 年 5 月 30 日　　　　　　　　　　　　　法研〔2012〕67 号

广东省高级人民法院：

你院粤高法〔2012〕120 号《关于对具有减轻处罚情节的案件在法定刑以下判处刑罚问题的请示》收悉。经研究，答复如下：

刑法第六十三条第一款规定的"在法定刑以下判处刑罚"，是指在法定量刑幅度的最低刑以下判处刑罚。刑法分则中规定的"处十年以上有期徒刑、无期徒刑或者死刑"，是一个量刑幅度，而不是"十年以上有期徒刑"、"无期徒刑"和"死刑"三个量刑幅度。

此复。

(2) 自首和立功

最高人民法院
关于处理自首和立功具体应用
法律若干问题的解释

法释〔1998〕8号

(1998年4月6日最高人民法院审判委员会第972次会议通过
1998年4月17日最高人民法院公告公布 自1998年5月9日起施行)

为正确认定自首和立功,对具有自首或者立功表现的犯罪分子依法适用刑罚,现就具体应用法律的若干问题解释如下:

第一条 根据刑法第六十七条第一款的规定,犯罪以后自动投案,如实供述自己的罪行的,是自首。

(一)自动投案,是指犯罪事实或者犯罪嫌疑人未被司法机关发觉,或者虽被发觉,但犯罪嫌疑人尚未受到讯问、未被采取强制措施时,主动、直接向公安机关、人民检察院或者人民法院投案。

犯罪嫌疑人向其所在单位、城乡基层组织或者其他有关负责人员投案的;犯罪嫌疑人因病、伤或者为了减轻犯罪后果,委托他人先代为投案,或者先以信电投案的;罪行尚未被司法机关发觉,仅因形迹可疑,被有关组织或者司法机关盘问、教育后,主动交代自己的罪行的;犯罪后逃跑,在被通缉、追捕过程中,主动投案的;经查实确已准备去投案,或者正在投案途中,被公安机关捕获的,应当视为自动投案。

并非出于犯罪嫌疑人主动,而是经亲友规劝、陪同投案的;公安机关通知犯罪嫌疑人的亲友,或者亲友主动报案后,将犯罪嫌疑人送去投案的,也应当视为自动投案。

犯罪嫌疑人自动投案后又逃跑的,不能认定为自首。

(二)如实供述自己的罪行,是指犯罪嫌疑人自动投案后,如实交代自己的主要犯罪事实。

犯有数罪的犯罪嫌疑人仅如实供述所犯数罪中部分犯罪的,只对如实供述部分犯罪的行为,认定为自首。

共同犯罪案件中的犯罪嫌疑人,除如实供述自己的罪行,还应当供述所知的同案犯,主犯则应当供述所知其他同案犯的共同犯罪事实,才能认定为自首。

犯罪嫌疑人自动投案并如实供述自己的罪行后又翻供的,不能认定为自首;但在一审判决前又能如实供述的,应当认定为自首。

第二条 根据刑法第六十七条第二款的规定,被采取强制措施的犯罪嫌疑人、被告人和已宣判的罪犯，如实供述司法机关尚未掌握的罪行，与司法机关已掌握的或者判决确定的罪行属不同种罪行的，以自首论。

第三条 根据刑法第六十七条第一款的规定，对于自首的犯罪分子，可以从轻或者减轻处罚；对于犯罪较轻的，可以免除处罚。具体确定从轻、减轻还是免除处罚，应当根据犯罪轻重，并考虑自首的具体情节。

第四条 被采取强制措施的犯罪嫌疑人、被告人和已宣判的罪犯，如实供述司法机关尚未掌握的罪行，与司法机关已掌握的或者判决确定的罪行属同种罪行的，可以酌情从轻处罚；如实供述的同种罪行较重的，一般应当从轻处罚。

第五条 根据刑法第六十八条第一款的规定，犯罪分子到案后有检举、揭发他人犯罪行为，包括共同犯罪案件中的犯罪分子揭发同案犯共同犯罪以外的其他犯罪，经查证属实；提供侦破其他案件的重要线索，经查证属实；阻止他人犯罪活动；协助司法机关抓捕其他犯罪嫌疑人（包括同案犯）；具有其他有利于国家和社会的突出表现的，应当认定为有立功表现。

第六条 共同犯罪案件的犯罪分子到案后，揭发同案犯共同犯罪事实的，可以酌情予以从轻处罚。

第七条 根据刑法第六十八条第一款的规定，犯罪分子有检举、揭发他人重大犯罪行为，经查证属实；提供侦破其他重大案件的重要线索，经查证属实；阻止他人重大犯罪活动；协助司法机关抓捕其他重大犯罪嫌疑人（包括同案犯）；对国家和社会有其他重大贡献等表现的，应当认定为有重大立功表现。

前款所称"重大犯罪"、"重大案件"、"重大犯罪嫌疑人"的标准，一般是指犯罪嫌疑人、被告人可能被判处无期徒刑以上刑罚或者案件在本省、自治区、直辖市或者全国范围内有较大影响等情形。

最高人民法院
关于被告人对行为性质的辩解是否影响自首成立问题的批复

法释〔2004〕2号

（2004年3月23日最高人民法院审判委员会第1312次会议通过
2004年3月26日最高人民法院公告公布 自2004年4月1日起施行）

广西壮族自治区高级人民法院：

你院2003年6月10日《关于被告人对事实性质的辩解是否影响投案自首的成立的请示》收悉。经研究，答复如下：

根据刑法第六十七条第一款和最高人民法院《关于处理自首和立功具体应用法律若

干问题的解释》第一条的规定，犯罪以后自动投案，如实供述自己的罪行的，是自首。被告人对行为性质的辩解不影响自首的成立。

此复。

最高人民法院　最高人民检察院印发《关于办理职务犯罪案件认定自首、立功等量刑情节若干问题的意见》的通知

2009年3月12日　　　　　　　　　　　法发〔2009〕13号

各省、自治区、直辖市高级人民法院、人民检察院，解放军军事法院、军事检察院，新疆维吾尔自治区高级人民法院生产建设兵团分院、新疆生产建设兵团人民检察院：

现将《最高人民法院、最高人民检察院关于办理职务犯罪案件认定自首、立功等量刑情节若干问题的意见》印发给你们，请认真贯彻执行。

附：

关于办理职务犯罪案件认定自首、立功等量刑情节若干问题的意见

为依法惩处贪污贿赂、渎职等职务犯罪，根据刑法和相关司法解释的规定，结合办案工作实际，现就办理职务犯罪案件有关自首、立功等量刑情节的认定和处理问题，提出如下意见：

一、关于自首的认定和处理

根据刑法第六十七条第一款的规定，成立自首需同时具备自动投案和如实供述自己的罪行两个要件。犯罪事实或者犯罪分子未被办案机关掌握，或者虽被掌握，但犯罪分子尚未受到调查谈话、讯问，或者未被宣布采取调查措施或者强制措施时，向办案机关投案的，是自动投案。在此期间如实交代自己的主要犯罪事实的，应当认定为自首。

犯罪分子向所在单位等办案机关以外的单位、组织或者有关负责人员投案的，应当视为自动投案。

没有自动投案，在办案机关调查谈话、讯问、采取调查措施或者强制措施期间，犯罪分子如实交代办案机关掌握的线索所针对的事实的，不能认定为自首。

没有自动投案，但具有以下情形之一的，以自首论：（1）犯罪分子如实交代办案机

关未掌握的罪行，与办案机关已掌握的罪行属不同种罪行的；(2) 办案机关所掌握线索针对的犯罪事实不成立，在此范围外犯罪分子交代同种罪行的。

单位犯罪案件中，单位集体决定或者单位负责人决定而自动投案，如实交代单位犯罪事实的，或者单位直接负责的主管人员自动投案，如实交代单位犯罪事实的，应当认定为单位自首。单位自首的，直接负责的主管人员和直接责任人员未自动投案，但如实交代自己知道的犯罪事实的，可以视为自首；拒不交代自己知道的犯罪事实或者逃避法律追究的，不应当认定为自首。单位没有自首，直接责任人员自动投案并如实交代自己知道的犯罪事实的，对该直接责任人员应当认定为自首。

对于具有自首情节的犯罪分子，办案机关移送案件时应当予以说明并移交相关证据材料。

对于具有自首情节的犯罪分子，应当根据犯罪的事实、性质、情节和对于社会的危害程度，结合自动投案的动机、阶段、客观环境，交代犯罪事实的完整性、稳定性以及悔罪表现等具体情节，依法决定是否从轻、减轻或者免除处罚以及从轻、减轻处罚的幅度。

二、关于立功的认定和处理

立功必须是犯罪分子本人实施的行为。为使犯罪分子得到从轻处理，犯罪分子的亲友直接向有关机关揭发他人犯罪行为，提供侦破其他案件的重要线索，或者协助司法机关抓捕其他犯罪嫌疑人的，不应当认定为犯罪分子的立功表现。

据以立功的他人罪行材料应当指明具体犯罪事实；据以立功的线索或者协助行为对于侦破案件或者抓捕犯罪嫌疑人要有实际作用。犯罪分子揭发他人犯罪行为时没有指明具体犯罪事实的；揭发的犯罪事实与查实的犯罪事实不具有关联性的；提供的线索或者协助行为对于其他案件的侦破或者其他犯罪嫌疑人的抓捕不具有实际作用的，不能认定为立功表现。

犯罪分子揭发他人犯罪行为，提供侦破其他案件重要线索的，必须经查证属实，才能认定为立功。审查是否构成立功，不仅要审查办案机关的说明材料，还要审查有关事实和证据以及与案件定性处罚相关的法律文书，如立案决定书、逮捕决定书、侦查终结报告、起诉意见书、起诉书或者判决书等。

据以立功的线索、材料来源有下列情形之一的，不能认定为立功：(1) 本人通过非法手段或者非法途径获取的；(2) 本人因原担任的查禁犯罪等职务获取的；(3) 他人违反监管规定向犯罪分子提供的；(4) 负有查禁犯罪活动职责的国家机关工作人员或者其他国家工作人员利用职务便利提供的。

犯罪分子检举、揭发的他人犯罪，提供侦破其他案件的重要线索，阻止他人的犯罪活动，或者协助司法机关抓捕的其他犯罪嫌疑人、犯罪嫌疑人、被告人依法可能被判处无期徒刑以上刑罚的，应当认定为有重大立功表现。其中，可能被判处无期徒刑以上刑罚，是指根据犯罪行为的事实、情节可能判处无期徒刑以上刑罚。案件已经判决的，以实际判处的刑罚为准。但是，根据犯罪行为的事实、情节应当判处无期徒刑以上刑罚，因被判刑人有法定情节经依法从轻、减轻处罚后判处有期徒刑的，应当认定为重大立功。

对于具有立功情节的犯罪分子,应当根据犯罪的事实、性质、情节和对于社会的危害程度,结合立功表现所起作用的大小、所破获案件的罪行轻重、所抓获犯罪嫌疑人可能判处的法定刑以及立功的时机等具体情节,依法决定是否从轻、减轻或者免除处罚以及从轻、减轻处罚的幅度。

三、关于如实交代犯罪事实的认定和处理

犯罪分子依法不成立自首,但如实交代犯罪事实,有下列情形之一的,可以酌情从轻处罚:(1)办案机关掌握部分犯罪事实,犯罪分子交代了同种其他犯罪事实的;(2)办案机关掌握的证据不充分,犯罪分子如实交代有助于收集定案证据的。

犯罪分子如实交代犯罪事实,有下列情形之一的,一般应当从轻处罚:(1)办案机关仅掌握小部分犯罪事实,犯罪分子交代了大部分未被掌握的同种犯罪事实的;(2)如实交代对于定案证据的收集有重要作用的。

四、关于赃款赃物追缴等情形的处理

贪污案件中赃款赃物全部或者大部分追缴的,一般应当考虑从轻处罚。

受贿案件中赃款赃物全部或者大部分追缴的,视具体情况可以酌定从轻处罚。

犯罪分子及其亲友主动退赃或者在办案机关追缴赃款赃物过程中积极配合的,在量刑时应当与办案机关查办案件过程中依职权追缴赃款赃物的有所区别。

职务犯罪案件立案后,犯罪分子及其亲友自行挽回的经济损失,司法机关或者犯罪分子所在单位及其上级主管部门挽回的经济损失,或者因客观原因减少的经济损失,不予扣减,但可以作为酌情从轻处罚的情节。

最高人民法院
印发《关于处理自首和立功若干具体问题的意见》的通知

2010年12月22日　　　　　　　　　　　　　法发〔2010〕60号

各省、自治区、直辖市高级人民法院,解放军军事法院,新疆维吾尔自治区高级人民法院生产建设兵团分院:

为进一步规范自首、立功的认定标准、查证程序和从宽处罚幅度,最高人民法院在深入调查研究、广泛征求各方意见的基础上,制定了《关于处理自首和立功若干具体问题的意见》。现印发给你们,请认真组织学习,切实贯彻执行。各地在执行中遇到的问题,请及时报告我院。

附：

关于处理自首和立功若干
具体问题的意见

为规范司法实践中对自首和立功制度的运用，更好地贯彻落实宽严相济刑事政策，根据刑法、刑事诉讼法和《最高人民法院关于处理自首和立功具体应用法律若干问题的解释》（以下简称《解释》）等规定，对自首和立功若干具体问题提出如下处理意见：

一、关于"自动投案"的具体认定

《解释》第一条第（一）项规定七种应当视为自动投案的情形，体现了犯罪嫌疑人投案的主动性和自愿性。根据《解释》第一条第（一）项的规定，犯罪嫌疑人具有以下情形之一的，也应当视为自动投案：1.犯罪后主动报案，虽未表明自己是作案人，但没有逃离现场，在司法机关询问时交代自己罪行的；2.明知他人报案而在现场等待，抓捕时无拒捕行为，供认犯罪事实的；3.在司法机关未确定犯罪嫌疑人，尚在一般性排查询问时主动交代自己罪行的；4.因特定违法行为被采取劳动教养、行政拘留、司法拘留、强制隔离戒毒等行政、司法强制措施期间，主动向执行机关交代尚未被掌握的犯罪行为的；5.其他符合立法本意，应当视为自动投案的情形。

罪行未被有关部门、司法机关发觉，仅因形迹可疑被盘问、教育后，主动交代了犯罪事实的，应当视为自动投案，但有关部门、司法机关在其身上、随身携带的物品、驾乘的交通工具等处发现与犯罪有关的物品的，不能认定为自动投案。

交通肇事后保护现场、抢救伤者，并向公安机关报告的，应认定为自动投案，构成自首的，因上述行为同时系犯罪嫌疑人的法定义务，对其是否从宽、从宽幅度要适当从严掌握。交通肇事逃逸后自动投案，如实供述自己罪行的，应认定为自首，但应依法以较重法定刑为基准，视情决定对其是否从宽处罚以及从宽处罚的幅度。

犯罪嫌疑人被亲友采用捆绑等手段送到司法机关，或者在亲友带领侦查人员前来抓捕时无拒捕行为，并如实供认犯罪事实的，虽然不能认定为自动投案，但可以参照法律对自首的有关规定酌情从轻处罚。

二、关于"如实供述自己的罪行"的具体认定

《解释》第一条第（二）项规定如实供述自己的罪行，除供述自己的主要犯罪事实外，还应包括姓名、年龄、职业、住址、前科等情况。犯罪嫌疑人供述的身份等情况与真实情况虽有差别，但不影响定罪量刑的，应认定为如实供述自己的罪行。犯罪嫌疑人自动投案后隐瞒自己的真实身份等情况，影响对其定罪量刑的，不能认定为如实供述自己的罪行。

犯罪嫌疑人多次实施同种罪行的，应当综合考虑已交代的犯罪事实与未交代的犯罪

事实的危害程度，决定是否认定为如实供述主要犯罪事实。虽然投案后没有交代全部犯罪事实，但如实交代的犯罪情节重于未交代的犯罪情节，或者如实交代的犯罪数额多于未交代的犯罪数额，一般应认定为如实供述自己的主要犯罪事实。无法区分已交代的与未交代的犯罪情节的严重程度，或者已交代的犯罪数额与未交代的犯罪数额相当，一般不认定为如实供述自己的主要犯罪事实。

犯罪嫌疑人自动投案时虽然没有交代自己的主要犯罪事实，但在司法机关掌握其主要犯罪事实之前主动交代的，应认定为如实供述自己的罪行。

三、关于"司法机关还未掌握的本人其他罪行"和"不同种罪行"的具体认定

犯罪嫌疑人、被告人在被采取强制措施期间，向司法机关主动如实供述本人的其他罪行，该罪行能否认定为司法机关已掌握，应根据不同情形区别对待。如果该罪行已被通缉，一般应以该司法机关是否在通缉令发布范围内作出判断，不在通缉令发布范围内的，应认定为还未掌握，在通缉令发布范围内的，应视为已掌握；如果该罪行已录入全国公安信息网络在逃人员信息数据库，应视为已掌握。如果该罪行未被通缉、也未录入全国公安信息网络在逃人员信息数据库，应以该司法机关是否已实际掌握该罪行为标准。

犯罪嫌疑人、被告人在被采取强制措施期间如实供述本人其他罪行，该罪行与司法机关已掌握的罪行属同种罪行还是不同种罪行，一般应以罪名区分。虽然如实供述的其他罪行的罪名与司法机关已掌握犯罪的罪名不同，但如实供述的其他犯罪与司法机关已掌握的犯罪属选择性罪名或者在法律、事实上密切关联，如因受贿被采取强制措施后，又交代因受贿为他人谋取利益行为，构成滥用职权罪的，应认定为同种罪行。

四、关于立功线索来源的具体认定

犯罪分子通过贿买、暴力、胁迫等非法手段，或者被羁押后与律师、亲友会见过程中违反监管规定，获取他人犯罪线索并"检举揭发"的，不能认定为有立功表现。

犯罪分子将本人以往查办犯罪职务活动中掌握的，或者从负有查办犯罪、监管职责的国家工作人员处获取的他人犯罪线索予以检举揭发的，不能认定为有立功表现。

犯罪分子亲友为使犯罪分子"立功"，向司法机关提供他人犯罪线索、协助抓捕犯罪嫌疑人的，不能认定为犯罪分子有立功表现。

五、关于"协助抓捕其他犯罪嫌疑人"的具体认定

犯罪分子具有下列行为之一，使司法机关抓获其他犯罪嫌疑人的，属于《解释》第五条规定的"协助司法机关抓捕其他犯罪嫌疑人"：1. 按照司法机关的安排，以打电话、发信息等方式将其他犯罪嫌疑人（包括同案犯）约至指定地点的；2. 按照司法机关的安排，当场指认、辨认其他犯罪嫌疑人（包括同案犯）的；3. 带领侦查人员抓获其他犯罪嫌疑人（包括同案犯）的；4. 提供司法机关尚未掌握的其他案件犯罪嫌疑人的联络方式、藏匿地址的，等等。

犯罪分子提供同案犯姓名、住址、体貌特征等基本情况，或者提供犯罪前、犯罪中

掌握、使用的同案犯联络方式、藏匿地址，司法机关据此抓捕同案犯的，不能认定为协助司法机关抓捕同案犯。

六、关于立功线索的查证程序和具体认定

被告人在一、二审审理期间检举揭发他人犯罪行为或者提供侦破其他案件的重要线索，人民法院经审查认为该线索内容具体、指向明确的，应及时移交有关人民检察院或者公安机关依法处理。

侦查机关出具材料，表明在三个月内还不能查证并抓获被检举揭发的人，或者不能查实的，人民法院审理案件可不再等待查证结果。

被告人检举揭发他人犯罪行为或者提供侦破其他案件的重要线索经查证不属实，又重复提供同一线索，且没有提出新的证据材料的，可以不再查证。

根据被告人检举揭发破获的他人犯罪案件，如果已有审判结果，应当依据判决确认的事实认定是否查证属实；如果被检举揭发的他人犯罪案件尚未进入审判程序，可以依据侦查机关提供的书面查证情况认定是否查证属实。检举揭发的线索经查确有犯罪发生，或者确定了犯罪嫌疑人，可能构成重大立功，只是未能将犯罪嫌疑人抓获归案的，对可能判处死刑的被告人一般要留有余地，对其他被告人原则上应酌情从轻处罚。

被告人检举揭发或者协助抓获的人的行为构成犯罪，但因法定事由不追究刑事责任、不起诉、终止审理的，不影响对被告人立功表现的认定；被告人检举揭发或者协助抓获的人的行为应判处无期徒刑以上刑罚，但因具有法定、酌定从宽情节，宣告刑为有期徒刑或者更轻刑罚的，不影响对被告人重大立功表现的认定。

七、关于自首、立功证据材料的审查

人民法院审查的自首证据材料，应当包括被告人投案经过、有罪供述以及能够证明其投案情况的其他材料。投案经过的内容一般应包括被告人投案时间、地点、方式等。证据材料应加盖接受被告人投案的单位的印章，并有接受人员签名。

人民法院审查的立功证据材料，一般应包括被告人检举揭发材料及证明其来源的材料、司法机关的调查核实材料、被检举揭发人的供述等。被检举揭发案件已立案、侦破，被检举揭发人被采取强制措施、公诉或者审判的，还应审查相关的法律文书。证据材料应加盖接收被告人检举揭发材料的单位的印章，并有接收人员签名。

人民法院经审查认为证明被告人自首、立功的材料不规范、不全面的，应当由检察机关、侦查机关予以完善或者提供补充材料。

上述证据材料在被告人被指控的犯罪一、二审审理时已形成的，应当经庭审质证。

八、关于对自首、立功的被告人的处罚

对具有自首、立功情节的被告人是否从宽处罚、从宽处罚的幅度，应当考虑其犯罪事实、犯罪性质、犯罪情节、危害后果、社会影响、被告人的主观恶性和人身危险性等。自首的还应考虑投案的主动性、供述的及时性和稳定性等。立功的还应考虑检举揭发罪行的轻重、被检举揭发的人可能或者已经被判处的刑罚、提供的线索对侦破案件或者协助抓捕其他犯罪嫌疑人所起作用的大小等。

具有自首或者立功情节的,一般应依法从轻、减轻处罚;犯罪情节较轻的,可以免除处罚。类似情况下,对具有自首情节的被告人的从宽幅度要适当宽于具有立功情节的被告人。

虽然具有自首或者立功情节,但犯罪情节特别恶劣、犯罪后果特别严重、被告人主观恶性深、人身危险性大,或者在犯罪前即为规避法律、逃避处罚而准备自首、立功的,可以不从宽处罚。

对于被告人具有自首、立功情节,同时又有累犯、毒品再犯等法定从重处罚情节的,既要考虑自首、立功的具体情节,又要考虑被告人的主观恶性、人身危险性等因素,综合分析判断,确定从宽或者从严处罚。累犯的前罪为非暴力犯罪的,一般可以从宽处罚,前罪为暴力犯罪或者前、后罪为同类犯罪的,可以不从宽处罚。

在共同犯罪案件中,对具有自首、立功情节的被告人的处罚,应注意共同犯罪人以及首要分子、主犯、从犯之间的量刑平衡。犯罪集团的首要分子、共同犯罪的主犯检举揭发或者协助司法机关抓捕同案地位、作用较次的犯罪分子的,从宽处罚与否应当从严掌握,如果从轻处罚可能导致全案量刑失衡的,一般不从轻处罚;如果检举揭发或者协助司法机关抓捕的是其他案件中罪行同样严重的犯罪分子,一般应依法从宽处罚。对于犯罪集团的一般成员、共同犯罪的从犯立功的,特别是协助抓捕首要分子、主犯的,应当充分体现政策,依法从宽处罚。

最高人民法院研究室
关于自动投案法律适用问题的答复

2013年1月20日　　　　　　　　　　　　法研〔2013〕10号

江苏省高级人民法院:

你院《关于自动投案法律适用问题的请示报告》收悉。经研究,答复如下:

对于行为人原不具备自动投案情节,在被取保候审期间逃跑后主动归案的情形,不能认定为自动投案。

此复。

(3) 数罪并罚

最高人民法院研究室
关于对拘役犯在缓刑期间发现其隐瞒余罪
判处有期徒刑应如何执行问题的电话答复

(1984年9月17日)

上海市高级人民法院：

你院〔84〕沪高法研字第58号《关于对拘役犯在缓刑期间发现其隐瞒余罪判处有期徒刑应如何执行问题的请示报告》收悉。经研究，答复如下：

判决前羁押一日折抵刑罚拘役一日，我国刑法第三十九条有明文规定，但拘役是否能折抵有期徒刑，我国刑法尚无明文规定。关于不同刑种如何换算、如何实行数罪并罚的问题，目前我国刑法也还没有具体的规定。这些问题我们已报请全国人大常委会研究解决。因此，将有限制的剥夺人身自由的刑罚拘役一日，换算为完全剥夺人身自由的刑罚有期徒刑一日的做法，我们现在还不能同意，须由全国人大常委会作决定。根据刑法第六十五条、第七十条的有关规定，对拘役犯在缓刑期间发现有隐瞒的罪行，应撤销缓刑，将根据确认的前罪所判拘役与隐瞒的后罪所判刑罚，按刑法第六十四条关于数罪并罚的规定，决定应执行的刑罚。如对所隐瞒的罪判处有期徒刑，需对罪犯合并执行拘役和有期徒刑时，我们认为，以先执行有期徒刑、后执行拘役为宜，即在有期徒刑执行完毕后再执行拘役，以免在对罪犯先执行拘役时，罪犯为逃避有期徒刑而发生逃跑等意外情况。

附：

上海市高级人民法院
关于对拘役犯在缓刑期间发现其隐瞒余罪判处有期徒刑应如何执行问题的请示报告

1984年5月19日　　　　　　　　　　　　　　〔84〕沪高法研字第58号

最高人民法院：

1984年5月7日，本市中级人民法院以《关于拘役犯在缓刑期间隐瞒余罪被判处有期徒刑应如何执行问题》向我院请示。据称：被告人刘根龙于1983年2月犯诈骗罪，由本市静安区人民法院判处拘役六个月，缓刑一年。在缓刑考验期间，发现刘根龙隐瞒了伙同其兄何金龙诈骗他人现金500元的罪行。为此，本市普陀区人民法院以诈骗罪判处刘根龙有期徒刑一年；撤销原判缓刑，执行拘役六个月，决定执行有期徒刑一年六个月。市中级人民法院受理了刘根龙诈骗上诉一案后认为：由于拘役和有期徒刑不属同一刑种，执行的方法、场所不同，待遇不同，对重新犯罪是否构成累犯也不一样，原判对被告并罚执行有期徒刑一年六个月，则将拘役升格为有期徒刑。因此，他们意见：可在执行前罪所没有执行的拘役后，再执行有期徒刑。

我们认为：根据刑法第六十五条、第七十条规定，判决宣告以后，刑罚还没有执行完毕以前，发现漏罪，应当对新发现的罪作出判决，把前后两个判决所判处刑罚，依照刑法第六十四条的规定，决定执行的刑罚。刑法第六十四条规定，执行的刑罚应当在总和刑期以下，数刑中最高刑期以上。刘根龙被判处的刑罚有拘役和有期徒刑，按此精神应执行有期徒刑以上刑罚。拘役和徒刑虽不属同一刑种，但均剥夺了被告的人身自由，故刑法规定的判决前羁押日期折抵原则也完全相同。据此，我们意见，普陀区人民法院对刘根龙决定执行有期徒刑一年六个月是正确的。

以上意见当否，请批示。

最高人民法院研究室
关于被判处拘役缓刑的罪犯在考验期内
又犯新罪应如何执行问题的电话答复

(1988年3月24日)

陕西省高级人民法院：

你院陕高法研〔1987〕55号请示报告收悉。经研究，同意你院意见，即：被判处拘役宣告缓刑的犯罪分子，在缓刑考验期限内，如果再犯新罪被判处有期徒刑的，应根据刑法第七十条的规定，撤销缓刑，对新罪判处有期徒刑。因拘役和有期徒刑在执行方法上不完全相同，故可参照我院〔81〕法研字第18号批复的精神办理，即在对新罪所判处的有期徒刑执行完毕后，再执行前罪所判处的拘役。

附：

陕西省高级人民法院
关于被判处拘役缓刑的罪犯在考验期内
又犯新罪应如何执行的请示

1987年12月1日　　　　　　　　　　　　陕高法研〔1987〕55号

最高人民法院：

西安市中级法院就有一罪犯原以盗窃罪被判处拘役六个月、缓刑一年，在缓刑考验期内又犯应判处有期徒刑的盗窃罪，应如何执行的问题请示我院。经我们研究意见：根据刑法第七十条规定，对该罪犯应由负责审判的人民法院对前罪所判拘役的缓刑宣告撤销，对新罪判处有期徒刑。关于刑罚执行问题，由于拘役和有期徒刑不属于同一刑种，执行的方法也不完全相同，如何按数罪并罚的原则决定执行的刑罚，刑法中尚无具体的规定，可参照你院〔81〕法研字第18号《关于管制犯在管制期间又犯新罪被判处拘役或有期徒刑应如何执行的问题的批复》的精神办理，即在对新罪所判处的有期徒刑执行完毕后，再执行前罪所判处的拘役。

以上意见妥否，请批示。

最高人民法院
关于判决宣告后又发现被判刑的犯罪分子的
同种漏罪是否实行数罪并罚问题的批复

1993年4月16日　　　　　　　　　　　　　法复〔1993〕3号

江西省高级人民法院：

你院赣高法〔1992〕39号《关于判决宣告后又发现被判刑的犯罪分子的同种漏罪是否按数罪并罚处理的请示》收悉。经研究，答复如下：

人民法院的判决宣告并已发生法律效力以后，刑罚还没有执行完毕以前，发现被判刑的犯罪分子在判决宣告以前还有其他罪没有判决的，不论新发现的罪与原判决的罪是否属于同种罪，都应当依照刑法第六十五条的规定实行数罪并罚。但如果在第一审人民法院的判决宣告以后，被告人提出上诉或者人民检察院提出抗诉，判决尚未发生法律效力的，第二审人民法院在审理期间，发现原审被告人在第一审判决宣告以前还有同种漏罪没有判决的，第二审人民法院应当依照刑事诉讼法第一百三十六条第（三）项的规定，裁定撤销原判，发回原审人民法院重新审判，第一审人民法院重新审判时，不适用刑法关于数罪并罚的规定。

最高人民法院
关于在执行附加刑剥夺政治权利
期间犯新罪应如何处理的批复

法释〔2009〕10号

（2009年3月30日最高人民法院审判委员会第1465次会议通过
2009年5月25日最高人民法院公告公布　自2009年6月10日起施行）

上海市高级人民法院：

你院《关于被告人在执行附加刑剥夺政治权利期间重新犯罪适用法律问题的请示》（沪高法〔2008〕24号）收悉。经研究，批复如下：

一、对判处有期徒刑并处剥夺政治权利的罪犯，主刑已执行完毕，在执行附加刑剥夺政治权利期间又犯新罪，如果所犯新罪无须附加剥夺政治权利的，依照刑法第七十一条的规定数罪并罚。

二、前罪尚未执行完毕的附加刑剥夺政治权利的刑期从新罪的主刑有期徒刑执行之日起停止计算,并依照刑法第五十八条规定从新罪的主刑有期徒刑执行完毕之日或者假释之日起继续计算;附加刑剥夺政治权利的效力施用于新罪的主刑执行期间。

三、对判处有期徒刑的罪犯,主刑已执行完毕,在执行附加刑剥夺政治权利期间又犯新罪,如果所犯新罪也剥夺政治权利的,依照刑法第五十五条、第五十七条、第七十一条的规定并罚。

最高人民法院
关于罪犯因漏罪、新罪数罪并罚时原减刑裁定应如何处理的意见

2012年1月18日　　　　　　　　　　　　法〔2012〕44号

各省、自治区、直辖市高级人民法院,解放军军事法院,新疆维吾尔自治区高级人民法院生产建设兵团分院:

近期,我院接到一些地方高级人民法院关于判决宣告以后,刑罚执行完毕以前,罪犯因漏罪或者又犯新罪数罪并罚时,原减刑裁定应如何处理的请示。为统一法律适用,经研究,提出如下意见:

罪犯被裁定减刑后,因被发现漏罪或者又犯新罪而依法进行数罪并罚时,经减刑裁定减去的刑期不计入已经执行的刑期。

在此后对因漏罪数罪并罚的罪犯依法减刑,决定减刑的频次、幅度时,应当对其原经减刑裁定减去的刑期酌予考虑。

（4）缓　　刑

最高人民法院
关于撤销缓刑时罪犯在宣告缓刑前羁押的时间能否折抵刑期问题的批复

法释〔2002〕11号

（2002年4月8日最高人民法院审判委员会第1220次会议通过　2002年4月10日最高人民法院公告公布　自2002年4月18日起施行）

各省、自治区、直辖市高级人民法院，解放军军事法院，新疆维吾尔自治区高级人民法院生产建设兵团分院：

最近，有的法院反映，关于在撤销缓刑时罪犯在宣告缓刑前羁押的时间能否折抵刑期的问题不明确。经研究，批复如下：

根据刑法第七十七条的规定，对被宣告缓刑的犯罪分子撤销缓刑执行原判刑罚的，对其在宣告缓刑前羁押的时间应当折抵刑期。

最高人民法院　最高人民检察院
印发《关于办理职务犯罪案件严格适用缓刑、免予刑事处罚若干问题的意见》的通知

2012年8月8日　　　　　　　　　　　　　　　法发〔2012〕17号

各省、自治区、直辖市高级人民法院、人民检察院，解放军军事法院、军事检察院，新疆维吾尔自治区高级人民法院生产建设兵团分院、新疆生产建设兵团人民检察院：

现将《最高人民法院、最高人民检察院关于办理职务犯罪案件严格适用缓刑、免予刑事处罚若干问题的意见》印发给你们，请认真贯彻执行。

附：

关于办理职务犯罪案件严格适用缓刑、免予刑事处罚若干问题的意见

为进一步规范贪污贿赂、渎职等职务犯罪案件缓刑、免予刑事处罚的适用，确保办理职务犯罪案件的法律效果和社会效果，根据刑法有关规定并结合司法工作实际，就职务犯罪案件缓刑、免予刑事处罚的具体适用问题，提出以下意见：

一、严格掌握职务犯罪案件缓刑、免予刑事处罚的适用。职务犯罪案件的刑罚适用直接关系反腐败工作的实际效果。人民法院、人民检察院要深刻认识职务犯罪的严重社会危害性，正确贯彻宽严相济刑事政策，充分发挥刑罚的惩治和预防功能。要在全面把握犯罪事实和量刑情节的基础上严格依照刑法规定的条件适用缓刑、免予刑事处罚，既要考虑从宽情节，又要考虑从严情节；既要做到刑罚与犯罪相当，又要做到刑罚执行方式与犯罪相当，切实避免缓刑、免予刑事处罚不当适用造成的消极影响。

二、具有下列情形之一的职务犯罪分子，一般不适用缓刑或者免予刑事处罚：

（一）不如实供述罪行的；

（二）不予退缴赃款赃物或者将赃款赃物用于非法活动的；

（三）属于共同犯罪中情节严重的主犯的；

（四）犯有数个职务犯罪依法实行并罚或者以一罪处理的；

（五）曾因职务违纪违法行为受过行政处分的；

（六）犯罪涉及的财物属于救灾、抢险、防汛、优抚、扶贫、移民、救济、防疫等特定款物的；

（七）受贿犯罪中具有索贿情节的；

（八）渎职犯罪中徇私舞弊情节或者滥用职权情节恶劣的；

（九）其他不应适用缓刑、免予刑事处罚的情形。

三、不具有本意见第二条规定的情形，全部退缴赃款赃物，依法判处三年有期徒刑以下刑罚，符合刑法规定的缓刑适用条件的贪污、受贿犯罪分子，可以适用缓刑；符合刑法第三百八十三条第一款第（三）项的规定，依法不需要判处刑罚的，可以免予刑事处罚。

不具有本意见第二条所列情形，挪用公款进行营利活动或者超过三个月未还构成犯罪，一审宣判前已将公款归还，依法判处三年有期徒刑以下刑罚，符合刑法规定的缓刑适用条件的，可以适用缓刑；在案发前已归还，情节轻微，不需要判处刑罚的，可以免予刑事处罚。

四、人民法院审理职务犯罪案件时应当注意听取检察机关、被告人、辩护人提出的量刑意见，分析影响性案件案发前后的社会反映，必要时可以征求案件查办等机关的意见。对于情节恶劣、社会反映强烈的职务犯罪案件，不得适用缓刑、免予刑事处罚。

五、对于具有本意见第二条规定的情形之一，但根据全案事实和量刑情节，检察机关认为确有必要适用缓刑或者免予刑事处罚并据此提出量刑建议的，应经检察委员会讨论决定；审理法院认为确有必要适用缓刑或者免予刑事处罚的，应经审判委员会讨论决定。

（5）减刑、假释

最高人民法院关于办理减刑、假释案件具体应用法律的规定

法释〔2016〕23号

（2016年9月19日最高人民法院审判委员会第1693次会议通过 2016年11月14日最高人民法院公告公布 自2017年1月1日起施行）

为确保依法公正办理减刑、假释案件，依据《中华人民共和国刑法》《中华人民共和国刑事诉讼法》《中华人民共和国监狱法》和其他法律规定，结合司法实践，制定本规定。

第一条 减刑、假释是激励罪犯改造的刑罚制度，减刑、假释的适用应当贯彻宽严相济刑事政策，最大限度地发挥刑罚的功能，实现刑罚的目的。

第二条 对于罪犯符合刑法第七十八条第一款规定"可以减刑"条件的案件，在办理时应当综合考察罪犯犯罪的性质和具体情节、社会危害程度、原判刑罚及生效裁判中财产性判项的履行情况、交付执行后的一贯表现等因素。

第三条 "确有悔改表现"是指同时具备以下条件：

（一）认罪悔罪；

（二）遵守法律法规及监规，接受教育改造；

（三）积极参加思想、文化、职业技术教育；

（四）积极参加劳动，努力完成劳动任务。

对职务犯罪、破坏金融管理秩序和金融诈骗犯罪、组织（领导、参加、包庇、纵容）黑社会性质组织犯罪等罪犯，不积极退赃、协助追缴赃款赃物、赔偿损失，或者服刑期间利用个人影响力和社会关系等不正当手段意图获得减刑、假释的，不认定其"确有悔改表现"。

罪犯在刑罚执行期间的申诉权利应当依法保护，对其正当申诉不能不加分析地认为是不认罪悔罪。

第四条 具有下列情形之一的，可以认定为有"立功表现"：

（一）阻止他人实施犯罪活动的；
（二）检举、揭发监狱内外犯罪活动，或者提供重要的破案线索，经查证属实的；
（三）协助司法机关抓捕其他犯罪嫌疑人的；
（四）在生产、科研中进行技术革新，成绩突出的；
（五）在抗御自然灾害或者排除重大事故中，表现积极的；
（六）对国家和社会有其他较大贡献的。

第（四）项、第（六）项中的技术革新或者其他较大贡献应当由罪犯在刑罚执行期间独立或者为主完成，并经省级主管部门确认。

第五条 具有下列情形之一的，应当认定为有"重大立功表现"：
（一）阻止他人实施重大犯罪活动的；
（二）检举监狱内外重大犯罪活动，经查证属实的；
（三）协助司法机关抓捕其他重大犯罪嫌疑人的；
（四）有发明创造或者重大技术革新的；
（五）在日常生产、生活中舍己救人的；
（六）在抗御自然灾害或者排除重大事故中，有突出表现的；
（七）对国家和社会有其他重大贡献的。

第（四）项中的发明创造或者重大技术革新应当是罪犯在刑罚执行期间独立或者为主完成并经国家主管部门确认的发明专利，且不包括实用新型专利和外观设计专利；第（七）项中的其他重大贡献应当由罪犯在刑罚执行期间独立或者为主完成，并经国家主管部门确认。

第六条 被判处有期徒刑的罪犯减刑起始时间为：不满五年有期徒刑的，应当执行一年以上方可减刑；五年以上不满十年有期徒刑的，应当执行一年六个月以上方可减刑；十年以上有期徒刑的，应当执行二年以上方可减刑。有期徒刑减刑的起始时间自判决执行之日起计算。

确有悔改表现或者有立功表现的，一次减刑不超过九个月有期徒刑；确有悔改表现并有立功表现的，一次减刑不超过一年有期徒刑；有重大立功表现的，一次减刑不超过一年六个月有期徒刑；确有悔改表现并有重大立功表现的，一次减刑不超过二年有期徒刑。

被判处不满十年有期徒刑的罪犯，两次减刑间隔时间不得少于一年；被判处十年以上有期徒刑的罪犯，两次减刑间隔时间不得少于一年六个月。减刑间隔时间不得低于上次减刑减去的刑期。

罪犯有重大立功表现的，可以不受上述减刑起始时间和间隔时间的限制。

第七条 对符合减刑条件的职务犯罪罪犯，破坏金融管理秩序和金融诈骗犯罪罪犯，组织、领导、参加、包庇、纵容黑社会性质组织犯罪罪犯，危害国家安全犯罪罪犯，恐怖活动犯罪罪犯，毒品犯罪集团的首要分子及毒品再犯，累犯，确有履行能力而不履行或者不全部履行生效裁判中财产性判项的罪犯，被判处十年以下有期徒刑的，执行二年以上方可减刑，减刑幅度应当比照本规定第六条从严掌握，一次减刑不超过一年有期徒刑，两次减刑之间应当间隔一年以上。

对被判处十年以上有期徒刑的前款罪犯，以及因故意杀人、强奸、抢劫、绑架、放火、爆炸、投放危险物质或者有组织的暴力性犯罪被判处十年以上有期徒刑的罪犯，数罪并罚且其中两罪以上被判处十年以上有期徒刑的罪犯，执行二年以上方可减刑，减刑幅度应当比照本规定第六条从严掌握，一次减刑不超过一年有期徒刑，两次减刑之间应当间隔一年六个月以上。

罪犯有重大立功表现的，可以不受上述减刑起始时间和间隔时间的限制。

第八条 被判处无期徒刑的罪犯在刑罚执行期间，符合减刑条件的，执行二年以上，可以减刑。减刑幅度为：确有悔改表现或者有立功表现的，可以减为二十二年有期徒刑；确有悔改表现并有立功表现的，可以减为二十一年以上二十二年以下有期徒刑；有重大立功表现的，可以减为二十年以上二十一年以下有期徒刑；确有悔改表现并有重大立功表现的，可以减为十九年以上二十年以下有期徒刑。无期徒刑罪犯减为有期徒刑后再减刑时，减刑幅度依照本规定第六条的规定执行。两次减刑间隔时间不得少于二年。

罪犯有重大立功表现的，可以不受上述减刑起始时间和间隔时间的限制。

第九条 对被判处无期徒刑的职务犯罪罪犯，破坏金融管理秩序和金融诈骗犯罪罪犯，组织、领导、参加、包庇、纵容黑社会性质组织犯罪罪犯，危害国家安全犯罪罪犯，恐怖活动犯罪罪犯，毒品犯罪集团的首要分子及毒品再犯，累犯以及因故意杀人、强奸、抢劫、绑架、放火、爆炸、投放危险物质或者有组织的暴力性犯罪的罪犯，确有履行能力而不履行或者不全部履行生效裁判中财产性判项的罪犯，数罪并罚被判处无期徒刑的罪犯，符合减刑条件的，执行三年以上可减刑，减刑幅度应当比照本规定第八条从严掌握，减刑后的刑期最低不得少于二十年有期徒刑；减为有期徒刑后再减刑时，减刑幅度比照本规定第六条从严掌握，一次不超过一年有期徒刑，两次减刑之间应当间隔二年以上。

罪犯有重大立功表现的，可以不受上述减刑起始时间和间隔时间的限制。

第十条 被判处死刑缓期执行的罪犯减为无期徒刑后，符合减刑条件的，执行三年以上方可减刑。减刑幅度为：确有悔改表现或者有立功表现的，可以减为二十五年有期徒刑；确有悔改表现并有立功表现的，可以减为二十四年以上二十五年以下有期徒刑；有重大立功表现的，可以减为二十三年以上二十四年以下有期徒刑；确有悔改表现并有重大立功表现的，可以减为二十二年以上二十三年以下有期徒刑。

被判处死刑缓期执行的罪犯减为有期徒刑后再减刑时，比照本规定第八条的规定办理。

第十一条 对被判处死刑缓期执行的职务犯罪罪犯，破坏金融管理秩序和金融诈骗犯罪罪犯，组织、领导、参加、包庇、纵容黑社会性质组织犯罪罪犯，危害国家安全犯罪罪犯，恐怖活动犯罪罪犯，毒品犯罪集团的首要分子及毒品再犯，累犯以及因故意杀人、强奸、抢劫、绑架、放火、爆炸、投放危险物质或者有组织的暴力性犯罪的罪犯，确有履行能力而不履行或者不全部履行生效裁判中财产性判项的罪犯，数罪并罚被判处死刑缓期执行的罪犯，减为无期徒刑后，符合减刑条件的，执行三年以上方可减刑，一般减为二十五年有期徒刑，有立功表现或者重大立功表现的，可以比照本规定第十条减为二十三年以上二十五年以下有期徒刑；减为有期徒刑后再减刑时，减刑幅度比照本规定第六条从严掌握，一次不超过一年有期徒刑，两次减刑之间应当间隔二年以上。

第十二条　被判处死刑缓期执行的罪犯经过一次或者几次减刑后，其实际执行的刑期不得少于十五年，死刑缓期执行期间不包括在内。

死刑缓期执行罪犯在缓期执行期间不服从监管、抗拒改造，尚未构成犯罪的，在减为无期徒刑后再减刑时应当适当从严。

第十三条　被限制减刑的死刑缓期执行罪犯，减为无期徒刑后，符合减刑条件的，执行五年以上方可减刑。减刑间隔时间和减刑幅度依照本规定第十一条的规定执行。

第十四条　被限制减刑的死刑缓期执行罪犯，减为有期徒刑后再减刑时，一次减刑不超过六个月有期徒刑，两次减刑间隔时间不得少于二年。有重大立功表现的，间隔时间可以适当缩短，但一次减刑不超过一年有期徒刑。

第十五条　对被判处终身监禁的罪犯，在死刑缓期执行期满依法减为无期徒刑的裁定中，应当明确终身监禁，不得再减刑或者假释。

第十六条　被判处管制、拘役的罪犯，以及判决生效后剩余刑期不满二年有期徒刑的罪犯，符合减刑条件的，可以酌情减刑，减刑起始时间可以适当缩短，但实际执行的刑期不得少于原判刑期的二分之一。

第十七条　被判处有期徒刑罪犯减刑时，对附加剥夺政治权利的期限可以酌减。酌减后剥夺政治权利的期限，不得少于一年。

被判处死刑缓期执行、无期徒刑的罪犯减为有期徒刑时，应当将附加剥夺政治权利的期限减为七年以上十年以下，经过一次或者几次减刑后，最终剥夺政治权利的期限不得少于三年。

第十八条　被判处拘役或者三年以下有期徒刑，并宣告缓刑的罪犯，一般不适用减刑。

前款规定的罪犯在缓刑考验期内有重大立功表现的，可以参照刑法第七十八条的规定予以减刑，同时应当依法缩减其缓刑考验期。缩减后，拘役的缓刑考验期限不得少于二个月，有期徒刑的缓刑考验期限不得少于一年。

第十九条　对在报请减刑前的服刑期间不满十八周岁，且所犯罪行不属于刑法第八十一条第二款规定情形的罪犯，认罪悔罪，遵守法律法规及监规，积极参加学习、劳动，应当视为确有悔改表现。

对上述罪犯减刑时，减刑幅度可以适当放宽，或者减刑起始时间、间隔时间可以适当缩短，但放宽的幅度和缩短的时间不得超过本规定中相应幅度、时间的三分之一。

第二十条　老年罪犯、患严重疾病罪犯或者身体残疾罪犯减刑时，应当主要考察其认罪悔罪的实际表现。

对基本丧失劳动能力，生活难以自理的上述罪犯减刑时，减刑幅度可以适当放宽，或者减刑起始时间、间隔时间可以适当缩短，但放宽的幅度和缩短的时间不得超过本规定中相应幅度、时间的三分之一。

第二十一条　被判处有期徒刑、无期徒刑的罪犯在刑罚执行期间又故意犯罪，新罪被判处有期徒刑的，自新罪判决确定之日起三年内不予减刑；新罪被判处无期徒刑的，自新罪判决确定之日起四年内不予减刑。

罪犯在死刑缓期执行期间又故意犯罪，未被执行死刑的，死刑缓期执行的期间重新计算，减为无期徒刑后，五年内不予减刑。

被判处死刑缓期执行罪犯减刑后，在刑罚执行期间又故意犯罪的，依照第一款规定处理。

第二十二条 办理假释案件，认定"没有再犯罪的危险"，除符合刑法第八十一条规定的情形外，还应当根据犯罪的具体情节、原判刑罚情况，在刑罚执行中的一贯表现，罪犯的年龄、身体状况、性格特征，假释后生活来源以及监管条件等因素综合考虑。

第二十三条 被判处有期徒刑的罪犯假释时，执行原判刑期二分之一的时间，应当从判决执行之日起计算，判决执行以前先行羁押的，羁押一日折抵刑期一日。

被判处无期徒刑的罪犯假释时，刑法中关于实际执行刑期不得少于十三年的时间，应当从判决生效之日起计算。判决生效以前先行羁押的时间不予折抵。

被判处死刑缓期执行的罪犯减为无期徒刑或者有期徒刑后，实际执行十五年以上，方可假释，该实际执行时间应当从死刑缓期执行期满之日起计算。死刑缓期执行期间不包括在内，判决确定以前先行羁押的时间不予折抵。

第二十四条 刑法第八十一条第一款规定的"特殊情况"，是指有国家政治、国防、外交等方面特殊需要的情况。

第二十五条 对累犯以及因故意杀人、强奸、抢劫、绑架、放火、爆炸、投放危险物质或者有组织的暴力性犯罪被判处十年以上有期徒刑、无期徒刑的罪犯，不得假释。

因前款情形和犯罪被判处死刑缓期执行的罪犯，被减为无期徒刑、有期徒刑后，也不得假释。

第二十六条 对下列罪犯适用假释时可以依法从宽掌握：

（一）过失犯罪的罪犯、中止犯罪的罪犯、被胁迫参加犯罪的罪犯；

（二）因防卫过当或者紧急避险过当而被判处有期徒刑以上刑罚的罪犯；

（三）犯罪时未满十八周岁的罪犯；

（四）基本丧失劳动能力、生活难以自理，假释后生活确有着落的老年罪犯、患严重疾病罪犯或者身体残疾罪犯；

（五）服刑期间改造表现特别突出的罪犯；

（六）具有其他可以从宽假释情形的罪犯。

罪犯既符合法定减刑条件，又符合法定假释条件的，可以优先适用假释。

第二十七条 对于生效裁判中有财产性判项，罪犯确有履行能力而不履行或者不全部履行的，不予假释。

第二十八条 罪犯减刑后又假释的，间隔时间不得少于一年；对一次减去一年以上有期徒刑后，决定假释的，间隔时间不得少于一年六个月。

罪犯减刑后余刑不足二年，决定假释的，可以适当缩短间隔时间。

第二十九条 罪犯在假释考验期内违反法律、行政法规或者国务院有关部门关于假释的监督管理规定的，作出假释裁定的人民法院，应当在收到报请机关或者检察机关撤销假释建议书后及时审查，作出是否撤销假释的裁定，并送达报请机关，同时抄送人民检察院、公安机关和原刑罚执行机关。

罪犯在逃的，撤销假释裁定书可以作为对罪犯进行追捕的依据。

第三十条 依照刑法第八十六条规定被撤销假释的罪犯，一般不得再假释。但依照该条第二款被撤销假释的罪犯，如果罪犯对漏罪曾作如实供述但原判未予认定，或者漏罪系其自首，符合假释条件的，可以再假释。

被撤销假释的罪犯，收监后符合减刑条件的，可以减刑，但减刑起始时间自收监之日起计算。

第三十一条 年满八十周岁、身患疾病或者生活难以自理、没有再犯罪危险的罪犯，既符合减刑条件，又符合假释条件的，优先适用假释；不符合假释条件的，参照本规定第二十条有关的规定从宽处理。

第三十二条 人民法院按照审判监督程序重新审理的案件，裁定维持原判决、裁定的，原减刑、假释裁定继续有效。

再审裁判改变原判决、裁定的，原减刑、假释裁定自动失效，执行机关应当及时报请有管辖权的人民法院重新作出是否减刑、假释的裁定。重新作出减刑裁定时，不受本规定有关减刑起始时间、间隔时间和减刑幅度的限制。重新裁定时应综合考虑各方面因素，减刑幅度不得超过原裁定减去的刑期总和。

再审改判为死刑缓期执行或者无期徒刑的，在新判决减为有期徒刑之时，原判决已经实际执行的刑期一并扣减。

再审裁判宣告无罪的，原减刑、假释裁定自动失效。

第三十三条 罪犯被裁定减刑后，刑罚执行期间因故意犯罪而数罪并罚时，经减刑裁定减去的刑期不计入已经执行的刑期。原判死刑缓期执行减为无期徒刑、有期徒刑，或者无期徒刑减为有期徒刑的裁定继续有效。

第三十四条 罪犯被裁定减刑后，刑罚执行期间因发现漏罪而数罪并罚的，原减刑裁定自动失效。如漏罪系罪犯主动交代的，对其原减去的刑期，由执行机关报请有管辖权的人民法院重新作出减刑裁定，予以确认；如漏罪系有关机关发现或者他人检举揭发的，由执行机关报请有管辖权的人民法院，在原减刑裁定减去的刑期总和之内，酌情重新裁定。

第三十五条 被判处死刑缓期执行的罪犯，在死刑缓期执行期内被发现漏罪，依据刑法第七十条规定数罪并罚，决定执行死刑缓期执行的，死刑缓期执行期间自新判决确定之日起计算，已经执行的死刑缓期执行期间计入新判决的死刑缓期执行期间内，但漏罪被判处死刑缓期执行的除外。

第三十六条 被判处死刑缓期执行的罪犯，在死刑缓期执行期满后被发现漏罪，依据刑法第七十条规定数罪并罚，决定执行死刑缓期执行的，交付执行时对罪犯实际执行无期徒刑，死缓考验期不再执行，但漏罪被判处死刑缓期执行的除外。

在无期徒刑减为有期徒刑时，前罪死刑缓期执行减为无期徒刑之日起至新判决生效之日止已经实际执行的刑期，应当计算在减刑裁定决定执行的刑期以内。

原减刑裁定减去的刑期依照本规定第三十四条处理。

第三十七条　被判处无期徒刑的罪犯在减为有期徒刑后因发现漏罪，依据刑法第七十条规定数罪并罚，决定执行无期徒刑的，前罪无期徒刑生效之日起至新判决生效之日止已经实际执行的刑期，应当在新判决的无期徒刑减为有期徒刑时，在减刑裁定决定执行的刑期内扣减。

无期徒刑罪犯减为有期徒刑后因发现漏罪判处三年有期徒刑以下刑罚，数罪并罚决定执行无期徒刑的，在新判决生效后执行一年以上，符合减刑条件的，可以减为有期徒刑，减刑幅度依照本规定第八条、第九条的规定执行。

原减刑裁定减去的刑期依照本规定第三十四条处理。

第三十八条　人民法院作出的刑事判决、裁定发生法律效力后，在依照刑事诉讼法第二百五十三条、第二百五十四条的规定将罪犯交付执行刑罚时，如果生效裁判中有财产性判项，人民法院应当将反映财产性判项执行、履行情况的有关材料一并随案移送刑罚执行机关。罪犯在服刑期间本人履行或者其亲属代为履行生效裁判中财产性判项的，应当及时向刑罚执行机关报告。刑罚执行机关报请减刑时应随案移送以上材料。

人民法院办理减刑、假释案件时，可以向原一审人民法院核实罪犯履行财产性判项的情况。原一审人民法院应当出具相关证明。

刑罚执行期间，负责办理减刑、假释案件的人民法院可以协助原一审人民法院执行生效裁判中的财产性判项。

第三十九条　本规定所称"老年罪犯"，是指报请减刑、假释时年满六十五周岁的罪犯。

本规定所称"患严重疾病罪犯"，是指因患有重病，久治不愈，而不能正常生活、学习、劳动的罪犯。

本规定所称"身体残疾罪犯"，是指因身体有肢体或者器官残缺、功能不全或者丧失功能，而基本丧失生活、学习、劳动能力的罪犯，但是罪犯犯罪后自伤致残的除外。

对刑罚执行机关提供的证明罪犯患有严重疾病或者有身体残疾的证明文件，人民法院应当审查，必要时可以委托有关单位重新诊断、鉴定。

第四十条　本规定所称"判决执行之日"，是指罪犯实际送交刑罚执行机关之日。

本规定所称"减刑间隔时间"，是指前一次减刑裁定送达之日起至本次减刑报请之日止的期间。

第四十一条　本规定所称"财产性判项"是指判决罪犯承担的附带民事赔偿义务判项，以及追缴、责令退赔、罚金、没收财产等判项。

第四十二条　本规定自2017年1月1日起施行。以前发布的司法解释与本规定不一致的，以本规定为准。

最高人民法院关于办理减刑、假释案件具体应用法律若干问题的规定

法释〔2012〕2号

（2011年11月21日最高人民法院审判委员会第1532次会议通过 2012年1月17日最高人民法院公告公布 自2012年7月1日起施行）

为正确适用刑法、刑事诉讼法，依法办理减刑、假释案件，根据刑法、刑事诉讼法和有关法律的规定，制定本规定。

第一条 根据刑法第七十八条第一款的规定，被判处管制、拘役、有期徒刑、无期徒刑的犯罪分子，在执行期间，认真遵守监规，接受教育改造，确有悔改表现的，或者有立功表现的，可以减刑；有重大立功表现的，应当减刑。

第二条 "确有悔改表现"是指同时具备以下四个方面情形：认罪悔罪；认真遵守法律法规及监规，接受教育改造；积极参加思想、文化、职业技术教育；积极参加劳动，努力完成劳动任务。

对罪犯在刑罚执行期间提出申诉的，要依法保护其申诉权利，对罪犯申诉不应不加分析地认为是不认罪悔罪。

罪犯积极执行财产刑和履行附带民事赔偿义务的，可视为有认罪悔罪表现，在减刑、假释时可以从宽掌握；确有执行、履行能力而不执行、不履行的，在减刑、假释时应当从严掌握。

第三条 具有下列情形之一的，应当认定为有"立功表现"：

（一）阻止他人实施犯罪活动的；
（二）检举、揭发监狱内外犯罪活动，或者提供重要的破案线索，经查证属实的；
（三）协助司法机关抓捕其他犯罪嫌疑人（包括同案犯）的；
（四）在生产、科研中进行技术革新，成绩突出的；
（五）在抢险救灾或者排除重大事故中表现突出的；
（六）对国家和社会有其他贡献的。

第四条 具有下列情形之一的，应当认定为有"重大立功表现"：

（一）阻止他人实施重大犯罪活动的；
（二）检举监狱内外重大犯罪活动，经查证属实的；
（三）协助司法机关抓捕其他重大犯罪嫌疑人（包括同案犯）的；
（四）有发明创造或者重大技术革新的；
（五）在日常生产、生活中舍己救人的；

（六）在抗御自然灾害或者排除重大事故中，有特别突出表现的；

（七）对国家和社会有其他重大贡献的。

第五条 有期徒刑罪犯在刑罚执行期间，符合减刑条件的，减刑幅度为：确有悔改表现，或者有立功表现的，一次减刑一般不超过一年有期徒刑；确有悔改表现并有立功表现，或者有重大立功表现的，一次减刑一般不超过二年有期徒刑。

第六条 有期徒刑罪犯的减刑起始时间和间隔时间为：被判处五年以上有期徒刑的罪犯，一般在执行一年六个月以上方可减刑，两次减刑之间一般应当间隔一年以上。被判处不满五年有期徒刑的罪犯，可以比照上述规定，适当缩短起始和间隔时间。

确有重大立功表现的，可以不受上述减刑起始和间隔时间的限制。

有期徒刑的减刑起始时间自判决执行之日起计算。

第七条 无期徒刑罪犯在刑罚执行期间，确有悔改表现，或者有立功表现的，服刑二年以后，可以减刑。减刑幅度为：确有悔改表现，或者有立功表现的，一般可以减为二十年以上二十二年以下有期徒刑；有重大立功表现的，可以减为十五年以上二十年以下有期徒刑。

第八条 无期徒刑罪犯经过一次或几次减刑后，其实际执行的刑期不能少于十三年，起始时间应当自无期徒刑判决确定之日起计算。

第九条 死刑缓期执行罪犯减为无期徒刑后，确有悔改表现，或者有立功表现的，服刑二年以后可以减为二十五年有期徒刑；有重大立功表现的，服刑二年以后可以减为二十三年有期徒刑。

死刑缓期执行罪犯经过一次或几次减刑后，其实际执行的刑期不能少于十五年，死刑缓期执行期间不包括在内。

死刑缓期执行罪犯在缓期执行期间抗拒改造，尚未构成犯罪的，此后减刑时可以适当从严。

第十条 被限制减刑的死刑缓期执行罪犯，缓期执行期满后依法被减为无期徒刑的，或者因有重大立功表现被减为二十五年有期徒刑的，应当比照未被限制减刑的死刑缓期执行罪犯在减刑的起始时间、间隔时间和减刑幅度上从严掌握。

第十一条 判处管制、拘役的罪犯，以及判决生效后剩余刑期不满一年有期徒刑的罪犯，符合减刑条件的，可以酌情减刑，其实际执行的刑期不能少于原判刑期的二分之一。

第十二条 有期徒刑罪犯减刑时，对附加剥夺政治权利的期限可以酌减。酌减后剥夺政治权利的期限，不能少于一年。

第十三条 判处拘役或者三年以下有期徒刑并宣告缓刑的罪犯，一般不适用减刑。

前款规定的罪犯在缓刑考验期限内有重大立功表现的，可以参照刑法第七十八条的规定，予以减刑，同时应依法缩减其缓刑考验期限。拘役的缓刑考验期限不能少于二个月，有期徒刑的缓刑考验期限不能少于一年。

第十四条 被判处十年以上有期徒刑、无期徒刑的罪犯在刑罚执行期间又犯罪，被判处有期徒刑以下刑罚的，自新罪判决确定之日起二年内一般不予减刑；新罪被判处无期徒刑的，自新罪判决确定之日起三年内一般不予减刑。

第十五条 办理假释案件,判断"没有再犯罪的危险",除符合刑法第八十一条规定的情形外,还应根据犯罪的具体情节、原判刑罚情况,在刑罚执行中的一贯表现,罪犯的年龄、身体状况、性格特征,假释后生活来源以及监管条件等因素综合考虑。

第十六条 有期徒刑罪犯假释,执行原判刑期二分之一以上的起始时间,应当从判决执行之日起计算,判决执行以前先行羁押的,羁押一日折抵刑期一日。

第十七条 刑法第八十一条第一款规定的"特殊情况",是指与国家、社会利益有重要关系的情况。

第十八条 对累犯以及因故意杀人、强奸、抢劫、绑架、放火、爆炸、投放危险物质或者有组织的暴力性犯罪被判处十年以上有期徒刑、无期徒刑的罪犯,不得假释。

因前款情形和犯罪被判处死刑缓期执行的罪犯,被减为无期徒刑、有期徒刑后,也不得假释。

第十九条 未成年罪犯的减刑、假释,可以比照成年罪犯依法适当从宽。

未成年罪犯能认罪悔罪,遵守法律法规及监规,积极参加学习、劳动的,应视为确有悔改表现,减刑的幅度可以适当放宽,起始时间、间隔时间可以相应缩短。符合刑法第八十一条第一款规定的,可以假释。

前两款所称未成年罪犯,是指减刑时不满十八周岁的罪犯。

第二十条 老年、身体残疾(不含自伤致残)、患严重疾病罪犯的减刑、假释,应当主要注重悔罪的实际表现。

基本丧失劳动能力、生活难以自理的老年、身体残疾、患严重疾病的罪犯,能够认真遵守法律法规及监规,接受教育改造,应视为确有悔改表现,减刑的幅度可以适当放宽,起始时间、间隔时间可以相应缩短。假释后生活确有着落的,除法律和本解释规定不得假释的情形外,可以依法假释。

对身体残疾罪犯和患严重疾病罪犯进行减刑、假释,其残疾、疾病程度应由法定鉴定机构依法作出认定。

第二十一条 对死刑缓期执行罪犯减为无期徒刑或者有期徒刑后,符合刑法第八十一条第一款和本规定第九条第二款、第十八条规定的,可以假释。

第二十二条 罪犯减刑后又假释的间隔时间,一般为一年;对一次减去二年有期徒刑后,决定假释的,间隔时间不能少于二年。

罪犯减刑后余刑不足二年,决定假释的,可以适当缩短间隔时间。

第二十三条 人民法院按照审判监督程序重新审理的案件,维持原判决、裁定的,原减刑、假释裁定效力不变;改变原判决、裁定的,应由刑罚执行机关依照再审裁判情况和原减刑、假释情况,提请有管辖权的人民法院重新作出减刑、假释裁定。

第二十四条 人民法院受理减刑、假释案件,应当审查执行机关是否移送下列材料:

(一)减刑或者假释建议书;

(二)终审法院的裁判文书、执行通知书、历次减刑裁定书的复制件;

(三)罪犯确有悔改或者立功、重大立功表现的具体事实的书面证明材料;

(四)罪犯评审鉴定表、奖惩审批表等;

（五）其他根据案件的审理需要移送的材料。

提请假释的，应当附有社区矫正机构关于罪犯假释后对所居住社区影响的调查评估报告。

人民检察院对提请减刑、假释案件提出的检察意见，应当一并移送受理减刑、假释案件的人民法院。

经审查，如果前三款规定的材料齐备的，应当立案；材料不齐备的，应当通知提请减刑、假释的执行机关补送。

第二十五条 人民法院审理减刑、假释案件，应当一律予以公示。公示地点为罪犯服刑场所的公共区域。有条件的地方，应面向社会公示，接受社会监督。公示应当包括下列内容：

（一）罪犯的姓名；

（二）原判认定的罪名和刑期；

（三）罪犯历次减刑情况；

（四）执行机关的减刑、假释建议和依据；

（五）公示期限；

（六）意见反馈方式等。

第二十六条 人民法院审理减刑、假释案件，可以采用书面审理的方式。但下列案件，应当开庭审理：

（一）因罪犯有重大立功表现提请减刑的；

（二）提请减刑的起始时间、间隔时间或者减刑幅度不符合一般规定的；

（三）在社会上有重大影响或社会关注度高的；

（四）公示期间收到投诉意见的；

（五）人民检察院有异议的；

（六）人民法院认为有开庭审理必要的。

第二十七条 在人民法院作出减刑、假释裁定前，执行机关书面提请撤回减刑、假释建议的，是否准许，由人民法院决定。

第二十八条 减刑、假释的裁定，应当在裁定作出之日起七日内送达有关执行机关、人民检察院以及罪犯本人。

第二十九条 人民法院发现本院或者下级人民法院已经生效的减刑、假释裁定确有错误，应当依法重新组成合议庭进行审理并作出裁定。

最高人民法院
关于对无期徒刑犯减刑后原审法院发现原判决确有错误予以改判，原减刑裁定应否撤销问题的批复

1989年1月3日　　　　　　　　　　法（研）复〔1989〕2号

江西省高级人民法院：

你院〔88〕赣法研二字第3号请示报告收悉。经研究，答复如下：

被判处无期徒刑的罪犯由服刑地的高级人民法院依法裁定减刑后，原审人民法院发现原判决确有错误，并按照审判监督程序改判为有期徒刑的，应当将改判的判决书送达罪犯所在的劳改部门和罪犯服刑地的高级人民法院，根据改判的刑期执行，并由罪犯服刑地的高级人民法院裁定撤销原减刑裁定。如果罪犯在原判执行期间确有悔改或者立功表现，还需要依法减刑的，应当依照法定程序另行作出裁定。

最高人民法院研究室
关于有期徒刑犯减刑后又改判的原减刑裁定撤销后应如何办理减刑手续问题的电话答复

（1990年4月5日）

四川省高级人民法院：

你院川法研〔1989〕第35号《关于有期徒刑犯减刑后又改判的原减刑裁定撤销后应当如何办理减刑手续问题的请示》收悉。经研究，答复如下：

被判处有期徒刑的罪犯在服刑期间依法减刑后，原审人民法院发现原判决确有错误，应当按照审判监督程序给予改判，对已执行的刑期在改判后的刑期中予以折抵，并将改判的判决书送达罪犯所在的劳改执行机关和作出原减刑裁定的人民法院，由作出原减刑裁定的人民法院撤销原减刑裁定。然后，由有关的劳改机关和人民法院依照刑法第七十一条的规定，并参照最高人民法院、最高人民检察院、司法部、公安部1980年12月26日《关于罪犯减刑、假释和又犯罪等案件的管辖和处理程序问题的通知》，重新考

虑是否减刑及办理有关手续。

附：

四川省高级人民法院
关于有期徒刑犯减刑后又改判的原减刑裁定
撤销后应当如何办理减刑手续问题的请示

1989年10月29日　　　　　　　　　　　川法研〔1989〕第35号

最高人民法院：

　　被判处有期徒刑的罪犯在服刑期间依法减刑后，原审人民法院发现原判决确有错误，并按审判监督程序作了减刑改判，同时原减刑裁定予以撤销，应当如何继续办理减刑手续，我们认为：在改判判决的同时，撤销原减刑裁定，根据刑法第七十一条规定，考虑原减刑期，对罪犯重新裁定，确定减刑刑期或不予减刑。

　　当否，请批示。

最高人民法院研究室
关于原判无期徒刑的罪犯经减刑后又改判
应如何处理减刑问题的电话答复

（1992年1月20日）

陕西省高级人民法院刑二庭：

　　你庭1月4日电话请示中所提到，对原判无期徒刑的罪犯，经两次减刑后，现法院拟将原判改判，对减刑应如何处理的问题，经研究，我们认为，对上述问题。请你们按照我院1989年法（研）复〔1989〕2号《关于对无期徒刑犯减刑后又改判，原减刑裁定应否撤销问题的批复》的规定办理，我院1964年〔64〕法研字第16号《关于劳改犯减刑后又改判应如何确定执行刑期问题的批复》不再适用。

附：

陕西省高级人民法院刑二庭
关于原判无期徒刑的罪犯经减刑后又改判
应如何处理减刑问题的电话请示

(1992年1月4日)

最高人民法院研究室：

最近我们受理了这样一案：被告人于1983年被西安市中级法院以抢劫、强奸罪判处无期徒刑。以后由于在劳改单位表现好，省高院予以减刑十八年。减刑后又因劳改表现好，渭南地区中院再次减刑一年。现原审法院及省高院经过对案件复查，均认为原判较重，拟准备改判有期徒刑十年。

对改判十年的刑期，要不要减去渭南中院已减刑的一年，有不同意见，有的认为应该减去这一年，有的认为不应减，需要减刑应再办手续。这主要是对最高人民法院〔64〕法研字第16号批复和〔89〕法研复字第2号批复的认识问题。

特请示你们，望答复。

最高人民法院研究室
关于死缓犯和无期徒刑犯经几次减刑后
又改判原减刑裁定是否均应撤销
问题的电话答复

(1992年4月1日)

福建省高级人民法院刑二庭：

你庭闽高法刑二〔1992〕01号《关于死缓犯和无期徒刑犯经几次减刑后又改判原减刑裁定是否均应撤销问题的请示》收悉。经研究，基本同意你院的第一种意见，即：对原判死缓或者无期徒刑的犯罪分子，经几次减刑后，现按照审判监督程序将原判改为有期徒刑的，应当将原所有的减刑裁定一并撤销。如果根据罪犯已实际服刑的刑期或者他在原判执行期间的表现，应予以释放，或者还需要依法减刑、假释的，应当按照改判有期徒刑后的刑期再办理释放、重新减刑或者假释的法律手续。

附：

福建省高级人民法院刑二庭
关于死缓犯和无期徒刑犯经几次减刑后又改判
原减刑裁定是否均应撤销问题的请示

1992年1月10日　　　　　　　　　　　　闽高法刑二〔1992〕01号

最高人民法院研究室：

原经我院判处的死缓犯和无期徒刑犯，在服刑中因确有悔改表现，先后经本院减为有期徒刑，改为有期徒刑后又经中院减刑，现我院依照审判监督程序再审改判为有期徒刑，在改判时原减刑裁定是否均应撤销。对死缓和无期徒刑的减刑裁定应当一并撤销，这一问题最高人民法院有批复，我们没有异议。但对中院有期徒刑减刑的裁定是否撤销，有两种不同意见：一种意见认为应一并撤销。其理由是：第一，罪犯据以服刑的判决业已撤销，原减刑的前提发生了变化，减刑应当相应变更；第二，原减刑时往往综合考虑原判情况，特别是前几年根据中央有关文件精神，对原判量刑偏重的，在减刑时予以适当从宽，现已改判减轻处刑，原减刑裁定则应当撤销；第三，撤销减刑裁定可以避免历次减刑的刑期累计可能超过再审改判判处刑期的二分之一的情况发生。如：一名无期徒刑犯减为有期徒刑后，又服刑六年，因确有悔改表现先后二次减刑计四年，现经再审对该犯改判为有期徒刑七年，虽其实际服刑超过再审判处刑期的二分之一，但裁定书字面上体现的减刑期却超过再审改判刑期的二分之一，出现与法律规定相矛盾的现象，因此，应当予以撤销。如减刑裁定均一并撤销，劳改单位则可根据该犯服刑期限和一贯表现申报有关中院予以适当减刑。另一种意见认为，中院有期徒刑的减刑裁定是对依据省院对罪犯减为有期徒刑后经过一定期限的服刑改造确有悔改或立功表现而作出的，减刑依据的事实和法律没有错误，现再审改判为有期徒刑，与原有期徒刑减刑并无矛盾，因此，无须撤销。我们以往都按第二种意见执行，现在仍倾向第二种意见。当否，请批复。

最高人民法院
关于刘文占减刑一案的答复

2007年8月11日　　　　　　　　　　〔2006〕刑监他字第7号

河北省高级人民法院：

你院〔1999〕冀刑执字第486号减刑裁定，没有法定程序、法定理由撤销。

罪犯刘文占犯盗窃罪被判处无期徒刑，减为有期徒刑十八年之后，发现其在判决宣告之前犯有强奸罪、抢劫罪。沧州市中级人民法院作出新的判决，对刘文占以强奸罪、抢劫罪分别定罪量刑，数罪并罚，决定对罪犯刘文占执行无期徒刑是正确的。

现监狱报请为罪犯刘文占减刑，你院在计算刑期时，应将罪犯刘文占第一次减为有期徒刑十八年之后至漏罪判决之间已经执行的刑期予以扣除。

最高人民法院
关于执行《关于办理减刑、假释案件具体应用法律若干问题的规定》有关问题的通知

2013年9月11日　　　　　　　　　　法〔2013〕201号

各省、自治区、直辖市高级人民法院，解放军军事法院，新疆维吾尔自治区高级人民法院生产建设兵团分院：

为正确适用《最高人民法院关于办理减刑、假释案件具体应用法律若干问题的规定》（法释〔2012〕2号，以下简称《规定》）办理减刑、假释案件，根据刑法有关规定，现将有关问题通知如下：

一、原生效裁判在《中华人民共和国刑法修正案（八）》生效后作出的，适用《规定》。

二、原生效裁判在《中华人民共和国刑法修正案（八）》生效前作出的，适用1997年《最高人民法院关于办理减刑、假释案件具体应用法律若干问题的规定》（以下简称《1997年规定》）。但适用《规定》对罪犯有利的，适用《规定》。

三、原生效裁判在《中华人民共和国刑法修正案（八）》生效后作出，但犯罪行为发生在《中华人民共和国刑法修正案（八）》生效前，且适用《中华人民共和国刑法修

正案（八）》生效前刑法定罪量刑的，适用《1997 年规定》。但适用《规定》对罪犯有利的，适用《规定》。

最高人民法院关于对部分职务犯罪罪犯减刑、假释、暂予监外执行实行备案审查的通知

2014 年 5 月 21 日　　　　　　　　　　　　　　法〔2014〕128 号

各省、自治区、直辖市高级人民法院，解放军军事法院，新疆维吾尔自治区高级人民法院生产建设兵团分院：

为落实中央政法委员会《关于严格规范减刑、假释、暂予监外执行切实防止司法腐败的意见》（中政委〔2014〕5 号）对部分职务犯罪罪犯减刑、假释、暂予监外执行实行备案审查的要求，进一步规范职务犯罪罪犯的减刑、假释、暂予监外执行工作，现就对部分职务犯罪罪犯减刑、假释、暂予监外执行实行备案审查相关事项通知如下：

一、基层人民法院对原县处级职务犯罪罪犯决定暂予监外执行后十日内，逐级报请高级人民法院备案审查；对原厅局级以上职务犯罪罪犯决定暂予监外执行后十日内，逐级报请最高人民法院备案审查。

二、中级人民法院对原县处级职务犯罪罪犯裁定减刑、假释或者决定暂予监外执行后十日内，报请高级人民法院备案审查；对原厅局级以上职务犯罪罪犯裁定减刑、假释或者决定暂予监外执行后十日内，逐级报请最高人民法院备案审查。

三、高级人民法院对原厅局级以上职务犯罪罪犯裁定减刑、假释或者决定暂予监外执行后十日内，报请最高人民法院备案审查。

四、备案审查工作由高级人民法院、最高人民法院审判监督庭或者负责减刑、假释、暂予监外执行工作的审判庭承担。

五、报请高级人民法院、最高人民法院备案审查，应当制作报请备案审查报告一式五份，并附减刑、假释裁定书或者暂予监外执行决定书一式五份，及相关材料复印件。待全国法院网络办案平台建成后，还应当同时通过网络办案平台报送相关卷宗材料。

六、承担备案审查工作的人民法院对下级人民法院报请备案审查的案件，应当在立案后依法组成合议庭办理。合议庭应当对裁定、决定是否符合法律、司法解释规定进行全面审查。经审查认为减刑、假释、暂予监外执行确有错误的，应当依照《最高人民法院关于办理减刑、假释案件具体应用法律若干问题的规定》第 29 条之规定办理。

(6) 时　　效

最高人民法院　最高人民检察院
关于不再追诉去台人员在中华人民共和国
成立前的犯罪行为的公告

(1988年3月14日)

　　台湾同胞来祖国大陆探亲旅游的日益增多，这对于促进海峡两岸的"三通"和实现祖国和平统一大业将起到积极的作用。为此，对去台人员中在中华人民共和国成立前在大陆犯有罪行的，根据《中华人民共和国刑法》第七十六条关于对犯罪追诉时效的规定的精神，决定对其当时所犯罪行不再追诉。
　　来祖国大陆的台湾同胞应遵守国家的法律，其探亲、旅游、贸易、投资等正当活动，均受法律保护。

最高人民法院　最高人民检察院
关于不再追诉去台人员在中华人民共和国成立后
当地人民政权建立前的犯罪行为的公告

1989年9月7日　　　　　　　　　　〔89〕高检会（研）字第12号

　　最高人民法院、最高人民检察院1988年3月14日《关于不再追诉去台人员在中华人民共和国成立前的犯罪行为的公告》发布以后，引起各方面的积极反响。为了进一步发展祖国大陆与台湾地区的经济、文化交流和人员往来，促进祖国和平统一大业，现根据《中华人民共和国刑法》的规定，再次公告如下：
　　一、对去台人员在中华人民共和国成立后，犯罪地方人民政权建立前所犯罪行，不再追诉。
　　二、去台人员在中华人民共和国成立后，犯罪地地方人民政权建立前犯有罪行，并连续或继续到当地人民政权建立后的，追诉期限从犯罪行为终了之日起计算。凡符合《中华人民共和国刑法》第七十六条规定的，不再追诉。其中法定最高刑为无期徒刑、死刑的，经过二十年，也不再追诉。如果认为必须追诉的，由最高人民检察院核准。

三、对于去台湾以外其他地区和国家的人员在中华人民共和国成立前，或者在中华人民共和国成立后、犯罪地地方人民政权建立前所犯的罪行，分别按照最高人民法院、最高人民检察院《关于不再追诉去台人员在中华人民共和国成立前的犯罪行为的公告》精神和本公告第一条、第二条的规定办理。

最高人民法院
关于被告人林少钦受贿请示一案的答复

2017 年 2 月 13 日　　　　　　　　　　〔2016〕最高法刑他 5934 号

福建省高级人民法院：

你院闽高法〔2016〕250 号《关于立案追诉后因法律司法解释修改导致追诉时效发生变化的案件法律适用问题的请示》收悉。经研究，答复如下：

追诉时效是依照法律规定对犯罪分子追究刑事责任的期限，在追诉时效期限内，司法机关应当依法追究犯罪分子刑事责任。对于法院正在审理的贪污贿赂案件，应当依据司法机关立案侦查时的法律规定认定追诉时效。依据立案侦查时的法律规定未过时效，且已经进入诉讼程序的案件，在新的法律规定生效后应当继续审理。

此复。

（7）折抵刑期

最高人民法院研究室
关于因错判在服刑期"脱逃"后确有犯罪其错判服刑期限可否与后判刑期折抵问题的电话答复

（1983 年 8 月 31 日）

湖北省高级人民法院：

你院 1983 年 8 月 12 日鄂法研字〔83〕第 19 号对《因错判在服刑期"脱逃"后确有犯罪其错判服刑期限可否与后判刑期折抵的请示》已收悉。我们同意你院报告中所提出的意见，即：对被错判徒刑的在服刑期间"脱逃"的行为，可不以脱逃论罪判刑；但在脱逃期间犯罪的，应依法定罪判刑；对被错判已服刑的日期与后来犯罪所判处的刑期不宜折抵，可在量刑时酌情考虑从轻或减轻处罚。

附：

<h2 style="text-align:center">湖北省高级人民法院
对因错判在服刑期"脱逃"后确有犯罪其错判
服刑期限可否与后判刑期折抵的请示</h2>

1983年8月12日　　　　　　　　　　　　鄂法研字〔83〕第19号

最高人民法院：

　　武汉市中级人民法院为陈会群抢劫案刑期折抵问题请示我院。经我院研究后，认为没有把握答复，特请示如下：

　　陈会群于1976年3月30日因抢劫一案经武昌县法院判处有期徒刑十年。1980年5月服刑期间脱逃，被沙洋人民法院加刑一年。于1982年3月13日又脱逃，持刀拦路抢劫，被武汉市中级法院以脱逃罪判处有期徒刑三年，以抢劫罪判处有期徒刑十五年，加上前罪尚未执行完的刑期，决定执行有期徒刑二十年。上诉后，因事实不清，被发回重审。武汉中院指令武昌县院对陈的抢劫前案进行再审。经武昌县院再审后撤销了1976年以抢劫罪判处陈有期徒刑十年的判决，宣告陈无罪。武汉中院根据上述情况，除认定陈犯"脱逃"罪已失去前提，不能成立外，但陈在"脱逃"后的行为确已构成抢劫罪，故判处陈有期徒刑八年。但陈因前案错判，已服刑六年四个月又七天，后来的犯罪与前案的错判也有一定的关系，因此，该院请示可否在这次判处的有期徒刑中如数折抵。如不能折抵其原错判而执行了的刑期应如何处理。

　　经我们研究，根据最高人民法院〔81〕法研字第14号文的规定，我们认为，陈会群原被错判服刑与后来犯罪的行为并非同一行为，因此其刑期不宜折抵。但考虑到陈原因错判服刑而"脱逃"又犯罪的这一事实，在量刑时可相应酌情从轻或减轻。

　　以上意见妥否，请批示。

最高人民法院研究室
关于行政拘留日期折抵刑期问题的电话答复

（1988年2月23日）

湖北省高级人民法院：

你院鄂法研字〔1988〕3号《关于行政拘留日期折抵刑期的请示报告》收悉。经研究，答复如下：

我院1957年法研字第20358号批复规定："如果被告人被判处刑罚的犯罪行为和以前受行政拘留处分的行为系同一行为，其被拘留的日期，应予折抵刑期。"这里所说的"同一行为"，既可以是判决认定同一性质的全部犯罪行为，也可以是同一性质的部分犯罪行为。只要是以前受行政拘留处分的行为，后又作为犯罪事实的全部或者一部分加以认定，其行政拘留的日期即应予折抵刑期。

附：

湖北省高级人民法院
关于行政拘留日期折抵刑期问题的请示报告

1988年1月18日　　　　　　　　　　　　　　鄂法研字〔1988〕3号

最高人民法院：

罪犯胡治雄（男，现年22岁）因流氓和盗窃罪于1984年被分别判刑七年和五年，决定执行十一年。在此之前，胡于1982年曾因流氓活动和结伙殴打他人被行政拘留过两次，一次十天，一次十五天。1984年在追究其流氓犯罪行为中，除了新的流氓犯罪事实外，也对胡的上述违法行为作为流氓犯罪事实加以认定。

对胡两次被行政拘留的拘留期是否折抵刑期的问题意见不一。一种意见认为：根据最高人民法院1957年法研字第20358号文的规定，犯罪行为和以前受行政拘留处分的行为系同一行为，应折抵刑期。这里所指的"同一行为"是指判决认定同一性质的全部犯罪事实或部分犯罪事实，只要是以前被行政拘留的行为，后又作为犯罪认定，都应折抵刑期。另一种意见认为：最高人民法院批复所指的"同一行为"是指判决认定同一性质的全部犯罪事实，上述胡的流氓犯罪仅是判决认定流氓罪的一部分，不属于"同一行为"，应不予折抵刑期。不知上述哪一种理解适当，特予请示，请给予答复。

最高人民法院研究室
关于对再审改判前因犯新罪被加刑的罪犯再审时如何确定执行的刑罚问题的电话答复

(1989年5月24日)

湖北省高级人民法院：

你院鄂法研〔1988〕33号《关于对再审改判前因犯新罪被加刑的罪犯再审时应如何确定执行的刑罚问题的请示报告》收悉。经研究，答复如下：

原则上同意你院意见，即对于再审改判前因犯新罪被加刑的罪犯，在对其前罪再审时，应当将罪犯犯新罪时的判决中关于前罪与新罪并罚的内容撤销，并把经再审改判后的前罪没有执行完的刑罚和新罪已判处的刑罚，按照刑法第六十六条的规定依法数罪并罚。关于原前罪与新罪并罚的判决由哪个法院撤销，应视具体情况确定：如果再审法院是对新罪作出判决的法院的上级法院，或者是对新罪作出判决的同一法院，可以由再审法院撤销；否则，应由对新罪作出判决的法院撤销。对于前罪经再审改判为无罪或者免予刑事处分的，其已执行的刑期可以折抵新罪的刑期。执行本答复中遇有新的情况或问题，请及时报告我们。

附：

湖北省高级人民法院
关于对再审改判前因犯新罪被加刑的罪犯再审时应如何确定执行的刑罚问题的请示报告

1988年9月20日　　　　　　　　　　　　　鄂法研〔1988〕33号

最高人民法院：

我省法院在审判实践中，经常碰到对再审改判前因犯新罪被加刑的罪犯在再审时难以确定其执行的刑罚的问题。我们认为，对再审改判前因犯新罪被加刑的，再审时应按刑法第六十六条的规定，将前罪经再审改判而未执行完的刑罚同后罪所判处的刑罚合并，依照数罪并罚的原则，决定执行的刑罚。

但上述做法中存在两个问题：一是对罪犯犯新罪时的判决中关于新罪与前罪并罚的内容是否撤销？同哪几个法院撤销？二是对前罪再审改判无罪或者免予刑事处分的，其已执行的刑期是否应当折抵新罪的刑期？我们认为，对同一犯罪事实不能有两个相互矛盾的发生法律效力的判决并立，再审改判时，对罪犯犯新罪进行判处的判决中关于新罪与前罪并罚的内容应当撤销。如果再审法院与对新罪作出判决的是同一法院，或者再审法院是对新罪作出判决法院的上级法院，上述内容由再审法院撤销；若不是，则由对新罪作出判决的法院撤销为宜，前罪经再审改判为无罪或免予刑事处分的，其已执行的刑期与新罪判处的刑罚虽然所依据的不是同一事实，但考虑到罪犯是不应受到的限制自由，因而将原已执行的刑期折抵新罪的刑期比较合理。

当否，请指示。

(五) 刑事裁判文书

最高人民法院
关于刑事裁判文书中刑期起止
日期如何表述问题的批复

法释〔2000〕7号

（2000年2月13日最高人民法院审判委员会第1099次会议通过
2000年2月19日最高人民法院公告公布　自2000年3月4日起施行）

江西省高级人民法院：

你院赣高法〔1999〕第151号《关于裁判文书中刑期起止时间如何表述的请示》收悉。经研究，答复如下：

根据刑法第四十一条、第四十四条、第四十七条和《法院刑事诉讼文书样式》（样本）的规定，判处管制、拘役、有期徒刑的，应当在刑事裁判文书中写明刑种、刑期和主刑刑期的起止日期及折抵办法。刑期从判决执行之日起计算。判决执行以前先行羁押的，羁押一日折抵刑期一日（判处管制刑的，羁押一日折抵刑期二日），即自××××年××月××日（羁押之日）起至××××年××月××日止。羁押期间取保候审的，刑期的终止日顺延。

此复。

最高人民法院
关于在裁判文书中如何表述修正前后刑法条文的批复

法释〔2012〕7号

(2012年2月20日最高人民法院审判委员会第1542次会议通过 2012年5月15日最高人民法院公告公布 自2012年6月1日起施行)

各省、自治区、直辖市高级人民法院,解放军军事法院,新疆维吾尔自治区高级人民法院生产建设兵团分院:

近来,一些法院就在裁判文书中引用修正前后刑法条文如何具体表述问题请示我院。经研究,批复如下:

一、根据案件情况,裁判文书引用1997年3月14日第八届全国人民代表大会第五次会议修订的刑法条文,应当根据具体情况分别表述:

(一)有关刑法条文在修订的刑法施行后未经修正,或者经过修正,但引用的是现行有效条文,表述为"《中华人民共和国刑法》第××条"。

(二)有关刑法条文经过修正,引用修正前的条文,表述为"1997年修订的《中华人民共和国刑法》第××条"。

(三)有关刑法条文经两次以上修正,引用经修正、且为最后一次修正前的条文,表述为"经××××年《中华人民共和国刑法修正案(×)》修正的《中华人民共和国刑法》第××条"。

二、根据案件情况,裁判文书引用1997年3月14日第八届全国人民代表大会第五次会议修订前的刑法条文,应当表述为"1979年《中华人民共和国刑法》第××条"。

三、根据案件情况,裁判文书引用有关单行刑法条文,应当直接引用相应该条例、补充规定或者决定的具体条款。

四、《最高人民法院关于在裁判文书中如何引用修订前、后刑法名称的通知》(法〔1997〕192号)、《最高人民法院关于在裁判文书中如何引用刑法修正案的批复》(法释〔2007〕7号)不再适用。

最高人民法院
关于印发《法院刑事诉讼文书样式》（样本）的通知

1999年4月30日   法发〔1999〕12号

全国地方各级人民法院，各级军事法院、各铁路运输中级法院和基层法院、各海事法院，新疆生产建设兵团各级法院：

1999年4月6日，最高人民法院审判委员会第1051次会议讨论通过了《法院刑事诉讼文书样式》（样本）。这是最高人民法院为全面贯彻执行刑事诉讼法和刑法，大力推进控辩式审理方式，改革诉讼文书的制作，提高诉讼文书质量而采取的重要措施。

人民法院制作的诉讼文书特别是裁判文书，是人民法院行使国家审判权的体现，是具有法律效力的法律文件，是司法公正的最终载体。它关系到国家法律、法规的正确实施，关系到当事人诉讼权利和合法权益的保护，也关系到人民法院实事求是、依法办案、秉公执法、刚正不阿的公正形象。

制作裁判文书是审判工作的重要组成部分，是法官的一项重要任务，也是法院审判业务的一项基本建设。各级法院领导和广大法官要充分认识制作好裁判文书的重要意义，用改革的精神，采取有效措施，努力提高裁判文书的质量。那种认为"只要把案子办好了就成了，裁判文书写得好不好没关系"的思想是十分错误的、有害的。

自1992年6月最高人民法院下发《法院诉讼文书样式（试行）》以来，各地采取措施，积极探索制作裁判文书的规律，涌现出一批优秀的裁判文书。但从总体上来看，目前制作的水平还不高，主要是裁判文书千案一面，缺乏认证断理，看不出判决结果的形成过程，说服力不强。针对这种状况，去年底召开的全国高级法院院长会议强调：要加快裁判文书的改革步伐，"做到裁判文书无懈可击，使裁判文书成为向社会公众展示法院文明、公正司法形象的载体，真正具有司法权威"。

为了总结经验，进一步提高诉讼文书质量，最高人民法院决定对1992年下发的《法院诉讼文书样式（试行）》进行全面修订。为了配合执行修改后的刑事诉讼法和刑法，决定首先对文书样式中的刑事部分进行修订。修订的重点是事实（包括证据）和理由部分。这是因为，目前裁判文书存在两大缺点。一是叙述事实部分，不证明犯罪，不写具体证据，只写"上述犯罪事实，有证人证言、书证、鉴定结论证实，被告人也供认不讳"这样的套话。证言，谁的证言，内容是什么？书证，是什么书证，内容是什么？鉴定结论，谁作出的，内容是什么？一概没有。法官的认证、采信证据在裁判文书中体现不出来。二是不说理或者说理不充分，理由部分没理由，只引用法条，不阐明适用法律的道理。因此，说服力也就不大。而裁判文书最精彩的是理由部分，最能体现一个法官的水平。因此，执行修订后的文书样式，改革诉讼文书的制作，要抓住重点，即在加大对证据的分析、认证和增强裁判的说理性这两个问题上下功夫。

现将样式样本印发给你们（另发），望组织审判人员学习，认真贯彻执行。为此，特作如下通知：

一、要把裁判文书的改革同目前正在全国法院系统开展的"审判质量年"、"争创人民满意的好法院，争当人民满意的好法官"的活动有机地结合起来。提高裁判文书质量是提高审判工作质量的一个重要内容。各级法院要把诉讼文书特别是裁判文书质量列为审判工作质量的重要内容，把制作裁判文书列为考察法官审判工作能力的重要标准，抓实抓好，从而推动"审判质量年"和"争创人民满意的好法院，争当人民满意的好法官"活动的深入开展。

二、组织学习，加强培训。各级法院要组织广大法官认真学习肖扬院长和祝铭山副院长在去年底召开的全国高级法院院长会议上的讲话，以提高改革裁判文书制作的自觉性；认真学习修订的文书样式及其说明，以提高裁判文书的制作水平。在拟定的164种文书样式中，有53种是根据修改后的刑事诉讼法、刑法和有关司法解释的规定新增加的；其他文书样式大多在原有样式的基础上作了不同程度的修改和补充，并对每一种文书的制作提出了要求。在学习时，要注意总结执行试行样式以来的经验。为便于在审判实践中学习和适用，最高人民法院已将修订文书样式印成小册子，供从事刑事审判工作的法官学习、工作之用。

在组织法官学习的同时，各级法院要加强对法官的培训。长期以来，我们没有将制作诉讼文书列入培训内容，因而是一个薄弱的环节。为了提高法院队伍的整体素质，最高法院决定将用三年时间，把全国中级以上人民法院正副院长、正副庭长轮训一遍，各高级法院也要抓紧轮训基层人民法院和人民法庭的法官。同时，要举办诉讼文书培训班，由最高法院和各高级法院分级承担培训任务。国家法官学院负责培训高级法院和解放军军事法院，省会城市和计划单列市中级法院主管院长、刑庭和告申庭正副庭长以及业大的教师；高级法院和业大分校（或者法官培训中心）负责组织对本院和下级法院法官、教师的培训；有条件的中级法院也可以主办诉讼文书培训班。

三、为了及时总结、探讨制作裁判文书的经验，各地可以通过举办诉讼文书研讨会、评比会等形式，进行交流。最高法院准备在今年11月举行刑事裁判文书改革研讨会，希望各地做好准备，并推荐一批优秀的刑事裁判文书。最高法院准备公开出版《优秀刑事裁判文书实例选》，以推动裁判文书改革的发展。

四、《法院刑事诉讼文书样式》（样本）自1999年7月1日起施行。我院办公厅于1992年6月20日下发的《法院诉讼文书样式（试行）》中的刑事部分同时废止。各地在执行过程中有何意见，望及时报告我院。

附：法院刑事诉讼文书样式（略）

最高人民法院办公厅
关于实施《法院刑事诉讼文书样式》若干问题的解答

2001年6月15日　　　　　　　　　　　　　法办〔2001〕155号

经最高人民法院审判委员会第1051次会议讨论通过的《法院刑事诉讼文书样式》(以下简称修订样式),自1999年7月1日施行以来,各地提出了一些问题。为正确理解和执行修订样式,现解答如下:

一、第一审刑事裁判文书

(一) 首部

1. 问:对于当事人基本情况中的"出生年月日"与"出生地",可否表述为"××××年××月××日出生于×××(地名)"?

答:为行文简洁,也可以采用这种合并的写法。

2. 问:对不愿供述或者无法确定其真实姓名、出生地等基本情况的被告人,如何表述?

答:参照刑事诉讼法第一百二十八条第二款关于"对于犯罪事实清楚,证据确实、充分的,也可以按其自报的姓名移送人民检察院审查起诉"的规定,可以按照被告人自报的姓名和出生地等情况表述,并用括号注明"自报"。

3. 问:被告人所受强制措施的情况,有的表述为"因本案于××××年××月××日被羁押";有的表述为"因涉嫌××犯罪于××××年××月××日被羁押";有的表述为"因涉嫌××于××××年××月××日被羁押";还有的表述为:"因涉嫌犯××罪于××××年××月××日被羁押",哪一种表述正确?

答:可以按最后一种方式表述,即"因涉嫌犯××罪于××××年××月××日被刑事拘留、逮捕(或者被采取其他羁押措施)"。

4. 问:根据最高人民法院《关于严格执行审理期限制度的若干规定》,是否应当在案件由来和审理经过段,写明人民法院审查起诉后的立案日期和延期审理的情况?

答:为了客观反映公诉机关(或者自诉人)的起诉日期和人民法院审查起诉后的立案日期,便于当事人和有关部门监督、检查人民法院对案件审理期限制度的执行情况,体现审理案件的公开性和透明度,提高办案效率,应当在裁判文书中写明审理案件的起始日,即立案的日期。如公诉案件,可以在"×××人民检察院……于××××年××月××日向本院提起公诉"之后,续写:"本院于××××年××月××日立案,并依法组成合议庭………"。需要延长审限的,属于附带民事诉讼案件,应当写明:"经本院院长批准，延长审限两个月"；有刑事诉讼法第一百二十六条规定的情形之一的，则应当写明："经×××高级人民法院批准（或者决定），再延长审限一个月。"

5. **问**：依法不公开审理的案件，应否在审理经过段写明不公开审理的理由？

答：为了体现审理程序的合法性，应当写明不公开审理的理由。可表述为："本院依法组成合议庭，因本案涉及国家秘密（或者个人隐私，或者被告人系未成年人），不公开开庭审理了本案"。

6. **问**：在案件由来和审理经过段，对指定管辖或者延期审理、简易程序转入普通程序等情形，应否具体表述？

答：应当具体表述，以客观反映案件的审理过程。

7. **问**：刑法第九十八条规定的"告诉才处理"的案件，如果被害人因受强制、威胁无法告诉而由人民检察院起诉或者由被害人的近亲属代为告诉的，对"控方"的称谓应当如何表述？

答：由人民检察院直接起诉的，表述为"公诉机关"；由被害人的近亲属代为告诉的，表述为"自诉人"，但应当注明与被害人的关系。

8. **问**：未成年人犯罪的案件，其法定代理人没有出庭的，是否还应当在首部当事人基本情况中列写"法定代理人"项？

答：应当列写。但在审理经过段出庭人员中，无须表述法定代理人未出庭的内容。

（二）事实和证据

9. **问**：在表述控辩双方的意见和经审理查明的"事实和证据"部分时，如何做到"繁简适当"？

答：应当因案而异。原则上可以控辩双方有无争议为标准。即：控辩双方没有争议的事实，可以扼要概括，检察机关指控的证据可以用"检察机关提供了相应的证据"一句来概括。在"经审理查明"的事实和证据部分，则应当具体写明经法庭审理认定的事实和证据。在证据的表述上可以首先写明："上述事实，有检察机关提交，并经法庭质证、认证的下列证据予以证明"。

控辩双方有争议的事实，则无论是"控辩意见"还是"经审理查明"的事实部分，都应当详细叙述，并对有争议的事实、证据进行具体的分析、认证，写明采信证据的理由。

10. **问**：对被告人一人或者多人多次犯同种罪的，事实和证据可否归纳表述？

答：控辩双方没有争议并且经庭审查证属实的同种数罪，事实和证据部分可以按犯罪的时间、地点、手段、对象等归纳表述。

11. **问**：修订样式要求在裁判文书中写明的"证据来源"的含意是什么？

答：主要指证据是由控辩双方的哪一方提供的。

12. **问**：在表述证据时，对被告人供述、被害人陈述、证人证言等言词证据应当用第一人称还是第三人称？

答：原则上应当用第三人称，涉及到证明案件事实的关键言词，也可以使用第一人称。

13. **问**：对隐私案件的被害人或者其他案件中不愿在裁判文书中透露真实姓名的证

人,为保护其名誉和安全,可否只写姓不写名?

答:为了维护裁判文书的真实性和严肃性,在裁判文书中,应当写明证人的真实姓名;为了保护被害人的名誉,根据被害人的请求或者案件的具体情况,在裁判文书中,也可以只写姓、不写名,具体可以表述为"张某某"、"王某某",但不宜表述为"张××"、"王××"。

14. 问:对自首或者立功或者累犯等情节,在裁判文书中应当如何表述?

答:按照修订样式的要求,对自首、立功等情节的认定应当写在事实部分,并写明确认自首、立功等情节成立的证据;对具有自首、立功等情节的被告人如何处罚的论述,则应当在理由部分进行表述。

对涉及累犯的情形,则应当在首部被告人的基本情况中写明其原判刑罚的情况和刑满释放的日期。

15. 问:对经审理确认指控的事实不清、证据不足而宣告无罪的案件,事实和证据部分应当如何表述?可否省略该部分而直接写"本院认为"?

答:不可以。对这类因证据不足不能认定被告人有罪的案件,应当在"经审理查明"的事实部分,针对指控的犯罪事实,通过对证据的具体分析、认证,写明"事实不清、证据不足"的具体内容,为判决理由作好铺垫。

16. 问:对检察机关指控被告人犯数罪,经法庭审理后认为被告人只构成一罪时,在事实和理由部分应当如何表述?

答:在控辩意见部分,对检察机关指控的数罪仍应当客观概述;在经审理查明的事实和证据部分,则应当因案而异进行表述。经法庭审理查明检察机关指控的犯罪事实成立,但只构成一罪的,或者按照法律规定指控的"数罪"本属一罪的(如惯犯、结合犯、牵连犯、连续犯等),不构成数罪的理由宜在"本院认为"中表述;如果经庭审查明,指控的"数罪"中,有的指控的犯罪成立,有的因证据不足,指控的犯罪不能成立,只构成一罪的,则指控的犯罪不成立的证据的分析,宜在"事实和证据"部分予以表述,并在理由部分加以论证。

17. 问:法庭经审理确认指控的犯罪事实成立,但控辩双方对犯罪性质的指控和辩护均不成立,被告人的行为构成他罪的,事实部分应当如何表述?

答:在指控的"犯罪事实"成立,只是指控的"犯罪性质"不当的情况下,应当据实表述经审理查明的事实和证据;在理由部分写明依法应当认定被告人的行为触犯了何种罪名的理由,以及控辩双方主张的罪名均不成立的理由。

(三)理由

18. 问:对检察机关在法院宣告判决前要求撤回起诉并经法院准许的,在刑事裁定书上应当如何引用法律依据?

答:应当引用最高人民法院《关于执行〈中华人民共和国刑事诉讼法〉若干问题的解释》第一百七十七条作为裁定的依据。

19. 问:一份裁判文书涉及对多个被告人定罪处刑的法律条款,其中,既有相同的,又有不同的,在制作裁判文书时,应当分别引用对每个被告人适用的法律条款,还是应当综合引用对整个案件都适用的法律条款?

答：为了充分体现对被告人适用法律条文的准确性和增强援引法律条文的针对性，在共同犯罪案件中，对共同犯罪的各被告人所适用的法律条款，应当逐人分别引用。

（四）判决结果

20．问：检察机关指控被告人犯数罪，经审理确认其中一罪因证据不足、指控犯罪不能成立的，判决结果部分是否予以表述？

答：只需在判决理由部分就证据不足、指控的犯罪不能成立予以充分论证即可，在判决结果中不再表述。

21．问：对同一被告人既判处有期徒刑又并处罚金刑的，其刑期起止日期和缴纳罚金的期限应当如何表述？

答：对同一被告人既被判处有期徒刑又并处罚金的，应当在判处的有期徒刑和罚金刑之后，分别用括号注明有期徒刑刑期起止的日期和缴纳罚金的期限。

22．问：适用数罪并罚"先减后并"的案件，对前罪"余刑"从何日起算？在裁判文书中如何表述？

答：前罪"余刑"的起算日期，可以从犯新罪之日起算。判决结果的刑期起止日期可表述为："刑期从判决执行之日起计算。判决执行以前先行羁押的，羁押一日折抵刑期一日，即自××××年××月××日（犯新罪之日）起至××××年××月××日止。"

（五）尾部

23．问：刑事自诉案件准许撤诉的，刑事裁定书书尾部是否可以不写明"如不服本裁定，可在接到裁定书的第二日起五日内，通过本院或者直接向×××人民法院提出上诉。书面上诉的，应提交上诉状正本一份，副本×份"的内容？

答：应当写明。虽然自诉人提出撤诉，人民法院裁定准许撤诉后，自诉人也可能不上诉，但是法律赋予当事人的诉讼权利应当依法保护，并应当在裁定书中予以明示。

二、第一审单位犯罪刑事判决书

24．问：单位犯罪案件，检察机关起诉到法院后，单位被注销或者被宣告破产的，在裁判文书中如何表述？

答：在首部应当列被告单位的名称，并用括号注明单位已被有关部门注销或者被人民法院宣告破产；在事实部分应当简要写明单位被注销或者被宣告破产的情况；在理由部分应当阐明对被告单位终止审理的理由；在判决结果的第一项先写："对被告单位×××终止审理"；第二项再写对被告人（即直接负责的主管人员和其他直接责任人员）作出的判决。

25．问：被告单位犯罪后变更名称的，被告单位如何列，判决结果如何表述？

答：一般应当列变更后的单位名称，但需括注单位的原名称。在判决结果中，应当根据庭审查明的事实和法律的有关规定，对变更后的单位定罪判刑（判处罚金），或者宣告无罪。

三、第一审适用简易程序制作的刑事裁判文书

26. 问：人民法院决定或者检察机关建议或者同意适用简易程序的案件，是否应当在裁判文书的首部写明？

答：由于无论是人民法院决定适用简易程序，还是人民检察院建议或者同意适用简易程序，均另有书面材料附卷，故首部只要写明"本院依法适用简易程序，实行独任审判"即可。

27. 问：对适用简易程序审理的案件，在裁判文书中如何体现"简易"的特点？

答：由于适用简易程序的前提是"事实清楚、证据充分"，且在通常情况下，控辩双方对指控的事实和证据没有原则分歧。因此，在制作这种裁判文书时，对控辩主张的内容可以高度概括；对"经审理查明"的事实可以概述，对定案的证据可以不写；对判决理由则可以适当论述。

四、第一审刑事附带民事判决书

28. 问：对于既是刑事被告人又是附带民事诉讼被告人的，在"被告人"项之后，是否应当括注"附带民事诉讼被告人"？

答：刑事被告人同时为附带民事诉讼被告人时，在首部无需另括注"附带民事诉讼被告人"；如果不是同一个人，则需另列"附带民事诉讼被告人"。

29. 问：如果附带民事诉讼原告人系隐私（强奸等）案件的被害人，在首部的"附带民事诉讼原告人"项是否应当写出其真实姓名？在判决结果中对其赔偿问题又应当如何表述？

答：为了保护隐私案件被害人的名誉，在裁判文书中可以只写姓，不写名，即用"李某某"来代替，以避免产生副作用。在判决结果中应当表述为："被告人（或者附带民事诉讼被告人）×××赔偿附带民事诉讼原告人李某某……（经济损失的具体数额）。"

30. 问：在刑事附带民事诉讼中，附带民事诉讼原告人众多的，在判决书首部是否应当将附带民事诉讼原告人全部列出？

答：一般应当全部列出。提起附带民事诉讼是法律赋予被害人的一项诉讼权利。只要被害人及其近亲属或者其法定代理人依法提起附带民事诉讼，都应当在判决书首部将他们一一列出，以体现对被害人合法诉讼权利的保护。但对于依照民事诉讼法的规定实行代表人制度的，则可以只列代表人及其委托代理人，并在裁判文书之后附上提起附带民事诉讼的原告人的名单。

31. 问：在附带民事诉讼中，对被告人未明确辩护人在民事诉讼中的代理权限，而辩护人针对附带民事部分发表的意见，裁判文书中是否要加以表述？

答：被告人如果没有委托辩护人同时担任民事诉讼代理人的，辩护人就无权就附带民事诉讼部分发表代理意见；已发表的也不能在裁判文书中表述。

32. 问：对成年（包括未成家但已成年）被告人的亲属自愿承担民事赔偿责任的刑事附带民事案件，在判决结果中可否表述为："由被告人父母在家庭共同财产中支付"？

答：不可以。由于被告人已成年，在判决结果中仍应表述为："被告人×××赔偿附带民事诉讼原告人×××……（写明受偿人的姓名、赔偿的金额和支付的日期）"。对于已由被告人的亲属自愿代为赔偿的，可以在裁判文书的事实部分予以表述。

33. 问：对刑事附带民事案件，在判决结果中，能否表述"免予赔偿"或者单独列项"驳回附带民事诉讼原告人的诉讼请求"？

答：经过审理，确认被告人的犯罪行为（或者违法行为）给被害人造成物质损失（包括已经遭受的实际损失和必然遭受的损失）的，理应承担民事赔偿责任，一般不能判决"免予赔偿"，以切实维护被害人的合法权益。依法判决后，在实际执行过程中，查明被告人确无财产可供执行的，则可以作出中止或者终结执行的裁定。如果判决确认被告人不应承担民事赔偿责任，不予赔偿的，按照修订样式的规定，在判决结果中应当表述为："被告人×××不承担民事赔偿责任"，而不宜表述为："驳回附带民事诉讼原告人的诉讼请求。"

34. 问：对公诉案件中附带民事诉讼部分调解结案的，应当如何制作刑事附带民事调解书？

答：对公诉的刑事附带民事诉讼案件，在判决宣告以前，经调解，双方当事人就经济损失的赔偿达成调解协议的，应当制作"刑事附带民事调解书"。制作时，可以参照一审自诉案件刑事附带民事调解书样式9及其说明。

35. 问：附带民事诉讼原告人撤诉的，应否单独就附带民事诉讼部分作出准予撤诉的裁定？继续审理的刑事诉讼部分是制作刑事判决书还是刑事附带民事判决书？

答：附带民事诉讼原告人撤诉的，人民法院应当单独作出准予撤诉的裁定。由于附带民事诉讼部分已撤诉，刑事诉讼部分审理终结后，则应当制作刑事判决书。

36. 问：刑事附带民事诉讼案件，刑事部分先判决，民事赔偿部分后处理的，使用何种裁判文书，能否使用同一案号？

答：根据刑事诉讼法第七十八条的规定，为了防止刑事案件的审判过分迟延，刑事部分先行判决的，应当制作刑事判决书；民事赔偿部分由同一审判组织继续审理、判决的，则应当制作刑事附带民事判决书，并在审理经过段写明刑事部分已先行判决，以便与本判决相衔接，并使用同一个案号。

五、未成年人犯罪刑事裁判文书

37. 问：判令未成年被告人的监护人（父母）承担民事赔偿责任的，在首部可否将其列为附带民事诉讼被告人？在判决结果中如何表述？

答：应当将依法对未成年被告人享有监护权的监护人列为"法定代理人暨附带民事诉讼被告人"，而不仅仅列为"法定代理人"或者"附带民事诉讼被告人"。在这种附带民事诉讼中，未成年被告人的监护人实际上具有双重诉讼地位和双重身份，他们既是未成年被告人的法定代理人，以维护被告人的合法权益，又是附带民事诉讼的被告人，以承担民事赔偿责任。在判决结果中，则应当表述为："附带民事诉讼被告人×××赔偿附带民事诉讼原告人×××……（写明受偿人的姓名、赔偿的金额和支付的日期）。"

38. 问：如何规范未成年人犯罪刑事裁判文书的制作？

答：未成年人犯罪有其特殊性。制作未成年人犯罪刑事判决书应当坚持"教育、感化、挽救"的方针和"教育为主，惩罚为辅"的原则，并注意充分反映未成年人犯罪的特点。人民法院应当根据刑事诉讼法和最高人民法院《关于审理未成年人刑事案件的若干规定》，按照新补充的一审未成年人刑事案件适用普通程序用的刑事判决书样式及其说明的要求制作（参见补充样式2）。

六、第二审程序刑事裁判文书

39．问：被告人和附带民事诉讼原告人均提起上诉的案件，对二审裁判文书的首部、事实和理由部分应当按何种顺序排列？

答：首部可以按先民事、后刑事的顺序排列，其他部分按先刑事、后民事的顺序排列。如果两个以上的附带民事诉讼原告人只有部分上诉的，对没有上诉的附带民事诉讼原告人，可以在"上诉人（原审附带民事诉讼原告人）"之后，再列"原审附带民事诉讼原告人"。

40．问：对一审判处被告人死刑（包括死缓）而只有附带民事诉讼原告人提起上诉的案件，二审法院的裁判文书应当如何制作？能否在二审的同时一并对原判死刑（死缓）予以核准或者予以改判？

答：这实际涉及两个程序，是应当制作一份还是两份刑事裁判文书的问题。应当视二审和复核案件的不同情况而定。如果经高级法院（或者解放军军事法院）二审审理，对附带民事赔偿部分维持原判；经高级法院复核，刑事部分核准死刑（包括死缓），为了简便，可以只制作一份刑事附带民事裁定书，程序的代字用"终"字即可。如果经高级法院二审审理，对附带民事赔偿部分需要改判，或者刑事部分需要改判，则应当制作两份刑事裁判文书（一份刑事附带民事判决书，一份刑事裁定书；或者一份刑事附带民事裁定书，一份刑事判决书）。

41．问：刑事附带民事诉讼中，一审判决后，如果刑事被告人不上诉，只是附带民事诉讼的当事人提出上诉的，二审裁判文书的首部是否还要表述"原公诉机关"？事实和证据部分是否应写明刑事部分内容？理由部分是否应写明"刑事部分已生效"？判决结果部分应否写明"维持刑事判决"？

答：在首部应当表述"原公诉机关"，并在审理经过段写明，在法定期限内未提出上诉、抗诉，原审判决的刑事部分在上诉、抗诉期满后即发生法律效力；在事实和证据部分主要应当写明由于被告人的犯罪行为给附带民事诉讼原告人造成的经济损失的事实及其证据；理由部分着重论证上诉人对附带民事部分提出的上诉理由是否成立；判决结果部分只需对附带民事部分作出裁判，不再涉及刑事部分。

42．问：二审认定的事实和证据与一审没有出入，在二审刑事裁定书的事实和证据部分，应当详写一审还是二审认定的内容？如有出入时，又应当如何表述？

答：原则上应当因案而异。在一般情况下，如果二审认定的事实和证据与一审没有出入，且控辩双方对此也没有异议的，可以采取"此繁彼简"的方法，详述一审认定的事实和证据，对二审认定的事实和证据可以略述；如果二审认定的事实和证据与一审有出入，或者控辩双方对此有异议的，则应当侧重写明二审与一审有分歧的事实和证据，并针对控辩双方有异议的事实和证据进行分析、认证，写明是否采信的理由。如果根据案件的具体情况，认为采取"此简彼繁"的方法叙述比较适宜的，也可以略述一审，详述二审。总的要求是，繁简适当，避免一、二审之间事实部分不必要的重复。

43. 问：二审（复核）案件刑事裁判文书的理由部分是否应当引用实体法（如刑法）的条款？

答：应当区别不同情况予以援引。对裁定维持原判、发回重审或者核准一审判决的，可以只引用程序法的有关条文；撤销原判，予以改判的，或者一审引用法律条文错误的，则程序法、实体法的有关条文都应当引用，在顺序上，则应当先引用程序法，再引用实体法。但前述无论哪种情形，都应当在表述一审判决理由时，对一审判决适用的法律依据一并引用，这样才使二审（复核）裁判具有针对性。

44. 问：一审判处死缓的案件，检察机关抗诉后在二审期间又撤回抗诉并经法院审查同意的，二审法院应当制作一份还是两份裁判文书？

答：应当制作两份裁定书。一是制作准许撤回抗诉的刑事裁定书，二是制作核准死缓的刑事裁定书或者改判的刑事判决书。

七、死刑复核刑事裁判文书

45. 问：在共同犯罪的死刑复核案件中，既有判处死刑（死缓）的，又有判处无期徒刑、有期徒刑、拘役、管制等刑罚的，在制作复核死刑（死缓）的裁判文书时，是否还要写明原判无期徒刑和其他刑罚的被告人的基本情况？

答：根据最高人民法院《关于执行〈中华人民共和国刑事诉讼法〉若干问题的解释》第二百八十条的规定，在核准或者改判死刑的共同犯罪案件的裁判文书中，不需要写明原判无期徒刑、有期徒刑、拘役、管制等刑罚的被告人的基本情况。

46. 问：核准死刑缓期二年执行的裁判文书，是否需要写明死刑缓期二年执行期间的起止时间？

答：不需要。死刑缓期二年执行的期限，只是对死缓犯是否执行死刑的考验期限，且对该犯是否执行死刑尚属不确定状态。

47. 问：数罪并罚案件，既有判处死刑（死缓），又有判处其他刑罚或者没收财产、罚金等财产附加刑的，在核准死刑的裁判文书中，裁判结果可否只表述"核准×××中级（或高级）人民法院（××××）×刑初（或终）字第××号以××罪判处被告人×××死刑（死缓），剥夺政治权利终身的刑事判决"？

答：不可以。分别定罪量刑是数罪并罚的科学方法。人民法院核准死刑判决时，对数罪并罚案件而言，是在分别定罪量刑、然后决定执行刑罚的基础上进行的。因此，它不是只核准数罪中有死刑的判决，而是对原审法院整个判决（包括其他刑罚和没收财产、罚金财产附加刑）的核准。对犯一罪而被判处死刑并被判处财产附加刑的，也应当在裁判结果中一并写明。

八、再审刑事裁判文书

48. 问：上级人民法院按再审程序提审后，发现原一审判决认定事实不清，证据不足，决定发回重审的，文书样式是否可以参照二审发回重审的样式制作？

答：可以。这种裁判文书，在首部应当体现再审案件的特点；在理由和裁定结果部分可以参照二审发回重审的样式16及其说明的要求制作。

49. 问：对非因事实和证据方面的原因进行再审的案件，在制作裁判文书的"事实和证据"部分时，是详述原审认定的事实和证据，还是详述再审认定的事实和证据？

答：可以详述原审认定的事实和证据，略述再审认定的事实和证据。

50. 问：按《再审决定书》的制作要求，尾部均应写明"再审期间不停止原判决（裁定）的执行"。但对于死刑案件和已经执行完毕的案件，《再审决定书》的尾部应当如何表述？

答：再审期间不停止原判决、裁定的执行，是对一般案件来说的。对于死刑案件、已执行完毕的案件和原判宣告无罪、免于刑事处罚的案件，则可以在《再审决定书》的尾部一律不作上述表述。

51. 问：被判处死刑缓期二年执行的罪犯，在缓期二年执行期满后被减为有期徒刑，后又经再审将原判死缓改判为有期徒刑的，其刑期折抵在再审刑事判决书中应当如何表述？

答：刑期折抵的起始日仍应从被告人犯罪后被羁押之日起计算。

九、执行程序刑事裁判文书

52. 问：减刑刑事裁定书中是否应当写明执行机关提出的建议减刑的幅度？

答：按照修订样式的要求，在裁定书中只需写明执行机关提出减刑建议书及其具体期日即可，不需写明建议减刑的幅度。

53. 问：发现本院已生效的减刑、假释裁定确有错误，依法应当纠正，但人民检察院未提出的，在裁定理由部分应当引用什么法律作为裁定的依据？

答：应当根据生效裁定是认定事实上还是适用法律上确有错误，分别援引刑事诉讼法第二百零四条第（一）项或者第（三）项、刑法第七十九条或者第八十二条的规定作为裁定的法律依据。

54. 问：对于执行机关提出的减刑、假释建议书，经合议庭审理，认为不符合减刑、假释条件的案件，人民法院应当以什么形式退卷？

答：应当以决定书的形式将案卷退回执行机关（参见补充样式5），并在决定书中简要写明不符合减刑、假释条件，不予减刑、假释的具体理由。

55. 问：减刑、假释刑事裁定书尾部是否需要写明"本裁定为终审裁定"？

答：不需要。减刑、假释是刑罚执行过程中的刑罚变更制度，而不是审级制度。因此，在裁定书尾部不须写："本裁定为终审裁定。"但必须写明："本裁定送达后即发生法律效力。"

十、其　他

56. 问：对涉外刑事案件的被告人，人民法院决定限制其出境的，应当制作何种诉讼文书？

答：根据最高人民法院《关于执行〈中华人民共和国刑事诉讼法〉若干问题的解释》第三百二十二条、第三百二十三条的规定，对涉外刑事案件的被告人，人民法院决定限制其出境的，应当制作限制出境决定书。此决定书适用于人民法院认定的其他相关犯罪嫌疑人，并应另行具函，通报同级公安机关或者国家安全机关（参见补充样式4）。

57.问：对出庭的检察人员，有的表述为"出庭支持公诉"，有的表述为"出庭履行职务"，还有的表述为"出庭参加诉讼"，哪一种表述正确？

答：根据最高人民法院《关于执行〈中华人民共和国刑事诉讼法〉若干问题的解释》第一百二十九条和修订样式的规定，对出庭的检察人员，在第一审程序中，应当表述为"出庭支持公诉"；在第二审程序中，应当表述为"出庭履行职务"或者"出庭支持抗诉"；在再审程序中，应当根据适用的程序不同，按照前述规定分别表述。

58.问：对判处死刑的被告人，第一审宣判后、上诉期届满前死亡的，根据刑事诉讼法第十五条的规定，应当裁定终止审理。但此时一审已结束，二审和死刑复核程序还未启动，终止审理的裁定书应当由谁制作，应如何表述？

答：由于一审判决已经宣告，即一审程序已经结束，因此，终止审理的裁定书应当由上一级人民法院制作；上一级人民法院可以参照修订样式41的样式制作刑事裁定书，并对有关部分作相应的改动。

59.问：人民法院同意人民检察院的建议决定延期审理的，应当采用什么形式？

答：根据最高人民法院《关于执行〈中华人民共和国刑事诉讼法〉若干问题的解释》第一百五十七条的规定，人民法院应当制作延期审理决定书（参见补充样式3）。

60.问：修订样式规定了裁判文书的字体、字号，而现在使用的微机字体有的与样式的规定不符，怎样处理？

答：字号大小应严格执行修订样式的规定。但由于不同微机（软件）对字体的设定不完全统一，因此，可以将文书的字体作适当变通，但务必做到庄重、美观、清晰。

最高人民法院
关于审理死刑缓期执行期间故意犯罪的一审案件如何制作裁判文书有关问题的通知

1999年11月18日　　　　　　　　　　　　法〔1999〕233号

各省、自治区、直辖市高级人民法院，解放军军事法院，新疆维吾尔自治区高级人民法院生产建设兵团分院：

为进一步规范审理死刑缓期执行期间故意犯罪的一审案件制作裁判文书的问题，根据刑事诉讼法第二百一十条第二款的规定，特作如下规定：

被判处死刑缓期二年执行的罪犯，在缓期执行期间，故意犯罪的，中级人民法院在对新罪作出一审判决时,应当在判决书的尾部交待上诉事项后写明:"依据刑法第五十条、刑事诉讼法第二百一十条第二款和最高人民法院《关于执行〈中华人民共和国刑事诉讼法〉若干问题的解释》第三百三十九条第二款的规定,本判决生效以后,经最高人民法院(或者依授权有死刑核准权的高级人民法院和解放军军事法院)核准,对被告人×××应当执行死刑。"

附:

×××人民法院
刑 事 判 决 书

(死缓期间故意犯罪一审适用普通程序用)

(××××)×刑初字第××号

公诉机关×××人民检察院。
被告人……(写明姓名、性别、出生年月日、生于××地、民族、文化程度,因犯××罪在××监狱服刑)。
辩护人……(写明姓名、工作单位和职务)。
×××人民检察院以×检×诉〔××××〕××号起诉书指控被告人×××在死刑缓期二年执行期间犯××罪,于××××年××月××日向本院提起公诉。本院依法组成合议庭,公开(或者不公开)开庭审理了本案。×××人民检察院指派检察员×××出庭支持公诉,被害人×××及其法定代理人×××、诉讼代理人×××,被告人×××及其法定代理人×××,辩护人×××,证人×××,鉴定人×××,翻译人员×××等到庭参加诉讼。现已审理终结。
×××人民检察院指控……(概述人民检察院指控被告人犯罪的事实、证据和适用法律的意见)。
被告人×××辩称……(概述被告人对指控的犯罪事实予以供述、辩解、自行辩护的意见和有关证据)。辩护人×××提出的辩护意见是……(概述辩护人的辩护意见和有关证据)。
经审理查明,……(首先写明法庭审理查明的事实;其次写明经举证、质证定案的证据及其来源;最后对控辩双方有异议的事实、证据进行分析、认证)
另查:被告人×××曾因犯××罪于××××年××月××日被×××中级人民法院以(×××)×刑初字第×号刑事判决判处死刑,缓期二年执行,剥夺政治权利终身(或者判处死刑,剥夺政治权利终身);×××高级人民法院于××××年××月××日以(××××)×刑终字第××号刑事裁定(或者判决),维持原判(或者判处被告人×××死刑,缓期二年执行,剥夺政治权利终身。如果系最高人民法院改判为死刑,缓期二年执行的,亦应一并写明。)

本院认为，……（根据查证属实的事实、证据和有关法律规定，论证公诉机关指控的犯罪是否成立，被告人的行为是否构成犯罪，犯的什么罪，应否从轻、减轻、免除处罚或者从重处罚。对于控辩双方关于适用法律方面的意见，应当有分析地表示是否予以采纳，并阐明理由）。依照……（写明判决的法律依据），判决如下：

第一，定罪判刑的，表述为：被告人×××犯××罪，判处……（写明主刑、附加刑）。

第二，宣告无罪的，无论是适用《中华人民共和国刑事诉讼法》第一百六十二条第（二）项还是第（三）项，均应表述为：

被告人×××无罪。

如不服本判决，可在接到判决书的第二日起十日内，通过本院或者直接向×××高级人民法院提出上诉。书面上诉的，应当提交上诉状正本一份，副本×份。

对于定罪判刑的，还应当在全部交待上诉权之后，另起一段，写明：

依据刑法第五十条、刑事诉讼法第二百一十条第二款和最高人民法院《关于执行〈中华人民共和国刑事诉讼法〉若干问题的解释》第三百三十九条第二款的规定，本判决生效以后，经最高人民法院（或者依授权有死刑核准权的高级人民法院和解放军军事法院）核准，对被告人×××应当执行死刑。

审　判　长　×××
审　判　员　×××
审　判　员　×××

××××年×月×日

本件与原本核对无异

书　记　员　×××

法院刑事诉讼文书样式（补充）

说　明

一、本样式根据《中华人民共和国人民法院组织法》第十三条、《中华人民共和国刑事诉讼法》第二百一十条第二款、《中华人民共和国刑法》第五十条和最高人民法院《关于执行〈中华人民共和国刑事诉讼法〉若干问题的解释》第三百三十九条第二款的规定制订，供中级人民法院对公诉机关起诉的被告人在死刑缓期二年执行期间故意犯罪的案件审理终结后，根据已经查明的事实、证据，依据有关法律规定，作出被告人有罪或者无罪，犯的什么罪，判处什么刑罚或者宣告无罪等处理决定时使用。

二、本样式基本上是按照一审刑事判决书样式的内容和要求设计的。但由于是死缓期间故意犯罪的一审案件，根据法律规定，判决发生法律效力后有可能要执行被告人死刑，因此，在事实部分还要简要叙述被告人曾因犯何罪被判处死缓；对于定罪判刑的案件，在尾部，不论被告人是否上诉、人民检察院是否抗诉，还必须写明："依照刑法第五十条、刑事诉讼法第二百一十条第二款和最高人民法院《关于执行〈中华人民共和国刑事诉讼法〉若干问题的解释》第三百三十九条第二款的规定，本判决生效以后，经最高人民法院（或者依授权有死刑核准权的高级人民法院和解放军军事法院）核准，对被告人×××应当执行死刑"（宣告无罪的不写）。

最高人民法院办公厅关于印发一审未成年人刑事案件适用普通程序的刑事判决书样式和一审未成年人刑事公诉案件适用简易程序的刑事判决书样式的通知

2009年10月12日　　　　　　　　　　　　法办发〔2009〕25号

全国地方各级人民法院、各级军事法院、各铁路运输中级法院和基层法院、各海事法院，新疆生产建设兵团各级法院：

　　根据未成年人刑事案件审判工作实际的需要，现将一审未成年人刑事案件适用普通程序的刑事判决书样式和一审未成年人刑事公诉案件适用简易程序的刑事判决书样式印发给你们，请认真执行。

　　2001年6月11日最高人民法院办公厅《关于印发一审未成人刑事案件适用普通程序的刑事判决书等4份补充样式的通知》（法办发〔2001〕1号）中的法院刑事诉讼文书补充样式2，即一审未成年人刑事案件适用普通程序的刑事判决书样式，不再执行。

附：

×××人民法院
刑事判决书

（一审未成年人刑事案件适用普通程序用）

（××××）×刑初字第××号

公诉机关×××人民检察院。

　　被告人……（写明姓名、性别、出生年月日、民族、户籍所在地、文化程度、职业或者工作单位、学校、住址，所受强制措施情况等，现羁押处所）。

法定代理人……（写明姓名、与被告人的关系、工作单位和职务、住址）。

辩护人（或者指定辩护人）……（写明姓名、工作单位和职务）。

×××人民检察院以×××检×诉［××××］××号起诉书指控被告人×××犯××罪，于××××年××月××日向本院提起公诉。本院于××××年××月××日立案，并依法组成合议庭。因本案被告人系未成年人（或者因本案涉及未成年被告人），依法不公开开庭审理了本案。×××人民检察院指派检察员×××出庭支持公诉，被害人×××及其法定代理人×××、诉讼代理人×××，被告人×××及其法定代理人×××、辩护人（或者指定辩护人）×××，证人×××，鉴定人×××，翻译人员×××等到庭参加诉讼。现已审理终结。

×××人民检察院指控……（概述人民检察院指控被告人犯罪的事实、证据和适用法律的意见）。

被告人×××辩称……（概述被告人对指控的犯罪事实予以供述、辩解、自行辩护的意见和有关证据）。法定代理人×××……（概述对公诉机关指控被告人犯罪的意见、提供的有关证据）。辩护人×××提出的辩护意见是……（概述辩护人的辩护意见和有关证据）。

×××根据《最高人民法院关于审理未成年人刑事案件的若干规定》，向法庭提交了被告人×××的情况调查报告。

经审理查明，……（首先写明经庭审查明的事实；其次写明经举证、质证定案的证据及其来源；最后对控辩双方有异议的事实、证据进行分析、认证）。

在审理过程中，法庭了解到……（概述被告人×××的情况调查报告中与其量刑密切相关的内容）。控辩双方对被告人×××的情况调查报告表述了以下意见：……。（如果可能判处被告人非监禁刑罚的，概述所具备的监护、帮教条件等情况）。

本院认为，……（根据查证属实的事实、证据和有关法律规定，论证公诉机关指控的犯罪是否成立，被告人的行为是否构成犯罪，犯的什么罪，应否从轻、减轻、免除处罚或者从重处罚。对于控、辩双方关于适用法律方面的意见，应当有分析地表示是否予以采纳，并阐明理由。对于认定未成年被告人构成犯罪的，应当结合查明的未成年被告人的成长经历，剖析未成年被告人走上犯罪道路的主客观方面的原因）。依照……（写明判决的法律根据）的规定，判决如下：

……（写明判决结果）。分四种情况：

第一，定罪判刑的，表述为：

"一、被告人×××犯××罪，判处……（写明主刑、附加刑）。（刑期从判决执行之日起计算。判决执行以前先行羁押的，羁押一日折抵刑期一日，即自××××年××月××日起至××××年××月××日止）。

二、被告人×××……（写明决定追缴、退赔或者发还被害人、没收财物的名称、种类和数额）。"

第二，定罪免刑的，表述为：

"被告人×××犯××罪，免予刑事处罚（如有追缴、退赔或者没收财物的，续写第二项）。"

第三,对被告人因不满十六周岁不予刑事处罚的,表述为:
"被告人×××不负刑事责任。"
第四,宣告无罪的,不论是适用《中华人民共和国刑事诉讼法》第一百六十二条第(二)项还是第(三)项,均应表述为:
"被告人×××无罪"。

如不服本判决,可在接到判决书的第二日起十日内,通过本院或者直接向×××人民法院提出上诉。书面上诉的,应当提交上诉状正本一份,副本×份。

审 判 长　×××
人民陪审员　×××
人民陪审员　×××
××××年××月××日
（院印）

本件与原件核对无异

书记员　×××

样式的说明

一、本样式根据《中华人民共和国刑事诉讼法》和《最高人民法院关于审理未成年人刑事案件的若干规定》以及审理未成年人刑事案件实践的需要制定,供第一审人民法院适用普通程序审理未成年人刑事案件时使用。

二、未成年人犯罪有别于成年人犯罪。制作未成年人刑事判决书,应当根据案件的实际情况,充分体现"教育、感化、挽救"的方针和"教育为主、惩罚为辅"的原则,反映"寓教于审、惩教结合"的特点。

三、未成年人刑事裁判文书语言表述应当简洁、通俗易懂、注重说理,便于未成年被告人及其法定代理人理解。

四、首部

1. 未成年被告人的基本情况

（1）姓名和户籍所在地。应当写查明的未成年被告人的姓名和户籍所在地。如果未成年被告人属于刑事诉讼法第一百二十八条第二款规定的"对于犯罪事实清楚,证据确实、充分的,也可以按其自报的姓名移送人民检察院审查起诉"情形的,可以按照被告人自报的姓名予以表述,但应当用括号注明"自报"。户籍所在地可以不写。

被告人自报的姓名在侦查、起诉、审判阶段都不一致的,由法官根据案件情况综合考虑予以确定。

（2）出生年月日。应当写经审理查明的未成年被告人出生的年、月、日。属于《最高人民法院关于审理未成年人刑事案件具体应用法律若干问题的解释》第四条第一款规定的"没有充分证据证明被告人实施被指控的犯罪时已经达到法定刑事责任年龄且确实无法查明的,应当推定其没有达到相应法定刑事责任年龄"情形的,可以分别表述为"实施被指控的犯罪时不满十四周岁"、"实施被指控的犯罪时已满十四周岁不满十六周岁"和"实施被指控的犯罪时已满十六周岁不满十八周岁",同时用括号注明"推定"。

属于第二款规定的"相关证据足以证明被告人实施被指控的犯罪时已经达到法定刑事责任年龄，但是无法准确查明被告人具体出生日期"的，首部应当直接写明被告人"实施被指控的犯罪时已满××周岁"。

（3）文化程度。应当表述实际就学状况。如，可以表述为"小学二年级文化，辍学"或者"初中一年级学生"等。

（4）工作单位、学校、住址。应当写查明的工作单位、学校和住址。户籍所在地和住址一致的，可以不写住址。在户籍所在地以外地方犯罪的，应当写明其被采取强制措施前的住址或者经常居住地。

属于刑事诉讼法第一百二十八条第二款规定的"对于犯罪事实清楚，证据确实、充分的，也可以按其自报的姓名移送人民检察院审查起诉"情形的，可以不写。

（5）所受强制措施的情况。表连为"因涉嫌犯××罪于××××年××月××日被刑事拘留、逮捕（或者被采取其他强制措施）"。

（6）首部应当写明以前是否有因犯罪受到刑事处罚的情形。

2. 法定代理人

（1）未成年被告人没有法定代理人或者无法查到法是代理人的，可以不写法定代理人。

（2）未成年被告人的法定代理人无法出庭或者确实不宜出庭的，应当写明法定代理人，并在审理经过段出庭人员中表述为："被告人×××的法定代理人×××经法院通知未出庭"或者"被告人×××的法定代理人×××因特殊原因未出庭"等内容。

（3）被告人犯罪时未成年，开庭审理时已成年的，不列法定代理人。

3. 社会调查员参加庭审的，在审理经过段"翻译人员×××"后增加表述为："翻译人员×××，社会调查员×××等到庭参加诉讼。现已审理终结。"

4. 对未成年人刑事案件实行指定管辖的，在审理经过段可以表述为："按照×××中级人民法院指定管辖的决定，×××人民检察院以×××检×诉［××××］××号起诉书……"直接接审理经过段。

五、事实

（1）概述被告人的性格特点、家庭情况、社会交往、成长经历及实施被指控的犯罪前后的表现等情况时，应当简明扼要，注意保护未成年被告人及其家庭的隐私。写明与被告人量刑密切相关的情况即可。

控辩双方对未成年被告人调查报告反映的情况提出的意见，应予客观表述。

对于人民法院自行调查未成年被告人情况的，可直接在判决书"经审理查明"事实证据之后，表述为："根据《最高人民法院关于审理未成年人刑事案件的若干规定》的规定，本院经自行调查了解到……"。

（2）事实部分要注意写明有关未成年被告人年龄证据情况；控辩双方对年龄及证据的意见；对控辩双方有异议的年龄、证据要进行分析、认证。

六、理由

注意写明有关认定或者推定未成年被告人实施犯罪时年龄的理由。

对于依照《最高人民法院关于审理未成年人刑事案件具体应用法律若干问题的解

释》第四条第一款规定,对被告人的年龄适用推定的,在"本院认为"部分可以表述为:"鉴于通过法庭调查确实无法查明被告人的出生年、月、日,本院根据掌握的现有证据材料,依法推定被告人实施被指控的犯罪时不满十四周岁(或者实施被指控的犯罪时已满十四周岁不满十六周岁,或者实施被指控的犯罪时不满十八周岁)"。

七、对隐私案件的未成年被害人,为保护被害人的名誉,在裁判文书中应当只写姓、不写名,表述为"张某"、"王某某"。

隐私案件的未成年被害人提起附带民事诉讼的,则应当在首部"附带民事诉讼原告人"部分表述其真实姓名。

对于未成年刑事案件的证人,应当写明其真实姓名。

八、对于第一审未成年被告人刑事附带民事判决书,可以参阅《法院刑事诉讼文书样式》(样本)3、6、9及其说明制作。第二审刑事附带民事判决书,可以参阅《法院刑事诉讼文书样式》(样本)12、15及其说明制作。

九、对于第二审未成年被告人刑事判决书、裁定书,可以参阅本样式以及《法院刑事诉讼文书样式》(样本)11、13、16、17、18及其说明制作。

×××人民法院
刑事判决书

(一审公诉未成年人刑事案件适用简易程序用)

(×××××)×刑初字第××号

公诉机关×××人民检察院。

被告人……(写明姓名、性别、出生年月日、民族、户籍所在地、文化程度、职业或者工作单位、学校、住址,所受强制措施情况等,现羁押处所)。

法定代理人……(写明姓名、与被告人的关系、工作单位和职务、住址)。

辩护人(或者指定辩护人)……(写明姓名、工作单位和职务)。

×××人民检察院以×××检×诉[××××]××号起诉书指控被告人×××犯××罪,于××××年××月××日向本院提起公诉。本院于××××年××月××日立案,并依法适用简易程序,实行独任审判。因本案被告人系未成年人(或者因本案涉及未成年被告人),依法不公开开庭审理了本案。(×××人民检察院检察员×××、)被告人×××及其法定代理人×××、辩护人(或者指定辩护人×××)等到庭参加诉讼。现已审理终结。

公诉机关指控被告人……(简要概括起诉书指控的犯罪事实的内容)。

上述事实,被告人在开庭审理过程中亦无异议,并有物证××、书证××、证人×××的证言、被害人×××的陈述、××公安机关(或检察机关)的勘验、检查笔录和××鉴定结论等证据证实,足以认定。

根据《最高人民法院关于审理未成年人刑事案件的若干规定》的规定,在法庭审理过程中，本院了解到……（简要概述被告人×××的情况调查报告中与量刑密切相关的内容。如果可能判处被告人非监禁刑罚的，概述所具备的监护、帮教条件等情况）。

本院认为，被告人×××的行为（具体）已构成××罪。（对控辩双方适用法律方面的争议采纳或者不予采纳的理由；依法从轻、减轻处罚或者免除处罚的理由。）结合未成年被告人的成长经历，剖析未成年被告人走上犯罪道路的主客观方面的原因。依照……（写明判决的法律根据）的规定，判决如下：

被告人×××犯××罪，判处……（写明判处的具体内容）。（刑期从判决执行之日起计算。判决执行以前先行羁押的，羁押一日折抵刑期一日，即自××××年××月××日起至××××年××月××日止）。

如不服本判决，可在接到判决书的第二日起十日内，通过本院或者直接向×××人民法院提出上诉。书面上诉的，应当提交上诉状正本一份，副本×份。

审　判　长　×××
××××年××月××日
（院印）

本件与原件核对无异

书记员　×××

样式的说明

一、本着适用简易程序审理刑事案件，在裁判文书制作上应尽量予以简化的原则，在最高人民法院《一审公诉案件适用简易程序刑事判决书样式》（法发〔2003〕6号）基础上制定本样式。与《一审公诉案件适用简易程序刑事判决书样式》相比，本样式增加了"被告人×××的情况调查报告"内容及"剖析未成年被告人走上犯罪道路的主客观方面的原因"等部分内容。

二、括号"（）"部分的内容是根据案件具体情况应写明的内容，没有相应事项的，不需要写明。

三、第一审未成年人刑事公诉案件适用简易程序的刑事判决书，可以参阅第一审未成年人刑事案件适用普通程序判决书样式及其说明制作。

（六）其他规定

最高人民法院
关于农村合作基金会从业人员
犯罪如何定性问题的批复

法释〔2000〕10号

（2000年4月26日最高人民法院审判委员会第1111次会议通过
2000年5月8日最高人民法院公告公布 自2000年5月12日起施行）

四川省高级人民法院：

你院川高法〔1999〕376号《关于农村合作基金会从业人员犯罪如何定性的请示》收悉。经研究，答复如下：

农村合作基金会从业人员，除具有金融机构现职工作人员身份的以外，不属于金融机构工作人员。对其实施的犯罪行为，应当依照刑法的有关规定定罪处罚。

此复。

最高人民法院研究室
关于国家工作人员在农村合作基金会兼职
从事管理工作如何认定身份问题的答复

2000年6月29日　　　　　　　　法（研）明传〔2000〕12号

四川省高级人民法院：

你院川高法〔2000〕105号《关于具有国家工作人员身份的人员在农村基金会兼职从事管理活动应如何认定犯罪主体身份问题的请示》收悉。经研究，答复如下：

国家工作人员自行到农村合作基金会兼职从事管理工作的，因其兼职工作与国家工作人员身份无关，应认定为农村合作基金会一般从业人员；国家机关、国有公司、企业、事业单位委派到农村合作基金会兼职从事管理工作的人员,以国家工作人员论。

最高人民法院
关于个人违法建房出售行为如何适用法律问题的答复

2010年11月1日　　　　　　　　　　　　法〔2010〕395号

贵州省高级人民法院：

你院《关于个人违法建房出售行为如何适用法律的请示》(〔2010〕黔高法研请字第2号)收悉。经研究,并征求相关部门意见,答复如下：

一、你院请示的在农村宅基地、责任田上违法建房出售如何处理的问题,涉及面广,法律、政策性强。据了解,有关部门正在研究制定政策意见和处理办法,在相关文件出台前,不宜以犯罪追究有关人员的刑事责任。

二、从来函反映的情况看,此类案件在你省部分地区发案较多。案件处理更应当十分慎重。要积极争取在党委统一领导下,有效协调有关方面,切实做好案件处理的善后工作,确保法律效果与社会效果的有机统一。

三、办理案件中,发现负有监管职责的国家机关工作人员有渎职、受贿等涉嫌违法犯罪的,要依法移交相关部门处理；发现有关部门在履行监管职责方面存在问题的,要结合案件处理,提出司法建议,促进完善社会管理。

此复。

最高人民法院　最高人民检察院
公安部　国家安全部　司法部
印发《关于建立犯罪人员犯罪记录制度的意见》的通知

2012年5月10日　　　　　　　　　　　　法发〔2012〕10号

各省、自治区、直辖市高级人民法院、人民检察院、公安厅(局)、国家安全厅(局)、司法厅(局),解放军军事法院、军事检察院,新疆维吾尔自治区高级人民法院生产建设兵团分院、新疆生产建设兵团人民检察院、公安局、国家安全局、司法局：

为加强和创新特殊人群社会管理举措,根据中央关于深化司法体制和工作机制改革的总体部署,在深入调研论证、广泛征求各方面意见的基础上,最高人民法院、最高人民检察院、公安部、国家安全部、司法部联合制定了《关于建立犯罪人员犯罪记录制度的意见》，现予以印发，请认真贯彻执行。对于实施情况及遇到的问题，请分别及时报告最高人民法院、最高人民检察院、公安部、国家安全部、司法部。

附：

关于建立犯罪人员犯罪记录制度的意见

犯罪记录是国家专门机关对犯罪人员情况的客观记载。犯罪记录制度是现代社会管理制度中的一项重要内容。为适应新时期经济社会发展的需要，进一步推进社会管理创新，维护社会稳定，促进社会和谐，现就建立我国犯罪人员犯罪记录制度提出如下意见。

一、建立犯罪人员犯罪记录制度的重要意义和基本要求

建立犯罪人员犯罪记录制度，对犯罪人员信息进行合理登记和有效管理，既有助于国家有关部门充分掌握与运用犯罪人员信息，适时制定和调整刑事政策及其他公共政策，改进和完善相关法律法规，有效防控犯罪，维护社会秩序，也有助于保障有犯罪记录的人的合法权利，帮助其顺利回归社会。

近年来，我国犯罪人员犯罪记录工作取得较大进展，有关部门为建立犯罪人员犯罪记录制度进行了积极探索。认真总结并推广其中的有益做法，在全国范围内开展犯罪人员信息的登记和管理工作，逐步建立和完善犯罪记录制度，对司法工作服务大局，促进社会矛盾化解，推进社会管理机制创新，具有重要意义。

建立犯罪人员犯罪记录制度，开展有关犯罪记录的工作，要按照深入贯彻落实科学发展观和构建社会主义和谐社会的总体要求，在司法体制和工作机制改革的总体框架内，全面落实宽严相济刑事政策，促进社会和谐稳定，推动经济社会健康发展。要立足国情，充分考虑现阶段我国经济社会发展的状况和人民群众的思想观念，注意与现有法律法规和其他制度的衔接。要充分认识我国的犯罪记录制度以及有关工作尚处于起步阶段这一现状，抓住重点，逐步推进，确保此项工作能够稳妥、有序开展，为进一步完善我国犯罪记录制度，健全犯罪记录工作机制创造条件。

二、犯罪人员犯罪记录制度的主要内容

（一）建立犯罪人员信息库

为加强对犯罪人员信息的有效管理，依托政法机关现有网络和资源，由公安机关、国家安全机关、人民检察院、司法行政机关分别建立有关记录信息库，并实现互联互通，待条件成熟后建立全国统一的犯罪信息库。

犯罪人员信息登记机关录入的信息应当包括以下内容：犯罪人员的基本情况、检察机关（自诉人）和审判机关的名称、判决书编号、判决确定日期、罪名、所判处刑罚以

及刑罚执行情况等。

（二）建立犯罪人员信息通报机制

人民法院应当及时将生效的刑事裁判文书以及其他有关信息通报犯罪人员信息登记机关。

监狱、看守所应当及时将《刑满释放人员通知书》寄送被释放人员户籍所在地犯罪人员信息登记机关。

县级司法行政机关应当及时将《社区服刑人员矫正期满通知书》寄送被解除矫正人员户籍所在地犯罪人员信息登记机关。

国家机关基于办案需要，向犯罪人员信息登记机关查询有关犯罪信息，有关机关应当予以配合。

（三）规范犯罪人员信息查询机制

公安机关、国家安全机关、人民检察院和司法行政机关分别负责受理、审核和处理有关犯罪记录的查询申请。

上述机关在向社会提供犯罪信息查询服务时，应当严格依照法律法规关于升学、入伍、就业等资格、条件的规定进行。

辩护律师为依法履行辩护职责，要求查询本案犯罪嫌疑人、被告人的犯罪记录的，应当允许，涉及未成年人的犯罪记录被执法机关依法封存的除外。

（四）建立未成年人犯罪记录封存制度

为深入贯彻落实党和国家对违法犯罪未成年人的"教育、感化、挽救"方针和"教育为主、惩罚为辅"原则，切实帮助失足青少年回归社会，根据刑事诉讼法的有关规定，结合我国未成年人保护工作的实际，建立未成年人轻罪犯罪记录封存制度，对于犯罪时不满十八周岁，被判处五年有期徒刑以下刑罚的未成年人的犯罪记录，应当予以封存。犯罪记录被封存后，不得向任何单位和个人提供，但司法机关为办案需要或者有关单位根据国家规定进行查询的除外。依法进行查询的单位，应当对被封存的犯罪记录的情况予以保密。

执法机关对未成年人的犯罪记录可以作为工作记录予以保存。

（五）明确违反规定处理犯罪人员信息的责任

负责提供犯罪人员信息的部门及其工作人员应当及时、准确地向犯罪人员信息登记机关提供有关信息。不按规定提供信息，或者故意提供虚假、伪造信息，情节严重或者造成严重后果的，应当依法追究相关人员的责任。

负责登记和管理犯罪人员信息的部门及其工作人员应当认真登记、妥善管理犯罪人员信息。不按规定登记犯罪人员信息、提供查询服务，或者违反规定泄露犯罪人员信息，情节严重或者造成严重后果的，应当依法追究相关人员的责任。

使用犯罪人员信息的单位和个人应当按照查询目的使用有关信息并对犯罪人员信息予以保密。不按规定使用犯罪人员信息，情节严重或者造成严重后果的，应当依法追究相关人员的责任。

三、扎实推进犯罪人员犯罪记录制度的建立与完善

犯罪记录制度是我国一项崭新的法律制度，在建立和实施过程中不可避免地会遇到各种各样的问题和困难,有关部门要高度重视,精心组织,认真实施,并结合自身工作的性质和特点,研究制定具体实施办法或实施细则,循序渐进,在实践中不断健全、完善,确保取得实效。

犯罪记录制度的建立是一个系统工程,各有关部门要加强协调,互相配合,处理好在工作起步以及推进中可能遇到的各种问题。要充分利用政法网以及各部门现有的网络基础设施,逐步实现犯罪人员信息的网上录入、查询和文件流转,实现犯罪人员信息的共享。要处埋好犯罪人员信息与被劳动教养、治安管理处罚、不起诉人员信息以及其他信息库之间的关系。要及时总结,适时调整工作思路和方法,保障犯罪记录工作的顺利展开,推动我国犯罪记录制度的发展与完善。

二、刑法分则

（一）综　合

最高人民法院
关于执行《中华人民共和国刑法》
确定罪名的规定

法释〔1997〕9号

（1997年12月9日最高人民法院审判委员会第951次会议通过 1997年12月11日最高人民法院公告公布　自1997年12月16日起施行）

为正确理解、执行第八届全国人民代表大会第五次会议通过的修订的《中华人民共和国刑法》，统一认定罪名，现根据修订的《中华人民共和国刑法》，对刑法分则中罪名规定如下：

第一章　危害国家安全罪

刑法条文	罪名
第102条	背叛国家罪
第103条第1款	分裂国家罪
第2款	煽动分裂国家罪
第104条	武装叛乱、暴乱罪
第105条第1款	颠覆国家政权罪
第2款	煽动颠覆国家政权罪
第107条	资助危害国家安全犯罪活动罪

第 108 条	投敌叛变罪
第 109 条	叛逃罪
第 110 条	间谍罪
第 111 条	为境外窃取、刺探、收买、非法提供国家秘密、情报罪
第 112 条	资敌罪

第二章　危害公共安全罪

第 114 条、第 115 条第 1 款	放火罪
	决水罪
	爆炸罪
	投毒罪
	以危险方法危害公共安全罪
第 115 条第 2 款	失火罪
	过失决水罪
	过失爆炸罪
	过失投毒罪
	过失以危险方法危害公共安全罪
第 116 条、第 119 条第 1 款	破坏交通工具罪
第 117 条、第 119 条第 1 款	破坏交通设施罪
第 118 条、第 119 条第 1 款	破坏电力设备罪
	破坏易燃易爆设备罪
第 119 条第 2 款	过失损坏交通工具罪
	过失损坏交通设施罪
	过失损坏电力设备罪
	过失损坏易燃易爆设备罪
第 120 条	组织、领导、参加恐怖组织罪
第 121 条	劫持航空器罪
第 122 条	劫持船只、汽车罪
第 123 条	暴力危及飞行安全罪
第 124 条第 1 款	破坏广播电视设施、公用电信设施罪
第 2 款	过失损坏广播电视设施、公用电信设施罪
第 125 条第 1 款	非法制造、买卖、运输、邮寄、储存枪支、弹药、爆炸物罪
第 2 款	非法买卖、运输核材料罪
第 126 条	违规制造、销售枪支罪
第 127 条第 1 款、第 2 款	盗窃、抢夺枪支、弹药、爆炸物罪
第 2 款	抢劫枪支、弹药、爆炸物罪

第 128 条第 1 款	非法持有、私藏枪支、弹药罪
第 2 款、第 3 款	非法出租、出借枪支罪
第 129 条	丢失枪支不报罪
第 130 条	非法携带枪支、弹药、管制刀具、危险物品危及公共安全罪
第 131 条	重大飞行事故罪
第 132 条	铁路运营安全事故罪
第 133 条	交通肇事罪
第 134 条	重大责任事故罪
第 135 条	重大劳动安全事故罪
第 136 条	危险物品肇事罪
第 137 条	工程重大安全事故罪
第 138 条	教育设施重大安全事故罪
第 139 条	消防责任事故罪

第三章　破坏社会主义市场经济秩序罪

第一节　生产、销售伪劣商品罪

第 140 条	生产、销售伪劣产品罪
第 141 条	生产、销售假药罪
第 142 条	生产、销售劣药罪
第 143 条	生产、销售不符合卫生标准的食品罪
第 144 条	生产、销售有毒、有害食品罪
第 145 条	生产、销售不符合标准的医用器材罪
第 146 条	生产、销售不符合安全标准的产品罪
第 147 条	生产、销售伪劣农药、兽药、化肥、种子罪
第 148 条	生产、销售不符合卫生标准的化妆品罪

第二节　走　私　罪

第 151 条第 1 款	走私武器、弹药罪
	走私核材料罪
	走私假币罪
第 2 款	走私文物罪
	走私贵重金属罪
	走私珍贵动物、珍贵动物制品罪
第 3 款	走私珍稀植物、珍稀植物制品罪
第 152 条	走私淫秽物品罪

| 第 153 条 | 走私普通货物、物品罪 |
| 第 155 条第（3）项 | 走私固体废物罪 |

第三节　妨害对公司、企业的管理秩序罪

第 158 条	虚报注册资本罪
第 159 条	虚假出资、抽逃出资罪
第 160 条	欺诈发行股票、债券罪
第 161 条	提供虚假财会报告罪
第 162 条	妨害清算罪
第 163 条	公司、企业人员受贿罪
第 164 条	对公司、企业人员行贿罪
第 165 条	非法经营同类营业罪
第 166 条	为亲友非法牟利罪
第 167 条	签订、履行合同失职被骗罪
第 168 条	徇私舞弊造成破产、亏损罪
第 169 条	徇私舞弊低价折股、出售国有资产罪

第四节　破坏金融管理秩序罪

第 170 条	伪造货币罪
第 171 条第 1 款	出售、购买、运输假币罪
第 2 款	金融工作人员购买假币、以假币换取货币罪
第 172 条	持有、使用假币罪
第 173 条	变造货币罪
第 174 条第 1 款	擅自设立金融机构罪
第 2 款	伪造、变造、转让金融机构经营许可证罪
第 175 条	高利转贷罪
第 176 条	非法吸收公众存款罪
第 177 条	伪造、变造金融票证罪
第 178 条第 1 款	伪造、变造国家有价证券罪
第 2 款	伪造、变造股票、公司、企业债券罪
第 179 条	擅自发行股票、公司、企业债券罪
第 180 条	内幕交易、泄露内幕信息罪
第 181 条第 1 款	编造并传播证券交易虚假信息罪
第 2 款	诱骗投资者买卖证券罪
第 182 条	操纵证券交易价格罪
第 186 条第 1 款	违法向关系人发放贷款罪
第 2 款	违法发放贷款罪
第 187 条	用账外客户资金非法拆借、发放贷款罪

第 188 条	非法出具金融票证罪
第 189 条	对违法票据承兑、付款、保证罪
第 190 条	逃汇罪
第 191 条	洗钱罪

第五节 金融诈骗罪

第 192 条	集资诈骗罪
第 193 条	贷款诈骗罪
第 194 条第 1 款	票据诈骗罪
第 2 款	金融凭证诈骗罪
第 195 条	信用证诈骗罪
第 196 条	信用卡诈骗罪
第 197 条	有价证券诈骗罪
第 198 条	保险诈骗罪

第六节 危害税收征管罪

第 201 条	偷税罪
第 202 条	抗税罪
第 203 条	逃避追缴欠税罪
第 204 条第 1 款	骗取出口退税罪
第 205 条	虚开增值税专用发票、用于骗取出口退税、抵扣税款发票罪
第 206 条	伪造、出售伪造的增值税专用发票罪
第 207 条	非法出售增值税专用发票罪
第 208 条第 1 款	非法购买增值税专用发票、购买伪造的增值税专用发票罪
第 209 条第 1 款	非法制造、出售非法制造的用于骗取出口退税、抵扣税款发票罪
第 2 款	非法制造、出售非法制造的发票罪
第 3 款	非法出售用于骗取出口退税、抵扣税款发票罪
第 4 款	非法出售发票罪

第七节 侵犯知识产权罪

第 213 条	假冒注册商标罪
第 214 条	销售假冒注册商标的商品罪
第 215 条	非法制造、销售非法制造的注册商标标识罪
第 216 条	假冒专利罪
第 217 条	侵犯著作权罪

第 218 条	销售侵权复制品罪
第 219 条	侵犯商业秘密罪

第八节 扰乱市场秩序罪

第 221 条	损害商业信誉、商品声誉罪
第 222 条	虚假广告罪
第 223 条	串通投标罪
第 224 条	合同诈骗罪
第 225 条	非法经营罪
第 226 条	强迫交易罪
第 227 条第 1 款	伪造、倒卖伪造的有价票证罪
第 2 款	倒卖车票、船票罪
第 228 条	非法转让、倒卖土地使用权罪
第 229 条第 1 款、第 2 款	中介组织人员提供虚假证明文件罪
第 3 款	中介组织人员出具证明文件重大失实罪
第 230 条	逃避商检罪

第四章 侵犯公民人身权利、民主权利罪

第 232 条	故意杀人罪
第 233 条	过失致人死亡罪
第 234 条	故意伤害罪
第 235 条	过失致人重伤罪
第 236 条第 1 款	强奸罪
第 2 款	奸淫幼女罪
第 237 条第 1 款	强制猥亵、侮辱妇女罪
第 3 款	猥亵儿童罪
第 238 条	非法拘禁罪
第 239 条	绑架罪
第 240 条	拐卖妇女、儿童罪
第 241 条第 1 款	收买被拐卖的妇女、儿童罪
第 242 条第 2 款	聚众阻碍解救被收买的妇女、儿童罪
第 243 条	诬告陷害罪
第 244 条	强迫职工劳动罪
第 245 条	非法搜查罪
	非法侵入住宅罪
第 246 条	侮辱罪
	诽谤罪

第 247 条	刑讯逼供罪
	暴力取证罪
第 248 条	虐待被监管人罪
第 249 条	煽动民族仇恨、民族歧视罪
第 250 条	出版歧视、侮辱少数民族作品罪
第 251 条	非法剥夺公民宗教信仰自由罪
	侵犯少数民族风俗习惯罪
第 252 条	侵犯通信自由罪
第 253 条第 1 款	私自开拆、隐匿、毁弃邮件、电报罪
第 254 条	报复陷害罪
第 255 条	打击报复会计、统计人员罪
第 256 条	破坏选举罪
第 257 条	暴力干涉婚姻自由罪
第 258 条	重婚罪
第 259 条第 1 款	破坏军婚罪
第 260 条	虐待罪
第 261 条	遗弃罪
第 262 条	拐骗儿童罪

第五章 侵犯财产罪

第 263 条	抢劫罪
第 264 条	盗窃罪
第 266 条	诈骗罪
第 267 条第 1 款	抢夺罪
第 268 条	聚众哄抢罪
第 270 条	侵占罪
第 271 条第 1 款	职务侵占罪
第 272 条第 1 款	挪用资金罪
第 273 条	挪用特定款物罪
第 274 条	敲诈勒索罪
第 275 条	故意毁坏财物罪
第 276 条	破坏生产经营罪

第六章 妨害社会管理秩序罪

第一节 扰乱公共秩序罪

第277条	妨害公务罪
第278条	煽动暴力抗拒法律实施罪
第279条	招摇撞骗罪
第280条第1款	伪造、变造、买卖国家机关公文、证件、印章罪
	盗窃、抢夺、毁灭国家机关公文、证件、印章罪
第2款	伪造公司、企业、事业单位、人民团体印章罪
第3款	伪造、变造居民身份证罪
第281条	非法生产、买卖警用装备罪
第282条第1款	非法获取国家秘密罪
第2款	非法持有国家绝密、机密文件、资料、物品罪
第283条	非法生产、销售间谍专用器材罪
第284条	非法使用窃听、窃照专用器材罪
第285条	非法侵入计算机信息系统罪
第286条	破坏计算机信息系统罪
第288条	扰乱无线电通讯管理秩序罪
第290条第1款	聚众扰乱社会秩序罪
第2款	聚众冲击国家机关罪
第291条	聚众扰乱公共场所秩序、交通秩序罪
第292条第1款	聚众斗殴罪
第293条	寻衅滋事罪
第294条第1款	组织、领导、参加黑社会性质组织罪
第2款	入境发展黑社会组织罪
第4款	包庇、纵容黑社会性质组织罪
第295条	传授犯罪方法罪
第296条	非法集会、游行、示威罪
第297条	非法携带武器、管制刀具、爆炸物参加集会、游行、示威罪
第298条	破坏集会、游行、示威罪
第299条	侮辱国旗、国徽罪
第300条第1款	组织、利用会道门、邪教组织、利用迷信破坏法律实施罪
第2款	组织、利用会道门、邪教组织、利用迷信致人死亡罪
第301条第1款	聚众淫乱罪

	第2款	引诱未成年人聚众淫乱罪
第302条		盗窃、侮辱尸体罪
第303条		赌博罪
第304条		故意延误投递邮件罪

第二节 妨害司法罪

第305条		伪证罪
第306条		辩护人、诉讼代理人毁灭证据、伪造证据、妨害作证罪
第307条第1款		妨害作证罪
	第2款	帮助毁灭、伪造证据罪
第308条		打击报复证人罪
第309条		扰乱法庭秩序罪
第310条		窝藏、包庇罪
第311条		拒绝提供间谍犯罪证据罪
第312条		窝藏、转移、收购、销售赃物罪
第313条		拒不执行判决、裁定罪
第314条		非法处置查封、扣押、冻结的财产罪
第315条		破坏监管秩序罪
第316条第1款		脱逃罪
	第2款	劫夺被押解人员罪
第317条第1款		组织越狱罪
	第2款	暴动越狱罪
		聚众持械劫狱罪

第三节 妨害国(边)境管理罪

第318条		组织他人偷越国(边)境罪
第319条		骗取出境证件罪
第320条		提供伪造、变造的出入境证件罪
		出售出入境证件罪
第321条		运送他人偷越国(边)境罪
第322条		偷越国(边)境罪
第323条		破坏界碑、界桩罪
		破坏永久性测量标志罪

第四节 妨害文物管理罪

第324条第1款		故意损毁文物罪
	第2款	故意损毁名胜古迹罪
	第3款	过失损毁文物罪

第 325 条	非法向外国人出售、赠送珍贵文物罪
第 326 条	倒卖文物罪
第 327 条	非法出售、私赠文物藏品罪
第 328 条第 1 款	盗掘古文化遗址、古墓葬罪
第 2 款	盗掘古人类化石、古脊椎动物化石罪
第 329 条第 1 款	抢夺、窃取国有档案罪
第 2 款	擅自出卖、转让国有档案罪

第五节 危害公共卫生罪

第 330 条	妨害传染病防治罪
第 331 条	传染病菌种、毒种扩散罪
第 332 条	妨害国境卫生检疫罪
第 333 条第 1 款	非法组织卖血罪
	强迫卖血罪
第 334 条第 1 款	非法采集、供应血液、制作、供应血液制品罪
第 2 款	采集、供应血液、制作、供应血液制品事故罪
第 335 条	医疗事故罪
第 336 条第 1 款	非法行医罪
第 2 款	非法进行节育手术罪
第 337 条	逃避动植物检疫罪

第六节 破坏环境资源保护罪

第 338 条	重大环境污染事故罪
第 339 条第 1 款	非法处置进口的固体废物罪
第 2 款	擅自进口固体废物罪
第 340 条	非法捕捞水产品罪
第 341 条第 1 款	非法猎捕、杀害珍贵、濒危野生动物罪
	非法收购、运输、出售珍贵、濒危野生动物、珍贵、濒危野生动物制品罪
第 2 款	非法狩猎罪
第 342 条	非法占用耕地罪
第 343 条第 1 款	非法采矿罪
第 2 款	破坏性采矿罪
第 344 条	非法采伐、毁坏珍贵树木罪
第 345 条第 1 款	盗伐林木罪
第 2 款	滥伐林木罪
第 3 款	非法收购盗伐、滥伐的林木罪

第七节　走私、贩卖、运输、制造毒品罪

第 347 条	走私、贩卖、运输、制造毒品罪
第 348 条	非法持有毒品罪
第 349 条第 1 款、第 2 款	包庇毒品犯罪分子罪
第 1 款	窝藏、转移、隐瞒毒品、毒赃罪
第 350 条第 1 款	走私制毒物品罪
	非法买卖制毒物品罪
第 351 条	非法种植毒品原植物罪
第 352 条	非法买卖、运输、携带、持有毒品原植物种子、幼苗罪
第 353 条第 1 款	引诱、教唆、欺骗他人吸毒罪
第 2 款	强迫他人吸毒罪
第 354 条	容留他人吸毒罪
第 355 条	非法提供麻醉药品、精神药品罪

第八节　组织、强迫、引诱、容留、介绍卖淫罪

第 358 条第 1 款	组织卖淫罪
	强迫卖淫罪
第 3 款	协助组织卖淫罪
第 359 条第 1 款	引诱、容留、介绍卖淫罪
第 2 款	引诱幼女卖淫罪
第 360 条第 1 款	传播性病罪
第 2 款	嫖宿幼女罪

第九节　制作、贩卖、传播淫秽物品罪

第 363 条第 1 款	制作、复制、出版、贩卖、传播淫秽物品牟利罪
第 2 款	为他人提供书号出版淫秽书刊罪
第 364 条第 1 款	传播淫秽物品罪
第 2 款	组织播放淫秽音像制品罪
第 365 条	组织淫秽表演罪

第七章　危害国防利益罪

第 368 条第 1 款	阻碍军人执行职务罪
第 2 款	阻碍军事行动罪
第 369 条	破坏武器装备、军事设施、军事通信罪
第 370 条第 1 款	故意提供不合格武器装备、军事设施罪
第 2 款	过失提供不合格武器装备、军事设施罪

第371条第1款	聚众冲击军事禁区罪
第2款	聚众扰乱军事管理区秩序罪
第372条	冒充军人招摇撞骗罪
第373条	煽动军人逃离部队罪
	雇用逃离部队军人罪
第374条	接送不合格兵员罪
第375条第1款	伪造、变造、买卖武装部队公文、证件、印章罪
	盗窃、抢夺武装部队公文、证件、印章罪
第2款	非法生产、买卖军用标志罪
第376条第1款	战时拒绝、逃避征召、军事训练罪
第2款	战时拒绝、逃避服役罪
第377条	战时故意提供虚假敌情罪
第378条	战时造谣扰乱军心罪
第379条	战时窝藏逃离部队军人罪
第380条	战时拒绝、故意延误军事订货罪
第381条	战时拒绝军事征用罪

第八章　贪污贿赂罪

第382条	贪污罪
第384条	挪用公款罪
第385条	受贿罪
第387条	单位受贿罪
第389条	行贿罪
第391条	对单位行贿罪
第392条	介绍贿赂罪
第393条	单位行贿罪
第395条第1款	巨额财产来源不明罪
第2款	隐瞒境外存款罪
第396条第1款	私分国有资产罪
第2款	私分罚没财物罪

第九章　渎　职　罪

第397条	滥用职权罪
	玩忽职守罪
第398条	故意泄露国家秘密罪
	过失泄露国家秘密罪

第 399 条第 1 款	徇私枉法罪
第 2 款	枉法裁判罪
第 400 条第 1 款	私放在押人员罪
第 2 款	失职致使在押人员脱逃罪
第 401 条	徇私舞弊减刑、假释、暂予监外执行罪
第 402 条	徇私舞弊不移交刑事案件罪
第 403 条	滥用管理公司、证券职权罪
第 404 条	徇私舞弊不征、少征税款罪
第 405 条第 1 款	徇私舞弊发售发票、抵扣税款、出口退税罪
第 2 款	违法提供出口退税凭证罪
第 406 条	国家机关工作人员签订、履行合同失职罪
第 407 条	违法发放林木采伐许可证罪
第 408 条	环境监管失职罪
第 409 条	传染病防治失职罪
第 410 条	非法批准征用、占用土地罪
	非法低价出让国有土地使用权罪
第 411 条	放纵走私罪
第 412 条第 1 款	商检徇私舞弊罪
第 2 款	商检失职罪
第 413 条第 1 款	动植物检疫徇私舞弊罪
第 2 款	动植物检疫失职罪
第 414 条	放纵制售伪劣商品犯罪行为罪
第 415 条	办理偷越国（边）境人员出入境证件罪
	放行偷越国（边）境人员罪
第 416 条第 1 款	不解救被拐卖、绑架妇女、儿童罪
第 2 款	阻碍解救被拐卖、绑架妇女、儿童罪
第 417 条	帮助犯罪分子逃避处罚罪
第 418 条	招收公务员、学生徇私舞弊罪
第 419 条	失职造成珍贵文物损毁、流失罪

第十章　军人违反职责罪

第 421 条	战时违抗命令罪
第 422 条	隐瞒、谎报军情罪
	拒传、假传军令罪
第 423 条	投降罪
第 424 条	战时临阵脱逃罪
第 425 条	擅离、玩忽军事职守罪

第 426 条	阻碍执行军事职务罪
第 427 条	指使部属违反职责罪
第 428 条	违令作战消极罪
第 429 条	拒不救援友邻部队罪
第 430 条	军人叛逃罪
第 431 条第 1 款	非法获取军事秘密罪
第 2 款	为境外窃取、刺探、收买、非法提供军事秘密罪
第 432 条	故意泄露军事秘密罪
	过失泄露军事秘密罪
第 433 条	战时造谣惑众罪
第 434 条	战时自伤罪
第 435 条	逃离部队罪
第 436 条	武器装备肇事罪
第 437 条	擅自改变武器装备编配用途罪
第 438 条	盗窃、抢夺武器装备、军用物资罪
第 439 条	非法出卖、转让武器装备罪
第 440 条	遗弃武器装备罪
第 441 条	遗失武器装备罪
第 442 条	擅自出卖、转让军队房地产罪
第 443 条	虐待部属罪
第 444 条	遗弃伤病军人罪
第 445 条	战时拒不救治伤病军人罪
第 446 条	战时残害居民、掠夺居民财物罪
第 447 条	私放俘虏罪
第 448 条	虐待俘虏罪

最高人民法院 最高人民检察院
关于执行《中华人民共和国刑法》
确定罪名的补充规定

法释〔2002〕7号

（最高人民法院审判委员会第1193次会议、最高人民检察院第九届检察委员会第100次会议通过 2002年3月15日最高人民法院公告公布 自2002年3月26日起施行）

为正确理解、执行《中华人民共和国刑法》和全国人民代表大会常务委员会《关于惩治骗购外汇、逃汇和非法买卖外汇犯罪的决定》、《中华人民共和国刑法修正案》、《中华人民共和国刑法修正案（二）》、《中华人民共和国刑法修正案（三）》[以下分别简称为《决定》、《修正案》及《修正案（二）》、《修正案（三）》]，统一认定罪名，现对最高人民法院《关于执行〈中华人民共和国刑法〉确定罪名的规定》、最高人民检察院《关于适用刑法分则规定的犯罪的罪名的意见》作如下补充、修改：

刑 法 条 文	罪 名
第114条、第115条第1款[《修正案（三）》第1、2条]	投放危险物质罪（取消投毒罪罪名）
第115条第2款[《修正案（三）》第1、2条]	过失投放危险物质罪（取消过失投毒罪罪名）
第120条之一[《修正案（三）》第4条]	资助恐怖活动罪
第125条第2款[《修正案（三）》第5条]	非法制造、买卖、运输、储存危险物质罪（取消非法买卖、运输核材料罪罪名）
第127条第1款、第2款[《修正案（三）》第6条第1款、第2款]	盗窃、抢夺枪支、弹药、爆炸物、危险物质罪
第127条第2款[《修正案（三）》第6条第2款]	抢劫枪支、弹药、爆炸物、危险物质罪
第162条之一（《修正案》第1条）	隐匿、故意销毁会计凭证、会计账簿、财务会计报告罪
第168条（《修正案》第2条）	国有公司、企业、事业单位人员失职罪 国有公司、企业、事业单位人员滥用职权罪（取消徇私舞弊造成破产、亏损罪罪名）
第174条第2款（《修正案》第3条）	伪造、变造、转让金融机构经营许可证、批准文件罪
第181条第1款（《修正案》第5条第1款）	编造并传播证券、期货交易虚假信息罪
第181条第2款（《修正案》第5条第2款）	诱骗投资者买卖证券、期货合约罪

刑 法 条 文	罪　　名
第182条（《修正案》第6条）	操纵证券、期货交易价格罪
《决定》第1条	骗购外汇罪
第229条第1款、第2款 　　　　　第3款	提供虚假证明文件罪（取消中介组织人员提供虚假证明文件罪罪名） 出具证明文件重大失实罪（取消中介组织人员出具证明文件重大失实罪罪名）
第236条	强奸罪（取消奸淫幼女罪罪名）
第291条之一［《修正案（三）》第8条］	投放虚假危险物质罪 编造、故意传播虚假恐怖信息罪
第342条［《修正案（二）》］	非法占用农用地罪（取消非法占用耕地罪罪名）
第397条	滥用职权罪、玩忽职守罪（取消国家机关工作人员徇私舞弊罪罪名）
第399条第1款 　　　　　第2款	徇私枉法罪（取消枉法追诉、裁判罪） 民事、行政枉法裁判罪（取消枉法裁判罪）
第406条	国家机关工作人员签订、履行合同失职被骗罪（取消国家机关工作人员签订、履行合同失职罪）

最高人民法院、最高人民检察院原有关罪名问题的规定与本规定不一致的，以本规定为准。

最高人民法院　最高人民检察院
关于执行《中华人民共和国刑法》确定罪名的补充规定（二）

法释〔2003〕12号

（2003年8月6日最高人民法院审判委员会第1283次会议、
2003年8月12日最高人民检察院第十届检察委员会
第7次会议通过　2003年8月15日最高人民法院、
最高人民检察院公告公布　自2003年8月21日起施行）

为统一认定罪名，根据《中华人民共和国刑法修正案（四）》［以下简称《刑法修正案（四）》］的规定，现对最高人民法院《关于执行〈中华人民共和国刑法〉确定罪名的规定》、最高人民检察院《关于适用刑法分则规定的犯罪的罪名的意见》作如下补充、修改：

刑 法 条 文	罪　　名
第152条第2款 〔《刑法修正案（四）》第2条〕	走私废物罪（取消刑法原第155条第3项走私固体废物罪罪名）
第244条之一 〔《刑法修正案（四）》第4条〕	雇用童工从事危重劳动罪
第344条 〔《刑法修正案（四）》第6条〕	非法采伐、毁坏国家重点保护植物罪；非法收购、运输、加工、出售国家重点保护植物、国家重点保护植物制品罪（取消非法采伐、毁坏珍贵树木罪罪名）
第345条第3款 〔《刑法修正案（四）》第7条第3款〕	非法收购、运输盗伐、滥伐的林木罪（取消非法收购盗伐、滥伐的林木罪罪名）
第399条第3款 〔《刑法修正案（四）》第8条第3款〕	执行判决、裁定失职罪；执行判决、裁定滥用职权罪

最高人民法院　最高人民检察院
关于执行《中华人民共和国刑法》确定罪名的补充规定（三）

法释〔2007〕16号

（2007年8月27日最高人民法院审判委员会第1436次会议、2007年9月7日最高人民检察院第十届检察委员会第82次会议通过　2007年10月25日最高人民法院、最高人民检察院公告公布　自2007年11月6日起施行）

根据《中华人民共和国刑法修正案（五）》〔以下简称《刑法修正案（五）》〕、《中华人民共和国刑法修正案（六）》〔以下简称《刑法修正案（六）》〕的规定，现对最高人民法院《关于执行〈中华人民共和国刑法〉确定罪名的规定》，最高人民检察院《关于适用刑法分则规定的犯罪的罪名的意见》，最高人民法院、最高人民检察院《关于执行〈中华人民共和国刑法〉确定罪名的补充规定》作如下补充、修改：

刑 法 条 文	罪　　名
第134条第2款 〔《刑法修正案（六）》第1条第2款〕	强令违章冒险作业罪
第135条之一 〔《刑法修正案（六）》第3条〕	大型群众性活动重大安全事故罪
第139条之一 〔《刑法修正案（六）》第4条〕	不报、谎报安全事故罪

刑 法 条 文	罪 名
第 161 条 ［《刑法修正案（六）》第 5 条］	违规披露、不披露重要信息罪（取消提供虚假财会报告罪罪名）
第 162 条之二 ［《刑法修正案（六）》第 6 条］	虚假破产罪
第 163 条 ［《刑法修正案（六）》第 7 条］	非国家工作人员受贿罪（取消公司、企业人员受贿罪罪名）
第 164 条 ［《刑法修正案（六）》第 8 条］	对非国家工作人员行贿罪（取消对公司、企业人员行贿罪罪名）
第 169 条之一 ［《刑法修正案（六）》第 9 条］	背信损害上市公司利益罪
第 175 条之一 ［《刑法修正案（六）》第 10 条］	骗取贷款、票据承兑、金融票证罪
第 177 条之一第 1 款 ［《刑法修正案（五）》第 1 条第 1 款］	妨害信用卡管理罪
第 177 条之一第 2 款 ［《刑法修正案（五）》第 1 条第 2 款］	窃取、收买、非法提供信用卡信息罪
第 182 条 ［《刑法修正案（六）》第 11 条］	操纵证券、期货市场罪（取消操纵证券、期货交易价格罪罪名）
第 185 条之一第 1 款 ［《刑法修正案（六）》第 12 条第 1 款］	背信运用受托财产罪
第 185 条之一第 2 款 ［《刑法修正案（六）》第 12 条第 2 款］	违法运用资金罪
第 186 条 ［《刑法修正案（六）》第 13 条］	违法发放贷款罪（取消违法向关系人发放贷款罪罪名）
第 187 条 ［《刑法修正案（六）》第 14 条］	吸收客户资金不入账罪（取消用账外客户资金非法拆借、发放贷款罪罪名）
第 188 条 ［《刑法修正案（六）》第 15 条］	违规出具金融票证罪（取消非法出具金融票证罪罪名）
第 262 条之一 ［《刑法修正案（六）》第 17 条］	组织残疾人、儿童乞讨罪
第 303 条第 2 款 ［《刑法修正案（六）》第 18 条第 2 款］	开设赌场罪
第 312 条 ［《刑法修正案（六）》第 19 条］	掩饰、隐瞒犯罪所得、犯罪所得收益罪（取消窝藏、转移、收购、销售赃物罪罪名）
第 369 条第 2 款 ［《刑法修正案（五）》第 3 条第 2 款］	过失损坏武器装备、军事设施、军事通信罪
第 399 条之一 ［《刑法修正案（六）》第 20 条］	枉法仲裁罪

最高人民法院 最高人民检察院
关于执行《中华人民共和国刑法》确定罪名的补充规定（四）

法释〔2009〕13号

（2009年9月21日最高人民法院审判委员会第1474次会议、2009年9月28日最高人民检察院第十一届检察委员会第20次会议通过　2009年10月14日最高人民法院、最高人民检察院公告公布　自2009年10月16日起施行）

根据《中华人民共和国刑法修正案（七）》[以下简称《刑法修正案（七）》]的规定，现对最高人民法院《关于执行〈中华人民共和国刑法〉确定罪名的规定》、最高人民检察院《关于适用刑法分则规定的犯罪的罪名的意见》作如下补充、修改：

刑 法 条 文	罪 名
第151条第3款 [《刑法修正案（七）》第1条]	走私国家禁止进出口的货物、物品罪 （取消走私珍稀植物、珍稀植物制品罪罪名）
第180条第4款 [《刑法修正案（七）》第2条第2款]	利用未公开信息交易罪
第201条 [《刑法修正案（七）》第3条]	逃税罪 （取消偷税罪罪名）
第224条之一 [《刑法修正案（七）》第4条]	组织、领导传销活动罪
第253条之一第1款 [《刑法修正案（七）》第7条第1款]	出售、非法提供公民个人信息罪
第253条之一第2款 [《刑法修正案（七）》第7条第2款]	非法获取公民个人信息罪
第262条之二 [《刑法修正案（七）》第8条]	组织未成年人进行违反治安管理活动罪
第285条第2款 [《刑法修正案（七）》第9条第1款]	非法获取计算机信息系统数据、非法控制计算机信息系统罪
第285条第3款 [《刑法修正案（七）》第9条第2款]	提供侵入、非法控制计算机信息系统程序、工具罪
第337条第1款 [《刑法修正案（七）》第11条]	妨害动植物防疫、检疫罪 （取消逃避动植物检疫罪罪名）
第375条第2款 [《刑法修正案（七）》第12条第1款]	非法生产、买卖武装部队制式服装罪 （取消非法生产、买卖军用标志罪罪名）

刑 法 条 文	罪　　名
第375条第3款 〔《刑法修正案（七）》第12条第2款〕	伪造、盗窃、买卖、非法提供、非法使用武装部队专用标志罪
第388条之一 〔《刑法修正案（七）》第13条〕	利用影响力受贿罪

最高人民法院　最高人民检察院
关于执行《中华人民共和国刑法》
确定罪名的补充规定（五）

法释〔2011〕10号

（2011年4月21日最高人民法院审判委员会第1520次会议、2011年4月13日最高人民检察院第十一届检察委员会第60次会议通过　2011年4月27日最高人民法院、最高人民检察院公告公布　自2011年5月1日起施行）

根据《中华人民共和国刑法修正案（八）》〔以下简称《刑法修正案（八）》〕的规定，现对最高人民法院《关于执行〈中华人民共和国刑法〉确定罪名的规定》、最高人民检察院《关于适用刑法分则规定的犯罪的罪名的意见》作如下补充、修改：

刑 法 条 文	罪　　名
第一百三十三条之一 〔《刑法修正案（八）》第二十二条〕	危险驾驶罪
第一百四十三条 〔《刑法修正案（八）》第二十四条〕	生产、销售不符合安全标准的食品罪（取消生产、销售不符合卫生标准的食品罪罪名）
第一百六十四条第二款 〔.《刑法修正案（八）》第二十九条第二款〕	对外国公职人员、国际公共组织官员行贿罪
第二百零五条之一 〔《刑法修正案（八）》第三十三条〕	虚开发票罪
第二百一十条之一 〔《刑法修正案（八）》第三十五条〕	持有伪造的发票罪
第二百三十四条之一第一款 〔《刑法修正案（八）》第三十七条第一款〕	组织出卖人体器官罪
第二百四十四条 〔《刑法修正案（八）》第三十八条〕	强迫劳动罪（取消强迫职工劳动罪罪名）
第二百七十六条之一 〔《刑法修正案（八）》第四十一条〕	拒不支付劳动报酬罪

刑法条文	罪　　名
第三百三十八条 [《刑法修正案（八）》第四十六条]	污染环境罪（取消重大环境污染事故罪罪名）
第四百零八条之一 [《刑法修正案（八）》第四十九条]	食品监管渎职罪

最高人民法院　最高人民检察院关于执行《中华人民共和国刑法》确定罪名的补充规定（六）

法释〔2015〕20号

（2015年10月19日最高人民法院审判委员会第1664次会议、2015年10月21日最高人民检察院第十二届检察委员会第42次会议通过　2015年10月30日最高人民法院、最高人民检察院公告公布　自2015年11月1日起施行）

根据《中华人民共和国刑法修正案（九）》[以下简称《刑法修正案（九）》]和《全国人民代表大会常务委员会关于修改部分法律的决定》的有关规定，现对最高人民法院《关于执行〈中华人民共和国刑法〉确定罪名的规定》、最高人民检察院《关于适用刑法分则规定的犯罪的罪名的意见》作如下补充、修改：

刑法条文	罪名
第一百二十条之一 [《刑法修正案（九）》第六条]	帮助恐怖活动罪 （取消资助恐怖活动罪罪名）
第一百二十条之二 [《刑法修正案（九）》第七条]	准备实施恐怖活动罪
第一百二十条之三 [《刑法修正案（九）》第七条]	宣扬恐怖主义、极端主义、 煽动实施恐怖活动罪
第一百二十条之四 [《刑法修正案（九）》第七条]	利用极端主义破坏法律实施罪
第一百二十条之五 [《刑法修正案（九）》第七条]	强制穿戴宣扬恐怖主义、 极端主义服饰、标志罪
第一百二十条之六 [《刑法修正案（九）》第七条]	非法持有宣扬恐怖主义、 极端主义物品罪

刑法条文	罪名
第二百三十七条第一款、第二款 〔《刑法修正案（九）》第十三条 第一款、第二款〕	强制猥亵、侮辱罪 （取消强制猥亵、侮辱妇女罪罪名）
第二百五十三条之一 〔《刑法修正案（九）》第十七条〕	侵犯公民个人信息罪 （取消出售、非法提供公民个人信息罪 和非法获取公民个人信息罪罪名）
第二百六十条之一 〔《刑法修正案（九）》第十九条〕	虐待被监护、看护人罪
第二百八十条第三款 〔《刑法修正案（九）》第二十二条第三款〕	伪造、变造、买卖身份证件罪 （取消伪造、变造居民身份证罪罪名）
第二百八十条之一 〔《刑法修正案（九）》第二十三条〕	使用虚假身份证件、盗用身份证件罪
第二百八十三条 〔《刑法修正案（九）》第二十四条〕	非法生产、销售专用间谍器材、 窃听、窃照专用器材罪 （取消非法生产、销售间谍专用器材罪罪名）
第二百八十四条之一第一款、第二款 〔《刑法修正案（九）》第二十五条 第一款、第二款〕	组织考试作弊罪
第二百八十四条之一第三款 〔《刑法修正案（九）》第二十五条第三款〕	非法出售、提供试题、答案罪
第二百八十四条之一第四款 〔《刑法修正案（九）》第二十五条第四款〕	代替考试罪
第二百八十六条之一 〔《刑法修正案（九）》第二十八条〕	拒不履行信息网络安全管理义务罪
第二百八十七条之一 〔《刑法修正案（九）》第二十九条〕	非法利用信息网络罪
第二百八十七条之二 〔《刑法修正案（九）》第二十九条〕	帮助信息网络犯罪活动罪
第二百九十条第三款 〔《刑法修正案（九）》第三十一条第二款〕	扰乱国家机关工作秩序罪
第二百九十条第四款 〔《刑法修正案（九）》第三十一条第三款〕	组织、资助非法聚集罪
第二百九十条之一第二款 〔《刑法修正案（九）》第三十二条〕	编造、故意传播虚假信息罪
第三百条第二款 〔《刑法修正案（九）》第三十三条第二款〕	组织、利用会道门、邪教组织、 利用迷信致人重伤、死亡罪 （取消组织、利用会道门、邪教组织、 利用迷信致人死亡罪罪名）
第三百零二条 〔《刑法修正案（九）》第三十四条〕	盗窃、侮辱、故意毁坏尸体、尸骨、 骨灰罪（取消盗窃、侮辱尸体罪罪名）
第三百零七条之一 〔《刑法修正案（九）》第三十五条〕	虚假诉讼罪

刑法条文	罪名
第三百零八条之一第一款 [《刑法修正案（九）》第三十六条第一款]	泄露不应公开的案件信息罪
第三百零八条之一第三款 [《刑法修正案（九）》第三十六条第三款]	披露、报道不应公开的案件信息罪
第三百一十一条 [《刑法修正案（九）》第三十八条]	拒绝提供间谍犯罪、恐怖主义犯罪、极端主义犯罪证据罪 （取消拒绝提供间谍犯罪证据罪罪名）
第三百五十条 [《刑法修正案（九）》第四十一条]	非法生产、买卖、运输制毒物品、走私制毒物品罪 （取消走私制毒物品罪和非法买卖制毒物品罪罪名）
第三百六十条第二款 [《刑法修正案（九）》第四十三条]	取消嫖宿幼女罪罪名
第三百八十一条 （《全国人民代表大会常务委员会关于修改部分法律的决定》第二条）	战时拒绝军事征收、征用罪 （取消战时拒绝军事征用罪罪名）
第三百九十条之一 [《刑法修正案（九）》第四十六条]	对有影响力的人行贿罪
第四百一十条 （《全国人民代表大会常务委员会关于修改部分法律的决定》第二条）	非法批准征收、征用、占用土地罪 （取消非法批准征用、占用土地罪罪名）

本规定自 2015 年 11 月 1 日起施行。

最高人民法院
关于印发《全国法院维护农村稳定刑事审判工作座谈会纪要》的通知

1999 年 10 月 27 日　　　　　　　　　　法〔1999〕217 号

各省、自治区、直辖市高级人民法院，解放军军事法院，新疆维吾尔自治区高级人民法院生产建设兵团分院；全国地方各中级人民法院，各大单位军事法院，新疆生产建设兵团各中级法院：

现将全国法院维护农村稳定刑事审判工作座谈会纪要印发，望认真贯彻执行。

附:

全国法院维护农村稳定刑事审判工作座谈会纪要

为了贯彻党的十五届三中全会作出的《中共中央关于农业和农村工作若干重大问题的决定》(以下简称《决定》),落实1999年8月最高人民法院在上海召开的全国高级法院院长座谈会(以下简称"上海会议")关于推进人民法院改革、切实把人民法院的工作重点放在基层的精神,进一步探索和开拓刑事审判为农村稳定和农业发展服务的工作思路,最高人民法院于1999年9月8日至10日在山东省济南市召开了全国法院维护农村稳定刑事审判工作座谈会。出席会议的有各省、自治区、直辖市高级人民法院主管刑事审判工作的副院长、刑事审判庭庭长。解放军军事法院和新疆维吾尔自治区高级人民法院生产建设兵团分院也派代表参加会议。最高人民法院副院长刘家琛在座谈会上作了重要讲话。

与会同志总结交流了近年来各地法院审理农村中刑事案件的情况和经验,分析了当前农村治安形势和农村中刑事案件及农民犯罪的特点,认真讨论了当前审理农村几类主要刑事案件和农民犯罪案件应当注意的若干问题;对当前及今后一个时期加强刑事审判工作,维护农村稳定提出了明确要求,现纪要如下:

一

会议认为,农村稳定是巩固工农联盟的政权、维护国家长治久安的坚实基础。农村社会治安稳定、农业发展,是从根本上改变长期以来我国城乡犯罪中农民占大多数的状况的社会条件和物质基础。改革开放以来,我国农村政治稳定、农业稳步发展、农村治安形势总的是平稳的,这是主流。但是在一些地方,还存在影响治安稳定的不容忽视的突出问题。其主要特点表现为:

一是农村社会矛盾复杂化,有的导致群体性械斗和上访事件,有的激化为严重治安犯罪案件;二是非法宗教和邪教组织在一些农村乡镇有重新抬头之势;三是农村金融和市场管理秩序混乱,损害了农民的合法权益,严重影响农村稳定和农业发展;四是农民间因生产生活、邻里纠纷、婚姻家庭等内部矛盾激化为刑事犯罪的情况比较突出。这一状况,如不得到有效控制,长期下去,将导致党和政府在农村依靠的基本队伍结构发生变化,不利于基层政权的巩固与发展;五是一些地方出现的"村霸"、"乡霸"等恶势力及封建宗族势力横行乡里,有的犯罪团伙带有明显的黑社会组织性质,成为威胁农村治安稳定的一大祸端;六是卖淫嫖娼、贩卖、吸食毒品,赌博等社会丑恶现象在一些农村地区发展蔓延,诱发了多种犯罪。以上问题,在广大农村有一定的普遍性,有的还很突出,不仅影响农村的稳定、改革和农业的发展,也与整个社会的稳定息息相关。尤其值得重视的是,农村中刑事犯罪案件和农民犯罪案件在我国所有刑事犯罪案件和罪犯中所占比例逐年增加，特别是在杀人、抢劫、盗窃、伤害案件中，农民罪犯占了大部分，所占比例连年上升。在判处死刑的罪犯中，农民罪犯所占的比例近年来也呈上升趋势。

上述情况表明，农村中农民犯罪问题已成为影响我国社会治安稳定的重要因素，并在很大程度上决定着我国治安形势的走向。解决好这一问题实际上也就找到了我国解决犯罪问题的一个重要突破口。认真分析研究这些问题，提出具体对策意见，对于解决农村稳定、全国社会治安问题具有重大意义。

会议认为，涉及农村中犯罪案件、农民犯罪案件的审判工作，直接关系到党在农村工作中的方针、政策能否得到贯彻落实。正确处理好这类案件，不仅仅是审判工作的问题，而且是一个严肃的政治问题。因此，加强对农村中犯罪案件、农民犯罪案件的审判工作，维护农村和整个社会稳定，应当始终是人民法院面临的一项重要而紧迫的政治任务。

二

会议在认真学习《决定》和"上海会议"文件的基础上，结合执行刑法、刑事诉讼法的审判实践，对审理农村中犯罪案件、农民犯罪案件中的一些重要问题进行了研究、讨论。一致认为，对于故意杀人、故意伤害、抢劫、强奸、绑架等严重危害农村社会治安的暴力犯罪以及带有黑社会性质的团伙犯罪，一定要继续坚持从重从快严厉打击的方针。要根据当地社会治安的特点，将经常性"严打"和集中打击、专项斗争结合起来，始终保持"严打"的高压态势，有效地遏制严重刑事犯罪活动蔓延的势头，尽一切努力维护好农村社会治安的稳定。同时，对正确适用法律，处理好农村常见多发案件，全面、正确掌握党的刑事政策，取得了一致意见：

（一）关于故意杀人、故意伤害案件

要准确把握故意杀人犯罪适用死刑的标准。对故意杀人犯罪是否判处死刑，不仅要看是否造成了被害人死亡结果，还要综合考虑案件的全部情况。对于因婚姻家庭、邻里纠纷等民间矛盾激化引发的故意杀人犯罪，适用死刑一定要十分慎重，应当与发生在社会上的严重危害社会治安的其他故意杀人犯罪案件有所区别。对于被害人一方有明显过错或对矛盾激化负有直接责任，或者被告人有法定从轻处罚情节的，一般不应判处死刑立即执行。

要注意严格区分故意杀人罪与故意伤害罪的界限。在直接故意杀人与间接故意杀人案件中，犯罪人的主观恶性程度是不同的，在处刑上也应有所区别。间接故意杀人与故意伤害致人死亡，虽然都造成了死亡的后果，但行为人故意的性质和内容是截然不同的。不注意区分犯罪的性质和故意的内容，只要有死亡后果就判处死刑的做法是错误的，这在今后的工作中，应当予以纠正。对于故意伤害致人死亡，手段特别残忍，情节特别恶劣的，才可以判处死刑。

要准确把握故意伤害致人重伤造成"严重残疾"的标准。参照1996年国家技术监督局颁布的《职工工伤与职业病致残程度鉴定标准》（以下简称"工伤标准"），刑法第二百三十四条第二款规定的"严重残疾"是指下列情形之一：被害人身体器官大部缺损、器官明显畸形、身体器官有中等功能障碍、造成严重并发症等。残疾程度可以分为一般残疾（十至七级）、严重残疾（六至三级）、特别严重残疾（二至一级），六级以上视为"严重残疾"。在有关司法解释出台前，可统一参照"工伤标准"确定残疾等级。实践中，并不是只要达到"严重残疾"就判处死刑，还要根据伤害致人"严重残疾"的具体情况，综合考虑犯罪情节和危害后果来决定刑罚。故意伤害致人重伤造成严重残疾，只有犯罪手段特别残忍，后果特别严重的，才能考虑适用死刑（包括死刑，缓期2年执行）。

（二）关于盗窃案件

要重点打击的是：盗窃农业生产资料和承包经营的山林、果林、渔塘产品等严重影响和破坏农村经济发展的犯罪；盗窃农民生活资料，严重影响农民生活和社会稳定的犯罪；结伙盗窃、盗窃集团和盗、运、销一条龙的犯罪；盗窃铁路、油田、重点工程物资的犯罪等。

对盗窃集团的首要分子、盗窃惯犯、累犯，盗窃活动造成特别严重后果的，要依法从严惩处。对于盗窃牛、马、骡、拖拉机等生产经营工具或者生产资料的，应当依法从重处罚。对盗窃犯罪的初犯、未成年犯，或者确因生活困难而实施盗窃犯罪，或积极退赃、赔偿损失的，应当注意体现政策，酌情从轻处罚。其中，具备判处管制、单处罚金或者宣告缓刑条件的，应区分不同情况尽可能适用管制、罚金或者缓刑。

最高人民法院《关于审理盗窃案件具体应用法律若干问题的解释》第四条中"入户盗窃"的"户"，是指家庭及其成员与外界相对隔离的生活场所，包括封闭的院落、为家庭生活租用的房屋、牧民的帐篷以及渔民作为家庭生活场所的渔船等。集生活、经营于一体的处所，在经营时间内一般不视为"户"。

（三）关于农村恶势力犯罪案件

修订后的刑法将原"流氓罪"分解为若干罪名，分别规定了相应的刑罚，更有利于打击此类犯罪，也便于实践中操作。对实施多种原刑法规定的"流氓"行为，构成犯罪的，应按照修订后刑法的罪名分别定罪量刑，按数罪并罚原则处理。对于团伙成员相对固定，以暴力、威胁手段称霸一方，欺压百姓，采取收取"保护费"、代人强行收债、违规强行承包等手段，公然与政府对抗的，应按照黑社会性质组织犯罪处理；其中，又有故意杀人、故意伤害等犯罪行为的，按数罪并罚的规定处罚。

（四）关于破坏农业生产坑农害农案件

对于起诉到法院的坑农害农案件，要及时依法处理。对犯罪分子判处刑罚时，要注意尽最大可能挽回农民群众的损失。被告人积极赔偿损失的，可以考虑适当从轻处罚。被害人提起刑事自诉的，要分别不同情况处理：受害群众较多的，应依靠当地党委，并与有关政法部门协调，尽量通过公诉程序处理；被害人直接向法院起诉并符合自诉案件立案规定的，应当立案并依法审理。对于生产、销售伪劣农药、兽药、化肥、种子罪所造成的损失数额标准，在最高法院作出司法解释前，各高级法院可结合本地具体情况制定参照执行的标准。

（五）关于村民群体械斗案件

处理此类案件要十分注意政策界限。案件经审理并提出处理意见后，要征求当地党委和有关部门的意见。既要严格依法办事,又要做好耐心细致的解释工作,把处理案件与根治械斗发生的原因结合起来,防止发生意外和出现新的矛盾冲突。

要查清事实,分清责任,正确适用刑罚。处理的重点应是械斗的组织者、策划者和实施犯罪的骨干分子。一般来说,械斗的组织者和策划者,应对组织、策划的犯罪承担全部责任;直接实施犯罪行为的,应对其实施的犯罪行为负责。要注意缩小打击面,扩大教育面。对积极参与犯罪的从犯,应当依法从轻或者减轻处罚。其中符合缓刑条件的,应当适用缓刑;对被煽动、欺骗、裹挟而参与械斗,情节较轻,经教育确有悔改表现的,可不按犯罪处理。

要注意做好被害人的工作。对因参与械斗而受伤的被害人,也应指出其行为的违法性质;对因受害造成生产、生活上困难的,要协助有关部门解决好,努力依法做好善后工作,消除对立情绪,根除伺机再度报复的潜在隐患。

(六) 关于拐卖妇女、儿童犯罪案件

要从严惩处拐卖妇女、儿童犯罪团伙的首要分子和以拐卖妇女、儿童为常业的"人贩子"。

要严格把握此类案件罪与非罪的界限。对于买卖至亲的案件,要区别对待:以贩卖牟利为目的"收养"子女的,应以拐卖儿童罪处理;对那些迫于生活困难、受重男轻女思想影响而出卖亲生子女或收养子女的,可不作为犯罪处理;对于出卖子女确属情节恶劣的,可按遗弃罪处罚;对于那些确属介绍婚姻,且被介绍的男女双方相互了解对方的基本情况,或者确属介绍收养,并经被收养人父母同意的,尽管介绍的人数较多,从中收取财物较多,也不应作犯罪处理。

三

会议在认真分析了农村中犯罪、农民犯罪的原因和特点的基础上,结合我国农村基层组织的作用和现状,对处理农村中犯罪案件和农民犯罪案件应当把握的政策界限进行了研究,对正确处理以下问题取得了一致意见:

(一) 关于正确处理干群关系矛盾引发的刑事案件问题

开庭审理此类案件,一般要深入发案地,认真查清事实,了解案件发生的真实原因,分清双方责任,合情、合理、合法地予以处理。

对利用手中掌握的权力欺压百姓、胡作非为,严重损害群众和集体利益,构成犯罪的,要依法严惩;对只是因工作方法简单粗暴构成犯罪的,要做好工作,取得群众谅解后,酌情予以处理。

对抗拒基层组织正常管理,纯属打击报复农村干部的犯罪分子,一定要依法严惩;对事出有因而构成犯罪的农民被告人,则要体现从宽政策。群体事件中,处罚的应只是构成犯罪的极少数为首者和组织者;对于其他一般参与的群众,要以教育为主,不作犯罪处理。

要充分依靠当地党委和政府,充分征求有关部门对此类案件判决的意见。对当地政府强烈要求判处死刑的案件,要了解有关背景。对于依法应当判处死刑的,不能因为担心被告方人多势众会闹事而不判处死刑；相反，对不应当判处死刑的，也不能因为被害方闹事就判处死刑。要依靠党政部门努力做好法制宣传教育工作，在未做好群众思想工作的情况下，不要急于下判。

（二）关于对农民被告人依法判处缓刑、管制、免予刑事处罚问题

对农民被告人适用刑罚，既要严格遵循罪刑相适应的原则，又要充分考虑到农民犯罪主体的特殊性。要依靠当地党委做好相关部门的工作，依法适当多适用非监禁刑罚。对于已经构成犯罪，但不需要判处刑罚的，或者法律规定有管制刑的，应当依法免予刑事处罚或判处管制刑。对于罪行较轻且认罪态度好，符合宣告缓刑条件的，应当依法适用缓刑。

要努力配合有关部门落实非监禁刑的监管措施。在监管措施落实问题上可以探索多种有效的方式，如在城市应加强与适用缓刑的犯罪人原籍的政府和基层组织联系落实帮教措施；在农村应通过基层组织和被告人亲属、家属、好友做好帮教工作等等。

（三）关于村委会和村党支部成员利用职务便利侵吞集体财产犯罪的定性问题

为了保证案件的及时审理，在没有司法解释规定之前，对于已起诉到法院的这类案件，原则上以职务侵占罪定罪处罚。

（四）关于财产刑问题

凡法律规定并处罚金或者没收财产的，均应当依法并处，被告人的执行能力不能作为是否判处财产刑的依据。确实无法执行或不能执行的，可以依法执行终结或者减免。对法律规定主刑有死刑、无期徒刑和有期徒刑，同时并处没收财产或罚金的，如决定判处死刑，只能并处没收财产；判处无期徒刑的，可以并处没收财产，也可以并处罚金；判处有期徒刑的，只能并处罚金。

对于法律规定有罚金刑的犯罪，罚金的具体数额应根据犯罪的情节确定。刑法和司法解释有明确规定的，按规定判处；没有规定的，各地可依照法律规定的原则和具体情况，在总结审判经验的基础上统一规定参照执行的数额标准。

对自由刑与罚金刑均可选择适用的案件，如盗窃罪，在决定刑罚时，既要避免以罚金刑代替自由刑，又要克服机械执法只判处自由刑的倾向。对于可执行财产刑且罪行又不严重的初犯、偶犯、从犯等，可单处罚金刑。对于应当并处罚金刑的犯罪，如被告人能积极缴纳罚金，认罪态度较好，且判处的罚金数量较大，自由刑可适当从轻，或考虑宣告缓刑。这符合罪刑相适应原则，因为罚金刑也是刑罚。

被告人犯数罪的，应避免判处罚金刑的同时，判处没收部分财产。对于判处没收全部财产，同时判处罚金刑的，应决定执行没收全部财产，不再执行罚金刑。

（五）关于刑事附带民事诉讼问题

人民法院审理附带民事诉讼案件的受案范围，应只限于被害人因人身权利受到犯罪行为侵犯和财物被犯罪行为损毁而遭受的物质损失，不包括因犯罪分子非法占有、处置被害人财产而使其遭受的物质损失。对因犯罪分子非法占有、处置被害人财产而使其遭受的物质损失，应当根据刑法第六十四条的规定处理，即应通过追缴赃款赃物、责令退赔的途径解决。如赃款赃物尚在的，应一律追缴；已被用掉、毁坏或挥霍的，应责令退赔。无法退赔的，在决定刑罚时，应作为酌定从重处罚的情节予以考虑。

关于附带民事诉讼的赔偿范围，在没有司法解释规定之前，应注意把握以下原则：一是要充分运用现有法律规定，在法律许可的范围内最大限度地补偿被害人因被告人的犯罪行为而遭受的物质损失。物质损失应包括已造成的损失，也包括将来必然遭受的损失。二是赔偿只限于犯罪行为直接造成的物质损失，不包括精神损失和间接造成的物质损失。三是要适当考虑被告人的赔偿能力。被告人的赔偿能力包括现在的赔偿能力和将来的赔偿能力，对未成年被告人还应考虑到其监护人的赔偿能力，以避免数额过大的空判引起的负面效应，被告人的民事赔偿情况可作为量刑的酌定情节。四是要切实维护被害人的合法权益。附带民事原告人提出起诉的，对于没有构成犯罪的共同致害人，也要追究其民事赔偿责任。未成年致害人由其法定代理人或者监护人承担赔偿责任。但是，在逃的同案犯不应列为附带民事诉讼的被告人。关于赔偿责任的分担：共同致害人应当承担连带赔偿责任；在学校等单位内部发生犯罪造成受害人损失，在管理上有过错责任的学校等单位有赔偿责任，但不承担连带赔偿责任；交通肇事犯罪的车辆所有人（单位）在犯罪分子无赔偿能力的情况下，承担代为赔偿或者垫付的责任。

（六）关于刑事自诉案件问题

要把好自诉案件的立案关。有的地方为了便于具体操作，制定了具体立案标准，也有的地方实行"立案听证"，让合议庭听取有关方面的意见，审查证据材料，决定是否立案。这些做法可以进一步总结，效果好的，可逐步推广。

要注重指导和协助双方当事人自行取证举证。由于广大农民群众法律水平尚不高，个人取证有相当难度，一般情况下很难达到法律规定的证据要求。如果因证据不足而简单、轻率地决定对自诉案件不予受理，就有可能使矛盾激化，引发新的刑事案件。因此，对于当事人所举证据不充分的，在指导自诉人取证的基础上，对于确有困难的，人民法院应当依法调查取证。

要正确适用调解。调解应查清事实、分清责任，在双方自愿的基础上依法进行，不能强迫调解，更不能违法调解。

要正确适用强制措施和刑罚。自诉案件经审查初步认定构成犯罪且较为严重的，对有可能逃避刑事责任和民事责任的被告人，要依法及时采取强制措施。对可能判处管制、拘役或者独立适用附加刑或者能及时到案，不致发生社会危险的被告人，不应当决定逮捕。在处刑上，对自诉案件被告人更应当注意尽量依法多适用非监禁刑罚。

最高人民法院　最高人民检察院　公安部　司法部
印发《关于依法惩治性侵害未成年人
犯罪的意见》的通知

2013年10月23日　　　　　　　　　　法发〔2013〕12号

各省、自治区、直辖市高级人民法院、人民检察院、公安厅（局）、司法厅（局），解放军军事法院、军事检察院，新疆维吾尔自治区高级人民法院生产建设兵团分院，新疆生产建设兵团人民检察院、公安局、司法局：

为依法惩治性侵害未成年人犯罪，加大对未成年人合法权益的司法保护，现将最高人民法院、最高人民检察院、公安部、司法部《关于依法惩治性侵害未成年人犯罪的意见》印发给你们，请认真贯彻执行。

附：

关于依法惩治性侵害未成年人犯罪的意见

为依法惩治性侵害未成年人犯罪，保护未成年人合法权益，根据刑法、刑事诉讼法和未成年人保护法等法律和司法解释的规定，结合司法实践经验，制定本意见。

一、基本要求

1. 本意见所称性侵害未成年人犯罪，包括刑法第二百三十六条、第二百三十七条、第三百五十八条、第三百五十九条、第三百六十条第二款规定的针对未成年人实施的强奸罪，强制猥亵、侮辱妇女罪，猥亵儿童罪，组织卖淫罪，强迫卖淫罪，引诱、容留、介绍卖淫罪，引诱幼女卖淫罪，嫖宿幼女罪等。

2. 对于性侵害未成年人犯罪，应当依法从严惩治。

3. 办理性侵害未成年人犯罪案件，应当充分考虑未成年被害人身心发育尚未成熟、易受伤害等特点，贯彻特殊、优先保护原则，切实保障未成年人的合法权益。

4. 对于未成年人实施性侵害未成年人犯罪的，应当坚持双向保护原则，在依法保护未成年被害人的合法权益时，也要依法保护未成年犯罪嫌疑人、未成年被告人的合法权益。

5. 办理性侵害未成年人犯罪案件，对于涉及未成年被害人、未成年犯罪嫌疑人和未成年被告人的身份信息及可能推断出其身份信息的资料和涉及性侵害的细节等内容，审判人员、检察人员、侦查人员、律师及其他诉讼参与人应当予以保密。

对外公开的诉讼文书，不得披露未成年被害人的身份信息及可能推断出其身份信息的其他资料，对性侵害的事实注意以适当的方式叙述。

6. 性侵害未成年人犯罪案件，应当由熟悉未成年人身心特点的审判人员、检察人员、侦查人员办理，未成年被害人系女性的，应当有女性工作人员参与。

人民法院、人民检察院、公安机关设有办理未成年人刑事案件专门工作机构或者专门工作小组的，可以优先由专门工作机构或者专门工作小组办理性侵害未成年人犯罪案件。

7. 各级人民法院、人民检察院、公安机关和司法行政机关应当加强与民政、教育、妇联、共青团等部门及未成年人保护组织的联系和协作，共同做好性侵害未成年人犯罪预防和未成年被害人的心理安抚、疏导工作，从有利于未成年人身心健康的角度，对其给予必要的帮助。

8. 上级人民法院、人民检察院、公安机关和司法行政机关应当加强对下指导和业务培训。各级人民法院、人民检察院、公安机关和司法行政机关要增强对未成年人予以特殊、优先保护的司法理念，完善工作机制，提高办案能力和水平。

二、办案程序要求

9. 对未成年人负有监护、教育、训练、救助、看护、医疗等特殊职责的人员（以下简称负有特殊职责的人员）以及其他公民和单位，发现未成年人受到性侵害的，有权利也有义务向公安机关、人民检察院、人民法院报案或者举报。

10. 公安机关接到未成年人被性侵害的报案、控告、举报，应当及时受理，迅速进行审查。经审查，符合立案条件的，应当立即立案侦查。

公安机关发现可能有未成年人被性侵害或者接报相关线索的，无论案件是否属于本单位管辖，都应当及时采取制止违法犯罪行为、保护被害人、保护现场等紧急措施，必要时，应当通报有关部门对被害人予以临时安置、救助。

11. 人民检察院认为公安机关应当立案侦查而不立案侦查的，或者被害人及其法定代理人、对未成年人负有特殊职责的人员据此向人民检察院提出异议的，人民检察院应当要求公安机关说明不立案的理由。人民检察院认为不立案理由不成立的，应当通知公安机关立案，公安机关接到通知后应当立案。

12. 公安机关侦查未成年人被性侵害案件，应当依照法定程序，及时、全面收集固定证据。及时对性侵害犯罪现场进行勘查，对未成年被害人、犯罪嫌疑人进行人身检查，提取体液、毛发、被害人和犯罪嫌疑人指甲内的残留物等生物样本，指纹、足迹、鞋印等痕迹，衣物、纽扣等物品；及时提取住宿登记表等书证，现场监控录像等视听资料；及时收集被害人陈述、证人证言和犯罪嫌疑人供述等证据。

13. 办案人员到未成年被害人及其亲属、未成年证人所在学校、单位、居住地调查取证的，应当避免驾驶警车、穿着制服或者采取其他可能暴露被害人身份、影响被害人名誉、隐私的方式。

14. 询问未成年被害人，审判人员、检察人员、侦查人员和律师应当坚持不伤害原则，选择未成年人住所或者其他让未成年人心理上感到安全的场所进行，并通知其法定代理人到场。无法通知、法定代理人不能到场或者法定代理人是性侵害犯罪嫌疑人、被告人的，也可以通知未成年被害人的其他成年亲属或者所在学校、居住地基层组织、未成年人保护组织的代表等有关人员到场，并将相关情况记录在案。

询问未成年被害人，应当考虑其身心特点，采取和缓的方式进行。对与性侵害犯罪有关的事实应当进行全面询问，以一次询问为原则，尽可能避免反复询问。

15. 人民法院、人民检察院办理性侵害未成年人案件，应当及时告知未成年被害人及其法定代理人或者近亲属有权委托诉讼代理人，并告知其如果经济困难，可以向法律援助机构申请法律援助。对需要申请法律援助的，应当帮助其申请法律援助。法律援助机构应当及时指派熟悉未成年人身心特点的律师为其提供法律帮助。

16. 人民法院、人民检察院、公安机关办理性侵害未成年人犯罪案件，除有碍案件办理的情形外，应当将案件进展情况、案件处理结果及时告知被害人及其法定代理人，并对有关情况予以说明。

17. 人民法院确定性侵害未成年人犯罪案件开庭日期后，应当将开庭的时间、地点通知未成年被害人及其法定代理人。未成年被害人的法定代理人可以陪同或者代表未成年被害人参加法庭审理，陈述意见，法定代理人是性侵害犯罪被告人的除外。

18. 人民法院开庭审理性侵害未成年人犯罪案件，未成年被害人、证人确有必要出庭的，应当根据案件情况采取不暴露外貌、真实声音等保护措施。有条件的，可以采取视频等方式播放未成年人的陈述、证言，播放视频亦应采取保护措施。

三、准确适用法律

19. 知道或者应当知道对方是不满十四周岁的幼女，而实施奸淫等性侵害行为的，应当认定行为人"明知"对方是幼女。

对于不满十二周岁的被害人实施奸淫等性侵害行为的，应当认定行为人"明知"对方是幼女。

对于已满十二周岁不满十四周岁的被害人，从其身体发育状况、言谈举止、衣着特征、生活作息规律等观察可能是幼女，而实施奸淫等性侵害行为的，应当认定行为人"明知"对方是幼女。

20. 以金钱财物等方式引诱幼女与自己发生性关系的；知道或者应当知道幼女被他人强迫卖淫而仍与其发生性关系的，均以强奸罪论处。

21. 对幼女负有特殊职责的人员与幼女发生性关系的，以强奸罪论处。

对已满十四周岁的未成年女性负有特殊职责的人员，利用其优势地位或者被害人孤立无援的境地，迫使未成年被害人就范，而与其发生性关系的，以强奸罪定罪处罚。

22. 实施猥亵儿童犯罪，造成儿童轻伤以上后果，同时符合刑法第二百三十四条或者第二百三十二条的规定，构成故意伤害罪、故意杀人罪的，依照处罚较重的规定定罪处罚。

对已满十四周岁的未成年男性实施猥亵，造成被害人轻伤以上后果，符合刑法第二百三十四条或者第二百三十二条规定的，以故意伤害罪或者故意杀人罪定罪处罚。

23. 在校园、游泳馆、儿童游乐场等公共场所对未成年人实施强奸、猥亵犯罪，只要有其他多人在场，不论在场人员是否实际看到，均可以依照刑法第二百三十六条第三款、第二百三十七条的规定，认定为在公共场所"当众"强奸妇女，强制猥亵、侮辱妇女，猥亵儿童。

24. 介绍、帮助他人奸淫幼女、猥亵儿童的，以强奸罪、猥亵儿童罪的共犯论处。

25. 针对未成年人实施强奸、猥亵犯罪的，应当从重处罚，具有下列情形之一的，更要依法从严惩处：

（1）对未成年人负有特殊职责的人员、与未成年人有共同家庭生活关系的人员、国家工作人员或者冒充国家工作人员，实施强奸、猥亵犯罪的；

（2）进入未成年人住所、学生集体宿舍实施强奸、猥亵犯罪的；

（3）采取暴力、胁迫、麻醉等强制手段实施奸淫幼女、猥亵儿童犯罪的；

（4）对不满十二周岁的儿童、农村留守儿童、严重残疾或者精神智力发育迟滞的未成年人，实施强奸、猥亵犯罪的；

（5）猥亵多名未成年人，或者多次实施强奸、猥亵犯罪的；

（6）造成未成年被害人轻伤、怀孕、感染性病等后果的；

（7）有强奸、猥亵犯罪前科劣迹的。

26. 组织、强迫、引诱、容留、介绍未成年人卖淫构成犯罪的，应当从重处罚。强迫幼女卖淫、引诱幼女卖淫的，应当分别按照刑法第三百五十八条第一款第（二）项、第三百五十九条第二款的规定定罪处罚。

对未成年人负有特殊职责的人员、与未成年人有共同家庭生活关系的人员、国家工作人员，实施组织、强迫、引诱、容留、介绍未成年人卖淫等性侵害犯罪的，更要依法从严惩处。

27. 已满十四周岁不满十六周岁的人偶尔与幼女发生性关系，情节轻微、未造成严重后果的，不认为是犯罪。

四、其他事项

28. 对于强奸未成年人的成年犯罪分子判处刑罚时，一般不适用缓刑。

对于性侵害未成年人的犯罪分子确定是否适用缓刑，人民法院、人民检察院可以委托犯罪分子居住地的社区矫正机构，就对其宣告缓刑对所居住社区是否有重大不良影响进行调查。受委托的社区矫正机构应当及时组织调查，在规定的期限内将调查评估意见提交委托机关。

对于判处刑罚同时宣告缓刑的，可以根据犯罪情况，同时宣告禁止令，禁止犯罪分子在缓刑考验期内从事与未成年人有关的工作、活动，禁止其进入中小学校区、幼儿园园区及其他未成年人集中的场所，确因本人就学、居住等原因，经执行机关批准的除外。

29. 外国人在我国领域内实施强奸、猥亵未成年人等犯罪的，应当依法判处，在判处刑罚时，可以独立适用或者附加适用驱逐出境。对于尚不构成犯罪但构成违反治安管理行为的，或者因实施性侵害未成年人犯罪不适宜在中国境内继续停留居留的，公安机关可以依法适用限期出境或者驱逐出境。

30. 对于判决已生效的强奸、猥亵未成年人犯罪案件，人民法院在依法保护被害人隐私的前提下，可以在互联网公布相关裁判文书，未成年人犯罪的除外。

31. 对于未成年人因被性侵害而造成的人身损害，为进行康复治疗所支付的医疗费、护理费、交通费、误工费等合理费用，未成年被害人及其法定代理人、近亲属提出赔偿请求的，人民法院依法予以支持。

32. 未成年人在幼儿园、学校或者其他教育机构学习、生活期间被性侵害而造成人身损害，被害人及其法定代理人、近亲属据此向人民法院起诉要求上述单位承担赔偿责任的，人民法院依法予以支持。

33. 未成年人受到监护人性侵害，其他具有监护资格的人员、民政部门等有关单位和组织向人民法院提出申请，要求撤销监护人资格，另行指定监护人的，人民法院依法予以支持。

34. 对未成年被害人因性侵害犯罪而造成人身损害，不能及时获得有效赔偿，生活困难的，各级人民法院、人民检察院、公安机关可会同有关部门，优先考虑予以司法救助。

国家卫生和计划生育委员会 最高人民法院 最高人民检察院等
关于印发维护医疗秩序打击涉医违法犯罪专项行动方案的通知

2013 年 12 月 20 日　　　　　　　　　　国卫医发〔2013〕43 号

各省、自治区、直辖市卫生计生委（卫生厅局）、综治办、党委宣传部、高级人民法院、人民检察院、公安厅局、民政厅局、司法厅局、工商局、保监局、中医药局，新疆生产建设兵团卫生局、综治办、党委宣传部、高级人民法院分院、人民检察院、公安局、民政局、司法局、工商局：

为贯彻习近平总书记关于建设平安中国的重要批示和国务院"维护正常医疗秩序建立和谐医患关系"会议精神，经研究，我们制定了《关于维护医疗秩序打击涉医违法犯罪专项行动方案》。现印发给你们，请遵照执行。

附：

关于维护医疗秩序打击涉医违法犯罪专项行动方案

为维护医疗秩序，建立和谐医患关系，切实保障广大人民群众的利益，确保医务人员、就诊患者的安全，构建安全稳定的医疗环境，全面推进平安医院创建工作，决定自2013年12月起，在全国范围内开展为期1年的维护医疗秩序打击涉医违法犯罪专项行动，具体方案如下。

一、指导思想

贯彻落实党的十八大和十八届三中全会精神，紧密围绕建设平安中国、健康中国的要求，深入开展群众路线教育实践活动，以创建"平安医院"活动为载体，通过开展维护医疗秩序打击涉医违法犯罪专项行动，保障医患双方合法权益，为广大患者和医务人员营造良好的医疗环境，切实维护社会和谐稳定。

二、主要措施

（一）严厉惩治侵害医患人身安全、扰乱正常医疗秩序违法犯罪活动。

1. 依法惩治暴力伤害医务人员和患者的违法犯罪活动。公安机关要加强对医疗机构安全指导检查及周边的巡逻防控，对实施伤害医务人员和患者人身安全的违法犯罪分子，要采取一切有效措施果断制服，依法严惩。对在医疗机构内发生的各类涉嫌犯罪案件，公安机关要快侦、快破，检察院、法院要依法及时批捕起诉、审判。重大案件上级机关要挂牌督办，坚决打掉违法犯罪分子的嚣张气焰。

2. 依法处理扰乱正常医疗秩序等行为。对在医疗机构拉横幅、摆设花圈、设灵堂、违规停尸，驱赶其他就医人员等扰乱医疗机构秩序的，或者聚众打砸和围堵医疗机构，侮辱、威胁医务人员，非法限制医务人员和其他工作人员人身自由等，致使医疗机构诊疗活动无法进行、侵害人民群众合法就医权益的，公安机关接报警后应当立即采取果断措施，及时控制现场，维护正常医疗秩序；对不听劝导、不肯停止过激行为，构成违反治安管理行为的，要依据《治安管理处罚法》有关规定进行查处；构成犯罪的，要依法追究刑事责任。

3. 严厉打击职业"医闹"、"医托"及"号贩子"。对专门捏造、寻找、介入他人医患矛盾，故意扩大事态，寻衅滋事，向医务人员、医疗机构敲诈勒索的职业"医闹"分子，要严厉打击，坚决依法查处，构成犯罪的，要依法追究其刑事责任。要加强医疗机构周边秩序维护和乱点整治，重点打击、依法查处"医托"、"号贩子"，为患者创造良好的医疗环境。

（二）切实提高医疗机构安全防范能力。

1. 落实医疗机构内部治安保卫责任。医疗机构主要负责人对本单位治安保卫工作负责。医疗机构应当健全安全防范系统日常管理防范制度,对发生的各类案件要认真做好案件登记,并及时向所在地公安机关报案,积极协助公安机关开展调查取证工作。

2. 强化医疗机构安全防范系统建设。按照《关于加强医院安全防范系统建设的指导意见》(国卫办医发〔2013〕28号)的要求,各级卫生计生行政部门和公安机关应当加强协作配合,做好对医疗机构安全防范工作的指导、检查与考核,积极协调地方财政部门加大投入力度,加强医疗机构三防系统建设,确保重点区域、重点部门视频监控覆盖率达到100%。具备条件的二级以上医院安全监控中心应当建设应急报警装置并与当地公安机关联网。

3. 加强医疗机构内部巡查守护。各级卫生计生行政部门要会同公安机关督促医疗机构加强内部巡查守护,对重点区域、要害部位、夜间值班科室等关键部门要安排专人值守,及时发现可疑情况,先期处置。要加强医疗机构安全防范动态管理,组织保卫人员、保安员定时和随时巡查。发生案事件后,要立即报警,保卫人员和保安员要第一时间赶赴现场,制止违法犯罪行为,依法控制违法犯罪人员,做好现场保护措施,配合公安机关开展相关工作。

4. 完善警医联动机制。各级公安机关要对医疗机构的内部治安保卫工作加强指导。各级卫生计生行政部门要落实专门机构和人员与公安机关对接。有条件的地方可根据实际需要在二级以上医院设立警务室,及时受理涉医报警求助,加强动态管控,积极配合做好维护医院秩序的各项工作。各级卫生计生部门应当会同公安机关指导医疗机构建立医患突发事件应急处置预案,健全警医联动、联防联控机制,提高应急突发事件的现场处置能力。

(三) 切实提高医疗服务质量。

1. 落实深化医药卫生体制改革要求。各地应当加快健全全民医保体系建设,完善城乡居民大病保险制度,做好生活困难人群的医疗救助,帮助群众解决看病负担。建立并完善医疗服务监管机制,健全医疗质量控制与持续改进体系,加大医疗服务信息公开力度,改善人民群众就医感受。

2. 完善医患沟通制度。各地应当加强医务人员人文教育、医患沟通培训,提高医患沟通效果;会同社会媒体组织开展多种形式的医疗卫生科普及法律知识宣传活动,提高人民群众对医疗风险和医疗服务特殊性的认识,增强人民群众的遵纪守法意识,引导患者合法维权;落实《医院投诉管理办法(试行)》,畅通投诉渠道,实行"首诉负责制",规范接待流程,疏导理顺当事人情绪。

3. 改善服务,提高质量。地方各级卫生计生行政部门要以深入开展"三好一满意"活动为契机,加强医疗机构能力建设,提高医疗服务能力和医疗技术水平,改善服务态度,优化服务流程,增加便民惠民措施,开展优质服务,加强行风建设。各级卫生计生行政部门和医疗机构要热情关心医务人员,改善医务人员工作环境和生活条件,帮助解决实际困难,充分调动医务人员的积极性。

(四) 做好医疗纠纷化解工作。

1. 加强医疗纠纷人民调解组织队伍建设。各级司法行政机关会同卫生计生等部门,积极拓展医疗纠纷人民调解组织覆盖面,完善人民调解组织网络,力争2014年底覆盖

75%的县级行政区域。建立健全医疗纠纷人民调解与医疗机构投诉管理衔接机制,及时引导医疗纠纷通过人民调解化解,有效防止矛盾纠纷扩大升级。医疗纠纷人民调解委员会应当聘请3名以上专职人民调解员,加大培训力度,建立一支能够满足需求、高水平、相对稳定的医疗纠纷人民调解员队伍。

2. 完善医疗纠纷人民调解工作运行机制。地方政府应当保障医疗纠纷人民调解组织的工作场所、工作经费和人员经费,确保调解工作正常运行。各级司法行政机关依法指导、规范医疗纠纷人民调解工作,并协调律师、公证、法援等职能部门为有需求的群众提供法律服务和法律援助。

3. 健全医疗风险分担机制。鼓励各地探索建立符合当地实际的医疗风险分担机制。大力推进医疗责任保险,力争覆盖二级以上医疗机构。鼓励开展医疗意外险,提高风险分担的覆盖面。各地应当建立医疗责任保险考核评价机制,指导保险公司积极主动为投保对象提供优质保险服务。

(五)开展涉医矛盾隐患大排查。

1. 开展医患矛盾与医疗纠纷排查化解。要认真贯彻中综办〔2013〕16号文件精神,进一步落实矛盾纠纷排查调处工作协调会议纪要月报制度,各相关部门要将医疗纠纷风险隐患排查纳入矛盾大排查工作之中,深入医疗机构及周边社区、村镇开展广泛深入的调查摸排,及时发现矛盾纠纷,指定专人开展化解工作。针对排查出的医疗纠纷,适宜通过人民调解解决的,应当引导到当地医疗纠纷人民调解组织解决;对有暴力倾向的案例,或调解过程中可能激化矛盾,引起治安案件、刑事案件的纠纷,应当及时向当地公安机关和卫生计生行政部门通报,防止矛盾激化。要充分运用人民调解、行政调解、司法调解联动的工作机制,各司其职,协调配合,形成合力,共同做好医疗纠纷预防化解工作。

2. 严格控制重点人员。一是对不能及时化解的,要部署落实相关人员的管控措施。同时,对医疗机构周边其他各类重点人,特别是对社会不满、有可能铤而走险报复社会的,有关部门和单位、社区、家庭要落实稳控措施。二是加强严重精神障碍患者的管理。各地要重点发现肇事肇祸及有潜在暴力倾向的严重精神障碍患者,按照国家有关规定,做好严重精神障碍患者的管理。对精神障碍患者在医疗机构及其周边滋事、扰乱秩序的,属地公安机关要迅速出警处置,严防发生恶性案件。

三、实施步骤

(一)工作部署阶段(2014年1月底前)。各省(区、市)按照本方案的内容和要求,与群众路线教育实践活动相结合,制订专项行动实施方案,建立各类涉稳基础台账,部署具体工作。

(二)集中整治阶段(2014年2月~9月)。

1. 梳理摸排,确定工作目标。认真梳理摸排职业"医闹"等线索信息,组织专门力量,收集固定证据,组织开展破案打击;开展医疗机构安全防范系统、医疗纠纷预防化解以及医疗责任险等方面的检查,认真查找不足,明确工作要求。

2. 打建并举,维护医疗秩序。公安机关要会同卫生计生部门整治医疗机构突出治安问题和周边治安秩序，组织深度打击整治，严厉打击暴力伤医、伤患的违法犯罪活动，查办一批扰乱医疗秩序的案件。同时，进一步固化各项工作措施，建立健全医院安全防范，医患纠纷排查化解工作长效机制。

3. 督导检查，巩固工作成效。各省（区、市）要组织联合督导检查，开展明察暗访，巩固工作成果，创新工作思路，深入发掘先进典型，不断总结和推广先进经验、做法，完善法律法规和工作制度。

（三）总结评估阶段（2014年10月—11月）。各省级卫生计生行政部门牵头，会同综治、公安、司法、保监等部门于2014年10月底前应当完成本省（区、市）专项行动的总结评估。国家卫生计生委将会同中央综治办、公安部、司法部等部门对重点地区进行集中整治回头看，深入持续打击涉医违法犯罪活动，维护医疗秩序，建立和谐医患关系。

四、工作要求

（一）切实做好组织领导。各地要依托创建"平安医院"活动工作小组，统一负责、领导辖区内专项行动，主要负责人要亲自抓，分管领导要直接负责，坚决稳妥处置涉医突发事件，及时化解医患矛盾及医疗纠纷。对于因工作不到位引起的重大伤医案件以及群体性涉医事件的，要追究相关人员责任。

（二）确保工作措施落实到位。各省（区、市）专项行动情况作为该省（区、市）综治工作（平安建设）考核评价内容中"平安医院创建工作"的主要内容，对于连续发生恶性伤医案件以及专项行动开展不力的，在平安医院创建工作考核中一票否决。

（三）明确部门职责分工。地方各有关部门应当建立分工协作工作机制，确保专项行动取得显著效果。综治组织要发挥协调推动作用，卫生计生行政部门要着重抓好医疗服务质量和医疗机构内部安全防范工作，司法行政部门要推行医疗纠纷人民调解工作，公安、检察院、法院对重大伤医案件及涉医案事件要依法从快从重处理，保监部门积极推进医疗责任保险，民政部门对困难人群及时给予救助，工商部门要积极开展打击非法医疗广告专项行动。

（四）加强宣传教育和舆论引导。各地要广泛利用电视、广播、报纸、互联网等新闻媒体，大力宣传专项行动取得的战果，及时报道涉医案件打击处理情况，对典型案例要通过媒体集中披露，以起到法制教育和打击震慑作用。大力宣传卫生行业先进典型，以及医患共同抵御疾病的生动故事，弘扬救死扶伤人道主义精神，营造尊医重卫的良好氛围。做好医学科普宣传和普法教育，提高人民群众健康素养，引导群众对医疗服务的合理预期。

（五）做好信息报送工作。专项行动期间，各省（区、市）牵头部门要及时收集汇总本地区专项行动工作进展、先进典型及经验、主要成效、重大案件、问题困难等信息，及时报送国家卫生计生委。各省级有关部门应当将本部门进展情况及时报送给相应上级部门。

最高人民法院 最高人民检察院 公安部 司法部 国家卫生和计划生育委员会 印发《关于依法惩处涉医违法犯罪维护正常医疗秩序的意见》的通知

2014年4月22日 　　　　　　　　　　　　　　法发〔2014〕5号

各省、自治区、直辖市高级人民法院、人民检察院、公安厅（局）、司法厅（局）、卫生计生委（卫生厅局），解放军军事法院、军事检察院，新疆维吾尔自治区高级人民法院生产建设兵团分院，新疆生产建设兵团人民检察院、公安局、司法局、卫生局：

为依法惩处涉医违法犯罪，维护正常医疗秩序，构建和谐医患关系，最高人民法院、最高人民检察院、公安部、司法部、国家卫生和计划生育委员会经深入调查研究，广泛征求意见，制定了《关于依法惩处涉医违法犯罪维护正常医疗秩序的意见》。现印发给你们，请认真组织学习，切实贯彻执行。

附：

关于依法惩处涉医违法犯罪维护正常医疗秩序的意见

为依法惩处涉医违法犯罪，维护正常医疗秩序，构建和谐医患关系，根据《中华人民共和国刑法》《中华人民共和国治安管理处罚法》等法律法规，结合工作实践，制定本意见。

一、充分认识依法惩处涉医违法犯罪维护正常医疗秩序的重要性

加强医药卫生事业建设，是实现人民群众病有所医，提高全民健康水平的重要社会建设工程。经过多年努力，我国医药卫生事业发展取得显著成就，但医疗服务能力、医疗保障水平与人民群众不断增长的医疗服务需求之间仍存在一定差距。一段时期以来，个别地方相继发生暴力杀医、伤医以及在医疗机构聚众滋事等违法犯罪行为，严重扰乱了正常医疗秩序，侵害了人民群众的合法利益。良好的医疗秩序是社会和谐稳定的重要体现，也是增进人民福祉的客观要求。依法惩处涉医违法犯罪，维护正常医疗秩序，有利于保障医患双方的合法权益，为患者创造良好的看病就医环境，为医务人员营造安全的执业环境，从而促进医疗服务水平的整体提高和医药卫生事业的健康发展。

二、严格依法惩处涉医违法犯罪

对涉医违法犯罪行为,要依法严肃追究、坚决打击。公安机关要加大对暴力杀医、伤医、扰乱医疗秩序等违法犯罪活动的查处力度,接到报警后应当及时出警、快速处置,需要追究刑事责任的,及时立案侦查,全面、客观地收集、调取证据,确保侦查质量。人民检察院应当及时依法批捕、起诉,对于重大涉医犯罪案件要加强法律监督,必要时可以对收集证据、适用法律提出意见。人民法院应当加快审理进度,在全面查明案件事实的基础上依法准确定罪量刑,对于犯罪手段残忍、主观恶性深、人身危险性大的被告人或者社会影响恶劣的涉医犯罪行为,要依法从严惩处。

(一)在医疗机构内殴打医务人员或者故意伤害医务人员身体、故意损毁公私财物,尚未造成严重后果的,分别依照治安管理处罚法第四十三条、第四十九条的规定处罚;故意杀害医务人员,或者故意伤害医务人员造成轻伤以上严重后果,或者随意殴打医务人员情节恶劣、任意损毁公私财物情节严重,构成故意杀人罪、故意伤害罪、故意毁坏财物罪、寻衅滋事罪的,依照刑法的有关规定定罪处罚。

(二)在医疗机构私设灵堂、摆放花圈、焚烧纸钱、悬挂横幅、堵塞大门或者以其他方式扰乱医疗秩序,尚未造成严重损失,经劝说、警告无效的,要依法驱散,对拒不服从的人员要依法带离现场,依照治安管理处罚法第二十三条的规定处罚;聚众实施的,对首要分子和其他积极参加者依法予以治安处罚;造成严重损失或者扰乱其他公共秩序情节严重,构成寻衅滋事罪、聚众扰乱社会秩序罪、聚众扰乱公共场所秩序、交通秩序罪的,依照刑法的有关规定定罪处罚。

在医疗机构的病房、抢救室、重症监护室等场所及医疗机构的公共开放区域违规停放尸体,影响医疗秩序,经劝说、警告无效的,依照治安管理处罚法第六十五条的规定处罚;严重扰乱医疗秩序或者其他公共秩序,构成犯罪的,依照前款的规定定罪处罚。

(三)以不准离开工作场所等方式非法限制医务人员人身自由的,依照治安管理处罚法第四十条的规定处罚;构成非法拘禁罪的,依照刑法的有关规定定罪处罚。

(四)公然侮辱、恐吓医务人员的,依照治安管理处罚法第四十二条的规定处罚;采取暴力或者其他方法公然侮辱、恐吓医务人员情节严重(恶劣),构成侮辱罪、寻衅滋事罪的,依照刑法的有关规定定罪处罚。

(五)非法携带枪支、弹药、管制器具或者爆炸性、放射性、毒害性、腐蚀性物品进入医疗机构的,依照治安管理处罚法第三十条、第三十二条的规定处罚;危及公共安全情节严重,构成非法携带枪支、弹药、管制刀具、危险物品危及公共安全罪的,依照刑法的有关规定定罪处罚。

(六)对于故意扩大事态,教唆他人实施针对医疗机构或者医务人员的违法犯罪行为,或者以受他人委托处理医疗纠纷为名实施敲诈勒索、寻衅滋事等行为的,依照治安管理处罚法和刑法的有关规定从严惩处。

三、积极预防和妥善处理医疗纠纷

(一)卫生计生行政部门应当加强医疗行业监管,指导医疗机构提高医疗服务能力,保障医疗安全和医疗质量。医疗机构及其医务人员要严格遵守医疗卫生管理法律、行政法规、部门规章和诊疗护理规范，加强医德医风建设，改善服务态度，注重人文关怀，尊重患者的隐私权、知情权、选择权等权利，根据患者病情、预后不同以及患者实际需求，采取适当方式进行沟通，做好解释说理工作，从源头上预防和减少医疗纠纷。

（二）卫生计生行政部门应当指导医疗机构加强投诉管理，设立医患关系办公室或者指定部门统一承担医疗机构投诉管理工作，建立畅通、便捷的投诉渠道。

医疗机构投诉管理部门应当在医疗机构显著位置公布该部门及医疗纠纷人民调解组织等相关机构的联系方式、医疗纠纷的解决程序，加大对患者法律知识的宣传，引导患者依法、理性解决医疗纠纷。有条件的医疗机构可设立网络投诉平台，并安排专人处理、回复患者投诉。要做到投诉必管、投诉必复，在规定期限内向投诉人反馈处理情况。

对于医患双方自行协商解决不成的医疗纠纷，医疗机构应当及时通过向人民调解委员会申请调解等其他合法途径解决。

（三）司法行政机关应当会同卫生计生行政部门加快推进医疗纠纷人民调解组织建设，在医疗机构集中、医疗纠纷突出的地区建立独立的医疗纠纷人民调解委员会。

司法行政机关应当会同人民法院加强对医疗纠纷人民调解委员会的指导，帮助完善医疗纠纷人民调解受理、调解、回访、反馈等各项工作制度，加强医疗纠纷人民调解员队伍建设和业务培训，建立医学、法律等专家咨询库，确保调解依法、规范、有效进行。

司法行政机关应当组织法律援助机构为有需求并符合条件的医疗纠纷患者及其家属提供法律援助，指导律师事务所、公证机构等为医疗纠纷当事人提供法律服务，指导律师做好代理服务工作，促使医疗纠纷双方当事人妥善解决争议。

（四）人民法院对起诉的医疗损害赔偿案件应当及时立案受理，积极开展诉讼调解，对调解不成的，及时依法判决，切实维护医患双方的合法利益。在诉讼过程中应当加强诉讼指导，并做好判后释疑工作。

（五）卫生计生行政部门应当会同公安机关指导医疗机构建立健全突发事件预警应对机制和警医联动联防联控机制，提高应对突发事件的现场处置能力。公安机关可根据实际需要在医疗机构设立警务室，及时受理涉医报警求助，加强动态管控。医疗机构在诊治过程中发现有暴力倾向的患者，或者在处理医疗纠纷过程中发现有矛盾激化，可能引发治安案件、刑事案件的情况，应当及时报告公安机关。

四、建立健全协调配合工作机制

各有关部门要高度重视打击涉医违法犯罪、维护正常医疗秩序的重要性，认真落实党中央、国务院关于构建和谐医患关系的决策部署，加强组织领导与协调配合，形成构建和谐医患关系的合力。地市级以上卫生计生行政部门应当积极协调相关部门建立联席会议等工作制度，定期互通信息，及时研究解决问题，共同维护医疗秩序，促进我国医药卫生事业健康发展。

（二）危害国家安全罪

最高人民法院
关于审理为境外窃取、刺探、收买、非法提供国家秘密、情报案件具体应用法律若干问题的解释

法释〔2001〕4号

（2000年11月20日最高人民法院审判委员会第1142次会议通过 2001年1月17日最高人民法院公告公布 自2001年1月22日起施行）

为依法惩治为境外的机构、组织、人员窃取、刺探、收买、非法提供国家秘密、情报犯罪活动，维护国家安全和利益，根据刑法有关规定，现就审理这类案件具体应用法律的若干问题解释如下：

第一条 刑法第一百一十一条规定的"国家秘密"，是指《中华人民共和国保守国家秘密法》第二条、第八条以及《中华人民共和国保守国家秘密法实施办法》第四条确定的事项。

刑法第一百一十一条规定的"情报"，是指关系国家安全和利益、尚未公开或者依照有关规定不应公开的事项。

对为境外机构、组织、人员窃取、刺探、收买、非法提供国家秘密之外的情报的行为，以为境外窃取、刺探、收买、非法提供情报罪定罪处罚。

第二条 为境外窃取、刺探、收买、非法提供国家秘密或者情报，具有下列情形之一的，属于"情节特别严重"，处10年以上有期徒刑、无期徒刑，可以并处没收财产：

（一）为境外窃取、刺探、收买、非法提供绝密级国家秘密的；

（二）为境外窃取、刺探、收买、非法提供三项以上机密级国家秘密的；

（三）为境外窃取、刺探、收买、非法提供国家秘密或者情报，对国家安全和利益造成其他特别严重损害的。

实施前款行为，对国家和人民危害特别严重、情节特别恶劣的，可以判处死刑，并处没收财产。

第三条 为境外窃取、刺探、收买、非法提供国家秘密或者情报，具有下列情形之一的，处5年以上10年以下有期徒刑，可以并处没收财产：

（一）为境外窃取、刺探、收买、非法提供机密级国家秘密的；

（二）为境外窃取、刺探、收买、非法提供三项以上秘密级国家秘密的；

（三）为境外窃取、刺探、收买、非法提供国家秘密或者情报，对国家安全和利益造成其他严重损害的。

第四条 为境外窃取、刺探、收买、非法提供秘密级国家秘密或者情报，属于"情节较轻"，处5年以下有期徒刑、拘役、管制或者剥夺政治权利，可以并处没收财产。

第五条 行为人知道或者应当知道没有标明密级的事项关系国家安全和利益，而为境外窃取、刺探、收买、非法提供的，依照刑法第一百一十一条的规定以为境外窃取、刺探、收买、非法提供国家秘密罪定罪处罚。

第六条 通过互联网将国家秘密或者情报非法发送给境外的机构、组织、个人的，依照刑法第一百一十一条的规定定罪处罚；将国家秘密通过互联网予以发布，情节严重的，依照刑法第三百九十八条的规定定罪处罚。

第七条 审理为境外窃取、刺探、收买、非法提供国家秘密案件，需要对有关事项是否属于国家秘密以及属于何种密级进行鉴定的，由国家保密工作部门或者省、自治区、直辖市保密工作部门鉴定。

最高人民法院　国家保密局
关于执行《关于审理为境外窃取、刺探、收买、非法提供国家秘密、情报案件具体应用法律若干问题的解释》有关问题的通知

2001年8月22日　　　　　　　　　　　　法发〔2001〕117号

各省、自治区、直辖市高级人民法院，解放军军事法院，新疆维吾尔自治区高级人民法院生产建设兵团分院；各省、自治区、直辖市保密局：

为正确执行最高人民法院法释〔2001〕4号《关于审理为境外窃取、刺探、收买、非法提供国家秘密、情报案件具体应用法律若干问题的解释》，审理好涉及情报的刑事案件，现就有关情报的鉴定问题通知如下：

人民法院审理为境外窃取、刺探、收买、非法提供情报案件，需要对有关事项是否属于情报进行鉴定的，由国家保密工作部门或者省、自治区、直辖市保密工作部门鉴定。

（三）危害公共安全罪

最高人民法院 最高人民检察院
关于办理妨害预防、控制突发传染病疫情等灾害的刑事案件具体应用法律若干问题的解释

法释〔2003〕8号

（2003年5月13日最高人民法院审判委员会第1269次会议、2003年5月13日最高人民检察院第十届检察委员会第3次会议通过　2003年5月14日最高人民法院、最高人民检察院公告公布　自2003年5月15日起施行）

为依法惩治妨害预防、控制突发传染病疫情等灾害的犯罪活动，保障预防、控制突发传染病疫情等灾害工作的顺利进行，切实维护人民群众的身体健康和生命安全，根据《中华人民共和国刑法》等有关法律规定，现就办理相关刑事案件具体应用法律的若干问题解释如下：

第一条　故意传播突发传染病病原体，危害公共安全的，依照刑法第一百一十四条、第一百一十五条第一款的规定，按照以危险方法危害公共安全罪定罪处罚。

患有突发传染病或者疑似突发传染病而拒绝接受检疫、强制隔离或者治疗，过失造成传染病传播，情节严重，危害公共安全的，依照刑法第一百一十五条第二款的规定，按照过失以危险方法危害公共安全罪定罪处罚。

第二条　在预防、控制突发传染病疫情等灾害期间，生产、销售伪劣的防治、防护产品、物资，或者生产、销售用于防治传染病的假药、劣药，构成犯罪的，分别依照刑法第一百四十条、第一百四十一条、第一百四十二条的规定，以生产、销售伪劣产品罪，生产、销售假药罪或者生产、销售劣药罪定罪，依法从重处罚。

第三条　在预防、控制突发传染病疫情等灾害期间，生产用于防治传染病的不符合保障人体健康的国家标准、行业标准的医疗器械、医用卫生材料，或者销售明知是用于防治传染病的不符合保障人体健康的国家标准、行业标准的医疗器械、医用卫生材料，不具有防护、救治功能，足以严重危害人体健康的，依照刑法第一百四十五条的规定，以生产、销售不符合标准的医用器材罪定罪，依法从重处罚。

医疗机构或者个人，知道或者应当知道系前款规定的不符合保障人体健康的国家标

准、行业标准的医疗器械、医用卫生材料而购买并有偿使用的，以销售不符合标准的医用器材罪定罪，依法从重处罚。

第四条 国有公司、企业、事业单位的工作人员，在预防、控制突发传染病疫情等灾害的工作中，由于严重不负责任或者滥用职权，造成国有公司、企业破产或者严重损失，致使国家利益遭受重大损失的，依照刑法第一百六十八条的规定，以国有公司、企业、事业单位人员失职罪或者国有公司、企业、事业单位人员滥用职权罪定罪处罚。

第五条 广告主、广告经营者、广告发布者违反国家规定，假借预防、控制突发传染病疫情等灾害的名义，利用广告对所推销的商品或者服务作虚假宣传，致使多人上当受骗，违法所得数额较大或者有其他严重情节的，依照刑法第二百二十二条的规定，以虚假广告罪定罪处罚。

第六条 违反国家在预防、控制突发传染病疫情等灾害期间有关市场经营、价格管理等规定，哄抬物价、牟取暴利，严重扰乱市场秩序，违法所得数额较大或者有其他严重情节的，依照刑法第二百二十五条第（四）项的规定，以非法经营罪定罪，依法从重处罚。

第七条 在预防、控制突发传染病疫情等灾害期间，假借研制、生产或者销售用于预防、控制突发传染病疫情等灾害用品的名义，诈骗公私财物数额较大的，依照刑法有关诈骗罪的规定定罪，依法从重处罚。

第八条 以暴力、威胁方法阻碍国家机关工作人员、红十字会工作人员依法履行为防治突发传染病疫情等灾害而采取的防疫、检疫、强制隔离、隔离治疗等预防、控制措施的，依照刑法第二百七十七条第一款、第三款的规定，以妨害公务罪定罪处罚。

第九条 在预防、控制突发传染病疫情等灾害期间，聚众"打砸抢"，致人伤残、死亡的，依照刑法第二百八十九条、第二百三十四条、第二百三十二条的规定，以故意伤害罪或者故意杀人罪定罪，依法从重处罚。对毁坏或者抢走公私财物的首要分子，依照刑法第二百八十九条、第二百六十三条的规定，以抢劫罪定罪，依法从重处罚。

第十条 编造与突发传染病疫情等灾害有关的恐怖信息，或者明知是编造的此类恐怖信息而故意传播，严重扰乱社会秩序的，依照刑法第二百九十一条之一的规定，以编造、故意传播虚假恐怖信息罪定罪处罚。

利用突发传染病疫情等灾害，制造、传播谣言，煽动分裂国家、破坏国家统一，或者煽动颠覆国家政权、推翻社会主义制度的，依照刑法第一百零三条第二款、第一百零五条第二款的规定，以煽动分裂国家罪或者煽动颠覆国家政权罪定罪处罚。

第十一条 在预防、控制突发传染病疫情等灾害期间，强拿硬要或者任意损毁、占用公私财物情节严重，或者在公共场所起哄闹事，造成公共场所秩序严重混乱的，依照刑法第二百九十三条的规定，以寻衅滋事罪定罪，依法从重处罚。

第十二条 未取得医师执业资格非法行医，具有造成突发传染病病人、病原携带者、疑似突发传染病病人贻误诊治或者造成交叉感染等严重情节的，依照刑法第三百三十六条第一款的规定，以非法行医罪定罪，依法从重处罚。

第十三条 违反传染病防治法等国家有关规定，向土地、水体、大气排放、倾倒或者处置含传染病病原体的废物、有毒物质或者其他危险废物，造成突发传染病传播等重大环境污染事故，致使公私财产遭受重大损失或者人身伤亡的严重后果的，依照刑法第三百三十八条的规定，以重大环境污染事故罪定罪处罚。

第十四条 贪污、侵占用于预防、控制突发传染病疫情等灾害的款物或者挪用归个人使用，构成犯罪的，分别依照刑法第三百八十二条、第三百八十三条、第二百七十一条、第三百八十四条、第二百七十二条的规定，以贪污罪、职务侵占罪、挪用公款罪、挪用资金罪定罪，依法从重处罚。

挪用用于预防、控制突发传染病疫情等灾害的救灾、优抚、救济等款物，构成犯罪的，对直接责任人员，依照刑法第二百七十三条的规定，以挪用特定款物罪定罪处罚。

第十五条 在预防、控制突发传染病疫情等灾害的工作中，负有组织、协调、指挥、灾害调查、控制、医疗救治、信息传递、交通运输、物资保障等职责的国家机关工作人员，滥用职权或者玩忽职守，致使公共财产、国家和人民利益遭受重大损失的，依照刑法第三百九十七条的规定，以滥用职权罪或者玩忽职守罪定罪处罚。

第十六条 在预防、控制突发传染病疫情等灾害期间，从事传染病防治的政府卫生行政部门的工作人员，或者在受政府卫生行政部门委托代表政府卫生行政部门行使职权的组织中从事公务的人员，或者虽未列入政府卫生行政部门人员编制但在政府卫生行政部门从事公务的人员，在代表政府卫生行政部门行使职权时，严重不负责任，导致传染病传播或者流行，情节严重的，依照刑法第四百零九条的规定，以传染病防治失职罪定罪处罚。

在国家对突发传染病疫情等灾害采取预防、控制措施后，具有下列情形之一的，属于刑法第四百零九条规定的"情节严重"：

（一）对发生突发传染病疫情等灾害的地区或者突发传染病病人、病原携带者、疑似突发传染病病人，未按照预防、控制突发传染病疫情等灾害工作规范的要求做好防疫、检疫、隔离、防护、救治等工作，或者采取的预防、控制措施不当，造成传染范围扩大或者疫情、灾情加重的；

（二）隐瞒、缓报、谎报或者授意、指使、强令他人隐瞒、缓报、谎报疫情、灾情，造成传染范围扩大或者疫情、灾情加重的；

（三）拒不执行突发传染病疫情等灾害应急处理指挥机构的决定、命令，造成传染范围扩大或者疫情、灾情加重的；

（四）具有其他严重情节的。

第十七条 人民法院、人民检察院办理有关妨害预防、控制突发传染病疫情等灾害的刑事案件，对于有自首、立功等悔罪表现的，依法从轻、减轻、免除处罚或者依法作出不起诉决定。

第十八条 本解释所称"突发传染病疫情等灾害"，是指突然发生，造成或者可能造成社会公众健康严重损害的重大传染病疫情、群体性不明原因疾病以及其他严重影响公众健康的灾害。

最高人民法院 最高人民检察院 公安部
关于办理暴力恐怖和宗教极端刑事案件适用法律若干问题的意见

2014年9月9日　　　　　　　　　　　公通字〔2014〕34号

各省、自治区、直辖市高级人民法院、人民检察院，公安厅、局，新疆维吾尔自治区高级人民法院生产建设兵团分院，新疆生产建设兵团人民检察院、公安局：

近年来，我国部分地区发生的暴力恐怖案件表现形式呈现多样化，且均与宗教极端犯罪活动有直接关系，对国家安全、社会稳定、民族团结和人民群众生命财产安全造成了严重危害。为依法惩治暴力恐怖、宗教极端犯罪活动，有效防止暴力恐怖案件的发生，根据《刑法》和其他有关法律规定，现就办理暴力恐怖、宗教极端刑事案件适用法律的若干问题提出以下意见。

一、正确把握办理案件的基本原则

（一）坚持严格依法办案。坚持以事实为依据、以法律为准绳，全面审查犯罪嫌疑人、被告人的犯罪动机、主观目的、客观行为和危害后果，正确把握罪与非罪、此罪与彼罪、一罪与数罪的界限。严格依照法定程序，及时、全面收集、固定证据。对造成重大人员伤亡和财产损失，严重危害国家安全、公共安全、社会稳定和民族团结的重特大、敏感案件，坚持分工负责、互相配合、互相制约的刑事诉讼基本原则，做到既准确、及时固定证据、查明事实，又讲求办案效率。

（二）坚持宽严相济、区别对待。对犯罪嫌疑人、被告人的处理，要结合主观恶性大小、行为危害程度以及在案件中所起的作用等因素，切实做到区别对待。对组织、策划、实施暴力恐怖、宗教极端违法犯罪活动的首要分子、骨干成员、罪行重大者，以及曾因实施暴力恐怖、宗教极端违法犯罪活动受到行政、刑事处罚或者免予刑事处罚又实施暴力恐怖、宗教极端犯罪活动的，依法从重处罚。对具有自首、立功等法定从宽处罚情节的，依法从宽处罚。对情节较轻、危害不大、未造成严重后果，且认罪悔罪的初犯、偶犯，受胁迫蒙蔽参与犯罪、在犯罪中作用较小，以及其他犯罪情节轻微不需要判处刑罚的，可以依法免予刑事处罚。

（三）坚持执行宗教、民族政策。要严格区分宗教极端违法犯罪与正常宗教活动的区别，严格执行党和国家的宗教、民族政策，保护正常宗教活动，维护民族团结，严禁歧视信教群众和少数民族群众，严禁干涉公民信仰宗教和不信仰宗教的自由，尊重犯罪嫌疑人、被告人的人格尊严、宗教信仰和民族习俗。

二、准确认定案件性质

（一）为制造社会恐慌、危害公共安全或者胁迫国家机关、国际组织，组织、纠集他人，策划、实施下列行为之一，造成或者意图造成人员伤亡、重大财产损失、公共设施损坏、社会秩序混乱的，以组织、领导、参加恐怖组织罪定罪处罚：

1. 发起、建立恐怖活动组织或者以从事恐怖活动为目的的训练营地，进行恐怖活动体能、技能训练的；

2. 为组建恐怖活动组织、发展组织成员或者组织、策划、实施恐怖活动，宣扬、散布、传播宗教极端、暴力恐怖思想的；

3. 在恐怖活动组织成立以后，利用宗教极端、暴力恐怖思想控制组织成员，指挥组织成员进行恐怖活动的；

4. 对特定或者不特定的目标进行爆炸、放火、杀人、伤害、绑架、劫持、恐吓、投放危险物质及其他暴力活动的；

5. 制造、买卖、运输、储存枪支、弹药、爆炸物的；

6. 设计、制造、散发、邮寄、销售、展示含有暴力恐怖思想内容的标识、标志物、旗帜、徽章、服饰、器物、纪念品的；

7. 参与制定行动计划、准备作案工具等活动的。

组织、领导、参加恐怖活动组织，同时实施杀人、放火、爆炸、非法制造爆炸物、绑架、抢劫等犯罪的，以组织、领导、参加恐怖组织罪和故意杀人罪、放火罪、爆炸罪、非法制造爆炸物罪、绑架罪、抢劫罪等数罪并罚。

（二）参加或者纠集他人参加恐怖活动组织的，或者为参加恐怖活动组织、接受其训练，出境或者组织、策划、煽动、拉拢他人出境，或者在境内跨区域活动，进行犯罪准备行为的，以参加恐怖组织罪定罪处罚。

（三）实施下列行为之一，煽动分裂国家、破坏国家统一的，以煽动分裂国家罪定罪处罚：

1. 组织、纠集他人，宣扬、散布、传播宗教极端、暴力恐怖思想的；

2. 出版、印刷、复制、发行载有宣扬宗教极端、暴力恐怖思想内容的图书、期刊、音像制品、电子出版物或者制作、印刷、复制载有宣扬宗教极端、暴力恐怖思想内容的传单、图片、标语、报纸的；

3. 通过建立、开办、经营、管理网站、网页、论坛、电子邮件、博客、微博、即时通讯工具、群组、聊天室、网络硬盘、网络电话、手机应用软件及其他网络应用服务，或者利用手机、移动存储介质、电子阅读器等登载、张贴、复制、发送、播放、演示载有宗教极端、暴力恐怖思想内容的图书、文稿、图片、音频、视频、音像制品及相关网址，宣扬、散布、传播宗教极端、暴力恐怖思想的；

4. 制作、编译、编撰、编辑、汇编或者从境外组织、机构、个人、网站直接获取载有宣扬宗教极端、暴力恐怖思想内容的图书、文稿、图片、音像制品等，供他人阅读、观看、收听、出版、印刷、复制、发行、传播的；

5. 设计、制造、散发、邮寄、销售、展示含有宗教极端、暴力恐怖思想内容的标识、标志物、旗帜、徽章、服饰、器物、纪念品的；

6. 以其他方式宣扬宗教极端、暴力恐怖思想的。

实施上述行为，煽动民族仇恨、民族歧视，情节严重的，以煽动民族仇恨、民族歧视罪定罪处罚。同时构成煽动分裂国家罪的，依照处罚较重的规定定罪处罚。

（四）明知是恐怖活动组织或者实施恐怖活动人员而为其提供经费，或者提供器材、设备、交通工具、武器装备等物质条件，或者提供场所以及其他物质便利的，以资助恐怖活动罪定罪处罚。

通过收取宗教课税募捐，为暴力恐怖、宗教极端犯罪活动筹集经费的，以相应犯罪的共同犯罪定罪处罚；构成资助恐怖活动罪的，以资助恐怖活动罪定罪处罚。

（五）编造以发生爆炸威胁、生化威胁、放射威胁、劫持航空器威胁、重大灾情、重大疫情等严重威胁公共安全的事件为内容的虚假恐怖信息，或者明知是虚假恐怖信息而故意传播、散布，严重扰乱社会秩序的，以编造、故意传播虚假恐怖信息罪定罪处罚。

编造虚假信息，或者明知是编造的虚假信息，在信息网络上散布，或者组织、指使他人在信息网络上散布，造成公共秩序严重混乱，同时构成寻衅滋事罪和编造、故意传播虚假恐怖信息罪的，依照处罚较重的规定定罪处罚。

（六）明知图书、文稿、图片、音像制品、移动存储介质、电子阅读器中载有利用宗教极端、暴力恐怖思想煽动分裂国家、破坏国家统一或者煽动民族仇恨、民族歧视的内容，而提供仓储、邮寄、投递、运输、传输及其他服务的，以煽动分裂国家罪或者煽动民族仇恨、民族歧视罪的共同犯罪定罪处罚。

虽不明知图书、文稿、图片、音像制品、移动存储介质、电子阅读器中载有利用宗教极端、暴力恐怖思想煽动分裂国家、破坏国家统一或者煽动民族仇恨、民族歧视的内容，但出于营利或其他目的，违反国家规定，予以出版、印刷、复制、发行、传播或者提供仓储、邮寄、投递、运输、传输等服务的，按照其行为所触犯的具体罪名定罪处罚。

（七）网站、网页、论坛、电子邮件、博客、微博、即时通讯工具、群组、聊天室、网络硬盘、网络电话、手机应用软件及其他网络应用服务的建立、开办、经营、管理者，明知他人散布、宣扬利用宗教极端、暴力恐怖思想煽动分裂国家、破坏国家统一或者煽动民族仇恨、民族歧视的内容，允许或者放任他人在其网站、网页、论坛、电子邮件、博客、微博、即时通讯工具、群组、聊天室、网络硬盘、网络电话、手机应用软件及其他网络应用服务上发布的，以煽动分裂国家罪或者煽动民族仇恨、民族歧视罪的共同犯罪定罪处罚。

（八）以"异教徒"、"宗教叛徒"等为由，随意殴打、追逐、拦截、辱骂他人，扰乱社会秩序，情节恶劣的，以寻衅滋事罪定罪处罚。

实施前款行为，同时又构成故意伤害罪、妨害公务罪等其他犯罪的，依照处罚较重的规定定罪处罚。

（九）传授暴力恐怖或者其他犯罪技能、经验，依法不能认定为组织、领导、参加恐怖组织罪的，以传授犯罪方法罪定罪处罚。

为实现所教唆的犯罪,教唆者又传授犯罪方法的,择一重罪定罪处罚。

(十)对实施本意见规定行为但不构成犯罪的,依照治安管理、宗教事务管理以及互联网、印刷、出版管理等法律、法规,予以行政处罚或者进行教育、训诫,责令停止活动。对其持有的涉案物品依法予以收缴。

三、明确认定标准

(一)对涉案宣传品的内容不作鉴定,由公安机关全面审查并逐一标注或者摘录,与扣押、移交物品清单及涉案宣传品原件一并移送人民检察院审查。因涉及宗教专门知识或者语言文字等原因无法自行审查的,可商请宗教、民族、新闻出版等部门提供审读意见,经审查后与涉案宣传品原件一并移送人民检察院审查。需要对涉案宣传品出版、印刷、制作、发行的合法性进行鉴定的,由公安机关委托新闻出版主管部门出具鉴定意见。人民检察院、人民法院应当全面审查作为证据使用的涉案宣传品的内容。

(二)对是否"明知"的认定,应当结合案件具体情况,坚持重证据,重调查研究,以行为人实施的客观行为为基础,结合其一贯表现,具体行为、程度、手段、事后态度,以及年龄、认知和受教育程度、所从事的职业等综合判断。曾因实施暴力恐怖、宗教极端违法犯罪行为受到行政、刑事处罚、免予刑事处罚,或者被责令改正后又实施的,应当认定为明知。其他共同犯罪嫌疑人、被告人或者其他知情人供认、指证,行为人不承认其主观上"明知",但又不能作出合理解释的,依据其行为本身和认知程度,足以认定其确实"明知"或者应当"明知"的,应当认定为明知。

四、明确管辖原则

(一)对本意见规定的犯罪案件,一般由犯罪地公安机关管辖,犯罪嫌疑人居住地公安机关管辖更为适宜的,也可以由犯罪嫌疑人居住地公安机关管辖。对案件管辖有争议的,可以由共同的上级公安机关指定管辖;情况特殊的,上级公安机关可以指定其他公安机关管辖。跨省、区、市以及涉外案件需要指定管辖的,由公安部指定管辖。

(二)上级公安机关指定下级公安机关立案侦查的案件,需要逮捕犯罪嫌疑人的,由侦查该案件的公安机关提请同级人民检察院审查批准,人民检察院应当依法作出批准逮捕或者不批准逮捕的决定;需要移送审查起诉的,由侦查该案件的公安机关移送同级人民检察院审查起诉。

(三)人民检察院对于审查起诉的案件,按照《刑事诉讼法》的管辖规定,认为应当由上级人民检察院或者同级其他人民检察院起诉的,应当将案件移送有管辖权的人民检察院,同时通知移送审查起诉的公安机关。

最高人民法院
关于审理破坏广播电视设施等刑事案件具体应用法律若干问题的解释

法释〔2011〕13号

(2011年5月23日最高人民法院审判委员会第1523次会议通过 2011年6月7日最高人民法院公告公布 自2011年6月13日起施行)

为依法惩治破坏广播电视设施等犯罪活动，维护广播电视设施运行安全，根据刑法有关规定，现就审理这类刑事案件具体应用法律的若干问题解释如下：

第一条 采取拆卸、毁坏设备，剪割缆线，删除、修改、增加广播电视设备系统中存储、处理、传输的数据和应用程序，非法占用频率等手段，破坏正在使用的广播电视设施，具有下列情形之一的，依照刑法第一百二十四条第一款的规定，以破坏广播电视设施罪处三年以上七年以下有期徒刑：

（一）造成救灾、抢险、防汛和灾害预警等重大公共信息无法发布的；

（二）造成县级、地市（设区的市）级广播电视台中直接关系节目播出的设施无法使用，信号无法播出的；

（三）造成省级以上广播电视传输网内的设施无法使用，地市（设区的市）级广播电视传输网内的设施无法使用三小时以上，县级广播电视传输网内的设施无法使用十二小时以上，信号无法传输的；

（四）其他危害公共安全的情形。

第二条 实施本解释第一条规定的行为，具有下列情形之一的，应当认定为刑法第一百二十四条第一款规定的"造成严重后果"，以破坏广播电视设施罪处七年以上有期徒刑：

（一）造成救灾、抢险、防汛和灾害预警等重大公共信息无法发布，因此贻误排除险情或者疏导群众，致使一人以上死亡、三人以上重伤或者财产损失五十万元以上，或者引起严重社会恐慌、社会秩序混乱的；

（二）造成省级以上广播电视台中直接关系节目播出的设施无法使用，信号无法播出的；

（三）造成省级以上广播电视传输网内的设施无法使用三小时以上，地市（设区的市）级广播电视传输网内的设施无法使用十二小时以上，县级广播电视传输网内的设施无法使用四十八小时以上，信号无法传输的；

（四）造成其他严重后果的。

第三条 过失损坏正在使用的广播电视设施，造成本解释第二条规定的严重后果的，依照刑法第一百二十四条第二款的规定，以过失损坏广播电视设施罪处三年以上七年以下有期徒刑；情节较轻的，处三年以下有期徒刑或者拘役。

过失损坏广播电视设施构成犯罪，但能主动向有关部门报告，积极赔偿损失或者修复被损坏设施的，可以酌情从宽处罚。

第四条 建设、施工单位的管理人员、施工人员，在建设、施工过程中，违反广播电视设施保护规定，故意或者过失损毁正在使用的广播电视设施，构成犯罪的，以破坏广播电视设施罪或者过失损坏广播电视设施罪定罪处罚。其定罪量刑标准适用本解释第一至三条的规定。

第五条 盗窃正在使用的广播电视设施，尚未构成盗窃罪，但具有本解释第一条、第二条规定情形的，以破坏广播电视设施罪定罪处罚；同时构成盗窃罪和破坏广播电视设施罪的，依照处罚较重的规定定罪处罚。

第六条 破坏正在使用的广播电视设施未危及公共安全，或者故意毁坏尚未投入使用的广播电视设施，造成财物损失数额较大或者有其他严重情节的，以故意毁坏财物罪定罪处罚。

第七条 实施破坏广播电视设施犯罪，并利用广播电视设施实施煽动分裂国家、煽动颠覆国家政权、煽动民族仇恨、民族歧视或者宣扬邪教等行为，同时构成其他犯罪的，依照处罚较重的规定定罪处罚。

第八条 本解释所称广播电视台中直接关系节目播出的设施、广播电视传输网内的设施，参照国家广播电视行政主管部门和其他相关部门的有关规定确定。

最高人民法院 最高人民检察院 公安部 国家新闻出版广电总局
关于依法严厉打击非法电视网络接收设备违法犯罪活动的通知

2015年9月18日　　　　　　　　　　新广电发〔2015〕229号

各省、自治区、直辖市高级人民法院、人民检察院、公安厅（局）、新闻出版广电局，解放军军事法院、军事检察院，新疆维吾尔自治区高级人民法院生产建设兵团分院，新疆生产建设兵团人民检察院、公安局、新闻出版广电局：

为有效遏制非法电视网络接收设备违法犯罪活动，切实维护国家安全、社会稳定和人民群众的利益，现通知如下：

一、充分认识当前严厉打击非法电视网络接收设备违法犯罪活动的重要意义

生产、销售、安装非法电视网络接收设备违法犯罪活动，特别是利用非法电视网络接收设备实施传播淫秽色情节目、危害国家安全等违法犯罪活动，严重扰乱社会治安秩序，严重危害国家安全。各级公安、检察、审判机关和新闻出版广电行政主管部门要从维护国家安全和社会治安秩序的大局出发，充分认识非法电视网络接收设备违法犯罪活动的严重危害性，增强工作的责任感和紧迫感，加强组织领导，充分发挥职能作用，依法严厉打击非法电视网络接收设备违法犯罪活动，坚决遏制非法电视网络接收设备违法犯罪活动上升、蔓延的势头，确保社会治安秩序良好。

二、正确把握法律政策界限，依法严厉打击非法电视网络接收设备违法犯罪活动

各级公安、检察、审判机关和新闻出版广电行政主管部门要高度重视查办非法电视网络接收设备违法犯罪案件，正确把握法律政策界限，严格执行法律法规的有关规定，坚决依法严厉打击非法电视网络接收设备违法犯罪活动。非法电视网络接收设备主要包括三类："电视棒"等网络共享设备；非法互联网电视接收设备，包括但不限于内置含有非法电视、非法广播等非法内容的定向接收软件或硬件模块的机顶盒、电视机、投影仪、显示器；用于收看非法电视、收听非法广播的网络软件、移动互联网客户端软件和互联网电视客户端软件。根据刑法和司法解释的规定，违反国家规定，从事生产、销售非法电视网络接收设备（含软件），以及为非法广播电视接收软件提供下载服务、为非法广播电视节目频道接收提供链接服务等营利性活动，扰乱市场秩序，个人非法经营数额在五万元以上或违法所得数额在一万元以上，单位非法经营数额在五十万元以上或违法所得数额在十万元以上，按照非法经营罪追究刑事责任。对于利用生产、销售、安装非法电视网络接收设备传播淫秽色情节目、实施危害国家安全等行为的，根据其行为的性质，依法追究刑事责任。对非法电视网络接收设备犯罪行为，涉及数个罪名的，按照相关原则，择一重罪处罚或数罪并罚。在追究犯罪分子刑事责任的同时，还要依法追缴违法所得，没收其犯罪所用的本人财物。对于实施上述行为尚不构成犯罪的，由新闻出版广电等相关行政主管部门依法给予行政处罚；构成违反治安管理行为的，依法给予治安管理处罚。

三、加强协作配合，切实增强打击非法电视网络接收设备违法犯罪活动的工作合力

各级新闻出版广电部门和公安、检察、审判机关要进一步增强打击非法电视网络接收设备违法犯罪活动的主动性，加快查办工作进度，提高工作效率。各级新闻出版广电部门要加大对非法广播电视网络传播行为的监管力度，发现涉嫌犯罪的，及时移送公安机关，并对公安机关查缴的涉嫌接收非法电视的网络接收设备及时作出认定。公安机关对于涉嫌犯罪的案件，应依法及时立案侦查，深挖彻查涉嫌非法电视网络接收设备犯罪活动的利益链条。检察机关对于公安机关提请批准逮捕和移送审查起诉的案件，应当依法及时决定是否批准逮捕和提起公诉。审判机关对于检察机关提起公诉的案件，应当依法及时审判。对于在查处过程中发生的抗拒、阻碍国家机关工作人员依法执行职务，构成犯罪的，以妨害公务罪依法追究刑事责任；构成违反治安管理行为的，依法给予治安管理处罚。各有关部门在开展非法电视网络接收设备打击整治专项行动中，要加强沟通联系，建立有效工作机制，形成打击合力。

各地各部门接此通知后，应立即部署贯彻执行。执行中遇到的问题，要开展调查研究，提出可行性建议，及时报告上级主管部门。

最高人民法院关于审理破坏公用电信设施刑事案件具体应用法律若干问题的解释

法释〔2004〕21号

（2004年8月26日最高人民法院审判委员会第1322次会议通过 2004年12月30日最高人民法院公告公布 自2005年1月11日起施行）

为维护公用电信设施的安全和通讯管理秩序，依法惩治破坏公用电信设施犯罪活动，根据刑法有关规定，现就审理这类刑事案件具体应用法律的若干问题解释如下：

第一条 采用截断通信线路、损毁通信设备或者删除、修改、增加电信网计算机信息系统中存储、处理或者传输的数据和应用程序等手段，故意破坏正在使用的公用电信设施，具有下列情形之一的，属于刑法第一百二十四条规定的"危害公共安全"，依照刑法第一百二十四条第一款规定，以破坏公用电信设施罪处三年以上七年以下有期徒刑：

（一）造成火警、匪警、医疗急救、交通事故报警、救灾、抢险、防汛等通信中断或者严重障碍，并因此贻误救助、救治、救灾、抢险等，致使人员死亡一人、重伤三人以上或者造成财产损失三十万元以上的；

（二）造成二千以上不满一万用户通信中断一小时以上，或者一万以上用户通信中断不满一小时的；

（三）在一个本地网范围内，网间通信全阻、关口局至某一局向全部中断或网间某一业务全部中断不满二小时或者直接影响范围不满五万（用户×小时）的；

（四）造成网间通信严重障碍，一日内累计二小时以上不满十二小时的；

（五）其他危害公共安全的情形。

第二条 实施本解释第一条规定的行为，具有下列情形之一的，属于刑法第一百二十四条第一款规定的"严重后果"，以破坏公用电信设施罪处七年以上有期徒刑：

（一）造成火警、匪警、医疗急救、交通事故报警、救灾、抢险、防汛等通信中断或者严重障碍，并因此贻误救助、救治、救灾、抢险等，致使人员死亡二人以上、重伤六人以上或者造成财产损失六十万元以上的；

（二）造成一万以上用户通信中断一小时以上的；

（三）在一个本地网范围内，网间通信全阻、关口局至某一局向全部中断或网间某一业务全部中断二小时以上或者直接影响范围五万（用户×小时）以上的；

（四）造成网间通信严重障碍，一日内累计十二小时以上的；

（五）造成其他严重后果的。

第三条 故意破坏正在使用的公用电信设施尚未危害公共安全，或者故意毁坏尚未投入使用的公用电信设施，造成财物损失，构成犯罪的，依照刑法第二百七十五条规定，以故意毁坏财物罪定罪处罚。

盗窃公用电信设施价值数额不大，但是构成危害公共安全犯罪的，依照刑法第一百二十四条的规定定罪处罚；盗窃公用电信设施同时构成盗窃罪和破坏公用电信设施罪的，依照处罚较重的规定定罪处罚。

第四条 指使、组织、教唆他人实施本解释规定的故意犯罪行为的，按照共犯定罪处罚。

第五条 本解释中规定的公用电信设施的范围、用户数、通信中断和严重障碍的标准和时间长度，依据国家电信行业主管部门的有关规定确定。

最高人民法院
关于修改《最高人民法院关于审理非法制造、买卖、运输枪支、弹药、爆炸物等刑事案件具体应用法律若干问题的解释》的决定

法释〔2009〕18号

（2009年11月9日最高人民法院审判委员会第1476次会议通过 2009年11月16日最高人民法院公告公布 自2010年1月1日起施行）

为了依法惩治非法制造、买卖、运输、邮寄、储存爆炸物犯罪活动，根据刑法有关规定，并结合审判实践情况，现决定对《最高人民法院关于审理非法制造、买卖、运输枪支、弹药、爆炸物等刑事案件具体应用法律若干问题的解释》（以下简称《解释》）作如下修改：

一、将《解释》第八条第一款修改为："刑法第一百二十五条第一款规定的'非法储存'，是指明知是他人非法制造、买卖、运输、邮寄的枪支、弹药而为其存放的行为，或者非法存放爆炸物的行为。"

二、增加一条，作为《解释》第九条："因筑路、建房、打井、整修宅基地和土地等正常生产、生活需要，或者因从事合法的生产经营活动而非法制造、买卖、运输、邮寄、储存爆炸物，数量达到本《解释》第一条规定标准，没有造成严重社会危害，并确有悔改表现的，可依法从轻处罚；情节轻微的，可以免除处罚。

具有前款情形，数量虽达到本《解释》第二条规定标准的，也可以不认定为刑法第一百二十五条第一款规定的'情节严重'。"

在公共场所、居民区等人员集中区域非法制造、买卖、运输、邮寄、储存爆炸物，或者因非法制造、买卖、运输、邮寄、储存爆炸物三年内受到两次以上行政处罚又实施上述行为，数量达到本《解释》规定标准的，不适用前两款量刑的规定。

三、将《解释》原第九条变更为第十条。

根据本《决定》，将《解释》作相应修改并对条文顺序作相应调整后，重新公布。

附：

最高人民法院
关于审理非法制造、买卖、运输枪支、弹药、爆炸物等刑事案件具体应用法律若干问题的解释

（2001年5月10日最高人民法院审判委员会第1174次会议通过 根据2009年11月9日最高人民法院审判委员会第1476次会议通过的《最高人民法院关于修改〈最高人民法院关于审理非法制造、买卖、运输枪支、弹药、爆炸物等刑事案件具体应用法律若干问题的解释〉的决定》修正）

为依法严惩非法制造、买卖、运输枪支、弹药、爆炸物等犯罪活动，根据刑法有关规定，现就审理这类案件具体应用法律的若干问题解释如下：

第一条 个人或者单位非法制造、买卖、运输、邮寄、储存枪支、弹药、爆炸物，具有下列情形之一的，依照刑法第一百二十五条第一款的规定，以非法制造、买卖、运输、邮寄、储存枪支、弹药、爆炸物罪定罪处罚：

（一）非法制造、买卖、运输、邮寄、储存军用枪支一支以上的；

（二）非法制造、买卖、运输、邮寄、储存以火药为动力发射枪弹的非军用枪支一支以上或者以压缩气体等为动力的其他非军用枪支二支以上的；

（三）非法制造、买卖、运输、邮寄、储存军用子弹十发以上、气枪铅弹五百发以上或者其他非军用子弹一百发以上的；

（四）非法制造、买卖、运输、邮寄、储存手榴弹一枚以上的；

（五）非法制造、买卖、运输、邮寄、储存爆炸装置的；

（六）非法制造、买卖、运输、邮寄、储存炸药、发射药、黑火药一千克以上或者烟火药三千克以上，雷管三十枚以上或者导火索、导爆索三十米以上的；

（七）具有生产爆炸物品资格的单位不按照规定的品种制造，或者具有销售、使用爆炸物品资格的单位超过限额买卖炸药、发射药、黑火药十千克以上或者烟火药三十千克以上，雷管三百枚以上或者导火索、导爆索三百米以上的；

（八）多次非法制造、买卖、运输、邮寄、储存弹药、爆炸物的；

（九）虽未达到上述最低数量标准，但具有造成严重后果等其他恶劣情节的。

介绍买卖枪支、弹药、爆炸物的，以买卖枪支、弹药、爆炸物罪的共犯论处。

第二条 非法制造、买卖、运输、邮寄、储存枪支、弹药、爆炸物，具有下列情形之一的，属于刑法第一百二十五条第一款规定的"情节严重"：

（一）非法制造、买卖、运输、邮寄、储存枪支、弹药、爆炸物的数量达到本解释第一条第（一）、（二）、（三）、（六）、（七）项规定的最低数量标准五倍以上的；

（二）非法制造、买卖、运输、邮寄、储存手榴弹三枚以上的；

（三）非法制造、买卖、运输、邮寄、储存爆炸装置，危害严重的；

（四）达到本解释第一条规定的最低数量标准，并具有造成严重后果等其他恶劣情节的。

第三条 依法被指定或者确定的枪支制造、销售企业，实施刑法第一百二十六条规定的行为，具有下列情形之一的，以违规制造、销售枪支罪定罪处罚：

（一）违规制造枪支五支以上的；

（二）违规销售枪支二支以上的；

（三）虽未达到上述最低数量标准，但具有造成严重后果等其他恶劣情节的。

具有下列情形之一的，属于刑法第一百二十六条规定的"情节严重"：

（一）违规制造枪支二十支以上的；

（二）违规销售枪支十支以上的；

（三）达到本条第一款规定的最低数量标准，并具有造成严重后果等其他恶劣情节的。

具有下列情形之一的，属于刑法第一百二十六条规定的"情节特别严重"：

（一）违规制造枪支五十支以上的；

（二）违规销售枪支三十支以上的；

（三）达到本条第二款规定的最低数量标准，并具有造成严重后果等其他恶劣情节的。

第四条 盗窃、抢夺枪支、弹药、爆炸物，具有下列情形之一的，依照刑法第一百二十七条第一款的规定，以盗窃、抢夺枪支、弹药、爆炸物罪定罪处罚：

（一）盗窃、抢夺以火药为动力的发射枪弹非军用枪支一支以上或者以压缩气体等为动力的其他非军用枪支二支以上的；

（二）盗窃、抢夺军用子弹十发以上、气枪铅弹五百发以上或者其他非军用子弹一百发以上的；

（三）盗窃、抢夺爆炸装置的；

（四）盗窃、抢夺炸药、发射药、黑火药一千克以上或者烟火药三千克以上、雷管三十枚以上或者导火索、导爆索三十米以上的；

（五）虽未达到上述最低数量标准，但具有造成严重后果等其他恶劣情节的。

具有下列情形之一的，属于刑法第一百二十七条第一款规定的"情节严重"：

（一）盗窃、抢夺枪支、弹药、爆炸物的数量达到本条第一款规定的最低数量标准五倍以上的；

（二）盗窃、抢夺军用枪支的；

（三）盗窃、抢夺手榴弹的；
（四）盗窃、抢夺爆炸装置，危害严重的；
（五）达到本条第一款规定的最低数量标准，并具有造成严重后果等其他恶劣情节的。

第五条 具有下列情形之一的，依照刑法第一百二十八条第一款的规定，以非法持有、私藏枪支、弹药罪定罪处罚：
（一）非法持有、私藏军用枪支一支的；
（二）非法持有、私藏以火药为动力发射枪弹的非军用枪支一支或者以压缩气体等为动力的其他非军用枪支二支以上的；
（三）非法持有、私藏军用子弹二十发以上，气枪铅弹一千发以上或者其他非军用子弹二百发以上的；
（四）非法持有、私藏手榴弹一枚以上的；
（五）非法持有、私藏的弹药造成人员伤亡、财产损失的。

具有下列情形之一的，属于刑法第一百二十八条第一款规定的"情节严重"：
（一）非法持有、私藏军用枪支二支以上的；
（二）非法持有、私藏以火药为动力发射枪弹的非军用枪支二支以上或者以压缩气体等为动力的其他非军用枪支五支以上的；
（三）非法持有、私藏军用子弹一百发以上，气枪铅弹五千发以上或者其他非军用子弹一千发以上的；
（四）非法持有、私藏手榴弹三枚以上的；
（五）达到本条第一款规定的最低数量标准，并具有造成严重后果等其他恶劣情节的。

第六条 非法携带枪支、弹药、爆炸物进入公共场所或者公共交通工具，危及公共安全，具有下列情形之一的，属于刑法第一百三十条规定的"情节严重"：
（一）携带枪支或者手榴弹的；
（二）携带爆炸装置的；
（三）携带炸药、发射药、黑火药五百克以上或者烟火药一千克以上、雷管二十枚以上或者导火索、导爆索二十米以上的；
（四）携带的弹药、爆炸物在公共场所或者公共交通工具上发生爆炸或者燃烧，尚未造成严重后果的；（五）具有其他严重情节的。

行为人非法携带本条第一款第（三）项规定的爆炸物进入公共场所或者公共交通工具，虽未达到上述数量标准，但拒不交出的，依照刑法第一百三十条的规定定罪处罚；携带的数量达到最低数量标准，能够主动、全部交出的，可不以犯罪论处。

第七条 非法制造、买卖、运输、邮寄、储存、盗窃、抢夺、持有、私藏、携带成套枪支散件的，以相应数量的枪支计；非成套枪支散件以每三十件为一成套枪支散件计。

第八条 刑法第一百二十五条第一款规定的"非法储存"，是指明知是他人非法制造、买卖、运输、邮寄的枪支、弹药而为其存放的行为，或者非法存放爆炸物的行为。

刑法第一百二十八条第一款规定的"非法持有",是指不符合配备、配置枪支、弹药条件的人员,违反枪支管理法律、法规的规定,擅自持有枪支、弹药的行为。

刑法第一百二十八条第一款规定的"私藏",是指依法配备、配置枪支、弹药的人员,在配备、配置枪支、弹药的条件消除后,违反枪支管理法律、法规的规定,私自藏匿所配备、配置的枪支、弹药且拒不交出的行为。

第九条 因筑路、建房、打井、整修宅基地和土地等正常生产、生活需要,以及因从事合法的生产经营活动而非法制造、买卖、运输、邮寄、储存爆炸物,数量达到本解释第一条规定标准,没有造成严重社会危害,并确有悔改表现的,可依法从轻处罚;情节轻微的,可以免除处罚。

具有前款情形,数量虽达到本解释第二条规定标准的,也可以不认定为刑法第一百二十五条第一款规定的"情节严重"。

在公共场所、居民区等人员集中区域非法制造、买卖、运输、邮寄、储存爆炸物,或者因非法制造、买卖、运输、邮寄、储存爆炸物三年内受到两次以上行政处罚又实施上述行为,数量达到本解释规定标准的,不适用前两款量刑的规定。

第十条 实施非法制造、买卖、运输、邮寄、储存、盗窃、抢夺、持有、私藏其他弹药、爆炸物品等行为,参照本解释有关条文规定的定罪量刑标准处罚。

最高人民法院
关于九七刑法实施后发生的非法买卖枪支案件,审理时新的司法解释尚未作出,是否可以参照1995年9月20日最高人民法院《关于办理非法制造、买卖、运输非军用枪支、弹药刑事案件适用法律问题的解释》的规定审理案件请示的复函

2003年7月29日　　　　　　　　　　〔2003〕刑立他字第8号

安徽省高级人民法院:

你院〔2003〕皖刑监字第1号《关于九七刑法实施后发生的非法买卖枪支案件,审理时新的司法解释尚未作出,是否可以参照1995年9月20日最高人民法院〈关于办理非法制造、买卖、运输非军用枪支、弹药刑事案件适用法律问题的解释〉的规定审理案件的请示报告》收悉。经研究,答复如下:

原审被告人侯磊非法买卖枪支的行为发生在修订后的《刑法》实施以后,而该案审理时《最高人民法院关于审理非法制造、买卖、运输枪支、弹药、爆炸物等刑事案件具体应用法律若干问题的解释》尚未颁布,因此,依照我院法发〔1997〕3号《关于认真学习宣传贯彻修订的〈中华人民共和国刑法〉的通知》的精神,该案应参照1995年9

月20日最高人民法院法发〔1995〕20号《关于办理非法制造、买卖、运输非军用枪支、弹药刑事案件适用法律问题的解释》的规定办理。

最高人民法院 最高人民检察院
关于涉以压缩气体为动力的枪支、气枪铅弹刑事案件定罪量刑问题的批复

法释〔2018〕8号

(2018年1月25日最高人民法院审判委员会第1732次会议、2018年3月2日最高人民检察院第十二届检察委员会第74次会议通过 2018年3月8日最高人民法院、最高人民检察院公告公布 自2018年3月30日起施行)

各省、自治区、直辖市高级人民法院、人民检察院,解放军军事法院、军事检察院,新疆维吾尔自治区高级人民法院生产建设兵团分院、新疆生产建设兵团人民检察院:

近来,部分高级人民法院、省级人民检察院就如何对非法制造、买卖、运输、邮寄、储存、持有、私藏、走私以压缩气体为动力的枪支、气枪铅弹(用铅、铅合金或者其他金属加工的气枪弹)行为定罪量刑的问题提出请示。经研究,批复如下:

一、对于非法制造、买卖、运输、邮寄、储存、持有、私藏、走私以压缩气体为动力且枪口比动能较低的枪支的行为,在决定是否追究刑事责任以及如何裁量刑罚时,不仅应当考虑涉案枪支的数量,而且应当充分考虑涉案枪支的外观、材质、发射物、购买场所和渠道、价格、用途、致伤力大小、是否易于通过改制提升致伤力,以及行为人的主观认知、动机目的、一贯表现、违法所得、是否规避调查等情节,综合评估社会危害性,坚持主客观相统一,确保罪责刑相适应。

二、对于非法制造、买卖、运输、邮寄、储存、持有、私藏、走私气枪铅弹的行为,在决定是否追究刑事责任以及如何裁量刑罚时,应当综合考虑气枪铅弹的数量、用途以及行为人的动机目的、一贯表现、违法所得、是否规避调查等情节,综合评估社会危害性,确保罪责刑相适应。

此复。

最高人民法院 最高人民检察院
关于办理非法制造、买卖、运输、储存毒鼠强等禁用剧毒化学品刑事案件具体应用法律若干问题的解释

法释〔2003〕14号

(2003年8月29日最高人民法院审判委员会第1287次会议、2003年2月13日最高人民检察院第九届检察委员会第119次会议通过 2003年9月4日最高人民法院、最高人民检察院公告公布 自2003年10月1日起施行)

为依法惩治非法制造、买卖、运输、储存毒鼠强等禁用剧毒化学品的犯罪活动，维护公共安全，根据刑法有关规定，现就办理这类刑事案件具体应用法律的若干问题解释如下：

第一条 非法制造、买卖、运输、储存毒鼠强等禁用剧毒化学品，危害公共安全，具有下列情形之一的，依照刑法第一百二十五条的规定，以非法制造、买卖、运输、储存危险物质罪，处三年以上十年以下有期徒刑：

（一）非法制造、买卖、运输、储存原粉、原液、制剂50克以上，或者饵料2千克以上的；

（二）在非法制造、买卖、运输、储存过程中致人重伤、死亡或者造成公私财产损失10万元以上的。

第二条 非法制造、买卖、运输、储存毒鼠强等禁用剧毒化学品，具有下列情形之一的，属于刑法第一百二十五条规定的"情节严重"，处十年以上有期徒刑、无期徒刑或者死刑：

（一）非法制造、买卖、运输、储存原粉、原液、制剂500克以上，或者饵料20千克以上的；

（二）在非法制造、买卖、运输、储存过程中致3人以上重伤、死亡，或者造成公私财产损失20万元以上的；

（三）非法制造、买卖、运输、储存原粉、原液、制剂50克以上不满500克，或者饵料2千克以上不满20千克，并具有其他严重情节的。

第三条 单位非法制造、买卖、运输、储存毒鼠强等禁用剧毒化学品的，依照本解释第一条、第二条规定的定罪量刑标准执行。

第四条 对非法制造、买卖、运输、储存毒鼠强等禁用剧毒化学品行为负有查处职

责的国家机关工作人员，滥用职权或者玩忽职守，致使公共财产、国家和人民利益遭受重大损失的，依照刑法第三百九十七条的规定，以滥用职权罪或者玩忽职守罪追究刑事责任。

　　第五条　本解释施行以前，确因生产、生活需要而非法制造、买卖、运输、储存毒鼠强等禁用剧毒化学品饵料自用，没有造成严重社会危害的，可以依照刑法第十三条的规定，不作为犯罪处理。

　　本解释施行以后，确因生产、生活需要而非法制造、买卖、运输、储存毒鼠强等禁用剧毒化学品饵料自用，构成犯罪，但没有造成严重社会危害，经教育确有悔改表现的，可以依法从轻、减轻或者免除处罚。

　　第六条　本解释所称"毒鼠强等禁用剧毒化学品"，是指国家明令禁止的毒鼠强、氟乙酰胺、氟乙酸钠、毒鼠硅、甘氟（见附表）。

附表：

序号	通用名称	中文名称		英文名称		分子式	CAS号
		化学名	别名	化学名（英文）	别名（英文）		
1	毒鼠强	2,6—二硫—1,3,5,7—四氮三环〔3,3,1,1,3,7〕癸烷—2,2,6,6—四氧化物	四亚甲基二砜四胺	2,6—dithia—1,3,5,7—tetra—zatricyclo—〔3,3,1,1,3,7〕decane—2,2,6,6—tetraoside	tetramine	$C_4H_9N_4O_4S_2$	80—12—6
2	氟乙酰胺	氟乙酰胺	敌蚜胺	Fluoroacetamide	Fluokil 100	C_2H_4FNO	640—19—7
3	氟乙酸钠	氟乙酸钠	一氟乙酸钠	Sodium monofluo fluoroacetate	Compound 1080	$C_2H_2FNaO_2$	62—74—8
4	毒鼠硅	1—（对氯苯基）—2,8,9—三氧—5氮—1硅双环（3,3,3）十二烷	氯硅宁、硅灭鼠	1—(p—chropenyl)—2,8,9—trioxo—5—nitrigen—1—silicon—dicyclo—(3,3,3) undencane	RS—150, silatrane	$C_{12}H_6ClNO_3Si$	29025—67—0
5	甘氟	1,3—二氟内醇—2和1—氯—3氟丙醇—2混合物	伏鼠酸、鼠甘伏	1,3—difluoirhydrine of glycerin and 2—chlorofluorohydrine of glycerin	Glyfuor Gliftor	$C_3H_6F_2O$, C_3H_6ClFO	

最高人民法院关于审理交通肇事刑事案件具体应用法律若干问题的解释

法释〔2000〕33号

（2000年11月10日最高人民法院审判委员会第1136次会议通过 2000年11月15日最高人民法院公告公布 自2000年11月21日起施行）

为依法惩处交通肇事犯罪活动，根据刑法有关规定，现将审理交通肇事刑事案件具体应用法律的若干问题解释如下：

第一条 从事交通运输人员或者非交通运输人员，违反交通运输管理法规发生重大交通事故，在分清事故责任的基础上，对于构成犯罪的，依照刑法第一百三十三条的规定定罪处罚。

第二条 交通肇事具有下列情形之一的，处3年以下有期徒刑或者拘役：

（一）死亡1人或者重伤3人以上，负事故全部或者主要责任的；

（二）死亡3人以上，负事故同等责任的；

（三）造成公共财产或者他人财产直接损失，负事故全部或者主要责任，无能力赔偿数额在30万元以上的。

交通肇事致1人以上重伤，负事故全部或者主要责任，并具有下列情形之一的，以交通肇事罪定罪处罚：

（一）酒后、吸食毒品后驾驶机动车辆的；

（二）无驾驶资格驾驶机动车辆的；

（三）明知是安全装置不全或者安全机件失灵的机动车辆而驾驶的；

（四）明知是无牌证或者已报废的机动车辆而驾驶的；

（五）严重超载驾驶的；

（六）为逃避法律追究逃离事故现场的。

第三条 "交通运输肇事后逃逸"，是指行为人具有本解释第二条第一款规定和第二款第（一）至（五）项规定的情形之一，在发生交通事故后，为逃避法律追究而逃跑的行为。

第四条 交通肇事具有下列情形之一的，属于"有其他特别恶劣情节"，处3年以上7年以下有期徒刑：

（一）死亡2人以上或者重伤5人以上，负事故全部或者主要责任的；

（二）死亡6人以上，负事故同等责任的；

（三）造成公共财产或者他人财产直接损失，负事故全部或者主要责任，无能力赔偿数额在 60 万元以上的。

第五条 "因逃逸致人死亡",是指行为人在交通肇事后为逃避法律追究而逃跑,致使被害人因得不到救助而死亡的情形。

交通肇事后,单位主管人员、机动车辆所有人、承包人或者乘车人指使肇事人逃逸,致使被害人因得不到救助而死亡的,以交通肇事罪的共犯论处。

第六条 行为人在交通肇事后为逃避法律追究,将被害人带离事故现场后隐藏或者遗弃,致使被害人无法得到救助而死亡或者严重残疾的,应当分别依照刑法第二百三十二条、第二百三十四条第二款的规定,以故意杀人罪或者故意伤害罪定罪处罚。

第七条 单位主管人员、机动车辆所有人或者机动车辆承包人指使、强令他人违章驾驶造成重大交通事故,具有本解释第二条规定情形之一的,以交通肇事罪定罪处罚。

第八条 在实行公共交通管理的范围内发生重大交通事故的,依照刑法第一百三十三条和本解释的有关规定办理。

在公共交通管理的范围外,驾驶机动车辆或者使用其他交通工具致人伤亡或者致使公共财产或者他人财产遭受重大损失,构成犯罪的,分别依照刑法第一百三十四条、第一百三十五条、第二百三十三条等规定定罪处罚。

第九条 各省、自治区、直辖市高级人民法院可以根据本地实际情况,在 30 万元至 60 万元、60 万元至 100 万元的幅度内,确定本地区执行本解释第二条第一款第(三)项、第四条第(三)项的起点数额标准,并报最高人民法院备案。

最高人民法院
关于印发醉酒驾车犯罪法律适用问题指导意见及相关典型案例的通知

2009 年 9 月 11 日　　　　　　　　　　　　　　法发〔2009〕47 号

各省、自治区、直辖市高级人民法院,解放军军事法院,新疆维吾尔自治区高级人民法院生产建设兵团分院;全国地方各中级人民法院,各大单位军事法院,新疆生产建设兵团各中级法院:

近年来,随着我国经济社会快速发展,机动车辆数量和驾驶员人数猛增,无视交通管理法律法规,酒后乃至醉酒驾车的违法犯罪也日益增多,给社会和广大人民群众生命、健康造成了严重危害。据公安机关统计,1998 年,全国共发生 5075 起酒后和醉酒驾车肇事案件,造成 2363 人死亡;2008 年,发生 7518 起,死亡 3060 人;2009 年 1 月至 8 月,共发生 3206 起,造成 1302 人死亡,其中,酒后驾车肇事 2162 起,造成 893 人死亡;醉酒驾车肇事 1044 起,造成 409 人死亡。醉酒驾车犯罪呈多发、高发态势,危害更加严重,一次致多人死伤的案件屡有发生。特别是近一段时期以来,成都、南京、杭州等地连续发生多起重大醉酒驾车肇事案件，引发了社会舆论的广泛、高度关注。

为依法严惩醉酒驾车犯罪，统一法律适用标准，充分发挥刑罚功能，有效遏制醉酒驾车犯罪的多发、高发态势，切实维护广大人民群众的生命、健康安全，2009年9月8日，最高人民法院召开新闻发布会，就醉酒驾车犯罪的法律适用等问题提出了指导性意见，并公布了两起醉酒驾车的犯罪典型案例。现将最高人民法院对醉酒驾车犯罪法律适用问题的指导意见及两起典型案例印发给你们，供审理相关案件时参照执行。

附：

关于醉酒驾车犯罪法律适用问题的意见

为依法严肃处理醉酒驾车犯罪案件，统一法律适用标准，充分发挥刑罚惩治和预防犯罪的功能，有效遏制酒后和醉酒驾车犯罪的多发、高发态势，切实维护广大人民群众的生命健康安全，有必要对醉酒驾车犯罪法律适用问题作出统一规范。

一、准确适用法律，依法严惩醉酒驾车犯罪

刑法规定，醉酒的人犯罪，应当负刑事责任。行为人明知酒后驾车违法、醉酒驾车会危害公共安全，却无视法律醉酒驾车，特别是在肇事后继续驾车冲撞，造成重大伤亡，说明行为人主观上对持续发生的危害结果持放任态度，具有危害公共安全的故意。对此类醉酒驾车造成重大伤亡的，应依法以危险方法危害公共安全罪定罪。

2009年9月8日公布的两起醉酒驾车犯罪案件中，被告人黎景全和被告人孙伟铭都是在严重醉酒状态下驾车肇事，连续冲撞，造成重大伤亡。其中，黎景全驾车肇事后，不顾伤者及劝阻他的众多村民的安危，继续驾车行驶，致2人死亡，1人轻伤；孙伟铭长期无证驾驶，多次违反交通法规，在醉酒驾车与其他车辆追尾后，为逃逸继续驾车超限速行驶，先后与4辆正常行驶的轿车相撞，造成4人死亡、1人重伤。被告人黎景全和被告人孙伟铭在醉酒驾车发生交通事故后，继续驾车冲撞行驶，其主观上对他人伤亡的危害结果明显持放任态度，具有危害公共安全的故意。二被告人的行为均已构成以危险方法危害公共安全罪。

二、贯彻宽严相济刑事政策，适当裁量刑罚

根据刑法第一百一十五条第一款的规定，醉酒驾车，放任危害结果发生，造成重大伤亡事故，构成以危险方法危害公共安全罪的，应处以十年以上有期徒刑、无期徒刑或者死刑。具体决定对被告人的刑罚时，要综合考虑此类犯罪的性质、被告人的犯罪情节、危害后果及其主观恶性、人身危险性。一般情况下，醉酒驾车构成本罪的，行为人在主观上并不希望、也不追求危害结果的发生，属于间接故意犯罪，行为的主观恶性与以制造事端为目的而恶意驾车撞人并造成重大伤亡后果的直接故意犯罪有所不同，因

此，在决定刑罚时，也应当有所区别。此外，醉酒状态下驾车，行为人的辨认和控制能力实际有所减弱，量刑时也应酌情考虑。

被告人黎景全和被告人孙伟铭醉酒驾车犯罪案件，依法没有适用死刑，而是分别判处无期徒刑，主要考虑到二被告人均系间接故意犯罪，与直接故意犯罪相比，主观恶性不是很深，人身危险性不是很大；犯罪时驾驶车辆的控制能力有所减弱；归案后认罪、悔罪态度较好，积极赔偿被害方的经济损失，一定程度上获得了被害方的谅解。广东省高级人民法院和四川省高级人民法院的终审裁判对二被告人的量刑是适当的。

三、统一法律适用，充分发挥司法审判职能作用

为依法严肃处理醉酒驾车犯罪案件，遏制酒后和醉酒驾车对公共安全造成的严重危害，警示、教育潜在违规驾驶人员，今后，对醉酒驾车，放任危害结果的发生，造成重大伤亡的，一律按照本意见规定，并参照附发的典型案例，依法以以危险方法危害公共安全罪定罪量刑。

为维护生效裁判的既判力，稳定社会关系，对于此前已经处理过的将特定情形的醉酒驾车认定为交通肇事罪的案件，应维持终审裁判，不再变动。

本意见执行中有何情况和问题，请及时层报最高人民法院。

附件：

有关醉酒驾车犯罪案例

一、被告人黎景全以危险方法危害公共安全案

被告人黎景全，男，汉族，1964年4月30日生于广东省佛山市，初中文化，佛山市个体运输司机。1981年12月11日因犯抢劫罪、故意伤害罪被判处有期徒刑四年六个月。2006年9月17日因本案被刑事拘留，同月28日被逮捕。

2006年9月16日18时50分许，被告人黎景全大量饮酒后，驾驶车牌号为粤A1J374的面包车由南向北行驶至广东省佛山市南海区盐步碧华村新路治安亭附近路段时，从后面将骑自行车的被害人李洁霞及其搭乘的儿子陈柏宇撞倒，致陈柏宇轻伤。撞人后，黎景全继续开车前行，撞坏治安亭前的铁闸及旁边的柱子，又掉头由北往南向穗盐路方向快速行驶，车轮被卡在路边花地上。被害人梁锡全（系黎景全的好友）及其他村民上前救助伤者并劝阻黎景全，黎景全加大油门驾车冲出花地，碾过李洁霞后撞倒梁锡全，致李洁霞、梁锡全死亡。黎景全驾车驶出路面外被治安队员及民警抓获。经检验，黎景全案发时血液中检出乙醇成分，含量为369.9毫克/100毫升。

被告人黎景全在医院被约束至酒醒后，对作案具体过程无记忆，当得知自己撞死二人、撞伤一人时，十分懊悔。虽然其收入微薄，家庭生活困难，但仍多次表示要积极赔偿被害人亲属的经济损失。

广东省佛山市人民检察院指控被告人黎景全犯以危险方法危害公共安全罪,向佛山市中级人民法院提起公诉。佛山市中级人民法院于2007年2月7日以〔2007〕佛刑一初字第1号刑事附带民事判决,认定被告人黎景全犯以危险方法危害公共安全罪,判处死刑,剥夺政治权利终身。宣判后,黎景全提出上诉。广东省高级人民法院于2008年9月17日以〔2007〕粤高法刑一终字第131号刑事裁定,驳回上诉,维持原判,并依法报请最高人民法院核准。

最高人民法院复核认为,被告人黎景全酒后驾车撞倒他人后,仍继续驾驶,冲撞人群,其行为已构成以危险方法危害公共安全罪。黎景全醉酒驾车撞人,致二人死亡、一人轻伤,犯罪情节恶劣,后果特别严重,应依法惩处。鉴于黎景全是在严重醉酒状态下犯罪,属间接故意犯罪,与蓄意危害公共安全的直接故意犯罪有所不同;且其归案后认罪、悔罪态度较好,依法可不判处死刑。第一审判决、第二审裁定认为的事实清楚,证据确实、充分,定罪准确,审判程序合法,但量刑不当。依照《中华人民共和国刑事诉讼法》第一百九十九条和《最高人民法院关于复核死刑案件若干问题的规定》第四条的规定,裁定不核准被告人黎景全死刑,撤销广东省高级人民法院〔2007〕粤高法刑一终字第131号刑事裁定,发回广东省高级人民法院重新审判。

广东省高级人民法院重审期间,与佛山市中级人民法院一同做了大量民事调解工作。被告人黎景全的亲属倾其所有,筹集15万元赔偿给被害方。

广东省高级人民法院审理认为,被告人黎景全醉酒驾车撞倒李洁霞所骑自行车后,尚知道驾驶车辆掉头行驶;在车轮被路边花地卡住的情况下,知道将车辆驾驶回路面,说明其案发时具有辨认和控制能力。黎景全撞人后,置被撞人员于不顾,也不顾在车前对其进行劝阻和救助伤者的众多村民,仍继续驾车企图离开现场,撞向已倒地的李洁霞和救助群众梁锡全,致二人死亡,说明其主观上对在场人员伤亡的危害结果持放任态度,具有危害公共安全的间接故意。因此,其行为已构成以危险方法危害公共安全罪。黎景全犯罪的情节恶劣,后果严重。但鉴于黎景全系间接故意犯罪,与蓄意危害公共安全的直接故意犯罪相比,主观恶性不是很深,人身危险性不是很大;犯罪时处于严重醉酒状态,辨认和控制能力有所减弱;归案后认罪、悔罪态度较好,积极赔偿了被害方的经济损失,依法可从轻处罚。据此,于2009年9月8日作出〔2007〕粤高法刑一终字第131-1号刑事判决,认定被告人黎景全犯以危险方法危害公共安全罪,判处无期徒刑,剥夺政治权利终身。

二、被告人孙伟铭以危险方法危害公共安全案

被告人孙伟铭,男,汉族,1979年5月9日出生于西藏自治区,高中文化,成都奔腾电子信息技术有限公司员工。2008年12月15日被刑事拘留,同月26日被逮捕。

2008年5月,被告人孙伟铭购买一辆车牌号为川A43K66的别克轿车。之后,孙伟铭在未取得驾驶证的情况下长期驾驶该车,并多次违反交通法规。同年12月14日中午,孙伟铭与其父母为亲属祝寿,大量饮酒。当日17时许,孙伟铭驾驶其别克轿车行至四川省成都市成龙路"蓝谷地"路口时,从后面撞向与其同向行驶的车牌号为川A9T332的一辆比亚迪轿车尾部。肇事后,孙伟铭继续驾车超限速行驶,行至成龙路

"卓锦城"路段时，越过中心黄色双实线，先后与对面车道正常行驶的车牌号分别为川AUZ872的长安奔奔轿车、川AK1769的长安奥拓轿车、川AVD241的福特蒙迪欧轿车、川AMC337的奇瑞QQ轿车等4辆轿车相撞，造成车牌号为川AUZ872的长安奔奔轿车上的张景全、尹国辉夫妇和金亚民、张成秀夫妇死亡，代玉秀重伤，以及公私财产损失5万余元。经鉴定，孙伟铭驾驶的车辆碰撞前瞬间的行驶速度为134～138公里/小时；孙伟铭案发时血液中的乙醇含量为135.8毫克/100毫升。案发后，孙伟铭的亲属赔偿被害人经济损失11.4万元。

　　四川省成都市人民检察院指控被告人孙伟铭犯以危险方法危害公共安全罪，向成都市中级人民法院提起公诉。成都市中级人民法院于2009年7月22日以〔2009〕成刑初字第158号刑事判决，认定被告人孙伟铭犯以危险方法危害公共安全罪，判处死刑，剥夺政治权利终身。宣判后，孙伟铭提出上诉。

　　四川省高级人民法院审理期间，被告人孙伟铭之父孙林表示愿意代为赔偿被害人的经济损失，社会各界人士也积极捐款帮助赔偿。经法院主持调解，孙林代表孙伟铭与被害方达成民事赔偿协议，并在身患重病、家庭经济并不宽裕的情况下，积极筹款赔偿了被害方经济损失，取得被害方一定程度的谅解。

　　四川省高级人民法院审理认为，被告人孙伟铭无视交通法规和公共安全，在未取得驾驶证的情况下，长期驾驶机动车辆，多次违反交通法规，且在醉酒驾车发生交通事故后，继续驾车超限速行驶，冲撞多辆车辆，造成数人伤亡的严重后果，说明其主观上对危害结果的发生持放任态度，具有危害公共安全的间接故意，其行为已构成以危险方法危害公共安全罪。孙伟铭犯罪情节恶劣，后果严重。但鉴于孙伟铭是间接故意犯罪，不希望、也不积极追求危害后果发生，与直接故意驾车撞击车辆、行人的犯罪相比，主观恶性不是很深，人身危险性不是很大；犯罪时处于严重醉酒状态，其对自己行为的辨认和控制能力有所减弱；案发后，真诚悔罪，并通过亲属积极筹款赔偿被害方的经济损失，依法可从轻处罚。据此，四川省高级人民法院于2009年9月8日作出〔2009〕川刑终字第690号刑事判决，认定被告人孙伟铭犯以危险方法危害公共安全罪，判处无期徒刑，剥夺政治权利终身。

最高人民法院　最高人民检察院　公安部印发《关于办理醉酒驾驶机动车刑事案件适用法律若干问题的意见》的通知

2013年12月28日　　　　　　　　　法发〔2013〕15号

各省、自治区、直辖市高级人民法院、人民检察院、公安厅（局），解放军军事法院、军事检察院，总政治部保卫部，新疆维吾尔自治区高级人民法院生产建设兵团分院，新疆生产建设兵团人民检察院、公安局：

《中华人民共和国刑法修正案（八）》施行以来，各地严格执法，查处了一批醉酒驾驶机动车刑事案件，取得了良好的法律效果和社会效果。为保障法律的正确、统一实施，依法惩处醉酒驾驶机动车犯罪，维护公共安全和人民群众生命财产安全，最高人民法院、最高人民检察院、公安部经深入调查研究，广泛征求意见，制定了《关于办理醉酒驾驶机动车刑事案件适用法律若干问题的意见》。现印发给你们，请认真组织学习，切实贯彻执行。执行中有何问题，请及时层报最高人民法院、最高人民检察院、公安部。

附：

关于办理醉酒驾驶机动车刑事案件适用法律若干问题的意见

为保障法律的正确、统一实施，依法惩处醉酒驾驶机动车犯罪，维护公共安全和人民群众生命财产安全，根据刑法、刑事诉讼法的有关规定，结合侦查、起诉、审判实践，制定本意见。

一、在道路上驾驶机动车，血液酒精含量达到80毫克/100毫升以上的，属于醉酒驾驶机动车，依照刑法第一百三十三条之一第一款的规定，以危险驾驶罪定罪处罚。

前款规定的"道路""机动车"，适用道路交通安全法的有关规定。

二、醉酒驾驶机动车，具有下列情形之一的，依照刑法第一百三十三条之一第一款的规定，从重处罚：

（一）造成交通事故且负事故全部或者主要责任，或者造成交通事故后逃逸，尚未构成其他犯罪的；

（二）血液酒精含量达到200毫克/100毫升以上的；

（三）在高速公路、城市快速路上驾驶的；

（四）驾驶载有乘客的营运机动车的；

（五）有严重超员、超载或者超速驾驶，无驾驶资格驾驶机动车，使用伪造或者变造的机动车牌证等严重违反道路交通安全法的行为的；

（六）逃避公安机关依法检查，或者拒绝、阻碍公安机关依法检查尚未构成其他犯罪的；

（七）曾因酒后驾驶机动车受过行政处罚或者刑事追究的；

（八）其他可以从重处罚的情形。

三、醉酒驾驶机动车，以暴力、威胁方法阻碍公安机关依法检查，又构成妨害公务罪等其他犯罪的，依照数罪并罚的规定处罚。

四、对醉酒驾驶机动车的被告人判处罚金，应当根据被告人的醉酒程度、是否造成实际损害、认罪悔罪态度等情况，确定与主刑相适应的罚金数额。

五、公安机关在查处醉酒驾驶机动车的犯罪嫌疑人时，对查获经过、呼气酒精含量检验和抽取血样过程应当制作记录；有条件的，应当拍照、录音或者录像；有证人的，应当收集证人证言。

六、血液酒精含量检验鉴定意见是认定犯罪嫌疑人是否醉酒的依据。犯罪嫌疑人经呼气酒精含量检验达到本意见第一条规定的醉酒标准，在抽取血样之前脱逃的，可以以呼气酒精含量检验结果作为认定其醉酒的依据。

犯罪嫌疑人在公安机关依法检查时，为逃避法律追究，在呼气酒精含量检验或者抽取血样前又饮酒，经检验其血液酒精含量达到本意见第一条规定的醉酒标准的，应当认定为醉酒。

七、办理醉酒驾驶机动车刑事案件，应当严格执行刑事诉讼法的有关规定，切实保障犯罪嫌疑人、被告人的诉讼权利，在法定诉讼期限内及时侦查、起诉、审判。

对醉酒驾驶机动车的犯罪嫌疑人、被告人，根据案件情况，可以拘留或者取保候审。对符合取保候审条件，但犯罪嫌疑人、被告人不能提出保证人，也不交纳保证金的，可以监视居住。对违反取保候审、监视居住规定的犯罪嫌疑人、被告人，情节严重的，可以予以逮捕。

最高人民法院 最高人民检察院
关于办理危害生产安全刑事案件适用法律若干问题的解释

法释〔2015〕22号

(2015年11月9日最高人民法院审判委员会第1665次会议、2015年12月9日最高人民检察院第十二届检察委员会第44次会议通过 2015年12月14日最高人民法院、最高人民检察院公告公布 自2015年12月16日起施行)

为依法惩治危害生产安全犯罪,根据刑法有关规定,现就办理此类刑事案件适用法律的若干问题解释如下:

第一条 刑法第一百三十四条第一款规定的犯罪主体,包括对生产、作业负有组织、指挥或者管理职责的负责人、管理人员、实际控制人、投资人等人员,以及直接从事生产、作业的人员。

第二条 刑法第一百三十四条第二款规定的犯罪主体,包括对生产、作业负有组织、指挥或者管理职责的负责人、管理人员、实际控制人、投资人等人员。

第三条 刑法第一百三十五条规定的"直接负责的主管人员和其他直接责任人员",是指对安全生产设施或者安全生产条件不符合国家规定负有直接责任的生产经营单位负责人、管理人员、实际控制人、投资人,以及其他对安全生产设施或者安全生产条件负有管理、维护职责的人员。

第四条 刑法第一百三十九条之一规定的"负有报告职责的人员",是指负有组织、指挥或者管理职责的负责人、管理人员、实际控制人、投资人,以及其他负有报告职责的人员。

第五条 明知存在事故隐患、继续作业存在危险,仍然违反有关安全管理的规定,实施下列行为之一的,应当认定为刑法第一百三十四条第二款规定的"强令他人违章冒险作业":

(一)利用组织、指挥、管理职权,强制他人违章作业的;
(二)采取威逼、胁迫、恐吓等手段,强制他人违章作业的;
(三)故意掩盖事故隐患,组织他人违章作业的;
(四)其他强令他人违章作业的行为。

第六条 实施刑法第一百三十二条、第一百三十四条第一款、第一百三十五条、第一百三十五条之一、第一百三十六条、第一百三十九条规定的行为,因而发生安全事故,具有下列情形之一的,应当认定为"造成严重后果"或者"发生重大伤亡事故或者

造成其他严重后果",对相关责任人员,处三年以下有期徒刑或者拘役:

(一)造成死亡一人以上,或者重伤三人以上的;

(二)造成直接经济损失一百万元以上的;

(三)其他造成严重后果或者重大安全事故的情形。

实施刑法第一百三十四条第二款规定的行为,因而发生安全事故,具有本条第一款规定情形的,应当认定为"发生重大伤亡事故或者造成其他严重后果",对相关责任人员,处五年以下有期徒刑或者拘役。

实施刑法第一百三十七条规定的行为,因而发生安全事故,具有本条第一款规定情形的,应当认定为"造成重大安全事故",对直接责任人员,处五年以下有期徒刑或者拘役,并处罚金。

实施刑法第一百三十八条规定的行为,因而发生安全事故,具有本条第一款第一项规定情形的,应当认定为"发生重大伤亡事故",对直接责任人员,处三年以下有期徒刑或者拘役。

第七条 实施刑法第一百三十二条、第一百三十四条第一款、第一百三十五条、第一百三十五条之一、第一百三十六条、第一百三十九条规定的行为,因而发生安全事故,具有下列情形之一的,对相关责任人员,处三年以上七年以下有期徒刑:

(一)造成死亡三人以上或者重伤十人以上,负事故主要责任的;

(二)造成直接经济损失五百万元以上,负事故主要责任的;

(三)其他造成特别严重后果、情节特别恶劣或者后果特别严重的情形。

实施刑法第一百三十四条第二款规定的行为,因而发生安全事故,具有本条第一款规定情形的,对相关责任人员,处五年以上有期徒刑。

实施刑法第一百三十七条规定的行为,因而发生安全事故,具有本条第一款规定情形的,对直接责任人员,处五年以上十年以下有期徒刑,并处罚金。

实施刑法第一百三十八条规定的行为,因而发生安全事故,具有下列情形之一的,对直接责任人员,处三年以上七年以下有期徒刑:

(一)造成死亡三人以上或者重伤十人以上,负事故主要责任的;

(二)具有本解释第六条第一款第一项规定情形,同时造成直接经济损失五百万元以上并负事故主要责任的,或者同时造成恶劣社会影响的。

第八条 在安全事故发生后,负有报告职责的人员不报或者谎报事故情况,贻误事故抢救,具有下列情形之一的,应当认定为刑法第一百三十九条之一规定的"情节严重":

(一)导致事故后果扩大,增加死亡一人以上,或者增加重伤三人以上,或者增加直接经济损失一百万元以上的;

(二)实施下列行为之一,致使不能及时有效开展事故抢救的:

1. 决定不报、迟报、谎报事故情况或者指使、串通有关人员不报、迟报、谎报事故情况的;

2. 在事故抢救期间擅离职守或者逃匿的;

3. 伪造、破坏事故现场,或者转移、藏匿、毁灭遇难人员尸体,或者转移、藏匿受伤人员的；

4. 毁灭、伪造、隐匿与事故有关的图纸、记录、计算机数据等资料以及其他证据的；

（三）其他情节严重的情形。

具有下列情形之一的，应当认定为刑法第一百三十九条之一规定的"情节特别严重"：

（一）导致事故后果扩大，增加死亡三人以上，或者增加重伤十人以上，或者增加直接经济损失五百万元以上的；

（二）采用暴力、胁迫、命令等方式阻止他人报告事故情况，导致事故后果扩大的；

（三）其他情节特别严重的情形。

第九条 在安全事故发生后，与负有报告职责的人员串通，不报或者谎报事故情况，贻误事故抢救，情节严重的，依照刑法第一百三十九条之一的规定，以共犯论处。

第十条 在安全事故发生后，直接负责的主管人员和其他直接责任人员故意阻挠开展抢救，导致人员死亡或者重伤，或者为了逃避法律追究，对被害人进行隐藏、遗弃，致使被害人因无法得到救助而死亡或者重度残疾的，分别依照刑法第二百三十二条、第二百三十四条的规定，以故意杀人罪或者故意伤害罪定罪处罚。

第十一条 生产不符合保障人身、财产安全的国家标准、行业标准的安全设备，或者明知安全设备不符合保障人身、财产安全的国家标准、行业标准而进行销售，致使发生安全事故，造成严重后果的，依照刑法第一百四十六条的规定，以生产、销售不符合安全标准的产品罪定罪处罚。

第十二条 实施刑法第一百三十二条、第一百三十四条至第一百三十九条之一规定的犯罪行为，具有下列情形之一的，从重处罚：

（一）未依法取得安全许可证件或者安全许可证件过期、被暂扣、吊销、注销后从事生产经营活动的；

（二）关闭、破坏必要的安全监控和报警设备的；

（三）已经发现事故隐患，经有关部门或者个人提出后，仍不采取措施的；

（四）一年内曾因危害生产安全违法犯罪活动受过行政处罚或者刑事处罚的；

（五）采取弄虚作假、行贿等手段，故意逃避、阻挠负有安全监督管理职责的部门实施监督检查的；

（六）安全事故发生后转移财产意图逃避承担责任的；

（七）其他从重处罚的情形。

实施前款第五项规定的行为，同时构成刑法第三百八十九条规定的犯罪的，依照数罪并罚的规定处罚。

第十三条 实施刑法第一百三十二条、第一百三十四条至第一百三十九条之一规定的犯罪行为，在安全事故发生后积极组织、参与事故抢救，或者积极配合调查、主动赔偿损失的，可以酌情从轻处罚。

第十四条 国家工作人员违反规定投资入股生产经营，构成本解释规定的有关犯罪的，或者国家工作人员的贪污、受贿犯罪行为与安全事故发生存在关联性的，从重处罚；同时构成贪污、受贿犯罪和危害生产安全犯罪的，依照数罪并罚的规定处罚。

第十五条 国家机关工作人员在履行安全监督管理职责时滥用职权、玩忽职守，致使公共财产、国家和人民利益遭受重大损失的，或者徇私舞弊，对发现的刑事案件依法应当移交司法机关追究刑事责任而不移交，情节严重的，分别依照刑法第三百九十七条、第四百零二条的规定，以滥用职权罪、玩忽职守罪或者徇私舞弊不移交刑事案件罪定罪处罚。

公司、企业、事业单位的工作人员在依法或者受委托行使安全监督管理职责时滥用职权或者玩忽职守，构成犯罪的，应当依照《全国人民代表大会常务委员会关于〈中华人民共和国刑法〉第九章渎职罪主体适用问题的解释》的规定，适用渎职罪的规定追究刑事责任。

第十六条 对于实施危害生产安全犯罪适用缓刑的犯罪分子，可以根据犯罪情况，禁止其在缓刑考验期限内从事与安全生产相关联的特定活动；对于被判处刑罚的犯罪分子，可以根据犯罪情况和预防再犯罪的需要，禁止其自刑罚执行完毕之日或者假释之日起三年至五年内从事与安全生产相关的职业。

第十七条 本解释自2015年12月16日起施行。本解释施行后，最高人民法院、最高人民检察院《关于办理危害矿山生产安全刑事案件具体应用法律若干问题的解释》（法释〔2007〕5号）同时废止。最高人民法院、最高人民检察院此前发布的司法解释和规范性文件与本解释不一致的，以本解释为准。

最高人民法院 最高人民检察院 公安部 监察部 国家安全生产监督管理总局 关于严格依法及时办理危害生产安全刑事案件的通知

2008年6月6日　　　　　　　　　　　　　高检会〔2008〕5号

各省、自治区、直辖市高级人民法院、人民检察院、公安厅（局）、监察厅（局）、安全生产监督管理局，新疆维吾尔自治区高级人民法院生产建设兵团分院、新疆生产建设兵团人民检察院、公安局、监察局、安全生产监督管理局，各省级煤矿安全监察机构：

为充分发挥刑事诉讼活动对预防重大生产安全责任事故的重要作用，维护法律权威，保障人民群众生命财产安全，促进社会和谐稳定，推动经济社会又好又快发展，根据中华人民共和国《刑法》、《刑事诉讼法》、《安全生产法》、《关于办理危害矿山生产安全刑事案件具体应用法律若干问题的解释》和国务院《生产安全事故报告和调查处理条例》等法律法规的规定，现就严格依法及时办理危害生产安全刑事案件的有关事项通知如下：

一、进一步提高对办理危害生产安全刑事案件重要性的认识。各级人民法院、人民检察院、公安机关、监察机关、安全生产监督管理部门和煤矿安全监察机构要从维护法律权威，促进在全社会实现公平正义的高度，充分认识及时、严肃、认真办理危害生产安全刑事案件的重要性和紧迫性，采取更加有效的措施，加大工作力度，提高办案质量和效率，促进生产安全形势持续稳定好转，实现办案的法律效果与社会效果的有机统一。

二、安全生产监督管理部门、煤矿安全监察机构和负有安全生产监督管理职责的有关部门接到事故报告后，应当按规定及时通知公安机关、监察机关、工会和人民检察院。

有关单位和人员要严格履行保护现场和重要痕迹、物证的义务。因抢救人员、防止事故扩大以及疏通交通等原因，需要移动事故现场物件的，应当做出标志，绘制现场简图并做出书面记录，妥善保存现场重要痕迹、物证。任何单位和个人不得破坏事故现场、毁灭相关证据。

相关单位、部门要在事故调查组的统一组织协调下开展调查取证、现场勘验、技术鉴定等工作，查明事故发生的经过、原因、人员伤亡情况及直接经济损失，认定事故的性质和事故责任，在法定期限内完成事故调查处理工作，并将处理意见抄送有关单位、部门。

事故调查过程中，发现涉嫌犯罪的，事故调查组应当及时将有关材料或者复印件移交公安机关、检察机关。

三、公安机关、人民检察院根据事故的性质和造成的危害后果，对涉嫌构成犯罪的，应当按照案件管辖规定，及时立案侦查，采取强制措施和侦查措施。犯罪嫌疑人逃匿的，公安机关应当迅速开展追捕工作。要全面收集证明犯罪嫌疑人有罪无罪以及犯罪情节轻重的证据材料。对容易灭失的痕迹、物证应当首先采取措施提取、固定。

需要有关部门进行鉴定的，公安机关、检察机关应当及时建议事故调查组组织鉴定，也可以自行组织鉴定。事故调查组组织鉴定、或者委托有关部门鉴定、或者公安机关、检察机关自行组织鉴定的，鉴定报告原则上应当自委托或者决定之日起 20 日内作出。不涉及机械、电气、瓦斯、化学、有毒有害物（气）体、锅炉压力容器、起重机械、地质勘察、工程设计与施工质量、火灾以及非法开采、破坏矿产资源量认定等专业技术问题的，不需要进行鉴定，相关事实和证据符合法定条件的，可以逮捕、公诉和审判。

四、人民法院、人民检察院、公安机关在办理危害生产安全刑事案件中应当分工负责，互相配合、互相制约。公安机关对已经被刑事拘留的犯罪嫌疑人，在提请批准逮捕前可以先行通知检察机关，听取检察机关对收集、固定证据和开展技术鉴定工作的意见、建议。检察机关应当加强与公安机关的联系配合，认真做好审查批准逮捕工作。公安机关办理的危害生产安全案件中被采取强制措施的犯罪嫌疑人，如系人民检察院办理的渎职等职务犯罪案件的证人或者同案犯，人民检察院需要对其进行询问或者讯问的，可商公安机关予以配合，公安机关应当予以配合。公安机关办理危害生产安全刑事案件涉及渎职等职务犯罪案件的，如果涉嫌主罪属于公安机关管辖的，由公安机关为主侦查，人民检察院予以配合；如果涉嫌主罪属于人民检察院管辖的，由人民检察院为主侦查，公安机关予以配合。

人民法院、人民检察院和公安机关要坚持以事实为根据，以法律为准绳，贯彻宽严相济的刑事政策，依法从快侦查、审查批准逮捕、审查起诉和审判，尽可能提高办案效率。证明案件事实、性质、危害后果以及犯罪嫌疑人刑事责任的证据具备的，应当提起公诉和审判。不能以变更监视居住、取保候审为名压案不办。

五、加强业务指导和案件督办。上级公安机关、人民检察院对危害生产安全的重特大刑事案件可以直接组织办理，获取主要证据后，指定下级公安机关、人民检察院侦查终结，也可以采取挂牌督办、派员参办等方法，专人负责，全程跟踪。上级公安机关、人民检察院要支持下级机关依法办案，帮助他们排除干扰和阻力，研究解决办案过程中遇到的重大疑难问题。对发案地人民法院、人民检察院、公安机关办理确有困难的案件，上级人民法院、人民检察院、公安机关可以指定管辖、异地交办。

六、人民法院、人民检察院、公安机关、监察机关、安全生产监督管理部门、煤矿安全监察机构，对生产安全责任事故刑事案件的事实、性质认定、证据采信、法律适用以及责任追究有意见分歧的，应当加强协调沟通。协调后意见仍然不一致的，各自向上级机关（部门）报告，由上级机关（部门）协调解决。

公安机关、人民检察院对危害生产安全刑事案件的犯罪嫌疑人采取拘留、逮捕等强制措施的，人民法院作出判决的，应当及时通报事故调查组或者相关职能部门。在案件办理过程中，由于事实、证据或者案件性质发生变化，需要改变原处理决定的，也应当及时通报事故调查组或者相关职能部门。

七、严肃查办谎报瞒报事故行为。对有关单位和个人故意干扰、阻碍办案，或者毁灭、伪造证据、转移藏匿物证书证，或者拒不提供证据资料等违纪违法行为，监察机关要追究直接责任人和有关领导的责任；违反治安管理的，由公安机关进行治安管理处罚；构成犯罪的，依法追究刑事责任。对国家机关工作人员徇私枉法、帮助犯罪分子逃避处罚以及滥用职权、玩忽职守的，检察机关、监察机关要严肃查处；构成犯罪的，依法追究刑事责任。

八、提高工作透明度，主动接受社会监督。生产安全领域刑事案件的调查、判决情况要及时向社会公布，以取信于民。

九、本通知所提出的各项要求适用于《生产安全事故报告和调查处理条例》规定的生产经营活动中发生的造成人身伤亡或者直接经济损失的生产安全事故的报告、调查处理和侦查、公诉、审判工作。环境污染事故、核设施事故、国防科研生产事故的报告、调查处理以及侦查、公诉、审判工作不适用本通知。

最高人民法院研究室
关于被告人阮某重大劳动安全事故案
有关法律适用问题的答复

2009 年 12 月 25 日　　　　　　　　　　法研〔2009〕228 号

陕西省高级人民法院：

你院陕高法〔2009〕288 号《关于被告人阮某重大劳动安全事故案有关法律适用问题的请示》收悉。经研究，答复如下：

用人单位违反职业病防治法的规定，职业病危害预防设施不符合国家规定，因而发生重大伤亡事故或者造成其他严重后果的，对直接负责的主管人员和其他直接责任人员，可以依照刑法第一百三十五条的规定，以重大劳动安全事故罪定罪处罚。

此复。

最高人民法院
印发《关于进一步加强危害生产安全
刑事案件审判工作的意见》的通知

2011 年 12 月 30 日　　　　　　　　　　法发〔2011〕20 号

各省、自治区、直辖市高级人民法院，解放军军事法院，新疆维吾尔自治区高级人民法院生产建设兵团分院：

现将《最高人民法院关于进一步加强危害生产安全刑事案件审判工作的意见》印发给你们，请认真贯彻执行。本意见贯彻执行中遇到的问题，请及时报告最高人民法院。

附：

关于进一步加强危害生产安全
刑事案件审判工作的意见

为依法惩治危害生产安全犯罪，促进全国安全生产形势持续稳定好转，保护人民群众生命财产安全，现就进一步加强危害生产安全刑事案件审判工作，制定如下意见。

一、高度重视危害生产安全刑事案件审判工作

1. 充分发挥刑事审判职能作用，依法惩治危害生产安全犯罪，是人民法院为大局服务、为人民司法的必然要求。安全生产关系到人民群众生命财产安全，事关改革、发展和稳定的大局。当前，全国安全生产状况呈现总体稳定、持续好转的发展态势，但形势依然严峻，企业安全生产基础依然薄弱；非法、违法生产，忽视生产安全的现象仍然十分突出；重特大生产安全责任事故时有发生，个别地方和行业重特大责任事故上升。一些重特大生产安全责任事故举国关注，相关案件处理不好，不仅起不到应有的警示作用，不利于生产安全责任事故的防范，也损害党和国家形象，影响社会和谐稳定。各级人民法院要从政治和全局的高度，充分认识审理好危害生产安全刑事案件的重要意义，切实增强工作责任感，严格依法、积极稳妥地审理相关案件，进一步发挥刑事审判工作在创造良好安全生产环境、促进经济平稳较快发展方面的积极作用。

2. 采取有力措施解决存在的问题，切实加强危害生产安全刑事案件审判工作。近年来，各级人民法院依法审理危害生产安全刑事案件，一批严重危害生产安全的犯罪分子及相关职务犯罪分子受到法律制裁，对全国安全生产形势持续稳定好转发挥了积极促进作用。2010年，监察部、国家安全生产监督管理总局会同最高人民法院等部门对部分省市重特大生产安全事故责任追究落实情况开展了专项检查。从检查的情况来看，审判工作总体情况是好的，但仍有个别案件在法律适用或者宽严相济刑事政策具体把握上存在问题，需要切实加强指导。各级人民法院要高度重视，确保相关案件审判工作取得良好的法律效果和社会效果。

二、危害生产安全刑事案件审判工作的原则

3. 严格依法，从严惩处。对严重危害生产安全犯罪，尤其是相关职务犯罪，必须始终坚持严格依法、从严惩处。对于人民群众广泛关注、社会反映强烈的案件要及时审结，回应人民群众关切，维护社会和谐稳定。

4. 区分责任，均衡量刑。危害生产安全犯罪，往往涉案人员较多，犯罪主体复杂，既包括直接从事生产、作业的人员，也包括对生产、作业负有组织、指挥或者管理职责的负责人、管理人员、实际控制人、投资人等，有的还涉及国家机关工作人员渎职犯罪。对相关责任人的处理，要根据事故原因、危害后果、主体职责、过错大小等因素，

综合考虑全案，正确划分责任，做到罪责刑相适应。

5. 主体平等，确保公正。审理危害生产安全刑事案件，对于所有责任主体，都必须严格落实法律面前人人平等的刑法原则，确保刑罚适用公正，确保裁判效果良好。

三、正确确定责任

6. 审理危害生产安全刑事案件，政府或相关职能部门依法对事故原因、损失大小、责任划分作出的调查认定，经庭审质证后，结合其他证据，可作为责任认定的依据。

7. 认定相关人员是否违反有关安全管理规定，应当根据相关法律、行政法规，参照地方性法规、规章及国家标准、行业标准，必要时可参考公认的惯例和生产经营单位制定的安全生产规章制度、操作规程。

8. 多个原因行为导致生产安全事故发生的，在区分直接原因与间接原因的同时，应当根据原因行为在引发事故中所具作用的大小，分清主要原因与次要原因，确认主要责任和次要责任，合理确定罪责。

一般情况下，对生产、作业负有组织、指挥或者管理职责的负责人、管理人员、实际控制人、投资人，违反有关安全生产管理规定，对重大生产安全事故的发生起决定性、关键性作用的，应当承担主要责任。

对于直接从事生产、作业的人员违反安全管理规定，发生重大生产安全事故的，要综合考虑行为人的从业资格、从业时间、接受安全生产教育培训情况、现场条件、是否受到他人强令作业、生产经营单位执行安全生产规章制度的情况等因素认定责任，不能将直接责任简单等同于主要责任。

对于负有安全生产管理、监督职责的工作人员，应根据其岗位职责、履职依据、履职时间等，综合考察工作职责、监管条件、履职能力、履职情况等，合理确定罪责。

四、准确适用法律

9. 严格把握危害生产安全犯罪与以其他危险方法危害公共安全罪的界限，不应将生产经营中违章违规的故意不加区别地视为对危害后果发生的故意。

10. 以行贿方式逃避安全生产监督管理，或者非法、违法生产、作业，导致发生重大生产安全事故，构成数罪的，依照数罪并罚的规定处罚。

违反安全生产管理规定，非法采矿、破坏性采矿或排放、倾倒、处置有害物质严重污染环境，造成重大伤亡事故或者其他严重后果，同时构成危害生产安全犯罪和破坏环境资源保护犯罪的，依照数罪并罚的规定处罚。

11. 安全事故发生后，负有报告职责的国家工作人员不报或者谎报事故情况，贻误事故抢救，情节严重，构成不报、谎报安全事故罪，同时构成职务犯罪或其他危害生产安全犯罪的，依照数罪并罚的规定处罚。

12. 非矿山生产安全事故中，认定"直接负责的主管人员和其他直接责任人员"、"负有报告职责的人员"的主体资格，认定构成"重大伤亡事故或者其他严重后果"、"情节特别恶劣"，不报、谎报事故情况，贻误事故抢救，"情节严重"、"情节特别严重"等，可参照最高人民法院、最高人民检察院《关于办理危害矿山生产安全刑事案件具体应用法律若干问题的解释》的相关规定。

五、准确把握宽严相济刑事政策

13. 审理危害生产安全刑事案件，应综合考虑生产安全事故所造成的伤亡人数、经济损失、环境污染、社会影响、事故原因与被告人职责的关联程度、被告人主观过错大小、事故发生后被告人的施救表现、履行赔偿责任情况等，正确适用刑罚，确保裁判法律效果和社会效果相统一。

14. 造成《关于办理危害矿山生产安全刑事案件具体应用法律若干问题的解释》第四条规定的"重大伤亡事故或者其他严重后果"，同时具有下列情形之一的，也可以认定为刑法第一百三十四条、第一百三十五条规定的"情节特别恶劣"：

（一）非法、违法生产的；

（二）无基本劳动安全设施或未向生产、作业人员提供必要的劳动防护用品，生产、作业人员劳动安全无保障的；

（三）曾因安全生产设施或者安全生产条件不符合国家规定，被监督管理部门处罚或责令改正，一年内再次违规生产致使发生重大生产安全事故的；

（四）关闭、故意破坏必要安全警示设备的；

（五）已发现事故隐患，未采取有效措施，导致发生重大事故的；

（六）事故发生后不积极抢救人员，或者毁灭、伪造、隐藏影响事故调查的证据，或者转移财产逃避责任的；

（七）其他特别恶劣的情节。

15. 相关犯罪中，具有以下情形之一的，依法从重处罚：

（一）国家工作人员违反规定投资入股生产经营企业，构成危害生产安全犯罪的；

（二）贪污贿赂行为与事故发生存在关联性的；

（三）国家工作人员的职务犯罪与事故存在直接因果关系的；

（四）以行贿方式逃避安全生产监督管理，或者非法、违法生产、作业的；

（五）生产安全事故发生后，负有报告职责的国家工作人员不报或者谎报事故情况，贻误事故抢救，尚未构成不报、谎报安全事故罪的；

（六）事故发生后，采取转移、藏匿、毁灭遇难人员尸体，或者毁灭、伪造、隐藏影响事故调查的证据，或者转移财产，逃避责任的；

（七）曾因安全生产设施或者安全生产条件不符合国家规定，被监督管理部门处罚或责令改正，一年内再次违规生产致使发生重大生产安全事故的。

16. 对于事故发生后，积极施救，努力挽回事故损失，有效避免损失扩大；积极配合调查，赔偿受害人损失的，可依法从宽处罚。

六、依法正确适用缓刑和减刑、假释

17. 对于危害后果较轻，在责任事故中不负主要责任，符合法律有关缓刑适用条件的，可以依法适用缓刑，但应注意根据案件具体情况，区别对待，严格控制，避免适用不当造成的负面影响。

18. 对于具有下列情形的被告人，原则上不适用缓刑：

（一）具有本意见第 14 条、第 15 条所规定的情形的；

（二）数罪并罚的。

19. 宣告缓刑，可以根据犯罪情况，同时禁止犯罪分子在缓刑考验期限内从事与安全生产有关的特定活动。

20. 办理与危害生产安全犯罪相关的减刑、假释案件，要严格执行刑法、刑事诉讼法和有关司法解释规定。是否决定减刑、假释，既要看罪犯服刑期间的悔改表现，还要充分考虑原判认定的犯罪事实、性质、情节、社会危害程度等情况。

七、加强组织领导，注意协调配合

21. 对于重大、敏感案件，合议庭成员要充分做好庭审前期准备工作，全面、客观掌握案情，确保案件开庭审理稳妥顺利、依法公正。

22. 审理危害生产安全刑事案件，涉及专业技术问题的，应有相关权威部门出具的咨询意见或者司法鉴定意见；可以依法邀请具有相关专业知识的人民陪审员参加合议庭。

23. 对于审判工作中发现的安全生产事故背后的渎职、贪污贿赂等违法犯罪线索，应当依法移送有关部门处理。对于情节轻微，免予刑事处罚的被告人，人民法院可建议有关部门依法给予行政处罚或纪律处分。

24. 被告人具有国家工作人员身份的，案件审结后，人民法院应当及时将生效的裁判文书送达行政监察机关和其他相关部门。

25. 对于造成重大伤亡后果的案件，要充分运用财产保全等法定措施，切实维护被害人依法获得赔偿的权利。对于被告人没有赔偿能力的案件，应当依靠地方党委和政府做好善后安抚工作。

26. 积极参与安全生产综合治理工作。对于审判中发现的安全生产管理方面的突出问题，应当发出司法建议，促使有关部门强化安全生产意识和制度建设，完善事故预防机制，杜绝同类事故发生。

27. 重视做好宣传工作。对于社会关注的典型案件，要重视做好审判情况的宣传报道，规范裁判信息发布，及时回应社会的关切，充分发挥重大、典型案件的教育警示作用。

28. 各级人民法院要在依法履行审判职责的同时，及时总结审判经验，深入开展调查研究，推动审判工作水平不断提高。上级法院要以辖区内发生的重大生产安全责任事故案件为重点，加强对下级法院危害生产安全刑事案件审判工作的监督和指导，适时检查此类案件的审判情况，提出有针对性的指导意见。

（四）破坏社会主义市场经济秩序罪

1. 生产、销售伪劣商品罪

最高人民法院　最高人民检察院
关于办理生产、销售伪劣商品刑事案件
具体应用法律若干问题的解释

法释〔2001〕10号

（2001年4月5日最高人民法院审判委员会第1168次会议、2001年3月30日最高人民检察院第九届检察委员会第84次会议通过　2001年4月9日最高人民法院、最高人民检察院公告公布　自2001年4月10日起施行）

为依法惩治生产、销售伪劣商品犯罪活动，根据刑法有关规定，现就办理这类案件具体应用法律的若干问题解释如下：

第一条　刑法第一百四十条规定的"在产品中掺杂、掺假"，是指在产品中掺入杂质或者异物，致使产品质量不符合国家法律、法规或者产品明示质量标准规定的质量要求，降低、失去应有使用性能的行为。

刑法第一百四十条规定的"以假充真"，是指以不具有某种使用性能的产品冒充具有该种使用性能的产品的行为。

刑法第一百四十条规定的"以次充好"，是指以低等级、低档次产品冒充高等级、高档次产品，或者以残次、废旧零配件组合、拼装后冒充正品或者新产品的行为。

刑法第一百四十条规定的"不合格产品"，是指不符合《中华人民共和国产品质量法》第二十六条第二款规定的质量要求的产品。

对本条规定的上述行为难以确定的，应当委托法律、行政法规规定的产品质量检验机构进行鉴定。

第二条　刑法第一百四十条、第一百四十九条规定的"销售金额"，是指生产者、销售者出售伪劣产品后所得和应得的全部违法收入。

伪劣产品尚未销售，货值金额达到刑法第一百四十条规定的销售金额3倍以上的，以生产、销售伪劣产品罪（未遂）定罪处罚。

货值金额以违法生产、销售的伪劣产品的标价计算；没有标价的，按照同类合格产品的市场中间价格计算。货值金额难以确定的，按照国家计划委员会、最高人民法院、最高人民检察院、公安部 1997 年 4 月 22 日联合发布的《扣押、追缴、没收物品估价管理办法》的规定，委托指定的估价机构确定。

多次实施生产、销售伪劣产品行为，未经处理的，伪劣产品的销售金额或者货值金额累计计算。

第三条 经省级以上药品监督管理部门设置或者确定的药品检验机构鉴定，生产、销售的假药具有下列情形之一的，应认定为刑法第一百四十一条规定的"足以严重危害人体健康"：

（一）含有超标准的有毒有害物质的；

（二）不含所标明的有效成分，可能贻误诊治的；

（三）所标明的适应症或者功能主治超出规定范围，可能造成贻误诊治的；

（四）缺乏所标明的急救必需的有效成分的。

生产、销售的假药被使用后，造成轻伤、重伤或者其他严重后果的，应认定为"对人体健康造成严重危害"。

生产、销售的假药被使用后，致人严重残疾、3 人以上重伤、10 人以上轻伤或者造成其他特别严重后果的，应认定为"对人体健康造成特别严重危害"。

第四条 经省级以上卫生行政部门确定的机构鉴定，食品中含有可能导致严重食物中毒事故或者其他严重食源性疾患的超标准的有害细菌或者其他污染物的，应认定为刑法第一百四十三条规定的"足以造成严重食物中毒事故或者其他严重食源性疾患"。

生产、销售不符合卫生标准的食品被食用后，造成轻伤、重伤或者其他严重后果的，应认定为"对人体健康造成严重危害"。

生产、销售不符合卫生标准的食品被食用后，致人死亡、严重残疾、3 人以上重伤、10 人以上轻伤或者造成其他特别严重后果的，应认定为"后果特别严重"。

第五条 生产、销售的有毒、有害食品被食用后，造成轻伤、重伤或者其他严重后果的，应认定为刑法第一百四十四条规定的"对人体健康造成严重危害"。

生产、销售的有毒、有害食品被食用后，致人严重残疾、3 人以上重伤、10 人以上轻伤或者造成其他特别严重后果的，应认定为"对人体健康造成特别严重危害"。

第六条 生产、销售不符合标准的医疗器械、医用卫生材料，致人轻伤或者其他严重后果的，应认定为刑法第一百四十五条规定的"对人体健康造成严重危害"。

生产、销售不符合标准的医疗器械、医用卫生材料，造成感染病毒性肝炎等难以治愈的疾病，1 人以上重伤、3 人以上轻伤或者其他严重后果的，应认定为"后果特别严重"。

生产、销售不符合标准的医疗器械、医用卫生材料，致人死亡、严重残疾、感染艾滋病、3 人以上重伤、10 人以上轻伤或者造成其他特别严重后果的，应认定为"情节特别恶劣"。

医疗机构或者个人，知道或者应当知道是不符合保障人体健康的国家标准、行业标准的医疗器械、医用卫生材料而购买、使用，对人体健康造成严重危害的，以销售不符合标准的医用器材罪定罪处罚。

没有国家标准、行业标准的医疗器械，注册产品标准可视为"保障人体健康的行业标准"。

第七条 刑法第一百四十七条规定的生产、销售伪劣农药、兽药、化肥、种子罪中"使生产遭受较大损失"，一般以2万元为起点；"重大损失"，一般以10万元为起点；"特别重大损失"，一般以50万元为起点。

第八条 国家机关工作人员徇私舞弊，对生产、销售伪劣商品犯罪不履行法律规定的查处职责，具有下列情形之一的，属于刑法第四百一十四条规定的"情节严重"：

（一）放纵生产、销售假药或者有毒、有害食品犯罪行为的；

（二）放纵依法可能判处2年有期徒刑以上刑罚的生产、销售伪劣商品犯罪行为的；

（三）对3个以上有生产、销售伪劣商品犯罪行为的单位或者个人不履行追究职责的；

（四）致使国家和人民利益遭受重大损失或者造成恶劣影响的。

第九条 知道或者应当知道他人实施生产、销售伪劣商品犯罪，而为其提供贷款、资金、账号、发票、证明、许可证件，或者提供生产、经营场所或者运输、仓储、保管、邮寄等便利条件，或者提供制假生产技术的，以生产、销售伪劣商品犯罪的共犯论处。

第十条 实施生产、销售伪劣商品犯罪，同时构成侵犯知识产权、非法经营等其他犯罪的，依照处罚较重的规定定罪处罚。

第十一条 实施刑法第一百四十条至第一百四十八条规定的犯罪，又以暴力、威胁方法抗拒查处，构成其他犯罪的，依照数罪并罚的规定处罚。

第十二条 国家机关工作人员参与生产、销售伪劣商品犯罪的，从重处罚。

最高人民法院
关于审理生产、销售伪劣商品刑事案件有关鉴定问题的通知

2001年5月21日　　　　　　　　　　　　　　　　法〔2001〕70号

各省、自治区、直辖市高级人民法院，解放军军事法院，新疆维吾尔自治区高级人民法院生产建设兵团分院：

自全国开展整顿和规范市场经济秩序工作以来，各地人民法院陆续受理了一批生产、销售伪劣产品、假冒商标和非法经营等严重破坏社会主义市场经济秩序的犯罪案件。此类案件中涉及的生产、销售的产品，有的纯属伪劣产品，有的则只是侵犯知识产

权的非伪劣产品。由于涉案产品是否"以假充真"、"以次充好"、"以不合格产品冒充合格产品",直接影响到对被告人的定罪及处刑,为准确适用刑法和《最高人民法院、最高人民检察院关于办理生产、销售伪劣商品刑事案件具体应用法律若干问题的解释》(以下简称《解释》),严惩假冒伪劣商品犯罪,不放纵和轻纵犯罪分子,现就审理生产、销售伪劣商品、假冒商标和非法经营等严重破坏社会主义市场经济秩序的犯罪案件中可能涉及的假冒伪劣商品的有关鉴定问题通知如下:

一、对于提起公诉的生产、销售伪劣产品、假冒商标、非法经营等严重破坏社会主义市场经济秩序的犯罪案件,所涉生产、销售的产品是否属于"以假充真"、"以次充好"、"以不合格产品冒充合格产品"难以确定的,应当根据《解释》第一条第五款的规定,由公诉机关委托法律、行政法规规定的产品质量检验机构进行鉴定。

二、根据《解释》第三条和第四条的规定,人民法院受理的生产、销售假药犯罪案件和生产、销售不符合卫生标准的食品犯罪案件,均需有"省级以上药品监督管理部门设置或者确定的药品检验机构"和"省级以上卫生行政部门确定的机构"出具的鉴定结论。

三、经鉴定确系伪劣商品,被告人的行为既构成生产、销售伪劣产品罪,又构成生产、销售假药罪或者生产、销售不符合卫生标准的食品罪,或者同时构成侵犯知识产权、非法经营等其他犯罪的,根据刑法第一百四十九条第二款和《解释》第十条的规定,应当依照处罚较重的规定定罪处罚。

最高人民法院 最高人民检察院
关于办理危害药品安全刑事案件
适用法律若干问题的解释

法释〔2014〕14号

(2014年9月22日最高人民法院审判委员会第1626次会议、
2014年3月17日最高人民检察院第十二届检察委员会
第18次会议通过 2014年11月3日最高人民法院、
最高人民检察院公告公布 自2014年12月1日起施行)

为依法惩治危害药品安全犯罪,保障人民群众生命健康安全,维护药品市场秩序,根据《中华人民共和国刑法》的规定,现就办理这类刑事案件适用法律的若干问题解释如下:

第一条 生产、销售假药,具有下列情形之一的,应当酌情从重处罚:
(一)生产、销售的假药以孕产妇、婴幼儿、儿童或者危重病人为主要使用对象的;
(二)生产、销售的假药属于麻醉药品、精神药品、医疗用毒性药品、放射性药品、

避孕药品、血液制品、疫苗的;

（三）生产、销售的假药属于注射剂药品、急救药品的;

（四）医疗机构、医疗机构工作人员生产、销售假药的;

（五）在自然灾害、事故灾难、公共卫生事件、社会安全事件等突发事件期间，生产、销售用于应对突发事件的假药的;

（六）两年内曾因危害药品安全违法犯罪活动受过行政处罚或者刑事处罚的;

（七）其他应当酌情从重处罚的情形。

第二条　生产、销售假药，具有下列情形之一的，应当认定为刑法第一百四十一条规定的"对人体健康造成严重危害"：

（一）造成轻伤或者重伤的;

（二）造成轻度残疾或者中度残疾的;

（三）造成器官组织损伤导致一般功能障碍或者严重功能障碍的;

（四）其他对人体健康造成严重危害的情形。

第三条　生产、销售假药，具有下列情形之一的，应当认定为刑法第一百四十一条规定的"其他严重情节"：

（一）造成较大突发公共卫生事件的;

（二）生产、销售金额二十万元以上不满五十万元的;

（三）生产、销售金额十万元以上不满二十万元，并具有本解释第一条规定情形之一的;

（四）根据生产、销售的时间、数量、假药种类等，应当认定为情节严重的。

第四条　生产、销售假药，具有下列情形之一的，应当认定为刑法第一百四十一条规定的"其他特别严重情节"：

（一）致人重度残疾的;

（二）造成三人以上重伤、中度残疾或者器官组织损伤导致严重功能障碍的;

（三）造成五人以上轻度残疾或者器官组织损伤导致一般功能障碍的;

（四）造成十人以上轻伤的;

（五）造成重大、特别重大突发公共卫生事件的;

（六）生产、销售金额五十万元以上的;

（七）生产、销售金额二十万元以上不满五十万元，并具有本解释第一条规定情形之一的;

（八）根据生产、销售的时间、数量、假药种类等，应当认定为情节特别严重的。

第五条　生产、销售劣药，具有本解释第二条规定情形之一的，应当认定为刑法第一百四十二条规定的"对人体健康造成严重危害"。

生产、销售劣药，致人死亡，或者具有本解释第四条第一项至第五项规定情形之一的，应当认定为刑法第一百四十二条规定的"后果特别严重"。

生产、销售劣药，具有本解释第一条规定情形之一的，应当酌情从重处罚。

第六条　以生产、销售假药、劣药为目的，实施下列行为之一的，应当认定为刑法第一百四十一条、第一百四十二条规定的"生产"：

（一）合成、精制、提取、储存、加工炮制药品原料的行为；

（二）将药品原料、辅料、包装材料制成成品过程中，进行配料、混合、制剂、储存、包装的行为；

（三）印制包装材料、标签、说明书的行为。

医疗机构、医疗机构工作人员明知是假药、劣药而有偿提供给他人使用，或者为出售而购买、储存的行为，应当认定为刑法第一百四十一条、第一百四十二条规定的"销售"。

第七条 违反国家药品管理法律法规，未取得或者使用伪造、变造的药品经营许可证，非法经营药品，情节严重的，依照刑法第二百二十五条的规定以非法经营罪定罪处罚。

以提供给他人生产、销售药品为目的，违反国家规定，生产、销售不符合药用要求的非药品原料、辅料，情节严重的，依照刑法第二百二十五条的规定以非法经营罪定罪处罚。

实施前两款行为，非法经营数额在十万元以上，或者违法所得数额在五万元以上的，应当认定为刑法第二百二十五条规定的"情节严重"；非法经营数额在五十万元以上，或者违法所得数额在二十五万元以上的，应当认定为刑法第二百二十五条规定的"情节特别严重"。

实施本条第二款行为，同时又构成生产、销售伪劣产品罪、以危险方法危害公共安全罪等犯罪的，依照处罚较重的规定定罪处罚。

第八条 明知他人生产、销售假药、劣药，而有下列情形之一的，以共同犯罪论处：

（一）提供资金、贷款、账号、发票、证明、许可证件的；

（二）提供生产、经营场所、设备或者运输、储存、保管、邮寄、网络销售渠道等便利条件的；

（三）提供生产技术或者原料、辅料、包装材料、标签、说明书的；

（四）提供广告宣传等帮助行为的。

第九条 广告主、广告经营者、广告发布者违反国家规定，利用广告对药品作虚假宣传，情节严重的，依照刑法第二百二十二条的规定以虚假广告罪定罪处罚。

第十条 实施生产、销售假药、劣药犯罪，同时构成生产、销售伪劣产品、侵犯知识产权、非法经营、非法行医、非法采供血等犯罪的，依照处罚较重的规定定罪处罚。

第十一条 对实施本解释规定之犯罪的犯罪分子，应当依照刑法规定的条件，严格缓刑、免予刑事处罚的适用。对于适用缓刑的，应当同时宣告禁止令，禁止犯罪分子在缓刑考验期内从事药品生产、销售及相关活动。

销售少量根据民间传统配方私自加工的药品，或者销售少量未经批准进口的国外、境外药品，没有造成他人伤害后果或者延误诊治，情节显著轻微危害不大的，不认为是犯罪。

第十二条 犯生产、销售假药罪的，一般应当依法判处生产、销售金额二倍以上的罚金。共同犯罪的，对各共同犯罪人合计判处的罚金应当在生产、销售金额的二倍以上。

第十三条 单位犯本解释规定之罪的，对单位判处罚金，并对直接负责的主管人员和其他直接责任人员，依照本解释规定的自然人犯罪的定罪量刑标准处罚。

第十四条 是否属于刑法第一百四十一条、第一百四十二条规定的"假药"、"劣药"难以确定的，司法机关可以根据地市级以上药品监督管理部门出具的认定意见等相关材料进行认定。必要时，可以委托省级以上药品监督管理部门设置或者确定的药品检验机构进行检验。

第十五条 本解释所称"生产、销售金额"，是指生产、销售假药、劣药所得和可得的全部违法收入。

第十六条 本解释规定的"轻伤"、"重伤"按照《人体损伤程度鉴定标准》进行鉴定。

本解释规定的"轻度残疾"、"中度残疾"、"重度残疾"按照相关伤残等级评定标准进行评定。

第十七条 本解释发布施行后，最高人民法院、最高人民检察院《关于办理生产、销售假药、劣药刑事案件具体应用法律若干问题的解释》（法释〔2009〕9号）同时废止；之前发布的司法解释和规范性文件与本解释不一致的，以本解释为准。

最高人民法院 最高人民检察院
关于办理危害食品安全刑事案件适用法律若干问题的解释

法释〔2013〕12号

（2013年4月28日最高人民法院审判委员会第1576次会议、2013年4月28日最高人民检察院第十二届检察委员会第5次会议通过 2013年5月2日最高人民法院、最高人民检察院公告公布 自2013年5月4日起施行）

为依法惩治危害食品安全犯罪，保障人民群众身体健康、生命安全，根据刑法有关规定，对办理此类刑事案件适用法律的若干问题解释如下：

第一条 生产、销售不符合食品安全标准的食品，具有下列情形之一的，应当认定为刑法第一百四十三条规定的"足以造成严重食物中毒事故或者其他严重食源性疾病"：

（一）含有严重超出标准限量的致病性微生物、农药残留、兽药残留、重金属、污染物质以及其他危害人体健康的物质的；

（二）属于病死、死因不明或者检验检疫不合格的畜、禽、兽、水产动物及其肉类、肉类制品的；

（三）属于国家为防控疾病等特殊需要明令禁止生产、销售的；

（四）婴幼儿食品中生长发育所需营养成分严重不符合食品安全标准的；

（五）其他足以造成严重食物中毒事故或者严重食源性疾病的情形。

第二条 生产、销售不符合食品安全标准的食品，具有下列情形之一的，应当认定为刑法第一百四十三条规定的"对人体健康造成严重危害"：

（一）造成轻伤以上伤害的；

（二）造成轻度残疾或者中度残疾的；

（三）造成器官组织损伤导致一般功能障碍或者严重功能障碍的；

（四）造成十人以上严重食物中毒或者其他严重食源性疾病的；

（五）其他对人体健康造成严重危害的情形。

第三条 生产、销售不符合食品安全标准的食品，具有下列情形之一的，应当认定为刑法第一百四十三条规定的"其他严重情节"：

（一）生产、销售金额二十万元以上的；

（二）生产、销售金额十万元以上不满二十万元，不符合食品安全标准的食品数量较大或者生产、销售持续时间较长的；

（三）生产、销售金额十万元以上不满二十万元，属于婴幼儿食品的；

（四）生产、销售金额十万元以上不满二十万元，一年内曾因危害食品安全违法犯罪活动受过行政处罚或者刑事处罚的；

（五）其他情节严重的情形。

第四条 生产、销售不符合食品安全标准的食品，具有下列情形之一的，应当认定为刑法第一百四十三条规定的"后果特别严重"：

（一）致人死亡或者重度残疾的；

（二）造成三人以上重伤、中度残疾或者器官组织损伤导致严重功能障碍的；

（三）造成十人以上轻伤、五人以上轻度残疾或者器官组织损伤导致一般功能障碍的；

（四）造成三十人以上严重食物中毒或者其他严重食源性疾病的；

（五）其他特别严重的后果。

第五条 生产、销售有毒、有害食品，具有本解释第二条规定情形之一的，应当认定为刑法第一百四十四条规定的"对人体健康造成严重危害"。

第六条 生产、销售有毒、有害食品，具有下列情形之一的，应当认定为刑法第一百四十四条规定的"其他严重情节"：

（一）生产、销售金额二十万元以上不满五十万元的；

（二）生产、销售金额十万元以上不满二十万元，有毒、有害食品的数量较大或者生产、销售持续时间较长的；

（三）生产、销售金额十万元以上不满二十万元，属于婴幼儿食品的；

（四）生产、销售金额十万元以上不满二十万元，一年内曾因危害食品安全违法犯罪活动受过行政处罚或者刑事处罚的；

（五）有毒、有害的非食品原料毒害性强或者含量高的；

（六）其他情节严重的情形。

第七条 生产、销售有毒、有害食品，生产、销售金额五十万元以上，或者具有本解释第四条规定的情形之一的，应当认定为刑法第一百四十四条规定的"致人死亡或者有其他特别严重情节"。

第八条 在食品加工、销售、运输、贮存等过程中，违反食品安全标准，超限量或者超范围滥用食品添加剂，足以造成严重食物中毒事故或者其他严重食源性疾病的，依照刑法第一百四十三条的规定以生产、销售不符合安全标准的食品罪定罪处罚。

在食用农产品种植、养殖、销售、运输、贮存等过程中，违反食品安全标准，超限量或者超范围滥用添加剂、农药、兽药等，足以造成严重食物中毒事故或者其他严重食源性疾病的，适用前款的规定定罪处罚。

第九条 在食品加工、销售、运输、贮存等过程中，掺入有毒、有害的非食品原料，或者使用有毒、有害的非食品原料加工食品的，依照刑法第一百四十四条的规定以生产、销售有毒、有害食品罪定罪处罚。

在食用农产品种植、养殖、销售、运输、贮存等过程中，使用禁用农药、兽药等禁用物质或者其他有毒、有害物质的，适用前款的规定定罪处罚。

在保健食品或者其他食品中非法添加国家禁用药物等有毒、有害物质的，适用第一款的规定定罪处罚。

第十条 生产、销售不符合食品安全标准的食品添加剂，用于食品的包装材料、容器、洗涤剂、消毒剂，或者用于食品生产经营的工具、设备等，构成犯罪的，依照刑法第一百四十条的规定以生产、销售伪劣产品罪定罪处罚。

第十一条 以提供给他人生产、销售食品为目的，违反国家规定，生产、销售国家禁止用于食品生产、销售的非食品原料，情节严重的，依照刑法第二百二十五条的规定以非法经营罪定罪处罚。

违反国家规定，生产、销售国家禁止生产、销售、使用的农药、兽药、饲料、饲料添加剂，或者饲料原料、饲料添加剂原料，情节严重的，依照前款的规定定罪处罚。

实施前两款行为，同时又构成生产、销售伪劣产品罪，生产、销售伪劣农药、兽药罪等其他犯罪的，依照处罚较重的规定定罪处罚。

第十二条 违反国家规定，私设生猪屠宰厂（场），从事生猪屠宰、销售等经营活动，情节严重的，依照刑法第二百二十五条的规定以非法经营罪定罪处罚。

实施前款行为，同时又构成生产、销售不符合安全标准的食品罪，生产、销售有毒、有害食品罪等其他犯罪的，依照处罚较重的规定定罪处罚。

第十三条 生产、销售不符合食品安全标准的食品，有毒、有害食品，符合刑法第一百四十三条、第一百四十四条规定的，以生产、销售不符合安全标准的食品罪或者生产、销售有毒、有害食品罪定罪处罚。同时构成其他犯罪的，依照处罚较重的规定定罪处罚。

生产、销售不符合食品安全标准的食品，无证据证明足以造成严重食物中毒事故或者其他严重食源性疾病，不构成生产、销售不符合安全标准的食品罪，但是构成生产、销售伪劣产品罪等其他犯罪的，依照该其他犯罪定罪处罚。

第十四条 明知他人生产、销售不符合食品安全标准的食品，有毒、有害食品，具有下列情形之一的，以生产、销售不符合安全标准的食品罪或者生产、销售有毒、有害食品罪的共犯论处：

（一）提供资金、贷款、账号、发票、证明、许可证件的；

（二）提供生产、经营场所或者运输、贮存、保管、邮寄、网络销售渠道等便利条件的；

（三）提供生产技术或者食品原料、食品添加剂、食品相关产品的；

（四）提供广告等宣传的。

第十五条 广告主、广告经营者、广告发布者违反国家规定，利用广告对保健食品或者其他食品作虚假宣传，情节严重的，依照刑法第二百二十二条的规定以虚假广告罪定罪处罚。

第十六条 负有食品安全监督管理职责的国家机关工作人员，滥用职权或者玩忽职守，导致发生重大食品安全事故或者造成其他严重后果，同时构成食品监管渎职罪和徇私舞弊不移交刑事案件罪、商检徇私舞弊罪、动植物检疫徇私舞弊罪、放纵制售伪劣商品犯罪行为罪等其他渎职犯罪的，依照处罚较重的规定定罪处罚。

负有食品安全监督管理职责的国家机关工作人员滥用职权或者玩忽职守，不构成食品监管渎职罪，但构成前款规定的其他渎职犯罪的，依照该其他犯罪定罪处罚。

负有食品安全监督管理职责的国家机关工作人员与他人共谋，利用其职务行为帮助他人实施危害食品安全犯罪行为，同时构成渎职犯罪和危害食品安全犯罪共犯的，依照处罚较重的规定定罪处罚。

第十七条 犯生产、销售不符合安全标准的食品罪，生产、销售有毒、有害食品罪，一般应当依法判处生产、销售金额二倍以上的罚金。

第十八条 对实施本解释规定之犯罪的犯罪分子，应当依照刑法规定的条件严格适用缓刑、免予刑事处罚。根据犯罪事实、情节和悔罪表现，对于符合刑法规定的缓刑适用条件的犯罪分子，可以适用缓刑，但是应当同时宣告禁止令，禁止其在缓刑考验期限内从事食品生产、销售及相关活动。

第十九条 单位实施本解释规定的犯罪的，依照本解释规定的定罪量刑标准处罚。

第二十条 下列物质应当认定为"有毒、有害的非食品原料"：

（一）法律、法规禁止在食品生产经营活动中添加、使用的物质；

（二）国务院有关部门公布的《食品中可能违法添加的非食用物质名单》《保健食品中可能非法添加的物质名单》上的物质；

（三）国务院有关部门公告禁止使用的农药、兽药以及其他有毒、有害物质；

（四）其他危害人体健康的物质。

第二十一条 "足以造成严重食物中毒事故或者其他严重食源性疾病""有毒、有害非食品原料"难以确定的，司法机关可以根据检验报告并结合专家意见等相关材料进行认定。必要时，人民法院可以依法通知有关专家出庭作出说明。

第二十二条 最高人民法院、最高人民检察院此前发布的司法解释与本解释不一致的，以本解释为准。

最高人民法院 最高人民检察院 公安部
关于依法严惩"地沟油"犯罪活动的通知

2012 年 1 月 9 日　　　　　　　　　　　　　　公通字〔2012〕1 号

各省、自治区、直辖市高级人民法院、人民检察院、公安厅（局），解放军军事法院、军事检察院，新疆维吾尔自治区高级人民法院生产建设兵团分院，新疆生产建设兵团人民检察院、公安局：

为依法严惩"地沟油"犯罪活动，切实保障人民群众的生命健康安全，根据刑法和有关司法解释的规定，现就有关事项通知如下：

一、依法严惩"地沟油"犯罪，切实维护人民群众食品安全

"地沟油"犯罪，是指用餐厨垃圾、废弃油脂、各类肉及肉制品加工废弃物等非食品原料，生产、加工"食用油"，以及明知是利用"地沟油"生产、加工的油脂而作为食用油销售的行为。"地沟油"犯罪严重危害人民群众身体健康和生命安全，严重影响国家形象，损害党和政府的公信力。各级公安机关、检察机关、人民法院要认真贯彻刑法修正案（八）对危害食品安全犯罪从严打击的精神，依法严惩"地沟油"犯罪，坚决打击"地沟油"进入食用领域的各种犯罪行为，坚决保护人民群众切身利益。对于涉及多地区的"地沟油"犯罪案件，各地公安机关、检察机关、人民法院要在案件管辖、调查取证等方面通力合作，形成打击合力，切实维护人民群众食品安全。

二、准确理解法律规定，严格区分犯罪界限

（一）对于利用"地沟油"生产"食用油"的，依照刑法第 144 条生产有毒、有害食品罪的规定追究刑事责任。

（二）明知是利用"地沟油"生产的"食用油"而予以销售的，依照刑法第 144 条销售有毒、有害食品罪的规定追究刑事责任。认定是否"明知"，应当结合犯罪嫌疑人、被告人的认知能力，犯罪嫌疑人、被告人及其同案人的供述和辩解，证人证言，产品质量，进货渠道及进货价格，销售渠道及销售价格等主、客观因素予以综合判断。

（三）对于利用"地沟油"生产的"食用油"，已经销售出去没有实物，但是有证据证明系已被查实生产、销售有毒、有害食品犯罪事实的上线提供的，依照刑法第 144 条销售有毒、有害食品罪的规定追究刑事责任。

（四）虽无法查明"食用油"是否系利用"地沟油"生产、加工，但犯罪嫌疑人、被告人明知该"食用油"来源可疑而予以销售的，应分别情形处理：经鉴定，检出有毒、有害成分的，依照刑法第 144 条销售有毒、有害食品罪的规定追究刑事责任；属于

不符合安全标准的食品的,依照刑法第143条销售不符合安全标准的食品罪追究刑事责任;属于以假充真、以次充好、以不合格产品冒充合格产品或者假冒注册商标,构成犯罪的,依照刑法第140条销售伪劣产品罪或者第213条假冒注册商标罪、第214条销售假冒注册商标的商品罪追究刑事责任。

(五)知道或应当知道他人实施以上第(一)、(二)、(三)款犯罪行为,而为其掏捞、加工、贩运"地沟油",或者提供贷款、资金、账号、发票、证明、许可证件,或者提供技术、生产、经营场所、运输、仓储、保管等便利条件的,依照本条第(一)、(二)、(三)款犯罪的共犯论处。

(六)对违反有关规定,掏捞、加工、贩运"地沟油",没有证据证明用于生产"食用油"的,交由行政部门处理。

(七)对于国家工作人员在食用油安全监管和查处"地沟油"违法犯罪活动中滥用职权、玩忽职守、徇私枉法,构成犯罪的,依照刑法有关规定追究刑事责任。

三、准确把握宽严相济刑事政策在食品安全领域的适用

在对"地沟油"犯罪定罪量刑时,要充分考虑犯罪数额、犯罪分子主观恶性及其犯罪手段、犯罪行为对人民群众生命安全和身体健康的危害、对市场经济秩序的破坏程度、恶劣影响等。对于具有累犯、前科、共同犯罪的主犯、集团犯罪的首要分子等情节,以及犯罪数额巨大、情节恶劣、危害严重,群众反映强烈,给国家和人民利益造成重大损失的犯罪分子,依法严惩,罪当判处死刑的,要坚决依法判处死刑。对在同一条生产销售链上的犯罪分子,要在法定刑幅度内体现严惩源头犯罪的精神,确保生产环节与销售环节量刑的整体平衡。对于明知是"地沟油"而非法销售的公司、企业,要依法从严追究有关单位和直接责任人员的责任。对于具有自首、立功、从犯等法定情节的犯罪分子,可以依法从宽处理。要严格把握适用缓刑、免予刑事处罚的条件。对依法必须适用缓刑的,一般同时宣告禁止令,禁止其在缓刑考验期内从事与食品生产、销售等有关的活动。

各地执行情况,请及时上报。

最高人民法院 最高人民检察院
关于办理非法生产、销售、使用禁止在饲料和动物饮用水中使用的药品等刑事案件具体应用法律若干问题的解释

法释〔2002〕26号

(最高人民法院审判委员会第1237次会议、最高人民检察院第九届检察委员会第109次会议通过 2002年8月16日最高人民法院、最高人民检察院公告公布 自2002年8月23日起施行)

为依法惩治非法生产、销售、使用盐酸克仑特罗(Clenbuterol Hydrochloride,俗称"瘦肉精")等禁止在饲料和动物饮用水中使用的药品等犯罪活动,维护社会主义市场经济秩序,保护公民身体健康,根据刑法有关规定,现就办理这类刑事案件具体应用法律的若干问题解释如下:

第一条 未取得药品生产、经营许可证件和批准文号,非法生产、销售盐酸克仑特罗等禁止在饲料和动物饮用水中使用的药品,扰乱药品市场秩序,情节严重的,依照刑法第二百二十五条第(一)项的规定,以非法经营罪追究刑事责任。

第二条 在生产、销售的饲料中添加盐酸克仑特罗等禁止在饲料和动物饮用水中使用的药品,或者销售明知是添加有该类药品的饲料,情节严重的,依照刑法第二百二十五条第(四)项的规定,以非法经营罪追究刑事责任。

第三条 使用盐酸克仑特罗等禁止在饲料和动物饮用水中使用的药品或者含有该类药品的饲料养殖供人食用的动物,或者销售明知是使用该类药品或者含有该类药品的饲料养殖的供人食用的动物的,依照刑法第一百四十四条的规定,以生产、销售有毒、有害食品罪追究刑事责任。

第四条 明知是使用盐酸克仑特罗等禁止在饲料和动物饮用水中使用的药品或者含有该类药品的饲料养殖的供人食用的动物,而提供屠宰等加工服务,或者销售其制品的,依照刑法第一百四十四条的规定,以生产、销售有毒、有害食品罪追究刑事责任。

第五条 实施本解释规定的行为,同时触犯刑法规定的两种以上犯罪的,依照处罚较重的规定追究刑事责任。

第六条 禁止在饲料和动物饮用水中使用的药品,依照国家有关部门公告的禁止在饲料和动物饮用水中使用的药物品种目录确定。

附：

农业部 卫生部 国家药品监督管理局公告的《禁止在饲料和动物饮用水中使用的药物品种目录》

一、肾上腺素受体激动剂

1. 盐酸克仑特罗（Clenbuterol Hydrochloride）：中华人民共和国药典（以下简称药典）2000 年二部 P605。$β_2$ 肾上腺素受体激动药。

2. 沙丁胺醇（Salbutamol）：药典 2000 年二部 P316。$β_2$ 肾上腺素受体激动药。

3. 硫酸沙丁胺醇（Salbutamol Sulfate）：药典 2000 年二部 P870。$β_2$ 肾上腺素受体激动药。

4. 莱克多巴胺（Ractopamine）：一种 β 兴奋剂，美国食品和药物管理局（FDA）已批准，中国未批准。

5. 盐酸多巴胺（Dopamine Hydrochloride）：药典 2000 年二部 P591。多巴胺受体激动药。

6. 西巴特罗（Cimaterol）：美国氰胺公司开发的产品，一种 β 兴奋剂，FDA 未批准。

7. 硫酸特布他林（Terbutaline Sulfate）：药典 2000 年二部 P890。$β_2$ 肾上腺受体激动药。

二、性激素

8. 己烯雌酚（Diethylstibestrol）：药典 2000 年二部 P42。雌激素类药。

9. 雌二醇（Estradiol）：药典 2000 年二部 P1005。雌激素类药。

10. 戊酸雌二醇（Estradiol Valerate）：药典 2000 年二部 P124。雌激素类药。

11. 苯甲酸雌二醇（Estradiol Benzoate）：药典 2000 年二部 P369。雌激素类药。中华人民共和国兽药典（以下简称兽药典）2000 年版一部 P109。雌激素类药。用于发情不明显动物的催情及胎衣滞留、死胎的排除。

12. 氯烯雌醚（Chlorotrianisene）：药典 2000 年二部 P919。

13. 炔诺醇（Ethinylestradiol）：药典 2000 年二部 P422。

14. 炔诺醚（Quinestrol）：药典 2000 年二部 P424。

15. 醋酸氯地孕酮（Chlormadinoneacetate）：药典 2000 年二部 P1037。

16. 左炔诺孕酮（Levonorgestrel）：药典 2000 年二部 P107。

17. 炔诺酮（Norethisterone）：药典 2000 年二部 P420。

18. 绒毛膜促性腺激素（绒促性素）（Chorionic Gonadotrophin）：药典 2000 年二部 P534。促性腺激素药。兽药典 2000 年版一部 P146。激素类药。用于性功能障碍、习惯性流产及卵巢囊肿等。

19. 促卵泡生长激素（尿促性素主要含卵泡刺激 FSHT 和黄体生成素 LH）（Menotropins）：药典 2000 年二部 P321。促性腺激素类药。

三、蛋白同化激素

20. 碘化酪蛋白（Iodinated Casein）：蛋白同化激素类，为甲状腺素的前驱物质，具有类似甲状腺素的生理作用。

21. 苯丙酸诺龙及苯丙酸诺龙注射液（Nandrolone phenylpropionate）：药典 2000 年二部 P365。

四、精神药品

22. （盐酸）氯丙嗪（Chlorpromazine Hydrochloride）：药典 2000 年二部 P676。抗精神病药。兽药典 2000 年版一部 P177。镇静药。用于强化麻醉以及使动物安静等。

23. 盐酸异丙嗪（Promethazine Hydrochloride）：药典 2000 年二部 P602。抗组胺药。兽药典 2000 年版一部 P164。抗组胺药。用于变态反应性疾病，如荨麻疹、血清病等。

24. 安定（地西泮）（Diazepam）：药典 2000 年二部 P214。抗焦虑药、抗惊厥药。兽药典 2000 年版一部 P61。镇静药、抗惊厥药。

25. 苯巴比妥（Phenobarbital）：药典 2000 年二部 P362。镇静催眠药、抗惊厥药。兽药典 2000 年版一部 P103。巴比妥类药。缓解脑炎、破伤风、士的宁中毒所致的惊厥。

26. 苯巴比妥钠（Phenobarbital Sodium）：兽药典 2000 年版一部 P105。巴比妥类药。缓解脑炎、破伤风、士的宁中毒所致的惊厥。

27. 巴比妥（Barbital）：兽药典 2000 年版一部 P27。中枢抑制和增强解热镇痛。

28. 异戊巴比妥（Amobarbital）：药典 2000 年二部 P252。催眠药、抗惊厥药。

29. 异戊巴比妥钠（Amobarbital Sodium）：兽药典 2000 年版一部 P82。巴比妥类药。用于小动物的镇静、抗惊厥和麻醉。

30. 利血平（Reserpine）：药典 2000 年二部 P304。抗高血压药。

31. 艾司唑仑（Estazolam）。

32. 甲丙氨脂（Meprobamate）。

33. 咪达唑仑（Midazolam）。

34. 硝西泮（Nitrazepam）。

35. 奥沙西泮（Oxazepam）。

36. 匹莫林（Pemoline）。

37. 三唑仑（Triazolam）。

38. 唑吡旦（Zolpidem）。

39. 其他国家管制的精神药品。

五、各种抗生素滤渣

40. 抗生素滤渣：该类物质是抗生素类产品生产过程中产生的工业"三废"，因含有微量抗生素成分，在饲料和饲养过程中使用后对动物有一定的促生长作用。但对养殖业的危害很大，一是容易引起耐药性；二是由于未做安全性试验，存在各种安全隐患。

2. 走 私 罪

最高人民法院 最高人民检察院
关于办理走私刑事案件适用法律若干问题的解释

法释〔2014〕10号

（2014年2月24日最高人民法院审判委员会第1608次会议、2014年6月13日最高人民检察院第十二届检察委员会第23次会议通过 2014年8月12日最高人民法院、最高人民检察院公告公布 自2014年9月10日起施行）

为依法惩治走私犯罪活动，根据刑法有关规定，现就办理走私刑事案件适用法律的若干问题解释如下：

第一条 走私武器、弹药，具有下列情形之一的，可以认定为刑法第一百五十一条第一款规定的"情节较轻"：

（一）走私以压缩气体等非火药为动力发射枪弹的枪支二支以上不满五支的；

（二）走私气枪铅弹五百发以上不满二千五百发，或者其他子弹十发以上不满五十发的；

（三）未达到上述数量标准，但属于犯罪集团的首要分子，使用特种车辆从事走私活动，或者走私的武器、弹药被用于实施犯罪等情形的；

（四）走私各种口径在六十毫米以下常规炮弹、手榴弹或者枪榴弹等分别或者合计不满五枚的。

具有下列情形之一的，依照刑法第一百五十一条第一款的规定处七年以上有期徒刑，并处罚金或者没收财产：

（一）走私以火药为动力发射枪弹的枪支一支，或者以压缩气体等非火药为动力发射枪弹的枪支五支以上不满十支的；

（二）走私第一款第二项规定的弹药，数量在该项规定的最高数量以上不满最高数量五倍的；

（三）走私各种口径在六十毫米以下常规炮弹、手榴弹或者枪榴弹等分别或者合计达到五枚以上不满十枚，或者各种口径超过六十毫米以上常规炮弹合计不满五枚的；

（四）达到第一款第一、二、四项规定的数量标准，且属于犯罪集团的首要分子，使用特种车辆从事走私活动，或者走私的武器、弹药被用于实施犯罪等情形的。

具有下列情形之一的，应当认定为刑法第一百五十一条第一款规定的"情节特别严重"：

（一）走私第二款第一项规定的枪支，数量超过该项规定的数量标准的；

（二）走私第一款第二项规定的弹药，数量在该项规定的最高数量标准五倍以上的；

（三）走私第二款第三项规定的弹药，数量超过该项规定的数量标准，或者走私具有巨大杀伤力的非常规炮弹一枚以上的；

（四）达到第二款第一项至第三项规定的数量标准，且属于犯罪集团的首要分子，使用特种车辆从事走私活动，或者走私的武器、弹药被用于实施犯罪等情形的。

走私其他武器、弹药，构成犯罪的，参照本条各款规定的标准处罚。

第二条 刑法第一百五十一条第一款规定的"武器、弹药"的种类，参照《中华人民共和国进口税则》及《中华人民共和国禁止进出境物品表》的有关规定确定。

第三条 走私枪支散件，构成犯罪的，依照刑法第一百五十一条第一款的规定，以走私武器罪定罪处罚。成套枪支散件以相应数量的枪支计，非成套枪支散件以每三十件为一套枪支散件计。

第四条 走私各种弹药的弹头、弹壳，构成犯罪的，依照刑法第一百五十一条第一款的规定，以走私弹药罪定罪处罚。具体的定罪量刑标准，按照本解释第一条规定的数量标准的五倍执行。

走私报废或者无法组装并使用的各种弹药的弹头、弹壳，构成犯罪的，依照刑法第一百五十三条的规定，以走私普通货物、物品罪定罪处罚；属于废物的，依照刑法第一百五十二条第二款的规定，以走私废物罪定罪处罚。

弹头、弹壳是否属于前款规定的"报废或者无法组装并使用"或者"废物"，由国家有关技术部门进行鉴定。

第五条 走私国家禁止或者限制进出口的仿真枪、管制刀具，构成犯罪的，依照刑法第一百五十一条第三款的规定，以走私国家禁止进出口的货物、物品罪定罪处罚。具体的定罪量刑标准，适用本解释第十一条第一款第六、七项和第二款的规定。

走私的仿真枪经鉴定为枪支，构成犯罪的，依照刑法第一百五十一条第一款的规定，以走私武器罪定罪处罚。不以牟利或者从事违法犯罪活动为目的，且无其他严重情节的，可以依法从轻处罚；情节轻微不需要判处刑罚的，可以免予刑事处罚。

第六条 走私伪造的货币，数额在二千元以上不满二万元，或者数量在二百张（枚）以上不满二千张（枚）的，可以认定为刑法第一百五十一条第一款规定的"情节较轻"。

具有下列情形之一的，依照刑法第一百五十一条第一款的规定处七年以上有期徒刑，并处罚金或者没收财产：

（一）走私数额在二万元以上不满二十万元，或者数量在二千张（枚）以上不满二万张（枚）的；

（二）走私数额或者数量达到第一款规定的标准，且具有走私的伪造货币流入市场等情节的。

具有下列情形之一的，应当认定为刑法第一百五十一条第一款规定的"情节特别严重"：

（一）走私数额在二十万元以上，或者数量在二万张（枚）以上的；

（二）走私数额或者数量达到第二款第一项规定的标准，且属于犯罪集团的首要分子，使用特种车辆从事走私活动，或者走私的伪造货币流入市场等情形的。

第七条 刑法第一百五十一条第一款规定的"货币"，包括正在流通的人民币和境外货币。伪造的境外货币数额，折合成人民币计算。

第八条 走私国家禁止出口的三级文物二件以下的，可以认定为刑法第一百五十一条第二款规定的"情节较轻"。

具有下列情形之一的，依照刑法第一百五十一条第二款的规定处五年以上十年以下有期徒刑，并处罚金：

（一）走私国家禁止出口的二级文物不满三件，或者三级文物三件以上不满九件的；

（二）走私国家禁止出口的三级文物不满三件，且具有造成文物严重毁损或者无法追回等情节的。

具有下列情形之一的，应当认定为刑法第一百五十一条第二款规定的"情节特别严重"：

（一）走私国家禁止出口的一级文物一件以上，或者二级文物三件以上，或者三级文物九件以上的；

（二）走私国家禁止出口的文物达到第二款第一项规定的数量标准，且属于犯罪集团的首要分子，使用特种车辆从事走私活动，或者造成文物严重毁损、无法追回等情形的。

第九条 走私国家一、二级保护动物未达到本解释附表中（一）规定的数量标准，或者走私珍贵动物制品数额不满二十万元的，可以认定为刑法第一百五十一条第二款规定的"情节较轻"。

具有下列情形之一的，依照刑法第一百五十一条第二款的规定处五年以上十年以下有期徒刑，并处罚金：

（一）走私国家一、二级保护动物达到本解释附表中（一）规定的数量标准的；

（二）走私珍贵动物制品数额在二十万元以上不满一百万元的；

（三）走私国家一、二级保护动物未达到本解释附表中（一）规定的数量标准，但具有造成该珍贵动物死亡或者无法追回等情节的。

具有下列情形之一的，应当认定为刑法第一百五十一条第二款规定的"情节特别严重"：

（一）走私国家一、二级保护动物达到本解释附表中（二）规定的数量标准的；

（二）走私珍贵动物制品数额在一百万元以上的；

（三）走私国家一、二级保护动物达到本解释附表中（一）规定的数量标准，且属于犯罪集团的首要分子，使用特种车辆从事走私活动，或者造成该珍贵动物死亡、无法追回等情形的。

不以牟利为目的，为留作纪念而走私珍贵动物制品进境，数额不满十万元的，可以免予刑事处罚；情节显著轻微的，不作为犯罪处理。

第十条 刑法第一百五十一条第二款规定的"珍贵动物"，包括列入《国家重点保护野生动物名录》中的国家一、二级保护野生动物，《濒危野生动植物种国际贸易公约》附录Ⅰ、附录Ⅱ中的野生动物，以及驯养繁殖的上述动物。

走私本解释附表中未规定的珍贵动物的，参照附表中规定的同属或者同科动物的数量标准执行。

走私本解释附表中未规定珍贵动物的制品的，按照最高人民法院、最高人民检察院、国家林业局、公安部、海关总署《关于破坏野生动物资源刑事案件中涉及的CITES附录Ⅰ和附录Ⅱ所列陆生野生动物制品价值核定问题的通知》（林濒发〔2012〕239号）的有关规定核定价值。

第十一条 走私国家禁止进出口的货物、物品，具有下列情形之一的，依照刑法第一百五十一条第三款的规定处五年以下有期徒刑或者拘役，并处或者单处罚金：

（一）走私国家一级保护野生植物五株以上不满二十五株，国家二级保护野生植物十株以上不满五十株，或者珍稀植物、珍稀植物制品数额在二十万元以上不满一百万元的；

（二）走私重点保护古生物化石或者未命名的古生物化石不满十件，或者一般保护古生物化石十件以上不满五十件的；

（三）走私禁止进出口的有毒物质一吨以上不满五吨，或者数额在二万元以上不满十万元的；

（四）走私来自境外疫区的动植物及其产品五吨以上不满二十五吨，或者数额在五万元以上不满二十五万元的；

（五）走私木炭、硅砂等妨害环境、资源保护的货物、物品十吨以上不满五十吨，或者数额在十万元以上不满五十万元的；

（六）走私旧机动车、切割车、旧机电产品或者其他禁止进出口的货物、物品二十吨以上不满一百吨，或者数额在二十万元以上不满一百万元的；

（七）数量或者数额未达到本款第一项至第六项规定的标准，但属于犯罪集团的首要分子，使用特种车辆从事走私活动，造成环境严重污染，或者引起甲类传染病传播、重大动植物疫情等情形的。

具有下列情形之一的，应当认定为刑法第一百五十一条第三款规定的"情节严重"：

（一）走私数量或者数额超过前款第一项至第六项规定的标准的；

（二）达到前款第一项至第六项规定的标准，且属于犯罪集团的首要分子，使用特种车辆从事走私活动，造成环境严重污染，或者引起甲类传染病传播、重大动植物疫情等情形的。

第十二条 刑法第一百五十一条第三款规定的"珍稀植物"，包括列入《国家重点保护野生植物名录》、《国家重点保护野生药材物种名录》、《国家珍贵树种名录》中的国家一、二级保护野生植物、国家重点保护的野生药材、珍贵树木,《濒危野生动植物种国际贸易公约》附录Ⅰ、附录Ⅱ中的野生植物,以及人工培育的上述植物。

本解释规定的"古生物化石",按照《古生物化石保护条例》的规定予以认定。走私具有科学价值的古脊椎动物化石、古人类化石,构成犯罪的,依照刑法第一百五十一条第二款的规定,以走私文物罪定罪处罚。

第十三条 以牟利或者传播为目的,走私淫秽物品,达到下列数量之一的,可以认定为刑法第一百五十二条第一款规定的"情节较轻":

(一)走私淫秽录像带、影碟五十盘(张)以上不满一百盘(张)的;

(二)走私淫秽录音带、音碟一百盘(张)以上不满二百盘(张)的;

(三)走私淫秽扑克、书刊、画册一百副(册)以上不满二百副(册)的;

(四)走私淫秽照片、画片五百张以上不满一千张的;

(五)走私其他淫秽物品相当于上述数量的。

走私淫秽物品在前款规定的最高数量以上不满最高数量五倍的,依照刑法第一百五十二条第一款的规定处三年以上十年以下有期徒刑,并处罚金。

走私淫秽物品在第一款规定的最高数量五倍以上,或者在第一款规定的最高数量以上不满五倍,但属于犯罪集团的首要分子,使用特种车辆从事走私活动等情形的,应当认定为刑法第一百五十二条第一款规定的"情节严重"。

第十四条 走私国家禁止进口的废物或者国家限制进口的可用作原料的废物,具有下列情形之一的,应当认定为刑法第一百五十二条第二款规定的"情节严重":

(一)走私国家禁止进口的危险性固体废物、液态废物分别或者合计达到一吨以上不满五吨的;

(二)走私国家禁止进口的非危险性固体废物、液态废物分别或者合计达到五吨以上不满二十五吨的;

(三)走私国家限制进口的可用作原料的固体废物、液态废物分别或者合计达到二十吨以上不满一百吨的;

(四)未达到上述数量标准,但属于犯罪集团的首要分子,使用特种车辆从事走私活动,或者造成环境严重污染等情形的。

具有下列情形之一的,应当认定为刑法第一百五十二条第二款规定的"情节特别严重":

(一)走私数量超过前款规定的标准的;

(二)达到前款规定的标准,且属于犯罪集团的首要分子,使用特种车辆从事走私活动,或者造成环境严重污染等情形的;

(三)未达到前款规定的标准,但造成环境严重污染且后果特别严重的。

走私置于容器中的气态废物,构成犯罪的,参照前两款规定的标准处罚。

第十五条 国家限制进口的可用作原料的废物的具体种类,参照国家有关部门的规定确定。

第十六条 走私普通货物、物品,偷逃应缴税额在十万元以上不满五十万元的,应当认定为刑法第一百五十三条第一款规定的"偷逃应缴税额较大";偷逃应缴税额在五十万元以上不满二百五十万元的,应当认定为"偷逃应缴税额巨大";偷逃应缴税额在二百五十万元以上的,应当认定为"偷逃应缴税额特别巨大"。

走私普通货物、物品,具有下列情形之一,偷逃应缴税额在三十万元以上不满五十万元的,应当认定为刑法第一百五十三条第一款规定的"其他严重情节";偷逃应缴税额在一百五十万元以上不满二百五十万元的,应当认定为"其他特别严重情节":

(一)犯罪集团的首要分子;
(二)使用特种车辆从事走私活动的;
(三)为实施走私犯罪,向国家机关工作人员行贿的;
(四)教唆、利用未成年人、孕妇等特殊人群走私的;
(五)聚众阻挠缉私的。

第十七条 刑法第一百五十三条第一款规定的"一年内曾因走私被给予二次行政处罚后又走私"中的"一年内",以因走私第一次受到行政处罚的生效之日与"又走私"行为实施之日的时间间隔计算确定;"被给予二次行政处罚"的走私行为,包括走私普通货物、物品以及其他货物、物品;"又走私"行为仅指走私普通货物、物品。

第十八条 刑法第一百五十三条规定的"应缴税额",包括进出口货物、物品应当缴纳的进出口关税和进口环节海关代征税的税额。应缴税额以走私行为实施时的税则、税率、汇率和完税价格计算;多次走私的,以每次走私行为实施时的税则、税率、汇率和完税价格逐票计算;走私行为实施时间不能确定的,以案发时的税则、税率、汇率和完税价格计算。

刑法第一百五十三条第三款规定的"多次走私未经处理",包括未经行政处理和刑事处理。

第十九条 刑法第一百五十四条规定的"保税货物",是指经海关批准,未办理纳税手续进境,在境内储存、加工、装配后应予复运出境的货物,包括通过加工贸易、补偿贸易等方式进口的货物,以及在保税仓库、保税工厂、保税区或者免税商店内等储存、加工、寄售的货物。

第二十条 直接向走私人非法收购走私进口的货物、物品,在内海、领海、界河、界湖运输、收购、贩卖国家禁止进出口的物品,或者没有合法证明,在内海、领海、界河、界湖运输、收购、贩卖国家限制进出口的货物、物品,构成犯罪的,应当按照走私货物、物品的种类,分别依照刑法第一百五十一条、第一百五十二条、第一百五十三条、第三百四十七条、第三百五十条的规定定罪处罚。

刑法第一百五十五条第二项规定的"内海",包括内河的入海口水域。

第二十一条 未经许可进出口国家限制进出口的货物、物品,构成犯罪的,应当依照刑法第一百五十一条、第一百五十二条的规定,以走私国家禁止进出口的货物、物品罪等罪名定罪处罚;偷逃应缴税额,同时又构成走私普通货物、物品罪的,依照处罚较重的规定定罪处罚。

取得许可,但超过许可数量进出口国家限制进出口的货物、物品,构成犯罪的,依照刑法第一百五十三条的规定,以走私普通货物、物品罪定罪处罚。

租用、借用或者使用购买的他人许可证，进出口国家限制进出口的货物、物品的，适用本条第一款的规定定罪处罚。

第二十二条 在走私的货物、物品中藏匿刑法第一百五十一条、第一百五十二条、第三百四十七条、第三百五十条规定的货物、物品，构成犯罪的，以实际走私的货物、物品定罪处罚；构成数罪的，实行数罪并罚。

第二十三条 实施走私犯罪，具有下列情形之一的，应当认定为犯罪既遂：

（一）在海关监管现场被查获的；

（二）以虚假申报方式走私，申报行为实施完毕的；

（三）以保税货物或者特定减税、免税进口的货物、物品为对象走私，在境内销售的，或者申请核销行为实施完毕的。

第二十四条 单位犯刑法第一百五十一条、第一百五十二条规定之罪，依照本解释规定的标准定罪处罚。

单位犯走私普通货物、物品罪，偷逃应缴税额在二十万元以上不满一百万元的，应当依照刑法第一百五十三条第二款的规定，对单位判处罚金，并对其直接负责的主管人员和其他直接责任人员，处三年以下有期徒刑或者拘役；偷逃应缴税额在一百万元以上不满五百万元的，应当认定为"情节严重"；偷逃应缴税额在五百万元以上的，应当认定为"情节特别严重"。

第二十五条 本解释发布实施后，《最高人民法院关于审理走私刑事案件具体应用法律若干问题的解释》（法释〔2000〕30号）、《最高人民法院关于审理走私刑事案件具体应用法律若干问题的解释（二）》（法释〔2006〕9号）同时废止。之前发布的司法解释与本解释不一致的，以本解释为准。

最高人民法院 最高人民检察院 海关总署
关于印发《办理走私刑事案件适用法律若干问题的意见》的通知

2002年7月8日　　　　　　　　　　　　法〔2002〕139号

各省、自治区、直辖市高级人民法院、人民检察院，解放军军事法院、军事检察院，新疆维吾尔自治区高级人民法院生产建设兵团分院、生产建设兵团人民检察院，广东分署，天津、上海特派办，各直属海关：

现将《最高人民法院、最高人民检察院、海关总署关于办理走私刑事案件适用法律若干问题的意见》印发给你们，请认真组织学习、参照执行。

附：

最高人民法院　最高人民检察院　海关总署
关于办理走私刑事案件适用法律若干问题的意见

为研究解决近年来公安、司法机关在办理走私刑事案件中遇到的新情况、新问题，最高人民法院、最高人民检察院、海关总署共同开展了调查研究，根据修订后的刑法及有关司法解释的规定，在总结侦查、批捕、起诉、审判工作经验的基础上，就办理走私刑事案件的程序、证据以及法律适用等问题提出如下意见：

一、关于走私犯罪案件的管辖问题

根据刑事诉讼法的规定，走私犯罪案件由犯罪地的走私犯罪侦查机关立案侦查。走私犯罪案件复杂，环节多，其犯罪地可能涉及多个犯罪行为发生地，包括货物、物品的进口（境）地、出口（境）地、报关地、核销地等。如果发生刑法第一百五十四条、第一百五十五条规定的走私犯罪行为的，走私货物、物品的销售地、运输地、收购地和贩卖地均属于犯罪行为的发生地。对有多个走私犯罪行为发生地的，由最初受理的走私犯罪侦查机关或者由主要犯罪地的走私犯罪侦查机关管辖。对管辖有争议的，由共同的上级走私犯罪侦查机关指定管辖。

对发生在海（水）上的走私犯罪案件由该辖区的走私犯罪侦查机关管辖，但对走私船舶有跨辖区连续追缉情形的，由缉获走私船舶的走私犯罪侦查机关管辖。

人民检察院受理走私犯罪侦查机关提请批准逮捕、移送审查起诉的走私犯罪案件，人民法院审理人民检察院提起公诉的走私犯罪案件，按照《最高人民法院、最高人民检察院、公安部、司法部、海关总署关于走私犯罪侦查机关办理走私犯罪案件适用刑事诉讼程序若干问题的通知》（署侦〔1998〕742号）的有关规定执行。

二、关于电子数据证据的收集、保全问题

走私犯罪侦查机关对于能够证明走私犯罪案件真实情况的电子邮件、电子合同、电子账册、单位内部的电子信息资料等电子数据应当作为刑事证据予以收集、保全。

侦查人员应当对提取、复制电子数据的过程制作有关文字说明，记明案由、对象、内容，提取、复制的时间、地点，电子数据的规格、类别、文件格式等，并由提取、复制电子数据的制作人、电子数据的持有人和能够证明提取、复制过程的见证人签名或者盖章，附所提取、复制的电子数据一并随案移送。

电子数据的持有人不在案或者拒绝签字的，侦查人员应当记明情况；有条件的可将提取、复制有关电子数据的过程拍照或者录像。

三、关于办理走私普通货物、物品刑事案件偷逃应缴税额的核定问题

在办理走私普通货物、物品刑事案件中,对走私行为人涉嫌偷逃应缴税额的核定,应当由走私犯罪案件管辖地的海关出具《涉嫌走私的货物、物品偷逃税款海关核定证明书》(以下简称《核定证明书》)。海关出具的《核定证明书》,经走私犯罪侦查机关、人民检察院、人民法院审查确认,可以作为办案的依据和定罪量刑的证据。

走私犯罪侦查机关、人民检察院和人民法院对《核定证明书》提出异议或者因核定偷逃税额的事实发生变化,认为需要补充核定或者重新核定的,可以要求原出具《核定证明书》的海关补充核定或者重新核定。

走私犯罪嫌疑人、被告人或者辩护人对《核定证明书》有异议,向走私犯罪侦查机关、人民检察院或者人民法院提出重新核定申请的,经走私犯罪侦查机关、人民检察院或者人民法院同意,可以重新核定。

重新核定应当另行指派专人进行。

四、关于走私犯罪嫌疑人的逮捕条件

对走私犯罪嫌疑人提请逮捕和审查批准逮捕,应当依照刑事诉讼法第六十条规定的逮捕条件来办理。一般按照下列标准掌握:

(一)有证据证明有走私犯罪事实

1. 有证据证明发生了走私犯罪事实

有证据证明发生了走私犯罪事实,须同时满足下列两项条件:

(1)有证据证明发生了违反国家法律、法规,逃避海关监管的行为;

(2)查扣的或者有证据证明的走私货物、物品的数量、价值或者偷逃税额达到刑法及相关司法解释规定的起刑点。

2. 有证据证明走私犯罪事实系犯罪嫌疑人实施的

有下列情形之一,可认为走私犯罪事实系犯罪嫌疑人实施的:

(1)现场查获犯罪嫌疑人实施走私犯罪的;

(2)视听资料显示犯罪嫌疑人实施走私犯罪的;

(3)犯罪嫌疑人供认的;

(4)有证人证言指证的;

(5)有同案的犯罪嫌疑人供述的;

(6)其他证据能够证明犯罪嫌疑人实施走私犯罪的。

3. 证明犯罪嫌疑人实施走私犯罪行为的证据已经查证属实的

符合下列证据规格要求之一,属于证明犯罪嫌疑人实施走私犯罪行为的证据已经查证属实的:

(1)现场查获犯罪嫌疑人实施犯罪,有现场勘查笔录、留置盘问记录、海关扣留查问笔录或者海关查验(检查)记录等证据证实的;

(2)犯罪嫌疑人的供述有其他证据能够印证的;

(3)证人证言能够相互印证的;

(4) 证人证言或者同案犯供述能够与其他证据相互印证的；
(5) 证明犯罪嫌疑人实施走私犯罪的其他证据已经查证属实的。

(二) 可能判处有期徒刑以上的刑罚

是指根据刑法第一百五十一条、第一百五十二条、第一百五十三条、第三百四十七条、第三百五十条等规定和《最高人民法院关于审理走私刑事案件具体应用法律若干问题的解释》等有关司法解释的规定，结合已查明的走私犯罪事实，对走私犯罪嫌疑人可能判处有期徒刑以上的刑罚。

(三) 采取取保候审、监视居住等方法，尚不足以防止发生社会危险性而有逮捕必要的

主要是指：走私犯罪嫌疑人可能逃跑、自杀、串供、干扰证人作证以及伪造、毁灭证据等妨碍刑事诉讼活动的正常进行的，或者存在行凶报复、继续作案可能的。

五、关于走私犯罪嫌疑人、被告人主观故意的认定问题

行为人明知自己的行为违反国家法律法规，逃避海关监管，偷逃进出境货物、物品的应缴税额，或者逃避国家有关进出境的禁止性管理，并且希望或者放任危害结果发生的，应认定为具有走私的主观故意。

走私主观故意中的"明知"是指行为人知道或者应当知道所从事的行为是走私行为。具有下列情形之一的，可以认定为"明知"，但有证据证明确属被蒙骗的除外：

(一) 逃避海关监管，运输、携带、邮寄国家禁止进出境的货物、物品的；
(二) 用特制的设备或者运输工具走私货物、物品的；
(三) 未经海关同意，在非设关的码头、海（河）岸、陆路边境等地点，运输（驳载）、收购或者贩卖非法进出境货物、物品的；
(四) 提供虚假的合同、发票、证明等商业单证委托他人办理通关手续的；
(五) 以明显低于货物正常进（出）口的应缴税额委托他人代理进（出）口业务的；
(六) 曾因同一种走私行为受过刑事处罚或者行政处罚的；
(七) 其他有证据证明的情形。

六、关于行为人对其走私的具体对象不明确的案件的处理问题

走私犯罪嫌疑人主观上具有走私犯罪故意，但对其走私的具体对象不明确的，不影响走私犯罪构成，应当根据实际的走私对象定罪处罚。但是，确有证据证明行为人因受蒙骗而对走私对象发生认识错误的，可以从轻处罚。

七、关于走私珍贵动物制品行为的处罚问题

走私珍贵动物制品的，应当根据刑法第一百五十一条第二、四、五款和《最高人民法院关于审理走私刑事案件具体应用法律若干问题的解释》（以下简称《解释》）第四条的有关规定予以处罚，但同时具有下列情形，情节较轻的，一般不以犯罪论处：

(一) 珍贵动物制品购买地允许交易；
(二) 入境人员为留作纪念或者作为礼品而携带珍贵动物制品进境，不具有牟利目

的的。

同时具有上述两种情形,达到《解释》第四条第三款规定的量刑标准的,一般处5年以下有期徒刑,并处罚金;达到《解释》第四条第四款规定的量刑标准的,一般处5年以上有期徒刑,并处罚金。

八、关于走私旧汽车、切割车等货物、物品的行为的定罪问题

走私刑法第一百五十一条、第一百五十二条、第三百四十七条、第三百五十条规定的货物、物品以外的,已被国家明令禁止进出口的货物、物品,例如旧汽车、切割车、侵犯知识产权的货物、来自疫区的动植物及其产品等,应当依照刑法第一百五十三条的规定,以走私普通货物、物品罪追究刑事责任。

九、关于利用购买的加工贸易登记手册、特定减免税批文等涉税单证进口货物行为的定性处理问题

加工贸易登记手册、特定减免税批文等涉税单证是海关根据国家法律、法规以及有关政策性规定,给予特定企业用于保税货物经营管理和减免税优惠待遇的凭证。利用购买的加工贸易登记手册、特定减免税批文等涉税单证进口货物,实质是将一般贸易货物伪报为加工贸易保税货物或者特定减免税货物进口,以达到偷逃应缴税款的目的,应当适用刑法第一百五十三条以走私普通货物、物品罪定罪处罚。如果行为人与走私分子通谋出售上述涉税单证,或者在出卖批文后又以提供印章、向海关伪报保税货物、特定减免税货物等方式帮助买方办理进口通关手续的,对卖方依照刑法第一百五十六条以走私罪共犯定罪处罚。买卖上述涉税单证情节严重尚未进口货物的,依照刑法第二百八十条的规定定罪处罚。

十、关于在加工贸易活动中骗取海关核销行为的认定问题

在加工贸易经营活动中,以假出口、假结转或者利用虚假单证等方式骗取海关核销,致使保税货物、物品脱离海关监管,造成国家税款流失,情节严重的,依照刑法第一百五十三条的规定,以走私普通货物、物品罪追究刑事责任。但有证据证明因不可抗力原因导致保税货物脱离海关监管,经营人无法办理正常手续而骗取海关核销的,不认定为走私犯罪。

十一、关于伪报价格走私犯罪案件中实际成交价格的认定问题

走私犯罪案件中的伪报价格行为,是指犯罪嫌疑人、被告人在进出口货物、物品时,向海关申报进口或者出口的货物、物品的价格低于或者高于进出口货物的实际成交价格。

对实际成交价格的认定,在无法提取真、伪两套合同、发票等单证的情况下,可以根据犯罪嫌疑人、被告人的付汇渠道、资金流向、会计账册、境内外收发货人的真实交易方式,以及其他能够证明进出口货物实际成交价格的证据材料综合认定。

十二、关于出售走私货物已缴纳的增值税应否从走私偷逃应缴税额中扣除的问题

走私犯罪嫌疑人为出售走私货物而开具增值税专用发票并缴纳增值税，是其走私行为既遂后在流通领域获取违法所得的一种手段，属于非法开具增值税专用发票。对走私犯罪嫌疑人因出售走私货物而实际缴纳走私货物增值税的，在核定走私货物偷逃应缴税额时，不应当将其已缴纳的增值税额从其走私偷逃应缴税额中扣除。

十三、关于刑法第一百五十四条规定的"销售牟利"的理解问题

刑法第一百五十四条第（一）、（二）项规定的"销售牟利"，是指行为人主观上为了牟取非法利益而擅自销售海关监管的保税货物、特定减免税货物。该种行为是否构成犯罪，应当根据偷逃的应缴税额是否达到刑法第一百五十三条及相关司法解释规定的数额标准予以认定。实际获利与否或者获利多少并不影响其定罪。

十四、关于海上走私犯罪案件如何追究运输人的刑事责任问题

对刑法第一百五十五条第（二）项规定的实施海上走私犯罪行为的运输人、收购人或者贩卖人应当追究刑事责任。对运输人，一般追究运输工具的负责人或者主要责任人的刑事责任，但对于事先通谋的、集资走私的、或者使用特殊的走私运输工具从事走私犯罪活动的，可以追究其他参与人员的刑事责任。

十五、关于刑法第一百五十六条规定的"与走私罪犯通谋"的理解问题

通谋是指犯罪行为人之间事先或者事中形成的共同的走私故意。下列情形可以认定为通谋：

（一）对明知他人从事走私活动而同意为其提供贷款、资金、账号、发票、证明、海关单证，提供运输、保管、邮寄或者其他方便的；

（二）多次为同一走私犯罪分子的走私行为提供前项帮助的。

十六、关于放纵走私罪的认定问题

依照刑法第四百一十一条的规定，负有特定监管义务的海关工作人员徇私舞弊，利用职权，放任、纵容走私犯罪行为，情节严重的，构成放纵走私罪。放纵走私行为，一般是消极的不作为。如果海关工作人员与走私分子通谋，在放纵走私过程中以积极的行为配合走私分子逃避海关监管或者在放纵走私之后分得赃款的，应以共同走私犯罪追究刑事责任。

海关工作人员收受贿赂又放纵走私的，应以受贿罪和放纵走私罪数罪并罚。

十七、关于单位走私犯罪案件诉讼代表人的确定及其相关问题

单位走私犯罪案件的诉讼代表人，应当是单位的法定代表人或者主要负责人。单位的法定代表人或者主要负责人被依法追究刑事责任或者因其他原因无法参与刑事诉讼的，人民检察院应当另行确定被告单位的其他负责人作为诉讼代表人参加诉讼。

接到出庭通知的被告单位的诉讼代表人应当出庭应诉。拒不出庭的，人民法院在必要的时候，可以拘传到庭。

对直接负责的主管人员和其他直接责任人员均无法归案的单位走私犯罪案件，只要单位走私犯罪的事实清楚、证据确实充分，且能够确定诉讼代表人代表单位参与刑事诉讼活动的，可以先行追究该单位的刑事责任。

被告单位没有合适人选作为诉讼代表人出庭的，因不具备追究该单位刑事责任的诉讼条件，可按照单位犯罪的条款先行追究单位犯罪中直接负责的主管人员或者其他直接责任人员的刑事责任。人民法院在对单位犯罪中直接负责的主管人员或者直接责任人员进行判决时，对于扣押、冻结的走私货物、物品、违法所得以及属于犯罪单位所有的走私犯罪工具，应当一并判决予以追缴、没收。

十八、关于单位走私犯罪及其直接负责的主管人员和直接责任人员的认定问题

具备下列特征的，可以认定为单位走私犯罪：（1）以单位的名义实施走私犯罪，即由单位集体研究决定，或者由单位的负责人或者被授权的其他人员决定、同意；（2）为单位谋取不正当利益或者违法所得大部分归单位所有。

依照《最高人民法院关于审理单位犯罪案件具体应用法律有关问题的解释》第二条的规定，个人为进行违法犯罪活动而设立的公司、企业、事业单位实施犯罪的，或者个人设立公司、企业、事业单位后，以实施犯罪为主要活动的，不以单位犯罪论处。单位是否以实施犯罪为主要活动，应根据单位实施走私行为的次数、频度、持续时间、单位进行合法经营的状况等因素综合考虑认定。

根据单位人员在单位走私犯罪活动中所发挥的不同作用，对其直接负责的主管人员和其他直接责任人员，可以确定为一人或者数人。对于受单位领导指派而积极参与实施走私犯罪行为的人员，如果其行为在走私犯罪的主要环节起重要作用的，可以认定为单位犯罪的直接责任人员。

十九、关于单位走私犯罪后发生分立、合并或者其他资产重组情形以及单位被依法注销、宣告破产等情况下，如何追究刑事责任的问题

单位走私犯罪后，单位发生分立、合并或者其他资产重组等情况的，只要承受该单位权利义务的单位存在，应当追究单位走私犯罪的刑事责任。走私单位发生分立、合并或者其他资产重组后，原单位名称发生更改的，仍以原单位（名称）作为被告单位。承受原单位权利义务的单位法定代表人或者负责人为诉讼代表人。

单位走私犯罪后，发生分立、合并或者其他资产重组情形，以及被依法注销、宣告破产等情况的，无论承受该单位权利义务的单位是否存在，均应追究原单位直接负责的主管人员和其他直接责任人员的刑事责任。

人民法院对原走私单位判处罚金的，应当将承受原单位权利义务的单位作为被执行人。罚金超出新单位所承受的财产的，可在执行中予以减除。

二十、关于单位与个人共同走私普通货物、物品案件的处理问题

单位和个人（不包括单位直接负责的主管人员和其他直接责任人员）共同走私的，单位和个人均应对共同走私所偷逃应缴税额负责。

对单位和个人共同走私偷逃应缴税额为 5 万元以上不满 25 万元的，应当根据其在案件中所起的作用，区分不同情况做出处理。单位起主要作用的，对单位和个人均不追究刑事责任，由海关予以行政处理；个人起主要作用的，对个人依照刑法有关规定追究刑事责任，对单位由海关予以行政处理。无法认定单位或个人起主要作用的，对个人和单位分别按个人犯罪和单位犯罪的标准处理。

单位和个人共同走私偷逃应缴税额超过 25 万元且能区分主、从犯的，应当按照刑法关于主、从犯的有关规定，对从犯从轻、减轻处罚或者免除处罚。

二十一、关于单位走私犯罪案件自首的认定问题

在办理单位走私犯罪案件中，对单位集体决定自首的，或者单位直接负责的主管人员自首的，应当认定单位自首。认定单位自首后，如实交代主要犯罪事实的单位负责的其他主管人员和其他直接责任人员，可视为自首，但对拒不交代主要犯罪事实或逃避法律追究的人员，不以自首论。

二十二、关于共同走私犯罪案件如何判处罚金刑问题

审理共同走私犯罪案件时，对各共同犯罪人判处罚金的总额应掌握在共同走私行为偷逃应缴税额的 1 倍以上 5 倍以下。

二十三、关于走私货物、物品，走私违法所得以及走私犯罪工具的处理问题

在办理走私犯罪案件过程中，对发现的走私货物、物品、走私违法所得以及属于走私犯罪分子所有的犯罪工具，走私犯罪侦查机关应当及时追缴，依法予以查扣、冻结。在移送审查起诉时应当将扣押物品文件清单、冻结存款证明文件等材料随案移送，对于扣押的危险品或者鲜活、易腐、易失效、易贬值等不宜长期保存的货物、物品，已经依法先行变卖、拍卖的，应当随案移送变卖、拍卖物品清单以及原物的照片或者录像资料；人民检察院在提起公诉时应当将上述扣押物品文件清单、冻结存款证明和变卖、拍卖物品清单一并移送；人民法院在判决走私罪案件时，应当对随案清单、证明文件中载明的款、物审查确认并依法判决予以追缴、没收；海关根据人民法院的判决和海关法的有关规定予以处理，上缴中央国库。

二十四、关于走私货物、物品无法扣押或者不便扣押情况下走私违法所得的追缴问题

在办理走私普通货物、物品犯罪案件中，对于走私货物、物品因流入国内市场或者投入使用，致使走私货物、物品无法扣押或者不便扣押的，应当按照走私货物、物品的进出口完税价格认定违法所得予以追缴；走私货物、物品实际销售价格高于进出口完税价格的,应当按照实际销售价格认定违法所得予以追缴。

最高人民法院
关于审理走私犯罪案件适用法律有关问题的通知

2011年4月26日　　　　　　　　　　　　法〔2011〕163号

各省、自治区、直辖市高级人民法院,解放军军事法院,新疆维吾尔自治区高级人民法院生产建设兵团分院:

《中华人民共和国刑法修正案(八)》[以下简称《刑法修正案(八)》]将于2011年5月1日起施行。《刑法修正案(八)》对走私犯罪作了较大修改。为切实做好走私犯罪审判工作,现就审理走私犯罪案件适用法律的有关问题通知如下:

一、《刑法修正案(八)》取消了走私普通货物、物品罪定罪量刑的数额标准,《刑法修正案(八)》施行后,新的司法解释出台前,各地人民法院在审理走私普通货物、物品犯罪案件时,可参照适用修正前的刑法及《最高人民法院关于审理走私刑事案件具体应用法律若干问题的解释》(法释〔2000〕30号)规定的数额标准。

二、对于一年内曾因走私被给予二次行政处罚后又走私需要追究刑事责任的,具体的定罪量刑标准可由各地人民法院结合案件具体情况和本地实际确定。各地人民法院要依法审慎稳妥把握好案件的法律适用和政策适用,争取社会效果和法律效果的统一。

三、各地人民法院在审理走私犯罪案件中遇到的新情况新问题,请及时层报最高人民法院。

特此通知。

3. 妨害对公司、企业的管理秩序罪

最高人民法院
关于如何认定国有控股、参股股份有限公司中的国有公司、企业人员的解释

法释〔2005〕10号

（2005年7月31日最高人民法院审判委员会第1359次会议通过 2005年8月1日最高人民法院公告公布 自2005年8月11日起施行）

为准确认定刑法分则第三章第三节中的国有公司、企业人员，现对国有控股、参股的股份有限公司中的国有公司、企业人员解释如下：

国有公司、企业委派到国有控股、参股公司从事公务的人员，以国有公司、企业人员论。

最高人民法院 最高人民检察院
印发《关于办理商业贿赂刑事案件适用法律若干问题的意见》的通知

2008年11月20日　　　　　　　　　法发〔2008〕33号

各省、自治区、直辖市高级人民法院、人民检察院，解放军军事法院、军事检察院，新疆维吾尔自治区高级人民法院生产建设兵团分院、新疆生产建设兵团人民检察院：

现将最高人民法院、最高人民检察院《关于办理商业贿赂刑事案件适用法律若干问题的意见》印发给你们，请认真贯彻执行。

附：

最高人民法院　最高人民检察院
关于办理商业贿赂刑事案件适用法律若干问题的意见

为依法惩治商业贿赂犯罪，根据刑法有关规定，结合办案工作实际，现就办理商业贿赂刑事案件适用法律的若干问题，提出如下意见：

一、商业贿赂犯罪涉及刑法规定的以下八种罪名：（1）非国家工作人员受贿罪（刑法第一百六十三条）；（2）对非国家工作人员行贿罪（刑法第一百六十四条）；（3）受贿罪（刑法第三百八十五条）；（4）单位受贿罪（刑法第三百八十七条）；（5）行贿罪（刑法第三百八十九条）；（6）对单位行贿罪（刑法第三百九十一条）；（7）介绍贿赂罪（刑法第三百九十二条）；（8）单位行贿罪（刑法第三百九十三条）。

二、刑法第一百六十三条、第一百六十四条规定的"其他单位"，既包括事业单位、社会团体、村民委员会、居民委员会、村民小组等常设性的组织，也包括为组织体育赛事、文艺演出或者其他正当活动而成立的组委会、筹委会、工程承包队等非常设性的组织。

三、刑法第一百六十三条、第一百六十四条规定的"公司、企业或者其他单位的工作人员"，包括国有公司、企业以及其他国有单位中的非国家工作人员。

四、医疗机构中的国家工作人员，在药品、医疗器械、医用卫生材料等医药产品采购活动中，利用职务上的便利，索取销售方财物，或者非法收受销售方财物，为销售方谋取利益，构成犯罪的，依照刑法第三百八十五条的规定，以受贿罪定罪处罚。

医疗机构中的非国家工作人员，有前款行为，数额较大的，依照刑法第一百六十三条的规定，以非国家工作人员受贿罪定罪处罚。

医疗机构中的医务人员，利用开处方的职务便利，以各种名义非法收受药品、医疗器械、医用卫生材料等医药产品销售方财物，为医药产品销售方谋取利益，数额较大的，依照刑法第一百六十三条的规定，以非国家工作人员受贿罪定罪处罚。

五、学校及其他教育机构中的国家工作人员，在教材、教具、校服或者其他物品的采购等活动中，利用职务上的便利，索取销售方财物，或者非法收受销售方财物，为销售方谋取利益，构成犯罪的，依照刑法第三百八十五条的规定，以受贿罪定罪处罚。

学校及其他教育机构中的非国家工作人员，有前款行为，数额较大的，依照刑法第一百六十三条的规定，以非国家工作人员受贿罪定罪处罚。

学校及其他教育机构中的教师，利用教学活动的职务便利，以各种名义非法收受教材、教具、校服或者其他物品销售方财物，为教材、教具、校服或者其他物品销售方谋取利益，数额较大的，依照刑法第一百六十三条的规定，以非国家工作人员受贿罪定罪处罚。

六、依法组建的评标委员会、竞争性谈判采购中谈判小组、询价采购中询价小组的组成人员,在招标、政府采购等事项的评标或者采购活动中,索取他人财物或者非法收受他人财物,为他人谋取利益,数额较大的,依照刑法第一百六十三条的规定,以非国家工作人员受贿罪定罪处罚。

依法组建的评标委员会、竞争性谈判采购中谈判小组、询价采购中询价小组中国家机关或者其他国有单位的代表有前款行为的,依照刑法第三百八十五条的规定,以受贿罪定罪处罚。

七、商业贿赂中的财物,既包括金钱和实物,也包括可以用金钱计算数额的财产性利益,如提供房屋装修、含有金额的会员卡、代币卡(券)、旅游费用等。具体数额以实际支付的资费为准。

八、收受银行卡的,不论受贿人是否实际取出或者消费,卡内的存款数额一般应全额认定为受贿数额。使用银行卡透支的,如果由给予银行卡的一方承担还款责任,透支数额也应当认定为受贿数额。

九、在行贿犯罪中,"谋取不正当利益",是指行贿人谋取违反法律、法规、规章或者政策规定的利益,或者要求对方违反法律、法规、规章、政策、行业规范的规定提供帮助或者方便条件。

在招标投标、政府采购等商业活动中,违背公平原则,给予相关人员财物以谋取竞争优势的,属于"谋取不正当利益"。

十、办理商业贿赂犯罪案件,要注意区分贿赂与馈赠的界限。主要应当结合以下因素全面分析、综合判断:(1)发生财物往来的背景,如双方是否存在亲友关系及历史上交往的情形和程度;(2)往来财物的价值;(3)财物往来的缘由、时机和方式,提供财物方对于接受方有无职务上的请托;(4)接受方是否利用职务上的便利为提供方谋取利益。

十一、非国家工作人员与国家工作人员通谋,共同收受他人财物,构成共同犯罪的,根据双方利用职务便利的具体情形分别定罪追究刑事责任:

(1)利用国家工作人员的职务便利为他人谋取利益的,以受贿罪追究刑事责任。

(2)利用非国家工作人员的职务便利为他人谋取利益的,以非国家工作人员受贿罪追究刑事责任。

(3)分别利用各自的职务便利为他人谋取利益的,按照主犯的犯罪性质追究刑事责任,不能分清主从犯的,可以受贿罪追究刑事责任。

4. 破坏金融管理秩序罪

最高人民法院关于审理伪造货币等案件具体应用法律若干问题的解释

法释〔2000〕26号

（2000年4月20日最高人民法院审判委员会第1110次会议通过 2000年9月8日最高人民法院公告公布 自2000年9月14日起施行）

为依法惩治伪造货币，出售、购买、运输假币等犯罪活动，根据刑法的有关规定，现就审理这类案件具体应用法律的若干问题解释如下：

第一条 伪造货币的总面额在2000元以上不满3万元或者币量在200张（枚）以上不足3000张（枚）的，依照刑法第一百七十条的规定，处3年以上10年以下有期徒刑，并处5万元以上50万元以下罚金。

伪造货币的总面额在3万元以上的，属于"伪造货币数额特别巨大"。

行为人制造货币版样或者与他人事前通谋，为他人伪造货币提供版样的，依照刑法第一百七十条的规定定罪处罚。

第二条 行为人购买假币后使用，构成犯罪的，依照刑法第一百七十一条的规定，以购买假币罪定罪，从重处罚。

行为人出售、运输假币构成犯罪，同时有使用假币行为的，依照刑法第一百七十一条、第一百七十二条的规定，实行数罪并罚。

第三条 出售、购买假币或者明知是假币而运输，总面额在4000元以上不满5万元的，属于"数额较大"；总面额在5万元以上不满20万元的，属于"数额巨大"；总面额在20万元以上的，属于"数额特别巨大"，依照刑法第一百七十一条第一款的规定定罪处罚。

第四条 银行或者其他金融机构的工作人员购买假币或者利用职务上的便利，以假币换取货币，总面额在4000元以上不满5万元或者币量在400张（枚）以上不足5000张（枚）的，处3年以上10年以下有期徒刑，并处2万元以上20万元以下罚金；总面额在5万元以上或者币量在5000张（枚）以上或者有其他严重情节的，处10年以上有期徒刑或者无期徒刑，并处2万元以上20万元以下罚金或者没收财产；总面额不满人民币4000元或者币量不足400张（枚）或者具有其他情节较轻情形的，处3年以下有期徒刑或者拘役，并处或者单处1万元以上10万元以下罚金。

第五条 明知是假币而持有、使用，总面额在 4000 元以上不满 5 万元的，属于"数额较大"；总面额在 5 万元以上不满 20 万元的，属于"数额巨大"；总面额在 20 万元以上的，属于"数额特别巨大"，依照刑法第一百七十二条的规定定罪处罚。

第六条 变造货币的总面额在 2000 元以上不满 3 万元的，属于"数额较大"；总面额在 3 万元以上的，属于"数额巨大"，依照刑法第一百七十三条的规定定罪处罚。

第七条 本解释所称"货币"是指可在国内市场流通或者兑换的人民币和境外货币。

货币面额应当以人民币计算，其他币种以案发时国家外汇管理机关公布的外汇牌价折算成人民币。

最高人民法院
关于审理伪造货币等案件具体应用法律若干问题的解释（二）

法释〔2010〕14 号

（2010 年 10 月 11 日最高人民法院审判委员会第 1498 次会议通过 2010 年 10 月 20 日最高人民法院公告公布 自 2010 年 11 月 3 日起施行）

为依法惩治伪造货币、变造货币等犯罪活动，根据刑法有关规定和近一个时期的司法实践，就审理此类刑事案件具体应用法律的若干问题解释如下：

第一条 仿照真货币的图案、形状、色彩等特征非法制造假币，冒充真币的行为，应当认定为刑法第一百七十条规定的"伪造货币"。

对真货币采用剪贴、挖补、揭层、涂改、移位、重印等方法加工处理，改变真币形态、价值的行为，应当认定为刑法第一百七十三条规定的"变造货币"。

第二条 同时采用伪造和变造手段，制造真伪拼凑货币的行为，依照刑法第一百七十条的规定，以伪造货币罪定罪处罚。

第三条 以正在流通的境外货币为对象的假币犯罪，依照刑法第一百七十条至第一百七十三条的规定定罪处罚。

假境外货币犯罪的数额，按照案发当日中国外汇交易中心或者中国人民银行授权机构公布的人民币对该货币的中间价折合成人民币计算。中国外汇交易中心或者中国人民银行授权机构未公布汇率中间价的境外货币，按照案发当日境内银行人民币对该货币的中间价折算成人民币，或者该货币在境内银行、国际外汇市场对美元汇率，与人民币对美元汇率中间价进行套算。

第四条 以中国人民银行发行的普通纪念币和贵金属纪念币为对象的假币犯罪，依照刑法第一百七十条至第一百七十三条的规定定罪处罚。

假普通纪念币犯罪的数额，以面额计算；假贵金属纪念币犯罪的数额，以贵金属纪念币的初始发售价格计算。

第五条 以使用为目的，伪造停止流通的货币，或者使用伪造的停止流通的货币的，依照刑法第二百六十六条的规定，以诈骗罪定罪处罚。

第六条 此前发布的司法解释与本解释不一致的，以本解释为准。

最高人民法院研究室
关于认定非法吸收公众存款罪主体问题的复函

2001年9月10日　　　　　　　　　　　　　　法研〔2001〕71号

公安部经济犯罪侦查局：

你局公经〔2001〕630号《关于认定非法吸收公众存款罪犯罪主体资格的函》收悉。经研究，提出以下意见供参考：

金融机构及其工作人员不能构成非法吸收公众存款罪的犯罪主体。对于银行或者其他金融机构及其工作人员以牟利为目的，采用吸收客户资金不入账并将资金用于非法拆借、发放贷款，构成犯罪的，依照刑法有关规定定罪处罚。

最高人民法院　最高人民检察院
关于办理妨害信用卡管理刑事案件
具体应用法律若干问题的解释

法释〔2009〕19号

（2009年10月12日最高人民法院审判委员会第1475次会议、
2009年11月12日最高人民检察院第十一届检察委员会
第22次会议通过　2009年12月3日最高人民法院、
最高人民检察院公告公布　自2009年12月16日起施行）

为依法惩治妨害信用卡管理犯罪活动，维护信用卡管理秩序和持卡人合法权益，根据《中华人民共和国刑法》规定，现就办理这类刑事案件具体应用法律的若干问题解释如下：

第一条 复制他人信用卡、将他人信用卡信息资料写入磁条介质、芯片或者以其他方法伪造信用卡1张以上的，应当认定为刑法第一百七十七条第一款第（四）项规定的"伪造信用卡"，以伪造金融票证罪定罪处罚。

伪造空白信用卡10张以上的，应当认定为刑法第一百七十七条第一款第（四）项规定的"伪造信用卡"，以伪造金融票证罪定罪处罚。

伪造信用卡，有下列情形之一的，应当认定为刑法第一百七十七条规定的"情节严重"：

（一）伪造信用卡5张以上不满25张的；

（二）伪造的信用卡内存款余额、透支额度单独或者合计数额在20万元以上不满100万元的；

（三）伪造空白信用卡50张以上不满250张的；

（四）其他情节严重的情形。

伪造信用卡，有下列情形之一的，应当认定为刑法第一百七十七条规定的"情节特别严重"：

（一）伪造信用卡25张以上的；

（二）伪造的信用卡内存款余额、透支额度单独或者合计数额在100万元以上的；

（三）伪造空白信用卡250张以上的；

（四）其他情节特别严重的情形。

本条所称"信用卡内存款余额、透支额度"，以信用卡被伪造后发卡行记录的最高存款余额、可透支额度计算。

第二条 明知是伪造的空白信用卡而持有、运输10张以上不满100张的，应当认定为刑法第一百七十七条之一第一款第（一）项规定的"数量较大"；非法持有他人信用卡5张以上不满50张的，应当认定为刑法第一百七十七条之一第一款第（二）项规定的"数量较大"。

有下列情形之一的，应当认定为刑法第一百七十七条之一第一款规定的"数量巨大"：

（一）明知是伪造的信用卡而持有、运输10张以上的；

（二）明知是伪造的空白信用卡而持有、运输100张以上的；

（三）非法持有他人信用卡50张以上的；

（四）使用虚假的身份证明骗领信用卡10张以上的；

（五）出售、购买、为他人提供伪造的信用卡或者以虚假的身份证明骗领的信用卡10张以上的。

违背他人意愿，使用其居民身份证、军官证、士兵证、港澳居民往来内地通行证、台湾居民来往大陆通行证、护照等身份证明申领信用卡的，或者使用伪造、变造的身份证明申领信用卡的，应当认定为刑法第一百七十七条之一第一款第（三）项规定的"使用虚假的身份证明骗领信用卡"。

第三条 窃取、收买、非法提供他人信用卡信息资料，足以伪造可进行交易的信用卡，或者足以使他人以信用卡持卡人名义进行交易，涉及信用卡1张以上不满5张的，依照刑法第一百七十七条之一第二款的规定，以窃取、收买、非法提供信用卡信息罪定罪处罚；涉及信用卡5张以上的，应当认定为刑法第一百七十七条之一第一款规定的"数量巨大"。

第四条 为信用卡申请人制作、提供虚假的财产状况、收入、职务等资信证明材料，涉及伪造、变造、买卖国家机关公文、证件、印章，或者涉及伪造公司、企业、事业单位、人民团体印章，应当追究刑事责任的，依照刑法第二百八十条的规定，分别以伪造、变造、买卖国家机关公文、证件、印章罪和伪造公司、企业、事业单位、人民团体印章罪定罪处罚。

承担资产评估、验资、验证、会计、审计、法律服务等职责的中介组织或其人员，为信用卡申请人提供虚假的财产状况、收入、职务等资信证明材料，应当追究刑事责任的，依照刑法第二百二十九条的规定，分别以提供虚假证明文件罪和出具证明文件重大失实罪定罪处罚。

第五条 使用伪造的信用卡、以虚假的身份证明骗领的信用卡、作废的信用卡或者冒用他人信用卡，进行信用卡诈骗活动，数额在5000元以上不满5万元的，应当认定为刑法第一百九十六条规定的"数额较大"；数额在5万元以上不满50万元的，应当认定为刑法第一百九十六条规定的"数额巨大"；数额在50万元以上的，应当认定为刑法第一百九十六条规定的"数额特别巨大"。

刑法第一百九十六条第一款第（三）项所称"冒用他人信用卡"，包括以下情形：

（一）拾得他人信用卡并使用的；

（二）骗取他人信用卡并使用的；

（三）窃取、收买、骗取或者以其他非法方式获取他人信用卡信息资料，并通过互联网、通讯终端等使用的；

（四）其他冒用他人信用卡的情形。

第六条 持卡人以非法占有为目的，超过规定限额或者规定期限透支，并且经发卡银行两次催收后超过3个月仍不归还的，应当认定为刑法第一百九十六条规定的"恶意透支"。

有以下情形之一的，应当认定为刑法第一百九十六条第二款规定的"以非法占有为目的"：

（一）明知没有还款能力而大量透支，无法归还的；

（二）肆意挥霍透支的资金，无法归还的；

（三）透支后逃匿、改变联系方式，逃避银行催收的；

（四）抽逃、转移资金，隐匿财产，逃避还款的；

（五）使用透支的资金进行违法犯罪活动的；

（六）其他非法占有资金，拒不归还的行为。

恶意透支，数额在1万元以上不满10万元的，应当认定为刑法第一百九十六条规定的"数额较大"；数额在10万元以上不满100万元的，应当认定为刑法第一百九十六条规定的"数额巨大"；数额在100万元以上的，应当认定为刑法第一百九十六条规定的"数额特别巨大"。

恶意透支的数额，是指在第一款规定的条件下持卡人拒不归还的数额或者尚未归还的数额。不包括复利、滞纳金、手续费等发卡银行收取的费用。

恶意透支应当追究刑事责任，但在公安机关立案后人民法院判决宣告前已偿还全部透支款息的，可以从轻处罚，情节轻微的，可以免除处罚。恶意透支数额较大，在公安机关立案前已偿还全部透支款息，情节显著轻微的，可以依法不追究刑事责任。

第七条　违反国家规定，使用销售点终端机具（POS机）等方法，以虚构交易、虚开价格、现金退货等方式向信用卡持卡人直接支付现金，情节严重的，应当依据刑法第二百二十五条的规定，以非法经营罪定罪处罚。

实施前款行为，数额在100万元以上的，或者造成金融机构资金20万元以上逾期未还的，或者造成金融机构经济损失10万元以上的，应当认定为刑法第二百二十五条规定的"情节严重"；数额在500万元以上的，或者造成金融机构资金100万元以上逾期未还的，或者造成金融机构经济损失50万元以上的，应当认定为刑法第二百二十五条规定的"情节特别严重"。

持卡人以非法占有为目的，采用上述方式恶意透支，应当追究刑事责任的，依照刑法第一百九十六条的规定，以信用卡诈骗罪定罪处罚。

第八条　单位犯本解释第一条、第七条规定的犯罪的，定罪量刑标准依照各该条的规定执行。

最高人民法院研究室
关于《关于办理妨害信用卡管理刑事案件具体应用法律若干问题的解释》溯及力问题的复函

2010年4月16日　　　　　　　　　　　　　法研〔2010〕70号

公安部经济犯罪侦查局：

你局公经金融〔2010〕49号《关于明确〈关于办理妨害信用卡管理刑事案件具体应用法律若干问题的解释〉溯及力问题的函》收悉。经研究，提出以下意见供参考：

对1997年刑法施行后、《关于办理妨害信用卡管理刑事案件具体应用法律若干问题的解释》施行前发生的利用信用卡非法套现行为，如未超过法定追诉时效，社会危害重大的，可以依法追究。

最高人民法院研究室
关于信用卡犯罪法律适用若干问题的复函

2010年7月5日　　　　　　　　　　　　法研〔2010〕108号

公安部经济犯罪侦查局：

你局公经金融〔2010〕110号《关于公安机关办理信用卡犯罪案件法律适用若干问题征求意见的函》收悉。经研究，提出以下意见供参考：

一、对于一人持有多张信用卡进行恶意透支，每张信用卡透支数额均未达到1万元的立案追诉标准的，原则上可以累计数额进行追诉。但考虑到一人办多张信用卡的情况复杂，如累计透支数额不大的，应分别不同情况慎重处理。

二、发卡银行的"催收"应有电话录音、持卡人或其家属签字等证据证明。"两次催收"一般应分别采用电话、信函、上门等两种以上催收形式。

三、若持卡人在透支大额款项后，仅向发卡行偿还远低于最低还款额的欠款，具有非法占有目的的，可以认定为"恶意透支"；行为人确实不具有非法占有目的的，不能认定为"恶意透支"。

四、非法套现犯罪的证据规格，仍应遵循刑事诉讼法规定的证据确实、充分的证明标准。原则上应向各持卡人询问并制作笔录。如因持卡人数量众多、下落不明等客观原因导致无法取证，且其他证据已能确实、充分地证明使用信用卡非法套现的犯罪事实及套现数额的，则可以不向所有持卡人询问并制作笔录。

最高人民法院　最高人民检察院　公安部
关于信用卡诈骗犯罪管辖有关问题的通知

2011年8月8日　　　　　　　　　　　　公通字〔2011〕29号

各省、自治区、直辖市高级人民法院，人民检察院，公安厅、局，新疆维吾尔自治区高级人民法院生产建设兵团分院、新疆生产建设兵团人民检察院、公安局：

近年来，信用卡诈骗流窜作案逐年增多，受害人在甲地申领的信用卡，被犯罪嫌疑人在乙地盗取了信用卡信息，并在丙地被提现或消费。犯罪嫌疑人企图通过空间的转换逃避刑事打击。为及时有效打击此类犯罪，现就有关案件管辖问题通知如下：

对以窃取、收买等手段非法获取他人信用卡信息资料后在异地使用的信用卡诈骗犯罪案件,持卡人信用卡申领地的公安机关、人民检察院、人民法院可以依法立案侦查、起诉、审判。

最高人民法院 最高人民检察院
关于办理内幕交易、泄露内幕信息刑事案件具体应用法律若干问题的解释

法释〔2012〕6号

(2011年10月31日最高人民法院审判委员会第1529次会议、2012年2月27日最高人民检察院第十一届检察委员会第72次会议通过 2012年3月29日最高人民法院公告公布 自2012年6月1日起施行)

为维护证券、期货市场管理秩序,依法惩治证券、期货犯罪,根据刑法有关规定,现就办理内幕交易、泄露内幕信息刑事案件具体应用法律的若干问题解释如下:

第一条 下列人员应当认定为刑法第一百八十条第一款规定的"证券、期货交易内幕信息的知情人员":

(一)证券法第七十四条规定的人员;

(二)期货交易管理条例第八十五条第十二项规定的人员。

第二条 具有下列行为的人员应当认定为刑法第一百八十条第一款规定的"非法获取证券、期货交易内幕信息的人员":

(一)利用窃取、骗取、套取、窃听、利诱、刺探或者私下交易等手段获取内幕信息的;

(二)内幕信息知情人员的近亲属或者其他与内幕信息知情人员关系密切的人员,在内幕信息敏感期内,从事或者明示、暗示他人从事,或者泄露内幕信息导致他人从事与该内幕信息有关的证券、期货交易,相关交易行为明显异常,且无正当理由或者正当信息来源的;

(三)在内幕信息敏感期内,与内幕信息知情人员联络、接触,从事或者明示、暗示他人从事,或者泄露内幕信息导致他人从事与该内幕信息有关的证券、期货交易,相关交易行为明显异常,且无正当理由或者正当信息来源的。

第三条 本解释第二条第二项、第三项规定的"相关交易行为明显异常",要综合以下情形,从时间吻合程度、交易背离程度和利益关联程度等方面予以认定:

(一)开户、销户、激活资金账户或者指定交易(托管)、撤销指定交易(转托管)的时间与该内幕信息形成、变化、公开时间基本一致的;

（二）资金变化与该内幕信息形成、变化、公开时间基本一致的；

（三）买入或者卖出与内幕信息有关的证券、期货合约时间与内幕信息的形成、变化和公开时间基本一致的；

（四）买入或者卖出与内幕信息有关的证券、期货合约时间与获悉内幕信息的时间基本一致的；

（五）买入或者卖出证券、期货合约行为明显与平时交易习惯不同的；

（六）买入或者卖出证券、期货合约行为，或者集中持有证券、期货合约行为与该证券、期货公开信息反映的基本面明显背离的；

（七）账户交易资金进出与该内幕信息知情人员或者非法获取人员有关联或者利害关系的；

（八）其他交易行为明显异常情形。

第四条 具有下列情形之一的，不属于刑法第一百八十条第一款规定的从事与内幕信息有关的证券、期货交易：

（一）持有或者通过协议、其他安排与他人共同持有上市公司百分之五以上股份的自然人、法人或者其他组织收购该上市公司股份的；

（二）按照事先订立的书面合同、指令、计划从事相关证券、期货交易的；

（三）依据已被他人披露的信息而交易的；

（四）交易具有其他正当理由或者正当信息来源的。

第五条 本解释所称"内幕信息敏感期"是指内幕信息自形成至公开的期间。

证券法第六十七条第二款所列"重大事件"的发生时间，第七十五条规定的"计划"、"方案"以及期货交易管理条例第八十五条第十一项规定的"政策"、"决定"等的形成时间，应当认定为内幕信息的形成之时。

影响内幕信息形成的动议、筹划、决策或者执行人员，其动议、筹划、决策或者执行初始时间，应当认定为内幕信息的形成之时。

内幕信息的公开，是指内幕信息在国务院证券、期货监督管理机构指定的报刊、网站等媒体披露。

第六条 在内幕信息敏感期内从事或者明示、暗示他人从事或者泄露内幕信息导致他人从事与该内幕信息有关的证券、期货交易，具有下列情形之一的，应当认定为刑法第一百八十条第一款规定的"情节严重"：

（一）证券交易成交额在五十万元以上的；

（二）期货交易占用保证金数额在三十万元以上的；

（三）获利或者避免损失数额在十五万元以上的；

（四）三次以上的；

（五）具有其他严重情节的。

第七条 在内幕信息敏感期内从事或者明示、暗示他人从事或者泄露内幕信息导致他人从事与该内幕信息有关的证券、期货交易，具有下列情形之一的，应当认定为刑法第一百八十条第一款规定的"情节特别严重"：

（一）证券交易成交额在二百五十万元以上的；

（二）期货交易占用保证金数额在一百五十万元以上的；
（三）获利或者避免损失数额在七十五万元以上的；
（四）具有其他特别严重情节的。

第八条 二次以上实施内幕交易或者泄露内幕信息行为，未经行政处理或者刑事处理的，应当对相关交易数额依法累计计算。

第九条 同一案件中，成交额、占用保证金额、获利或者避免损失额分别构成情节严重、情节特别严重的，按照处罚较重的数额定罪处罚。

构成共同犯罪的，按照共同犯罪行为人的成交总额、占用保证金总额、获利或者避免损失总额定罪处罚，但判处各被告人罚金的总额应掌握在获利或者避免损失总额的一倍以上五倍以下。

第十条 刑法第一百八十条第一款规定的"违法所得"，是指通过内幕交易行为所获利益或者避免的损失。

内幕信息的泄露人员或者内幕交易的明示、暗示人员未实际从事内幕交易的，其罚金数额按照因泄露而获悉内幕信息人员或者被明示、暗示人员从事内幕交易的违法所得计算。

第十一条 单位实施刑法第一百八十条第一款规定的行为，具有本解释第六条规定情形之一的，按照刑法第一百八十条第二款的规定定罪处罚。

最高人民法院　最高人民检察院
公安部　中国证券监督管理委员会
关于印发《最高人民法院、最高人民检察院、公安部、中国证监会关于办理证券期货违法犯罪案件工作若干问题的意见》的通知

2011年4月27日　　　　　　　　　　证监发〔2011〕30号

各省、自治区、直辖市高级人民法院、人民检察院、公安厅（局），解放军军事法院、军事检察院，新疆维吾尔自治区高级人民法院生产建设兵团分院，新疆生产建设兵团人民检察院、公安局，中国证监会各省、自治区、直辖市、计划单列市监管局：

为解决近年来在办理证券期货违法犯罪案件工作中遇到的一些突出问题，依法惩治证券期货违法犯罪，现将《最高人民法院、最高人民检察院、公安部、中国证监会关于办理证券期货违法犯罪案件工作若干问题的意见》印发给你们，请遵照执行。

在执行中遇到的问题，请及时报最高人民法院、最高人民检察院、公安部和中国证监会。

附：

最高人民法院　最高人民检察院
公安部　中国证监会
关于办理证券期货违法犯罪案件工作若干问题的意见

为加强办理证券期货违法犯罪案件工作，完善行政执法与刑事司法的衔接机制，进一步依法有效惩治证券期货违法犯罪，提出如下意见：

一、证券监管机构依据行政机关移送涉嫌犯罪案件的有关规定，在办理可能移送公安机关查处的证券期货违法案件过程中，经履行批准程序，可商请公安机关协助查询、复制被调查对象的户籍、出入境信息等资料，对有关涉案人员按照相关规定采取边控、报备措施。证券监管机构向公安机关提出请求时，应当明确协助办理的具体事项，提供案件情况及相关材料。

二、证券监管机构办理证券期货违法案件，案情重大、复杂、疑难的，可商请公安机关就案件性质、证据等问题提出参考意见；对有证据表明可能涉嫌犯罪的行为人可能逃匿或者销毁证据的，证券监管机构应当及时通知公安机关；涉嫌犯罪的，公安机关应当及时立案侦查。

三、证券监管机构与公安机关建立和完善协调会商机制。证券监管机构依据行政机关移送涉嫌犯罪案件的有关规定，在向公安机关移送重大、复杂、疑难的涉嫌证券期货犯罪案件前，应当启动协调会商机制，就行为性质认定、案件罪名适用、案件管辖等问题进行会商。

四、公安机关、人民检察院和人民法院在办理涉嫌证券期货犯罪案件过程中，可商请证券监管机构指派专业人员配合开展工作，协助查阅、复制有关专业资料。证券监管机构可以根据司法机关办案需要，依法就案件涉及的证券期货专业问题向司法机关出具认定意见。

五、司法机关对证券监管机构随案移送的物证、书证、鉴定结论、视听资料、现场笔录等证据要及时审查，作出是否立案的决定；随案移送的证据，经法定程序查证属实的，可作为定案的根据。

六、证券监管机构依据行政机关移送涉嫌犯罪案件的有关规定向公安机关移交证据，应当制作证据移交清单，双方经办人员应当签字确认，加盖公章，相关证据随证据移交清单一并移交。

七、对涉众型证券期货犯罪案件，在已收集的证据能够充分证明基本犯罪事实的前提下，公安机关可在被调查对象范围内按一定比例收集和调取书证、被害人陈述、证人证言等相关证据。

八、以证券交易所、期货交易所、证券登记结算机构、期货保证金监控机构以及证券公司、期货公司留存的证券期货委托记录和交易记录、登记存管结算资料等电子数据作为证据的,数据提供单位应以电子光盘或者其他载体记录相关原始数据,并说明制作方法、制作时间及制作人等信息,并由复制件制作人和原始电子数据持有人签名或盖章。

九、发行人、上市公司或者其他信息披露义务人在证券监管机构指定的信息披露媒体、信息披露义务人或证券交易所网站发布的信息披露公告,其打印件或据此制作的电子光盘,经核对无误后,说明其来源、制作人、制作时间、制作地点等的,可作为刑事证据使用,但有其他证据证明打印件或光盘内容与公告信息不一致的除外。

十、涉嫌证券期货犯罪的第一审案件,由中级人民法院管辖,同级人民检察院负责提起公诉,地(市)级以上公安机关负责立案侦查。

最高人民法院　最高人民检察院
关于贯彻执行《关于办理证券期货违法犯罪案件工作若干问题的意见》有关问题的通知

2012年3月14日　　　　　　　　　　　法发〔2012〕8号

各省、自治区、直辖市高级人民法院、人民检察院,解放军军事法院、军事检察院,新疆维吾尔自治区高级人民法院生产建设兵团分院、新疆生产建设兵团人民检察院:

《最高人民法院、最高人民检察院、公安部、中国证监会关于办理证券期货违法犯罪案件工作若干问题的意见》(证监发〔2011〕30号,以下简称《意见》)已于2011年12月下发各地执行。为正确适用《意见》,做好证券期货犯罪案件起诉审判工作,现就贯彻执行《意见》的有关问题通知如下:

一、《意见》第十条中的"证券期货犯罪",是指刑法第一百六十条、第一百六十一条、第一百六十九条之一、第一百七十八条第二款、第一百七十九条、第一百八十条、第一百八十一条、第一百八十二条、第一百八十五条之一第一款规定的犯罪。

二、2012年1月1日以后,证券期货犯罪的第一审案件,适用《意见》第十条的规定,由中级人民法院管辖,同级人民检察院负责提起公诉。

三、2011年12月31日以前已经提起公诉的证券期货犯罪案件,不适用《意见》第十条关于级别管辖的规定。

四、各级人民法院、人民检察院在贯彻执行《意见》的过程中,应当注意总结办案经验,加强调查研究。对于贯彻执行过程中遇到的疑难问题,请及时报告最高人民法院、最高人民检察院。最高人民法院、最高人民检察院将在进一步总结司法审判经验的基础上,通过有关工作会议、司法文件、公布典型案例等方式,对证券期货犯罪案件司法审判工作加强指导,以更好地服务经济社会发展和依法惩处证券期货违法犯罪工作的需要。

特此通知。

最高人民法院
关于审理骗购外汇、非法买卖外汇刑事案件具体应用法律若干问题的解释

法释〔1998〕20号

(1998年8月28日最高人民法院审判委员会第1018次会议通过 1998年8月28日最高人民法院公告公布 自1998年9月1日起施行)

为依法惩处骗购外汇、非法买卖外汇的犯罪行为，根据刑法的有关规定，现对审理骗购外汇、非法买卖外汇案件具体应用法律的若干问题解释如下：

第一条 以进行走私、逃汇、洗钱、骗税等犯罪活动为目的，使用虚假、无效的凭证、商业单据或者采取其他手段向外汇指定银行骗购外汇的，应当分别按照刑法分则第三章第二节、第一百九十条、第一百九十一条和第二百零四条等规定定罪处罚。

非国有公司、企业或者其他单位，与国有公司、企业或者其他国有单位勾结逃汇的，以逃汇罪的共犯处罚。

第二条 伪造、变造、买卖海关签发的报关单、进口证明、外汇管理机关的核准件等凭证或者购买伪造、变造的上述凭证的，按照刑法第二百八十条第一款的规定定罪处罚。

第三条 在外汇指定银行和中国外汇交易中心及其分中心以外买卖外汇，扰乱金融市场秩序，具有下列情形之一的，按照刑法第二百二十五条第（三）项的规定定罪处罚：

（一）非法买卖外汇20万美元以上的；
（二）违法所得5万元人民币以上的。

第四条 公司、企业或者其他单位，违反有关外贸代理业务的规定，采用非法手段，或者明知是伪造、变造的凭证、商业单据，为他人向外汇指定银行骗购外汇，数额在500万美元以上或者违法所得50万元人民币以上的，按照刑法第二百二十五条第（三）项的规定定罪处罚。

居间介绍骗购外汇100万美元以上或者违法所得10万元人民币以上的，按照刑法第二百二十五条第（三）项的规定定罪处罚。

第五条 海关、银行、外汇管理机关工作人员与骗购外汇的行为人通谋，为其提供购买外汇的有关凭证，或者明知是伪造、变造的凭证和商业单据而出售外汇，构成犯罪的，按照刑法的有关规定从重处罚。

第六条 实施本解释规定的行为，同时触犯两个以上罪名的，择一重罪从重处罚。

第七条 根据刑法第六十四条规定，骗购外汇、非法买卖外汇的，其违法所得予以

追缴，用于骗购外汇、非法买卖外汇的资金予以没收，上缴国库。

第八条 骗购、非法买卖不同币种的外汇的，以案发时国家外汇管理机关制定的统一折算率折合后依照本解释处罚。

最高人民法院刑事审判第二庭
关于对银行工作人员违规票据贴现行为
如何适用法律问题的函

2006年7月5日　　　　　　　　　　　　〔2006〕刑二函字第42号

公安部经侦局：

你局公经〔2006〕1178号《关于对中国银行××支行有关人员违规贴现行为如何适用法律问题征求意见的函》收悉。经研究，提出如下意见：

根据我国法律规定，票据贴现属于贷款的一种类型。违规票据贴现行为是否构成违法发放贷款罪，应当根据案件事实和刑法规定综合评判加以认定。与检察机关的分歧，建议你局商最高人民检察院相关部门妥善解决。

当以上意见，供参考。

最高人民法院刑事审判第一庭
关于银行内部机构的工作人员以本部门与他人
合办的公司为受益人开具信用证是否属于
"为他人出具信用证"问题的复函

（2000年6月27日）

公安部经济犯罪侦查局：

你局公经〔2000〕481号《关于认定非法出具金融票证行为的函》收悉。经研究，答复如下：

刑法第188条非法出具金融票证罪规定的"为他人出具信用证"中的"他人"，是指银行或者其他金融机构以外的个人或者单位。银行内部机构的工作人员以本部门与他人合办的公司为受益人，违反规定开具信用证，属于为他人非法出具信用证。

最高人民法院
关于审理洗钱等刑事案件具体
应用法律若干问题的解释

法释〔2009〕15 号

（2009 年 9 月 21 日最高人民法院审判委员会第 1474 次会议通过 2009 年 11 月 4 日最高人民法院公告公布 自 2009 年 11 月 11 日起施行）

为依法惩治洗钱，掩饰、隐瞒犯罪所得、犯罪所得收益，资助恐怖活动等犯罪活动，根据刑法有关规定，现就审理此类刑事案件具体应用法律的若干问题解释如下：

第一条 刑法第一百九十一条、第三百一十二条规定的"明知"，应当结合被告人的认知能力，接触他人犯罪所得及其收益的情况，犯罪所得及其收益的种类、数额，犯罪所得及其收益的转换、转移方式以及被告人的供述等主、客观因素进行认定。

具有下列情形之一的，可以认定被告人明知系犯罪所得及其收益，但有证据证明确实不知道的除外：

（一）知道他人从事犯罪活动，协助转换或者转移财物的；

（二）没有正当理由，通过非法途径协助转换或者转移财物的；

（三）没有正当理由，以明显低于市场的价格收购财物的；

（四）没有正当理由，协助转换或者转移财物，收取明显高于市场的"手续费"的；

（五）没有正当理由，协助他人将巨额现金散存于多个银行账户或者在不同银行账户之间频繁划转的；

（六）协助近亲属或者其他关系密切的人转换或者转移与其职业或者财产状况明显不符的财物的；

（七）其他可以认定行为人明知的情形。

被告人将刑法第一百九十一条规定的某一上游犯罪的犯罪所得及其收益误认为刑法第一百九十一条规定的上游犯罪范围内的其他犯罪所得及其收益的，不影响刑法第一百九十一条规定的"明知"的认定。

第二条 具有下列情形之一的，可以认定为刑法第一百九十一条第一款第（五）项规定的"以其他方法掩饰、隐瞒犯罪所得及其收益的来源和性质"：

（一）通过典当、租赁、买卖、投资等方式，协助转移、转换犯罪所得及其收益的；

（二）通过与商场、饭店、娱乐场所等现金密集型场所的经营收入相混合的方式，协助转移、转换犯罪所得及其收益的；

（三）通过虚构交易、虚设债权债务、虚假担保、虚报收入等方式，协助将犯罪所得及其收益转换为"合法"财物的；

（四）通过买卖彩票、奖券等方式，协助转换犯罪所得及其收益的；

（五）通过赌博方式，协助将犯罪所得及其收益转换为赌博收益的；

（六）协助将犯罪所得及其收益携带、运输或者邮寄出入境的；

（七）通过前述规定以外的方式协助转移、转换犯罪所得及其收益的。

第三条 明知是犯罪所得及其产生的收益而予以掩饰、隐瞒，构成刑法第三百一十二条规定的犯罪，同时又构成刑法第一百九十一条或者第三百四十九条规定的犯罪的，依照处罚较重的规定定罪处罚。

第四条 刑法第一百九十一条、第三百一十二条、第三百四十九条规定的犯罪，应当以上游犯罪事实成立为认定前提。上游犯罪尚未依法裁判，但查证属实的，不影响刑法第一百九十一条、第三百一十二条、第三百四十九条规定的犯罪的审判。

上游犯罪事实可以确认，因行为人死亡等原因依法不予追究刑事责任的，不影响刑法第一百九十一条、第三百一十二条、第三百四十九条规定的犯罪的认定。

上游犯罪事实可以确认，依法以其他罪名定罪处罚的，不影响刑法第一百九十一条、第三百一十二条、第三百四十九条规定的犯罪的认定。

本条所称"上游犯罪"，是指产生刑法第一百九十一条、第三百一十二条、第三百四十九条规定的犯罪所得及其收益的各种犯罪行为。

第五条 刑法第一百二十条之一规定的"资助"，是指为恐怖活动组织或者实施恐怖活动的个人筹集、提供经费、物资或者提供场所以及其他物质便利的行为。

刑法第一百二十条之一规定的"实施恐怖活动的个人"，包括预谋实施、准备实施和实际实施恐怖活动的个人。

最高人民法院
关于印发《全国法院审理金融犯罪案件工作座谈会纪要》的通知

2001年1月21日　　　　　　　　　　　　　　法〔2001〕8号

各省、自治区、直辖市高级人民法院，解放军军事法院，新疆维吾尔自治区高级人民法院生产建设兵团分院；全国地方各中级人民法院，各大单位军事法院，新疆生产建设兵团各中级法院：

现将《全国法院审理金融犯罪案件工作座谈会纪要》印发，供参照执行。执行中有什么问题，请及时报告我院。

附：

全国法院审理金融犯罪案件工作座谈会纪要

为进一步加强人民法院对金融犯罪案件的审判工作，正确理解和适用刑法对金融犯罪的有关规定，更加准确有力地依法打击各种金融犯罪，最高人民法院于2000年9月20日至22日在湖南省长沙市召开了全国法院审理金融犯罪案件工作座谈会。各省、自治区、直辖市高级人民法院和解放军军事法院主管刑事审判工作的副院长、刑事审判庭庭长以及中国人民银行的代表参加了座谈会。最高人民法院副院长刘家琛在座谈会上作了重要讲话。

座谈会总结交流了全国法院审理金融犯罪案件工作的情况和经验，研究讨论了刑法修订以来审理金融犯罪案件中遇到的有关具体适用法律的若干问题，对当前和今后一个时期人民法院审理金融犯罪案件工作提出了明确的要求和意见。纪要如下：

一

座谈会认为，金融是现代经济的核心。随着改革开放的不断深入和社会主义市场经济体制的建立、完善，我国金融体制也发生了重大变革，金融业务大大扩展且日益多元化、国际化，各种现代化的金融手段和信用工具被普遍应用，金融已经广泛深刻地介入我国经济并在其中发挥着越来越重要的作用，成为国民经济的"血液循环系统"，是市场资源配置关系的主要形式和国家宏观调控经济的重要手段。金融的安全、有序、高效、稳健运行，对于经济发展、国家安全以及社会稳定至关重要。如果金融不稳定，势必会危及经济和社会的稳定，影响改革和发展的进程。保持金融的稳定和安全，必须加强金融法制建设，依法强化金融监管，规范金融秩序，依法打击金融领域内的各种违法犯罪活动。

近年来，人民法院充分发挥刑事审判职能，依法严惩了一大批严重破坏金融管理秩序和金融诈骗的犯罪分子，为保障金融安全，防范和化解金融风险，发挥了重要作用。但是，金融犯罪的情况仍然是严重的。从法院受理案件的情况看，金融犯罪的数量在逐年增加；涉案金额越来越大；金融机构工作人员作案和内外勾结共同作案的现象突出；单位犯罪和跨国（境）、跨区域作案增多；犯罪手段趋向专业化、智能化，新类型犯罪不断出现；犯罪分子作案后大肆挥霍、转移赃款或携款外逃的情况时有发生，危害后果越来越严重。金融犯罪严重破坏社会主义市场经济秩序，扰乱金融管理秩序，危害国家信用制度，侵害公私财产权益，造成国家金融资产大量流失，有的地方还由此引发了局部性的金融风波和群体性事件，直接影响了社会稳定。必须清醒地看到，目前，我国经济体制中长期存在的一些矛盾和困难已经或正在向金融领域转移并积聚，从即将到来的新世纪开始，我国将进入加快推进现代化的新的发展阶段，随着经济的快速发展、改革的不断深化以及对外开放的进一步扩大，我国金融业在获得更大发展机遇的同时，也面临着维护金融稳定更加严峻的形势。依法打击各种金融犯罪是人民法院刑事审判工作一项长期的重要任务。

座谈会认为，人民法院审理金融犯罪案件工作过去虽已取得了很大成绩，但由于修订后的刑法增加了不少金融犯罪的新罪名，审判实践中遇到了大量新情况和新问题，如何进一步提高适用法律的水平，依法审理好不断增多的金融犯罪案件，仍然是各级法院面临的新的课题。各级法院特别是法院的领导，一定要进一步提高打击金融犯罪对于维护金融秩序、防范金融风险、确保国家金融安全，对于保障改革、促进发展和维护稳定重要意义的认识，把审理金融犯罪案件作为当前和今后很长时期内刑事审判工作的重点，切实加强领导和指导，提高审判业务水平，加大审判工作力度，以更好地适应改革开放和现代化建设的新形势对人民法院刑事审判工作的要求。为此，必须做好以下几方面的工作：

第一，金融犯罪是严重破坏社会主义市场经济秩序的犯罪，审理金融犯罪案件要继续贯彻依法从严惩处严重经济犯罪分子的方针。修订后的刑法和全国人大常委会的有关决定，对危害严重的金融犯罪规定了更加严厉的刑罚，体现了对金融犯罪从严惩处的精神，为人民法院审判各种金融犯罪案件提供了有力的法律依据。各级法院要坚决贯彻立法精神，严格依法惩处破坏金融管理秩序和金融诈骗的犯罪单位和犯罪个人。

第二，进一步加强审理金融犯罪案件工作，促进金融制度的健全与完善。各级法院要切实加强对金融犯罪案件审判工作的组织领导，调整充实审判力量，确保起诉到法院的破坏金融管理秩序和金融诈骗犯罪案件依法及时审结。对于针对金融机构的抢劫、盗窃和发生在金融领域的贪污、侵占、挪用、受贿等其他刑事犯罪案件，也要抓紧依法审理，及时宣判。对于各种专项斗争中破获的金融犯罪案件，要集中力量抓紧审理，依法从严惩处。可选择典型案件到案发当地和案发单位公开宣判，并通过各种新闻媒体广泛宣传，形成对金融违法犯罪的强大威慑力，教育广大干部群众增强金融法制观念，维护金融安全，促进金融制度的不断健全与完善。

第三，要加强学习培训，不断提高审判水平。审理金融犯罪案件，是一项政策性很强的工作，而且涉及很多金融方面的专业知识。各级法院要重视对刑事法官的业务学习和培训，采取请进来、走出去等灵活多样的形式，组织刑事审判人员认真学习银行法、证券法、票据法、保险法等金融法律和公司法、担保法、会计法、审计法等相关法律，学习有关金融政策法规以及一些基本业务知识，以确保正确理解和适用刑法，处理好金融犯罪案件。

第四，要结合审判工作加强调查研究。金融犯罪案件比较复杂，新情况、新问题多，审理难度大，加强调查研究工作尤为必要。各级法院都要结合审理金融犯罪，有针对性地开展调查研究。对办案中发现的管理制度方面存在的漏洞和隐患，要及时提出司法建议。最高法院和高级法院要进一步加强对下级法院的工作指导，及时研究解决实践中遇到的适用法律上的新问题，需要通过制定司法解释加以明确的，要及时逐级报请最高法院研究。

二

座谈会重点研究讨论了人民法院审理金融犯罪案件中遇到的一些有关适用法律问题。与会同志认为,对于修订后的刑法实施过程中遇到的具体适用法律问题,在最高法院相应的新的司法解释出台前,原有司法解释与现行刑法不相冲突的仍然可以参照执行。对于法律和司法解释没有具体规定或规定不够明确,司法实践中又亟须解决的一些问题,与会同志结合审判实践进行了深入的探讨,并形成了一致意见:

(一) 关于单位犯罪问题

根据刑法和《最高人民法院关于审理单位犯罪案件具体应用法律有关问题的解释》的规定,以单位名义实施犯罪,违法所得归单位所有的,是单位犯罪。

1. 单位的分支机构或者内设机构、部门实施犯罪行为的处理。以单位的分支机构或者内设机构、部门的名义实施犯罪,违法所得亦归分支机构或者内设机构、部门所有的,应认定为单位犯罪。不能因为单位的分支机构或者内设机构、部门没有可供执行罚金的财产,就不将其认定为单位犯罪,而按照个人犯罪处理。

2. 单位犯罪直接负责的主管人员和其他直接责任人员的认定。直接负责的主管人员,是在单位实施的犯罪中起决定、批准、授意、纵容、指挥等作用的人员,一般是单位的主管负责人,包括法定代表人。其他直接责任人员,是在单位犯罪中具体实施犯罪并起较大作用的人员,既可以是单位的经营管理人员,也可以是单位的职工,包括聘任、雇佣的人员。应当注意的是,在单位犯罪中,对于受单位领导指派或奉命而参与实施了一定犯罪行为的人员,一般不宜作为直接责任人员追究刑事责任。对单位犯罪中的直接负责的主管人员和其他直接责任人员,应根据其在单位犯罪中的地位、作用和犯罪情节,分别处以相应的刑罚,主管人员与直接责任人员,在个案中,不是当然的主、从犯关系,有的案件,主管人员与直接责任人员在实施犯罪行为的主从关系不明显的,可不分主、从犯。但具体案件可以分清主、从犯,且不分清主、从犯,在同一法定刑档次、幅度内量刑无法做到罪刑相适应的,应当分清主、从犯,依法处罚。

3. 对未作为单位犯罪起诉的单位犯罪案件的处理。对于应当认定为单位犯罪的案件,检察机关只作为自然人犯罪案件起诉的,人民法院应及时与检察机关协商,建议检察机关对犯罪单位补充起诉。如检察机关不补充起诉的,人民法院仍应依法审理,对被起诉的自然人根据指控的犯罪事实、证据及庭审查明的事实,依法按单位犯罪中的直接负责的主管人员或者其他直接责任人员追究刑事责任,并应引用刑罚分则关于单位犯罪追究直接负责的主管人员和其他直接责任人员刑事责任的有关条款。

4. 单位共同犯罪的处理。两个以上单位以共同故意实施的犯罪,应根据各单位在共同犯罪中的地位、作用大小,确定犯罪单位的主、从犯。

(二) 关于破坏金融管理秩序罪

1. 非金融机构非法从事金融活动案件的处理。1998年7月13日,国务院发布了《非法金融机构和非法金融业务活动取缔办法》。1998年8月11日,国务院办公厅转发了中国人民银行整顿乱集资、乱批设金融机构和乱办金融业务实施方案,对整顿金融

"三乱"工作的政策措施等问题作出了规定。各地根据整顿金融"三乱"工作实施方案的规定，对于未经中国人民银行批准，但是根据地方政府或有关部门文件设立并从事或变相从事金融业务的各类基金会、互助会、储金会等机构和组织，由各地人民政府和各有关部门限期进行清理整顿。超过实施方案规定期限继续从事非法金融业务活动的，依法予以取缔；情节严重、构成犯罪的，依法追究刑事责任。因此，上述非法从事金融活动的机构和组织只要在实施方案规定期限之前停止非法金融业务活动的，对有关单位和责任人员，不应以擅自设立金融机构罪处理；对其以前从事的非法金融活动，一般也不作犯罪处理；这些机构和组织的人员利用职务实施的个人犯罪，如贪污罪、职务侵占罪、挪用公款罪、挪用资金罪等，应当根据具体案情分别依法定罪处罚。

2.关于假币犯罪。假币犯罪的认定。假币犯罪是一种严重破坏金融管理秩序的犯罪。只要有证据证明行为人实施了出售、购买、运输、使用假币行为，且数额较大，就构成犯罪。伪造货币的，只要实施了伪造行为，不论是否完成全部印制工序，即构成伪造货币罪；对于尚未制造出成品，无法计算伪造、销售假币面额的，或者制造、销售用于伪造货币的版样的，不认定犯罪数额，依据犯罪情节决定刑罚。明知是伪造的货币而持有，数额较大，根据现有证据不能认定行为人是为了进行其他假币犯罪的，以持有假币罪定罪处罚；如果有证据证明其持有的假币已构成其他假币犯罪的，应当以其他假币犯罪定罪处罚。

假币犯罪罪名的确定。假币犯罪案件中犯罪分子实施数个相关行为的，在确定罪名时应把握以下原则：（1）对同一宗假币实施了法律规定为选择性罪名的行为，应根据行为人所实施的数个行为，按相关罪名刑法规定的排列顺序并列确定罪名，数额不累计计算，不实行数罪并罚。（2）对不同宗假币实施法律规定为选择性罪名的行为，并列确定罪名，数额按全部假币面额累计计算，不实行数罪并罚。（3）对同一宗假币实施了刑法没有规定为选择性罪名的数个犯罪行为，择一重罪从重处罚。如伪造货币或者购买假币后使用的，以伪造货币罪或购买假币罪定罪，从重处罚。（4）对不同宗假币实施了刑法没有规定为选择性罪名的数个犯罪行为，分别定罪，数罪并罚。

出售假币被查获部分的处理。在出售假币时被抓获的，除现场查获的假币应认定为出售假币的犯罪数额外，现场之外在行为人住所或者其他藏匿地查获的假币，亦应认定为出售假币的犯罪数额。但有证据证实后者是行为人有实施其他假币犯罪的除外。

制造或者出售伪造的台币行为的处理。对于伪造台币的，应当以伪造货币罪定罪处罚；出售伪造的台币的，应当以出售假币罪定罪处罚。

3.用账外客户资金非法拆借、发放贷款行为的认定和处罚。银行或者其他金融机构及其工作人员以牟利为目的，采取吸收客户资金不入账的方式，将客户资金用于非法拆借、发放贷款，造成重大损失的，构成用账外客户资金非法拆借、发放贷款罪。以牟利为目的，是指金融机构及其工作人员为本单位或者个人牟利，不具有这种目的，不构成该罪。这里的"牟利"，一般是指谋取用账外客户资金非法拆借、发放贷款所产生的非法收益，如利息、差价等。对于用款人为取得贷款而支付的回扣、手续费等，应根据具体情况分别处理：银行或者其他金融机构用账外客户资金非法拆借、发放贷款，收取的回扣、手续费等，应认定为"牟利"；银行或者其他金融机构的工作人员利用职务上的便利，用账外客户资金非法拆借、发放贷款，收取回扣、手续费等，数额较小的，以"牟利"论处；银行或者其他金融机构的工作人员将用款人支付给单位的回扣、手续费秘密占为己有，数额较大的，以贪污罪定罪处罚；银行或者其他金融机构的工作人员利用职务便利，用账外客户资金非法拆借、发放贷款，索取用款人的财物，或者非法收受其他财物，或者收取回扣、手续费等，数额较大的，以受贿罪定罪处罚。吸收客户资金不入账，是指不记入金融机构的法定存款账目，以逃避国家金融监管，至于是否记入法定账目以外设立的账目，不影响该罪成立。

审理银行或者其他金融机构及其工作人员用账外客户资金非法拆借、发放贷款案件，要注意将用账外客户资金非法拆借、发放贷款的行为与挪用公款罪和挪用资金罪区别开来。对于利用职务上的便利，挪用已经记入金融机构法定存款账户的客户资金归个人使用的，或者吸收客户资金不入账，却给客户开具银行存单，客户也认为将款已存入银行，该款却被行为人以个人名义借贷给他人的，均应认定为挪用公款罪或者挪用资金罪。

4. 破坏金融管理秩序相关犯罪数额和情节的认定。最高人民法院先后颁行了《关于审理伪造货币等案件具体应用法律若干问题的解释》、《关于审理走私刑事案件具体应用法律若干问题的解释》，对伪造货币，走私、出售、购买、运输假币等犯罪的定罪处刑标准以及相关适用法律问题作出了明确规定。为正确执行刑法，在其他有关的司法解释出台之前，对假币犯罪以外的破坏金融管理秩序犯罪的数额和情节，可参照以下标准掌握：

关于非法吸收公众存款罪。非法吸收或者变相吸收公众存款的，要从非法吸收公众存款的数额、范围以及给存款人造成的损失等方面来判定扰乱金融秩序造成危害的程度。根据司法实践，具有下列情形之一的，可以按非法吸收公众存款罪定罪处罚：（1）个人非法吸收或者变相吸收公众存款 20 万元以上的，单位非法吸收或者变相吸收公众存款 100 万元以上的；（2）个人非法吸收或者变相吸收公众存款 30 户以上的，单位非法吸收或者变相吸收公众存款 150 户以上的；（3）个人非法吸收或者变相吸收公众存款给存款人造成损失 10 万元以上的，单位非法吸收或者变相吸收公众存款给存款人造成损失 50 万元以上的，或者造成其他严重后果的。个人非法吸收或者变相吸收公众存款 100 万元以上，单位非法吸收或者变相吸收公众存款 500 万元以上的，可以认定为"数额巨大"。

关于违法向关系人发放贷款罪。银行或者其他金融机构工作人员违反法律、行政法规规定，向关系人发放信用贷款或者发放担保贷款的条件优于其他借款人同类贷款条件，造成 10~30 万元以上损失的，可以认定为"造成较大损失"；造成 50~100 万元以上损失的，可以认定为"造成重大损失"。

关于违法发放贷款罪。银行或者其他金融机构工作人员违反法律、行政法规规定，向关系人以外的其他人发放贷款，造成 50~100 万元以上损失的，可以认定为"造成重大损失"；造成 300~500 万元以上损失的，可以认定为"造成特别重大损失"。

关于用账外客户资金非法拆借、发放贷款罪。对于银行或者其他金融机构工作人员以牟利为目的，采取吸收客户资金不入账的方式，将资金用于非法拆借、发放贷款，造成 50～100 万元以上损失的，可以认定为"造成重大损失"；造成 300～500 万元以上损失的，可以认定为"造成特别重大损失"。

对于单位实施违法发放贷款和用账外客户资金非法拆借、发放贷款造成损失构成犯罪的数额标准，可按个人实施上述犯罪的数额标准 2 至 4 倍掌握。

由于各地经济发展不平衡，各省、自治区、直辖市高级人民法院可参照上述数额标准或幅度，根据本地的具体情况，确定在本地区掌握的具体标准。

(三) 关于金融诈骗罪

1. 金融诈骗罪中非法占有目的的认定。金融诈骗犯罪都是以非法占有为目的的犯罪。在司法实践中，认定是否具有非法占有为目的，应当坚持主客观相一致的原则，既要避免单纯根据损失结果客观归罪，也不能仅凭被告人自己的供述，而应当根据案件具体情况具体分析。根据司法实践，对于行为人通过诈骗的方法非法获取资金，造成数额较大资金不能归还，并具有下列情形之一的，可以认定为具有非法占有的目的：(1) 明知没有归还能力而大量骗取资金的；(2) 非法获取资金后逃跑的；(3) 肆意挥霍骗取资金的；(4) 使用骗取的资金进行违法犯罪活动的；(5) 抽逃、转移资金、隐匿财产，以逃避返还资金的；(6) 隐匿、销毁账目，或者搞假破产、假倒闭，以逃避返还资金的；(7) 其他非法占有资金、拒不返还的行为。但是，在处理具体案件的时候，对于有证据证明行为人不具有非法占有目的的，不能单纯以财产不能归还就按金融诈骗罪处罚。

2. 贷款诈骗罪的认定和处理。贷款诈骗犯罪是目前案发较多的金融诈骗犯罪之一。审理贷款诈骗犯罪案件，应当注意以下两个问题：

一是单位不能构成贷款诈骗罪。根据刑法第三十条和第一百九十三条的规定，单位不构成贷款诈骗罪。对于单位实施的贷款诈骗行为，不能以贷款诈骗罪定罪处罚，也不能以贷款诈骗罪追究直接负责的主管人员和其他直接责任人员的刑事责任。但是，在司法实践中，对于单位十分明显地以非法占有为目的，利用签订、履行借款合同诈骗银行或其他金融机构贷款，符合刑法第二百二十四条规定的合同诈骗罪构成要件的，应当以合同诈骗罪定罪处罚。

二是要严格区分贷款诈骗与贷款纠纷的界限。对于合法取得贷款后，没有按规定的用途使用贷款，到期没有归还贷款的，不能以贷款诈骗罪定罪处罚；对于确有证据证明行为人不具有非法占有的目的，因不具备贷款的条件而采取了欺骗手段获取贷款，案发时有能力履行还贷义务，或者案发时不能归还贷款是因为意志以外的原因，如因经营不善、被骗、市场风险等，不应以贷款诈骗罪定罪处罚。

3. 集资诈骗罪的认定和处理。集资诈骗罪和欺诈发行股票、债券罪、非法吸收公众存款罪在客观上均表现为向社会公众非法募集资金。区别的关键在于行为人是否具有非法占有的目的。对于以非法占有为目的而非法集资，或者在非法集资过程中产生了非法占有他人资金的故意，均构成集资诈骗罪。但是，在处理具体案件时要注意以下两点：一是不能仅凭较大数额的非法集资款不能返还的结果，推定行为人具有非法占有的目的；二是行为人将大部分资金用于投资或生产经营活动，而将少量资金用于个人消费或挥霍的，不应仅以此便认定具有非法占有的目的。

4. 金融诈骗犯罪定罪量刑的数额标准和犯罪数额的计算。金融诈骗的数额不仅是定罪的重要标准，也是量刑的主要依据。在没有新的司法解释之前，可参照1996年《最高人民法院关于审理诈骗案件具体应用法律的若干问题的解释》的规定执行。在具体认定金融诈骗犯罪的数额时，应当以行为人实际骗取的数额计算。对于行为人为实施金融诈骗活动而支付的中介费、手续费、回扣等，或者用于行贿、赠与等费用，均应计入金融诈骗的犯罪数额。但应当将案发前已归还的数额扣除。

（四）死刑的适用

刑法对危害特别严重的金融诈骗犯罪规定了死刑。人民法院应当运用这一法律武器，有力地打击金融诈骗犯罪。对于罪行极其严重、依法该判死刑的犯罪分子，一定要坚决判处死刑。但需要强调的是，金融诈骗犯罪的数额特别巨大不是判处死刑的唯一标准，只有诈骗"数额特别巨大并且给国家和人民利益造成特别重大损失"的犯罪分子，才能依法选择适用死刑。对于犯罪数额特别巨大，但追缴、退赔后，挽回了损失或者损失不大的，一般不应当判处死刑立即执行；对具有法定从轻、减轻处罚情节的，一般不应当判处死刑。

（五）财产刑的适用

金融犯罪是图利型犯罪，惩罚和预防此类犯罪，应当注重同时从经济上制裁犯罪分子。刑法对金融犯罪都规定了财产刑，人民法院应当严格依法判处。罚金的数额，应当根据被告人的犯罪情节，在法律规定的数额幅度内确定。对于具有从轻、减轻或者免除处罚情节的被告人，对于本应并处的罚金刑原则上也应当从轻、减轻或者免除。

单位金融犯罪中直接负责的主管人员和其他直接责任人员，是否适用罚金刑，应当根据刑法的具体规定。刑法分则条文规定有罚金刑，并规定对单位犯罪中直接负责的主管人员和其他直接责任人员依照自然人犯罪条款处罚的，应当判处罚金刑，但是对直接负责的主管人员和其他直接责任人员判处罚金的数额，应当低于对单位判处罚金的数额；刑法分则条文明确规定对单位犯罪中直接负责的主管人员和其他直接责任人员只判处自由刑的，不能附加判处罚金刑。

5. 金融诈骗罪

最高人民法院关于审理非法集资刑事案件具体应用法律若干问题的解释

法释〔2010〕18号

（2010年11月22日最高人民法院审判委员会第1502次会议通过 2010年12月13日最高人民法院公告公布 自2011年1月4日起施行）

为依法惩治非法吸收公众存款、集资诈骗等非法集资犯罪活动，根据刑法有关规定，现就审理此类刑事案件具体应用法律的若干问题解释如下：

第一条 违反国家金融管理法律规定，向社会公众（包括单位和个人）吸收资金的行为，同时具备下列四个条件的，除刑法另有规定的以外，应当认定为刑法第一百七十六条规定的"非法吸收公众存款或者变相吸收公众存款"：

（一）未经有关部门依法批准或者借用合法经营的形式吸收资金；

（二）通过媒体、推介会、传单、手机短信等途径向社会公开宣传；

（三）承诺在一定期限内以货币、实物、股权等方式还本付息或者给付回报；

（四）向社会公众即社会不特定对象吸收资金。

未向社会公开宣传，在亲友或者单位内部针对特定对象吸收资金的，不属于非法吸收或者变相吸收公众存款。

第二条 实施下列行为之一，符合本解释第一条第一款规定的条件的，应当依照刑法第一百七十六条的规定，以非法吸收公众存款罪定罪处罚：

（一）不具有房产销售的真实内容或者不以房产销售为主要目的，以返本销售、售后包租、约定回购、销售房产份额等方式非法吸收资金的；

（二）以转让林权并代为管护等方式非法吸收资金的；

（三）以代种植（养殖）、租种植（养殖）、联合种植（养殖）等方式非法吸收资金的；

（四）不具有销售商品、提供服务的真实内容或者不以销售商品、提供服务为主要目的，以商品回购、寄存代售等方式非法吸收资金的；

（五）不具有发行股票、债券的真实内容，以虚假转让股权、发售虚构债券等方式非法吸收资金的；

（六）不具有募集基金的真实内容，以假借境外基金、发售虚构基金等方式非法吸收资金的；

（七）不具有销售保险的真实内容，以假冒保险公司、伪造保险单据等方式非法吸收资金的；

（八）以投资入股的方式非法吸收资金的；

（九）以委托理财的方式非法吸收资金的；

（十）利用民间"会"、"社"等组织非法吸收资金的；

（十一）其他非法吸收资金的行为。

第三条 非法吸收或者变相吸收公众存款，具有下列情形之一的，应当依法追究刑事责任：

（一）个人非法吸收或者变相吸收公众存款，数额在20万元以上的，单位非法吸收或者变相吸收公众存款，数额在100万元以上的；

（二）个人非法吸收或者变相吸收公众存款对象30人以上的，单位非法吸收或者变相吸收公众存款对象150人以上的；

（三）个人非法吸收或者变相吸收公众存款，给存款人造成直接经济损失数额在10万元以上的，单位非法吸收或者变相吸收公众存款，给存款人造成直接经济损失数额在50万元以上的；

（四）造成恶劣社会影响或者其他严重后果的。

具有下列情形之一的，属于刑法第一百七十六条规定的"数额巨大或者有其他严重情节"：

（一）个人非法吸收或者变相吸收公众存款，数额在100万元以上的，单位非法吸收或者变相吸收公众存款，数额在500万元以上的；

（二）个人非法吸收或者变相吸收公众存款对象100人以上的，单位非法吸收或者变相吸收公众存款对象500人以上的；

（三）个人非法吸收或者变相吸收公众存款，给存款人造成直接经济损失数额在50万元以上的，单位非法吸收或者变相吸收公众存款，给存款人造成直接经济损失数额在250万元以上的；

（四）造成特别恶劣社会影响或者其他特别严重后果的。

非法吸收或者变相吸收公众存款的数额，以行为人所吸收的资金全额计算。案发前后已归还的数额，可以作为量刑情节酌情考虑。

非法吸收或者变相吸收公众存款，主要用于正常的生产经营活动，能够及时清退所吸收资金，可以免予刑事处罚；情节显著轻微的，不作为犯罪处理。

第四条 以非法占有为目的，使用诈骗方法实施本解释第二条规定所列行为的，应当依照刑法第一百九十二条的规定，以集资诈骗罪定罪处罚。

使用诈骗方法非法集资，具有下列情形之一的，可以认定为"以非法占有为目的"：

（一）集资后不用于生产经营活动或者用于生产经营活动与筹集资金规模明显不成比例，致使集资款不能返还的；

（二）肆意挥霍集资款，致使集资款不能返还的；

（三）携带集资款逃匿的；

（四）将集资款用于违法犯罪活动的；
（五）抽逃、转移资金、隐匿财产，逃避返还资金的；
（六）隐匿、销毁账目，或者搞假破产、假倒闭，逃避返还资金的；
（七）拒不交代资金去向，逃避返还资金的；
（八）其他可以认定非法占有目的的情形。

集资诈骗罪中的非法占有目的，应当区分情形进行具体认定。行为人部分非法集资行为具有非法占有目的的，对该部分非法集资行为所涉集资款以集资诈骗罪定罪处罚；非法集资共同犯罪中部分行为人具有非法占有目的，其他行为人没有非法占有集资款的共同故意和行为的，对具有非法占有目的的行为人以集资诈骗罪定罪处罚。

第五条 个人进行集资诈骗，数额在 10 万元以上的，应当认定为"数额较大"；数额在 30 万元以上的，应当认定为"数额巨大"；数额在 100 万元以上的，应当认定为"数额特别巨大"。

单位进行集资诈骗，数额在 50 万元以上的，应当认定为"数额较大"；数额在 150 万元以上的，应当认定为"数额巨大"；数额在 500 万元以上的，应当认定为"数额特别巨大"。

集资诈骗的数额以行为人实际骗取的数额计算，案发前已归还的数额应予扣除。行为人为实施集资诈骗活动而支付的广告费、中介费、手续费、回扣，或者用于行贿、赠与等费用，不予扣除。行为人为实施集资诈骗活动而支付的利息，除本金未归还可予折抵本金以外，应当计入诈骗数额。

第六条 未经国家有关主管部门批准，向社会不特定对象发行、以转让股权等方式变相发行股票或者公司、企业债券，或者向特定对象发行、变相发行股票或者公司、企业债券累计超过 200 人的，应当认定为刑法第一百七十九条规定的"擅自发行股票、公司、企业债券"。构成犯罪的，以擅自发行股票、公司、企业债券罪定罪处罚。

第七条 违反国家规定，未经依法核准擅自发行基金份额募集基金，情节严重的，依照刑法第二百二十五条的规定，以非法经营罪定罪处罚。

第八条 广告经营者、广告发布者违反国家规定，利用广告为非法集资活动相关的商品或者服务作虚假宣传，具有下列情形之一的，依照刑法第二百二十二条的规定，以虚假广告罪定罪处罚：
（一）违法所得数额在 10 万元以上的；
（二）造成严重危害后果或者恶劣社会影响的；
（三）二年内利用广告作虚假宣传，受过行政处罚二次以上的；
（四）其他情节严重的情形。

明知他人从事欺诈发行股票、债券，非法吸收公众存款，擅自发行股票、债券，集资诈骗或者组织、领导传销活动等集资犯罪活动，为其提供广告等宣传的，以相关犯罪的共犯论处。

第九条 此前发布的司法解释与本解释不一致的，以本解释为准。

最高人民法院
关于非法集资刑事案件性质认定问题的通知

2011年8月18日　　　　　　　　　　　　　　　　法〔2011〕262号

各省、自治区、直辖市高级人民法院，解放军军事法院，新疆吾尔自治区高级人民法院生产建设兵团分院：

为依法、准确、及时审理非法集资刑事案件，现就非法集资性质认定的有关问题通知如下：

一、行政部门对于非法集资的性质认定，不是非法集资案件进入刑事程序的必经程序。行政部门未对非法集资作出性质认定的，不影响非法集资刑事案件的审判。

二、人民法院应当依照刑法和《最高人民法院关于审理非法集资刑事案件具体应用法律若干问题的解释》等有关规定认定案件事实的性质，并认定相关行为是否构成犯罪。

三、对于案情复杂、性质认定疑难的案件，人民法院可以在有关部门关于是否符合行业技术标准的行政认定意见的基础上，根据案件事实和法律规定作出性质认定。

四、非法集资刑事案件的审判工作涉及领域广、专业性强，人民法院在审理此类案件当中要注意加强与有关行政主（监）管部门以及公安机关、人民检察院的配合。审判工作中遇到重大问题难以解决的，请及时报告最高人民法院。

最高人民法院　最高人民检察院　公安部
关于办理非法集资刑事案件适用
法律若干问题的意见

2014年3月25日　　　　　　　　　　　　　　　公通字〔2014〕16号

各省、自治区、直辖市高级人民法院、人民检察院、公安厅、局，解放军军事法院、军事检察院，新疆维吾尔自治区高级人民法院生产建设兵团分院，新疆生产建设兵团人民检察院、公安局：

为解决近年来公安机关、人民检察院、人民法院在办理非法集资刑事案件中遇到的问题，依法惩治非法吸收公众存款、集资诈骗等犯罪，根据刑法、刑事诉讼法的规定，

结合司法实践,现就办理非法集资刑事案件适用法律问题提出以下意见:

一、关于行政认定的问题

行政部门对于非法集资的性质认定,不是非法集资刑事案件进入刑事诉讼程序的必经程序。行政部门未对非法集资作出性质认定的,不影响非法集资刑事案件的侦查、起诉和审判。

公安机关、人民检察院、人民法院应当依法认定案件事实的性质,对于案情复杂、性质认定疑难的案件,可参考有关部门的认定意见,根据案件事实和法律规定作出性质认定。

二、关于"向社会公开宣传"的认定问题

《最高人民法院关于审理非法集资刑事案件具体应用法律若干问题的解释》第一条第一款第二项中的"向社会公开宣传",包括以各种途径向社会公众传播吸收资金的信息,以及明知吸收资金的信息向社会公众扩散而予以放任等情形。

三、关于"社会公众"的认定问题

下列情形不属于《最高人民法院关于审理非法集资刑事案件具体应用法律若干问题的解释》第一条第二款规定的"针对特定对象吸收资金"的行为,应当认定为向社会公众吸收资金:

(一)在向亲友或者单位内部人员吸收资金的过程中,明知亲友或者单位内部人员向不特定对象吸收资金而予以放任的;

(二)以吸收资金为目的,将社会人员吸收为单位内部人员,并向其吸收资金的。

四、关于共同犯罪的处理问题

为他人向社会公众非法吸收资金提供帮助,从中收取代理费、好处费、返点费、佣金、提成等费用,构成非法集资共同犯罪的,应当依法追究刑事责任。能够及时退缴上述费用的,可依法从轻处罚;其中情节轻微的,可以免除处罚;情节显著轻微、危害不大的,不作为犯罪处理。

五、关于涉案财物的追缴和处置问题

向社会公众非法吸收的资金属于违法所得。以吸收的资金向集资参与人支付的利息、分红等回报,以及向帮助吸收资金人员支付的代理费、好处费、返点费、佣金、提成等费用,应当依法追缴。集资参与人本金尚未归还的,所支付的回报可予折抵本金。

将非法吸收的资金及其转换财物用于清偿债务或者转让给他人,有下列情形之一的,应当依法追缴:

(一)他人明知是上述资金及财物而收取的;

(二)他人无偿取得上述资金及财物的;

(三)他人以明显低于市场的价格取得上述资金及财物的;

（四）他人取得上述资金及财物系源于非法债务或者违法犯罪活动的；

（五）其他依法应当追缴的情形。

查封、扣押、冻结的易贬值及保管、养护成本较高的涉案财物，可以在诉讼终结前依照有关规定变卖、拍卖。所得价款由查封、扣押、冻结机关予以保管，待诉讼终结后一并处置。

查封、扣押、冻结的涉案财物，一般应在诉讼终结后，返还集资参与人。涉案财物不足全部返还的，按照集资参与人的集资额比例返还。

六、关于证据的收集问题

办理非法集资刑事案件中，确因客观条件的限制无法逐一收集集资参与人的言词证据的，可结合已收集的集资参与人的言词证据和依法收集并查证属实的书面合同、银行账户交易记录、会计凭证及会计账簿、资金收付凭证、审计报告、互联网电子数据等证据，综合认定非法集资对象人数和吸收资金数额等犯罪事实。

七、关于涉及民事案件的处理问题

对于公安机关、人民检察院、人民法院正在侦查、起诉、审理的非法集资刑事案件，有关单位或者个人就同一事实向人民法院提起民事诉讼或者申请执行涉案财物的，人民法院应当不予受理，并将有关材料移送公安机关或者检察机关。

人民法院在审理民事案件或者执行过程中，发现有非法集资犯罪嫌疑的，应当裁定驳回起诉或者中止执行，并及时将有关材料移送公安机关或者检察机关。

公安机关、人民检察院、人民法院在侦查、起诉、审理非法集资刑事案件中，发现与人民法院正在审理的民事案件属同一事实，或者被申请执行的财物属于涉案财物的，应当及时通报相关人民法院。人民法院经审查认为确属涉嫌犯罪的，依照前款规定处理。

八、关于跨区域案件的处理问题

跨区域非法集资刑事案件，在查清犯罪事实的基础上，可以由不同地区的公安机关、人民检察院、人民法院分别处理。

对于分别处理的跨区域非法集资刑事案件，应当按照统一制定的方案处置涉案财物。

国家机关工作人员违反规定处置涉案财物，构成渎职等犯罪的，应当依法追究刑事责任。

6. 危害税收征管罪

最高人民法院关于审理偷税抗税刑事案件具体应用法律若干问题的解释

法释〔2002〕33号

(2002年11月4日最高人民法院审判委员会第1254次会议通过 2002年11月5日最高人民法院公告公布 自2002年11月7日起施行)

为依法惩处偷税、抗税犯罪活动,根据刑法的有关规定,现就审理偷税、抗税刑事案件具体应用法律的若干问题解释如下:

第一条 纳税人实施下列行为之一,不缴或者少缴应纳税款,偷税数额占应纳税额的百分之十以上且偷税数额在一万元以上的,依照刑法第二百零一条第一款的规定定罪处罚:

(一)伪造、变造、隐匿、擅自销毁账簿、记账凭证;

(二)在账簿上多列支出或者不列、少列收入;

(三)经税务机关通知申报而拒不申报纳税;

(四)进行虚假纳税申报;

(五)缴纳税款后,以假报出口或者其他欺骗手段,骗取所缴纳的税款。

扣缴义务人实施前款行为之一,不缴或者少缴已扣、已收税款,数额在一万元以上且占应缴税额百分之十以上的,依照刑法第二百零一条第一款的规定定罪处罚。

扣缴义务人书面承诺代纳税人支付税款的,应当认定扣缴义务人"已扣、已收税款"。

实施本条第一款、第二款规定的行为,偷税数额在五万元以下,纳税人或者扣缴义务人在公安机关立案侦查以前已经足额补缴应纳税款和滞纳金,犯罪情节轻微,不需要判处刑罚的,可以免予刑事处罚。

第二条 纳税人伪造、变造、隐匿、擅自销毁用于记账的发票等原始凭证的行为,应当认定为刑法第二百零一条第一款规定的伪造、变造、隐匿、擅自销毁记账凭证的行为。

具有下列情形之一的,应当认定为刑法第二百零一条第一款规定的"经税务机关通知申报":

(一)纳税人、扣缴义务人已经依法办理税务登记或者扣缴税款登记的;

（二）依法不需要办理税务登记的纳税人，经税务机关依法书面通知其申报的；

（三）尚未依法办理税务登记、扣缴税款登记的纳税人、扣缴义务人，经税务机关依法书面通知其申报的。

刑法第二百零一条第一款规定的"虚假的纳税申报"，是指纳税人或者扣缴义务人向税务机关报送虚假的纳税申报表、财务报表、代扣代缴、代收代缴税款报告表或者其他纳税申报资料，如提供虚假申请，编造减税、免税、抵税、先征收后退还税款等虚假资料等。

刑法第二百零一条第三款规定的"未经处理"，是指纳税人或者扣缴义务人在五年内多次实施偷税行为，但每次偷税数额均未达到刑法第二百零一条规定的构成犯罪的数额标准，且未受行政处罚的情形。

纳税人、扣缴义务人因同一偷税犯罪行为受到行政处罚，又被移送起诉的，人民法院应当依法受理。

依法定罪并判处罚金的，行政罚款折抵罚金。

第三条 偷税数额，是指在确定的纳税期间，不缴或者少缴各税种税款的总额。

偷税数额占应纳税额的百分比，是指一个纳税年度中的各税种偷税总额与该纳税年度应纳税总额的比例。

不按纳税年度确定纳税期的其他纳税人，偷税数额占应纳税额的百分比，按照行为人最后一次偷税行为发生之日前一年中各税种偷税总额与该年纳税总额的比例确定。

纳税义务存续期间不足一个纳税年度的，偷税数额占应纳税额的百分比，按照各税种偷税总额与实际发生纳税义务期间应当缴纳税款总额的比例确定。

偷税行为跨越若干个纳税年度，只要其中一个纳税年度的偷税数额及百分比达到刑法第二百零一条第一款规定的标准，即构成偷税罪。

各纳税年度的偷税数额应当累计计算，偷税百分比应当按照最高的百分比确定。

第四条 两年内因偷税受过二次行政处罚，又偷税且数额在一万元以上的，应当以偷税罪定罪处罚。

第五条 实施抗税行为具有下列情形之一的，属于刑法第二百零二条规定的"情节严重"：

（一）聚众抗税的首要分子；

（二）抗税数额在十万元以上的；

（三）多次抗税的；

（四）故意伤害致人轻伤的；

（五）具有其他严重情节。

第六条 实施抗税行为致人重伤、死亡，构成故意伤害罪、故意杀人罪的，分别依照刑法第二百三十四条第二款、第二百三十二条的规定定罪处罚。

与纳税人或者扣缴义务人共同实施抗税行为的，以抗税罪的共犯依法处罚。

最高人民法院关于审理骗取出口退税刑事案件具体应用法律若干问题的解释

法释〔2002〕30号

(2002年9月9日最高人民法院审判委员会第1241次会议通过 2002年9月17日最高人民法院公告公布 自2002年9月23日起施行)

为依法惩治骗取出口退税犯罪活动,根据《中华人民共和国刑法》的有关规定,现就审理骗取出口退税刑事案件具体应用法律的若干问题解释如下:

第一条 刑法第二百零四条规定的"假报出口",是指以虚构已税货物出口事实为目的,具有下列情形之一的行为:

(一)伪造或者签订虚假的买卖合同;

(二)以伪造、变造或者其他非法手段取得出口货物报关单、出口收汇核销单、出口货物专用缴款书等有关出口退税单据、凭证;

(三)虚开、伪造、非法购买增值税专用发票或者其他可以用于出口退税的发票;

(四)其他虚构已税货物出口事实的行为。

第二条 具有下列情形之一的,应当认定为刑法第二百零四条规定的"其他欺骗手段":

(一)骗取出口货物退税资格的;

(二)将未纳税或者免税货物作为已税货物出口的;

(三)虽有货物出口,但虚构该出口货物的品名、数量、单价等要素,骗取未实际纳税部分出口退税款的;

(四)以其他手段骗取出口退税款的。

第三条 骗取国家出口退税款5万元以上的,为刑法第二百零四条规定的"数额较大";骗取国家出口退税款50万元以上的,为刑法第二百零四条规定的"数额巨大";骗取国家出口退税款250万元以上的,为刑法第二百零四条规定的"数额特别巨大"。

第四条 具有下列情形之一的,属于刑法第二百零四条规定的"其他严重情节":

(一)造成国家税款损失30万元以上并且在第一审判决宣告前无法追回的;

(二)因骗取国家出口退税行为受过行政处罚,两年内又骗取国家出口退税款数额在30万元以上的;

(三)情节严重的其他情形。

第五条 具有下列情形之一的,属于刑法第二百零四条规定的"其他特别严重情节":

（一）造成国家税款损失150万元以上并且在第一审判决宣告前无法追回的；

（二）因骗取国家出口退税行为受过行政处罚，两年内又骗取国家出口退税款数额在150万元以上的；

（三）情节特别严重的其他情形。

第六条 有进出口经营权的公司、企业，明知他人意欲骗取国家出口退税款，仍违反国家有关进出口经营的规定，允许他人自带客户、自带货源、自带汇票并自行报关，骗取国家出口退税款的，依照刑法第二百零四条第一款、第二百一十一条的规定定罪处罚。

第七条 实施骗取国家出口退税行为，没有实际取得出口退税款的，可以比照既遂犯从轻或者减轻处罚。

第八条 国家工作人员参与实施骗取出口退税犯罪活动的，依照刑法第二百零四条第一款的规定从重处罚。

第九条 实施骗取出口退税犯罪，同时构成虚开增值税专用发票罪等其他犯罪的，依照刑法处罚较重的规定定罪处罚。

最高人民法院
印发《关于适用〈全国人民代表大会常务委员会关于惩治虚开、伪造和非法出售增值税专用发票犯罪的决定〉的若干问题的解释》的通知

1996年10月17日　　　　　　　　　　法发〔1996〕30号

各省、自治区、直辖市高级人民法院，解放军军事法院：

现将《关于适用〈全国人民代表大会常务委员会关于惩治虚开、伪造和非法出售增值税专用发票犯罪的决定〉的若干问题的解释》印发给你们，望遵照执行。在执行中如有问题，请及时报告我院。

附：

最高人民法院
关于适用《全国人民代表大会常务委员会关于惩治虚开、伪造和非法出售增值税专用发票犯罪的决定》的若干问题的解释

(最高人民法院审判委员会第446次会议讨论通过)

为正确执行《全国人民代表大会常务委员会关于惩治虚开、伪造和非法出售增值税专用发票犯罪的决定》(以下简称《决定》),依法惩治虚开、伪造和非法出售增值税专用发票和其他发票犯罪,现就适用《决定》的若干具体问题解释如下:

一、根据《决定》第一条规定,虚开增值税专用发票的,构成虚开增值税专用发票罪。

具有下列行为之一的,属于"虚开增值税专用发票":(1)没有货物购销或者没有提供或接受应税劳务而为他人、为自己、让他人为自己、介绍他人开具增值税专用发票;(2)有货物购销或者提供或接受了应税劳务但为他人、为自己、让他人为自己、介绍他人开具数量或者金额不实的增值税专用发票;(3)进行了实际经营活动,但让他人为自己代开增值税专用发票。

虚开税款数额1万元以上的或者虚开增值税专用发票致使国家税款被骗取5000元以上的,应当依法定罪处罚。

虚开税款数额10万元以上的,属于"虚开的税款数额较大"。具有下列情形之一的,属于"有其他严重情节":(1)因虚开增值税专用发票致使国家税款被骗取5万元以上的;(2)曾因虚开增值税专用发票受过刑事处罚的;(3)具有其他严重情节的。

虚开税款数额50万元以上的,属于"虚开的税款数额巨大"。具有下列情形之一的,属于"有其他特别严重情节":(1)因虚开增值税专用发票致使国家税款被骗取30万元以上的;(2)虚开的税款数额接近巨大并有其他严重情节的;(3)具有其他特别严重情节的。

利用虚开的增值税专用发票实际抵扣税款或者骗取出口退税100万元以上的,属于"骗取国家税款数额特别巨大";造成国家税款损失50万元以上并且在侦查终结前仍无法追回的,属于"给国家利益造成特别重大损失"。利用虚开的增值税专用发票骗取国家税款数额特别巨大、给国家利益造成特别重大损失,为"情节特别严重"的基本内容。

虚开增值税专用发票犯罪分子与骗取税款犯罪分子均应当对虚开的税款数额和实际骗取的国家税款数额承担刑事责任。

利用虚开的增值税专用发票抵扣税款或者骗取出口退税的,应当依照《决定》第一

条的规定定罪处罚；以其他手段骗取国家税款的，仍应依照《全国人民代表大会常务委员会关于惩治偷税、抗税犯罪的补充规定》的有关规定定罪处罚。

二、根据《决定》第二条规定，伪造或者出售伪造的增值税专用发票的，构成伪造、出售伪造的增值税专用发票罪。

伪造或者出售伪造的增值税专用发票 25 份以上或者票面额（千元版以每份 1000 元，万元版以每份 1 万元计算，以此类推。下同）累计 10 万元以上的应当依法定罪处罚。

伪造或者出售伪造的增值税专用发票 100 份以上或者票面额累计 50 万元以上的，属于"数量较大"。具有下列情形之一的，属于"有其他严重情节"：（1）违法所得数额在 1 万元以上的；（2）伪造并出售伪造的增值税专用发票 60 份以上或者票面额累计 30 万元以上的；（3）造成严重后果或者具有其他严重情节的。

伪造或者出售伪造的增值税专用发票 500 份以上或者票面额累计 250 万元以上的，属于"数量巨大"。具有下列情形之一的，属于"有其他特别严重情节"：（1）违法所得数额在 5 万元以上的；（2）伪造并出售伪造的增值税专用发票 300 份以上或者票面额累计 200 万元以上的；（3）伪造或者出售伪造的增值税专用发票接近"数量巨大"并有其他严重情节的；（4）造成特别严重后果或者具有其他特别严重情节的。

伪造并出售伪造的增值税专用发票 1000 份以上或者票面额累计 1000 万元以上的，属于"伪造并出售伪造的增值税专用发票数量特别巨大"。具有下列情形之一的，属于"情节特别严重"：（1）违法所得数额在 5 万元以上的；（2）因伪造、出售伪造的增值税专用发票致使国家税款被骗取 100 万元以上的；（3）给国家税款造成实际损失 50 万元以上的；（4）具有其他特别严重情节的。对于伪造并出售伪造的增值税专用发票数量达到特别巨大，又具有特别严重情节，严重破坏经济秩序的，应当依照《决定》第二条第二款的规定处罚。

伪造并出售同一宗增值税专用发票的，数量或者票面额不重复计算。

变造增值税专用发票的，按照伪造增值税专用发票行为处理。

三、根据《决定》第三条规定，非法出售增值税专用发票的，构成非法出售增值税专用发票罪。

非法出售增值税专用发票案件的定罪量刑数量标准按照本解释第二条第二、三、四款的规定执行。

四、根据《决定》第四条规定，非法购买增值税专用发票或者购买伪造的增值税专用发票的，构成非法购买增值税专用发票、伪造的增值税专用发票罪。

非法购买增值税专用发票或者购买伪造的增值税专用发票 25 份以上或者票面额累计 10 万元以上的，应当依法定罪处罚。

非法购买真、伪两种增值税专用发票的，数量累计计算，不实行数罪并罚。

五、根据《决定》第五条规定，虚开用于骗取出口退税、抵扣税款的其他发票的，构成虚开专用发票罪，依照《决定》第一条的规定处罚。

"用于骗取出口退税、抵扣税款的其他发票"是指可以用于申请出口退税、抵扣税款的非增值税专用发票，如运输发票、废旧物品收购发票、农业产品收购发票等。

六、根据《决定》第六条规定，伪造、擅自制造或者出售伪造、擅自制造的可以用于骗取出口退税、抵扣税款的其他发票的，构成非法制造专用发票罪或出售非法制造的专用发票罪。

伪造、擅自制造或者出售伪造、擅自制造的可以用于骗取出口退税、抵扣税款的其他发票50份以上的，应当依法定罪处罚；伪造、擅自制造或者出售伪造、擅自制造的可以用于骗取出口退税、抵扣税款的其他发票200份以上的，属于"数量巨大"；伪造、擅自制造或者出售伪造、擅自制造的可以用于骗取出口退税、抵扣税款的其他发票1000份以上的，属于"数量特别巨大"。

七、盗窃增值税专用发票或者可以用于骗取出口退税、抵扣税款的其他发票25份以上，或者其他发票50份以上的；诈骗增值税专用发票或者可以用于骗取出口退税、抵扣税款的其他发票50份以上，或者其他发票100份以上的，依照刑法第一百五十一条的规定处罚。

盗窃增值税专用发票或者可以用于骗取出口退税、抵扣税款的其他发票250份以上，或者其他发票500份以上的；诈骗增值税专用发票或者可以用于骗取出口退税、抵扣税款的其他发票500份以上，或者其他发票1000份以上的，依照刑法第一百五十二条的规定处罚。

盗窃增值税专用发票或者其他发票情节特别严重的，依照《全国人民代表大会常务委员会关于严惩严重破坏经济的罪犯的决定》第一条第（一）项的规定处罚。

盗窃、诈骗增值税专用发票或者其他发票后，又实施《决定》规定的虚开、出售等犯罪的，按照其中的重罪定罪处罚，不实行数罪并罚。

最高人民法院研究室
关于税收通用完税证和车辆购置税完税证是否属于发票和属于何种发票问题的回函

2010年8月17日　　　　　　　　　　法研〔2010〕140号

公安部经济犯罪侦查局：

贵局公经财税〔2010〕102号《关于对两种完税证是否属于发票及属于何种发票问题征求意见的函》收悉。经研究，提供以下意见供参考：

完税证是税务机关或代征机关在收取税金时给纳税人开具的纳税证明，是证明纳税人缴纳税款情况的凭证。发票是指单位和个人在购销商品、提供或接受服务以及从事其他经营活动过程中，提供给对方的收付款的书面证明，是财务收支的法定凭证，是会计核算的原始依据。完税证与发票性质有所不同，完税证一般不能被认定为发票。

根据《全国人民代表大会常务委员会关于〈中华人民共和国刑法〉有关出口退税、

抵扣税款的其他发票规定的解释》，如果完税证具有出口退税、抵扣税款功能，则属于刑法中规定的出口退税、抵扣税款的其他发票。据此，税收通用完税证和车辆购置税完税证在具有出口退税、抵扣税款功能时，属于刑法中规定的出口退税、抵扣税款的其他发票；否则，不属于一般意义上的发票。

对伪造税务机关征税专用章，非法制造税收通用完税证和车辆购置税完税证对外出售的，视情可以伪造国家机关印章罪论处；对非法购买上述两种伪造的完税证，逃避缴纳税款的，视情可以逃税罪论处。

最高人民法院刑事审判第二庭
关于航空运输代理机构虚开、销售虚假航空行程单的行为如何定性问题的复函

2010年6月21日　　　　　　　　　　〔2010〕刑二函字第82号

公安部经济犯罪侦查局：

贵局公经财税〔2010〕116号《关于对航空运输代理机构销售虚假航空行程单的行为如何定性征求意见的函》收悉。经研究，函复如下：

航空票务代理机构购买非法印制的空白航空行程单并出售的，或者购买非法印制的空白航空行程单后，为他人虚开并收取手续费的，其行为符合刑法第二百零九条第二款的规定，构成犯罪的，可按照出售非法制造的发票罪追究相关机构和人员的刑事责任。

航空票务代理机构的主管人员或直接责任人员与他人相互勾结，为他人利用虚开的航空行程单贪污、侵占等犯罪行为提供帮助的，以相应犯罪的共犯论处。

航空票务代理机构购买非法印制的空白航空行程单后，在非法印制的航空行程单上按真实票价填开后出具给乘机者的，或者应乘机者的要求，在非法印制的航空行程单上填开虚增的票价额后出具给乘机者的，属于使用不符合规定的发票的行为，可由税务机关予以行政处罚。

以上意见，供参考。

最高人民法院
关于对《审计署关于咨询虚开增值税专用发票罪问题的函》的复函

2001年10月17日　　　　　　　　　　法函〔2001〕66号

国家审计署：

你署审函〔2001〕75号《审计署关于咨询虚开增值税专用发票罪问题的函》收悉。经研究，现提出以下意见供参考：

地方税务机关实施"高开低征"或者"开大征小"等违规开具增值税专用发票的行为，不属于刑法第二百零五条规定的虚开增值税专用发票的犯罪行为，造成国家税款重大损失的，对有关主管部门的国家机关工作人员，应当根据刑法有关渎职罪的规定追究刑事责任。

7. 侵犯知识产权罪

最高人民法院　最高人民检察院
关于办理侵犯知识产权刑事案件具体应用法律若干问题的解释

法释〔2004〕19号

（2004年11月2日最高人民法院审判委员会第1331次会议、2004年11月11日最高人民检察院第十届检察委员会第28次会议通过　2004年12月8日最高人民法院、最高人民检察院公告公布　自2004年12月22日起施行）

为依法惩治侵犯知识产权犯罪活动，维护社会主义市场经济秩序，根据刑法有关规定，现就办理侵犯知识产权刑事案件具体应用法律的若干问题解释如下：

第一条　未经注册商标所有人许可，在同一种商品上使用与其注册商标相同的商标，具有下列情形之一的，属于刑法第二百一十三条规定的"情节严重"，应当以假冒注册商标罪判处三年以下有期徒刑或者拘役，并处或者单处罚金：

（一）非法经营数额在五万元以上或者违法所得数额在三万元以上的；

（二）假冒两种以上注册商标，非法经营数额在三万元以上或者违法所得数额在二万元以上的；

（三）其他情节严重的情形。

具有下列情形之一的，属于刑法第二百一十三条规定的"情节特别严重"，应当以假冒注册商标罪判处三年以上七年以下有期徒刑，并处罚金：

（一）非法经营数额在二十五万元以上或者违法所得数额在十五万元以上的；

（二）假冒两种以上注册商标，非法经营数额在十五万元以上或者违法所得数额在十万元以上的；

（三）其他情节特别严重的情形。

第二条 销售明知是假冒注册商标的商品，销售金额在五万元以上的，属于刑法第二百一十四条规定的"数额较大"，应当以销售假冒注册商标的商品罪判处三年以下有期徒刑或者拘役，并处或者单处罚金。

销售金额在二十五万元以上的，属于刑法第二百一十四条规定的"数额巨大"，应当以销售假冒注册商标的商品罪判处三年以上七年以下有期徒刑，并处罚金。

第三条 伪造、擅自制造他人注册商标标识或者销售伪造、擅自制造的注册商标标识，具有下列情形之一的，属于刑法第二百一十五条规定的"情节严重"，应当以非法制造、销售非法制造的注册商标标识罪判处三年以下有期徒刑、拘役或者管制，并处或者单处罚金：

（一）伪造、擅自制造或者销售伪造、擅自制造的注册商标标识数量在二万件以上，或者非法经营数额在五万元以上，或者违法所得数额在三万元以上的；

（二）伪造、擅自制造或者销售伪造、擅自制造两种以上注册商标标识数量在一万件以上，或者非法经营数额在三万元以上，或者违法所得数额在二万元以上的；

（三）其他情节严重的情形。

具有下列情形之一的，属于刑法第二百一十五条规定的"情节特别严重"，应当以非法制造、销售非法制造的注册商标标识罪判处三年以上七年以下有期徒刑，并处罚金：

（一）伪造、擅自制造或者销售伪造、擅自制造的注册商标标识数量在十万件以上，或者非法经营数额在二十五万元以上，或者违法所得数额在十五万元以上的；

（二）伪造、擅自制造或者销售伪造、擅自制造两种以上注册商标标识数量在五万件以上，或者非法经营数额在十五万元以上，或者违法所得数额在十万元以上的；

（三）其他情节特别严重的情形。

第四条 假冒他人专利，具有下列情形之一的，属于刑法第二百一十六条规定的"情节严重"，应当以假冒专利罪判处三年以下有期徒刑或者拘役，并处或者单处罚金：

（一）非法经营数额在二十万元以上或者违法所得数额在十万元以上的；

（二）给专利权人造成直接经济损失五十万元以上的；

（三）假冒两项以上他人专利，非法经营数额在十万元以上或者违法所得数额在五万元以上的；

（四）其他情节严重的情形。

第五条 以营利为目的，实施刑法第二百一十七条所列侵犯著作权行为之一，违法所得数额在三万元以上的，属于"违法所得数额较大"；具有下列情形之一的，属于"有其他严重情节"，应当以侵犯著作权罪判处三年以下有期徒刑或者拘役，并处或者单处罚金：

（一）非法经营数额在五万元以上的；

（二）未经著作权人许可，复制发行其文字作品、音乐、电影、电视、录像作品、计算机软件及其他作品，复制品数量合计在一千张（份）以上的；

（三）其他严重情节的情形。

以营利为目的，实施刑法第二百一十七条所列侵犯著作权行为之一，违法所得数额在十五万元以上的，属于"违法所得数额巨大"；具有下列情形之一的，属于"有其他特别严重情节"，应当以侵犯著作权罪判处三年以上七年以下有期徒刑，并处罚金：

（一）非法经营数额在二十五万元以上的；

（二）未经著作权人许可，复制发行其文字作品、音乐、电影、电视、录像作品、计算机软件及其他作品，复制品数量合计在五千张（份）以上的；

（三）其他特别严重情节的情形。

第六条 以营利为目的，实施刑法第二百一十八条规定的行为，违法所得数额在十万元以上的，属于"违法所得数额巨大"，应当以销售侵权复制品罪判处三年以下有期徒刑或者拘役，并处或者单处罚金。

第七条 实施刑法第二百一十九条规定的行为之一，给商业秘密的权利人造成损失数额在五十万元以上的，属于"给商业秘密的权利人造成重大损失"，应当以侵犯商业秘密罪判处三年以下有期徒刑或者拘役，并处或者单处罚金。

给商业秘密的权利人造成损失数额在二百五十万元以上的，属于刑法第二百一十九条规定的"造成特别严重后果"，应当以侵犯商业秘密罪判处三年以上七年以下有期徒刑，并处罚金。

第八条 刑法第二百一十三条规定的"相同的商标"，是指与被假冒的注册商标完全相同，或者与被假冒的注册商标在视觉上基本无差别、足以对公众产生误导的商标。

刑法第二百一十三条规定的"使用"，是指将注册商标或者假冒的注册商标用于商品、商品包装或者容器以及产品说明书、商品交易文书，或者将注册商标或者假冒的注册商标用于广告宣传、展览以及其他商业活动等行为。

第九条 刑法第二百一十四条规定的"销售金额"，是指销售假冒注册商标的商品后所得和应得的全部违法收入。

具有下列情形之一的，应当认定为属于刑法第二百一十四条规定的"明知"：

（一）知道自己销售的商品上的注册商标被涂改、调换或者覆盖的；

（二）因销售假冒注册商标的商品受到过行政处罚或者承担过民事责任、又销售同一种假冒注册商标的商品的；

（三）伪造、涂改商标注册人授权文件或者知道该文件被伪造、涂改的；

（四）其他知道或者应当知道是假冒注册商标的商品的情形。

第十条 实施下列行为之一的，属于刑法第二百一十六条规定的"假冒他人专利"的行为：

（一）未经许可，在其制造或者销售的产品、产品的包装上标注他人专利号的；

（二）未经许可，在广告或者其他宣传材料中使用他人的专利号，使人将所涉及的技术误认为是他人专利技术的；

（三）未经许可，在合同中使用他人的专利号，使人将合同涉及的技术误认为是他人专利技术的；

（四）伪造或者变造他人的专利证书、专利文件或者专利申请文件的。

第十一条 以刊登收费广告等方式直接或者间接收取费用的情形，属于刑法第二百一十七条规定的"以营利为目的"。

刑法第二百一十七条规定的"未经著作权人许可"，是指没有得到著作权人授权或者伪造、涂改著作权人授权许可文件或者超出授权许可范围的情形。

通过信息网络向公众传播他人文字作品、音乐、电影、电视、录像作品、计算机软件及其他作品的行为，应当视为刑法第二百一十七条规定的"复制发行"。

第十二条 本解释所称"非法经营数额"，是指行为人在实施侵犯知识产权行为过程中，制造、储存、运输、销售侵权产品的价值。已销售的侵权产品的价值，按照实际销售的价格计算。制造、储存、运输和未销售的侵权产品的价值，按照标价或者已经查清的侵权产品的实际销售平均价格计算。侵权产品没有标价或者无法查清其实际销售价格的，按照被侵权产品的市场中间价格计算。

多次实施侵犯知识产权行为，未经行政处理或者刑事处罚的，非法经营数额、违法所得数额或者销售金额累计计算。

本解释第三条所规定的"件"，是指标有完整商标图样的一份标识。

第十三条 实施刑法第二百一十三条规定的假冒注册商标犯罪，又销售该假冒注册商标的商品，构成犯罪的，应当依照刑法第二百一十三条的规定，以假冒注册商标罪定罪处罚。

实施刑法第二百一十三条规定的假冒注册商标犯罪，又销售明知是他人的假冒注册商标的商品，构成犯罪的，应当实行数罪并罚。

第十四条 实施刑法第二百一十七条规定的侵犯著作权犯罪，又销售该侵权复制品，构成犯罪的，应当依照刑法第二百一十七条的规定，以侵犯著作权罪定罪处罚。

实施刑法第二百一十七条规定的侵犯著作权犯罪，又销售明知是他人的侵权复制品，构成犯罪的，应当实行数罪并罚。

第十五条 单位实施刑法第二百一十三条至第二百一十九条规定的行为，按照本解释规定的相应个人犯罪的定罪量刑标准的三倍定罪量刑。

第十六条 明知他人实施侵犯知识产权犯罪，而为其提供贷款、资金、账号、发票、证明、许可证件，或者提供生产、经营场所或者运输、储存、代理进出口等便利条件、帮助的，以侵犯知识产权犯罪的共犯论处。

第十七条 以前发布的有关侵犯知识产权犯罪的司法解释，与本解释相抵触的，自本解释施行后不再适用。

最高人民法院　最高人民检察院
关于办理侵犯知识产权刑事案件具体应用法律若干问题的解释（二）

法释〔2007〕6号

（2007年4月4日最高人民法院审判委员会第1422次会议、
最高人民检察院第十届检察委员会第75次会议通过
2007年4月5日最高人民法院、最高人民检察院
公告公布　自2007年4月5日起施行）

为维护社会主义市场经济秩序，依法惩治侵犯知识产权犯罪活动，根据刑法、刑事诉讼法有关规定，现就办理侵犯知识产权刑事案件具体应用法律的若干问题解释如下：

第一条　以营利为目的，未经著作权人许可，复制发行其文字作品、音乐、电影、电视、录像作品、计算机软件及其他作品，复制品数量合计在五百张（份）以上的，属于刑法第二百一十七条规定的"有其他严重情节"；复制品数量在二千五百张（份）以上的，属于刑法第二百一十七条规定的"有其他特别严重情节"。

第二条　刑法第二百一十七条侵犯著作权罪中的"复制发行"，包括复制、发行或者既复制又发行的行为。

侵权产品的持有人通过广告、征订等方式推销侵权产品的，属于刑法第二百一十七条规定的"发行"。

非法出版、复制、发行他人作品，侵犯著作权构成犯罪的，按照侵犯著作权罪定罪处罚。

第三条　侵犯知识产权犯罪，符合刑法规定的缓刑条件的，依法适用缓刑。有下列情形之一的，一般不适用缓刑：

（一）因侵犯知识产权被刑事处罚或者行政处罚后，再次侵犯知识产权构成犯罪的；

（二）不具有悔罪表现的；

（三）拒不交出违法所得的；

（四）其他不宜适用缓刑的情形。

第四条　对于侵犯知识产权犯罪的，人民法院应当综合考虑犯罪的违法所得、非法经营数额、给权利人造成的损失、社会危害性等情节，依法判处罚金。罚金数额一般在违法所得的一倍以上五倍以下，或者按照非法经营数额的50%以上一倍以下确定。

第五条　被害人有证据证明的侵犯知识产权刑事案件，直接向人民法院起诉的，人民法院应当依法受理；严重危害社会秩序和国家利益的侵犯知识产权刑事案件，由人民

检察院依法提起公诉。

第六条 单位实施刑法第二百一十三条至第二百一十九条规定的行为,按照《最高人民法院、最高人民检察院关于办理侵犯知识产权刑事案件具体应用法律若干问题的解释》和本解释规定的相应个人犯罪的定罪量刑标准定罪处罚。

第七条 以前发布的司法解释与本解释不一致的,以本解释为准。

最高人民法院 最高人民检察院 公安部印发《关于办理侵犯知识产权刑事案件适用法律若干问题的意见》的通知

2011年1月10日　　　　　　　　　　　　法发〔2011〕3号

各省、自治区、直辖市高级人民法院、人民检察院、公安厅（局）,解放军军事法院、军事检察院,总政治部保卫部,新疆维吾尔自治区高级人民法院生产建设兵团分院,新疆生产建设兵团人民检察院、公安局：

为解决近年来公安机关、人民检察院、人民法院在办理侵犯知识产权刑事案件中遇到的新情况、新问题,依法惩治侵犯知识产权犯罪活动,维护社会主义市场经济秩序,最高人民法院、最高人民检察院、公安部在深入调查研究、广泛征求各方意见的基础上,制定了《关于办理侵犯知识产权刑事案件适用法律若干问题的意见》。现印发给你们,请认真组织学习,切实贯彻执行。执行中遇到的重要问题,请及时层报最高人民法院、最高人民检察院、公安部。

附：

关于办理侵犯知识产权刑事案件适用法律若干问题的意见

为解决近年来公安机关、人民检察院、人民法院在办理侵犯知识产权刑事案件中遇到的新情况、新问题,依法惩治侵犯知识产权犯罪活动,维护社会主义市场经济秩序,根据刑法、刑事诉讼法及有关司法解释的规定,结合侦查、起诉、审判实践,制定本意见。

一、关于侵犯知识产权犯罪案件的管辖问题

侵犯知识产权犯罪案件由犯罪地公安机关立案侦查。必要时,可以由犯罪嫌疑人居住地公安机关立案侦查。侵犯知识产权犯罪案件的犯罪地，包括侵权产品制造地、储存地、运输地、销售地，传播侵权作品、销售侵权产品的网站服务器所在地、网络接入地、网站建立者或者管理者所在地，侵权作品上传者所在地，权利人受到实际侵害的犯罪结果发生地。对有多个侵犯知识产权犯罪地的，由最初受理的公安机关或者主要犯罪地公安机关管辖。多个侵犯知识产权犯罪地的公安机关对管辖有争议的，由共同的上级公安机关指定管辖，需要提请批准逮捕、移送审查起诉、提起公诉的，由该公安机关所在地的同级人民检察院、人民法院受理。

对于不同犯罪嫌疑人、犯罪团伙跨地区实施的涉及同一批侵权产品的制造、储存、运输、销售等侵犯知识产权犯罪行为，符合并案处理要求的，有关公安机关可以一并立案侦查，需要提请批准逮捕、移送审查起诉、提起公诉的，由该公安机关所在地的同级人民检察院、人民法院受理。

二、关于办理侵犯知识产权刑事案件中行政执法部门收集、调取证据的效力问题

行政执法部门依法收集、调取、制作的物证、书证、视听资料、检验报告、鉴定结论、勘验笔录、现场笔录，经公安机关、人民检察院审查，人民法院庭审质证确认，可以作为刑事证据使用。

行政执法部门制作的证人证言、当事人陈述等调查笔录，公安机关认为有必要作为刑事证据使用的，应当依法重新收集、制作。

三、关于办理侵犯知识产权刑事案件的抽样取证问题和委托鉴定问题

公安机关在办理侵犯知识产权刑事案件时，可以根据工作需要抽样取证，或者商请同级行政执法部门、有关检验机构协助抽样取证。法律、法规对抽样机构或者抽样方法有规定的，应当委托规定的机构并按照规定方法抽取样品。

公安机关、人民检察院、人民法院在办理侵犯知识产权刑事案件时，对于需要鉴定的事项，应当委托国家认可的有鉴定资质的鉴定机构进行鉴定。

公安机关、人民检察院、人民法院应当对鉴定结论进行审查，听取权利人、犯罪嫌疑人、被告人对鉴定结论的意见，可以要求鉴定机构作出相应说明。

四、关于侵犯知识产权犯罪自诉案件的证据收集问题

人民法院依法受理侵犯知识产权刑事自诉案件，对于当事人因客观原因不能取得的证据，在提起自诉时能够提供有关线索，申请人民法院调取的，人民法院应当依法调取。

五、关于刑法第二百一十三条规定的"同一种商品"的认定问题

名称相同的商品以及名称不同但指同一事物的商品，可以认定为"同一种商品"。"名称"是指国家工商行政管理总局商标局在商标注册工作中对商品使用的名称，通常即《商标注册用商品和服务国际分类》中规定的商品名称。"名称不同但指同一事物的商品"是指在功能、用途、主要原料、消费对象、销售渠道等方面相同或者基本相同，相关公众一般认为是同一种事物的商品。

认定"同一种商品"，应当在权利人注册商标核定使用的商品和行为人实际生产销售的商品之间进行比较。

六、关于刑法第二百一十三条规定的"与其注册商标相同的商标"的认定问题

具有下列情形之一，可以认定为"与其注册商标相同的商标"：

（一）改变注册商标的字体、字母大小写或者文字横竖排列，与注册商标之间仅有细微差别的；

（二）改变注册商标的文字、字母、数字等之间的间距，不影响体现注册商标显著特征的；

（三）改变注册商标颜色的；

（四）其他与注册商标在视觉上基本无差别、足以对公众产生误导的商标。

七、关于尚未附着或者尚未全部附着假冒注册商标标识的侵权产品价值是否计入非法经营数额的问题

在计算制造、储存、运输和未销售的假冒注册商标侵权产品价值时，对于已经制作完成但尚未附着（含加贴）或者尚未全部附着（含加贴）假冒注册商标标识的产品，如果有确实、充分证据证明该产品将假冒他人注册商标，其价值计入非法经营数额。

八、关于销售假冒注册商标的商品犯罪案件中尚未销售或者部分销售情形的定罪量刑问题

销售明知是假冒注册商标的商品，具有下列情形之一的，依照刑法第二百一十四条的规定，以销售假冒注册商标的商品罪（未遂）定罪处罚：

（一）假冒注册商标的商品尚未销售，货值金额在十五万元以上的；

（二）假冒注册商标的商品部分销售，已销售金额不满五万元，但与尚未销售的假冒注册商标的商品的货值金额合计在十五万元以上的。

假冒注册商标的商品尚未销售，货值金额分别达到十五万元以上不满二十五万元、二十五万元以上的，分别依照刑法第二百一十四条规定的各法定刑幅度定罪处罚。

销售金额和未销售货值金额分别达到不同的法定刑幅度或者均达到同一法定刑幅度的，在处罚较重的法定刑或者同一法定刑幅度内酌情从重处罚。

九、关于销售他人非法制造的注册商标标识犯罪案件中尚未销售或者部分销售情形的定罪问题

销售他人伪造、擅自制造的注册商标标识，具有下列情形之一的，依照刑法第二百一十五条的规定，以销售非法制造的注册商标标识罪（未遂）定罪处罚：

（一）尚未销售他人伪造、擅自制造的注册商标标识数量在六万件以上的；

（二）尚未销售他人伪造、擅自制造的两种以上注册商标标识数量在三万件以上的；

（三）部分销售他人伪造、擅自制造的注册商标标识，已销售标识数量不满二万件，但与尚未销售标识数量合计在六万件以上的；

（四）部分销售他人伪造、擅自制造的两种以上注册商标标识，已销售标识数量不满一万件，但与尚未销售标识数量合计在三万件以上的。

十、关于侵犯著作权犯罪案件"以营利为目的"的认定问题

除销售外，具有下列情形之一的，可以认定为"以营利为目的"：

（一）以在他人作品中刊登收费广告、捆绑第三方作品等方式直接或者间接收取费用的；

（二）通过信息网络传播他人作品，或者利用他人上传的侵权作品，在网站或者网页上提供刊登收费广告服务，直接或者间接收取费用的；

（三）以会员制方式通过信息网络传播他人作品，收取会员注册费或者其他费用的；

（四）其他利用他人作品牟利的情形。

十一、关于侵犯著作权犯罪案件"未经著作权人许可"的认定问题

"未经著作权人许可"一般应当依据著作权人或者其授权的代理人、著作权集体管理组织、国家著作权行政管理部门指定的著作权认证机构出具的涉案作品版权认证文书，或者证明出版者、复制发行者伪造、涂改授权许可文件或者超出授权许可范围的证据，结合其他证据综合予以认定。

在涉案作品种类众多且权利人分散的案件中，上述证据确实难以一一取得，但有证据证明涉案复制品系非法出版、复制发行的，且出版者、复制发行者不能提供获得著作权人许可的相关证明材料的，可以认定为"未经著作权人许可"。但是，有证据证明权利人放弃权利、涉案作品的著作权不受我国著作权法保护，或者著作权保护期限已经届满的除外。

十二、关于刑法第二百一十七条规定的"发行"的认定及相关问题

"发行"，包括总发行、批发、零售、通过信息网络传播以及出租、展销等活动。

非法出版、复制、发行他人作品，侵犯著作权构成犯罪的，按照侵犯著作权罪定罪处罚，不认定为非法经营罪等其他犯罪。

十三、关于通过信息网络传播侵权作品行为的定罪处罚标准问题

以营利为目的，未经著作权人许可，通过信息网络向公众传播他人文字作品、音乐、电影、电视、美术、摄影、录像作品、录音录像制品、计算机软件及其他作品，具有下列情形之一的，属于刑法第二百一十七条规定的"其他严重情节"：

（一）非法经营数额在五万元以上的；

（二）传播他人作品的数量合计在五百件（部）以上的；

（三）传播他人作品的实际被点击数达到五万次以上的；

（四）以会员制方式传播他人作品，注册会员达到一千人以上的；

（五）数额或者数量虽未达到第（一）项至第（四）项规定标准，但分别达到其中两项以上标准一半以上的；

（六）其他严重情节的情形。

实施前款规定的行为，数额或者数量达到前款第（一）项至第（五）项规定标准五倍以上的，属于刑法第二百一十七条规定的"其他特别严重情节"。

十四、关于多次实施侵犯知识产权行为累计计算数额问题

依照《最高人民法院、最高人民检察院关于办理侵犯知识产权刑事案件具体应用法律若干问题的解释》第十二条第二款的规定，多次实施侵犯知识产权行为，未经行政处理或者刑事处罚的，非法经营数额、违法所得数额或者销售金额累计计算。

二年内多次实施侵犯知识产权违法行为，未经行政处理，累计数额构成犯罪的，应当依法定罪处罚。实施侵犯知识产权犯罪行为的追诉期限，适用刑法的有关规定，不受前述二年的限制。

十五、关于为他人实施侵犯知识产权犯罪提供原材料、机械设备等行为的定性问题

明知他人实施侵犯知识产权犯罪，而为其提供生产、制造侵权产品的主要原材料、辅助材料、半成品、包装材料、机械设备、标签标识、生产技术、配方等帮助，或者提供互联网接入、服务器托管、网络存储空间、通讯传输通道、代收费、费用结算等服务的，以侵犯知识产权犯罪的共犯论处。

十六、关于侵犯知识产权犯罪竞合的处理问题

行为人实施侵犯知识产权犯罪，同时构成生产、销售伪劣商品犯罪的，依照侵犯知识产权犯罪与生产、销售伪劣商品犯罪中处罚较重的规定定罪处罚。

最高人民法院 最高人民检察院
关于办理侵犯著作权刑事案件中涉及录音录像制品有关问题的批复

法释〔2005〕12号

(2005年9月26日最高人民法院审判委员会第1365次会议、2005年9月23日最高人民检察院第十届检察委员会第39次会议通过 2005年10月13日最高人民法院、最高人民检察院公告公布 自2005年10月18日起施行)

各省、自治区、直辖市高级人民法院、人民检察院,解放军军事法院、军事检察院,新疆维吾尔自治区高级人民法院生产建设兵团分院、新疆生产建设兵团人民检察院:

《最高人民法院、最高人民检察院关于办理侵犯知识产权刑事案件具体应用法律若干问题的解释》发布以后,部分高级人民法院、省级人民检察院就关于办理侵犯著作权刑事案件中涉及录音录像制品的有关问题提出请示。经研究,批复如下:

以营利为目的,未经录音录像制作者许可,复制发行其制作的录音录像制品的行为,复制品的数量标准分别适用《最高人民法院、最高人民检察院关于办理侵犯知识产权刑事案件具体应用法律若干问题的解释》第五条第一款第(二)项、第二款第(二)项的规定。

未经录音录像制作者许可,通过信息网络传播其制作的录音录像制品的行为,应当视为刑法第二百一十七条第(三)项规定的"复制发行"。

此复。

最高人民法院关于审理非法出版物刑事案件具体应用法律若干问题的解释

法释〔1998〕30号

（1998年12月11日最高人民法院审判委员会第1032次会议通过　1998年12月17日最高人民法院公告公布　自1998年12月23日起施行）

为依法惩治非法出版物犯罪活动，根据刑法的有关规定，现对审理非法出版物刑事案件具体应用法律的若干问题解释如下：

第一条　明知出版物中载有煽动分裂国家、破坏国家统一或者煽动颠覆国家政权、推翻社会主义制度的内容，而予以出版、印刷、复制、发行、传播的，依照刑法第一百零三条第二款或者第一百零五条第二款的规定，以煽动分裂国家罪或者煽动颠覆国家政权罪定罪处罚。

第二条　以营利为目的，实施刑法第二百一十七条所列侵犯著作权行为之一，个人违法所得数额在5万元以上，单位违法所得数额在20万元以上的，属于"违法所得数额较大"；具有下列情形之一的，属于"有其他严重情节"：

（一）因侵犯著作权曾经两次以上被追究行政责任或者民事责任，两年内又实施刑法第二百一十七条所列侵犯著作权行为之一的；

（二）个人非法经营数额在20万元以上，单位非法经营数额在100万元以上的；

（三）造成其他严重后果的。

以营利为目的，实施刑法第二百一十七条所列侵犯著作权行为之一，个人违法所得数额在20万元以上，单位违法所得数额在100万元以上的，属于"违法所得数额巨大"；具有下列情形之一的，属于"有其他特别严重情节"：

（一）个人非法经营数额在100万元以上，单位非法经营数额在500万元以上的；

（二）造成其他特别严重后果的。

第三条　刑法第二百一十七条第（一）项中规定的"复制发行"，是指行为人以营利为目的，未经著作权人许可而实施的复制、发行或者既复制又发行其文字作品、音乐、电影、电视、录像作品、计算机软件及其他作品的行为。

第四条　以营利为目的，实施刑法第二百一十八条规定的行为，个人违法所得数额在10万元以上，单位违法所得数额在50万元以上的，依照刑法第二百一十八条的规定，以销售侵权复制品罪定罪处罚。

第五条　实施刑法第二百一十七条规定的侵犯著作权行为，又销售该侵权复制品，违法所得数额巨大的，只定侵犯著作权罪，不实行数罪并罚。

实施刑法第二百一十七条规定的侵犯著作权的犯罪行为，又明知是他人的侵权复制品而予以销售，构成犯罪的，应当实行数罪并罚。

第六条 在出版物中公然侮辱他人或者捏造事实诽谤他人，情节严重的，依照刑法第二百四十六条的规定，分别以侮辱罪或者诽谤罪定罪处罚。

第七条 出版刊载歧视、侮辱少数民族内容的作品，情节恶劣，造成严重后果的，依照刑法第二百五十条的规定，以出版歧视、侮辱少数民族作品罪定罪处罚。

第八条 以牟利为目的，实施刑法第三百六十三条第一款规定的行为，具有下列情形之一的，以制作、复制、出版、贩卖、传播淫秽物品牟利罪定罪处罚：

（一）制作、复制、出版淫秽影碟、软件、录像带50至100张（盒）以上，淫秽音碟、录音带100至200张（盒）以上，淫秽扑克、书刊、画册100至200副（册）以上，淫秽照片、画片500至1000张以上的；

（二）贩卖淫秽影碟、软件、录像带100至200张（盒）以上，淫秽音碟、录音带200至400张（盒）以上，淫秽扑克、书刊、画册200至400副（册）以上，淫秽照片、画片1000至2000张以上的；

（三）向他人传播淫秽物品达200至500人次以上，或者组织播放淫秽影像达10至20场次以上的；

（四）制作、复制、出版、贩卖、传播淫秽物品，获利5000至1万元以上的。

以牟利为目的，实施刑法第三百六十三条第一款规定的行为，具有下列情形之一的，应当认定为制作、复制、出版、贩卖、传播淫秽物品牟利罪"情节严重"：

（一）制作、复制、出版淫秽影碟、软件、录像带250至500张（盒）以上，淫秽音碟、录音带500至1000张（盒）以上，淫秽扑克、书刊、画册500至1000副（册）以上，淫秽照片、画片2500至5000张以上的；

（二）贩卖淫秽影碟、软件、录像带500至1000张（盒）以上，淫秽音碟、录音带1000至2000张（盒）以上，淫秽扑克、书刊、画册1000至2000副（册）以上，淫秽照片、画片5000至1万张以上的；

（三）向他人传播淫秽物品达1000至2000人次以上，或者组织播放淫秽影像达50至100场次以上的；

（四）制作、复制、出版、贩卖、传播淫秽物品，获利3万至5万元以上的。

以牟利为目的，实施刑法第三百六十三条第一款规定的行为，其数量（数额）达到前款规定的数量（数额）5倍以上的，应当认定为制作、复制、出版、贩卖、传播淫秽物品牟利罪"情节特别严重"。

第九条 为他人提供书号、刊号，出版淫秽书刊的，依照刑法第三百六十三条第二款的规定，以为他人提供书号出版淫秽书刊罪定罪处罚。

为他人提供版号，出版淫秽音像制品的，依照前款规定定罪处罚。

明知他人用于出版淫秽书刊而提供书号、刊号的，依照刑法第三百六十三条第一款的规定，以出版淫秽物品牟利罪定罪处罚。

第十条 向他人传播淫秽的书刊、影片、音像、图片等出版物达300至600人次以上或者造成恶劣社会影响的，属于"情节严重"，依照刑法第三百六十四条第一款的规定,以传播淫秽物品罪定罪处罚。

组织播放淫秽的电影、录像等音像制品达 15 至 30 场次以上或者造成恶劣社会影响的,依照刑法第三百六十四条第二款的规定,以组织播放淫秽音像制品罪定罪处罚。

第十一条 违反国家规定,出版、印刷、复制、发行本解释第一条至第十条规定以外的其他严重危害社会秩序和扰乱市场秩序的非法出版物,情节严重的,依照刑法第二百二十五条第(三)项的规定,以非法经营罪定罪处罚。

第十二条 个人实施本解释第十一条规定的行为,具有下列情形之一的,属于非法经营行为"情节严重":

(一)经营数额在 5 万元至 10 万元以上的;

(二)违法所得数额在 2 万元至 3 万元以上的;

(三)经营报纸 5000 份或者期刊 5000 本或者图书 2000 册或者音像制品、电子出版物 500 张(盒)以上的。

具有下列情形之一的,属于非法经营行为"情节特别严重":

(一)经营数额在 15 万元至 30 万元以上的;

(二)违法所得数额在 5 万元至 10 万元以上的;

(三)经营报纸 15000 份或者期刊 15000 本或者图书 5000 册或者音像制品、电子出版物 1500 张(盒)以上的。

第十三条 单位实施本解释第十一条规定的行为,具有下列情形之一的,属于非法经营行为"情节严重":

(一)经营数额在 15 万元至 30 万元以上的;

(二)违法所得数额在 5 万元至 10 万元以上的;

(三)经营报纸 15000 份或者期刊 15000 本或者图书 5000 册或者音像制品、电子出版物 1500 张(盒)以上的。

具有下列情形之一的,属于非法经营行为"情节特别严重":

(一)经营数额在 50 万元至 100 万元以上的;

(二)违法所得数额在 15 万元至 30 万元以上的;

(三)经营报纸 5 万份或者期刊 5 万本或者图书 15000 册或者音像制品、电子出版物 5000 张(盒)以上的。

第十四条 实施本解释第十一条规定的行为,经营数额、违法所得数额或者经营数量接近非法经营行为"情节严重"、"情节特别严重"的数额、数量起点标准,并具有下列情形之一的,可以认定为非法经营行为"情节严重"、"情节特别严重":

(一)两年内因出版、印刷、复制、发行非法出版物受过行政处罚两次以上的;

(二)因出版、印刷、复制、发行非法出版物造成恶劣社会影响或者其他严重后果的。

第十五条 非法从事出版物的出版、印刷、复制、发行业务,严重扰乱市场秩序,情节特别严重,构成犯罪的,可以依照刑法第二百二十五条第(三)项的规定,以非法经营罪定罪处罚。

第十六条 出版单位与他人事前通谋,向其出售、出租或者以其他形式转让该出版单位的名称、书号、刊号、版号，他人实施本解释第二条、第四条、第八条、第九条、第十条、第十一条规定的行为，构成犯罪的，对该出版单位应当以共犯论处。

第十七条 本解释所称"经营数额"，是指以非法出版物的定价数额乘以行为人经营的非法出版物数量所得的数额。

本解释所称"违法所得数额"，是指获利数额。

非法出版物没有定价或者以境外货币定价的，其单价数额应当按照行为人实际出售的价格认定。

第十八条 各省、自治区、直辖市高级人民法院可以根据本地的情况和社会治安状况，在本解释第八条、第十条、第十二条、第十三条规定的有关数额、数量标准的幅度内，确定本地执行的具体标准，并报最高人民法院备案。

最高人民法院刑事审判第二庭 关于集体商标是否属于我国刑法的 保护范围问题的复函

2009 年 4 月 10 日　　　　　　　　　　　〔2009〕刑二函字第 28 号

公安部经济犯罪侦查局：

贵局公经知产〔2009〕29 号《关于就一起涉嫌假冒注册商标案征求意见的函》收悉。经研究，答复如下：

一、我国《商标法》第三条规定："经商标局核准注册的商标为注册商标，包括商品商标、服务商标和集体商标、证明商标；商标注册人享有商标专用权，受法律保护。"因此，刑法第二百一十三条至二百一十五条所规定的"注册商标"应当涵盖"集体商标"。

二、商标标识中注明了自己的注册商标的同时，又使用了他人注册为集体商标的地理名称，可以认定为刑法规定的"相同的商标"。根据贵局提供的材料，山西省清徐县×××醋业有限公司在其生产的食用醋的商标上用大号字体在显著位置上清晰地标明"镇江香（陈）醋"，说明其已经使用了与江苏省镇江市醋业协会所注册的"镇江香（陈）醋"集体商标相同的商标。而且，山西省清徐县×××醋业有限公司还在其商标标识上注明了江苏省镇江市丹阳市某香醋厂的厂名厂址和 QS 标志，也说明其实施假冒注册"镇江香（陈）醋"集体商标的行为。

综上，山西省清徐县×××醋业有限公司的行为涉嫌触犯刑法第二百一十三条至二百一十五条的规定。

以上意见，供参考。

8. 扰乱市场秩序罪

最高人民法院 最高人民检察院 公安部
关于办理组织领导传销活动刑事案件适用法律若干问题的意见

2013年11月14日　　　　　　　　　公通字〔2013〕37号

各省、自治区、直辖市高级人民法院，人民检察院，公安厅、局，解放军军事法院、军事检察院，新疆维吾尔自治区高级人民法院生产建设兵团分院，新疆生产建设兵团人民检察院、公安局：

为解决近年来公安机关、人民检察院、人民法院在办理组织、领导传销活动刑事案件中遇到的问题，依法惩治组织、领导传销活动犯罪，根据刑法、刑事诉讼法的规定，结合司法实践，现就办理组织、领导传销活动刑事案件适用法律问题提出以下意见：

一、关于传销组织层级及人数的认定问题

以推销商品、提供服务等经营活动为名，要求参加者以缴纳费用或者购买商品、服务等方式获得加入资格，并按照一定顺序组成层级，直接或者间接以发展人员的数量作为计酬或者返利依据，引诱、胁迫参加者继续发展他人参加，骗取财物，扰乱经济社会秩序的传销组织，其组织内部参与传销活动人员在三十人以上且层级在三级以上的，应当对组织者、领导者追究刑事责任。

组织、领导多个传销组织，单个或者多个组织中的层级已达三级以上的，可将在各个组织中发展的人数合并计算。

组织者、领导者形式上脱离原传销组织后，继续从原传销组织获取报酬或者返利的，原传销组织在其脱离后发展人员的层级数和人数，应当计算为其发展的层级数和人数。

办理组织、领导传销活动刑事案件中，确因客观条件的限制无法逐一收集参与传销活动人员的言词证据的，可以结合依法收集并查证属实的缴纳、支付费用及计酬、返利记录，视听资料，传销人员关系图，银行账户交易记录，互联网电子数据，鉴定意见等证据，综合认定参与传销的人数、层级数等犯罪事实。

二、关于传销活动有关人员的认定和处理问题

下列人员可以认定为传销活动的组织者、领导者：

（一）在传销活动中起发起、策划、操纵作用的人员；
（二）在传销活动中承担管理、协调等职责的人员；
（三）在传销活动中承担宣传、培训等职责的人员；
（四）曾因组织、领导传销活动受过刑事处罚，或者一年以内因组织、领导传销活动受过行政处罚，又直接或者间接发展参与传销活动人员在十五人以上且层级在三级以上的人员；
（五）其他对传销活动的实施、传销组织的建立、扩大等起关键作用的人员。

以单位名义实施组织、领导传销活动犯罪的，对于受单位指派，仅从事劳务性工作的人员，一般不予追究刑事责任。

三、关于"骗取财物"的认定问题

传销活动的组织者、领导者采取编造、歪曲国家政策，虚构、夸大经营、投资、服务项目及盈利前景，掩饰计酬、返利真实来源或者其他欺诈手段，实施刑法第二百二十四条之一规定的行为，从参与传销活动人员缴纳的费用或者购买商品、服务的费用中非法获利的，应当认定为骗取财物。参与传销活动人员是否认为被骗，不影响骗取财物的认定。

四、关于"情节严重"的认定问题

对符合本意见第一条第一款规定的传销组织的组织者、领导者，具有下列情形之一的，应当认定为刑法第二百二十四条之一规定的"情节严重"：

（一）组织、领导的参与传销活动人员累计达一百二十人以上的；
（二）直接或者间接收取参与传销活动人员缴纳的传销资金数额累计达二百五十万元以上的；
（三）曾因组织、领导传销活动受过刑事处罚，或者一年以内因组织、领导传销活动受过行政处罚，又直接或者间接发展参与传销活动人员累计达六十人以上的；
（四）造成参与传销活动人员精神失常、自杀等严重后果的；
（五）造成其他严重后果或者恶劣社会影响的。

五、关于"团队计酬"行为的处理问题

传销活动的组织者或者领导者通过发展人员，要求传销活动的被发展人员发展其他人员加入，形成上下线关系，并以下线的销售业绩为依据计算和给付上线报酬，牟取非法利益的，是"团队计酬"式传销活动。

以销售商品为目的、以销售业绩为计酬依据的单纯的"团队计酬"式传销活动，不作为犯罪处理。形式上采取"团队计酬"方式，但实质上属于"以发展人员的数量作为计酬或者返利依据"的传销活动，应当依照刑法第二百二十四条之一的规定，以组织、领导传销活动罪定罪处罚。

六、关于罪名的适用问题

以非法占有为目的，组织、领导传销活动，同时构成组织、领导传销活动罪和集资

诈骗罪的，依照处罚较重的规定定罪处罚。

犯组织、领导传销活动罪，并实施故意伤害、非法拘禁、敲诈勒索、妨害公务、聚众扰乱社会秩序、聚众冲击国家机关、聚众扰乱公共场所秩序、交通秩序等行为，构成犯罪的，依照数罪并罚的规定处罚。

七、其他问题

本意见所称"以上"、"以内"，包括本数。

本意见所称"层级"和"级"，系指组织者、领导者与参与传销活动人员之间的上下线关系层次，而非组织者、领导者在传销组织中的身份等级。

对传销组织内部人数和层级数的计算，以及对组织者、领导者直接或者间接发展参与传销活动人员人数和层级数的计算，包括组织者、领导者本人及其本层级在内。

最高人民法院　最高人民检察院
关于办理非法生产、销售烟草专卖品等刑事案件具体应用法律若干问题的解释

法释〔2010〕7号

（2009年12月28日最高人民法院审判委员会第1481次会议、
2010年2月4日最高人民检察院第十一届检察委员会
第29次会议通过　2010年3月2日最高人民法院、
最高人民检察院公告公布　自2010年3月26日起施行）

为维护社会主义市场经济秩序，依法惩治非法生产、销售烟草专卖品等犯罪，根据刑法有关规定，现就办理这类刑事案件具体应用法律的若干问题解释如下：

第一条　生产、销售伪劣卷烟、雪茄烟等烟草专卖品，销售金额在五万元以上的，依照刑法第一百四十条的规定，以生产、销售伪劣产品罪定罪处罚。

未经卷烟、雪茄烟等烟草专卖品注册商标所有人许可，在卷烟、雪茄烟等烟草专卖品上使用与其注册商标相同的商标，情节严重的，依照刑法第二百一十三条的规定，以假冒注册商标罪定罪处罚。

销售明知是假冒他人注册商标的卷烟、雪茄烟等烟草专卖品，销售金额较大的，依照刑法第二百一十四条的规定，以销售假冒注册商标的商品罪定罪处罚。

伪造、擅自制造他人卷烟、雪茄烟注册商标标识或者销售伪造、擅自制造的卷烟、雪茄烟注册商标标识，情节严重的，依照刑法第二百一十五条的规定，以非法制造、销售非法制造的注册商标标识罪定罪处罚。

违反国家烟草专卖管理法律法规，未经烟草专卖行政主管部门许可，无烟草专卖生

产企业许可证、烟草专卖批发企业许可证、特种烟草专卖经营企业许可证、烟草专卖零售许可证等许可证明，非法经营烟草专卖品，情节严重的，依照刑法第二百二十五条的规定，以非法经营罪定罪处罚。

第二条 伪劣卷烟、雪茄烟等烟草专卖品尚未销售，货值金额达到刑法第一百四十条规定的销售金额定罪起点数额标准的三倍以上的，或者销售金额未达到五万元，但与未销售货值金额合计达到十五万元以上的，以生产、销售伪劣产品罪（未遂）定罪处罚。

销售金额和未销售货值金额分别达到不同的法定刑幅度或者均达到同一法定刑幅度的，在处罚较重的法定刑幅度内酌情从重处罚。

查获的未销售的伪劣卷烟、雪茄烟，能够查清销售价格的，按照实际销售价格计算。无法查清实际销售价格，有品牌的，按照该品牌卷烟、雪茄烟的查获地省级烟草专卖行政主管部门出具的零售价格计算；无品牌的，按照查获地省级烟草专卖行政主管部门出具的上年度卷烟平均零售价格计算。

第三条 非法经营烟草专卖品，具有下列情形之一的，应当认定为刑法第二百二十五条规定的"情节严重"：

（一）非法经营数额在五万元以上的，或者违法所得数额在二万元以上的；

（二）非法经营卷烟二十万支以上的；

（三）曾因非法经营烟草专卖品三年内受过二次以上行政处罚，又非法经营烟草专卖品且数额在三万元以上的。

具有下列情形之一的，应当认定为刑法第二百二十五条规定的"情节特别严重"：

（一）非法经营数额在二十五万元以上，或者违法所得数额在十万元以上的；

（二）非法经营卷烟一百万支以上的。

第四条 非法经营烟草专卖品，能够查清销售或者购买价格的，按照其销售或者购买的价格计算非法经营数额。无法查清销售或者购买价格的，按照下列方法计算非法经营数额：

（一）查获的卷烟、雪茄烟的价格，有品牌的，按照该品牌卷烟、雪茄烟的查获地省级烟草专卖行政主管部门出具的零售价格计算；无品牌的，按照查获地省级烟草专卖行政主管部门出具的上年度卷烟平均零售价格计算；

（二）查获的复烤烟叶、烟叶的价格按照查获地省级烟草专卖行政主管部门出具的上年度烤烟调拨平均基准价格计算；

（三）烟丝的价格按照第（二）项规定价格计算标准的一点五倍计算；

（四）卷烟辅料的价格，有品牌的，按照该品牌辅料的查获地省级烟草专卖行政主管部门出具的价格计算；无品牌的，按照查获地省级烟草专卖行政主管部门出具的上年度烟草行业生产卷烟所需该类卷烟辅料的平均价格计算；

（五）非法生产、销售、购买烟草专用机械的价格按照国务院烟草专卖行政主管部门下发的全国烟草专用机械产品指导价格目录进行计算；目录中没有该烟草专用机械的，按照省级以上烟草专卖行政主管部门出具的目录中同类烟草专用机械的平均价格计算。

第五条 行为人实施非法生产、销售烟草专卖品犯罪，同时构成生产、销售伪劣产品罪、侵犯知识产权犯罪、非法经营罪的，依照处罚较重的规定定罪处罚。

第六条 明知他人实施本解释第一条所列犯罪，而为其提供贷款、资金、账号、发票、证明、许可证件，或者提供生产、经营场所、设备、运输、仓储、保管、邮寄、代理进出口等便利条件，或者提供生产技术、卷烟配方的，应当按照共犯追究刑事责任。

第七条 办理非法生产、销售烟草专卖品等刑事案件，需要对伪劣烟草专卖品鉴定的，应当委托国务院产品质量监督管理部门和省、自治区、直辖市人民政府产品质量监督管理部门指定的烟草质量检测机构进行。

第八条 以暴力、威胁方法阻碍烟草专卖执法人员依法执行职务，构成犯罪的，以妨害公务罪追究刑事责任。

煽动群众暴力抗拒烟草专卖法律实施，构成犯罪的，以煽动暴力抗拒法律实施罪追究刑事责任。

第九条 本解释所称"烟草专卖品"，是指卷烟、雪茄烟、烟丝、复烤烟叶、烟叶、卷烟纸、滤嘴棒、烟用丝束、烟草专用机械。

本解释所称"卷烟辅料"，是指卷烟纸、滤嘴棒、烟用丝束。

本解释所称"烟草专用机械"，是指由国务院烟草专卖行政主管部门烟草专用机械名录所公布的，在卷烟、雪茄烟、烟丝、复烤烟叶、烟叶、卷烟纸、滤嘴棒、烟用丝束的生产加工过程中，能够完成一项或者多项特定加工工序，可以独立操作的机械设备。

本解释所称"同类烟草专用机械"，是指在卷烟、雪茄烟、烟丝、复烤烟叶、烟叶、卷烟纸、滤嘴棒、烟用丝束的生产加工过程中，能够完成相同加工工序的机械设备。

第十条 以前发布的有关规定与本解释不一致的，以本解释为准。

最高人民法院关于对变造、倒卖变造邮票行为如何适用法律问题的解释

法释〔2000〕41号

（2000年11月15日最高人民法院审判委员会第1139次会议通过　2000年12月5日最高人民法院公告公布　自2000年12月9日起施行）

为了正确适用刑法，现对审理变造、倒卖变造邮票案件如何适用法律问题解释如下：

对变造或者倒卖变造的邮票数额较大的，应当依照刑法第二百二十七条第一款的规定定罪处罚。

最高人民法院
关于审理倒卖车票刑事案件有关问题的解释

法释〔1999〕17号

(1999年9月2日最高人民法院审判委员会第1074次会议通过 1999年9月6日最高人民法院公告公布 自1999年9月14日起施行)

为依法惩处倒卖车票的犯罪活动,根据刑法的有关规定,现就审理倒卖车票刑事案件的有关问题解释如下:

第一条 高价、变相加价倒卖车票或者倒卖坐席、卧铺签字号及订购车票凭证,票面数额在5000元以上,或者非法获利数额在2000元以上的,构成刑法第二百二十七条第二款规定的"倒卖车票情节严重"。

第二条 对于铁路职工倒卖车票或者与其他人员勾结倒卖车票;组织倒卖车票的首要分子;曾因倒卖车票受过治安处罚两次以上或者被劳动教养一次以上,两年内又倒卖车票,构成倒卖车票罪的,依法从重处罚。

第十条 本解释自2017年9月1日起施行。

最高人民法院 最高人民检察院 公安部 国家安全监管总局
关于依法加强对涉嫌犯罪的非法生产经营烟花爆竹行为刑事责任追究的通知

2012年9月6日   安监总管三〔2012〕116号

各省、自治区、直辖市高级人民法院、人民检察院、公安厅(局)、安全生产监督管理局,新疆维吾尔自治区高级人民法院生产建设兵团分院、新疆生产建设兵团人民检察院、公安局、安全生产监督管理局:

近年来,一些地区非法生产、经营烟花爆竹问题十分突出,由此引发的事故时有发生,给人民群众生命财产安全造成严重危害。为依法严惩非法生产、经营烟花爆竹违法犯罪行为，现就依法加强对涉嫌犯罪的非法生产、经营烟花爆竹行为刑事责任追究有关要求通知如下：

一、非法生产、经营烟花爆竹及相关行为涉及非法制造、买卖、运输、邮寄、储存黑火药、烟火药，构成非法制造、买卖、运输、邮寄、储存爆炸物罪的，应当依照刑法第一百二十五条的规定定罪处罚；非法生产、经营烟花爆竹及相关行为涉及生产、销售伪劣产品或不符合安全标准产品，构成生产、销售伪劣产品罪或生产、销售不符合安全标准产品罪的，应当依照刑法第一百四十条、第一百四十六条的规定定罪处罚；非法生产、经营烟花爆竹及相关行为构成非法经营罪的，应当依照刑法第二百二十五条的规定定罪处罚。上述非法生产经营烟花爆竹行为的定罪量刑和立案追诉标准，分别按照《最高人民法院关于审理非法制造、买卖、运输枪支、弹药、爆炸物等刑事案件具体应用法律若干问题的解释》（法释〔2009〕18号）、《最高人民法院、最高人民检察院关于办理生产、销售伪劣商品刑事案件具体应用法律若干问题的解释》（法释〔2001〕10号）、《最高人民检察院、公安部关于公安机关管辖的刑事案件立案追诉标准的规定（一）》（公通字〔2008〕36号）、《最高人民检察院、公安部关于公安机关管辖的刑事案件立案追诉标准的规定（二）》（公通字〔2010〕23号）等有关规定执行。

二、各相关行政执法部门在查处非法生产、经营烟花爆竹行为过程中，发现涉嫌犯罪，依法需要追究刑事责任的，应当依照《行政执法机关移送涉嫌犯罪案件的规定》（国务院令第310号）向公安机关移送，并配合公安机关做好立案侦查工作。公安机关应当依法对相关行政执法部门移送的涉嫌犯罪案件进行审查，认为有犯罪事实，需要追究刑事责任的，应当依法立案，并书面通知移送案件的部门；认为不需要追究刑事责任的，应当说明理由，并书面通知移送案件的部门。公安机关在治安管理工作中，发现非法生产、经营烟花爆竹行为涉嫌犯罪的，应当依法立案侦查。

三、检察机关对于公安机关提请批准逮捕、移送审查起诉的上述涉嫌犯罪的案件，对符合逮捕和提起公诉法定条件的，要依法予以批捕、起诉；要加强对移送、立案案件的监督，对应当移送而不移送、应当立案而不立案的，要及时监督。人民法院对于起诉到法院的上述涉嫌犯罪的案件，要按照宽严相济的政策，依法从快审判，对同时构成多项犯罪或屡次违法犯罪的，要从重处罚；上级人民法院要加强对下级人民法院审判工作的指导，保障依法及时审判。要坚持"以事实为根据，以法律为准绳"的原则，严把案件的事实关、证据关、程序关和适用法律关，切实做到事实清楚，证据确凿，定性准确，量刑适当。人民法院、人民检察院、公安机关、安全生产监督管理部门要积极沟通、相互配合，充分发挥联动机制功能，加大对相关犯罪案件查处、审判情况的宣传，充分发挥刑事审判和处罚的震慑作用，教育群众自觉抵制、检举揭发相关违法犯罪活动。

最高人民法院 最高人民检察院 公安部 国家烟草专卖局关于印发《关于办理假冒伪劣烟草制品等刑事案件适用法律问题座谈会纪要》的通知

2003年12月23日　　　　　　　　　　　　　高检会〔2003〕4号

各省、自治区、直辖市高级人民法院，人民检察院，公安厅、局，烟草专卖局，解放军军事法院，军事检察院，新疆维吾尔自治区高级人民法院生产建设兵团分院，新疆生产建设兵团人民检察院，公安局：

现将最高人民法院、最高人民检察院、公安部、国家烟草专卖局《关于办理假冒伪劣烟草制品等刑事案件适用法律问题座谈会纪要》印发给你们，请参照执行。执行中有什么问题，请及时报告最高人民法院、最高人民检察院、公安部、国家烟草专卖局。

附：

关于办理假冒伪劣烟草制品等刑事案件适用法律问题座谈会纪要

生产、销售假冒伪劣烟草制品等犯罪行为严重破坏国家烟草专卖制度，扰乱社会主义市场经济秩序，侵害消费者合法权益。

2001年以来，公安部、国家烟草专卖局联合开展了卷烟打假专项行动，取得了显著成效。同时，在查处生产、销售假冒伪劣烟草制品等犯罪案件过程中也遇到了一些适用法律方面的问题。为此，最高人民法院、最高人民检察院、公安部、国家烟草专卖局于2003年8月4日至6日在昆明召开了办理假冒伪劣烟草制品等刑事案件适用法律问题座谈会。最高人民法院、最高人民检察院、公安部、国家烟草专卖局以及部分省、自治区、直辖市法院、检察院、公安厅（局）、烟草专卖局等单位的有关人员参加了会议。全国人大常委会工委刑法室应邀派员参加了会议。与会人员在总结办案经验的基础上，根据法律和司法解释的有关规定，就办理假冒伪劣烟草制品等刑事案件中一些带有普遍性的具体适用法律问题进行了广泛讨论并形成了共识。纪要如下：

一、关于生产、销售伪劣烟草制品行为适用法律问题

（一）关于生产伪劣烟草制品尚未销售或者尚未完全销售行为定罪量刑问题

根据刑法第一百四十条的规定，生产、销售伪劣烟草制品，销售金额在五万元以上的，构成生产、销售伪劣产品罪。

根据《最高人民法院、最高人民检察院关于办理生产、销售伪劣商品刑事案件具体应用法律若干问题的解释》的有关规定，销售金额是指生产者、销售者出售伪劣烟草制品后所得和应得的全部违法收入。伪劣烟草制品尚未销售，货值金额达到刑法第一百四十条规定的销售金额三倍（十五万元）以上的，以生产、销售伪劣产品罪（未遂）定罪处罚。货值金额以违法生产、销售的伪劣产品的标价计算；没有标价的，按照同类合格产品的市场中间价格计算。货值金额难以确定的，按照国家计划委员会、最高人民法院、最高人民检察院、公安部1997年4月22日联合发布的《扣押、追缴、没收物品估价管理办法》的规定，委托指定的估价机构确定。

伪劣烟草制品尚未销售，货值金额分别达到十五万元以上不满二十万元、二十万元以上不满五十万元、五十万元以上不满二百万元、二百万元以上的，分别依照刑法第一百四十条规定的各量刑档次定罪处罚。

伪劣烟草制品的销售金额不满五万元，但与尚未销售的伪劣烟草制品的货值金额合计达到十五万元以上的，以生产、销售伪劣产品罪（未遂）定罪处罚。

生产伪劣烟草制品尚未销售，无法计算货值金额，有下列情形之一的，以生产、销售伪劣产品罪（未遂）定罪处罚：

1. 生产伪劣烟用烟丝数量在1000公斤以上的；
2. 生产伪劣烟用烟叶数量在1500公斤以上的。

（二）关于非法生产、拼装、销售烟草专用机械行为定罪处罚问题

非法生产、拼装、销售烟草专用机械行为，依照刑法第一百四十条的规定，以生产、销售伪劣产品罪追究刑事责任。

二、关于销售明知是假冒烟用注册商标的烟草制品行为中的"明知"问题

根据刑法第二百一十四条的规定，销售明知是假冒烟用注册商标的烟草制品，销售金额较大的，构成销售假冒注册商标的商品罪。

"明知"，是指知道或应当知道。有下列情形之一的，可以认定为"明知"：

1. 以明显低于市场价格进货的；
2. 以明显低于市场价格销售的；
3. 销售假冒烟用注册商标的烟草制品被发现后转移、销毁物证或者提供虚假证明、虚假情况的；
4. 其他可以认定为明知的情形。

三、关于非法经营烟草制品行为适用法律问题

未经烟草专卖行政主管部门许可，无生产许可证、批发许可证、零售许可证，而生产、批发、零售烟草制品，具有下列情形之一的，依照刑法第二百二十五条的规定定罪处罚：

1. 个人非法经营数额在五万元以上的，或者违法所得数额在一万元以上的；

2. 单位非法经营数额在五十万元以上的，或者违法所得数额在十万元以上的；

3. 曾因非法经营烟草制品行为受过二次以上行政处罚又非法经营的，非法经营数额在二万元以上的。

四、关于共犯问题

知道或者应当知道他人实施本《纪要》第一条至第三条规定的犯罪行为，仍实施下列行为之一的，应认定为共犯，依法追究刑事责任：

1. 直接参与生产、销售假冒伪劣烟草制品或者销售假冒烟用注册商标的烟草制品或者直接参与非法经营烟草制品并在其中起主要作用的；

2. 提供房屋、场地、设备、车辆、贷款、资金、账号、发票、证明、技术等设施和条件，用于帮助生产、销售、储存、运输假冒伪劣烟草制品、非法经营烟草制品的；

3. 运输假冒伪劣烟草制品的。

上述人员中有检举他人犯罪经查证属实，或者提供重要线索，有立功表现的，可以从轻或减轻处罚；有重大立功表现的，可以减轻或者免除处罚。

五、国家机关工作人员参与实施本《纪要》第一条至第三条规定的犯罪行为的处罚问题

根据《最高人民法院、最高人民检察院关于办理生产、销售伪劣商品刑事案件具体应用法律若干问题的解释》的规定，国家机关工作人员参与实施本《纪要》第一条至第三条规定的犯罪行为的，从重处罚。

六、关于一罪与数罪问题

行为人的犯罪行为同时构成生产、销售伪劣产品罪、销售假冒注册商标的商品罪、非法经营罪等罪的，依照处罚较重的规定定罪处罚。

七、关于窝藏、转移非法制售的烟草制品行为的定罪处罚问题

明知是非法制售的烟草制品而予以窝藏、转移的，依照刑法第三百一十二条的规定，以窝藏、转移赃物罪定罪处罚。

窝藏、转移非法制售的烟草制品，事前与犯罪分子通谋的，以共同犯罪论处。

八、关于以暴力、威胁方法阻碍烟草专卖执法人员依法执行职务行为的定罪处罚问题

以暴力、威胁方法阻碍烟草专卖执法人员依法执行职务的，依照刑法第二百七十七条的规定，以妨害公务罪定罪处罚。

九、关于煽动群众暴力抗拒烟草专卖法律实施行为的定罪处罚问题

煽动群众暴力抗拒烟草专卖法律实施的，依照刑法第二百七十八条的规定，以煽动暴力抗拒法律实施罪定罪处罚。

十、关于鉴定问题

假冒伪劣烟草制品的鉴定工作，由国家烟草专卖行政主管部门授权的省级以上烟草产品质量监督检验机构，按照国家烟草专卖局制定的假冒伪劣卷烟鉴别检验管理办法和假冒伪劣卷烟鉴别检验规程等有关规定进行。

假冒伪劣烟草专用机械的鉴定由国家质量监督部门，或其委托的国家烟草质量监督检验中心，根据烟草行业的有关技术标准进行。

十一、关于烟草制品、卷烟的范围

本《纪要》所称烟草制品指卷烟、雪茄烟、烟丝、复烤烟叶、烟叶、卷烟纸、滤嘴棒、烟用丝束。

本《纪要》所称卷烟包括散支烟和成品烟。

最高人民法院刑事审判第二庭关于对未经行政许可审批经营成品油批发业务是否构成非法经营罪的意见

2008年12月1日　　　　　　　　　　　〔2008〕刑二函字第108号

公安部经济犯罪侦查局：

你局《关于对未经行政许可审批经营成品油批发业务是否构成非法经营罪征求意见的函》（公经法〔2008〕267号）收悉。经研究，同意你局第一种意见，即珠海××石油化工公司在未取得合法有效的《成品油批发经营批准证书》的情况下，进行成品油批发经营业务，属于违反国家规定，未经许可经营法律、行政法规规定限制买卖的物品的行为。对于扰乱市场秩序，情节严重的，可以非法经营罪追究刑事责任。

最高人民法院
关于被告人何伟光、张勇泉等非法经营案的批复

2012年2月26日　　　　　　　　　　　〔2012〕刑他字第136号

广东省高级人民法院：

你院〔2011〕粤高法刑二他字第16号《关于被告人何伟光、张勇泉等以发放高利贷为业的行为是否构成非法经营罪的请示》收悉。

我院经研究认为，被告人何伟光、张勇泉等人发放高利贷的行为具有一定的社会危害性，但此类行为是否属于刑法第二百二十五条规定的"其他严重扰乱市场秩序的非法经营行为"，相关立法解释和司法解释尚无明确规定，故对何伟光、张勇泉等人的行为不宜以非法经营罪定罪处罚。

此复。

最高人民法院研究室
关于对贩卖假金融票证行为如何适用法律问题的复函

2002年2月　　　　　　　　　　　　法研〔2002〕21号

公安部经济犯罪侦查局：

你局公经〔2001〕1317号《关于对居间贩卖假金融票证行为如何认定的函》收悉。经研究，提出以下意见供参考：

明知是伪造、变造的金融票证而贩卖，或者明知他人实施金融诈骗行为而为其提供伪造、变造的金融票证的，以伪造、变造金融票证罪或者金融诈骗犯罪的共犯论处。

最高人民法院
关于被告人李明华非法经营请示一案的批复

2011年5月6日　　　　　　　　　　　　　　〔2011〕刑他字第21号

江苏省高级人民法院：

你院〔2010〕苏刑二他字第0065号《关于被告人李明华非法经营一案的请示》收悉。经研究，答复如下：

被告人李明华持有烟草专卖零售许可证，但多次实施批发业务，而且从非指定烟草专卖部门进货的行为，属于超范围和地域经营的情形，不宜按照非法经营罪处理，应由相关主管部门进行处理。

此复。

最高人民法院　最高人民检察院
公安部　国家安全部
关于依法办理非法生产销售使用"伪基站"设备案件的意见

2014年3月14日　　　　　　　　　　　　　　公通字〔2014〕13号

各省、自治区、直辖市高级人民法院，人民检察院，公安厅、局，国家安全厅、局，新疆维吾尔自治区高级人民法院生产建设兵团分院，新疆生产建设兵团人民检察院、公安局、国家安全局：

近年来，各地非法生产、销售、使用"伪基站"设备违法犯罪活动日益猖獗，有的借以非法获取公民个人信息，有的非法经营广告业务，或者发送虚假广告，甚至实施诈骗等犯罪活动。"伪基站"设备是未取得电信设备进网许可和无线电发射设备型号核准的非法无线电通信设备，具有搜取手机用户信息、强行向不特定用户手机发送短信息等功能，使用过程中会非法占用公众移动通信频率，局部阻断公众移动通信网络信号。非法生产、销售、使用"伪基站"设备，不仅破坏正常电信秩序，影响电信运营商正常经营活动，危害公共安全，扰乱市场秩序，而且严重影响用户手机使用，损害公民财产权益，侵犯公民隐私，社会危害性严重。为依法办理非法生产、销售、使用"伪基站"设备案件，保障国家正常电信秩序，维护市场经济秩序，保护公民合法权益，根据有关法律规定，制定本意见。

一、准确认定行为性质

（一）非法生产、销售"伪基站"设备，具有以下情形之一的，依照《刑法》第二百二十五条的规定，以非法经营罪追究刑事责任：

1、个人非法生产、销售"伪基站"设备三套以上，或者非法经营数额五万元以上，或者违法所得数额二万元以上的；

2、单位非法生产、销售"伪基站"设备十套以上，或者非法经营数额十五万元以上，或者违法所得数额五万元以上的；

3、虽未达到上述数额标准，但两年内曾因非法生产、销售"伪基站"设备受过两次以上行政处罚，又非法生产、销售"伪基站"设备的。

实施前款规定的行为，数量、数额达到前款规定的数量、数额五倍以上的，应当认定为《刑法》第二百二十五条规定的"情节特别严重"。

非法生产、销售"伪基站"设备，经鉴定为专用间谍器材的，依照《刑法》第二百八十三条的规定，以非法生产、销售间谍专用器材罪追究刑事责任；同时构成非法经营罪的，以非法经营罪追究刑事责任。

（二）非法使用"伪基站"设备干扰公用电信网络信号，危害公共安全的，依照《刑法》第一百二十四条第一款的规定，以破坏公用电信设施罪追究刑事责任；同时构成虚假广告罪、非法获取公民个人信息罪、破坏计算机信息系统罪、扰乱无线电通讯管理秩序罪的，依照处罚较重的规定追究刑事责任。

除法律、司法解释另有规定外，利用"伪基站"设备实施诈骗等其他犯罪行为，同时构成破坏公用电信设施罪的，依照处罚较重的规定追究刑事责任。

（三）明知他人实施非法生产、销售"伪基站"设备，或者非法使用"伪基站"设备干扰公用电信网络信号等犯罪，为其提供资金、场所、技术、设备等帮助的，以共同犯罪论处。

（四）对于非法使用"伪基站"设备扰乱公共秩序，侵犯他人人身权利、财产权利，情节较轻，尚不构成犯罪，但构成违反治安管理行为的，依法予以治安管理处罚。

二、严格贯彻宽严相济刑事政策

对犯罪嫌疑人、被告人的处理，应当结合其主观恶性大小、行为危害程度以及在案件中所起的作用等因素，切实做到区别对待。对组织指挥、实施非法生产、销售、使用"伪基站"设备的首要分子、积极参加的犯罪分子，以及曾因非法生产、销售、使用"伪基站"设备受到行政处罚或者刑事处罚，又实施非法生产、销售、使用"伪基站"设备的犯罪分子，应当作为打击重点依法予以严惩；对具有自首、立功、从犯等法定情节的犯罪分子，可以依法从宽处理。对情节显著轻微、危害不大的，依法不作为犯罪处理。

三、合理确定管辖

（一）案件一般由犯罪地公安机关管辖，犯罪嫌疑人居住地公安机关管辖更为适宜的，也可以由犯罪嫌疑人居住地公安机关管辖。对案件管辖有争议的，可以由共同的上级公安机关指定管辖；情况特殊的，上级公安机关可以指定其他公安机关管辖。

（二）上级公安机关指定下级公安机关立案侦查的案件，需要逮捕犯罪嫌疑人的，由侦查该案件的公安机关提请同级人民检察院审查批准，人民检察院应当依法作出批准逮捕或者不批准逮捕的决定；需要移送审查起诉的，由侦查该案件的公安机关移送同级人民检察院审查起诉。

（三）人民检察院对于审查起诉的案件，按照《刑事诉讼法》的管辖规定，认为应当由上级人民检察院或者同级其他人民检察院起诉的，将案件移送有管辖权的人民检察院，或者报上级检察机关指定管辖。

（四）符合最高人民法院、最高人民检察院、公安部、国家安全部、司法部、全国人大法工委《关于实施刑事诉讼法若干问题的规定》有关并案处理规定的，人民法院、人民检察院、公安机关可以在职责范围内并案处理。

四、加强协作配合

人民法院、人民检察院、公安机关、国家安全机关要认真履行职责，加强协调配合，形成工作合力。国家安全机关要依法做好相关鉴定工作；公安机关要全面收集证据，特别是注意做好相关电子数据的收集、固定工作，对疑难、复杂案件，及时向人民检察院、人民法院通报情况，对已经提请批准逮捕的案件，积极跟进、配合人民检察院的审查批捕工作，认真听取意见；人民检察院对于公安机关提请批准逮捕、移送审查起诉的案件，符合批捕、起诉条件的，应当依法尽快予以批捕、起诉；人民法院应当加强审判力量，制订庭审预案，并依法及时审结。

最高人民法院
关于打击整治非法生产销售使用"伪基站"违法犯罪活动专项行动相关问题的答复

2014年5月21日　　　　　　　　　　法〔2014〕131号

广东省高级人民法院：

你院《关于打击整治非法生产销售使用"伪基站"违法犯罪活动专项行动相关问题的请示》收悉。经研究，答复如下：

一、根据中央九部门联合下发的《打击整治非法生产销售和使用"伪基站"违法犯罪活动专项行动工作方案》规定,可由公安机关对"伪基站"设备予以认定。

二、"两高两部"《关于依法办理非法生产销售使用"伪基站"设备案件的意见》对"伪基站"设备的非法特征作了较为明确的界定,可据此认定"伪基站"设备。

三、对于涉案为成套散件的计算,如未成套散件已经售出,可按照销售金额计算;如未成套散件尚未售出,可按货值金额计算。

最高人民法院
关于审理扰乱电信市场管理秩序案件具体应用法律若干问题的解释

法释〔2000〕12号

(2000年4月28日最高人民法院审判委员会第1113次会议通过
2000年5月12日最高人民法院公告公布 自2000年5月24日起施行)

为依法惩处扰乱电信市场管理秩序的犯罪活动,根据刑法的有关规定,现就审理这类案件具体应用法律的若干问题解释如下:

第一条 违反国家规定,采取租用国际专线、私设转接设备或者其他方法,擅自经营国际电信业务或者涉港澳台电信业务进行营利活动,扰乱电信市场管理秩序,情节严重的,依照刑法第二百二十五条第(四)项的规定,以非法经营罪定罪处罚。

第二条 实施本解释第一条规定的行为,具有下列情形之一的,属于非法经营行为"情节严重":

(一)经营去话业务数额在100万元以上的;

(二)经营来话业务造成电信资费损失数额在100万元以上的。

具有下列情形之一的,属于非法经营行为"情节特别严重":

(一)经营去话业务数额在500万元以上的;

(二)经营来话业务造成电信资费损失数额在500万元以上的。

第三条 实施本解释第一条规定的行为,经营数额或者造成电信资费损失数额接近非法经营行为"情节严重"、"情节特别严重"的数额起点标准,并具有下列情形之一的,可以分别认定为非法经营行为"情节严重"、"情节特别严重":

(一)两年内因非法经营国际电信业务或者涉港澳台电信业务行为受过行政处罚两次以上的;

(二)因非法经营国际电信业务或者涉港澳台电信业务行为造成其他严重后果的。

第四条 单位实施本解释第一条规定的行为构成犯罪的,对单位判处罚金,并对其直接负责的主管人员和其他直接责任人员,依照本解释第二条、第三条的规定处罚。

第五条 违反国家规定,擅自设置、使用无线电台(站),或者擅自占用频率,非法经营国际电信业务或者涉港澳台电信业务进行营利活动，同时构成非法经营罪和刑法第二百八十八条规定的扰乱无线电通讯管理秩序罪的，依照处罚较重的规定定罪处罚。

第六条 国有电信企业的工作人员，由于严重不负责任或者滥用职权，造成国有电信企业破产或者严重损失，致使国家利益遭受重大损失的，依照刑法第一百六十八条的规定定罪处罚。

第七条 将电信卡非法充值后使用，造成电信资费损失数额较大的，依照刑法第二百六十四条的规定，以盗窃罪定罪处罚。

第八条 盗用他人公共信息网络上网账号、密码上网，造成他人电信资费损失数额较大的，依照刑法第二百六十四条的规定，以盗窃罪定罪处罚。

第九条 以虚假、冒用的身份证件办理入网手续并使用移动电话，造成电信资费损失数额较大的，依照刑法第二百六十六条的规定，以诈骗罪定罪处罚。

第十条 本解释所称"经营去话业务数额"，是指以行为人非法经营国际电信业务或者涉港澳台电信业务的总时长（分钟数）乘以行为人每分钟收取的用户使用费所得的数额。

本解释所称"电信资费损失数额"，是指以行为人非法经营国际电信业务或者涉港澳台电信业务的总时长（分钟数）乘以在合法电信业务中我国应当得到的每分钟国际结算价格所得的数额。

最高人民法院　最高人民检察院
关于办理药品、医疗器械注册申请材料造假刑事案件适用法律若干问题的解释

法释〔2017〕15号

（2017年4月10日最高人民法院审判委员会第1714次会议、2017年6月8日最高人民检察院第十二届检察委员会第65次会议通过　2017年8月14日最高人民法院、最高人民检察院公告公布　自2017年9月1日起施行）

为依法惩治药品、医疗器械注册申请材料造假的犯罪行为，维护人民群众生命健康权益，根据《中华人民共和国刑法》《中华人民共和国刑事诉讼法》的有关规定，现就办理此类刑事案件适用法律的若干问题解释如下：

第一条 药物非临床研究机构、药物临床试验机构、合同研究组织的工作人员，故意提供虚假的药物非临床研究报告、药物临床试验报告及相关材料的，应当认定为刑法第二百二十九条规定的"故意提供虚假证明文件"。

实施前款规定的行为，具有下列情形之一的，应当认定为刑法第二百二十九条规定

的"情节严重",以提供虚假证明文件罪处五年以下有期徒刑或者拘役,并处罚金:

(一)在药物非临床研究或者药物临床试验过程中故意使用虚假试验用药品的;

(二)瞒报与药物临床试验用药品相关的严重不良事件的;

(三)故意损毁原始药物非临床研究数据或者药物临床试验数据的;

(四)编造受试动物信息、受试者信息、主要试验过程记录、研究数据、检测数据等药物非临床研究数据或者药物临床试验数据,影响药品安全性、有效性评价结果的;

(五)曾因在申请药品、医疗器械注册过程中提供虚假证明材料受过刑事处罚或者二年内受过行政处罚,又提供虚假证明材料的;

(六)其他情节严重的情形。

第二条 实施本解释第一条规定的行为,索取或者非法收受他人财物的,应当依照刑法第二百二十九条第二款规定,以提供虚假证明文件罪处五年以上十年以下有期徒刑,并处罚金;同时构成提供虚假证明文件罪和受贿罪、非国家工作人员受贿罪的,依照处罚较重的规定定罪处罚。

第三条 药品注册申请单位的工作人员,故意使用符合本解释第一条第二款规定的虚假药物非临床研究报告、药物临床试验报告及相关材料,骗取药品批准证明文件生产、销售药品的,应当依照刑法第一百四十一条规定,以生产、销售假药罪定罪处罚。

第四条 药品注册申请单位的工作人员指使药物非临床研究机构、药物临床试验机构、合同研究组织的工作人员提供本解释第一条第二款规定的虚假药物非临床研究报告、药物临床试验报告及相关材料的,以提供虚假证明文件罪的共同犯罪论处。

具有下列情形之一的,可以认定为前款规定的"指使",但有相反证据的除外:

(一)明知有关机构、组织不具备相应条件或者能力,仍委托其进行药物非临床研究、药物临床试验的;

(二)支付的价款明显异于正常费用的。

药品注册申请单位的工作人员和药物非临床研究机构、药物临床试验机构、合同研究组织的工作人员共同实施第一款规定的行为,骗取药品批准证明文件生产、销售药品,同时构成提供虚假证明文件罪和生产、销售假药罪的,依照处罚较重的规定定罪处罚。

第五条 在医疗器械注册申请中,故意提供、使用虚假的医疗器械临床试验报告及相关材料的,参照适用本解释第一条至第四条规定。

第六条 单位犯本解释第一条至第五条规定之罪的,对单位判处罚金,并依照本解释规定的相应自然人犯罪的定罪量刑标准对直接负责的主管人员和其他直接责任人员定罪处罚。

第七条 对药品、医疗器械注册申请负有核查职责的国家机关工作人员,滥用职权或者玩忽职守,导致使用虚假证明材料的药品、医疗器械获得注册,致使公共财产、国家和人民利益遭受重大损失的,应当依照刑法第三百九十七条规定,以滥用职权罪或者玩忽职守罪追究刑事责任。

第八条 对是否属于虚假的药物非临床研究报告、药物或者医疗器械临床试验报告及相关材料,是否影响药品或者医疗器械安全性、有效性评价结果,以及是否属于严重不良事件等专门性问题难以确定的，可以根据国家药品监督管理部门设置或者指定的药品、医疗器械审评等机构出具的意见，结合其他证据作出认定。

第九条 本解释所称"合同研究组织"，是指受药品或者医疗器械注册申请单位、药物非临床研究机构、药物或者医疗器械临床试验机构的委托，从事试验方案设计、数据统计、分析测试、监查稽查等与非临床研究或者临床试验相关活动的单位。

(五) 侵犯公民人身权利、民主权利罪

最高人民法院　最高人民检察院　公安部　国家安全部　司法部
关于发布《人体损伤程度鉴定标准》的公告

(2013年8月30日)

为进一步加强人身损伤程度鉴定标准化、规范化工作，现将《人体损伤程度鉴定标准》发布，自2014年1月1日起施行。《人体重伤鉴定标准》(司发〔1990〕070号)、《人体轻伤鉴定标准(试行)》〔法(司)发〔1990〕6号〕和《人体轻微伤的鉴定》(GA/T 146-1996)同时废止。

附：人体损伤程度鉴定标准(略)

最高人民法院
关于执行《人体损伤程度鉴定标准》
有关问题的通知

2014年1月2日　　　　　　　　　　　　　　　　法〔2014〕3号

各省、自治区、直辖市高级人民法院，解放军军事法院，新疆维吾尔自治区高级人民法院生产建设兵团分院：

《最高人民法院、最高人民检察院、公安部、国家安全部、司法部关于发布〈人体损伤程度鉴定标准〉的公告》已于2013年8月30日发布，《人体损伤程度鉴定标准》(以下简称《损伤标准》)自2014年1月1日起施行。《人体重伤鉴定标准》(司发〔1990〕070号)、《人体轻伤鉴定标准(试行)》〔法(司)发〔1990〕6号〕和《人体轻微伤的鉴定》(GA/T146-1996)同时废止。为正确适用《损伤标准》，做好涉人体损

伤案件审判工作，现就执行《损伤标准》有关问题通知如下：

一、致人损伤的行为发生在 2014 年 1 月 1 日之前，尚未审判或者正在审判的案件，需要进行损伤程度鉴定的，适用原鉴定标准。但按照《损伤标准》不构成损伤或者损伤程度较轻的，适用《损伤标准》。

二、致人损伤的行为发生在 2014 年 1 月 1 日之后，需要进行损伤程度鉴定的，适用《损伤标准》。

三、2014 年 1 月 1 日前已发生法律效力的判决、裁定，按照当时的法律和司法解释，认定事实和适用法律没有错误的，不再变动。当事人及其法定代理人、近亲属以《损伤程度》的相关规定发生变更为由申请再审的，人民法院不予受理。

四、对于正在审理案件需要进行损伤程度鉴定的，司法技术部门应做好前期技术审核工作，在对外委托时应明确向鉴定机构提出适用标准。

五、各级人民法院应认真组织开展《损伤标准》学习培训，在执行过程中发现问题，应及时报告请示最高人民法院。

特此通知。

最高人民法院　最高人民检察院　公安部　国家安全部　司法部
关于发布《人体损伤致残程度分级》的公告

(2016 年 4 月 18 日)

为进一步规范人体损伤致残程度鉴定，现公布《人体损伤致残程度分级》，自 2017 年 1 月 1 日起施行。司法鉴定机构和司法鉴定人进行人体损伤致残程度鉴定统一适用《人体损伤致残程度分级》。

附：人体损伤致残程度分级（略）

最高人民法院关于对为索取法律不予保护的债务非法拘禁他人行为如何定罪问题的解释

法释〔2000〕19号

(2000年6月30日最高人民法院审判委员会第1121次会议通过 2000年7月13日最高人民法院公告公布 自2000年7月19日起施行)

为了正确适用刑法,现就为索取高利贷、赌债等法律不予保护的债务,非法拘禁他人行为如何定罪问题解释如下:

行为人为索取高利贷、赌债等法律不予保护的债务,非法扣押、拘禁他人的,依照刑法第二百三十八条的规定定罪处罚。

最高人民法院研究室关于对在绑架勒索犯罪过程中对同一受害人又有抢劫行为应如何定罪问题的答复

(1995年5月30日)

江西省高级人民法院:

你院赣高法〔1995〕54号《关于在绑架勒索犯罪过程中又有抢劫行为是否数罪并罚的请示》收悉。经研究,答复如下:

行为人在绑架勒索犯罪过程中,又抢劫同一被害人财物的,应以绑架勒索罪定罪,从重处罚;同时又抢劫他人财物的,应分别以绑架勒索罪、抢劫罪定罪,实行数罪并罚。

最高人民法院
关于对在绑架过程中以暴力、胁迫等手段当场劫取被害人财物的行为如何适用法律问题的答复

2001年11月8日　　　　　　　　　　法函〔2001〕68号

福建省高级人民法院：

你院闽高法〔2001〕128号《关于在绑架过程中实施暴力或以暴力相威胁当场劫取被害人财物的行为如何适用法律问题的请示》收悉。经研究，答复如下：

行为人在绑架过程中，又以暴力、胁迫等手段当场劫取被害人财物，构成犯罪的，择一重罪处罚。

最高人民法院
关于审理拐卖妇女案件适用法律有关问题的解释

法释〔2000〕1号

(1999年12月23日最高人民法院审判委员会第1094次会议通过 2000年1月3日最高人民法院公告公布 自2000年1月25日起施行)

为依法惩治拐卖妇女的犯罪行为，根据刑法和刑事诉讼法的有关规定，现就审理拐卖妇女案件具体适用法律的有关问题解释如下：

第一条　刑法第二百四十条规定的拐卖妇女罪中的"妇女"，既包括具有中国国籍的妇女，也包括具有外国国籍和无国籍的妇女。被拐卖的外国妇女没有身份证明的，不影响对犯罪分子的定罪处罚。

第二条　外国人或者无国籍人拐卖外国妇女到我国境内被查获的，应当根据刑法第六条的规定，适用我国刑法定罪处罚。

第三条　对于外国籍被告人身份无法查明或者其国籍国拒绝提供有关身份证明，人民检察院根据刑事诉讼法第一百二十八条第二款的规定起诉的案件，人民法院应当依法受理。

最高人民法院关于审理拐卖妇女儿童犯罪案件具体应用法律若干问题的解释

法释〔2016〕28号

（2016年11月14日最高人民法院审判委员会第1699次会议通过 2016年12月21日最高人民法院公告公布 自2017年1月1日起施行）

为依法惩治拐卖妇女、儿童犯罪，切实保障妇女、儿童的合法权益，维护家庭和谐与社会稳定，根据刑法有关规定，结合司法实践，现就审理此类案件具体应用法律的若干问题解释如下：

第一条 对婴幼儿采取欺骗、利诱等手段使其脱离监护人或者看护人的，视为刑法第二百四十条第一款第（六）项规定的"偷盗婴幼儿"。

第二条 医疗机构、社会福利机构等单位的工作人员以非法获利为目的，将所诊疗、护理、抚养的儿童出卖给他人的，以拐卖儿童罪论处。

第三条 以介绍婚姻为名，采取非法扣押身份证件、限制人身自由等方式，或者利用妇女人地生疏、语言不通、孤立无援等境况，违背妇女意志，将其出卖给他人的，应当以拐卖妇女罪追究刑事责任。

以介绍婚姻为名，与被介绍妇女串通骗取他人钱财，数额较大的，应当以诈骗罪追究刑事责任。

第四条 在国家机关工作人员排查来历不明儿童或者进行解救时，将所收买的儿童藏匿、转移或者实施其他妨碍解救行为，经说服教育仍不配合的，属于刑法第二百四十一条第六款规定的"阻碍对其进行解救"。

第五条 收买被拐卖的妇女，业已形成稳定的婚姻家庭关系，解救时被买妇女自愿继续留在当地共同生活的，可以视为"按照被买妇女的意愿，不阻碍其返回原居住地"。

第六条 收买被拐卖的妇女、儿童后又组织、强迫卖淫或者组织乞讨、进行违反治安管理活动等构成其他犯罪的，依照数罪并罚的规定处罚。

第七条 收买被拐卖的妇女、儿童，又以暴力、威胁方法阻碍国家机关工作人员解救被收买的妇女、儿童，或者聚众阻碍国家机关工作人员解救被收买的妇女、儿童，构成妨害公务罪、聚众阻碍解救被收买的妇女、儿童罪的，依照数罪并罚的规定处罚。

第八条 出于结婚目的收买被拐卖的妇女，或者出于抚养目的收买被拐卖的儿童，涉及多名家庭成员、亲友参与的，对其中起主要作用的人员应当依法追究刑事责任。

第九条 刑法第二百四十条、第二百四十一条规定的儿童，是指不满十四周岁的人。其中，不满一周岁的为婴儿，一周岁以上不满六周岁的为幼儿。

第十条 本解释自 2017 年 1 月 1 日起施行。

最高人民法院 最高人民检察院 公安部 司法部印发《关于依法惩治拐卖妇女儿童犯罪的意见》的通知

2010 年 3 月 15 日　　　　　　　　　　法发〔2010〕7 号

各省、自治区、直辖市高级人民法院、人民检察院、公安厅（局）、司法厅（局），解放军军事法院、军事检察院，新疆维吾尔自治区高级人民法院生产建设兵团分院，新疆生产建设兵团人民检察院、公安局、司法局：

为加大对妇女、儿童合法权益的司法保护，依法惩治拐卖妇女、儿童犯罪，现将最高人民法院、最高人民检察院、公安部、司法部《关于依法惩治拐卖妇女儿童犯罪的意见》印发给你们，请认真贯彻执行。

附：

关于依法惩治拐卖妇女儿童犯罪的意见

为加大对妇女、儿童合法权益的司法保护力度，贯彻落实《中国反对拐卖妇女儿童行动计划（2008～2012）》，根据刑法、刑事诉讼法等相关法律及司法解释的规定，最高人民法院、最高人民检察院、公安部、司法部就依法惩治拐卖妇女、儿童犯罪提出如下意见：

一、总体要求

1. 依法加大打击力度，确保社会和谐稳定。自 1991 年全国范围内开展打击拐卖妇女、儿童犯罪专项行动以来，侦破并依法处理了一大批拐卖妇女、儿童犯罪案件，犯罪分子受到依法严惩。2008 年，全国法院共审结拐卖妇女、儿童犯罪案件 1353 件，比 2007 年上升 9.91%；判决发生法律效力的犯罪分子 2161 人，同比增长 11.05%，其中，被判处五年以上有期徒刑、无期徒刑至死刑的 1319 人，同比增长 10.1%，重刑率为 61.04%，高出同期全部刑事案件重刑率 45.27 个百分点。2009 年，全国法院共审结拐卖妇女、儿童犯罪案件 1636 件，比 2008 年上升 20.9%；判决发生法律效力的犯罪分子 2413 人，同比增长 11.7%，其中被判处五年以上有期徒刑、无期徒刑至死刑的 1475 人，同比增长 11.83%。

但是，必须清醒地认识到，由于种种原因，近年来，拐卖妇女、儿童犯罪在部分地区有所上升的势头仍未得到有效遏制。此类犯罪严重侵犯被拐卖妇女、儿童的人身权利，致使许多家庭骨肉分离，甚至家破人亡，严重危害社会和谐稳定。人民法院、人民检察院、公安机关、司法行政机关应当从维护人民群众切身利益、确保社会和谐稳定的大局出发，进一步依法加大打击力度，坚决有效遏制拐卖妇女、儿童犯罪的上升势头。

2. 注重协作配合，形成有效合力。人民法院、人民检察院、公安机关应当各司其职，各负其责，相互支持，相互配合，共同提高案件办理的质量与效率，保证办案的法律效果与社会效果的统一；司法行政机关应当切实做好有关案件的法律援助工作，维护当事人的合法权益。各地司法机关要统一思想认识，进一步加强涉案地域协调和部门配合，努力形成依法严惩拐卖妇女、儿童犯罪的整体合力。

3. 正确贯彻政策，保证办案效果。拐卖妇女、儿童犯罪往往涉及多人、多个环节，要根据宽严相济刑事政策和罪责刑相适应的刑法基本原则，综合考虑犯罪分子在共同犯罪中的地位、作用及人身危险性的大小，依法准确量刑。对于犯罪集团的首要分子、组织策划者、多次参与者、拐卖多人者或者具有累犯等从严、从重处罚情节的，必须重点打击，坚决依法严惩。对于罪行严重，依法应当判处重刑乃至死刑的，坚决依法判处。要注重铲除"买方市场"，从源头上遏制拐卖妇女、儿童犯罪。对于收买被拐卖的妇女、儿童，依法应当追究刑事责任的，坚决依法追究。同时，对于具有从宽处罚情节的，要在综合考虑犯罪事实、性质、情节和危害程度的基础上，依法从宽，体现政策，以分化瓦解犯罪，鼓励犯罪人悔过自新。

二、管　辖

4. 拐卖妇女、儿童犯罪案件依法由犯罪地的司法机关管辖。拐卖妇女、儿童犯罪的犯罪地包括拐出地、中转地、拐入地以及拐卖活动的途经地。如果由犯罪嫌疑人、被告人居住地的司法机关管辖更为适宜的，可以由犯罪嫌疑人、被告人居住地的司法机关管辖。

5. 几个地区的司法机关都有权管辖的，一般由最先受理的司法机关管辖。犯罪嫌疑人、被告人或者被拐卖的妇女、儿童人数较多，涉及多个犯罪地的，可以移送主要犯罪地或者主要犯罪嫌疑人、被告人居住地的司法机关管辖。

6. 相对固定的多名犯罪嫌疑人、被告人分别在拐出地、中转地、拐入地实施某一环节的犯罪行为，犯罪所跨地域较广，全案集中管辖有困难的，可以由拐出地、中转地、拐入地的司法机关对不同犯罪分子分别实施的拐出、中转和拐入犯罪行为分别管辖。

7. 对管辖权发生争议的，争议各方应当本着有利于迅速查清犯罪事实，及时解救被拐卖的妇女、儿童，以及便于起诉、审判的原则，在法定期间内尽快协商解决；协商不成的，报请共同的上级机关确定管辖。

正在侦查中的案件发生管辖权争议的，在上级机关作出管辖决定前，受案机关不得停止侦查工作。

三、立 案

8. 具有下列情形之一，经审查，符合管辖规定的，公安机关应当立即以刑事案件立案，迅速开展侦查工作：

（1）接到拐卖妇女、儿童的报案、控告、举报的；

（2）接到儿童失踪或者已满十四周岁不满十八周岁的妇女失踪报案的；

（3）接到已满十八周岁的妇女失踪，可能被拐卖的报案的；

（4）发现流浪、乞讨的儿童可能系被拐卖的；

（5）发现有收买被拐卖妇女、儿童行为，依法应当追究刑事责任的；

（6）表明可能有拐卖妇女、儿童犯罪事实发生的其他情形的。

9. 公安机关在工作中发现犯罪嫌疑人或者被拐卖的妇女、儿童，不论案件是否属于自己管辖，都应当首先采取紧急措施。经审查，属于自己管辖的，依法立案侦查；不属于自己管辖的，及时移送有管辖权的公安机关处理。

10. 人民检察院要加强对拐卖妇女、儿童犯罪案件的立案监督，确保有案必立、有案必查。

四、证 据

11. 公安机关应当依照法定程序，全面收集能够证实犯罪嫌疑人有罪或者无罪、犯罪情节轻重的各种证据。

要特别重视收集、固定买卖妇女、儿童犯罪行为交易环节中钱款的存取证明、犯罪嫌疑人的通话清单、乘坐交通工具往来有关地方的票证、被拐卖儿童的DNA鉴定结论、有关监控录像、电子信息等客观性证据。

取证工作应当及时，防止时过境迁，难以弥补。

12. 公安机关应当高度重视并进一步加强DNA数据库的建设和完善。对失踪儿童的父母，或者疑似被拐卖的儿童，应当及时采集血样进行检验，通过全国DNA数据库，为查获犯罪，帮助被拐卖的儿童及时回归家庭提供科学依据。

13. 拐卖妇女、儿童犯罪所涉地区的办案单位应当加强协作配合。需要到异地调查取证的，相关司法机关应当密切配合；需要进一步补充查证的，应当积极支持。

五、定 性

14. 犯罪嫌疑人、被告人参与拐卖妇女、儿童犯罪活动的多个环节，只有部分环节的犯罪事实查证清楚、证据确实、充分的，可以对该环节的犯罪事实依法予以认定。

15. 以出卖为目的强抢儿童，或者捡拾儿童后予以出卖，符合刑法第二百四十条第二款规定的，应当以拐卖儿童罪论处。

以抚养为目的偷盗婴幼儿或者拐骗儿童，之后予以出卖的，以拐卖儿童罪论处。

16. 以非法获利为目的，出卖亲生子女的，应当以拐卖妇女、儿童罪论处。

17. 要严格区分借送养之名出卖亲生子女与民间送养行为的界限。区分的关键在于行为人是否具有非法获利的目的。应当通过审查将子女"送"人的背景和原因、有无收取钱财及收取钱财的多少、对方是否具有抚养目的及有无抚养能力等事实，综合判断行为人是否具有非法获利的目的。

具有下列情形之一的，可以认定属于出卖亲生子女，应当以拐卖妇女、儿童罪论处：

（1）将生育作为非法获利手段，生育后即出卖子女的；

（2）明知对方不具有抚养目的，或者根本不考虑对方是否具有抚养目的，为收取钱财将子女"送"给他人的；

（3）为收取明显不属于"营养费"、"感谢费"的巨额钱财将子女"送"给他人的；

（4）其他足以反映行为人具有非法获利目的的"送养"行为的。

不是出于非法获利目的，而是迫于生活困难，或者受重男轻女思想影响，私自将没有独立生活能力的子女送给他人抚养，包括收取少量"营养费"、"感谢费"的，属于民间送养行为，不能以拐卖妇女、儿童罪论处。对私自送养导致子女身心健康受到严重损害，或者具有其他恶劣情节，符合遗弃罪特征的，可以遗弃罪论处；情节显著轻微危害不大的，可由公安机关依法予以行政处罚。

18. 将妇女拐卖给有关场所，致使被拐卖的妇女被迫卖淫或者从事其他色情服务的，以拐卖妇女罪论处。

有关场所的经营管理人员事前与拐卖妇女的犯罪人通谋的，对该经营管理人员以拐卖妇女罪的共犯论处；同时构成拐卖妇女罪和组织卖淫罪的，择一重罪论处。

19. 医疗机构、社会福利机构等单位的工作人员以非法获利为目的，将所诊疗、护理、抚养的儿童贩卖给他人的，以拐卖儿童罪论处。

20. 明知是被拐卖的妇女、儿童而收买，具有下列情形之一的，以收买被拐卖的妇女、儿童罪论处；同时构成其他犯罪的，依照数罪并罚的规定处罚：

（1）收买被拐卖的妇女后，违背被收买妇女的意愿，阻碍其返回原居住地的；

（2）阻碍对被收买妇女、儿童进行解救的；

（3）非法剥夺、限制被收买妇女、儿童的人身自由，情节严重，或者对被收买妇女、儿童有强奸、伤害、侮辱、虐待等行为的；

（4）所收买的妇女、儿童被解救后又再次收买，或者收买多名被拐卖的妇女、儿童的；

（5）组织、诱骗、强迫被收买的妇女、儿童从事乞讨、苦役，或者盗窃、传销、卖淫等违法犯罪活动的；

（6）造成被收买妇女、儿童或者其亲属重伤、死亡以及其他严重后果的；

（7）具有其他严重情节的。

被追诉前主动向公安机关报案或者向有关单位反映，愿意让被收买妇女返回原居住地，或者将被收买儿童送回其家庭，或者将被收买妇女、儿童交给公安、民政、妇联等机关、组织，没有其他严重情节的，可以不追究刑事责任。

六、共同犯罪

21. 明知他人拐卖妇女、儿童，仍然向其提供被拐卖妇女、儿童的健康证明、出生证明或者其他帮助的，以拐卖妇女、儿童罪的共犯论处。

明知他人收买被拐卖的妇女、儿童，仍然向其提供被收买妇女、儿童的户籍证明、出生证明或者其他帮助的，以收买被拐卖的妇女、儿童罪的共犯论处，但是，收买人未被追究刑事责任的除外。

认定是否"明知"，应当根据证人证言、犯罪嫌疑人、被告人及其同案人供述和辩解，结合提供帮助的人次，以及是否明显违反相关规章制度、工作流程等，予以综合判断。

22. 明知他人系拐卖儿童的"人贩子"，仍然利用从事诊疗、福利救助等工作的便利或者了解被拐卖方情况的条件，居间介绍的，以拐卖儿童罪的共犯论处。

23. 对于拐卖妇女、儿童犯罪的共犯，应当根据各被告人在共同犯罪中的分工、地位、作用，参与拐卖的人数、次数，以及分赃数额等，准确区分主从犯。

对于组织、领导、指挥拐卖妇女、儿童的某一个或者某几个犯罪环节，或者积极参与实施拐骗、绑架、收买、贩卖、接送、中转妇女、儿童等犯罪行为，起主要作用的，应当认定为主犯。

对于仅提供被拐卖妇女、儿童信息或者相关证明文件，或者进行居间介绍，起辅助或者次要作用，没有获利或者获利较少的，一般可认定为从犯。

对于各被告人在共同犯罪中的地位、作用区别不明显的，可以不区分主从犯。

七、一罪与数罪

24. 拐卖妇女、儿童，又奸淫被拐卖的妇女、儿童，或者诱骗、强迫被拐卖的妇女、儿童卖淫的，以拐卖妇女、儿童罪处罚。

25. 拐卖妇女、儿童，又对被拐卖的妇女、儿童实施故意杀害、伤害、猥亵、侮辱等行为，构成其他犯罪的，依照数罪并罚的规定处罚。

26. 拐卖妇女、儿童或者收买被拐卖的妇女、儿童，又组织、教唆被拐卖、收买的妇女、儿童进行犯罪的，以拐卖妇女、儿童罪或者收买被拐卖的妇女、儿童罪与其所组织、教唆的罪数罪并罚。

27. 拐卖妇女、儿童或者收买被拐卖的妇女、儿童，又组织、教唆被拐卖、收买的未成年妇女、儿童进行盗窃、诈骗、抢夺、敲诈勒索等违反治安管理活动的，以拐卖妇女、儿童罪或者收买被拐卖的妇女、儿童罪与组织未成年人进行违反治安管理活动罪数罪并罚。

八、刑罚适用

28. 对于拐卖妇女、儿童犯罪集团的首要分子，情节严重的主犯，累犯，偷盗婴幼儿、强抢儿童情节严重，将妇女、儿童卖往境外情节严重，拐卖妇女、儿童多人多次、造成伤亡后果，或者具有其他严重情节的，依法从重处罚；情节特别严重的，依法判处死刑。

拐卖妇女、儿童，并对被拐卖的妇女、儿童实施故意杀害、伤害、猥亵、侮辱等行为，数罪并罚决定执行的刑罚应当依法体现从严。

29. 对于拐卖妇女、儿童的犯罪分子，应当注重依法适用财产刑，并切实加大执行力度，以强化刑罚的特殊预防与一般预防效果。

30. 犯收买被拐卖的妇女、儿童罪，对被收买妇女、儿童实施违法犯罪活动或者将其作为牟利工具的，处罚时应当依法体现从严。

收买被拐卖的妇女、儿童，对被收买妇女、儿童没有实施摧残、虐待行为或者与其已形成稳定的婚姻家庭关系，但仍应依法追究刑事责任的，一般应当从轻处罚；符合缓刑条件的，可以依法适用缓刑。

收买被拐卖的妇女、儿童，犯罪情节轻微的，可以依法免予刑事处罚。

31. 多名家庭成员或者亲友共同参与出卖亲生子女，或者"买人为妻"、"买人为子"构成收买被拐卖的妇女、儿童罪的，一般应当在综合考察犯意提起、各行为人在犯罪中所起作用等情节的基础上，依法追究其中罪责较重者的刑事责任。对于其他情节显著轻微危害不大，不认为是犯罪的，依法不追究刑事责任；必要时可以由公安机关予以行政处罚。

32. 具有从犯、自首、立功等法定从宽处罚情节的，依法从轻、减轻或者免除处罚。

对被拐卖的妇女、儿童没有实施摧残、虐待等违法犯罪行为，或者能够协助解救被拐卖的妇女、儿童，或者具有其他酌定从宽处罚情节的，可以依法酌情从轻处罚。

33. 同时具有从严和从宽处罚情节的，要在综合考察拐卖妇女、儿童的手段、拐卖妇女、儿童或者收买被拐卖妇女、儿童的人次、危害后果以及被告人主观恶性、人身危险性等因素的基础上，结合当地此类犯罪发案情况和社会治安状况，决定对被告人总体从严或者从宽处罚。

九、涉外犯罪

34. 要进一步加大对跨国、跨境拐卖妇女、儿童犯罪的打击力度。加强双边或者多边"反拐"国际交流与合作，加强对被跨国、跨境拐卖的妇女、儿童的救助工作。依照我国缔结或者参加的国际条约的规定，积极行使所享有的权利，履行所承担的义务，及时请求或者提供各项司法协助，有效遏制跨国、跨境拐卖妇女、儿童犯罪。

最高人民法院　最高人民检察院
关于办理利用信息网络实施诽谤等刑事案件适用法律若干问题的解释

法释〔2013〕21号

（2013年9月5日最高人民法院审判委员会第1589次会议、2013年9月2日最高人民检察院第十二届检察委员会第9次会议通过　2013年9月6日最高人民法院、最高人民检察院公告公布　自2013年9月10日起施行）

为保护公民、法人和其他组织的合法权益，维护社会秩序，根据《中华人民共和国刑法》《全国人民代表大会常务委员会关于维护互联网安全的决定》等规定，对办理利用信息网络实施诽谤、寻衅滋事、敲诈勒索、非法经营等刑事案件适用法律的若干问题解释如下：

第一条　具有下列情形之一的，应当认定为刑法第二百四十六条第一款规定的"捏造事实诽谤他人"：

（一）捏造损害他人名誉的事实，在信息网络上散布，或者组织、指使人员在信息网络上散布的；

（二）将信息网络上涉及他人的原始信息内容篡改为损害他人名誉的事实，在信息网络上散布，或者组织、指使人员在信息网络上散布的；

明知是捏造的损害他人名誉的事实，在信息网络上散布，情节恶劣的，以"捏造事实诽谤他人"论。

第二条　利用信息网络诽谤他人，具有下列情形之一的，应当认定为刑法第二百四十六条第一款规定的"情节严重"：

（一）同一诽谤信息实际被点击、浏览次数达到五千次以上，或者被转发次数达到五百次以上的；

（二）造成被害人或者其近亲属精神失常、自残、自杀等严重后果的；

（三）二年内曾因诽谤受过行政处罚，又诽谤他人的；

（四）其他情节严重的情形。

第三条　利用信息网络诽谤他人，具有下列情形之一的，应当认定为刑法第二百四十六条第二款规定的"严重危害社会秩序和国家利益"：

（一）引发群体性事件的；

（二）引发公共秩序混乱的；

（三）引发民族、宗教冲突的；

（四）诽谤多人，造成恶劣社会影响的；
（五）损害国家形象，严重危害国家利益的；
（六）造成恶劣国际影响的；
（七）其他严重危害社会秩序和国家利益的情形。

第四条 一年内多次实施利用信息网络诽谤他人行为未经处理，诽谤信息实际被点击、浏览、转发次数累计计算构成犯罪的，应当依法定罪处罚。

第五条 利用信息网络辱骂、恐吓他人，情节恶劣，破坏社会秩序的，依照刑法第二百九十三条第一款第（二）项的规定，以寻衅滋事罪定罪处罚。

编造虚假信息，或者明知是编造的虚假信息，在信息网络上散布，或者组织、指使人员在信息网络上散布，起哄闹事，造成公共秩序严重混乱的，依照刑法第二百九十三条第一款第（四）项的规定，以寻衅滋事罪定罪处罚。

第六条 以在信息网络上发布、删除等方式处理网络信息为由，威胁、要挟他人，索取公私财物，数额较大，或者多次实施上述行为的，依照刑法第二百七十四条的规定，以敲诈勒索罪定罪处罚。

第七条 违反国家规定，以营利为目的，通过信息网络有偿提供删除信息服务，或者明知是虚假信息，通过信息网络有偿提供发布信息等服务，扰乱市场秩序，具有下列情形之一的，属于非法经营行为"情节严重"，依照刑法第二百二十五条第（四）项的规定，以非法经营罪定罪处罚：

（一）个人非法经营数额在五万元以上，或者违法所得数额在二万元以上的；
（二）单位非法经营数额在十五万元以上，或者违法所得数额在五万元以上的。

实施前款规定的行为，数额达到前款规定的数额五倍以上的，应当认定为刑法第二百二十五条规定的"情节特别严重"。

第八条 明知他人利用信息网络实施诽谤、寻衅滋事、敲诈勒索、非法经营等犯罪，为其提供资金、场所、技术支持等帮助的，以共同犯罪论处。

第九条 利用信息网络实施诽谤、寻衅滋事、敲诈勒索、非法经营犯罪，同时又构成刑法第二百二十一条规定的损害商业信誉、商品声誉罪，第二百七十八条规定的煽动暴力抗拒法律实施罪，第二百九十一条之一规定的编造、故意传播虚假恐怖信息罪等犯罪的，依照处罚较重的规定定罪处罚。

第十条 本解释所称信息网络，包括以计算机、电视机、固定电话机、移动电话机等电子设备为终端的计算机互联网、广播电视网、固定通信网、移动通信网等信息网络，以及向公众开放的局域网络。

最高人民法院 最高人民检察院
关于办理侵犯公民个人信息刑事案件适用法律若干问题的解释

法释〔2017〕10号

（2017年3月20日最高人民法院审判委员会第1712次会议、2017年4月26日最高人民检察院第十二届检察委员会第63次会议通过　2017年5月8日最高人民法院、最高人民检察院公告公布　自2017年6月1日起施行）

为依法惩治侵犯公民个人信息犯罪活动，保护公民个人信息安全和合法权益，根据《中华人民共和国刑法》《中华人民共和国刑事诉讼法》的有关规定，现就办理此类刑事案件适用法律的若干问题解释如下：

第一条　刑法第二百五十三条之一规定的"公民个人信息"，是指以电子或者其他方式记录的能够单独或者与其他信息结合识别特定自然人身份或者反映特定自然人活动情况的各种信息，包括姓名、身份证件号码、通信通讯联系方式、住址、账号密码、财产状况、行踪轨迹等。

第二条　违反法律、行政法规、部门规章有关公民个人信息保护的规定的，应当认定为刑法第二百五十三条之一规定的"违反国家有关规定"。

第三条　向特定人提供公民个人信息，以及通过信息网络或者其他途径发布公民个人信息的，应当认定为刑法第二百五十三条之一规定的"提供公民个人信息"。

未经被收集者同意，将合法收集的公民个人信息向他人提供的，属于刑法第二百五十三条之一规定的"提供公民个人信息"，但是经过处理无法识别特定个人且不能复原的除外。

第四条　违反国家有关规定，通过购买、收受、交换等方式获取公民个人信息，或者在履行职责、提供服务过程中收集公民个人信息的，属于刑法第二百五十三条之一第三款规定的"以其他方法非法获取公民个人信息"。

第五条　非法获取、出售或者提供公民个人信息，具有下列情形之一的，应当认定为刑法第二百五十三条之一规定的"情节严重"：

（一）出售或者提供行踪轨迹信息，被他人用于犯罪的；

（二）知道或者应当知道他人利用公民个人信息实施犯罪，向其出售或者提供的；

（三）非法获取、出售或者提供行踪轨迹信息、通信内容、征信信息、财产信息五十条以上的；

（四）非法获取、出售或者提供住宿信息、通信记录、健康生理信息、交易信息等其他可能影响人身、财产安全的公民个人信息五百条以上的；

（五）非法获取、出售或者提供第三项、第四项规定以外的公民个人信息五千条以上的；

（六）数量未达到第三项至第五项规定标准，但是按相应比例合计达到有关数量标准的；

（七）违法所得五千元以上的；

（八）将在履行职责或者提供服务过程中获得的公民个人信息出售或者提供给他人，数量或者数额达到第三项至第七项规定标准一半以上的；

（九）曾因侵犯公民个人信息受过刑事处罚或者二年内受过行政处罚，又非法获取、出售或者提供公民个人信息的；

（十）其他情节严重的情形。

实施前款规定的行为，具有下列情形之一的，应当认定为刑法第二百五十三条之一第一款规定的"情节特别严重"：

（一）造成被害人死亡、重伤、精神失常或者被绑架等严重后果的；

（二）造成重大经济损失或者恶劣社会影响的；

（三）数量或者数额达到前款第三项至第八项规定标准十倍以上的；

（四）其他情节特别严重的情形。

第六条 为合法经营活动而非法购买、收受本解释第五条第一款第三项、第四项规定以外的公民个人信息，具有下列情形之一的，应当认定为刑法第二百五十三条之一规定的"情节严重"：

（一）利用非法购买、收受的公民个人信息获利五万元以上的；

（二）曾因侵犯公民个人信息受过刑事处罚或者二年内受过行政处罚，又非法购买、收受公民个人信息的；

（三）其他情节严重的情形。

实施前款规定的行为，将购买、收受的公民个人信息非法出售或者提供的，定罪量刑标准适用本解释第五条的规定。

第七条 单位犯刑法第二百五十三条之一规定之罪的，依照本解释规定的相应自然人犯罪的定罪量刑标准，对直接负责的主管人员和其他直接责任人员定罪处罚，并对单位判处罚金。

第八条 设立用于实施非法获取、出售或者提供公民个人信息违法犯罪活动的网站、通讯群组，情节严重的，应当依照刑法第二百八十七条之一的规定，以非法利用信息网络罪定罪处罚；同时构成侵犯公民个人信息罪的，依照侵犯公民个人信息罪定罪处罚。

第九条 网络服务提供者拒不履行法律、行政法规规定的信息网络安全管理义务，经监管部门责令采取改正措施而拒不改正，致使用户的公民个人信息泄露，造成严重后果的，应当依照刑法第二百八十六条之一的规定，以拒不履行信息网络安全管理义务罪定罪处罚。

第十条 实施侵犯公民个人信息犯罪，不属于"情节特别严重"，行为人系初犯，全部退赃，并确有悔罪表现的，可以认定为情节轻微，不起诉或者免予刑事处罚；确有必要判处刑罚的，应当从宽处罚。

第十一条 非法获取公民个人信息后又出售或者提供的，公民个人信息的条数不重复计算。

向不同单位或者个人分别出售、提供同一公民个人信息的，公民个人信息的条数累计计算。

对批量公民个人信息的条数，根据查获的数量直接认定，但是有证据证明信息不真实或者重复的除外。

第十二条 对于侵犯公民个人信息犯罪，应当综合考虑犯罪的危害程度、犯罪的违法所得数额以及被告人的前科情况、认罪悔罪态度等，依法判处罚金。罚金数额一般在违法所得的一倍以上五倍以下。

第十三条 本解释自 2017 年 6 月 1 日起施行。

最高人民法院　最高人民检察院　公安部
关于依法惩处侵害公民个人信息犯罪活动的通知

2013 年 4 月 23 日　　　　　　　　　　公通字〔2013〕12 号

各省、自治区、直辖市高级人民法院，人民检察院，公安厅、局，新疆维吾尔自治区高级人民法院生产建设兵团分院，新疆生产建设兵团人民检察院、公安局：

近年来，随着我国经济快速发展和信息网络的广泛普及，侵害公民个人信息的违法犯罪日益突出，互联网上非法买卖公民个人信息泛滥，由此滋生的电信诈骗、网络诈骗、敲诈勒索、绑架和非法讨债等犯罪屡打不绝，社会危害严重，群众反响强烈。为有效遏制、惩治侵害公民个人信息犯罪，切实保障广大人民群众的个人信息安全和合法权益，促进社会协调发展，维护社会和谐稳定，现就有关事项通知如下：

一、切实提高认识，坚决打击侵害公民个人信息犯罪活动。当前，一些犯罪分子为追逐不法利益，利用互联网大肆倒卖公民个人信息，已逐渐形成庞大"地下产业"和黑色利益链。买卖的公民个人信息包括户籍、银行、电信开户资料等，涉及公民个人生活的方方面面。部分国家机关和金融、电信、交通、教育、医疗以及物业公司、房产中介、保险、快递等企事业单位的一些工作人员，将在履行职责或者提供服务过程中获取的公民个人信息出售、非法提供给他人。获取信息的中间商在互联网上建立数据平台，大肆出售信息牟取暴利。非法调查公司根据这些信息从事非法讨债、诈骗和敲诈勒索等违法犯罪活动。此类犯罪不仅严重危害公民的信息安全，而且极易引发多种犯罪，成为电信诈骗、网络诈骗以及滋扰型"软暴力"等新型犯罪的根源，甚至与绑架、敲诈勒索、暴力追债等犯罪活动相结合，影响人民群众的安全感，威胁社会和谐稳定。各级公安机关、人民检察院、人民法院务必清醒认识此类犯罪的严重危害，以对党和人民高度负责的精神，统一思想，提高认识，精心组织，周密部署，依法惩处侵害公民个人信息犯罪活动。

二、正确适用法律，实现法律效果与社会效果的有机统一。侵害公民个人信息犯罪是新型犯罪，各级公安机关、人民检察院、人民法院要从切实保护公民个人信息安全和维护社会和谐稳定的高度，借鉴以往的成功判例，综合考虑出售、非法提供或非法获取个人信息的次数、数量、手段和牟利数额、造成的损害后果等因素，依法加大打击力度，确保取得良好的法律效果和社会效果。出售、非法提供公民个人信息罪的犯罪主体，除国家机关或金融、电信、交通、教育、医疗单位的工作人员之外，还包括在履行职责或者提供服务过程中获得公民个人信息的商业、房地产业等服务业中其他企事业单位的工作人员。公民个人信息包括公民的姓名、年龄、有效证件号码、婚姻状况、工作单位、学历、履历、家庭住址、电话号码等能够识别公民个人身份或者涉及公民个人隐私的信息、数据资料。对于在履行职责或者提供服务过程中，将获得的公民个人信息出售或者非法提供给他人，被他人用以实施犯罪，造成受害人人身伤害或者死亡，或者造成重大经济损失、恶劣社会影响的，或者出售、非法提供公民个人信息数量较大，或者违法所得数额较大的，均应当依法以出售、非法提供公民个人信息罪追究刑事责任。对于窃取或者以购买等方法非法获取公民个人信息数量较大，或者违法所得数额较大，或者造成其他严重后果的，应当依法以非法获取公民个人信息罪追究刑事责任。对使用非法获取的个人信息，实施其他犯罪行为，构成数罪的，应当依法予以并罚。单位实施侵害公民个人信息犯罪的，应当追究直接负责的主管人员和其他直接责任人员的刑事责任。要依法加大对财产刑的适用力度，剥夺犯罪分子非法获利和再次犯罪的资本。

三、加强协作配合，确保执法司法及时高效。侵害公民个人信息犯罪网络覆盖面大，关系错综复杂。犯罪行为发生地、犯罪结果发生地、犯罪分子所在地等往往不在一地。同时，由于犯罪行为大多依托互联网、移动电子设备，通过即时通讯工具、电子邮件等多种方式实施，调查取证难度很大。各级公安机关、人民检察院、人民法院要在分工负责、依法高效履行职责的基础上，进一步加强沟通协调，通力配合，密切协作，保证立案、侦查、批捕、审查起诉、审判等各个环节顺利进行。对查获的侵害公民个人信息犯罪案件，公安机关要按照属地管辖原则，及时立案侦查，及时移送审查起诉。对于几个公安机关都有权管辖的案件，由最初受理的公安机关管辖。必要时，可以由主要犯罪地的公安机关管辖。对管辖不明确或者有争议的刑事案件，可以由有关公安机关协商。协商不成的，由共同的上级公安机关指定管辖。对于指定管辖的案件，需要逮捕犯罪嫌疑人的，由被指定管辖的公安机关提请同级人民检察院审查批准；需要提起公诉的，由该公安机关移送同级人民检察院审查决定；人民检察院对于审查起诉的案件，按照刑事诉讼法的管辖规定，认为应当由上级人民检察院或者同级其他人民检察院起诉的，应当将案件移交有管辖权的人民检察院；人民检察院认为需要依照刑事诉讼法的规定指定审判管辖，应当协商同级人民法院办理指定管辖有关事宜。在办理侵害公民个人信息犯罪案件的过程中，对于疑难、复杂案件，人民检察院可以适时派员会同公安机关共同就证据收集等方面进行研究和沟通协调。人民检察院对于公安机关提请批准逮捕、移送审查起诉的相关案件，符合批捕、起诉条件的，要依法尽快予以批捕、起诉；对于确需补充侦查的，要制作具体、详细的补充侦查提纲。人民法院要加强审判力量，准确定性，依法快审快结。

四、推进综合治理。建立防范、打击长效工作机制。预防和打击侵害公民个人信息犯罪是一项艰巨任务，必须标本兼治，积极探索和构建防范、打击的长效工作机制。各地公安机关、人民检察院、人民法院在依法惩处此类犯罪的同时，要积极参与综合治理，注意发现保护公民个人信息工作中的漏洞和隐患，及时通报相关部门，提醒和督促有关部门和单位加强监管、完善制度。要充分利用报纸、广播、电视、网络等多种媒体平台，大力宣传党和国家打击此类犯罪的决心和力度，宣传相关的政策和法律法规，提醒和教育广大群众运用法律保障和维护自身合法权益，提高自我防范的意识和能力。

各地接此通知后，请迅速传达至各级人民法院、人民检察院、公安机关。执行中遇到的问题，请及时报最高人民法院、最高人民检察院、公安部。

最高人民法院研究室
关于军事法院判处的重婚案件其非法婚姻部分由谁判决问题的电话答复

（1980年11月27日）

中国人民解放军军事法院：

你院《关于军事法院判处的重婚案件其非法婚姻部分由谁判决的请示》收悉，现答复如下：

非法婚姻是构成重婚罪的前提，法院在判决重婚案件的同时，判决书中应一并写明解除非法婚姻，这不属于刑事诉讼附带民事诉讼的问题。

兰州军区空军军事法院判处林文远重婚时，未宣告解除林与鲁菊荣的非法婚姻关系，我们认为，林以不法手段骗取与鲁的结婚证是无效的，从判决生效之日起，林与鲁的非法婚姻从法律上说已当然解除。兰州军区空军军事法院应将林文远重婚罪的判决书副本送达关系人鲁菊荣，可补充向鲁宣告，她与林的非法婚姻关系已解除，宣告事项在送达证上记明归档备查。

附：

中国人民解放军军事法院
关于军事法院判处的重婚案件其非法婚姻部分由谁判决的请示

1980年11月14日　　　　　　　　　　　〔80〕政法字第25号

最高人民法院：

　　空军航空兵第6师16团政治处主任林文远，于1969年与福建省莆田县盐场职工医院护士林美金结婚，1979年采取欺骗手段，又在陕西长安县与西安风雷仪表厂女工鲁菊荣结婚。兰州军区空军军事法院于1979年7月28日，以重婚罪判处林文远有期徒刑二年。由于军事法院判处的重婚案件，其非法婚姻部分由谁判决不明确，对林与鲁非法婚姻部分的判决，福建莆田县、陕西长安县、林犯部队所在地的甘肃临洮县三地人民法院均不予受理，致使林与鲁的非法婚姻至今没有解除，空军军事法院请示我院如何解决。

　　军队其他单位，也遇到过这个问题。

　　鉴于军事法院没有设立民事审判机构，也没有民事审判任务，如将非法婚姻作为刑事附带民事诉讼判处，又不符合刑事诉讼法第五十三条的规定。根据一些单位以往的经验，即便军事法院作了判决，也难以保证判决的执行。为此，我们建议：军事法院判处的重婚案件，其非法婚姻的一方为非军队人员者，由非军队人员一方所在地人民法院判决；如果非法婚姻的双方都是军队人员，由军事法院办理。以上意见当否，请批示。

最高人民法院 最高人民检察院 公安部 司法部 印发《关于依法办理家庭暴力犯罪案件的意见》的通知

2015年3月2日　　　　　　　　　　　　　　法发〔2015〕4号

各省、自治区、直辖市高级人民法院、人民检察院、公安厅（局）、司法厅（局），解放军军事法院、军事检察院，新疆维吾尔自治区高级人民法院生产建设兵团分院，新疆生产建设兵团人民检察院、公安局、司法局：

为积极预防和有效惩治家庭暴力犯罪，加强对家庭暴力被害人的刑事司法保护，现将最高人民法院、最高人民检察院、公安部、司法部《关于依法办理家庭暴力犯罪案件的意见》印发给你们，请认真贯彻执行。

附：

关于依法办理家庭暴力犯罪案件的意见

发生在家庭成员之间，以及具有监护、扶养、寄养、同居等关系的共同生活人员之间的家庭暴力犯罪，严重侵害公民人身权利，破坏家庭关系，影响社会和谐稳定。人民法院、人民检察院、公安机关、司法行政机关应当严格履行职责，充分运用法律，积极预防和有效惩治各种家庭暴力犯罪，切实保障人权，维护社会秩序。为此，根据刑法、刑事诉讼法、婚姻法、未成年人保护法、老年人权益保障法、妇女权益保障法等法律，结合司法实践经验，制定本意见。

一、基本原则

1. 依法及时、有效干预。针对家庭暴力持续反复发生，不断恶化升级的特点，人民法院、人民检察院、公安机关、司法行政机关对已发现的家庭暴力，应当依法采取及时、有效的措施，进行妥善处理，不能以家庭暴力发生在家庭成员之间，或者属于家务事为由而置之不理，互相推诿。

2. 保护被害人安全和隐私。办理家庭暴力犯罪案件，应当首先保护被害人的安全。通过对被害人进行紧急救治、临时安置，以及对施暴人采取刑事强制措施、判处刑罚、宣告禁止令等措施，制止家庭暴力并防止再次发生，消除家庭暴力的现实侵害和潜在危险。对与案件有关的个人隐私,应当保密,但法律有特别规定的除外。

3. 尊重被害人意愿。办理家庭暴力犯罪案件,既要严格依法进行,也要尊重被害人的意愿。在立案、采取刑事强制措施、提起公诉、判处刑罚、减刑、假释时,应当充分听取被害人意见,在法律规定的范围内作出合情、合理的处理。对法律规定可以调解、和解的案件,应当在当事人双方自愿的基础上进行调解、和解。

4. 对未成年人、老年人、残疾人、孕妇、哺乳期妇女、重病患者特殊保护。办理家庭暴力犯罪案件,应当根据法律规定和案件情况,通过代为告诉、法律援助等措施,加大对未成年人、老年人、残疾人、孕妇、哺乳期妇女、重病患者的司法保护力度,切实保障他们的合法权益。

二、案件受理

5. 积极报案、控告和举报。依照刑事诉讼法第一百零八条第一款"任何单位和个人发现有犯罪事实或者犯罪嫌疑人,有权利也有义务向公安机关、人民检察院或者人民法院报案或者举报"的规定,家庭暴力被害人及其亲属、朋友、邻居、同事,以及村(居)委会、人民调解委员会、妇联、共青团、残联、医院、学校、幼儿园等单位、组织,发现家庭暴力,有权利也有义务及时向公安机关、人民检察院、人民法院报案、控告或者举报。

公安机关、人民检察院、人民法院对于报案人、控告人和举报人不愿意公开自己的姓名和报案、控告、举报行为的,应当为其保守秘密,保护报案人、控告人和举报人的安全。

6. 迅速审查、立案和转处。公安机关、人民检察院、人民法院接到家庭暴力的报案、控告或者举报后,应当立即问明案件的初步情况,制作笔录,迅速进行审查,按照刑事诉讼法关于立案的规定,根据自己的管辖范围,决定是否立案。对于符合立案条件的,要及时立案。对于可能构成犯罪但不属于自己管辖的,应当移送主管机关处理,并且通知报案人、控告人或者举报人;对于不属于自己管辖而又必须采取紧急措施的,应当先采取紧急措施,然后移送主管机关。

经审查,对于家庭暴力行为尚未构成犯罪,但属于违反治安管理行为的,应当将案件移送公安机关,依照治安管理处罚法的规定进行处理,同时告知被害人可以向人民调解委员会提出申请,或者向人民法院提起民事诉讼,要求施暴人承担停止侵害、赔礼道歉、赔偿损失等民事责任。

7. 注意发现犯罪案件。公安机关在处理人身伤害、虐待、遗弃等行政案件过程中,人民法院在审理婚姻家庭、继承、侵权责任纠纷等民事案件过程中,应当注意发现可能涉及的家庭暴力犯罪。一旦发现家庭暴力犯罪线索,公安机关应当将案件转为刑事案件办理,人民法院应当将案件移送公安机关;属于自诉案件的,公安机关、人民法院应当告知被害人提起自诉。

8. 尊重被害人的程序选择权。对于被害人有证据证明的轻微家庭暴力犯罪案件,在立案审查时,应当尊重被害人选择公诉或者自诉的权利。被害人要求公安机关处理的,公安机关应当依法立案、侦查。在侦查过程中,被害人不再要求公安机关处理或者要求转为自诉案件的，应当告知被害人向公安机关提交书面申请。经审查确系被害人自愿提出的，公安机关应当依法撤销案件。被害人就这类案件向人民法院提起自诉的，人民法院应当依法受理。

9. 通过代为告诉充分保障被害人自诉权。对于家庭暴力犯罪自诉案件，被害人无法告诉或者不能亲自告诉的，其法定代理人、近亲属可以告诉或者代为告诉；被害人是无行为能力人、限制行为能力人，其法定代理人、近亲属没有告诉或者代为告诉的，人民检察院可以告诉；侮辱、暴力干涉婚姻自由等告诉才处理的案件，被害人因受强制、威吓无法告诉的，人民检察院也可以告诉。人民法院对告诉或者代为告诉的，应当依法受理。

10. 切实加强立案监督。人民检察院要切实加强对家庭暴力犯罪案件的立案监督，发现公安机关应当立案而不立案的，或者被害人及其法定代理人、近亲属，有关单位、组织就公安机关不予立案向人民检察院提出异议的，人民检察院应当要求公安机关说明不立案的理由。人民检察院认为不立案理由不成立的，应当通知公安机关立案，公安机关接到通知后应当立案；认为不立案理由成立的，应当将理由告知提出异议的被害人及其法定代理人、近亲属或者有关单位、组织。

11. 及时、全面收集证据。公安机关在办理家庭暴力案件时，要充分、全面地收集、固定证据，除了收集现场的物证、被害人陈述、证人证言等证据外，还应当注意及时向村（居）委会、人民调解委员会、妇联、共青团、残联、医院、学校、幼儿园等单位、组织的工作人员，以及被害人的亲属、邻居等收集涉及家庭暴力的处理记录、病历、照片、视频等证据。

12. 妥善救治、安置被害人。人民法院、人民检察院、公安机关等负有保护公民人身安全职责的单位和组织，对因家庭暴力受到严重伤害需要紧急救治的被害人，应当立即协助联系医疗机构救治；对面临家庭暴力严重威胁，或者处于无人照料等危险状态，需要临时安置的被害人或者相关未成年人，应当通知并协助有关部门进行安置。

13. 依法采取强制措施。人民法院、人民检察院、公安机关对实施家庭暴力的犯罪嫌疑人、被告人，符合拘留、逮捕条件的，可以依法拘留、逮捕；没有采取拘留、逮捕措施的，应当通过走访、打电话等方式与被害人或者其法定代理人、近亲属联系，了解被害人的人身安全状况。对于犯罪嫌疑人、被告人再次实施家庭暴力的，应当根据情况，依法采取必要的强制措施。

人民法院、人民检察院、公安机关决定对实施家庭暴力的犯罪嫌疑人、被告人取保候审的，为了确保被害人及其子女和特定亲属的安全，可以依照刑事诉讼法第六十九条第二款的规定，责令犯罪嫌疑人、被告人不得再次实施家庭暴力；不得侵扰被害人的生活、工作、学习；不得进行酗酒、赌博等活动；经被害人申请且有必要的，责令不得接近被害人及其未成年子女。

14. 加强自诉案件举证指导。家庭暴力犯罪案件具有案发周期较长、证据难以保存，被害人处于相对弱势、举证能力有限，相关事实难以认定等特点。有些特点在自诉案件中表现得更为突出。因此，人民法院在审理家庭暴力自诉案件时，对于因当事人举证能力不足等原因，难以达到法律规定的证据要求的，应当及时对当事人进行举证指导，告知需要收集的证据及收集证据的方法。对于因客观原因不能取得的证据，当事人申请人民法院调取的，人民法院应当认真审查，认为确有必要的，应当调取。

15. 加大对被害人的法律援助力度。人民检察院自收到移送审查起诉的案件材料之日起三日内，人民法院自受理案件之日起三日内，应当告知被害人及其法定代理人或者近亲属有权委托诉讼代理人，如果经济困难，可以向法律援助机构申请法律援助；对于被害人是未成年人、老年人、重病患者或者残疾人等，因经济困难没有委托诉讼代理人的，人民检察院、人民法院应当帮助其申请法律援助。

法律援助机构应当依法为符合条件的被害人提供法律援助，指派熟悉反家庭暴力法律法规的律师办理案件。

三、定罪处罚

16. 依法准确定罪处罚。对故意杀人、故意伤害、强奸、猥亵儿童、非法拘禁、侮辱、暴力干涉婚姻自由、虐待、遗弃等侵害公民人身权利的家庭暴力犯罪，应当根据犯罪的事实、犯罪的性质、情节和对社会的危害程度，严格依照刑法的有关规定判处。对于同一行为同时触犯多个罪名的，依照处罚较重的规定定罪处罚。

17. 依法惩处虐待犯罪。采取殴打、冻饿、强迫过度劳动、限制人身自由、恐吓、侮辱、谩骂等手段，对家庭成员的身体和精神进行摧残、折磨，是实践中较为多发的虐待性质的家庭暴力。根据司法实践，具有虐待持续时间较长、次数较多；虐待手段残忍；虐待造成被害人轻微伤或者患较严重疾病；对未成年人、老年人、残疾人、孕妇、哺乳期妇女、重病患者实施较为严重的虐待行为等情形，属于刑法第二百六十条第一款规定的虐待"情节恶劣"，应当依法以虐待罪定罪处罚。

准确区分虐待犯罪致人重伤、死亡与故意伤害、故意杀人犯罪致人重伤、死亡的界限，要根据被告人的主观故意、所实施的暴力手段与方式、是否立即或者直接造成被害人伤亡后果等进行综合判断。对于被告人主观上不具有侵害被害人健康或者剥夺被害人生命的故意，而是出于追求被害人肉体和精神上的痛苦，长期或者多次实施虐待行为，逐渐造成被害人身体损害，过失导致被害人重伤或者死亡的；或者因虐待致使被害人不堪忍受而自残、自杀，导致重伤或者死亡的，属于刑法第二百六十条第二款规定的虐待"致使被害人重伤、死亡"，应当以虐待罪定罪处罚。对于被告人虽然实施家庭暴力呈现出经常性、持续性、反复性的特点，但其主观上具有希望或者放任被害人重伤或者死亡的故意，持凶器实施暴力，暴力手段残忍，暴力程度较强，直接或者立即造成被害人重伤或者死亡的，应当以故意伤害罪或者故意杀人罪定罪处罚。

依法惩处遗弃犯罪。负有扶养义务且有扶养能力的人，拒绝扶养年幼、年老、患病或者其他没有独立生活能力的家庭成员，是危害严重的遗弃性质的家庭暴力。根据司法实践，具有对被害人长期不予照顾、不提供生活来源；驱赶、逼迫被害人离家，致使被害人流离失所或者生存困难；遗弃患严重疾病或者生活不能自理的被害人；遗弃致使被害人身体严重损害或者造成其他严重后果等情形，属于刑法第二百六十一条规定的遗弃"情节恶劣"，应当依法以遗弃罪定罪处罚。

准确区分遗弃罪与故意杀人罪的界限，要根据被告人的主观故意、所实施行为的时间与地点、是否立即造成被害人死亡,以及被害人对被告人的依赖程度等进行综合判断。对于只是为了逃避扶养义务,并不希望或者放任被害人死亡,将生活不能自理的被害人弃置在福利院、医院、派出所等单位或者广场、车站等行人较多的场所,希望被害人得到他人救助的,一般以遗弃罪定罪处罚。对于希望或者放任被害人死亡,不履行必要的扶养义务,致使被害人因缺乏生活照料而死亡,或者将生活不能自理的被害人带至荒山野岭等人迹罕至的场所扔弃,使被害人难以得到他人救助的,应当以故意杀人罪定罪处罚。

18. 切实贯彻宽严相济刑事政策。对于实施家庭暴力构成犯罪的,应当根据罪刑法定、罪刑相适应原则,兼顾维护家庭稳定、尊重被害人意愿等因素综合考虑,宽严并用,区别对待。根据司法实践,对于实施家庭暴力手段残忍或者造成严重后果;出于恶意侵占财产等卑劣动机实施家庭暴力;因酗酒、吸毒、赌博等恶习而长期或者多次实施家庭暴力;曾因实施家庭暴力受到刑事处罚、行政处罚;或者具有其他恶劣情形的,可以酌情从重处罚。对于实施家庭暴力犯罪情节较轻,或者被告人真诚悔罪,获得被害人谅解,从轻处罚有利于被扶养人的,可以酌情从轻处罚;对于情节轻微不需要判处刑罚的,人民检察院可以不起诉,人民法院可以判处免予刑事处罚。

对于实施家庭暴力情节显著轻微危害不大不构成犯罪的,应当撤销案件、不起诉,或者宣告无罪。

人民法院、人民检察院、公安机关应当充分运用训诫,责令施暴人保证不再实施家庭暴力,或者向被害人赔礼道歉、赔偿损失等非刑罚处罚措施,加强对施暴人的教育与惩戒。

19. 准确认定对家庭暴力的正当防卫。为了使本人或者他人的人身权利免受不法侵害,对正在进行的家庭暴力采取制止行为,只要符合刑法规定的条件,就应当依法认定为正当防卫,不负刑事责任。防卫行为造成施暴人重伤、死亡,且明显超过必要限度,属于防卫过当,应当负刑事责任,但是应当减轻或者免除处罚。

认定防卫行为是否"明显超过必要限度",应当以足以制止并使防卫人免受家庭暴力不法侵害的需要为标准,根据施暴人正在实施家庭暴力的严重程度、手段的残忍程度、防卫人所处的环境、面临的危险程度、采取的制止暴力的手段、造成施暴人重大损害的程度,以及既往家庭暴力的严重程度等进行综合判断。

20. 充分考虑案件中的防卫因素和过错责任。对于长期遭受家庭暴力后,在激愤、恐惧状态下为了防止再次遭受家庭暴力,或者为了摆脱家庭暴力而故意杀害、伤害施暴人,被告人的行为具有防卫因素,施暴人在案件起因上具有明显过错或者直接责任的,可以酌情从宽处罚。对于因遭受严重家庭暴力,身体、精神受到重大损害而故意杀害施暴人;或者因不堪忍受长期家庭暴力而故意杀害施暴人,犯罪情节不是特别恶劣,手段不是特别残忍的,可以认定为刑法第二百三十二条规定的故意杀人"情节较轻"。在服刑期间确有悔改表现的,可以根据其家庭情况,依法放宽减刑的幅度,缩短减刑的起始时间与间隔时间;符合假释条件的,应当假释。被杀害施暴人的近亲属表示谅解的,在量刑、减刑、假释时应当予以充分考虑。

四、其他措施

21. 充分运用禁止令措施。人民法院对实施家庭暴力构成犯罪被判处管制或者宣告缓刑的犯罪分子，为了确保被害人及其子女和特定亲属的人身安全，可以依照刑法第三十八条第二款、第七十二条第二款的规定，同时禁止犯罪分子再次实施家庭暴力，侵扰被害人的生活、工作、学习，进行酗酒、赌博等活动；经被害人申请且有必要的，禁止接近被害人及其未成年子女。

22. 告知申请撤销施暴人的监护资格。人民法院、人民检察院、公安机关对于监护人实施家庭暴力，严重侵害被监护人合法权益的，在必要时可以告知被监护人及其他有监护资格的人员、单位，向人民法院提出申请，要求撤销监护人资格，依法另行指定监护人。

23. 充分运用人身安全保护措施。人民法院为了保护被害人的人身安全，避免其再次受到家庭暴力的侵害，可以根据申请，依照民事诉讼法等法律的相关规定，作出禁止施暴人再次实施家庭暴力、禁止接近被害人、迁出被害人的住所等内容的裁定。对于施暴人违反裁定的行为，如对被害人进行威胁、恐吓、殴打、伤害、杀害，或者未经被害人同意拒不迁出住所的，人民法院可以根据情节轻重予以罚款、拘留；构成犯罪的，应当依法追究刑事责任。

24. 充分运用社区矫正措施。社区矫正机构对因实施家庭暴力构成犯罪被判处管制、宣告缓刑、假释或者暂予监外执行的犯罪分子，应当依法开展家庭暴力行为矫治，通过制定有针对性的监管、教育和帮助措施，矫正犯罪分子的施暴心理和行为恶习。

25. 加强反家庭暴力宣传教育。人民法院、人民检察院、公安机关、司法行政机关应当结合本部门工作职责，通过以案说法、社区普法、针对重点对象法制教育等多种形式，开展反家庭暴力宣传教育活动，有效预防家庭暴力，促进平等、和睦、文明的家庭关系，维护社会和谐、稳定。

（六）侵犯财产罪

1. 抢劫罪

最高人民法院
关于审理抢劫案件具体应用法律若干问题的解释

法释〔2000〕35号

（2000年11月17日最高人民法院审判委员会第1141次会议通过　2000年11月22日最高人民法院公告公布　自2000年11月28日起施行）

为依法惩处抢劫犯罪活动，根据刑法的有关规定，现就审理抢劫案件具体应用法律的若干问题解释如下：

第一条　刑法第二百六十三条第（一）项规定的"入户抢劫"，是指为实施抢劫行为而进入他人生活的与外界相对隔离的住所，包括封闭的院落、牧民的帐篷、渔民作为家庭生活场所的渔船、为生活租用的房屋等进行抢劫的行为。

对于入户盗窃，因被发现而当场使用暴力或者以暴力相威胁的行为，应当认定为入户抢劫。

第二条　刑法第二百六十三条第（二）项规定的"在公共交通工具上抢劫"，既包括在从事旅客运输的各种公共汽车，大、中型出租车，火车，船只，飞机等正在运营中的机动公共交通工具上对旅客、司售、乘务人员实施的抢劫，也包括对运行途中的机动公共交通工具加以拦截后，对公共交通工具上的人员实施的抢劫。

第三条　刑法第二百六十三条第（三）项规定的"抢劫银行或者其他金融机构"，是指抢劫银行或者其他金融机构的经营资金、有价证券和客户的资金等。

抢劫正在使用中的银行或者其他金融机构的运钞车的，视为"抢劫银行或者其他金融机构"。

第四条　刑法第二百六十三条第（四）项规定的"抢劫数额巨大"的认定标准，参照各地确定的盗窃罪数额巨大的认定标准执行。

第五条　刑法第二百六十三条第（七）项规定的"持枪抢劫"，是指行为人使用枪支或者向被害人显示持有、佩带的枪支进行抢劫的行为。"枪支"的概念和范围，适用

《中华人民共和国枪支管理法》的规定。

第六条 刑法第二百六十七条第二款规定的"携带凶器抢夺",是指行为人随身携带枪支、爆炸物、管制刀具等国家禁止个人携带的器械进行抢夺或者为了实施犯罪而携带其他器械进行抢夺的行为。

最高人民法院
关于印发《关于审理抢劫刑事案件适用法律若干问题的指导意见》的通知

2016年1月6日　　　　　　　　　　　　法发〔2016〕2号

各省、自治区、直辖市高级人民法院,解放军军事法院,新疆维吾尔自治区高级人民法院生产建设兵团分院:

现将《关于审理抢劫刑事案件适用法律若干问题的指导意见》印发给你们,请认真贯彻执行。执行中有何问题,请及时报告我院。

附:

最高人民法院
关于审理抢劫刑事案件适用法律若干问题的指导意见

抢劫犯罪是多发性的侵犯财产和侵犯公民人身权利的犯罪。1997年刑法修订后,最高人民法院先后发布了《关于审理抢劫案件具体应用法律若干问题的解释》(以下简称《抢劫解释》)和《关于审理抢劫、抢夺刑事案件适用法律问题的意见》(以下简称《两抢意见》),对抢劫案件的法律适用作出了规范,发挥了重要的指导作用。但是,抢劫犯罪案件的情况越来越复杂,各级法院在审判过程中不断遇到新情况、新问题。为统一适用法律,根据刑法和司法解释的规定,结合近年来人民法院审理抢劫案件的经验,现对审理抢劫犯罪案件中较为突出的几个法律适用问题和刑事政策把握问题提出如下指导意见:

一、关于审理抢劫刑事案件的基本要求

坚持贯彻宽严相济刑事政策。对于多次结伙抢劫,针对农村留守妇女、儿童及老人等弱势群体实施抢劫,在抢劫中实施强奸等暴力犯罪的,要在法律规定的量刑幅度内从

重判处。

对于罪行严重或者具有累犯情节的抢劫犯罪分子，减刑、假释时应当从严掌握，严格控制减刑的幅度和频度。对因家庭成员就医等特定原因初次实施抢劫，主观恶性和犯罪情节相对较轻的，要与多次抢劫以及为了挥霍、赌博、吸毒等实施抢劫的案件在量刑上有所区分。对于犯罪情节较轻，或者具有法定、酌定从轻、减轻处罚情节的，坚持依法从宽处理。

确保案件审判质量。审理抢劫刑事案件，要严格遵守证据裁判原则，确保事实清楚，证据确实、充分。特别是对因抢劫可能判处死刑的案件，更要切实贯彻执行刑事诉讼法及相关司法解释、司法文件，严格依法审查判断和运用证据，坚决防止冤错案件的发生。

对抢劫刑事案件适用死刑，应当坚持"保留死刑，严格控制和慎重适用死刑"的刑事政策，以最严格的标准和最审慎的态度，确保死刑只适用于极少数罪行极其严重的犯罪分子。对被判处死刑缓期二年执行的抢劫犯罪分子，根据犯罪情节等情况，可以同时决定对其限制减刑。

二、关于抢劫犯罪部分加重处罚情节的认定

1. 认定"入户抢劫"，要注重审查行为人"入户"的目的，将"入户抢劫"与"在户内抢劫"区别开来。以侵害户内人员的人身、财产为目的，入户后实施抢劫，包括入户实施盗窃、诈骗等犯罪而转化为抢劫的，应当认定为"入户抢劫"。因访友办事等原因经户内人员允许入户后，临时起意实施抢劫，或者临时起意实施盗窃、诈骗等犯罪而转化为抢劫的，不应认定为"入户抢劫"。

对于部分时间从事经营、部分时间用于生活起居的场所，行为人在非营业时间强行入内抢劫或者以购物等为名骗开房门入内抢劫的，应认定为"入户抢劫"。对于部分用于经营、部分用于生活且之间有明确隔离的场所，行为人进入生活场所实施抢劫的，应认定为"入户抢劫"；如场所之间没有明确隔离，行为人在营业时间入内实施抢劫的，不认定为"入户抢劫"，但在非营业时间入内实施抢劫的，应认定为"入户抢劫"。

2. "公共交通工具"，包括从事旅客运输的各种公共汽车，大、中型出租车，火车，地铁，轻轨，轮船，飞机等，不含小型出租车。对于虽不具有商业营运执照，但实际从事旅客运输的大、中型交通工具，可认定为"公共交通工具"。接送职工的单位班车、接送师生的校车等大、中型交通工具，视为"公共交通工具"。

"在公共交通工具上抢劫"，既包括在处于运营状态的公共交通工具上对旅客及司售、乘务人员实施抢劫，也包括拦截运营途中的公共交通工具对旅客及司售、乘务人员实施抢劫，但不包括在未运营的公共交通工具上针对司售、乘务人员实施抢劫。以暴力、胁迫或者麻醉等手段对公共交通工具上的特定人员实施抢劫的，一般应认定为"在公共交通工具上抢劫"。

3. 认定"抢劫数额巨大"，参照各地认定盗窃罪数额巨大的标准执行。抢劫数额以实际抢劫到的财物数额为依据。对以数额巨大的财物为明确目标，由于意志以外的原因，未能抢到财物或实际抢得的财物数额不大的，应同时认定"抢劫数额巨大"和犯罪未遂的情节，根据刑法有关规定，结合未遂犯的处理原则量刑。

根据《两抢意见》第六条第一款规定，抢劫信用卡后使用、消费的，以行为人实际使用、消费的数额为抢劫数额。由于行为人意志以外的原因无法实际使用、消费的部分，虽不计入抢劫数额，但应作为量刑情节考虑。通过银行转账或者电子支付、手机银行等支付平台获取抢劫财物的，以行为人实际获取的财物为抢劫数额。

4. 认定"冒充军警人员抢劫"，要注重对行为人是否穿着军警制服、携带枪支、是否出示军警证件等情节进行综合审查，判断是否足以使他人误以为是军警人员。对于行为人仅穿着类似军警的服装或仅以言语宣称系军警人员但未携带枪支、也未出示军警证件而实施抢劫的，要结合抢劫地点、时间、暴力或威胁的具体情形，依照常人判断标准，确定是否认定为"冒充军警人员抢劫"。

军警人员利用自身的真实身份实施抢劫的，不认定为"冒充军警人员抢劫"，应依法从重处罚。

三、关于转化型抢劫犯罪的认定

根据刑法第二百六十九条的规定，"犯盗窃、诈骗、抢夺罪，为窝藏赃物、抗拒抓捕或者毁灭罪证而当场使用暴力或者以暴力相威胁的"，依照抢劫罪定罪处罚。"犯盗窃、诈骗、抢夺罪"，主要是指行为人已经着手实施盗窃、诈骗、抢夺行为，一般不考察盗窃、诈骗、抢夺行为是否既遂。但是所涉财物数额明显低于"数额较大"的标准，又不具有《两抢意见》第五条所列五种情节之一的，不构成抢劫罪。"当场"是指在盗窃、诈骗、抢夺的现场以及行为人刚离开现场即被他人发现并抓捕的情形。

对于以摆脱的方式逃脱抓捕，暴力强度较小，未造成轻伤以上后果的，可不认定为"使用暴力"，不以抢劫罪论处。

入户或者在公共交通工具上盗窃、诈骗、抢夺后，为了窝藏赃物、抗拒抓捕或者毁灭罪证，在户内或者公共交通工具上当场使用暴力或者以暴力相威胁的，构成"入户抢劫"或者"在公共交通工具上抢劫"。

两人以上共同实施盗窃、诈骗、抢夺犯罪，其中部分行为人为窝藏赃物、抗拒抓捕或者毁灭罪证而当场使用暴力或者以暴力相威胁的，对于其余行为人是否以抢劫罪共犯论处，主要看其对实施暴力或者以暴力相威胁的行为人是否形成共同犯意、提供帮助。基于一定意思联络，对实施暴力或者以暴力相威胁的行为人提供帮助或实际成为帮凶的，可以抢劫共犯论处。

四、具有法定八种加重处罚情节的刑罚适用

1. 根据刑法第二百六十三条的规定，具有"抢劫致人重伤、死亡"等八种法定加重处罚情节的，处十年以上有期徒刑、无期徒刑或者死刑，并处罚金或者没收财产。应当根据抢劫的次数及数额、抢劫对人身的损害、对社会治安的危害等情况，结合被告人的主观恶性及人身危险程度，并根据量刑规范化的有关规定，确定具体的刑罚。判处无期徒刑以上刑罚的，一般应并处没收财产。

2. 具有下列情形之一的，可以判处无期徒刑以上刑罚：

(1) 抢劫致三人以上重伤，或者致人重伤造成严重残疾的；
(2) 在抢劫过程中故意杀害他人，或者故意伤害他人，致人死亡的；
(3) 具有除"抢劫致人重伤、死亡"外的两种以上加重处罚情节，或者抢劫次数特别多、抢劫数额特别巨大的。

3. 为劫取财物而预谋故意杀人，或者在劫取财物过程中为制服被害人反抗、抗拒抓捕而杀害被害人，且被告人无法定从宽处罚情节的，可依法判处死刑立即执行。对具有自首、立功等法定从轻处罚情节的，判处死刑立即执行应当慎重。对于采取故意杀人以外的其他手段实施抢劫并致人死亡的案件，要从犯罪的动机、预谋、实行行为等方面分析被告人主观恶性的大小，并从有无前科及平时表现、认罪悔罪情况等方面判断被告人的人身危险程度，不能不加区别，仅以出现被害人死亡的后果，一律判处死刑立即执行。

4. 抢劫致人重伤案件适用死刑，应当更加慎重、更加严格，除非具有采取极其残忍的手段造成被害人严重残疾等特别恶劣的情节或者造成特别严重后果的，一般不判处死刑立即执行。

5. 具有刑法第二百六十三条规定的"抢劫致人重伤、死亡"以外其他七种加重处罚情节，且犯罪情节特别恶劣、危害后果特别严重的，可依法判处死刑立即执行。认定"情节特别恶劣、危害后果特别严重"，应当从严掌握，适用死刑必须非常慎重、非常严格。

五、抢劫共同犯罪的刑罚适用

1. 审理抢劫共同犯罪案件，应当充分考虑共同犯罪的情节及后果、共同犯罪人在抢劫中的作用以及被告人的主观恶性、人身危险性等情节，做到准确认定主从犯，分清罪责，以责定刑，罚当其罪。一案中有两名以上主犯的，要从犯罪提意、预谋、准备、行为实施、赃物处理等方面区分出罪责最大者和较大者；有两名以上从犯的，要在从犯中区分出罪责相对更轻者和较轻者。对从犯的处罚，要根据案件的具体事实、从犯的罪责，确定从轻还是减轻处罚。对具有自首、立功或者未成年人且初次抢劫等情节的从犯，可以依法免除处罚。

2. 对于共同抢劫致一人死亡的案件，依法应当判处死刑的，除犯罪手段特别残忍、情节及后果特别严重、社会影响特别恶劣、严重危害社会治安的外，一般只对共同抢劫犯罪中作用最突出、罪行最严重的那名主犯判处死刑立即执行。罪行最严重的主犯如因系未成年人而不适用死刑，或者因具有自首、立功等法定从宽处罚情节而不判处死刑立即执行的，不能不加区别地对其他主犯判处死刑立即执行。

3. 在抢劫共同犯罪案件中，有同案犯在逃的，应当根据现有证据尽量分清在押犯与在逃犯的罪责，对在押犯应按其罪责处刑。罪责确实难以分清，或者不排除在押犯的罪责可能轻于在逃犯的，对在押犯适用刑罚应当留有余地，判处死刑立即执行要格外慎重。

六、累犯等情节的适用

根据刑法第六十五条第一款的规定,对累犯应当从重处罚。抢劫犯罪被告人具有累犯情节的,适用刑罚时要综合考虑犯罪的情节和后果,所犯前后罪的性质、间隔时间及判刑轻重等情况,决定从重处罚的力度。对于前罪系抢劫等严重暴力犯罪的累犯,应当依法加大从重处罚的力度。对于虽不构成累犯,但具有抢劫犯罪前科的,一般不适用减轻处罚和缓刑。对于可能判处死刑的罪犯具有累犯情节的也应慎重,不能只要是累犯就一律判处死刑立即执行;被告人同时具有累犯和法定从宽处罚情节的,判处死刑立即执行应当综合考虑,从严掌握。

七、关于抢劫案件附带民事赔偿的处理原则

要妥善处理抢劫案件附带民事赔偿工作。审理抢劫刑事案件,一般情况下人民法院不主动开展附带民事调解工作。但是,对于犯罪情节不是特别恶劣或者被害方生活、医疗陷入困境,被告人与被害方自行达成民事赔偿和解协议的,民事赔偿情况可作为评价被告人悔罪态度的依据之一,在量刑上酌情予以考虑。

最高人民法院
印发《关于审理抢劫、抢夺刑事案件适用法律若干问题的意见》的通知

2005年6月8日　　　　　　　　　　　　　　法发〔2005〕8号

各省、自治区、直辖市高级人民法院,解放军军事法院,新疆维吾尔自治区高级人民法院生产建设兵团分院:

现将《最高人民法院关于审理抢劫、抢夺刑事案件适用法律若干问题的意见》印发,供参照执行。执行中有什么问题,请及时报告我院。

附:

关于审理抢劫、抢夺刑事案件适用法律若干问题的意见

抢劫、抢夺是多发性的侵犯财产犯罪。1997年刑法修订后,为了更好地指导审判工作,最高人民法院先后发布了《关于审理抢劫案件具体应用法律若干问题的解释》

（以下简称《抢劫解释》）和《关于审理抢夺刑事案件具体应用法律若干问题的解释》（以下简称《抢夺解释》）。但是，抢劫、抢夺犯罪案件的情况比较复杂，各地法院在审判过程中仍然遇到了不少新情况、新问题。为准确、统一适用法律，现对审理抢劫、抢夺犯罪案件中较为突出的几个法律适用问题，提出意见如下：

一、关于"入户抢劫"的认定

根据《抢劫解释》第一条规定，认定"入户抢劫"时，应当注意以下三个问题：一是"户"的范围。"户"在这里是指住所，其特征表现为供他人家庭生活和与外界相对隔离两个方面，前者为功能特征，后者为场所特征。一般情况下，集体宿舍、旅店宾馆、临时搭建工棚等不应认定为"户"，但在特定情况下，如果确实具有上述两个特征的，也可以认定为"户"。二是"入户"目的的非法性。进入他人住所须以实施抢劫等犯罪为目的。抢劫行为虽然发生在户内，但行为人不以实施抢劫等犯罪为目的进入他人住所，而是在户内临时起意实施抢劫的，不属于"入户抢劫"。三是暴力或者暴力胁迫行为必须发生在户内。入户实施盗窃被发现，行为人为窝藏赃物、抗拒抓捕或者毁灭罪证而当场使用暴力或者以暴力相威胁的，如果暴力或者暴力胁迫行为发生在户内，可以认定为"入户抢劫"；如果发生在户外，不能认定为"入户抢劫"。

二、关于"在公共交通工具上抢劫"的认定

公共交通工具承载的旅客具有不特定多数人的特点。根据《抢劫解释》第二条规定，"在公共交通工具上抢劫"主要是指在从事旅客运输的各种公共汽车、大、中型出租车、火车、船只、飞机等正在运营中的机动公共交通工具上对旅客、司售、乘务人员实施的抢劫。在未运营中的大、中型公共交通工具上针对司售、乘务人员抢劫的，或者在小型出租车上抢劫的，不属于"在公共交通工具上抢劫"。

三、关于"多次抢劫"的认定

刑法第二百六十三条第（四）项中的"多次抢劫"是指抢劫三次以上。

对于"多次"的认定，应以行为人实施的每一次抢劫行为均已构成犯罪为前提，综合考虑犯罪故意的产生、犯罪行为实施的时间、地点等因素，客观分析、认定。对于行为人基于一个犯意实施犯罪的，如在同一地点同时对在场的多人实施抢劫的；或基于同一犯意在同一地点实施连续抢劫犯罪的，如在同一地点连续地对途经此地的多人进行抢劫的；或在一次犯罪中对一栋居民楼房中的几户居民连续实施入户抢劫的，一般应认定为一次犯罪。

四、关于"携带凶器抢夺"的认定

《抢劫解释》第六条规定，"携带凶器抢夺"，是指行为人随身携带枪支、爆炸物、管制刀具等国家禁止个人携带的器械进行抢夺或者为了实施犯罪而携带其他器械进行抢夺的行为。行为人随身携带国家禁止个人携带的器械以外的其他器械抢夺，但有证据证明该器械确实不是为了实施犯罪准备的，不以抢劫罪定罪；行为人将随身携带凶器有意加以显示、能为被害人察觉到的，直接适用刑法第二百六十三条的规定定罪处罚；行为人携带凶器抢夺后，在逃跑过程中为窝藏赃物、抗拒抓捕或者毁灭罪证而当场使用暴力或者以暴力相威胁的，适用刑法第二百六十七条第二款的规定定罪处罚。

五、关于转化抢劫的认定

行为人实施盗窃、诈骗、抢夺行为，未达到"数额较大"，为窝藏赃物、抗拒抓捕或者毁灭罪证当场使用暴力或者以暴力相威胁，情节较轻、危害不大的，一般不以犯罪论处；但具有下列情节之一的，可依照刑法第二百六十九条的规定，以抢劫罪定罪处罚：

（1）盗窃、诈骗、抢夺接近"数额较大"标准的；
（2）入户或在公共交通工具上盗窃、诈骗、抢夺后在户外或交通工具外实施上述行为的；
（3）使用暴力致人轻微伤以上后果的；
（4）使用凶器或以凶器相威胁的；
（5）具有其他严重情节的。

六、关于抢劫犯罪数额的计算

抢劫信用卡后使用、消费的，其实际使用、消费的数额为抢劫数额；抢劫信用卡后未实际使用、消费的，不计数额，根据情节轻重量刑。所抢信用卡数额巨大，但未实际使用、消费或者实际使用、消费的数额未达到巨大标准的，不适用"抢劫数额巨大"的法定刑。

为抢劫其他财物，劫取机动车辆当作犯罪工具或者逃跑工具使用的，被劫取机动车辆的价值计入抢劫数额；为实施抢劫以外的其他犯罪劫取机动车辆的，以抢劫罪和实施的其他犯罪实行数罪并罚。

抢劫存折、机动车辆的数额计算，参照执行《关于审理盗窃案件具体应用法律若干问题的解释》的相关规定。

七、关于抢劫特定财物行为的定性

以毒品、假币、淫秽物品等违禁品为对象，实施抢劫的，以抢劫罪定罪；抢劫的违禁品数量作为量刑情节予以考虑。抢劫违禁品后又以违禁品实施其他犯罪的，应以抢劫罪与具体实施的其他犯罪实行数罪并罚。

抢劫赌资、犯罪所得的赃款赃物的，以抢劫罪定罪，但行为人仅以其所输赌资或所赢赌债为抢劫对象，一般不以抢劫罪定罪处罚。构成其他犯罪的，依照刑法的相关规定处罚。

为个人使用，以暴力、胁迫等手段取得家庭成员或近亲属财产的，一般不以抢劫罪定罪处罚，构成其他犯罪的，依照刑法的相关规定处理；教唆或者伙同他人采取暴力、胁迫等手段劫取家庭成员或近亲属财产的，可以抢劫罪定罪处罚。

八、关于抢劫罪数的认定

行为人实施伤害、强奸等犯罪行为，在被害人未失去知觉，利用被害人不能反抗、不敢反抗的处境，临时起意劫取他人财物的，应以此前所实施的具体犯罪与抢劫罪实行数罪并罚；在被害人失去知觉或者没有发觉的情形下，以及实施故意杀人犯罪行为之后，临时起意拿走他人财物的，应以此前所实施的具体犯罪与盗窃罪实行数罪并罚。

九、关于抢劫罪与相似犯罪的界限

1. 冒充正在执行公务的人民警察、联防人员，以抓卖淫嫖娼、赌博等违法行为为名非法占有财物的行为定性

行为人冒充正在执行公务的人民警察"抓赌"、"抓嫖"，没收赌资或者罚款的行为，构成犯罪的，以招摇撞骗罪从重处罚；在实施上述行为中使用暴力或者暴力威胁的，以抢劫罪定罪处罚。行为人冒充治安联防队员"抓赌"、"抓嫖"，没收赌资或者罚款的行为，构成犯罪的，以敲诈勒索罪定罪处罚；在实施上述行为中使用暴力或者暴力威胁的，以抢劫罪定罪处罚。

2. 以暴力、胁迫手段索取超出正常交易价钱、费用的钱财的行为定性

从事正常商品买卖、交易或者劳动服务的人，以暴力、胁迫手段迫使他人交出与合理价钱、费用相差不大钱物，情节严重的，以强迫交易罪定罪处罚；以非法占有为目的，以买卖、交易、服务为幌子采用暴力、胁迫手段迫使他人交出与合理价钱、费用相差悬殊的钱物的，以抢劫罪定罪处刑。在具体认定时，既要考虑超出合理价钱、费用的绝对数额，还要考虑超出合理价钱、费用的比例，加以综合判断。

3. 抢劫罪与绑架罪的界限

绑架罪是侵害他人人身自由权利的犯罪，其与抢劫罪的区别在于：第一，主观方面不尽相同。抢劫罪中，行为人一般出于非法占有他人财物的故意实施抢劫行为，绑架罪中，行为人既可能为勒索他人财物而实施绑架行为，也可能出于其他非经济目的实施绑架行为；第二，行为手段不尽相同。抢劫罪表现为行为人劫取财物一般应在同一时间、同一地点，具有"当场性"；绑架罪表现为行为人以杀害、伤害等方式向被绑架人的亲属或其他人或单位发出威胁，索取赎金或提出其他非法要求，劫取财物一般不具有"当场性"。

绑架过程中又当场劫取被害人随身携带财物的，同时触犯绑架罪和抢劫罪两罪名，应择一重罪定罪处罚。

4. 抢劫罪与寻衅滋事罪的界限

寻衅滋事罪是严重扰乱社会秩序的犯罪，行为人实施寻衅滋事的行为时，客观上也可能表现为强拿硬要公私财物的特征。这种强拿硬要的行为与抢劫罪的区别在于：前者行为人主观上还具有逞强好胜和通过强拿硬要来填补其精神空虚等目的，后者行为人一般只具有非法占有他人财物的目的；前者行为人客观上一般不以严重侵犯他人人身权利的方法强拿硬要财物，而后者行为人则以暴力、胁迫等方式作为劫取他人财物的手段。司法实践中，对于未成年人使用或威胁使用轻微暴力强抢少量财物的行为，一般不宜以

抢劫罪定罪处罚。其行为符合寻衅滋事罪特征的，可以寻衅滋事罪定罪处罚。

5. 抢劫罪与故意伤害罪的界限

行为人为索取债务，使用暴力、暴力威胁等手段的，一般不以抢劫罪定罪处罚。构成故意伤害等其他犯罪的，依照刑法第二百三十四条等规定处罚。

十、抢劫罪的既遂、未遂的认定

抢劫罪侵犯的是复杂客体，既侵犯财产权利又侵犯人身权利，具备劫取财物或者造成他人轻伤以上后果两者之一的，均属抢劫既遂；既未劫取财物，又未造成他人人身伤害后果的，属抢劫未遂。据此，刑法第二百六十三条规定的八种处罚情节中除"抢劫致人重伤、死亡的"这一结果加重情节之外，其余七种处罚情节同样存在既遂、未遂问题，其中属抢劫未遂的，应当根据刑法关于加重情节的法定刑规定，结合未遂犯的处理原则量刑。

十一、驾驶机动车、非机动车夺取他人财物行为的定性

对于驾驶机动车、非机动车（以下简称"驾驶车辆"）夺取他人财物的，一般以抢夺罪从重处罚。但具有下列情形之一，应当以抢劫罪定罪处罚：

(1) 驾驶车辆，逼挤、撞击或强行逼倒他人以排除他人反抗，乘机夺取财物的；

(2) 驾驶车辆强抢财物时，因被害人不放手而采取强拉硬拽方法劫取财物的；

(3) 行为人明知其驾驶车辆强行夺取他人财物的手段会造成他人伤亡的后果，仍然强行夺取并放任造成财物持有人轻伤以上后果的。

最高人民法院
关于抢劫过程中故意杀人案件如何定罪问题的批复

法释〔2001〕16号

(2001年5月22日最高人民法院审判委员会第1176次会议通过 2001年5月23日最高人民法院公告公布 自2001年5月26日起施行)

上海市高级人民法院：

你院沪高法〔2000〕117号《关于抢劫过程中故意杀人案件定性问题的请示》收悉。经研究，答复如下：

行为人为劫取财物而预谋故意杀人，或者在劫取财物过程中，为制服被害人反抗而故意杀人的，以抢劫罪定罪处罚。

行为人实施抢劫后，为灭口而故意杀人的，以抢劫罪和故意杀人罪定罪，实行数罪

并罚。

此复。

最高人民法院研究室
关于对非法占有强迫他人卖血所得款物案件如何定性问题的意见函

(1995年10月23日)

最高人民检察院研究室:

你室送来的《关于征求对非法占有强迫他人卖血所得款物案件定性意见的函》已收悉。经研究,我们认为,被告人以非法占有为目的,强迫被害人卖血后占有卖血所得款物的行为,构成抢劫罪;其间实施的非法剥夺被害人人身自由的行为,应作为抢劫罪从重处罚的情节予以考虑。

以上意见,仅供参考。

2. 盗窃罪

最高人民法院 最高人民检察院
关于办理盗窃刑事案件适用法律若干问题的解释

法释〔2013〕8号

(2013年3月8日最高人民法院审判委员会第1571次会议、
2013年3月18日最高人民检察院第十二届检察委员会
第1次会议通过 2013年4月2日最高人民法院、
最高人民检察院公告公布 自2013年4月4日起施行)

为依法惩治盗窃犯罪活动,保护公私财产,根据《中华人民共和国刑法》、《中华人民共和国刑事诉讼法》的有关规定,现就办理盗窃刑事案件适用法律的若干问题解释如下:

第一条 盗窃公私财物价值一千元至三千元以上、三万元至十万元以上、三十万元至五十万元以上的,应当分别认定为刑法第二百六十四条规定的"数额较大"、"数额巨大"、"数额特别巨大"。

各省、自治区、直辖市高级人民法院、人民检察院可以根据本地区经济发展状况,并考虑社会治安状况,在前款规定的数额幅度内,确定本地区执行的具体数额标准,报最高人民法院、最高人民检察院批准。

在跨地区运行的公共交通工具上盗窃,盗窃地点无法查证的,盗窃数额是否达到"数额较大"、"数额巨大"、"数额特别巨大",应当根据受理案件所在地省、自治区、直辖市高级人民法院、人民检察院确定的有关数额标准认定。

盗窃毒品等违禁品,应当按照盗窃罪处理的,根据情节轻重量刑。

第二条 盗窃公私财物,具有下列情形之一的,"数额较大"的标准可以按照前条规定标准的百分之五十确定:

(一)曾因盗窃受过刑事处罚的;
(二)一年内曾因盗窃受过行政处罚的;
(三)组织、控制未成年人盗窃的;
(四)自然灾害、事故灾害、社会安全事件等突发事件期间,在事件发生地盗窃的;
(五)盗窃残疾人、孤寡老人、丧失劳动能力人的财物的;
(六)在医院盗窃病人或者其亲友财物的;
(七)盗窃救灾、抢险、防汛、优抚、扶贫、移民、救济款物的;
(八)因盗窃造成严重后果的。

第三条 二年内盗窃三次以上的,应当认定为"多次盗窃"。

非法进入供他人家庭生活,与外界相对隔离的住所盗窃的,应当认定为"入户盗窃"。

携带枪支、爆炸物、管制刀具等国家禁止个人携带的器械盗窃,或者为了实施违法犯罪携带其他足以危害他人人身安全的器械盗窃的,应当认定为"携带凶器盗窃"。

在公共场所或者公共交通工具上盗窃他人随身携带的财物的,应当认定为"扒窃"。

第四条 盗窃的数额,按照下列方法认定:

(一)被盗财物有有效价格证明的,根据有效价格证明认定;无有效价格证明,或者根据价格证明认定盗窃数额明显不合理的,应当按照有关规定委托估价机构估价;

(二)盗窃外币的,按照盗窃时中国外汇交易中心或者中国人民银行授权机构公布的人民币对该货币的中间价折合成人民币计算;中国外汇交易中心或者中国人民银行授权机构未公布汇率中间价的外币,按照盗窃时境内银行人民币对该货币的中间价折算成人民币,或者该货币在境内银行、国际外汇市场对美元汇率,与人民币对美元汇率中间价进行套算;

(三)盗窃电力、燃气、自来水等财物,盗窃数量能够查实的,按照查实的数量计算盗窃数额;盗窃数量无法查实的,以盗窃前六个月月均正常用量减去盗窃后计量仪表显示的月均用量推算盗窃数额;盗窃前正常使用不足六个月的,按照正常使用期间的月均用量减去盗窃后计量仪表显示的月均用量推算盗窃数额;

(四)明知是盗接他人通信线路、复制他人电信码号的电信设备、设施而使用的,按照合法用户为其支付的费用认定盗窃数额；无法直接确认的，以合法用户的电信设备、设施被盗接、复制后的月缴费额减去被盗接、复制前六个月的月均电话费推算盗窃数额；合法用户使用电信设备、设施不足六个月的，按照实际使用的月均电话费推算盗窃数额；

（五）盗接他人通信线路、复制他人电信码号出售的，按照销赃数额认定盗窃数额。

盗窃行为给失主造成的损失大于盗窃数额的，损失数额可以作为量刑情节考虑。

第五条 盗窃有价支付凭证、有价证券、有价票证的，按照下列方法认定盗窃数额：

（一）盗窃不记名、不挂失的有价支付凭证、有价证券、有价票证的，应当按票面数额和盗窃时应得的孳息、奖金或者奖品等可得收益一并计算盗窃数额；

（二）盗窃记名的有价支付凭证、有价证券、有价票证，已经兑现的，按照兑现部分的财物价值计算盗窃数额；没有兑现，但失主无法通过挂失、补领、补办手续等方式避免损失的，按照给失主造成的实际损失计算盗窃数额。

第六条 盗窃公私财物，具有本解释第二条第三项至第八项规定情形之一，或者入户盗窃、携带凶器盗窃，数额达到本解释第一条规定的"数额巨大"、"数额特别巨大"百分之五十的，可以分别认定为刑法第二百六十四条规定的"其他严重情节"或者"其他特别严重情节"。

第七条 盗窃公私财物数额较大，行为人认罪、悔罪、退赃、退赔，且具有下列情形之一，情节轻微的，可以不起诉或者免予刑事处罚；必要时，由有关部门予以行政处罚：

（一）具有法定从宽处罚情节的；

（二）没有参与分赃或者获赃较少且不是主犯的；

（三）被害人谅解的；

（四）其他情节轻微、危害不大的。

第八条 偷拿家庭成员或者近亲属的财物，获得谅解的，一般可以不认为是犯罪；追究刑事责任的，应当酌情从宽。

第九条 盗窃国有馆藏一般文物、三级文物、二级以上文物的，应当分别认定为刑法第二百六十四条规定的"数额较大"、"数额巨大"、"数额特别巨大"。

盗窃多件不同等级国有馆藏文物的，三件同级文物可以视为一件高一级文物。

盗窃民间收藏的文物的，根据本解释第四条第一款第一项的规定认定盗窃数额。

第十条 偷开他人机动车的，按照下列规定处理：

（一）偷开机动车，导致车辆丢失的，以盗窃罪定罪处罚；

（二）为盗窃其他财物，偷开机动车作为犯罪工具使用后非法占有车辆，或者将车辆遗弃导致丢失的，被盗车辆的价值计入盗窃数额；

（三）为实施其他犯罪，偷开机动车作为犯罪工具使用后非法占有车辆，或者将车辆遗弃导致丢失的，以盗窃罪和其他犯罪数罪并罚；将车辆送回未造成丢失的，按照其所实施的其他犯罪从重处罚。

第十一条 盗窃公私财物并造成财物损毁的，按照下列规定处理：

(一) 采用破坏性手段盗窃公私财物,造成其他财物损毁的,以盗窃罪从重处罚;同时构成盗窃罪和其他犯罪的,择一重罪从重处罚;

(二) 实施盗窃犯罪后,为掩盖罪行或者报复等,故意毁坏其他财物构成犯罪的,以盗窃罪和构成的其他犯罪数罪并罚;

(三) 盗窃行为未构成犯罪,但损毁财物构成其他犯罪的,以其他犯罪定罪处罚。

第十二条 盗窃未遂,具有下列情形之一的,应当依法追究刑事责任:

(一) 以数额巨大的财物为盗窃目标的;

(二) 以珍贵文物为盗窃目标的;

(三) 其他情节严重的情形。

盗窃既有既遂,又有未遂,分别达到不同量刑幅度的,依照处罚较重的规定处罚;达到同一量刑幅度的,以盗窃罪既遂处罚。

第十三条 单位组织、指使盗窃,符合刑法第二百六十四条及本解释有关规定的,以盗窃罪追究组织者、指使者、直接实施者的刑事责任。

第十四条 因犯盗窃罪,依法判处罚金刑的,应当在一千元以上盗窃数额的二倍以下判处罚金;没有盗窃数额或者盗窃数额无法计算的,应当在一千元以上十万元以下判处罚金。

第十五条 本解释发布实施后,最高人民法院《关于审理盗窃案件具体应用法律若干问题的解释》(法释〔1998〕4号)同时废止;之前发布的司法解释和规范性文件与本解释不一致的,以本解释为准。

最高人民法院研究室
关于盗用他人长话账号案件如何定性问题的复函

(1991年9月14日)

公安部法制司:

你司8月16日函询我们对盗用他人长话账号行为的定性意见。经研究,我们认为,这类案件一般来说符合盗窃罪的特征。但是,由于这类案件情况比较复杂,是否都追究刑事责任,还要具体案件具体分析。

以上意见,供参考。

附:

公安部法制司
关于盗用他人长话账号案件如何定性的函

(1991年8月26日)

最高人民法院研究室:

最近安徽省公安厅就一起盗用他人长话账号案件如何定性问题请示我部。基本案情如下:被告人葛春生,男,26岁,劳改释放人员,现无业。葛春生从一朋友处知道被害人年经宝的长话账号。1991年1月至6月间,葛春生用此账号多次给香港的妻子打长途电话,用去被害人电话费6000余元。

安徽省公安厅对此案有两种看法:一是认为构成盗窃罪;二是认为构成诈骗罪。经研究我们倾向于第一种意见。因为第一,所谓诈骗的行为是指被告人采用欺骗的手法使账号所有人产生错觉,而主动提供其使用,是受骗上当的结果。这是盗窃罪与诈骗罪的主要区别。而此案中的被告人并未向邮电局提供假账号,或者采用欺诈方法占有他人财物,而是采用盗用他人账号的方法实施犯罪,实际被侵害的对象是账号被盗用的人,因此不构成诈骗罪;第二,被告人的行为基本符合盗窃罪的特征,有占有他人财产的故意,客观上使被害人遭受了损失,并有秘密窃取的行为,此案与其他盗窃案不同的是行为方式上有一些不同,所以可以考虑按盗窃罪来处理。此案系实际执法中遇到的新情况,定性问题我们也拿不准,故送你院征求意见,望尽快答复。

最高人民法院　最高人民检察院
关于办理盗窃油气、破坏油气设备等刑事
案件具体应用法律若干问题的解释

法释〔2007〕3号

（2006年11月20日最高人民法院审判委员会第1406次会议、2006年12月11日最高人民检察院第十届检察委员会第66次会议通过　2007年1月15日最高人民法院、最高人民检察院公告公布　自2007年1月19日起施行）

为维护油气的生产、运输安全，依法惩治盗窃油气、破坏油气设备等犯罪，根据刑法有关规定，现就办理这类刑事案件具体应用法律的若干问题解释如下：

第一条　在实施盗窃油气等行为过程中，采用切割、打孔、撬砸、拆卸、开关等手段破坏正在使用的油气设备的，属于刑法第一百一十八条规定的"破坏燃气或者其他易燃易爆设备"的行为；危害公共安全，尚未造成严重后果的，依照刑法第一百一十八条的规定定罪处罚。

第二条　实施本解释第一条规定的行为，具有下列情形之一的，属于刑法第一百一十九条第一款规定的"造成严重后果"，依照刑法第一百一十九条第一款的规定定罪处罚：

（一）造成一人以上死亡、三人以上重伤或者十人以上轻伤的；

（二）造成井喷或者重大环境污染事故的；

（三）造成直接经济损失数额在五十万元以上的；

（四）造成其他严重后果的。

第三条　盗窃油气或者正在使用的油气设备，构成犯罪，但未危害公共安全的，依照刑法第二百六十四条的规定，以盗窃罪定罪处罚。

盗窃油气，数额巨大但尚未运离现场的，以盗窃未遂定罪处罚。

为他人盗窃油气而偷开油气井、油气管道等油气设备阀门排放油气或者提供其他帮助的，以盗窃罪的共犯定罪处罚。

第四条　盗窃油气同时构成盗窃罪和破坏易燃易爆设备罪的，依照刑法处罚较重的规定定罪处罚。

第五条　明知是盗窃犯罪所得的油气或者油气设备，而予以窝藏、转移、收购、加工、代为销售或者以其他方法掩饰、隐瞒的，依照刑法第三百一十二条的规定定罪处罚。

实施前款规定的犯罪行为，事前通谋的，以盗窃犯罪的共犯定罪处罚。

第六条 违反矿产资源法的规定，非法开采或者破坏性开采石油、天然气资源的，依照刑法第三百四十三条以及《最高人民法院关于审理非法采矿、破坏性采矿刑事案件具体应用法律若干问题的解释》的规定追究刑事责任。

第七条 国家机关工作人员滥用职权或者玩忽职守，实施下列行为之一，致使公共财产、国家和人民利益遭受重大损失的，依照刑法第三百九十七条的规定，以滥用职权罪或者玩忽职守罪定罪处罚：

（一）超越职权范围，批准发放石油、天然气勘查、开采、加工、经营等许可证的；

（二）违反国家规定，给不符合法定条件的单位、个人发放石油、天然气勘查、开采、加工、经营等许可证的；

（三）违反《石油天然气管道保护条例》等国家规定，在油气设备安全保护范围内批准建设项目的；

（四）对发现或者经举报查实的未经依法批准、许可擅自从事石油、天然气勘查、开采、加工、经营等违法活动不予查封、取缔的。

第八条 本解释所称的"油气"，是指石油、天然气。其中，石油包括原油、成品油；天然气包括煤层气。

本解释所称"油气设备"，是指用于石油、天然气生产、储存、运输等易燃易爆设备。

最高人民法院 最高人民检察院
关于办理与盗窃、抢劫、诈骗、抢夺机动车相关刑事案件具体应用法律若干问题的解释

法释〔2007〕11号

（2006年12月25日最高人民法院审判委员会第1411次会议、2007年2月14日最高人民检察院第十届检察委员会第71次会议通过 2007年5月9日最高人民法院、最高人民检察院公告公布 自2007年5月11日起施行）

为依法惩治与盗窃、抢劫、诈骗、抢夺机动车相关的犯罪活动，根据刑法、刑事诉讼法等有关法律的规定，现对办理这类案件具体应用法律的若干问题解释如下：

第一条 明知是盗窃、抢劫、诈骗、抢夺的机动车，实施下列行为之一的，依照刑法第三百一十二条的规定，以掩饰、隐瞒犯罪所得、犯罪所得收益罪定罪，处三年以下有期徒刑、拘役或者管制，并处或者单处罚金：

（一）买卖、介绍买卖、典当、拍卖、抵押或者用其抵债的；

（二）拆解、拼装或者组装的；

（三）修改发动机号、车辆识别代号的；
（四）更改车身颜色或者车辆外形的；
（五）提供或者出售机动车来历凭证、整车合格证、号牌以及有关机动车的其他证明和凭证的；
（六）提供或者出售伪造、变造的机动车来历凭证、整车合格证、号牌以及有关机动车的其他证明和凭证的。

实施第一款规定的行为涉及盗窃、抢劫、诈骗、抢夺的机动车五辆以上或者价值总额达到五十万元以上的，属于刑法第三百一十二条规定的"情节严重"，处三年以上七年以下有期徒刑，并处罚金。

第二条 伪造、变造、买卖机动车行驶证、登记证书，累计三本以上的，依照刑法第二百八十条第一款的规定，以伪造、变造、买卖国家机关证件罪定罪，处三年以下有期徒刑、拘役、管制或者剥夺政治权利。

伪造、变造、买卖机动车行驶证、登记证书，累计达到第一款规定数量标准五倍以上的，属于刑法第二百八十条第一款规定中的"情节严重"，处三年以上十年以下有期徒刑。

第三条 国家机关工作人员滥用职权，有下列情形之一，致使盗窃、抢劫、诈骗、抢夺的机动车被办理登记手续，数量达到三辆以上或者价值总额达到三十万元以上的，依照刑法第三百九十七条第一款的规定，以滥用职权罪定罪，处三年以下有期徒刑或者拘役：

（一）明知是登记手续不全或者不符合规定的机动车而办理登记手续的；
（二）指使他人为明知是登记手续不全或者不符合规定的机动车办理登记手续的；
（三）违规或者指使他人违规更改、调换车辆档案的；
（四）其他滥用职权的行为。

国家机关工作人员疏于审查或者审查不严，致使盗窃、抢劫、诈骗、抢夺的机动车被办理登记手续，数量达到五辆以上或者价值总额达到五十万元以上的，依照刑法第三百九十七条第一款的规定，以玩忽职守罪定罪，处三年以下有期徒刑或者拘役。

国家机关工作人员实施前两款规定的行为，致使盗窃、抢劫、诈骗、抢夺的机动车被办理登记手续，分别达到前两款规定数量、数额标准五倍以上的，或者明知是盗窃、抢劫、诈骗、抢夺的机动车而办理登记手续的，属于刑法第三百九十七条第一款规定的"情节特别严重"，处三年以上七年以下有期徒刑。

国家机关工作人员徇私舞弊，实施上述行为，构成犯罪的，依照刑法第三百九十七条第二款的规定定罪处罚。

第四条 实施本解释第一条、第二条、第三条第一款或者第三款规定的行为，事前与盗窃、抢劫、诈骗、抢夺机动车的犯罪分子通谋的，以盗窃罪、抢劫罪、诈骗罪、抢夺罪的共犯论处。

第五条 对跨地区实施的涉及同一机动车的盗窃、抢劫、诈骗、抢夺以及掩饰、隐瞒犯罪所得、犯罪所得收益行为，有关公安机关可以依照法律和有关规定一并立案侦查，需要提请批准逮捕、移送审查起诉、提起公诉的，由该公安机关所在地的同级人民检察院、人民法院受理。

第六条 行为人实施本解释第一条、第三条第三款规定的行为，涉及的机动车有下列情形之一的，应当认定行为人主观上属于上述条款所称"明知"：

（一）没有合法有效的来历凭证；

（二）发动机号、车辆识别代号有明显更改痕迹，没有合法证明的。

最高人民法院研究室
关于《最高人民法院、最高人民检察院关于办理与盗窃、抢劫、诈骗、抢夺机动车相关刑事案件具体应用法律若干问题的解释》有关规定如何适用问题的答复

2014年7月29日　　　　　　　　　　　　法研〔2014〕98号

云南省高级人民法院：

你院《关于两高〈关于办理与盗窃、抢劫、诈骗、抢夺机动车相关刑事案件具体应用法律若干问题的解释〉适用问题的请示》（云高法〔2013〕213号）收悉。经研究，答复如下：

根据罪责刑相适应刑法基本原则，《最高人民法院、最高人民检察院关于办理与盗窃、抢劫、诈骗、抢夺机动车相关刑事案件具体应用法律若干问题的解释》第一条第二款中规定的"机动车五辆以上"，应当是指机动车数量在五辆以上，且价值总额接近五十万元。

此复。

3. 诈 骗 罪

最高人民法院 最高人民检察院
关于办理诈骗刑事案件具体
应用法律若干问题的解释

法释〔2011〕7号

(2011年2月21日最高人民法院审判委员会第1512次会议、2010年11月24日最高人民检察院第十一届检察委员会第49次会议通过 2011年3月1日最高人民法院、最高人民检察院公告公布 自2011年4月8日起施行)

为依法惩治诈骗犯罪活动，保护公私财产所有权，根据刑法、刑事诉讼法有关规定，结合司法实践的需要，现就办理诈骗刑事案件具体应用法律的若干问题解释如下：

第一条 诈骗公私财物价值三千元至一万元以上、三万元至十万元以上、五十万元以上的，应当分别认定为刑法第二百六十六条规定的"数额较大"、"数额巨大"、"数额特别巨大"。

各省、自治区、直辖市高级人民法院、人民检察院可以结合本地区经济社会发展状况，在前款规定的数额幅度内，共同研究确定本地区执行的具体数额标准，报最高人民法院、最高人民检察院备案。

第二条 诈骗公私财物达到本解释第一条规定的数额标准，具有下列情形之一的，可以依照刑法第二百六十六条的规定酌情从严惩处：

（一）通过发送短信、拨打电话或者利用互联网、广播电视、报刊杂志等发布虚假信息，对不特定多数人实施诈骗的；

（二）诈骗救灾、抢险、防汛、优抚、扶贫、移民、救济、医疗款物的；

（三）以赈灾募捐名义实施诈骗的；

（四）诈骗残疾人、老年人或者丧失劳动能力人的财物的；

（五）造成被害人自杀、精神失常或者其他严重后果的。

诈骗数额接近本解释第一条规定的"数额巨大"、"数额特别巨大"的标准，并具有前款规定的情形之一或者属于诈骗集团首要分子的，应当分别认定为刑法第二百六十六条规定的"其他严重情节"、"其他特别严重情节"。

第三条 诈骗公私财物虽已达到本解释第一条规定的"数额较大"的标准，但具有下列情形之一，且行为人认罪、悔罪的，可以根据刑法第三十七条、刑事诉讼法第一百四十二条的规定不起诉或者免予刑事处罚：

（一）具有法定从宽处罚情节的；

（二）一审宣判前全部退赃、退赔的；

（三）没有参与分赃或者获赃较少且不是主犯的；

（四）被害人谅解的；

（五）其他情节轻微、危害不大的。

第四条 诈骗近亲属的财物，近亲属谅解的，一般可不按犯罪处理。

诈骗近亲属的财物，确有追究刑事责任必要的，具体处理也应酌情从宽。

第五条 诈骗未遂，以数额巨大的财物为诈骗目标的，或者具有其他严重情节的，应当定罪处罚。

利用发送短信、拨打电话、互联网等电信技术手段对不特定多数人实施诈骗，诈骗数额难以查证，但具有下列情形之一的，应当认定为刑法第二百六十六条规定的"其他严重情节"，以诈骗罪（未遂）定罪处罚：

（一）发送诈骗信息五千条以上的；

（二）拨打诈骗电话五百人次以上的；

（三）诈骗手段恶劣、危害严重的。

实施前款规定行为，数量达到前款第（一）、（二）项规定标准十倍以上的，或者诈骗手段特别恶劣、危害特别严重的，应当认定为刑法第二百六十六条规定的"其他特别严重情节"，以诈骗罪（未遂）定罪处罚。

第六条 诈骗既有既遂，又有未遂，分别达到不同量刑幅度的，依照处罚较重的规定处罚；达到同一量刑幅度的，以诈骗罪既遂处罚。

第七条 明知他人实施诈骗犯罪，为其提供信用卡、手机卡、通讯工具、通讯传输通道、网络技术支持、费用结算等帮助的，以共同犯罪论处。

第八条 冒充国家机关工作人员进行诈骗，同时构成诈骗罪和招摇撞骗罪的，依照处罚较重的规定定罪处罚。

第九条 案发后查封、扣押、冻结在案的诈骗财物及其孳息，权属明确的，应当发还被害人；权属不明确的，可按被骗款物占查封、扣押、冻结在案的财物及其孳息总额的比例发还被害人，但已获退赔的应予扣除。

第十条 行为人已将诈骗财物用于清偿债务或者转让给他人，具有下列情形之一的，应当依法追缴：

（一）对方明知是诈骗财物而收取的；

（二）对方无偿取得诈骗财物的；

（三）对方以明显低于市场的价格取得诈骗财物的；

（四）对方取得诈骗财物系源于非法债务或者违法犯罪活动的。

他人善意取得诈骗财物的，不予追缴。

第十一条 以前发布的司法解释与本解释不一致的，以本解释为准。

最高人民法院研究室
关于申付强诈骗案如何认定
诈骗数额问题的电话答复

(1991年4月23日)

河南省高级人民法院：

你院豫法（研）请〔1991〕15号《关于申付强诈骗案如何认定诈骗数额的请示》收悉。经研究，答复如下：

同意你院的倾向性意见。即在具体认定诈骗犯罪数额时，应把案发前已被追回的被骗款额扣除，按最后实际诈骗所得数额计算。但在处罚时，对于这种情况应当作为从重情节予以考虑。

最高人民法院　最高人民检察院　公安部等
关于防范和打击电信网络诈骗犯罪的通告

(2016年9月23日)

电信网络诈骗犯罪是严重影响人民群众合法权益、破坏社会和谐稳定的社会公害，必须坚决依法严惩。为切实保障广大人民群众合法权益，维护社会和谐稳定，根据《中华人民共和国刑法》《中华人民共和国刑事诉讼法》《全国人民代表大会常务委员会关于加强网络信息保护的决定》等有关规定，现就防范和打击电信网络诈骗犯罪相关事项通告如下：

一、凡是实施电信网络诈骗犯罪的人员，必须立即停止一切违法犯罪活动。自本通告发布之日起至2016年10月31日，主动投案、如实供述自己罪行的，依法从轻或者减轻处罚，在此规定期限内拒不投案自首的，将依法从严惩处。

二、公安机关要主动出击，将电信网络诈骗案件依法立为刑事案件，集中侦破一批案件、打掉一批犯罪团伙、整治一批重点地区，坚决拔掉一批地域性职业电信网络诈骗犯罪"钉子"。对电信网络诈骗案件，公安机关、人民检察院、人民法院要依法快侦、快捕、快诉、快审、快判，坚决遏制电信网络诈骗犯罪发展蔓延势头。

三、电信企业（含移动转售企业，下同）要严格落实电话用户真实身份信息登记制度，确保到 2016 年 10 月底前全部电话实名率达到 96%，年底前达到 100%。未实名登记的单位和个人，应按要求对所持有的电话进行实名登记，在规定时间内未完成真实身份信息登记的，一律予以停机。电信企业在为新入网用户办理真实身份信息登记手续时，要通过采取二代身份证识别设备、联网核验等措施验证用户身份信息，并现场拍摄和留存用户照片。

四、电信企业立即开展一证多卡用户的清理，对同一用户在同一家基础电信企业或同一移动转售企业办理有效使用的电话卡达到 5 张的，该企业不得为其开办新的电话卡。电信企业和互联网企业要采取措施阻断改号软件网上发布、搜索、传播、销售渠道，严禁违法网络改号电话的运行、经营。电信企业要严格规范国际通信业务出入口局主叫号码传送，全面实施语音专线规范清理和主叫鉴权，加大网内和网间虚假主叫发现与拦截力度，立即清理规范一号通、商务总机、400 等电话业务，对违规经营的网络电话业务一律依法予以取缔，对违规经营的各级代理商责令限期整改，逾期不改的一律由相关部门吊销执照，并严肃追究民事、行政责任。移动转售企业要依法开展业务，对整治不力、屡次违规的移动转售企业，将依法坚决查处，直至取消相应资质。

五、各商业银行要抓紧完成借记卡存量清理工作，严格落实"同一客户在同一商业银行开立借记卡原则上不得超过 4 张"等规定。任何单位和个人不得出租、出借、出售银行账户（卡）和支付账户，构成犯罪的依法追究刑事责任。自 2016 年 12 月 1 日起，同一个人在同一家银行业金融机构只能开立一个Ⅰ类银行账户，在同一家非银行支付机构只能开立一个Ⅲ类支付账户。自 2017 年起，银行业金融机构和非银行支付机构对经设区市级及以上公安机关认定的出租、出借、出售、购买银行账户（卡）或支付账户的单位和个人及相关组织者，假冒他人身份或虚构代理关系开立银行账户（卡）或支付账户的单位和个人，5 年内停止其银行账户（卡）非柜面业务、支付账户所有业务，3 年内不得为其新开立账户。对经设区市级及以上公安机关认定为被不法分子用于电信网络诈骗作案的涉案账户，将对涉案账户开户人名下其他银行账户暂停非柜面业务，支付账户暂停全部业务。自 2016 年 12 月 1 日起，个人通过银行自助柜员机向非同名账户转账的，资金 24 小时后到账。

六、严禁任何单位和个人非法获取、非法出售、非法向他人提供公民个人信息。对泄露、买卖个人信息的违法犯罪行为，坚决依法打击。对互联网上发布的贩卖信息、软件、木马病毒等要及时监控、封堵、删除，对相关网站和网络账号要依法关停，构成犯罪的依法追究刑事责任。

七、电信企业、银行、支付机构和银联，要切实履行主体责任，对责任落实不到位导致被不法分子用于实施电信网络诈骗犯罪的，要依法追究责任。各级行业主管部门要落实监管责任，对监管不到位的，要严肃问责。对因重视不够，防范、打击、整治措施不落实，导致电信网络诈骗犯罪问题严重的地区、部门、国有电信企业、银行和支付机构，坚决依法实行社会治安综合治理"一票否决"，并追究相关责任人的责任。

八、各地各部门要加大宣传力度，广泛开展宣传报道，形成强大舆论声势。要运用多种媒体渠道，及时向公众发布电信网络犯罪预警提示，普及法律知识，提高公众对各类电信网络诈骗的鉴别能力和安全防范意识。

九、欢迎广大人民群众积极举报相关违法犯罪线索，对在捣毁特大犯罪窝点、打掉特大犯罪团伙中发挥重要作用的，予以重奖，并依法保护举报人的个人信息及安全。

本通告自发布之日起施行。

最高人民法院　最高人民检察院　公安部
关于办理电信网络诈骗等刑事案件
适用法律若干问题的意见

2016年12月19日　　　　　　　　　　　　法发〔2016〕32号

为依法惩治电信网络诈骗等犯罪活动，保护公民、法人和其他组织的合法权益，维护社会秩序，根据《中华人民共和国刑法》《中华人民共和国刑事诉讼法》等法律和有关司法解释的规定，结合工作实际，制定本意见。

一、总体要求

近年来，利用通讯工具、互联网等技术手段实施的电信网络诈骗犯罪活动持续高发，侵犯公民个人信息，扰乱无线电通讯管理秩序，掩饰、隐瞒犯罪所得、犯罪所得收益等上下游关联犯罪不断蔓延。此类犯罪严重侵害人民群众财产安全和其他合法权益，严重干扰电信网络秩序，严重破坏社会诚信，严重影响人民群众安全感和社会和谐稳定，社会危害性大，人民群众反映强烈。

人民法院、人民检察院、公安机关要针对电信网络诈骗等犯罪的特点，坚持全链条全方位打击，坚持依法从严从快惩处，坚持最大力度最大限度追赃挽损，进一步健全工作机制，加强协作配合，坚决有效遏制电信网络诈骗等犯罪活动，努力实现法律效果和社会效果的高度统一。

二、依法严惩电信网络诈骗犯罪

（一）根据《最高人民法院、最高人民检察院关于办理诈骗刑事案件具体应用法律若干问题的解释》第一条的规定，利用电信网络技术手段实施诈骗，诈骗公私财物价值三千元以上、三万元以上、五十万元以上的，应当分别认定为刑法第二百六十六条规定的"数额较大""数额巨大""数额特别巨大"。

二年内多次实施电信网络诈骗未经处理，诈骗数额累计计算构成犯罪的，应当依法定罪处罚。

（二）实施电信网络诈骗犯罪，达到相应数额标准，具有下列情形之一的，酌情从重处罚：

1. 造成被害人或其近亲属自杀、死亡或者精神失常等严重后果的；

2. 冒充司法机关等国家机关工作人员实施诈骗的；

3. 组织、指挥电信网络诈骗犯罪团伙的；

4. 在境外实施电信网络诈骗的；

5. 曾因电信网络诈骗犯罪受过刑事处罚或者二年内曾因电信网络诈骗受过行政处罚的；

6. 诈骗残疾人、老年人、未成年人、在校学生、丧失劳动能力人的财物，或者诈骗重病患者及其亲属财物的；

7. 诈骗救灾、抢险、防汛、优抚、扶贫、移民、救济、医疗等款物的；

8. 以赈灾、募捐等社会公益、慈善名义实施诈骗的；

9. 利用电话追呼系统等技术手段严重干扰公安机关等部门工作的；

10. 利用"钓鱼网站"链接、"木马"程序链接、网络渗透等隐蔽技术手段实施诈骗的。

（三）实施电信网络诈骗犯罪，诈骗数额接近"数额巨大""数额特别巨大"的标准，具有前述第（二）条规定的情形之一的，应当分别认定为刑法第二百六十六条规定的"其他严重情节""其他特别严重情节"。

上述规定的"接近"，一般应掌握在相应数额标准的百分之八十以上。

（四）实施电信网络诈骗犯罪，犯罪嫌疑人、被告人实际骗得财物的，以诈骗罪（既遂）定罪处罚。诈骗数额难以查证，但具有下列情形之一的，应当认定为刑法第二百六十六条规定的"其他严重情节"，以诈骗罪（未遂）定罪处罚：

1. 发送诈骗信息五千条以上的，或者拨打诈骗电话五百人次以上的；

2. 在互联网上发布诈骗信息，页面浏览量累计五千次以上的。

具有上述情形，数量达到相应标准十倍以上的，应当认定为刑法第二百六十六条规定的"其他特别严重情节"，以诈骗罪（未遂）定罪处罚。

上述"拨打诈骗电话"，包括拨出诈骗电话和接听被害人回拨电话。反复拨打、接听同一电话号码，以及反复向同一被害人发送诈骗信息的，拨打、接听电话次数、发送信息条数累计计算。

因犯罪嫌疑人、被告人故意隐匿、毁灭证据等原因，致拨打电话次数、发送信息条数的证据难以收集的，可以根据经查证属实的日拨打人次数、日发送信息条数，结合犯罪嫌疑人、被告人实施犯罪的时间、犯罪嫌疑人、被告人的供述等相关证据，综合予以认定。

（五）电信网络诈骗既有既遂，又有未遂，分别达到不同量刑幅度的，依照处罚较重的规定处罚；达到同一量刑幅度的，以诈骗罪既遂处罚。

（六）对实施电信网络诈骗犯罪的被告人裁量刑罚，在确定量刑起点、基准刑时，一般应就高选择。确定宣告刑时，应当综合全案事实情节，准确把握从重、从轻量刑情节的调节幅度，保证罪责刑相适应。

（七）对实施电信网络诈骗犯罪的被告人，应当严格控制适用缓刑的范围，严格掌握适用缓刑的条件。

（八）对实施电信网络诈骗犯罪的被告人，应当更加注重依法适用财产刑，加大经济上的惩罚力度，最大限度剥夺被告人再犯的能力。

三、全面惩处关联犯罪

（一）在实施电信网络诈骗活动中，非法使用"伪基站""黑广播"，干扰无线电通讯秩序，符合刑法第二百八十八条规定的，以扰乱无线电通讯管理秩序罪追究刑事责任。同时构成诈骗罪的，依照处罚较重的规定定罪处罚。

（二）违反国家有关规定，向他人出售或者提供公民个人信息，窃取或者以其他方法非法获取公民个人信息，符合刑法第二百五十三条之一规定的，以侵犯公民个人信息罪追究刑事责任。

使用非法获取的公民个人信息，实施电信网络诈骗犯罪行为，构成数罪的，应当依法予以并罚。

（三）冒充国家机关工作人员实施电信网络诈骗犯罪，同时构成诈骗罪和招摇撞骗罪的，依照处罚较重的规定定罪处罚。

（四）非法持有他人信用卡，没有证据证明从事电信网络诈骗犯罪活动，符合刑法第一百七十七条之一第一款第（二）项规定的，以妨害信用卡管理罪追究刑事责任。

（五）明知是电信网络诈骗犯罪所得及其产生的收益，以下列方式之一予以转账、套现、取现的，依照刑法第三百一十二条第一款的规定，以掩饰、隐瞒犯罪所得、犯罪所得收益罪追究刑事责任。但有证据证明确实不知道的除外：

1. 通过使用销售点终端机具（POS机）刷卡套现等非法途径，协助转换或者转移财物的；

2. 帮助他人将巨额现金散存于多个银行账户，或在不同银行账户之间频繁划转的；

3. 多次使用或者使用多个非本人身份证明开设的信用卡、资金支付结算账户或者多次采用遮蔽摄像头、伪装等异常手段，帮助他人转账、套现、取现的；

4. 为他人提供非本人身份证明开设的信用卡、资金支付结算账户后，又帮助他人转账、套现、取现的；

5. 以明显异于市场的价格，通过手机充值、交易游戏点卡等方式套现的。

实施上述行为，事前通谋的，以共同犯罪论处。

实施上述行为，电信网络诈骗犯罪嫌疑人尚未到案或案件尚未依法裁判，但现有证据足以证明该犯罪行为确实存在的，不影响掩饰、隐瞒犯罪所得、犯罪所得收益罪的认定。

实施上述行为，同时构成其他犯罪的，依照处罚较重的规定定罪处罚。法律和司法解释另有规定的除外。

（六）网络服务提供者不履行法律、行政法规规定的信息网络安全管理义务，经监管部门责令采取改正措施而拒不改正，致使诈骗信息大量传播，或者用户信息泄露造成严重后果的，依照刑法第二百八十六条之一的规定，以拒不履行信息网络安全管理义务罪追究刑事责任。同时构成诈骗罪的，依照处罚较重的规定定罪处罚。

（七）实施刑法第二百八十七条之一、第二百八十七条之二规定之行为，构成非法利用信息网络罪、帮助信息网络犯罪活动罪，同时构成诈骗罪的，依照处罚较重的规定定罪处罚。

（八）金融机构、网络服务提供者、电信业务经营者等在经营活动中，违反国家有关规定，被电信网络诈骗犯罪分子利用，使他人遭受财产损失的，依法承担相应责任。构成犯罪的，依法追究刑事责任。

四、准确认定共同犯罪与主观故意

（一）三人以上为实施电信网络诈骗犯罪而组成的较为固定的犯罪组织，应依法认定为诈骗犯罪集团。对组织、领导犯罪集团的首要分子，按照集团所犯的全部罪行处罚。对犯罪集团中组织、指挥、策划者和骨干分子依法从严惩处。

对犯罪集团中起次要、辅助作用的从犯，特别是在规定期限内投案自首、积极协助抓获主犯、积极协助追赃的，依法从轻或减轻处罚。

对犯罪集团首要分子以外的主犯，应当按照其所参与的或者组织、指挥的全部犯罪处罚。全部犯罪包括能够查明具体诈骗数额的事实和能够查明发送诈骗信息条数、拨打诈骗电话人次数、诈骗信息网页浏览次数的事实。

（二）多人共同实施电信网络诈骗，犯罪嫌疑人、被告人应对其参与期间该诈骗团伙实施的全部诈骗行为承担责任。在其所参与的犯罪环节中起主要作用的，可以认定为主犯；起次要作用的，可以认定为从犯。

上述规定的"参与期间"，从犯罪嫌疑人、被告人着手实施诈骗行为开始起算。

（三）明知他人实施电信网络诈骗犯罪，具有下列情形之一的，以共同犯罪论处，但法律和司法解释另有规定的除外：

1. 提供信用卡、资金支付结算账户、手机卡、通讯工具的；
2. 非法获取、出售、提供公民个人信息的；
3. 制作、销售、提供"木马"程序和"钓鱼软件"等恶意程序的；
4. 提供"伪基站"设备或相关服务的；
5. 提供互联网接入、服务器托管、网络存储、通讯传输等技术支持，或者提供支付结算等帮助的；
6. 在提供改号软件、通话线路等技术服务时，发现主叫号码被修改为国内党政机关、司法机关、公共服务部门号码，或者境外用户改为境内号码，仍提供服务的；
7. 提供资金、场所、交通、生活保障等帮助的；
8. 帮助转移诈骗犯罪所得及其产生的收益，套现、取现的。

上述规定的"明知他人实施电信网络诈骗犯罪"，应当结合被告人的认知能力，既往经历，行为次数和手段，与他人关系，获利情况，是否曾因电信网络诈骗受过处罚，是否故意规避调查等主客观因素进行综合分析认定。

（四）负责招募他人实施电信网络诈骗犯罪活动，或者制作、提供诈骗方案、术语清单、语音包、信息等的，以诈骗共同犯罪论处。

（五）部分犯罪嫌疑人在逃，但不影响对已到案共同犯罪嫌疑人、被告人的犯罪事实认定的，可以依法先行追究已到案共同犯罪嫌疑人、被告人的刑事责任。

五、依法确定案件管辖

（一）电信网络诈骗犯罪案件一般由犯罪地公安机关立案侦查，如果由犯罪嫌疑人居住地公安机关立案侦查更为适宜的，可以由犯罪嫌疑人居住地公安机关立案侦查。犯罪地包括犯罪行为发生地和犯罪结果发生地。

"犯罪行为发生地"包括用于电信网络诈骗犯罪的网站服务器所在地，网站建立者、管理者所在地，被侵害的计算机信息系统或其管理者所在地，犯罪嫌疑人、被害人使用的计算机信息系统所在地，诈骗电话、短信息、电子邮件等的拨打地、发送地、到达地、接受地，以及诈骗行为持续发生的实施地、预备地、开始地、途经地、结束地。

"犯罪结果发生地"包括被害人被骗时所在地，以及诈骗所得财物的实际取得地、藏匿地、转移地、使用地、销售地等。

（二）电信网络诈骗最初发现地公安机关侦办的案件，诈骗数额当时未达到"数额较大"标准，但后续累计达到"数额较大"标准，可由最初发现地公安机关立案侦查。

（三）具有下列情形之一的，有关公安机关可以在其职责范围内并案侦查：

1. 一人犯数罪的；
2. 共同犯罪的；
3. 共同犯罪的犯罪嫌疑人还实施其他犯罪的；
4. 多个犯罪嫌疑人实施的犯罪存在直接关联，并案处理有利于查明案件事实的。

（四）对因网络交易、技术支持、资金支付结算等关系形成多层级链条、跨区域的电信网络诈骗等犯罪案件，可由共同上级公安机关按照有利于查清犯罪事实、有利于诉讼的原则，指定有关公安机关立案侦查。

（五）多个公安机关都有权立案侦查的电信网络诈骗等犯罪案件，由最初受理的公安机关或者主要犯罪地公安机关立案侦查。有争议的，按照有利于查清犯罪事实、有利于诉讼的原则，协商解决。经协商无法达成一致的，由共同上级公安机关指定有关公安机关立案侦查。

（六）在境外实施的电信网络诈骗等犯罪案件，可由公安部按照有利于查清犯罪事实、有利于诉讼的原则，指定有关公安机关立案侦查。

（七）公安机关立案、并案侦查，或因有争议，由共同上级公安机关指定立案侦查的案件，需要提请批准逮捕、移送审查起诉、提起公诉的，由该公安机关所在地的人民检察院、人民法院受理。

对重大疑难复杂案件和境外案件，公安机关应在指定立案侦查前，向同级人民检察院、人民法院通报。

（八）已确定管辖的电信诈骗共同犯罪案件，在逃的犯罪嫌疑人归案后，一般由原管辖的公安机关、人民检察院、人民法院管辖。

六、证据的收集和审查判断

（一）办理电信网络诈骗案件，确因被害人人数众多等客观条件的限制，无法逐一收集被害人陈述的，可以结合已收集的被害人陈述，以及经查证属实的银行账户交易记录、第三方支付结算账户交易记录、通话记录、电子数据等证据，综合认定被害人人数及诈骗资金数额等犯罪事实。

（二）公安机关采取技术侦查措施收集的案件证明材料，作为证据使用的，应当随案移送批准采取技术侦查措施的法律文书和所收集的证据材料，并对其来源等作出书面说明。

（三）依照国际条约、刑事司法协助、互助协议或平等互助原则，请求证据材料所在地司法机关收集，或通过国际警务合作机制、国际刑警组织启动合作取证程序收集的境外证据材料，经查证属实，可以作为定案的依据。公安机关应对其来源、提取人、提取时间或者提供人、提供时间以及保管移交的过程等作出说明。

对其他来自境外的证据材料，应当对其来源、提供人、提供时间以及提取人、提取时间进行审查。能够证明案件事实且符合刑事诉讼法规定的，可以作为证据使用。

七、涉案财物的处理

（一）公安机关侦办电信网络诈骗案件，应当随案移送涉案赃款赃物，并附清单。人民检察院提起公诉时，应一并移交受理案件的人民法院，同时就涉案赃款赃物的处理提出意见。

（二）涉案银行账户或者涉案第三方支付账户内的款项，对权属明确的被害人的合法财产，应当及时返还。确因客观原因无法查实全部被害人，但有证据证明该账户系用于电信网络诈骗犯罪，且被告人无法说明款项合法来源的，根据刑法第六十四条的规定，应认定为违法所得，予以追缴。

（三）被告人已将诈骗财物用于清偿债务或者转让给他人，具有下列情形之一的，应当依法追缴：

1. 对方明知是诈骗财物而收取的；
2. 对方无偿取得诈骗财物的；
3. 对方以明显低于市场的价格取得诈骗财物的；
4. 对方取得诈骗财物系源于非法债务或者违法犯罪活动的。

他人善意取得诈骗财物的，不予追缴。

4. 抢 夺 罪

最高人民法院　最高人民检察院
关于办理抢夺刑事案件适用法律若干问题的解释

法释〔2013〕25号

(2013年9月30日最高人民法院审判委员会第1592次会议、
2013年10月22日最高人民检察院第十二届检察委员会
第12次会议通过　2013年11月11日最高人民法院、
最高人民检察院公告公布　自2013年11月18日起施行)

为依法惩治抢夺犯罪，保护公私财产，根据《中华人民共和国刑法》的有关规定，现就办理此类刑事案件适用法律的若干问题解释如下：

第一条　抢夺公私财物价值一千元至三千元以上、三万元至八万元以上、二十万元至四十万元以上的，应当分别认定为刑法第二百六十七条规定的"数额较大""数额巨大""数额特别巨大"。

各省、自治区、直辖市高级人民法院、人民检察院可以根据本地区经济发展状况，并考虑社会治安状况，在前款规定的数额幅度内，确定本地区执行的具体数额标准，报最高人民法院、最高人民检察院批准。

第二条　抢夺公私财物，具有下列情形之一的，"数额较大"的标准按照前条规定标准的百分之五十确定：

（一）曾因抢劫、抢夺或者聚众哄抢受过刑事处罚的；
（二）一年内曾因抢夺或者哄抢受过行政处罚的；
（三）一年内抢夺三次以上的；
（四）驾驶机动车、非机动车抢夺的；
（五）组织、控制未成年人抢夺的；
（六）抢夺老年人、未成年人、孕妇、携带婴幼儿的人、残疾人、丧失劳动能力人的财物的；
（七）在医院抢夺病人或者其亲友财物的；
（八）抢夺救灾、抢险、防汛、优抚、扶贫、移民、救济款物的；
（九）自然灾害、事故灾害、社会安全事件等突发事件期间，在事件发生地抢夺的；
（十）导致他人轻伤或者精神失常等严重后果的。

第三条　抢夺公私财物，具有下列情形之一的，应当认定为刑法第二百六十七条规

定的"其他严重情节":

（一）导致他人重伤的；

（二）导致他人自杀的；

（三）具有本解释第二条第三项至第十项规定的情形之一，数额达到本解释第一条规定的"数额巨大"百分之五十的。

第四条 抢夺公私财物，具有下列情形之一的，应当认定为刑法第二百六十七条规定的"其他特别严重情节":

（一）导致他人死亡的；

（二）具有本解释第二条第三项至第十项规定的情形之一，数额达到本解释第一条规定的"数额特别巨大"百分之五十的。

第五条 抢夺公私财物数额较大，但未造成他人轻伤以上伤害，行为人系初犯，认罪、悔罪、退赃、退赔，且具有下列情形之一的，可以认定为犯罪情节轻微，不起诉或者免予刑事处罚；必要时，由有关部门依法予以行政处罚：

（一）具有法定从宽处罚情节的；

（二）没有参与分赃或者获赃较少，且不是主犯的；

（三）被害人谅解的；

（四）其他情节轻微、危害不大的。

第六条 驾驶机动车、非机动车夺取他人财物，具有下列情形之一的，应当以抢劫罪定罪处罚：

（一）夺取他人财物时因被害人不放手而强行夺取的；

（二）驾驶车辆逼挤、撞击或者强行逼倒他人夺取财物的；

（三）明知会致人伤亡仍然强行夺取并放任造成财物持有人轻伤以上后果的。

第七条 本解释公布施行后，最高人民法院《关于审理抢夺刑事案件具体应用法律若干问题的解释》（法释〔2002〕18号）同时废止；之前发布的司法解释和规范性文件与本解释不一致的，以本解释为准。

5. 职务侵占罪

最高人民法院研究室关于利用职务上的便利条件窃取技术资料转让获利是否构成犯罪问题的电话答复

(1992年5月19日)

四川省高级人民法院：

你院川法研〔1990〕34号《关于利用职务上的便利条件窃取技术资料转让获利是否构成犯罪的请示》收悉。经研究，答复如下：

同意你院意见，即科技人员参与单位科研项目，在未取得研制单位同意的情况下，擅自以个人设计的名义与其他单位签订技术转让协议，获取转让费的，可以作为民事侵权行为处理。

附：

四川省高级人民法院关于利用职务上的便利条件窃取技术资料转让获利是否构成犯罪的请示

1990年8月25日　　　　　　　　　　　　　　川法研〔1990〕34号

最高人民法院：

在司法实践中，时遇这类案件，即有的工程技术人员参与本单位和其他单位联合研制某项新产品，研制成功后，由联合研制单位向国家专利局申报专利，在申报过程中，尚未正式颁发专利证书之前，参与研制并负责保管新产品技术资料的工程技术人员，擅自将属于联合研制单位共同所有的新产品技术图纸，以个人设计的名义转让其他单位（签订了技术转让协议书），并收取数额较大的转让费。此类案件是否构成犯罪，我们在讨论中有三种意见：

第一种意见认为，未取得研制单位同意，擅自以个人设计的名义与其他单位签订技术转让协议，获取转让费，侵犯了研制单位的所有权，属民事侵权行为，应按《民法通则》、《技术合同法》的有关规定处理，追缴其非法所得。

第二种意见认为，新产品技术资料属无形财产，具有价值属性，通过转让，已转化为有形财产，行为人利用职务上的便利条件，窃取技术图纸转让获利，实质上侵犯了公共财物的所有权，应定贪污罪。

第三种意见认为，技术资料属无形财产，虽具有价值属性，且通过转让转化为有形财产，但毕竟不同于贪污罪所侵犯的对象，即有形公共财物，故不宜直接定贪污罪，应比照贪污罪的刑法条款类推定侵吞技术成果罪。

我们倾向于第一种意见，当否，请批复。

最高人民法院
关于村民小组组长利用职务便利非法占有公共财物行为如何定性问题的批复

法释〔1999〕12号

（1999年6月18日最高人民法院审判委员会第1069次会议通过 1999年6月25日最高人民法院公告公布 自1999年7月3日起施行）

四川省高级人民法院：

你院川高法〔1998〕224号《关于村民小组组长利用职务便利侵吞公共财物如何定性的问题的请示》收悉。经研究，答复如下：

对村民小组组长利用职务上的便利，将村民小组集体财产非法占为己有，数额较大的行为，应当依照刑法第二百七十一条第一款的规定，以职务侵占罪定罪处罚。

此复。

最高人民法院
关于在国有资本控股、参股的股份有限公司中从事管理工作的人员利用职务便利非法占有本公司财物如何定罪问题的批复

法释〔2001〕17号

（2001年5月22日最高人民法院审判委员会第1176次会议通过　2001年5月23日最高人民法院公告公布　自2001年5月26日起施行）

重庆市高级人民法院：

你院渝高法明传〔2000〕38号《关于在股份有限公司中从事管理工作的人员侵占本公司财物如何定性的请示》收悉。经研究，答复如下：

在国有资本控股、参股的股份有限公司中从事管理工作的人员，除受国家机关、国有公司、企业、事业单位委派从事公务的以外，不属于国家工作人员。对其利用职务上的便利，将本单位财物非法占为己有，数额较大的，应当依照刑法第二百七十一条第一款的规定，以职务侵占罪定罪处罚。

此复。

最高人民法院研究室
关于个人独资企业员工能否成为职务侵占罪主体问题的复函

2011年2月15日　　　　　　　　　　法研〔2011〕20号

公安部经济犯罪侦查局：

贵局公经商贸〔2011〕13号《关于请对薄××、周××案有关犯罪主体问题进行认定的函》收悉。经研究，我们认为，刑法第二百七十一条第一款规定中的"单位"，包括"个人独资企业"。主要理由是：

刑法第三十条规定的单位犯罪的"单位"与刑法第二百七十一条第一款职务侵占罪的单位概念不尽一致，前者是指作为犯罪主体应当追究刑事责任的"单位"，后者是指财产被侵害需要刑法保护的"单位"，责任追究针对的是该"单位"中的个人。有关司

法解释之所以规定，不具有法人资格的独资企业不能成为单位犯罪的主体，主要是考虑此类企业因无独立财产、个人与企业行为的界限难以区分；不具备独立承担刑事责任的能力。刑法第二百七十一条第一款立法的目的基于保护单位财产，惩处单位内工作人员利用职务便利，侵占单位财产的行为，因此该款规定中的"单位"应当也包括独资企业。

《个人独资企业法》第二十六条规定，被依法吊销营业执照的个人独资企业应当解散。鉴于本案被害单位在2007年12月11日已被吊销营业执照，对于此后实施的相关行为的性质认定，需要进一步核实相关案件被害单位是否已经解散。

以上意见供参考。

最高人民法院研究室
关于对通过虚假验资骗取工商营业执照的"三无"企业能否成为职务侵占罪客体问题征求意见的复函

2008年6月17日　　　　　　　　　　　　　法研〔2008〕79号

公安部经济犯罪侦查局：

贵局《关于对通过虚假验资骗取工商营业执照的"三无"企业能否成为职务侵占罪客体问题征求意见的函》收悉。经研究，答复如下：

根据1999年7月3日施行的《最高人民法院关于审理单位犯罪案件具体应用法律有关问题的解释》第1条的规定，私营、独资等公司、企业、事业单位只有具有法人资格才属于我国刑法中所指的单位，其财产权才能成为职务侵占罪的客体。也就是说，是否具有法人资格是私营、独资等公司、企业、事业单位成为我国刑法中"单位"的关键。行为人通过虚假验资骗取工商营业执照成立的企业，即便为"三无"企业，只要该企业具有法人资格，并且不是为进行违法犯罪活动而设立的公司、企业、事业单位，或者公司、企业、事业单位设立后，不是以实施犯罪为主要活动的，应当视为刑法中的单位，能够成为刑法第271条第1款规定的"公司、企业或者其他单位"。这些单位中的人员，利用职务上的便利，将单位财物非法占为己有，数额较大的，构成职务侵占罪。

6. 挪用资金罪

最高人民法院
关于对受委托管理、经营国有财产人员挪用国有资金行为如何定罪问题的批复

法释〔2000〕5号

(2000年2月13日最高人民法院审判委员会第1099次会议通过 2000年2月16日最高人民法院公告公布 自2000年2月24日起施行)

江苏省高级人民法院：

你院苏高法〔1999〕94号《关于受委托管理、经营国有财产的人员能否作为挪用公款罪主体问题的请示》收悉。经研究，答复如下：

对于受国家机关、国有公司、企业、事业单位、人民团体委托，管理、经营国有财产的非国家工作人员，利用职务上的便利，挪用国有资金归个人使用构成犯罪的，应当依照刑法第二百七十二条第一款的规定定罪处罚。

此复。

最高人民法院
关于如何理解刑法第二百七十二条规定的"挪用本单位资金归个人使用或者借贷给他人"问题的批复

法释〔2000〕22号

(2000年6月30日最高人民法院审判委员会第1121次会议通过 2000年7月20日最高人民法院公告公布 自2000年7月27日起施行)

新疆维吾尔自治区高级人民法院：

你院新高法〔1998〕193号《关于对刑法第二百七十二条"挪用本单位资金归个人使用或者借贷给他人"的规定应如何理解的请示》收悉。经研究，答复如下：

公司、企业或者其他单位的非国家工作人员，利用职务上的便利，挪用本单位资金归本人或者其他自然人使用，或者挪用人以个人名义将所挪用的资金借给其他自然人和单位，构成犯罪的，应当依照刑法第二百七十二条第一款的规定定罪处罚。

此复。

最高人民法院研究室
关于挪用退休职工社会养老金行为
如何适用法律问题的复函

2004年7月9日　　　　　　　　　　　　　　　　法研〔2004〕102号

公安部经济犯罪侦查局：

你局公经〔2004〕916号《关于挪用退休职工社会养老保险金是否属于挪用特定款物罪事》收悉。经研究，提供如下意见供参考：

退休职工养老保险金不属于我国刑法中的救灾、抢险、防汛、优抚、扶贫、移民、救济等特定款物的任何一种。因此，对于挪用退休职工养老保险金的行为，构成犯罪时，不能以挪用特定款物罪追究刑事责任，而应当按照行为人身份的不同，分别以挪用资金罪或者挪用公款罪追究刑事责任。

7. 挪用特定款物罪

最高人民法院研究室
关于挪用民族贸易和民族用品生产贷款
利息补贴行为如何定性问题的复函

2003年2月24日　　　　　　　　　　　　　　　　法研〔2003〕16号

公安部经济犯罪侦查局：

你局公经〔2002〕1176号《关于征求对"贷款优惠息"性质认定意见的函》收悉。经研究，提出如下意见供参考。

中国人民银行给予中国农业银行发放民族贸易和民族用品生产贷款的利息补贴，不属于刑法第二百七十三条规定的特定款物。

8. 敲诈勒索罪

最高人民法院 最高人民检察院
关于办理敲诈勒索刑事案件适用法律若干问题的解释

法释〔2013〕10号

（2013年4月15日最高人民法院审判委员会第1575次会议、
2013年4月1日最高人民检察院第十二届检察委员会
第2次会议通过 2013年4月23日最高人民法院、
最高人民检察院公告公布 自2013年4月27日起施行）

为依法惩治敲诈勒索犯罪，保护公私财产权利，根据《中华人民共和国刑法》、《中华人民共和国刑事诉讼法》的有关规定，现就办理敲诈勒索刑事案件适用法律的若干问题解释如下：

第一条 敲诈勒索公私财物价值二千元至五千元以上、三万元至十万元以上、三十万元至五十万元以上的，应当分别认定为刑法第二百七十四条规定的"数额较大"、"数额巨大"、"数额特别巨大"。

各省、自治区、直辖市高级人民法院、人民检察院可以根据本地区经济发展状况和社会治安状况，在前款规定的数额幅度内，共同研究确定本地区执行的具体数额标准，报最高人民法院、最高人民检察院批准。

第二条 敲诈勒索公私财物，具有下列情形之一的，"数额较大"的标准可以按照本解释第一条规定标准的百分之五十确定：

（一）曾因敲诈勒索受过刑事处罚的；
（二）一年内曾因敲诈勒索受过行政处罚的；
（三）对未成年人、残疾人、老年人或者丧失劳动能力人敲诈勒索的；
（四）以将要实施放火、爆炸等危害公共安全犯罪或者故意杀人、绑架等严重侵犯公民人身权利犯罪相威胁敲诈勒索的；
（五）以黑恶势力名义敲诈勒索的；
（六）利用或者冒充国家机关工作人员、军人、新闻工作者等特殊身份敲诈勒索的；
（七）造成其他严重后果的。

第三条 二年内敲诈勒索三次以上的，应当认定为刑法第二百七十四条规定的"多次敲诈勒索"。

第四条　敲诈勒索公私财物，具有本解释第二条第三项至第七项规定的情形之一，数额达到本解释第一条规定的"数额巨大"、"数额特别巨大"百分之八十的，可以分别认定为刑法第二百七十四条规定的"其他严重情节"、"其他特别严重情节"。

第五条　敲诈勒索数额较大，行为人认罪、悔罪、退赃、退赔，并具有下列情形之一的，可以认定为犯罪情节轻微，不起诉或者免予刑事处罚，由有关部门依法予以行政处罚：

（一）具有法定从宽处罚情节的；
（二）没有参与分赃或者获赃较少且不是主犯的；
（三）被害人谅解的；
（四）其他情节轻微、危害不大的。

第六条　敲诈勒索近亲属的财物，获得谅解的，一般不认为是犯罪；认定为犯罪的，应当酌情从宽处理。

被害人对敲诈勒索的发生存在过错的，根据被害人过错程度和案件其他情况，可以对行为人酌情从宽处理；情节显著轻微危害不大的，不认为是犯罪。

第七条　明知他人实施敲诈勒索犯罪，为其提供信用卡、手机卡、通讯工具、通讯传输通道、网络技术支持等帮助的，以共同犯罪论处。

第八条　对犯敲诈勒索罪的被告人，应当在二千元以上、敲诈勒索数额的二倍以下判处罚金；被告人没有获得财物的，应当在二千元以上十万元以下判处罚金。

第九条　本解释公布施行后，最高人民法院《关于敲诈勒索罪数额认定标准问题的规定》（法释〔2000〕11号）同时废止；此前发布的司法解释与本解释不一致的，以本解释为准。

9. 拒不支付劳动报酬罪

最高人民法院
关于审理拒不支付劳动报酬刑事案件
适用法律若干问题的解释

法释〔2013〕3号

（2013年1月14日最高人民法院审判委员会第1567次会议通过
2013年1月16日最高人民法院公告公布　自2013年1月23日起施行）

为依法惩治拒不支付劳动报酬犯罪，维护劳动者的合法权益，根据《中华人民共和国刑法》有关规定，现就办理此类刑事案件适用法律的若干问题解释如下：

第一条 劳动者依照《中华人民共和国劳动法》和《中华人民共和国劳动合同法》等法律的规定应得的劳动报酬，包括工资、奖金、津贴、补贴、延长工作时间的工资报酬及特殊情况下支付的工资等，应当认定为刑法第二百七十六条之一第一款规定的"劳动者的劳动报酬"。

第二条 以逃避支付劳动者的劳动报酬为目的，具有下列情形之一的，应当认定为刑法第二百七十六条之一第一款规定的"以转移财产、逃匿等方法逃避支付劳动者的劳动报酬"：

（一）隐匿财产、恶意清偿、虚构债务、虚假破产、虚假倒闭或者以其他方法转移、处分财产的；

（二）逃跑、藏匿的；

（三）隐匿、销毁或者篡改账目、职工名册、工资支付记录、考勤记录等与劳动报酬相关的材料的；

（四）以其他方法逃避支付劳动报酬的。

第三条 具有下列情形之一的，应当认定为刑法第二百七十六条之一第一款规定的"数额较大"：

（一）拒不支付一名劳动者三个月以上的劳动报酬且数额在五千元至二万元以上的；

（二）拒不支付十名以上劳动者的劳动报酬且数额累计在三万元至十万元以上的。

各省、自治区、直辖市高级人民法院可以根据本地区经济社会发展状况，在前款规定的数额幅度内，研究确定本地区执行的具体数额标准，报最高人民法院备案。

第四条 经人力资源社会保障部门或者政府其他有关部门依法以限期整改指令书、行政处理决定书等文书责令支付劳动者的劳动报酬后，在指定的期限内仍不支付的，应当认定为刑法第二百七十六条之一第一款规定的"经政府有关部门责令支付仍不支付"，但有证据证明行为人有正当理由未知悉责令支付或者未及时支付劳动报酬的除外。

行为人逃匿，无法将责令支付文书送交其本人、同住成年家属或者所在单位负责收件的人的，如果有关部门已通过在行为人的住所地、生产经营场所等地张贴责令支付文书等方式责令支付，并采用拍照、录像等方式记录的，应当视为"经政府有关部门责令支付"。

第五条 拒不支付劳动者的劳动报酬，符合本解释第三条的规定，并具有下列情形之一的，应当认定为刑法第二百七十六条之一第一款规定的"造成严重后果"：

（一）造成劳动者或者其被赡养人、被扶养人、被抚养人的基本生活受到严重影响、重大疾病无法及时医治或者失学的；

（二）对要求支付劳动报酬的劳动者使用暴力或者进行暴力威胁的；

（三）造成其他严重后果的。

第六条 拒不支付劳动者的劳动报酬，尚未造成严重后果，在刑事立案前支付劳动者的劳动报酬，并依法承担相应赔偿责任的，可以认定为情节显著轻微危害不大，不认为是犯罪；在提起公诉前支付劳动者的劳动报酬，并依法承担相应赔偿责任的，可以减轻或者免除刑事处罚；在一审宣判前支付劳动者的劳动报酬，并依法承担相应赔偿责任的，可以从轻处罚。

对于免除刑事处罚的，可以根据案件的不同情况，予以训诫、责令具结悔过或者赔礼道歉。

拒不支付劳动者的劳动报酬，造成严重后果，但在宣判前支付劳动者的劳动报酬，并依法承担相应赔偿责任的，可以酌情从宽处罚。

第七条 不具备用工主体资格的单位或者个人，违法用工且拒不支付劳动者的劳动报酬，数额较大，经政府有关部门责令支付仍不支付的，应当依照刑法第二百七十六条之一的规定，以拒不支付劳动报酬罪追究刑事责任。

第八条 用人单位的实际控制人实施拒不支付劳动报酬行为，构成犯罪的，应当依照刑法第二百七十六条之一的规定追究刑事责任。

第九条 单位拒不支付劳动报酬，构成犯罪的，依照本解释规定的相应个人犯罪的定罪量刑标准，对直接负责的主管人员和其他直接责任人员定罪处罚，并对单位判处罚金。

最高人民法院　最高人民检察院　人力资源和社会保障部　公安部关于加强对拒不支付劳动报酬案件查处工作的通知

2012年1月14日　　　　　　　　　　　　人社部发〔2012〕3号

各省、自治区、直辖市高级人民法院、人民检察院、人力资源社会保障厅（局）、公安厅（局），新疆维吾尔自治区高级人民法院生产建设兵团分院，新疆生产建设兵团人民检察院、人力资源社会保障局、公安局：

为贯彻执行《中华人民共和国刑法修正案（八）》关于拒不支付劳动报酬罪的规定，完善劳动保障监察执法与刑事司法衔接制度，加大对拒不支付劳动报酬、侵害劳动者权益行为的打击力度，切实维护劳动者合法权益和社会公平正义，根据《中华人民共和国刑法》、《中华人民共和国刑事诉讼法》、《行政执法机关移送涉嫌犯罪案件的规定》等法律法规的有关规定，现就进一步加强涉及拒不支付劳动报酬案件查处和司法移送工作通知如下：

一、统一思想认识，高度重视拒不支付劳动报酬案件依法查处和司法移送工作，严惩劳动保障领域违法犯罪行为

当前，个别企业和个人有的有能力支付而不支付劳动者劳动报酬，有的通过转移财产、逃匿等方法逃避支付劳动者的劳动报酬，致使一些劳动者生活陷入困境，甚至引发群体性事件，严重侵害了劳动者的合法权益，影响社会和谐稳定。依法惩治拒不支付劳动报酬违法犯罪行为，保护劳动者合法权益，对于化解社会矛盾，保障社会和谐稳定，

促进公平正义具有重要作用。建立劳动保障监察执法与刑事司法衔接工作制度是依法履行职责、捍卫劳动者合法权益的重要保证,是依法严厉打击拒不支付劳动报酬违法犯罪行为的必然要求。各级人民法院、人民检察院、人力资源社会保障部门、公安机关要进一步统一思想,高度重视,充分认识此类违法犯罪活动的严重性、危害性,增强政治责任感,密切分工协作,依法移送和查处拒不支付劳动报酬涉嫌犯罪案件,及时查办一批典型案件,有力打击拒不支付劳动报酬的犯罪行为,维护法律权威,保障劳动者的合法权益,促进劳动关系和谐稳定与社会公平正义。

二、切实履行职责,依法查处拒不支付劳动报酬违法犯罪案件

人力资源社会保障部门、公安机关、人民检察院、人民法院要按照有关规定,认真做好拒不支付劳动报酬行为涉嫌犯罪案件的调查、移交、侦办、审查批捕、审查起诉和审判,尽可能提高办案效率,并及时将有关情况进行通报。

人力资源社会保障部门要依法对用人单位遵守劳动保障法律、法规和规章的情况进行监督检查,通过各种检查方式监督用人单位劳动报酬支付情况,依法受理拖欠劳动报酬的举报、投诉。经调查,对违法事实清楚、证据确凿的,应当依法及时责令用人单位向劳动者支付劳动报酬。行为人逃匿的,人力资源社会保障部门可以在行为人住所地、办公地点、生产经营场所或者建筑施工项目所在地张贴责令支付的文书,或者采取将责令支付的文书送交其单位管理人员及近亲属等适当方式。对涉嫌犯罪的案件,应按照《行政执法机关移送涉嫌犯罪案件的规定》的要求,核实案情向本部门负责人报告并经同意后制作《涉嫌犯罪案件移送书》,在规定期限内将案件向同级公安机关移送,并抄送同级人民检察院备案。

公安机关对人力资源社会保障部门移送涉嫌犯罪的拒不支付劳动报酬案件,应依法及时审查决定是否立案。认为有犯罪事实,需要追究刑事责任的,依法立案,并及时查明犯罪事实,正确运用法律惩罚犯罪,保障劳动者的合法权益不受侵害。

人民检察院要依法及时做好此类案件的立案监督、审查批捕、审查起诉等检察工作,对工作中发现的职务犯罪线索应当认真审查,依法处理。

人民法院要依法及时受理、审理各类拖欠劳动报酬纠纷,对其中构成犯罪的,要坚决依法追究刑事责任。

公安机关、人民检察院、人民法院在案件审查过程中,可以告知劳动者有提起刑事附带民事诉讼的权利。

对不依法移送或者不依法办理涉嫌拒不支付劳动报酬犯罪案件的国家工作人员,要依法追究行政纪律责任;构成犯罪的,要依法追究刑事责任。

三、加强协调配合,做好拒不支付劳动报酬案件移送工作

人力资源社会保障部门向公安机关移送涉嫌犯罪案件,应当附有《涉嫌犯罪案件移送书》、涉嫌拒不支付劳动报酬犯罪案件调查报告、涉案的有关书证、物证及其他有关涉嫌犯罪的材料。在移送案件时已经作出行政处罚决定的,应当将行政处罚决定书一并抄送公安机关、人民检察院;未作出行政处罚决定的,原则上应当在公安机关决定不予

立案或者撤销案件、人民检察院作出不起诉决定、人民法院作出无罪判决或者免予刑事处罚后，再决定是否给予行政处罚。

公安机关对人力资源社会保障部门移送的涉嫌拒不支付劳动报酬犯罪案件，应当予以受理，并在涉嫌犯罪案件移送书回执上签字。对于不属于本部门管辖的，应在受理后24小时内转送有管辖权的部门，并书面告知移送案件的人力资源社会保障部门。

公安机关作出立案或者不立案决定，应当在作出决定之日起3日内书面告知移送案件的人力资源社会保障部门。决定不立案的，应当同时退回案卷材料，并书面说明不立案的理由。

人力资源社会保障部门对于公安机关不予立案的决定有异议的，可以自接到通知后3日内向作出不予立案的公安机关提出复议，也可以建议检察机关依法进行立案监督。

在涉案人员众多、涉嫌跨区域犯罪、社会影响较大或涉嫌犯罪行为人故意销毁会计账簿、转移财产、逃匿、暴力抗拒执法等紧急情形下，人力资源社会保障部门应当及时通报公安机关，公安机关应当依法及时处置。

上级人力资源社会保障部门和公安机关应当对下级人力资源社会保障部门和公安机关执行本通知的情况进行督促检查，定期抽查案件查办情况，及时纠正案件移送工作中的问题和错误。

四、建立沟通机制，确保劳动保障监察执法与刑事司法工作有效衔接

在办理拒不支付劳动报酬案件的过程中，各级人力资源社会保障部门和人民法院、人民检察院、公安机关要加强沟通协调、通力合作，形成打击合力。各级人力资源社会保障部门要与当地人民法院、人民检察院、公安机关建立拒不支付劳动报酬案件移送的联系机制，加强联动配合，确保工作衔接顺畅，案件查处及时有力。要定期组织召开联席会议，互通查处违法犯罪行为以及劳动保障监察执法与刑事司法衔接工作的有关情况，研究解决衔接工作中存在的问题，提出加强衔接工作的措施，切实打击拒不支付劳动报酬的犯罪行为。要健全信息通报制度，通过简报、会议、网络等多种形式实现信息共享，推动劳动保障监察执法与刑事司法衔接工作深入开展。

五、加大宣传力度，及时公布拒不支付劳动报酬案件查处结果

各地要通过广播、电视、报刊、网络等多种渠道向社会广泛宣传拒不支付劳动报酬违法犯罪行为的危害，大力宣传依法打击拒不支付劳动报酬违法犯罪行为的决心。要支持新闻媒体开展舆论监督，畅通信息交流渠道，认真调查处理新闻媒体报道的拒不支付劳动报酬行为，做好相关案件的宣传报道和舆论引导工作，并依法将查处的严重违法犯罪案件向社会公布，达到惩处违法犯罪行为、震慑犯罪分子的目的。

最高人民法院　最高人民检察院
人力资源社会保障部　公安部
关于加强涉嫌拒不支付劳动报酬犯罪案件
查处衔接工作的通知

2014 年 12 月 23 日　　　　　　　　　　　人社部发〔2014〕100 号

各省、自治区、直辖市高级人民法院、人民检察院、人力资源社会保障厅（局）、公安厅（局），新疆维吾尔自治区高级人民法院生产建设兵团分院，新疆生产建设兵团人民检察院、人力资源社会保障局、公安局：

为贯彻执行《中华人民共和国刑法》和《最高人民法院关于审理拒不支付劳动报酬刑事案件适用法律若干问题的解释》（法释〔2013〕3 号）关于拒不支付劳动报酬罪的相关规定，进一步完善人力资源社会保障行政执法和刑事司法衔接制度，加大对拒不支付劳动报酬犯罪行为的打击力度，切实维护劳动者合法权益，根据《行政执法机关移送涉嫌犯罪案件的规定》（国务院 2001 年第 310 号令）及有关规定，现就进一步做好涉嫌拒不支付劳动报酬犯罪案件查处衔接工作通知如下：

一、切实加强涉嫌拒不支付劳动报酬违法犯罪案件查处工作

（一）由于行为人逃匿导致工资账册等证据材料无法调取或用人单位在规定的时间内未提供有关工资支付等相关证据材料的，人力资源社会保障部门应及时对劳动者进行调查询问并制作询问笔录，同时应积极收集可证明劳动用工、欠薪数额等事实的相关证据，依据劳动者提供的工资数额及其他有关证据认定事实。调查询问过程一般要录音录像。

（二）行为人拖欠劳动者劳动报酬后，人力资源社会保障部门通过书面、电话、短信等能够确认其收悉的方式，通知其在指定的时间内到指定的地点配合解决问题，但其在指定的时间内未到指定的地点配合解决问题或明确表示拒不支付劳动报酬的，视为刑法第二百七十六条之一第一款规定的"以逃匿方法逃避支付劳动者的劳动报酬"。但是，行为人有证据证明因自然灾害、突发重大疾病等非人力所能抗拒的原因造成其无法在指定的时间内到指定的地点配合解决问题的除外。

（三）企业将工程或业务分包、转包给不具备用工主体资格的单位或个人，该单位或个人违法招用劳动者不支付劳动报酬的，人力资源社会保障部门应向具备用工主体资格的企业下达限期整改指令书或行政处罚决定书，责令该企业限期支付劳动者劳动报酬。对于该企业有充足证据证明已向不具备用工主体资格的单位或个人支付了劳动者全部的劳动报酬，该单位或个人仍未向劳动者支付的，应向不具备用工主体资格的单位或个人下达限期整改指令书或行政处理决定书,并要求企业监督该单位或个人向劳动者发放到位。

(四)经人力资源社会保障部门调查核实,行为人拖欠劳动者劳动报酬事实清楚、证据确凿、数额较大的,应及时下达责令支付文书。对于行为人逃匿,无法将责令支付文书送交其同住成年家属或所在单位负责收件人的,人力资源社会保障部门可以在行为人住所地、办公地、生产经营场所、建筑施工项目所在地等地张贴责令支付文书,并采用拍照、录像等方式予以记录,相关影像资料应当纳入案卷。

二、切实规范涉嫌拒不支付劳动报酬犯罪案件移送工作

(一)人力资源社会保障部门向公安机关移送涉嫌拒不支付劳动报酬犯罪案件应按照《行政执法机关移送涉嫌犯罪案件的规定》的要求,履行相关手续,并制作《涉嫌犯罪案件移送书》,在规定的期限内将案件移送公安机关。移送的案件卷宗中应当附有以下材料:

1. 涉嫌犯罪案件移送书;
2. 涉嫌拒不支付劳动报酬犯罪案件调查报告;
3. 涉嫌犯罪案件移送审批表;
4. 限期整改指令书或行政处理决定书等执法文书及送达证明材料;
5. 劳动者本人或劳动者委托代理人调查询问笔录;
6. 拖欠劳动者劳动报酬的单位或个人的基本信息;
7. 涉案的书证、物证等有关涉嫌拒不支付劳动报酬的证据材料。

人力资源社会保障部门向公安机关移送涉嫌犯罪案件应当移送与案件相关的全部材料,同时应将案件移送书及有关材料目录抄送同级人民检察院。在移送涉嫌犯罪案件时已经作出行政处罚决定的,应当将行政处罚决定书一并抄送公安机关、人民检察院。

(二)公安机关收到人力资源社会保障部门移送的涉嫌犯罪案件,应当在涉嫌犯罪案件移送书回执上签字,对移送材料不全的,可通报人力资源社会保障部门按上述规定补充移送。受理后认为不属于本机关管辖的,应当及时转送有管辖权的机关,并书面告知移送案件的人力资源社会保障部门。对受理的案件,公安机关应当及时审查,依法作出立案或者不予立案的决定,并书面通知人力资源社会保障部门,同时抄送人民检察院。公安机关立案后决定撤销案件的,应当书面通知人力资源社会保障部门,同时抄送人民检察院。公安机关作出不立案决定或者撤销案件的,应当同时将案卷材料退回人力资源社会保障部门,并书面说明理由。

(三)人力资源社会保障部门对于公安机关不接受移送的涉嫌犯罪案件或者已受理的案件未依法及时作出立案或不立案决定的,可以建议人民检察院依法进行立案监督。对公安机关受理后作出不予立案决定的,可在接到不予立案通知书后3日内向作出决定的公安机关提请复议,也可以建议人民检察院依法进行立案监督。

(四)人民检察院发现人力资源社会保障部门对应当移送公安机关的涉嫌拒不支付劳动报酬犯罪案件不移送或者逾期不移送的,应当督促移送。人力资源社会保障部门接到人民检察院提出移送涉嫌犯罪案件的书面意见后,应当及时移送案件。人民检察院发现相关部门拒不移送案件和拒不立案行为中存在职务犯罪线索的，应当认真审查，依法处理。

三、切实完善劳动保障监察行政执法与刑事司法衔接机制

（一）人力资源社会保障部门在依法查处涉嫌拒不支付劳动报酬犯罪案件过程中，对案情复杂、性质难以认定的案件可就犯罪标准、证据固定等问题向公安机关或人民检察院咨询；对跨区域犯罪、涉及人员众多、社会影响较大的案件，人力资源社会保障部门通报公安机关的，公安机关应依法及时处置。

（二）对于涉嫌拒不支付劳动报酬犯罪案件，公安机关、人民检察院、人民法院在侦查、审查起诉和审判期间提请人力资源社会保障部门协助的，人力资源社会保障部门应当予以配合。

（三）在办理拒不支付劳动报酬犯罪案件过程中，各级人民法院、人民检察院、人力资源社会保障部门、公安机关要加强联动配合，建立拒不支付劳动报酬犯罪案件移送的联席会议制度，定期互相通报案件办理情况，及时了解案件信息，研究解决查处拒不支付劳动报酬犯罪案件衔接工作中存在的问题，进一步完善监察行政执法与刑事司法衔接工作机制，切实发挥刑法打击拒不支付劳动报酬犯罪行为的有效作用。

（七）妨害社会管理秩序罪

1. 扰乱公共秩序罪

最高人民法院 最高人民检察院
关于办理伪造、贩卖伪造的高等院校学历、学位证明刑事案件如何适用法律问题的解释

法释〔2001〕22号

（2001年6月21日最高人民法院审判委员会第1181次会议、2001年7月2日最高人民检察院第九届检察委员会第91次会议通过　2001年7月3日最高人民法院、最高人民检察院公告公布　自2001年7月5日起施行）

为依法惩处伪造、贩卖伪造的高等院校学历、学位证明的犯罪活动，现就办理这类案件适用法律的有关问题解释如下：

对于伪造高等院校印章制作学历、学位证明的行为，应当依照刑法第二百八十条第二款的规定，以伪造事业单位印章罪定罪处罚。

明知是伪造高等院校印章制作的学历、学位证明而贩卖的，以伪造事业单位印章罪的共犯论处。

最高人民法院研究室
《关于伪造、变造、买卖民用机动车号牌行为能否以伪造、变造、买卖国家机关证件罪定罪处罚问题的请示》的答复

2009年1月1日　　　　　　　　　　　　　　　法研〔2009〕68号

最近，广东省委政法委要求我院就伪造、变造、买卖民用机动车号牌的行为能否以伪造、变造、买卖国家机关证件罪定罪处罚的问题提出处理意见。我院审判委员会研究时有两种不同意见。多数意见认为不应以伪造、变造、买卖国家机关证件罪定罪处罚。少数意见认为机动车号牌属于国家机关证件，对于伪造、变造、买卖民用机动车号牌且情节严重的行为，可以伪造、变造、买卖国家机关证件罪追究刑事责任。经请示，最高法院研究室作出答复，同意我院审委会多数人意见，伪造、变造、买卖民用机动车号牌行为不能以伪造、变造、买卖国家机关证件罪定罪处罚。最高法院研究室答复全文如下：

"你院粤高法〔2009〕108号《关于伪造、变造、买卖民用机动车号牌行为能否以伪造、变造、买卖国家机关证件罪定罪处罚问题的请示》收悉。经研究，答复如下：

同意你院审委会讨论中的多数人意见，伪造、变造、买卖民用机动车号牌行为不能以伪造、变造、买卖国家机关证件罪定罪处罚。你院所请示问题的关键在于能否将机动车号牌认定为国家机关证件，从当前我国刑法的规定看，不能将机动车号牌认定为国家机关证件。理由在于：

一、刑法第280条第1款规定了伪造、变造、买卖国家机关公文、证件、印章罪，第281条规定了非法生产、买卖警用装备罪，将警用车辆号牌归属于警察专用标志，属于警用装备的范围。从这一点分析，证件与车辆号牌不具有同一性。如果具有同一性，刑法第280条中的证件就包括了警用车辆号牌，也就没有必要在第281条中单独明确列举警用车辆号牌了。同样的道理适用于刑法第375条的规定（刑法第375条第1款规定了伪造、变造、买卖武装部队公文、证件、印章罪、盗窃、抢夺武装部队公文、证件、印章罪，第2款规定了非法生产、买卖军用标志罪，而军用标志包括武装部队车辆号牌）。刑法规定非法生产、买卖警用装备罪和非法生产、买卖军用标志罪，明确对警用车辆号牌和军用车辆号牌进行保护，目的在于维护警用、军用标志性物品的专用权，而不是将警用和军用车辆号牌作为国家机关证件来保护。如果将机动车号牌认定为证件，那么非法买卖警用机动车号牌的行为，是认定为非法买卖国家机关证件罪还是非法买卖警用装备罪？这会导致刑法适用的混乱。

二、从刑罚处罚上看，如果将机动车号牌认定为国家机关证件，那么非法买卖的机

动车号牌如果分别属于人民警察车辆号牌、武装部队车辆号牌、普通机动车号牌，同样一个行为就会得到不同的处理结果：对于前两者，根据刑法第281条、第375条第2款的规定，情节严重的，分别构成非法买卖警用装备罪、非法买卖军用标志罪，法定刑为三年以下有期徒刑、拘役或者管制，并处或者单处罚金。对于非法买卖民用机动车号牌，根据刑法第280条第1款的规定，不论情节是否严重，均构成买卖国家机关证件罪，情节一般的，处三年以下有期徒刑、拘役、管制或者剥夺政治权利；情节严重的，处三年以上十年以下有期徒刑。可见，将机动车号牌认定为证件，将使对非法买卖普通机动车号牌的刑罚处罚重于对非法买卖人民警察、武装部队车辆号牌的刑罚处罚，这显失公平，也有悖立法本意。"

最高人民法院　最高人民检察院
关于办理危害计算机信息系统安全刑事案件应用法律若干问题的解释

法释〔2011〕19号

（2011年6月20日最高人民法院审判委员会第1524次会议、2011年7月11日最高人民检察院第十一届检察委员会第63次会议通过　2011年8月1日最高人民法院、最高人民检察院公告公布　自2011年9月1日起施行）

为依法惩治危害计算机信息系统安全的犯罪活动，根据《中华人民共和国刑法》、《全国人民代表大会常务委员会关于维护互联网安全的决定》的规定，现就办理这类刑事案件应用法律的若干问题解释如下：

第一条　非法获取计算机信息系统数据或者非法控制计算机信息系统，具有下列情形之一的，应当认定为刑法第二百八十五条第二款规定的"情节严重"：

（一）获取支付结算、证券交易、期货交易等网络金融服务的身份认证信息十组以上的；

（二）获取第（一）项以外的身份认证信息五百组以上的；

（三）非法控制计算机信息系统二十台以上的；

（四）违法所得五千元以上或者造成经济损失一万元以上的；

（五）其他情节严重的情形。

实施前款规定行为，具有下列情形之一的，应当认定为刑法第二百八十五条第二款规定的"情节特别严重"：

（一）数量或者数额达到前款第（一）项至第（四）项规定标准五倍以上的；

（二）其他情节特别严重的情形。

明知是他人非法控制的计算机信息系统,而对该计算机信息系统的控制权加以利用的,依照前两款的规定定罪处罚。

第二条 具有下列情形之一的程序、工具,应当认定为刑法第二百八十五条第三款规定的"专门用于侵入、非法控制计算机信息系统的程序、工具":

(一)具有避开或者突破计算机信息系统安全保护措施,未经授权或者超越授权获取计算机信息系统数据的功能的;

(二)具有避开或者突破计算机信息系统安全保护措施,未经授权或者超越授权对计算机信息系统实施控制的功能的;

(三)其他专门设计用于侵入、非法控制计算机信息系统、非法获取计算机信息系统数据的程序、工具。

第三条 提供侵入、非法控制计算机信息系统的程序、工具,具有下列情形之一的,应当认定为刑法第二百八十五条第三款规定的"情节严重":

(一)提供能够用于非法获取支付结算、证券交易、期货交易等网络金融服务身份认证信息的专门性程序、工具五人次以上的;

(二)提供第(一)项以外的专门用于侵入、非法控制计算机信息系统的程序、工具二十人次以上的;

(三)明知他人实施非法获取支付结算、证券交易、期货交易等网络金融服务身份认证信息的违法犯罪行为而为其提供程序、工具五人次以上的;

(四)明知他人实施第(三)项以外的侵入、非法控制计算机信息系统的违法犯罪行为而为其提供程序、工具二十人次以上的;

(五)违法所得五千元以上或者造成经济损失一万元以上的;

(六)其他情节严重的情形。

实施前款规定行为,具有下列情形之一的,应当认定为提供侵入、非法控制计算机信息系统的程序、工具"情节特别严重":

(一)数量或者数额达到前款第(一)项至第(五)项规定标准五倍以上的;

(二)其他情节特别严重的情形。

第四条 破坏计算机信息系统功能、数据或者应用程序,具有下列情形之一的,应当认定为刑法第二百八十六条第一款和第二款规定的"后果严重":

(一)造成十台以上计算机信息系统的主要软件或者硬件不能正常运行的;

(二)对二十台以上计算机信息系统中存储、处理或者传输的数据进行删除、修改、增加操作的;

(三)违法所得五千元以上或者造成经济损失一万元以上的;

(四)造成为一百台以上计算机信息系统提供域名解析、身份认证、计费等基础服务或者为一万以上用户提供服务的计算机信息系统不能正常运行累计一小时以上的;

(五)造成其他严重后果的。

实施前款规定行为,具有下列情形之一的,应当认定为破坏计算机信息系统"后果特别严重":

(一)数量或者数额达到前款第(一)项至第(三)项规定标准五倍以上的;

（二）造成为五百台以上计算机信息系统提供域名解析、身份认证、计费等基础服务或者为五万以上用户提供服务的计算机信息系统不能正常运行累计一小时以上的；

（三）破坏国家机关或者金融、电信、交通、教育、医疗、能源等领域提供公共服务的计算机信息系统的功能、数据或者应用程序，致使生产、生活受到严重影响或者造成恶劣社会影响的；

（四）造成其他特别严重后果的。

第五条　具有下列情形之一的程序，应当认定为刑法第二百八十六条第三款规定的"计算机病毒等破坏性程序"：

（一）能够通过网络、存储介质、文件等媒介，将自身的部分、全部或者变种进行复制、传播，并破坏计算机系统功能、数据或者应用程序的；

（二）能够在预先设定条件下自动触发，并破坏计算机系统功能、数据或者应用程序的；

（三）其他专门设计用于破坏计算机系统功能、数据或者应用程序的程序。

第六条　故意制作、传播计算机病毒等破坏性程序，影响计算机系统正常运行，具有下列情形之一的，应当认定为刑法第二百八十六条第三款规定的"后果严重"：

（一）制作、提供、传输第五条第（一）项规定的程序，导致该程序通过网络、存储介质、文件等媒介传播的；

（二）造成二十台以上计算机系统被植入第五条第（二）、（三）项规定的程序的；

（三）提供计算机病毒等破坏性程序十人次以上的；

（四）违法所得五千元以上或者造成经济损失一万元以上的；

（五）造成其他严重后果的。

实施前款规定行为，具有下列情形之一的，应当认定为破坏计算机信息系统"后果特别严重"：

（一）制作、提供、传输第五条第（一）项规定的程序，导致该程序通过网络、存储介质、文件等媒介传播，致使生产、生活受到严重影响或者造成恶劣社会影响的；

（二）数量或者数额达到前款第（二）项至第（四）项规定标准五倍以上的；

（三）造成其他特别严重后果的。

第七条　明知是非法获取计算机信息系统数据犯罪所获取的数据、非法控制计算机信息系统犯罪所获取的计算机信息系统控制权，而予以转移、收购、代为销售或者以其他方法掩饰、隐瞒，违法所得五千元以上的，应当依照刑法第三百一十二条第一款的规定，以掩饰、隐瞒犯罪所得罪定罪处罚。

实施前款规定行为，违法所得五万元以上的，应当认定为刑法第三百一十二条第一款规定的"情节严重"。

单位实施第一款规定行为的，定罪量刑标准依照第一款、第二款的规定执行。

第八条　以单位名义或者单位形式实施危害计算机信息系统安全犯罪，达到本解释规定的定罪量刑标准的，应当依照刑法第二百八十五条、第二百八十六条的规定追究直接负责的主管人员和其他直接责任人员的刑事责任。

第九条　明知他人实施刑法第二百八十五条、第二百八十六条规定的行为，具有下列情形之一的，应当认定为共同犯罪，依照刑法第二百八十五条、第二百八十六条的规定处罚：

（一）为其提供用于破坏计算机信息系统功能、数据或者应用程序的程序、工具，违法所得五千元以上或者提供十人次以上的；

（二）为其提供互联网接入、服务器托管、网络存储空间、通讯传输通道、费用结算、交易服务、广告服务、技术培训、技术支持等帮助，违法所得五千元以上的；

（三）通过委托推广软件、投放广告等方式向其提供资金五千元以上的。

实施前款规定行为，数量或者数额达到前款规定标准五倍以上的，应当认定为刑法第二百八十五条、第二百八十六条规定的"情节特别严重"或者"后果特别严重"。

第十条 对于是否属于刑法第二百八十五条、第二百八十六条规定的"国家事务、国防建设、尖端科学技术领域的计算机信息系统"、"专门用于侵入、非法控制计算机信息系统的程序、工具"、"计算机病毒等破坏性程序"难以确定的，应当委托省级以上负责计算机信息系统安全保护管理工作的部门检验。司法机关根据检验结论，并结合案件具体情况认定。

第十一条 本解释所称"计算机信息系统"和"计算机系统"，是指具备自动处理数据功能的系统，包括计算机、网络设备、通信设备、自动化控制设备等。

本解释所称"身份认证信息"，是指用于确认用户在计算机信息系统上操作权限的数据，包括账号、口令、密码、数字证书等。

本解释所称"经济损失"，包括危害计算机信息系统犯罪行为给用户直接造成的经济损失，以及用户为恢复数据、功能而支出的必要费用。

最高人民法院　最高人民检察院
关于办理扰乱无线电通讯管理秩序等刑事案件适用法律若干问题的解释

法释〔2017〕11号

（2017年4月17日最高人民法院审判委员会第1715次会议、2017年5月25日最高人民检察院第十二届检察委员会第64次会议通过　2017年6月27日最高人民法院、最高人民检察院公告公布　自2017年7月1日起施行）

为依法惩治扰乱无线电通讯管理秩序犯罪，根据《中华人民共和国刑法》《中华人民共和国刑事诉讼法》的有关规定，现就办理此类刑事案件适用法律的若干问题解释如下：

第一条 具有下列情形之一的，应当认定为刑法第二百八十八条第一款规定的"擅自设置、使用无线电台（站），或者擅自使用无线电频率，干扰无线电通讯秩序"：

（一）未经批准设置无线电广播电台（以下简称"黑广播"），非法使用广播电视专用频段的频率的；

（二）未经批准设置通信基站（以下简称"伪基站"），强行向不特定用户发送信息，非法使用公众移动通信频率的；

（三）未经批准使用卫星无线电频率的；

（四）非法设置、使用无线电干扰器的；

（五）其他擅自设置、使用无线电台（站），或者擅自使用无线电频率，干扰无线电通讯秩序的情形。

第二条　违反国家规定，擅自设置、使用无线电台（站），或者擅自使用无线电频率，干扰无线电通讯秩序，具有下列情形之一的，应当认定为刑法第二百八十八条第一款规定的"情节严重"：

（一）影响航天器、航空器、铁路机车、船舶专用无线电导航、遇险救助和安全通信等涉及公共安全的无线电频率正常使用的；

（二）自然灾害、事故灾难、公共卫生事件、社会安全事件等突发事件期间，在事件发生地使用"黑广播""伪基站"的；

（三）举办国家或者省级重大活动期间，在活动场所及周边使用"黑广播""伪基站"的；

（四）同时使用三个以上"黑广播""伪基站"的；

（五）"黑广播"的实测发射功率五百瓦以上，或者覆盖范围十公里以上的；

（六）使用"伪基站"发送诈骗、赌博、招嫖、木马病毒、钓鱼网站链接等违法犯罪信息，数量在五千条以上，或者销毁发送数量等记录的；

（七）雇佣、指使未成年人、残疾人等特定人员使用"伪基站"的；

（八）违法所得三万元以上的；

（九）曾因扰乱无线电通讯管理秩序受过刑事处罚，或者二年内曾因扰乱无线电通讯管理秩序受过行政处罚，又实施刑法第二百八十八条规定的行为的；

（十）其他情节严重的情形。

第三条　违反国家规定，擅自设置、使用无线电台（站），或者擅自使用无线电频率，干扰无线电通讯秩序，具有下列情形之一的，应当认定为刑法第二百八十八条第一款规定的"情节特别严重"：

（一）影响航天器、航空器、铁路机车、船舶专用无线电导航、遇险救助和安全通信等涉及公共安全的无线电频率正常使用，危及公共安全的；

（二）造成公共秩序混乱等严重后果的；

（三）自然灾害、事故灾难、公共卫生事件和社会安全事件等突发事件期间，在事件发生地使用"黑广播""伪基站"，造成严重影响的；

（四）对国家或者省级重大活动造成严重影响的；

（五）同时使用十个以上"黑广播""伪基站"的；

（六）"黑广播"的实测发射功率三千瓦以上，或者覆盖范围二十公里以上的；

（七）违法所得十五万元以上的；
（八）其他情节特别严重的情形。

第四条 非法生产、销售"黑广播""伪基站"、无线电干扰器等无线电设备，具有下列情形之一的，应当认定为刑法第二百二十五条规定的"情节严重"：

（一）非法生产、销售无线电设备三套以上的；
（二）非法经营数额五万元以上的；
（三）其他情节严重的情形。

实施前款规定的行为，数量或者数额达到前款第一项、第二项规定标准五倍以上，或者具有其他情节特别严重的情形的，应当认定为刑法第二百二十五条规定的"情节特别严重"。

在非法生产、销售无线电设备窝点查扣的零件，以组装完成的套数以及能够组装的套数认定；无法组装为成套设备的，每三套广播信号调制器（激励器）认定为一套"黑广播"设备，每三块主板认定为一套"伪基站"设备。

第五条 单位犯本解释规定之罪的，对单位判处罚金，并对直接负责的主管人员和其他直接责任人员，依照本解释规定的自然人犯罪的定罪量刑标准定罪处罚。

第六条 擅自设置、使用无线电台（站），或者擅自使用无线电频率，同时构成其他犯罪的，按照处罚较重的规定定罪处罚。

明知他人实施诈骗等犯罪，使用"黑广播""伪基站"等无线电设备为其发送信息或者提供其他帮助，同时构成其他犯罪的，按照处罚较重的规定定罪处罚。

第七条 负有无线电监督管理职责的国家机关工作人员滥用职权或者玩忽职守，致使公共财产、国家和人民利益遭受重大损失的，应当依照刑法第三百九十七条的规定，以滥用职权罪或者玩忽职守罪追究刑事责任。

有查禁扰乱无线电管理秩序犯罪活动职责的国家机关工作人员，向犯罪分子通风报信、提供便利，帮助犯罪分子逃避处罚的，应当依照刑法第四百一十七条的规定，以帮助犯罪分子逃避处罚罪追究刑事责任；事先通谋的，以共同犯罪论处。

第八条 为合法经营活动，使用"黑广播""伪基站"或者实施其他扰乱无线电通讯管理秩序的行为，构成扰乱无线电通讯管理秩序罪，但不属于"情节特别严重"，行为人系初犯，并确有悔罪表现的，可以认定为情节轻微，不起诉或者免予刑事处罚；确有必要判处刑罚的，应当从宽处罚。

第九条 对案件所涉的有关专门性问题难以确定的，依据司法鉴定机构出具的鉴定意见，或者下列机构出具的报告，结合其他证据作出认定：

（一）省级以上无线电管理机构、省级无线电管理机构依法设立的派出机构、地市级以上广播电视主管部门就是否系"伪基站""黑广播"出具的报告；
（二）省级以上广播电视主管部门及其指定的检测机构就"黑广播"功率、覆盖范围出具的报告；
（三）省级以上航空、铁路、船舶等主管部门就是否干扰导航、通信等出具的报告。

对移动终端用户受影响的情况，可以依据相关通信运营商出具的证明，结合被告人供述、终端用户证言等证据作出认定。

第十条 本解释自 2017 年 7 月 1 日起施行。

最高人民法院
关于审理编造、故意传播虚假恐怖信息刑事案件适用法律若干问题的解释

法释〔2013〕24 号

(2013 年 9 月 16 日最高人民法院审判委员会第 1591 次会议通过 2013 年 9 月 18 日最高人民法院公告公布 自 2013 年 9 月 30 日起施行)

为依法惩治编造、故意传播虚假恐怖信息犯罪活动,维护社会秩序,维护人民群众生命、财产安全,根据刑法有关规定,现对审理此类案件具体适用法律的若干问题解释如下:

第一条 编造恐怖信息,传播或者放任传播,严重扰乱社会秩序的,依照刑法第二百九十一条之一的规定,应认定为编造虚假恐怖信息罪。

明知是他人编造的恐怖信息而故意传播,严重扰乱社会秩序的,依照刑法第二百九十一条之一的规定,应认定为故意传播虚假恐怖信息罪。

第二条 编造、故意传播虚假恐怖信息,具有下列情形之一的,应当认定为刑法第二百九十一条之一的"严重扰乱社会秩序":

(一)致使机场、车站、码头、商场、影剧院、运动场馆等人员密集场所秩序混乱,或者采取紧急疏散措施的;

(二)影响航空器、列车、船舶等大型客运交通工具正常运行的;

(三)致使国家机关、学校、医院、厂矿企业等单位的工作、生产、经营、教学、科研等活动中断的;

(四)造成行政村或者社区居民生活秩序严重混乱的;

(五)致使公安、武警、消防、卫生检疫等职能部门采取紧急应对措施的;

(六)其他严重扰乱社会秩序的。

第三条 编造、故意传播虚假恐怖信息,严重扰乱社会秩序,具有下列情形之一的,应当依照刑法第二百九十一条之一的规定,在五年以下有期徒刑范围内酌情从重处罚:

(一)致使航班备降或返航;或者致使列车、船舶等大型客运交通工具中断运行的;

(二)多次编造、故意传播虚假恐怖信息的;

(三)造成直接经济损失二十万元以上的;

(四)造成乡镇、街道区域范围居民生活秩序严重混乱的;

(五)具有其他酌情从重处罚情节的。

第四条 编造、故意传播虚假恐怖信息，严重扰乱社会秩序，具有下列情形之一的，应当认定为刑法第二百九十一条之一的"造成严重后果"，处五年以上有期徒刑：

（一）造成三人以上轻伤或者一人以上重伤的；

（二）造成直接经济损失五十万元以上的；

（三）造成县级以上区域范围居民生活秩序严重混乱的；

（四）妨碍国家重大活动进行的；

（五）造成其他严重后果的。

第五条 编造、故意传播虚假恐怖信息，严重扰乱社会秩序，同时又构成其他犯罪的，择一重罪处罚。

第六条 本解释所称的"虚假恐怖信息"，是指以发生爆炸威胁、生化威胁、放射威胁、劫持航空器威胁、重大灾情、重大疫情等严重威胁公共安全的事件为内容，可能引起社会恐慌或者公共安全危机的不真实信息。

最高人民法院 最高人民检察院
关于办理寻衅滋事刑事案件适用法律若干问题的解释

法释〔2013〕18号

（2013年5月27日最高人民法院审判委员会第1579次会议、
2013年4月28日最高人民检察院第十二届检察委员会
第5次会议通过 2013年7月15日最高人民法院、
最高人民检察院公告公布 自2013年7月22日起施行）

为依法惩治寻衅滋事犯罪，维护社会秩序，根据《中华人民共和国刑法》的有关规定，现就办理寻衅滋事刑事案件适用法律的若干问题解释如下：

第一条 行为人为寻求刺激、发泄情绪、逞强耍横等，无事生非，实施刑法第二百九十三条规定的行为的，应当认定为"寻衅滋事"。

行为人因日常生活中的偶发矛盾纠纷，借故生非，实施刑法第二百九十三条规定的行为的，应当认定为"寻衅滋事"，但矛盾系由被害人故意引发或者被害人对矛盾激化负有主要责任的除外。

行为人因婚恋、家庭、邻里、债务等纠纷，实施殴打、辱骂、恐吓他人或者损毁、占用他人财物等行为的，一般不认定为"寻衅滋事"，但经有关部门批评制止或者处理处罚后，继续实施前列行为，破坏社会秩序的除外。

第二条 随意殴打他人，破坏社会秩序，具有下列情形之一的，应当认定为刑法第二百九十三条第一款第一项规定的"情节恶劣"：

（一）致一人以上轻伤或者二人以上轻微伤的；

（二）引起他人精神失常、自杀等严重后果的；
（三）多次随意殴打他人的；
（四）持凶器随意殴打他人的；
（五）随意殴打精神病人、残疾人、流浪乞讨人员、老年人、孕妇、未成年人，造成恶劣社会影响的；
（六）在公共场所随意殴打他人，造成公共场所秩序严重混乱的；
（七）其他情节恶劣的情形。

第三条 追逐、拦截、辱骂、恐吓他人，破坏社会秩序，具有下列情形之一的，应当认定为刑法第二百九十三条第一款第二项规定的"情节恶劣"：
（一）多次追逐、拦截、辱骂、恐吓他人，造成恶劣社会影响的；
（二）持凶器追逐、拦截、辱骂、恐吓他人的；
（三）追逐、拦截、辱骂、恐吓精神病人、残疾人、流浪乞讨人员、老年人、孕妇、未成年人，造成恶劣社会影响的；
（四）引起他人精神失常、自杀等严重后果的；
（五）严重影响他人的工作、生活、生产、经营的；
（六）其他情节恶劣的情形。

第四条 强拿硬要或者任意损毁、占用公私财物，破坏社会秩序，具有下列情形之一的，应当认定为刑法第二百九十三条第一款第三项规定的"情节严重"：
（一）强拿硬要公私财物价值一千元以上，或者任意损毁、占用公私财物价值二千元以上的；
（二）多次强拿硬要或者任意损毁、占用公私财物，造成恶劣社会影响的；
（三）强拿硬要或者任意损毁、占用精神病人、残疾人、流浪乞讨人员、老年人、孕妇、未成年人的财物，造成恶劣社会影响的；
（四）引起他人精神失常、自杀等严重后果的；
（五）严重影响他人的工作、生活、生产、经营的；
（六）其他情节严重的情形。

第五条 在车站、码头、机场、医院、商场、公园、影剧院、展览会、运动场或者其他公共场所起哄闹事，应当根据公共场所的性质、公共活动的重要程度、公共场所的人数、起哄闹事的时间、公共场所受影响的范围与程度等因素，综合判断是否"造成公共场所秩序严重混乱"。

第六条 纠集他人三次以上实施寻衅滋事犯罪，未经处理的，应当依照刑法第二百九十三条第二款的规定处罚。

第七条 实施寻衅滋事行为，同时符合寻衅滋事罪和故意杀人罪、故意伤害罪、故意毁坏财物罪、敲诈勒索罪、抢夺罪、抢劫罪等罪的构成要件的，依照处罚较重的犯罪定罪处罚。

第八条 行为人认罪、悔罪，积极赔偿被害人损失或者取得被害人谅解的，可以从轻处罚；犯罪情节轻微的，可以不起诉或者免予刑事处罚。

最高人民法院
关于审理黑社会性质组织犯罪的案件具体应用法律若干问题的解释

法释〔2000〕42号

(2000年12月4日最高人民法院审判委员会第1148次会议通过 2000年12月5日最高人民法院公告公布 自2000年12月10日起施行)

为依法惩治黑社会性质组织的犯罪活动,根据刑法有关规定,现就审理黑社会性质组织的犯罪案件具体应用法律的若干问题解释如下:

第一条 刑法第二百九十四条规定的"黑社会性质的组织",一般应具备以下特征:

(一)组织结构比较紧密,人数较多,有比较明确的组织者、领导者,骨干成员基本固定,有较为严格的组织纪律;

(二)通过违法犯罪活动或者其他手段获取经济利益,具有一定的经济实力;

(三)通过贿赂、威胁等手段,引诱、逼迫国家工作人员参加黑社会性质组织活动,或者为其提供非法保护;

(四)在一定区域或者行业范围内,以暴力、威胁、滋扰等手段,大肆进行敲诈勒索、欺行霸市、聚众斗殴、寻衅滋事、故意伤害等违法犯罪活动,严重破坏经济、社会生活秩序。

第二条 刑法第二百九十四条第二款规定的"发展组织成员",是指将境内、外人员吸收为该黑社会组织成员的行为。对黑社会组织成员进行内部调整等行为,可视为"发展组织成员"。

港、澳、台黑社会组织到内地发展组织成员的,适用刑法第二百九十四条第二款的规定定罪处罚。

第三条 组织、领导、参加黑社会性质的组织又有其他犯罪行为的,根据刑法第二百九十四条第三款的规定,依照数罪并罚的规定处罚;对于黑社会性质组织的组织者、领导者,应当按照其所组织、领导的黑社会性质组织所犯的全部罪行处罚;对于黑社会性质组织的参加者,应当按照其所参与的犯罪处罚。

对于参加黑社会性质的组织,没有实施其他违法犯罪活动的,或者受蒙蔽、胁迫参加黑社会性质的组织,情节轻微的,可以不作为犯罪处理。

第四条 国家机关工作人员组织、领导、参加黑社会性质组织的,从重处罚。

第五条 刑法第二百九十四条第四款规定的"包庇",是指国家机关工作人员为使黑社会性质组织及其成员逃避查禁,而通风报信、隐匿、毁灭、伪造证据,阻止他人作证、检举揭发,指使他人作伪证,帮助逃匿,或者阻挠其他国家机关工作人员依法查禁等行为。

刑法第二百九十四条第四款规定的"纵容",是指国家机关工作人员不依法履行职责,放纵黑社会性质组织进行违法犯罪活动的行为。

第六条 国家机关工作人员包庇、纵容黑社会性质的组织,有下列情形之一的,属于刑法第二百九十四条第四款规定的"情节严重":

(一)包庇、纵容黑社会性质组织跨境实施违法犯罪活动的;

(二)包庇、纵容境外黑社会组织在境内实施违法犯罪活动的;

(三)多次实施包庇、纵容行为的;

(四)致使某一区域或者行业的经济、社会生活秩序遭受黑社会性质组织特别严重破坏的;

(五)致使黑社会性质组织的组织者、领导者逃匿,或者致使对黑社会性质组织的查禁工作严重受阻的;

(六)具有其他严重情节的。

第七条 对黑社会性质组织和组织、领导、参加黑社会性质组织的犯罪分子聚敛的财物及其收益,以及用于犯罪的工具等,应当依法追缴、没收。

最高人民法院 最高人民检察院 公安部
关于印发《办理黑社会性质组织犯罪案件座谈会纪要》的通知

2009年12月9日　　　　　　　　　　　　法〔2009〕382号

各省、自治区、直辖市高级人民法院、人民检察院、公安厅(局),解放军军事法院、军事检察院、总政治部保卫部,新疆维吾尔自治区高级人民法院生产建设兵团分院、新疆生产建设兵团人民检察院、公安局:

黑社会性质组织犯罪严重危害社会稳定,严重危害人民群众的生命、财产安全,严重危害党和国家的政权建设,是依法应当严厉打击的严重犯罪之一。依法侦查、起诉、审判好此类案件,对于维护社会稳定、促进经济社会协调发展具有重要意义。

为正确理解和适用刑法、立法解释、司法解释关于黑社会性质组织犯罪的规定,依法及时、准确、有力地惩治黑社会性质组织犯罪,2009年7月15日,最高人民法院、最高人民检察院、公安部在北京召开了办理黑社会性质组织犯罪案件座谈会。现将《最高人民法院、最高人民检察院、公安部办理黑社会性质组织犯罪案件座谈会纪要》印发给你们。请认真组织学习,并在办理黑社会性质组织犯罪案件时遵照执行。执行中有什么问题,请分别层报最高人民法院、最高人民检察院、公安部。

附：

办理黑社会性质组织犯罪案件座谈会纪要

　　为正确理解和适用刑法、立法解释、司法解释关于黑社会性质组织犯罪的规定，依法及时、准确、有力地惩治黑社会性质组织犯罪，最高人民法院、最高人民检察院、公安部于2009年7月15日在北京召开了办理黑社会性质组织犯罪案件座谈会。会议总结了各级人民法院、人民检察院和公安机关办理黑社会性质组织犯罪案件所取得的经验，分析了当前依法严惩黑社会性质组织犯罪面临的严峻形势，研究了办理黑社会性质组织犯罪案件遇到的适用法律问题，就人民法院、人民检察院和公安机关正确适用法律，严厉打击黑社会性质组织犯罪形成了具体意见。会议纪要如下：

　　一、与会同志一致认为，自2006年初全国开展打黑除恶专项斗争以来，各级人民法院、人民检察院和公安机关依法履行各自职责，密切配合，惩处了一批黑社会性质组织犯罪分子，遏制了黑社会性质组织犯罪高发的势头，为维护社会稳定，构建社会主义和谐社会作出了重要贡献。但是，在我国，黑社会性质组织犯罪仍处于活跃期，犯罪的破坏性不断加大，犯罪分子逃避法律制裁的行为方式不断变换，向政治领域的渗透日益明显，对人民群众的生命、财产安全，对经济、社会生活秩序和基层政权建设都构成了严重威胁。因此，严厉打击黑社会性质组织犯罪，遏制并最大限度地减少黑社会性质组织犯罪案件的发生，是当前乃至今后相当长一个时期政法机关的重要任务。为此，各级人民法院、人民检察院和公安机关必须坚持做好以下几方面工作：

　　首先，要切实提高对打击黑社会性质组织犯罪重要性的认识。依法严惩黑社会性质组织犯罪，不仅是保障民生、维护稳定的迫切需要，而且事关政权安危，容不得丝毫懈怠。各级人民法院、人民检察院和公安机关要充分认识这项工作的重要性、紧迫性、复杂性、艰巨性和长期性，在思想上始终与党中央的决策保持高度一致，坚决克服麻痹、松懈情绪，把依法打击黑社会性质组织犯罪，实现社会治安的持续稳定作为一项重要任务常抓不懈。

　　其次，要严格坚持法定标准，切实贯彻落实宽严相济的刑事政策。各级人民法院、人民检察院和公安机关要严格依照刑法、刑事诉讼法及有关法律解释的规定办理案件，确保认定的事实清楚，据以定案的证据确实、充分，黑社会性质组织的认定准确无误。既要防止将已构成黑社会性质组织犯罪的案件"降格"处理，也不能因为强调严厉打击而将不构成此类犯罪的共同犯罪案件"拔高"认定。要严格贯彻落实宽严相济的刑事政策，对黑社会性质组织的组织者、领导者及其他骨干成员要依法从严惩处；对犯罪情节较轻的其他参加人员以及初犯、偶犯、未成年犯，要依法从轻、减轻处罚，以分化、瓦解犯罪分子，减少社会对抗，促进社会和谐，取得法律效果和社会效果的统一。

　　第三，要充分发挥各自的职能作用，密切配合，相互支持，有效形成打击合力。各级人民法院、人民检察院和公安机关要积极总结和交流工作经验，不断统一执法思想，共同加强长效机制建设。为了及时、有效地打击黑社会性质组织犯罪，公安机关在办案中要紧紧围绕法律规定的黑社会性质组织的"四个特征"，严格按照刑事诉讼法及有关规定全面收集、固定证据，严禁刑讯逼供、滥用强制措施和超期羁押，对重要犯罪嫌疑人的审讯以及重要取证活动要全程录音、录像。人民检察院不仅要把好批捕、起诉关，还要加强对看守所监管活动的检查监督，防止串供、翻供、订立攻守同盟、搞假立功等情况的发生。人民法院要严格审查事实、证据，不断强化程序意识，全面提高审判工作质量和效率。

第四，要严惩"保护伞"，采取多种措施深入推进打黑除恶工作。黑社会性质组织之所以能在一些地方坐大成势，与个别国家工作人员的包庇、纵容有着直接关系。各级人民法院、人民检察院和公安机关要把查处"保护伞"与办理涉黑案件有机地结合起来，与反腐败工作紧密地结合起来，与纪检、监察部门做好衔接配合，加大打击力度，确保实现"除恶务尽"的目标。打击黑社会性质组织犯罪是一项复杂的系统工程，各级人民法院、人民检察院和公安机关在办理好案件的同时，还要通过积极参与社会治安综合治理、加强法制宣传、广泛发动群众等多种手段，从源头上有效防控此类犯罪。

二、会议认为，自1997年《刑法》增设黑社会性质组织犯罪的规定以来，全国人大常委会、最高人民法院分别作出了《关于〈中华人民共和国刑法〉第二百九十四条第一款的解释》（以下简称《立法解释》）、《关于审理黑社会性质组织犯罪的案件具体应用法律若干问题的解释》（以下简称《司法解释》），对于指导司法实践发挥了重要作用。但由于黑社会性质组织犯罪的构成要件和所涉及的法律关系较为复杂，在办案过程中对法律规定的理解还不尽相同。为了进一步统一司法标准，会议就实践中争议较大的问题进行了深入研讨，并取得了一致意见：

（一）关于黑社会性质组织的认定。黑社会性质组织必须同时具备《立法解释》中规定的"组织特征"、"经济特征"、"行为特征"和"危害性特征"。由于实践中许多黑社会性质组织并非这"四个特征"都很明显，因此，在具体认定时，应根据立法本意，认真审查、分析黑社会性质组织"四个特征"相互间的内在联系，准确评价涉案犯罪组织所造成的社会危害，确保不枉不纵。

1. 关于组织特征。黑社会性质组织不仅有明确的组织者、领导者，骨干成员基本固定，而且组织结构较为稳定，并有比较明确的层级和职责分工。

当前，一些黑社会性质组织为了增强隐蔽性，往往采取各种手段制造"人员频繁更替、组织结构松散"的假象。因此，在办案时，要特别注意审查组织者、领导者，以及对组织运行、活动起着突出作用的积极参加者等骨干成员是否基本固定、联系是否紧密，不要被其组织形式的表象所左右。

关于组织者、领导者、积极参加者和其他参加者的认定。组织者、领导者，是指黑社会性质组织的发起者、创建者，或者在组织中实际处于领导地位，对整个组织及其运行、活动起着决策、指挥、协调、管理作用的犯罪分子，既包括通过一定形式产生的有明确职务、称谓的组织者、领导者，也包括在黑社会性质组织中被公认的事实上的组织者、领导者；积极参加者，是指接受黑社会性质组织的领导和管理，多次积极参与黑社会性质组织的违法犯罪活动，或者积极参与较严重的黑社会性质组织的犯罪活动且作用突出，以及其他在组织中起重要作用的犯罪分子，如具体主管黑社会性质组织的财务、人员等事项的犯罪分子；其他参加者，是指除上述组织成员之外，其他接受黑社会性质组织的领导和管理的犯罪分子。根据《司法解释》第三条第二款的规定，对于参加黑社会性质的组织，没有实施其他违法犯罪活动的，或者受蒙蔽、胁迫参加黑社会性质的组织，情节轻微的，可以不作为犯罪处理。

关于黑社会性质组织成员的主观明知问题。在认定黑社会性质组织的成员时，并不要求其主观上认为自己参加的是黑社会性质组织，只要其知道或者应当知道该组织具有一定规模，且是以实施违法犯罪为主要活动的，即可认定。

对于黑社会性质组织存在时间、成员人数及组织纪律等问题的把握。黑社会性质组织一般在短时间内难以形成，而且成员人数较多，但鉴于普通犯罪集团、"恶势力"团伙向黑社会性质组织发展是一个渐进的过程，没有明显的性质转变的节点，故对黑社会性质组织存在时间、成员人数问题不宜作出"一刀切"的规定。对于那些已存在一定时间，且成员人数较多的犯罪组织，在定性时要根据其是否已具备一定的经济实力，是否已在一定区域或行业内形成非法控制或重大影响等情况综合分析判断。此外，在通常情况下，黑社会性质组织为了维护自身的安全和稳定，一般会有一些约定俗成的纪律、规约，有些甚至还有明确的规定。因此，具有一定的组织纪律、活动规约，也是认定黑社会性质组织特征时的重要参考依据。

2. 关于经济特征。一定的经济实力是黑社会性质组织坐大成势，称霸一方的基础。由于不同地区的经济发展水平、不同行业的利润空间均存在很大差异，加之黑社会性质组织存在、发展的时间也各有不同，因此，在办案时不能一般性地要求黑社会性质组织所具有的经济实力必须达到特定规模或特定数额。此外，黑社会性质组织的敛财方式也具有多样性。实践中，黑社会性质组织不仅会通过实施赌博、敲诈、贩毒等违法犯罪活动攫取经济利益，而且还往往会通过开办公司、企业等方式"以商养黑"、"以黑护商"。因此，无论其财产是通过非法手段聚敛，还是通过合法的方式获取，只要将其中部分或全部用于违法犯罪活动或者维系犯罪组织的生存、发展即可。

"用于违法犯罪活动或者维系犯罪组织的生存、发展"，一般是指购买作案工具、提供作案经费，为受伤、死亡的组织成员提供医疗费、丧葬费，为组织成员及其家属提供工资、奖励、福利、生活费用，为组织寻求非法保护以及其他与实施有组织的违法犯罪活动有关的费用支出等。

3. 关于行为特征。暴力性、胁迫性和有组织性是黑社会性质组织行为方式的主要特征，但有时也会采取一些"其他手段"。

根据司法实践经验，《立法解释》中规定的"其他手段"主要包括：以暴力、威胁为基础，在利用组织势力和影响已对他人形成心理强制或威慑的情况下，进行所谓的"谈判"、"协商"、"调解"；滋扰、哄闹、聚众等其他干扰、破坏正常经济、社会生活秩序的非暴力手段。

"黑社会性质组织实施的违法犯罪活动"主要包括以下情形：由组织者、领导者直接组织、策划、指挥、参与实施的违法犯罪活动；由组织成员以组织名义实施，并得到组织者、领导者认可或者默许的违法犯罪活动；多名组织成员为逞强争霸、插手纠纷、报复他人、替人行凶、非法敛财而共同实施，并得到组织者、领导者认可或者默许的违法犯罪活动；组织成员为组织争夺势力范围、排除竞争对手、确立强势地位、谋取经济利益、维护非法权威或者按照组织的纪律、惯例、共同遵守的约定而实施的违法犯罪活动；由黑社会性质组织实施的其他违法犯罪活动。

会议认为，在办案时还应准确理解《立法解释》中关于"多次进行违法犯罪活动"的规定。黑社会性质组织实施犯罪活动过程中，往往伴随着大量的违法活动，对此均应作为黑社会性质组织的违法犯罪事实予以认定。但如果仅实施了违法活动，而没有实施犯罪活动的，则不能认定为黑社会性质组织。此外，"多次进行违法犯罪活动"只是认定黑社会性质组织的必要条件之一，最终能否认定为黑社会性质组织，还要结合危害性特征来加以判断。即使有些案件中的违法犯罪活动已符合"多次"的标准，但根据其性质和严重程度，尚不足以形成非法控制或者重大影响的，也不能认定为黑社会性质组织。

4. 关于危害性特征。称霸一方，在一定区域或者行业内，形成非法控制或者重大影响，从而严重危害经济、社会生活秩序，是黑社会性质组织的本质特征，也是黑社会性质组织区别于一般犯罪集团的关键所在。

对于"一定区域"的理解和把握。区域的大小具有相对性，且黑社会性质组织非法控制和影响的对象并不是区域本身，而是在一定区域中生活的人，以及该区域内的经济、社会生活秩序。因此，不能简单地要求"一定区域"必须达到某一特定的空间范围，而应当根据具体案情，并结合黑社会性质组织对经济、社会生活秩序的危害程度加以综合分析判断。

对于"一定行业"的理解和把握。黑社会性质组织所控制和影响的行业，既包括合法行业，也包括黄、赌、毒等非法行业。这些行业一般涉及生产、流通、交换、消费等一个或多个市场环节。

通过实施违法犯罪活动，或者利用国家工作人员的包庇、纵容，称霸一方，并具有以下情形之一的，可认定为"在一定区域或行业内，形成非法控制或重大影响，严重破坏经济、社会生活秩序"：对在一定区域内生活或者在一定行业内从事生产、经营的群众形成心理强制、威慑，致使合法利益受损的群众不敢举报、控告的；对一定行业的生产、经营形成垄断，或者对涉及一定行业的准入、经营、竞争等经济活动形成重要影响的；插手民间纠纷、经济纠纷，在相关区域或者行业内造成严重影响的；干扰、破坏他人正常生产、经营、生活，并在相关区域或者行业内造成严重影响的；干扰、破坏公司、企业、事业单位及社会团体的正常生产、经营、工作秩序，在相关区域、行业内造成严重影响，或者致使其不能正常生产、经营、工作的；多次干扰、破坏国家机关、行业管理部门以及村委会、居委会等基层群众自治组织的工作秩序，或者致使上述单位、组织的职能不能正常行使的；利用组织的势力、影响，使组织成员获取政治地位，或者在党政机关、基层群众自治组织中担任一定职务的；其他形成非法控制或者重大影响，严重破坏经济、社会生活秩序的情形。

（二）关于办理黑社会性质组织犯罪案件的其他问题

1. 关于包庇、纵容黑社会性质组织罪主观要件的认定。本罪主观方面要求必须是出于故意，过失不能构成本罪。会议认为，只要行为人知道或者应当知道是从事违法犯罪活动的组织，仍对该组织及其成员予以包庇，或者纵容其实施违法犯罪活动，即可认定本罪。至于行为人是否明知该组织系黑社会性质组织，不影响本罪的成立。

2. 关于黑社会性质组织成员的刑事责任。对黑社会性质组织的组织者、领导者，应根据法律规定和本纪要中关于"黑社会性质组织实施的违法犯罪活动"的规定，按照该组织所犯的全部罪行承担刑事责任。组织者、领导者对于具体犯罪所承担的刑事责任，应当根据其在该起犯罪中的具体地位、作用来确定。对黑社会性质组织中的积极参加者和其他参加者，应按照其所参与的犯罪，根据其在具体犯罪中的地位和作用，依照罪责刑相适应的原则，确定应承担的刑事责任。

3. 关于涉黑犯罪财物及其收益的认定和处置。在办案时，要依法运用查封、扣押、冻结、追缴、没收等手段，彻底摧毁黑社会性质组织的经济基础，防止其死灰复燃。对于涉黑犯罪财物及其收益以及犯罪工具，均应按照刑法第六十四条和《司法解释》第七条的规定予以追缴、没收。黑社会性质组织及其成员通过犯罪活动聚敛的财物及其收益，是指在黑社会性质组织的形成、发展过程中，该组织及组织成员通过违法犯罪活动或其他不正当手段聚敛的全部财物、财产性权益及其孳息、收益。在办案工作中，应认真审查涉案财产的来源、性质，对被告人及其他单位、个人的合法财产应依法予以保护。

4. 关于认定黑社会性质组织犯罪的证据要求。办理涉黑案件同样应当坚持案件"事实清楚，证据确实、充分"的法定证明标准。但应当注意的是，"事实清楚"是指能够对定罪量刑产生影响的事实必须清楚，而不是指整个案件的所有事实和情节都要一一查证属实；"证据确实、充分"是指能够据以定罪量刑的证据确实、充分，而不是指案件中所涉全部问题的证据都要达到确实、充分的程度。对此，一定要准确理解和把握，不要纠缠那些不影响定罪量刑的枝节问题。比如，在可以认定某犯罪组织已将所获经济利益部分用于组织活动的情况下，即使此部分款项的具体数额难以全部查实，也不影响定案。

5. 关于黑社会性质组织成员的立功问题。积极参加者、其他参加者配合司法机关查办案件，有提供线索、帮助收集证据或者其他协助行为，并对侦破黑社会性质组织犯罪案件起到一定作用的，即使依法不能认定立功，一般也应酌情对其从轻处罚。组织者、领导者检举揭发与该黑社会性质组织及其违法犯罪活动有关联的其他犯罪线索，即使依法构成立功或者重大立功，在量刑时也应从严掌握。

6. 关于对"恶势力"团伙的认定和处理。"恶势力"，是黑社会性质组织的雏形，有的最终发展成为了黑社会性质组织。因此，及时严惩"恶势力"团伙犯罪，是遏制黑社会性质组织滋生，防止违法犯罪活动造成更大社会危害的有效途径。

会议认为，"恶势力"是指经常纠集在一起，以暴力、威胁或其他手段，在一定区域或者行业内多次实施违法犯罪活动，为非作恶，扰乱经济、社会生活秩序，造成较为恶劣的社会影响，但尚未形成黑社会性质组织的犯罪团伙。"恶势力"一般为三人以上，纠集者、骨干成员相对固定，违法犯罪活动一般表现为敲诈勒索、强迫交易、欺行霸市、聚众斗殴、寻衅滋事、非法拘禁、故意伤害、抢劫、抢夺或者黄、赌、毒等。各级人民法院、人民检察院和公安机关在办案时应根据本纪要的精神，结合组织化程度的高低、经济实力的强弱、有无追求和实现对社会的非法控制等特征,对黑社会性质组织与"恶势力"团伙加以正确区分。同时,还要本着实事求是的态度,正确理解和把握"打早打小"方针。在准确查明"恶势力"团伙具体违法犯罪事实的基础上,构成什么罪,就按什么罪处理,并充分运用刑法总则关于共同犯罪的规定,依法惩处。对符合犯罪集团特征的,要按照犯罪集团处理,以切实加大对"恶势力"团伙依法惩处的力度。

7. 关于视听资料的收集、使用。公安机关在侦查时要特别重视对涉黑犯罪视听资料的收集。对于那些能够证明涉案犯罪组织具备黑社会性质组织的"四个特征"及其实施的具体违法犯罪活动的录音、录像资料,要及时提取、固定、移送。通过特殊侦查措施获取的视听资料,在移送审查起诉时,公安机关对证据的来源、提取经过应予说明。

8. 庭审时应注意的有关问题。为确保庭审效果,人民法院在开庭审理涉黑案件之前,应认真做好庭审预案。法庭调查时,除必须传唤共同被告人同时到庭质证外,对各被告人应当分别讯问,以防止被告人当庭串供或者不敢如实供述、作证。对于诉讼参与人、旁听人员破坏法庭秩序、干扰法庭审理的,法庭应按照刑事诉讼法及有关司法解释的规定及时作出处理。构成犯罪的,应当依法追究刑事责任。

全国部分法院审理黑社会性质组织犯罪案件工作座谈会纪要(节录)

2015 年 10 月 13 日　　　　　　　　　　法〔2015〕291 号

为深入贯彻党的十八大和十八届三中、四中全会以及习近平总书记系列重要讲话精神,认真落实全国继续推进打黑除恶专项斗争电视电话会议和《中央政法委员会关于继续推进打黑除恶专项斗争的意见》的总体部署,进一步加强黑社会性质组织犯罪案件的审判工作,最高人民法院于 2015 年 9 月 17 日在广西壮族自治区北海市组织召开了全国部分法院审理黑社会性质组织犯罪案件工作座谈会。全国 20 个省、自治区、直辖市高级人民法院和部分中级人民法院、基层人民法院的主管副院长、刑事审判庭负责同志参加了此次会议。

会议传达、学习了中央关于不断深化打黑除恶专项斗争的有关文件、领导讲话和周强院长对会议所作的重要批示,最高人民法院副院长南英同志作了重要讲话。会议就如何加强打黑除恶审判工作进行了经验交流,并对当前审判工作中存在的新情况、新问题进行了全面、系统地归纳整理,对如何进一步明确和统一司法标准进行了深入研讨。会议认为,2009 年印发的《最高人民法院、最高人民检察院、公安部办理黑社会性质组织犯罪案件座谈会纪要》(以下简称:2009 年《座谈会纪要》)对于指导审判实践发挥了重要作用。由于黑社会性质组织犯罪始终处于不断发展变化之中,且刑法、刑事诉讼法的相关规定均有修改,因此,对于一些实践中反映较为突出,但 2009 年《座谈会纪要》未作规定或者有关规定尚需进一步细化和完善的问题,确有必要及时加以研究解决。经过与会代表的认真研究，会议就人民法院审理黑社会性质组织犯罪案件时遇到的部分政策把握及具体应用法律问题形成了共识。同时，与会代表也一致认为，本次会议所取得的成果是对2009年《座谈会纪要》的继承与发展，原有内容审判时仍应遵照执行；内容有所补充的，审判时应结合执行。纪要如下。

二、关于黑社会性质组织的认定

（一）认定组织特征的问题

黑社会性质组织存续时间的起点，可以根据涉案犯罪组织举行成立仪式或者进行类似活动的时间来认定。没有前述活动的，可以根据足以反映其初步形成核心利益或强势地位的重大事件发生时间进行审查判断。没有明显标志性事件的，也可以根据涉案犯罪组织为维护、扩大组织势力、实力、影响、经济基础或按照组织惯例、纪律、活动规约而首次实施有组织的犯罪活动的时间进行审查判断。存在、发展时间明显过短、犯罪活动尚不突出的，一般不应认定为黑社会性质组织。

黑社会性质组织应当具有一定规模，人数较多，组织成员一般在10人以上。其中，既包括已有充分证据证明但尚未归案的组织成员，也包括虽有参加黑社会性质组织的行为但因尚未达到刑事责任年龄或因其他法定情形而未被起诉，或者根据具体情节不作为犯罪处理的组织成员。

黑社会性质组织应有明确的组织者、领导者，骨干成员基本固定，并有比较明确的层级和职责分工，一般有三种类型的组织成员，即：组织者、领导者与积极参加者、一般参加者（也即"其他参加者"）。骨干成员，是指直接听命于组织者、领导者，并多次指挥或积极参与实施有组织的违法犯罪活动或者其他长时间在犯罪组织中起重要作用的犯罪分子，属于积极参加者的一部分。

对于黑社会性质组织的组织纪律、活动规约，应当结合制定、形成相关纪律、规约的目的与意图来进行审查判断。凡是为了增强实施违法犯罪活动的组织性、隐蔽性而制定或者自发形成，并用以明确组织内部人员管理、职责分工、行为规范、利益分配、行动准则等事项的成文或不成文的规定、约定，均可认定为黑社会性质组织的组织纪律、活动规约。

对于参加黑社会性质组织，没有实施其他违法犯罪活动，或者受蒙蔽、威胁参加黑社会性质组织，情节轻微的，可以不作为犯罪处理。对于参加黑社会性质组织后仅参与少量情节轻微的违法活动的，也可以不作为犯罪处理。

以下人员不属于黑社会性质组织的成员：1. 主观上没有加入社会性质组织的意愿，受雇到黑社会性质组织开办的公司、企业、社团工作，未参与或者仅参与少量黑社会性质组织的违法犯罪活动的人员；2. 因临时被纠集、雇佣或受蒙蔽为黑社会性质组织实施违法犯罪活动或者提供帮助、支持、服务的人员；3. 为维护或扩大自身利益而临时雇佣、收买、利用黑社会性质组织实施违法犯罪活动的人员。上述人员构成其他犯罪的，按照具体犯罪处理。

对于被起诉的组织成员主要为未成年人的案件，定性时应当结合"四个特征"审慎把握。

（二）认定经济特征的问题

"一定的经济实力"，是指黑社会性质组织在形成、发展过程中获取的，足以支持该组织运行、发展以及实施违法犯罪活动的经济利益。包括：1. 有组织地通过违法犯罪活动或其他不正当手段聚敛的资产；2. 有组织地通过合法的生产、经营活动获取的资产；3. 组织成员以及其他单位、个人资助黑社会性质组织的资产。通过上述方式获取的经济利益，即使是由部分组织成员个人掌控，也应计入黑社会性质组织的"经济实力"。

各高级人民法院可以根据本地区的实际情况，对黑社会性质组织所应具有的"经济实力"在20～50万元幅度内，自行划定一般掌握的最低数额标准。

是否将所获经济利益全部或部分用于违法犯罪活动或者维系犯罪组织的生存、发展，是认定经济特征的重要依据。无论获利后的分配与使用形式如何变化，只要在客观上能够起到豢养组织成员、维护组织稳定、壮大组织势力的作用即可认定。

（三）认定行为特征的问题

涉案犯罪组织仅触犯少量具体罪名的，是否应认定为黑社会性质组织要结合组织特征、经济特征和非法控制特征（危害性特征）综合判断，严格把握。

黑社会性质组织实施的违法犯罪活动包括非暴力性的违法犯罪活动，但暴力或以暴力相威胁始终是黑社会性质组织实施违法犯罪活动的基本手段，并随时可能付诸实施。因此，在黑社会性质组织所实施的违法犯罪活动中，一般应有一部分能够较明显地体现出暴力或以暴力相威胁的基本特征。否则，定性时应当特别慎重。

属于2009年《座谈会纪要》规定的五种情形之一的，一般应当认定为黑社会性质组织实施的违法犯罪活动，但确与维护和扩大组织势力、实力、影响、经济基础无任何关联，亦不是按照组织惯例、纪律、活动规约而实施，则应作为组织成员个人的违法犯罪活动处理。

组织者、领导者明知组织成员曾多次实施起因、性质类似的违法犯罪活动，但并未明确予以禁止的，如果该类行为对扩大组织影响起到一定作用，可以视为是按照组织惯例实施的违法犯罪活动。

（四）认定非法控制特征（危害性特征）的问题

黑社会性质组织所控制和影响的"一定区域"，应当具备一定空间范围，并承载一定的社会功能。既包括一定数量的自然人共同居住、生活的区域，如乡镇、街道、较大的村庄等，也包括承载一定生产、经营或社会公共服务功能的区域，如矿山、工地、市场、车站、码头等。对此，应当结合一定地域范围内的人口数量、流量、经济规模等因素综合评判。如果涉案犯罪组织的控制和影响仅存在于一座酒店、一处娱乐会所等空间范围有限的场所或者人口数量、流量、经济规模较小的其他区域，则一般不能视为是对"一定区域"的控制和影响。

黑社会性质组织所控制和影响的"一定行业"，是指在一定区域内存在的同类生产、经营活动。黑社会性质组织通过多次有组织地实施违法犯罪活动，对黄、赌、毒等非法行业形成非法控制或重大影响的，同样符合非法控制特征（危害性特征）的要求。

2009年《座谈会纪要》明确了可以认定为"在一定区域或者行业内，形成非法控制或者重大影响,严重破坏经济、社会生活秩序"的八种情形,适用时应当注意以下问题:第1种情形中的"致使合法利益受损的群众不敢举报、控告的",是指致使多名合法利益遭受犯罪或者严重违法活动侵害的群众不敢通过正当途径维护权益;第2种情形中的"形成垄断",是指可以操控、左右、决定与一定行业相关的准入、退出、经营、竞争等经济活动。"形成重要影响",是指对与一定行业相关的准入、退出、经营、竞争等经济活动具有较大的干预和影响能力,或者具有在该行业内占有较大市场份额、通过违法犯罪活动或以其他不正当手段在该行业内敛财数额巨大(最低数额标准由各高院根据本地情况在20~50万元的幅度内自行划定)、给该行业内从事生产、经营活动的其他单位、组织、个人造成直接经济损失100万元以上等情节之一;第3、4、5种情形中的"造成严重影响",是指具有致人重伤或致多人轻伤、通过违法犯罪活动或以其他不正当手段敛财数额巨大(数额标准同上)、造成直接经济损失100万元以上、多次引发群体性事件或引发大规模群体性事件等情节之一;第6种情形中的"多次干扰、破坏国家机关、行业管理部门以及村委会、居委会等基层群众自治组织的工作秩序",包括以拉拢、收买、威胁等手段多次得到国家机关工作人员包庇或纵容,或者多次对前述单位、组织中正常履行职务的工作人员进行打击、报复的情形;第7种情形中的"获取政治地位",是指当选各级人大代表、政协委员。"担任一定职务",是指在各级党政机关及其职能部门、基层群众自治组织中担任具有组织、领导、监督、管理职权的职务。

根据实践经验,在黑社会性质组织犯罪案件中,2009年《座谈会纪要》规定的八种情形一般不会单独存在,往往是两种以上的情形同时并存、相互交织,从而严重破坏经济、社会生活秩序。审判时,应当充分认识这一特点,准确认定该特征。

"四个特征"中其他构成要素均已具备,仅在成员人数、经济实力规模方面未达到本纪要提出的一般性要求,但已较为接近,且在非法控制特征(危害性特征)方面同时具有2009年《座谈会纪要》相关规定中的多种情形,其中至少有一种情形已明显超出认定标准的,也可以认定为黑社会性质组织。

三、关于刑事责任和刑罚适用

(一)已退出或者新接任的组织者、领导者的刑事责任问题

对于在黑社会性质组织形成、发展过程中已经退出的组织者、领导者,或者在加入黑社会性质组织之后逐步发展成为组织者、领导者的犯罪分子,应对其本人参与及其实际担任组织者、领导者期间该组织所犯的全部罪行承担刑事责任。

(二)量刑情节的运用问题

黑社会性质组织的成员虽不具有自首情节,但到案后能够如实供述自己罪行,并具有以下情形之一的,一般应当适用《刑法》第六十七条第三款的规定予以从轻处罚:1.如实交代大部分尚未被掌握的同种犯罪事实;2.如实交代尚未被掌握的较重的同种犯罪事实;3.如实交代犯罪事实,并对收集定案证据、查明案件事实有重要作用的。

积极参加者、一般参加者配合司法机关查办案件,有提供线索、帮助收集证据或者其他协助行为,并在侦破黑社会性质组织犯罪案件、认定黑社会性质组织及其主要成员、追缴黑社会性质组织违法所得、查处"保护伞"等方面起到较大作用的,即使依法

不能认定立功,一般也应酌情对其从轻处罚。

组织者、领导者、骨干成员以及"保护伞"协助抓获同案中其他重要的组织成员,或者骨干成员能够检举揭发其他犯罪案件中罪行同样严重的犯罪分子,原则上依法应予从轻或者减轻处罚。组织者、领导者检举揭发与该黑社会性质组织及其违法犯罪活动有关联的其他犯罪线索,如果在是否认定立功的问题上存在事实、证据或法律适用方面的争议,应当严格把握。依法应认定为立功或者重大立功的,在决定是否从宽处罚、如何从宽处罚时,应当根据罪责刑相一致原则从严掌握。可能导致全案量刑明显失衡的,不予从宽处罚。

审理黑社会性质组织犯罪案件,应当通过判处和执行民事赔偿以及积极开展司法救助来最大限度地弥补被害人及其亲属的损失。被害人及其亲属确有特殊困难,需要接受被认定为黑社会性质组织成员的被告人赔偿并因此表示谅解的,量刑时应当特别慎重。不仅应当查明谅解是否确属真实意思表示以及赔偿款项与黑社会性质组织违法所得有无关联,而且在决定是否从宽处罚、如何从宽处罚时,也应当从严掌握。可能导致全案量刑明显失衡的,不予从宽处罚。

(三)附加剥夺政治权利的适用问题

对于黑社会性质组织的组织者、领导者,可以适用《刑法》第五十六条第一款的规定附加剥夺政治权利。对于因犯参加黑社会性质组织罪被判处5年以上有期徒刑的积极参加者,也可以适用该规定附加剥夺政治权利。

(四)财产刑的适用问题

对于黑社会性质组织的组织者、领导者,依法应当并处没收财产。黑社会性质组织敛财数额特别巨大,但因犯罪分子转移、隐匿、毁灭证据或者拒不交代涉案财产来源、性质,导致违法所得以及其他应当追缴的财产难以准确查清和追缴的,对于组织者、领导者以及为该组织转移、隐匿资产的积极参加者可以并处没收个人全部财产。

对于确属骨干成员的积极参加者一般应当并处罚金或者没收财产。对于其他积极参加者和一般参加者,应当根据所参与实施违法犯罪活动的次数、性质、地位、作用、违法所得数额以及造成损失的数额等情节,依法决定财产刑的适用。

四、关于审判程序和证据审查

(一)分案审理问题

为便宜诉讼,提高审判效率,防止因法庭审理过于拖延而损害当事人的合法权益,对于被告人人数众多,合并审理难以保证庭审质量和庭审效率的黑社会性质组织犯罪案件,可分案进行审理。分案应当遵循有利于案件顺利审判、有利于查明案件事实、有利于公正定罪量刑的基本原则,确保有效质证、事实统一、准确定罪、均衡量刑。对于被作为组织者、领导者、积极参加者起诉的被告人,以及黑社会性质组织重大犯罪的共同作案人,分案审理影响庭审调查的,一般不宜分案审理。

(二)证明标准和证据运用问题

办理黑社会性质组织犯罪案件应当坚持"事实清楚,证据确实、充分"的法定证明标准。黑社会性质组织犯罪案件侦查取证难度大,"四个特征"往往难以通过实物证据来加以证明。审判时,应当严格依照刑事诉讼法及有关司法解释的规定对相关证据进行审查与认定。在确保被告人供述、证人证言、被害人陈述等言词证据取证合法、内容真实,且综合全案证据,已排除合理怀疑的情况下,同样可以认定案件事实。

(三)法庭举证、质证问题

审理黑社会性质组织犯罪案件时,合议庭应当按照刑事诉讼法及有关司法解释的规定有效引导控辩双方举证、质证。不得因为案件事实复杂、证据繁多,而不当限制控辩双方就证据问题进行交叉询问、相互辩论的权利。庭审时,应当根据案件事实繁简、被告人认罪态度等采取适当的举证、质证方式,突出重点;对黑社会性质组织的"四个特征"应单独举证、质证。为减少重复举证、质证,提高审判效率,庭审中可以先就认定具体违法犯罪事实的证据进行举证、质证。对认定黑社会性质组织行为特征的证据进行举证、质证时,之前已经宣读、出示过的证据,可以在归纳、概括之后简要征询控辩双方意见。对于认定组织特征、经济特征、非法控制特征(危害性特征)的证据,举证、质证时一般不宜采取前述方式。

(四)对出庭证人、鉴定人、被害人的保护问题

人民法院受理黑社会性质组织犯罪案件后,应当及时了解在侦查、审查起诉阶段有无对证人、鉴定人、被害人采取保护措施的情况,确保相关保护措施在审判阶段能够紧密衔接。开庭审理时,证人、鉴定人、被害人因出庭作证,本人或其近亲属的人身安全面临危险的,应当采取不暴露外貌、真实声音等出庭作证措施。必要时,可以进行物理隔离,以音频、视频传送的方式作证,并对声音、图像进行技术处理。有必要禁止特定人员接触证人、鉴定人、被害人及其近亲属的,以及需要对证人、鉴定人、被害人及其近亲属的人身和住宅采取专门性保护措施的,应当及时与检察机关、公安机关协调,确保保护措施及时执行到位。依法决定不公开证人、鉴定人、被害人真实姓名、住址和工作单位等个人信息的,应当在开庭前核实其身份。证人、鉴定人签署的如实作证保证书应当列入审判副卷,不得对外公开。

五、关于黑社会性质组织犯罪案件审判工作相关问题

(一)涉案财产的处置问题

审理黑社会性质组织犯罪案件时,对于依法查封、冻结、扣押的涉案财产,应当全面审查证明财产来源、性质、用途、权属及价值大小的有关证据,调查财产的权属情况以及是否属于违法所得或者依法应当追缴的其他财物。属于下列情形的,依法应当予以追缴、没收:1. 黑社会性质组织形成、发展过程中,该组织及其组织成员通过违法犯罪活动或其他不正当手段聚敛的财产及其孳息、收益,以及合法获取的财产中实际用于支持该组织存在、发展和实施违法犯罪活动的部分;2. 其他单位、个人为支持黑社会性质组织存在、发展以及实施违法犯罪活动而资助或提供的财产;3. 组织成员通过个人实施的违法犯罪活动所聚敛的财产及其孳息、收益,以及供个人犯罪所用的本人财物;4. 黑社会性质组织及其组织成员个人非法持有的违禁品;5. 依法应当追缴的其他涉案财物。

（二）发挥庭审功能问题

黑社会性质组织犯罪案件开庭前，应当按照重大案件的审判要求做好从物质保障到人员配备等各方面的庭审准备，并制定详细的庭审预案和庭审提纲。同时，还要充分发挥庭前会议了解情况、听取意见的应有作用，提前了解控辩双方的主要意见，及时解决可能影响庭审顺利进行的程序性问题。对于庭前会议中出示的证据材料，控辩双方无异议的，庭审举证、质证时可以简化。庭审过程中，合议庭应当针对争议焦点和关键的事实、证据问题，有效引导控辩双方进行法庭调查与法庭辩论。庭审时，还应当全程录音录像，相关音视频资料应当存卷备查。

最高人民法院　最高人民检察院　公安部　司法部
关于依法严厉打击黑恶势力违法犯罪的通告

(2018年2月2日)

黑恶势力是经济社会健康发展的毒瘤，是人民群众深恶痛绝的顽疾，必须坚决依法予以打击。为切实保障广大人民群众合法权益，维护社会和谐稳定，按照中共中央、国务院《关于开展扫黑除恶专项斗争的通知》精神，依据《中华人民共和国刑法》、《中华人民共和国刑事诉讼法》及有关规定，现就依法严厉打击黑恶势力违法犯罪相关事项通告如下：

一、凡是实施黑恶势力违法犯罪以及包庇、纵容黑社会性质组织的人员，必须立即停止一切违法犯罪活动。自本通告发布之日起至2018年3月1日，主动投案自首、如实供述自己罪行的，可以依法从轻或者减轻处罚。在此规定期限内拒不投案自首、继续为非作恶的，将依法从严惩处。对于为黑恶势力违法犯罪人员充当"保护伞"的国家机关工作人员，将坚决依法依纪查处，不管涉及谁，都要一查到底、绝不姑息。

二、黑恶势力犯罪人员的亲友应当积极规劝其尽快投案自首，经亲友规劝、陪同投案的，或者亲友主动报案后将犯罪人员送去投案的，视为自动投案。窝藏、包庇黑恶势力犯罪人员或者帮助洗钱、毁灭、伪造证据以及掩饰、隐瞒犯罪所得、犯罪所得收益的，将依法追究刑事责任。黑恶势力犯罪人员到案后有检举、揭发他人犯罪并经查证属实，以及提供侦破其他案件的重要线索并经查证属实，或者协助司法机关抓获其他犯罪嫌疑人的，可以依法从轻或者减轻处罚；有重大立功表现的，可以依法减轻或者免除处罚。黑恶势力犯罪人员积极配合侦查、起诉、审判工作，在查明黑社会性质组织的组织结构和组织者、领导者的地位作用，组织实施的重大犯罪事实，追缴、没收赃款赃物，打击"保护伞"等方面提供重要线索和证据，经查证属实的，可以根据案件具体情况，依法从轻、减轻或者免除处罚。

三、全国政法战线要贯彻落实党的十九大精神，在各级党委的统一领导下，充分发挥社会治安综合治理优势，推动各部门各司其职、齐抓共管，形成工作合力。要以"零容忍"态度，坚决依法从严惩治，对黑恶势力违法犯罪重拳出击，侦办一批群众深恶痛绝的涉黑涉恶案件，整治一批涉黑涉恶重点地区，惩治一批涉黑涉恶违法犯罪分子，确保在春节前后取得积极成效，为扫黑除恶专项斗争奠定坚实基础，不断增强人民获得感、幸福感、安全感。

四、扫黑除恶是一场人民战争，必须依靠人民群众的积极参与。欢迎广大群众积极举报涉黑涉恶犯罪和"村霸"等突出问题，对在打击黑恶势力违法犯罪、铲除黑恶势力滋生土壤、深挖黑恶势力"保护伞"中发挥重要作用的，予以奖励。政法机关将依法保护举报人的个人信息及安全。

全国扫黑除恶举报网站：www.12389.gov.cn

举报信箱：北京市邮政 19001 号信箱；

举报电话：010－12389。

本通告自发布之日起施行。

最高人民法院 最高人民检察院
关于办理组织、利用邪教组织破坏法律实施等刑事案件适用法律若干问题的解释

法释〔2017〕3 号

（2017 年 1 月 4 日最高人民法院审判委员会第 1706 次会议、2016 年 12 月 8 日最高人民检察院第十二届检察委员会第 58 次会议通过 2017 年 1 月 25 日最高人民法院、最高人民检察院公告公布 自 2017 年 2 月 1 日起施行）

为依法惩治组织、利用邪教组织破坏法律实施等犯罪活动，根据《中华人民共和国刑法》《中华人民共和国刑事诉讼法》有关规定，现就办理此类刑事案件适用法律的若干问题解释如下：

第一条 冒用宗教、气功或者以其他名义建立，神化、鼓吹首要分子，利用制造、散布迷信邪说等手段蛊惑、蒙骗他人，发展、控制成员，危害社会的非法组织，应当认定为刑法第三百条规定的"邪教组织"。

第二条 组织、利用邪教组织，破坏国家法律、行政法规实施，具有下列情形之一的，应当依照刑法第三百条第一款的规定，处三年以上七年以下有期徒刑，并处罚金：

（一）建立邪教组织，或者邪教组织被取缔后又恢复、另行建立邪教组织的；

（二）聚众包围、冲击、强占、哄闹国家机关、企业事业单位或者公共场所、宗教活动场所，扰乱社会秩序的；

（三）非法举行集会、游行、示威，扰乱社会秩序的；

（四）使用暴力、胁迫或者以其他方法强迫他人加入或者阻止他人退出邪教组织的；

（五）组织、煽动、蒙骗成员或者他人不履行法定义务的；

（六）使用"伪基站""黑广播"等无线电台（站）或者无线电频率宣扬邪教的；

（七）曾因从事邪教活动被追究刑事责任或者二年内受过行政处罚，又从事邪教活动的；

（八）发展邪教组织成员五十人以上的；

（九）敛取钱财或者造成经济损失一百万元以上的；

（十）以货币为载体宣扬邪教，数量在五百张（枚）以上的；

（十一）制作、传播邪教宣传品，达到下列数量标准之一的：

1. 传单、喷图、图片、标语、报纸一千份（张）以上的；

2. 书籍、刊物二百五十册以上的；

3. 录音带、录像带等音像制品二百五十盒（张）以上的；

4. 标识、标志物二百五十件以上的；

5. 光盘、U盘、储存卡、移动硬盘等移动存储介质一百个以上的；

6. 横幅、条幅五十条（个）以上的。

（十二）利用通讯信息网络宣扬邪教，具有下列情形之一的：

1. 制作、传播宣扬邪教的电子图片、文章二百张（篇）以上，电子书籍、刊物、音视频五十册（个）以上，或者电子文档五百万字符以上、电子音视频二百五十分钟以上的；

2. 编发信息、拨打电话一千条（次）以上的；

3. 利用在线人数累计达到一千以上的聊天室，或者利用群组成员、关注人员等账号数累计一千以上的通讯群组、微信、微博等社交网络宣扬邪教的；

4. 邪教信息实际被点击、浏览数达到五千次以上的。

（十三）其他情节严重的情形。

第三条 组织、利用邪教组织，破坏国家法律、行政法规实施，具有下列情形之一的，应当认定为刑法第三百条第一款规定的"情节特别严重"，处七年以上有期徒刑或者无期徒刑，并处罚金或者没收财产：

（一）实施本解释第二条第一项至第七项规定的行为，社会危害特别严重的；

（二）实施本解释第二条第八项至第十二项规定的行为，数量或者数额达到第二条规定相应标准五倍以上的；

（三）其他情节特别严重的情形。

第四条 组织、利用邪教组织，破坏国家法律、行政法规实施，具有下列情形之一的，应当认定为刑法第三百条第一款规定的"情节较轻"，处三年以下有期徒刑、拘役、管制或者剥夺政治权利，并处或者单处罚金：

（一）实施本解释第二条第一项至第七项规定的行为，社会危害较轻的；

（二）实施本解释第二条第八项至第十二项规定的行为，数量或者数额达到相应标准五分之一以上的；

（三）其他情节较轻的情形。

第五条 为了传播而持有、携带，或者传播过程中被当场查获，邪教宣传品数量达到本解释第二条至第四条规定的有关标准的，按照下列情形分别处理：

（一）邪教宣传品是行为人制作的，以犯罪既遂处理；

（二）邪教宣传品不是行为人制作，尚未传播的，以犯罪预备处理；

（三）邪教宣传品不是行为人制作，传播过程中被查获的，以犯罪未遂处理；

（四）邪教宣传品不是行为人制作，部分已经传播出去的，以犯罪既遂处理，对于没有传播的部分，可以在量刑时酌情考虑。

第六条 多次制作、传播邪教宣传品或者利用通讯信息网络宣扬邪教，未经处理的，数量或者数额累计计算。

制作、传播邪教宣传品，或者利用通讯信息网络宣扬邪教，涉及不同种类或者形式的，可以根据本解释规定的不同数量标准的相应比例折算后累计计算。

第七条 组织、利用邪教组织，制造、散布迷信邪说，蒙骗成员或者他人绝食、自虐等，或者蒙骗病人不接受正常治疗，致人重伤、死亡的，应当认定为刑法第三百条第二款规定的组织、利用邪教组织"蒙骗他人，致人重伤、死亡"。

组织、利用邪教组织蒙骗他人，致一人以上死亡或者三人以上重伤的，处三年以上七年以下有期徒刑，并处罚金。

组织、利用邪教组织蒙骗他人，具有下列情形之一的，处七年以上有期徒刑或者无期徒刑，并处罚金或者没收财产：

（一）造成三人以上死亡的；

（二）造成九人以上重伤的；

（三）其他情节特别严重的情形。

组织、利用邪教组织蒙骗他人，致人重伤的，处三年以下有期徒刑、拘役、管制或者剥夺政治权利，并处或者单处罚金。

第八条 实施本解释第二条至第五条规定的行为，具有下列情形之一的，从重处罚：

（一）与境外机构、组织、人员勾结，从事邪教活动的；

（二）跨省、自治区、直辖市建立邪教组织机构、发展成员或者组织邪教活动的；

（三）在重要公共场所、监管场所或者国家重大节日、重大活动期间聚集滋事，公开进行邪教活动的；

（四）邪教组织被取缔后，或者被认定为邪教组织后，仍然聚集滋事，公开进行邪教活动的；

（五）国家工作人员从事邪教活动的；

（六）向未成年人宣扬邪教的；

（七）在学校或者其他教育培训机构宣扬邪教的。

第九条 组织、利用邪教组织破坏国家法律、行政法规实施，符合本解释第四条规定情形，但行为人能够真诚悔罪，明确表示退出邪教组织、不再从事邪教活动的，可以不起诉或者免予刑事处罚。其中，行为人系受蒙蔽、胁迫参加邪教组织的，可以不作为犯罪处理。

组织、利用邪教组织破坏国家法律、行政法规实施，行为人在一审判决前能够真诚悔罪，明确表示退出邪教组织、不再从事邪教活动的，分别依照下列规定处理：

（一）符合本解释第二条规定情形的，可以认定为刑法第三百条第一款规定的"情节较轻"；

（二）符合本解释第三条规定情形的，可以不认定为刑法第三百条第一款规定的"情节特别严重"，处三年以上七年以下有期徒刑，并处罚金。

第十条 组织、利用邪教组织破坏国家法律、行政法规实施过程中，又有煽动分裂国家、煽动颠覆国家政权或者侮辱、诽谤他人等犯罪行为的，依照数罪并罚的规定定罪处罚。

第十一条 组织、利用邪教组织，制造、散布迷信邪说，组织、策划、煽动、胁迫、教唆、帮助其成员或者他人实施自杀、自伤的，依照刑法第二百三十二条、第二百三十四条的规定，以故意杀人罪或者故意伤害罪定罪处罚。

第十二条 邪教组织人员以自焚、自爆或者其他危险方法危害公共安全的，依照刑法第一百一十四条、第一百一十五条的规定，以放火罪、爆炸罪、以危险方法危害公共安全罪等定罪处罚。

第十三条 明知他人组织、利用邪教组织实施犯罪，而为其提供经费、场地、技术、工具、食宿、接送等便利条件或者帮助的，以共同犯罪论处。

第十四条 对于犯组织、利用邪教组织破坏法律实施罪、组织、利用邪教组织致人重伤、死亡罪，严重破坏社会秩序的犯罪分子，根据刑法第五十六条的规定，可以附加剥夺政治权利。

第十五条 对涉案物品是否属于邪教宣传品难以确定的，可以委托地市级以上公安机关出具认定意见。

第十六条 本解释自2017年2月1日起施行。最高人民法院、最高人民检察院《关于办理组织和利用邪教组织犯罪案件具体应用法律若干问题的解释》（法释〔1999〕18号），最高人民法院、最高人民检察院《关于办理组织和利用邪教组织犯罪案件具体应用法律若干问题的解释（二）》（法释〔2001〕19号），以及最高人民法院、最高人民检察院《关于办理组织和利用邪教组织犯罪案件具体应用法律若干问题的解答》（法发〔2002〕7号）同时废止。

最高人民法院
关于贯彻全国人大常委会《关于取缔邪教组织、防范和惩治邪教活动的决定》和"两院"司法解释的通知

1999年11月5日　　　　　　　　　　　　　　　法发〔1999〕29号

各省、自治区、直辖市高级人民法院，解放军军事法院，新疆维吾尔自治区高级人民法院生产建设兵团分院：

10月30日，九届全国人大常委会第十二次会议通过了《关于取缔邪教组织、防范和惩治邪教活动的决定》（以下简称《决定》），最高人民法院、最高人民检察院联合发布了《关于办理组织和利用邪教组织犯罪案件具体应用法律若干问题的解释》（以下简称《解释》）。《决定》对邪教组织的性质和危害，对防范和惩治邪教组织的犯罪活动作出了明确规定。《解释》根据刑法规定，对办理邪教组织犯罪案件提供了具体的司法依据。这一重要法律和司法解释的出台，对于依法严厉打击邪教组织特别是"法轮功"邪教组织，维护社会稳定，保护人民利益，保障改革开放和社会主义现代化建设顺利进行，具有十分重要的意义。现就人民法院学习贯彻《决定》和《解释》，依法审理组织和利用邪教组织犯罪案件特别是"法轮功"邪教组织犯罪案件通知如下：

一、认真学习宣传贯彻《决定》和《解释》，进一步明确审判工作指导思想和任务。近年来，邪教组织特别是"法轮功"邪教组织冒用宗教、气功或者其他名义建立、神化首要分子，大搞教主崇拜，利用制造、散布迷信邪说等手段蛊惑、蒙骗他人，发展、控制成员，从事违法犯罪活动，危害人民群众生命财产安全和经济发展，严重影响了社会稳定，必须坚决依法惩办。修订后的刑法专门对组织和利用邪教组织破坏国家法律、行政法规实施；组织和利用邪教组织蒙骗他人，致人死亡以及组织和利用邪教组织奸淫妇女、诈骗财物行为的定罪处罚问题，作了明确规定。全国人大常委会近日通过的《决定》，更为依法惩治组织和利用邪教组织的犯罪活动提供了有力的法律武器。各级人民法院要认真学习，统一思想认识，认清"法轮功"的邪教性质及其危害，深刻领会中央关于抓紧处理和解决"法轮功"问题的重要指示精神，充分认识这场斗争的重要性、复杂性、尖锐性和长期性，进一步明确指导思想，把防范和惩治各种邪教组织犯罪作为一项严肃的政治任务，认真履行职责，充分发挥人民法院的审判职能作用，对组织和利用邪教组织破坏国家法律、行政法规实施，聚众闹事，扰乱社会秩序，以迷信邪说蒙骗他人，致人死亡，或者奸淫妇女、诈骗财物等犯罪行为，坚决依法严惩。

二、依法审理组织和利用邪教组织犯罪案件，明确打击重点。各级人民法院要认真贯彻执行《决定》，按照《解释》的规定要求，严格依法办案，正确适用法律，坚决依法打击"法轮功"等邪教组织的犯罪活动。对于组织和利用邪教组织聚众围攻、冲击国

家机关、企事业单位，扰乱国家机关、企事业单位的工作、生产、经营、教学和科研等秩序；非法举行集会、游行、示威，煽动、欺骗、组织其成员或者其他人聚众围攻、冲击、强占、哄闹公共场所及宗教活动场所，扰乱社会秩序；出版、印刷、复制、发行宣扬邪教内容的出版物、印制邪教组织标识的，坚决依照刑法第三百条第一款的规定，以组织、利用邪教组织破坏法律实施罪定罪处罚。对于组织和利用邪教组织制造、散布迷信邪说，蒙骗其成员或者其他人实施绝食、自残、自虐等行为，或者阻止病人进行正常治疗，致人死亡的，坚决依照刑法第三百条第二款的规定，以组织、利用邪教组织致人死亡罪定罪处罚，对造成特别严重后果的，依法从重处罚。对于邪教组织以各种欺骗手段敛取钱财的，依照刑法第三百条第三款和第二百六十六条的规定，以诈骗罪定罪处罚。对于邪教组织和组织、利用邪教组织破坏法律实施的犯罪分子，以各种手段非法聚敛的财物，用于犯罪的工具、宣传品的，应当依法追缴、没收。

三、正确运用法律和政策，严格区分不同性质的矛盾。 各级人民法院在审判工作中必须坚持教育与惩罚相结合，团结教育大多数被蒙骗的群众，坚决依法严惩极少数犯罪分子。在依法惩治构成犯罪的组织者、策划者、指挥者和积极参加者的同时，要注意团结大多数，教育大多数，解脱大多数。要把不明真相参与邪教活动的人同组织和利用邪教组织进行非法活动、蓄意破坏社会稳定的犯罪分子区别开来；要把一般"法轮功"练习者同极少数违法犯罪活动的策划者、组织者区别开来；要把正常的宗教信仰、合法的宗教活动同"法轮功"等邪教组织的活动区别开来。重点打击组织和利用邪教组织进行犯罪活动的组织、策划、指挥者和屡教不改的骨干分子。对有自首、立功表现的，可以依法从轻、减轻或者免除处罚；对于受蒙蔽、胁迫参加邪教组织并已退出和不再参加邪教组织活动的人员，不作为犯罪处理。

四、加强对学习宣传贯彻《决定》工作的领导，保证审理组织和利用邪教组织犯罪案件工作顺利进行。 各级人民法院依法审理组织和利用邪教组织犯罪案件，必须在党委领导下，在党委政法委的指导下，周密部署，保证万无一失。要把依法审理组织和利用邪教组织犯罪案件作为一项重要政治任务，务必抓紧抓好。要加强与检察、公安机关的密切配合，对于检察机关移送起诉的组织和利用邪教组织犯罪案件，要抽调精干力量进行审理，依法及时审结。上级人民法院要注意了解和掌握下级人民法院审判案件的情况，及时指导。对一些典型案件应当适时召开新闻发布会，扩大审判的社会影响。要通过各种形式宣传和对具体案件的处理，教育广大群众，提高公民的法制观念，使广大群众认识邪教组织反科学、反人类、反社会、反政府，危害社会的实质，增强自觉反对和抵制邪教组织的意识。要落实人民法院参与社会治安综合治理的各项措施，坚持预防与惩治并重，防范邪教组织的滋生和发展。

以上通知，望认真执行。

最高人民法院　最高人民检察院
关于办理赌博刑事案件具体应用法律若干问题的解释

法释〔2005〕3号

(2005年4月26日最高人民法院审判委员会第1349次会议、
2005年5月8日最高人民检察院第十届检察委员会
第34次会议通过　2005年5月11日最高人民法院、
最高人民检察院公告公布　自2005年5月13日起施行)

为依法惩治赌博犯罪活动，根据刑法的有关规定，现就办理赌博刑事案件具体应用法律的若干问题解释如下：

第一条　以营利为目的，有下列情形之一的，属于刑法第三百零三条规定的"聚众赌博"：

(一) 组织3人以上赌博，抽头渔利数额累计达到5000元以上的；

(二) 组织3人以上赌博，赌资数额累计达到5万元以上的；

(三) 组织3人以上赌博，参赌人数累计达到20人以上的；

(四) 组织中华人民共和国公民10人以上赴境外赌博，从中收取回扣、介绍费的。

第二条　以营利为目的，在计算机网络上建立赌博网站，或者为赌博网站担任代理，接受投注的，属于刑法第三百零三条规定的"开设赌场"。

第三条　中华人民共和国公民在我国领域外周边地区聚众赌博、开设赌场，以吸引中华人民共和国公民为主要客源，构成赌博罪的，可以依照刑法规定追究刑事责任。

第四条　明知他人实施赌博犯罪活动，而为其提供资金、计算机网络、通讯、费用结算等直接帮助的，以赌博罪的共犯论处。

第五条　实施赌博犯罪，有下列情形之一的，依照刑法第三百零三条的规定从重处罚：

(一) 具有国家工作人员身份的；

(二) 组织国家工作人员赴境外赌博的；

(三) 组织未成年人参与赌博，或者开设赌场吸引未成年人参与赌博的。

第六条　未经国家批准擅自发行、销售彩票，构成犯罪的，依照刑法第二百二十五条第(四)项的规定，以非法经营罪定罪处罚。

第七条　通过赌博或者为国家工作人员赌博提供资金的形式实施行贿、受贿行为，构成犯罪的，依照刑法关于贿赂犯罪的规定定罪处罚。

第八条　赌博犯罪中用作赌注的款物、换取筹码的款物和通过赌博赢取的款物属于赌资。通过计算机网络实施赌博犯罪的，赌资数额可以按照在计算机网络上投注或者赢取的点数乘以每一点实际代表的金额认定。

赌资应当依法予以追缴；赌博用具、赌博违法所得以及赌博犯罪分子所有的专门用于赌博的资金、交通工具、通讯工具等，应当依法予以没收。

第九条 不以营利为目的，进行带有少量财物输赢的娱乐活动，以及提供棋牌室等娱乐场所只收取正常的场所和服务费用的经营行为等，不以赌博论处。

最高人民法院
关于对设置圈套诱骗他人参赌又向索还钱财的受骗者施以暴力或暴力威胁的行为应如何定罪问题的批复

1995年11月6日　　　　　　　　　　　　　法复〔1995〕8号

贵州省高级人民法院：

你院《关于设置圈套诱骗他人参赌，当参赌者要求退还所输钱财时，设赌者以暴力相威胁，甚至将参赌者打伤、杀伤并将钱财带走的行为如何定性》的请示收悉。经研究，答复如下：

行为人设置圈套诱骗他人参赌获取钱财，属赌博行为，构成犯罪的，应当以赌博罪定罪处罚。参赌者识破骗局要求退还所输钱财，设赌者又使用暴力或者以暴力相威胁，拒绝退还的，应以赌博罪从重处罚；致参赌者伤害或者死亡的，应以赌博罪和故意伤害罪或者故意杀人罪，依法实行数罪并罚。

最高人民法院　最高人民检察院　公安部
关于办理利用赌博机开设赌场案件适用法律若干问题的意见

2014年3月26日　　　　　　　　　　　　　公通字〔2014〕17号

各省、自治区、直辖市高级人民法院，人民检察院，公安厅、局，解放军军事法院、军事检察院，新疆维吾尔自治区高级人民法院生产建设兵团分院，新疆生产建设兵团人民检察院、公安局：

为依法惩治利用具有赌博功能的电子游戏设施设备开设赌场的犯罪活动，根据《中华人民共和国刑法》、《最高人民法院、最高人民检察院关于办理赌博刑事案件具体应用法律若干问题的解释》等有关规定，结合司法实践，现就办理此类案件适用法律问题提出如下意见：

一、关于利用赌博机组织赌博的性质认定

设置具有退币、退分、退钢珠等赌博功能的电子游戏设施设备，并以现金、有价证券等贵重款物作为奖品，或者以回购奖品方式给予他人现金、有价证券等贵重款物（以下简称设置赌博机）组织赌博活动的，应当认定为刑法第三百零三条第二款规定的"开设赌场"行为。

二、关于利用赌博机开设赌场的定罪处罚标准

设置赌博机组织赌博活动，具有下列情形之一的，应当按照刑法第三百零三条第二款规定的开设赌场罪定罪处罚：

（一）设置赌博机十台以上的；
（二）设置赌博机二台以上，容留未成年人赌博的；
（三）在中小学校附近设置赌博机二台以上的；
（四）违法所得累计达到五千元以上的；
（五）赌资数额累计达到五万元以上的；
（六）参赌人数累计达到二十人以上的；
（七）因设置赌博机被行政处罚后，两年内再设置赌博机五台以上的；
（八）因赌博、开设赌场犯罪被刑事处罚后，五年内再设置赌博机五台以上的；
（九）其他应当追究刑事责任的情形。

设置赌博机组织赌博活动，具有下列情形之一的，应当认定为刑法第三百零三条第二款规定的"情节严重"：

（一）数量或者数额达到第二条第一款第一项至第六项规定标准六倍以上的；
（二）因设置赌博机被行政处罚后，两年内再设置赌博机三十台以上的；
（三）因赌博、开设赌场犯罪被刑事处罚后，五年内再设置赌博机三十台以上的；
（四）其他情节严重的情形。

可同时供多人使用的赌博机，台数按照能够独立供一人进行赌博活动的操作基本单元的数量认定。

在两个以上地点设置赌博机，赌博机的数量、违法所得、赌资数额、参赌人数等均合并计算。

三、关于共犯的认定

明知他人利用赌博机开设赌场，具有下列情形之一的，以开设赌场罪的共犯论处：

（一）提供赌博机、资金、场地、技术支持、资金结算服务的；
（二）受雇参与赌场经营管理并分成的；
（三）为开设赌场者组织客源，收取回扣、手续费的；

（四）参与赌场管理并领取高额固定工资的；
（五）提供其他直接帮助的。

四、关于生产、销售赌博机的定罪量刑标准

以提供给他人开设赌场为目的，违反国家规定，非法生产、销售具有退币、退分、退钢珠等赌博功能的电子游戏设施设备或者其专用软件，情节严重的，依照刑法第二百二十五条的规定，以非法经营罪定罪处罚。

实施前款规定的行为，具有下列情形之一的，属于非法经营行为"情节严重"：

（一）个人非法经营数额在五万元以上，或者违法所得数额在一万元以上的；
（二）单位非法经营数额在五十万元以上，或者违法所得数额在十万元以上的；
（三）虽未达到上述数额标准，但两年内因非法生产、销售赌博机行为受过二次以上行政处罚，又进行同种非法经营行为的；
（四）其他情节严重的情形。

具有下列情形之一的，属于非法经营行为"情节特别严重"：

（一）个人非法经营数额在二十五万元以上，或者违法所得数额在五万元以上的；
（二）单位非法经营数额在二百五十万元以上，或者违法所得数额在五十万元以上的。

五、关于赌资的认定

本意见所称赌资包括：
（一）当场查获的用于赌博的款物；
（二）代币、有价证券、赌博积分等实际代表的金额；
（三）在赌博机上投注或赢取的点数实际代表的金额。

六、关于赌博机的认定

对于涉案的赌博机，公安机关应当采取拍照、摄像等方式及时固定证据，并予以认定。对于是否属于赌博机难以确定的，司法机关可以委托地市级以上公安机关出具检验报告。司法机关根据检验报告，并结合案件具体情况作出认定。必要时，人民法院可以依法通知检验人员出庭作出说明。

七、关于宽严相济刑事政策的把握

办理利用赌博机开设赌场的案件，应当贯彻宽严相济刑事政策，重点打击赌场的出资者、经营者。对受雇佣为赌场从事接送参赌人员、望风看场、发牌坐庄、兑换筹码等活动的人员，除参与赌场利润分成或者领取高额固定工资的以外，一般不追究刑事责任，可由公安机关依法给予治安管理处罚。对设置游戏机，单次换取少量奖品的娱乐活动，不以违法犯罪论处。

八、关于国家机关工作人员渎职犯罪的处理

负有查禁赌博活动职责的国家机关工作人员，徇私枉法，包庇、放纵开设赌场违法犯罪活动，或者为违法犯罪分子通风报信、提供便利、帮助犯罪分子逃避处罚，构成犯罪的，依法追究刑事责任。

国家机关工作人员参与利用赌博机开设赌场犯罪的，从重处罚。

2. 妨害司法罪

最高人民法院关于审理拒不执行判决、裁定刑事案件适用法律若干问题的解释

法释〔2015〕16号

(2015年7月6日最高人民法院审判委员会第1657次会议通过 2015年7月20日最高人民法院公告公布 自2015年7月22日起施行)

为依法惩治拒不执行判决、裁定犯罪,确保人民法院判决、裁定依法执行,切实维护当事人合法权益,根据《中华人民共和国刑法》《中华人民共和国刑事诉讼法》《中华人民共和国民事诉讼法》等法律规定,就审理拒不执行判决、裁定刑事案件适用法律若干问题,解释如下:

第一条 被执行人、协助执行义务人、担保人等负有执行义务的人对人民法院的判决、裁定有能力执行而拒不执行,情节严重的,应当依照刑法第三百一十三条的规定,以拒不执行判决、裁定罪处罚。

第二条 负有执行义务的人有能力执行而实施下列行为之一的,应当认定为全国人民代表大会常务委员会关于刑法第三百一十三条的解释中规定的"其他有能力执行而拒不执行,情节严重的情形":

(一)具有拒绝报告或者虚假报告财产情况、违反人民法院限制高消费及有关消费令等拒不执行行为,经采取罚款或者拘留等强制措施后仍拒不执行的;

(二)伪造、毁灭有关被执行人履行能力的重要证据,以暴力、威胁、贿买方法阻止他人作证或者指使、贿买、胁迫他人作伪证,妨碍人民法院查明被执行人财产情况,致使判决、裁定无法执行的;

(三)拒不交付法律文书指定交付的财物、票证或者拒不迁出房屋、退出土地,致使判决、裁定无法执行的;

(四)与他人串通,通过虚假诉讼、虚假仲裁、虚假和解等方式妨害执行,致使判决、裁定无法执行的;

(五)以暴力、威胁方法阻碍执行人员进入执行现场或者聚众哄闹、冲击执行现场,致使执行工作无法进行的;

(六)对执行人员进行侮辱、围攻、扣押、殴打,致使执行工作无法进行的;

(七)毁损、抢夺执行案件材料、执行公务车辆和其他执行器械、执行人员服装以

及执行公务证件，致使执行工作无法进行的；

（八）拒不执行法院判决、裁定，致使债权人遭受重大损失的。

第三条　申请执行人有证据证明同时具有下列情形，人民法院认为符合刑事诉讼法第二百零四条第三项规定的，以自诉案件立案审理：

（一）负有执行义务的人拒不执行判决、裁定，侵犯了申请执行人的人身、财产权利，应当依法追究刑事责任的；

（二）申请执行人曾经提出控告，而公安机关或者人民检察院对负有执行义务的人不予追究刑事责任的。

第四条　本解释第三条规定的自诉案件，依照刑事诉讼法第二百零六条的规定，自诉人在宣告判决前，可以同被告人自行和解或者撤回自诉。

第五条　拒不执行判决、裁定刑事案件，一般由执行法院所在地人民法院管辖。

第六条　拒不执行判决、裁定的被告人在一审宣告判决前，履行全部或部分执行义务的，可以酌情从宽处罚。

第七条　拒不执行支付赡养费、扶养费、抚育费、抚恤金、医疗费用、劳动报酬等判决、裁定的，可以酌情从重处罚。

第八条　本解释自发布之日起施行。此前发布的司法解释和规范性文件与本解释不一致的，以本解释为准。

最高人民法院研究室
关于拒不执行人民法院调解书的行为是否构成拒不执行判决、裁定罪的答复

2000年12月14日　　　　　　　　　　　　法研〔2000〕117号

河南省高级人民法院：

你院《关于刑法第三百一十三条规定的拒不执行判决、裁定罪是否包括人民法院制作生效的调解书的请示》收悉。经研究，答复如下：刑法第三百一十三条规定的"判决、裁定"，不包括人民法院的调解书。对于行为人拒不执行人民法院调解书的行为，不能依照刑法第三百一十三条的规定定罪处罚。

最高人民法院 最高人民检察院 公安部
关于依法严肃查处拒不执行判决、裁定和暴力抗拒法院执行犯罪行为有关问题的通知

2007年8月30日　　　　　　　　　　　　　　　法发〔2007〕29号

各省、自治区、直辖市高级人民法院、人民检察院、公安厅（局），新疆维吾尔自治区高级人民法院生产建设兵团分院，新疆生产建设兵团人民检察院、公安局：

近年来，在人民法院强制执行生效法律文书过程中，一些地方单位、企业和个人拒不执行或以暴力手段抗拒人民法院执行的事件时有发生且呈逐年上升的势头。这种违法犯罪行为性质恶劣、社会危害大，严重影响了法律的尊严和执法机关的权威，已经引起了党中央的高度重视。中央政法委在《关于切实解决人民法院执行难问题的通知》（政法〔2005〕52号文件）中，特别提出公、检、法机关应当统一执法思想，加强协作配合，完善法律制度，依法严厉打击暴力抗拒法院执行的犯罪行为。为贯彻中央政法委指示精神，加大对拒不执行判决、裁定和暴力抗拒执行犯罪行为的惩处力度，依据《中华人民共和国刑法》、《中华人民共和国刑事诉讼法》、全国人大常委会《关于〈中华人民共和国刑法〉第三百一十三条的解释》等规定，现就有关问题通知如下：

一、对下列拒不执行判决、裁定的行为，依照刑法第三百一十三条的规定，以拒不执行判决、裁定罪论处。

（一）被执行人隐藏、转移、故意毁损财产或者无偿转让财产、以明显不合理的低价转让财产，致使判决、裁定无法执行的；

（二）担保人或者被执行人隐藏、转移、故意毁损或者转让已向人民法院提供担保的财产，致使判决、裁定无法执行的；

（三）协助执行义务人接到人民法院协助执行通知书后，拒不协助执行，致使判决、裁定无法执行的；

（四）被执行人、担保人、协助执行义务人与国家机关工作人员通谋，利用国家机关工作人员的职权妨害执行，致使判决、裁定无法执行的；

（五）其他有能力执行而拒不执行，情节严重的情形。

二、对下列暴力抗拒执行的行为，依照刑法第二百七十七条的规定，以妨害公务罪论处。

（一）聚众哄闹、冲击执行现场，围困、扣押、殴打执行人员，致使执行工作无法进行的；

（二）毁损、抢夺执行案件材料、执行公务车辆和其他执行器械、执行人员服装以及执行公务证件，造成严重后果的；

（三）其他以暴力、威胁方法妨害或者抗拒执行，致使执行工作无法进行的。

三、负有执行人民法院判决、裁定义务的单位直接负责的主管人员和其他直接责任人员，为了本单位的利益实施本《通知》第一条、第二条所列行为之一的，对该主管人员和其他直接责任人员，依照刑法第三百一十三条和第二百七十七条的规定，分别以拒不执行判决、裁定罪和妨害公务罪论处。

四、国家机关工作人员有本《通知》第一条第四项行为的，以拒不执行判决、裁定罪的共犯追究刑事责任。

国家机关工作人员收受贿赂或者滥用职权，有本《通知》第一条第四项行为的，同时又构成刑法第三百八十五条、第三百九十七条规定罪的，依照处罚较重的规定定罪处罚。

五、拒不执行判决、裁定案件由犯罪行为发生地的公安机关、人民检察院、人民法院管辖。如果由犯罪嫌疑人、被告人居住地的人民法院管辖更为适宜的，可以由犯罪嫌疑人、被告人居住地的公安机关、人民检察院、人民法院管辖。

六、以暴力、威胁方法妨害或者抗拒执行的，公安机关接到报警后，应当立即出警，依法处置。

七、人民法院在执行判决、裁定过程中，对拒不执行判决、裁定情节严重的人，可以先行司法拘留；拒不执行判决、裁定的行为人涉嫌犯罪的，应当将案件依法移送有管辖权的公安机关立案侦查。

八、人民法院、人民检察院和公安机关在办理拒不执行判决、裁定和妨害公务案件过程中，应当密切配合、加强协作。对于人民法院移送的涉嫌拒不执行判决、裁定罪和妨害公务罪的案件，公安机关应当及时立案侦查，检察机关应当及时提起公诉，人民法院应当及时审判。

在办理拒不执行判决、裁定和妨害公务案件过程中，应当根据案件的具体情况，正确区分罪与非罪的界限，认真贯彻"宽严相济"的刑事政策。

九、人民法院认为公安机关应当立案侦查而不立案侦查的，可提请人民检察院予以监督。人民检察院认为需要立案侦查的，应当要求公安机关说明不立案的理由。人民检察院认为公安机关不立案理由不能成立的，应当通知公安机关立案，公安机关接到通知后应当立案。

十、公安机关侦查终结后移送人民检察院审查起诉的拒不执行判决、裁定和妨害公务案件，人民检察院决定不起诉，公安机关认为不起诉决定有错误的，可以要求复议；如果意见不被接受，可以向上一级人民检察院提请复核。

十一、公安司法人员在办理拒不执行判决、裁定和妨害公务案件中，消极履行法定职责，造成严重后果的，应当依法依纪追究直接责任人责任直至追究刑事责任。

十二、本通知自印发之日起执行，执行中遇到的情况和问题，请分别报告最高人民法院、最高人民检察院、公安部。

最高人民法院
关于实施《关于审理拒不执行判决、裁定刑事案件适用法律若干问题的解释》有关问题的通知

2015年9月14日　　　　　　　　　　法〔2015〕260号

各省、自治区、直辖市高级人民法院、解放军军事法院、新疆维吾尔自治区高级人民法院生产建设兵团分院：

2015年7月6日，最高人民法院审判委员会第1657次会议审议通过了《最高人民法院关于审理拒不执行判决、裁定刑事案件适用法律若干问题的解释》（以下简称《解释》）。该《解释》已于7月21日发布，自7月22日起施行，请认真贯彻执行。现将有关问题通知如下：

一、《解释》与原有相关立法解释、司法解释及规范性文件的衔接适用问题

1. 《解释》第二条对于《全国人民代表大会常务委员会关于刑法第三百一十三条的解释》中"其他有能力执行而拒不执行，情节严重的情形"作了进一步解释和明确，立法解释中已经规定的"情节严重的情形"在《解释》中没有重复规定，实践中仍应遵照执行。

2. 《最高人民法院关于审理拒不执行判决、裁定案件具体应用法律若干问题的解释》（法释〔1998〕6号）已经废止；其他司法解释或者规范性文件与《解释》内容冲突的，以本《解释》为准。

二、适用《解释》第三条规定的公诉转自诉程序应当注意以下问题

1. 具有下列情形之一的，属于刑事诉讼法第二百零四条第三项规定的"不予追究被告人刑事责任"的情形：

（1）公安机关、检察机关作出《不予立案通知书》或者《不起诉决定书》的；

（2）申请执行人向公安机关、检察机关报案，公安机关、检察机关不予接收材料、不予答复的。

2. 人民法院立案部门对申请执行人提交的证据进行核实后，对于符合立案条件的拒执自诉案件，应当及时予以立案。

3. 自诉案件立案或者审判过程中，自诉人要求复制已由执行机构搜集和固定、证明其人身、财产权利受到侵犯的证据，执行机构应当允许并及时提供；立案、刑事审判部门需要执行机构提供相应证据的，执行机构应当及时移送相关证据。

4. 为确保拒执案件审理程序规范、法律适用统一，在受诉法院内部，应指定一个

刑事审判庭统一负责对拒执公诉或自诉案件的审理工作。

三、关于拒执刑事案件管辖问题

1. 《解释》规定的由执行法院所在地人民法院管辖，为一般管辖原则，如果发生管辖争议或者由其他有管辖权的人民法院审理更为适宜的，依照刑事诉讼法的相关规定处理。

2. 人民法院应当与当地公安机关、检察机关做好沟通和衔接工作，避免侦查、公诉与审判管辖相冲突。

最高人民法院
关于拒不执行判决、裁定罪自诉案件受理工作有关问题的通知

2018年5月30日　　　　　　　　　　　　　　　法〔2018〕147号

各省、自治区、直辖市高级人民法院，解放军军事法院，新疆维吾尔自治区高级人民法院生产建设兵团分院：

近期，部分高级人民法院向我院请示，申请执行人以负有执行义务的人涉嫌拒不执行判决、裁定罪向公安机关提出控告，公安机关不接受控告材料或者接受控告材料后不予书面答复的；人民法院向公安机关移送拒不执行判决、裁定罪线索，公安机关不予书面答复或者明确答复不予立案，或者人民检察院决定不起诉的，如何处理？鉴于部分高级人民法院所请示问题具有普遍性，经研究，根据相关法律和司法解释，特通知如下：

一、申请执行人向公安机关控告负有执行义务的人涉嫌拒不执行判决、裁定罪，公安机关不予接受控告材料或者在接受控告材料后60日内不予书面答复，申请执行人有证据证明该拒不执行判决、裁定行为侵犯了其人身、财产权利，应当依法追究刑事责任的，人民法院可以以自诉案件立案审理。

二、人民法院向公安机关移送拒不执行判决、裁定罪线索，公安机关决定不予立案或者在接受案件线索后60日内不予书面答复，或者人民检察院决定不起诉的，人民法院可以向申请执行人释明；申请执行人有证据证明负有执行义务的人拒不执行判决、裁定侵犯了其人身、财产权利，应当依法追究刑事责任的，人民法院可以以自诉案件立案审理。

三、公安机关接受申请执行人的控告材料或者人民法院移送的拒不执行判决、裁定罪线索，经过60日之后又决定立案的，对于申请执行人的自诉，人民法院未受理的，裁定不予受理；已经受理的，可以向自诉人释明让其撤回起诉或者裁定终止审理。此后再出现公安机关或者人民检察院不予追究情形的，申请执行人可以依法重新提起自诉。

3. 妨害国（边）境管理罪

最高人民法院 最高人民检察院
关于办理妨害国（边）境管理刑事案件应用法律若干问题的解释

法释〔2012〕17号

（2012年8月20日最高人民法院审判委员会第1553次会议、2012年11月19日最高人民检察院第十一届检察委员会第82次会议通过 2012年12月12日最高人民法院、最高人民检察院公告公布 自2012年12月20日起施行）

为依法惩处妨害国（边）境管理犯罪活动，维护国（边）境管理秩序，根据《中华人民共和国刑法》、《中华人民共和国刑事诉讼法》的有关规定，现就办理这类案件应用法律的若干问题解释如下：

第一条 领导、策划、指挥他人偷越国（边）境或者在首要分子指挥下，实施拉拢、引诱、介绍他人偷越国（边）境等行为的，应当认定为刑法第三百一十八条规定的"组织他人偷越国（边）境"。

组织他人偷越国（边）境人数在十人以上的，应当认定为刑法第三百一十八条第一款第（二）项规定的"人数众多"；违法所得数额在二十万元以上的，应当认定为刑法第三百一十八条第一款第（六）项规定的"违法所得数额巨大"。

以组织他人偷越国（边）境为目的，招募、拉拢、引诱、介绍、培训偷越国（边）境人员，策划、安排偷越国（边）境行为，在他人偷越国（边）境之前或者偷越国（边）境过程中被查获的，应当以组织他人偷越国（边）境罪（未遂）论处；具有刑法第三百一十八条第一款规定的情形之一的，应当在相应的法定刑幅度基础上，结合未遂犯的处罚原则量刑。

第二条 为组织他人偷越国（边）境，编造出境事由、身份信息或者相关的境外关系证明的，应当认定为刑法第三百一十九条第一款规定的"弄虚作假"。

刑法第三百一十九条第一款规定的"出境证件"，包括护照或者代替护照使用的国际旅行证件，中华人民共和国海员证，中华人民共和国出入境通行证，中华人民共和国旅行证，中国公民往来香港、澳门、台湾地区证件，边境地区出入境通行证，签证、签注，出国（境）证明、名单，以及其他出境时需要查验的资料。

具有下列情形之一的，应当认定为刑法第三百一十九条第一款规定的"情节严重"：

（一）骗取出境证件五份以上的；
（二）非法收取费用三十万元以上的；
（三）明知是国家规定的不准出境的人员而为其骗取出境证件的；
（四）其他情节严重的情形。

第三条 刑法第三百二十条规定的"出入境证件"，包括本解释第二条第二款所列的证件以及其他入境时需要查验的资料。

具有下列情形之一的，应当认定为刑法第三百二十条规定的"情节严重"：
（一）为他人提供伪造、变造的出入境证件或者出售出入境证件五份以上的；
（二）非法收取费用三十万元以上的；
（三）明知是国家规定的不准出入境的人员而为其提供伪造、变造的出入境证件或者向其出售出入境证件的；
（四）其他情节严重的情形。

第四条 运送他人偷越国（边）境人数在十人以上的，应当认定为刑法第三百二十一条第一款第（一）项规定的"人数众多"；违法所得数额在二十万元以上的，应当认定为刑法第三百二十一条第一款第（三）项规定的"违法所得数额巨大"。

第五条 偷越国（边）境，具有下列情形之一的，应当认定为刑法第三百二十二条规定的"情节严重"：
（一）在境外实施损害国家利益行为的；
（二）偷越国（边）境三次以上或者三人以上结伙偷越国（边）境的；
（三）拉拢、引诱他人一起偷越国（边）境的；
（四）勾结境外组织、人员偷越国（边）境的；
（五）因偷越国（边）境被行政处罚后一年内又偷越国（边）境的；
（六）其他情节严重的情形。

第六条 具有下列情形之一的，应当认定为刑法第六章第三节规定的"偷越国（边）境"行为：
（一）没有出入境证件出入国（边）境或者逃避接受边防检查的；
（二）使用伪造、变造、无效的出入境证件出入国（边）境的；
（三）使用他人出入境证件出入国（边）境的；
（四）使用以虚假的出入境事由、隐瞒真实身份、冒用他人身份证件等方式骗取的出入境证件出入国（边）境的；
（五）采用其他方式非法出入国（边）境的。

第七条 以单位名义或者单位形式组织他人偷越国（边）境、为他人提供伪造、变造的出入境证件或者运送他人偷越国（边）境的，应当依照刑法第三百一十八条、第三百二十条、第三百二十一条的规定追究直接负责的主管人员和其他直接责任人员的刑事责任。

第八条 实施组织他人偷越国（边）境犯罪，同时构成骗取出境证件罪、提供伪造、变造的出入境证件罪、出售出入境证件罪、运送他人偷越国（边）境罪的，依照处罚较重的规定定罪处罚。

第九条 对跨地区实施的不同妨害国（边）境管理犯罪，符合并案处理要求，有关地方公安机关依照法律和相关规定一并立案侦查，需要提请批准逮捕、移送审查起诉、提起公诉的，由该公安机关所在地的同级人民检察院、人民法院依法受理。

第十条 本解释发布实施后，最高人民法院《关于审理组织、运送他人偷越国（边）境等刑事案件适用法律若干问题的解释》（法释〔2002〕3号）不再适用。

4. 妨害文物管理罪

最高人民法院 最高人民检察院关于办理妨害文物管理等刑事案件适用法律若干问题的解释

法释〔2015〕23号

（2015年10月12日最高人民法院审判委员会第1663次会议、2015年11月18日最高人民检察院第十二届检察委员会第43次会议通过 2015年12月30日最高人民法院、最高人民检察院公告公布 自2016年1月1日起施行）

为依法惩治文物犯罪，保护文物，根据《中华人民共和国刑法》《中华人民共和国刑事诉讼法》《中华人民共和国文物保护法》的有关规定，现就办理此类刑事案件适用法律的若干问题解释如下：

第一条 刑法第一百五十一条规定的"国家禁止出口的文物"，依照《中华人民共和国文物保护法》规定的"国家禁止出境的文物"的范围认定。

走私国家禁止出口的二级文物的，应当依照刑法第一百五十一条第二款的规定，以走私文物罪处五年以上十年以下有期徒刑，并处罚金；走私国家禁止出口的一级文物的，应当认定为刑法第一百五十一条第二款规定的"情节特别严重"；走私国家禁止出口的三级文物的，应当认定为刑法第一百五十一条第二款规定的"情节较轻"。

走私国家禁止出口的文物，无法确定文物等级，或者按照文物等级定罪量刑明显过轻或者过重的，可以按照走私的文物价值定罪量刑。走私的文物价值在二十万元以上不满一百万元的，应当依照刑法第一百五十一条第二款的规定，以走私文物罪处五年以上十年以下有期徒刑，并处罚金；文物价值在一百万元以上的，应当认定为刑法第一百五十一条第二款规定的"情节特别严重"；文物价值在五万元以上不满二十万元的，应当认定为刑法第一百五十一条第二款规定的"情节较轻"。

第二条 盗窃一般文物、三级文物、二级以上文物的，应当分别认定为刑法第二百六十四条规定的"数额较大""数额巨大""数额特别巨大"。

盗窃文物，无法确定文物等级，或者按照文物等级定罪量刑明显过轻或者过重的，按照盗窃的文物价值定罪量刑。

第三条 全国重点文物保护单位、省级文物保护单位的本体，应当认定为刑法第三百二十四条第一款规定的"被确定为全国重点文物保护单位、省级文物保护单位的文物"。

故意损毁国家保护的珍贵文物或者被确定为全国重点文物保护单位、省级文物保护单位的文物，具有下列情形之一的，应当认定为刑法第三百二十四条第一款规定的"情节严重"：

（一）造成五件以上三级文物损毁的；
（二）造成二级以上文物损毁的；
（三）致使全国重点文物保护单位、省级文物保护单位的本体严重损毁或者灭失的；
（四）多次损毁或者损毁多处全国重点文物保护单位、省级文物保护单位的本体的；
（五）其他情节严重的情形。

实施前款规定的行为，拒不执行国家行政主管部门作出的停止侵害文物的行政决定或者命令的，酌情从重处罚。

第四条 风景名胜区的核心景区以及未被确定为全国重点文物保护单位、省级文物保护单位的古文化遗址、古墓葬、古建筑、石窟寺、石刻、壁画、近代现代重要史迹和代表性建筑等不可移动文物的本体，应当认定为刑法第三百二十四条第二款规定的"国家保护的名胜古迹"。

故意损毁国家保护的名胜古迹，具有下列情形之一的，应当认定为刑法第三百二十四条第二款规定的"情节严重"：

（一）致使名胜古迹严重损毁或者灭失的；
（二）多次损毁或者损毁多处名胜古迹的；
（三）其他情节严重的情形。

实施前款规定的行为，拒不执行国家行政主管部门作出的停止侵害文物的行政决定或者命令的，酌情从重处罚。

故意损毁风景名胜区内被确定为全国重点文物保护单位、省级文物保护单位的文物的，依照刑法第三百二十四条第一款和本解释第三条的规定定罪量刑。

第五条 过失损毁国家保护的珍贵文物或者被确定为全国重点文物保护单位、省级文物保护单位的文物，具有本解释第三条第二款第一项至第三项规定情形之一的，应当认定为刑法第三百二十四条第三款规定的"造成严重后果"。

第六条 出售或者为出售而收购、运输、储存《中华人民共和国文物保护法》规定的"国家禁止买卖的文物"的，应当认定为刑法第三百二十六条规定的"倒卖国家禁止经营的文物"。

倒卖国家禁止经营的文物，具有下列情形之一的，应当认定为刑法第三百二十六条规定的"情节严重"：

（一）倒卖三级文物的；

（二）交易数额在五万元以上的；

（三）其他情节严重的情形。

实施前款规定的行为，具有下列情形之一的，应当认定为刑法第三百二十六条规定的"情节特别严重"：

（一）倒卖二级以上文物的；

（二）倒卖三级文物五件以上的；

（三）交易数额在二十五万元以上的；

（四）其他情节特别严重的情形。

第七条 国有博物馆、图书馆以及其他国有单位，违反文物保护法规，将收藏或者管理的国家保护的文物藏品出售或者私自送给非国有单位或者个人的，依照刑法第三百二十七条的规定，以非法出售、私赠文物藏品罪追究刑事责任。

第八条 刑法第三百二十八条第一款规定的"古文化遗址、古墓葬"包括水下古文化遗址、古墓葬。"古文化遗址、古墓葬"不以公布为不可移动文物的古文化遗址、古墓葬为限。

实施盗掘行为，已损害古文化遗址、古墓葬的历史、艺术、科学价值的，应当认定为盗掘古文化遗址、古墓葬罪既遂。

采用破坏性手段盗窃古文化遗址、古墓葬以外的古建筑、石窟寺、石刻、壁画、近代现代重要史迹和代表性建筑等其他不可移动文物的，依照刑法第二百六十四条的规定，以盗窃罪追究刑事责任。

第九条 明知是盗窃文物、盗掘古文化遗址、古墓葬等犯罪所获取的三级以上文物，而予以窝藏、转移、收购、加工、代为销售或者以其他方法掩饰、隐瞒的，依照刑法第三百一十二条的规定，以掩饰、隐瞒犯罪所得罪追究刑事责任。

实施前款规定的行为，事先通谋的，以共同犯罪论处。

第十条 国家机关工作人员严重不负责任，造成珍贵文物损毁或者流失，具有下列情形之一的，应当认定为刑法第四百一十九条规定的"后果严重"：

（一）导致二级以上文物或者五件以上三级文物损毁或者流失的；

（二）导致全国重点文物保护单位、省级文物保护单位的本体严重损毁或者灭失的；

（三）其他后果严重的情形。

第十一条 单位实施走私文物、倒卖文物等行为，构成犯罪的，依照本解释规定的相应自然人犯罪的定罪量刑标准，对直接负责的主管人员和其他直接责任人员定罪处罚，并对单位判处罚金。

公司、企业、事业单位、机关、团体等单位实施盗窃文物、故意损毁文物、名胜古迹，过失损毁文物，盗掘古文化遗址、古墓葬等行为的，依照本解释规定的相应定罪量刑标准，追究组织者、策划者、实施者的刑事责任。

第十二条 针对不可移动文物整体实施走私、盗窃、倒卖等行为的，根据所属不可移动文物的等级，依照本解释第一条、第二条、第六条的规定定罪量刑：

（一）尚未被确定为文物保护单位的不可移动文物，适用一般文物的定罪量刑标准；

（二）市、县级文物保护单位，适用三级文物的定罪量刑标准；

（三）全国重点文物保护单位、省级文物保护单位，适用二级以上文物的定罪量刑标准。

针对不可移动文物中的建筑构件、壁画、雕塑、石刻等实施走私、盗窃、倒卖等行为的，根据建筑构件、壁画、雕塑、石刻等文物本身的等级或者价值，依照本解释第一条、第二条、第六条的规定定罪量刑。建筑构件、壁画、雕塑、石刻等所属不可移动文物的等级，应当作为量刑情节予以考虑。

第十三条　案件涉及不同等级的文物的，按照高级别文物的量刑幅度量刑；有多件同级文物的，五件同级文物视为一件高一级文物，但是价值明显不相当的除外。

第十四条　依照文物价值定罪量刑的，根据涉案文物的有效价格证明认定文物价值；无有效价格证明，或者根据价格证明认定明显不合理的，根据销赃数额认定，或者结合本解释第十五条规定的鉴定意见、报告认定。

第十五条　在行为人实施有关行为前，文物行政部门已对涉案文物及其等级作出认定的，可以直接对有关案件事实作出认定。

对案件涉及的有关文物鉴定、价值认定等专门性问题难以确定的，由司法鉴定机构出具鉴定意见，或者由国务院文物行政部门指定的机构出具报告。其中，对于文物价值，也可以由有关价格认证机构作出价格认证并出具报告。

第十六条　实施本解释第一条、第二条、第六条至第九条规定的行为，虽已达到应当追究刑事责任的标准，但行为人系初犯，积极退回或者协助追回文物，未造成文物损毁，并确有悔罪表现的，可以认定为犯罪情节轻微，不起诉或者免予刑事处罚。

实施本解释第三条至第五条规定的行为，虽已达到应当追究刑事责任的标准，但行为人系初犯，积极赔偿损失，并确有悔罪表现的，可以认定为犯罪情节轻微，不起诉或者免予刑事处罚。

第十七条　走私、盗窃、损毁、倒卖、盗掘或者非法转让具有科学价值的古脊椎动物化石、古人类化石的，依照刑法和本解释的有关规定定罪量刑。

第十八条　本解释自 2016 年 1 月 1 日起施行。本解释公布施行后，《最高人民法院、最高人民检察院关于办理盗窃、盗掘、非法经营和走私文物的案件具体应用法律的若干问题的解释》[法（研）发〔1987〕32 号]同时废止；之前发布的司法解释与本解释不一致的，以本解释为准。

5. 危害公共卫生罪

最高人民法院 最高人民检察院
关于办理非法采供血液等刑事案件
具体应用法律若干问题的解释

法释〔2008〕12号

（2008年2月18日最高人民法院审判委员会第1444次会议、
2008年5月8日最高人民检察院第十一届检察委员会
第1次会议通过 2008年9月22日最高人民法院、
最高人民检察院公告公布 自2008年9月23日起施行）

为保障公民的身体健康和生命安全，依法惩处非法采供血液等犯罪，根据刑法有关规定，现对办理此类刑事案件具体应用法律的若干问题解释如下：

第一条 对未经国家主管部门批准或者超过批准的业务范围，采集、供应血液或者制作、供应血液制品的，应认定为刑法第三百三十四条第一款规定的"非法采集、供应血液或者制作、供应血液制品"。

第二条 对非法采集、供应血液或者制作、供应血液制品，具有下列情形之一的，应认定为刑法第三百三十四条第一款规定的"不符合国家规定的标准，足以危害人体健康"，处五年以下有期徒刑或者拘役，并处罚金：

（一）采集、供应的血液含有艾滋病病毒、乙型肝炎病毒、丙型肝炎病毒、梅毒螺旋体等病原微生物的；

（二）制作、供应的血液制品含有艾滋病病毒、乙型肝炎病毒、丙型肝炎病毒、梅毒螺旋体等病原微生物，或者将含有上述病原微生物的血液用于制作血液制品的；

（三）使用不符合国家规定的药品、诊断试剂、卫生器材，或者重复使用一次性采血器材采集血液，造成传染病传播危险的；

（四）违反规定对献血者、供血浆者超量、频繁采集血液、血浆，足以危害人体健康的；

（五）其他不符合国家有关采集、供应血液或者制作、供应血液制品的规定标准，足以危害人体健康的。

第三条 对非法采集、供应血液或者制作、供应血液制品，具有下列情形之一的，应认定为刑法第三百三十四条第一款规定的"对人体健康造成严重危害"，处五年以上十年以下有期徒刑，并处罚金：

（一）造成献血者、供血浆者、受血者感染乙型肝炎病毒、丙型肝炎病毒、梅毒螺旋体或者其他经血液传播的病原微生物的；

（二）造成献血者、供血浆者、受血者重度贫血、造血功能障碍或者其他器官组织损伤导致功能障碍等身体严重危害的；

（三）对人体健康造成其他严重危害的。

第四条 对非法采集、供应血液或者制作、供应血液制品，具有下列情形之一的，应认定为刑法第三百三十四条第一款规定的"造成特别严重后果"，处十年以上有期徒刑或者无期徒刑，并处罚金或者没收财产：

（一）因血液传播疾病导致人员死亡或者感染艾滋病病毒的；

（二）造成五人以上感染乙型肝炎病毒、丙型肝炎病毒、梅毒螺旋体或者其他经血液传播的病原微生物的；

（三）造成五人以上重度贫血、造血功能障碍或者其他器官组织损伤导致功能障碍等身体严重危害的；

（四）造成其他特别严重后果的。

第五条 对经国家主管部门批准采集、供应血液或者制作、供应血液制品的部门，具有下列情形之一的，应认定为刑法第三百三十四条第二款规定的"不依照规定进行检测或者违背其他操作规定"：

（一）血站未用两个企业生产的试剂对艾滋病病毒抗体、乙型肝炎病毒表面抗原、丙型肝炎病毒抗体、梅毒抗体进行两次检测的；

（二）单采血浆站不依照规定对艾滋病病毒抗体、乙型肝炎病毒表面抗原、丙型肝炎病毒抗体、梅毒抗体进行检测的；

（三）血液制品生产企业在投料生产前未用主管部门批准和检定合格的试剂进行复检的；

（四）血站、单采血浆站和血液制品生产企业使用的诊断试剂没有生产单位名称、生产批准文号或者经检定不合格的；

（五）采供血机构在采集检验标本、采集血液和成分血分离时，使用没有生产单位名称、生产批准文号或者超过有效期的一次性注射器等采血器材的；

（六）不依照国家规定的标准和要求包装、储存、运输血液、原料血浆的；

（七）对国家规定检测项目结果呈阳性的血液未及时按照规定予以清除的；

（八）不具备相应资格的医务人员进行采血、检验操作的；

（九）对献血者、供血浆者超量、频繁采集血液、血浆的；

（十）采供血机构采集血液、血浆前，未对献血者或供血浆者进行身份识别，采集冒名顶替者、健康检查不合格者血液、血浆的；

（十一）血站擅自采集原料血浆，单采血浆站擅自采集临床用血或者向医疗机构供应原料血浆的；

（十二）重复使用一次性采血器材的；

（十三）其他不依照规定进行检测或者违背操作规定的。

第六条 对经国家主管部门批准采集、供应血液或者制作、供应血液制品的部门，不依照规定进行检测或者违背其他操作规定，具有下列情形之一的，应认定为刑法第三百三十四条第二款规定的"造成危害他人身体健康后果"，对单位判处罚金，并对其直接负责的主管人员和其他直接责任人员，处五年以下有期徒刑或者拘役：

（一）造成献血者、供血浆者、受血者感染艾滋病病毒、乙型肝炎病毒、丙型肝炎病毒、梅毒螺旋体或者其他经血液传播的病原微生物的；

（二）造成献血者、供血浆者、受血者重度贫血、造血功能障碍或者其他器官组织损伤导致功能障碍等身体严重危害的；

（三）造成其他危害他人身体健康后果的。

第七条　经国家主管部门批准的采供血机构和血液制品生产经营单位，应认定为刑法第三百三十四条第二款规定的"经国家主管部门批准采集、供应血液或者制作、供应血液制品的部门"。

第八条　本解释所称"血液"，是指全血、成分血和特殊血液成分。

本解释所称"血液制品"，是指各种人血浆蛋白制品。

本解释所称"采供血机构"，包括血液中心、中心血站、中心血库、脐带血造血干细胞库和国家卫生行政主管部门根据医学发展需要批准、设置的其他类型血库、单采血浆站。

最高人民法院
关于修改《关于审理非法行医刑事案件具体应用法律若干问题的解释》的决定

法释〔2016〕27号

（2016年12月12日由最高人民法院审判委员会第1703次会议通过　2016年12月16日最高人民法院公告公布　自2016年12月20日起施行）

为了依法惩处非法行医犯罪，保障公民身体健康和生命安全，根据刑法有关规定，结合审判实践情况，现决定对最高人民法院《关于审理非法行医刑事案件具体应用法律若干问题的解释》（法释〔2008〕5号，以下简称《解释》）作如下修改：

一、删除《解释》第一条第二项。

二、在《解释》第三条后增加一条，作为修改后《解释》第四条："非法行医行为系造成就诊人死亡的直接、主要原因的，应认定为刑法第三百三十六条第一款规定的'造成就诊人死亡'。"

"非法行医行为并非造成就诊人死亡的直接、主要原因的，可不认定为刑法第三百三十六条第一款规定的'造成就诊人死亡'。但是，根据案件情况，可以认定为刑法第三百三十六条第一款规定的'情节严重'。"

三、在《解释》第五条中增加一款,作为第一款:"本解释所称'医疗活动''医疗行为',参照《医疗机构管理条例实施细则》中的'诊疗活动''医疗美容'认定。"

根据本决定,对《解释》作相应修改并调整条文顺序后,重新公布。

附:

最高人民法院
关于审理非法行医刑事案件具体应用法律若干问题的解释

为依法惩处非法行医犯罪,保障公民身体健康和生命安全,根据刑法的有关规定,现对审理非法行医刑事案件具体应用法律的若干问题解释如下:

第一条 具有下列情形之一的,应认定为刑法第三百三十六条第一款规定的"未取得医生执业资格的人非法行医":

(一)未取得或者以非法手段取得医师资格从事医疗活动的;

(二)被依法吊销医师执业证书期间从事医疗活动的;

(三)未取得乡村医生执业证书,从事乡村医疗活动的;

(四)家庭接生员实施家庭接生以外的医疗行为的。

第二条 具有下列情形之一的,应认定为刑法第三百三十六条第一款规定的"情节严重":

(一)造成就诊人轻度残疾、器官组织损伤导致一般功能障碍的;

(二)造成甲类传染病传播、流行或者有传播、流行危险的;

(三)使用假药、劣药或不符合国家规定标准的卫生材料、医疗器械,足以严重危害人体健康的;

(四)非法行医被卫生行政部门行政处罚两次以后,再次非法行医的;

(五)其他情节严重的情形。

第三条 具有下列情形之一的,应认定为刑法第三百三十六条第一款规定的"严重损害就诊人身体健康":

(一)造成就诊人中度以上残疾、器官组织损伤导致严重功能障碍的;

(二)造成三名以上就诊人轻度残疾、器官组织损伤导致一般功能障碍的。

第四条 非法行医行为系造成就诊人死亡的直接、主要原因的,应认定为刑法第三百三十六条第一款规定的"造成就诊人死亡"。

非法行医行为并非造成就诊人死亡的直接、主要原因的,可不认定为刑法第三百三十六条第一款规定的"造成就诊人死亡"。但是,根据案件情况,可以认定为刑法第三百三十六条第一款规定的"情节严重"。

第五条 实施非法行医犯罪,同时构成生产、销售假药罪,生产、销售劣药罪,诈骗罪等其他犯罪的,依照刑法处罚较重的规定定罪处罚。

第六条 本解释所称"医疗活动""医疗行为",参照《医疗机构管理条例实施细则》中的"诊疗活动""医疗美容"认定。

本解释所称"轻度残疾、器官组织损伤导致一般功能障碍""中度以上残疾、器官组织损伤导致严重功能障碍",参照《医疗事故分级标准(试行)》认定。

6. 破坏环境资源保护罪

最高人民法院 最高人民检察院
关于办理环境污染刑事案件适用法律若干问题的解释

法释〔2016〕29号

(2016年11月7日最高人民法院审判委员会第1698次会议、
2016年12月8日最高人民检察院第十二届检察委员会
第58次会议通过 2016年12月23日最高人民法院、
最高人民检察院公告公布 自2017年1月1日起施行)

为依法惩治有关环境污染犯罪,根据《中华人民共和国刑法》《中华人民共和国刑事诉讼法》的有关规定,现就办理此类刑事案件适用法律的若干问题解释如下:

第一条 实施刑法第三百三十八条规定的行为,具有下列情形之一的,应当认定为"严重污染环境":

(一)在饮用水水源一级保护区、自然保护区核心区排放、倾倒、处置有放射性的废物、含传染病病原体的废物、有毒物质的;

(二)非法排放、倾倒、处置危险废物三吨以上的;

(三)排放、倾倒、处置含铅、汞、镉、铬、砷、铊、锑的污染物,超过国家或者地方污染物排放标准三倍以上的;

(四)排放、倾倒、处置含镍、铜、锌、银、钒、锰、钴的污染物,超过国家或者地方污染物排放标准十倍以上的;

(五)通过暗管、渗井、渗坑、裂隙、溶洞、灌注等逃避监管的方式排放、倾倒、处置有放射性的废物、含传染病病原体的废物、有毒物质的;

(六)二年内曾因违反国家规定,排放、倾倒、处置有放射性的废物、含传染病病原体的废物、有毒物质受过两次以上行政处罚,又实施前列行为的;

(七)重点排污单位篡改、伪造自动监测数据或者干扰自动监测设施,排放化学需氧量、氨氮、二氧化硫、氮氧化物等污染物的;

(八)违法减少防治污染设施运行支出一百万元以上的;

(九)违法所得或者致使公私财产损失三十万元以上的;

（十）造成生态环境严重损害的；
（十一）致使乡镇以上集中式饮用水水源取水中断十二小时以上的；
（十二）致使基本农田、防护林地、特种用途林地五亩以上，其他农用地十亩以上，其他土地二十亩以上基本功能丧失或者遭受永久性破坏的；
（十三）致使森林或者其他林木死亡五十立方米以上，或者幼树死亡二千五百株以上的；
（十四）致使疏散、转移群众五千人以上的；
（十五）致使三十人以上中毒的；
（十六）致使三人以上轻伤、轻度残疾或者器官组织损伤导致一般功能障碍的；
（十七）致使一人以上重伤、中度残疾或者器官组织损伤导致严重功能障碍的；
（十八）其他严重污染环境的情形。

第二条 实施刑法第三百三十九条、第四百零八条规定的行为，致使公私财产损失三十万元以上，或者具有本解释第一条第十项至第十七项规定情形之一的，应当认定为"致使公私财产遭受重大损失或者严重危害人体健康"或者"致使公私财产遭受重大损失或者造成人身伤亡的严重后果"。

第三条 实施刑法第三百三十八条、第三百三十九条规定的行为，具有下列情形之一的，应当认定为"后果特别严重"：
（一）致使县级以上城区集中式饮用水水源取水中断十二小时以上的；
（二）非法排放、倾倒、处置危险废物一百吨以上的；
（三）致使基本农田、防护林地、特种用途林地十五亩以上，其他农用地三十亩以上，其他土地六十亩以上基本功能丧失或者遭受永久性破坏的；
（四）致使森林或者其他林木死亡一百五十立方米以上，或者幼树死亡七千五百株以上的；
（五）致使公私财产损失一百万元以上的；
（六）造成生态环境特别严重损害的；
（七）致使疏散、转移群众一万五千人以上的；
（八）致使一百人以上中毒的；
（九）致使十人以上轻伤、轻度残疾或者器官组织损伤导致一般功能障碍的；
（十）致使三人以上重伤、中度残疾或者器官组织损伤导致严重功能障碍的；
（十一）致使一人以上重伤、中度残疾或者器官组织损伤导致严重功能障碍，并致使五人以上轻伤、轻度残疾或者器官组织损伤导致一般功能障碍的；
（十二）致使一人以上死亡或者重度残疾的；
（十三）其他后果特别严重的情形。

第四条 实施刑法第三百三十八条、第三百三十九条规定的犯罪行为，具有下列情形之一的，应当从重处罚：
（一）阻挠环境监督检查或者突发环境事件调查，尚不构成妨害公务等犯罪的；
（二）在医院、学校、居民区等人口集中地区及其附近，违反国家规定排放、倾倒、处置有放射性的废物、含传染病病原体的废物、有毒物质或者其他有害物质的；

（三）在重污染天气预警期间、突发环境事件处置期间或者被责令限期整改期间，违反国家规定排放、倾倒、处置有放射性的废物、含传染病病原体的废物、有毒物质或者其他有害物质的；

（四）具有危险废物经营许可证的企业违反国家规定排放、倾倒、处置有放射性的废物、含传染病病原体的废物、有毒物质或者其他有害物质的。

第五条　实施刑法第三百三十八条、第三百三十九条规定的行为，刚达到应当追究刑事责任的标准，但行为人及时采取措施，防止损失扩大、消除污染，全部赔偿损失，积极修复生态环境，且系初犯，确有悔罪表现的，可以认定为情节轻微，不起诉或者免予刑事处罚；确有必要判处刑罚的，应当从宽处罚。

第六条　无危险废物经营许可证从事收集、贮存、利用、处置危险废物经营活动，严重污染环境的，按照污染环境罪定罪处罚；同时构成非法经营罪的，依照处罚较重的规定定罪处罚。

实施前款规定的行为，不具有超标排放污染物、非法倾倒污染物或者其他违法造成环境污染的情形的，可以认定为非法经营情节显著轻微危害不大，不认为是犯罪；构成生产、销售伪劣产品等其他犯罪的，以其他犯罪论处。

第七条　明知他人无危险废物经营许可证，向其提供或者委托其收集、贮存、利用、处置危险废物，严重污染环境的，以共同犯罪论处。

第八条　违反国家规定，排放、倾倒、处置含有毒害性、放射性、传染病病原体等物质的污染物，同时构成污染环境罪、非法处置进口的固体废物罪、投放危险物质罪等犯罪的，依照处罚较重的规定定罪处罚。

第九条　环境影响评价机构或其人员，故意提供虚假环境影响评价文件，情节严重的，或者严重不负责任，出具的环境影响评价文件存在重大失实，造成严重后果的，应当依照刑法第二百二十九条、第二百三十一条的规定，以提供虚假证明文件罪或者出具证明文件重大失实罪定罪处罚。

第十条　违反国家规定，针对环境质量监测系统实施下列行为，或者强令、指使、授意他人实施下列行为的，应当依照刑法第二百八十六条的规定，以破坏计算机信息系统罪论处：

（一）修改参数或者监测数据的；

（二）干扰采样，致使监测数据严重失真的；

（三）其他破坏环境质量监测系统的行为。

重点排污单位篡改、伪造自动监测数据或者干扰自动监测设施，排放化学需氧量、氨氮、二氧化硫、氮氧化物等污染物，同时构成污染环境罪和破坏计算机信息系统罪的，依照处罚较重的规定定罪处罚。

从事环境监测设施维护、运营的人员实施或者参与实施篡改、伪造自动监测数据、干扰自动监测设施、破坏环境质量监测系统等行为的，应当从重处罚。

第十一条　单位实施本解释规定的犯罪的，依照本解释规定的定罪量刑标准，对直接负责的主管人员和其他直接责任人员定罪处罚，并对单位判处罚金。

第十二条　环境保护主管部门及其所属监测机构在行政执法过程中收集的监测数

据，在刑事诉讼中可以作为证据使用。

公安机关单独或者会同环境保护主管部门，提取污染物样品进行检测获取的数据，在刑事诉讼中可以作为证据使用。

第十三条 对国家危险废物名录所列的废物，可以依据涉案物质的来源、产生过程、被告人供述、证人证言以及经批准或者备案的环境影响评价文件等证据，结合环境保护主管部门、公安机关等出具的书面意见作出认定。

对于危险废物的数量，可以综合被告人供述，涉案企业的生产工艺、物耗、能耗情况，以及经批准或者备案的环境影响评价文件等证据作出认定。

第十四条 对案件所涉的环境污染专门性问题难以确定的，依据司法鉴定机构出具的鉴定意见，或者国务院环境保护主管部门、公安部门指定的机构出具的报告，结合其他证据作出认定。

第十五条 下列物质应当认定为刑法第三百三十八条规定的"有毒物质"：

（一）危险废物，是指列入国家危险废物名录，或者根据国家规定的危险废物鉴别标准和鉴别方法认定的，具有危险特性的废物；

（二）《关于持久性有机污染物的斯德哥尔摩公约》附件所列物质；

（三）含重金属的污染物；

（四）其他具有毒性，可能污染环境的物质。

第十六条 无危险废物经营许可证，以营利为目的，从危险废物中提取物质作为原材料或者燃料，并具有超标排放污染物、非法倾倒污染物或者其他违法造成环境污染的情形的行为，应当认定为"非法处置危险废物"。

第十七条 本解释所称"二年内"，以第一次违法行为受到行政处罚的生效之日与又实施相应行为之日的时间间隔计算确定。

本解释所称"重点排污单位"，是指设区的市级以上人民政府环境保护主管部门依法确定的应当安装、使用污染物排放自动监测设备的重点监控企业及其他单位。

本解释所称"违法所得"，是指实施刑法第三百三十八条、第三百三十九条规定的行为所得和可得的全部违法收入。

本解释所称"公私财产损失"，包括实施刑法第三百三十八条、第三百三十九条规定的行为直接造成财产损毁、减少的实际价值，为防止污染扩大、消除污染而采取必要合理措施所产生的费用，以及处置突发环境事件的应急监测费用。

本解释所称"生态环境损害"，包括生态环境修复费用，生态环境修复期间服务功能的损失和生态环境功能永久性损害造成的损失，以及其他必要合理费用。

本解释所称"无危险废物经营许可证"，是指未取得危险废物经营许可证，或者超出危险废物经营许可证的经营范围。

第十八条 本解释自 2017 年 1 月 1 日起施行。本解释施行后，最高人民法院、最高人民检察院《关于办理环境污染刑事案件适用法律若干问题的解释》（法释〔2013〕15 号）同时废止；之前发布的司法解释与本解释不一致的，以本解释为准。

最高人民法院
关于审理破坏野生动物资源刑事案件具体应用法律若干问题的解释

法释〔2000〕37号

(2000年11月17日最高人民法院审判委员会第1141次会议通过 2000年11月27日最高人民法院公告公布 自2000年12月11日起施行)

为依法惩处破坏野生动物资源的犯罪活动,根据刑法的有关规定,现就审理这类案件具体应用法律的若干问题解释如下:

第一条 刑法第三百四十一条第一款规定的"珍贵、濒危野生动物",包括列入国家重点保护野生动物名录的国家一、二级保护野生动物、列入《濒危野生动植物种国际贸易公约》附录一、附录二的野生动物以及驯养繁殖的上述物种。

第二条 刑法第三百四十一条第一款规定的"收购",包括以营利、自用等为目的的购买行为;"运输",包括采用携带、邮寄、利用他人、使用交通工具等方法进行运送的行为;"出售",包括出卖和以营利为目的的加工利用行为。

第三条 非法猎捕、杀害、收购、运输、出售珍贵、濒危野生动物具有下列情形之一的,属于"情节严重":

(一)达到本解释附表所列相应数量标准的;

(二)非法猎捕、杀害、收购、运输、出售不同种类的珍贵、濒危野生动物,其中两种以上分别达到附表所列"情节严重"数量标准一半以上的。

非法猎捕、杀害、收购、运输、出售珍贵、濒危野生动物具有下列情形之一的,属于"情节特别严重":

(一)达到本解释附表所列相应数量标准的;

(二)非法猎捕、杀害、收购、运输、出售不同种类的珍贵、濒危野生动物,其中两种以上分别达到附表所列"情节特别严重"数量标准一半以上的。

第四条 非法猎捕、杀害、收购、运输、出售珍贵、濒危野生动物构成犯罪,具有下列情形之一的,可以认定为"情节严重";非法猎捕、杀害、收购、运输、出售珍贵、濒危野生动物符合本解释第三条第一款的规定,并具有下列情形之一的,可以认定为"情节特别严重":

(一)犯罪集团的首要分子;

(二)严重影响对野生动物的科研、养殖等工作顺利进行的;

(三)以武装掩护方法实施犯罪的;

(四)使用特种车、军用车等交通工具实施犯罪的;

（五）造成其他重大损失的。

第五条　非法收购、运输、出售珍贵、濒危野生动物制品具有下列情形之一的，属于"情节严重"：

（一）价值在10万元以上的；

（二）非法获利5万元以上的；

（三）具有其他严重情节的。

非法收购、运输、出售珍贵、濒危野生动物制品具有下列情形之一的，属于"情节特别严重"：

（一）价值在20万元以上的；

（二）非法获利10万元以上的；

（三）具有其他特别严重情节的。

第六条　违反狩猎法规，在禁猎区、禁猎期或者使用禁用的工具、方法狩猎，具有下列情形之一的，属于非法狩猎"情节严重"：

（一）非法狩猎野生动物20只以上的；

（二）违反狩猎法规，在禁猎区或者禁猎期使用禁用的工具、方法狩猎的；

（三）具有其他严重情节的。

第七条　使用爆炸、投毒、设置电网等危险方法破坏野生动物资源，构成非法猎捕、杀害珍贵、濒危野生动物罪或者非法狩猎罪，同时构成刑法第一百一十四条或者第一百一十五条规定之罪的，依照处罚较重的规定定罪处罚。

第八条　实施刑法第三百四十一条规定的犯罪，又以暴力、威胁方法抗拒查处，构成其他犯罪的，依照数罪并罚的规定处罚。

第九条　伪造、变造、买卖国家机关颁发的野生动物允许进出口证明书、特许猎捕证、狩猎证、驯养繁殖许可证等公文、证件构成犯罪的，依照刑法第二百八十条第一款的规定以伪造、变造、买卖国家机关公文、证件罪定罪处罚。

实施上述行为构成犯罪，同时构成刑法第二百二十五条第二项规定的非法经营罪的，依照处罚较重的规定定罪处罚。

第十条　非法猎捕、杀害、收购、运输、出售《濒危野生动植物种国际贸易公约》附录一、附录二所列的非原产于我国的野生动物"情节严重"、"情节特别严重"的认定标准，参照本解释第三条、第四条以及附表所列与其同属的国家一、二级保护野生动物的认定标准执行；没有与其同属的国家一、二级保护野生动物的，参照与其同科的国家一、二级保护野生动物的认定标准执行。

第十一条　珍贵、濒危野生动物制品的价值，依照国家野生动物保护主管部门的规定核定；核定价值低于实际交易价格的，以实际交易价格认定。

第十二条　单位犯刑法第三百四十一条规定之罪，定罪量刑标准依照本解释的有关规定执行。

附：

非法猎捕、杀害、收购、运输、出售珍贵、濒危野生动物刑事案件"情节严重"、"情节特别严重"数量认定标准表

中文名	拉丁文名	级别	情节严重	情节特别严重
蜂猴	Nycticebus spp.	I	3	4
熊猴	Macaca assamensis	I	2	3
台湾猴	Macaca cyclopis	I	1	2
豚尾猴	Nacaca nemestrina	I	2	3
叶猴（所有种）	Presbytis spp.	I	1	2
金丝猴（所有种）	Rhinopithecus spp.	I	0	1
长臂猿（所有种）	Hylobates spp.	I	1	2
马来熊	Helarctos malayanus	I	2	3
大熊猫	Ailuropoda melanoleuca	I	0	1
紫貂	Martes zibellina	I	3	4
貂熊	Gulo gulo	I	2	3
熊狸	Arctictis binturong	I	1	2
云豹	Neofelis nebulosa	I	0	1
豹	Panthera pardus	I	0	1
雪豹	Panthera uncia	I	0	1
虎	Panthera tigris	I	0	1
亚洲象	Elephas maximus	I	0	1
蒙古野驴	Equus hemionus	I	2	3
西藏野驴	Equus kiang	I	3	5
野马	Equus przewalskii	I	0	1
野骆驼	Camelus ferus（=bactrianus）	I	1	2
鼷鹿	Tragulus javanicus	I	2	3
黑麂	Muntiacus crinifrons	I	1	2
白唇鹿	Cervus albirostris	I	1	2

中文名	拉丁文名	级别	情节严重	情节特别严重
坡鹿	*Cervus eldi*	I	1	2
梅花鹿	*Cervus nippon*	I	2	3
豚鹿	*Cervus porcinus*	I	2	3
麋鹿	*Elaphurus davidianus*	I	1	2
野牛	*Bos gaurus*	I	1	2
野牦牛	*Bos mutus*（＝*grunniens*）	I	2	3
普氏原羚	*Procapra przewalskii*	I	1	2
藏羚	*Pantholops hodgsoni*	I	2	3
高鼻羚羊	*Saiga tatarica*	I	0	1
扭角羚	*Budorcas taxicolor*	I	1	2
台湾鬣羚	*Capricornis crispus*	I	2	3
赤斑羚	*Naemorhedus cranbrooki*	I	2	4
塔尔羊	*Hemitragus jemlahicus*	I	2	4
北山羊	*Capra ibex*	I	2	4
河狸	*Castor fiber*	I	1	2
短尾信天翁	*Diomedea albatrus*	I	2	4
白腹军舰鸟	*Fregata andrewsi*	I	2	4
白鹳	*Ciconia ciconia*	I	2	4
黑鹳	*Ciconia nigra*	I	2	4
朱鹮	*Nipponia nippon*	I	0	1
中华沙秋鸭	*Mergus squamatus*	I	2	3
金雕	*Aquila chrysaetos*	I	2	4
白肩雕	*Aquila heliaca*	I	2	4
玉带海雕	*Haliaeetus leucoryphus*	I	2	4
白尾海雕	*Haliaeetus albcilla*	I	2	3
虎头海雕	*Haliaeetus pelagicus*	I	2	4
拟兀鹫	*Pseudogyps bengalensis*	I	2	4
胡兀鹫	*Gypaetus barbatus*	I	2	4
细嘴松鸡	*Tetrao parvirostris*	I	3	5
斑尾榛鸡	*Tetrastes sewerzowi*	I	3	5
雉鹑	*Tetraophasis obscurus*	I	3	5

中文名	拉丁文名	级别	情节严重	情节特别严重
四川山鹧鸪	Arborophila rufipectus	I	3	5
海南山鹧鸪	Arborophila ardens	I	3	5
黑头角雉	Tragopan melanocephalus	I	2	3
红胸角雉	Tragopan satyra	I	2	4
灰腹角雉	Tragopan blythii	I	2	3
黄腹角雉	Tragopan caboti	I	2	3
虹雉（所有种）	Lophophorus spp.	I	2	4
褐马鸡	Crossoptilon mantchuricum	I	2	3
蓝鹇	Lophura swinhoii	I	2	3
黑颈长尾雉	Syrmaticus humiae	I	2	4
白颈长尾雉	Syrmaticus ewllioti	I	2	4
黑长尾雉	Syrmaticus mikado	I	2	4
孔雀雉	Polyplectrom bicalcaratum	I	2	3
绿孔雀	Pavo muticus	I	2	3
黑颈鹤	Grus nigricollis	I	2	3
白头鹤	Grus monacha	I	2	3
丹顶鹤	Grus japonensis	I	2	3
白鹤	Grus leucogeranus	I	2	3
赤颈鹤	Grus antigone	I	1	2
鸨（所有种）	Otis spp.	I	4	6
遗鸥	Larus relictus	I	2	4
四爪陆龟	Testudo horsfieldi	I	4	8
蜥鳄	Shinisaurus crocodilurus	I	2	4
巨蜥	Varanus salvator	I	2	4
蟒	Python molurus	I	2	4
扬子鳄	Alligator sinensis	I	1	2
中华蚱蠊	Galloisiana sinensis	I	3	6
金斑喙凤蝶	Teinopalpus aureus	I	3	6
短尾猴	Macaca arctoides	II	6	10
猕猴	Macaca mulatto	II	6	10
藏酋猴	Macaca thibetana	II	6	10

中文名	拉丁文名	级别	情节严重	情节特别严重
穿山甲	Manis pentadactyla	II	8	16
豺	Cuon alpinus	II	4	6
黑熊	Selenarctos thibetanus	II	3	5
棕熊（包括马熊）	Ursus arctos (U. a. pruinosus)	II	3	5
小熊猫	Ailurus fulgens	II	3	5
石貂	Martes foina	II	4	10
黄喉貂	Martes flavigula	II	4	10
斑林狸	Prionodon pardicolor	II	4	8
大灵猫	Viverra zibetha	II	3	5
小灵猫	Viverricula indica	II	4	8
草原斑猫	Felis lybica (=silvestris)	II	4	8
荒漠猫	Felis bieti	II	4	10
丛林猫	Felis chaus	II	4	8
猞猁	Felis lynx	II	2	3
兔狲	Felis manul	II	3	5
金猫	felis temmincki	II	4	8
渔猫	felis viverrinus	II	4	8
麝（所有种）	Moschus spp.	II	3	5
河麂	Hydropotes inermis	II	4	8
马鹿（含白臀鹿）	Cervus elaphus (C. e. macneilli)	II	4	6
水鹿	Cervus unicolor	II	3	5
驼鹿	Alces alces	II	3	5
黄羊	Procapra gutturosa	II	8	15
藏原羚	Procapra picticaudata	II	4	8
鹅喉羚	Gazella subgutturosa	II	4	8
鬣羚	Capricornis sumatraensis	II	3	4
斑羚	Naemorhedus goral	II	4	8
岩羊	Pseudois nayaur	II	4	8
盘羊	Ovis ammon	II	3	5
海南兔	Lepus peguensis hainanus	II	6	10
雪兔	Lepus timidus	II	6	10

中文名	拉丁文名	级别	情节严重	情节特别严重
塔里木兔	Lepus yarkandensis	II	20	40
巨松鼠	Ratufa bicolor	II	6	10
角䴙䴘	Podiceps auritus	II	6	10
赤颈䴙䴘	Podiceps grisegena	II	6	8
鹈鹕（所有种）	Pelecanus spp.	II	4	8
鲣鸟（所有种）	Sula spp.	II	6	10
海鸬鹚	Phalacrocorax pelagicus	II	4	8
黑颈鸬鹚	Phalacrocorax niger	II	4	8
黄嘴白鹭	Egretta eulophotes	II	6	10
岩鹭	Egretta sacra	II	6	20
海南虎斑	Gorsachius magnificus	II	6	10
小苇鳽	Ixbrychus minutus	II	6	10
彩鹳	Ibis leucocephalus	II	3	4
白鹮	Threskiornis aethiopicus	II	4	8
黑鹮	Pseudibis papillosa	II	4	8
彩鹮	Pseudibis falcinellus	II	4	8
白琵鹭	Platalea leucorodia	II	4	8
黑脸琵鹭	Platalea ninor	II	4	8
红胸黑雁	Branta ruficollis	II	4	8
白额雁	Anser albifrons	II	6	10
天鹅（所有种）	Cygnus spp.	II	6	10
鸳鸯	Aix galericulata	II	6	10
其他鹰类	(Accipitridae)	II	4	8
隼类（所有种）	Falconidae.	II	6	10
黑琴鸡	Lyrurus tetrix	II	4	8
柳雷鸟	Lagopus lagopus	II	4	8
岩雷鸟	Lagopus mutus	II	6	10
镰翅鸡	Falcipennis falcipennis	II	3	4
花尾榛鸡	Tetrastes bonasia	II	10	20
雪鸡（所有种）	Tetraogallus spp.	II	10	20
血雉	Ithaginis cruentus	II	4	6

中文名	拉丁文名	级别	情节严重	情节特别严重
红腹角雉	Tragopan temminckii	II	4	6
藏马鸡	Crossoptilon crossoptilon	II	4	6
蓝马鸡	Crossoptilon aurtum	II	4	10
黑鹇	Lophura leucomelana	II	6	8
白鹇	Lophura nycthemera	II	6	10
原鸡	Gallus gallus	II	6	8
勺鸡	Pucrasia macrolopha	II	6	8
白冠长尾雉	Syrmaticus reevesii	II	4	6
锦鸡（所有种）	Chrysolophus spp.	II	4	8
灰鹤	Grus grus	II	4	8
沙丘鹤	Grus canadensis	II	4	8
白枕鹤	Grus vipio	II	4	8
蓑羽鹤	Anthropoides virgo	II	6	10
长脚秧鸡	Crex crex	II	6	10
姬田鸡	Porzana parva	II	6	10
棕背田鸡	Porzana bicolor	II	6	10
花田鸡	Coturnicops noveboracensis	II	6	10
铜翅水雉	Metopidius indicus	II	6	10
小杓鹬	Numenius borealis	II	8	15
小青脚鹬	Tringa guttifer	II	6	10
灰燕鸻	Glareola lacteal	II	6	10
小鸥	Larus minutus	II	6	10
黑浮鸥	Chlidonias niger	II	6	10
黄嘴河燕鸥	Sterna aurantia	II	6	10
黑嘴端凤头燕鸥	Thalasseus zimmermanni	II	4	8
黑腹沙鸡	Pterocles orientalis	II	4	8
绿鸠（所有种）	Treron spp.	II	6	8
黑颏果鸠	Ptilinopus leclancheri	II	6	10
皇鸠（所有种）	Ducula spp.	II	6	10
斑尾林鸽	Columba palumbus	II	6	10
鹃鸠（所有种）	Macropygia spp.	II	6	10

中文名	拉丁文名	级别	情节严重	情节特别严重
鹦鹉科（所有种）	Psittacidae.	II	6	10
鸦鹃（所有种）	Centropus spp.	II	6	10
鸮形目（所有种）	Strigiformfs	II	6	10
灰喉针尾雨燕	Hirundapus cochinchinensis	II	6	10
凤头雨燕	Hemiprocne longipennis	II	6	10
橙胸咬鹃	Harpactes oreskios	II	6	10
蓝耳翠鸟	Alcedo meninting	II	6	10
鹳嘴翠鸟	Pelargopsis capensis	II	6	10
黑胸蜂虎	Merops leschenaultia	II	6	10
绿喉蜂虎	Merops orientalis	II	6	10
犀鸟科（所有种）	Bucerotidae	II	4	8
白腹黑啄木鸟	Dryocopus javensis	II	6	10
阔嘴鸟科（所有种）	Eurylaimidae	II	6	10
八色鸫科（所有种）	Pittidae	II	6	10
凹甲陆龟	Manouria impressa	II	6	10
大壁虎	Gekko gecko	II	10	20
虎纹蛙	Rana tigrina	II	100	200
伟蛱（虫八）	Atlasjapyx atlas	II	6	10
尖板曦箭蜓	Heliogomphus retroflexus	II	6	10
宽纹北箭蜓	Ophiogomphus spinicorne	II	6	10
中华缺翅虫	Zorotypus sinensis	II	6	10
墨脱缺翅虫	Zorotypus medoensis	II	6	10
拉步甲	Carabus（Coptolabrus）lafossei	II	6	10
硕步甲	Carabus（Apotopterus）davidi	II	6	10
彩臂金龟（所有种）	Cheirotonus spp.	II	6	10
叉犀金龟	Allomyrina davidis	II	6	10
双尾褐凤蝶	Bhutanitis mansfieldi	II	6	10
三尾褐凤蝶	Bhutanitis thaidina dongchuanensis	II	6	10
中华虎凤蝶	Luehdorfia chinensis huashanensis	II	6	10
阿波罗绢蝶	Parnassius apollo	II	6	10

最高人民法院
关于审理发生在我国管辖海域相关案件若干问题的规定（二）

法释〔2016〕17号

(2016年5月9日最高人民法院审判委员会第1682次会议通过 2016年8月1日最高人民法院公告公布 自2016年8月2日起施行)

为正确审理发生在我国管辖海域相关案件，维护当事人合法权益，根据《中华人民共和国刑法》《中华人民共和国渔业法》《中华人民共和国民事诉讼法》《中华人民共和国刑事诉讼法》《中华人民共和国行政诉讼法》，结合审判实际，制定本规定。

第一条 当事人因船舶碰撞、海洋污染等事故受到损害，请求侵权人赔偿渔船、渔具、渔货损失以及收入损失的，人民法院应予支持。

当事人违反渔业法第二十三条，未取得捕捞许可证从事海上捕捞作业，依照前款规定主张收入损失的，人民法院不予支持。

第二条 人民法院在审判执行工作中，发现违法行为，需要有关单位对其依法处理的，应及时向相关单位提出司法建议，必要时可以抄送该单位的上级机关或者主管部门。违法行为涉嫌犯罪的，依法移送刑事侦查部门处理。

第三条 违反我国国（边）境管理法规，非法进入我国领海，具有下列情形之一的，应当认定为刑法第三百二十二条规定的"情节严重"：

（一）经驱赶拒不离开的；

（二）被驱离后又非法进入我国领海的；

（三）因非法进入我国领海被行政处罚或者被刑事处罚后，一年内又非法进入我国领海的；

（四）非法进入我国领海从事捕捞水产品等活动，尚不构成非法捕捞水产品等犯罪的；

（五）其他情节严重的情形。

第四条 违反保护水产资源法规，在海洋水域，在禁渔区、禁渔期或者使用禁用的工具、方法捕捞水产品，具有下列情形之一的，应当认定为刑法第三百四十条规定的"情节严重"：

（一）非法捕捞水产品一万公斤以上或者价值十万元以上的；

（二）非法捕捞有重要经济价值的水生动物苗种、怀卵亲体二千公斤以上或者价值二万元以上的；

（三）在水产种质资源保护区内捕捞水产品二千公斤以上或者价值二万元以上的；

（四）在禁渔区内使用禁用的工具或者方法捕捞的；
（五）在禁渔期内使用禁用的工具或者方法捕捞的；
（六）在公海使用禁用渔具从事捕捞作业，造成严重影响的；
（七）其他情节严重的情形。

第五条 非法采捕珊瑚、砗磲或者其他珍贵、濒危水生野生动物，具有下列情形之一的，应当认定为刑法第三百四十一条第一款规定的"情节严重"：
（一）价值在五十万元以上的；
（二）非法获利二十万元以上的；
（三）造成海域生态环境严重破坏的；
（四）造成严重国际影响的；
（五）其他情节严重的情形。

实施前款规定的行为，具有下列情形之一的，应当认定为刑法第三百四十一条第一款规定的"情节特别严重"：
（一）价值或者非法获利达到本条第一款规定标准五倍以上的；
（二）价值或者非法获利达到本条第一款规定的标准，造成海域生态环境严重破坏的；
（三）造成海域生态环境特别严重破坏的；
（四）造成特别严重国际影响的；
（五）其他情节特别严重的情形。

第六条 非法收购、运输、出售珊瑚、砗磲或者其他珍贵、濒危水生野生动物及其制品，具有下列情形之一的，应当认定为刑法第三百四十一条第一款规定的"情节严重"：
（一）价值在五十万元以上的；
（二）非法获利在二十万元以上的；
（三）具有其他严重情节的。

非法收购、运输、出售珊瑚、砗磲或者其他珍贵、濒危水生野生动物及其制品，具有下列情形之一的，应当认定为刑法第三百四十一条第一款规定的"情节特别严重"：
（一）价值在二百五十万元以上的；
（二）非法获利在一百万元以上的；
（三）具有其他特别严重情节的。

第七条 对案件涉及的珍贵、濒危水生野生动物的种属难以确定的，由司法鉴定机构出具鉴定意见，或者由国务院渔业行政主管部门指定的机构出具报告。

珍贵、濒危水生野生动物或者其制品的价值，依照国务院渔业行政主管部门的规定核定。核定价值低于实际交易价格的，以实际交易价格认定。

本解释所称珊瑚、砗磲，是指列入《国家重点保护野生动物名录》中国家一、二级保护的，以及列入《濒危野生动植物种国际贸易公约》附录一、附录二中的珊瑚、砗磲的所有种，包括活体和死体。

第八条 实施破坏海洋资源犯罪行为，同时构成非法捕捞罪、非法猎捕、杀害珍贵、濒危野生动物罪、组织他人偷越国（边）境罪、偷越国（边）境罪等犯罪的，依照处罚较重的规定定罪处罚。

有破坏海洋资源犯罪行为,又实施走私、妨害公务等犯罪的,依照数罪并罚的规定处理。

第九条 行政机关在行政诉讼中提交的于中华人民共和国领域外形成的,符合我国相关法律规定的证据,可以作为人民法院认定案件事实的依据。

下列证据不得作为定案依据:

(一)调查人员不具有所在国法律规定的调查权;

(二)证据调查过程不符合所在国法律规定,或者违反我国法律、法规的禁止性规定;

(三)证据不完整,或保管过程存在瑕疵,不能排除篡改可能的;

(四)提供的证据为复制件、复制品,无法与原件核对,且所在国执法部门亦未提供证明复制件、复制品与原件一致的公函;

(五)未履行中华人民共和国与该国订立的有关条约中规定的证明手续,或者未经所在国公证机关证明,并经中华人民共和国驻该国使领馆认证;

(六)不符合证据真实性、合法性、关联性的其他情形。

第十条 行政相对人未依法取得捕捞许可证擅自进行捕捞,行政机关认为该行为构成渔业法第四十一条规定的"情节严重"情形的,人民法院应当从以下方面综合审查,并作出认定:

(一)是否未依法取得渔业船舶检验证书或渔业船舶登记证书;

(二)是否故意遮挡、涂改船名、船籍港;

(三)是否标写伪造、变造的渔业船舶船名、船籍港,或者使用伪造、变造的渔业船舶证书;

(四)是否标写其他合法渔业船舶的船名、船籍港或者使用其他渔业船舶证书;

(五)是否非法安装挖捕珊瑚等国家重点保护水生野生动物设施;

(六)是否使用相关法律、法规、规章禁用的方法实施捕捞;

(七)是否非法捕捞水产品、非法捕捞有重要经济价值的水生动物苗种、怀卵亲体或者在水产种质资源保护区内捕捞水产品,数量或价值较大;

(八)是否于禁渔区、禁渔期实施捕捞;

(九)是否存在其他严重违法捕捞行为的情形。

第十一条 行政机关对停靠在渔港,无船名、船籍港和船舶证书的船舶,采取禁止离港、指定地点停放等强制措施,行政相对人以行政机关超越法定职权为由提起诉讼的,人民法院不予支持。

第十二条 无船名、无船籍港、无渔业船舶证书的船舶从事非法捕捞,行政机关经审慎调查,在无相反证据的情况下,将现场负责人或者实际负责人认定为违法行为人的,人民法院应予支持。

第十三条 行政机关有证据证明行政相对人采取将装载物品倒入海中等故意毁灭证据的行为,但行政相对人予以否认的,人民法院可以根据行政相对人的行为给行政机关举证造成困难的实际情况,适当降低行政机关的证明标准或者决定由行政相对人承担相反事实的证明责任。

第十四条 外国公民、无国籍人、外国组织,认为我国海洋、公安、海关、渔业行政主管部门及其所属的渔政监督管理机构等执法部门在行政执法过程中侵害其合法权益的,可以依据行政诉讼法等相关法律规定提起行政诉讼。

第十五条 本规定施行后尚未审结的一审、二审案件,适用本规定;本规定施行前已经终审,当事人申请再审或者按照审判监督程序决定再审的案件,不适用本规定。

第十六条 本规定自 2016 年 8 月 2 日起施行。

最高人民法院　最高人民检察院
国家林业局　公安部　海关总署
关于破坏野生动物资源刑事案件中涉及的 CITES 附录Ⅰ和附录Ⅱ所列陆生野生动物制品价值核定问题的通知

2012 年 9 月 17 日　　　　　　　　　　　　　　林濒发〔2012〕239 号

各省、自治区、直辖市高级人民法院、人民检察院、林业厅(局)、公安厅(局),解放军军事法院,解放军军事检察院,新疆维吾尔自治区高级人民法院生产建设兵团分院,新疆生产建设兵团人民检察院、林业局、公安局,海关总署广东分署,各直属海关:

我国是《濒危野生动植物种国际贸易公约》(CITES)缔约国,非原产我国的 CITES 附录Ⅰ和附录Ⅱ所列陆生野生动物已依法被分别核准为国家一级、二级保护野生动物。近年来,各地严格按照 CITES 和我国野生动物保护法律法规的规定,查获了大量非法收购、运输、出售和走私 CITES 附录Ⅰ、附录Ⅱ所列陆生野生动物及其制品案件。为确保依法办理上述案件,依据《陆生野生动物保护实施条例》第二十四条、最高人民法院《关于审理走私刑事案件具体应用法律若干问题的解释》(法释〔2000〕30 号)第四条,以及最高人民法院《关于审理破坏野生动物资源刑事案件具体应用法律若干问题的解释》(法释〔2000〕37 号)第十条和第十一条的有关规定,结合林业部《关于在野生动物案件中如何确定国家重点保护野生动物及其产品价值标准的通知》(林策通字〔1996〕8 号),现将破坏野生动物资源案件中涉及的 CITES 附录Ⅰ和附录Ⅱ所列陆生野生动物制品的价值标准规定如下:

一、CITES 附录Ⅰ、附录Ⅱ所列陆生野生动物制品的价值,参照与其同属的国家重点保护陆生野生动物的同类制品价值标准核定;没有与其同属的国家重点保护陆生野生动物的,参照与其同科的国家重点保护陆生野生动物的同类制品价值标准核定;没有与其同科的国家重点保护陆生野生动物的,参照与其同目的国家重点保护陆生野生动物的同类制品价值标准核定;没有与其同目的国家重点保护陆生野生动物的,参照与其同纲或者同门的国家重点保护陆生野生动物的同类制品价值标准核定。

二、同属、同科、同目、同纲或者同门中，如果存在多种不同保护级别的国家重点保护陆生野生动物的，应当参照该分类单元中相同保护级别的国家重点保护陆生野生动物的同类制品价值标准核定；如果存在多种相同保护级别的国家重点保护陆生野生动物的，应当参照该分类单元中价值标准最低的国家重点保护陆生野生动物的同类制品价值标准核定；如果CITES附录Ⅰ、附录Ⅱ所列陆生野生动物所处分类单元有多种国家重点保护陆生野生动物，但保护级别不同的，应当参照该分类单元中价值标准最低的国家重点保护陆生野生动物的同类制品价值标准核定；如果仅有一种国家重点保护陆生野生动物的，应当参照该种国家重点保护陆生野生动物的同类制品价值标准核定。

三、同一案件中缴获的同一动物个体的不同部分的价值总和，不得超过该种动物个体的价值。

四、核定价值低于非法贸易实际交易价格的，以非法贸易实际交易价格认定。

五、犀牛角、象牙等野生动物制品的价值，继续依照《国家林业局关于发布破坏野生动物资源刑事案中涉及走私的象牙及其制品价值标准的通知》（林濒发〔2001〕234号），以及《国家林业局关于发布破坏野生动物资源刑事案件中涉及犀牛角价值标准的通知》（林护发〔2002〕130号）的规定核定。

人民法院、人民检察院、公安、海关等办案单位可以依据上述价值标准，核定破坏野生动物资源刑事案件中涉及的CITES附录Ⅰ和附录Ⅱ所列陆生野生动物制品的价值。核定有困难的，县级以上林业主管部门、国家濒危物种进出口管理机构或其指定的鉴定单位应该协助。

特此通知。

最高人民法院研究室
关于收购、运输、出售部分人工驯养繁殖技术成熟的野生动物适用法律问题的复函

2016年3月2日   法研〔2016〕23号

国家林业局森林公安局：

贵局《关于商请对非法收购、运输、出售部分人工驯养繁殖的珍贵濒危野生动物适用法律问题予以答复的函》（林公刑便字〔2015〕49号）收悉。经研究并征求我院相关业务庭意见，我室认为：

我院《关于被告人郑喜和非法收购珍贵、濒危野生动物、珍贵、濒危野生动物制品罪请示一案的批复》（〔2011〕刑他字第86号，以下简称《批复》）是根据贵局《关于发布商业性经营利用驯养繁殖技术成熟的梅花鹿等54种陆生野生动物名单的通知》（林护

发〔2003〕121号，以下简称《通知》的精神作出的。虽然《通知》于2012年被废止，但从实践看，《批复》的内容仍符合当前野生动物保护与资源利用实际，即：由于驯养繁殖技术的成熟，对有的珍贵、濒危野生动物的驯养繁殖、商业利用在某些地区已成规模，有关野生动物的数量极大增加，收购、运输、出售这些人工驯养繁殖的野生动物实际已无社会危害性。

来函建议对我院2000年《关于审理破坏野生动物资源刑事案件具体应用法律若干问题的解释》进行修改，提高收购、运输、出售有关人工驯养繁殖的野生动物的定罪量刑标准。此一思路虽能将一些行为出罪，但不能完全解决问题。如将运输人工驯养繁殖梅花鹿行为的入罪标准规定为20只以上后，还会有相当数量的案件符合定罪乃至判处重刑的条件。按此思路修订解释、对相关案件作出判决后，恐仍难保障案件处理的法律与社会效果。

鉴此，我室认为，彻底解决当前困境的办法，或者是尽快启动国家重点保护野生动物名录的修订工作，将一些实际已不再处于濒危状态的动物从名录中及时调整出去，同时将有的已处于濒危状态的动物增列进来；或者是在修订后司法解释中明确，对某些经人工驯养繁殖、数量已大大增多的野生动物，附表所列的定罪量刑数量标准，仅适用于真正意义上的野生动物，而不包括驯养繁殖的。

以上意见供参考。

最高人民法院
关于审理破坏土地资源刑事案件具体应用法律若干问题的解释

法释〔2000〕14号

（2000年6月16日最高人民法院审判委员会第1119次会议通过　2000年6月19日最高人民法院公告公布　自2000年6月22日起施行）

为依法惩处破坏土地资源犯罪活动，根据刑法的有关规定，现就审理这类案件具体应用法律的若干问题解释如下：

第一条　以牟利为目的，违反土地管理法规，非法转让、倒卖土地使用权，具有下列情形之一的，属于非法转让、倒卖土地使用权"情节严重"，依照刑法第二百二十八条的规定，以非法转让、倒卖土地使用权罪定罪处罚：

（一）非法转让、倒卖基本农田5亩以上的；

（二）非法转让、倒卖基本农田以外的耕地10亩以上的；

（三）非法转让、倒卖其他土地20亩以上的；

（四）非法获利50万元以上的；

（五）非法转让、倒卖土地接近上述数量标准并具有其他恶劣情节的，如曾因非法转让、倒卖土地使用权受过行政处罚或者造成严重后果等。

第二条 实施第一条规定的行为,具有下列情形之一的,属于非法转让、倒卖土地使用权"情节特别严重":

(一)非法转让、倒卖基本农田 10 亩以上的;

(二)非法转让、倒卖基本农田以外的耕地 20 亩以上的;

(三)非法转让、倒卖其他土地 40 亩以上的;

(四)非法获利 100 万元以上的;

(五)非法转让、倒卖土地接近上述数量标准并具有其他恶劣情节,如造成严重后果等。

第三条 违反土地管理法规,非法占用耕地改作他用,数量较大,造成耕地大量毁坏的,依照刑法第三百四十二条的规定,以非法占用耕地罪定罪处罚:

(一)非法占用耕地"数量较大",是指非法占用基本农田 5 亩以上或者非法占用基本农田以外的耕地 10 亩以上。

(二)非法占用耕地"造成耕地大量毁坏",是指行为人非法占用耕地建窑、建坟、建房、挖沙、采石、采矿、取土、堆放固体废弃物或者进行其他非农业建设,造成基本农田 5 亩以上或者基本农田以外的耕地 10 亩以上种植条件严重毁坏或者严重污染。

第四条 国家机关工作人员徇私舞弊,违反土地管理法规,滥用职权,非法批准征用、占用土地,具有下列情形之一的,属于非法批准征用、占用土地"情节严重",依照刑法第四百一十条的规定,以非法批准征用、占用土地罪定罪处罚:

(一)非法批准征用、占用基本农田 10 亩以上的;

(二)非法批准征用、占用基本农田以外的耕地 30 亩以上的;

(三)非法批准征用、占用其他土地 50 亩以上的;

(四)虽未达到上述数量标准,但非法批准征用、占用土地造成直接经济损失 30 万元以上;造成耕地大量毁坏等恶劣情节的。

第五条 实施第四条规定的行为,具有下列情形之一的,属于非法批准征用、占用土地"致使国家或者集体利益遭受特别重大损失":

(一)非法批准征用、占用基本农田 20 亩以上的;

(二)非法批准征用、占用基本农田以外的耕地 60 亩以上的;

(三)非法批准征用、占用其他土地 100 亩以上的;

(四)非法批准征用、占用土地,造成基本农田 5 亩以上,其他耕地 10 亩以上严重毁坏的;

(五)非法批准征用、占用土地造成直接经济损失 50 万元以上等恶劣情节的。

第六条 国家机关工作人员徇私舞弊,违反土地管理法规,非法低价出让国有土地使用权,具有下列情形之一的,属于"情节严重",依照刑法第四百一十条的规定,以非法低价出让国有土地使用权罪定罪处罚:

(一)出让国有土地使用权面积在 30 亩以上,并且出让价额低于国家规定的最低价额标准的 60%的;

(二)造成国有土地资产流失价额在 30 万元以上的。

第七条　实施第六条规定的行为，具有下列情形之一的，属于非法低价出让国有土地使用权，"致使国家和集体利益遭受特别重大损失"：

（一）非法低价出让国有土地使用权面积在60亩以上，并且出让价额低于国家规定的最低价额标准的40%的；

（二）造成国有土地资产流失价额在50万元以上的。

第八条　单位犯非法转让、倒卖土地使用权罪、非法占有耕地罪的定罪量刑标准，依照本解释第一条、第二条、第三条的规定执行。

第九条　多次实施本解释规定的行为依法应当追诉的，或者1年内多次实施本解释规定的行为未经处理的，按照累计的数量、数额处罚。

最高人民法院关于审理破坏草原资源刑事案件应用法律若干问题的解释

法释〔2012〕15号

（2012年10月22日最高人民法院审判委员会第1558次会议通过　2012年11月2日最高人民法院公告公布　自2012年11月22日起施行）

为依法惩处破坏草原资源犯罪活动，依照《中华人民共和国刑法》的有关规定，现就审理此类刑事案件应用法律的若干问题解释如下：

第一条　违反草原法等土地管理法规，非法占用草原，改变被占用草原用途，数量较大，造成草原大量毁坏的，依照刑法第三百四十二条的规定，以非法占用农用地罪定罪处罚。

第二条　非法占用草原，改变被占用草原用途，数量在二十亩以上的，或者曾因非法占用草原受过行政处罚，在三年内又非法占用草原，改变被占用草原用途，数量在十亩以上的，应当认定为刑法第三百四十二条规定的"数量较大"。

非法占用草原，改变被占用草原用途，数量较大，具有下列情形之一的，应当认定为刑法第三百四十二条规定的"造成耕地、林地等农用地大量毁坏"：

（一）开垦草原种植粮食作物、经济作物、林木的；

（二）在草原上建窑、建房、修路、挖砂、采石、采矿、取土、剥取草皮的；

（三）在草原上堆放或者排放废弃物，造成草原的原有植被严重毁坏或者严重污染的；

（四）违反草原保护、建设、利用规划种植牧草和饲料作物，造成草原沙化或者水土严重流失的；

（五）其他造成草原严重毁坏的情形。

第三条 国家机关工作人员徇私舞弊,违反草原法等土地管理法规,具有下列情形之一的,应当认定为刑法第四百一十条规定的"情节严重":

(一)非法批准征收、征用、占用草原四十亩以上的;
(二)非法批准征收、征用、占用草原,造成二十亩以上草原被毁坏的;
(三)非法批准征收、征用、占用草原,造成直接经济损失三十万元以上,或者具有其他恶劣情节的。

具有下列情形之一,应当认定为刑法第四百一十条规定的"致使国家或者集体利益遭受特别重大损失":

(一)非法批准征收、征用、占用草原八十亩以上的;
(二)非法批准征收、征用、占用草原,造成四十亩以上草原被毁坏的;
(三)非法批准征收、征用、占用草原,造成直接经济损失六十万元以上,或者具有其他特别恶劣情节的。

第四条 以暴力、威胁方法阻碍草原监督检查人员依法执行职务,构成犯罪的,依照刑法第二百七十七条的规定,以妨害公务罪追究刑事责任。

煽动群众暴力抗拒草原法律、行政法规实施,构成犯罪的,依照刑法第二百七十八条的规定,以煽动暴力抗拒法律实施罪追究刑事责任。

第五条 单位实施刑法第三百四十二条规定的行为,对单位判处罚金,并对其直接负责的主管人员和其他直接责任人员,依照本解释规定的定罪量刑标准定罪处罚。

第六条 多次实施破坏草原资源的违法犯罪行为,未经处理,应当依法追究刑事责任的,按照累计的数量、数额定罪处罚。

第七条 本解释所称"草原",是指天然草原和人工草地,天然草原包括草地、草山和草坡,人工草地包括改良草地和退耕还草地,不包括城镇草地。

最高人民法院 最高人民检察院
关于办理非法采矿、破坏性采矿刑事案件适用法律若干问题的解释

法释〔2016〕25号

(2016年9月26日最高人民法院审判委员会第1694次会议、2016年11月4日最高人民检察院第十二届检察委员会第57次会议通过 2016年11月28日最高人民法院、最高人民检察院公告公布 自2016年12月1日起施行)

为依法惩处非法采矿、破坏性采矿犯罪活动,根据《中华人民共和国刑法》《中华人民共和国刑事诉讼法》的有关规定,现就办理此类刑事案件适用法律的若干问题解释

如下：

第一条 违反《中华人民共和国矿产资源法》《中华人民共和国水法》等法律、行政法规有关矿产资源开发、利用、保护和管理的规定的，应当认定为刑法第三百四十三条规定的"违反矿产资源法的规定"。

第二条 具有下列情形之一的，应当认定为刑法第三百四十三条第一款规定的"未取得采矿许可证"：

（一）无许可证的；

（二）许可证被注销、吊销、撤销的；

（三）超越许可证规定的矿区范围或者开采范围的；

（四）超出许可证规定的矿种的（共生、伴生矿种除外）；

（五）其他未取得许可证的情形。

第三条 实施非法采矿行为，具有下列情形之一的，应当认定为刑法第三百四十三条第一款规定的"情节严重"：

（一）开采的矿产品价值或者造成矿产资源破坏的价值在十万元至三十万元以上的；

（二）在国家规划矿区、对国民经济具有重要价值的矿区采矿，开采国家规定实行保护性开采的特定矿种，或者在禁采区、禁采期内采矿，开采的矿产品价值或者造成矿产资源破坏的价值在五万元至十五万元以上的；

（三）二年内曾因非法采矿受过两次以上行政处罚，又实施非法采矿行为的；

（四）造成生态环境严重损害的；

（五）其他情节严重的情形。

实施非法采矿行为，具有下列情形之一的，应当认定为刑法第三百四十三条第一款规定的"情节特别严重"：

（一）数额达到前款第一项、第二项规定标准五倍以上的；

（二）造成生态环境特别严重损害的；

（三）其他情节特别严重的情形。

第四条 在河道管理范围内采砂，具有下列情形之一，符合刑法第三百四十三条第一款和本解释第二条、第三条规定的，以非法采矿罪定罪处罚：

（一）依据相关规定应当办理河道采砂许可证，未取得河道采砂许可证的；

（二）依据相关规定应当办理河道采砂许可证和采矿许可证，既未取得河道采砂许可证，又未取得采矿许可证的。

实施前款规定行为，虽不具有本解释第三条第一款规定的情形，但严重影响河势稳定、危害防洪安全的，应当认定为刑法第三百四十三条第一款规定的"情节严重"。

第五条 未取得海砂开采海域使用权证，且未取得采矿许可证，采挖海砂，符合刑法第三百四十三条第一款和本解释第二条、第三条规定的，以非法采矿罪定罪处罚。

实施前款规定行为，虽不具有本解释第三条第一款规定的情形，但造成海岸线严重破坏的，应当认定为刑法第三百四十三条第一款规定的"情节严重"。

第六条 造成矿产资源破坏的价值在五十万元至一百万元以上，或者造成国家规划矿区、对国民经济具有重要价值的矿区和国家规定实行保护性开采的特定矿种资源破坏的价值在二十五万元至五十万元以上的，应当认定为刑法第三百四十三条第二款规定的"造成矿产资源严重破坏"。

第七条　明知是犯罪所得的矿产品及其产生的收益，而予以窝藏、转移、收购、代为销售或者以其他方法掩饰、隐瞒的，依照刑法第三百一十二条的规定，以掩饰、隐瞒犯罪所得、犯罪所得收益罪定罪处罚。

实施前款规定的犯罪行为，事前通谋的，以共同犯罪论处。

第八条　多次非法采矿、破坏性采矿构成犯罪，依法应当追诉的，或者二年内多次非法采矿、破坏性采矿未经处理的，价值数额累计计算。

第九条　单位犯刑法第三百四十三条规定之罪的，依照本解释规定的相应自然人犯罪的定罪量刑标准，对直接负责的主管人员和其他直接责任人员定罪处罚，并对单位判处罚金。

第十条　实施非法采矿犯罪，不属于"情节特别严重"，或者实施破坏性采矿犯罪，行为人系初犯，全部退赃退赔，积极修复环境，并确有悔改表现的，可以认定为犯罪情节轻微，不起诉或者免予刑事处罚。

第十一条　对受雇佣为非法采矿、破坏性采矿犯罪提供劳务的人员，除参与利润分成或者领取高额固定工资的以外，一般不以犯罪论处，但曾因非法采矿、破坏性采矿受过处罚的除外。

第十二条　对非法采矿、破坏性采矿犯罪的违法所得及其收益，应当依法追缴或者责令退赔。

对用于非法采矿、破坏性采矿犯罪的专门工具和供犯罪所用的本人财物，应当依法没收。

第十三条　非法开采的矿产品价值，根据销赃数额认定；无销赃数额，销赃数额难以查证，或者根据销赃数额认定明显不合理的，根据矿产品价格和数量认定。

矿产品价值难以确定的，依据下列机构出具的报告，结合其他证据作出认定：

（一）价格认证机构出具的报告；

（二）省级以上人民政府国土资源、水行政、海洋等主管部门出具的报告；

（三）国务院水行政主管部门在国家确定的重要江河、湖泊设立的流域管理机构出具的报告。

第十四条　对案件所涉的有关专门性问题难以确定的，依据下列机构出具的鉴定意见或者报告，结合其他证据作出认定：

（一）司法鉴定机构就生态环境损害出具的鉴定意见；

（二）省级以上人民政府国土资源主管部门就造成矿产资源破坏的价值、是否属于破坏性开采方法出具的报告；

（三）省级以上人民政府水行政主管部门或者国务院水行政主管部门在国家确定的重要江河、湖泊设立的流域管理机构就是否危害防洪安全出具的报告；

（四）省级以上人民政府海洋主管部门就是否造成海岸线严重破坏出具的报告。

第十五条　各省、自治区、直辖市高级人民法院、人民检察院，可以根据本地区实际情况，在本解释第三条、第六条规定的数额幅度内，确定本地区执行的具体数额标准，报最高人民法院、最高人民检察院备案。

第十六条 本解释自 2016 年 12 月 1 日起施行。本解释施行后，最高人民法院《关于审理非法采矿、破坏性采矿刑事案件具体应用法律若干问题的解释》（法释〔2003〕9 号）同时废止。

最高人民法院
关于滥伐自己所有权的林木其林木应如何处理的问题的批复

1993 年 7 月 24 日　　　　　　　　　　　　　法复〔1993〕5 号

吉林省高级人民法院：

你院《关于宋允焕滥伐的林木如何处理的请示》收悉。经研究，同意你院的第二种意见，即：属于个人所有的林木，也是国家森林资源的一部分。被告人滥伐属于自己所有权的林木，构成滥伐林木罪的，其行为已违反国家保护森林法规，破坏了国家的森林资源，所滥伐的林木即不再是个人的合法财产，而应当作为犯罪分子违法所得的财物，依照刑法第六十条的规定予以追缴。

此复。

最高人民法院
关于审理破坏森林资源刑事案件具体应用法律若干问题的解释

法释〔2000〕36 号

（2000 年 11 月 17 日最高人民法院审判委员会第 1141 次会议通过
2000 年 11 月 22 日最高人民法院公告公布　自 2000 年 12 月 11 日起施行）

为依法惩处破坏森林资源的犯罪活动，根据刑法的有关规定，现就审理这类案件具体应用法律的若干问题解释如下：

第一条 刑法第三百四十四条规定的"珍贵树木"，包括由省级以上林业主管部门或者其他部门确定的具有重大历史纪念意义、科学研究价值或者年代久远的古树名木，国家禁止、限制出口的珍贵树木以及列入国家重点保护野生植物名录的树木。

第二条 具有下列情形之一的,属于非法采伐、毁坏珍贵树木行为"情节严重":

(一) 非法采伐珍贵树木 2 株以上或者毁坏珍贵树木致使珍贵树木死亡 3 株以上的;

(二) 非法采伐珍贵树木 2 立方米以上的;

(三) 为首组织、策划、指挥非法采伐或者毁坏珍贵树木的;

(四) 其他情节严重的情形。

第三条 以非法占有为目的,具有下列情形之一,数量较大的,依照刑法第三百四十五条第一款的规定,以盗伐林木罪定罪处罚:

(一) 擅自砍伐国家、集体、他人所有或者他人承包经营管理的森林或者其他林木的;

(二) 擅自砍伐本单位或者本人承包经营管理的森林或者其他林木的;

(三) 在林木采伐许可证规定的地点以外采伐国家、集体、他人所有或者他人承包经营管理的森林或者其他林木的。

第四条 盗伐林木"数量较大",以 2 至 5 立方米或者幼树 100 至 200 株为起点;盗伐林木"数量巨大",以 20 至 50 立方米或者幼树 1000 至 2000 株为起点;盗伐林木"数量特别巨大",以 100 至 200 立方米或者幼树 5000 至 1 万株为起点。

第五条 违反森林法的规定,具有下列情形之一,数量较大的,依照刑法第三百四十五条第二款的规定,以滥伐林木罪定罪处罚:

(一) 未经林业行政主管部门及法律规定的其他主管部门批准并核发林木采伐许可证,或者虽持有林木采伐许可证,但违反林木采伐许可证规定的时间、数量、树种或者方式,任意采伐本单位所有或者本人所有的森林或者其他林木的;

(二) 超过林木采伐许可证规定的数量采伐他人所有的森林或者其他林木的。

林木权属争议一方在林木权属确权之前,擅自砍伐森林或者其他林木,数量较大的,以滥伐林木罪论处。

第六条 滥伐林木"数量较大",以 10 至 20 立方米或者幼树 500 至 1000 株为起点;滥伐林木"数量巨大",以 50 至 100 立方米或者幼树 2500 至 5000 株为起点。

第七条 对于 1 年内多次盗伐、滥伐少量林木未经处罚的,累计其盗伐、滥伐林木的数量,构成犯罪的,依法追究刑事责任。

第八条 盗伐、滥伐珍贵树木,同时触犯刑法第三百四十四条、第三百四十五条规定的,依照处罚较重的规定定罪处罚。

第九条 将国家、集体、他人所有并已经伐倒的树木窃为己有,以及偷砍他人房前屋后、自留地种植的零星树木,数额较大的,依照刑法第二百六十四条的规定,以盗窃罪定罪处罚。

第十条 刑法第三百四十五条规定的"非法收购明知是盗伐、滥伐的林木"中的"明知",是指知道或者应当知道。具有下列情形之一的,可以视为应当知道,但是有证据证明确属被蒙骗的除外:

(一) 在非法的木材交易场所或者销售单位收购木材的;

(二) 收购以明显低于市场价格出售的木材的;

(三) 收购违反规定出售的木材的。

第十一条 具有下列情形之一的,属于在林区非法收购盗伐、滥伐的林木"情节严重":
（一）非法收购盗伐、滥伐的林木 20 立方米以上或者幼树 1000 株以上的；
（二）非法收购盗伐、滥伐的珍贵树木 2 立方米以上或者 5 株以上的；
（三）其他情节严重的情形。
具有下列情形之一的,属于在林区非法收购盗伐、滥伐的林木"情节特别严重":
（一）非法收购盗伐、滥伐的林木 100 立方米以上或者幼树 5000 株以上的；
（二）非法收购盗伐、滥伐的珍贵树木 5 立方米以上或者 10 株以上的；
（三）其他情节特别严重的情形。

第十二条 林业主管部门的工作人员违反森林法的规定,超过批准的年采伐限额发放林木采伐许可证或者违反规定滥发林木采伐许可证,具有下列情形之一的,属于刑法第四百零七条规定的"情节严重,致使森林遭受严重破坏",以违法发放林木采伐许可证罪定罪处罚：
（一）发放林木采伐许可证允许采伐数量累计超过批准的年采伐限额,导致林木被采伐数量在 10 立方米以上的；
（二）滥发林木采伐许可证,导致林木被滥伐 20 立方米以上的；
（三）滥发林木采伐许可证,导致珍贵树木被滥伐的；
（四）批准采伐国家禁止采伐的林木,情节恶劣的；
（五）其他情节严重的情形。

第十三条 对于伪造、变造、买卖林木采伐许可证、木材运输证件,森林、林木、林地权属证书,占用或者征用林地审核同意书、育林基金等缴费收据以及其他国家机关批准的林业证件构成犯罪的,依照刑法第二百八十条第一款的规定,以伪造、变造、买卖国家机关公文、证件罪定罪处罚。
对于买卖允许进出口证明书等经营许可证明,同时触犯刑法第二百二十五条、第二百八十条规定之罪的,依照处罚较重的规定定罪处罚。

第十四条 聚众哄抢林木 5 立方米以上的,属于聚众哄抢"数额较大"；聚众哄抢林木 20 立方米以上的,属于聚众哄抢"数额巨大",对首要分子和积极参加的,依照刑法第二百六十八条的规定,以聚众哄抢罪定罪处罚。

第十五条 非法实施采种、采脂、挖笋、掘根、剥树皮等行为,牟取经济利益数额较大的,依照刑法第二百六十四条的规定,以盗窃罪定罪处罚。同时构成其他犯罪的,依照处罚较重的规定定罪处罚。

第十六条 单位犯刑法第三百四十四条、第三百四十五条规定之罪,定罪量刑标准按照本解释的规定执行。

第十七条 本解释规定的林木数量以立木蓄积计算,计算方法为：原木材积除以该树种的出材率。
本解释所称"幼树",是指胸径 5 厘米以下的树木。
滥伐林木的数量,应在伐区调查设计允许的误差额以上计算。

第十八条 盗伐、滥伐以生产竹材为主要目的的竹林的定罪量刑问题,有关省、自治区、直辖市高级人民法院可以参照上述规定的精神,规定本地区的具体标准,并报最高人民法院备案。

第十九条 各省、自治区、直辖市高级人民法院可以根据本地区的实际情况,在本解释第四条、第六条规定的数量幅度内,确定本地区执行的具体数量标准,并报最高人民法院备案。

最高人民法院
关于在林木采伐许可证规定的地点以外采伐本单位或者本人所有的森林或者其他林木的行为如何适用法律问题的批复

法释〔2004〕3号

(2004年3月23日最高人民法院审判委员会第1312次会议通过 2004年3月26日最高人民法院公告公布 自2004年4月1日起施行)

各省、自治区、直辖市高级人民法院,解放军军事法院,新疆维吾尔自治区高级人民法院生产建设兵团分院:

最近,有的法院反映,关于在林木采伐许可证规定的地点以外采伐本单位或者本人所有的森林或者其他林木的行为适用法律问题不明确。经研究,批复如下:

违反森林法的规定,在林木采伐许可证规定的地点以外,采伐本单位或者本人所有的森林或者其他林木的,除农村居民采伐自留地和房前屋后个人所有的零星林木以外,属于《最高人民法院关于审理破坏森林资源刑事案件具体应用法律若干问题的解释》第五条第一款第(一)项"未经林业行政主管部门及法律规定的其他主管部门批准并核发林木采伐许可证"规定的情形,数量较大的,应当依照刑法第三百四十五条第二款的规定,以滥伐林木罪定罪处罚。

此复。

最高人民法院
关于审理破坏林地资源刑事案件具体应用法律若干问题的解释

法释〔2005〕15号

(2005年12月19日最高人民法院审判委员会第1374次会议通过 2005年12月26日最高人民法院公告公布 自2005年12月30日起施行)

为依法惩治破坏林地资源犯罪活动,根据《中华人民共和国刑法》、《中华人民共和国刑法修正案(二)》及全国人民代表大会常务委员会《关于〈中华人民共和国刑法〉第二百二十八条、第三百四十二条、第四百一十条的解释》的有关规定,现就人民法院审理这类刑事案件具体应用法律的若干问题解释如下:

第一条 违反土地管理法规,非法占用林地,改变被占用林地用途,在非法占用的林地上实施建窑、建坟、建房、挖沙、采石、采矿、取土、种植农作物、堆放或排泄废弃物等行为或者进行其他非林业生产、建设,造成林地的原有植被或林业种植条件严重毁坏或者严重污染,并具有下列情形之一的,属于《中华人民共和国刑法修正案(二)》规定的"数量较大,造成林地大量毁坏",应当以非法占用农用地罪判处五年以下有期徒刑或者拘役,并处或者单处罚金:

(一)非法占用并毁坏防护林地、特种用途林地数量分别或者合计达到五亩以上;

(二)非法占用并毁坏其他林地数量达到十亩以上;

(三)非法占用并毁坏本条第(一)项、第(二)项规定的林地,数量分别达到相应规定的数量标准的百分之五十以上;

(四)非法占用并毁坏本条第(一)项、第(二)项规定的林地,其中一项数量达到相应规定的数量标准的百分之五十以上,且两项数量合计达到该项规定的数量标准。

第二条 国家机关工作人员徇私舞弊,违反土地管理法规,滥用职权,非法批准征用、占用林地,具有下列情形之一的,属于刑法第四百一十条规定的"情节严重",应当以非法批准征用、占用土地罪判处三年以下有期徒刑或者拘役:

(一)非法批准征用、占用防护林地、特种用途林地数量分别或者合计达到十亩以上;

(二)非法批准征用、占用其他林地数量达到二十亩以上;

(三)非法批准征用、占用林地造成直接经济损失数额达到三十万元以上,或者造成本条第(一)项规定的林地数量分别或者合计达到五亩以上或者本条第(二)项规定的林地数量达到十亩以上毁坏。

第三条 实施本解释第二条规定的行为,具有下列情形之一的,属于刑法第四百一

十条规定的"致使国家或者集体利益遭受特别重大损失",应当以非法批准征用、占用土地罪判处三年以上七年以下有期徒刑:

(一)非法批准征用、占用防护林地、特种用途林地数量分别或者合计达到二十亩以上;

(二)非法批准征用、占用其他林地数量达到四十亩以上;

(三)非法批准征用、占用林地造成直接经济损失数额达到六十万元以上,或者造成本条第(一)项规定的林地数量分别或者合计达到十亩以上或者本条第(二)项规定的林地数量达到二十亩以上毁坏。

第四条 国家机关工作人员徇私舞弊,违反土地管理法规,非法低价出让国有林地使用权,具有下列情形之一的,属于刑法第四百一十条规定的"情节严重",应当以非法低价出让国有土地使用权罪判处三年以下有期徒刑或者拘役:

(一)林地数量合计达到三十亩以上,并且出让价额低于国家规定的最低价额标准的百分之六十;

(二)造成国有资产流失价额达到三十万元以上。

第五条 实施本解释第四条规定的行为,造成国有资产流失价额达到六十万元以上的,属于刑法第四百一十条规定的"致使国家和集体利益遭受特别重大损失",应当以非法低价出让国有土地使用权罪判处三年以上七年以下有期徒刑。

第六条 单位实施破坏林地资源犯罪的,依照本解释规定的相关定罪量刑标准执行。

第七条 多次实施本解释规定的行为依法应当追诉且未经处理的,应当按照累计的数量、数额处罚。

7. 走私、贩卖、运输、制造毒品罪

最高人民法院
关于审理毒品犯罪案件适用法律若干问题的解释

法释〔2016〕8号

(2016年1月25日最高人民法院审判委员会第1676次会议通过
2016年4月6日最高人民法院公告公布 自2016年4月11日起施行)

为依法惩治毒品犯罪,根据《中华人民共和国刑法》的有关规定,现就审理此类刑事案件适用法律的若干问题解释如下:

第一条 走私、贩卖、运输、制造、非法持有下列毒品,应当认定为刑法第三百四

十七条第二款第一项、第三百四十八条规定的"其他毒品数量大":

（一）可卡因五十克以上；

（二）3,4－亚甲二氧基甲基苯丙胺（MDMA）等苯丙胺类毒品（甲基苯丙胺除外）、吗啡一百克以上；

（三）芬太尼一百二十五克以上；

（四）甲卡西酮二百克以上；

（五）二氢埃托啡十毫克以上；

（六）哌替啶（度冷丁）二百五十克以上；

（七）氯胺酮五百克以上；

（八）美沙酮一千克以上；

（九）曲马多、γ－羟丁酸二千克以上；

（十）大麻油五千克、大麻脂十千克、大麻叶及大麻烟一百五十千克以上；

（十一）可待因、丁丙诺啡五千克以上；

（十二）三唑仑、安眠酮五十千克以上；

（十三）阿普唑仑、恰特草一百千克以上；

（十四）咖啡因、罂粟壳二百千克以上；

（十五）巴比妥、苯巴比妥、安钠咖、尼美西泮二百五十千克以上；

（十六）氯氮卓、艾司唑仑、地西泮、溴西泮五百千克以上；

（十七）上述毒品以外的其他毒品数量大的。

国家定点生产企业按照标准规格生产的麻醉药品或者精神药品被用于毒品犯罪的，根据药品中毒品成分的含量认定涉案毒品数量。

第二条 走私、贩卖、运输、制造、非法持有下列毒品，应当认定为刑法第三百四十七条第三款、第三百四十八条规定的"其他毒品数量较大"：

（一）可卡因十克以上不满五十克；

（二）3,4－亚甲二氧基甲基苯丙胺（MDMA）等苯丙胺类毒品（甲基苯丙胺除外）、吗啡二十克以上不满一百克；

（三）芬太尼二十五克以上不满一百二十五克；

（四）甲卡西酮四十克以上不满二百克；

（五）二氢埃托啡二毫克以上不满十毫克；

（六）哌替啶（度冷丁）五十克以上不满二百五十克；

（七）氯胺酮一百克以上不满五百克；

（八）美沙酮二百克以上不满一千克；

（九）曲马多、γ－羟丁酸四百克以上不满二千克；

（十）大麻油一千克以上不满五千克、大麻脂二千克以上不满十千克、大麻叶及大麻烟三十千克以上不满一百五十千克；

（十一）可待因、丁丙诺啡一千克以上不满五千克；

（十二）三唑仑、安眠酮十千克以上不满五十千克；

（十三）阿普唑仑、恰特草二十千克以上不满一百千克；

（十四）咖啡因、罂粟壳四十千克以上不满二百千克；

（十五）巴比妥、苯巴比妥、安钠咖、尼美西泮五十千克以上不满二百五十千克；

（十六）氯氮卓、艾司唑仑、地西泮、溴西泮一百千克以上不满五百千克；

（十七）上述毒品以外的其他毒品数量较大的。

第三条 在实施走私、贩卖、运输、制造毒品犯罪的过程中，携带枪支、弹药或者爆炸物用于掩护的，应当认定为刑法第三百四十七条第二款第三项规定的"武装掩护走私、贩卖、运输、制造毒品"。枪支、弹药、爆炸物种类的认定，依照相关司法解释的规定执行。

在实施走私、贩卖、运输、制造毒品犯罪的过程中，以暴力抗拒检查、拘留、逮捕，造成执法人员死亡、重伤、多人轻伤或者具有其他严重情节的，应当认定为刑法第三百四十七条第二款第四项规定的"以暴力抗拒检查、拘留、逮捕，情节严重"。

第四条 走私、贩卖、运输、制造毒品，具有下列情形之一的，应当认定为刑法第三百四十七条第四款规定的"情节严重"：

（一）向多人贩卖毒品或者多次走私、贩卖、运输、制造毒品的；

（二）在戒毒场所、监管场所贩卖毒品的；

（三）向在校学生贩卖毒品的；

（四）组织、利用残疾人、严重疾病患者、怀孕或者正在哺乳自己婴儿的妇女走私、贩卖、运输、制造毒品的；

（五）国家工作人员走私、贩卖、运输、制造毒品的；

（六）其他情节严重的情形。

第五条 非法持有毒品达到刑法第三百四十八条或者本解释第二条规定的"数量较大"标准，且具有下列情形之一的，应当认定为刑法第三百四十八条规定的"情节严重"：

（一）在戒毒场所、监管场所非法持有毒品的；

（二）利用、教唆未成年人非法持有毒品的；

（三）国家工作人员非法持有毒品的；

（四）其他情节严重的情形。

第六条 包庇走私、贩卖、运输、制造毒品的犯罪分子，具有下列情形之一的，应当认定为刑法第三百四十九条第一款规定的"情节严重"：

（一）被包庇的犯罪分子依法应当判处十五年有期徒刑以上刑罚的；

（二）包庇多名或者多次包庇走私、贩卖、运输、制造毒品的犯罪分子的；

（三）严重妨害司法机关对被包庇的犯罪分子实施的毒品犯罪进行追究的；

（四）其他情节严重的情形。

为走私、贩卖、运输、制造毒品的犯罪分子窝藏、转移、隐瞒毒品或者毒品犯罪所得的财物，具有下列情形之一的，应当认定为刑法第三百四十九条第一款规定的"情节严重"：

（一）为犯罪分子窝藏、转移、隐瞒毒品达到刑法第三百四十七条第二款第一项或者本解释第一条第一款规定的"数量大"标准的；

(二) 为犯罪分子窝藏、转移、隐瞒毒品犯罪所得的财物价值达到五万元以上的；
(三) 为多人或者多次为他人窝藏、转移、隐瞒毒品或者毒品犯罪所得的财物的；
(四) 严重妨害司法机关对该犯罪分子实施的毒品犯罪进行追究的；
(五) 其他情节严重的情形。

包庇走私、贩卖、运输、制造毒品的近亲属，或者为其窝藏、转移、隐瞒毒品或者毒品犯罪所得的财物，不具有本条前两款规定的"情节严重"情形，归案后认罪、悔罪、积极退赃，且系初犯、偶犯，犯罪情节轻微不需要判处刑罚的，可以免予刑事处罚。

第七条 违反国家规定，非法生产、买卖、运输制毒物品、走私制毒物品，达到下列数量标准的，应当认定为刑法第三百五十条第一款规定的"情节较重"：

(一) 麻黄碱（麻黄素）、伪麻黄碱（伪麻黄素）、消旋麻黄碱（消旋麻黄素）一千克以上不满五千克；
(二) 1－苯基－2－丙酮、1－苯基－2－溴－1－丙酮、3，4－亚甲基二氧苯基－2－丙酮、羟亚胺二千克以上不满十千克；
(三) 3－氧－2－苯基丁腈、邻氯苯基环戊酮、去甲麻黄碱（去甲麻黄素）、甲基麻黄碱（甲基麻黄素）四千克以上不满二十千克；
(四) 醋酸酐十千克以上不满五十千克；
(五) 麻黄浸膏、麻黄浸膏粉、胡椒醛、黄樟素、黄樟油、异黄樟素、麦角酸、麦角胺、麦角新碱、苯乙酸二十千克以上不满一百千克；
(六) N－乙酰邻氨基苯酸、邻氨基苯甲酸、三氯甲烷、乙醚、哌啶五十千克以上不满二百五十千克；
(七) 甲苯、丙酮、甲基乙基酮、高锰酸钾、硫酸、盐酸一百千克以上不满五百千克；
(八) 其他制毒物品数量相当的。

违反国家规定，非法生产、买卖、运输制毒物品、走私制毒物品，达到前款规定的数量标准最低值的百分之五十，且具有下列情形之一的，应当认定为刑法第三百五十条第一款规定的"情节较重"：

(一) 曾因非法生产、买卖、运输制毒物品、走私制毒物品受过刑事处罚的；
(二) 二年内曾因非法生产、买卖、运输制毒物品、走私制毒物品受过行政处罚的；
(三) 一次组织五人以上或者多次非法生产、买卖、运输制毒物品、走私制毒物品，或者在多个地点非法生产制毒物品的；
(四) 利用、教唆未成年人非法生产、买卖、运输制毒物品、走私制毒物品的；
(五) 国家工作人员非法生产、买卖、运输制毒物品、走私制毒物品的；
(六) 严重影响群众正常生产、生活秩序的；
(七) 其他情节较重的情形。

易制毒化学品生产、经营、购买、运输单位或者个人未办理许可证明或者备案证明，生产、销售、购买、运输易制毒化学品，确实用于合法生产、生活需要的，不以制毒物品犯罪论处。

第八条 违反国家规定,非法生产、买卖、运输制毒物品、走私制毒物品,具有下列情形之一的,应当认定为刑法第三百五十条第一款规定的"情节严重":

(一) 制毒物品数量在本解释第七条第一款规定的最高数量标准以上,不满最高数量标准五倍的;

(二) 达到本解释第七条第一款规定的数量标准,且具有本解释第七条第二款第三项至第六项规定的情形之一的;

(三) 其他情节严重的情形。

违反国家规定,非法生产、买卖、运输制毒物品、走私制毒物品,具有下列情形之一的,应当认定为刑法第三百五十条第一款规定的"情节特别严重":

(一) 制毒物品数量在本解释第七条第一款规定的最高数量标准五倍以上的;

(二) 达到前款第一项规定的数量标准,且具有本解释第七条第二款第三项至第六项规定的情形之一的;

(三) 其他情节特别严重的情形。

第九条 非法种植毒品原植物,具有下列情形之一的,应当认定为刑法第三百五十一条第一款第一项规定的"数量较大":

(一) 非法种植大麻五千株以上不满三万株的;

(二) 非法种植罂粟二百平方米以上不满一千二百平方米、大麻二千平方米以上不满一万二千平方米,尚未出苗的;

(三) 非法种植其他毒品原植物数量较大的。

非法种植毒品原植物,达到前款规定的最高数量标准的,应当认定为刑法第三百五十一条第二款规定的"数量大"。

第十条 非法买卖、运输、携带、持有未经灭活的毒品原植物种子或者幼苗,具有下列情形之一的,应当认定为刑法第三百五十二条规定的"数量较大":

(一) 罂粟种子五十克以上、罂粟幼苗五千株以上的;

(二) 大麻种子五十千克以上、大麻幼苗五万株以上的;

(三) 其他毒品原植物种子或者幼苗数量较大的。

第十一条 引诱、教唆、欺骗他人吸食、注射毒品,具有下列情形之一的,应当认定为刑法第三百五十三条第一款规定的"情节严重":

(一) 引诱、教唆、欺骗多人或者多次引诱、教唆、欺骗他人吸食、注射毒品的;

(二) 对他人身体健康造成严重危害的;

(三) 导致他人实施故意杀人、故意伤害、交通肇事等犯罪行为的;

(四) 国家工作人员引诱、教唆、欺骗他人吸食、注射毒品的;

(五) 其他情节严重的情形。

第十二条 容留他人吸食、注射毒品,具有下列情形之一的,应当依照刑法第三百五十四条的规定,以容留他人吸毒罪定罪处罚:

(一) 一次容留多人吸食、注射毒品的;

(二) 二年内多次容留他人吸食、注射毒品的;

(三) 二年内曾因容留他人吸食、注射毒品受过行政处罚的;

（四）容留未成年人吸食、注射毒品的；
（五）以牟利为目的容留他人吸食、注射毒品的；
（六）容留他人吸食、注射毒品造成严重后果的；
（七）其他应当追究刑事责任的情形。

向他人贩卖毒品后又容留其吸食、注射毒品，或者容留他人吸食、注射毒品并向其贩卖毒品，符合前款规定的容留他人吸毒罪的定罪条件的，以贩卖毒品罪和容留他人吸毒罪数罪并罚。

容留近亲属吸食、注射毒品，情节显著轻微危害不大的，不作为犯罪处理；需要追究刑事责任的，可以酌情从宽处罚。

第十三条 依法从事生产、运输、管理、使用国家管制的麻醉药品、精神药品的人员，违反国家规定，向吸食、注射毒品的人提供国家规定管制的能够使人形成瘾癖的麻醉药品、精神药品，具有下列情形之一的，应当依照刑法第三百五十五条第一款的规定，以非法提供麻醉药品、精神药品罪定罪处罚：

（一）非法提供麻醉药品、精神药品达到刑法第三百四十七条第三款或者本解释第二条规定的"数量较大"标准最低值的百分之五十，不满"数量较大"标准的；
（二）二年内曾因非法提供麻醉药品、精神药品受过行政处罚的；
（三）向多人或者多次非法提供麻醉药品、精神药品的；
（四）向吸食、注射毒品的未成年人非法提供麻醉药品、精神药品的；
（五）非法提供麻醉药品、精神药品造成严重后果的；
（六）其他应当追究刑事责任的情形。

具有下列情形之一的，应当认定为刑法第三百五十五条第一款规定的"情节严重"：

（一）非法提供麻醉药品、精神药品达到刑法第三百四十七条第三款或者本解释第二条规定的"数量较大"标准的；
（二）非法提供麻醉药品、精神药品达到前款第一项规定的数量标准，且具有前款第三项至第五项规定的情形之一的；
（三）其他情节严重的情形。

第十四条 利用信息网络，设立用于实施传授制造毒品、非法生产制毒物品的方法，贩卖毒品，非法买卖制毒物品或者组织他人吸食、注射毒品等违法犯罪活动的网站、通讯群组，或者发布实施前述违法犯罪活动的信息，情节严重的，应当依照刑法第二百八十七条之一的规定，以非法利用信息网络罪定罪处罚。

实施刑法第二百八十七条之一、第二百八十七条之二规定的行为，同时构成贩卖毒品罪、非法买卖制毒物品罪、传授犯罪方法罪等犯罪的，依照处罚较重的规定定罪处罚。

第十五条 本解释自2016年4月11日起施行。最高人民法院《关于审理毒品案件定罪量刑标准有关问题的解释》（法释〔2000〕13号）同时废止；之前发布的司法解释和规范性文件与本解释不一致的，以本解释为准。

最高人民法院　最高人民检察院　公安部
关于印发《办理毒品犯罪案件适用法律若干问题的意见》的通知

2007年12月18日　　　　　　　　　　　　　　　公通字〔2007〕84号

各省、自治区、直辖市高级人民法院、人民检察院、公安厅、局，新疆维吾尔自治区高级人民法院生产建设兵团分院、新疆生产建设兵团人民检察院、公安局：

　　为解决近年来在办理毒品案件中遇到的一些突出法律适用问题，根据有关法律和司法解释的规定，结合侦查、批捕、起诉、审判工作实践，最高人民法院、最高人民检察院、公安部制定了《办理毒品犯罪案件适用法律若干问题的意见》。现印发给你们，请结合本地、本部门实际认真贯彻执行。

附：

办理毒品犯罪案件适用法律若干问题的意见

一、关于毒品犯罪案件的管辖问题

　　根据刑事诉讼法的规定，毒品犯罪案件的地域管辖，应当坚持以犯罪地管辖为主、被告人居住地管辖为辅的原则。

　　"犯罪地"包括犯罪预谋地，毒资筹集地，交易进行地，毒品生产地，毒资、毒赃和毒品的藏匿地、转移地，走私或者贩运毒品的目的地以及犯罪嫌疑人被抓获地等。

　　"被告人居住地"包括被告人常住地、户籍地及其临时居住地。

　　对怀孕、哺乳期妇女走私、贩卖、运输毒品案件，查获地公安机关认为移交其居住地管辖更有利于采取强制措施和查清犯罪事实的，可以报请共同的上级公安机关批准，移送犯罪嫌疑人居住地公安机关办理，查获地公安机关应继续配合。

　　公安机关对侦办跨区域毒品犯罪案件的管辖权有争议的，应本着有利于查清犯罪事实，有利于诉讼，有利于保障案件侦查安全的原则，认真协商解决。经协商无法达成一致的，报共同的上级公安机关指定管辖。对即将侦查终结的跨省（自治区、直辖市）重大毒品案件，必要时可由公安部商最高人民法院和最高人民检察院指定管辖。

　　为保证及时结案，避免超期羁押，人民检察院对于公安机关移送审查起诉的案件，人民法院对于已进入审判程序的案件，被告人及其辩护人提出管辖异议或者办案单位发现没有管辖权的，受案人民检察院、人民法院经审查可以依法报请上级人民检察院、人民法院指定管辖，不再自行移送有管辖权的人民检察院、人民法院。

二、关于毒品犯罪嫌疑人、被告人主观明知的认定问题

走私、贩卖、运输、非法持有毒品主观故意中的"明知"，是指行为人知道或者应当知道所实施的行为是走私、贩卖、运输、非法持有毒品行为。具有下列情形之一，并且犯罪嫌疑人、被告人不能作出合理解释的，可以认定其"应当知道"，但有证据证明确属被蒙骗的除外：

（一）执法人员在口岸、机场、车站、港口和其他检查站检查时，要求行为人申报为他人携带的物品和其他疑似毒品物，并告知其法律责任，而行为人未如实申报，在其所携带的物品内查获毒品的；

（二）以伪报、藏匿、伪装等蒙蔽手段逃避海关、边防等检查，在其携带、运输、邮寄的物品中查获毒品的；

（三）执法人员检查时，有逃跑、丢弃携带物品或逃避、抗拒检查等行为，在其携带或丢弃的物品中查获毒品的；

（四）体内藏匿毒品的；

（五）为获取不同寻常的高额或不等值的报酬而携带、运输毒品的；

（六）采用高度隐蔽的方式携带、运输毒品的；

（七）采用高度隐蔽的方式交接毒品，明显违背合法物品惯常交接方式的；

（八）其他有证据足以证明行为人应当知道的。

三、关于办理氯胺酮等毒品案件定罪量刑标准问题

（一）走私、贩卖、运输、制造、非法持有下列毒品，应当认定为刑法第三百四十七条第二款第（一）项、第三百四十八条规定的"其他毒品数量大"：

1. 二亚甲基双氧安非他明（MDMA）等苯丙胺类毒品（甲基苯丙胺除外）100克以上；

2. 氯胺酮、美沙酮1千克以上；

3. 三唑仑、安眠酮50千克以上；

4. 氯氮卓、艾司唑仑、地西泮、溴西泮500千克以上；

5. 上述毒品以外的其他毒品数量大的。

（二）走私、贩卖、运输、制造、非法持有下列毒品，应当认定为刑法第三百四十七条第三款、第三百四十八条规定的"其他毒品数量较大"：

1. 二亚甲基双氧安非他明（MDMA）等苯丙胺类毒品（甲基苯丙胺除外）20克以上不满100克的；

2. 氯胺酮、美沙酮200克以上不满1千克的；

3. 三唑仑、安眠酮10千克以上不满50千克的；

4. 氯氮卓、艾司唑仑、地西泮、溴西泮100千克以上不满500千克的；

5. 上述毒品以外的其他毒品数量较大的。

（三）走私、贩卖、运输、制造下列毒品，应当认定为刑法第三百四十七条第四款规定的"其他少量毒品"：

1. 二亚甲基双氧安非他明（MDMA）等苯丙胺类毒品（甲基苯丙胺除外）不满20克的；

2. 氯胺酮、美沙酮不满200克的；

3. 三唑仑、安眠酮不满10千克的；

4. 氯氮䓬、艾司唑仑、地西泮、溴西泮不满100千克的；

5. 上述毒品以外的其他少量毒品的。

（四）上述毒品品种包括其盐和制剂。毒品鉴定结论中毒品品名的认定应当以国家食品药品监督管理局、公安部、卫生部最新发布的《麻醉药品品种目录》、《精神药品品种目录》为依据。

四、关于死刑案件的毒品含量鉴定问题

可能判处死刑的毒品犯罪案件，毒品鉴定结论中应有含量鉴定的结论。

最高人民法院
关于印发《全国部分法院审理毒品犯罪案件工作座谈会纪要》的通知

2008年12月1日　　　　　　　　　　　　法〔2008〕324号

各省、自治区、直辖市高级人民法院，解放军军事法院，新疆维吾尔自治区高级人民法院生产建设兵团分院；全国地方各中级人民法院，各大单位军事法院，新疆生产建设兵团各中级法院：

现将《全国部分法院审理毒品犯罪案件工作座谈会纪要》印发，供刑事审判工作中参照执行。执行中有何问题，请及时报告我院。

附：

全国部分法院审理毒品犯罪案件
工作座谈会纪要

近年来，全国法院认真贯彻落实国家禁毒法律和政策，始终把打击毒品犯罪作为刑事审判工作的一项重要任务，依法严惩了一大批毒品犯罪分子，为净化社会环境，保护公民身心健康，维护社会和谐稳定作出了重要贡献。但是，由于国际国内各方面因素的影响，我国的禁毒形势仍然十分严峻。人民法院一定要从民族兴衰和国家安危的高度，深刻认识惩治毒品犯罪的极端重要性和紧迫性，认真贯彻执行刑法、刑事诉讼法和禁毒法的有关规定，坚持"预防为主，综合治理，禁种、禁制、禁贩、禁吸并举"的禁毒工作方针，贯彻宽严相济的刑事政策，充分发挥刑事审判职能，严厉打击严重毒品犯罪，积极参与禁毒人民战争和综合治理工作，有效遏制毒品犯罪发展蔓延的势头。

为了进一步加强毒品犯罪案件的审判工作，依法惩治毒品犯罪，最高人民法院于2008年9月23日至24日在辽宁省大连市召开了全国部分法院审理毒品犯罪案件工作座谈会。最高人民法院张军副院长出席座谈会并作讲话。座谈会在2000年在南宁市召开的"全国法院审理毒品犯罪案件工作座谈会"及其会议纪要、2004年在佛山市召开的"全国法院刑事审判工作座谈会"和2007年在南京市召开的"全国部分法院刑事审判工作座谈会"精神的基础上，根据最高人民法院统一行使死刑案件核准权后毒品犯罪法律适用出现的新情况，适应审理毒品案件尤其是毒品死刑案件的需要，对最高人民法院"关于全国法院审理毒品犯罪案件工作座谈会纪要"（即"南宁会议纪要"）、有关会议领导讲话和有关审理毒品犯罪案件规范性文件的相关内容进行了系统整理和归纳完善，同时认真总结了近年来全国法院审理毒品犯罪案件的经验，研究分析了审理毒品犯罪案件中遇到的新情况、新问题，对人民法院审理毒品犯罪案件尤其是毒品死刑案件具体应用法律的有关问题取得了共识。现纪要如下：

一、毒品案件的罪名确定和数量认定问题

刑法第三百四十七条规定的走私、贩卖、运输、制造毒品罪是选择性罪名，对同一宗毒品实施了两种以上犯罪行为并有相应确凿证据的，应当按照所实施的犯罪行为的性质并列确定罪名，毒品数量不重复计算，不实行数罪并罚。对同一宗毒品可能实施了两种以上犯罪行为，但相应证据只能认定其中一种或者几种行为，认定其他行为的证据不够确实充分的，则只按照依法能够认定的行为的性质定罪。如涉嫌为贩卖而运输毒品，认定贩卖的证据不够确实充分的，则只定运输毒品罪。对不同宗毒品分别实施了不同种犯罪行为的，应对不同行为并列确定罪名，累计毒品数量，不实行数罪并罚。对被告人一人走私、贩卖、运输、制造两种以上毒品的，不实行数罪并罚，量刑时可综合考虑毒品的种类、数量及危害，依法处理。

罪名不以行为实施的先后、毒品数量或者危害大小排列，一律以刑法条文规定的顺序表述。如对同一宗毒品制造后又走私的，以走私、制造毒品罪定罪。下级法院在判决中确定罪名不准确的，上级法院可以减少选择性罪名中的部分罪名或者改动罪名顺序，在不加重原判刑罚的情况下，也可以改变罪名，但不得增加罪名。

对于吸毒者实施的毒品犯罪，在认定犯罪事实和确定罪名时要慎重。吸毒者在购买、运输、存储毒品过程中被查获的，如没有证据证明其是为了实施贩卖等其他毒品犯罪行为，毒品数量未超过刑法第三百四十八条规定的最低数量标准的，一般不定罪处罚；查获毒品数量达到较大以上的，应以其实际实施的毒品犯罪行为定罪处罚。

对于以贩养吸的被告人，其被查获的毒品数量应认定为其犯罪的数量，但量刑时应考虑被告人吸食毒品的情节，酌情处理；被告人购买了一定数量的毒品后，部分已被其吸食的，应当按能够证明的贩卖数量及查获的毒品数量认定其贩毒的数量，已被吸食部分不计入在内。

有证据证明行为人不以牟利为目的，为他人代购仅用于吸食的毒品，毒品数量超过刑法第三百四十八条规定的最低数量标准的，对托购者、代购者应以非法持有毒品罪定罪。代购者从中牟利，变相加价贩卖毒品的，对代购者应以贩卖毒品罪定罪。明知他人实施毒品犯罪而为其居间介绍、代购代卖的，无论是否牟利，都应以相关毒品犯罪的共犯论处。

盗窃、抢夺、抢劫毒品的，应当分别以盗窃罪、抢夺罪或者抢劫罪定罪，但不计犯罪数额，根据情节轻重予以定罪量刑。盗窃、抢夺、抢劫毒品后又实施其他毒品犯罪的，对盗窃罪、抢夺罪、抢劫罪和所犯的具体毒品犯罪分别定罪，依法数罪并罚。走私毒品，又走私其他物品构成犯罪的，以走私毒品罪和其所犯的其他走私罪分别定罪，依法数罪并罚。

二、毒品犯罪的死刑适用问题

审理毒品犯罪案件，应当切实贯彻宽严相济的刑事政策，突出毒品犯罪的打击重点。必须依法严惩毒枭、职业毒犯、再犯、累犯、惯犯、主犯等主观恶性深、人身危险性大、危害严重的毒品犯罪分子，以及具有将毒品走私入境，多次、大量或者向多人贩卖，诱使多人吸毒，武装掩护、暴力抗拒检查、拘留或者逮捕，或者参与有组织的国际贩毒活动等情节的毒品犯罪分子。对其中罪行极其严重依法应当判处死刑的，必须坚决依法判处死刑。

毒品数量是毒品犯罪案件量刑的重要情节，但不是唯一情节。对被告人量刑时，特别是在考虑是否适用死刑时，应当综合考虑毒品数量、犯罪情节、危害后果、被告人的主观恶性、人身危险性以及当地禁毒形势等各种因素，做到区别对待。近期，审理毒品犯罪案件掌握的死刑数量标准，应当结合本地毒品犯罪的实际情况和依法惩治、预防毒品犯罪的需要，并参照最高人民法院复核的毒品死刑案件的典型案例，恰当把握。量刑既不能只片面考虑毒品数量，不考虑犯罪的其他情节，也不能只片面考虑其他情节，而忽视毒品数量。

对虽然已达到实际掌握的判处死刑的毒品数量标准，但是具有法定、酌定从宽处罚情节的被告人,可以不判处死刑;反之,对毒品数量接近实际掌握的判处死刑的数量标准,但具有从重处罚情节的被告人,也可以判处死刑。毒品数量达到实际掌握的死刑数量标准,既有从重处罚情节,又有从宽处罚情节的,应当综合考虑各方面因素决定刑罚,判处死刑立即执行应当慎重。

具有下列情形之一的,可以判处被告人死刑:(1)具有毒品犯罪集团首要分子、武装掩护毒品犯罪、暴力抗拒检查、拘留或者逮捕、参与有组织的国际贩毒活动等严重情节的;(2)毒品数量达到实际掌握的死刑数量标准,并具有毒品再犯、累犯,利用、教唆未成年人走私、贩卖、运输、制造毒品,或者向未成年人出售毒品等法定从重处罚情节的;(3)毒品数量达到实际掌握的死刑数量标准,并具有多次走私、贩卖、运输、制造毒品,向多人贩毒,在毒品犯罪中诱使、容留多人吸毒,在戒毒监管场所贩毒,国家工作人员利用职务便利实施毒品犯罪,或者职业犯、惯犯、主犯等情节的;(4)毒品数量达到实际掌握的死刑数量标准,并具有其他从重处罚情节的;(5)毒品数量超过实际掌握的死刑数量标准,且没有法定、酌定从轻处罚情节的。

毒品数量达到实际掌握的死刑数量标准,具有下列情形之一的,可以不判处被告人死刑立即执行:(1)具有自首、立功等法定从宽处罚情节的;(2)已查获的毒品数量未达到实际掌握的死刑数量标准,到案后坦白尚未被司法机关掌握的其他毒品犯罪,累计数量超过实际掌握的死刑数量标准的;(3)经鉴定毒品含量极低,掺假之后的数量才达到实际掌握的死刑数量标准的,或者有证据表明可能大量掺假但因故不能鉴定的;(4)因特情引诱毒品数量才达到实际掌握的死刑数量标准的;(5)以贩养吸的被告人,被查获的毒品数量刚达到实际掌握的死刑数量标准的;(6)毒品数量刚达到实际掌握的死刑数量标准,确属初次犯罪即被查获,未造成严重危害后果的;(7)共同犯罪毒品数量刚达到实际掌握的死刑数量标准,但各共同犯罪人作用相当,或者责任大小难以区分的;(8)家庭成员共同实施毒品犯罪,其中起主要作用的被告人已被判处死刑立即执行,其他被告人罪行相对较轻的;(9)其他不是必须判处死刑立即执行的。

有些毒品犯罪案件,往往由于毒品、毒资等证据已不存在,导致审查证据和认定事实困难。在处理这类案件时,只有被告人的口供与同案其他被告人供述吻合,并且完全排除诱供、逼供、串供等情形,被告人的口供与同案被告人的供述才可以作为定案的证据。仅有被告人口供与同案被告人供述作为定案证据的,对被告人判处死刑立即执行要特别慎重。

三、运输毒品罪的刑罚适用问题

对于运输毒品犯罪,要注意重点打击指使、雇佣他人运输毒品的犯罪分子和接应、接货的毒品所有者、买家或者卖家。对于运输毒品犯罪集团首要分子,组织、指使、雇佣他人运输毒品的主犯或者毒枭、职业毒犯、毒品再犯,以及具有武装掩护、暴力抗拒检查、拘留或者逮捕、参与有组织的国际毒品犯罪、以运输毒品为业、多次运输毒品或者其他严重情节的,应当按照刑法、有关司法解释和司法实践实际掌握的数量标准,从严惩处,依法应判处死刑的必须坚决判处死刑。

毒品犯罪中,单纯的运输毒品行为具有从属性、辅助性特点,且情况复杂多样。部分涉案人员系受指使、雇佣的贫民、边民或者无业人员，只是为了赚取少量运费而为他人运输毒品，他们不是毒品的所有者、买家或者卖家，与幕后的组织、指使、雇佣者相比，在整个毒品犯罪环节中处于从属、辅助和被支配地位，所起作用和主观恶性相对较小，社会危害性也相对较小。因此，对于运输毒品犯罪中的这部分人员，在量刑标准的把握上，应当与走私、贩卖、制造毒品和前述具有严重情节的运输毒品犯罪分子有所区别，不应单纯以涉案毒品数量的大小决定刑罚适用的轻重。

对有证据证明被告人确属受人指使、雇佣参与运输毒品犯罪，又系初犯、偶犯的，可以从轻处罚，即使毒品数量超过实际掌握的死刑数量标准，也可以不判处死刑立即执行。

毒品数量超过实际掌握的死刑数量标准，不能证明被告人系受人指使、雇佣参与运输毒品犯罪的，可以依法判处重刑直至死刑。

涉嫌为贩卖而自行运输毒品，由于认定贩卖毒品的证据不足，因而认定为运输毒品罪的，不同于单纯的受指使为他人运输毒品行为，其量刑标准应当与单纯的运输毒品行为有所区别。

四、制造毒品的认定与处罚问题

鉴于毒品犯罪分子制造毒品的手段复杂多样、不断翻新，采用物理方法加工、配制毒品的情况大量出现，有必要进一步准确界定制造毒品的行为、方法。制造毒品不仅包括非法用毒品原植物直接提炼和用化学方法加工、配制毒品的行为，也包括以改变毒品成分和效用为目的，用混合等物理方法加工、配制毒品的行为，如将甲基苯丙胺或者其他苯丙胺类毒品与其他毒品混合成麻古或者摇头丸。为便于隐蔽运输、销售、使用、欺骗购买者，或者为了增重，对毒品掺杂使假，添加或者去除其他非毒品物质，不属于制造毒品的行为。

已经制成毒品，达到实际掌握的死刑数量标准的，可以判处死刑；数量特别巨大的，应当判处死刑。已经制造出粗制毒品或者半成品的，以制造毒品罪的既遂论处。购进制造毒品的设备和原材料，开始着手制造毒品，但尚未制造出粗制毒品或者半成品的，以制造毒品罪的未遂论处。

五、毒品含量鉴定和混合型、新类型毒品案件处理问题

鉴于大量掺假毒品和成分复杂的新类型毒品不断出现，为做到罪刑相当、罚当其罪，保证毒品案件的审判质量，并考虑目前毒品鉴定的条件和现状，对可能判处被告人死刑的毒品犯罪案件，应当根据最高人民法院、最高人民检察院、公安部 2007 年 12 月颁布的《办理毒品犯罪案件适用法律若干问题的意见》，作出毒品含量鉴定；对涉案毒品可能大量掺假或者系成分复杂的新类型毒品的，亦应当作出毒品含量鉴定。

对于含有二种以上毒品成分的毒品混合物，应进一步作成分鉴定，确定所含的不同毒品成分及比例。对于毒品中含有海洛因、甲基苯丙胺的，应以海洛因、甲基苯丙胺分别确定其毒品种类；不含海洛因、甲基苯丙胺的，应以其中毒性较大的毒品成分确定其毒品种类；如果毒性相当或者难以确定毒性大小的，以其中比例较大的毒品成分确定其毒品种类，并在量刑时综合考虑其他毒品成分、含量和全案所涉毒品数量。对于刑法、司法解释等已规定了量刑数量标准的毒品，按照刑法、司法解释等规定适用刑罚；对于刑法、司法解释等没有规定量刑数量标准的毒品，有条件折算为海洛因的，参照国家食品药品监督管理局制定的《非法药物折算表》，折算成海洛因的数量后适用刑罚。

对于国家管制的精神药品和麻醉药品，刑法、司法解释等尚未明确规定量刑数量标准，也不具备折算条件的，应由有关专业部门确定涉案毒品毒效的大小、有毒成分的多少、吸毒者对该毒品的依赖程度，综合考虑其致瘾癖性、戒断性、社会危害性等依法量刑。因条件限制不能确定的，可以参考涉案毒品非法交易的价格因素等，决定对被告人适用的刑罚，但一般不宜判处死刑立即执行。

六、特情介入案件的处理问题

运用特情侦破毒品案件，是依法打击毒品犯罪的有效手段。对特情介入侦破的毒品案件，要区别不同情形予以分别处理。

对已持有毒品待售或者有证据证明已准备实施大宗毒品犯罪者，采取特情贴靠、接洽而破获的案件，不存在犯罪引诱，应当依法处理。

行为人本没有实施毒品犯罪的主观意图，而是在特情诱惑和促成下形成犯意，进而实施毒品犯罪的，属于"犯意引诱"。对因"犯意引诱"实施毒品犯罪的被告人，根据罪刑相适应原则，应当依法从轻处罚，无论涉案毒品数量多大，都不应判处死刑立即执行。行为人在特情既为其安排上线，又提供下线的双重引诱，即"双套引诱"下实施毒品犯罪的，处刑时可予以更大幅度的从宽处罚或者依法免予刑事处罚。

行为人本来只有实施数量较小的毒品犯罪的故意，在特情引诱下实施了数量较大甚至达到实际掌握的死刑数量标准的毒品犯罪的，属于"数量引诱"。对因"数量引诱"实施毒品犯罪的被告人，应当依法从轻处罚，即使毒品数量超过实际掌握的死刑数量标准，一般也不判处死刑立即执行。

对不能排除"犯意引诱"和"数量引诱"的案件，在考虑是否对被告人判处死刑立即执行时，要留有余地。

对被告人受特情间接引诱实施毒品犯罪的，参照上述原则依法处理。

七、毒品案件的立功问题

共同犯罪中同案犯的基本情况，包括同案犯姓名、住址、体貌特征、联络方式等信息，属于被告人应当供述的范围。公安机关根据被告人供述抓获同案犯的，不应认定其有立功表现。被告人在公安机关抓获同案犯过程中确实起到协助作用的，例如，经被告人现场指认、辨认抓获了同案犯；被告人带领公安人员抓获了同案犯；被告人提供了不为有关机关掌握或者有关机关按照正常工作程序无法掌握的同案犯藏匿的线索，有关机关据此抓获了同案犯；被告人交代了与同案犯的联系方式，又按要求与对方联络，积极协助公安机关抓获了同案犯等，属于协助司法机关抓获同案犯，应认定为立功。

关于立功从宽处罚的把握，应以功是否足以抵罪为标准。在毒品共同犯罪案件中，毒枭、毒品犯罪集团首要分子、共同犯罪的主犯、职业毒犯、毒品惯犯等，由于掌握同案犯、从犯、马仔的犯罪情况和个人信息，被抓获后往往能协助抓捕同案犯，获得立功或者重大立功。对其是否从宽处罚以及从宽幅度的大小，应当主要看功是否足以抵罪，即应结合被告人罪行的严重程度、立功大小综合考虑。要充分注意毒品共同犯罪人以及上、下家之间的量刑平衡。对于毒枭等严重毒品犯罪分子立功的，从轻或者减轻处罚应当从严掌握。如果其罪行极其严重，只有一般立功表现，功不足以抵罪的，可不予从轻处罚；如果其检举、揭发的是其他犯罪案件中罪行同样严重的犯罪分子，或者协助抓获的是同案中的其他首要分子、主犯，功足以抵罪的，原则上可以从轻或者减轻处罚；如果协助抓获的只是同案中的从犯或者马仔，功不足以抵罪，或者从轻处罚后全案处刑明显失衡的，不予从轻处罚。相反，对于从犯、马仔立功，特别是协助抓获毒枭、首要分子、主犯的，应当从轻处罚，直至依法减轻或者免除处罚。

被告人亲属为了使被告人得到从轻处罚，检举、揭发他人犯罪或者协助司法机关抓捕其他犯罪人的，不能视为被告人立功。同监犯将本人或者他人尚未被司法机关掌握的犯罪事实告知被告人，由被告人检举揭发的，如经查证属实，虽可认定被告人立功，但是否从宽处罚、从宽幅度大小，应与通常的立功有所区别。通过非法手段或者非法途径获取他人犯罪信息，如从国家工作人员处贿买他人犯罪信息，通过律师、看守人员等非法途径获取他人犯罪信息，由被告人检举揭发的，不能认定为立功，也不能作为酌情从轻处罚情节。

八、毒品再犯问题

根据刑法第三百五十六条规定，只要因走私、贩卖、运输、制造、非法持有毒品罪被判过刑，不论是在刑罚执行完毕后，还是在缓刑、假释或者暂予监外执行期间，又犯刑法分则第六章第七节规定的犯罪的，都是毒品再犯，应当从重处罚。

因走私、贩卖、运输、制造、非法持有毒品罪被判刑的犯罪分子，在缓刑、假释或者暂予监外执行期间又犯刑法分则第六章第七节规定的犯罪的，应当在对其所犯新的毒品犯罪适用刑法第三百五十六条从重处罚的规定确定刑罚后，再依法数罪并罚。

对同时构成累犯和毒品再犯的被告人，应当同时引用刑法关于累犯和毒品再犯的条款从重处罚。

九、毒品案件的共同犯罪问题

毒品犯罪中，部分共同犯罪人未到案，如现有证据能够认定已到案被告人为共同犯罪，或者能够认定为主犯或者从犯的，应当依法认定。没有实施毒品犯罪的共同故意，仅在客观上为相互关联的毒品犯罪上下家，不构成共同犯罪，但为了诉讼便利可并案审理。审理毒品共同犯罪案件应当注意以下几个方面的问题：

一是要正确区分主犯和从犯。区分主犯和从犯，应当以各共同犯罪人在毒品共同犯罪中的地位和作用为根据。要从犯意提起、具体行为分工、出资和实际分得毒赃多少以及共犯之间相互关系等方面，比较各个共同犯罪人在共同犯罪中的地位和作用。在毒品共同犯罪中，为主出资者、毒品所有者或者起意、策划、纠集、组织、雇佣、指使他人参与犯罪以及其他起主要作用的是主犯；起次要或者辅助作用的是从犯。受雇佣、受指使实施毒品犯罪的，应根据其在犯罪中实际发挥的作用具体认定为主犯或者从犯。对于确有证据证明在共同犯罪中起次要或者辅助作用的，不能因为其他共同犯罪人未到案而不认定为从犯，甚至将其认定为主犯或者按主犯处罚。只要认定为从犯，无论主犯是否到案，均应依照刑法关于从犯的规定从轻、减轻或者免除处罚。

二是要正确认定共同犯罪案件中主犯和从犯的毒品犯罪数量。对于毒品犯罪集团的首要分子，应按集团毒品犯罪的总数量处罚；对一般共同犯罪的主犯，应按其所参与的或者组织、指挥的毒品犯罪数量处罚；对于从犯，应当按照其所参与的毒品犯罪的数量处罚。

三是要根据行为人在共同犯罪中的作用和罪责大小确定刑罚。不同案件不能简单类比，一个案件的从犯参与犯罪的毒品数量可能比另一案件的主犯参与犯罪的毒品数量大，但对这一案件从犯的处罚不是必然重于另一案件的主犯。共同犯罪中能分清主从犯的，不能因为涉案的毒品数量特别巨大，就不分主从犯而一律将被告人认定为主犯或者实际上都按主犯处罚，一律判处重刑甚至死刑。对于共同犯罪中有多个主犯或者共同犯罪人的，处罚上也应做到区别对待。应当全面考察各主犯或者共同犯罪人在共同犯罪中实际发挥作用的差别，主观恶性和人身危险性方面的差异，对罪责或者人身危险性更大的主犯或者共同犯罪人依法判处更重的刑罚。

十、主观明知的认定问题

毒品犯罪中，判断被告人对涉案毒品是否明知，不能仅凭被告人供述，而应当依据被告人实施毒品犯罪行为的过程、方式、毒品被查获时的情形等证据，结合被告人的年龄、阅历、智力等情况，进行综合分析判断。

具有下列情形之一，被告人不能做出合理解释的，可以认定其"明知"是毒品，但有证据证明确属被蒙骗的除外：（1）执法人员在口岸、机场、车站、港口和其他检查站点检查时，要求行为人申报为他人携带的物品和其他疑似毒品物，并告知其法律责任，而行为人未如实申报，在其携带的物品中查获毒品的；（2）以伪报、藏匿、伪装等蒙蔽手段，逃避海关、边防等检查，在其携带、运输、邮寄的物品中查获毒品的；（3）执法人员检查时，有逃跑、丢弃携带物品或者逃避、抗拒检查等行为，在其携带或者丢弃的物品中查获毒品的；（4）体内或者贴身隐秘处藏匿毒品的；（5）为获取不同寻常的高额、不等值报酬为他人携带、运输物品，从中查获毒品的；（6）采用高度隐蔽的方式携带、运输物品，从中查获毒品的；（7）采用高度隐蔽的方式交接物品，明显违背合法物品惯常交接方式，从中查获毒品的；（8）行程路线故意绕开检查站点，在其携带、运输的物品中查获毒品的；（9）以虚假身份或者地址办理托运手续，在其托运的物品中查获毒品的；（10）有其他证据足以认定行为人应当知道的。

十一、毒品案件的管辖问题

毒品犯罪的地域管辖，应当依照刑事诉讼法的有关规定，实行以犯罪地管辖为主、被告人居住地管辖为辅的原则。考虑到毒品犯罪的特殊性和毒品犯罪侦查体制，"犯罪地"不仅可以包括犯罪预谋地、毒资筹集地、交易进行地、运输途经地以及毒品生产地，也包括毒资、毒赃和毒品藏匿地、转移地、走私或者贩运毒品目的地等。"被告人居住地"，不仅包括被告人常住地和户籍所在地，也包括其临时居住地。

对于已进入审判程序的案件，被告人及其辩护人提出管辖异议，经审查异议成立的，或者受案法院发现没有管辖权，而案件由本院管辖更适宜的，受案法院应当报请与有管辖权的法院共同的上级法院依法指定本院管辖。

十二、特定人员参与毒品犯罪问题

近年来，一些毒品犯罪分子为了逃避打击，雇佣孕妇、哺乳期妇女、急性传染病人、残疾人或者未成年人等特定人员进行毒品犯罪活动，成为影响我国禁毒工作成效的突出问题。对利用、教唆特定人员进行毒品犯罪活动的组织、策划、指挥和教唆者，要依法严厉打击，该判处重刑直至死刑的，坚决依法判处重刑直至死刑。对于被利用、被诱骗参与毒品犯罪的特定人员，可以从宽处理。

要积极与检察机关、公安机关沟通协调，妥善解决涉及特定人员的案件管辖、强制措施、刑罚执行等问题。对因特殊情况依法不予羁押的，可以依法采取取保候审、监视居住等强制措施，并根据被告人具体情况和案情变化及时变更强制措施；对于被判处有期徒刑或者拘役的罪犯，符合刑事诉讼法第二百一十四条规定情形的，可以暂予监外执行。

十三、毒品案件财产刑的适用和执行问题

刑法对毒品犯罪规定了并处罚金或者没收财产刑，司法实践中应当依法充分适用。不仅要依法追缴被告人的违法所得及其收益，还要严格依法判处被告人罚金刑或者没收财产刑，不能因为被告人没有财产，或者其财产难以查清、难以分割或者难以执行，就不依法判处财产刑。

要采取有力措施，加大财产刑执行力度。要加强与公安机关、检察机关的协作，对毒品犯罪分子来源不明的巨额财产，依法及时采取查封、扣押、冻结等措施，防止犯罪分子及其亲属转移、隐匿、变卖或者洗钱，逃避依法追缴。要加强不同地区法院之间的相互协作配合。毒品犯罪分子的财产在异地的，第一审人民法院可以委托财产所在地人民法院代为执行。要落实和运用有关国际禁毒公约规定，充分利用国际刑警组织等渠道，最大限度地做好境外追赃工作。

最高人民法院　最高人民检察院　公安部
关于办理制毒物品犯罪案件适用
法律若干问题的意见

2009 年 6 月 23 日　　　　　　　　　　　公通字〔2009〕33 号

各省、自治区、直辖市高级人民法院、人民检察院、公安厅、局，新疆维吾尔自治区高级人民法院生产建设兵团分院、新疆生产建设兵团人民检察院、公安局：

为依法惩治走私制毒物品、非法买卖制毒物品犯罪活动，根据刑法有关规定，结合司法实践，现就办理制毒物品犯罪案件适用法律的若干问题制定如下意见：

一、关于制毒物品犯罪的认定

（一）本意见中的"制毒物品"，是指刑法第三百五十条第一款规定的醋酸酐、乙醚、三氯甲烷或者其他用于制造毒品的原料或者配剂，具体品种范围按照国家关于易制毒化学品管理的规定确定。

（二）违反国家规定，实施下列行为之一的，认定为刑法第三百五十条规定的非法买卖制毒物品行为：

1. 未经许可或者备案，擅自购买、销售易制毒化学品的；
2. 超出许可证明或者备案证明的品种、数量范围购买、销售易制毒化学品的；
3. 使用他人的或者伪造、变造、失效的许可证明或者备案证明购买、销售易制毒化学品的；
4. 经营单位违反规定，向无购买许可证明、备案证明的单位、个人销售易制毒化学品的，或者明知购买者使用他人的或者伪造、变造、失效的购买许可证明、备案证明，向其销售易制毒化学品的；
5. 以其他方式非法买卖易制毒化学品的。

（三）易制毒化学品生产、经营、使用单位或者个人未办理许可证明或者备案证明，购买、销售易制毒化学品，如果有证据证明确实用于合法生产、生活需要，依法能够办理只是未及时办理许可证明或者备案证明，且未造成严重社会危害的，可不以非法买卖制毒物品罪论处。

（四）为了制造毒品或者走私、非法买卖制毒物品犯罪而采用生产、加工、提炼等方法非法制造易制毒化学品的，根据刑法第二十二条的规定，按照其制造易制毒化学品的不同目的，分别以制造毒品、走私制毒物品、非法买卖制毒物品的预备行为论处。

（五）明知他人实施走私或者非法买卖制毒物品犯罪，而为其运输、储存、代理进出口或者以其他方式提供便利的，以走私或者非法买卖制毒物品罪的共犯论处。

（六）走私、非法买卖制毒物品行为同时构成其他犯罪的，依照处罚较重的规定定罪处罚。

二、关于制毒物品犯罪嫌疑人、被告人主观明知的认定

对于走私或者非法买卖制毒物品行为，有下列情形之一，且查获了易制毒化学品，结合犯罪嫌疑人、被告人的供述和其他证据，经综合审查判断，可以认定其"明知"是制毒物品而走私或者非法买卖，但有证据证明确属被蒙骗的除外：

1. 改变产品形状、包装或者使用虚假标签、商标等产品标志的；
2. 以藏匿、夹带或者其他隐蔽方式运输、携带易制毒化学品逃避检查的；
3. 抗拒检查或者在检查时丢弃货物逃跑的；
4. 以伪报、藏匿、伪装等蒙蔽手段逃避海关、边防等检查的；
5. 选择不设海关或者边防检查站的路段绕行出入境的；
6. 以虚假身份、地址办理托运、邮寄手续的；
7. 以其他方法隐瞒真相，逃避对易制毒化学品依法监管的。

三、关于制毒物品犯罪定罪量刑的数量标准

（一）违反国家规定，非法运输、携带制毒物品进出境或者在境内非法买卖制毒物品达到下列数量标准的，依照刑法第三百五十条第一款的规定，处3年以下有期徒刑、拘役或者管制，并处罚金：

1. 1－苯基－2－丙酮五千克以上不满五十千克；
2. 3，4－亚甲基二氧苯基－2－丙酮、去甲麻黄素（去甲麻黄碱）、甲基麻黄素（甲基麻黄碱）、羟亚胺及其盐类十千克以上不满一百千克；
3. 胡椒醛、黄樟素、黄樟油、异黄樟素、麦角酸、麦角胺、麦角新碱、苯乙酸二十千克以上不满二百千克；
4. N－乙酰邻氨基苯酸、邻氨基苯甲酸、哌啶一百五十千克以上不满一千五百千克；
5. 甲苯、丙酮、甲基乙基酮、高锰酸钾、硫酸、盐酸四百千克以上不满四千千克；
6. 其他用于制造毒品的原料或者配剂相当数量的。

（二）违反国家规定，非法买卖或者走私制毒物品，达到或者超过前款所列最高数量标准的，认定为刑法第三百五十条第一款规定的"数量大的"，处3年以上10年以下有期徒刑，并处罚金。

最高人民法院 最高人民检察院 公安部
印发《关于规范毒品名称表述若干问题的意见》的通知

2014年8月20日　　　　　　　　　　　　　　法〔2014〕224号

各省、自治区、直辖市高级人民法院、人民检察院、公安厅（局），解放军军事法院、军事检察院，新疆维吾尔自治区高级人民法院生产建设兵团分院，新疆生产建设兵团人民检察院、公安局：

　　为进一步规范毒品犯罪案件办理工作，最高人民法院、最高人民检察院、公安部制定了《关于规范毒品名称表述若干问题的意见》。现印发给你们，请认真贯彻执行。执行中遇到的问题，请及时分别层报最高人民法院、最高人民检察院、公安部。

附：

关于规范毒品名称表述若干问题的意见

　　为进一步规范毒品犯罪案件办理工作，现对毒品犯罪案件起诉意见书、起诉书、刑事判决书、刑事裁定书中的毒品名称表述问题提出如下规范意见。

一、规范毒品名称表述的基本原则

　　（一）毒品名称表述应当以毒品的化学名称为依据，并与刑法、司法解释及相关规范性文件中的毒品名称保持一致。刑法、司法解释等没有规定的，可以参照《麻醉药品品种目录》、《精神药品品种目录》中的毒品名称进行表述。

　　（二）对于含有二种以上毒品成分的混合型毒品，应当根据其主要毒品成分和具体形态认定毒品种类、确定名称。混合型毒品中含有海洛因、甲基苯丙胺的，一般应当以海洛因、甲基苯丙胺确定其毒品种类；不含海洛因、甲基苯丙胺，或者海洛因、甲基苯丙胺的含量极低的，可以根据其中定罪量刑数量标准较低且所占比例较大的毒品成分确定其毒品种类。混合型毒品成分复杂的，可以用括号注明其中所含的一至二种其他毒品成分。

　　（三）为体现与犯罪嫌疑人、被告人供述的对应性，对于犯罪嫌疑人、被告人供述的毒品常见俗称，可以在文书中第一次表述该类毒品时用括号注明。

二、几类毒品的名称表述

（一）含甲基苯丙胺成分的毒品

1. 对于含甲基苯丙胺成分的晶体状毒品，应当统一表述为甲基苯丙胺（冰毒），在下文中再次出现时可以直接表述为甲基苯丙胺。

2. 对于以甲基苯丙胺为主要毒品成分的片剂状毒品，应当统一表述为甲基苯丙胺片剂。如果犯罪嫌疑人、被告人供述为"麻古"、"麻果"或者其他俗称的，可以在文书中第一次表述该类毒品时用括号注明，如表述为甲基苯丙胺片剂（俗称"麻古"）等。

3. 对于含甲基苯丙胺成分的液体、固液混合物、粉末等，应当根据其毒品成分和具体形态进行表述，如表述为含甲基苯丙胺成分的液体、含甲基苯丙胺成分的粉末等。

（二）含氯胺酮成分的毒品

1. 对于含氯胺酮成分的粉末状毒品，应当统一表述为氯胺酮。如果犯罪嫌疑人、被告人供述为"K粉"等俗称的，可以在文书中第一次表述该类毒品时用括号注明，如表述为氯胺酮（俗称"K粉"）等。

2. 对于以氯胺酮为主要毒品成分的片剂状毒品，应当统一表述为氯胺酮片剂。

3. 对于含氯胺酮成分的液体、固液混合物等，应当根据其毒品成分和具体形态进行表述，如表述为含氯胺酮成分的液体、含氯胺酮成分的固液混合物等。

（三）含MDMA等成分的毒品

对于以MDMA、MDA、MDEA等致幻性苯丙胺类兴奋剂为主要毒品成分的丸状、片剂状毒品，应当根据其主要毒品成分的中文化学名称和具体形态进行表述，并在文书中第一次表述该类毒品时用括号注明下文中使用的英文缩写简称，如表述为3，4－亚甲二氧基甲基苯丙胺片剂（以下简称MDMA片剂）、3，4－亚甲二氧基苯丙胺片剂（以下简称MDA片剂）、3，4－亚甲二氧基乙基苯丙胺片剂（以下简称MDEA片剂）等。如果犯罪嫌疑人、被告人供述为"摇头丸"等俗称的，可以在文书中第一次表述该类毒品时用括号注明，如表述为3，4－亚甲二氧基甲基苯丙胺片剂（以下简称MDMA片剂，俗称"摇头丸"）等。

（四）"神仙水"类毒品

对于俗称"神仙水"的液体状毒品，应当根据其主要毒品成分和具体形态进行表述。毒品成分复杂的，可以用括号注明其中所含的一至二种其他毒品成分，如表述为含氯胺酮（咖啡因、地西泮等）成分的液体等。如果犯罪嫌疑人、被告人供述为"神仙水"等俗称的，可以在文书中第一次表述该类毒品时用括号注明，如表述为含氯胺酮（咖啡因、地西泮等）成分的液体（俗称"神仙水"）等。

（五）大麻类毒品

对于含四氢大麻酚、大麻二酚、大麻酚等天然大麻素类成分的毒品，应当根据其外形特征分别表述为大麻叶、大麻脂、大麻油或者大麻烟等。

中央宣传部　中央网信办　最高人民法院
最高人民检察院　公安部　工业和信息化部
国家工商行政管理总局　国家邮政局
国家禁毒委办公室
关于印发《关于加强互联网禁毒工作的意见》的通知

2015年4月14日　　　　　　　　　　　　禁毒办通〔2015〕32号

各省、自治区、直辖市党委宣传部、互联网信息办公室、高级人民法院、人民检察院、公安厅（局）、通信管理局、工商行政管理（市场监管）局、邮政管理局、禁毒委员会办公室；解放军军事法院、军事检察院；新疆生产建设兵团党委宣传部、互联网信息办公室，新疆维吾尔自治区高级人民法院生产建设兵团分院、新疆生产建设兵团人民检察院、公安局、通信管理局、交通局、禁毒委员会办公室：

当前，不法分子利用互联网从事毒品违法犯罪活动日趋严重。为加大依法打击整治力度，规范互联网秩序，中央宣传部、中央网络安全和信息化领导小组办公室、最高人民法院、最高人民检察院、公安部、工业和信息化部、国家工商行政管理总局、国家邮政局、国家禁毒委员会办公室共同制定了《关于加强互联网禁毒工作的意见》，现予印发，请各地区、各部门认真贯彻执行。

各地区、各部门应定期向同级禁毒委员会报告贯彻落实情况，并将互联网禁毒工作纳入各级禁毒委员会综合考评体系。

附：

关于加强互联网禁毒工作的意见

为全面落实中共中央、国务院《关于加强禁毒工作的意见》，大力加强互联网禁毒工作，遏制毒品蔓延、净化网络环境，保障人民群众健康幸福和安居乐业，现提出如下意见。

一、当前形势、指导思想和工作目标

1. 清醒认识当前互联网禁毒工作面临的严峻形势。近年来，在信息技术发展和现实毒情蔓延共同作用下，互联网迅速发展为毒品违法犯罪新的传播平台和联络渠道。部分吸毒人员在网上聚集交流吸毒体会、集体进行吸毒活动、引诱发展新吸毒人员。部分

制贩毒分子通过互联网发布毒品及其他涉毒物品销售信息、交流制毒技术、联络实施毒品犯罪。互联网信息传输不受时空限制的特点和信息内容庞大复杂、不利监管的难点，加速了毒品传播蔓延，诱发新吸毒人员滋生，增大执法打击难度。互联网上涉毒有害信息和涉毒活动，败坏社会风气、损害精神文明、破坏网络秩序，使全国毒品问题更加复杂严重，危害人民群众身心健康，危害平安中国、法治中国建设，人民群众强烈要求严厉予以整治。面对新形势带来的新挑战，必须大力加强互联网禁毒工作，强化网络阵地管理、全面净化网络环境。但是，一些政府职能部门对互联网禁毒工作的重要性认识不够，责任不明、措施不力，互联网禁毒监管体制和工作机制缺失。一些互联网企业、网站追求经济利益，不履行社会责任，放任网上涉毒违法信息传播扩散。各地区、各部门要充分认识互联网涉毒活动的严峻性、复杂性和危害性，充分认识加强互联网禁毒工作对维护国家长治久安、保障人民群众健康幸福的重要意义，从维护国家安全和社会稳定的高度，切实增强做好互联网禁毒工作的责任感、使命感和紧迫感。

2. 指导思想和工作目标。加强互联网禁毒工作，要认真贯彻党的十八大和十八届三中、四中全会精神，认真贯彻习近平总书记系列重要讲话精神，按照中共中央、国务院《关于加强禁毒工作的意见》的部署，以培育和践行社会主义核心价值观为根本，以维护国家安全和社会稳定、深入推进全国禁毒斗争为主线，以完善管理体制、健全工作机制为总体思路，各地区、各部门发挥优势、整体联动，运用法治思维和法治方式，统筹网上网下两个战场，坚决切断涉毒有害信息网上传播渠道，规范互联网管理秩序，保障人民群众根本利益。通过各部门各负其责、齐抓共管，全社会共同参与，使网上涉毒有害信息和毒品违法犯罪活动明显减少，网络禁毒监管体制基本建立，人民群众参与禁毒斗争意识显著增强，国家维护网络秩序、开展网上禁毒斗争能力显著提升。

二、明确职责分工

3. 党委宣传部门。组织、协调、推动互联网禁毒宣传工作，通过传统媒体和互联网新媒体广泛深入发动群众参与网上禁毒斗争，举报涉毒违法犯罪线索，教育引导互联网行业和广大网民遵纪守法，落实禁毒责任。加强舆论监督，不断挤压网络毒品违法犯罪活动生存空间。

4. 网信部门。组织新闻网站及转载新闻的网站，加强互联网宣传工作，弘扬主旋律，传播正能量。

5. 人民法院。各级人民法院加强对互联网涉毒犯罪案件的审判工作，强化审判指导，加大对互联网涉毒犯罪的惩治力度。最高人民法院会同最高人民检察院、公安部等部门出台司法解释或者规范性文件，统一、规范互联网涉毒犯罪案件的法律适用。

6. 人民检察院。最高人民检察院加强对各级人民检察院办理互联网涉毒犯罪案件工作的领导；各级人民检察院依法做好互联网涉毒犯罪案件审查批捕、审查起诉、诉讼监督和查处有关职务犯罪工作。

7. 公安机关。充分发挥整体作战优势，开展打击互联网涉毒违法犯罪专项行动；侦查互联网涉毒案件，严厉打击互联网涉毒违法犯罪分子；组织清理互联网涉毒违法信息；受理处置互联网涉毒违法犯罪举报；建立网络涉毒线索通报机制、网上网下联动查处机制；依法查处为涉毒违法犯罪活动提供条件的互联网服务提供者。对于重大、疑难、复杂的互联网涉毒犯罪案件，应当加强与人民检察院的沟通协调，听取其意见，提高和保证办案质量。

8. 电信主管部门。督促电信业务经营者严格落实"未备案不接入"，履行接入用户的合法资质查验义务，对违反相关规定或被公安机关认定涉毒问题突出、拒不整改或涉毒情节严重的互联网信息服务提供者，依法停止其互联网接入服务直至将其纳入违法违规网站黑名单。指导督促互联网信息服务提供者协助公安机关加强互联网禁毒信息巡查、监管，配合开展打击互联网涉毒违法犯罪工作。

9. 工商行政管理（市场监管）部门。依法加强网络交易监管，在日常监督检查中发现有涉毒行为的，移交公安机关处理；积极配合公安机关督促第三方网络交易平台经营者对商品和服务信息建立禁毒检查监控制度，要求其发现有涉毒行为立即向公安机关报告，并配合公安机关开展相关查处工作。根据公安机关出具的《意见书》，依法查处涉毒问题严重的企业、其他经济组织或者个体工商户，并应通过企业信用信息公示系统进行公示。因涉毒问题严重被吊销营业执照、责令关闭的公司，对其法定代表人、董事、监事、高级管理人员在其他企业再次任职的资格依法进行相关限制。

10. 邮政管理部门。对电商业务占比较大的邮政、快递企业经营行为加强监管，督促快递企业加强对寄递毒品行为的发现力度，配合公安机关依法查处利用快递渠道运输毒品和涉毒物品行为；加强对邮政、快递企业的教育引导，规范企业行为，明确快递行业禁毒法律责任义务；根据公安机关提供的证据材料，依法惩处收寄验视制度执行不到位、涉毒问题严重的快递企业。

11. 禁毒委员会办公室。明确电子商务、物流寄递企业和电信业务经营者、互联网服务提供者、上网用户的禁毒责任义务。建立互联网服务提供者涉毒情况审查、评估、通报、约谈制度，协调各部门开展联合执法行动。牵头会同有关部门对涉毒问题严重的互联网服务提供者进行约谈。在禁毒委员会中增设互联网禁毒工作小组，组织协调相关部门分工合作，共同做好互联网禁毒工作。

三、互联网和寄递行业责任

12. 担负主体责任。互联网接入服务、信息服务提供者对网站、即时聊天群组的公共信息加强巡查，自查自纠、主动清理涉毒有害信息，不得为涉毒活动提供传播条件、渠道。要严格落实信息发布审核、用户日志记录和信息内容留存等措施，一旦发现利用其服务发布、传输的信息属于涉毒违法信息的，应当立即删除，保存有关记录并向公安机关报告。如未履行上述责任和义务的，依法追究有关互联网企业、网站、论坛、即时聊天群组等的创建者、实际管理者的法律责任。

13. 配合执法办案。互联网信息服务提供者要积极配合公安机关执法办案，按照有关规定，快速提供证据材料。大型、重点网站要与公安机关建立配合协作机制，组织专门的禁毒工作力量，接受禁毒业务培训，主动搜集线索，配合执法办案。邮政快递企业要加强行业自律，提高主动监管意识，严格落实寄递物品验视制度，积极配合有关部门查处打击网络涉毒违法犯罪活动。

四、坚决依法打击

14. 加强情报线索搜集。各部门要加强协调配合，完善情报信息收集研判和共享机制，及时发现互联网涉毒违法犯罪情况并向公安机关通报，配合开展案件查办工作，根据公安机关调查情况，追究有关单位和人员责任，依法依规予以惩处。

15. 严厉打击网络毒品犯罪。对涉毒违法犯罪线索进行落地侦查取证、深挖扩线和打击处理，深入搜集固定证据，查清组织策划人员，开展打击行动，集中力量侦破一批网络涉毒违法犯罪案件，抓捕一批为首分子和骨干人员，摧毁毒品违法犯罪团伙网络。集中打击整治一批为网络涉毒违法犯罪活动"输血供电"的互联网及寄递企业。对于利用互联网贩卖毒品，或者在境内非法买卖用于制造毒品的原料、配剂构成犯罪的，分别以贩卖毒品罪、非法买卖制毒物品罪定罪处罚；对于利用互联网发布、传播制造毒品等犯罪的方法、技术、工艺的，以传授犯罪方法罪定罪处罚，被传授者是否接受或者是否以此方法实施了制造毒品等犯罪不影响对本罪的认定；对于开设网站、利用网络通讯群组等形式组织他人共同吸毒，构成引诱、教唆、欺骗他人吸毒罪等犯罪的，依法定罪处罚。

五、加强组织领导

16. 认真履行禁毒职责。各有关部门要按照职能分工，各负其责、密切配合，根据职责依法加大打击查处力度，逐级建立议事协调机制，健全完善巡查监管、线索搜集、案件查办、整顿处罚工作机制，加强情况通报、问题会商，统筹协调开展联合执法行动，完善行政执法和刑事司法衔接，形成各部门各司其职、高效联动、合成作战的常态化工作格局。各部门要加强对互联网禁毒工作的调查研究，及时发现新情况，研究解决新问题。各部门要定期向本级禁毒委员会汇报开展互联网禁毒工作情况，将互联网禁毒工作列入本地区、本部门整体工作规划，发挥职能优势，确保各项工作落到实处。

17. 加大检查督导力度。各部门要适时派出联合工作组到重点城市、重点企业进行现场检查督导，组织相关行业进行全面系统排查，落实工作措施；联合开展重大案件调查，定期通报案件查办落实情况；对重点企业、重点问题、重大案件挂牌督办。各部门要分别组织开展互联网禁毒工作督导检查、考核评估，督促工作不力、问题严重的地区、部门、企业改进工作，确保取得实效。

六、严肃追究责任

18. 严肃追究失职渎职责任。行业主管部门及其工作人员失职渎职、玩忽职守、滥用职权、徇私舞弊，疏于对互联网或寄递行业监督管理，造成严重后果，构成犯罪的，依法追究刑事责任；尚不构成犯罪的，对直接负责的主管人员和其他直接责任人员依法依纪给予降级、撤职直至开除的行政处分。对违法违规的电信业务经营者、互联网服务提供者、物流寄递企业等，依法追究直接负责的主管人员和其他直接责任人员的责任。

最高人民法院
关于印发《全国法院毒品犯罪审判工作座谈会纪要》的通知

2015 年 5 月 18 日　　　　　　　　　　　　　法〔2015〕129 号

各省、自治区、直辖市高级人民法院，解放军军事法院，新疆维吾尔自治区高级人民法院生产建设兵团分院；全国地方各中级人民法院，各大单位军事法院，新疆生产建设兵团各中级法院：

现将《全国法院毒品犯罪审判工作座谈会纪要》印发给你们，请结合审判工作实际参照执行。执行中遇到问题，请及时报告我院。

附：

全国法院毒品犯罪审判工作座谈会纪要

为深入学习习近平总书记等中央领导同志关于禁毒工作的重要指示批示精神，贯彻落实《中共中央国务院关于加强禁毒工作的意见》和全国禁毒工作会议精神，进一步统一思想认识，提高毒品犯罪审判工作水平，推动人民法院禁毒工作取得更大成效，最高人民法院于 2014 年 12 月 11 日至 12 日在湖北省武汉市召开了全国法院毒品犯罪审判工作座谈会。出席会议的有各省、自治区、直辖市高级人民法院、解放军军事法院和新疆维吾尔自治区高级人民法院生产建设兵团分院主管刑事审判工作的副院长、刑事审判庭庭长及部分中级人民法院主管刑事审判工作的副院长。最高人民法院副院长李少平出席会议并讲话。

会议传达学习了中央对禁毒工作的一系列重大决策部署，总结了近年来人民法院禁毒工作取得的成绩和存在的问题，分析了当前我国毒品犯罪的总体形势和主要特点，明确了继续依法从严惩处毒品犯罪的审判指导思想，研究了毒品犯罪审判中遇到的若干法律适用问题，并对当前和今后一个时期人民法院的禁毒工作作出具体安排部署。现纪要如下：

一、关于进一步加强人民法院禁毒工作的总体要求

禁毒工作关系国家安危、民族兴衰和人民福祉，厉行禁毒是党和政府的一贯立场和坚决主张。近年来，在党中央的高度重视和坚强领导下，各地区、各有关部门按照国家

禁毒委员会的统一部署，深入开展禁毒人民战争，全面落实综合治理措施，有效遏制了毒品问题快速发展蔓延的势头，禁毒工作取得了阶段性成效。2014年6月，中央政治局常委会议、国务院常务会议分别听取禁毒工作专题汇报，习近平总书记、李克强总理分别对禁毒工作作出重要指示批示。中共中央、国务院首次印发了《关于加强禁毒工作的意见》，并下发了贯彻落实分工方案。国家禁毒委员会制定了《禁毒工作责任制》，并召开全国禁毒工作会议对全面加强禁毒工作作出部署。

依法审理毒品犯罪案件，积极参与禁毒工作是人民法院肩负的一项重要职责任务。长期以来，全国各级人民法院认真贯彻落实中央和国家禁毒委员会的决策部署，扎实履行刑事审判职责，坚持依法从严惩处毒品犯罪，大力加强禁毒法制建设，积极参与禁毒综合治理，各项工作均取得显著成效，为全面、深入推进禁毒工作提供了有力司法保障。同时，应当清醒地看到，受国际毒潮持续泛滥和国内多种因素影响，当前和今后一个时期，我国仍将处于毒品问题加速蔓延期、毒品犯罪高发多发期、毒品治理集中攻坚期，禁毒斗争形势严峻复杂，禁毒工作任务十分艰巨。加强禁毒工作，治理毒品问题，对深入推进平安中国、法治中国建设，维护国家长治久安，保障人民群众幸福安康，实现"两个一百年"奋斗目标和中华民族伟大复兴的中国梦，具有重要意义。各级人民法院要从维护重要战略机遇期国家安全和社会稳定的政治高度，充分认识毒品问题的严峻性、长期性和禁毒工作的艰巨性、复杂性，切实增强做好禁毒工作的责任感、使命感和紧迫感。要认真学习领会、坚决贯彻落实党中央对禁毒工作的一系列重大决策部署和全国禁毒工作会议精神，切实采取有力措施，进一步加强人民法院禁毒工作。

一是毫不动摇地坚持依法从严惩处毒品犯罪。充分发挥审判职能作用，依法运用刑罚惩治毒品犯罪，是治理毒品问题的重要手段，也是人民法院参与禁毒斗争的主要方式。面对严峻的毒品犯罪形势，各级人民法院要继续坚持依法从严惩处毒品犯罪的指导思想。要继续依法严惩走私、制造毒品和大宗贩卖毒品等源头性犯罪，严厉打击毒枭、职业毒犯、累犯、毒品再犯等主观恶性深、人身危险性大的毒品犯罪分子，该判处重刑和死刑的坚决依法判处。要加大对制毒物品犯罪、多次零包贩卖毒品、引诱、教唆、欺骗、强迫他人吸毒及非法持有毒品等犯罪的惩处力度，严惩向农村地区贩卖毒品及国家工作人员实施的毒品犯罪。要更加注重从经济上制裁毒品犯罪，依法追缴犯罪分子违法所得，充分适用罚金刑、没收财产刑并加大执行力度，依法从严惩处涉毒洗钱犯罪和为毒品犯罪提供资金的犯罪。要严厉打击因吸毒诱发的杀人、伤害、抢劫、以危险方法危害公共安全等次生犯罪。要规范和限制毒品犯罪的缓刑适用，从严把握毒品罪犯减刑条件，严格限制严重毒品罪犯假释，确保刑罚执行效果。同时，为全面发挥刑罚功能，也要贯彻好宽严相济刑事政策，突出打击重点，体现区别对待。对于罪行较轻，或者具有从犯、自首、立功、初犯等法定、酌定从宽处罚情节的毒品犯罪分子，根据罪刑相适应原则，依法给予从宽处罚，以分化瓦解毒品犯罪分子，预防和减少毒品犯罪。要牢牢把握案件质量这条生命线，既要考虑到毒品犯罪隐蔽性强、侦查取证难度大的现实情况，也要严格贯彻证据裁判原则，引导取证、举证工作围绕审判工作的要求展开，切实发挥每一级审判程序的职能作用，确保案件办理质量。对于拟判处被告人死刑的毒品犯罪案件，在证据质量上要始终坚持最高的标准和最严的要求。

二是深入推进毒品犯罪审判规范化建设。各级人民法院要结合审判工作实际,积极开展调查研究,不断总结经验,及时发现并解决审判中遇到的突出法律适用问题。各高、中级人民法院要加大审判指导力度,在做好毒品犯罪审判工作的同时,通过编发典型案例、召开工作座谈会等形式,不断提高辖区法院毒品犯罪审判工作水平。最高人民法院对于复核毒品犯罪死刑案件中发现的问题,要继续通过随案附函、集中通报、发布典型案例等形式,加强审判指导;对于毒品犯罪法律适用方面存在的突出问题,要适时制定司法解释或规范性文件,统一法律适用;对于需要与公安、检察机关共同解决的问题,要加强沟通、协调,必要时联合制发规范性文件;对于立法方面的问题,要继续提出相关立法建议,推动禁毒法律的修改完善。

三是不断完善毒品犯罪审判工作机制。各级人民法院要严格落实禁毒工作责任,按照《禁毒工作责任制》的要求和同级禁毒委员会的部署认真开展工作,将禁毒工作列入本单位整体工作规划,制定年度工作方案,抓好贯彻落实。要进一步加强专业审判机构建设,各高级人民法院要确定专门承担毒品犯罪审判指导任务的审判庭,毒品犯罪相对集中地区的高、中级人民法院可以根据当地实际和工作需要,探索确立专门承担毒品犯罪审判工作的合议庭或者审判庭。要建立健全业务学习、培训机制,通过举办业务培训班、组织交流研讨会等多种形式,不断提高毒品犯罪审判队伍专业化水平。要推动与相关职能部门建立禁毒长效合作机制,在中央层面和毒品犯罪集中地区建立公检法三机关打击毒品犯罪联席会议制度,探索建立重大毒品犯罪案件信息通报、反馈机制,提升打击毒品犯罪的合力。

四是加大参与禁毒综合治理工作力度。要充分利用有利时机集中开展禁毒宣传,最高人民法院和毒品犯罪高发地区的高级人民法院要将"6·26"国际禁毒日新闻发布会制度化,并利用网络、平面等媒体配合报道,向社会公众介绍人民法院毒品犯罪审判及禁毒综合治理工作情况,公布毒品犯罪典型案例。要加强日常禁毒法制宣传,充分利用审判资源优势,通过庭审直播、公开宣判、举办禁毒法制讲座、建立禁毒对象帮教制度、与社区、学校、团体建立禁毒协作机制等多种形式,广泛、深入地开展禁毒宣传教育活动。要突出宣传重点,紧紧围绕青少年群体和合成毒品滥用问题,有针对性地组织开展宣传教育工作,增强人民群众自觉抵制毒品的意识和能力。要延伸审判职能,针对毒品犯罪审判中发现的治安隐患和社会管理漏洞,及时向有关职能部门提出加强源头治理、强化日常管控的意见和建议,推动构建更为严密的禁毒防控体系。

二、关于毒品犯罪法律适用的若干具体问题

会议认为,2008年印发的《全国部分法院审理毒品犯罪案件工作座谈会纪要》(以下简称《大连会议纪要》)较好地解决了办理毒品犯罪案件面临的一些突出法律适用问题,其中大部分规定在当前的审判实践中仍有指导意义,应当继续参照执行。同时,随着毒品犯罪形势的发展变化,近年来出现了一些新情况、新问题,需要加以研究解决。与会代表对审判实践中反映较为突出,但《大连会议纪要》没有作出规定,或者规定不尽完善的毒品犯罪法律适用问题进行了认真研究讨论,就下列问题取得了共识。

(一) 罪名认定问题

贩毒人员被抓获后，对于从其住所、车辆等处查获的毒品，一般均应认定为其贩卖的毒品。确有证据证明查获的毒品并非贩毒人员用于贩卖，其行为另构成非法持有毒品罪、窝藏毒品罪等其他犯罪的，依法定罪处罚。

吸毒者在购买、存储毒品过程中被查获，没有证据证明其是为了实施贩卖毒品等其他犯罪，毒品数量达到刑法第三百四十八条规定的最低数量标准的，以非法持有毒品罪定罪处罚。吸毒者在运输毒品过程中被查获，没有证据证明其是为了实施贩卖毒品等其他犯罪，毒品数量达到较大以上的，以运输毒品罪定罪处罚。

行为人为吸毒者代购毒品，在运输过程中被查获，没有证据证明托购者、代购者是为了实施贩卖毒品等其他犯罪，毒品数量达到较大以上的，对托购者、代购者以运输毒品罪的共犯论处。行为人为他人代购仅用于吸食的毒品，在交通、食宿等必要开销之外收取"介绍费""劳务费"，或者以贩卖为目的收取部分毒品作为酬劳的，应视为从中牟利，属于变相加价贩卖毒品，以贩卖毒品罪定罪处罚。

购毒者接收贩毒者通过物流寄递方式交付的毒品，没有证据证明其是为了实施贩卖毒品等其他犯罪，毒品数量达到刑法第三百四十八条规定的最低数量标准的，一般以非法持有毒品罪定罪处罚。代收者明知是物流寄递的毒品而代购毒者接收，没有证据证明其与购毒者有实施贩卖、运输毒品等犯罪的共同故意，毒品数量达到刑法第三百四十八条规定的最低数量标准的，对代收者以非法持有毒品罪定罪处罚。

行为人利用信息网络贩卖毒品、在境内非法买卖用于制造毒品的原料或者配剂、传授制造毒品等犯罪的方法，构成贩卖毒品罪、非法买卖制毒物品罪、传授犯罪方法罪等犯罪的，依法定罪处罚。行为人开设网站、利用网络聊天室等组织他人共同吸毒，构成引诱、教唆、欺骗他人吸毒罪等犯罪的，依法定罪处罚。

(二) 共同犯罪认定问题

办理贩卖毒品案件，应当准确认定居间介绍买卖毒品行为，并与居中倒卖毒品行为相区别。居间介绍者在毒品交易中处于中间人地位，发挥介绍联络作用，通常与交易一方构成共同犯罪，但不以牟利为要件；居中倒卖者属于毒品交易主体，与前后环节的交易对象是上下家关系，直接参与毒品交易并从中获利。居间介绍者受贩毒者委托，为其介绍联络购毒者的，与贩毒者构成贩卖毒品罪的共同犯罪；明知购毒者以贩卖为目的的购买毒品，受委托为其介绍联络贩毒者的，与购毒者构成贩卖毒品罪的共同犯罪；受以吸食为目的的购毒者委托，为其介绍联络贩毒者，毒品数量达到刑法第三百四十八条规定的最低数量标准的，一般与购毒者构成非法持有毒品罪的共同犯罪；同时与贩毒者、购毒者共谋，联络促成双方交易的，通常认定与贩毒者构成贩卖毒品罪的共同犯罪。居间介绍者实施为毒品交易主体提供交易信息、介绍交易对象等帮助行为，对促成交易起次要、辅助作用的，应当认定为从犯；对于以居间介绍者的身份介入毒品交易，但在交易中超出居间介绍者的地位，对交易的发起和达成起重要作用的被告人，可以认定为主犯。

两人以上同行运输毒品的，应当从是否明知他人带有毒品，有无共同运输毒品的意思联络，有无实施配合、掩护他人运输毒品的行为等方面综合审查认定是否构成共同犯罪。受雇于同一雇主同行运输毒品，但受雇者之间没有共同犯罪故意，或者虽然明知他人受雇运输毒品，但各自的运输行为相对独立，既没有实施配合、掩护他人运输毒品的行为，又分别按照各自运输的毒品数量领取报酬的，不应认定为共同犯罪。受雇于同一雇主分段运输同一宗毒品，但受雇者之间没有犯罪共谋的，也不应认定为共同犯罪。雇用他人运输毒品的雇主，及其他对受雇者起到一定组织、指挥作用的人员，与各受雇者分别构成运输毒品罪的共同犯罪，对运输的全部毒品数量承担刑事责任。

(三) 毒品数量认定问题

走私、贩卖、运输、制造、非法持有两种以上毒品的，可以将不同种类的毒品分别折算为海洛因的数量，以折算后累加的毒品总量作为量刑的根据。对于刑法、司法解释或者其他规范性文件明确规定了定罪量刑数量标准的毒品，应当按照该毒品与海洛因定罪量刑数量标准的比例进行折算后累加。对于刑法、司法解释及其他规范性文件没有规定定罪量刑数量标准，但《非法药物折算表》规定了与海洛因的折算比例的毒品，可以按照《非法药物折算表》折算为海洛因后进行累加。对于既未规定定罪量刑数量标准，又不具备折算条件的毒品，综合考虑其致瘾癖性、社会危害性、数量、纯度等因素依法量刑。在裁判文书中，应当客观表述涉案毒品的种类和数量，并综合认定为数量大、数量较大或者少量毒品等，不明确表述将不同种类毒品进行折算后累加的毒品总量。

对于未查获实物的甲基苯丙胺片剂（俗称"麻古"等）、MDMA片剂（俗称"摇头丸"）等混合型毒品，可以根据在案证据证明的毒品粒数，参考本案或者本地区查获的同类毒品的平均重量计算出毒品数量。在裁判文书中，应当客观表述根据在案证据认定的毒品粒数。

对于有吸毒情节的贩毒人员，一般应当按照其购买的毒品数量认定其贩卖毒品的数量，量刑时酌情考虑其吸食毒品的情节；购买的毒品数量无法查明的，按照能够证明的贩卖数量及查获的毒品数量认定其贩毒数量；确有证据证明其购买的部分毒品并非用于贩卖的，不应计入其贩毒数量。

办理毒品犯罪案件，无论毒品纯度高低，一般均应将查证属实的毒品数量认定为毒品犯罪的数量，并据此确定适用的法定刑幅度，但司法解释另有规定或者为了隐蔽运输而临时改变毒品常规形态的除外。涉案毒品纯度明显低于同类毒品的正常纯度的，量刑时可以酌情考虑。

制造毒品案件中，毒品成品、半成品的数量应当全部认定为制造毒品的数量，对于无法再加工出成品、半成品的废液、废料则不应计入制造毒品的数量。对于废液、废料的认定，可以根据其毒品成分的含量、外观形态，结合被告人对制毒过程的供述等证据进行分析判断，必要时可以听取鉴定机构的意见。

(四) 死刑适用问题

当前，我国毒品犯罪形势严峻，审判工作中应当继续坚持依法从严惩处毒品犯罪的指导思想，充分发挥死刑对于预防和惩治毒品犯罪的重要作用。要继续按照《大连会议纪要》的要求，突出打击重点，对罪行极其严重、依法应当判处死刑的被告人，坚决依法判处。同时，应当全面、准确贯彻宽严相济刑事政策，体现区别对待，做到罚当其罪，量刑时综合考虑毒品数量、犯罪性质、情节、危害后果、被告人的主观恶性、人身危险性及当地的禁毒形势等因素，严格审慎地决定死刑适用，确保死刑只适用于极少数罪行极其严重的犯罪分子。

1. 运输毒品犯罪的死刑适用

对于运输毒品犯罪，应当继续按照《大连会议纪要》的有关精神，重点打击运输毒品犯罪集团首要分子，组织、指使、雇用他人运输毒品的主犯或者毒枭、职业毒犯、毒品再犯，以及具有武装掩护运输毒品、以运输毒品为业、多次运输毒品等严重情节的被告人，对其中依法应当判处死刑的，坚决依法判处。

对于受人指使、雇用参与运输毒品的被告人，应当综合考虑毒品数量、犯罪次数、犯罪的主动性和独立性、在共同犯罪中的地位作用、获利程度和方式及其主观恶性、人身危险性等因素，予以区别对待，慎重适用死刑。对于有证据证明确属受人指使、雇用运输毒品，又系初犯、偶犯的被告人，即使毒品数量超过实际掌握的死刑数量标准，也可以不判处死刑；尤其对于其中被动参与犯罪，从属性、辅助性较强，获利程度较低的被告人，一般不应当判处死刑。对于不能排除受人指使、雇用初次运输毒品的被告人，毒品数量超过实际掌握的死刑数量标准，但尚不属数量巨大的，一般也可以不判处死刑。

一案中有多人受雇运输毒品的，在决定死刑适用时，除各被告人运输毒品的数量外，还应结合其具体犯罪情节、参与犯罪程度、与雇用者关系的紧密性及其主观恶性、人身危险性等因素综合考虑，同时判处二人以上死刑要特别慎重。

2. 毒品共同犯罪、上下家犯罪的死刑适用

毒品共同犯罪案件的死刑适用应当与该案的毒品数量、社会危害及被告人的犯罪情节、主观恶性、人身危险性相适应。涉案毒品数量刚超过实际掌握的死刑数量标准，依法应当适用死刑的，要尽量区分主犯间的罪责大小，一般只对其中罪责最大的一名主犯判处死刑；各共同犯罪人地位作用相当，或者罪责大小难以区分的，可以不判处被告人死刑；二名主犯的罪责均很突出，且均具有法定从重处罚情节的，也要尽可能比较其主观恶性、人身危险性方面的差异，判处二人死刑要特别慎重。涉案毒品数量达到巨大以上，二名以上主犯的罪责均很突出，或者罪责稍次的主犯具有法定、重大酌定从重处罚情节，判处二人以上死刑符合罪刑相适应原则，并有利于全案量刑平衡的，可以依法判处。

对于部分共同犯罪人未到案的案件，在案被告人与未到案共同犯罪人均属罪行极其严重，即使共同犯罪人到案也不影响对在案被告人适用死刑的，可以依法判处在案被告人死刑；在案被告人的罪行不足以判处死刑，或者共同犯罪人归案后全案只宜判处其一人死刑的，不能因为共同犯罪人未到案而对在案被告人适用死刑；在案被告人与未到案共同犯罪人的罪责大小难以准确认定，进而影响准确适用死刑的，不应对在案被告人判处死刑。

对于贩卖毒品案件中的上下家，要结合其贩毒数量、次数及对象范围，犯罪的主动性，对促成交易所发挥的作用，犯罪行为的危害后果等因素，综合考虑其主观恶性和人身危险性，慎重、稳妥地决定死刑适用。对于买卖同宗毒品的上下家，涉案毒品数量刚超过实际掌握的死刑数量标准的，一般不能同时判处死刑；上家主动联络销售毒品，积

极促成毒品交易的,通常可以判处上家死刑;下家积极筹资,主动向上家约购毒品,对促成毒品交易起更大作用的,可以考虑判处下家死刑。涉案毒品数量达到巨大以上的,也要综合上述因素决定死刑适用,同时判处上下家死刑符合罪刑相适应原则,并有利于全案量刑平衡的,可以依法判处。

一案中有多名共同犯罪人、上下家针对同宗毒品实施犯罪的,可以综合运用上述毒品共同犯罪、上下家犯罪的死刑适用原则予以处理。

办理毒品犯罪案件,应当尽量将共同犯罪案件或者密切关联的上下游案件进行并案审理;因客观原因造成分案处理的,办案时应当及时了解关联案件的审理进展和处理结果,注重量刑平衡。

3. 新类型、混合型毒品犯罪的死刑适用

甲基苯丙胺片剂(俗称"麻古"等)是以甲基苯丙胺为主要毒品成分的混合型毒品,其甲基苯丙胺含量相对较低,危害性亦有所不同。为体现罚当其罪,甲基苯丙胺片剂的死刑数量标准一般可以按照甲基苯丙胺(冰毒)的2倍左右掌握,具体可以根据当地的毒品犯罪形势和涉案毒品含量等因素确定。

涉案毒品为氯胺酮(俗称"K粉")的,结合毒品数量、犯罪性质、情节及危害后果等因素,对符合死刑适用条件的被告人可以依法判处死刑。综合考虑氯胺酮的致瘾癖性、滥用范围和危害性等因素,其死刑数量标准一般可以按照海洛因的10倍掌握。

涉案毒品为其他滥用范围和危害性相对较小的新类型、混合型毒品的,一般不宜判处被告人死刑。但对于司法解释、规范性文件明确规定了定罪量刑数量标准,且涉案毒品数量特别巨大,社会危害大,不判处死刑难以体现罚当其罪的,必要时可以判处被告人死刑。

(五)缓刑、财产刑适用及减刑、假释问题

对于毒品犯罪应当从严掌握缓刑适用条件。对于毒品再犯,一般不得适用缓刑。对于不能排除多次贩毒嫌疑的零包贩毒被告人,因认定构成贩卖毒品等犯罪的证据不足而认定为非法持有毒品罪的被告人,实施引诱、教唆、欺骗、强迫他人吸毒犯罪及制毒物品犯罪的被告人,应当严格限制缓刑适用。

办理毒品犯罪案件,应当依法追缴犯罪分子的违法所得,充分发挥财产刑的作用,切实加大对犯罪分子的经济制裁力度。对查封、扣押、冻结的涉案财物及其孳息,经查确属违法所得或者依法应当追缴的其他涉案财物的,如购毒款、供犯罪所用的本人财物、毒品犯罪所得的财物及其收益等,应当判决没收,但法律另有规定的除外。判处罚金刑时,应当结合毒品犯罪的性质、情节、危害后果及被告人的获利情况、经济状况等因素合理确定罚金数额。对于决定并处没收财产的毒品犯罪,判处被告人有期徒刑的,应当按照上述确定罚金数额的原则确定没收个人部分财产的数额;判处无期徒刑的,可以并处没收个人全部财产;判处死缓或者死刑的,应当并处没收个人全部财产。

对于具有毒枭、职业毒犯、累犯、毒品再犯等情节的毒品罪犯,应当从严掌握减刑条件,适当延长减刑起始时间、间隔时间,严格控制减刑幅度,延长实际执行刑期。对于刑法未禁止假释的前述毒品罪犯,应当严格掌握假释条件。

(六) 累犯、毒品再犯问题

累犯、毒品再犯是法定从重处罚情节，即使本次毒品犯罪情节较轻，也要体现从严惩处的精神。尤其对于曾因实施严重暴力犯罪被判刑的累犯、刑满释放后短期内又实施毒品犯罪的再犯，以及在缓刑、假释、暂予监外执行期间又实施毒品犯罪的再犯，应当严格体现从重处罚。

对于因同一毒品犯罪前科同时构成累犯和毒品再犯的被告人，在裁判文书中应当同时引用刑法关于累犯和毒品再犯的条款，但在量刑时不得重复予以从重处罚。对于因不同犯罪前科同时构成累犯和毒品再犯的被告人，量刑时的从重处罚幅度一般应大于前述情形。

(七) 非法贩卖麻醉药品、精神药品行为的定性问题

行为人向走私、贩卖毒品的犯罪分子或者吸食、注射毒品的人员贩卖国家规定管制的能够使人形成瘾癖的麻醉药品或者精神药品的，以贩卖毒品罪定罪处罚。

行为人出于医疗目的，违反有关药品管理的国家规定，非法贩卖上述麻醉药品或者精神药品，扰乱市场秩序，情节严重的，以非法经营罪定罪处罚。

最高人民法院　最高人民检察院　公安部
关于印发《办理毒品犯罪案件毒品提取、扣押、称量、取样和送检程序若干问题的规定》的通知

2016年5月24日　　　　　　　　　　　　公禁毒〔2016〕511号

各省、自治区、直辖市高级人民法院，人民检察院，公安厅、局，新疆维吾尔自治区高级人民法院生产建设兵团分院，新疆生产建设兵团人民检察院、公安局：

为进一步规范毒品犯罪案件中毒品的提取、扣押、称量、取样和送检工作，最高人民法院、最高人民检察院、公安部制定了《办理毒品犯罪案件毒品提取、扣押、称量、取样和送检程序若干问题的规定》。现印发给你们，请认真贯彻执行。执行中遇到的问题，请及时分别层报最高人民法院、最高人民检察院、公安部。

附：

办理毒品犯罪案件毒品提取、扣押、称量、取样和送检程序若干问题的规定

第一章 总 则

第一条 为规范毒品的提取、扣押、称量、取样和送检程序，提高办理毒品犯罪案件的质量和效率，根据《中华人民共和国刑事诉讼法》《最高人民法院关于适用〈中华人民共和国刑事诉讼法〉的解释》《人民检察院刑事诉讼规则（试行）》《公安机关办理刑事案件程序规定》等有关规定，结合办案工作实际，制定本规定。

第二条 公安机关对于毒品的提取、扣押、称量、取样和送检工作，应当遵循依法、客观、准确、公正、科学和安全的原则，确保毒品实物证据的收集、固定和保管工作严格依法进行。

第三条 人民检察院、人民法院办理毒品犯罪案件，应当审查公安机关对毒品的提取、扣押、称量、取样、送检程序以及相关证据的合法性。

毒品的提取、扣押、称量、取样、送检程序存在瑕疵，可能严重影响司法公正的，人民检察院、人民法院应当要求公安机关予以补正或者作出合理解释。经公安机关补正或者作出合理解释的，可以采用相关证据；不能补正或者作出合理解释的，对相关证据应当依法予以排除，不得作为批准逮捕、提起公诉或者判决的依据。

第二章 提取、扣押

第四条 侦查人员应当对毒品犯罪案件有关的场所、物品、人身进行勘验、检查或者搜查，及时准确地发现、固定、提取、采集毒品及内外包装物上的痕迹、生物样本等物证，依法予以扣押。必要时，可以指派或者聘请具有专门知识的人，在侦查人员的主持下进行勘验、检查。

侦查人员对制造毒品、非法生产制毒物品犯罪案件的现场进行勘验、检查或者搜查时，应当提取并当场扣押制造毒品、非法生产制毒物品的原料、配剂、成品、半成品和工具、容器、包装物以及上述物品附着的痕迹、生物样本等物证。

提取、扣押时，不得将不同包装物内的毒品混合。

现场勘验、检查或者搜查时，应当对查获毒品的原始状态拍照或者录像，采取措施防止犯罪嫌疑人及其他无关人员接触毒品及包装物。

第五条 毒品的扣押应当在有犯罪嫌疑人在场并有见证人的情况下，由两名以上侦查人员执行。

毒品的提取、扣押情况应当制作笔录，并当场开具扣押清单。

笔录和扣押清单应当由侦查人员、犯罪嫌疑人和见证人签名。犯罪嫌疑人拒绝签名的，应当在笔录和扣押清单中注明。

第六条 对同一案件在不同位置查获的两个以上包装的毒品，应当根据不同的查获位置进行分组。

对同一位置查获的两个以上包装的毒品，应当按照以下方法进行分组：

（一）毒品或者包装物的外观特征不一致的，根据毒品及包装物的外观特征进行分组；

（二）毒品及包装物的外观特征一致，但犯罪嫌疑人供述非同一批次毒品的，根据犯罪嫌疑人供述的不同批次进行分组；

（三）毒品及包装物的外观特征一致，但犯罪嫌疑人辩称其中部分不是毒品或者不知是否为毒品的，对犯罪嫌疑人辩解的部分疑似毒品单独分组。

第七条 对查获的毒品应当按其独立最小包装逐一编号或者命名，并将毒品的编号、名称、数量、查获位置以及包装、颜色、形态等外观特征记录在笔录或者扣押清单中。

在毒品的称量、取样、送检等环节，毒品的编号、名称以及对毒品外观特征的描述应当与笔录和扣押清单保持一致；不一致的，应当作出书面说明。

第八条 对体内藏毒的案件，公安机关应当监控犯罪嫌疑人排出体内的毒品，及时提取、扣押并制作笔录。笔录应当由侦查人员和犯罪嫌疑人签名；犯罪嫌疑人拒绝签名的，应当在笔录中注明。在保障犯罪嫌疑人隐私权和人格尊严的情况下，可以对排毒的主要过程进行拍照或者录像。

必要时，可以在排毒前对犯罪嫌疑人体内藏毒情况进行透视检验并以透视影像的形式固定证据。

体内藏毒的犯罪嫌疑人为女性的，应当由女性工作人员或者医师检查其身体，并由女性工作人员监控其排毒。

第九条 现场提取、扣押等工作完成后，一般应当由两名以上侦查人员对提取、扣押的毒品及包装物进行现场封装，并记录在笔录中。

封装应当在有犯罪嫌疑人在场并有见证人的情况下进行；应当使用封装袋封装毒品并加密封口，或者使用封条贴封包装，作好标记和编号，由侦查人员、犯罪嫌疑人和见证人在封口处、贴封处或者指定位置签名并签署封装日期。犯罪嫌疑人拒绝签名的，侦查人员应当注明。

确因情况紧急、现场环境复杂等客观原因无法在现场实施封装的，经公安机关办案部门负责人批准，可以及时将毒品带至公安机关办案场所或者其他适当的场所进行封装，并对毒品移动前后的状态进行拍照固定，作出书面说明。

封装时，不得将不同包装内的毒品混合。对不同组的毒品，应当分别独立封装，封装后可以统一签名。

第十条 必要时，侦查人员应当对提取、扣押和封装的主要过程进行拍照或者录像。

照片和录像资料应当反映提取、扣押和封装活动的主要过程以及毒品的原始位置、存放状态和变动情况。照片应当附有相应的文字说明，文字说明应当与照片反映的情况相对应。

第十一条 公安机关应当设置专门的毒品保管场所或者涉案财物管理场所，指定专人保管封装后的毒品及包装物，并采取措施防止毒品发生变质、泄漏、遗失、损毁或者受到污染等。

对易燃、易爆、具有毒害性以及对保管条件、保管场所有特殊要求的毒品，在处理前应当存放在符合条件的专门场所。公安机关没有具备保管条件的场所的，可以借用其他单位符合条件的场所进行保管。

第三章　称　　量

第十二条 毒品的称量一般应当由两名以上侦查人员在查获毒品的现场完成。

不具备现场称量条件的，应当按照本规定第九条的规定对毒品及包装物封装后，带至公安机关办案场所或者其他适当的场所进行称量。

第十三条 称量应当在有犯罪嫌疑人在场并有见证人的情况下进行，并制作称量笔录。

对已经封装的毒品进行称量前，应当在有犯罪嫌疑人在场并有见证人的情况下拆封，并记录在称量笔录中。

称量笔录应当由称量人、犯罪嫌疑人和见证人签名。犯罪嫌疑人拒绝签名的，应当在称量笔录中注明。

第十四条 称量应当使用适当精度和称量范围的衡器。称量的毒品质量不足一百克的，衡器的分度值应当达到零点零一克；一百克以上且不足一千克的，分度值应当达到零点一克；一千克以上且不足十千克的，分度值应当达到一克；十千克以上且不足一百千克的，分度值应当达到十克；一百千克以上且不足一吨的，分度值应当达到一百克；一吨以上的，分度值应当达到一千克。

称量前，称量人应当将衡器示数归零，并确保其处于正常的工作状态。

称量所使用的衡器应当经过法定计量检定机构检定并在有效期内，一般不得随意搬动。

法定计量检定机构出具的计量检定证书复印件应当归入证据材料卷，并随案移送。

第十五条 对两个以上包装的毒品，应当分别称量，并统一制作称量笔录，不得混合后称量。

对同一组内的多个包装的毒品，可以采取全部毒品及包装物总质量减去包装物质量的方式确定毒品的净质量；称量时，不同包装物内的毒品不得混合。

第十六条 多个包装的毒品系包装完好、标识清晰完整的麻醉药品、精神药品制剂的，可以按照其包装、标识或者说明书上标注的麻醉药品、精神药品成分的含量计算全部毒品的质量，或者从相同批号的药品制剂中随机抽取三个包装进行称量后，根据麻醉药品、精神药品成分的含量计算全部毒品的质量。

第十七条 对体内藏毒的案件,应当将犯罪嫌疑人排出体外的毒品逐一称量,统一制作称量笔录。

犯罪嫌疑人供述所排出的毒品系同一批次或者毒品及包装物的外观特征相似的,可以按照本规定第十五条第二款规定的方法进行称量。

第十八条 对同一容器内的液态毒品或者固液混合状态毒品,应当采用拍照或者录像等方式对其原始状态进行固定,再统一称量。必要时,可以对其原始状态固定后,再进行固液分离并分别称量。

第十九条 现场称量后将毒品带回公安机关办案场所或者送至鉴定机构取样的,应当按照本规定第九条的规定对毒品及包装物进行封装。

第二十条 侦查人员应当对称量的主要过程进行拍照或者录像。

照片和录像资料应当清晰显示毒品的外观特征、衡器示数和犯罪嫌疑人对称量结果的指认情况。

第四章 取 样

第二十一条 毒品的取样一般应当在称量工作完成后,由两名以上侦查人员在查获毒品的现场或者公安机关办案场所完成。必要时,可以指派或者聘请具有专门知识的人进行取样。

在现场或者公安机关办案场所不具备取样条件的,应当按照本规定第九条的规定对毒品及包装物进行封装后,将其送至鉴定机构并委托鉴定机构进行取样。

第二十二条 在查获毒品的现场或者公安机关办案场所取样的,应当在有犯罪嫌疑人在场并有见证人的情况下进行,并制作取样笔录。

对已经封装的毒品进行取样前,应当在有犯罪嫌疑人在场并有见证人的情况下拆封,并记录在取样笔录中。

取样笔录应当由取样人、犯罪嫌疑人和见证人签名。犯罪嫌疑人拒绝签名的,应当在取样笔录中注明。

必要时,侦查人员应当对拆封和取样的主要过程进行拍照或者录像。

第二十三条 委托鉴定机构进行取样的,对毒品的取样方法、过程、结果等情况应当制作取样笔录,但鉴定意见包含取样方法的除外。

取样笔录应当由侦查人员和取样人签名,并随案移送。

第二十四条 对单个包装的毒品,应当按照下列方法选取或者随机抽取检材:

(一)粉状。将毒品混合均匀,并随机抽取约一克作为检材;不足一克的全部取作检材。

(二)颗粒状、块状。随机选择三个以上不同的部位,各抽取一部分混合作为检材,混合后的检材质量不少于一克;不足一克的全部取作检材。

(三)膏状、胶状。随机选择三个以上不同的部位,各抽取一部分混合作为检材,混合后的检材质量不少于三克;不足三克的全部取作检材。

(四)胶囊状、片剂状。先根据形状、颜色、大小、标识等外观特征进行分组;对于外观特征相似的一组，从中随机抽取三粒作为检材，不足三粒的全部取作检材。

（五）液态。将毒品混合均匀，并随机抽取约二十毫升作为检材；不足二十毫升的全部取作检材。

（六）固液混合状态。按照本款以上各项规定的方法，分别对固态毒品和液态毒品取样；能够混合均匀成溶液的，可以将其混合均匀后按照本款第五项规定的方法取样。

对其他形态毒品的取样，参照前款规定的取样方法进行。

第二十五条　对同一组内两个以上包装的毒品，应当按照下列标准确定选取或者随机抽取独立最小包装的数量，再根据本规定第二十四条规定的取样方法从单个包装中选取或者随机抽取检材：

（一）少于十个包装的，应当选取所有的包装；

（二）十个以上包装且少于一百个包装的，应当随机抽取其中的十个包装；

（三）一百个以上包装的，应当随机抽取与包装总数的平方根数值最接近的整数个包装。

对选取或者随机抽取的多份检材，应当逐一编号或者命名，且检材的编号、名称应当与其他笔录和扣押清单保持一致。

第二十六条　多个包装的毒品系包装完好、标识清晰完整的麻醉药品、精神药品制剂的，可以从相同批号的药品制剂中随机抽取三个包装，再根据本规定第二十四条规定的取样方法从单个包装中选取或者随机抽取检材。

第二十七条　在查获毒品的现场或者公安机关办案场所取样的，应当使用封装袋封装检材并加密封口，作好标记和编号，由取样人、犯罪嫌疑人和见证人在封口处或者指定位置签名并签署封装日期。犯罪嫌疑人拒绝签名的，侦查人员应当注明。

从不同包装中选取或者随机抽取的检材应当分别独立封装，不得混合。

对取样后剩余的毒品及包装物，应当按照本规定第九条的规定进行封装。选取或者随机抽取的检材应当由专人负责保管。在检材保管和送检过程中，应当采取妥善措施防止其发生变质、泄漏、遗失、损毁或者受到污染等。

第二十八条　委托鉴定机构进行取样的，应当使用封装袋封装取样后剩余的毒品及包装物并加密封口，作好标记和编号，由侦查人员和取样人在封口处签名并签署封装日期。

第二十九条　对取样后剩余的毒品及包装物，应当及时送至公安机关毒品保管场所或者涉案财物管理场所进行妥善保管。

对需要作为证据使用的毒品，不起诉决定或者判决、裁定（含死刑复核判决、裁定）发生法律效力后方可处理。

第五章　送　　检

第三十条　对查获的全部毒品或者从查获的毒品中选取或者随机抽取的检材，应当由两名以上侦查人员自毒品被查获之日起三日以内，送至鉴定机构进行鉴定。

具有案情复杂、查获毒品数量较多、异地办案、在交通不便地区办案等情形的，送检时限可以延长至七日。

公安机关应当向鉴定机构提供真实、完整、充分的鉴定材料，并对鉴定材料的真实性、合法性负责。

第三十一条 侦查人员送检时，应当持本人工作证件、鉴定聘请书等材料，并提供鉴定事项相关的鉴定资料；需要复核、补充或者重新鉴定的，还应当持原鉴定意见复印件。

第三十二条 送检的侦查人员应当配合鉴定机构核对鉴定材料的完整性、有效性，并检查鉴定材料是否满足鉴定需要。

公安机关鉴定机构应当在收到鉴定材料的当日作出是否受理的决定，决定受理的，应当与公安机关办案部门签订鉴定委托书；不予受理的，应当退还鉴定材料并说明理由。

第三十三条 具有下列情形之一的，公安机关应当委托鉴定机构对查获的毒品进行含量鉴定：

（一）犯罪嫌疑人、被告人可能被判处死刑的；

（二）查获的毒品系液态、固液混合物或者系毒品半成品的；

（三）查获的毒品可能大量掺假的；

（四）查获的毒品系成分复杂的新类型毒品，且犯罪嫌疑人、被告人可能被判处七年以上有期徒刑的；

（五）人民检察院、人民法院认为含量鉴定对定罪量刑有重大影响而书面要求进行含量鉴定的。

进行含量鉴定的检材应当与进行成分鉴定的检材来源一致，且一一对应。

第三十四条 对毒品原植物及其种子、幼苗，应当委托具备相应资质的鉴定机构进行鉴定。当地没有具备相应资质的鉴定机构的，可以委托侦办案件的公安机关所在地的县级以上农牧、林业行政主管部门，或者设立农林相关专业的普通高等学校、科研院所出具检验报告。

第六章 附　　则

第三十五条 本规定所称的毒品，包括毒品的成品、半成品、疑似物以及含有毒品成分的物质。

毒品犯罪案件中查获的其他物品，如制毒物品及其半成品、含有制毒物品成分的物质、毒品原植物及其种子和幼苗的提取、扣押、称量、取样和送检程序，参照本规定执行。

第三十六条 本规定所称的"以上""以内"包括本数，"日"是指工作日。

第三十七条 扣押、封装、称量或者在公安机关办案场所取样时，无法确定犯罪嫌疑人、犯罪嫌疑人在逃或者犯罪嫌疑人在异地被抓获且无法及时到场的，应当在有见证人的情况下进行，并在相关笔录、扣押清单中注明。

犯罪嫌疑人到案后，公安机关应当以告知书的形式告知其扣押、称量、取样的过程、结果。犯罪嫌疑人拒绝在告知书上签名的,应当将告知情况形成笔录,一并附卷;犯罪嫌疑人对称量结果有异议,有条件重新称量的,可以重新称量,并制作称量笔录。

第三十八条 毒品的提取、扣押、封装、称量、取样活动有见证人的,笔录材料中应当写明见证人的姓名、身份证件种类及号码和联系方式,并附其常住人口信息登记表等材料。

下列人员不得担任见证人:

(一)生理上、精神上有缺陷或者年幼,不具有相应辨别能力或者不能正确表达的人;

(二)犯罪嫌疑人的近亲属,被引诱、教唆、欺骗、强迫吸毒的被害人及其近亲属,以及其他与案件有利害关系并可能影响案件公正处理的人;

(三)办理该毒品犯罪案件的公安机关、人民检察院、人民法院的工作人员、实习人员或者其聘用的协勤、文职、清洁、保安等人员。

由于客观原因无法由符合条件的人员担任见证人或者见证人不愿签名的,应当在笔录材料中注明情况,并对相关活动进行拍照并录像。

第三十九条 本规定自2016年7月1日起施行。

最高人民法院 最高人民检察院 公安部印发《关于办理走私、非法买卖麻黄碱类复方制剂等刑事案件适用法律若干问题的意见》的通知

2012年6月18日　　　　　　　　　　　　法发〔2012〕12号

各省、自治区、直辖市高级人民法院、人民检察院、公安厅(局),解放军军事法院、军事检察院,新疆维吾尔自治区高级人民法院生产建设兵团分院,新疆生产建设兵团人民检察院、公安局:

为从源头上惩治毒品犯罪,遏制麻黄碱类复方制剂流入非法渠道被用于制造毒品,最高人民法院、最高人民检察院、公安部制定了《关于办理走私、非法买卖麻黄碱类复方制剂等刑事案件适用法律若干问题的意见》。现印发给你们,请认真贯彻执行。执行中遇到的问题,请及时分别层报最高人民法院、最高人民检察院、公安部。

附：

关于办理走私、非法买卖麻黄碱类复方制剂等刑事案件适用法律若干问题的意见

为从源头上打击、遏制毒品犯罪，根据刑法等有关规定，结合司法实践，现就办理走私、非法买卖麻黄碱类复方制剂等刑事案件适用法律的若干问题，提出以下意见：

一、关于走私、非法买卖麻黄碱类复方制剂等行为的定性

以加工、提炼制毒物品制造毒品为目的，购买麻黄碱类复方制剂，或者运输、携带、寄递麻黄碱类复方制剂进出境的，依照刑法第三百四十七条的规定，以制造毒品罪定罪处罚。

以加工、提炼制毒物品为目的，购买麻黄碱类复方制剂，或者运输、携带、寄递麻黄碱类复方制剂进出境的，依照刑法第三百五十条第一款、第三款的规定，分别以非法买卖制毒物品罪、走私制毒物品罪定罪处罚。

将麻黄碱类复方制剂拆除包装、改变形态后进行走私或者非法买卖，或者明知是已拆除包装、改变形态的麻黄碱类复方制剂而进行走私或者非法买卖的，依照刑法第三百五十条第一款、第三款的规定，分别以走私制毒物品罪、非法买卖制毒物品罪定罪处罚。

非法买卖麻黄碱类复方制剂或者运输、携带、寄递麻黄碱类复方制剂进出境，没有证据证明系用于制造毒品或者走私、非法买卖制毒物品，或者未达到走私制毒物品罪、非法买卖制毒物品罪的定罪数量标准，构成非法经营罪、走私普通货物、物品罪等其他犯罪的，依法定罪处罚。

实施第一款、第二款规定的行为，同时构成其他犯罪的，依照处罚较重的规定定罪处罚。

二、关于利用麻黄碱类复方制剂加工、提炼制毒物品行为的定性

以制造毒品为目的，利用麻黄碱类复方制剂加工、提炼制毒物品的，依照刑法第三百四十七条的规定，以制造毒品罪定罪处罚。

以走私或者非法买卖为目的，利用麻黄碱类复方制剂加工、提炼制毒物品的，依照刑法第三百五十条第一款、第三款的规定，分别以走私制毒物品罪、非法买卖制毒物品罪定罪处罚。

三、关于共同犯罪的认定

明知他人利用麻黄碱类制毒物品制造毒品，向其提供麻黄碱类复方制剂，为其利用麻黄碱类复方制剂加工、提炼制毒物品，或者为其获取、利用麻黄碱类复方制剂提供其

他帮助的，以制造毒品罪的共犯论处。

明知他人走私或者非法买卖麻黄碱类制毒物品，向其提供麻黄碱类复方制剂，为其利用麻黄碱类复方制剂加工、提炼制毒物品，或者为其获取、利用麻黄碱类复方制剂提供其他帮助的，分别以走私制毒物品罪、非法买卖制毒物品罪的共犯论处。

四、关于犯罪预备、未遂的认定

实施本意见规定的行为，符合犯罪预备或者未遂情形的，依照法律规定处罚。

五、关于犯罪嫌疑人、被告人主观目的与明知的认定

对于本意见规定的犯罪嫌疑人、被告人的主观目的与明知，应当根据物证、书证、证人证言以及犯罪嫌疑人、被告人供述和辩解等在案证据，结合犯罪嫌疑人、被告人的行为表现，重点考虑以下因素综合予以认定：

1. 购买、销售麻黄碱类复方制剂的价格是否明显高于市场交易价格；
2. 是否采用虚假信息、隐蔽手段运输、寄递、存储麻黄碱类复方制剂；
3. 是否采用伪报、伪装、藏匿或者绕行进出境等手段逃避海关、边防等检查；
4. 提供相关帮助行为获得的报酬是否合理；
5. 此前是否实施过同类违法犯罪行为；
6. 其他相关因素。

六、关于制毒物品数量的认定

实施本意见规定的行为，以走私制毒物品罪、非法买卖制毒物品罪定罪处罚的，应当以涉案麻黄碱类复方制剂中麻黄碱类物质的含量作为涉案制毒物品的数量。

实施本意见规定的行为，以制造毒品罪定罪处罚的，应当将涉案麻黄碱类复方制剂所含的麻黄碱类物质可以制成的毒品数量作为量刑情节考虑。

多次实施本意见规定的行为未经处理的，涉案制毒物品的数量累计计算。

七、关于定罪量刑的数量标准

实施本意见规定的行为，以走私制毒物品罪、非法买卖制毒物品罪定罪处罚的，涉案麻黄碱类复方制剂所含的麻黄碱类物质应当达到以下数量标准：麻黄碱、伪麻黄碱、消旋麻黄碱及其盐类五千克以上不满五十千克；去甲麻黄碱、甲基麻黄碱及其盐类十千克以上不满一百千克；麻黄浸膏、麻黄浸膏粉一百千克以上不满一千千克。达到上述数量标准上限的，认定为刑法第三百五十条第一款规定的"数量大"。

实施本意见规定的行为，以制造毒品罪定罪处罚的，无论涉案麻黄碱类复方制剂所含的麻黄碱类物质数量多少，都应当追究刑事责任。

八、关于麻黄碱类复方制剂的范围

本意见所称麻黄碱类复方制剂是指含有《易制毒化学品管理条例》（国务院令第445号）品种目录所列的麻黄碱（麻黄素）、伪麻黄碱（伪麻黄素）、消旋麻黄碱（消旋麻黄素)、去甲麻黄碱(去甲麻黄素)、甲基麻黄碱(甲基麻黄素)及其盐类,或者麻黄浸膏、麻黄浸膏粉等麻黄碱类物质的药品复方制剂。

最高人民法院　最高人民检察院　公安部
农业部　国家食品药品监督管理总局
关于进一步加强麻黄草管理严厉打击非法
买卖麻黄草等违法犯罪活动的通知

2013年5月21日　　　　　　　　　　　　公通字〔2013〕16号

各省、自治区、直辖市高级人民法院,人民检察院,公安厅、局,农业(农牧、畜牧)厅、局,食品药品监督管理局(药品监督管理局),解放军军事法院、军事检察院,新疆维吾尔自治区高级人民法院生产建设兵团分院,新疆生产建设兵团人民检察院、公安局、畜牧兽医局:

近年来,随着我国对麻黄碱类制毒物品及其复方制剂监管力度的不断加大,利用麻黄碱类制毒物品及其复方制剂制造冰毒的犯罪活动得到有效遏制。但是,利用麻黄草提取麻黄碱类制毒物品制造冰毒的问题日益凸显,麻黄草已成为目前国内加工制造冰毒的又一主要原料。2012年,全国共破获利用麻黄草提取麻黄碱类制毒物品制造冰毒案件46起、缴获麻黄草964.4吨,同比分别上升91.7%、115.5%。为进一步加强麻黄草管理,严厉打击非法买卖麻黄草等违法犯罪活动,根据《中华人民共和国刑法》、《国务院关于禁止采集和销售发菜制止滥挖甘草和麻黄草有关问题的通知》(国发〔2000〕13号)等相关规定,现就有关要求通知如下:

一、严格落实麻黄草采集、收购许可证制度

麻黄草的采集、收购实行严格的许可证制度,未经许可,任何单位和个人不得采集、收购麻黄草,麻黄草收购单位只能将麻黄草销售给药品生产企业。农牧主管部门要从严核发麻黄草采集证,统筹确定各地麻黄草采挖量,禁止任何单位和个人无证采挖麻黄草;严格监督采挖单位和个人凭采集证销售麻黄草;严格控制麻黄草采挖量,严禁无证或超量采挖麻黄草。食品药品监管部门要督促相关药品生产企业严格按照《药品生产质量管理规范(2010年修订)》规定,建立和完善药品质量管理体系,特别是建立麻黄草收购、产品加工和销售台账,并保存2年备查。

二、切实加强对麻黄草采挖、买卖和运输的监督检查

农牧主管部门要认真调查麻黄草资源的分布和储量,加强对麻黄草资源的监管;要严肃查处非法采挖麻黄草和伪造、倒卖、转让采集证行为,上述行为一经发现,一律按

最高限处罚。食品药品监管部门要加强对药品生产、经营企业的监督检查,对违反《药品管理法》及相关规定生产、经营麻黄草及其制品的,要依法处理。公安机关要会同农牧主管等部门,加强对麻黄草运输活动的检查,在重点公路、出入省通道要部署力量进行查缉,对没有采集证或者收购证以及不能说明合法用途运输麻黄草的,一律依法扣押审查。

三、依法查处非法采挖、买卖麻黄草等犯罪行为

各地人民法院、人民检察院、公安机关要依法查处非法采挖、买卖麻黄草等犯罪行为,区别情形予以处罚:

(一)以制造毒品为目的,采挖、收购麻黄草的,依照刑法第三百四十七条的规定,以制造毒品罪定罪处罚。

(二)以提取麻黄碱类制毒物品后进行走私或者非法贩卖为目的,采挖、收购麻黄草,涉案麻黄草所含的麻黄碱类制毒物品达到相应定罪数量标准的,依照刑法第三百五十条第一款、第三款的规定,分别以走私制毒物品罪、非法买卖制毒物品罪定罪处罚。

(三)明知他人制造毒品或者走私、非法买卖制毒物品,向其提供麻黄草或者提供运输、储存麻黄草等帮助的,分别以制造毒品罪、走私制毒物品罪、非法买卖制毒物品罪的共犯论处。

(四)违反国家规定采挖、销售、收购麻黄草,没有证据证明以制造毒品或者走私、非法买卖制毒物品为目的,依照刑法第二百二十五条的规定构成犯罪的,以非法经营罪定罪处罚。

(五)实施以上行为,以制造毒品罪、走私制毒物品罪、非法买卖制毒物品罪定罪处罚的,涉案制毒物品的数量按照三百千克麻黄草折合一千克麻黄碱计算;以制造毒品罪定罪处罚的,无论涉案麻黄草数量多少,均应追究刑事责任。

最高人民法院
关于涉氯胺酮毒品案件如何适用死刑标准的答复

2013年3月1日　　　　　　　　　　　〔2013〕刑四函字第2号

广东省高级人民法院:

你院粤高法〔2013〕18号《关于涉氯胺酮毒品案件如何适用死刑标准的请示》收悉。经研究,答复如下:

《最高人民法院、最高人民检察院、公安部办理毒品犯罪案件适用法律若干问题的意见》已对涉氯胺酮毒品案件定罪量刑的数量标准作了规定。根据2008年《全国部分法院审理毒品犯罪案件工作座谈会纪要》"对于刑法、司法解释等已规定了量刑数量标

准的毒品，按照刑法、司法解释等规定适用刑罚"的规定，办理涉氯胺酮毒品案件，应直接按照上述意见适用刑罚。

此复。

附：

广东省高级人民法院
关于涉氯胺酮毒品案件如何适用死刑标准的请示

2013年1月15日　　　　　　　　　　　　　粤高法〔2013〕18号

最高人民法院：

刑法第三百四十七条第二款第（一）项规定，走私、贩卖、运输、制造海洛因或者甲基苯丙胺五十克以上或者其他毒品数量大的，处十五年有期徒刑、无期徒刑或者死刑。"两高一部"2007年11月8日下发的《关于办理毒品犯罪案件适用法律若干问题的意见》第三条规定，走私、贩卖、运输、制造氯胺酮1千克以上的，属于刑法第三百四十七条第二款第（一）项规定的"其他毒品数量大"。国家食品药品监督管理局2004年10月制定的《非法药物折算表》规定，1克氯胺酮相当于0.1克海洛因。

实践中，对于涉氯胺酮案件死刑数量标准如何掌握的问题，存在两种观点：

第一种观点认为，《关于办理毒品犯罪案件适用法律若干问题的意见》已明确规定，氯胺酮1千克以上属于"其他毒品数量大"，其量刑幅度与海洛因50克相同。因此，应按照1000∶50的比例，将氯胺酮折算为海洛因后适用实际掌握的死刑数量标准。

第二种观点认为，鉴于《非法药物折算表》已明确，1克氯胺酮相当于0.1克海洛因，实践中应按10∶1的比例，将氯胺酮折算为海洛因后适用实际掌握的死刑数量标准。

我院倾向第二种观点。为准确适用法律，特就上述问题向钧院请示，请批复。

最高人民法院　最高人民检察院　公安部
关于办理邻氯苯基环戊酮等三种制毒物品犯罪案件定罪量刑数量标准的通知

2014年9月5日　　　　　　　　　　　　　　　　　　公通字〔2014〕32号

各省、自治区、直辖市高级人民法院，人民检察院，公安厅、局，解放军军事法院、军事检察院，新疆维吾尔自治区高级人民法院生产建设兵团分院，新疆生产建设兵团人民检察院、公安局：

近年来，随着制造合成毒品犯罪的迅速增长，制毒物品流入非法渠道形势严峻。利用邻氯苯基环戊酮合成羟亚胺进而制造氯胺酮，利用1－苯基－2－溴－1－丙酮（又名溴代苯丙酮、2－溴代苯丙酮、α－溴代苯丙酮等）合成麻黄素和利用3－氧－2－苯基丁腈（又名α－氰基苯丙酮、α－苯乙酰基乙腈、2－苯乙酰基乙腈等）合成1－苯基－2－丙酮进而制造甲基苯丙胺（冰毒）等犯罪尤为突出。2012年9月和2014年5月，国务院先后将邻氯苯基环戊酮、1－苯基－2－溴－1－丙酮和3－氧－2－苯基丁腈增列为第一类易制毒化学品管制。为遏制上述物品流入非法渠道被用于制造毒品，根据刑法和《最高人民法院关于审理毒品案件定罪量刑标准有关问题的解释》《最高人民法院、最高人民检察院、公安部关于办理制毒物品犯罪案件适用法律若干问题的意见》等相关规定，现就办理上述三种制毒物品犯罪案件的定罪量刑数量标准通知如下：

一、违反国家规定，非法运输、携带邻氯苯基环戊酮、1－苯基－2－溴－1－丙酮或者3－氧－2－苯基丁腈进出境，或者在境内非法买卖上述物品，达到下列数量标准的，依照刑法第三百五十条第一款的规定，处三年以下有期徒刑、拘役或者管制，并处罚金：

（一）邻氯苯基环戊酮二十千克以上不满二百千克；

（二）1－苯基－2－溴－1－丙酮、3－氧－2－苯基丁腈十五千克以上不满一百五十千克。

二、违反国家规定，实施上述行为，达到或者超过第一条所列最高数量标准的，应当认定为刑法第三百五十条第一款规定的"数量大"，处三年以上十年以下有期徒刑，并处罚金。

8. 组织、强迫、引诱、容留、介绍卖淫罪

最高人民法院 最高人民检察院
关于办理组织、强迫、引诱、容留、介绍卖淫刑事案件适用法律若干问题的解释

法释〔2017〕13号

（2017年5月8日最高人民法院审判委员会第1716次会议、2017年7月4日由最高人民检察院第十二届检察委员会第66次会议通过 2017年7月21日最高人民法院、最高人民检察院公告公布 自2017年7月25日起施行）

为依法惩治组织、强迫、引诱、容留、介绍卖淫犯罪活动，根据刑法有关规定，结合司法工作实际，现就办理这类刑事案件具体应用法律的若干问题解释如下：

第一条 以招募、雇佣、纠集等手段，管理或者控制他人卖淫，卖淫人员在三人以上的，应当认定为刑法第三百五十八条规定的"组织他人卖淫"。

组织卖淫者是否设置固定的卖淫场所、组织卖淫者人数多少、规模大小，不影响组织卖淫行为的认定。

第二条 组织他人卖淫，具有下列情形之一的，应当认定为刑法第三百五十八条第一款规定的"情节严重"：

（一）卖淫人员累计达十人以上的；

（二）卖淫人员中未成年人、孕妇、智障人员、患有严重性病的人累计达五人以上的；

（三）组织境外人员在境内卖淫或者组织境内人员出境卖淫的；

（四）非法获利人民币一百万元以上的；

（五）造成被组织卖淫的人自残、自杀或者其他严重后果的；

（六）其他情节严重的情形。

第三条 在组织卖淫犯罪活动中，对被组织卖淫的人有引诱、容留、介绍卖淫行为的，依照处罚较重的规定定罪处罚。但是，对被组织卖淫的人以外的其他人有引诱、容留、介绍卖淫行为的，应当分别定罪，实行数罪并罚。

第四条 明知他人实施组织卖淫犯罪活动而为其招募、运送人员或者充当保镖、打手、管账人等的，依照刑法第三百五十八条第四款的规定，以协助组织卖淫罪定罪处罚，不以组织卖淫罪的从犯论处。

在具有营业执照的会所、洗浴中心等经营场所担任保洁员、收银员、保安员等，从事一般服务性、劳务性工作，仅领取正常薪酬，且无前款所列协助组织卖淫行为的，不认定为协助组织卖淫罪。

第五条 协助组织他人卖淫，具有下列情形之一的，应当认定为刑法第三百五十八条第四款规定的"情节严重"：

（一）招募、运送卖淫人员累计达十人以上的；

（二）招募、运送的卖淫人员中未成年人、孕妇、智障人员、患有严重性病的人累计达五人以上的；

（三）协助组织境外人员在境内卖淫或者协助组织境内人员出境卖淫的；

（四）非法获利人民币五十万元以上的；

（五）造成被招募、运送或者被组织卖淫的人自残、自杀或者其他严重后果的；

（六）其他情节严重的情形。

第六条 强迫他人卖淫，具有下列情形之一的，应当认定为刑法第三百五十八条第一款规定的"情节严重"：

（一）卖淫人员累计达五人以上的；

（二）卖淫人员中未成年人、孕妇、智障人员、患有严重性病的人累计达三人以上的；

（三）强迫不满十四周岁的幼女卖淫的；

（四）造成被强迫卖淫的人自残、自杀或者其他严重后果的；

（五）其他情节严重的情形。

行为人既有组织卖淫犯罪行为，又有强迫卖淫犯罪行为，且具有下列情形之一的，以组织、强迫卖淫"情节严重"论处：

（一）组织卖淫、强迫卖淫行为中具有本解释第二条、本条前款规定的"情节严重"情形之一的；

（二）卖淫人员累计达到本解释第二条第一、二项规定的组织卖淫"情节严重"人数标准的；

（三）非法获利数额相加达到本解释第二条第四项规定的组织卖淫"情节严重"数额标准的。

第七条 根据刑法第三百五十八条第三款的规定，犯组织、强迫卖淫罪，并有杀害、伤害、强奸、绑架等犯罪行为的，依照数罪并罚的规定处罚。协助组织卖淫行为人参与实施上述行为的，以共同犯罪论处。

根据刑法第三百五十八条第二款的规定，组织、强迫未成年人卖淫的，应当从重处罚。

第八条 引诱、容留、介绍他人卖淫，具有下列情形之一的，应当依照刑法第三百五十九条第一款的规定定罪处罚：

（一）引诱他人卖淫的；

（二）容留、介绍二人以上卖淫的；

（三）容留、介绍未成年人、孕妇、智障人员、患有严重性病的人卖淫的；

（四）一年内曾因引诱、容留、介绍卖淫行为被行政处罚，又实施容留、介绍卖淫行为的；

（五）非法获利人民币一万元以上的。

利用信息网络发布招嫖违法信息，情节严重的，依照刑法第二百八十七条之一的规定，以非法利用信息网络罪定罪处罚。同时构成介绍卖淫罪的，依照处罚较重的规定定罪处罚。

引诱、容留、介绍他人卖淫是否以营利为目的，不影响犯罪的成立。

引诱不满十四周岁的幼女卖淫的，依照刑法第三百五十九条第二款的规定，以引诱幼女卖淫罪定罪处罚。

被引诱卖淫的人员中既有不满十四周岁的幼女，又有其他人员的，分别以引诱幼女卖淫罪和引诱卖淫罪定罪，实行并罚。

第九条 引诱、容留、介绍他人卖淫，具有下列情形之一的，应当认定为刑法第三百五十九条第一款规定的"情节严重"：

（一）引诱五人以上或者引诱、容留、介绍十人以上卖淫的；

（二）引诱三人以上的未成年人、孕妇、智障人员、患有严重性病的人卖淫，或者引诱、容留、介绍五人以上该类人员卖淫的；

（三）非法获利人民币五万元以上的；

（四）其他情节严重的情形。

第十条 组织、强迫、引诱、容留、介绍他人卖淫的次数，作为酌定情节在量刑时考虑。

第十一条 具有下列情形之一的，应当认定为刑法第三百六十条规定的"明知"：

（一）有证据证明曾到医院或者其他医疗机构就医或者检查，被诊断为患有严重性病的；

（二）根据本人的知识和经验，能够知道自己患有严重性病的；

（三）通过其他方法能够证明行为人是"明知"的。

传播性病行为是否实际造成他人患上严重性病的后果，不影响本罪的成立。

刑法第三百六十条规定所称的"严重性病"，包括梅毒、淋病等。其它性病是否认定为"严重性病"，应当根据《中华人民共和国传染病防治法》《性病防治管理办法》的规定，在国家卫生与计划生育委员会规定实行性病监测的性病范围内，依照其危害、特点与梅毒、淋病相当的原则，从严掌握。

第十二条 明知自己患有艾滋病或者感染艾滋病病毒而卖淫、嫖娼的，依照刑法第三百六十条的规定，以传播性病罪定罪，从重处罚。

具有下列情形之一，致使他人感染艾滋病病毒的，认定为刑法第九十五条第三项"其他对于人身健康有重大伤害"所指的"重伤"，依照刑法第二百三十四条第二款的规定，以故意伤害罪定罪处罚：

（一）明知自己感染艾滋病病毒而卖淫、嫖娼的；

（二）明知自己感染艾滋病病毒，故意不采取防范措施而与他人发生性关系的。

第十三条 犯组织、强迫、引诱、容留、介绍卖淫罪的，应当依法判处犯罪所得二倍以上的罚金。共同犯罪的，对各共同犯罪人合计判处的罚金应当在犯罪所得的二倍以上。

对犯组织、强迫卖淫罪被判处无期徒刑的，应当并处没收财产。

第十四条 根据刑法第三百六十二条、第三百一十条的规定，旅馆业、饮食服务业、文化娱乐业、出租汽车业等单位的人员，在公安机关查处卖淫、嫖娼活动时，为违法犯罪分子通风报信，情节严重的，以包庇罪定罪处罚。事前与犯罪分子通谋的，以共同犯罪论处。

具有下列情形之一的，应当认定为刑法第三百六十二条规定的"情节严重"：

（一）向组织、强迫卖淫犯罪集团通风报信的；

（二）二年内通风报信三次以上的；

（三）一年内因通风报信被行政处罚，又实施通风报信行为的；

（四）致使犯罪集团的首要分子或者其他共同犯罪的主犯未能及时归案的；

（五）造成卖淫嫖娼人员逃跑，致使公安机关查处犯罪行为因取证困难而撤销刑事案件的；

（六）非法获利人民币一万元以上的；

（七）其他情节严重的情形。

第十五条 本解释自2017年7月25日起施行。

9. 制作、贩卖、传播淫秽物品罪

最高人民法院 最高人民检察院
关于办理利用互联网、移动通讯终端、声讯台制作、复制、出版、贩卖、传播淫秽电子信息刑事案件具体应用法律若干问题的解释

法释〔2004〕11号

（2004年9月1日最高人民法院审判委员会第1323次会议、2004年9月2日最高人民检察院第十届检察委员会第26次会议通过 2004年9月3日最高人民法院公告公布 自2004年9月6日起施行）

为依法惩治利用互联网、移动通讯终端制作、复制、出版、贩卖、传播淫秽电子信息、通过声讯台传播淫秽语音信息等犯罪活动，维护公共网络、通讯的正常秩序，保障公众的合法权益，根据《中华人民共和国刑法》、《全国人民代表大会常务委员会关于维

护互联网安全的决定》的规定，现对办理该类刑事案件具体应用法律的若干问题解释如下：

第一条 以牟利为目的，利用互联网、移动通讯终端制作、复制、出版、贩卖、传播淫秽电子信息，具有下列情形之一的，依照刑法第三百六十三条第一款的规定，以制作、复制、出版、贩卖、传播淫秽物品牟利罪定罪处罚：

（一）制作、复制、出版、贩卖、传播淫秽电影、表演、动画等视频文件二十个以上的；

（二）制作、复制、出版、贩卖、传播淫秽音频文件一百个以上的；

（三）制作、复制、出版、贩卖、传播淫秽电子刊物、图片、文章、短信息等二百件以上的；

（四）制作、复制、出版、贩卖、传播的淫秽电子信息，实际被点击数达到一万次以上的；

（五）以会员制方式出版、贩卖、传播淫秽电子信息，注册会员达二百人以上的；

（六）利用淫秽电子信息收取广告费、会员注册费或者其他费用，违法所得一万元以上的；

（七）数量或者数额虽未达到第（一）项至第（六）项规定标准，但分别达到其中两项以上标准一半以上的；

（八）造成严重后果的。

利用聊天室、论坛、即时通信软件、电子邮件等方式，实施第一款规定行为的，依照刑法第三百六十三条第一款的规定，以制作、复制、出版、贩卖、传播淫秽物品牟利罪定罪处罚。

第二条 实施第一条规定的行为，数量或者数额达到第一条第一款第（一）项至第（六）项规定标准五倍以上的，应当认定为刑法第三百六十三条第一款规定的"情节严重"；达到规定标准二十五倍以上的，应当认定为"情节特别严重"。

第三条 不以牟利为目的，利用互联网或者移动通讯终端传播淫秽电子信息，具有下列情形之一的，依照刑法第三百六十四条第一款的规定，以传播淫秽物品罪定罪处罚：

（一）数量达到第一条第一款第（一）项至第（五）项规定标准二倍以上的；

（二）数量分别达到第一条第一款第（一）项至第（五）项两项以上标准的；

（三）造成严重后果的。

利用聊天室、论坛、即时通信软件、电子邮件等方式，实施第一款规定行为的，依照刑法第三百六十四条第一款的规定，以传播淫秽物品罪定罪处罚。

第四条 明知是淫秽电子信息而在自己所有、管理或者使用的网站或者网页上提供直接链接的，其数量标准根据所链接的淫秽电子信息的种类计算。

第五条 以牟利为目的，通过声讯台传播淫秽语音信息，具有下列情形之一的，依照刑法第二百六十三条第一款的规定，对直接负责的主管人员和其他直接责任人员以传播淫秽物品牟利罪定罪处罚：

（一）向一百人次以上传播的；

（二）违法所得一万元以上的；

（三）造成严重后果的。

实施前款规定行为，数量或者数额达到前款第（一）项至第（二）项规定标准五倍以上的，应当认定为刑法第三百六十三条第一款规定的"情节严重"；达到规定标准二十五倍以上的，应当认定为"情节特别严重"。

第六条 实施本解释前五条规定的犯罪，具有下列情形之一的，依照刑法第三百六十三条第一款、第三百六十四条第一款的规定从重处罚：

（一）制作、复制、出版、贩卖、传播具体描绘不满十八周岁未成年人性行为的淫秽电子信息的；

（二）明知是具体描绘不满十八周岁的未成年人性行为的淫秽电子信息而在自己所有、管理或者使用的网站或者网页上提供直接链接的；

（三）向不满十八周岁的未成年人贩卖、传播淫秽电子信息和语音信息的；

（四）通过使用破坏性程序、恶意代码修改用户计算机设置等方法，强制用户访问、下载淫秽电子信息的。

第七条 明知他人实施制作、复制、出版、贩卖、传播淫秽电子信息犯罪，为其提供互联网接入、服务器托管、网络存储空间、通讯传输通道、费用结算等帮助的，对直接负责的主管人员和其他直接责任人员，以共同犯罪论处。

第八条 利用互联网、移动通讯终端、声讯台贩卖、传播淫秽书刊、影片、录像带、录音带等以实物为载体的淫秽物品的，依照《最高人民法院关于审理非法出版物刑事案件具体应用法律若干问题的解释》的有关规定定罪处罚。

第九条 刑法第三百六十七条第一款规定的"其他淫秽物品"，包括具体描绘性行为或者露骨宣扬色情的诲淫性的视频文件、音频文件、电子刊物、图片、文章、短信息等互联网、移动通讯终端电子信息和声讯台语音信息。

有关人体生理、医学知识的电子信息和声讯台语音信息不是淫秽物品。包含色情内容的有艺术价值的电子文学、艺术作品不视为淫秽物品。

最高人民法院 最高人民检察院
关于办理利用互联网、移动通讯终端、声讯台制作、复制、出版、贩卖、传播淫秽电子信息刑事案件具体应用法律若干问题的解释（二）

法释〔2010〕3号

（2010年1月18日最高人民法院审判委员会第1483次会议、2010年1月14日最高人民检察院第十一届检察委员会第28次会议通过 2010年2月2日最高人民法院、最高人民检察院公告公布 自2010年2月4日起施行）

为依法惩治利用互联网、移动通讯终端制作、复制、出版、贩卖、传播淫秽电子信息，通过声讯台传播淫秽语音信息等犯罪活动，维护社会秩序，保障公民权益，根据《中华人民共和国刑法》、《全国人民代表大会常务委员会关于维护互联网安全的决定》的规定，现对办理该类刑事案件具体应用法律的若干问题解释如下：

第一条 以牟利为目的，利用互联网、移动通讯终端制作、复制、出版、贩卖、传播淫秽电子信息的，依照《最高人民法院、最高人民检察院关于办理利用互联网、移动通讯终端、声讯台制作、复制、出版、贩卖、传播淫秽电子信息刑事案件具体应用法律若干问题的解释》第一条、第二条的规定定罪处罚。

以牟利为目的，利用互联网、移动通讯终端制作、复制、出版、贩卖、传播内容含有不满十四周岁未成年人的淫秽电子信息，具有下列情形之一的，依照刑法第三百六十三条第一款的规定，以制作、复制、出版、贩卖、传播淫秽物品牟利罪定罪处罚：

（一）制作、复制、出版、贩卖、传播淫秽电影、表演、动画等视频文件十个以上的；

（二）制作、复制、出版、贩卖、传播淫秽音频文件五十个以上的；

（三）制作、复制、出版、贩卖、传播淫秽电子刊物、图片、文章等一百件以上的；

（四）制作、复制、出版、贩卖、传播的淫秽电子信息，实际被点击数达到五千次以上的；

（五）以会员制方式出版、贩卖、传播淫秽电子信息，注册会员达一百人以上的；

（六）利用淫秽电子信息收取广告费、会员注册费或者其他费用，违法所得五千元以上的；

（七）数量或者数额虽未达到第（一）项至第（六）项规定标准，但分别达到其中两项以上标准一半以上的；

（八）造成严重后果的。

实施第二款规定的行为，数量或者数额达到第二款第（一）项至第（七）项规定标准五倍以上的，应当认定为刑法第三百六十三条第一款规定的"情节严重"；达到规定标准二十五倍以上的，应当认定为"情节特别严重"。

第二条 利用互联网、移动通讯终端传播淫秽电子信息的，依照《最高人民法院、最高人民检察院关于办理利用互联网、移动通讯终端、声讯台制作、复制、出版、贩卖、传播淫秽电子信息刑事案件具体应用法律若干问题的解释》第三条的规定定罪处罚。

利用互联网、移动通讯终端传播内容含有不满十四周岁未成年人的淫秽电子信息，具有下列情形之一的，依照刑法第三百六十四条第一款的规定，以传播淫秽物品罪定罪处罚：

（一）数量达到第一条第二款第（一）项至第（五）项规定标准二倍以上的；

（二）数量分别达到第一条第二款第（一）项至第（五）项两项以上标准的；

（三）造成严重后果的。

第三条 利用互联网建立主要用于传播淫秽电子信息的群组，成员达三十人以上或者造成严重后果的，对建立者、管理者和主要传播者，依照刑法第三百六十四条第一款的规定，以传播淫秽物品罪定罪处罚。

第四条 以牟利为目的，网站建立者、直接负责的管理者明知他人制作、复制、出版、贩卖、传播的是淫秽电子信息，允许或者放任他人在自己所有、管理的网站或者网页上发布，具有下列情形之一的，依照刑法第三百六十三条第一款的规定，以传播淫秽物品牟利罪定罪处罚：

（一）数量或者数额达到第一条第二款第（一）项至第（六）项规定标准五倍以上的；

（二）数量或者数额分别达到第一条第二款第（一）项至第（六）项两项以上标准二倍以上的；

（三）造成严重后果的。

实施前款规定的行为，数量或者数额达到第一条第二款第（一）项至第（七）项规定标准二十五倍以上的，应当认定为刑法第三百六十三条第一款规定的"情节严重"；达到规定标准一百倍以上的，应当认定为"情节特别严重"。

第五条 网站建立者、直接负责的管理者明知他人制作、复制、出版、贩卖、传播的是淫秽电子信息，允许或者放任他人在自己所有、管理的网站或者网页上发布，具有下列情形之一的，依照刑法第三百六十四条第一款的规定，以传播淫秽物品罪定罪处罚：

（一）数量达到第一条第二款第（一）项至第（五）项规定标准十倍以上的；

（二）数量分别达到第一条第二款第（一）项至第（五）项两项以上标准五倍以上的；

（三）造成严重后果的。

第六条 电信业务经营者、互联网信息服务提供者明知是淫秽网站，为其提供互联网接入、服务器托管、网络存储空间、通讯传输通道、代收费等服务，并收取服务费，具有下列情形之一的，对直接负责的主管人员和其他直接责任人员，依照刑法第三百六十三条第一款的规定，以传播淫秽物品牟利罪定罪处罚：

（一）为五个以上淫秽网站提供上述服务的；
（二）为淫秽网站提供互联网接入、服务器托管、网络存储空间、通讯传输通道等服务，收取服务费数额在二万元以上的；
（三）为淫秽网站提供代收费服务，收取服务费数额在五万元以上的；
（四）造成严重后果的。

实施前款规定的行为，数量或者数额达到前款第（一）项至第（三）项规定标准五倍以上的，应当认定为刑法第三百六十三条第一款规定的"情节严重"；达到规定标准二十五倍以上的，应当认定为"情节特别严重"。

第七条 明知是淫秽网站，以牟利为目的，通过投放广告等方式向其直接或者间接提供资金，或者提供费用结算服务，具有下列情形之一的，对直接负责的主管人员和其他直接责任人员，依照刑法第三百六十三条第一款的规定，以制作、复制、出版、贩卖、传播淫秽物品牟利罪的共同犯罪处罚：

（一）向十个以上淫秽网站投放广告或者以其他方式提供资金的；
（二）向淫秽网站投放广告二十条以上的；
（三）向十个以上淫秽网站提供费用结算服务的；
（四）以投放广告或者其他方式向淫秽网站提供资金数额在五万元以上的；
（五）为淫秽网站提供费用结算服务，收取服务费数额在二万元以上的；
（六）造成严重后果的。

实施前款规定的行为，数量或者数额达到前款第（一）项至第（五）项规定标准五倍以上的，应当认定为刑法第三百六十三条第一款规定的"情节严重"；达到规定标准二十五倍以上的，应当认定为"情节特别严重"。

第八条 实施第四条至第七条规定的行为，具有下列情形之一的，应当认定行为人"明知"，但是有证据证明确实不知道的除外：

（一）行政主管机关书面告知后仍然实施上述行为的；
（二）接到举报后不履行法定管理职责的；
（三）为淫秽网站提供互联网接入、服务器托管、网络存储空间、通讯传输通道、代收费、费用结算等服务，收取服务费明显高于市场价格的；
（四）向淫秽网站投放广告，广告点击率明显异常的；
（五）其他能够认定行为人明知的情形。

第九条 一年内多次实施制作、复制、出版、贩卖、传播淫秽电子信息行为未经处理，数量或者数额累计计算构成犯罪的，应当依法定罪处罚。

第十条 单位实施制作、复制、出版、贩卖、传播淫秽电子信息犯罪的，依照《中华人民共和国刑法》、《最高人民法院、最高人民检察院关于办理利用互联网、移动通讯终端、声讯台制作、复制、出版、贩卖、传播淫秽电子信息刑事案件具体应用法律若干问题的解释》和本解释规定的相应个人犯罪的定罪量刑标准，对直接负责的主管人员和其他直接责任人员定罪处罚,并对单位判处罚金。

第十一条 对于以牟利为目的,实施制作、复制、出版、贩卖、传播淫秽电子信息犯罪的,人民法院应当综合考虑犯罪的违法所得、社会危害性等情节,依法判处罚金或者没收财产。罚金数额一般在违法所得的一倍以上五倍以下。

第十二条 《最高人民法院、最高人民检察院关于办理利用互联网、移动通讯终端、声讯台制作、复制、出版、贩卖、传播淫秽电子信息刑事案件具体应用法律若干问题的解释》和本解释所称网站,是指可以通过互联网域名、IP地址等方式访问的内容提供站点。

以制作、复制、出版、贩卖、传播淫秽电子信息为目的建立或者建立后主要从事制作、复制、出版、贩卖、传播淫秽电子信息活动的网站,为淫秽网站。

第十三条 以前发布的司法解释与本解释不一致的,以本解释为准。

最高人民法院 最高人民检察院
关于利用网络云盘制作、复制、贩卖、传播淫秽电子信息牟利行为定罪量刑问题的批复

法释〔2017〕19号

(2017年8月28日最高人民法院审判委员会第1724次会议、2017年10月10日最高人民检察院第十二届检察委员会第70次会议通过 2017年11月22日最高人民法院、最高人民检察院公告公布 自2017年12月1日起施行)

各省、自治区、直辖市高级人民法院、人民检察院,解放军军事法院、军事检察院,新疆维吾尔自治区高级人民法院生产建设兵团分院、新疆生产建设兵团人民检察院:

近来,部分高级人民法院、省级人民检察院就如何对利用网络云盘制作、复制、贩卖、传播淫秽电子信息牟利行为定罪量刑的问题提出请示。经研究,批复如下:

一、对于以牟利为目的,利用网络云盘制作、复制、贩卖、传播淫秽电子信息的行为,是否应当追究刑事责任,适用刑法和最高人民法院、最高人民检察院《关于办理利用互联网、移动通讯终端、声讯台制作、复制、出版、贩卖、传播淫秽电子信息刑事案件具体应用法律若干问题的解释》(法释〔2004〕11号)、最高人民法院、最高人民检察院《关于办理利用互联网、移动通讯终端、声讯台制作、复制、出版、贩卖、传播淫秽电子信息刑事案件具体应用法律若干问题的解释(二)》(法释〔2010〕3号)的有关规定。

二、对于以牟利为目的,利用网络云盘制作、复制、贩卖、传播淫秽电子信息的行为,在追究刑事责任时,鉴于网络云盘的特点,不应单纯考虑制作、复制、贩卖、传播

淫秽电子信息的数量，还应充分考虑传播范围、违法所得、行为人一贯表现以及淫秽电子信息、传播对象是否涉及未成年人等情节，综合评估社会危害性，恰当裁量刑罚，确保罪责刑相适应。

此复。

10. 掩饰、隐瞒犯罪所得罪

最高人民法院关于审理掩饰、隐瞒犯罪所得、犯罪所得收益刑事案件适用法律若干问题的解释

法释〔2015〕11号

（2015年5月11日最高人民法院审判委员会第1651次会议通过 2015年5月29日最高人民法院公告公布 自2015年6月1日起施行）

为依法惩治掩饰、隐瞒犯罪所得、犯罪所得收益犯罪活动，根据刑法有关规定，结合人民法院刑事审判工作实际，现就审理此类案件具体适用法律的若干问题解释如下：

第一条 明知是犯罪所得及其产生的收益而予以窝藏、转移、收购、代为销售或者以其他方法掩饰、隐瞒，具有下列情形之一的，应当依照刑法第三百一十二条第一款的规定，以掩饰、隐瞒犯罪所得、犯罪所得收益罪定罪处罚：

（一）掩饰、隐瞒犯罪所得及其产生的收益价值三千元至一万元以上的；

（二）一年内曾因掩饰、隐瞒犯罪所得及其产生的收益行为受过行政处罚，又实施掩饰、隐瞒犯罪所得及其产生的收益行为的；

（三）掩饰、隐瞒的犯罪所得系电力设备、交通设施、广播电视设施、公用电信设施、军事设施或者救灾、抢险、防汛、优抚、扶贫、移民、救济款物的；

（四）掩饰、隐瞒行为致使上游犯罪无法及时查处，并造成公私财物损失无法挽回的；

（五）实施其他掩饰、隐瞒犯罪所得及其产生的收益行为，妨害司法机关对上游犯罪进行追究的。

各省、自治区、直辖市高级人民法院可以根据本地区经济社会发展状况，并考虑社会治安状况，在本条第一款第（一）项规定的数额幅度内，确定本地执行的具体数额标准，报最高人民法院备案。

司法解释对掩饰、隐瞒涉及计算机信息系统数据、计算机信息系统控制权的犯罪所得及其产生的收益行为构成犯罪已有规定的，审理此类案件依照该规定。

依照全国人民代表大会常务委员会《关于〈中华人民共和国刑法〉第三百四十一条、第三百一十二条的解释》，明知是非法狩猎的野生动物而收购，数量达到五十只以上的，以掩饰、隐瞒犯罪所得罪定罪处罚。

第二条 掩饰、隐瞒犯罪所得及其产生的收益行为符合本解释第一条的规定，认罪、悔罪并退赃、退赔，且具有下列情形之一的，可以认定为犯罪情节轻微，免予刑事处罚：

（一）具有法定从宽处罚情节的；

（二）为近亲属掩饰、隐瞒犯罪所得及其产生的收益，且系初犯、偶犯的；

（三）有其他情节轻微情形的。

行为人为自用而掩饰、隐瞒犯罪所得，财物价值刚达到本解释第一条第一款第（一）项规定的标准，认罪、悔罪并退赃、退赔的，一般可不认为是犯罪；依法追究刑事责任的，应当酌情从宽。

第三条 掩饰、隐瞒犯罪所得及其产生的收益，具有下列情形之一的，应当认定为刑法第三百一十二条第一款规定的"情节严重"：

（一）掩饰、隐瞒犯罪所得及其产生的收益价值总额达到十万元以上的；

（二）掩饰、隐瞒犯罪所得及其产生的收益十次以上，或者三次以上且价值总额达到五万元以上的；

（三）掩饰、隐瞒的犯罪所得系电力设备、交通设施、广播电视设施、公用电信设施、军事设施或者救灾、抢险、防汛、优抚、扶贫、移民、救济款物，价值总额达到五万元以上的；

（四）掩饰、隐瞒行为致使上游犯罪无法及时查处，并造成公私财物重大损失无法挽回或其他严重后果的；

（五）实施其他掩饰、隐瞒犯罪所得及其产生的收益行为，严重妨害司法机关对上游犯罪予以追究的。

司法解释对掩饰、隐瞒涉及机动车、计算机信息系统数据、计算机信息系统控制权的犯罪所得及其产生的收益行为认定"情节严重"已有规定的，审理此类案件依照该规定。

第四条 掩饰、隐瞒犯罪所得及其产生的收益的数额，应当以实施掩饰、隐瞒行为时为准。收购或者代为销售财物的价格高于其实际价值的，以收购或者代为销售的价格计算。

多次实施掩饰、隐瞒犯罪所得及其产生的收益行为，未经行政处罚，依法应当追诉的，犯罪所得、犯罪所得收益的数额应当累计计算。

第五条 事前与盗窃、抢劫、诈骗、抢夺等犯罪分子通谋，掩饰、隐瞒犯罪所得及其产生的收益的，以盗窃、抢劫、诈骗、抢夺等犯罪的共犯论处。

第六条 对犯罪所得及其产生的收益实施盗窃、抢劫、诈骗、抢夺等行为，构成犯罪的，分别以盗窃罪、抢劫罪、诈骗罪、抢夺罪等定罪处罚。

第七条 明知是犯罪所得及其产生的收益而予以掩饰、隐瞒，构成刑法第三百一十二条规定的犯罪，同时构成其他犯罪的，依照处罚较重的规定定罪处罚。

第八条 认定掩饰、隐瞒犯罪所得、犯罪所得收益罪,以上游犯罪事实成立为前提。上游犯罪尚未依法裁判,但查证属实的,不影响掩饰、隐瞒犯罪所得、犯罪所得收益罪的认定。

上游犯罪事实经查证属实,但因行为人未达到刑事责任年龄等原因依法不予追究刑事责任的,不影响掩饰、隐瞒犯罪所得、犯罪所得收益罪的认定。

第九条 盗用单位名义实施掩饰、隐瞒犯罪所得及其产生的收益行为,违法所得由行为人私分的,依照刑法和司法解释有关自然人犯罪的规定定罪处罚。

第十条 通过犯罪直接得到的赃款、赃物,应当认定为刑法第三百一十二条规定的"犯罪所得"。上游犯罪的行为人对犯罪所得进行处理后得到的孳息、租金等,应当认定为刑法第三百一十二条规定的"犯罪所得产生的收益"。

明知是犯罪所得及其产生的收益而采取窝藏、转移、收购、代为销售以外的方法,如居间介绍买卖,收受,持有,使用,加工,提供资金账户,协助将财物转换为现金、金融票据、有价证券,协助将资金转移、汇往境外等,应当认定为刑法第三百一十二条规定的"其他方法"。

第十一条 掩饰、隐瞒犯罪所得、犯罪所得收益罪是选择性罪名,审理此类案件,应当根据具体犯罪行为及其指向的对象,确定适用的罪名。

（八）危害国防利益罪

最高人民法院
关于审理危害军事通信刑事案件具体应用法律若干问题的解释

法释〔2007〕13号

（2007年6月18日最高人民法院审判委员会第1430次会议通过 2007年6月26日最高人民法院公告公布 自2007年6月29日起施行）

为依法惩治危害军事通信的犯罪活动，维护国防利益和军事通信安全，根据刑法有关规定，现就审理这类刑事案件具体应用法律的若干问题解释如下：

第一条 故意实施损毁军事通信线路、设备，破坏军事通信计算机信息系统，干扰、侵占军事通信电磁频谱等行为的，依照刑法第三百六十九条第一款的规定，以破坏军事通信罪定罪，处三年以下有期徒刑、拘役或者管制；破坏重要军事通信的，处三年以上十年以下有期徒刑。

第二条 实施破坏军事通信行为，具有下列情形之一的，属于刑法第三百六十九条第一款规定的"情节特别严重"，以破坏军事通信罪定罪，处十年以上有期徒刑、无期徒刑或者死刑：

（一）造成重要军事通信中断或者严重障碍，严重影响部队完成作战任务或者致使部队在作战中遭受损失的；

（二）造成部队执行抢险救灾、军事演习或者处置突发性事件等任务的通信中断或者严重障碍，并因此贻误部队行动，致使死亡3人以上、重伤10人以上或者财产损失100万元以上的；

（三）破坏重要军事通信三次以上的；

（四）其他情节特别严重的情形。

第三条 过失损坏军事通信，造成重要军事通信中断或者严重障碍的，属于刑法第三百六十九条第二款规定的"造成严重后果"，以过失损坏军事通信罪定罪，处三年以下有期徒刑或者拘役。

第四条 过失损坏军事通信，具有下列情形之一的，属于刑法第三百六十九条第二款规定的"造成特别严重后果"，以过失损坏军事通信罪定罪，处三年以上七年以下有期徒刑：

（一）造成重要军事通信中断或者严重障碍，严重影响部队完成作战任务或者致使部队在作战中遭受损失的；

（二）造成部队执行抢险救灾、军事演习或者处置突发性事件等任务的通信中断或者严重障碍，并因此贻误部队行动，致使死亡3人以上、重伤10人以上或者财产损失100万元以上的；

（三）其他后果特别严重的情形。

第五条 建设、施工单位直接负责的主管人员、施工管理人员，明知是军事通信线路、设备而指使、强令、纵容他人予以损毁的，或者不听管护人员劝阻，指使、强令、纵容他人违章作业，造成军事通信线路、设备损毁的，以破坏军事通信罪定罪处罚。

建设、施工单位直接负责的主管人员、施工管理人员，忽视军事通信线路、设备保护标志，指使、纵容他人违章作业，致使军事通信线路、设备损毁，构成犯罪的，以过失损坏军事通信罪定罪处罚。

第六条 破坏、过失损坏军事通信，并造成公用电信设施损毁，危害公共安全，同时构成刑法第一百二十四条和第三百六十九条规定的犯罪的，依照处罚较重的规定定罪处罚。

盗窃军事通信线路、设备，不构成盗窃罪，但破坏军事通信的，依照刑法第三百六十九条第一款的规定定罪处罚；同时构成刑法第一百二十四条、第二百六十四条和第三百六十九条第一款规定的犯罪的，依照处罚较重的规定定罪处罚。

违反国家规定，侵入国防建设、尖端科学技术领域的军事通信计算机信息系统，尚未对军事通信造成破坏的，依照刑法第二百八十五条的规定定罪处罚；对军事通信造成破坏，同时构成刑法第二百八十五条、第二百八十六条、第三百六十九条第一款规定的犯罪的，依照处罚较重的规定定罪处罚。

违反国家规定，擅自设置、使用无线电台、站，或者擅自占用频率，经责令停止使用后拒不停止使用，干扰无线电通讯正常进行，构成犯罪的，依照刑法第二百八十八条的规定定罪处罚；造成军事通信中断或者严重障碍，同时构成刑法第二百八十八条、第三百六十九条第一款规定的犯罪的，依照处罚较重的规定定罪处罚。

第七条 本解释所称"重要军事通信"，是指军事首脑机关及重要指挥中心的通信，部队作战中的通信，等级战备通信，飞行航行训练、抢险救灾、军事演习或者处置突发性事件中的通信，以及执行试飞试航、武器装备科研试验或者远洋航行等重要军事任务中的通信。

本解释所称军事通信的具体范围、通信中断和严重障碍的标准，参照中国人民解放军通信主管部门的有关规定确定。

最高人民法院 最高人民检察院
关于办理妨害武装部队制式服装、车辆号牌管理秩序等刑事案件具体应用法律若干问题的解释

法释〔2011〕16号

(2011年3月28日最高人民法院审判委员会第1516次会议、2011年4月13日最高人民检察院第十一届检察委员会第60次会议通过 2011年7月20日最高人民法院、最高人民检察院公告公布 自2011年8月1日起施行)

为依法惩治妨害武装部队制式服装、车辆号牌管理秩序等犯罪活动,维护国防利益,根据《中华人民共和国刑法》有关规定,现就办理非法生产、买卖武装部队制式服装、伪造、盗窃、买卖武装部队车辆号牌等刑事案件的若干问题解释如下:

第一条 伪造、变造、买卖或者盗窃、抢夺武装部队公文、证件、印章,具有下列情形之一的,应当依照刑法第三百七十五条第一款的规定,以伪造、变造、买卖武装部队公文、证件、印章罪或者盗窃、抢夺武装部队公文、证件、印章罪定罪处罚:

(一)伪造、变造、买卖或者盗窃、抢夺武装部队公文一件以上的;

(二)伪造、变造、买卖或者盗窃、抢夺武装部队军官证、士兵证、车辆行驶证、车辆驾驶证或者其他证件二本以上的;

(三)伪造、变造、买卖或者盗窃、抢夺武装部队机关印章、车辆牌证印章或者其他印章一枚以上的。

实施前款规定的行为,数量达到第(一)至(三)项规定标准五倍以上或者造成严重后果的,应当认定为刑法第三百七十五条第一款规定的"情节严重"。

第二条 非法生产、买卖武装部队现行装备的制式服装,具有下列情形之一的,应当认定为刑法第三百七十五条第二款规定的"情节严重",以非法生产、买卖武装部队制式服装罪定罪处罚:

(一)非法生产、买卖成套制式服装三十套以上,或者非成套制式服装一百件以上的;

(二)非法生产、买卖帽徽、领花、臂章等标志服饰合计一百件(副)以上的;

(三)非法经营数额二万元以上的;

(四)违法所得数额五千元以上的;

(五)具有其他严重情节的。

第三条 伪造、盗窃、买卖或者非法提供、使用武装部队车辆号牌等专用标志,具有下列情形之一的,应当认定为刑法第三百七十五条第三款规定的"情节严重",以伪

造、盗窃、买卖、非法提供、非法使用武装部队专用标志罪定罪处罚：

（一）伪造、盗窃、买卖或者非法提供、使用武装部队军以上领导机关车辆号牌一副以上或者其他车辆号牌三副以上的；

（二）非法提供、使用军以上领导机关车辆号牌之外的其他车辆号牌累计六个月以上的；

（三）伪造、盗窃、买卖或者非法提供、使用军徽、军旗、军种符号或者其他军用标志合计一百件（副）以上的；

（四）造成严重后果或者恶劣影响的。

实施前款规定的行为，具有下列情形之一的，应当认定为刑法第三百七十五条第三款规定的"情节特别严重"：

（一）数量达到前款第（一）、（三）项规定标准五倍以上的；

（二）非法提供、使用军以上领导机关车辆号牌累计六个月以上或者其他车辆号牌累计一年以上的；

（三）造成特别严重后果或者特别恶劣影响的。

第四条 买卖、盗窃、抢夺伪造、变造的武装部队公文、证件、印章的，买卖仿制的现行装备的武装部队制式服装情节严重的，盗窃、买卖、提供、使用伪造、变造的武装部队车辆号牌等专用标志情节严重的，应当追究刑事责任。定罪量刑标准适用本解释第一至第三条的规定。

第五条 明知他人实施刑法第三百七十五条规定的犯罪行为，而为其生产、提供专用材料或者提供资金、账号、技术、生产经营场所等帮助的，以共犯论处。

第六条 实施刑法第三百七十五条规定的犯罪行为，同时又构成逃税、诈骗、冒充军人招摇撞骗等犯罪的，依照处罚较重的规定定罪处罚。

第七条 单位实施刑法第三百七十五条第二款、第三款规定的犯罪行为，对单位判处罚金，并对其直接负责的主管人员和其他直接责任人员，分别依照本解释的有关规定处罚。

（九）贪污贿赂罪

最高人民法院　最高人民检察院
关于办理贪污贿赂刑事案件适用法律
若干问题的解释

法释〔2016〕9号

（2016年3月28日最高人民法院审判委员会第1680次会议、
2016年3月25日由最高人民检察院第十二届检察委员会
第50次会议通过　2016年4月18日最高人民法院、
最高人民检察院公告公布　自2016年4月18日起施行）

为依法惩治贪污贿赂犯罪活动，根据刑法有关规定，现就办理贪污贿赂刑事案件适用法律的若干问题解释如下：

第一条　贪污或者受贿数额在三万元以上不满二十万元的，应当认定为刑法第三百八十三条第一款规定的"数额较大"，依法判处三年以下有期徒刑或者拘役，并处罚金。

贪污数额在一万元以上不满三万元，具有下列情形之一的，应当认定为刑法第三百八十三条第一款规定的"其他较重情节"，依法判处三年以下有期徒刑或者拘役，并处罚金：

（一）贪污救灾、抢险、防汛、优抚、扶贫、移民、救济、防疫、社会捐助等特定款物的；

（二）曾因贪污、受贿、挪用公款受过党纪、行政处分的；

（三）曾因故意犯罪受过刑事追究的；

（四）赃款赃物用于非法活动的；

（五）拒不交待赃款赃物去向或者拒不配合追缴工作，致使无法追缴的；

（六）造成恶劣影响或者其他严重后果的。

受贿数额在一万元以上不满三万元，具有前款第二项至第六项规定的情形之一，或者具有下列情形之一的，应当认定为刑法第三百八十三条第一款规定的"其他较重情节"，依法判处三年以下有期徒刑或者拘役，并处罚金：

（一）多次索贿的；

（二）为他人谋取不正当利益，致使公共财产、国家和人民利益遭受损失的；

(三) 为他人谋取职务提拔、调整的。

第二条 贪污或者受贿数额在二十万元以上不满三百万元的,应当认定为刑法第三百八十三条第一款规定的"数额巨大",依法判处三年以上十年以下有期徒刑,并处罚金或者没收财产。

贪污数额在十万元以上不满二十万元,具有本解释第一条第二款规定的情形之一的,应当认定为刑法第三百八十三条第一款规定的"其他严重情节",依法判处三年以上十年以下有期徒刑,并处罚金或者没收财产。

受贿数额在十万元以上不满二十万元,具有本解释第一条第三款规定的情形之一的,应当认定为刑法第三百八十三条第一款规定的"其他严重情节",依法判处三年以上十年以下有期徒刑,并处罚金或者没收财产。

第三条 贪污或者受贿数额在三百万元以上的,应当认定为刑法第三百八十三条第一款规定的"数额特别巨大",依法判处十年以上有期徒刑、无期徒刑或者死刑,并处罚金或者没收财产。

贪污数额在一百五十万元以上不满三百万元,具有本解释第一条第二款规定的情形之一的,应当认定为刑法第三百八十三条第一款规定的"其他特别严重情节",依法判处十年以上有期徒刑、无期徒刑或者死刑,并处罚金或者没收财产。

受贿数额在一百五十万元以上不满三百万元,具有本解释第一条第三款规定的情形之一的,应当认定为刑法第三百八十三条第一款规定的"其他特别严重情节",依法判处十年以上有期徒刑、无期徒刑或者死刑,并处罚金或者没收财产。

第四条 贪污、受贿数额特别巨大,犯罪情节特别严重、社会影响特别恶劣、给国家和人民利益造成特别重大损失的,可以判处死刑。

符合前款规定的情形,但具有自首,立功,如实供述自己罪行、真诚悔罪、积极退赃,或者避免、减少损害结果的发生等情节,不是必须立即执行的,可以判处死刑缓期二年执行。

符合第一款规定情形的,根据犯罪情节等情况可以判处死刑缓期二年执行,同时裁判决定在其死刑缓期执行二年期满依法减为无期徒刑后,终身监禁,不得减刑、假释。

第五条 挪用公款归个人使用,进行非法活动,数额在三万元以上的,应当依照刑法第三百八十四条的规定以挪用公款罪追究刑事责任;数额在三百万元以上的,应当认定为刑法第三百八十四条第一款规定的"数额巨大"。具有下列情形之一的,应当认定为刑法第三百八十四条第一款规定的"情节严重":

(一) 挪用公款数额在一百万元以上的;

(二) 挪用救灾、抢险、防汛、优抚、扶贫、移民、救济特定款物,数额在五十万元以上不满一百万元的;

(三) 挪用公款不退还,数额在五十万元以上不满一百万元的;

(四) 其他严重的情节。

第六条 挪用公款归个人使用,进行营利活动或者超过三个月未还,数额在五万元以上的,应当认定为刑法第三百八十四条第一款规定的"数额较大";数额在五百万元以上的,应当认定为刑法第三百八十四条第一款规定的"数额巨大"。具有下列情形之一的，应当认定为刑法第三百八十四条第一款规定的"情节严重"：

（一）挪用公款数额在二百万元以上的；

（二）挪用救灾、抢险、防汛、优抚、扶贫、移民、救济特定款物，数额在一百万元以上不满二百万元的；

（三）挪用公款不退还，数额在一百万元以上不满二百万元的；

（四）其他严重的情节。

第七条 为谋取不正当利益，向国家工作人员行贿，数额在三万元以上的，应当依照刑法第三百九十条的规定以行贿罪追究刑事责任。

行贿数额在一万元以上不满三万元，具有下列情形之一的，应当依照刑法第三百九十条的规定以行贿罪追究刑事责任：

（一）向三人以上行贿的；

（二）将违法所得用于行贿的；

（三）通过行贿谋取职务提拔、调整的；

（四）向负有食品、药品、安全生产、环境保护等监督管理职责的国家工作人员行贿，实施非法活动的；

（五）向司法工作人员行贿，影响司法公正的；

（六）造成经济损失数额在五十万元以上不满一百万元的。

第八条 犯行贿罪，具有下列情形之一的，应当认定为刑法第三百九十条第一款规定的"情节严重"：

（一）行贿数额在一百万元以上不满五百万元的；

（二）行贿数额在五十万元以上不满一百万元，并具有本解释第七条第二款第一项至第五项规定的情形之一的；

（三）其他严重的情节。

为谋取不正当利益，向国家工作人员行贿，造成经济损失数额在一百万元以上不满五百万元的，应当认定为刑法第三百九十条第一款规定的"使国家利益遭受重大损失"。

第九条 犯行贿罪，具有下列情形之一的，应当认定为刑法第三百九十条第一款规定的"情节特别严重"：

（一）行贿数额在五百万元以上的；

（二）行贿数额在二百五十万元以上不满五百万元，并具有本解释第七条第二款第一项至第五项规定的情形之一的；

（三）其他特别严重的情节。

为谋取不正当利益，向国家工作人员行贿，造成经济损失数额在五百万元以上的，应当认定为刑法第三百九十条第一款规定的"使国家利益遭受特别重大损失"。

第十条 刑法第三百八十八条之一规定的利用影响力受贿罪的定罪量刑适用标准，参照本解释关于受贿罪的规定执行。

刑法第三百九十条之一规定的对有影响力的人行贿罪的定罪量刑适用标准，参照本解释关于行贿罪的规定执行。

单位对有影响力的人行贿数额在二十万元以上的，应当依照刑法第三百九十条之一的规定以对有影响力的人行贿罪追究刑事责任。

第十一条 刑法第一百六十三条规定的非国家工作人员受贿罪、第二百七十一条规定的职务侵占罪中的"数额较大""数额巨大"的数额起点,按照本解释关于受贿罪、贪污罪相对应的数额标准规定的二倍、五倍执行。

刑法第二百七十二条规定的挪用资金罪中的"数额较大""数额巨大"以及"进行非法活动"情形的数额起点,按照本解释关于挪用公款罪"数额较大""情节严重"以及"进行非法活动"的数额标准规定的二倍执行。

刑法第一百六十四条第一款规定的对非国家工作人员行贿罪中的"数额较大""数额巨大"的数额起点,按照本解释第七条、第八条第一款关于行贿罪的数额标准规定的二倍执行。

第十二条 贿赂犯罪中的"财物",包括货币、物品和财产性利益。财产性利益包括可以折算为货币的物质利益如房屋装修、债务免除等,以及需要支付货币的其他利益如会员服务、旅游等。后者的犯罪数额,以实际支付或者应当支付的数额计算。

第十三条 具有下列情形之一的,应当认定为"为他人谋取利益",构成犯罪的,应当依照刑法关于受贿犯罪的规定定罪处罚:

(一)实际或者承诺为他人谋取利益的;

(二)明知他人有具体请托事项的;

(三)履职时未被请托,但事后基于该履职事由收受他人财物的。

国家工作人员索取、收受具有上下级关系的下属或者具有行政管理关系的被管理人员的财物价值三万元以上,可能影响职权行使的,视为承诺为他人谋取利益。

第十四条 根据行贿犯罪的事实、情节,可能被判处三年有期徒刑以下刑罚的,可以认定为刑法第三百九十条第二款规定的"犯罪较轻"。

根据犯罪的事实、情节,已经或者可能被判处十年有期徒刑以上刑罚的,或者案件在本省、自治区、直辖市或者全国范围内有较大影响的,可以认定为刑法第三百九十条第二款规定的"重大案件"。

具有下列情形之一的,可以认定为刑法第三百九十条第二款规定的"对侦破重大案件起关键作用":

(一)主动交待办案机关未掌握的重大案件线索的;

(二)主动交待的犯罪线索不属于重大案件的线索,但该线索对于重大案件侦破有重要作用的;

(三)主动交待行贿事实,对于重大案件的证据收集有重要作用的;

(四)主动交待行贿事实,对于重大案件的追逃、追赃有重要作用的。

第十五条 对多次受贿未经处理的,累计计算受贿数额。

国家工作人员利用职务上的便利为请托人谋取利益前后多次收受请托人财物,受请托之前收受的财物数额在一万元以上的,应当一并计入受贿数额。

第十六条 国家工作人员出于贪污、受贿的故意,非法占有公共财物、收受他人财物之后,将赃款赃物用于单位公务支出或者社会捐赠的,不影响贪污罪、受贿罪的认定,但量刑时可以酌情考虑。

特定关系人索取、收受他人财物，国家工作人员知道后未退还或者上交的，应当认定国家工作人员具有受贿故意。

第十七条 国家工作人员利用职务上的便利，收受他人财物，为他人谋取利益，同时构成受贿罪和刑法分则第三章第三节、第九章规定的渎职犯罪的，除刑法另有规定外，以受贿罪和渎职犯罪数罪并罚。

第十八条 贪污贿赂犯罪分子违法所得的一切财物，应当依照刑法第六十四条的规定予以追缴或者责令退赔，对被害人的合法财产应当及时返还。对尚未追缴到案或者尚未足额退赔的违法所得，应当继续追缴或者责令退赔。

第十九条 对贪污罪、受贿罪判处三年以下有期徒刑或者拘役的，应当并处十万元以上五十万元以下的罚金；判处三年以上十年以下有期徒刑的，应当并处二十万元以上犯罪数额二倍以下的罚金或者没收财产；判处十年以上有期徒刑或者无期徒刑的，应当并处五十万元以上犯罪数额二倍以下的罚金或者没收财产。

对刑法规定并处罚金的其他贪污贿赂犯罪，应当在十万元以上犯罪数额二倍以下判处罚金。

第二十条 本解释自 2016 年 4 月 18 日起施行。最高人民法院、最高人民检察院此前发布的司法解释与本解释不一致的，以本解释为准。

最高人民法院
关于审理挪用公款案件具体应用法律若干问题的解释

法释〔1998〕9 号

（1998 年 4 月 6 日最高人民法院审判委员会第 972 次会议通过
1998 年 4 月 29 日最高人民法院公告公布　自 1998 年 5 月 9 日起施行）

为依法惩处挪用公款犯罪，根据刑法的有关规定，现对办理挪用公款案件具体应用法律的若干问题解释如下：

第一条 刑法第三百八十四条规定的"挪用公款归个人使用"，包括挪用者本人使用或者给他人使用。

挪用公款给私有公司、私有企业使用的，属于挪用公款归个人使用。

第二条 对挪用公款罪，应区分 3 种不同情况予以认定：

（一）挪用公款归个人使用，数额较大、超过 3 个月未还的，构成挪用公款罪。

挪用正在生息或者需要支付利息的公款归个人使用，数额较大，超过 3 个月但在案发前全部归还本金的，可以从轻处罚或者免除处罚。给国家、集体造成的利息损失应予追缴。挪用公款数额巨大，超过 3 个月，案发前全部归还的，可以酌情从轻处罚。

（二）挪用公款数额较大，归个人进行营利活动的，构成挪用公款罪，不受挪用时间和是否归还的限制。在案发前部分或者全部归还本息的，可以从轻处罚；情节轻微的，可以免除处罚。

挪用公款存入银行、用于集资、购买股票、国债等，属于挪用公款进行营利活动。所获取的利息、收益等违法所得，应当追缴，但不计入挪用公款的数额。

（三）挪用公款归个人使用，进行赌博、走私等非法活动的，构成挪用公款罪，不受"数额较大"和挪用时间的限制。

挪用公款给他人使用，不知道使用人用公款进行营利活动或者用于非法活动，数额较大、超过3个月未还的，构成挪用公款罪；明知使用人用于营利活动或者非法活动的，应当认定为挪用人挪用公款进行营利活动或者非法活动。

第三条　挪用公款归个人使用，"数额较大、进行营利活动的"，或者"数额较大、超过3个月未还的"，以挪用公款1万元至3万元为"数额较大"的起点，以挪用公款15万元至20万元为"数额巨大"的起点。挪用公款"情节严重"，是指挪用公款数额巨大，或者数额虽未达到巨大，但挪用公款手段恶劣；多次挪用公款；因挪用公款严重影响生产、经营，造成严重损失等情形。

"挪用公款归个人使用，进行非法活动的"，以挪用公款5000元至1万元为追究刑事责任的数额起点。挪用公款5万元至10万元以上的，属于挪用公款归个人使用，进行非法活动"情节严重"的情形之一。挪用公款归个人使用，进行非法活动，情节严重的其他情形，按照本条第一款的规定执行。

各高级人民法院可以根据本地实际情况，按照本解释规定的数额幅度，确定本地区执行的具体数额标准，并报最高人民法院备案。

挪用救灾、抢险、防汛、优抚、扶贫、移民、救济款物归个人使用的数额标准，参照挪用公款归个人使用进行非法活动的数额标准。

第四条　多次挪用公款不还，挪用公款数额累计计算；多次挪用公款，并以后次挪用的公款归还前次挪用的公款，挪用公款数额以案发时未还的实际数额认定。

第五条　"挪用公款数额巨大不退还的"，是指挪用公款数额巨大，因客观原因在一审宣判前不能退还的。

第六条　携带挪用的公款潜逃的，依照刑法第三百八十二条、第三百八十三条的规定定罪处罚。

第七条　因挪用公款索取、收受贿赂构成犯罪的，依照数罪并罚的规定处罚。

挪用公款进行非法活动构成其他犯罪的，依照数罪并罚的规定处罚。

第八条　挪用公款给他人使用，使用人与挪用人共谋，指使或者参与策划取得挪用款的，以挪用公款罪的共犯定罪处罚。

最高人民法院
关于审理贪污、职务侵占案件如何认定共同犯罪几个问题的解释

法释〔2000〕15号

(2000年6月27日最高人民法院审判委员会第1120次会议通过 2000年6月30日最高人民法院公告公布 自2000年7月8日起施行)

为依法审理贪污或者职务侵占犯罪案件,现就这类案件如何认定共同犯罪问题解释如下:

第一条 行为人与国家工作人员勾结,利用国家工作人员的职务便利,共同侵吞、窃取、骗取或者以其他手段非法占有公共财物的,以贪污罪共犯论处。

第二条 行为人与公司、企业或者其他单位的人员勾结,利用公司、企业或者其他单位人员的职务便利,共同将该单位财物非法占为己有,数额较大的,以职务侵占罪共犯论处。

第三条 公司、企业或者其他单位中,不具有国家工作人员身份的人与国家工作人员勾结,分别利用各自的职务便利,共同将本单位财物非法占为己有的,按照主犯的犯罪性质定罪。

最高人民法院
关于挪用公款犯罪如何计算追诉期限问题的批复

法释〔2003〕16号

(2003年9月18日最高人民法院审判委员会第1290次会议通过 2003年9月22日最高人民法院公告公布 自2003年10月10日起施行)

天津市高级人民法院:

你院津高法〔2002〕4号《关于挪用公款犯罪如何计算追诉期限问题的请示》收悉。经研究,答复如下:

根据刑法第八十九条、第三百八十四条的规定,挪用公款归个人使用,进行非法活

动的,或者挪用公款数额较大、进行营利活动的,犯罪的追诉期限从挪用行为实施完毕之日起计算;挪用公款数额较大、超过三个月未还的,犯罪的追诉期限从挪用公款罪成立之日起计算。挪用公款行为有连续状态的,犯罪的追诉期限应当从最后一次挪用行为实施完毕之日或者犯罪成立之日起计算。

此复。

最高人民法院关于国家工作人员利用职务上的便利为他人谋取利益离退休后收受财物行为如何处理问题的批复

法释〔2000〕21号

(2000年6月30日最高人民法院审判委员会第1121次会议通过 2000年7月13日最高人民法院公告公布 自2000年7月21日起施行)

江苏省高级人民法院:

你院苏高法〔1999〕65号《关于国家工作人员在职时为他人谋利,离退休后收受财物是否构成受贿罪的请示》收悉。经研究,答复如下:

国家工作人员利用职务上的便利为请托人谋取利益,并与请托人事先约定,在其离退休后收受请托人财物,构成犯罪的,以受贿罪定罪处罚。

此复。

最高人民法院 最高人民检察院关于办理行贿刑事案件具体应用法律若干问题的解释

法释〔2012〕22号

(2012年5月14日最高人民法院审判委员会第1547次会议、2012年8月21日最高人民检察院第十一届检察委员会第77次会议通过 2012年12月26日最高人民法院、最高人民检察院公告公布 自2013年1月1日起施行)

为依法惩治行贿犯罪活动,根据刑法有关规定,现就办理行贿刑事案件具体应用法律的若干问题解释如下：

第一条　为谋取不正当利益，向国家工作人员行贿，数额在一万元以上的，应当依照刑法第三百九十条的规定追究刑事责任。

第二条　因行贿谋取不正当利益，具有下列情形之一的，应当认定为刑法第三百九十条第一款规定的"情节严重"：

（一）行贿数额在二十万元以上不满一百万元的；

（二）行贿数额在十万元以上不满二十万元，并具有下列情形之一的：

1. 向三人以上行贿的；

2. 将违法所得用于行贿的；

3. 为实施违法犯罪活动，向负有食品、药品、安全生产、环境保护等监督管理职责的国家工作人员行贿，严重危害民生、侵犯公众生命财产安全的；

4. 向行政执法机关、司法机关的国家工作人员行贿，影响行政执法和司法公正的；

（三）其他情节严重的情形。

第三条　因行贿谋取不正当利益，造成直接经济损失数额在一百万元以上的，应当认定为刑法第三百九十条第一款规定的"使国家利益遭受重大损失"。

第四条　因行贿谋取不正当利益，具有下列情形之一的，应当认定为刑法第三百九十条第一款规定的"情节特别严重"：

（一）行贿数额在一百万元以上的；

（二）行贿数额在五十万元以上不满一百万元，并具有下列情形之一的：

1. 向三人以上行贿的；

2. 将违法所得用于行贿的；

3. 为实施违法犯罪活动，向负有食品、药品、安全生产、环境保护等监督管理职责的国家工作人员行贿，严重危害民生、侵犯公众生命财产安全的；

4. 向行政执法机关、司法机关的国家工作人员行贿，影响行政执法和司法公正的；

（三）造成直接经济损失数额在五百万元以上的；

（四）其他情节特别严重的情形。

第五条　多次行贿未经处理的，按照累计行贿数额处罚。

第六条　行贿人谋取不正当利益的行为构成犯罪的，应当与行贿犯罪实行数罪并罚。

第七条　因行贿人在被追诉前主动交待行贿行为而破获相关受贿案件的，对行贿人不适用刑法第六十八条关于立功的规定，依照刑法第三百九十条第二款的规定，可以减轻或者免除处罚。

单位行贿的，在被追诉前，单位集体决定或者单位负责人决定主动交待单位行贿行为的，依照刑法第三百九十条第二款的规定，对单位及相关责任人员可以减轻处罚或者免除处罚；受委托直接办理单位行贿事项的直接责任人员在被追诉前主动交待自己知道的单位行贿行为的，对该直接责任人员可以依照刑法第三百九十条第二款的规定减轻处罚或者免除处罚。

第八条　行贿人被追诉后如实供述自己罪行的，依照刑法第六十七条第三款的规定，可以从轻处罚；因其如实供述自己罪行，避免特别严重后果发生的，可以减轻处罚。

第九条　行贿人揭发受贿人与其行贿无关的其他犯罪行为，查证属实的，依照刑法第六十八条关于立功的规定，可以从轻、减轻或者免除处罚。

第十条　实施行贿犯罪，具有下列情形之一的，一般不适用缓刑和免予刑事处罚：
（一）向三人以上行贿的；
（二）因行贿受过行政处罚或者刑事处罚的；
（三）为实施违法犯罪活动而行贿的；
（四）造成严重危害后果的；
（五）其他不适用缓刑和免予刑事处罚的情形。

具有刑法第三百九十条第二款规定的情形的，不受前款规定的限制。

第十一条　行贿犯罪取得的不正当财产性利益应当依照刑法第六十四条的规定予以追缴、责令退赔或者返还被害人。

因行贿犯罪取得财产性利益以外的经营资格、资质或者职务晋升等其他不正当利益，建议有关部门依照相关规定予以处理。

第十二条　行贿犯罪中的"谋取不正当利益"，是指行贿人谋取的利益违反法律、法规、规章、政策规定，或者要求国家工作人员违反法律、法规、规章、政策、行业规范的规定，为自己提供帮助或者方便条件。

违背公平、公正原则，在经济、组织人事管理等活动中，谋取竞争优势的，应当认定为"谋取不正当利益"。

第十三条　刑法第三百九十条第二款规定的"被追诉前"，是指检察机关对行贿人的行贿行为刑事立案前。

最高人民法院
关于印发《全国法院审理经济犯罪案件工作座谈会纪要》的通知

2003年11月13日　　　　　　　　　　　　　　法〔2003〕167号

各省、自治区、直辖市高级人民法院，解放军军事法院，新疆维吾尔自治区高级人民法院生产建设兵团分院：

现将《全国法院审理经济犯罪案件工作座谈会纪要》印发，供参照执行。执行中有什么问题，请及时报告我院。

附：

全国法院审理经济犯罪案件工作座谈会纪要

为了进一步加强人民法院审判经济犯罪案件工作，最高人民法院于2002年6月4日至6日在重庆市召开了全国法院审理经济犯罪案件工作座谈会。各省、自治区、直辖市高级人民法院和解放军军事法院主管刑事审判工作的副院长和刑庭庭长参加了座谈会，全国人大常委会法制工作委员会、最高人民检察院、公安部也应邀派员参加了座谈会。

座谈会总结了刑法和刑事诉讼法修订实施以来人民法院审理经济犯罪案件工作的情况和经验，分析了审理经济犯罪案件工作面临的形势和任务，对当前和今后一个时期进一步加强人民法院审判经济犯罪案件的工作做了部署。座谈会重点讨论了人民法院在审理贪污贿赂和渎职犯罪案件中遇到的有关适用法律的若干问题，并就其中一些带有普遍性的问题形成了共识。经整理并征求有关部门的意见，纪要如下：

一、关于贪污贿赂犯罪和渎职犯罪的主体

（一）国家机关工作人员的认定

刑法中所称的国家机关工作人员，是指在国家机关中从事公务的人员，包括在各级国家权力机关、行政机关、司法机关和军事机关中从事公务的人员。

根据有关立法解释的规定，在依照法律、法规规定行使国家行政管理职权的组织中从事公务的人员，或者在受国家机关委托代表国家行使职权的组织中从事公务的人员，或者虽未列入国家机关人员编制但在国家机关中从事公务的人员，视为国家机关工作人员。在乡（镇）以上中国共产党机关、人民政协机关中从事公务的人员，司法实践中也应当视为国家机关工作人员。

（二）国家机关、国有公司、企业、事业单位委派到非国有公司、企业、事业单位、社会团体从事公务的人员的认定

所谓委派，即委任、派遣，其形式多种多样，如任命、指派、提名、批准等。不论被委派的人身份如何，只要是接受国家机关、国有公司、企业、事业单位委派，代表国家机关、国有公司、企业、事业单位在非国有公司、企业、事业单位、社会团体中从事组织、领导、监督、管理等工作，都可以认定为国家机关、国有公司、企业、事业单位委派到非国有公司、企业、事业单位、社会团体从事公务的人员。如国家机关、国有公司、企业、事业单位委派在国有控股或者参股的股份有限公司从事组织、领导、监督、管理等工作的人员，应当以国家工作人员论。国有公司、企业改制为股份有限公司后，原国有公司、企业的工作人员和股份有限公司新任命的人员中，除代表国有投资主体行使监督、管理职权的人外，不以国家工作人员论。

(三)"其他依照法律从事公务的人员"的认定

刑法第九十三条第二款规定的"其他依照法律从事公务的人员"应当具有两个特征：一是在特定条件下行使国家管理职能；二是依照法律规定从事公务。具体包括：(1)依法履行职责的各级人民代表大会代表；(2)依法履行审判职责的人民陪审员；(3)协助乡镇人民政府、街道办事处从事行政管理工作的村民委员会、居民委员会等农村和城市基层组织人员；(4)其他由法律授权从事公务的人员。

(四)关于"从事公务"的理解

从事公务，是指代表国家机关、国有公司、企业、事业单位、人民团体等履行组织、领导、监督、管理等职责。公务主要表现为与职权相联系的公共事务以及监督、管理国有财产的职务活动。如国家机关工作人员依法履行职责，国有公司的董事、经理、监事、会计、出纳人员等管理、监督国有财产等活动，属于从事公务。那些不具备职权内容的劳务活动、技术服务工作，如售货员、售票员等所从事的工作，一般不认为是公务。

二、关于贪污罪

(一)贪污罪既遂与未遂的认定

贪污罪是一种以非法占有为目的的财产性职务犯罪，与盗窃、诈骗、抢夺等侵犯财产罪一样，应当以行为人是否实际控制财物作为区分贪污罪既遂与未遂的标准。对于行为人利用职务上的便利，实施了虚假平账等贪污行为，但公共财物尚未实际转移，或者尚未被行为人控制就被查获的，应当认定为贪污未遂。行为人控制公共财物后，是否将财物据为己有，不影响贪污既遂的认定。

(二)"受委托管理、经营国有财产"的认定

刑法第三百八十二条第二款规定的"受委托管理、经营国有财产"，是指因承包、租赁、临时聘用等管理、经营国有财产。

(三)国家工作人员与非国家工作人员勾结共同非法占有单位财物行为的认定

对于国家工作人员与他人勾结，共同非法占有单位财物的行为，应当按照《最高人民法院关于审理贪污、职务侵占案件如何认定共同犯罪几个问题的解释》的规定定罪处罚。对于在公司、企业或者其他单位中，非国家工作人员与国家工作人员勾结，分别利用各自的职务便利，共同将本单位财物非法占有的，应当尽量区分主从犯，按照主犯的犯罪性质定罪。司法实践中，如果根据案件的实际情况，各共同犯罪人在共同犯罪中的地位、作用相当，难以区分主从犯的，可以贪污罪定罪处罚。

(四)共同贪污犯罪中"个人贪污数额"的认定

刑法第三百八十三条第一款规定的"个人贪污数额"，在共同贪污犯罪案件中应理解为个人所参与或者组织、指挥共同贪污的数额，不能只按个人实际分得的赃款数额来认定。对共同贪污犯罪中的从犯，应当按照其所参与的共同贪污的数额确定量刑幅度，并依照刑法第二十七条第二款的规定，从轻、减轻处罚或者免除处罚。

三、关于受贿罪

(一) 关于"利用职务上的便利"的认定

刑法第三百八十五条第一款规定的"利用职务上的便利",既包括利用本人职务上主管、负责、承办某项公共事务的职权,也包括利用职务上有隶属、制约关系的其他国家工作人员的职权。担任单位领导职务的国家工作人员通过不属自己主管的下级部门的国家工作人员的职务为他人谋取利益的,应当认定为"利用职务上的便利"为他人谋取利益。

(二) "为他人谋取利益"的认定

为他人谋取利益包括承诺、实施和实现三个阶段的行为。只要具有其中一个阶段的行为,如国家工作人员收受他人财物时,根据他人提出的具体请托事项,承诺为他人谋取利益的,就具备了为他人谋取利益的要件。明知他人有具体请托事项而收受其财物的,视为承诺为他人谋取利益。

(三) "利用职权或地位形成的便利条件"的认定

刑法第三百八十八条规定的"利用本人职权或者地位形成的便利条件",是指行为人与被其利用的国家工作人员之间在职务上虽然没有隶属、制约关系,但是行为人利用了本人职权或者地位产生的影响和一定的工作联系,如单位内不同部门的国家工作人员之间、上下级单位没有职务上隶属、制约关系的国家工作人员之间、有工作联系的不同单位的国家工作人员之间等。

(四) 离职国家工作人员收受财物行为的处理

参照《最高人民法院关于国家工作人员利用职务上的便利为他人谋取利益离退休后收受财物行为如何处理问题的批复》规定的精神,国家工作人员利用职务上的便利为请托人谋取利益,并与请托人事先约定,在其离职后收受请托人财物,构成犯罪的,以受贿罪定罪处罚。

(五) 共同受贿犯罪的认定

根据刑法关于共同犯罪的规定,非国家工作人员与国家工作人员勾结,伙同受贿的,应当以受贿罪的共犯追究刑事责任。非国家工作人员是否构成受贿罪共犯,取决于双方有无共同受贿的故意和行为。国家工作人员的近亲属向国家工作人员代为转达请托事项,收受请托人财物并告知该国家工作人员,或者国家工作人员明知其近亲属收受了他人财物,仍按照近亲属的要求利用职权为他人谋取利益的,对该国家工作人员应认定为受贿罪,其近亲属以受贿罪共犯论处。近亲属以外的其他人与国家工作人员通谋,由国家工作人员利用职务上的便利为请托人谋取利益,收受请托人财物后双方共同占有的,构成受贿罪共犯。

国家工作人员利用职务上的便利为他人谋取利益,并指定他人将财物送给其他人,构成犯罪的,应以受贿罪定罪处罚。

(六) 以借款为名索取或者非法收受财物行为的认定

国家工作人员利用职务上的便利,以借为名向他人索取财物,或者非法收受财物为他人谋取利益的,应当认定为受贿。具体认定时,不能仅仅看是否有书面借款手续,应当根据以下因素综合判定：(1) 有无正当、合理的借款事由；(2) 款项的去向；(3) 双方平时关系如何、有无经济往来；(4) 出借方是否要求国家工作人员利用职务上的便利为其谋取利益；(5) 借款后是否有归还的意思表示及行为；(6) 是否有归还的能力；(7) 未归还的原因；等等。

(七) 涉及股票受贿案件的认定

在办理涉及股票的受贿案件时，应当注意：(1) 国家工作人员利用职务上的便利，索取或非法收受股票，没有支付股本金，为他人谋取利益，构成受贿罪的，其受贿数额按照收受股票时的实际价格计算。(2) 行为人支付股本金而购买较有可能升值的股票，由于不是无偿收受请托人财物，不以受贿罪论处。(3) 股票已上市且已升值，行为人仅支付股本金，其"购买"股票时的实际价格与股本金的差价部分应认定为受贿。

四、关于挪用公款罪

(一) 单位决定将公款给个人使用行为的认定

经单位领导集体研究决定将公款给个人使用，或者单位负责人为了单位的利益，决定将公款给个人使用的，不以挪用公款罪定罪处罚。上述行为致使单位遭受重大损失，构成其他犯罪的，依照刑法的有关规定对责任人员定罪处罚。

(二) 挪用公款供其他单位使用行为的认定

根据全国人大常委会《关于〈中华人民共和国刑法〉第三百八十四条第一款的解释》的规定，"以个人名义将公款供其他单位使用的"、"个人决定以单位名义将公款供其他单位使用，谋取个人利益的"，属于挪用公款"归个人使用"。在司法实践中，对于将公款供其他单位使用的，认定是否属于"以个人名义"，不能只看形式，要从实质上把握。对于行为人逃避财务监管，或者与使用人约定以个人名义进行，或者借款、还款都以个人名义进行，将公款给其他单位使用的，应认定为"以个人名义"。"个人决定"既包括行为人在职权范围内决定，也包括超越职权范围决定。"谋取个人利益"，既包括行为人与使用人事先约定谋取个人利益实际尚未获取的情况，也包括虽未事先约定但实际已获取了个人利益的情况。其中的"个人利益"，既包括不正当利益，也包括正当利益；既包括财产性利益，也包括非财产性利益，但这种非财产性利益应当是具体的实际利益，如升学、就业等。

(三) 国有单位领导向其主管的具有法人资格的下级单位借公款归个人使用的认定

国有单位领导利用职务上的便利指令具有法人资格的下级单位将公款供个人使用的，属于挪用公款行为，构成犯罪的，应以挪用公款罪定罪处罚。

(四) 挪用有价证券、金融凭证用于质押行为性质的认定

挪用金融凭证、有价证券用于质押，使公款处于风险之中，与挪用公款为他人提供担保没有实质的区别，符合刑法关于挪用公款罪规定的，以挪用公款罪定罪处罚，挪用公款数额以实际或者可能承担的风险数额认定。

(五) 挪用公款归还个人欠款行为性质的认定

挪用公款归还个人欠款的，应当根据产生欠款的原因，分别认定属于挪用公款的何种情形。归还个人进行非法活动或者进行营利活动产生的欠款，应当认定为挪用公款进行非法活动或者进行营利活动。

（六）挪用公款用于注册公司、企业行为性质的认定

申报注册资本是为进行生产经营活动作准备，属于成立公司、企业进行营利活动的组成部分。因此，挪用公款归个人用于公司、企业注册资本验资证明的，应当认定为挪用公款进行营利活动。

（七）挪用公款后尚未投入实际使用的行为性质的认定

挪用公款后尚未投入实际使用的，只要同时具备"数额较大"和"超过三个月未还"的构成要件，应当认定为挪用公款罪，但可以酌情从轻处罚。

（八）挪用公款转化为贪污的认定

挪用公款罪与贪污罪的主要区别在于行为人主观上是否具有非法占有公款的目的。挪用公款是否转化为贪污，应当按照主客观相一致的原则，具体判断和认定行为人主观上是否具有非法占有公款的目的。在司法实践中，具有以下情形之一的，可以认定行为人具有非法占有公款的目的：

1. 根据《最高人民法院关于审理挪用公款案件具体应用法律若干问题的解释》第六条的规定，行为人"携带挪用的公款潜逃的"，对其携带挪用的公款部分，以贪污罪定罪处罚。

2. 行为人挪用公款后采取虚假发票平账、销毁有关账目等手段，使所挪用的公款已难以在单位财务账目上反映出来，且没有归还行为的，应当以贪污罪定罪处罚。

3. 行为人截取单位收入不入账，非法占有，使所占有的公款难以在单位财务账目上反映出来，且没有归还行为的，应当以贪污罪定罪处罚。

4. 有证据证明行为人有能力归还所挪用的公款而拒不归还，并隐瞒挪用的公款去向的，应当以贪污罪定罪处罚。

五、关于巨额财产来源不明罪

（一）行为人不能说明巨额财产来源合法的认定

刑法第三百九十五条第一款规定的"不能说明"，包括以下情况：(1) 行为人拒不说明财产来源；(2) 行为人无法说明财产的具体来源；(3) 行为人所说的财产来源经司法机关查证并不属实；(4) 行为人所说的财产来源因线索不具体等原因，司法机关无法查实，但能排除存在来源合法的可能性和合理性的。

（二）"非法所得"的数额计算

刑法第三百九十五条规定的"非法所得"，一般是指行为人的全部财产与能够认定的所有支出的总和减去能够证实的有真实来源的所得。在具体计算时，应注意以下问题：(1) 应把国家工作人员个人财产和与其共同生活的家庭成员的财产、支出等一并计算，而且一并减去他们所有的合法收入以及确属与其共同生活的家庭成员个人的非法收入。(2) 行为人所有的财产包括房产、家具、生活用品、学习用品及股票、债券、存款等动产和不动产；行为人的支出包括合法支出和不合法的支出，包括日常生活、工作、学习费用、罚款及向他人行贿的财物等；行为人的合法收入包括工资、奖金、稿酬、继承等法律和政策允许的各种收入。(3) 为了便于计算犯罪数额，对于行为人的财产和合

法收入，一般可以从行为人有比较确定的收入和财产时开始计算。

六、关于渎职罪

（一）渎职犯罪行为造成的公共财产重大损失的认定

根据刑法规定，玩忽职守、滥用职权等渎职犯罪是以致使公共财产、国家和人民利益遭受重大损失为构成要件的。其中，公共财产的重大损失，通常是指渎职行为已经造成的重大经济损失。在司法实践中，有以下情形之一的，虽然公开财产作为债权存在，但已无法实现债权的，可以认定为行为人的渎职行为造成了经济损失：（1）债务人已经法定程序被宣告破产；（2）债务人潜逃，去向不明；（3）因行为人责任，致使超过诉讼时效；（4）有证据证明债权无法实现的其他情况。

（二）玩忽职守罪的追诉时效

玩忽职守行为造成的重大损失当时没有发生，而是玩忽职守行为之后一定时间发生的，应从危害结果发生之日起计算玩忽职守罪的追诉期限。

（三）国有公司、企业人员渎职犯罪的法律适用

对于1999年12月24日《中华人民共和国刑法修正案》实施以前发生的国有公司、企业人员渎职行为（不包括徇私舞弊行为），尚未处理或者正在处理的，不能按照刑法修正案追究刑事责任。

（四）关于"徇私"的理解

徇私舞弊型渎职犯罪的"徇私"应理解为徇个人私情、私利。国家机关工作人员为了本单位的利益，实施滥用职权、玩忽职守行为，构成犯罪的，依照刑法第三百九十七条第一款的规定定罪处罚。

最高人民法院　最高人民检察院
关于在办理受贿犯罪大要案的同时要严肃查处严重行贿犯罪分子的通知

1999年3月4日　　　　　　　　　　　高检会〔1999〕1号

各省、自治区、直辖市高级人民法院、人民检察院，解放军军事法院、军事检察院：

近一时期，各级人民法院、人民检察院依法严肃惩处了一批严重受贿犯罪分子，取得了良好的社会效果。但是还有一些大肆拉拢、腐蚀国家工作人员的行贿犯罪分子却没有受到应有的法律追究，他们继续进行行贿犯罪，严重危害了党和国家的廉政建设。为依法严肃惩处严重行贿犯罪，特作如下通知：

一、要充分认识严肃惩处行贿犯罪，对于全面落实党中央反腐败工作部署，把反腐败斗争引向深入，从源头上遏制和预防受贿犯罪的重要意义。各级人民法院、人民检察

院要把严肃惩处行贿犯罪作为反腐败斗争中的一项重要和紧迫的工作，在继续严肃惩处受贿犯罪分子的同时，对严重行贿犯罪分子，必须依法严肃惩处，坚决打击。

二、对于为谋取不正当利益而行贿，构成行贿罪、向单位行贿罪、单位行贿罪的，必须依法追究刑事责任。"谋取不正当利益"是指谋取违反法律、法规、国家政策和国务院各部门规章规定的利益，以及要求国家工作人员或者有关单位提供违反法律、法规、国家政策和国务院各部门规章规定的帮助或者方便条件。

对于向国家工作人员介绍贿赂，构成犯罪的案件，也要依法查处。

三、当前要特别注意依法严肃惩处下列严重行贿犯罪行为：

1. 行贿数额巨大、多次行贿或者向多人行贿的；

2. 向党政干部和司法工作人员行贿的；

3. 为进行走私、偷税、骗税、骗汇、逃汇、非法买卖外汇等违法犯罪活动，向海关、工商、税务、外汇管理等行政执法机关工作人员行贿的；

4. 为非法办理金融、证券业务，向银行等金融机构、证券管理机构工作人员行贿，致使国家利益遭受重大损失的；

5. 为非法获取工程、项目的开发、承包、经营权，向有关主管部门及其主管领导行贿，致使公共财产、国家和人民利益遭受重大损失的；

6. 为制售假冒伪劣产品，向有关国家机关、国有单位及国家工作人员行贿，造成严重后果的；

7. 其他情节严重的行贿犯罪行为。

四、在查处严重行贿、介绍贿赂犯罪案件中，既要坚持从严惩处的方针，又要注意体现政策。行贿人、介绍贿赂人具有刑法第三百九十条第二款、第三百九十二条第二款规定的在被追诉前主动交代行贿、介绍贿赂犯罪情节的，依法分别可以减轻或者免除处罚；行贿人、介绍贿赂人在被追诉后如实交代行贿、介绍贿赂行为的，也可以酌情从轻处罚。

五、在依法严肃查处严重行贿、介绍贿赂犯罪案件中，要讲究斗争策略，注意工作方法。要把查处受贿犯罪大案要案同查处严重行贿、介绍贿赂犯罪案件有机地结合起来，通过打击行贿、介绍贿赂犯罪，促进受贿犯罪大案要案的查处工作，推动查办贪污贿赂案件工作的全面、深入开展。

六、各级人民法院、人民检察院要结合办理贿赂犯罪案件情况，认真总结经验、教训，找出存在的问题，提出切实可行的解决办法，以改变对严重行贿犯罪打击不力的状况。工作中遇到什么情况和问题，要及时报告最高人民法院、最高人民检察院。

以上通知，望认真遵照执行。

最高人民法院研究室
关于对行为人通过伪造国家机关公文、证件担任国家工作人员职务并利用职务上的便利侵占本单位财物、收受贿赂、挪用本单位资金等行为如何适用法律问题的答复

2004年3月30日　　　　　　　　　　　　　　法研〔2004〕38号

北京市高级人民法院：

你院〔2004〕15号《关于通过伪造国家机关公文、证件担任国家工作人员职务后利用职务便利侵占本单位财物、收受贿赂、挪用本单位资金的行为如何定性的请示》收悉。经研究，答复如下：

行为人通过伪造国家机关公文、证件担任国家工作人员职务以后，又利用职务上的便利实施侵占本单位财物、收受贿赂、挪用本单位资金等行为，构成犯罪的，应当分别以伪造国家机关公文、证件罪和相应的贪污罪、受贿罪、挪用公款罪等追究刑事责任，实行数罪并罚。

最高人民法院　最高人民检察院
关于印发《关于办理受贿刑事案件适用法律若干问题的意见》的通知

2007年7月8日　　　　　　　　　　　　　　法发〔2007〕22号

各省、自治区、直辖市高级人民法院、人民检察院，解放军军事法院、军事检察院，新疆维吾尔自治区高级人民法院生产建设兵团分院、新疆生产建设兵团人民检察院：

现将《最高人民法院、最高人民检察院关于办理受贿刑事案件适用法律若干问题的意见》印发给你们，请认真贯彻执行。

附：

最高人民法院　最高人民检察院
关于办理受贿刑事案件适用法律若干问题的意见

为依法惩治受贿犯罪活动，根据刑法有关规定，现就办理受贿刑事案件具体适用法律若干问题，提出以下意见：

一、关于以交易形式收受贿赂问题

国家工作人员利用职务上的便利为请托人谋取利益，以下列交易形式收受请托人财物的，以受贿论处：

（1）以明显低于市场的价格向请托人购买房屋、汽车等物品的；

（2）以明显高于市场的价格向请托人出售房屋、汽车等物品的；

（3）以其他交易形式非法收受请托人财物的。

受贿数额按照交易时当地市场价格与实际支付价格的差额计算。

前款所列市场价格包括商品经营者事先设定的不针对特定人的最低优惠价格。根据商品经营者事先设定的各种优惠交易条件，以优惠价格购买商品的，不属于受贿。

二、关于收受干股问题

干股是指未出资而获得的股份。国家工作人员利用职务上的便利为请托人谋取利益，收受请托人提供的干股的，以受贿论处。进行了股权转让登记，或者相关证据证明股份发生了实际转让的，受贿数额按转让行为时股份价值计算，所分红利按受贿孳息处理。股份未实际转让，以股份分红名义获取利益的，实际获利数额应当认定为受贿数额。

三、关于以开办公司等合作投资名义收受贿赂问题

国家工作人员利用职务上的便利为请托人谋取利益，由请托人出资，"合作"开办公司或者进行其他"合作"投资的，以受贿论处。受贿数额为请托人给国家工作人员的出资额。

国家工作人员利用职务上的便利为请托人谋取利益，以合作开办公司或者其他合作投资的名义获取"利润"，没有实际出资和参与管理、经营的，以受贿论处。

四、关于以委托请托人投资证券、期货或者其他委托理财的名义收受贿赂问题

国家工作人员利用职务上的便利为请托人谋取利益，以委托请托人投资证券、期货或者其他委托理财的名义，未实际出资而获取"收益"，或者虽然实际出资，但获取"收益"明显高于出资应得收益的，以受贿论处。受贿数额，前一情形，以"收益"额

计算；后一情形，以"收益"额与出资应得收益额的差额计算。

五、关于以赌博形式收受贿赂的认定问题

根据《最高人民法院、最高人民检察院关于办理赌博刑事案件具体应用法律若干问题的解释》第七条规定，国家工作人员利用职务上的便利为请托人谋取利益，通过赌博方式收受请托人财物的，构成受贿。

实践中应注意区分贿赂与赌博活动、娱乐活动的界限。具体认定时，主要应当结合以下因素进行判断：(1)赌博的背景、场合、时间、次数；(2)赌资来源；(3)其他赌博参与者有无事先通谋；(4)输赢钱物的具体情况和金额大小。

六、关于特定关系人"挂名"领取薪酬问题

国家工作人员利用职务上的便利为请托人谋取利益，要求或者接受请托人以给特定关系人安排工作为名，使特定关系人不实际工作却获取所谓薪酬的，以受贿论处。

七、关于由特定关系人收受贿赂问题

国家工作人员利用职务上的便利为请托人谋取利益，授意请托人以本意见所列形式，将有关财物给予特定关系人的，以受贿论处。

特定关系人与国家工作人员通谋，共同实施前款行为的，对特定关系人以受贿罪的共犯论处。特定关系人以外的其他人与国家工作人员通谋，由国家工作人员利用职务上的便利为请托人谋取利益，收受请托人财物后双方共同占有的，以受贿罪的共犯论处。

八、关于收受贿赂物品未办理权属变更问题

国家工作人员利用职务上的便利为请托人谋取利益，收受请托人房屋、汽车等物品，未变更权属登记或者借用他人名义办理权属变更登记的，不影响受贿的认定。

认定以房屋、汽车等物品为对象的受贿，应注意与借用的区分。具体认定时，除双方交代或者书面协议之外，主要应当结合以下因素进行判断：(1)有无借用的合理事由；(2)是否实际使用；(3)借用时间的长短；(4)有无归还的条件；(5)有无归还的意思表示及行为。

九、关于收受财物后退还或者上交问题

国家工作人员收受请托人财物后及时退还或者上交的，不是受贿。

国家工作人员受贿后，因自身或者与其受贿有关联的人、事被查处，为掩饰犯罪而退还或者上交的，不影响认定受贿罪。

十、关于在职时为请托人谋利，离职后收受财物问题

国家工作人员利用职务上的便利为请托人谋取利益之前或者之后，约定在其离职后收受请托人财物，并在离职后收受的，以受贿论处。

国家工作人员利用职务上的便利为请托人谋取利益，离职前后连续收受请托人财物

的，离职前后收受部分均应计入受贿数额。

十一、关于"特定关系人"的范围

本意见所称"特定关系人"，是指与国家工作人员有近亲属、情妇（夫）以及其他共同利益关系的人。

十二、关于正确贯彻宽严相济刑事政策的问题

依照本意见办理受贿刑事案件，要根据刑法关于受贿罪的有关规定和受贿罪权钱交易的本质特征，准确区分罪与非罪、此罪与彼罪的界限，惩处少数，教育多数。在从严惩处受贿犯罪的同时，对于具有自首、立功等情节的，依法从轻、减轻或者免除处罚。

最高人民法院　最高人民检察院印发《关于办理国家出资企业中职务犯罪案件具体应用法律若干问题的意见》的通知

2010年11月26日　　　　　　　　　　　　　法发〔2010〕49号

随着企业改制的不断推进，人民法院、人民检察院在办理国家出资企业中的贪污、受贿等职务犯罪案件时遇到了一些新情况、新问题。这些新情况、新问题具有一定的特殊性和复杂性，需要结合企业改制的特定历史条件，依法妥善地进行处理。现根据刑法规定和相关政策精神，就办理此类刑事案件具体应用法律的若干问题，提出以下意见：

一、关于国家出资企业工作人员在改制过程中隐匿公司、企业财产归个人持股的改制后公司、企业所有的行为的处理

国家工作人员或者受国家机关、国有公司、企业、事业单位、人民团体委托管理、经营国有财产的人员利用职务上的便利，在国家出资企业改制过程中故意通过低估资产、隐瞒债权、虚设债务、虚构产权交易等方式隐匿公司、企业财产，转为本人持有股份的改制后公司、企业所有，应当依法追究刑事责任的，依照刑法第三百八十二条、第三百八十三条的规定，以贪污罪定罪处罚。贪污数额一般应当以所隐匿财产全额计算；改制后公司、企业仍有国有股份的，按股份比例扣除归于国有的部分。

所隐匿财产在改制过程中已为行为人实际控制，或者国家出资企业改制已经完成的，以犯罪既遂处理。

第一款规定以外的人员实施该款行为的，依照刑法第二百七十一条的规定，以职务侵占罪定罪处罚；第一款规定以外的人员与第一款规定的人员共同实施该款行为的，以贪污罪的共犯论处。

在企业改制过程中未采取低估资产、隐瞒债权、虚设债务、虚构产权交易等方式故意隐匿公司、企业财产的，一般不应当认定为贪污；造成国有资产重大损失，依法构成刑法第一百六十八条或者第一百六十九条规定的犯罪的，依照该规定定罪处罚。

二、关于国有公司、企业在改制过程中隐匿公司、企业财产归职工集体持股的改制后公司、企业所有的行为的处理

国有公司、企业违反国家规定，在改制过程中隐匿公司、企业财产，转为职工集体持股的改制后公司、企业所有的，对其直接负责的主管人员和其他直接责任人员，依照刑法第三百九十六条第一款的规定，以私分国有资产罪定罪处罚。

改制后的公司、企业中只有改制前公司、企业的管理人员或者少数职工持股，改制前公司、企业的多数职工未持股的，依照本意见第一条的规定，以贪污罪定罪处罚。

三、关于国家出资企业工作人员使用改制公司、企业的资金担保个人贷款，用于购买改制公司、企业股份的行为的处理

国家出资企业的工作人员在公司、企业改制过程中为购买公司、企业股份，利用职务上的便利，将公司、企业的资金或者金融凭证、有价证券等用于个人贷款担保的，依照刑法第二百七十二条或者第三百八十四条的规定，以挪用资金罪或者挪用公款罪定罪处罚。

行为人在改制前的国家出资企业持有股份的，不影响挪用数额的认定，但量刑时应当酌情考虑。

经有关主管部门批准或者按照有关政策规定，国家出资企业的工作人员为购买改制公司、企业股份实施前款行为的，可以视具体情况不作为犯罪处理。

四、关于国家工作人员在企业改制过程中的渎职行为的处理

国家出资企业中的国家工作人员在公司、企业改制或者国有资产处置过程中严重不负责任或者滥用职权，致使国家利益遭受重大损失的，依照刑法第一百六十八条的规定，以国有公司、企业人员失职罪或者国有公司、企业人员滥用职权罪定罪处罚。

国家出资企业中的国家工作人员在公司、企业改制或者国有资产处置过程中徇私舞弊，将国有资产低价折股或者低价出售给其本人未持有股份的公司、企业或者其他个人，致使国家利益遭受重大损失的，依照刑法第一百六十九条的规定，以徇私舞弊低价折股、出售国有资产罪定罪处罚。

国家出资企业中的国家工作人员在公司、企业改制或者国有资产处置过程中徇私舞弊，将国有资产低价折股或者低价出售给特定关系人持有股份或者本人实际控制的公司、企业，致使国家利益遭受重大损失的，依照刑法第三百八十二条、第三百八十三条的规定，以贪污罪定罪处罚。贪污数额以国有资产的损失数额计算。

国家出资企业中的国家工作人员因实施第一款、第二款行为收受贿赂，同时又构成刑法第三百八十五条规定之罪的，依照处罚较重的规定定罪处罚。

五、关于改制前后主体身份发生变化的犯罪的处理

国家工作人员在国家出资企业改制前利用职务上的便利实施犯罪，在其不再具有国家工作人员身份后又实施同种行为，依法构成不同犯罪的，应当分别定罪，实行数罪并罚。

国家工作人员利用职务上的便利，在国家出资企业改制过程中隐匿公司、企业财产，在其不再具有国家工作人员身份后将所隐匿财产据为己有的，依照刑法第三百八十二条、第三百八十三条的规定，以贪污罪定罪处罚。

国家工作人员在国家出资企业改制过程中利用职务上的便利为请托人谋取利益，事先约定在其不再具有国家工作人员身份后收受请托人财物，或者在身份变化前后连续收受请托人财物的，依照刑法第三百八十五条、第三百八十六条的规定，以受贿罪定罪处罚。

六、关于国家出资企业中国家工作人员的认定

经国家机关、国有公司、企业、事业单位提名、推荐、任命、批准等，在国有控股、参股公司及其分支机构中从事公务的人员，应当认定为国家工作人员。具体的任命机构和程序，不影响国家工作人员的认定。

经国家出资企业中负有管理、监督国有资产职责的组织批准或者研究决定，代表其在国有控股、参股公司及其分支机构中从事组织、领导、监督、经营、管理工作的人员，应当认定为国家工作人员。

国家出资企业中的国家工作人员，在国家出资企业中持有个人股份或者同时接受非国有股东委托的，不影响其国家工作人员身份的认定。

七、关于国家出资企业的界定

本意见所称"国家出资企业"，包括国家出资的国有独资公司、国有独资企业，以及国有资本控股公司、国有资本参股公司。

是否属于国家出资企业不清楚的，应遵循"谁投资、谁拥有产权"的原则进行界定。企业注册登记中的资金来源与实际出资不符的，应根据实际出资情况确定企业的性质。企业实际出资情况不清楚的，可以综合工商注册、分配形式、经营管理等因素确定企业的性质。

八、关于宽严相济刑事政策的具体贯彻

办理国家出资企业中的职务犯罪案件时，要综合考虑历史条件、企业发展、职工就业、社会稳定等因素，注意具体情况具体分析，严格把握犯罪与一般违规行为的区分界限。对于主观恶意明显、社会危害严重、群众反映强烈的严重犯罪，要坚决依法从严惩处；对于特定历史条件下、为了顺利完成企业改制而实施的违反国家政策法律规定的行为，行为人无主观恶意或者主观恶意不明显，情节较轻，危害不大的，可以不作为犯罪处理。

　　对于国家出资企业中的职务犯罪，要加大经济上的惩罚力度，充分重视财产刑的适用和执行，最大限度地挽回国家和人民利益遭受的损失。不能退赃的，在决定刑罚时，应当作为重要情节予以考虑。

（十）渎　职　罪

最高人民法院　最高人民检察院
关于办理渎职刑事案件适用
法律若干问题的解释（一）

法释〔2012〕18号

（2012年7月9日最高人民法院审判委员会第1552次会议、
2012年9月12日最高人民检察院第十一届检察委员会
第79次会议通过　2012年12月7日公布
自2013年1月9日起施行）

为依法惩治渎职犯罪，根据刑法有关规定，现就办理渎职刑事案件适用法律的若干问题解释如下：

第一条　国家机关工作人员滥用职权或者玩忽职守，具有下列情形之一的，应当认定为刑法第三百九十七条规定的"致使公共财产、国家和人民利益遭受重大损失"：

（一）造成死亡1人以上，或者重伤3人以上，或者轻伤9人以上，或者重伤2人、轻伤3人以上，或者重伤1人、轻伤6人以上的；

（二）造成经济损失30万元以上的；

（三）造成恶劣社会影响的；

（四）其他致使公共财产、国家和人民利益遭受重大损失的情形。

具有下列情形之一的，应当认定为刑法第三百九十七条规定的"情节特别严重"：

（一）造成伤亡达到前款第（一）项规定人数3倍以上的；

（二）造成经济损失150万元以上的；

（三）造成前款规定的损失后果，不报、迟报、谎报或者授意、指使、强令他人不报、迟报、谎报事故情况，致使损失后果持续、扩大或者抢救工作延误的；

（四）造成特别恶劣社会影响的；

（五）其他特别严重的情节。

第二条　国家机关工作人员实施滥用职权或者玩忽职守犯罪行为，触犯刑法分则第九章第三百九十八条至第四百一十九条规定的，依照该规定定罪处罚。

国家机关工作人员滥用职权或者玩忽职守，因不具备徇私舞弊等情形，不符合刑法分则第九章第三百九十八条至第四百一十九条的规定，但依法构成第三百九十七条规定的犯罪的，以滥用职权罪或者玩忽职守罪定罪处罚。

第三条 国家机关工作人员实施渎职犯罪并收受贿赂，同时构成受贿罪的，除刑法另有规定外，以渎职犯罪和受贿罪数罪并罚。

第四条 国家机关工作人员实施渎职行为，放纵他人犯罪或者帮助他人逃避刑事处罚，构成犯罪的，依照渎职罪的规定定罪处罚。

国家机关工作人员与他人共谋，利用其职务行为帮助他人实施其他犯罪行为，同时构成渎职犯罪和共谋实施的其他犯罪共犯的，依照处罚较重的规定定罪处罚。

国家机关工作人员与他人共谋，既利用其职务行为帮助他人实施其他犯罪，又以非职务行为与他人共同实施该其他犯罪行为，同时构成渎职犯罪和其他犯罪的共犯的，依照数罪并罚的规定定罪处罚。

第五条 国家机关负责人员违法决定，或者指使、授意、强令其他国家机关工作人员违法履行职务或者不履行职务，构成刑法分则第九章规定的渎职犯罪的，应当依法追究刑事责任。

以"集体研究"形式实施的渎职犯罪，应当依照刑法分则第九章的规定追究国家机关负有责任的人员的刑事责任。对于具体执行人员，应当在综合认定其行为性质、是否提出反对意见、危害结果大小等情节的基础上决定是否追究刑事责任和应当判处的刑罚。

第六条 以危害结果为条件的渎职犯罪的追诉期限，从危害结果发生之日起计算；有数个危害结果的，从最后一个危害结果发生之日起计算。

第七条 依法或者受委托行使国家行政管理职权的公司、企业、事业单位的工作人员，在行使行政管理职权时滥用职权或者玩忽职守，构成犯罪的，应当依照《全国人民代表大会常务委员会关于〈中华人民共和国刑法〉第九章渎职罪主体适用问题的解释》的规定，适用渎职罪的规定追究刑事责任。

第八条 本解释规定的"经济损失"，是指渎职犯罪或者与渎职犯罪相关联的犯罪立案时已经实际造成的财产损失，包括为挽回渎职犯罪所造成损失而支付的各种开支、费用等。立案后至提起公诉前持续发生的经济损失，应一并计入渎职犯罪造成的经济损失。

债务人经法定程序被宣告破产，债务人潜逃、去向不明，或者因行为人的责任超过诉讼时效等，致使债权已经无法实现的，无法实现的债权部分应当认定为渎职犯罪的经济损失。

渎职犯罪或者与渎职犯罪相关联的犯罪立案后，犯罪分子及其亲友自行挽回的经济损失，司法机关或者犯罪分子所在单位及其上级主管部门挽回的经济损失，或者因客观原因减少的经济损失，不予扣减，但可以作为酌定从轻处罚的情节。

第九条 负有监督管理职责的国家机关工作人员滥用职权或者玩忽职守，致使不符合安全标准的食品、有毒有害食品、假药、劣药等流入社会，对人民群众生命、健康造成严重危害后果的，依照渎职罪的规定从严惩处。

第十条 最高人民法院、最高人民检察院此前发布的司法解释与本解释不一致的，以本解释为准。

最高人民法院研究室
关于对重大责任事故和玩忽职守案件造成经济损失需追究刑事责任的数额标准应否做出规定问题的电话答复

（1987年10月20日）

陕西省高级人民法院：

你院陕高法研〔1987〕30号《关于重大责任事故和玩忽职守案件造成经济损失需追究刑事责任的数额标准应否做出规定的请示报告》收悉。经研究，答复如下：

一、重大责任事故和玩忽职守这两类案件的案情往往比较复杂，二者造成经济损失的数额标准只是定罪量刑的重要依据之一，不宜以此作为定罪的唯一依据。在实践中，因重大责任事故和玩忽职守所造成的严重损失，既有经济损失、人身伤亡，也有的还造成政治上的不良影响。其中，有些是不能仅仅用经济数额来衡量的。在审理这两类案件时，应当根据每个案件的情况作具体分析，认定是否构成犯罪。

二、虽然玩忽职守和重大责任事故案件你省检察机关的立案数额标准不同于法院判刑的标准，但法院不宜以此为理由拒绝收案。法院是否收案以及如何判处，要根据具体案情，认真研究，慎重决定。

附：

陕西省高级人民法院
关于对重大责任事故和玩忽职守案件造成经济损失需追究刑事责任的数额标准应否做出规定的请示报告

1987年8月7日　　　　　　　　　　　　　陕高法研〔1987〕30号

最高人民法院：

最高人民检察院1986年3月24日〔86〕高检发（二）字第4号通知附发的《人民检察院直接受理的法纪检察案件立案标准的规定（试行）》中规定：重大责任事故案"造成直接经济损失5万元以上的"；国家工作人员由于玩忽职守，"造成直接经济损失

5万元以上的",应予立案。陕西省人民检察院确定对由于玩忽职守造成直接经济损失3万元以上的即可立案。据了解,检察机关按上述立案标准提起公诉的案件,有的法院按照检察机关的立案标准对被告人判处了刑罚,有的法院则认为检察机关的立案标准不应作为判处刑罚的依据,因而拒绝受理案件。经我们研究认为,重大责任事故和玩忽职守案件造成经济损失需要追究刑事责任的数额标准和检察机关的立案标准不完全是一回事,法院不宜把检察机关的立案标准作为判处刑罚的依据。但目前对这两类犯罪造成经济损失需追究刑事责任的数额标准没有明确规定,法院判处案件遇到实际困难。我们意见,请最高人民法院与最高人民检察院协商,能否对这两类犯罪造成经济损失应追究刑事责任的数额标准作出规定,以便判处案件时有所遵循。请予研究答复。

最高人民法院
关于未被公安机关正式录用的人员、狱医能否构成失职致使在押人员脱逃罪主体问题的批复

法释〔2000〕28号

(2000年9月14日最高人民法院审判委员会第1130次会议通过 2000年9月19日最高人民法院公告公布 自2000年9月22日起施行)

吉林省高级人民法院:

你院吉高法〔1999〕158号《关于未被正式录用的司法工作人员受委托执行职务的是否符合犯罪主体要件问题的请示》收悉。经研究,答复如下:

对于未被公安机关正式录用,受委托履行监管职责的人员,由于严重不负责任,致使在押人员脱逃,造成严重后果的,应当依照刑法第四百条第二款的规定定罪处罚。

不负监管职责的狱医,不构成失职致使在押人员脱逃罪的主体。但是受委派承担了监管职责的狱医,由于严重不负责任,致使在押人员脱逃,造成严重后果的,应当依照刑法第四百条第二款的规定定罪处罚。

此复。

最高人民法院研究室
关于对滥用职权致使公共财产、国家和人民利益遭受重大损失如何认定问题的答复

2004年11月22日　　　　　　　　　　法研〔2004〕136号

浙江省高级人民法院：

你院浙〔2004〕194号《关于对滥用职权致使公共财产、国家和人民利益遭受重大损失如何认定的请示》收悉。经研究答复如下：

人民法院在审判过程中，对于行为人滥用职权，致使公共财产、国家和人民利益遭受的损失计算至侦查机关立案之时。立案以后，判决宣告以前追回的损失，作为量刑情节予以考虑。

最高人民法院刑事审判第二庭
关于国有公司人员滥用职权犯罪追溯期限等问题的答复

（2005年1月13日）

公安部经济犯罪侦查局：

你局公经〔2004〕1914号《关于对一案件法律适用问题征求意见的函》收悉。经研究，答复如下：

一、对于本案行为人的行为应适用1999年12月25日《中华人民共和国刑法修正案》的规定，以国有公司人员失职罪或滥用职权罪追究其刑事责任。

二、国有公司人员滥用职权或失职罪的追诉期限应从损失结果发生之日起计算。就本案而言，追诉期限应以法律意义上的损失发生为标准，即以人民法院民事终审判决之日起计算。

最高人民法院研究室关于违反经行政法规授权制定的规范一般纳税人资格的文件应否认定为"违反法律、行政法规的规定"问题的答复

2012年5月3日　　　　　　　　　　　　　　法研〔2012〕59号

宁夏回族自治区高级人民法院：

你院宁高法〔2012〕33号《关于经行政法规授权以通知形式下发的规范一般纳税人资格的文件是否可以作为行政法规适用的请示》收悉。经研究，答复如下：

国家税务总局《关于加强新办商贸企业增值税征收管理有关问题的紧急通知》（国税发明电〔2004〕37号）和《关于加强新办商贸企业增值税征收管理有关问题的补充通知》（国税发明电〔2004〕62号），是根据1993年制定的《中华人民共和国增值税暂行条例》的规定对一般纳税人资格认定的细化，且2008年修订后的《中华人民共和国增值税暂行条例》第十三条明确规定："小规模纳税人以外的纳税人应当向主管税务机关申请资格认定。具体认定办法由国务院主管部门制定。"因此，违反上述两个通知关于一般纳税人资格的认定标准及相关规定，授予不合格单位一般纳税人资格的，相应违反了《中华人民共和国增值税暂行条例》的有关规定，应当认定为刑法第四百零五条第一款规定的"违反法律、行政法规的规定"。

此复。

(十一) 军人违反职责罪

最高人民法院 最高人民检察院
关于对军人非战时逃离部队的行为
能否定罪处罚问题的批复

法释〔2000〕39号

(2000年9月28日最高人民法院审判委员会第1132次会议、2000年11月13日最高人民检察院第九届检察委员会第74次会议通过 2000年12月5日最高人民法院、最高人民检察院公告公布 自2000年12月8日起施行)

中国人民解放军军事法院、军事检察院：

〔1999〕军法呈字第19号《关于军人非战时逃离部队情节严重的，能否适用刑法定罪处罚问题的请示》收悉。经研究，答复如下：

军人违反兵役法规，在非战时逃离部队，情节严重的，应当依照刑法第四百三十五条第一款的规定定罪处罚。

此复。

刑事诉讼篇

第五章 結論

一、综　合

最高人民法院　最高人民检察院　公安部
国家安全部　司法部　全国人大常委会法制工作委员会
关于实施刑事诉讼法若干问题的规定

（2012年12月26日）

一、管　辖

1. 公安机关侦查刑事案件涉及人民检察院管辖的贪污贿赂案件时，应当将贪污贿赂案件移送人民检察院；人民检察院侦查贪污贿赂案件涉及公安机关管辖的刑事案件，应当将属于公安机关管辖的刑事案件移送公安机关。在上述情况中，如果涉嫌主罪属于公安机关管辖，由公安机关为主侦查，人民检察院予以配合；如果涉嫌主罪属于人民检察院管辖，由人民检察院为主侦查，公安机关予以配合。

2. 刑事诉讼法第二十四条中规定："刑事案件由犯罪地的人民法院管辖。"刑事诉讼法规定的"犯罪地"，包括犯罪的行为发生地和结果发生地。

3. 具有下列情形之一的，人民法院、人民检察院、公安机关可以在其职责范围内并案处理：
（1）一人犯数罪的；
（2）共同犯罪的；
（3）共同犯罪的犯罪嫌疑人、被告人还实施其他犯罪的；
（4）多个犯罪嫌疑人、被告人实施的犯罪存在关联，并案处理有利于查明案件事实的。

二、辩护与代理

4. 人民法院、人民检察院、公安机关、国家安全机关、监狱的现职人员，人民陪审员，外国人或者无国籍人，以及与本案有利害关系的人，不得担任辩护人。但是，上述人员系犯罪嫌疑人、被告人的监护人或者近亲属，犯罪嫌疑人、被告人委托其担任辩护人的，可以准许。无行为能力或者限制行为能力的人，不得担任辩护人。

一名辩护人不得为两名以上的同案犯罪嫌疑人、被告人辩护,不得为两名以上的未同案处理但实施的犯罪存在关联的犯罪嫌疑人、被告人辩护。

5. 刑事诉讼法第三十四条、第二百六十七条、第二百八十六条对法律援助作了规定。对于人民法院、人民检察院、公安机关根据上述规定,通知法律援助机构指派律师提供辩护或者法律帮助的,法律援助机构应当在接到通知后三日以内指派律师,并将律师的姓名、单位、联系方式书面通知人民法院、人民检察院、公安机关。

6. 刑事诉讼法第三十六条规定:"辩护律师在侦查期间可以为犯罪嫌疑人提供法律帮助;代理申诉、控告;申请变更强制措施;向侦查机关了解犯罪嫌疑人涉嫌的罪名和案件有关情况,提出意见。"根据上述规定,辩护律师在侦查期间可以向侦查机关了解犯罪嫌疑人涉嫌的罪名及当时已查明的该罪的主要事实,犯罪嫌疑人被采取、变更、解除强制措施的情况,侦查机关延长侦查羁押期限等情况。

7. 刑事诉讼法第三十七条第二款规定:"辩护律师持律师执业证书、律师事务所证明和委托书或者法律援助公函要求会见在押的犯罪嫌疑人、被告人的,看守所应当及时安排会见,至迟不得超过四十八小时。"根据上述规定,辩护律师要求会见在押的犯罪嫌疑人、被告人的,看守所应当及时安排会见,保证辩护律师在四十八小时以内见到在押的犯罪嫌疑人、被告人。

8. 刑事诉讼法第四十一条第一款规定:"辩护律师经证人或者其他有关单位和个人同意,可以向他们收集与本案有关的材料,也可以申请人民检察院、人民法院收集、调取证据,或者申请人民法院通知证人出庭作证。"对于辩护律师申请人民检察院、人民法院收集、调取证据,人民检察院、人民法院认为需要调查取证的,应当由人民检察院、人民法院收集、调取证据,不得向律师签发准许调查决定书,让律师收集、调取证据。

9. 刑事诉讼法第四十二条第二款中规定:"违反前款规定的,应当依法追究法律责任,辩护人涉嫌犯罪的,应当由办理辩护人所承办案件的侦查机关以外的侦查机关办理。"根据上述规定,公安机关、人民检察院发现辩护人涉嫌犯罪,或者接受报案、控告、举报、有关机关的移送,依照侦查管辖分工进行审查后认为符合立案条件的,应当按照规定报请办理辩护人所承办案件的侦查机关的上一级侦查机关指定其他侦查机关立案侦查,或者由上一级侦查机关立案侦查。不得指定办理辩护人所承办案件的侦查机关的下级侦查机关立案侦查。

10. 刑事诉讼法第四十七条规定:"辩护人、诉讼代理人认为公安机关、人民检察院、人民法院及其工作人员阻碍其依法行使诉讼权利的,有权向同级或者上一级人民检察院申诉或者控告。人民检察院对申诉或者控告应当及时进行审查,情况属实的,通知有关机关予以纠正。"人民检察院受理辩护人、诉讼代理人的申诉或者控告后,应当在十日以内将处理情况书面答复提出申诉或者控告的辩护人、诉讼代理人。

三、证 据

11. 刑事诉讼法第五十六条第一款规定:"法庭审理过程中,审判人员认为可能存在本法第五十四条规定的以非法方法收集证据情形的,应当对证据收集的合法性进行法庭调查。"法庭经对当事人及其辩护人、诉讼代理人提供的相关线索或者材料进行审查后，认为可能存在刑事诉讼法第五十四条规定的以非法方法收集证据情形的，应当对证据收集的合法性进行法庭调查。法庭调查的顺序由法庭根据案件审理情况确定。

12. 刑事诉讼法第六十二条规定，对证人、鉴定人、被害人可以采取"不公开真实姓名、住址和工作单位等个人信息"的保护措施。人民法院、人民检察院和公安机关依法决定不公开证人、鉴定人、被害人的真实姓名、住址和工作单位等个人信息的，可以在判决书、裁定书、起诉书、询问笔录等法律文书、证据材料中使用化名等代替证人、鉴定人、被害人的个人信息。但是，应当书面说明使用化名的情况并标明密级，单独成卷。辩护律师经法庭许可，查阅对证人、鉴定人、被害人使用化名情况的，应当签署保密承诺书。

四、强制措施

13. 被取保候审、监视居住的犯罪嫌疑人、被告人无正当理由不得离开所居住的市、县或者执行监视居住的处所，有正当理由需要离开所居住的市、县或者执行监视居住的处所，应当经执行机关批准。如果取保候审、监视居住是由人民检察院、人民法院决定的，执行机关在批准犯罪嫌疑人、被告人离开所居住的市、县或者执行监视居住的处所前，应当征得决定机关同意。

14. 对取保候审保证人是否履行了保证义务，由公安机关认定，对保证人的罚款决定，也由公安机关作出。

15. 指定居所监视居住的，不得要求被监视居住人支付费用。

16. 刑事诉讼法规定，拘留由公安机关执行。对于人民检察院直接受理的案件，人民检察院作出的拘留决定，应当送达公安机关执行，公安机关应当立即执行，人民检察院可以协助公安机关执行。

17. 对于人民检察院批准逮捕的决定，公安机关应当立即执行，并将执行回执及时送达批准逮捕的人民检察院。如果未能执行，也应当将回执送达人民检察院，并写明未能执行的原因。对于人民检察院决定不批准逮捕的，公安机关在收到不批准逮捕决定书后，应当立即释放在押的犯罪嫌疑人或者变更强制措施，并将执行回执在收到不批准逮捕决定书后的三日内送达作出不批准逮捕决定的人民检察院。

五、立　案

18. 刑事诉讼法第一百一十一条规定："人民检察院认为公安机关对应当立案侦查的案件而不立案侦查的，或者被害人认为公安机关对应当立案侦查的案件而不立案侦查，向人民检察院提出的，人民检察院应当要求公安机关说明不立案的理由。人民检察院认为公安机关不立案理由不能成立的，应当通知公安机关立案，公安机关接到通知后应当立案。"根据上述规定，公安机关收到人民检察院要求说明不立案理由通知书后，应当在七日内将说明情况书面答复人民检察院。人民检察院认为公安机关不立案理由不能成立，发出通知立案书时，应当将有关证明应当立案的材料同时移送公安机关。公安机关收到通知立案书后，应当在十五日内决定立案，并将立案决定书送达人民检察院。

六、侦 查

19. 刑事诉讼法第一百二十一条第一款规定:"侦查人员在讯问犯罪嫌疑人的时候,可以对讯问过程进行录音或者录像;对于可能判处无期徒刑、死刑的案件或者其他重大犯罪案件,应当对讯问过程进行录音或者录像。"侦查人员对讯问过程进行录音或者录像的,应当在讯问笔录中注明。人民检察院、人民法院可以根据需要调取讯问犯罪嫌疑人的录音或者录像,有关机关应当及时提供。

20. 刑事诉讼法第一百四十九条中规定:"批准决定应当根据侦查犯罪的需要,确定采取技术侦查措施的种类和适用对象。"采取技术侦查措施收集的材料作为证据使用的,批准采取技术侦查措施的法律文书应当附卷,辩护律师可以依法查阅、摘抄、复制,在审判过程中可以向法庭出示。

21. 公安机关对案件提请延长羁押期限的,应当在羁押期限届满七日前提出,并书面呈报延长羁押期限案件的主要案情和延长羁押期限的具体理由,人民检察院应当在羁押期限届满前作出决定。

22. 刑事诉讼法第一百五十八条第一款规定:"在侦查期间,发现犯罪嫌疑人另有重要罪行的,自发现之日起依照本法第一百五十四条的规定重新计算侦查羁押期限。"公安机关依照上述规定重新计算侦查羁押期限的,不需要经人民检察院批准,但应当报人民检察院备案,人民检察院可以进行监督。

七、提起公诉

23. 上级公安机关指定下级公安机关立案侦查的案件,需要逮捕犯罪嫌疑人的,由侦查该案件的公安机关提请同级人民检察院审查批准;需要提起公诉的,由侦查该案件的公安机关移送同级人民检察院审查起诉。

人民检察院对于审查起诉的案件,按照刑事诉讼法的管辖规定,认为应当由上级人民检察院或者同级其他人民检察院起诉的,应当将案件移送有管辖权的人民检察院。人民检察院认为需要依照刑事诉讼法的规定指定审判管辖的,应当协商同级人民法院办理指定管辖有关事宜。

24. 人民检察院向人民法院提起公诉时,应当将案卷材料和全部证据移送人民法院,包括犯罪嫌疑人、被告人翻供的材料,证人改变证言的材料,以及对犯罪嫌疑人、被告人有利的其他证据材料。

八、审 判

25. 刑事诉讼法第一百八十一条规定:"人民法院对提起公诉的案件进行审查后,对于起诉书中有明确的指控犯罪事实的,应当决定开庭审判。"对于人民检察院提起公诉的案件,人民法院都应当受理。人民法院对提起公诉的案件进行审查后,对于起诉书中有明确的指控犯罪事实并且附有案卷材料、证据的,应当决定开庭审判,不得以上述材料不充足为由而不开庭审判。如果人民检察院移送的材料中缺少上述材料的,人民法院可以通知人民检察院补充材料,人民检察院应当自收到通知之日起三日内补送。

人民法院对提起公诉的案件进行审查的期限计入人民法院的审理期限。

26. 人民法院开庭审理公诉案件时，出庭的检察人员和辩护人需要出示、宣读、播放已移交人民法院的证据的，可以申请法庭出示、宣读、播放。

27. 刑事诉讼法第三十九条规定："辩护人认为在侦查、审查起诉期间公安机关、人民检察院收集的证明犯罪嫌疑人、被告人无罪或者罪轻的证据材料未提交的，有权申请人民检察院、人民法院调取。"第一百九十一条第一款规定："法庭审理过程中，合议庭对证据有疑问的，可以宣布休庭，对证据进行调查核实。"第一百九十二条第一款规定："法庭审理过程中，当事人和辩护人、诉讼代理人有权申请通知新的证人到庭，调取新的物证，申请重新鉴定或者勘验。"根据上述规定，自案件移送审查起诉之日起，人民检察院可以根据辩护人的申请，向公安机关调取未提交的证明犯罪嫌疑人、被告人无罪或者罪轻的证据材料。在法庭审理过程中，人民法院可以根据辩护人的申请，向人民检察院调取未提交的证明被告人无罪或者罪轻的证据材料，也可以向人民检察院调取需要调查核实的证据材料。公安机关、人民检察院应当自收到要求调取证据材料决定书后三日内移交。

28. 人民法院依法通知证人、鉴定人出庭作证的，应当同时将证人、鉴定人出庭通知书送交控辩双方，控辩双方应当予以配合。

29. 刑事诉讼法第一百八十七条第三款规定："公诉人、当事人或者辩护人、诉讼代理人对鉴定意见有异议，人民法院认为鉴定人有必要出庭的，鉴定人应当出庭作证。经人民法院通知，鉴定人拒不出庭作证的，鉴定意见不得作为定案的根据。"根据上述规定，依法应当出庭的鉴定人经人民法院通知未出庭作证的，鉴定意见不得作为定案的根据。鉴定人由于不能抗拒的原因或者有其他正当理由无法出庭的，人民法院可以根据案件审理情况决定延期审理。

30. 人民法院审理公诉案件，发现有新的事实，可能影响定罪的，人民检察院可以要求补充起诉或者变更起诉，人民法院可以建议人民检察院补充起诉或者变更起诉。人民法院建议人民检察院补充起诉或者变更起诉的，人民检察院应当在七日以内回复意见。

31. 法庭审理过程中，被告人揭发他人犯罪行为或者提供重要线索，人民检察院认为需要进行查证的，可以建议补充侦查。

32. 刑事诉讼法第二百零三条规定："人民检察院发现人民法院审理案件违反法律规定的诉讼程序，有权向人民法院提出纠正意见。"人民检察院对违反法定程序的庭审活动提出纠正意见，应当由人民检察院在庭审后提出。

九、执　行

33. 刑事诉讼法第二百五十四条第五款中规定："在交付执行前，暂予监外执行由交付执行的人民法院决定"。对于被告人可能被判处拘役、有期徒刑、无期徒刑，符合暂予监外执行条件的，被告人及其辩护人有权向人民法院提出暂予监外执行的申请，看守所可以将有关情况通报人民法院。人民法院应当进行审查，并在交付执行前作出是否暂予监外执行的决定。

34. 刑事诉讼法第二百五十七条第三款规定:"不符合暂予监外执行条件的罪犯通过贿赂等非法手段被暂予监外执行的,在监外执行的期间不计入执行刑期。罪犯在暂予监外执行期间脱逃的,脱逃的期间不计入执行刑期。"对于人民法院决定暂予监外执行的罪犯具有上述情形的,人民法院在决定予以收监的同时,应当确定不计入刑期的期间。对于监狱管理机关或者公安机关决定暂予监外执行的罪犯具有上述情形的,罪犯被收监后,所在监狱或者看守所应当及时向所在地的中级人民法院提出不计入执行刑期的建议书,由人民法院审核裁定。

35. 被决定收监执行的社区矫正人员在逃的,社区矫正机构应当立即通知公安机关,由公安机关负责追捕。

十、涉案财产的处理

36. 对于依照刑法规定应当追缴的违法所得及其他涉案财产,除依法返还被害人的财物以及依法销毁的违禁品外,必须一律上缴国库。查封、扣押的涉案财产,依法不移送的,待人民法院作出生效判决、裁定后,由人民法院通知查封、扣押机关上缴国库,查封、扣押机关应当向人民法院送交执行回单;冻结在金融机构的违法所得及其他涉案财产,待人民法院作出生效判决、裁定后,由人民法院通知有关金融机构上缴国库,有关金融机构应当向人民法院送交执行回单。

对于被扣押、冻结的债券、股票、基金份额等财产,在扣押、冻结期间权利人申请出售,经扣押、冻结机关审查,不损害国家利益、被害人利益,不影响诉讼正常进行的,以及扣押、冻结的汇票、本票、支票的有效期即将届满的,可以在判决生效前依法出售或者变现,所得价款由扣押、冻结机关保管,并及时告知当事人或者其近亲属。

37. 刑事诉讼法第一百四十二条第一款中规定:"人民检察院、公安机关根据侦查犯罪的需要,可以依照规定查询、冻结犯罪嫌疑人的存款、汇款、债券、股票、基金份额等财产。"根据上述规定,人民检察院、公安机关不能扣划存款、汇款、债券、股票、基金份额等财产。对于犯罪嫌疑人、被告人死亡,依照刑法规定应当追缴其违法所得及其他涉案财产的,适用刑事诉讼法第五编第三章规定的程序,由人民检察院向人民法院提出没收违法所得的申请。

38. 犯罪嫌疑人、被告人死亡,现有证据证明存在违法所得及其他涉案财产应当予以没收的,公安机关、人民检察院可以进行调查。公安机关、人民检察院进行调查,可以依法进行查封、扣押、查询、冻结。

人民法院在审理案件过程中,被告人死亡的,应当裁定终止审理;被告人脱逃的,应当裁定中止审理。人民检察院可以依法另行向人民法院提出没收违法所得的申请。

39. 对于人民法院依法作出的没收违法所得的裁定,犯罪嫌疑人、被告人的近亲属和其他利害关系人或者人民检察院可以在五日内提出上诉、抗诉。

十一、其 他

40. 刑事诉讼法第一百四十七条规定:"对犯罪嫌疑人作精神病鉴定的期间不计入办案期限。"根据上述规定,犯罪嫌疑人、被告人在押的案件,除对犯罪嫌疑人、被告人的精神病鉴定期间不计入办案期限外，其他鉴定期间都应当计入办案期限。对于因鉴定时间较长，办案期限届满仍不能终结的案件，自期限届满之日起，应当对被羁押的犯罪嫌疑人、被告人变更强制措施，改为取保候审或者监视居住。

国家安全机关依照法律规定，办理危害国家安全的刑事案件，适用本规定中有关公安机关的规定。

本规定自2013年1月1日起施行。1998年1月19日发布的最高人民法院、最高人民检察院、公安部、国家安全部、司法部、全国人大常委会法制工作委员会《关于刑事诉讼法实施中若干问题的规定》同时废止。

最高人民法院
关于适用《中华人民共和国刑事诉讼法》的解释

法释〔2012〕21号

（2012年11月5日最高人民法院审判委员会第1559次会议通过
2012年12月20日最高人民法院公告公布　自2013年1月1日起施行）

目　录

第一章　管　辖
第二章　回　避
第三章　辩护与代理
第四章　证　据
　第一节　一般规定
　第二节　物证、书证的审查与认定
　第三节　证人证言、被害人陈述的审查与认定
　第四节　被告人供述和辩解的审查与认定
　第五节　鉴定意见的审查与认定
　第六节　勘验、检查、辨认、侦查实验等笔录的审查与认定
　第七节　视听资料、电子数据的审查与认定
　第八节　非法证据排除
　第九节　证据的综合审查与运用
第五章　强制措施
第六章　附带民事诉讼
第七章　期间、送达、审理期限

第八章　审判组织
第九章　公诉案件第一审普通程序
　　第一节　审查受理与庭前准备
　　第二节　宣布开庭与法庭调查
　　第三节　法庭辩论与最后陈述
　　第四节　评议案件与宣告判决
　　第五节　法庭纪律与其他规定
第十章　自诉案件第一审程序
第十一章　单位犯罪案件的审理
第十二章　简易程序
第十三章　第二审程序
第十四章　在法定刑以下判处刑罚和特殊假释的核准
第十五章　死刑复核程序
第十六章　查封、扣押、冻结财物及其处理
第十七章　审判监督程序
第十八章　涉外刑事案件的审理和司法协助
第十九章　执行程序
　　第一节　死刑的执行
　　第二节　死刑缓期执行、无期徒刑、有期徒刑、拘役的交付执行
　　第三节　管制、缓刑、剥夺政治权利的交付执行
　　第四节　财产刑和附带民事裁判的执行
　　第五节　减刑、假释案件的审理
　　第六节　缓刑、假释的撤销
第二十章　未成年人刑事案件诉讼程序
　　第一节　一般规定
　　第二节　开庭准备
　　第三节　审　判
　　第四节　执　行
第二十一章　当事人和解的公诉案件诉讼程序
第二十二章　犯罪嫌疑人、被告人逃匿、死亡案件违法所得的没收程序
第二十三章　依法不负刑事责任的精神病人的强制医疗程序
第二十四章　附　则

　　2012年3月14日，第十一届全国人民代表大会第五次会议通过了《关于修改〈中华人民共和国刑事诉讼法〉的决定》。为正确理解和适用修改后的刑事诉讼法，结合人民法院审判工作实际，制定本解释。

第一章 管 辖

第一条 人民法院直接受理的自诉案件包括：
（一）告诉才处理的案件：
 1.侮辱、诽谤案（刑法第二百四十六条规定的，但严重危害社会秩序和国家利益的除外）；
 2.暴力干涉婚姻自由案（刑法第二百五十七条第一款规定的）；
 3.虐待案（刑法第二百六十条第一款规定的）；
 4.侵占案（刑法第二百七十条规定的）。
（二）人民检察院没有提起公诉，被害人有证据证明的轻微刑事案件：
 1.故意伤害案（刑法第二百三十四条第一款规定的）；
 2.非法侵入住宅案（刑法第二百四十五条规定的）；
 3.侵犯通信自由案（刑法第二百五十二条规定的）；
 4.重婚案（刑法第二百五十八条规定的）；
 5.遗弃案（刑法第二百六十一条规定的）；
 6.生产、销售伪劣商品案（刑法分则第三章第一节规定的，但严重危害社会秩序和国家利益的除外）；
 7.侵犯知识产权案（刑法分则第三章第七节规定的，但严重危害社会秩序和国家利益的除外）；
 8.刑法分则第四章、第五章规定的，对被告人可能判处三年有期徒刑以下刑罚的案件。

本项规定的案件，被害人直接向人民法院起诉的，人民法院应当依法受理。对其中证据不足、可以由公安机关受理的，或者认为对被告人可能判处三年有期徒刑以上刑罚的，应当告知被害人向公安机关报案，或者移送公安机关立案侦查。
（三）被害人有证据证明对被告人侵犯自己人身、财产权利的行为应当依法追究刑事责任，且有证据证明曾经提出控告，而公安机关或者人民检察院不予追究被告人刑事责任的案件。

第二条 犯罪地包括犯罪行为发生地和犯罪结果发生地。
针对或者利用计算机网络实施的犯罪，犯罪地包括犯罪行为发生地的网站服务器所在地，网络接入地，网站建立者、管理者所在地，被侵害的计算机信息系统及其管理者所在地，被告人、被害人使用的计算机信息系统所在地，以及被害人财产遭受损失地。

第三条 被告人的户籍地为其居住地。经常居住地与户籍地不一致的，经常居住地为其居住地。经常居住地为被告人被追诉前已连续居住一年以上的地方，但住院就医的除外。
被告单位登记的住所地为其居住地。主要营业地或者主要办事机构所在地与登记的住所地不一致的，主要营业地或者主要办事机构所在地为其居住地。

第四条 在中华人民共和国领域外的中国船舶内的犯罪，由该船舶最初停泊的中国口岸所在地的人民法院管辖。

第五条 在中华人民共和国领域外的中国航空器内的犯罪,由该航空器在中国最初降落地的人民法院管辖。

第六条 在国际列车上的犯罪,根据我国与相关国家签订的协定确定管辖;没有协定的,由该列车最初停靠的中国车站所在地或者目的地的铁路运输法院管辖。

第七条 中国公民在中国驻外使、领馆内的犯罪,由其主管单位所在地或者原户籍地的人民法院管辖。

第八条 中国公民在中华人民共和国领域外的犯罪,由其入境地或者离境前居住地的人民法院管辖;被害人是中国公民的,也可由被害人离境前居住地的人民法院管辖。

第九条 外国人在中华人民共和国领域外对中华人民共和国国家或者公民犯罪,根据《中华人民共和国刑法》应当受处罚的,由该外国人入境地、入境后居住地或者被害中国公民离境前居住地的人民法院管辖。

第十条 对中华人民共和国缔结或者参加的国际条约所规定的罪行,中华人民共和国在所承担条约义务的范围内,行使刑事管辖权的,由被告人被抓获地的人民法院管辖。

第十一条 正在服刑的罪犯在判决宣告前还有其他罪没有判决的,由原审地人民法院管辖;由罪犯服刑地或者犯罪地的人民法院审判更为适宜的,可以由罪犯服刑地或者犯罪地的人民法院管辖。

罪犯在服刑期间又犯罪的,由服刑地的人民法院管辖。

罪犯在脱逃期间犯罪的,由服刑地的人民法院管辖。但是,在犯罪地抓获罪犯并发现其在脱逃期间的犯罪的,由犯罪地的人民法院管辖。

第十二条 人民检察院认为可能判处无期徒刑、死刑,向中级人民法院提起公诉的案件,中级人民法院受理后,认为不需要判处无期徒刑、死刑的,应当依法审判,不再交基层人民法院审判。

第十三条 一人犯数罪、共同犯罪和其他需要并案审理的案件,其中一人或者一罪属于上级人民法院管辖的,全案由上级人民法院管辖。

第十四条 上级人民法院决定审判下级人民法院管辖的第一审刑事案件的,应当向下级人民法院下达改变管辖决定书,并书面通知同级人民检察院。

第十五条 基层人民法院对可能判处无期徒刑、死刑的第一审刑事案件,应当移送中级人民法院审判。

基层人民法院对下列第一审刑事案件,可以请求移送中级人民法院审判:

(一)重大、复杂案件;

(二)新类型的疑难案件;

(三)在法律适用上具有普遍指导意义的案件。

需要将案件移送中级人民法院审判的,应当在报请院长决定后,至迟于案件审理期限届满十五日前书面请求移送。中级人民法院应当在接到申请后十日内作出决定。不同意移送的,应当下达不同意移送决定书,由请求移送的人民法院依法审判;同意移送的,应当下达同意移送决定书,并书面通知同级人民检察院。

第十六条 有管辖权的人民法院因案件涉及本院院长需要回避等原因，不宜行使管辖权的，可以请求移送上一级人民法院管辖。上一级人民法院可以管辖，也可以指定与提出请求的人民法院同级的其他人民法院管辖。

第十七条 两个以上同级人民法院都有管辖权的案件，由最初受理的人民法院审判。必要时，可以移送被告人主要犯罪地的人民法院审判。

管辖权发生争议的，应当在审理期限内协商解决；协商不成的，由争议的人民法院分别层报共同的上级人民法院指定管辖。

第十八条 上级人民法院在必要时，可以指定下级人民法院将其管辖的案件移送其他下级人民法院审判。

第十九条 上级人民法院指定管辖，应当将指定管辖决定书分别送达被指定管辖的人民法院和其他有关的人民法院。

第二十条 原受理案件的人民法院在收到上级人民法院改变管辖决定书、同意移送决定书或者指定其他人民法院管辖决定书后，对公诉案件，应当书面通知同级人民检察院，并将案卷材料退回，同时书面通知当事人；对自诉案件，应当将案卷材料移送被指定管辖的人民法院，并书面通知当事人。

第二十一条 第二审人民法院发回重新审判的案件，人民检察院撤回起诉后，又向原第一审人民法院的下级人民法院重新提起公诉的，下级人民法院应当将有关情况层报原第二审人民法院。原第二审人民法院根据具体情况，可以决定将案件移送原第一审人民法院或者其他人民法院审判。

第二十二条 军队和地方互涉刑事案件，按照有关规定确定管辖。

第二章 回 避

第二十三条 审判人员具有下列情形之一的，应当自行回避，当事人及其法定代理人有权申请其回避：

（一）是本案的当事人或者是当事人的近亲属的；

（二）本人或者其近亲属与本案有利害关系的；

（三）担任过本案的证人、鉴定人、辩护人、诉讼代理人、翻译人员的；

（四）与本案的辩护人、诉讼代理人有近亲属关系的；

（五）与本案当事人有其他利害关系，可能影响公正审判的。

第二十四条 审判人员违反规定，具有下列情形之一的，当事人及其法定代理人有权申请其回避：

（一）违反规定会见本案当事人、辩护人、诉讼代理人的；

（二）为本案当事人推荐、介绍辩护人、诉讼代理人，或者为律师、其他人员介绍办理本案的；

（三）索取、接受本案当事人及其委托人的财物或者其他利益的；

（四）接受本案当事人及其委托人的宴请，或者参加由其支付费用的活动的；

（五）向本案当事人及其委托人借用款物的；

(六)有其他不正当行为,可能影响公正审判的。

第二十五条 参与过本案侦查、审查起诉工作的侦查、检察人员,调至人民法院工作的,不得担任本案的审判人员。

在一个审判程序中参与过本案审判工作的合议庭组成人员或者独任审判员,不得再参与本案其他程序的审判。但是,发回重新审判的案件,在第一审人民法院作出裁判后又进入第二审程序或者死刑复核程序的,原第二审程序或者死刑复核程序中的合议庭组成人员不受本款规定的限制。

第二十六条 人民法院应当依法告知当事人及其法定代理人有权申请回避,并告知其合议庭组成人员、独任审判员、书记员等人员的名单。

第二十七条 审判人员自行申请回避,或者当事人及其法定代理人申请审判人员回避的,可以口头或者书面提出,并说明理由,由院长决定。

院长自行申请回避,或者当事人及其法定代理人申请院长回避的,由审判委员会讨论决定。审判委员会讨论时,由副院长主持,院长不得参加。

第二十八条 当事人及其法定代理人依照刑事诉讼法第二十九条和本解释第二十四条规定申请回避,应当提供证明材料。

第二十九条 应当回避的审判人员没有自行回避,当事人及其法定代理人也没有申请其回避的,院长或者审判委员会应当决定其回避。

第三十条 对当事人及其法定代理人提出的回避申请,人民法院可以口头或者书面作出决定,并将决定告知申请人。

当事人及其法定代理人申请回避被驳回的,可以在接到决定时申请复议一次。不属于刑事诉讼法第二十八条、第二十九条规定情形的回避申请,由法庭当庭驳回,并不得申请复议。

第三十一条 当事人及其法定代理人申请出庭的检察人员回避的,人民法院应当决定休庭,并通知人民检察院。

第三十二条 本章所称的审判人员,包括人民法院院长、副院长、审判委员会委员、庭长、副庭长、审判员、助理审判员和人民陪审员。

第三十三条 书记员、翻译人员和鉴定人适用审判人员回避的有关规定,其回避问题由院长决定。

第三十四条 辩护人、诉讼代理人可以依照本章的有关规定要求回避、申请复议。

第三章 辩护与代理

第三十五条 人民法院审判案件,应当充分保障被告人依法享有的辩护权利。

被告人除自己行使辩护权以外,还可以委托辩护人辩护。下列人员不得担任辩护人:

(一)正在被执行刑罚或者处于缓刑、假释考验期间的人;
(二)依法被剥夺、限制人身自由的人;
(三)无行为能力或者限制行为能力的人;

（四）人民法院、人民检察院、公安机关、国家安全机关、监狱的现职人员；

（五）人民陪审员；

（六）与本案审理结果有利害关系的人；

（七）外国人或者无国籍人。

前款第四项至第七项规定的人员，如果是被告人的监护人、近亲属，由被告人委托担任辩护人的，可以准许。

第三十六条 审判人员和人民法院其他工作人员从人民法院离任后二年内，不得以律师身份担任辩护人。

审判人员和人民法院其他工作人员从人民法院离任后，不得担任原任职法院所审理案件的辩护人，但作为被告人的监护人、近亲属进行辩护的除外。

审判人员和人民法院其他工作人员的配偶、子女或者父母不得担任其任职法院所审理案件的辩护人，但作为被告人的监护人、近亲属进行辩护的除外。

第三十七条 律师、人民团体、被告人所在单位推荐的人，或者被告人的监护人、亲友被委托为辩护人的，人民法院应当核实其身份证明和授权委托书。

第三十八条 一名被告人可以委托一至二人作为辩护人。

一名辩护人不得为两名以上的同案被告人，或者未同案处理但犯罪事实存在关联的被告人辩护。

第三十九条 被告人没有委托辩护人的，人民法院自受理案件之日起三日内，应当告知其有权委托辩护人；被告人因经济困难或者其他原因没有委托辩护人的，应当告知其可以申请法律援助；被告人属于应当提供法律援助情形的，应当告知其将依法通知法律援助机构指派律师为其提供辩护。

告知可以采取口头或者书面方式。

第四十条 审判期间，在押的被告人要求委托辩护人的，人民法院应当在三日内向其监护人、近亲属或者其指定的人员转达要求。被告人应当提供有关人员的联系方式。有关人员无法通知的，应当告知被告人。

第四十一条 人民法院收到在押被告人提出的法律援助申请，应当在二十四小时内转交所在地的法律援助机构。

第四十二条 对下列没有委托辩护人的被告人，人民法院应当通知法律援助机构指派律师为其提供辩护：

（一）盲、聋、哑人；

（二）尚未完全丧失辨认或者控制自己行为能力的精神病人；

（三）可能被判处无期徒刑、死刑的人。

高级人民法院复核死刑案件，被告人没有委托辩护人的，应当通知法律援助机构指派律师为其提供辩护。

第四十三条 具有下列情形之一，被告人没有委托辩护人的，人民法院可以通知法律援助机构指派律师为其提供辩护：

（一）共同犯罪案件中，其他被告人已经委托辩护人的；

（二）有重大社会影响的案件；

（三）人民检察院抗诉的案件；
（四）被告人的行为可能不构成犯罪；
（五）有必要指派律师提供辩护的其他情形。

第四十四条 人民法院通知法律援助机构指派律师提供辩护的，应当将法律援助通知书、起诉书副本或者判决书送达法律援助机构；决定开庭审理的，除适用简易程序审理的以外，应当在开庭十五日前将上述材料送达法律援助机构。

法律援助通知书应当写明案由、被告人姓名、提供法律援助的理由、审判人员的姓名和联系方式；已确定开庭审理的，应当写明开庭的时间、地点。

第四十五条 被告人拒绝法律援助机构指派的律师为其辩护，坚持自己行使辩护权的，人民法院应当准许。

属于应当提供法律援助的情形，被告人拒绝指派的律师为其辩护的，人民法院应当查明原因。理由正当的，应当准许，但被告人须另行委托辩护人；被告人未另行委托辩护人的，人民法院应当在三日内书面通知法律援助机构另行指派律师为其提供辩护。

第四十六条 审判期间，辩护人接受被告人委托的，应当在接受委托之日起三日内，将委托手续提交人民法院。

法律援助机构决定为被告人指派律师提供辩护的，承办律师应当在接受指派之日起三日内，将法律援助手续提交人民法院。

第四十七条 辩护律师可以查阅、摘抄、复制案卷材料。其他辩护人经人民法院许可，也可以查阅、摘抄、复制案卷材料。合议庭、审判委员会的讨论记录以及其他依法不公开的材料不得查阅、摘抄、复制。

辩护人查阅、摘抄、复制案卷材料的，人民法院应当提供方便，并保证必要的时间。

复制案卷材料可以采用复印、拍照、扫描等方式。

第四十八条 辩护律师可以同在押的或者被监视居住的被告人会见和通信。其他辩护人经人民法院许可，也可以同在押的或者被监视居住的被告人会见和通信。

第四十九条 辩护人认为在侦查、审查起诉期间公安机关、人民检察院收集的证明被告人无罪或者罪轻的证据材料未随案移送，申请人民法院调取的，应当以书面形式提出，并提供相关线索或者材料。人民法院接受申请后，应当向人民检察院调取。人民检察院移送相关证据材料后，人民法院应当及时通知辩护人。

第五十条 辩护律师申请向被害人及其近亲属、被害人提供的证人收集与本案有关的材料，人民法院认为确有必要的，应当签发准许调查书。

第五十一条 辩护律师向证人或者有关单位、个人收集、调取与本案有关的证据材料，因证人或者有关单位、个人不同意，申请人民法院收集、调取，或者申请通知证人出庭作证，人民法院认为确有必要的，应当同意。

第五十二条 辩护律师直接申请人民法院向证人或者有关单位、个人收集、调取证据材料，人民法院认为确有收集、调取必要，且不宜或者不能由辩护律师收集、调取的，应当同意。人民法院收集、调取证据材料时，辩护律师可以在场。

人民法院向有关单位收集、调取的书面证据材料，必须由提供人签名，并加盖单位印章；向个人收集、调取的书面证据材料，必须由提供人签名。

人民法院对有关单位、个人提供的证据材料，应当出具收据，写明证据材料的名称、收到的时间、件数、页数以及是否为原件等，由书记员或者审判人员签名。

收集、调取证据材料后，应当及时通知辩护律师查阅、摘抄、复制，并告知人民检察院。

第五十三条 本解释第五十条至第五十二条规定的申请，应当以书面形式提出，并说明理由，写明需要收集、调取证据材料的内容或者需要调查问题的提纲。

对辩护律师的申请，人民法院应当在五日内作出是否准许、同意的决定，并通知申请人；决定不准许、不同意的，应当说明理由。

第五十四条 人民法院自受理自诉案件之日起三日内，应当告知自诉人及其法定代理人、附带民事诉讼当事人及其法定代理人，有权委托诉讼代理人，并告知如果经济困难的，可以申请法律援助。

第五十五条 当事人委托诉讼代理人的，参照适用刑事诉讼法第三十二条和本解释的有关规定。

第五十六条 诉讼代理人有权根据事实和法律，维护被害人、自诉人或者附带民事诉讼当事人的诉讼权利和其他合法权益。

第五十七条 经人民法院许可，诉讼代理人可以查阅、摘抄、复制本案的案卷材料。

律师担任诉讼代理人，需要收集、调取与本案有关的证据材料的，参照适用本解释第五十一条至第五十三条的规定。

第五十八条 诉讼代理人接受当事人委托或者法律援助机构指派后，应当在三日内将委托手续或者法律援助手续提交人民法院。

第五十九条 辩护人、诉讼代理人复制案卷材料的，人民法院只收取工本费；法律援助律师复制必要的案卷材料的，应当免收或者减收费用。

第六十条 辩护律师向人民法院告知其委托人或者其他人准备实施、正在实施危害国家安全、公共安全以及严重危害他人人身安全犯罪的，人民法院应当记录在案，立即转告主管机关依法处理，并为反映有关情况的辩护律师保密。

第四章 证 据

第一节 一般规定

第六十一条 认定案件事实，必须以证据为根据。

第六十二条 审判人员应当依照法定程序收集、审查、核实、认定证据。

第六十三条 证据未经当庭出示、辨认、质证等法庭调查程序查证属实，不得作为定案的根据，但法律和本解释另有规定的除外。

第六十四条 应当运用证据证明的案件事实包括：

（一）被告人、被害人的身份；

（二）被指控的犯罪是否存在；
（三）被指控的犯罪是否为被告人所实施；
（四）被告人有无刑事责任能力，有无罪过，实施犯罪的动机、目的；
（五）实施犯罪的时间、地点、手段、后果以及案件起因等；
（六）被告人在共同犯罪中的地位、作用；
（七）被告人有无从重、从轻、减轻、免除处罚情节；
（八）有关附带民事诉讼、涉案财物处理的事实；
（九）有关管辖、回避、延期审理等的程序事实；
（十）与定罪量刑有关的其他事实。

认定被告人有罪和对被告人从重处罚，应当适用证据确实、充分的证明标准。

第六十五条 行政机关在行政执法和查办案件过程中收集的物证、书证、视听资料、电子数据等证据材料，在刑事诉讼中可以作为证据使用；经法庭查证属实，且收集程序符合有关法律、行政法规规定的，可以作为定案的根据。

根据法律、行政法规规定行使国家行政管理职权的组织，在行政执法和查办案件过程中收集的证据材料，视为行政机关收集的证据材料。

第六十六条 人民法院依照刑事诉讼法第一百九十一条的规定调查核实证据，必要时，可以通知检察人员、辩护人、自诉人及其法定代理人到场。上述人员未到场的，应当记录在案。

人民法院调查核实证据时，发现对定罪量刑有重大影响的新的证据材料的，应当告知检察人员、辩护人、自诉人及其法定代理人。必要时，也可以直接提取，并及时通知检察人员、辩护人、自诉人及其法定代理人查阅、摘抄、复制。

第六十七条 下列人员不得担任刑事诉讼活动的见证人：
（一）生理上、精神上有缺陷或者年幼，不具有相应辨别能力或者不能正确表达的人；
（二）与案件有利害关系，可能影响案件公正处理的人；
（三）行使勘验、检查、搜查、扣押等刑事诉讼职权的公安、司法机关的工作人员或者其聘用的人员。

由于客观原因无法由符合条件的人员担任见证人的，应当在笔录材料中注明情况，并对相关活动进行录像。

第六十八条 公开审理案件时，公诉人、诉讼参与人提出涉及国家秘密、商业秘密或者个人隐私的证据的，法庭应当制止。有关证据确与本案有关的，可以根据具体情况，决定将案件转为不公开审理，或者对相关证据的法庭调查不公开进行。

第二节 物证、书证的审查与认定

第六十九条 对物证、书证应当着重审查以下内容：
（一）物证、书证是否为原物、原件，是否经过辨认、鉴定；物证的照片、录像、复制品或者书证的副本、复制件是否与原物、原件相符，是否由二人以上制作，有无制作人关于制作过程以及原物、原件存放于何处的文字说明和签名；

（二）物证、书证的收集程序、方式是否符合法律、有关规定；经勘验、检查、搜查提取、扣押的物证、书证，是否附有相关笔录、清单，笔录、清单是否经侦查人员、物品持有人、见证人签名，没有物品持有人签名的，是否注明原因；物品的名称、特征、数量、质量等是否注明清楚；

（三）物证、书证在收集、保管、鉴定过程中是否受损或者改变；

（四）物证、书证与案件事实有无关联；对现场遗留与犯罪有关的具备鉴定条件的血迹、体液、毛发、指纹等生物样本、痕迹、物品，是否已作DNA鉴定、指纹鉴定等，并与被告人或者被害人的相应生物检材、生物特征、物品等比对；

（五）与案件事实有关联的物证、书证是否全面收集。

第七十条 据以定案的物证应当是原物。原物不便搬运，不易保存，依法应当由有关部门保管、处理，或者依法应当返还的，可以拍摄、制作足以反映原物外形和特征的照片、录像、复制品。

物证的照片、录像、复制品，不能反映原物的外形和特征的，不得作为定案的根据。

物证的照片、录像、复制品，经与原物核对无误、经鉴定为真实或者以其他方式确认为真实的，可以作为定案的根据。

第七十一条 据以定案的书证应当是原件。取得原件确有困难的，可以使用副本、复制件。

书证有更改或者更改迹象不能作出合理解释，或者书证的副本、复制件不能反映原件及其内容的，不得作为定案的根据。

书证的副本、复制件，经与原件核对无误、经鉴定为真实或者以其他方式确认为真实的，可以作为定案的根据。

第七十二条 对与案件事实可能有关联的血迹、体液、毛发、人体组织、指纹、足迹、字迹等生物样本、痕迹和物品，应当提取而没有提取，应当检验而没有检验，导致案件事实存疑的，人民法院应当向人民检察院说明情况，由人民检察院依法补充收集、调取证据或者作出合理说明。

第七十三条 在勘验、检查、搜查过程中提取、扣押的物证、书证，未附笔录或者清单，不能证明物证、书证来源的，不得作为定案的根据。

物证、书证的收集程序、方式有下列瑕疵，经补正或者作出合理解释的，可以采用：

（一）勘验、检查、搜查、提取笔录或者扣押清单上没有侦查人员、物品持有人、见证人签名，或者对物品的名称、特征、数量、质量等注明不详的；

（二）物证的照片、录像、复制品，书证的副本、复制件未注明与原件核对无异，无复制时间，或者无被收集、调取人签名、盖章的；

（三）物证的照片、录像、复制品，书证的副本、复制件没有制作人关于制作过程和原物、原件存放地点的说明，或者说明中无签名的；

（四）有其他瑕疵的。

对物证、书证的来源、收集程序有疑问，不能作出合理解释的，该物证、书证不得作为定案的根据。

第三节 证人证言、被害人陈述的审查与认定

第七十四条 对证人证言应当着重审查以下内容：

（一）证言的内容是否为证人直接感知；

（二）证人作证时的年龄，认知、记忆和表达能力，生理和精神状态是否影响作证；

（三）证人与案件当事人、案件处理结果有无利害关系；

（四）询问证人是否个别进行；

（五）询问笔录的制作、修改是否符合法律、有关规定，是否注明询问的起止时间和地点，首次询问时是否告知证人有关作证的权利义务和法律责任，证人对询问笔录是否核对确认；

（六）询问未成年证人时，是否通知其法定代理人或者有关人员到场，其法定代理人或者有关人员是否到场；

（七）证人证言有无以暴力、威胁等非法方法收集的情形；

（八）证言之间以及与其他证据之间能否相互印证，有无矛盾。

第七十五条 处于明显醉酒、中毒或者麻醉等状态，不能正常感知或者正确表达的证人所提供的证言，不得作为证据使用。

证人的猜测性、评论性、推断性的证言，不得作为证据使用，但根据一般生活经验判断符合事实的除外。

第七十六条 证人证言具有下列情形之一的，不得作为定案的根据：

（一）询问证人没有个别进行的；

（二）书面证言没有经证人核对确认的；

（三）询问聋、哑人，应当提供通晓聋、哑手势的人员而未提供的；

（四）询问不通晓当地通用语言、文字的证人，应当提供翻译人员而未提供的。

第七十七条 证人证言的收集程序、方式有下列瑕疵，经补正或者作出合理解释的，可以采用；不能补正或者作出合理解释的，不得作为定案的根据：

（一）询问笔录没有填写询问人、记录人、法定代理人姓名以及询问的起止时间、地点的；

（二）询问地点不符合规定的；

（三）询问笔录没有记录告知证人有关作证的权利义务和法律责任的；

（四）询问笔录反映出在同一时段，同一询问人员询问不同证人的。

第七十八条 证人当庭作出的证言，经控辩双方质证、法庭查证属实的，应当作为定案的根据。

证人当庭作出的证言与其庭前证言矛盾，证人能够作出合理解释，并有相关证据印证的，应当采信其庭审证言；不能作出合理解释，而其庭前证言有相关证据印证的，可以采信其庭前证言。

经人民法院通知，证人没有正当理由拒绝出庭或者出庭后拒绝作证，法庭对其证言的真实性无法确认的，该证人证言不得作为定案的根据。

第七十九条 对被害人陈述的审查与认定，参照适用本节的有关规定。

第四节 被告人供述和辩解的审查与认定

第八十条 对被告人供述和辩解应当着重审查以下内容：

（一）讯问的时间、地点，讯问人的身份、人数以及讯问方式等是否符合法律、有关规定；

（二）讯问笔录的制作、修改是否符合法律、有关规定，是否注明讯问的具体起止时间和地点，首次讯问时是否告知被告人相关权利和法律规定，被告人是否核对确认；

（三）讯问未成年被告人时，是否通知其法定代理人或者有关人员到场，其法定代理人或者有关人员是否到场；

（四）被告人的供述有无以刑讯逼供等非法方法收集的情形；

（五）被告人的供述是否前后一致，有无反复以及出现反复的原因；被告人的所有供述和辩解是否均已随案移送；

（六）被告人的辩解内容是否符合案情和常理，有无矛盾；

（七）被告人的供述和辩解与同案被告人的供述和辩解以及其他证据能否相互印证，有无矛盾。

必要时，可以调取讯问过程的录音录像、被告人进出看守所的健康检查记录、笔录，并结合录音录像、记录、笔录对上述内容进行审查。

第八十一条 被告人供述具有下列情形之一的，不得作为定案的根据：

（一）讯问笔录没有经被告人核对确认的；

（二）讯问聋、哑人，应当提供通晓聋、哑手势的人员而未提供的；

（三）讯问不通晓当地通用语言、文字的被告人，应当提供翻译人员而未提供的。

第八十二条 讯问笔录有下列瑕疵，经补正或者作出合理解释的，可以采用；不能补正或者作出合理解释的，不得作为定案的根据：

（一）讯问笔录填写的讯问时间、讯问人、记录人、法定代理人等有误或者存在矛盾的；

（二）讯问人没有签名的；

（三）首次讯问笔录没有记录告知被讯问人相关权利和法律规定的。

第八十三条 审查被告人供述和辩解，应当结合控辩双方提供的所有证据以及被告人的全部供述和辩解进行。

被告人庭审中翻供，但不能合理说明翻供原因或者其辩解与全案证据矛盾，而其庭前供述与其他证据相互印证的，可以采信其庭前供述。

被告人庭前供述和辩解存在反复，但庭审中供认，且与其他证据相互印证的，可以采信其庭审供述；被告人庭前供述和辩解存在反复，庭审中不供认，且无其他证据与庭前供述印证的，不得采信其庭前供述。

第五节 鉴定意见的审查与认定

第八十四条 对鉴定意见应当着重审查以下内容：

（一）鉴定机构和鉴定人是否具有法定资质；
（二）鉴定人是否存在应当回避的情形；
（三）检材的来源、取得、保管、送检是否符合法律、有关规定，与相关提取笔录、扣押物品清单等记载的内容是否相符，检材是否充足、可靠；
（四）鉴定意见的形式要件是否完备，是否注明提起鉴定的事由、鉴定委托人、鉴定机构、鉴定要求、鉴定过程、鉴定方法、鉴定日期等相关内容，是否由鉴定机构加盖司法鉴定专用章并由鉴定人签名、盖章；
（五）鉴定程序是否符合法律、有关规定；
（六）鉴定的过程和方法是否符合相关专业的规范要求；
（七）鉴定意见是否明确；
（八）鉴定意见与案件待证事实有无关联；
（九）鉴定意见与勘验、检查笔录及相关照片等其他证据是否矛盾；
（十）鉴定意见是否依法及时告知相关人员，当事人对鉴定意见有无异议。

第八十五条 鉴定意见具有下列情形之一的，不得作为定案的根据：
（一）鉴定机构不具备法定资质，或者鉴定事项超出该鉴定机构业务范围、技术条件的；
（二）鉴定人不具备法定资质，不具有相关专业技术或者职称，或者违反回避规定的；
（三）送检材料、样本来源不明，或者因污染不具备鉴定条件的；
（四）鉴定对象与送检材料、样本不一致的；
（五）鉴定程序违反规定的；
（六）鉴定过程和方法不符合相关专业的规范要求的；
（七）鉴定文书缺少签名、盖章的；
（八）鉴定意见与案件待证事实没有关联的；
（九）违反有关规定的其他情形。

第八十六条 经人民法院通知，鉴定人拒不出庭作证的，鉴定意见不得作为定案的根据。

鉴定人由于不能抗拒的原因或者有其他正当理由无法出庭的，人民法院可以根据情况决定延期审理或者重新鉴定。

对没有正当理由拒不出庭作证的鉴定人，人民法院应当通报司法行政机关或者有关部门。

第八十七条 对案件中的专门性问题需要鉴定，但没有法定司法鉴定机构，或者法律、司法解释规定可以进行检验的，可以指派、聘请有专门知识的人进行检验，检验报告可以作为定罪量刑的参考。

对检验报告的审查与认定，参照适用本节的有关规定。

经人民法院通知，检验人拒不出庭作证的，检验报告不得作为定罪量刑的参考。

第六节 勘验、检查、辨认、侦查实验等笔录的审查与认定

第八十八条 对勘验、检查笔录应当着重审查以下内容：

（一）勘验、检查是否依法进行，笔录的制作是否符合法律、有关规定，勘验、检查人员和见证人是否签名或者盖章；

（二）勘验、检查笔录是否记录了提起勘验、检查的事由，勘验、检查的时间、地点，在场人员、现场方位、周围环境等，现场的物品、人身、尸体等的位置、特征等情况，以及勘验、检查、搜查的过程；文字记录与实物或者绘图、照片、录像是否相符；现场、物品、痕迹等是否伪造、有无破坏；人身特征、伤害情况、生理状态有无伪装或者变化等；

（三）补充进行勘验、检查的，是否说明了再次勘验、检查的原由，前后勘验、检查的情况是否矛盾。

第八十九条 勘验、检查笔录存在明显不符合法律、有关规定的情形，不能作出合理解释或者说明的，不得作为定案的根据。

第九十条 对辨认笔录应当着重审查辨认的过程、方法，以及辨认笔录的制作是否符合有关规定。

辨认笔录具有下列情形之一的，不得作为定案的根据：

（一）辨认不是在侦查人员主持下进行的；

（二）辨认前使辨认人见到辨认对象的；

（三）辨认活动没有个别进行的；

（四）辨认对象没有混杂在具有类似特征的其他对象中，或者供辨认的对象数量不符合规定的；

（五）辨认中给辨认人明显暗示或者明显有指认嫌疑的；

（六）违反有关规定、不能确定辨认笔录真实性的其他情形。

第九十一条 对侦查实验笔录应当着重审查实验的过程、方法，以及笔录的制作是否符合有关规定。

侦查实验的条件与事件发生时的条件有明显差异，或者存在影响实验结论科学性的其他情形的，侦查实验笔录不得作为定案的根据。

第七节 视听资料、电子数据的审查与认定

第九十二条 对视听资料应当着重审查以下内容：

（一）是否附有提取过程的说明，来源是否合法；

（二）是否为原件，有无复制及复制份数；是复制件的，是否附有无法调取原件的原因、复制件制作过程和原件存放地点的说明，制作人、原视听资料持有人是否签名或者盖章；

（三）制作过程中是否存在威胁、引诱当事人等违反法律、有关规定的情形；

（四）是否写明制作人、持有人的身份，制作的时间、地点、条件和方法；

（五）内容和制作过程是否真实，有无剪辑、增加、删改等情形；

（六）内容与案件事实有无关联。

对视听资料有疑问的，应当进行鉴定。

第九十三条 对电子邮件、电子数据交换、网上聊天记录、博客、微博客、手机短信、电子签名、域名等电子数据，应当着重审查以下内容：

（一）是否随原始存储介质移送；在原始存储介质无法封存、不便移动或者依法应当由有关部门保管、处理、返还时，提取、复制电子数据是否由二人以上进行，是否足以保证电子数据的完整性，有无提取、复制过程及原始存储介质存放地点的文字说明和签名；

（二）收集程序、方式是否符合法律及有关技术规范；经勘验、检查、搜查等侦查活动收集的电子数据，是否附有笔录、清单，并经侦查人员、电子数据持有人、见证人签名；没有持有人签名的，是否注明原因；远程调取境外或者异地的电子数据的，是否注明相关情况；对电子数据的规格、类别、文件格式等注明是否清楚；

（三）电子数据内容是否真实，有无删除、修改、增加等情形；

（四）电子数据与案件事实有无关联；

（五）与案件事实有关联的电子数据是否全面收集。

对电子数据有疑问的，应当进行鉴定或者检验。

第九十四条 视听资料、电子数据具有下列情形之一的，不得作为定案的根据：

（一）经审查无法确定真伪的；

（二）制作、取得的时间、地点、方式等有疑问，不能提供必要证明或者作出合理解释的。

第八节 非法证据排除

第九十五条 使用肉刑或者变相肉刑，或者采用其他使被告人在肉体上或者精神上遭受剧烈疼痛或者痛苦的方法，迫使被告人违背意愿供述的，应当认定为刑事诉讼法第五十四条规定的"刑讯逼供等非法方法"。

认定刑事诉讼法第五十四条规定的"可能严重影响司法公正"，应当综合考虑收集物证、书证违反法定程序以及所造成后果的严重程度等情况。

第九十六条 当事人及其辩护人、诉讼代理人申请人民法院排除以非法方法收集的证据的，应当提供涉嫌非法取证的人员、时间、地点、方式、内容等相关线索或者材料。

第九十七条 人民法院向被告人及其辩护人送达起诉书副本时，应当告知其申请排除非法证据的，应当在开庭审理前提出，但在庭审期间才发现相关线索或者材料的除外。

第九十八条 开庭审理前，当事人及其辩护人、诉讼代理人申请人民法院排除非法证据的，人民法院应当在开庭前及时将申请书或者申请笔录及相关线索、材料的复制件送交人民检察院。

第九十九条 开庭审理前，当事人及其辩护人、诉讼代理人申请排除非法证据，人民法院经审查，对证据收集的合法性有疑问的，应当依照刑事诉讼法第一百八十二条第二款的规定召开庭前会议,就非法证据排除等问题了解情况,听取意见。人民检察院可以通过出示有关证据材料等方式,对证据收集的合法性加以说明。

第一百条 法庭审理过程中,当事人及其辩护人、诉讼代理人申请排除非法证据的,法庭应当进行审查。经审查,对证据收集的合法性有疑问的,应当进行调查;没有疑问的,应当当庭说明情况和理由,继续法庭审理。当事人及其辩护人、诉讼代理人以相同理由再次申请排除非法证据的,法庭不再进行审查。

对证据收集合法性的调查,根据具体情况,可以在当事人及其辩护人、诉讼代理人提出排除非法证据的申请后进行,也可以在法庭调查结束前一并进行。

法庭审理过程中,当事人及其辩护人、诉讼代理人申请排除非法证据,人民法院经审查,不符合本解释第九十七条规定的,应当在法庭调查结束前一并进行审查,并决定是否进行证据收集合法性的调查。

第一百零一条 法庭决定对证据收集的合法性进行调查的,可以由公诉人通过出示、宣读讯问笔录或者其他证据,有针对性地播放讯问过程的录音录像,提请法庭通知有关侦查人员或者其他人员出庭说明情况等方式,证明证据收集的合法性。

公诉人提交的取证过程合法的说明材料,应当经有关侦查人员签名,并加盖公章。未经有关侦查人员签名的,不得作为证据使用。上述说明材料不能单独作为证明取证过程合法的根据。

第一百零二条 经审理,确认或者不能排除存在刑事诉讼法第五十四条规定的以非法方法收集证据情形的,对有关证据应当排除。

人民法院对证据收集的合法性进行调查后,应当将调查结论告知公诉人、当事人和辩护人、诉讼代理人。

第一百零三条 具有下列情形之一的,第二审人民法院应当对证据收集的合法性进行审查,并根据刑事诉讼法和本解释的有关规定作出处理:

(一)第一审人民法院对当事人及其辩护人、诉讼代理人排除非法证据的申请没有审查,且以该证据作为定案根据的;

(二)人民检察院或者被告人、自诉人及其法定代理人不服第一审人民法院作出的有关证据收集合法性的调查结论,提出抗诉、上诉的;

(三)当事人及其辩护人、诉讼代理人在第一审结束后才发现相关线索或者材料,申请人民法院排除非法证据的。

第九节 证据的综合审查与运用

第一百零四条 对证据的真实性,应当综合全案证据进行审查。

对证据的证明力,应当根据具体情况,从证据与待证事实的关联程度、证据之间的联系等方面进行审查判断。

证据之间具有内在联系,共同指向同一待证事实,不存在无法排除的矛盾和无法解释的疑问的,才能作为定案的根据。

第一百零五条 没有直接证据,但间接证据同时符合下列条件的,可以认定被告人有罪:

（一）证据已经查证属实；
（二）证据之间相互印证，不存在无法排除的矛盾和无法解释的疑问；
（三）全案证据已经形成完整的证明体系；
（四）根据证据认定案件事实足以排除合理怀疑，结论具有唯一性；
（五）运用证据进行的推理符合逻辑和经验。

第一百零六条 根据被告人的供述、指认提取到了隐蔽性很强的物证、书证，且被告人的供述与其他证明犯罪事实发生的证据相互印证，并排除串供、逼供、诱供等可能性的，可以认定被告人有罪。

第一百零七条 采取技术侦查措施收集的证据材料，经当庭出示、辨认、质证等法庭调查程序查证属实的，可以作为定案的根据。

使用前款规定的证据可能危及有关人员的人身安全，或者可能产生其他严重后果的，法庭应当采取不暴露有关人员身份、技术方法等保护措施，必要时，审判人员可以在庭外核实。

第一百零八条 对侦查机关出具的被告人到案经过、抓获经过等材料，应当审查是否有出具该说明材料的办案人、办案机关的签名、盖章。

对到案经过、抓获经过或者确定被告人有重大嫌疑的根据有疑问的，应当要求侦查机关补充说明。

第一百零九条 下列证据应当慎重使用，有其他证据印证的，可以采信：
（一）生理上、精神上有缺陷，对案件事实的认知和表达存在一定困难，但尚未丧失正确认知、表达能力的被害人、证人和被告人所作的陈述、证言和供述；
（二）与被告人有亲属关系或者其他密切关系的证人所作的有利被告人的证言，或者与被告人有利害冲突的证人所作的不利被告人的证言。

第一百一十条 证明被告人自首、坦白、立功的证据材料，没有加盖接受被告人投案、坦白、检举揭发等的单位的印章，或者接受人员没有签名的，不得作为定案的根据。

对被告人及其辩护人提出有自首、坦白、立功的事实和理由，有关机关未予认定，或者有关机关提出被告人有自首、坦白、立功表现，但证据材料不全的，人民法院应当要求有关机关提供证明材料，或者要求相关人员作证，并结合其他证据作出认定。

第一百一十一条 证明被告人构成累犯、毒品再犯的证据材料，应当包括前罪的裁判文书、释放证明等材料；材料不全的，应当要求有关机关提供。

第一百一十二条 审查被告人实施被指控的犯罪时或者审判时是否达到相应法定责任年龄，应当根据户籍证明、出生证明文件、学籍卡、人口普查登记、无利害关系人的证言等证据综合判断。

证明被告人已满十四周岁、十六周岁、十八周岁或者不满七十五周岁的证据不足的，应当认定被告人不满十四周岁、不满十六周岁、不满十八周岁或者已满七十五周岁。

第五章 强制措施

第一百一十三条 人民法院审判案件，根据情况，对被告人可以决定拘传、取保候审、监视居住或者逮捕。

对被告人采取、撤销或者变更强制措施的，由院长决定。

第一百一十四条 对经依法传唤拒不到庭的被告人，或者根据案件情况有必要拘传的被告人，可以拘传。

拘传被告人，应当由院长签发拘传票，由司法警察执行，执行人员不得少于二人。

拘传被告人，应当出示拘传票。对抗拒拘传的被告人，可以使用戒具。

第一百一十五条 拘传被告人，持续的时间不得超过十二小时；案情特别重大、复杂，需要采取逮捕措施的，持续的时间不得超过二十四小时。不得以连续拘传的形式变相拘禁被告人。应当保证被拘传人的饮食和必要的休息时间。

第一百一十六条 被告人具有刑事诉讼法第六十五条第一款规定情形之一的，人民法院可以决定取保候审。

对被告人决定取保候审的，应当责令其提出保证人或者交纳保证金，不得同时使用保证人保证与保证金保证。

第一百一十七条 对下列被告人决定取保候审的，可以责令其提出一至二名保证人：

（一）无力交纳保证金的；

（二）未成年或者已满七十五周岁的；

（三）不宜收取保证金的其他被告人。

第一百一十八条 人民法院应当审查保证人是否符合法定条件。符合条件的，应当告知其必须履行的义务，并由其出具保证书。

第一百一十九条 对决定取保候审的被告人使用保证金保证的，应当依照刑事诉讼法第七十条第一款的规定确定保证金的具体数额，并责令被告人或者为其提供保证金的单位、个人将保证金一次性存入公安机关指定银行的专门账户。

第一百二十条 人民法院向被告人宣布取保候审决定后，应当将取保候审决定书等相关材料送交当地同级公安机关执行；被告人不在本地居住的，送交其居住地公安机关执行。

对被告人使用保证金保证的，应当在核实保证金已经存入公安机关指定银行的专门账户后，将银行出具的收款凭证一并送交公安机关。

第一百二十一条 被告人被取保候审期间，保证人不愿继续履行保证义务或者丧失履行保证义务能力的，人民法院应当在收到保证人的申请或者公安机关的书面通知后三日内，责令被告人重新提出保证人或者交纳保证金，或者变更强制措施，并通知公安机关。

第一百二十二条 根据案件事实和法律规定，认为已经构成犯罪的被告人在取保候审期间逃匿的，如果系保证人协助被告人逃匿，或者保证人明知被告人藏匿地点但拒绝向司法机关提供，对保证人应当依法追究刑事责任。

第一百二十三条 人民法院发现使用保证金保证的被取保候审人违反刑事诉讼法第六十九条第一款、第二款规定的，应当提出没收部分或者全部保证金的书面意见，连同有关材料一并送交负责执行的公安机关处理。

人民法院收到公安机关已经没收保证金的书面通知或者变更强制措施的建议后，应当区别情形，在五日内责令被告人具结悔过，重新交纳保证金或者提出保证人，或者变更强制措施，并通知公安机关。

人民法院决定对被依法没收保证金的被告人继续取保候审的，取保候审的期限连续计算。

第一百二十四条 对被取保候审的被告人的判决、裁定生效后，应当解除取保候审、退还保证金的，如果保证金属于其个人财产，人民法院可以书面通知公安机关将保证金移交人民法院，用以退赔被害人、履行附带民事赔偿义务或者执行财产刑，剩余部分应当退还被告人。

第一百二十五条 对具有刑事诉讼法第七十二条第一款、第二款规定情形的被告人，人民法院可以决定监视居住。

人民法院决定对被告人监视居住的，应当核实其住处；没有固定住处的，应当为其指定居所。

第一百二十六条 人民法院向被告人宣布监视居住决定后，应当将监视居住决定书等相关材料送交被告人住处或者指定居所所在地的同级公安机关执行。

对被告人指定居所监视居住后，人民法院应当在二十四小时内，将监视居住的原因和处所通知其家属；确实无法通知的，应当记录在案。

第一百二十七条 人民检察院、公安机关已经对犯罪嫌疑人取保候审、监视居住，案件起诉至人民法院后，需要继续取保候审、监视居住或者变更强制措施的，人民法院应当在七日内作出决定，并通知人民检察院、公安机关。

决定继续取保候审、监视居住的，应当重新办理手续，期限重新计算；继续使用保证金保证的，不再收取保证金。

人民法院不得对被告人重复采取取保候审、监视居住措施。

第一百二十八条 对具有刑事诉讼法第七十九条第一款、第二款规定情形的被告人，人民法院应当决定逮捕。

第一百二十九条 被取保候审的被告人具有下列情形之一的，人民法院应当决定逮捕：

（一）故意实施新的犯罪的；

（二）企图自杀、逃跑的；

（三）毁灭、伪造证据，干扰证人作证或者串供的；

（四）对被害人、举报人、控告人实施打击报复的；

（五）经传唤，无正当理由不到案，影响审判活动正常进行的；

（六）擅自改变联系方式或者居住地，导致无法传唤，影响审判活动正常进行的；

（七）未经批准，擅自离开所居住的市、县，影响审判活动正常进行，或者两次未

经批准,擅自离开所居住的市、县的;

(八) 违反规定进入特定场所、与特定人员会见或者通信、从事特定活动,影响审判活动正常进行,或者两次违反有关规定的;

(九) 依法应当决定逮捕的其他情形。

第一百三十条 被监视居住的被告人具有下列情形之一的,人民法院应当决定逮捕:

(一) 具有前条第一项至第五项规定情形之一的;

(二) 未经批准,擅自离开执行监视居住的处所,影响审判活动正常进行,或者两次未经批准,擅自离开执行监视居住的处所的;

(三) 未经批准,擅自会见他人或者通信,影响审判活动正常进行,或者两次未经批准,擅自会见他人或者通信的;

(四) 对因患有严重疾病、生活不能自理,或者因怀孕、正在哺乳自己婴儿而未予逮捕的被告人,疾病痊愈或者哺乳期已满的;

(五) 依法应当决定逮捕的其他情形。

第一百三十一条 人民法院作出逮捕决定后,应当将逮捕决定书等相关材料送交同级公安机关执行,并将逮捕决定书抄送人民检察院。逮捕被告人后,人民法院应当将逮捕的原因和羁押的处所,在二十四小时内通知其家属;确实无法通知的,应当记录在案。

第一百三十二条 人民法院对决定逮捕的被告人,应当在逮捕后二十四小时内讯问。发现不应当逮捕的,应当变更强制措施或者立即释放。

第一百三十三条 被逮捕的被告人具有下列情形之一的,人民法院可以变更强制措施:

(一) 患有严重疾病、生活不能自理的;

(二) 怀孕或者正在哺乳自己婴儿的;

(三) 系生活不能自理的人的唯一扶养人。

第一百三十四条 第一审人民法院判决被告人无罪、不负刑事责任或者免除刑事处罚,被告人在押的,应当在宣判后立即释放。

被逮捕的被告人具有下列情形之一的,人民法院应当变更强制措施或者予以释放:

(一) 第一审人民法院判处管制、宣告缓刑、单独适用附加刑,判决尚未发生法律效力的;

(二) 被告人被羁押的时间已到第一审人民法院对其判处的刑期期限的;

(三) 案件不能在法律规定的期限内审结的。

第一百三十五条 人民法院决定变更强制措施或者释放被告人的,应当立即将变更强制措施决定书或者释放通知书送交公安机关执行。

第一百三十六条 对人民法院决定逮捕的被告人,人民检察院建议释放或者变更强制措施的,人民法院应当在收到建议后十日内将处理情况通知人民检察院。

第一百三十七条 被告人及其法定代理人、近亲属或者辩护人申请变更强制措施的,应当说明理由。人民法院收到申请后,应当在三日内作出决定。同意变更强制措施的，应当依照本解释规定处理；不同意的，应当告知申请人，并说明理由。

第六章 附带民事诉讼

第一百三十八条 被害人因人身权利受到犯罪侵犯或者财物被犯罪分子毁坏而遭受物质损失的，有权在刑事诉讼过程中提起附带民事诉讼；被害人死亡或者丧失行为能力的，其法定代理人、近亲属有权提起附带民事诉讼。

因受到犯罪侵犯，提起附带民事诉讼或者单独提起民事诉讼要求赔偿精神损失的，人民法院不予受理。

第一百三十九条 被告人非法占有、处置被害人财产的，应当依法予以追缴或者责令退赔。被害人提起附带民事诉讼的，人民法院不予受理。追缴、退赔的情况，可以作为量刑情节考虑。

第一百四十条 国家机关工作人员在行使职权时，侵犯他人人身、财产权利构成犯罪，被害人或者其法定代理人、近亲属提起附带民事诉讼的，人民法院不予受理，但应当告知其可以依法申请国家赔偿。

第一百四十一条 人民法院受理刑事案件后，对符合刑事诉讼法第九十九条和本解释第一百三十八条第一款规定的，可以告知被害人或者其法定代理人、近亲属有权提起附带民事诉讼。

有权提起附带民事诉讼的人放弃诉讼权利的，应当准许，并记录在案。

第一百四十二条 国家财产、集体财产遭受损失，受损失的单位未提起附带民事诉讼，人民检察院在提起公诉时提起附带民事诉讼的，人民法院应当受理。

人民检察院提起附带民事诉讼的，应当列为附带民事诉讼原告人。

被告人非法占有、处置国家财产、集体财产的，依照本解释第一百三十九条的规定处理。

第一百四十三条 附带民事诉讼中依法负有赔偿责任的人包括：

（一）刑事被告人以及未被追究刑事责任的其他共同侵害人；

（二）刑事被告人的监护人；

（三）死刑罪犯的遗产继承人；

（四）共同犯罪案件中，案件审结前死亡的被告人的遗产继承人；

（五）对被害人的物质损失依法应当承担赔偿责任的其他单位和个人。

附带民事诉讼被告人的亲友自愿代为赔偿的，应当准许。

第一百四十四条 被害人或者其法定代理人、近亲属仅对部分共同侵害人提起附带民事诉讼的，人民法院应当告知其可以对其他共同侵害人，包括没有被追究刑事责任的共同侵害人，一并提起附带民事诉讼，但共同犯罪案件中同案犯在逃的除外。

被害人或者其法定代理人、近亲属放弃对其他共同侵害人的诉讼权利的，人民法院应当告知其相应法律后果，并在裁判文书中说明其放弃诉讼请求的情况。

第一百四十五条 附带民事诉讼的起诉条件是：

（一）起诉人符合法定条件；

(二) 有明确的被告人;
(三) 有请求赔偿的具体要求和事实、理由;
(四) 属于人民法院受理附带民事诉讼的范围。

第一百四十六条 共同犯罪案件,同案犯在逃的,不应列为附带民事诉讼被告人。逃跑的同案犯到案后,被害人或者其法定代理人、近亲属可以对其提起附带民事诉讼,但已经从其他共同犯罪人处获得足额赔偿的除外。

第一百四十七条 附带民事诉讼应当在刑事案件立案后及时提起。

提起附带民事诉讼应当提交附带民事起诉状。

第一百四十八条 侦查、审查起诉期间,有权提起附带民事诉讼的人提出赔偿要求,经公安机关、人民检察院调解,当事人双方已经达成协议并全部履行,被害人或者其法定代理人、近亲属又提起附带民事诉讼的,人民法院不予受理,但有证据证明调解违反自愿、合法原则的除外。

第一百四十九条 被害人或者其法定代理人、近亲属提起附带民事诉讼的,人民法院应当在七日内决定是否立案。符合刑事诉讼法第九十九条以及本解释有关规定的,应当受理;不符合的,裁定不予受理。

第一百五十条 人民法院受理附带民事诉讼后,应当在五日内将附带民事起诉状副本送达附带民事诉讼被告人及其法定代理人,或者将口头起诉的内容及时通知附带民事诉讼被告人及其法定代理人,并制作笔录。

人民法院送达附带民事起诉状副本时,应当根据刑事案件的审理期限,确定被告人及其法定代理人提交附带民事答辩状的时间。

第一百五十一条 附带民事诉讼当事人对自己提出的主张,有责任提供证据。

第一百五十二条 人民法院对可能因被告人的行为或者其他原因,使附带民事判决难以执行的案件,根据附带民事诉讼原告人的申请,可以裁定采取保全措施,查封、扣押或者冻结被告人的财产;附带民事诉讼原告人未提出申请的,必要时,人民法院也可以采取保全措施。

有权提起附带民事诉讼的人因情况紧急,不立即申请保全将会使其合法权益受到难以弥补的损害的,可以在提起附带民事诉讼前,向被保全财产所在地、被申请人居住地或者对案件有管辖权的人民法院申请采取保全措施。申请人在人民法院受理刑事案件后十五日内未提起附带民事诉讼的,人民法院应当解除保全措施。

人民法院采取保全措施,适用民事诉讼法第一百条至第一百零五条的有关规定,但民事诉讼法第一百零一条第三款的规定除外。

第一百五十三条 人民法院审理附带民事诉讼案件,可以根据自愿、合法的原则进行调解。经调解达成协议的,应当制作调解书。调解书经双方当事人签收后,即具有法律效力。

调解达成协议并即时履行完毕的,可以不制作调解书,但应当制作笔录,经双方当事人、审判人员、书记员签名或者盖章后即发生法律效力。

第一百五十四条 调解未达成协议或者调解书签收前当事人反悔的,附带民事诉讼应当同刑事诉讼一并判决。

第一百五十五条 对附带民事诉讼作出判决,应当根据犯罪行为造成的物质损失,结合案件具体情况,确定被告人应当赔偿的数额。

犯罪行为造成被害人人身损害的,应当赔偿医疗费、护理费、交通费等为治疗和康复支付的合理费用,以及因误工减少的收入。造成被害人残疾的,还应当赔偿残疾生活辅助具费等费用;造成被害人死亡的,还应当赔偿丧葬费等费用。

驾驶机动车致人伤亡或者造成公私财产重大损失,构成犯罪的,依照《中华人民共和国道路交通安全法》第七十六条的规定确定赔偿责任。

附带民事诉讼当事人就民事赔偿问题达成调解、和解协议的,赔偿范围、数额不受第二款、第三款规定的限制。

第一百五十六条 人民检察院提起附带民事诉讼的,人民法院经审理,认为附带民事诉讼被告人依法应当承担赔偿责任的,应当判令附带民事诉讼被告人直接向遭受损失的单位作出赔偿;遭受损失的单位已经终止,有权利义务继受人的,应当判令其向继受人作出赔偿;没有权利义务继受人的,应当判令其向人民检察院交付赔偿款,由人民检察院上缴国库。

第一百五十七条 审理刑事附带民事诉讼案件,人民法院应当结合被告人赔偿被害人物质损失的情况认定其悔罪表现,并在量刑时予以考虑。

第一百五十八条 附带民事诉讼原告人经传唤,无正当理由拒不到庭,或者未经法庭许可中途退庭的,应当按撤诉处理。

刑事被告人以外的附带民事诉讼被告人经传唤,无正当理由拒不到庭,或者未经法庭许可中途退庭的,附带民事部分可以缺席判决。

第一百五十九条 附带民事诉讼应当同刑事案件一并审判,只有为了防止刑事案件审判的过分迟延,才可以在刑事案件审判后,由同一审判组织继续审理附带民事诉讼;同一审判组织的成员确实不能继续参与审判的,可以更换。

第一百六十条 人民法院认定公诉案件被告人的行为不构成犯罪,对已经提起的附带民事诉讼,经调解不能达成协议的,应当一并作出刑事附带民事判决。

人民法院准许人民检察院撤回起诉的公诉案件,对已经提起的附带民事诉讼,可以进行调解;不宜调解或者经调解不能达成协议的,应当裁定驳回起诉,并告知附带民事诉讼原告人可以另行提起民事诉讼。

第一百六十一条 第一审期间未提起附带民事诉讼,在第二审期间提起的,第二审人民法院可以依法进行调解;调解不成的,告知当事人可以在刑事判决、裁定生效后另行提起民事诉讼。

第一百六十二条 人民法院审理附带民事诉讼案件,不收取诉讼费。

第一百六十三条 人民法院审理附带民事诉讼案件,除刑法、刑事诉讼法以及刑事司法解释已有规定的以外,适用民事法律的有关规定。

第一百六十四条 被害人或者其法定代理人、近亲属在刑事诉讼过程中未提起附带民事诉讼,另行提起民事诉讼的,人民法院可以进行调解,或者根据物质损失情况作出判决。

第七章　期间、送达、审理期限

第一百六十五条　以月计算的期限，自本月某日至下月同日为一个月。期限起算日为本月最后一日的，至下月最后一日为一个月。下月同日不存在的，自本月某日至下月最后一日为一个月。半个月一律按十五日计算。

第一百六十六条　当事人由于不能抗拒的原因或者有其他正当理由而耽误期限，依法申请继续进行应当在期满前完成的诉讼活动的，人民法院查证属实后，应当裁定准许。

第一百六十七条　送达诉讼文书，应当由收件人签收。收件人不在的，可以由其成年家属或者所在单位负责收件的人员代收。

收件人或者代收人在送达回证上签收的日期为送达日期。

收件人或者代收人拒绝签收的，送达人可以邀请见证人到场，说明情况，在送达回证上注明拒收的事由和日期，由送达人、见证人签名或者盖章，将诉讼文书留在收件人、代收人的住处或者单位；也可以把诉讼文书留在受送达人的住处，并采用拍照、录像等方式记录送达过程，即视为送达。

第一百六十八条　直接送达诉讼文书有困难的，可以委托收件人所在地的人民法院代为送达，或者邮寄送达。

第一百六十九条　委托送达的，应当将委托函、委托送达的诉讼文书及送达回证寄送受托法院。受托法院收到后，应当登记，在十日内送达收件人，并将送达回证寄送委托法院；无法送达的，应当告知委托法院，并将诉讼文书及送达回证退回。

第一百七十条　邮寄送达的，应当将诉讼文书、送达回证挂号邮寄给收件人。挂号回执上注明的日期为送达日期。

第一百七十一条　诉讼文书的收件人是军人的，可以通过其所在部队团级以上单位的政治部门转交。

收件人正在服刑的，可以通过执行机关转交。

收件人正在被采取强制性教育措施的，可以通过强制性教育机构转交。

由有关部门、单位代为转交诉讼文书的，应当请有关部门、单位收到后立即交收件人签收，并将送达回证及时寄送人民法院。

第一百七十二条　指定管辖案件的审理期限，自被指定管辖的人民法院收到指定管辖决定书和有关案卷、证据材料之日起计算。

第一百七十三条　申请上级人民法院批准延长审理期限，应当在期限届满十五日前层报。有权决定的人民法院不同意延长的，应当在审理期限届满五日前作出决定。

因特殊情况申请最高人民法院批准延长审理期限，最高人民法院经审查，予以批准的，可以延长审理期限一至三个月。期限届满案件仍然不能审结的，可以再次提出申请。

第一百七十四条　审判期间，对被告人作精神病鉴定的时间不计入审理期限。

第八章 审判组织

第一百七十五条 审判长由审判员担任。助理审判员由本院院长提出，经审判委员会通过，可以临时代行审判员职务，并可以担任审判长。

第一百七十六条 开庭审理和评议案件，应当由同一合议庭进行。合议庭成员在评议案件时，应当独立表达意见并说明理由。意见分歧的，应当按多数意见作出决定，但少数意见应当记入笔录。评议笔录由合议庭的组成人员在审阅确认无误后签名。评议情况应当保密。

第一百七十七条 审判员依法独任审判时，行使与审判长相同的职权。

第一百七十八条 合议庭审理、评议后，应当及时作出判决、裁定。

拟判处死刑的案件、人民检察院抗诉的案件，合议庭应当提请院长决定提交审判委员会讨论决定。

对合议庭成员意见有重大分歧的案件、新类型案件、社会影响重大的案件以及其他疑难、复杂、重大的案件，合议庭认为难以作出决定的，可以提请院长决定提交审判委员会讨论决定。

人民陪审员可以要求合议庭将案件提请院长决定是否提交审判委员会讨论决定。

对提请院长决定提交审判委员会讨论决定的案件，院长认为不必要的，可以建议合议庭复议一次。

独任审判的案件，审判员认为有必要的，也可以提请院长决定提交审判委员会讨论决定。

第一百七十九条 审判委员会的决定，合议庭、独任审判员应当执行；有不同意见的，可以建议院长提交审判委员会复议。

第九章 公诉案件第一审普通程序

第一节 审查受理与庭前准备

第一百八十条 对提起公诉的案件，人民法院应当在收到起诉书（一式八份，每增加一名被告人，增加起诉书五份）和案卷、证据后，指定审判人员审查以下内容：

（一）是否属于本院管辖；

（二）起诉书是否写明被告人的身份，是否受过或者正在接受刑事处罚，被采取强制措施的种类、羁押地点，犯罪的时间、地点、手段、后果以及其他可能影响定罪量刑的情节；

（三）是否移送证明指控犯罪事实的证据材料，包括采取技术侦查措施的批准决定和所收集的证据材料；

（四）是否查封、扣押、冻结被告人的违法所得或者其他涉案财物，并附证明相关财物依法应当追缴的证据材料；

（五）是否列明被害人的姓名、住址、联系方式；是否附有证人、鉴定人名单；是否申请法庭通知证人、鉴定人、有专门知识的人出庭，并列明有关人员的姓名、性别、年龄、职业、住址、联系方式；是否附有需要保护的证人、鉴定人、被害人名单；

（六）当事人已委托辩护人、诉讼代理人，或者已接受法律援助的，是否列明辩护人、诉讼代理人的姓名、住址、联系方式；

（七）是否提起附带民事诉讼；提起附带民事诉讼的，是否列明附带民事诉讼当事人的姓名、住址、联系方式，是否附有相关证据材料；

（八）侦查、审查起诉程序的各种法律手续和诉讼文书是否齐全；

（九）有无刑事诉讼法第十五条第二项至第六项规定的不追究刑事责任的情形。

第一百八十一条 人民法院对提起公诉的案件审查后，应当按照下列情形分别处理：

（一）属于告诉才处理的案件，应当退回人民检察院，并告知被害人有权提起自诉；

（二）不属于本院管辖或者被告人不在案的，应当退回人民检察院；

（三）不符合前条第二项至第八项规定之一，需要补充材料的，应当通知人民检察院在三日内补送；

（四）依照刑事诉讼法第一百九十五条第三项规定宣告被告人无罪后，人民检察院根据新的事实、证据重新起诉的，应当依法受理；

（五）依照本解释第二百四十二条规定裁定准许撤诉的案件，没有新的事实、证据，重新起诉的，应当退回人民检察院；

（六）符合刑事诉讼法第十五条第二项至第六项规定情形的，应当裁定终止审理或者退回人民检察院；

（七）被告人真实身份不明，但符合刑事诉讼法第一百五十八条第二款规定的，应当依法受理。

对公诉案件是否受理，应当在七日内审查完毕。

第一百八十二条 开庭审理前，人民法院应当进行下列工作：

（一）确定审判长及合议庭组成人员；

（二）开庭十日前将起诉书副本送达被告人、辩护人；

（三）通知当事人、法定代理人、辩护人、诉讼代理人在开庭五日前提供证人、鉴定人名单，以及拟当庭出示的证据；申请证人、鉴定人、有专门知识的人出庭的，应当列明有关人员的姓名、性别、年龄、职业、住址、联系方式；

（四）开庭三日前将开庭的时间、地点通知人民检察院；

（五）开庭三日前将传唤当事人的传票和通知辩护人、诉讼代理人、法定代理人、证人、鉴定人等出庭的通知书送达；通知有关人员出庭，也可以采取电话、短信、传真、电子邮件等能够确认对方收悉的方式；

（六）公开审理的案件，在开庭三日前公布案由、被告人姓名、开庭时间和地点。

上述工作情况应当记录在案。

第一百八十三条 案件具有下列情形之一的，审判人员可以召开庭前会议：

（一）当事人及其辩护人、诉讼代理人申请排除非法证据的；

（二）证据材料较多、案情重大复杂的；
（三）社会影响重大的；
（四）需要召开庭前会议的其他情形。

召开庭前会议，根据案件情况，可以通知被告人参加。

第一百八十四条 召开庭前会议，审判人员可以就下列问题向控辩双方了解情况，听取意见：

（一）是否对案件管辖有异议；
（二）是否申请有关人员回避；
（三）是否申请调取在侦查、审查起诉期间公安机关、人民检察院收集但未随案移送的证明被告人无罪或者罪轻的证据材料；
（四）是否提供新的证据；
（五）是否对出庭证人、鉴定人、有专门知识的人的名单有异议；
（六）是否申请排除非法证据；
（七）是否申请不公开审理；
（八）与审判相关的其他问题。

审判人员可以询问控辩双方对证据材料有无异议，对有异议的证据，应当在庭审时重点调查；无异议的，庭审时举证、质证可以简化。

被害人或者其法定代理人、近亲属提起附带民事诉讼的，可以调解。

庭前会议情况应当制作笔录。

第一百八十五条 开庭审理前，合议庭可以拟出法庭审理提纲，提纲一般包括下列内容：

（一）合议庭成员在庭审中的分工；
（二）起诉书指控的犯罪事实的重点和认定案件性质的要点；
（三）讯问被告人时需了解的案情要点；
（四）出庭的证人、鉴定人、有专门知识的人、侦查人员的名单；
（五）控辩双方申请当庭出示的证据的目录；
（六）庭审中可能出现的问题及应对措施。

第一百八十六条 审判案件应当公开进行。

案件涉及国家秘密或者个人隐私的，不公开审理；涉及商业秘密，当事人提出申请的，法庭可以决定不公开审理。

不公开审理的案件，任何人不得旁听，但法律另有规定的除外。

第一百八十七条 精神病人、醉酒的人、未经人民法院批准的未成年人以及其他不宜旁听的人不得旁听案件审理。

第一百八十八条 被害人、诉讼代理人经传唤或者通知未到庭，不影响开庭审理的，人民法院可以开庭审理。

辩护人经通知未到庭，被告人同意的，人民法院可以开庭审理，但被告人属于应当提供法律援助情形的除外。

第一百八十九条 开庭审理前，书记员应当依次进行下列工作：

（一）受审判长委托，查明公诉人、当事人、证人及其他诉讼参与人是否到庭；
（二）宣读法庭规则；
（三）请公诉人及相关诉讼参与人入庭；
（四）请审判长、审判员（人民陪审员）入庭；
（五）审判人员就座后，向审判长报告开庭前的准备工作已经就绪。

第二节 宣布开庭与法庭调查

第一百九十条 审判长宣布开庭，传被告人到庭后，应当查明被告人的下列情况：
（一）姓名、出生日期、民族、出生地、文化程度、职业、住址，或者被告单位的名称、住所地、诉讼代表人的姓名、职务；
（二）是否受过法律处分及处分的种类、时间；
（三）是否被采取强制措施及强制措施的种类、时间；
（四）收到起诉书副本的日期；有附带民事诉讼的，附带民事诉讼被告人收到附带民事起诉状的日期。

被告人较多的，可以在开庭前查明上述情况，但开庭时审判长应当作出说明。

第一百九十一条 审判长宣布案件的来源、起诉的案由、附带民事诉讼当事人的姓名及是否公开审理；不公开审理的，应当宣布理由。

第一百九十二条 审判长宣布合议庭组成人员、书记员、公诉人名单及辩护人、鉴定人、翻译人员等诉讼参与人的名单。

第一百九十三条 审判长应当告知当事人及其法定代理人、辩护人、诉讼代理人在法庭审理过程中依法享有下列诉讼权利：
（一）可以申请合议庭组成人员、书记员、公诉人、鉴定人和翻译人员回避；
（二）可以提出证据，申请通知新的证人到庭、调取新的证据，申请重新鉴定或者勘验、检查；
（三）被告人可以自行辩护；
（四）被告人可以在法庭辩论终结后作最后陈述。

第一百九十四条 审判长应当询问当事人及其法定代理人、辩护人、诉讼代理人是否申请回避、申请何人回避和申请回避的理由。

当事人及其法定代理人、辩护人、诉讼代理人申请回避的，依照刑事诉讼法及本解释的有关规定处理。

同意或者驳回回避申请的决定及复议决定，由审判长宣布，并说明理由。必要时，也可以由院长到庭宣布。

第一百九十五条 审判长宣布法庭调查开始后，应当先由公诉人宣读起诉书；有附带民事诉讼的，再由附带民事诉讼原告人或者其法定代理人、诉讼代理人宣读附带民事起诉状。

第一百九十六条 起诉书指控的被告人的犯罪事实为两起以上的，法庭调查一般应当分别进行。

第一百九十七条 在审判长主持下，被告人、被害人可以就起诉书指控的犯罪事实分别陈述。

第一百九十八条 在审判长主持下，公诉人可以就起诉书指控的犯罪事实讯问被告人。

经审判长准许，被害人及其法定代理人、诉讼代理人可以就公诉人讯问的犯罪事实补充发问；附带民事诉讼原告人及其法定代理人、诉讼代理人可以就附带民事部分的事实向被告人发问；被告人的法定代理人、辩护人，附带民事诉讼被告人及其法定代理人、诉讼代理人可以在控诉一方就某一问题讯问完毕后向被告人发问。

第一百九十九条 讯问同案审理的被告人，应当分别进行。必要时，可以传唤同案被告人等到庭对质。

第二百条 经审判长准许，控辩双方可以向被害人、附带民事诉讼原告人发问。

第二百零一条 审判人员可以讯问被告人。必要时，可以向被害人、附带民事诉讼当事人发问。

第二百零二条 公诉人可以提请审判长通知证人、鉴定人出庭作证，或者出示证据。被害人及其法定代理人、诉讼代理人，附带民事诉讼原告人及其诉讼代理人也可以提出申请。

在控诉一方举证后，被告人及其法定代理人、辩护人可以提请审判长通知证人、鉴定人出庭作证，或者出示证据。

第二百零三条 控辩双方申请证人出庭作证，出示证据，应当说明证据的名称、来源和拟证明的事实。法庭认为有必要的，应当准许；对方提出异议，认为有关证据与案件无关或者明显重复、不必要，法庭经审查异议成立的，可以不予准许。

第二百零四条 已经移送人民法院的证据，控辩双方需要出示的，可以向法庭提出申请。法庭同意的，应当指令值庭法警出示、播放；需要宣读的，由值庭法警交由申请人宣读。

第二百零五条 公诉人、当事人或者辩护人、诉讼代理人对证人证言有异议，且该证人证言对定罪量刑有重大影响，或者对鉴定意见有异议，申请法庭通知证人、鉴定人出庭作证，人民法院认为有必要的，应当通知证人、鉴定人出庭；无法通知或者证人、鉴定人拒绝出庭的，应当及时告知申请人。

第二百零六条 证人具有下列情形之一，无法出庭作证的，人民法院可以准许其不出庭：

（一）在庭审期间身患严重疾病或者行动极为不便的；

（二）居所远离开庭地点且交通极为不便的；

（三）身处国外短期无法回国的；

（四）有其他客观原因，确实无法出庭的。

具有前款规定情形的，可以通过视频等方式作证。

第二百零七条 证人出庭作证所支出的交通、住宿、就餐等费用，人民法院应当给予补助。

第二百零八条 强制证人出庭的，应当由院长签发强制证人出庭令。

第二百零九条 审判危害国家安全犯罪、恐怖活动犯罪、黑社会性质的组织犯罪、毒品犯罪等案件，证人、鉴定人、被害人因出庭作证，本人或者其近亲属的人身安全面临危险的，人民法院应当采取不公开其真实姓名、住址和工作单位等个人信息，或者不暴露其外貌、真实声音等保护措施。

审判期间，证人、鉴定人、被害人提出保护请求的，人民法院应当立即审查；认为确有保护必要的，应当及时决定采取相应保护措施。

第二百一十条　决定对出庭作证的证人、鉴定人、被害人采取不公开个人信息的保护措施的，审判人员应当在开庭前核实其身份，对证人、鉴定人如实作证的保证书不得公开，在判决书、裁定书等法律文书中可以使用化名等代替其个人信息。

第二百一十一条　证人、鉴定人到庭后，审判人员应当核实其身份、与当事人以及本案的关系，并告知其有关作证的权利义务和法律责任。

证人、鉴定人作证前，应当保证向法庭如实提供证言、说明鉴定意见，并在保证书上签名。

第二百一十二条　向证人、鉴定人发问，应当先由提请通知的一方进行；发问完毕后，经审判长准许，对方也可以发问。

第二百一十三条　向证人发问应当遵循以下规则：

（一）发问的内容应当与本案事实有关；

（二）不得以诱导方式发问；

（三）不得威胁证人；

（四）不得损害证人的人格尊严。

前款规定适用于对被告人、被害人、附带民事诉讼当事人、鉴定人、有专门知识的人的讯问、发问。

第二百一十四条　控辩双方的讯问、发问方式不当或者内容与本案无关的，对方可以提出异议，申请审判长制止，审判长应当判明情况予以支持或者驳回；对方未提出异议的，审判长也可以根据情况予以制止。

第二百一十五条　审判人员认为必要时，可以询问证人、鉴定人、有专门知识的人。

第二百一十六条　向证人、鉴定人、有专门知识的人发问应当分别进行。证人、鉴定人、有专门知识的人经控辩双方发问或者审判人员询问后，审判长应当告知其退庭。

证人、鉴定人、有专门知识的人不得旁听对本案的审理。

第二百一十七条　公诉人、当事人及其辩护人、诉讼代理人申请法庭通知有专门知识的人出庭，就鉴定意见提出意见的，应当说明理由。法庭认为有必要的，应当通知有专门知识的人出庭。

申请有专门知识的人出庭，不得超过二人。有多种类鉴定意见的，可以相应增加人数。

有专门知识的人出庭，适用鉴定人出庭的有关规定。

第二百一十八条　举证方当庭出示证据后，由对方进行辨认并发表意见。控辩双方可以互相质问、辩论。

第二百一十九条　当庭出示的证据，尚未移送人民法院的，应当在质证后移交法庭。

第二百二十条 法庭对证据有疑问的，可以告知公诉人、当事人及其法定代理人、辩护人、诉讼代理人补充证据或者作出说明；必要时，可以宣布休庭，对证据进行调查核实。

对公诉人、当事人及其法定代理人、辩护人、诉讼代理人补充的和法庭庭外调查核实取得的证据，应当经过当庭质证才能作为定案的根据。但是，经庭外征求意见，控辩双方没有异议的除外。

有关情况，应当记录在案。

第二百二十一条 公诉人申请出示开庭前未移送人民法院的证据，辩护方提出异议的，审判长应当要求公诉人说明理由；理由成立并确有出示必要的，应当准许。

辩护方提出需要对新的证据作辩护准备的，法庭可以宣布休庭，并确定准备辩护的时间。

辩护方申请出示开庭前未提交的证据，参照适用前两款的规定。

第二百二十二条 法庭审理过程中，当事人及其辩护人、诉讼代理人申请通知新的证人到庭，调取新的证据，申请重新鉴定或者勘验的，应当提供证人的姓名、证据的存放地点，说明拟证明的案件事实，要求重新鉴定或者勘验的理由。法庭认为有必要的，应当同意，并宣布延期审理；不同意的，应当说明理由并继续审理。

延期审理的案件，符合刑事诉讼法第二百零二条第一款规定的，可以报请上级人民法院批准延长审理期限。

人民法院同意重新鉴定申请的，应当及时委托鉴定，并将鉴定意见告知人民检察院、当事人及其辩护人、诉讼代理人。

第二百二十三条 审判期间，公诉人发现案件需要补充侦查，建议延期审理的，合议庭应当同意，但建议延期审理不得超过两次。

人民检察院将补充收集的证据移送人民法院的，人民法院应当通知辩护人、诉讼代理人查阅、摘抄、复制。

补充侦查期限届满后，经法庭通知，人民检察院未将案件移送人民法院，且未说明原因的，人民法院可以决定按人民检察院撤诉处理。

第二百二十四条 人民法院向人民检察院调取需要调查核实的证据材料，或者根据被告人、辩护人的申请，向人民检察院调取在侦查、审查起诉期间收集的有关被告人无罪或者罪轻的证据材料，应当通知人民检察院在收到调取证据材料决定书后三日内移交。

第二百二十五条 法庭审理过程中，对与量刑有关的事实、证据，应当进行调查。

人民法院除应当审查被告人是否具有法定量刑情节外，还应当根据案件情况审查以下影响量刑的情节：

（一）案件起因；

（二）被害人有无过错及过错程度，是否对矛盾激化负有责任及责任大小；

（三）被告人的近亲属是否协助抓获被告人；

（四）被告人平时表现，有无悔罪态度；

（五）退赃、退赔及赔偿情况；
（六）被告人是否取得被害人或者其近亲属谅解；
（七）影响量刑的其他情节。

第二百二十六条 审判期间，合议庭发现被告人可能有自首、坦白、立功等法定量刑情节，而人民检察院移送的案卷中没有相关证据材料的，应当通知人民检察院移送。

审判期间，被告人提出新的立功线索的，人民法院可以建议人民检察院补充侦查。

第二百二十七条 对被告人认罪的案件，在确认被告人了解起诉书指控的犯罪事实和罪名，自愿认罪且知悉认罪的法律后果后，法庭调查可以主要围绕量刑和其他有争议的问题进行。

对被告人不认罪或者辩护人作无罪辩护的案件，法庭调查应当在查明定罪事实的基础上，查明有关量刑事实。

第三节 法庭辩论与最后陈述

第二百二十八条 合议庭认为案件事实已经调查清楚的，应当由审判长宣布法庭调查结束，开始就定罪、量刑的事实、证据和适用法律等问题进行法庭辩论。

第二百二十九条 法庭辩论应当在审判长的主持下，按照下列顺序进行：
（一）公诉人发言；
（二）被害人及其诉讼代理人发言；
（三）被告人自行辩护；
（四）辩护人辩护；
（五）控辩双方进行辩论。

第二百三十条 人民检察院可以提出量刑建议并说明理由，量刑建议一般应当具有一定的幅度。当事人及其辩护人、诉讼代理人可以对量刑提出意见并说明理由。

第二百三十一条 对被告人认罪的案件，法庭辩论时，可以引导控辩双方主要围绕量刑和其他有争议的问题进行。

对被告人不认罪或者辩护人作无罪辩护的案件，法庭辩论时，可以引导控辩双方先辩论定罪问题，后辩论量刑问题。

第二百三十二条 附带民事部分的辩论应当在刑事部分的辩论结束后进行，先由附带民事诉讼原告人及其诉讼代理人发言，后由附带民事诉讼被告人及其诉讼代理人答辩。

第二百三十三条 法庭辩论过程中，审判长应当充分听取控辩双方的意见，对控辩双方与案件无关、重复或者指责对方的发言应当提醒、制止。

第二百三十四条 法庭辩论过程中，合议庭发现与定罪、量刑有关的新的事实，有必要调查的，审判长可以宣布暂停辩论，恢复法庭调查，在对新的事实调查后，继续法庭辩论。

第二百三十五条 审判长宣布法庭辩论终结后，合议庭应当保证被告人充分行使最后陈述的权利。被告人在最后陈述中多次重复自己的意见的，审判长可以制止。陈述内容蔑视法庭、公诉人，损害他人及社会公共利益，或者与本案无关的，应当制止。

在公开审理的案件中，被告人最后陈述的内容涉及国家秘密、个人隐私或者商业秘密的，应当制止。

第二百三十六条 被告人在最后陈述中提出新的事实、证据，合议庭认为可能影响正确裁判的，应当恢复法庭调查；被告人提出新的辩解理由，合议庭认为可能影响正确裁判的，应当恢复法庭辩论。

第四节 评议案件与宣告判决

第二百三十七条 被告人最后陈述后，审判长应当宣布休庭，由合议庭进行评议。

第二百三十八条 开庭审理的全部活动，应当由书记员制作笔录；笔录经审判长审阅后，分别由审判长和书记员签名。

第二百三十九条 法庭笔录应当在庭审后交由当事人、法定代理人、辩护人、诉讼代理人阅读或者向其宣读。

法庭笔录中的出庭证人、鉴定人、有专门知识的人的证言、意见部分，应当在庭审后分别交由有关人员阅读或者向其宣读。

前两款所列人员认为记录有遗漏或者差错的，可以请求补充或者改正；确认无误后，应当签名；拒绝签名的，应当记录在案；要求改变庭审中陈述的，不予准许。

第二百四十条 合议庭评议案件，应当根据已经查明的事实、证据和有关法律规定，在充分考虑控辩双方意见的基础上，确定被告人是否有罪、构成何罪，有无从重、从轻、减轻或者免除处罚情节，应否处以刑罚、判处何种刑罚，附带民事诉讼如何解决，查封、扣押、冻结的财物及其孳息如何处理等，并依法作出判决、裁定。

第二百四十一条 对第一审公诉案件，人民法院审理后，应当按照下列情形分别作出判决、裁定：

（一）起诉指控的事实清楚，证据确实、充分，依据法律认定指控被告人的罪名成立的，应当作出有罪判决；

（二）起诉指控的事实清楚，证据确实、充分，指控的罪名与审理认定的罪名不一致的，应当按照审理认定的罪名作出有罪判决；

（三）案件事实清楚，证据确实、充分，依据法律认定被告人无罪的，应当判决宣告被告人无罪；

（四）证据不足，不能认定被告人有罪的，应当以证据不足、指控的犯罪不能成立，判决宣告被告人无罪；

（五）案件部分事实清楚，证据确实、充分的，应当作出有罪或者无罪的判决；对事实不清、证据不足部分，不予认定；

（六）被告人因不满十六周岁，不予刑事处罚的，应当判决宣告被告人不负刑事责任；

（七）被告人是精神病人，在不能辨认或者不能控制自己行为时造成危害结果，不予刑事处罚的，应当判决宣告被告人不负刑事责任；

（八）犯罪已过追诉时效期限且不是必须追诉，或者经特赦令免除刑罚的，应当裁定终止审理；

（九）被告人死亡的，应当裁定终止审理；根据已查明的案件事实和认定的证据，能够确认无罪的，应当判决宣告被告人无罪。

具有前款第二项规定情形的，人民法院应当在判决前听取控辩双方的意见，保障被告人、辩护人充分行使辩护权。必要时，可以重新开庭，组织控辩双方围绕被告人的行为构成何罪进行辩论。

第二百四十二条 宣告判决前，人民检察院要求撤回起诉的，人民法院应当审查撤回起诉的理由，作出是否准许的裁定。

第二百四十三条 审判期间，人民法院发现新的事实，可能影响定罪的，可以建议人民检察院补充或者变更起诉；人民检察院不同意或者在七日内未回复意见的，人民法院应当就起诉指控的犯罪事实，依照本解释第二百四十一条的规定作出判决、裁定。

第二百四十四条 对依照本解释第一百八十一条第一款第四项规定受理的案件，人民法院应当在判决中写明被告人曾被人民检察院提起公诉，因证据不足，指控的犯罪不能成立，被人民法院依法判决宣告无罪的情况；前案依照刑事诉讼法第一百九十五条第三项规定作出的判决不予撤销。

第二百四十五条 合议庭成员应当在评议笔录上签名，在判决书、裁定书等法律文书上署名。

第二百四十六条 裁判文书应当写明裁判依据，阐释裁判理由，反映控辩双方的意见并说明采纳或者不予采纳的理由。

第二百四十七条 当庭宣告判决的，应当在五日内送达判决书。定期宣告判决的，应当在宣判前，先期公告宣判的时间和地点，传唤当事人并通知公诉人、法定代理人、辩护人和诉讼代理人；判决宣告后，应当立即送达判决书。

判决书应当送达人民检察院、当事人、法定代理人、辩护人、诉讼代理人，并可以送达被告人的近亲属。判决生效后，还应当送达被告人的所在单位或者原户籍地的公安派出所，或者被告单位的注册登记机关。

第二百四十八条 宣告判决，一律公开进行。公诉人、辩护人、诉讼代理人、被害人、自诉人或者附民事诉讼原告人未到庭的，不影响宣判的进行。

宣告判决结果时，法庭内全体人员应当起立。

第五节 法庭纪律与其他规定

第二百四十九条 法庭审理过程中，诉讼参与人、旁听人员应当遵守以下纪律：
（一）服从法庭指挥，遵守法庭礼仪；
（二）不得鼓掌、喧哗、哄闹、随意走动；
（三）不得对庭审活动进行录音、录像、摄影，或者通过发送邮件、博客、微博客等方式传播庭审情况，但经人民法院许可的新闻记者除外；
（四）旁听人员不得发言、提问；
（五）不得实施其他扰乱法庭秩序的行为。

第二百五十条 法庭审理过程中，诉讼参与人或者旁听人员扰乱法庭秩序的，审判长应当按照下列情形分别处理：

（一）情节较轻的，应当警告制止并进行训诫；

（二）不听制止的，可以指令法警强行带出法庭；

（三）情节严重的，报经院长批准后，可以对行为人处一千元以下的罚款或者十五日以下的拘留；

（四）未经许可录音、录像、摄影或者通过邮件、博客、微博客等方式传播庭审情况的，可以暂扣存储介质或者相关设备。

诉讼参与人、旁听人员对罚款、拘留的决定不服的，可以直接向上一级人民法院申请复议，也可以通过决定罚款、拘留的人民法院向上一级人民法院申请复议。通过决定罚款、拘留的人民法院申请复议的，该人民法院应当自收到复议申请之日起三日内，将复议申请、罚款或者拘留决定书和有关事实、证据材料一并报上一级人民法院复议。复议期间，不停止决定的执行。

第二百五十一条 担任辩护人、诉讼代理人的律师严重扰乱法庭秩序，被强行带出法庭或者被处以罚款、拘留的，人民法院应当通报司法行政机关，并可以建议依法给予相应处罚。

第二百五十二条 聚众哄闹、冲击法庭或者侮辱、诽谤、威胁、殴打司法工作人员或者诉讼参与人，严重扰乱法庭秩序，构成犯罪的，应当依法追究刑事责任。

第二百五十三条 辩护人严重扰乱法庭秩序，被强行带出法庭或者被处以罚款、拘留，被告人自行辩护的，庭审继续进行；被告人要求另行委托辩护人，或者被告人属于应当提供法律援助情形的，应当宣布休庭。

第二百五十四条 被告人当庭拒绝辩护人辩护，要求另行委托辩护人或者指派律师的，合议庭应当准许。被告人拒绝辩护人辩护后，没有辩护人的，应当宣布休庭；仍有辩护人的，庭审可以继续进行。

有多名被告人的案件，部分被告人拒绝辩护人辩护后，没有辩护人的，根据案件情况，可以对该被告人另案处理，对其他被告人的庭审继续进行。

重新开庭后，被告人再次当庭拒绝辩护人辩护的，可以准许，但被告人不得再次另行委托辩护人或者要求另行指派律师，由其自行辩护。

被告人属于应当提供法律援助的情形，重新开庭后再次当庭拒绝辩护人辩护的，不予准许。

第二百五十五条 法庭审理过程中，辩护人拒绝为被告人辩护的，应当准许；是否继续庭审，参照适用前条的规定。

第二百五十六条 依照前两条规定另行委托辩护人或者指派律师的，自案件宣布休庭之日起至第十五日止，由辩护人准备辩护，但被告人及其辩护人自愿缩短时间的除外。

第二百五十七条 有多名被告人的案件，部分被告人具有刑事诉讼法第二百条第一款规定情形的，人民法院可以对全案中止审理；根据案件情况，也可以对该部分被告人中止审理，对其他被告人继续审理。

对中止审理的部分被告人，可以根据案件情况另案处理。

第二百五十八条 人民检察院认为人民法院审理案件违反法定程序，在庭审后提出书面纠正意见，人民法院认为正确的，应当采纳。

第十章　自诉案件第一审程序

第二百五十九条　人民法院受理自诉案件必须符合下列条件：
（一）符合刑事诉讼法第二百零四条、本解释第一条的规定；
（二）属于本院管辖；
（三）被害人告诉；
（四）有明确的被告人、具体的诉讼请求和证明被告人犯罪事实的证据。

第二百六十条　本解释第一条规定的案件，如果被害人死亡、丧失行为能力或者因受强制、威吓等无法告诉，或者是限制行为能力人以及因年老、患病、盲、聋、哑等不能亲自告诉，其法定代理人、近亲属告诉或者代为告诉的，人民法院应当依法受理。

被害人的法定代理人、近亲属告诉或者代为告诉，应当提供与被害人关系的证明和被害人不能亲自告诉的原因的证明。

第二百六十一条　提起自诉应当提交刑事自诉状；同时提起附带民事诉讼的，应当提交刑事附带民事自诉状。

第二百六十二条　自诉状应当包括以下内容：
（一）自诉人（代为告诉人）、被告人的姓名、性别、年龄、民族、出生地、文化程度、职业、工作单位、住址、联系方式；
（二）被告人实施犯罪的时间、地点、手段、情节和危害后果等；
（三）具体的诉讼请求；
（四）致送的人民法院和具状时间；
（五）证据的名称、来源等；
（六）证人的姓名、住址、联系方式等。

对两名以上被告人提出告诉的，应当按照被告人的人数提供自诉状副本。

第二百六十三条　对自诉案件，人民法院应当在十五日内审查完毕。经审查，符合受理条件的，应当决定立案，并书面通知自诉人或者代为告诉人。

具有下列情形之一的，应当说服自诉人撤回起诉；自诉人不撤回起诉的，裁定不予受理：
（一）不属于本解释第一条规定的案件的；
（二）缺乏罪证的；
（三）犯罪已过追诉时效期限的；
（四）被告人死亡的；
（五）被告人下落不明的；
（六）除因证据不足而撤诉的以外，自诉人撤诉后，就同一事实又告诉的；
（七）经人民法院调解结案后，自诉人反悔，就同一事实再行告诉的。

第二百六十四条　对已经立案，经审查缺乏罪证的自诉案件，自诉人提不出补充证据的，人民法院应当说服其撤回起诉或者裁定驳回起诉；自诉人撤回起诉或者被驳回起诉后，又提出了新的足以证明被告人有罪的证据，再次提起自诉的，人民法院应当受理。

第二百六十五条 自诉人对不予受理或者驳回起诉的裁定不服的，可以提起上诉。

第二审人民法院查明第一审人民法院作出的不予受理裁定有错误的，应当在撤销原裁定的同时，指令第一审人民法院立案受理；查明第一审人民法院驳回起诉裁定有错误的，应当在撤销原裁定的同时，指令第一审人民法院进行审理。

第二百六十六条 自诉人明知有其他共同侵害人，但只对部分侵害人提起自诉的，人民法院应当受理，并告知其放弃告诉的法律后果；自诉人放弃告诉，判决宣告后又对其他共同侵害人就同一事实提起自诉的，人民法院不予受理。

共同被害人中只有部分人告诉的，人民法院应当通知其他被害人参加诉讼，并告知其不参加诉讼的法律后果。被通知人接到通知后表示不参加诉讼或者不出庭的，视为放弃告诉。第一审宣判后，被通知人就同一事实又提起自诉的，人民法院不予受理。但是，当事人另行提起民事诉讼的，不受本解释限制。

第二百六十七条 被告人实施两个以上犯罪行为，分别属于公诉案件和自诉案件，人民法院可以一并审理。对自诉部分的审理，适用本章的规定。

第二百六十八条 自诉案件当事人因客观原因不能取得的证据，申请人民法院调取的，应当说明理由，并提供相关线索或者材料。人民法院认为有必要的，应当及时调取。

第二百六十九条 对犯罪事实清楚，有足够证据的自诉案件，应当开庭审理。

第二百七十条 自诉案件，符合简易程序适用条件的，可以适用简易程序审理。

不适用简易程序审理的自诉案件，参照适用公诉案件第一审普通程序的有关规定。

第二百七十一条 人民法院审理自诉案件，可以在查明事实、分清是非的基础上，根据自愿、合法的原则进行调解。调解达成协议的，应当制作刑事调解书，由审判人员和书记员署名，并加盖人民法院印章。调解书经双方当事人签收后，即具有法律效力。调解没有达成协议，或者调解书签收前当事人反悔的，应当及时作出判决。

刑事诉讼法第二百零四条第三项规定的案件不适用调解。

第二百七十二条 判决宣告前，自诉案件的当事人可以自行和解，自诉人可以撤回自诉。

人民法院经审查，认为和解、撤回自诉确属自愿的，应当裁定准许；认为系被强迫、威吓等，并非出于自愿的，不予准许。

第二百七十三条 裁定准许撤诉或者当事人自行和解的自诉案件，被告人被采取强制措施的，人民法院应当立即解除。

第二百七十四条 自诉人经两次传唤，无正当理由拒不到庭，或者未经法庭准许中途退庭的，人民法院应当裁定按撤诉处理。

部分自诉人撤诉或者被裁定按撤诉处理的，不影响案件的继续审理。

第二百七十五条 被告人在自诉案件审判期间下落不明的，人民法院应当裁定中止审理。被告人到案后，应当恢复审理，必要时应当对被告人依法采取强制措施。

第二百七十六条 对自诉案件，应当参照刑事诉讼法第一百九十五条和本解释第二百四十一条的有关规定作出判决；对依法宣告无罪的案件，其附带民事部分应当依法进行调解或者一并作出判决。

第二百七十七条 告诉才处理和被害人有证据证明的轻微刑事案件的被告人或者其法定代理人在诉讼过程中，可以对自诉人提起反诉。反诉必须符合下列条件：

（一）反诉的对象必须是本案自诉人；

（二）反诉的内容必须是与本案有关的行为；

（三）反诉的案件必须符合本解释第一条第一项、第二项的规定。

反诉案件适用自诉案件的规定，应当与自诉案件一并审理。自诉人撤诉的，不影响反诉案件的继续审理。

第十一章　单位犯罪案件的审理

第二百七十八条 人民法院受理单位犯罪案件，除依照本解释第一百八十条的有关规定进行审查外，还应当审查起诉书是否列明被告单位的名称、住所地、联系方式，法定代表人、主要负责人以及代表被告单位出庭的诉讼代表人的姓名、职务、联系方式。需要人民检察院补充材料的，应当通知人民检察院在三日内补送。

第二百七十九条 被告单位的诉讼代表人，应当是法定代表人或者主要负责人；法定代表人或者主要负责人被指控为单位犯罪直接负责的主管人员或者因客观原因无法出庭的，应当由被告单位委托其他负责人或者职工作为诉讼代表人。但是，有关人员被指控为单位犯罪的其他直接责任人员或者知道案件情况、负有作证义务的除外。

第二百八十条 开庭审理单位犯罪案件，应当通知被告单位的诉讼代表人出庭；没有诉讼代表人参与诉讼的，应当要求人民检察院确定。

被告单位的诉讼代表人不出庭的，应当按照下列情形分别处理：

（一）诉讼代表人系被告单位的法定代表人或者主要负责人，无正当理由拒不出庭的，可以拘传其到庭；因客观原因无法出庭，或者下落不明的，应当要求人民检察院另行确定诉讼代表人；

（二）诉讼代表人系被告单位的其他人员的，应当要求人民检察院另行确定诉讼代表人出庭。

第二百八十一条 被告单位的诉讼代表人享有刑事诉讼法规定的有关被告人的诉讼权利。开庭时，诉讼代表人席位置于审判台前左侧，与辩护人席并列。

第二百八十二条 被告单位委托辩护人，参照适用本解释的有关规定。

第二百八十三条 对应当认定为单位犯罪的案件，人民检察院只作为自然人犯罪起诉的，人民法院应当建议人民检察院对犯罪单位补充起诉。人民检察院仍以自然人犯罪起诉的，人民法院应当依法审理，按照单位犯罪中的直接负责的主管人员或者其他直接责任人员追究刑事责任，并援引刑法分则关于追究单位犯罪中直接负责的主管人员和其他直接责任人员刑事责任的条款。

第二百八十四条 被告单位的违法所得及其孳息，尚未被依法追缴或者查封、扣押、冻结的，人民法院应当决定追缴或者查封、扣押、冻结。

第二百八十五条　为保证判决的执行，人民法院可以先行查封、扣押、冻结被告单位的财产，或者由被告单位提出担保。

第二百八十六条　审判期间，被告单位被撤销、注销、吊销营业执照或者宣告破产的，对单位犯罪直接负责的主管人员和其他直接责任人员应当继续审理。

第二百八十七条　审判期间，被告单位合并、分立的，应当将原单位列为被告单位，并注明合并、分立情况。对被告单位所判处的罚金以其在新单位的财产及收益为限。

第二百八十八条　审理单位犯罪案件，本章没有规定的，参照适用本解释的有关规定。

第十二章　简易程序

第二百八十九条　基层人民法院受理公诉案件后，经审查认为案件事实清楚、证据充分的，在将起诉书副本送达被告人时，应当询问被告人对指控的犯罪事实的意见，告知其适用简易程序的法律规定。被告人对指控的犯罪事实没有异议并同意适用简易程序的，可以决定适用简易程序，并在开庭前通知人民检察院和辩护人。

对人民检察院建议适用简易程序审理的案件，依照前款的规定处理；不符合简易程序适用条件的，应当通知人民检察院。

第二百九十条　具有下列情形之一的，不适用简易程序：

（一）被告人是盲、聋、哑人；

（二）被告人是尚未完全丧失辨认或者控制自己行为能力的精神病人；

（三）有重大社会影响的；

（四）共同犯罪案件中部分被告人不认罪或者对适用简易程序有异议的；

（五）辩护人作无罪辩护的；

（六）被告人认罪但经审查认为可能不构成犯罪的；

（七）不宜适用简易程序审理的其他情形。

第二百九十一条　适用简易程序审理的案件，符合刑事诉讼法第三十四条第一款规定的，人民法院应当告知被告人及其近亲属可以申请法律援助。

第二百九十二条　适用简易程序审理案件，人民法院应当在开庭三日前，将开庭的时间、地点通知人民检察院、自诉人、被告人、辩护人，也可以通知其他诉讼参与人。

通知可以采用简便方式，但应当记录在案。

第二百九十三条　适用简易程序审理案件，被告人有辩护人的，应当通知其出庭。

第二百九十四条　适用简易程序审理案件，审判长或者独任审判员应当当庭询问被告人对指控的犯罪事实的意见，告知被告人适用简易程序审理的法律规定，确认被告人是否同意适用简易程序。

第二百九十五条　适用简易程序审理案件，可以对庭审作如下简化：

（一）公诉人可以摘要宣读起诉书；

（二）公诉人、辩护人、审判人员对被告人的讯问、发问可以简化或者省略；

（三）对控辩双方无异议的证据，可以仅就证据的名称及所证明的事项作出说明；对控辩双方有异议，或者法庭认为有必要调查核实的证据，应当出示，并进行质证；

（四）控辩双方对与定罪量刑有关的事实、证据没有异议的，法庭审理可以直接围绕罪名确定和量刑问题进行。

适用简易程序审理案件，判决宣告前应当听取被告人的最后陈述。

第二百九十六条 适用简易程序独任审判过程中，发现对被告人可能判处的有期徒刑超过三年的，应当转由合议庭审理。

第二百九十七条 适用简易程序审理案件，一般应当当庭宣判。

第二百九十八条 适用简易程序审理案件，在法庭审理过程中，有下列情形之一的，应当转为普通程序审理：

（一）被告人的行为可能不构成犯罪的；

（二）被告人可能不负刑事责任的；

（三）被告人当庭对起诉指控的犯罪事实予以否认的；

（四）案件事实不清、证据不足的；

（五）不应当或者不宜适用简易程序的其他情形。

转为普通程序审理的案件，审理期限应当从决定转为普通程序之日起计算。

第十三章　第二审程序

第二百九十九条 地方各级人民法院在宣告第一审判决、裁定时，应当告知被告人、自诉人及其法定代理人不服判决、裁定的，有权在法定期限内以书面或者口头形式，通过本院或者直接向上一级人民法院提出上诉；被告人的辩护人、近亲属经被告人同意，也可以提出上诉；附带民事诉讼当事人及其法定代理人，可以对判决、裁定中的附带民事部分提出上诉。

被告人、自诉人、附带民事诉讼当事人及其法定代理人是否提出上诉，以其在上诉期满前最后一次的意思表示为准。

第三百条 人民法院受理的上诉案件，一般应当有上诉状正本及副本。

上诉状内容应当包括：第一审判决书、裁定书的文号和上诉人收到的时间，第一审人民法院的名称，上诉的请求和理由，提出上诉的时间。被告人的辩护人、近亲属经被告人同意提出上诉的，还应当写明其与被告人的关系，并应当以被告人作为上诉人。

第三百零一条 上诉、抗诉必须在法定期限内提出。不服判决的上诉、抗诉的期限为十日；不服裁定的上诉、抗诉的期限为五日。上诉、抗诉的期限，从接到判决书、裁定书的第二日起计算。

对附带民事判决、裁定的上诉、抗诉期限，应当按照刑事部分的上诉、抗诉期限确定。附带民事部分另行审判的，上诉期限也应当按照刑事诉讼法规定的期限确定。

第三百零二条 上诉人通过第一审人民法院提出上诉的，第一审人民法院应当审查。上诉符合法律规定的，应当在上诉期满后三日内将上诉状连同案卷、证据移送上一级人民法院，并将上诉状副本送交同级人民检察院和对方当事人。

第三百零三条 上诉人直接向第二审人民法院提出上诉的,第二审人民法院应当在收到上诉状后三日内将上诉状交第一审人民法院。第一审人民法院应当审查上诉是否符合法律规定。符合法律规定的,应当在接到上诉状后三日内将上诉状连同案卷、证据移送上一级人民法院,并将上诉状副本送交同级人民检察院和对方当事人。

第三百零四条 上诉人在上诉期限内要求撤回上诉的,人民法院应当准许。

第三百零五条 上诉人在上诉期满后要求撤回上诉的,第二审人民法院应当审查。经审查,认为原判认定事实和适用法律正确,量刑适当的,应当裁定准许撤回上诉;认为原判事实不清、证据不足或者将无罪判为有罪、轻罪重判等的,应当不予准许,继续按照上诉案件审理。

被判处死刑立即执行的被告人提出上诉,在第二审开庭后宣告裁判前申请撤回上诉的,应当不予准许,继续按照上诉案件审理。

第三百零六条 地方各级人民检察院对同级人民法院第一审判决、裁定的抗诉,应当通过第一审人民法院提交抗诉书。第一审人民法院应当在抗诉期满后三日内将抗诉书连同案卷、证据移送上一级人民法院,并将抗诉书副本送交当事人。

第三百零七条 人民检察院在抗诉期限内撤回抗诉的,第一审人民法院不再向上一级人民法院移送案件;在抗诉期满后第二审人民法院宣告裁判前撤回抗诉的,第二审人民法院可以裁定准许,并通知第一审人民法院和当事人。

第三百零八条 在上诉、抗诉期满前撤回上诉、抗诉的,第一审判决、裁定在上诉、抗诉期满之日起生效。在上诉、抗诉期满后要求撤回上诉、抗诉,第二审人民法院裁定准许的,第一审判决、裁定应当自第二审裁定书送达上诉人或者抗诉机关之日起生效。

第三百零九条 第二审人民法院对第一审人民法院移送的上诉、抗诉案卷、证据,应当审查是否包括下列内容:

(一)移送上诉、抗诉案件函;

(二)上诉状或者抗诉书;

(三)第一审判决书、裁定书八份(每增加一名被告人增加一份)及其电子文本;

(四)全部案卷、证据,包括案件审理报告和其他应当移送的材料。

前款所列材料齐全的,第二审人民法院应当收案;材料不全的,应当通知第一审人民法院及时补送。

第三百一十条 第二审人民法院审理上诉、抗诉案件,应当就第一审判决、裁定认定的事实和适用法律进行全面审查,不受上诉、抗诉范围的限制。

第三百一十一条 共同犯罪案件,只有部分被告人提出上诉,或者自诉人只对部分被告人的判决提出上诉,或者人民检察院只对部分被告人的判决提出抗诉的,第二审人民法院应当对全案进行审查,一并处理。

第三百一十二条 共同犯罪案件,上诉的被告人死亡,其他被告人未上诉的,第二审人民法院仍应对全案进行审查。经审查,死亡的被告人不构成犯罪的,应当宣告无罪;构成犯罪的,应当终止审理。对其他同案被告人仍应作出判决、裁定。

第三百一十三条 刑事附带民事诉讼案件,只有附带民事诉讼当事人及其法定代理人上诉的,第二审人民法院应当对全案进行审查。经审查,第一审判决的刑事部分并无不当的,第二审人民法院只需就附带民事部分作出处理;第一审判决的附带民事部分事实清楚,适用法律正确的,应当以刑事附带民事裁定维持原判,驳回上诉。

第三百一十四条　刑事附带民事诉讼案件,只有附带民事诉讼当事人及其法定代理人上诉的,第一审刑事部分的判决在上诉期满后即发生法律效力。

应当送监执行的第一审刑事被告人是第二审附带民事诉讼被告人的,在第二审附带民事诉讼案件审结前,可以暂缓送监执行。

第三百一十五条　对上诉、抗诉案件,应当着重审查下列内容:
（一）第一审判决认定的事实是否清楚,证据是否确实、充分;
（二）第一审判决适用法律是否正确,量刑是否适当;
（三）在侦查、审查起诉、第一审程序中,有无违反法定诉讼程序的情形;
（四）上诉、抗诉是否提出新的事实、证据;
（五）被告人的供述和辩解情况;
（六）辩护人的辩护意见及采纳情况;
（七）附带民事部分的判决、裁定是否合法、适当;
（八）第一审人民法院合议庭、审判委员会讨论的意见。

第三百一十六条　第二审期间,被告人除自行辩护外,还可以继续委托第一审辩护人或者另行委托辩护人辩护。

共同犯罪案件,只有部分被告人提出上诉,或者自诉人只对部分被告人的判决提出上诉,或者人民检察院只对部分被告人的判决提出抗诉的,其他同案被告人也可以委托辩护人辩护。

第三百一十七条　下列案件,根据刑事诉讼法第二百二十三条第一款的规定,应当开庭审理:
（一）被告人、自诉人及其法定代理人对第一审认定的事实、证据提出异议,可能影响定罪量刑的上诉案件;
（二）被告人被判处死刑立即执行的上诉案件;
（三）人民检察院抗诉的案件;
（四）应当开庭审理的其他案件。

被判处死刑立即执行的被告人没有上诉,同案的其他被告人上诉的案件,第二审人民法院应当开庭审理。

被告人被判处死刑缓期执行的上诉案件,虽不属于第一款第一项规定的情形,有条件的,也应当开庭审理。

第三百一十八条　对上诉、抗诉案件,第二审人民法院经审查,认为原判事实不清、证据不足,或者具有刑事诉讼法第二百二十七条规定的违反法定诉讼程序情形,需要发回重新审判的,可以不开庭审理。

第三百一十九条　第二审期间,人民检察院或者被告人及其辩护人提交新证据的,人民法院应当及时通知对方查阅、摘抄或者复制。

第三百二十条　开庭审理第二审公诉案件,应当在决定开庭审理后及时通知人民检察院查阅案卷。自通知后的第二日起，人民检察院查阅案卷的时间不计入审理期限。

第三百二十一条 开庭审理上诉、抗诉的公诉案件，应当通知同级人民检察院派员出庭。

抗诉案件，人民检察院接到开庭通知后不派员出庭，且未说明原因的，人民法院可以裁定按人民检察院撤回抗诉处理，并通知第一审人民法院和当事人。

第三百二十二条 开庭审理上诉、抗诉案件，除参照适用第一审程序的有关规定外，应当按照下列规定进行：

（一）法庭调查阶段，审判人员宣读第一审判决书、裁定书后，上诉案件由上诉人或者辩护人先宣读上诉状或者陈述上诉理由，抗诉案件由检察员先宣读抗诉书；既有上诉又有抗诉的案件，先由检察员宣读抗诉书，再由上诉人或者辩护人宣读上诉状或者陈述上诉理由；

（二）法庭辩论阶段，上诉案件，先由上诉人、辩护人发言，后由检察员、诉讼代理人发言；抗诉案件，先由检察员、诉讼代理人发言，后由被告人、辩护人发言；既有上诉又有抗诉的案件，先由检察员、诉讼代理人发言，后由上诉人、辩护人发言。

第三百二十三条 开庭审理上诉、抗诉案件，可以重点围绕对第一审判决、裁定有争议的问题或者有疑问的部分进行。根据案件情况，可以按照下列方式审理：

（一）宣读第一审判决书，可以只宣读案由、主要事实、证据名称和判决主文等；

（二）法庭调查应当重点围绕对第一审判决提出异议的事实、证据以及提交的新的证据等进行；对没有异议的事实、证据和情节，可以直接确认；

（三）对同案审理案件中未上诉的被告人，未被申请出庭或者人民法院认为没有必要到庭的，可以不再传唤到庭；

（四）被告人犯有数罪的案件，对其中事实清楚且无异议的犯罪，可以不在庭审时审理。

同案审理的案件，未提出上诉、人民检察院也未对其判决提出抗诉的被告人要求出庭的，应当准许。出庭的被告人可以参加法庭调查和辩论。

第三百二十四条 第二审案件依法不开庭审理的，应当讯问被告人，听取其他当事人、辩护人、诉讼代理人的意见。合议庭全体成员应当阅卷，必要时应当提交书面阅卷意见。

第三百二十五条 审理被告人或者其法定代理人、辩护人、近亲属提出上诉的案件，不得加重被告人的刑罚，并应当执行下列规定：

（一）同案审理的案件，只有部分被告人上诉的，既不得加重上诉人的刑罚，也不得加重其他同案被告人的刑罚；

（二）原判事实清楚，证据确实、充分，只是认定的罪名不当的，可以改变罪名，但不得加重刑罚；

（三）原判对被告人实行数罪并罚的，不得加重决定执行的刑罚，也不得加重数罪中某罪的刑罚；

（四）原判对被告人宣告缓刑的，不得撤销缓刑或者延长缓刑考验期；

（五）原判没有宣告禁止令的，不得增加宣告；原判宣告禁止令的，不得增加内容、延长期限；

（六）原判对被告人判处死刑缓期执行没有限制减刑的，不得限制减刑；

（七）原判事实清楚，证据确实、充分，但判处的刑罚畸轻、应当适用附加刑而没有适用的，不得直接加重刑罚、适用附加刑，也不得以事实不清、证据不足为由发回第一审人民法院重新审判。必须依法改判的，应当在第二审判决、裁定生效后，依照审判监督程序重新审判。

人民检察院抗诉或者自诉人上诉的案件，不受前款规定的限制。

第三百二十六条　人民检察院只对部分被告人的判决提出抗诉，或者自诉人只对部分被告人的判决提出上诉的，第二审人民法院不得对其他同案被告人加重刑罚。

第三百二十七条　被告人或者其法定代理人、辩护人、近亲属提出上诉的案件，第二审人民法院发回重新审判后，除有新的犯罪事实，人民检察院补充起诉的以外，原审人民法院不得加重被告人的刑罚。

第三百二十八条　原判事实不清、证据不足，第二审人民法院发回重新审判的案件，原审人民法院重新作出判决后，被告人上诉或者人民检察院抗诉的，第二审人民法院应当依法作出判决、裁定，不得再发回重新审判。

第三百二十九条　第二审人民法院发现原审人民法院在重新审判过程中，有刑事诉讼法第二百二十七条规定的情形之一，或者违反第二百二十八条规定的，应当裁定撤销原判，发回重新审判。

第三百三十条　第二审人民法院审理对刑事部分提出上诉、抗诉，附带民事部分已经发生法律效力的案件，发现第一审判决、裁定中的附带民事部分确有错误的，应当依照审判监督程序对附带民事部分予以纠正。

第三百三十一条　第二审人民法院审理对附带民事部分提出上诉，刑事部分已经发生法律效力的案件，发现第一审判决、裁定中的刑事部分确有错误的，应当依照审判监督程序对刑事部分进行再审，并将附带民事部分与刑事部分一并审理。

第三百三十二条　第二审期间，第一审附带民事诉讼原告人增加独立的诉讼请求或者第一审附带民事诉讼被告人提出反诉的，第二审人民法院可以根据自愿、合法的原则进行调解；调解不成的，告知当事人另行起诉。

第三百三十三条　对第二审自诉案件，必要时可以调解，当事人也可以自行和解。调解结案的，应当制作调解书，第一审判决、裁定视为自动撤销；当事人自行和解的，应当裁定准许撤回自诉，并撤销第一审判决、裁定。

第三百三十四条　第二审期间，自诉案件的当事人提出反诉的，应当告知其另行起诉。

第三百三十五条　第二审人民法院可以委托第一审人民法院代为宣判，并向当事人送达第二审判决书、裁定书。第一审人民法院应当在代为宣判后五日内将宣判笔录送交第二审人民法院，并在送达完毕后及时将送达回证送交第二审人民法院。

委托宣判的，第二审人民法院应当直接向同级人民检察院送达第二审判决书、裁定书。

第十四章　在法定刑以下判处刑罚和特殊假释的核准

第三百三十六条　报请最高人民法院核准在法定刑以下判处刑罚的案件，应当按照下列情形分别处理：

（一）被告人未上诉、人民检察院未抗诉的，在上诉、抗诉期满后三日内报请上一级人民法院复核。上一级人民法院同意原判的，应当书面层报最高人民法院核准；不同意的，应当裁定发回重新审判，或者改变管辖按照第一审程序重新审理。原判是基层人民法院作出的，高级人民法院可以指定中级人民法院按照第一审程序重新审理；

（二）被告人上诉或者人民检察院抗诉的，应当依照第二审程序审理。第二审维持原判，或者改判后仍在法定刑以下判处刑罚的，应当依照前项规定层报最高人民法院核准。

第三百三十七条　报请最高人民法院核准在法定刑以下判处刑罚的案件，应当报送判决书、报请核准的报告各五份，以及全部案卷、证据。

第三百三十八条　对在法定刑以下判处刑罚的案件，最高人民法院予以核准的，应当作出核准裁定书；不予核准的，应当作出不核准裁定书，并撤销原判决、裁定，发回原审人民法院重新审判或者指定其他下级人民法院重新审判。

第三百三十九条　依照本解释第三百三十六条、第三百三十八条规定发回第二审人民法院重新审判的案件，第二审人民法院可以直接改判；必须通过开庭查清事实、核实证据或者纠正原审程序违法的，应当开庭审理。

第三百四十条　最高人民法院和上级人民法院复核在法定刑以下判处刑罚案件的审理期限，参照适用刑事诉讼法第二百三十二条的规定。

第三百四十一条　报请最高人民法院核准因罪犯具有特殊情况，不受执行刑期限制的假释案件，应当按照下列情形分别处理：

（一）中级人民法院依法作出假释裁定后，应当报请高级人民法院复核。高级人民法院同意的，应当书面报请最高人民法院核准；不同意的，应当裁定撤销中级人民法院的假释裁定；

（二）高级人民法院依法作出假释裁定的，应当报请最高人民法院核准。

第三百四十二条　报请最高人民法院核准因罪犯具有特殊情况，不受执行刑期限制的假释案件，应当报送报请核准的报告、罪犯具有特殊情况的报告、假释裁定书各五份，以及全部案卷。

第三百四十三条　对因罪犯具有特殊情况，不受执行刑期限制的假释案件，最高人民法院予以核准的，应当作出核准裁定书；不予核准的，应当作出不核准裁定书，并撤销原裁定。

第十五章　死刑复核程序

第三百四十四条　报请最高人民法院核准死刑案件，应当按照下列情形分别处理：

（一）中级人民法院判处死刑的第一审案件，被告人未上诉、人民检察院未抗诉的，在上诉、抗诉期满后十日内报请高级人民法院复核。高级人民法院同意判处死刑的，应当在作出裁定后十日内报请最高人民法院核准；不同意的，应当依照第二审程序提审或者发回重新审判；

（二）中级人民法院判处死刑的第一审案件，被告人上诉或者人民检察院抗诉，高级人民法院裁定维持的，应当在作出裁定后十日内报请最高人民法院核准；

（三）高级人民法院判处死刑的第一审案件，被告人未上诉、人民检察院未抗诉的，应当在上诉、抗诉期满后十日内报请最高人民法院核准。

高级人民法院复核死刑案件，应当讯问被告人。

第三百四十五条 中级人民法院判处死刑缓期执行的第一审案件，被告人未上诉、人民检察院未抗诉的，应当报请高级人民法院核准。

高级人民法院复核死刑缓期执行案件，应当讯问被告人。

第三百四十六条 报请复核的死刑、死刑缓期执行案件，应当一案一报。报送的材料包括报请复核的报告，第一、二审裁判文书，死刑案件综合报告各五份以及全部案卷、证据。死刑案件综合报告，第一、二审裁判文书和审理报告应当附送电子文本。

同案审理的案件应当报送全案案卷、证据。

曾经发回重新审判的案件，原第一、二审案卷应当一并报送。

第三百四十七条 报请复核的报告，应当写明案由、简要案情、审理过程和判决结果。

死刑案件综合报告应当包括以下内容：

（一）被告人、被害人的基本情况。被告人有前科或者曾受过行政处罚的，应当写明；

（二）案件的由来和审理经过。案件曾经发回重新审判的，应当写明发回重新审判的原因、时间、案号等；

（三）案件侦破情况。通过技术侦查措施抓获被告人、侦破案件，以及与自首、立功认定有关的情况，应当写明；

（四）第一审审理情况。包括控辩双方意见，第一审认定的犯罪事实，合议庭和审判委员会意见；

（五）第二审审理或者高级人民法院复核情况。包括上诉理由、检察机关意见，第二审审理或者高级人民法院复核认定的事实，证据采信情况及理由，控辩双方意见及采纳情况；

（六）需要说明的问题。包括共同犯罪案件中另案处理的同案犯的定罪量刑情况，案件有无重大社会影响，以及当事人的反应等情况；

（七）处理意见。写明合议庭和审判委员会的意见。

第三百四十八条 复核死刑、死刑缓期执行案件，应当全面审查以下内容：

（一）被告人的年龄，被告人有无刑事责任能力、是否系怀孕的妇女；

（二）原判认定的事实是否清楚，证据是否确实、充分；

（三）犯罪情节、后果及危害程度；

（四）原判适用法律是否正确，是否必须判处死刑，是否必须立即执行；

（五）有无法定、酌定从重、从轻或者减轻处罚情节；

（六）诉讼程序是否合法；

（七）应当审查的其他情况。

第三百四十九条 高级人民法院复核死刑缓期执行案件，应当按照下列情形分别处理：

（一）原判认定事实和适用法律正确、量刑适当、诉讼程序合法的，应当裁定核准；

（二）原判认定的某一具体事实或者引用的法律条款等存在瑕疵，但判处被告人死刑缓期执行并无不当的，可以在纠正后作出核准的判决、裁定；

（三）原判认定事实正确，但适用法律有错误，或者量刑过重的，应当改判；

（四）原判事实不清、证据不足的，可以裁定不予核准，并撤销原判，发回重新审判，或者依法改判；

（五）复核期间出现新的影响定罪量刑的事实、证据的，可以裁定不予核准，并撤销原判，发回重新审判，或者依照本解释第二百二十条规定审理后依法改判；

（六）原审违反法定诉讼程序，可能影响公正审判的，应当裁定不予核准，并撤销原判，发回重新审判。

高级人民法院复核死刑缓期执行案件，不得加重被告人的刑罚。

第三百五十条 最高人民法院复核死刑案件，应当按照下列情形分别处理：

（一）原判认定事实和适用法律正确、量刑适当、诉讼程序合法的，应当裁定核准；

（二）原判认定的某一具体事实或者引用的法律条款等存在瑕疵，但判处被告人死刑并无不当的，可以在纠正后作出核准的判决、裁定；

（三）原判事实不清、证据不足的，应当裁定不予核准，并撤销原判，发回重新审判；

（四）复核期间出现新的影响定罪量刑的事实、证据的，应当裁定不予核准，并撤销原判，发回重新审判；

（五）原判认定事实正确，但依法不应当判处死刑的，应当裁定不予核准，并撤销原判，发回重新审判；

（六）原审违反法定诉讼程序，可能影响公正审判的，应当裁定不予核准，并撤销原判，发回重新审判。

第三百五十一条 对一人有两罪以上被判处死刑的数罪并罚案件，最高人民法院复核后，认为其中部分犯罪的死刑判决、裁定事实不清、证据不足的，应当对全案裁定不予核准，并撤销原判，发回重新审判；认为其中部分犯罪的死刑判决、裁定认定事实正确，但依法不应当判处死刑的，可以改判，并对其他应当判处死刑的犯罪作出核准死刑的判决。

第三百五十二条 对有两名以上被告人被判处死刑的案件，最高人民法院复核后，认为其中部分被告人的死刑判决、裁定事实不清、证据不足的，应当对全案裁定不予核准，并撤销原判，发回重新审判；认为其中部分被告人的死刑判决、裁定认定事实正确，但依法不应当判处死刑的，可以改判，并对其他应当判处死刑的被告人作出核准死刑的判决。

第三百五十三条　最高人民法院裁定不予核准死刑的，根据案件情况，可以发回第二审人民法院或者第一审人民法院重新审判。

第一审人民法院重新审判的，应当开庭审理。第二审人民法院重新审判的，可以直接改判；必须通过开庭查清事实、核实证据或者纠正原审程序违法的，应当开庭审理。

第三百五十四条　高级人民法院依照复核程序审理后报请最高人民法院核准死刑，最高人民法院裁定不予核准，发回高级人民法院重新审判的，高级人民法院可以依照第二审程序提审或者发回重新审判。

第三百五十五条　最高人民法院裁定不予核准死刑，发回重新审判的案件，原审人民法院应当另行组成合议庭审理，但本解释第三百五十条第四项、第五项规定的案件除外。

第三百五十六条　死刑复核期间，辩护律师要求当面反映意见的，最高人民法院有关合议庭应当在办公场所听取其意见，并制作笔录；辩护律师提出书面意见的，应当附卷。

第三百五十七条　死刑复核期间，最高人民检察院提出意见的，最高人民法院应当审查，并将采纳情况及理由反馈最高人民检察院。

第三百五十八条　最高人民法院应当根据有关规定向最高人民检察院通报死刑案件复核结果。

第十六章　查封、扣押、冻结财物及其处理

第三百五十九条　人民法院对查封、扣押、冻结的被告人财物及其孳息，应当妥善保管，并制作清单，附卷备查；对人民检察院随案移送的被告人财物及其孳息，应当根据清单核查后妥善保管。任何单位和个人不得挪用或者自行处理。

查封不动产、车辆、船舶、航空器等财物，应当扣押其权利证书，经拍照或者录像后原地封存，或者交持有人、被告人的近亲属保管，登记并写明财物的名称、型号、权属、地址等详细情况，并通知有关财物的登记、管理部门办理查封登记手续。

扣押物品，应当登记并写明物品名称、型号、规格、数量、重量、质量、成色、纯度、颜色、新旧程度、缺损特征和来源等。扣押货币、有价证券，应当登记并写明货币、有价证券的名称、数额、面额等，货币应当存入银行专门账户，并登记银行存款凭证的名称、内容。扣押文物、金银、珠宝、名贵字画等贵重物品以及违禁品，应当拍照，需要鉴定的，应当及时鉴定。对扣押的物品应当根据有关规定及时估价。

冻结存款、汇款、债券、股票、基金份额等财产，应当登记并写明编号、种类、面值、张数、金额等。

第三百六十条　对被害人的合法财产，权属明确的，应当依法及时返还，但须经拍照、鉴定、估价，并在案卷中注明返还的理由，将原物照片、清单和被害人的领取手续附卷备查；权属不明的，应当在人民法院判决、裁定生效后，按比例返还被害人，但已获退赔的部分应予扣除。

第三百六十一条 审判期间,权利人申请出卖被扣押、冻结的债券、股票、基金份额等财产,人民法院经审查,认为不损害国家利益、被害人利益,不影响诉讼正常进行的,以及扣押、冻结的汇票、本票、支票有效期即将届满的,可以在判决、裁定生效前依法出卖,所得价款由人民法院保管,并及时告知当事人或者其近亲属。

第三百六十二条 对作为证据使用的实物,包括作为物证的货币、有价证券等,应当随案移送。第一审判决、裁定宣告后,被告人上诉或者人民检察院抗诉的,第一审人民法院应当将上述证据移送第二审人民法院。

第三百六十三条 对不宜移送的实物,应当根据情况,分别审查以下内容:

(一)大宗的、不便搬运的物品,查封、扣押机关是否随案移送查封、扣押清单,并附原物照片和封存手续,注明存放地点等;

(二)易腐烂、霉变和不易保管的物品,查封、扣押机关变卖处理后,是否随案移送原物照片、清单、变价处理的凭证(复印件)等;

(三)枪支弹药、剧毒物品、易燃易爆物品以及其他违禁品、危险物品,查封、扣押机关根据有关规定处理后,是否随案移送原物照片和清单等。

上述不宜移送的实物,应当依法鉴定、估价的,还应当审查是否附有鉴定、估价意见。

对查封、扣押的货币、有价证券等未移送的,应当审查是否附有原物照片、清单或者其他证明文件。

第三百六十四条 法庭审理过程中,对查封、扣押、冻结的财物及其孳息,应当调查其权属情况,是否属于违法所得或者依法应当追缴的其他涉案财物。

案外人对查封、扣押、冻结的财物及其孳息提出权属异议的,人民法院应当审查并依法处理。

经审查,不能确认查封、扣押、冻结的财物及其孳息属于违法所得或者依法应当追缴的其他涉案财物的,不得没收。

第三百六十五条 对查封、扣押、冻结的财物及其孳息,应当在判决书中写明名称、金额、数量、存放地点及其处理方式等。涉案财物较多,不宜在判决主文中详细列明的,可以附清单。

涉案财物未随案移送的,应当在判决书中写明,并写明由查封、扣押、冻结机关负责处理。

第三百六十六条 查封、扣押、冻结的财物及其孳息,经审查,确属违法所得或者依法应当追缴的其他涉案财物的,应当判决返还被害人,或者没收上缴国库,但法律另有规定的除外。

判决返还被害人的涉案财物,应当通知被害人认领;无人认领的,应当公告通知;公告满三个月无人认领的,应当上缴国库;上缴国库后有人认领,经查证属实的,应当申请退库予以返还;原物已经拍卖、变卖的,应当返还价款。

对侵犯国有财产的案件,被害单位已经终止且没有权利义务继受人,或者损失已经被核销的,查封、扣押、冻结的财物及其孳息应当上缴国库。

第三百六十七条 随案移送的或者人民法院查封、扣押的财物及其孳息,由第一审人民法院在判决生效后负责处理。

涉案财物未随案移送的,人民法院应当在判决生效后十日内,将判决书、裁定书送达查封、扣押机关,并告知其在一个月内将执行回单送回。

第三百六十八条 对冻结的存款、汇款、债券、股票、基金份额等财产判决没收的,第一审人民法院应当在判决生效后,将判决书、裁定书送达相关金融机构和财政部门,通知相关金融机构依法上缴国库并在接到执行通知书后十五日内,将上缴国库的凭证、执行回单送回。

第三百六十九条 查封、扣押、冻结的财物与本案无关但已列入清单的,应当由查封、扣押、冻结机关依法处理。

查封、扣押、冻结的财物属于被告人合法所有的,应当在赔偿被害人损失、执行财产刑后及时返还被告人;财物未随案移送的,应当通知查封、扣押、冻结机关将赔偿被害人损失、执行财产刑的部分移送人民法院。

第三百七十条 查封、扣押、冻结财物及其处理,本解释没有规定的,参照适用法律、其他司法解释的有关规定。

第十七章 审判监督程序

第三百七十一条 当事人及其法定代理人、近亲属对已经发生法律效力的判决、裁定提出申诉的,人民法院应当审查处理。

案外人认为已经发生法律效力的判决、裁定侵害其合法权益,提出申诉的,人民法院应当审查处理。

申诉可以委托律师代为进行。

第三百七十二条 向人民法院申诉,应当提交以下材料:

(一)申诉状。应当写明当事人的基本情况、联系方式以及申诉的事实与理由;

(二)原一、二审判决书、裁定书等法律文书。经过人民法院复查或者再审的,应当附有驳回通知书、再审决定书、再审判决书、裁定书;

(三)其他相关材料。以有新的证据证明原判决、裁定认定的事实确有错误为由申诉的,应当同时附有相关证据材料;申请人民法院调查取证的,应当附有相关线索或者材料。

申诉不符合前款规定的,人民法院应当告知申诉人补充材料;申诉人对必要材料拒绝补充且无正当理由的,不予审查。

第三百七十三条 申诉由终审人民法院审查处理。但是,第二审人民法院裁定准许撤回上诉的案件,申诉人对第一审判决提出申诉的,可以由第一审人民法院审查处理。

上一级人民法院对未经终审人民法院审查处理的申诉,可以告知申诉人向终审人民法院提出申诉,或者直接交终审人民法院审查处理,并告知申诉人;案件疑难、复杂、重大的,也可以直接审查处理。

对未经终审人民法院及其上一级人民法院审查处理,直接向上级人民法院申诉的,上级人民法院可以告知申诉人向下级人民法院提出。

第三百七十四条 对死刑案件的申诉，可以由原核准的人民法院直接审查处理，也可以交由原审人民法院审查。原审人民法院应当写出审查报告，提出处理意见，层报原核准的人民法院审查处理。

第三百七十五条 对立案审查的申诉案件，应当在三个月内作出决定，至迟不得超过六个月。

经审查，具有下列情形之一的，应当根据刑事诉讼法第二百四十二条的规定，决定重新审判：

（一）有新的证据证明原判决、裁定认定的事实确有错误，可能影响定罪量刑的；

（二）据以定罪量刑的证据不确实、不充分、依法应当排除的；

（三）证明案件事实的主要证据之间存在矛盾的；

（四）主要事实依据被依法变更或者撤销的；

（五）认定罪名错误的；

（六）量刑明显不当的；

（七）违反法律关于溯及力规定的；

（八）违反法律规定的诉讼程序，可能影响公正裁判的；

（九）审判人员在审理该案件时有贪污受贿、徇私舞弊、枉法裁判行为的。

申诉不具有上述情形的，应当说服申诉人撤回申诉；对仍然坚持申诉的，应当书面通知驳回。

第三百七十六条 具有下列情形之一，可能改变原判决、裁定据以定罪量刑的事实的证据，应当认定为刑事诉讼法第二百四十二条第一项规定的"新的证据"：

（一）原判决、裁定生效后新发现的证据；

（二）原判决、裁定生效前已经发现，但未予收集的证据；

（三）原判决、裁定生效前已经收集，但未经质证的证据；

（四）原判决、裁定所依据的鉴定意见，勘验、检查等笔录或者其他证据被改变或者否定的。

第三百七十七条 申诉人对驳回申诉不服的，可以向上一级人民法院申诉。上一级人民法院经审查认为申诉不符合刑事诉讼法第二百四十二条和本解释第三百七十五条第二款规定的，应当说服申诉人撤回申诉；对仍然坚持申诉的，应当驳回或者通知不予重新审判。

第三百七十八条 各级人民法院院长发现本院已经发生法律效力的判决、裁定确有错误的，应当提交审判委员会讨论决定是否再审。

第三百七十九条 上级人民法院发现下级人民法院已经发生法律效力的判决、裁定确有错误的，可以指令下级人民法院再审；原判决、裁定认定事实正确但适用法律错误，或者案件疑难、复杂、重大，或者有不宜由原审人民法院审理情形的，也可以提审。

上级人民法院指令下级人民法院再审的，一般应当指令原审人民法院以外的下级人民法院审理；由原审人民法院审理更有利于查明案件事实、纠正裁判错误的，可以指令原审人民法院审理。

第三百八十条 对人民检察院依照审判监督程序提出抗诉的案件，人民法院应当在收到抗诉书后一个月内立案。但是，有下列情形之一的，应当区别情况予以处理：

（一）对不属于本院管辖的，应当将案件退回人民检察院；

（二）按照抗诉书提供的住址无法向被抗诉的原审被告人送达抗诉书的，应当通知人民检察院在三日内重新提供原审被告人的住址；逾期未提供的，将案件退回人民检察院；

（三）以有新的证据为由提出抗诉，但未附相关证据材料或者有关证据不是指向原起诉事实的，应当通知人民检察院在三日内补送相关材料；逾期未补送的，将案件退回人民检察院。

决定退回的抗诉案件，人民检察院经补充相关材料后再次抗诉，经审查符合受理条件的，人民法院应当受理。

第三百八十一条 对人民检察院依照审判监督程序提出抗诉的案件，接受抗诉的人民法院应当组成合议庭审理。对原判事实不清、证据不足，包括有新的证据证明原判可能有错误，需要指令下级人民法院再审的，应当在立案之日起一个月内作出决定，并将指令再审决定书送达抗诉的人民检察院。

第三百八十二条 对决定依照审判监督程序重新审判的案件，除人民检察院抗诉的以外，人民法院应当制作再审决定书。再审期间不停止原判决、裁定的执行，但被告人可能经再审改判无罪，或者可能经再审减轻原判刑罚而致刑期届满的，可以决定中止原判决、裁定的执行，必要时，可以对被告人采取取保候审、监视居住措施。

第三百八十三条 依照审判监督程序重新审判的案件，人民法院应当重点针对申诉、抗诉和决定再审的理由进行审理。必要时，应当对原判决、裁定认定的事实、证据和适用法律进行全面审查。

第三百八十四条 原审人民法院审理依照审判监督程序重新审判的案件，应当另行组成合议庭。

原来是第一审案件，应当依照第一审程序进行审判，所作的判决、裁定可以上诉、抗诉；原来是第二审案件，或者是上级人民法院提审的案件，应当依照第二审程序进行审判，所作的判决、裁定是终审的判决、裁定。

对原审被告人、原审自诉人已经死亡或者丧失行为能力的再审案件，可以不开庭审理。

第三百八十五条 开庭审理的再审案件，再审决定书或者抗诉书只针对部分原审被告人，其他同案原审被告人不出庭不影响审理的，可以不出庭参加诉讼。

第三百八十六条 除人民检察院抗诉的以外，再审一般不得加重原审被告人的刑罚。再审决定书或者抗诉书只针对部分原审被告人的，不得加重其他同案原审被告人的刑罚。

第三百八十七条 人民法院审理人民检察院抗诉的再审案件，人民检察院在开庭审理前撤回抗诉的，应当裁定准许；人民检察院接到出庭通知后不派员出庭，且未说明原因的，可以裁定按撤回抗诉处理，并通知诉讼参与人。

人民法院审理申诉人申诉的再审案件，申诉人在再审期间撤回申诉的，应当裁定准许;申诉人经依法通知无正当理由拒不到庭,或者未经法庭许可中途退庭的,应当裁定按撤回申诉处理,但申诉人不是原审当事人的除外。

第三百八十八条 开庭审理的再审案件,系人民法院决定再审的,由合议庭组成人员宣读再审决定书;系人民检察院抗诉的,由检察人员宣读抗诉书;系申诉人申诉的,由申诉人或者其辩护人、诉讼代理人陈述申诉理由。

第三百八十九条 再审案件经过重新审理后,应当按照下列情形分别处理:

(一)原判决、裁定认定事实和适用法律正确、量刑适当的,应当裁定驳回申诉或者抗诉,维持原判决、裁定;

(二)原判决、裁定定罪准确、量刑适当,但在认定事实、适用法律等方面有瑕疵的,应当裁定纠正并维持原判决、裁定;

(三)原判决、裁定认定事实没有错误,但适用法律错误,或者量刑不当的,应当撤销原判决、裁定,依法改判;

(四)依照第二审程序审理的案件,原判决、裁定事实不清或者证据不足的,可以在查清事实后改判,也可以裁定撤销原判,发回原审人民法院重新审判。

原判决、裁定事实不清或者证据不足,经审理事实已经查清的,应当根据查清的事实依法裁判;事实仍无法查清,证据不足,不能认定被告人有罪的,应当撤销原判决、裁定,判决宣告被告人无罪。

第三百九十条 原判决、裁定认定被告人姓名等身份信息有误,但认定事实和适用法律正确、量刑适当的,作出生效判决、裁定的人民法院可以通过裁定对有关信息予以更正。

第三百九十一条 对再审改判宣告无罪并依法享有申请国家赔偿权利的当事人,人民法院宣判时,应当告知其在判决发生法律效力后可以依法申请国家赔偿。

第十八章 涉外刑事案件的审理和司法协助

第三百九十二条 本解释所称的涉外刑事案件是指:

(一)在中华人民共和国领域内,外国人犯罪的或者我国公民侵犯外国人合法权利的刑事案件;

(二)符合刑法第七条、第十条规定情形的我国公民在中华人民共和国领域外犯罪的案件;

(三)符合刑法第八条、第十条规定情形的外国人对中华人民共和国国家或者公民犯罪的案件;

(四)符合刑法第九条规定情形的中华人民共和国在所承担国际条约义务范围内行使管辖权的案件。

第三百九十三条 第一审涉外刑事案件,除刑事诉讼法第二十条至第二十二条规定的以外,由基层人民法院管辖。必要时,中级人民法院可以指定辖区内若干基层人民法院集中管辖第一审涉外刑事案件,也可以依照刑事诉讼法第二十三条的规定,审理基层人民法院管辖的第一审涉外刑事案件。

第三百九十四条 外国人的国籍,根据其入境时的有效证件确认;国籍不明的,根据公安机关或者有关国家驻华使、领馆出具的证明确认。

国籍无法查明的,以无国籍人对待,适用本章有关规定,在裁判文书中写明"国籍不明"。

第三百九十五条 在刑事诉讼中,外国籍当事人享有我国法律规定的诉讼权利并承担相应义务。

第三百九十六条 涉外刑事案件审判期间,人民法院应当将下列事项及时通报同级人民政府外事主管部门,并通知有关国家驻华使、领馆:

(一)人民法院决定对外国籍被告人采取强制措施的情况,包括外国籍当事人的姓名(包括译名)、性别、入境时间、护照或者证件号码、采取的强制措施及法律依据、羁押地点等;

(二)开庭的时间、地点、是否公开审理等事项;

(三)宣判的时间、地点。

涉外刑事案件宣判后,应当及时将处理结果通报同级人民政府外事主管部门。

对外国籍被告人执行死刑的,死刑裁决下达后执行前,应当通知其国籍国驻华使、领馆。

外国籍被告人在案件审理中死亡的,应当及时通报同级人民政府外事主管部门,并通知有关国家驻华使、领馆。

第三百九十七条 需要向有关国家驻华使、领馆通知有关事项的,应当层报高级人民法院,由高级人民法院按照下列规定通知:

(一)外国籍当事人国籍国与我国签订有双边领事条约的,根据条约规定办理;未与我国签订双边领事条约,但参加《维也纳领事关系公约》的,根据公约规定办理;未与我国签订领事条约,也未参加《维也纳领事关系公约》,但与我国有外交关系的,可以根据外事主管部门的意见,按照互惠原则,根据有关规定和国际惯例办理;

(二)在外国驻华领馆领区内发生的涉外刑事案件,通知有关外国驻该地区的领馆;在外国领馆领区外发生的涉外刑事案件,通知有关外国驻华使馆;与我国有外交关系,但未设使、领馆的国家,可以通知其代管国家驻华使、领馆;无代管国家或者代管国家不明的,可以不通知;

(三)双边领事条约规定通知时限的,应当在规定的期限内通知;无双边领事条约规定的,应当根据或者参照《维也纳领事关系公约》和国际惯例尽快通知,至迟不得超过七日;

(四)双边领事条约没有规定必须通知,外国籍当事人要求不通知其国籍国驻华使、领馆的,可以不通知,但应当由其本人出具书面声明。

高级人民法院向外国驻华使、领馆通知有关事项,必要时,可以请人民政府外事主管部门协助。

第三百九十八条 人民法院受理涉外刑事案件后,应当告知在押的外国籍被告人享有与其国籍国驻华使、领馆联系,与其监护人、近亲属会见、通信,以及请求人民法院提供翻译的权利。

第三百九十九条 涉外刑事案件审判期间，外国籍被告人在押，其国籍国驻华使、领馆官员要求探视的，可以向受理案件的人民法院所在地的高级人民法院提出。人民法院应当根据我国与被告人国籍国签订的双边领事条约规定的时限予以安排；没有条约规定的，应当尽快安排。必要时，可以请人民政府外事主管部门协助。

涉外刑事案件审判期间，外国籍被告人在押，其监护人、近亲属申请会见的，可以向受理案件的人民法院所在地的高级人民法院提出，并依照本解释第四百零三条的规定提供与被告人关系的证明。人民法院经审查认为不妨碍案件审判的，可以批准。

被告人拒绝接受探视、会见的，可以不予安排，但应当由其本人出具书面声明。

探视、会见被告人应当遵守我国法律规定。

第四百条 人民法院审理涉外刑事案件，应当公开进行，但依法不应公开审理的除外。

公开审理的涉外刑事案件，外国籍当事人国籍国驻华使、领馆官员要求旁听的，可以向受理案件的人民法院所在地的高级人民法院提出申请，人民法院应当安排。

第四百零一条 人民法院审判涉外刑事案件，使用中华人民共和国通用的语言、文字，应当为外国籍当事人提供翻译。

人民法院的诉讼文书为中文本。外国籍当事人不通晓中文的，应当附有外文译本，译本不加盖人民法院印章，以中文本为准。

外国籍当事人通晓中国语言、文字，拒绝他人翻译，或者不需要诉讼文书外文译本的，应当由其本人出具书面声明。

第四百零二条 外国籍被告人委托律师辩护，或者外国籍附带民事诉讼原告人、自诉人委托律师代理诉讼的，应当委托具有中华人民共和国律师资格并依法取得执业证书的律师。

外国籍被告人在押的，其监护人、近亲属或者其国籍国驻华使、领馆可以代为委托辩护人。其监护人、近亲属代为委托的，应当提供与被告人关系的有效证明。

外国籍当事人委托其监护人、近亲属担任辩护人、诉讼代理人的，被委托人应当提供与当事人关系的有效证明。经审查，符合刑事诉讼法、有关司法解释规定的，人民法院应当准许。

外国籍被告人没有委托辩护人的，人民法院可以通知法律援助机构为其指派律师提供辩护。被告人拒绝辩护人辩护的，应当由其出具书面声明，或者将其口头声明记录在案。被告人属于应当提供法律援助情形的，依照本解释第四十五条规定处理。

第四百零三条 外国籍当事人从中华人民共和国领域外寄交或者托交给中国律师或者中国公民的委托书，以及外国籍当事人的监护人、近亲属提供的与当事人关系的证明，必须经所在国公证机关证明，所在国中央外交主管机关或者其授权机关认证，并经我国驻该国使、领馆认证，但我国与该国之间有互免认证协定的除外。

第四百零四条 对涉外刑事案件的被告人，可以决定限制出境；对开庭审理案件时必须到庭的证人，可以要求暂缓出境。作出限制出境的决定，应当通报同级公安机关或者国家安全机关；限制外国人出境的，应当同时通报同级人民政府外事主管部门和当事人国籍国驻华使、领馆。

人民法院决定限制外国人和中国公民出境的，应当书面通知被限制出境的人在案件审理终结前不得离境，并可以采取扣留护照或者其他出入境证件的办法限制其出境；扣留证件的，应当履行必要手续，并发给本人扣留证件的证明。

对需要在边防检查站阻止外国人和中国公民出境的，受理案件的人民法院应当层报高级人民法院，由高级人民法院填写口岸阻止人员出境通知书，向同级公安机关办理交控手续。控制口岸不在本省、自治区、直辖市的，应当通过有关省、自治区、直辖市公安机关办理交控手续。紧急情况下，确有必要的，也可以先向边防检查站交控，再补办交控手续。

第四百零五条 对来自境外的证据材料，人民法院应当对材料来源、提供人、提供时间以及提取人、提取时间等进行审查。经审查，能够证明案件事实且符合刑事诉讼法规定的，可以作为证据使用，但提供人或者我国与有关国家签订的双边条约对材料的使用范围有明确限制的除外；材料来源不明或者其真实性无法确认的，不得作为定案的根据。

当事人及其辩护人、诉讼代理人提供来自境外的证据材料的，该证据材料应当经所在国公证机关证明，所在国中央外交主管机关或者其授权机关认证，并经我国驻该国使、领馆认证。

第四百零六条 涉外刑事案件，符合刑事诉讼法第二百零二条第一款、第二百三十二条规定的，经有关人民法院批准或者决定，可以延长审理期限。

第四百零七条 涉外刑事案件宣判后，外国籍当事人国籍国驻华使、领馆要求提供裁判文书的，可以向受理案件的人民法院所在地的高级人民法院提出，人民法院可以提供。

第四百零八条 根据中华人民共和国缔结或者参加的国际条约，或者按照互惠原则，人民法院和外国法院可以相互请求刑事司法协助。

外国法院请求的事项有损中华人民共和国的主权、安全、社会公共利益的，人民法院不予协助。

第四百零九条 请求和提供司法协助，应当依照中华人民共和国缔结或者参加的国际条约规定的途径进行；没有条约关系的，通过外交途径进行。

第四百一十条 人民法院请求外国提供司法协助的，应当经高级人民法院审查后报最高人民法院审核同意。

外国法院请求我国提供司法协助，属于人民法院职权范围的，经最高人民法院审核同意后转有关人民法院办理。

第四百一十一条 人民法院请求外国提供司法协助的请求书及其所附文件，应当附有该国文字译本或者国际条约规定的其他文字文本。

外国法院请求我国提供司法协助的请求书及其所附文件，应当附有中文译本或者国际条约规定的其他文字文本。

第四百一十二条 人民法院向在中华人民共和国领域外居住的当事人送达刑事诉讼文书，可以采用下列方式：

（一）根据受送达人所在国与中华人民共和国缔结或者共同参加的国际条约规定的

方式送达；

（二）通过外交途径送达；

（三）对中国籍当事人，可以委托我国驻受送达人所在国的使、领馆代为送达；

（四）当事人是自诉案件的自诉人或者附带民事诉讼原告人的，可以向有权代其接受送达的诉讼代理人送达；

（五）当事人是外国单位的，可以向其在中华人民共和国领域内设立的代表机构或者有权接受送达的分支机构、业务代办人送达；

（六）受送达人所在国法律允许的，可以邮寄送达；自邮寄之日起满三个月，送达回证未退回，但根据各种情况足以认定已经送达的，视为送达；

（七）受送达人所在国法律允许的，可以采用传真、电子邮件等能够确认受送达人收悉的方式送达。

第四百一十三条 人民法院通过外交途径向在中华人民共和国领域外居住的受送达人送达刑事诉讼文书的，所送达的文书应当经高级人民法院审查后报最高人民法院审核。最高人民法院认为可以发出的，由最高人民法院交外交部主管部门转递。

外国法院通过外交途径请求人民法院送达刑事诉讼文书的，由该国驻华使馆将法律文书交我国外交部主管部门转最高人民法院。最高人民法院审核后认为属于人民法院职权范围，且可以代为送达的，应当转有关人民法院办理。

第四百一十四条 涉外刑事案件审理过程中的其他事宜，依照法律、司法解释和其他有关规定办理。

第十九章 执行程序

第一节 死刑的执行

第四百一十五条 被判处死刑缓期执行的罪犯，在死刑缓期执行期间故意犯罪的，应当由罪犯服刑地的中级人民法院依法审判，所作的判决可以上诉、抗诉。

认定构成故意犯罪的判决、裁定发生法律效力后，应当层报最高人民法院核准执行死刑。

第四百一十六条 死刑缓期执行的期间，从判决或者裁定核准死刑缓期执行的法律文书宣告或者送达之日起计算。

死刑缓期执行期满，依法应当减刑的，人民法院应当及时减刑。死刑缓期执行期满减为无期徒刑、有期徒刑的，刑期自死刑缓期执行期满之日起计算。

第四百一十七条 最高人民法院的执行死刑命令，由高级人民法院交付第一审人民法院执行。第一审人民法院接到执行死刑命令后，应当在七日内执行。

在死刑缓期执行期间故意犯罪，最高人民法院核准执行死刑的，由罪犯服刑地的中级人民法院执行。

第四百一十八条 第一审人民法院在接到执行死刑命令后、执行前，发现有下列情形之一的，应当暂停执行，并立即将请求停止执行死刑的报告和相关材料层报最高人民法院：

（一）罪犯可能有其他犯罪的；

（二）共同犯罪的其他犯罪嫌疑人到案，可能影响罪犯量刑的；

（三）共同犯罪的其他罪犯被暂停或者停止执行死刑，可能影响罪犯量刑的；

（四）罪犯揭发重大犯罪事实或者有其他重大立功表现，可能需要改判的；

（五）罪犯怀孕的；

（六）判决、裁定可能有影响定罪量刑的其他错误的。

最高人民法院经审查，认为可能影响罪犯定罪量刑的，应当裁定停止执行死刑；认为不影响的，应当决定继续执行死刑。

第四百一十九条 最高人民法院在执行死刑命令签发后、执行前，发现有前条第一款规定情形的，应当立即裁定停止执行死刑，并将有关材料移交下级人民法院。

第四百二十条 下级人民法院接到最高人民法院停止执行死刑的裁定后，应当会同有关部门调查核实停止执行死刑的事由，并及时将调查结果和意见层报最高人民法院审核。

第四百二十一条 对下级人民法院报送的停止执行死刑的调查结果和意见，由最高人民法院原作出核准死刑判决、裁定的合议庭负责审查，必要时，另行组成合议庭进行审查。

第四百二十二条 最高人民法院对停止执行死刑的案件，应当按照下列情形分别处理：

（一）确认罪犯怀孕的，应当改判；

（二）确认罪犯有其他犯罪，依法应当追诉的，应当裁定不予核准死刑，撤销原判，发回重新审判；

（三）确认原判决、裁定有错误或者罪犯有重大立功表现，需要改判的，应当裁定不予核准死刑，撤销原判，发回重新审判；

（四）确认原判决、裁定没有错误，罪犯没有重大立功表现，或者重大立功表现不影响原判决、裁定执行的，应当裁定继续执行死刑，并由院长重新签发执行死刑的命令。

第四百二十三条 第一审人民法院在执行死刑前，应当告知罪犯有权会见其近亲属。罪犯申请会见并提供具体联系方式的，人民法院应当通知其近亲属。罪犯近亲属申请会见的，人民法院应当准许，并及时安排会见。

第四百二十四条 第一审人民法院在执行死刑三日前，应当通知同级人民检察院派员临场监督。

第四百二十五条 死刑采用枪决或者注射等方法执行。

采用注射方法执行死刑的，应当在指定的刑场或者羁押场所内执行。

采用枪决、注射以外的其他方法执行死刑的，应当事先层报最高人民法院批准。

第四百二十六条 执行死刑前，指挥执行的审判人员对罪犯应当验明正身，讯问有无遗言、信札，并制作笔录，再交执行人员执行死刑。

执行死刑应当公布，禁止游街示众或者其他有辱罪犯人格的行为。

第四百二十七条 执行死刑后，应当由法医验明罪犯确实死亡，在场书记员制作笔录。负责执行的人民法院应当在执行死刑后十五日内将执行情况，包括罪犯被执行死刑前后的照片，上报最高人民法院。

第四百二十八条 执行死刑后，负责执行的人民法院应当办理以下事项：

（一）对罪犯的遗书、遗言笔录，应当及时审查；涉及财产继承、债务清偿、家事嘱托等内容的，将遗书、遗言笔录交给家属，同时复制附卷备查；涉及案件线索等问题的，抄送有关机关；

（二）通知罪犯家属在限期内领取罪犯骨灰；没有火化条件或者因民族、宗教等原因不宜火化的，通知领取尸体；过期不领取的，由人民法院通知有关单位处理，并要求有关单位出具处理情况的说明；对罪犯骨灰或者尸体的处理情况，应当记录在案；

（三）对外国籍罪犯执行死刑后，通知外国驻华使、领馆的程序和时限，根据有关规定办理。

第二节 死刑缓期执行、无期徒刑、有期徒刑、拘役的交付执行

第四百二十九条 被判处死刑缓期执行、无期徒刑、有期徒刑、拘役的罪犯，交付执行时在押的，第一审人民法院应当在判决、裁定生效后十日内，将判决书、裁定书、起诉书副本、自诉状复印件、执行通知书、结案登记表送达看守所，由公安机关将罪犯交付执行。

罪犯需要收押执行刑罚，而判决、裁定生效前未被羁押的，人民法院应当根据生效的判决书、裁定书将罪犯送交看守所羁押，并依照前款的规定办理执行手续。

第四百三十条 同案审理的案件中，部分被告人被判处死刑，对未被判处死刑的同案被告人需要羁押执行刑罚的，应当在其判决、裁定生效后十日内交付执行。但是，该同案被告人参与实施有关死刑之罪的，应当在最高人民法院复核讯问被判处死刑的被告人后交付执行。

第四百三十一条 执行通知书回执经看守所盖章后，应当附卷备查。

第四百三十二条 被判处无期徒刑、有期徒刑或者拘役的罪犯，符合刑事诉讼法第二百五十四条第一款、第二款的规定，人民法院决定暂予监外执行的，应当制作暂予监外执行决定书，写明罪犯基本情况、判决确定的罪名和刑罚、决定暂予监外执行的原因、依据等，通知罪犯居住地的县级司法行政机关派员办理交接手续，并将暂予监外执行决定书抄送罪犯居住地的县级人民检察院和公安机关。

人民检察院认为人民法院的暂予监外执行决定不当，在法定期限内提出书面意见的，人民法院应当立即对该决定重新核查，并在一个月内作出决定。

第四百三十三条 暂予监外执行的罪犯具有下列情形之一的，原作出暂予监外执行决定的人民法院，应当在收到执行机关的收监执行建议书后十五日内，作出收监执行的决定：

（一）不符合暂予监外执行条件的；

（二）未经批准离开所居住的市、县，经警告拒不改正，或者拒不报告行踪，脱离监管的；

（三）因违反监督管理规定受到治安管理处罚，仍不改正的；
（四）受到执行机关两次警告，仍不改正的；
（五）保外就医期间不按规定提交病情复查情况，经警告拒不改正的；
（六）暂予监外执行的情形消失后，刑期未满的；
（七）保证人丧失保证条件或者因不履行义务被取消保证人资格，不能在规定期限内提出新的保证人的；
（八）违反法律、行政法规和监督管理规定，情节严重的其他情形。

人民法院收监执行决定书，一经作出，立即生效。

第四百三十四条 人民法院应当将收监执行决定书送交罪犯居住地的县级司法行政机关，由其根据有关规定将罪犯交付执行。收监执行决定书应当同时抄送罪犯居住地的同级人民检察院和公安机关。

第四百三十五条 被收监执行的罪犯有不计入执行刑期情形的，人民法院应当在作出收监决定时，确定不计入执行刑期的具体时间。

第三节 管制、缓刑、剥夺政治权利的交付执行

第四百三十六条 对被判处管制、宣告缓刑的罪犯，人民法院应当核实其居住地。宣判时，应当书面告知罪犯到居住地县级司法行政机关报到的期限和不按期报到的后果。判决、裁定生效后十日内，应当将判决书、裁定书、执行通知书等法律文书送达罪犯居住地的县级司法行政机关，同时抄送罪犯居住地的县级人民检察院。

第四百三十七条 对单处剥夺政治权利的罪犯，人民法院应当在判决、裁定生效后十日内，将判决书、裁定书、执行通知书等法律文书送达罪犯居住地的县级公安机关，并抄送罪犯居住地的县级人民检察院。

第四节 财产刑和附带民事裁判的执行

第四百三十八条 财产刑和附带民事裁判由第一审人民法院负责裁判执行的机构执行。

第四百三十九条 罚金在判决规定的期限内一次或者分期缴纳。期满无故不缴纳或者未足额缴纳的，人民法院应当强制缴纳。经强制缴纳仍不能全部缴纳的，在任何时候，包括主刑执行完毕后，发现被执行人有可供执行的财产的，应当追缴。

行政机关对被告人就同一事实已经处以罚款的，人民法院判处罚金时应当折抵，扣除行政处罚已执行的部分。

判处没收财产的，判决生效后，应当立即执行。

第四百四十条 执行财产刑和附带民事裁判过程中，案外人对被执行财产提出权属异议的，人民法院应当参照民事诉讼有关执行异议的规定进行审查并作出处理。

第四百四十一条 被判处财产刑，同时又承担附带民事赔偿责任的被执行人，应当先履行民事赔偿责任。

判处财产刑之前被执行人所负正当债务，需要以被执行的财产偿还的，经债权人请求，应当偿还。

第四百四十二条 被执行人或者被执行财产在外地的,可以委托当地人民法院执行。

受托法院在执行财产刑后,应当及时将执行的财产上缴国库。

第四百四十三条 执行财产刑过程中,具有下列情形之一的,人民法院应当裁定中止执行:

(一)执行标的物系人民法院或者仲裁机构正在审理案件的争议标的物,需等待该案件审理完毕确定权属的;

(二)案外人对执行标的物提出异议的;

(三)应当中止执行的其他情形。

中止执行的原因消除后,应当恢复执行。

第四百四十四条 执行财产刑过程中,具有下列情形之一的,人民法院应当裁定终结执行:

(一)据以执行的判决、裁定被撤销的;

(二)被执行人死亡或者被执行死刑,且无财产可供执行的;

(三)被判处罚金的单位终止,且无财产可供执行的;

(四)依照刑法第五十三条规定免除罚金的;

(五)应当终结执行的其他情形。

裁定终结执行后,发现被执行人的财产有被隐匿、转移等情形的,应当追缴。

第四百四十五条 财产刑全部或者部分被撤销的,已经执行的财产应当全部或者部分返还被执行人;无法返还的,应当依法赔偿。

第四百四十六条 因遭遇不能抗拒的灾祸缴纳罚金确有困难,被执行人申请减少或者免除罚金的,应当提交相关证明材料。人民法院应当在收到申请后一个月内作出裁定。符合法定减免条件的,应当准许;不符合条件的,驳回申请。

第四百四十七条 财产刑和附带民事裁判的执行,本解释没有规定的,参照适用民事执行的有关规定。

第五节 减刑、假释案件的审理

第四百四十八条 被判处死刑缓期执行的罪犯,在死刑缓期执行期间,没有故意犯罪的,死刑缓期执行期满后,应当裁定减刑;死刑缓期执行期满后,尚未裁定减刑前又犯罪的,应当依法减刑后对其所犯新罪另行审判。

第四百四十九条 对减刑、假释案件,应当按照下列情形分别处理:

(一)对被判处死刑缓期执行的罪犯的减刑,由罪犯服刑地的高级人民法院根据同级监狱管理机关审核同意的减刑建议书裁定;

(二)对被判处无期徒刑的罪犯的减刑、假释,由罪犯服刑地的高级人民法院,在收到同级监狱管理机关审核同意的减刑、假释建议书后一个月内作出裁定,案情复杂或者情况特殊的,可以延长一个月;

(三)对被判处有期徒刑和被减为有期徒刑的罪犯的减刑、假释,由罪犯服刑地的中级人民法院,在收到执行机关提出的减刑、假释建议书后一个月内作出裁定,案情复杂或者情况特殊的，可以延长一个月；

（四）对被判处拘役、管制的罪犯的减刑，由罪犯服刑地中级人民法院，在收到同级执行机关审核同意的减刑、假释建议书后一个月内作出裁定。

对暂予监外执行罪犯的减刑，应当根据情况，分别适用前款的有关规定。

第四百五十条 受理减刑、假释案件，应当审查执行机关移送的材料是否包括下列内容：

（一）减刑、假释建议书；

（二）终审法院的裁判文书、执行通知书、历次减刑裁定书的复制件；

（三）证明罪犯确有悔改、立功或者重大立功表现具体事实的书面材料；

（四）罪犯评审鉴定表、奖惩审批表等；

（五）罪犯假释后对所居住社区影响的调查评估报告；

（六）根据案件情况需要移送的其他材料。

经审查，材料不全的，应当通知提请减刑、假释的执行机关补送。

第四百五十一条 审理减刑、假释案件，应当审查财产刑和附带民事裁判的执行情况，以及罪犯退赃、退赔情况。罪犯积极履行判决确定的义务的，可以认定有悔改表现，在减刑、假释时从宽掌握；确有履行能力而不履行的，在减刑、假释时从严掌握。

第四百五十二条 审理减刑、假释案件，应当对以下内容予以公示：

（一）罪犯的姓名、年龄等个人基本情况；

（二）原判认定的罪名和刑期；

（三）罪犯历次减刑情况；

（四）执行机关的减刑、假释建议和依据。

公示应当写明公示期限和提出意见的方式。公示地点为罪犯服刑场所的公共区域；有条件的地方，可以面向社会公示。

第四百五十三条 审理减刑、假释案件，应当组成合议庭，可以采用书面审理的方式，但下列案件应当开庭审理：

（一）因罪犯有重大立功表现提请减刑的；

（二）提请减刑的起始时间、间隔时间或者减刑幅度不符合一般规定的；

（三）社会影响重大或者社会关注度高的；

（四）公示期间收到投诉意见的；

（五）人民检察院有异议的；

（六）有必要开庭审理的其他案件。

第四百五十四条 人民法院作出减刑、假释裁定后，应当在七日内送达提请减刑、假释的执行机关、同级人民检察院以及罪犯本人。人民检察院认为减刑、假释裁定不当，在法定期限内提出书面纠正意见的，人民法院应当在收到意见后另行组成合议庭审理，并在一个月内作出裁定。

第四百五十五条 减刑、假释裁定作出前，执行机关书面提请撤回减刑、假释建议的，是否准许，由人民法院决定。

第四百五十六条 人民法院发现本院已经生效的减刑、假释裁定确有错误的，应当另行组成合议庭审理；发现下级人民法院已经生效的减刑、假释裁定确有错误的，可以指令下级人民法院另行组成合议庭审理。

第六节 缓刑、假释的撤销

第四百五十七条 罪犯在缓刑、假释考验期限内犯新罪或者被发现在判决宣告前还有其他罪没有判决，应当撤销缓刑、假释的，由审判新罪的人民法院撤销原判决、裁定宣告的缓刑、假释，并书面通知原审人民法院和执行机关。

第四百五十八条 罪犯在缓刑、假释考验期限内，有下列情形之一的，原作出缓刑、假释判决、裁定的人民法院应当在收到执行机关的撤销缓刑、假释建议书后一个月内，作出撤销缓刑、假释的裁定：

（一）违反禁止令，情节严重的；

（二）无正当理由不按规定时间报到或者接受社区矫正期间脱离监管，超过一个月的；

（三）因违反监督管理规定受到治安管理处罚，仍不改正的；

（四）受到执行机关三次警告仍不改正的；

（五）违反有关法律、行政法规和监督管理规定，情节严重的其他情形。

人民法院撤销缓刑、假释的裁定，一经作出，立即生效。

人民法院应当将撤销缓刑、假释裁定书送交罪犯居住地的县级司法行政机关，由其根据有关规定将罪犯交付执行。撤销缓刑、假释裁定书应当同时抄送罪犯居住地的同级人民检察院和公安机关。

第二十章 未成年人刑事案件诉讼程序

第一节 一般规定

第四百五十九条 人民法院审理未成年人刑事案件，应当贯彻教育、感化、挽救的方针，坚持教育为主、惩罚为辅的原则，加强对未成年人的特殊保护。

第四百六十条 人民法院应当加强同政府有关部门以及共青团、妇联、工会、未成年人保护组织等团体的联系，推动未成年人刑事案件人民陪审、情况调查、安置帮教等工作的开展，充分保障未成年人的合法权益，积极参与社会管理综合治理。

第四百六十一条 审理未成年人刑事案件，应当由熟悉未成年人身心特点、善于做未成年人思想教育工作的审判人员进行，并应当保持有关审判人员工作的相对稳定性。

未成年人刑事案件的人民陪审员，一般由熟悉未成年人身心特点，热心教育、感化、挽救失足未成年人工作，并经过必要培训的共青团、妇联、工会、学校、未成年人保护组织等单位的工作人员或者有关单位的退休人员担任。

第四百六十二条 中级人民法院和基层人民法院可以设立独立建制的未成年人案件审判庭。尚不具备条件的，应当在刑事审判庭内设立未成年人刑事案件合议庭，或者由专人负责审理未成年人刑事案件。

高级人民法院应当在刑事审判庭内设立未成年人刑事案件合议庭。具备条件的，可以设立独立建制的未成年人案件审判庭。

未成年人案件审判庭和未成年人刑事案件合议庭统称少年法庭。

第四百六十三条 下列案件由少年法庭审理：

（一）被告人实施被指控的犯罪时不满十八周岁、人民法院立案时不满二十周岁的案件；

（二）被告人实施被指控的犯罪时不满十八周岁、人民法院立案时不满二十周岁，并被指控为首要分子或者主犯的共同犯罪案件。

其他共同犯罪案件有未成年被告人的，或者其他涉及未成年人的刑事案件是否由少年法庭审理，由院长根据少年法庭工作的实际情况决定。

第四百六十四条 对分案起诉至同一人民法院的未成年人与成年人共同犯罪案件，可以由同一个审判组织审理；不宜由同一个审判组织审理的，可以分别由少年法庭、刑事审判庭审理。

未成年人与成年人共同犯罪案件，由不同人民法院或者不同审判组织分别审理的，有关人民法院或者审判组织应当互相了解共同犯罪被告人的审判情况，注意全案的量刑平衡。

第四百六十五条 对未成年人刑事案件，必要时，上级人民法院可以根据刑事诉讼法第二十六条的规定，指定下级人民法院将案件移送其他人民法院审判。

第四百六十六条 人民法院审理未成年人刑事案件，在讯问和开庭时，应当通知未成年被告人的法定代理人到场。法定代理人无法通知、不能到场或者是共犯的，也可以通知未成年被告人的其他成年亲属，所在学校、单位、居住地的基层组织或者未成年人保护组织的代表到场，并将有关情况记录在案。

到场的其他人员，除依法行使刑事诉讼法第二百七十条第二款规定的权利外，经法庭同意，可以参与对未成年被告人的法庭教育等工作。

适用简易程序审理未成年人刑事案件，适用前两款的规定。

询问未成年被害人、证人，适用第一款、第二款的规定。

第四百六十七条 开庭审理时被告人不满十八周岁的案件，一律不公开审理。经未成年被告人及其法定代理人同意，未成年被告人所在学校和未成年人保护组织可以派代表到场。到场代表的人数和范围，由法庭决定。到场代表经法庭同意，可以参与对未成年被告人的法庭教育工作。

对依法公开审理，但可能需要封存犯罪记录的案件，不得组织人员旁听。

第四百六十八条 确有必要通知未成年被害人、证人出庭作证的，人民法院应当根据案件情况采取相应的保护措施。有条件的，可以采取视频等方式对其陈述、证言进行质证。

第四百六十九条 审理未成年人刑事案件，不得向外界披露该未成年人的姓名、住所、照片以及可能推断出该未成年人身份的其他资料。

查阅、摘抄、复制的未成年人刑事案件的案卷材料，不得公开和传播。

被害人是未成年人的刑事案件，适用前两款的规定。

第四百七十条 审理未成年人刑事案件，本章没有规定的，适用本解释的有关规定。

第二节 开庭准备

第四百七十一条 人民法院向未成年被告人送达起诉书副本时，应当向其讲明被指控的罪行和有关法律规定，并告知其审判程序和诉讼权利、义务。

第四百七十二条 审判时不满十八周岁的未成年被告人没有委托辩护人的，人民法院应当通知法律援助机构指派律师为其提供辩护。

第四百七十三条 未成年被害人及其法定代理人因经济困难或者其他原因没有委托诉讼代理人的，人民法院应当帮助其申请法律援助。

第四百七十四条 对未成年人刑事案件，人民法院决定适用简易程序审理的，应当征求未成年被告人及其法定代理人、辩护人的意见。上述人员提出异议的，不适用简易程序。

第四百七十五条 被告人实施被指控的犯罪时不满十八周岁，开庭时已满十八周岁、不满二十周岁的，人民法院开庭时，一般应当通知其近亲属到庭。经法庭同意，近亲属可以发表意见。近亲属无法通知、不能到场或者是共犯的，应当记录在案。

第四百七十六条 对人民检察院移送的关于未成年被告人性格特点、家庭情况、社会交往、成长经历、犯罪原因、犯罪前后的表现、监护教育等情况的调查报告，以及辩护人提交的反映未成年被告人上述情况的书面材料，法庭应当接受。

必要时，人民法院可以委托未成年被告人居住地的县级司法行政机关、共青团组织以及其他社会团体组织对未成年被告人的上述情况进行调查，或者自行调查。

第四百七十七条 对未成年人刑事案件，人民法院根据情况，可以对未成年被告人进行心理疏导；经未成年被告人及其法定代理人同意，也可以对未成年被告人进行心理测评。

第四百七十八条 开庭前和休庭时，法庭根据情况，可以安排未成年被告人与其法定代理人或者刑事诉讼法第二百七十条第一款规定的其他成年亲属、代表会见。

第三节 审 判

第四百七十九条 人民法院应当在辩护台靠近旁听区一侧为未成年被告人的法定代理人或者刑事诉讼法第二百七十条第一款规定的其他成年亲属、代表设置席位。

审理可能判处五年有期徒刑以下刑罚或者过失犯罪的未成年人刑事案件，可以采取适合未成年人特点的方式设置法庭席位。

第四百八十条 在法庭上不得对未成年被告人使用戒具，但被告人人身危险性大，可能妨碍庭审活动的除外。必须使用戒具的，在现实危险消除后，应当立即停止使用。

第四百八十一条 未成年被告人或者其法定代理人当庭拒绝辩护人辩护的，适用本解释第二百五十四条第一款、第二款的规定。

重新开庭后，未成年被告人或者其法定代理人再次当庭拒绝辩护人辩护的，不予准许。重新开庭时被告人已满十八周岁的，可以准许，但不得再另行委托辩护人或者要求另行指派律师，由其自行辩护。

第四百八十二条 法庭审理过程中，审判人员应当根据未成年被告人的智力发育程度和心理状态，使用适合未成年人的语言表达方式。

发现有对未成年被告人诱供、训斥、讽刺或者威胁等情形的，审判长应当制止。

第四百八十三条 控辩双方提出对未成年被告人判处管制、宣告缓刑等量刑建议的，应当向法庭提供有关未成年被告人能够获得监护、帮教以及对所居住社区无重大不良影响的书面材料。

第四百八十四条 对未成年被告人情况的调查报告，以及辩护人提交的有关未成年被告人情况的书面材料，法庭应当审查并听取控辩双方意见。上述报告和材料可以作为法庭教育和量刑的参考。

第四百八十五条 法庭辩论结束后，法庭可以根据案件情况，对未成年被告人进行教育；判决未成年被告人有罪的，宣判后，应当对未成年被告人进行教育。

对未成年被告人进行教育，可以邀请诉讼参与人、刑事诉讼法第二百七十条第一款规定的其他成年亲属、代表以及社会调查员、心理咨询师等参加。

适用简易程序审理的案件，对未成年被告人进行法庭教育，适用前两款的规定。

第四百八十六条 未成年被告人最后陈述后，法庭应当询问其法定代理人是否补充陈述。

第四百八十七条 对未成年人刑事案件宣告判决应当公开进行，但不得采取召开大会等形式。

对依法应当封存犯罪记录的案件，宣判时，不得组织人员旁听；有旁听人员的，应当告知其不得传播案件信息。

第四百八十八条 定期宣告判决的未成年人刑事案件，未成年被告人的法定代理人无法通知、不能到庭或者是共犯的，法庭可以通知刑事诉讼法第二百七十条第一款规定的其他成年亲属、代表到庭，并在宣判后向未成年被告人的成年亲属送达判决书。

第四节 执 行

第四百八十九条 将未成年罪犯送监执行刑罚或者送交社区矫正时，人民法院应当将有关未成年罪犯的调查报告及其在案件审理中的表现材料，连同有关法律文书，一并送达执行机关。

第四百九十条 犯罪时不满十八周岁，被判处五年有期徒刑以下刑罚以及免除刑事处罚的未成年人的犯罪记录，应当封存。

2012年12月31日以前审结的案件符合前款规定的，相关犯罪记录也应当封存。

司法机关或者有关单位向人民法院申请查询封存的犯罪记录的，应当提供查询的理由和依据。对查询申请，人民法院应当及时作出是否同意的决定。

第四百九十一条 人民法院可以与未成年罪犯管教所等服刑场所建立联系，了解未成年罪犯的改造情况，协助做好帮教、改造工作，并可以对正在服刑的未成年罪犯进行回访考察。

第四百九十二条 人民法院认为必要时，可以督促被收监服刑的未成年罪犯的父母或者其他监护人及时探视。

第四百九十三条 对被判处管制、宣告缓刑、裁定假释、决定暂予监外执行的未成年罪犯，人民法院可以协助社区矫正机构制定帮教措施。

第四百九十四条 人民法院可以适时走访被判处管制、宣告缓刑、免除刑事处罚、裁定假释、决定暂予监外执行等的未成年罪犯及其家庭，了解未成年罪犯的管理和教育情况，引导未成年罪犯的家庭承担管教责任，为未成年罪犯改过自新创造良好环境。

第四百九十五条 被判处管制、宣告缓刑、免除刑事处罚、裁定假释、决定暂予监外执行等的未成年罪犯，具备就学、就业条件的，人民法院可以就其安置问题向有关部门提出司法建议，并附送必要的材料。

第二十一章　当事人和解的公诉案件诉讼程序

第四百九十六条 对符合刑事诉讼法第二百七十七条规定的公诉案件，事实清楚、证据充分的，人民法院应当告知当事人可以自行和解；当事人提出申请的，人民法院可以主持双方当事人协商以达成和解。

根据案件情况，人民法院可以邀请人民调解员、辩护人、诉讼代理人、当事人亲友等参与促成双方当事人和解。

第四百九十七条 符合刑事诉讼法第二百七十七条规定的公诉案件，被害人死亡的，其近亲属可以与被告人和解。近亲属有多人的，达成和解协议，应当经处于同一继承顺序的所有近亲属同意。

被害人系无行为能力或者限制行为能力人的，其法定代理人、近亲属可以代为和解。

第四百九十八条 被告人的近亲属经被告人同意，可以代为和解。

被告人系限制行为能力人的，其法定代理人可以代为和解。

被告人的法定代理人、近亲属依照前两款规定代为和解的，和解协议约定的赔礼道歉等事项，应当由被告人本人履行。

第四百九十九条 对公安机关、人民检察院主持制作的和解协议书，当事人提出异议的，人民法院应当审查。经审查，和解自愿、合法的，予以确认，无需重新制作和解协议书；和解不具有自愿性、合法性的，应当认定无效。和解协议被认定无效后，双方当事人重新达成和解的，人民法院应当主持制作新的和解协议书。

第五百条 审判期间，双方当事人和解的，人民法院应当听取当事人及其法定代理人等有关人员的意见。双方当事人在庭外达成和解的，人民法院应当通知人民检察院，并听取其意见。经审查，和解自愿、合法的，应当主持制作和解协议书。

第五百零一条 和解协议书应当包括以下内容：

（一）被告人承认自己所犯罪行，对犯罪事实没有异议，并真诚悔罪；

（二）被告人通过向被害人赔礼道歉、赔偿损失等方式获得被害人谅解；涉及赔偿损失的，应当写明赔偿的数额、方式等；提起附带民事诉讼的，由附带民事诉讼原告人撤回附带民事诉讼；

（三）被害人自愿和解，请求或者同意对被告人依法从宽处罚。

和解协议书应当由双方当事人和审判人员签名，但不加盖人民法院印章。

和解协议书一式三份，双方当事人各持一份，另一份交人民法院附卷备查。

对和解协议中的赔偿损失内容，双方当事人要求保密的，人民法院应当准许，并采取相应的保密措施。

第五百零二条 和解协议约定的赔偿损失内容，被告人应当在协议签署后即时履行。

和解协议已经全部履行，当事人反悔的，人民法院不予支持，但有证据证明和解违反自愿、合法原则的除外。

第五百零三条 双方当事人在侦查、审查起诉期间已经达成和解协议并全部履行，被害人或者其法定代理人、近亲属又提起附带民事诉讼的，人民法院不予受理，但有证据证明和解违反自愿、合法原则的除外。

第五百零四条 被害人或者其法定代理人、近亲属提起附带民事诉讼后，双方愿意和解，但被告人不能即时履行全部赔偿义务的，人民法院应当制作附带民事调解书。

第五百零五条 对达成和解协议的案件，人民法院应当对被告人从轻处罚；符合非监禁刑适用条件的，应当适用非监禁刑；判处法定最低刑仍然过重的，可以减轻处罚；综合全案认为犯罪情节轻微不需要判处刑罚的，可以免除刑事处罚。

共同犯罪案件，部分被告人与被害人达成和解协议的，可以依法对该部分被告人从宽处罚，但应当注意全案的量刑平衡。

第五百零六条 达成和解协议的，裁判文书应当作出叙述，并援引刑事诉讼法的相关条文。

第二十二章 犯罪嫌疑人、被告人逃匿、死亡案件违法所得的没收程序

第五百零七条 依照刑法规定应当追缴违法所得及其他涉案财产，且符合下列情形之一的，人民检察院可以向人民法院提出没收违法所得的申请：

（一）犯罪嫌疑人、被告人实施了贪污贿赂犯罪、恐怖活动犯罪等重大犯罪后逃匿，在通缉一年后不能到案的；

（二）犯罪嫌疑人、被告人死亡的。

第五百零八条 具有下列情形之一的，应当认定为刑事诉讼法第二百八十条第一款规定的"重大犯罪案件"：

（一）犯罪嫌疑人、被告人可能被判处无期徒刑以上刑罚的；

（二）案件在本省、自治区、直辖市或者全国范围内有较大影响的；

（三）其他重大犯罪案件。

第五百零九条 实施犯罪行为所取得的财物及其孳息，以及被告人非法持有的违禁品、供犯罪所用的本人财物，应当认定为刑事诉讼法第二百八十条第一款规定的"违法所得及其他涉案财产"。

第五百一十条 对人民检察院提出的没收违法所得申请，人民法院应当审查以下

内容：

（一）是否属于本院管辖；

（二）是否写明犯罪嫌疑人、被告人涉嫌有关犯罪的情况，并附相关证据材料；

（三）是否附有通缉令或者死亡证明；

（四）是否列明违法所得及其他涉案财产的种类、数量、所在地，并附相关证据材料；

（五）是否附有查封、扣押、冻结违法所得及其他涉案财产的清单和相关法律手续；

（六）是否写明犯罪嫌疑人、被告人的近亲属和其他利害关系人的姓名、住址、联系方式及其要求等情况；

（七）是否写明申请没收的理由和法律依据。

第五百一十一条 对没收违法所得的申请，人民法院应当在七日内审查完毕，并按照下列情形分别处理：

（一）不属于本院管辖的，应当退回人民检察院；

（二）材料不全的，应当通知人民检察院在三日内补送；

（三）属于违法所得没收程序受案范围和本院管辖，且材料齐全的，应当受理。

人民检察院尚未查封、扣押、冻结申请没收的财产或者查封、扣押、冻结期限即将届满，涉案财产有被隐匿、转移或者毁损、灭失危险的，人民法院可以查封、扣押、冻结申请没收的财产。

第五百一十二条 人民法院决定受理没收违法所得的申请后，应当在十五日内发出公告，公告期为六个月。公告应当写明以下内容：

（一）案由；

（二）犯罪嫌疑人、被告人通缉在逃或者死亡等基本情况；

（三）申请没收财产的种类、数量、所在地；

（四）犯罪嫌疑人、被告人的近亲属和其他利害关系人申请参加诉讼的期限、方式；

（五）应当公告的其他情况。

公告应当在全国公开发行的报纸或者人民法院的官方网站刊登，并在人民法院公告栏张贴、发布；必要时，可以在犯罪地、犯罪嫌疑人、被告人居住地、申请没收的不动产所在地张贴、发布。

人民法院已经掌握犯罪嫌疑人、被告人的近亲属和其他利害关系人的联系方式的，应当采取电话、传真、邮件等方式直接告知其公告内容，并记录在案。

第五百一十三条 对申请没收的财产主张所有权的人，应当认定为刑事诉讼法第二百八十一条第二款规定的"其他利害关系人"。

犯罪嫌疑人、被告人的近亲属和其他利害关系人申请参加诉讼的，应当在公告期间提出。犯罪嫌疑人、被告人的近亲属应当提供其与犯罪嫌疑人、被告人关系的证明材料，其他利害关系人应当提供申请没收的财产系其所有的证据材料。

犯罪嫌疑人、被告人的近亲属和其他利害关系人在公告期满后申请参加诉讼，能够合理说明原因，并提供证明申请没收的财产系其所有的证据材料的，人民法院应当准许。

第五百一十四条 公告期满后,人民法院应当组成合议庭对申请没收违法所得的案件进行审理。

利害关系人申请参加诉讼的,人民法院应当开庭审理。没有利害关系人申请参加诉讼的,可以不开庭审理。

第五百一十五条 开庭审理申请没收违法所得的案件,按照下列程序进行:

(一)审判长宣布法庭调查开始后,先由检察员宣读申请书,后由利害关系人、诉讼代理人发表意见;

(二)法庭应当依次就犯罪嫌疑人、被告人是否实施了贪污贿赂犯罪、恐怖活动犯罪等重大犯罪并已经通缉一年不能到案,或者是否已经死亡,以及申请没收的财产是否依法应当追缴进行调查;调查时,先由检察员出示有关证据,后由利害关系人发表意见、出示有关证据,并进行质证;

(三)法庭辩论阶段,先由检察员发言,后由利害关系人及其诉讼代理人发言,并进行辩论。

利害关系人接到通知后无正当理由拒不到庭,或者未经法庭许可中途退庭的,可以转为不开庭审理,但还有其他利害关系人参加诉讼的除外。

第五百一十六条 对申请没收违法所得的案件,人民法院审理后,应当按照下列情形分别处理:

(一)案件事实清楚,证据确实、充分,申请没收的财产确属违法所得及其他涉案财产的,除依法返还被害人的以外,应当裁定没收;

(二)不符合本解释第五百零七条规定的条件的,应当裁定驳回申请。

第五百一十七条 对没收违法所得或者驳回申请的裁定,犯罪嫌疑人、被告人的近亲属和其他利害关系人或者人民检察院可以在五日内提出上诉、抗诉。

第五百一十八条 对不服第一审没收违法所得或者驳回申请裁定的上诉、抗诉案件,第二审人民法院经审理,应当按照下列情形分别作出裁定:

(一)原裁定正确的,应当驳回上诉或者抗诉,维持原裁定;

(二)原裁定确有错误的,可以在查清事实后改变原裁定;也可以撤销原裁定,发回重新审判;

(三)原审违反法定诉讼程序,可能影响公正审判的,应当撤销原裁定,发回重新审判。

第五百一十九条 在审理申请没收违法所得的案件过程中,在逃的犯罪嫌疑人、被告人到案的,人民法院应当裁定终止审理。人民检察院向原受理申请的人民法院提起公诉的,可以由同一审判组织审理。

第五百二十条 在审理案件过程中,被告人死亡或者脱逃,符合刑事诉讼法第二百八十条第一款规定的,人民检察院可以向人民法院提出没收违法所得的申请。

人民检察院向原受理案件的人民法院提出申请的,可以由同一审判组织依照本章规定的程序审理。

第五百二十一条 审理申请没收违法所得案件的期限,参照公诉案件第一审普通程序和第二审程序的审理期限执行。

公告期间和请求刑事司法协助的时间不计入审理期限。

第五百二十二条 没收违法所得裁定生效后,犯罪嫌疑人、被告人到案并对没收裁定提出异议,人民检察院向原作出裁定的人民法院提起公诉的,可以由同一审判组织审理。

人民法院经审理,应当按照下列情形分别处理:

(一)原裁定正确的,予以维持,不再对涉案财产作出判决;

(二)原裁定确有错误的,应当撤销原裁定,并在判决中对有关涉案财产一并作出处理。

人民法院生效的没收裁定确有错误的,除第一款规定的情形外,应当依照审判监督程序予以纠正。已经没收的财产,应当及时返还;财产已经上缴国库的,由原没收机关从财政机关申请退库,予以返还;原物已经出卖、拍卖的,应当退还价款;造成犯罪嫌疑人、被告人以及利害关系人财产损失的,应当依法赔偿。

第五百二十三条 人民法院审理申请没收违法所得的案件,本章没有规定的,参照适用本解释的有关规定。

第二十三章 依法不负刑事责任的精神病人的强制医疗程序

第五百二十四条 实施暴力行为,危害公共安全或者严重危害公民人身安全,社会危害性已经达到犯罪程度,但经法定程序鉴定依法不负刑事责任的精神病人,有继续危害社会可能的,可以予以强制医疗。

第五百二十五条 人民检察院申请对依法不负刑事责任的精神病人强制医疗的案件,由被申请人实施暴力行为所在地的基层人民法院管辖;由被申请人居住地的人民法院审判更为适宜的,可以由被申请人居住地的基层人民法院管辖。

第五百二十六条 对人民检察院提出的强制医疗申请,人民法院应当审查以下内容:

(一)是否属于本院管辖;

(二)是否写明被申请人的身份,实施暴力行为的时间、地点、手段、所造成的损害等情况,并附相关证据材料;

(三)是否附有法医精神病鉴定意见和其他证明被申请人属于依法不负刑事责任的精神病人的证据材料;

(四)是否列明被申请人的法定代理人的姓名、住址、联系方式;

(五)需要审查的其他事项。

第五百二十七条 对人民检察院提出的强制医疗申请,人民法院应当在七日内审查完毕,并按照下列情形分别处理:

(一)不属于本院管辖的,应当退回人民检察院;

(二)材料不全的,应当通知人民检察院在三日内补送;

(三)属于强制医疗程序受案范围和本院管辖,且材料齐全的,应当受理。

第五百二十八条 审理强制医疗案件,应当通知被申请人或者被告人的法定代理人到场。被申请人或者被告人没有委托诉讼代理人的，应当通知法律援助机构指派律师担任其诉讼代理人，为其提供法律帮助。

第五百二十九条 审理强制医疗案件，应当组成合议庭，开庭审理。但是，被申请人、被告人的法定代理人请求不开庭审理，并经人民法院审查同意的除外。

审理人民检察院申请强制医疗的案件，应当会见被申请人。

第五百三十条 开庭审理申请强制医疗的案件，按照下列程序进行：

（一）审判长宣布法庭调查开始后，先由检察员宣读申请书，后由被申请人的法定代理人、诉讼代理人发表意见；

（二）法庭依次就被申请人是否实施了危害公共安全或者严重危害公民人身安全的暴力行为、是否属于依法不负刑事责任的精神病人、是否有继续危害社会的可能进行调查；调查时，先由检察员出示有关证据，后由被申请人的法定代理人、诉讼代理人发表意见、出示有关证据，并进行质证；

（三）法庭辩论阶段，先由检察员发言，后由被申请人的法定代理人、诉讼代理人发言，并进行辩论。

被申请人要求出庭，人民法院经审查其身体和精神状态，认为可以出庭的，应当准许。出庭的被申请人，在法庭调查、辩论阶段，可以发表意见。

检察员宣读申请书后，被申请人的法定代理人、诉讼代理人无异议的，法庭调查可以简化。

第五百三十一条 对申请强制医疗的案件，人民法院审理后，应当按照下列情形分别处理：

（一）符合刑事诉讼法第二百八十四条规定的强制医疗条件的，应当作出对被申请人强制医疗的决定；

（二）被申请人属于依法不负刑事责任的精神病人，但不符合强制医疗条件的，应当作出驳回强制医疗申请的决定；被申请人已经造成危害结果的，应当同时责令其家属或者监护人严加看管和医疗；

（三）被申请人具有完全或者部分刑事责任能力，依法应当追究刑事责任的，应当作出驳回强制医疗申请的决定，并退回人民检察院依法处理。

第五百三十二条 第一审人民法院在审理案件过程中发现被告人可能符合强制医疗条件的，应当依照法定程序对被告人进行法医精神病鉴定。经鉴定，被告人属于依法不负刑事责任的精神病人的，应当适用强制医疗程序，对案件进行审理。

开庭审理前款规定的案件，应当先由合议庭组成人员宣读对被告人的法医精神病鉴定意见，说明被告人可能符合强制医疗的条件，后依次由公诉人和被告人的法定代理人、诉讼代理人发表意见。经审判长许可，公诉人和被告人的法定代理人、诉讼代理人可以进行辩论。

第五百三十三条 对前条规定的案件，人民法院审理后，应当按照下列情形分别处理：

（一）被告人符合强制医疗条件的，应当判决宣告被告人不负刑事责任，同时作出对被告人强制医疗的决定；

（二）被告人属于依法不负刑事责任的精神病人，但不符合强制医疗条件的，应当判决宣告被告人无罪或者不负刑事责任；被告人已经造成危害结果的，应当同时责令其家属或者监护人严加看管和医疗；

（三）被告人具有完全或者部分刑事责任能力，依法应当追究刑事责任的，应当依照普通程序继续审理。

第五百三十四条　人民法院在审理第二审刑事案件过程中，发现被告人可能符合强制医疗条件的，可以依照强制医疗程序对案件作出处理，也可以裁定发回原审人民法院重新审判。

第五百三十五条　人民法院决定强制医疗的，应当在作出决定后五日内，向公安机关送达强制医疗决定书和强制医疗执行通知书，由公安机关将被决定强制医疗的人送交强制医疗。

第五百三十六条　被决定强制医疗的人、被害人及其法定代理人、近亲属对强制医疗决定不服的，可以自收到决定书之日起五日内向上一级人民法院申请复议。复议期间不停止执行强制医疗的决定。

第五百三十七条　对不服强制医疗决定的复议申请，上一级人民法院应当组成合议庭审理，并在一个月内，按照下列情形分别作出复议决定：

（一）被决定强制医疗的人符合强制医疗条件的，应当驳回复议申请，维持原决定；

（二）被决定强制医疗的人不符合强制医疗条件的，应当撤销原决定；

（三）原审违反法定诉讼程序，可能影响公正审判的，应当撤销原决定，发回原审人民法院重新审判。

第五百三十八条　对本解释第五百三十三条第一项规定的判决、决定，人民检察院提出抗诉，同时被决定强制医疗的人、被害人及其法定代理人、近亲属申请复议的，上一级人民法院应当依照第二审程序一并处理。

第五百三十九条　审理强制医疗案件，本章没有规定的，参照适用公诉案件第一审普通程序和第二审程序的有关规定。

第五百四十条　被强制医疗的人及其近亲属申请解除强制医疗的，应当向决定强制医疗的人民法院提出。

被强制医疗的人及其近亲属提出的解除强制医疗申请被人民法院驳回，六个月后再次提出申请的，人民法院应当受理。

第五百四十一条　强制医疗机构提出解除强制医疗意见，或者被强制医疗的人及其近亲属申请解除强制医疗的，人民法院应当审查是否附有对被强制医疗的人的诊断评估报告。

强制医疗机构提出解除强制医疗意见，未附诊断评估报告的，人民法院应当要求其提供。

被强制医疗的人及其近亲属向人民法院申请解除强制医疗，强制医疗机构未提供诊断评估报告的，申请人可以申请人民法院调取。必要时，人民法院可以委托鉴定机构对被强制医疗的人进行鉴定。

第五百四十二条　强制医疗机构提出解除强制医疗意见，或者被强制医疗的人及其近亲属申请解除强制医疗的，人民法院应当组成合议庭进行审查，并在一个月内，按照下列情形分别处理：

（一）被强制医疗的人已不具有人身危险性，不需要继续强制医疗的，应当作出解除强制医疗的决定，并可责令被强制医疗的人的家属严加看管和医疗；

（二）被强制医疗的人仍具有人身危险性，需要继续强制医疗的，应当作出继续强制医疗的决定。

人民法院应当在作出决定后五日内，将决定书送达强制医疗机构、申请解除强制医疗的人、被决定强制医疗的人和人民检察院。决定解除强制医疗的，应当通知强制医疗机构在收到决定书的当日解除强制医疗。

第五百四十三条　人民检察院认为强制医疗决定或者解除强制医疗决定不当，在收到决定书后二十日内提出书面纠正意见的，人民法院应当另行组成合议庭审理，并在一个月内作出决定。

第二十四章　附　　则

第五百四十四条　人民法院讯问被告人，宣告判决，审理减刑、假释案件，根据案件情况，可以采取视频方式进行。

第五百四十五条　向人民法院提出自诉、上诉、申诉、申请等的，应当以书面形式提出。书写有困难的，除另有规定的以外，可以口头提出，由人民法院工作人员制作笔录或者记录在案，并向口述人宣读或者交其阅读。

第五百四十六条　诉讼期间制作、形成的工作记录、告知笔录等材料，应当由制作人员和其他有关人员签名、盖章。宣告或者送达判决书、裁定书、决定书、通知书等诉讼文书的，应当由接受宣告或者送达的人在诉讼文书、送达回证上签名、盖章。

诉讼参与人未签名、盖章的，应当捺指印；刑事被告人除签名、盖章外，还应当捺指印。

当事人拒绝签名、盖章、捺指印的，办案人员应当在诉讼文书或者笔录材料中注明情况，有相关见证人见证，或者有录音录像证明的，不影响相关诉讼文书或者笔录材料的效力。

第五百四十七条　本解释的有关规定适用于军事法院、铁路运输法院等专门人民法院。

第五百四十八条　本解释自 2013 年 1 月 1 日起施行，最高人民法院 1998 年 9 月 2 日公布的《关于执行〈中华人民共和国刑事诉讼法〉若干问题的解释》同时废止；最高人民法院以前发布的司法解释和规范性文件，与本解释不一致的，以本解释为准。

最高人民法院
印发《关于充分发挥刑事审判职能作用深入推进社会矛盾化解的若干意见》的通知

2010年12月31日　　　　　　　　　　　　法发〔2010〕63号

全国地方各级人民法院、各级军事法院、各铁路运输中级法院和基层法院、各海事法院，新疆生产建设兵团各级法院：

现将《最高人民法院关于充分发挥刑事审判职能作用深入推进社会矛盾化解的若干意见》印发给你们，请认真贯彻执行。

附：

关于充分发挥刑事审判职能作用深入推进社会矛盾化解的若干意见

党的十七届五中全会确定了我国"十二五"时期发展的目标任务，并把加强社会建设作为推动解决当前面临的突出问题和实现国家长治久安的重大举措。全国政法工作会议要求，围绕科学发展主题和转变经济发展方式主线，抓住人民群众最关心的公共安全、权益保障、社会公平正义问题，深化社会矛盾化解、社会管理创新、公正廉洁执法三项重点工作，为实现经济社会又好又快发展，创造和谐稳定的社会环境、公平正义的法治环境和优质高效的服务环境。人民法院刑事审判是党领导人民依法治理国家和管理社会的重要渠道和有效手段，必须摆到社会建设的整体格局中来谋划，放到三项重点工作的总体部署中来推进，通过依法公正审判刑事案件，妥善化解社会矛盾，积极创新社会管理，维护社会公平正义，促进社会和谐稳定。为贯彻落实党的十七届五中全会和全国政法工作会议精神，充分发挥人民法院刑事审判职能作用，深入推进社会矛盾化解工作，特提出如下意见。

一、化解社会矛盾是人民法院刑事审判的重要职责

1. 刑事审判必须高度注重社会矛盾化解。刑事犯罪由社会矛盾衍生，是社会矛盾的集中反映和极端表现。人民法院依法惩罚犯罪，本身就是在平息和化解社会矛盾，但犯罪受到惩罚并不等于案件中的所有矛盾必然得到了有效化解，案件处理不当还可能导致矛盾进一步激化，甚至引发新的矛盾冲突。"十二五"时期是全面建设小康社会的关键期，是深化改革开放和加快转变经济发展方式的攻坚期，也是人民内部矛盾凸显、刑事犯罪高发、对敌斗争复杂的时期。新的形势要求人民法院必须创新刑事审判，树立通过刑事审判化解社会矛盾的观念，把化解社会矛盾作为刑事审判工作的重要职责，作为检验和评价审判质量和效果的重要标准。这是对人民法院刑事审判工作提出的更高要求。

2. 充分发挥刑事审判职能作用，深入推进社会矛盾化解，必须坚持以邓小平理论和"三个代表"重要思想为指导，深入贯彻落实科学发展观，正确把握国内外形势的新变化新特点，积极践行"三个至上"指导思想和"为大局服务，为人民司法"工作主题，准确把握宽严相济刑事政策，切实做到公正廉洁文明司法，充分发挥刑事审判能动作用，最大限度地化解矛盾，减少对抗，促进和谐，维护稳定。

3. 充分发挥刑事审判职能作用，深入推进社会矛盾化解，必须坚持以下原则：一是依法审判与化解矛盾并重。充分发挥刑罚惩治和预防犯罪功能的同时，高度重视矛盾化解工作，注重分析和把握社会治安形势、社会矛盾的成因和态势，根据案件的不同性质、特点，综合运用法律、政策等手段和教育、疏导等办法，全力化解案件矛盾，促进社会和谐稳定。二是惩罚犯罪与保障人权并重。依法对犯罪分子定罪量刑的同时，尊重和保障被告人的人格尊严和诉讼权益，通过公开、公平、公正的审判活动促使其认罪服法，改过自新；重视和加强对被害人的权益保护，尽最大可能修复被犯罪破坏的社会关系。三是审判工作与群众工作并重。人民法院是党和国家做群众工作的特殊职能机构，是当事人解决纠纷、维护权益、寻求公正的地方。刑事审判既是专业性的司法工作，又是经常性的群众工作，必须坚持尊重群众、贴近群众、相信群众、依靠群众，善于从群众意见中寻求化解矛盾的智慧和经验，使案件处理既符合法律规定和政策，又体现群众意愿和要求，运用全部刑事审判活动宣传党和国家的政策法律，教育、引导群众增强法制观念。四是法律效果与社会效果并重。严格准确适用法律的同时，充分考虑国情民意，切实贯彻宽严相济刑事政策，既着眼于解决现实矛盾，又着眼于实现长治久安，确保裁判结果得到群众的认同，经得起历史的检验。

4. 把化解社会矛盾工作贯穿于刑事审判各个环节。刑事案件的一审、二审、执行、再审以及处理申诉、信访都是化解社会矛盾的过程。必须做到依法公正履职，准确适用法律，确保每一起案件事实清楚，证据确凿，定罪准确，量刑适当，程序合法。与此同时，认真分析裁断案件反映出来的各种社会矛盾，深入了解当事人实际诉求和案发地群众反映，有针对性地做好矛盾化解工作，依法惩罚犯罪，维护合法权益，恢复社会秩序，实现案结事了。积极参与社会治安综合治理，加强司法建议，注重判后回访反馈，促进社会管理完善创新，拓展化解社会矛盾的司法手段，扩大刑事审判工作的社会效果。

5. 把增强化解社会矛盾的意识和能力作为刑事审判队伍建设重要内容。如何有效化解社会矛盾，是刑事审判面临的新挑战、新课题。要加强思想政治工作，使刑事法官牢固树立大局意识和责任意识，切实增强通过审判化解矛盾的主动性和自觉性。深化审判管理改革，建立健全能够激励和反映社会矛盾化解工作的绩效考评机制。加强刑事审判业务培训，不断提高刑事法官认识和把握工作大局、社会矛盾、社情民意、法律精神的能力，着力增强做群众工作和化解矛盾的能力。总结推广化解社会矛盾成功有效的经验做法，对化解社会矛盾成绩突出的刑事法官给予表彰奖励。

二、准确把握宽严相济刑事政策

6. 继续坚持依法严惩严重刑事犯罪的方针。对危害国家安全犯罪、恐怖犯罪、黑社会性质组织犯罪以及爆炸、杀人、抢劫、绑架、毒品等严重危害社会治安、严重影响人民群众安全感的犯罪，始终保持高压态势，依法从严打击。对以农村留守妇女、儿童、老人及社会弱势群体为侵害对象，人民群众深恶痛绝的犯罪，坚决依法严惩。

对国家工作人员贪污贿赂、滥用职权、失职渎职的严重犯罪，包庇纵容黑恶势力犯罪、重大安全责任事故、制售伪劣食品、药品所涉及的国家工作人员职务犯罪，发生在社会保障、征地拆迁、灾后重建、企业改制、医疗、教育、就业等领域严重损害群众利益、社会影响恶劣的国家工作人员职务犯罪，发生在经济社会建设重点领域、重点行业的严重商业贿赂犯罪，依法从严惩处。

对集资诈骗、贷款诈骗、制贩假币等严重危害金融秩序的犯罪，生产、销售假药、劣药、有毒有害食品等严重危害食品药品安全的犯罪，严重侵犯知识产权和制售假冒伪劣商品犯罪，造成严重后果的重大安全责任事故犯罪，重大环境污染、非法采矿、盗伐林木等严重破坏生态环境的犯罪，依法从严惩处。对受害群众较多的涉众型案件，积极配合有关部门做好善后处置工作，最大限度地维护群众的合法权益。

7. 区别对待不同性质的犯罪，做到该宽则宽，当严则严，宽严相济，罚当其罪。对严重刑事犯罪依法严厉惩处的同时，对具有法定或酌定从宽处罚情节的被告人，依法在量刑时予以考虑，最大限度地分化、瓦解犯罪分子，最大限度地减少社会对立面。对较轻刑事犯罪依法从轻处罚的同时，充分考虑被告人是否具有屡教不改、严重滋扰社会、群众反映强烈等酌定从严处罚的情况，在量刑上有所体现，使犯罪分子受到应有处罚。

对因生产生活、邻里纠纷、婚姻家庭等民间矛盾激化引发，事出有因、针对特定对象，对社会治安秩序没有重大影响的犯罪，要着眼于和谐稳定，下大力气做好矛盾化解工作。被害人及其亲属对被告人表示谅解的，应作为酌定从轻情节，量刑时充分考虑。

8. 精心审理刑事大案要案。对案情敏感、社会高度关注的刑事案件，在严格依法办案的前提下，充分运用政治智慧和法律智慧，确保裁判法律效果和社会效果高度统一，使案件的审理成为执行国家法律和政策的典范。案件审理过程中，及时回应社会关切，加强司法宣传和舆论引导，营造有利于案件依法妥善处理的良好环境。

三、进一步做好附带民事诉讼审理工作

9. 附带民事诉讼制度的功能作用。审理附带民事诉讼案件，要在依法妥善解决损害赔偿问题，弥补被害人物质损失的同时，借助附带民事诉讼提供的对话平台，积极做好法律政策的宣传解释工作，充分听取被害人的民事诉求和对刑事裁判的意见，促使被告人认罪悔罪、争取被害人及其亲属谅解，从而有效化解矛盾，促进社会和谐。

10. 注重运用调解手段化解矛盾纠纷。将调解作为审理附带民事诉讼案件的必经程序，贯穿于案件审理的整个过程，力争把矛盾化解在基层，化解在一审，化解在裁判生效前。充分发挥被告人、被害人所在单位、社区基层组织、辩护人、诉讼代理人及当事人亲属、朋友在促进调解、化解矛盾方面的积极作用，形成做好调解疏导工作的合力。

11. 审理附带民事诉讼案件，应当依照刑法的有关规定，根据情况判处赔偿经济损失。确定赔偿数额，要根据被害人因犯罪行为遭受的物质损失并适当考虑被告人的赔偿能力。附带民事诉讼当事人就民事赔偿问题达成的调解协议，只要不违反法律规定，应当予以确认，以有利社会矛盾化解，更好慰藉被害人一方。

12. 妥善处理附带民事赔偿与量刑的关系。被告人案发后对被害人积极赔偿，并认罪、悔罪的，依法可以作为酌定量刑情节予以考虑，对轻微刑事案件的被告人，应当考虑适用非监禁刑。被告人认罪、悔罪、赔礼道歉、积极赔偿，取得被害人谅解的，依法可以从宽处理。对于严重危害社会治安、人民群众反映强烈、依法应当从严惩处的犯罪，不能仅以经济赔偿作为决定从轻处罚的条件。

四、积极探索和开展刑事和解工作

13. 重视发挥刑事和解在化解社会矛盾方面的积极作用。人民法院审理轻微刑事案件，通过当事人双方充分交流、协商，自愿达成和解协议并履行到位，有助于切实保护被害人合法权益，有效化解双方仇怨，避免产生新的矛盾，应当积极推进。

14. 积极探索、推进刑事和解工作。适用刑事和解，既要考虑当事人双方的意愿，也要考虑案件的性质和社会公众的接受能力。现阶段，对自诉案件和可能判处三年有期徒刑以下刑罚的侵犯公民个人权利案件、交通肇事案件，应当积极适用刑事和解，同时注重发挥刑事和解对化解当事人的矛盾、减少社会对抗、促进被告人改造的普遍功能。

15. 注重发挥司法能动作用促进和解。对符合和解条件的案件，做好法律、政策释明工作，在征得双方同意后，调动一切有利于矛盾化解的因素促进和解，引导双方以赔礼道歉、赔偿物质损失、履行特定义务等多种形式达成谅解，及时审查、确认和解协议效力，监督协议履行情况，确保被害人权益得到切实保护。

五、强化未成年人审判工作

16. 继续坚持"教育、感化、挽救"方针和"教育为主，惩罚为辅"原则。根据未成年人实施的具体犯罪行为后果、情节、性质，充分考虑其实施犯罪的动机和目的、犯罪时的年龄、是否初次犯罪、犯罪后的悔罪表现、个人成长经历、一贯表现等，从有利于未成年人教育、矫正的角度正确适用刑罚。

17. 注重保障未成年被告人的合法权益。严格执行未成年人犯罪案件不公开审理的相关规定，积极探索未成年人轻罪犯罪记录消灭制度，保证失足未成年人在升学、就业等方面免受歧视，更加顺利地回归社会、重塑人生。

18. 重视法庭教育和判后跟踪帮教。采取圆桌审判等适应未成年人身心特点的审理方式，视情邀请有利于教育、感化、挽救未成年被告人的人员参与庭审，寓教于审。协助未成年犯管教所或社区矫正部门做好帮教工作，确保改造效果，有效预防重新犯罪。

六、依法正确适用非监禁刑

19. 重视依法适用非监禁刑。充分发挥非监禁刑轻缓、经济、执行多样的优势，使罪行较轻者避免因被监禁与其他罪犯"交叉感染"，尽可能减少对其家庭、社会关系的影响，减少社会对立面。

20. 依法正确把握非监禁刑适用的对象。对于犯罪性质恶劣、罪行严重、主观恶性深、人身危险性大，或者具有法定、酌定从重处罚情节，以及依法大幅度减轻处罚后的被告人，一般不适用非监禁刑。对于依法减轻处罚后判处三年有期徒刑以下刑罚的职务犯罪案件，严格控制缓刑适用。

21. 确保非监禁刑执行效果。配合有关部门积极推动社区矫正工作，充分利用社会力量帮助罪犯顺利回归社会。适用非监禁刑时，除考虑案件本身的性质、情节、社会危害等因素外，应注意当地非监禁刑的执行条件、实施社区矫正的可行性，保证非监禁刑执行到位，避免脱管、漏管。

七、认真落实刑事被害人救助工作

22. 尽快落实、不断深化刑事被害人救助工作。对遭受犯罪行为侵害、无法及时获得有效赔偿、生活陷入困境的刑事被害人及其近亲属，及时给予适当经济资助，有效化解矛盾纠纷，体现党和政府的关怀、人民司法的温暖。

23. 建立与当地经济发展状况、刑事犯罪发案情况相适应的救助制度。确保有限的救助资金用于最需要救助的对象，救助的提起、审批、发放、管理、监督等各个环节，有章可循，有据可依。

24. 充分发挥刑事被害人救助在贯彻宽严相济刑事政策方面的积极作用。对于因婚姻家庭、邻里纠纷等民间矛盾激化引发的案件，特别是被害人一方有明显过错、对矛盾激化有直接责任，或者被告人有法定从轻处罚情节的，通过及时救助，舒缓被害人及其近亲属的情绪，保证案件正常审理。对于严重危害社会治安的恶性犯罪，必须毫不动摇地依法严惩犯罪分子，同时注重通过及时救助，切实维护被害人的合法权益，促进社会和谐、稳定。

最高人民法院
印发《关于建立健全防范刑事冤假错案工作机制的意见》的通知

2013年10月9日　　　　　　　　　　法发〔2013〕11号

各省、自治区、直辖市高级人民法院，解放军军事法院，新疆维吾尔自治区高级人民法院生产建设兵团分院：

为深入贯彻落实中央政法委员会《关于切实防止冤假错案的规定》，我院制定了《关于建立健全防范刑事冤假错案工作机制的意见》，现印发给你们，请认真遵照执行，并及时转发下级人民法院。

各级人民法院在刑事审判工作中要严格依法履行职责，牢固树立惩罚犯罪与保障人权并重的观念，以事实为根据，以法律为准绳，坚守防止冤假错案的底线，切实维护司法公正。

附：

关于建立健全防范刑事冤假错案工作机制的意见

为依法准确惩治犯罪，尊重和保障人权，实现司法公正，根据《中华人民共和国刑事诉讼法》和相关司法解释等规定，结合司法实际，对人民法院建立健全防范刑事冤假错案的工作机制提出如下意见：

一、坚持刑事诉讼基本原则，树立科学司法理念

1. 坚持尊重和保障人权原则。尊重被告人的诉讼主体地位，维护被告人的辩护权等诉讼权利，保障无罪的人不受刑事追究。

2. 坚持依法独立行使审判权原则。必须以事实为根据，以法律为准绳。不能因为舆论炒作、当事方上访闹访和地方"维稳"等压力，作出违反法律的裁判。

3. 坚持程序公正原则。自觉遵守刑事诉讼法有关规定，严格按照法定程序审判案件，保证准确有效地执行法律。

4. 坚持审判公开原则。依法保障当事人的诉讼权利和社会公众的知情权，审判过程、裁判文书依法公开。

5. 坚持证据裁判原则。认定案件事实，必须以证据为根据。应当依照法定程序审查、认定证据。认定被告人有罪，应当适用证据确实、充分的证明标准。

二、严格执行法定证明标准，强化证据审查机制

6. 定罪证据不足的案件，应当坚持疑罪从无原则，依法宣告被告人无罪，不得降格作出"留有余地"的判决。

定罪证据确实、充分，但影响量刑的证据存疑的，应当在量刑时作出有利于被告人的处理。

死刑案件，认定对被告人适用死刑的事实证据不足的，不得判处死刑。

7. 重证据，重调查研究，切实改变"口供至上"的观念和做法，注重实物证据的审查和运用。只有被告人供述，没有其他证据的，不能认定被告人有罪。

8. 采用刑讯逼供或者冻、饿、晒、烤、疲劳审讯等非法方法收集的被告人供述，应当排除。

除情况紧急必须现场讯问以外，在规定的办案场所外讯问取得的供述，未依法对讯问进行全程录音录像取得的供述，以及不能排除以非法方法取得的供述，应当排除。

9. 现场遗留的可能与犯罪有关的指纹、血迹、精斑、毛发等证据，未通过指纹鉴定、DNA鉴定等方式与被告人、被害人的相应样本作同一认定的，不得作为定案的根据。涉案物品、作案工具等未通过辨认、鉴定等方式确定来源的，不得作为定案的根据。

对于命案，应当审查是否通过被害人近亲属辨认、指纹鉴定、DNA鉴定等方式确定被害人身份。

三、切实遵守法定诉讼程序，强化案件审理机制

10. 庭前会议应当归纳事实、证据争点。控辩双方有异议的证据，庭审时重点调查；没有异议的，庭审时举证、质证适当简化。

11. 审判案件应当以庭审为中心。事实证据调查在法庭，定罪量刑辩论在法庭，裁判结果形成于法庭。

12. 证据未经当庭出示、辨认、质证等法庭调查程序查证属实，不得作为定案的根据。

采取技术侦查措施收集的证据，除可能危及有关人员的人身安全，或者可能产生其他严重后果，由人民法院依职权庭外调查核实的外，未经法庭调查程序查证属实，不得作为定案的根据。

13. 依法应当出庭作证的证人没有正当理由拒绝出庭或者出庭后拒绝作证，其庭前证言真实性无法确认的，不得作为定案的根据。

14. 保障被告人及其辩护人在庭审中的发问、质证、辩论等诉讼权利。对于被告人及其辩护人提出的辩解理由、辩护意见和提交的证据材料，应当当庭或者在裁判文书中说明采纳与否及理由。

15. 定罪证据存疑的，应当书面建议人民检察院补充调查。人民检察院在二个月内未提交书面材料的，应当根据在案证据依法作出裁判。

四、认真履行案件把关职责，完善审核监督机制

16. 合议庭成员共同对案件事实负责。承办法官为案件质量第一责任人。

合议庭成员通过庭审或者阅卷等方式审查事实和证据，独立发表评议意见并说明理由。

死刑案件，由经验丰富的法官承办。

17. 审判委员会讨论案件，委员依次独立发表意见并说明理由，主持人最后发表意见。

18. 原判事实不清、证据不足，第二审人民法院查清事实的，不得发回重新审判。以事实不清、证据不足为由发回重新审判的案件，上诉、抗诉后，不得再次发回重新审判。

19. 不得通过降低案件管辖级别规避上级人民法院的监督。不得就事实和证据问题请示上级人民法院。

20. 复核死刑案件，应当讯问被告人。辩护律师提出要求的，应当听取意见。证据存疑的，应当调查核实，必要时到案发地调查。

21. 重大、疑难、复杂案件，不能在法定期限内审结的，应当依法报请延长审理期限。

22. 建立科学的办案绩效考核指标体系，不得以上诉率、改判率、发回重审率等单项考核指标评价办案质量和效果。

五、充分发挥各方职能作用，建立健全制约机制

23. 严格依照法定程序和职责审判案件，不得参与公安机关、人民检察院联合办案。

24. 切实保障辩护人会见、阅卷、调查取证等辩护权利。辩护人申请调取可能证明被告人无罪、罪轻的证据，应当准许。

25. 重大、疑难、复杂案件，可以邀请人大代表、政协委员、基层群众代表等旁听观审。

26. 对确有冤错可能的控告和申诉，应当依法复查。原判决、裁定确有错误的，依法及时纠正。

27. 建立健全审判人员权责一致的办案责任制。审判人员依法履行职责，不受追究。审判人员办理案件违反审判工作纪律或者徇私枉法的，依照有关审判工作纪律和法律的规定追究责任。

最高人民法院　最高人民检察院
公安部　司法部
印发《关于在部分地区开展刑事案件速裁程序试点工作的办法》的通知

2014年8月22日　　　　　　　　　　　法〔2014〕220号

北京、天津、辽宁、上海、江苏、浙江、福建、山东、河南、湖北、湖南、广东、重庆、陕西省、直辖市高级人民法院、人民检察院、公安厅（局）、司法厅（局）：

根据全国人民代表大会常务委员会《关于授权最高人民法院、最高人民检察院在部分地区开展刑事案件速裁程序试点工作的决定》，最高人民法院、最高人民检察院、公安部、司法部制定了《最高人民法院、最高人民检察院、公安部、司法部关于在部分地区开展刑事案件速裁程序试点工作的办法》（以下简称《办法》），现予以印发。请各地结合实际，认真组织有关辖区人民法院、人民检察院、公安机关、司法行政机关做好试点工作。现就有关工作要求通知如下：

一、充分认识开展试点工作的重要意义

开展刑事案件速裁程序试点工作，有利于进一步推动案件繁简分流，优化司法资源配置，提高办理刑事案件的质量与效率，维护当事人的合法权益，促进社会和谐稳定，并为改革完善刑事诉讼法积累实践经验。各级人民法院、人民检察院、公安机关、司法行政机关要充分认识试点工作的重要意义，切实加强组织领导和协调配合，确保试点工作顺利开展并取得实效。

二、紧密结合实际制定实施细则

试点地方为北京、天津、上海、重庆、沈阳、大连、南京、杭州、福州、厦门、济南、青岛、郑州、武汉、长沙、广州、深圳、西安。各地应结合当地实际，确定若干试点单位，积累经验后逐步扩大，并根据《办法》制定实施方案或实施细则，由试点地方分别层报最高人民法院、最高人民检察院、公安部、司法部备案。

三、加强监督指导及时总结评估

各试点地方人民法院、人民检察院、公安机关、司法行政机关应当加强联系与沟通，及时协调解决试点中出现的问题。有关高级人民法院、人民检察院、公安机关、司法行政机关应当加强对试点工作的监督指导，及时总结试点经验，每半年分别报告最高人民法院、最高人民检察院、公安部、司法部。

最高人民法院、最高人民检察院、公安部、司法部将及时对试点工作进行评估，对实践证明可行的，及时提出修改完善有关法律规定的建议；对实践证明不宜调整实施的，及时恢复施行有关法律规定。

附：

最高人民法院 最高人民检察院 公安部 司法部
关于在部分地区开展刑事案件速裁程序试点工作的办法

根据刑事诉讼法和全国人民代表大会常务委员会《关于授权最高人民法院、最高人民检察院在部分地区开展刑事案件速裁程序试点工作的决定》，为确保试点工作依法有序开展，制定本办法。

第一条 对危险驾驶、交通肇事、盗窃、诈骗、抢夺、伤害、寻衅滋事、非法拘禁、毒品犯罪、行贿犯罪、在公共场所实施的扰乱公共秩序犯罪情节较轻、依法可能判处一年以下有期徒刑、拘役、管制的案件，或者依法单处罚金的案件，符合下列条件的，可以适用速裁程序：

（一）案件事实清楚、证据充分的；

（二）犯罪嫌疑人、被告人承认自己所犯罪行，对指控的犯罪事实没有异议的；

（三）当事人对适用法律没有争议，犯罪嫌疑人、被告人同意人民检察院提出的量刑建议的；

（四）犯罪嫌疑人、被告人同意适用速裁程序的。

第二条 具有下列情形之一的，不适用速裁程序：

（一）犯罪嫌疑人、被告人是未成年人，盲、聋、哑人，或者是尚未完全丧失辨认或者控制自己行为能力的精神病人的；

（二）共同犯罪案件中部分犯罪嫌疑人、被告人对指控事实、罪名、量刑建议有异议的；

（三）犯罪嫌疑人、被告人认罪但经审查认为可能不构成犯罪的，或者辩护人作无罪辩护的；

（四）被告人对量刑建议没有异议但经审查认为量刑建议不当的；

（五）犯罪嫌疑人、被告人与被害人或者其法定代理人、近亲属没有就赔偿损失、恢复原状、赔礼道歉等事项达成调解或者和解协议的；

（六）犯罪嫌疑人、被告人违反取保候审、监视居住规定，严重影响刑事诉讼活动正常进行的；

（七）犯罪嫌疑人、被告人具有累犯、教唆未成年人犯罪等法定从重情节的；

（八）其他不宜适用速裁程序的情形。

第三条 适用速裁程序的案件，对于符合取保候审、监视居住条件的犯罪嫌疑人、被告人，应当取保候审、监视居住。违反取保候审、监视居住规定，严重影响诉讼活动正常进行的，可以予以逮捕。

第四条 建立法律援助值班律师制度，法律援助机构在人民法院、看守所派驻法律援助值班律师。犯罪嫌疑人、被告人申请提供法律帮助的，应当为其指派法律援助值班律师。

第五条 公安机关侦查终结移送审查起诉时，认为案件符合速裁程序适用条件的，可以建议人民检察院按速裁案件办理。

辩护人认为案件符合速裁程序适用条件的，经犯罪嫌疑人同意，可以建议人民检察院按速裁案件办理。

第六条 人民检察院经审查认为案件事实清楚、证据充分的，应当拟定量刑建议并讯问犯罪嫌疑人，了解其对指控的犯罪事实、量刑建议及适用速裁程序的意见，告知有关法律规定。犯罪嫌疑人承认自己所犯罪行，对量刑建议及适用速裁程序没有异议并签字具结的，人民检察院可以建议人民法院适用速裁程序审理。

第七条 人民检察院认为对犯罪嫌疑人可能宣告缓刑或者判处管制的，可以委托犯罪嫌疑人居住地所在的县级司法行政机关进行调查评估。司法行政机关一般应当在收到委托书后五个工作日内完成调查评估并出具评估意见，并及时向人民检察院和受理案件的人民法院反馈。

第八条 人民检察院一般应当在受理案件后八个工作日内作出是否提起公诉的决定。决定起诉并建议人民法院适用速裁程序的，应当在起诉书中提出量刑建议，并提供犯罪嫌疑人的具结书等材料。起诉书可以简化。

第九条 对于人民检察院建议适用速裁程序并且按照第八条规定提供相关材料的案件，人民法院经审查认为事实清楚、证据充分，人民检察院提出的量刑建议适当的，可以决定适用速裁程序，并通知人民检察院和辩护人。

第十条 人民法院适用速裁程序审理案件，由审判员一人独任审判，送达期限不受刑事诉讼法规定的限制。

第十一条 人民法院适用速裁程序审理案件，应当当庭询问被告人对指控的犯罪事实、量刑建议及适用速裁程序的意见，听取公诉人、辩护人、被害人及其诉讼代理人的意见。被告人当庭认罪、同意量刑建议和适用速裁程序的，不再进行法庭调查、法庭辩论。但在判决宣告前应当听取被告人的最后陈述意见。

第十二条 人民法院适用速裁程序审理的案件，被告人以信息安全为由申请不公开审理，人民检察院、辩护人没有异议的，经本院院长批准，可以不公开审理。

第十三条 人民法院适用速裁程序审理案件，对被告人自愿认罪，退缴赃款赃物、积极赔偿损失、赔礼道歉，取得被害人或者近亲属谅解的，可以依法从宽处罚。

第十四条 人民法院在审理过程中，发现不符合速裁程序适用条件的，应当转为简易程序或者普通程序审理。

第十五条 人民法院适用速裁程序审理案件，一般应当在受理后七个工作日内审结。

第十六条 人民法院适用速裁程序审理的案件，应当当庭宣判，使用格式裁判文书。

第十七条 适用速裁程序办理案件，除本办法另有规定的以外，应当按照刑事诉讼法的规定进行。

第十八条 本办法自发布之日起试行二年。

最高人民法院 最高人民检察院 公安部 国家安全部 司法部 印发《关于在部分地区开展刑事案件认罪认罚从宽制度试点工作的办法》的通知

2016年11月11日　　　　　　　　　　　　　　法〔2016〕386号

北京、天津、辽宁、上海、江苏、浙江、福建、山东、河南、河北、湖南、广东、重庆、陕西省（市）高级人民法院、人民检察院、公安厅（局）、国家安全厅（局）、司法厅（局）：

根据《全国人民代表大会常务委员会关于授权最高人民法院、最高人民检察院在部分地区开展刑事案件认罪认罚从宽制度试点工作的决定》（以下简称《授权决定》），最高人民法院、最高人民检察院会同公安部、国家安全部、司法部制定了《关于在部分地区开展形式案件认罪认罚从宽制度试点工作的办法》（以下简称《试点办法》），现予印发，并就有关工作要求通知如下：

要充分认识开展试点工作的重大意义。认罪认罚从宽制度试点，是落实党的十八届四中全会关于完善刑事诉讼中认罪认罚从宽制度改革部署的重大举措，是依法推动宽严相济刑事政策具体化、制度化的重要探索。这项改革，有利于及时有效惩罚犯罪，维护社会稳定；有利于进一步落实宽严相济刑事政策，加强人权司法保障；有利于优化司法资源配置，在更高层次上实现公正与效率相统一；有利于探索构建科学刑事诉讼体系，推进以审判为中心的刑事诉讼制度改革。各级人民法院、人民检察院、公安机关、国家安全机关、司法行政机关要充分认识试点的重大意义，积极、稳妥、有序推进试点工作。

要及时制定实施方案。试点地方为北京、天津、上海、重庆、沈阳、大连、南京、杭州、福州、厦门、济南、青岛、郑州、武汉、长沙、广州、深圳、西安。各地要结合当地实际，根据《试点办法》制定实施方案或实施细则，分别层报最高人民法院、最高人民检察院、公安部、国家安全部、司法部备案。

要加强协调配合。各地人民法院、人民检察院、公安机关、国家安全机关、司法行政机关在分工负责、各司其职的基础上，要加强沟通协调，明确办理试点案件的政策把握、法律适用原则,共同研究解决试点中出现的新情况、新问题,合力推进试点工作。

要加强监督指导。各地人民法院、人民检察院、公安机关、国家安全机关、司法行政机关要认真学习、深刻领会《授权决定》和《试点办法》,准确把握改革试点要求。要加强对下监督指导,密切关注辖区试点开展情况,及时发现问题,梳理情况,总结经验,强化指导,确保试点工作依法规范开展。试点工作情况,每季度分别层报最高人民法院、最高人民检察院、公安部、国家安全部、司法部。

附:

最高人民法院　最高人民检察院　公安部
国家安全部　司法部
关于在部分地区开展刑事案件认罪认罚
从宽制度试点工作的办法

为确保刑事案件认罪认罚从宽制度试点工作依法有序开展,根据刑法、刑事诉讼法和《全国人民代表大会常务委员会关于授权最高人民法院、最高人民检察院在部分地区开展刑事案件认罪认罚从宽制度试点工作的决定》,结合司法工作实际,制定本办法。

第一条　犯罪嫌疑人、被告人自愿如实供述自己的罪行,对指控的犯罪事实没有异议,同意量刑建议,签署具结书的,可以依法从宽处理。

第二条　具有下列情形之一的,不适用认罪认罚从宽制度:

(一)犯罪嫌疑人、被告人是尚未完全丧失辩认或者控制自己行为能力的精神病人的;

(二)未成年犯罪嫌疑人、被告人的法定代理人、辩护人对未成年人认罪认罚有异议的;

(三)犯罪嫌疑人、被告人行为不构成犯罪的;

(四)其他不宜适用的情形。

第三条　办理认罪认罚案件,应当遵循刑法、刑事诉讼法的基本原则,以事实为根据,以法律为准绳,保障犯罪嫌疑人、被告人依法享有的辩护权和其他诉讼权利,保障被害人的合法权益,维护社会公共利益,强化监督制约,确保无罪的人不受刑事追究,有罪的人受到公正惩罚,确保司法公正。

第四条　办理认罪认罚案件,应当坚持下列原则:

贯彻宽严相济刑事政策,充分考虑犯罪的社会危害性和犯罪嫌疑人、被告人的人身危险性,结合认罪认罚的具体情况,确定是否从宽以及从宽幅度,做到该宽则宽,当严则严,宽严相济,确保办案法律效果和社会效果。

坚持罪责刑相适应,根据犯罪的事实、性质、情节、后果,依照法律规定提出量刑建议,准确裁量刑罚,确保刑罚的轻重与犯罪分子所犯罪行和应当承担的刑事责任相适应。

坚持证据裁判，依照法律规定收集、固定、审查和认定证据。

第五条 办理认罪认罚案件，应当保障犯罪嫌疑人、被告人获得有效法律帮助，确保其了解认罪认罚的性质和法律后果，自愿认罪认罚。

法律援助机构可以根据人民法院、看守所实际工作需要，通过设立法律援助工作站派驻值班律师、及时安排值班律师等形式提供法律帮助。人民法院、看守所应当为值班律师开展工作提供便利工作场所和必要办公设施，简化会见程序，保障值班律师依法履行职责。

犯罪嫌疑人、被告人自愿认罪认罚，没有辩护人的，人民法院、人民检察院、公安机关应当通知值班律师为其提供法律咨询、程序选择、申请变更强制措施等法律帮助。

人民法院、人民检察院、公安机关应当告知犯罪嫌疑人、被告人申请法律援助的权利。符合应当通知辩护条件的，依法通知法律援助机构指派律师为其提供辩护。

第六条 人民法院、人民检察院、公安机关应当将犯罪嫌疑人、被告人认罪认罚作为其是否具有社会危害性的重要考虑因素，对于没有社会危险性的犯罪嫌疑人、被告人，应当取保候审、监视居住。

第七条 办理认罪认罚案件，应当听取被害人及其代理人意见，并将犯罪嫌疑人、被告人是否与被害人达成和解协议或者赔偿被害人损失，取得被害人谅解，作为量刑的重要考虑因素。

第八条 在侦查过程中，侦查机关应当告知犯罪嫌疑人享有的诉讼权利和认罪认罚可能导致的法律后果，听取犯罪嫌疑人及其辩护人或者值班律师的意见，犯罪嫌疑人自愿认罪认罚的，记录在案并附卷。

犯罪嫌疑人向看守所工作人员或辩护人、值班律师表示愿意认罪认罚的，有关人员应当及时书面告知办案单位。

对拟移送审查起诉的案件，侦查机关应当在起诉意见中写明犯罪嫌疑人自愿认罪认罚情况。

第九条 犯罪嫌疑人自愿如实供述涉嫌犯罪的事实，有重大立功或者案件涉及国家重大利益，需要撤销案件的，办理案件的公安机关应当层报公安部，由公安部提请最高人民检察院批准。

第十条 在审查起诉过程中，人民检察院应当告知犯罪嫌疑人享有的诉讼权利和认罪认罚可能导致的法律后果，就下列事项听取犯罪嫌疑人及其辩护人或者值班律师的意见，记录在案并附卷：

（一）指控的罪名及适用的法律条款；
（二）从轻、减轻或者免除处罚等从宽处罚的建议；
（三）认罪认罚后案件审查适用的程序；
（四）其他需要听取意见的情形。

犯罪嫌疑人自愿认罪，同意量刑建议和程序适用的，应当在辩护人或者值班律师在场的情况下签署具结书。

第十一条 人民检察院向人民法院提起公诉的，应当在起诉书中写明被告人认罪认罚情况，提出量刑建议，并同时移送被告人的认罪认罚具结书等材料。

量刑建议一般应当包括主刑、附加刑，并明确刑罚执行方式。可以提出相对明确的量刑幅度，也可以根据案件具体情况，提出确定刑期的量刑建议。建议判处财产刑的，一般应当提出确定的数额。

第十二条 对适用速裁程序的案件，人民检察院一般应当在受理后十日内作出是否提起公诉的决定；对可能判处的有期徒刑超过一年的，可以延长至十五日。

第十三条 犯罪嫌疑人自愿如实供述涉嫌犯罪的事实，有重大立功或者案件涉及国家重大利益的，经最高人民检察院批准，人民检察院可以作出不起诉决定，也可以对涉嫌数罪中的一项或者多项提起公诉。

具有法律规定不起诉情形的，依照法律规定办理。

第十四条 最高人民检察院批准不起诉的，或者经公安部提请批准撤销案件的，人民检察院、公安机关对查封、扣押、冻结的财物及其孳息，应当调查权属情况，查明是否属于违法所得或者依法应当追缴的其他涉案财物。案外人对查封、扣押、冻结的财物及其孳息提出权属异议的，应当进行审查。

确认查封、扣押、冻结的财物及其孳息属于违法所得、违禁品或者供作案所用的本人财物，除依法返还被害人的以外，应当在撤销案件或者作出不起诉决定后三十日内予以收缴，一律上缴国库。对查封、扣押、冻结的财物及其孳息不能确认属于违法所得或者依法应当追缴的其他涉案财物的，不得收缴。

第十五条 人民法院审理认罪认罚案件，应当告知被告人享有的诉讼权利和认罪认罚可能导致的法律后果，审查认罪认罚的自愿性和认罪认罚具结书内容的真实性、合法性。

第十六条 对于基层人民法院管辖的可能判处三年有期徒刑以下刑罚的案件，事实清楚、证据充分，当事人对适用法律没有争议，被告人认罪认罚并同意适用速裁程序的，可以适用速裁程序，由审判员独任审判，送达期限不受刑事诉讼法规定的限制，不进行法庭调查、法庭辩论，当庭宣判，但在判决宣告前应当听取被告人的最后陈述。

适用速裁程序审理案件，人民法院一般应当在十日内审结；对可能判处的有期徒刑超过一年的，可以延长至十五日。

第十七条 具有下列情形之一的，不适用速裁程序审理：

（一）被告人是盲、聋、哑人的；

（二）案件疑难、复杂，或者有重大社会影响的；

（三）共同犯罪案件中部分被告人对指控事实、罪名、量刑建议有异议的；

（四）被告人与被害人或者其代理人没有就附带民事赔偿等事项达成调解或者和解协议的；

（五）其他不宜适用速裁程序的情形。

第十八条 对于基层人民法院管辖的可能判处三年有期徒刑以上刑罚的案件，被告人认罪认罚的，可以依法适用简易程序审判，在判决宣告前应当听取被告人的最后陈述，一般应当当庭宣判。

第十九条 人民法院适用速裁程序或者简易程序审查的认罪认罚案件，有下列情形之一的，应当转为普通程序审理：

（一）被告人违背意愿认罪认罚的；
（二）被告人否认指控的犯罪事实的；
（三）其他不宜适用速裁程序或者简易程序审理的情形。

第二十条 对于认罪认罚案件，人民法院依法作出判决时，一般应当采纳人民检察院指控的罪名和量刑建议，但具有下列情形的除外：
（一）被告人不构成犯罪或者不应当追究刑事责任的；
（二）被告人违背意愿认罪认罚的；
（三）被告人否认指控的犯罪事实的；
（四）起诉指控的罪名与审理认定的罪名不一致的；
（五）其他可能影响公正审判的情形。

第二十一条 人民法院经审理认为，人民检察院的量刑建议明显不当，或者被告人、辩护人对量刑建议提出异议的，人民法院可以对建议人民检察院调整量刑建议，人民检察院不同意调整量刑建议或者调整量刑建议后被告人、辩护人仍有异议的，人民法院应当依法作出判决。

第二十二条 对不具有法定减轻处罚情节的认罪认罚案件，应当在法定刑的限度以内从轻判处刑罚，犯罪情节轻微不需要判处刑罚的，可以依法免予刑事处罚，确实需要在法定刑以下判处刑罚的，应当层报最高人民法院核准。

第二十三条 第二审人民法院对被告人不服适用速裁程序作出的第一审判决提起上诉的案件，可以不开庭审理。经审理认为原判认定事实和适用法律正确、量刑适当的，应当裁定驳回上诉，维持原判；原判认定事实没有错误，但适用法律有错误，或者量刑不当的，应当改判；原判事实不清或者证据不足的，应当裁定撤销原判，发回原审人民法院适用普通程序重新审判。

第二十四条 人民法院、人民检察院、公安机关工作人员在办理认罪认罚案件中，有刑讯逼供、暴力取证或者权钱交易、放纵罪犯等滥用职权、徇私枉法情形，构成犯罪的，依法追究刑事责任；尚不构成犯罪的，依法给予行政处分或者纪律处分。

第二十五条 国家安全机关依法办理认罪认罚案件，适用本办法中有关公安机关的规定。

第二十六条 办理犯罪嫌疑人、被告人认罪认罚案件，本办法有规定的，按照本办法执行；本办法没有规定的，适用刑法、刑事诉讼法等有关规定。

第二十七条 原刑事案件速裁程序试点相关规定可以参照执行，本办法另有规定的除外。

第二十八条 本办法在北京、天津、上海、重庆、沈阳、大连、南京、杭州、福州、厦门、济南、青岛、郑州、武汉、长沙、广州、深圳、西安试行。

第二十九条 本办法自发布之日起试行二年。

最高人民法院
关于全面深入推进刑事案件认罪认罚从宽制度试点工作的通知

2018年5月2日　　　　　　　　　　　　　　　　法〔2018〕114号

北京、天津、辽宁、上海、江苏、浙江、福建、山东、河南、湖北、湖南、广东、重庆、陕西省（市）高级人民法院：

刑事案件认罪认罚从宽制度试点工作，是落实党中央有关改革部署的重大举措。2016年11月试点启动以来，各试点地区人民法院认真贯彻落实，组织领导有力，部署落实到位，积极探索创新，推动试点平稳有序、顺利开展。北京、浙江、福建、山东、广东、重庆、陕西等地法院试点案件数量多、比例高，示范带动作用发挥较好。各试点法院在实体处理、程序适用、配套保障等方面形成了许多成功做法和经验。2017年12月，十二届全国人大常委会第三十一次会议审议了最高人民法院、最高人民检察院试点中期报告，对改革试点成效给予充分肯定，对相关工作推进提出监督指导意见。最高人民法院党组高度重视，周强院长批示要求认真研究落实。试点还有半年多时间，为确保圆满完成改革任务，根据全国人大常委会委员们的审议意见，结合近期试点工作进展和调研督查情况，现就全面深入推进试点工作通知如下：

一、遵循改革原则，确保试点正确实施。要牢牢把握改革方向和基本原则，确保办案法律效果和社会效果。坚持宽严相济，量刑时要充分考虑犯罪的社会危害性和被告人的人身危险性，区分案件性质和罪行轻重，确保罪责刑相适应，避免片面从严、一味从宽两种错误倾向。贯彻证据裁判要求，确保定案事实清楚、证据确实、充分，严防被迫认罪、替人顶罪等冤假错案发生。切实维护当事人权益，既要保障被告人的诉讼权利，也要依法听取被害人意见，正确处理赔偿和解与从宽处罚的关系，确保司法公正。

二、加强监督指导，确保试点规范有序。有关高、中级人民法院要加强业务指导，监督试点工作规范有序开展。严格把握适用条件，对犯罪性质恶劣、犯罪手段残忍、社会危害严重、群众反映强烈的案件，适用认罪认罚从宽制度应当特别慎重。严格规范诉讼程序，针对认罪认罚案件特点，探索完善繁简分流的多层次审判程序机制，在确保案件质量的前提下提升审判效率，避免片面从简、一味求快。规范案件审判管理，健全监督制约机制，确保依法公正行使审判权。

三、强化组织协调，着力破解试点工作难题。此次改革试点时间紧、任务重，随着改革逐步深入，深层次问题不断显现。各地要增强改革试点的责任感、使命感和紧迫感，紧紧依靠党委政法委的领导，积极主动协调有关部门，凝聚共识，合力破解改革难题，推动试点深入开展。加强与检察机关的沟通协调，正确处理检察机关量刑建议与人民法院刑罚裁量的关系，探索完善认罪认罚案件的量刑标准。协调保障值班律师依法履职，为律师阅卷提供便利，确保被告人获得有效法律帮助，有条件的地方，可以探索值班律师转任辩护人机制。

四、及时研究总结，推动相关立法修改完善。做好试点工作的数据分析和经验梳理，对进一步完善刑事法律制度进行研究论证。要把制度创新作为核心任务，从制度层面考虑问题、研究问题，为试点全面推开积累经验、做好准备。积极配合立法机关开展调研，及时总结试点经验做法，将改革中行之有效的做法转化为制度机制，促进改革成果制度化、法治化。

相关贯彻落实情况请及时报告最高人民法院刑事审判第一庭。

最高人民法院　最高人民检察院　公安部　国家安全部　司法部关于推进以审判为中心的刑事诉讼制度改革的意见

2016年7月20日　　　　　　　　　　法发〔2016〕18号

为贯彻落实《中共中央关于全面推进依法治国若干重大问题的决定》的有关要求，推进以审判为中心的刑事诉讼制度改革，依据宪法法律规定，结合司法工作实际，制定本意见。

一、未经人民法院依法判决，对任何人都不得确定有罪。人民法院、人民检察院和公安机关办理刑事案件，应当分工负责，互相配合，互相制约，保证准确、及时地查明犯罪事实，正确应用法律，惩罚犯罪分子，保障无罪的人不受刑事追究。

二、严格按照法律规定的证据裁判要求，没有证据不得认定犯罪事实。侦查机关侦查终结，人民检察院提起公诉，人民法院作出有罪判决，都应当做到犯罪事实清楚，证据确实、充分。

侦查机关、人民检察院应当按照裁判的要求和标准收集、固定、审查、运用证据，人民法院应当按照法定程序认定证据，依法作出裁判。

人民法院作出有罪判决，对于证明犯罪构成要件的事实，应当综合全案证据排除合理怀疑，对于量刑证据存疑的，应当作出有利于被告人的认定。

三、建立健全符合裁判要求、适应各类案件特点的证据收集指引。探索建立命案等重大案件检查、搜查、辨认、指认等过程录音录像制度。完善技术侦查证据的移送、审查、法庭调查和使用规则以及庭外核实程序。统一司法鉴定标准和程序。完善见证人制度。

四、侦查机关应当全面、客观、及时收集与案件有关的证据。

侦查机关应当依法收集证据。对采取刑讯逼供、暴力、威胁等非法方法收集的言词证据，应当依法予以排除。侦查机关收集物证、书证不符合法定程序，可能严重影响司法公正，不能补正或者作出合理解释的，应当依法予以排除。

对物证、书证等实物证据，一般应当提取原物、原件，确保证据的真实性。需要鉴定的，应当及时送检。证据之间有矛盾的，应当及时查证。所有证据应当妥善保管，随案移送。

五、完善讯问制度，防止刑讯逼供，不得强迫任何人证实自己有罪。严格按照有关规定要求，在规范的讯问场所讯问犯罪嫌疑人。严格依照法律规定对讯问过程全程同步录音录像，逐步实行对所有案件的讯问过程全程同步录音录像。

探索建立重大案件侦查终结前对讯问合法性进行核查制度。对公安机关、国家安全机关和人民检察院侦查的重大案件，由人民检察院驻看守所检察人员询问犯罪嫌疑人，核查是否存在刑讯逼供、非法取证情形，并同步录音录像。经核查，确有刑讯逼供、非法取证情形的，侦查机关应当及时排除非法证据，不得作为提请批准逮捕、移送审查起诉的根据。

六、在案件侦查终结前，犯罪嫌疑人提出无罪或者罪轻的辩解，辩护律师提出犯罪嫌疑人无罪或者依法不应追究刑事责任的意见，侦查机关应当依法予以核实。

七、完善补充侦查制度。进一步明确退回补充侦查的条件，建立人民检察院退回补充侦查引导和说理机制，明确补充侦查方向、标准和要求。规范补充侦查行为，对于确实无法查明的事项，公安机关、国家安全机关应当书面向人民检察院说明理由。对于二次退回补充侦查后，仍然证据不足、不符合起诉条件的，依法作出不起诉决定。

八、进一步完善公诉机制，被告人有罪的举证责任，由人民检察院承担。对被告人不认罪的，人民检察院应当强化庭前准备和当庭讯问、举证、质证。

九、完善不起诉制度，对未达到法定证明标准的案件，人民检察院应当依法作出不起诉决定，防止事实不清、证据不足的案件进入审判程序。完善撤回起诉制度，规范撤回起诉的条件和程序。

十、完善庭前会议程序，对适用普通程序审理的案件，健全庭前证据展示制度，听取出庭证人名单、非法证据排除等方面的意见。

十一、规范法庭调查程序，确保诉讼证据出示在法庭、案件事实查明在法庭。证明被告人有罪或者无罪、罪轻或者罪重的证据，都应当在法庭上出示，依法保障控辩双方的质证权利。对定罪量刑的证据，控辩双方存在争议的，应当单独质证；对庭前会议中控辩双方没有异议的证据，可以简化举证、质证。

十二、完善对证人、鉴定人的法庭质证规则。落实证人、鉴定人、侦查人员出庭作证制度，提高出庭作证率。公诉人、当事人或者辩护人、诉讼代理人对证人证言有异议，人民法院认为该证人证言对案件定罪量刑有重大影响的，证人应当出庭作证。

健全证人保护工作机制，对因作证面临人身安全等危险的人员依法采取保护措施。建立证人、鉴定人等作证补助专项经费划拨机制。完善强制证人到庭制度。

十三、完善法庭辩论规则，确保控辩意见发表在法庭。法庭辩论应当围绕定罪、量刑分别进行，对被告人认罪的案件，主要围绕量刑进行。法庭应当充分听取控辩双方意见，依法保障被告人及其辩护人的辩论辩护权。

十四、完善当庭宣判制度，确保裁判结果形成在法庭。适用速裁程序审理的案件，除附带民事诉讼的案件以外，一律当庭宣判；适用简易程序审理的案件一般应当当庭宣判；适用普通程序审理的案件逐步提高当庭宣判率。规范定期宣判制度。

十五、严格依法裁判。人民法院经审理，对案件事实清楚，证据确实、充分，依据法律认定被告人有罪的，应当作出有罪判决。依据法律规定认定被告人无罪的，应当作出无罪判决。证据不足，不能认定被告人有罪的，应当按照疑罪从无原则，依法作出无罪判决。

十六、完善人民检察院对侦查活动和刑事审判活动的监督机制。建立健全对强制措施的监督机制。加强人民检察院对逮捕后羁押必要性的审查，规范非羁押性强制措施的适用。进一步规范和加强人民检察院对人民法院确有错误的刑事判决和裁定的抗诉工作，保证刑事抗诉的及时性、准确性和全面性。

十七、健全当事人、辩护人和其他诉讼参与人的权利保障制度。

依法保障当事人和其他诉讼参与人的知情权、陈述权、辩论辩护权、申请权、申诉权。犯罪嫌疑人、被告人有权获得辩护，人民法院、人民检察院、公安机关、国家安全机关有义务保证犯罪嫌疑人、被告人获得辩护。

依法保障辩护人会见、阅卷、收集证据和发问、质证、辩论辩护等权利，完善便利辩护人参与诉讼的工作机制。

十八、辩护人或者其他任何人，不得帮助犯罪嫌疑人、被告人隐匿、毁灭、伪造证据或者串供，不得威胁、引诱证人作伪证以及进行其他干扰司法机关诉讼活动的行为。对于实施上述行为的，应当依法追究法律责任。

十九、当事人、诉讼参与人和旁听人员在庭审活动中应当服从审判长或独任审判员的指挥，遵守法庭纪律。对扰乱法庭秩序、危及法庭安全等违法行为，应当依法处理；构成犯罪的，依法追究刑事责任。

二十、建立法律援助值班律师制度，法律援助机构在看守所、人民法院派驻值班律师，为犯罪嫌疑人、被告人提供法律帮助。

完善法律援助制度，健全依申请法律援助工作机制和办案机关通知辩护工作机制。对未履行通知或者指派辩护职责的办案人员，严格实行责任追究。

二十一、推进案件繁简分流，优化司法资源配置。完善刑事案件速裁程序和认罪认罚从宽制度，对案件事实清楚、证据充分的轻微刑事案件，或者犯罪嫌疑人、被告人自愿认罪认罚的，可以适用速裁程序、简易程序或者普通程序简化审理。

最高人民法院
印发《关于全面推进以审判为中心的刑事诉讼制度改革的实施意见》的通知

2017年2月17日　　　　　　　　　　　　　　法发〔2017〕5号

各省、自治区、直辖市高级人民法院，解放军军事法院，新疆维吾尔自治区高级人民法院生产建设兵团分院；全国地方各中级人民法院，各大单位军事法院，新疆生产建设兵团各中级法院：

为贯彻落实最高人民法院、最高人民检察院、公安部、国家安全部、司法部《关于推进以审判为中心的刑事诉讼制度改革的意见》，全面推进改革工作，最高人民法院制定了《关于全面推进以审判为中心的刑事诉讼制度改革的实施意见》（以下简称《实施意见》），现印发给你们，请结合审判工作实际参照执行。

为了在审判实践中更好地贯彻执行《实施意见》，现提出以下要求：

1. 充分认识改革意义，明确改革方向。推进以审判为中心的刑事诉讼制度改革，是中央十八届四中全会作出的重大决策，是坚持严格司法、确保刑事司法公正的现实需要，是完善人权司法保障的必然要求，体现了中央对司法性质和规律的科学认识和准确把握。各级人民法院要充分认识改革的重要意义，准确把握改革精神，抓好各项改革措施的落实。要充分发挥审判程序的职能作用，确保侦查、审查起诉的案件事实证据经得起法律的检验，通过法庭审判的程序公正实现案件裁判的实体公正，提高司法公信力。

2. 加强组织领导和协调，确保改革取得成效。推进以审判为中心的刑事诉讼制度改革，牵涉到政法工作全局，各级人民法院要紧紧依靠党委领导和人大监督，密切与其他政法机关的沟通、协调，确保各项改革统筹推进，落到实处。各高级人民法院要高度重视，成立由主要领导负责的领导小组，统一领导改革工作，加强对下指导，制定具体可行的实施方案，扎实推进本辖区的改革工作。

3. 注重制度探索，及时总结改革经验。在改革过程中，要遵循刑事诉讼规律，处理好惩罚犯罪与保障人权、实体公正与程序公正、司法公正与司法效率、互相配合与互相制约等关系，确保改革稳步推进。要以庭审实质化改革为核心，以强化证人、鉴定人、侦查人员出庭作证和律师辩护为重点，着力推进庭审制度改革。在贯彻执行过程中遇到的新情况、新问题和探索的新经验、新做法，要认真加以总结，并及时层报最高人民法院。

特此通知。

附：

关于全面推进以审判为中心的
刑事诉讼制度改革的实施意见

为贯彻落实最高人民法院、最高人民检察院、公安部、国家安全部、司法部《关于推进以审判为中心的刑事诉讼制度改革的意见》，确保有罪的人受到公正惩罚、无罪的人不受刑事追究，实现公正司法，依照法律规定，结合审判实际，对人民法院全面推进以审判为中心的刑事诉讼制度改革提出如下意见：

一、坚持严格司法原则，树立依法裁判理念

1. 坚持证据裁判原则，认定案件事实，必须以证据为根据。重证据，重调查研究，不轻信口供，没有证据不得认定案件事实。

2. 坚持非法证据排除原则，不得强迫任何人证实自己有罪。经审查认定的非法证据，应当依法予以排除，不得作为定案的根据。

3. 坚持疑罪从无原则，认定被告人有罪，必须达到犯罪事实清楚，证据确实、充分的证明标准。不得因舆论炒作、上访闹访等压力作出违反法律的裁判。

4. 坚持程序公正原则，通过法庭审判的程序公正实现案件裁判的实体公正。发挥庭审在查明事实、认定证据、保护诉权、公正裁判中的决定性作用，确保诉讼证据出示在法庭、案件事实查明在法庭、诉辩意见发表在法庭、裁判结果形成在法庭。

二、规范庭前准备程序，确保法庭集中审理

5. 对被告人及其辩护人申请排除非法证据，证据材料较多、案情重大复杂，或者社会影响重大等案件，人民法院可以召开庭前会议。

庭前会议在法庭或者其他办案场所进行，由审判人员主持，控辩双方参加，必要时可以通知被告人到场。

6. 人民法院可以在庭前会议中组织控辩双方展示证据，听取控辩双方对在案证据的意见，并梳理存在争议的证据。对控辩双方在庭前会议中没有争议的证据，可以在庭审中简化举证、质证。

人民法院可以在庭前会议中听取控辩双方对与审判相关问题的意见，询问控辩双方是否提出申请或者异议，并归纳控辩双方的争议焦点。对控辩双方没有争议或者达成一致意见的事项，可以在庭审中简化审理。

被害方提起附带民事诉讼的，可以在庭前会议中进行调解。

7. 控辩双方对管辖、回避、出庭证人名单等事项提出申请或者异议，可能导致庭审中断的，人民法院可以在庭前会议中对有关事项依法作出处理，确保法庭集中、持续审理。

对案件中被告人及其辩护人申请排除非法证据的情形，人民法院可以在庭前会议中核实情况、听取意见。人民检察院可以决定撤回有关证据；撤回的证据，没有新的理由，不得在庭审中出示。被告人及其辩护人可以撤回排除非法证据的申请；撤回申请后，没有新的线索或者材料，不得再次对有关证据提出排除申请。

8. 人民法院在庭前会议中听取控辩双方对案件事实证据的意见后，对明显事实不清、证据不足的案件，可以建议人民检察院补充侦查或者撤回起诉。

对人民法院在庭前会议中建议撤回起诉的案件，人民检察院不同意的，人民法院开庭审理后，没有新的事实和理由，一般不准许撤回起诉。

9. 控辩双方在庭前会议中就相关事项达成一致意见，又在庭审中提出异议的，应当说明理由。

召开庭前会议应当制作笔录，由参加人员核对后签名。

审判人员应当制作庭前会议报告，说明庭前会议的基本情况、程序性事项的处理结果、控辩双方的争议焦点以及就相关事项达成的一致意见。

10. 对召开庭前会议的案件，在法庭调查开始前，法庭应当宣布庭前会议报告的主要内容，实现庭前会议与庭审的衔接。

三、规范普通审理程序，确保依法公正审判

11. 证明被告人有罪或者无罪、罪轻或者罪重的证据，都应当在法庭上出示，依法保障控辩双方的质证权。

对影响定罪量刑的关键证据和控辩双方存在争议的证据，一般应当单独质证。

12. 法庭应当依照法定程序审查、核实、认定证据。证据未经当庭出示、辨认、质证等法庭调查程序查证属实，不得作为定案的根据。

13. 采取技术侦查措施收集的证据，当庭质证可能危及有关人员的人身安全，或者可能产生其他严重后果的，应当采取不暴露有关人员身份、不公开技术侦查措施和方法等保护措施。

法庭决定在庭外对技术侦查证据进行核实的，可以召集公诉人、侦查人员和辩护律师到场。在场人员应当履行保密义务。

14. 控辩双方对证人证言有异议，人民法院认为证人证言对案件定罪量刑有重大影响的，应当通知证人出庭作证。控辩双方申请证人出庭的，人民法院通知证人出庭后，申请方应当负责协助相关证人到庭。

证人没有正当理由不出庭作证的，人民法院在必要时可以强制证人到庭。

根据案件情况，可以实行远程视频作证。

15. 控辩双方对鉴定意见有异议，人民法院认为鉴定人有必要出庭的，应当通知鉴定人出庭作证。

16. 证人、鉴定人、被害人因出庭作证，本人或者其近亲属的人身安全面临危险的，人民法院应当采取不公开其真实姓名、住址、工作单位和联系方式等个人信息，或者不暴露其外貌、真实声音等保护措施。必要时，可以建议有关机关采取专门性保护措施。

人民法院应当建立证人出庭作证补助专项经费机制，对证人出庭作证所支出的交通、住宿、就餐等合理费用给予补助。

17. 人民法院应当依法履行指定辩护和通知辩护职责，确保被告人依法获得法律援助。

配合有关部门逐步扩大法律援助范围，健全法律援助值班律师制度，为派驻人民法院的值班律师提供办公场所及必要的工作条件。

18. 法庭应当依法保障控辩双方在庭审中的发问、质证、辩论等诉讼权利。对控辩双方当庭提出的申请或者异议，法庭应当作出处理。

法庭可以在审理过程中归纳控辩双方的争议焦点，引导控辩双方针对影响定罪量刑的实质性问题进行辩论。对控辩双方的发言与案件无关、重复或者扰乱法庭秩序等情形，法庭应当予以提醒、制止。

19. 法庭应当充分听取控辩双方的量刑建议和意见，根据查明的事实、情节，参照量刑指导意见规范量刑，保证量刑公正。

20. 法庭应当加强裁判说理，通过裁判文书展现法庭审理过程。对控辩双方的意见和争议，应当说明采纳与否的理由。对证据采信、事实认定、定罪量刑等实质性问题，应当阐释裁判的理由和依据。

四、完善证据认定规则，切实防范冤假错案

21. 采取刑讯逼供、暴力、威胁等非法方法收集的言词证据，应当予以排除。

收集物证、书证不符合法定程序，可能严重影响司法公正，不能补正或者作出合理解释的，对有关证据应当予以排除。

22. 被告人在侦查终结前接受检察人员对讯问合法性的核查询问时，明确表示侦查阶段不存在刑讯逼供、非法取证情形，在审判阶段又提出排除非法证据申请，法庭经审查对证据收集的合法性没有疑问的，可以驳回申请。

检察人员在侦查终结前未对讯问合法性进行核查，或者未对核查过程全程同步录音录像，被告人在审判阶段提出排除非法证据申请，人民法院经审查对证据收集的合法性存在疑问的，应当依法进行调查。

23. 法庭决定对证据收集的合法性进行调查的，应当先行当庭调查。但为防止庭审过分迟延，也可以在法庭调查结束前进行调查。

24. 法庭对证据收集的合法性进行调查的，应当重视对讯问过程录音录像的审查。讯问笔录记载的内容与讯问录音录像存在实质性差异的，以讯问录音录像为准。

对于法律规定应当对讯问过程录音录像的案件，公诉人没有提供讯问录音录像，或者讯问录音录像存在选择性录制、剪接、删改等情形，现有证据不能排除以非法方法收集证据情形的，对有关供述应当予以排除。

25. 现有证据材料不能证明证据收集合法性的，人民法院可以通知有关侦查人员出庭说明情况。不得以侦查人员签名并加盖公章的说明材料替代侦查人员出庭。

经人民法院通知，侦查人员不出庭说明情况，不能排除以非法方法收集证据情形的，对有关证据应当予以排除。

26. 法庭对证据收集的合法性进行调查后，应当当庭作出是否排除有关证据的决定。必要时，可以宣布休庭，由合议庭评议或者提交审判委员会讨论，再次开庭时宣布决定。

在法庭作出是否排除有关证据的决定前，不得对有关证据宣读、质证。

27. 通过勘验、检查、搜查等方式收集的物证、书证等证据，未通过辨认、鉴定等方式确定其与案件事实的关联的，不得作为定案的根据。

28. 收集证据的程序、方式存在瑕疵，严重影响证据真实性，不能补正或者作出合理解释的，有关证据不得作为定案的根据。

29. 证人没有出庭作证，其庭前证言真实性无法确认的，不得作为定案的根据。证人当庭作出的证言与其庭前证言矛盾，证人能够作出合理解释，并与相关证据印证的，可以采信其庭审证言；不能作出合理解释，而其庭前证言与相关证据印证的，可以采信其庭前证言。

经人民法院通知，鉴定人拒不出庭作证的，鉴定意见不得作为定案的根据。

30. 人民法院作出有罪判决，对于定罪事实应当综合全案证据排除合理怀疑。

定罪证据不足的案件，不能认定被告人有罪，应当作出证据不足、指控的犯罪不能成立的无罪判决。定罪证据确实、充分，量刑证据存疑的，应当作出有利于被告人的认定。

五、完善繁简分流机制，优化司法资源配置

31. 推进速裁程序改革，逐步扩大速裁程序适用范围，完善速裁程序运行机制。

对被告人认罪的轻微案件，探索实行快速审理和简便裁判机制。

32. 推进认罪认罚从宽制度改革，对适用速裁程序、简易程序或者普通程序简化审理的被告人认罪案件，法庭应当告知被告人享有的诉讼权利，依法审查被告人认罪认罚的自愿性和真实性，确认被告人了解认罪认罚的性质和法律后果。

法庭确认被告人自愿认罪认罚，同意适用简化审理程序的，应当落实从宽处罚的法律制度。被告人当庭不认罪或者不同意适用简化审理程序的，应当适用普通程序审理。

33. 适用速裁程序审理的案件，应当当庭宣判。适用简易程序审理的案件，一般应当当庭宣判。适用普通程序审理的案件，逐步提高当庭宣判率。

最高人民法院
关于刑事案件终审判决和裁定
何时发生法律效力问题的批复

法释〔2004〕7号

（2004年7月20日最高人民法院审判委员会第1320次会议通过 2004年7月26日最高人民法院公告公布 自2004年7月29日起施行）

各省、自治区、直辖市高级人民法院，解放军军事法院，新疆维吾尔自治区高级人民法院生产建设兵团分院：

近来，有的法院反映，关于刑事案件终审判决和裁定何时发生法律效力问题不明确。经研究，批复如下：

根据《中华人民共和国刑事诉讼法》第一百六十三条、第一百九十五条和第二百零八条规定的精神，终审的判决和裁定自宣告之日起发生法律效力。

此复。

最高人民法院 最高人民检察院 公安部
关于严格依法履行职责切实保障
刑事案件办案质量的通知

2004年9月6日　　　　　　　　　　　　法〔2004〕196号

各省、自治区、直辖市高级人民法院、人民检察院、公安厅（局），解放军军事法院、军事检察院、总政治部保卫部，新疆维吾尔自治区高级人民法院生产建设兵团分院、新疆生产建设兵团人民检察院、公安局：

修正后的刑事诉讼法实施以来，各级人民法院、人民检察院、公安机关高度重视，认真履行法定职责，有力打击了各种刑事犯罪活动，为维护社会稳定作出了重要贡献。总体上看，刑事案件的办案质量是好的。但由于执法观念、执法水平、执法标准等方面的原因，在办案质量方面仍然存在一些问题，如办案程序违法，收集、固定证据不及时、不全面，对案件审查不细，把关不严等，导致实践中一些刑事案件事实不清，证据不够确实、充分，严重影响了刑事案件的办案质量和办案效率，是造成办案超法定期限的重要原因之一。为进一步强调人民法院、人民检察院、公安机关严格依法履行职责，切实保障刑事案件办案质量，有效打击犯罪，维护司法公正，现就有关问题通知如下：

一、牢固树立司法为民、执法为民的观念，充分认识保障刑事案件办案质量的重要意义

办理刑事案件是公检法机关的法定职责，确保刑事案件办案质量既关系到准确打击犯罪、维护社会稳定，以及依法保障犯罪嫌疑人、被告人的合法权利，也关系到人民法院、人民检察院、公安机关乃至国家的形象，责任重大，绝不能掉以轻心。各级人民法院、人民检察院、公安机关必须坚持以"三个代表"重要思想为指导，坚持司法为民、执法为民的工作要求，充分认识保障刑事案件办案质量的重要意义，切实把好刑事案件的事实关、证据关、程序关、适用法律关，维护人民法院、人民检察院、公安机关的公正形象，维护司法公正。

二、认真履行法定职责，严格依法办案

公安机关、人民检察院、人民法院在刑事诉讼中分别履行侦查、检察、审判职责，每个阶段的工作都关系到刑事案件的办案质量。因此，要本着对刑事案件办案质量高度负责的态度，严格遵守法律、法律解释、司法解释和有关规定，在刑事诉讼中的每一个环节，在案件事实、证据、程序、适用法律等方面严格履行法定职责，从严、从细、从实地办理每一起案件。

要把查明案件事实与遵守法定程序联系起来，严格执行刑事诉讼法及司法解释有关管辖的规定，避免因管辖混乱造成案件久拖不决；严格依照规定收集、审查、认定证据，避免出现非法证据和瑕疵证据。以刑讯逼供或者威胁、引诱、欺骗等非法的方法收集的犯罪嫌疑人、被告人供述、证人证言、被害人陈述，绝不能作为定案的根据。对案件存在的疑点、矛盾的证据以及辩护人提供的证据材料等，必须给予高度重视，认真、及时进行核实，保证证明案件事实的证据确实、充分。对应当办理换押手续的，办案机关必须及时依照有关规定办理换押手续；因法定事由需要延长、重新计算办案期限的，办案机关应当及时书面通知看守所。对犯罪嫌疑人、被告人被羁押的案件，不能在刑事诉讼法规定的侦查羁押、审查起诉、第一审、第二审期限内办结，需要继续查证、审理的，要依法将强制措施变更为取保候审或者监视居住。

对于刑事案件办案质量的评定，应当根据全案事实、证据、程序和适用法律等方面进行综合判断，不能单纯以破案率、批捕率、起诉率或者定罪率作为衡量办案质量的标准。

三、公安机关要依法全面、及时收集证据，确保移送审查起诉的案件事实清楚，证据确实、充分

公安机关应当依照刑事诉讼法、司法解释及其他有关规定的程序，严把案件侦查关，全面、及时收集与案件相关的证据，收集证明犯罪嫌疑人有罪或者无罪、罪重或者罪轻等涉及案件事实的所有证据。有条件的单位，可以采取同期录音、录像等有效措施固定证据。

公安机关在侦查过程中,对符合法定逮捕条件的,应当提请批准逮捕。对于采取取保候审、监视居住等方法,足以防止发生社会危险性而没有逮捕必要的,侦查终结后可以直接移送人民检察院审查起诉。

公安机关要高度重视批捕后的侦查工作和退回补充侦查工作。对于人民检察院退回补充侦查或者要求提供法庭审判所必需的证据材料的,应当按照要求及时补充证据或有关材料;确实无法补充的,应当说明理由。

对于侦查终结移送审查起诉的案件,应当做到犯罪事实清楚,证据确实、充分,犯罪性质和罪名认定明确,法律手续完备。对于案件事实不清、证据不足,不能移送人民检察院审查起诉的,应当继续进行侦查工作;待查清案件事实,证据确实、充分后,再移送人民检察院审查起诉。

公安机关要积极推行侦查人员旁听案件制度,从所办案件的法庭审判中检验办案质量。

四、人民检察院要全面审查案件,确保向人民法院提起公诉的案件事实清楚,证据确实、充分

人民检察院应当依法全面、正确掌握逮捕条件,对于公安机关提请批准逮捕的犯罪嫌疑人,经审查符合法定批捕条件的,依法作出批准逮捕的决定。

人民检察院审查批准逮捕,在必要的时候,可以派人参加公安机关对重大案件的讨论,对调查取证和适用法律提出意见,公安机关应做好证据的全面收集、审查和固定工作,确保案件依法及时移送人民检察院审查起诉。

人民检察院对于公安机关移送起诉和直接受理侦查终结的案件,应当按照有关规定认真进行审查,严把案件起诉关。审查后,对犯罪嫌疑人的犯罪事实已经查清,证据确实、充分,依法应当追究刑事责任的,应当作出起诉决定,向人民法院提起公诉;对于符合不起诉条件的,依法作出不起诉决定。

对于案件事实不清、证据不足的案件,人民检察院要求公安机关补充侦查的,应当提出补充侦查提纲,列明需要补充侦查的事项和目的。对于经过两次补充侦查的案件,人民检察院仍然认为证据不足,不符合起诉条件的,应当依法作出不起诉的决定。

在审判过程中,对于需要补充提供法庭审判所必需的证据或者补充侦查的,人民检察院应当依法补充侦查,必要时可以要求公安机关提供帮助。

五、人民法院要严格依法办案,确保案件最终得到公正处理

人民法院在审理案件过程中,应当严格依照刑事诉讼法和司法解释的规定开庭审判,除因法定事由延长审理期限的以外,必须严格遵守法律规定的审理期限。在庭审过程中,要对证据仔细核实,认真听取公诉人、当事人和辩护人以及其他诉讼参与人的意见,查清案件事实,确保案件最终得到公正处理,严把案件审判关。

人民法院要根据已经审理查明的事实、证据和有关的法律规定,准确适用法律,对案件事实清楚,证据确实、充分,依据法律认定被告人有罪或者无罪的,依法作出认定被告人有罪或者无罪的判决；对于经过查证，只有部分犯罪事实清楚、证据确实、充分的案件，要就该部分事实和证据进行认定和判决；对于查证以后，仍然证据不足，在法律规定的审理期限内无法再行收集充分的证据，不能认定被告人有罪的，除人民检察院提出补充侦查建议的以外，应当依法作出证据不足、指控的犯罪不能成立的无罪判决。

人民法院作出的判决生效以后，对被扣押、冻结的赃款赃物及其孳息，依照刑事诉讼法的有关规定处理。

六、加强业务培训工作，进一步提高办案人员的业务水平

办案人员的业务素质、业务能力和业务水平是保障刑事案件办案质量的重要因素。各级公安机关、人民检察院、人民法院应当加强对办案人员的业务培训，必要时可以采取联合培训的方式，逐步使培训工作制度化、规范化。要经常性地组织疑难、复杂案件和新类型案件法律适用问题的研讨、庭审观摩、办案质量评比等活动。侦查人员、检察人员和审判人员应当认真总结办案经验，共同提高办案水平。

七、建立、健全工作联系机制，加强相互配合和制约

为切实保障刑事案件的办案质量，加强相互之间的配合，公检法机关之间应当建立、健全工作联系机制，如联席会议制度、信息通报制度等，加强业务上的交流。同时，对工作中遇到的问题，应当及时沟通，互相支持。对不批捕、不起诉、判决无罪及二审、再审改判的案件，相关公安机关、人民检察院、人民法院应当认真分析原因，总结经验教训。公检法机关之间既要各负其责，又要互相配合，互相制约，共同把好刑事案件的质量关。

八、严格执行办案质量责任追究制度

对于故意违反法律和本通知的规定，或者由于不负责任，严重影响刑事案件的办案质量，造成严重后果的，对直接负责的主管人员和其他直接责任人员，由其所在单位或者上级主管机关依照有关规定予以行政处分或者纪律处分；构成犯罪的，依法追究刑事责任。

以上通知，请认真执行。如执行中遇到问题，请分别报告最高人民法院、最高人民检察院、公安部协调解决。

最高人民法院
关于进一步加强刑事审判工作的通知

2005年7月26日　　　　　　　　　　　　法〔2005〕149号

各省、自治区、直辖市高级人民法院,解放军军事法院,新疆维吾尔自治区高级人民法院生产建设兵团分院:

最近一个时期,湖北、河北、广西、湖南等地个别刑事案件经一些媒体报道后,在社会上引起广泛关注。人民法院如何坚持以事实为依据,以法律为准绳;如何坚持依法独立公正行使审判权;如何坚决地把好事实关、证据关、程序关和适用法律关,确保刑事案件审判质量;如何切实保障被告人的合法权益和人权,真正做到不枉不纵,确保实现刑罚的公平和正义,是对我们的严峻考验。各级人民法院必须牢固树立责任意识、法治意识,以对国家、对人民、对法律高度负责的精神,进一步加强刑事审判工作,坚决依法打击犯罪、保障人权,保护人民群众的民主权利、人身权利、财产权利不受侵害,维护社会治安秩序和社会稳定,为构建社会主义和谐社会营造良好的法制环境。为进一步加强刑事审判工作,确保每一起刑事案件,特别是办理的死刑案件都经得起历史的检验,切实保护当事人的合法权益,现通知如下:

一、各级人民法院必须始终坚持"公正司法,一心为民"的指导方针,围绕"公正与效率"法院工作主题,牢固树立责任意识、法治意识,以对法律、对人民、对国家高度负责的精神,进一步加强刑事审判工作。坚决依法惩罚犯罪、依法保障人权,确保无罪的人不受刑事追究,保护人民群众的生命和财产不受侵害,维护社会治安秩序和社会稳定,为构建社会主义和谐社会提供良好的法制保障。

二、各级人民法院必须坚持严格依法办案,提高刑事案件审判质量。要坚决贯彻罪刑法定、罪刑相适应原则和宽严相济的刑事政策,坚决排除各种干扰,严格依法独立公正审理好每一起案件。严格把好刑事一审、二审、再审和死刑复核案件的每道程序和每个环节,据以定罪量刑的证据必须确实充分,切实提高刑事案件特别是死刑案件的审判质量。同时,要注意总结审判经验,认真研究审理刑事案件的特点和规律,完善刑事一审、二审、再审和死刑复核工作制度。

三、各级人民法院必须牢固树立人权保障意识和证据意识,坚决落实"有罪则判,无罪放人"的要求。严格执行刑事诉讼法和最高人民法院关于刑事审判工作的司法解释,规范刑事案件庭审行为,充分听取被告人关于罪轻或者无罪的辩解和辩护人的意见。对于证明被告人罪轻或者无罪的证据,必要时人民法院应当依法调查、核实,切实保障被告人依法行使诉讼权利。目前,最高人民法院正在着手制定相关的规定,进一步强调坚决执行非法言词证据的排除规则。注意从源头上把关,防止刑讯逼供等违法办案行为对公正司法的影响。

四、各级人民法院必须强化责任意识，确保裁判公正。要充分发挥合议庭的作用，合议庭成员必须认真履行庭审、阅卷、合议等职责，对每一起案件的事实和每一起案件的证据以及所适用的具体法律条款，逐一进行评议。要在对事实、证据进行深入审查、分析论证的基础上，坚持法律真实与客观真实的有机统一，充分考虑各种观点和可能性，尤其要对相互矛盾的证据和控辩双方相反的观点予以高度重视，依法公正地作出裁判结论。要确保案件事实清楚，证据确凿充分，审判程序合法，定罪准确，量刑适当。

五、各级人民法院必须高度重视刑事再审工作。当前，刑事案件上访申诉现象较为突出。要认真研究审理刑事再审案件的特点和规律，加强对刑事申诉案件的审判监督。要把以刑讯逼供等违法取证为由提出申诉的案件，因事实不清或证据不足而从轻处罚的案件，判处死缓后被告人一直不服、喊冤申诉的案件，以及原判过程中就存在严重分歧而勉强下判的案件，作为申诉审查工作的重点，发现原判可能有错误的，应当依法立案再审。既要防止轻率改判，又要杜绝该改不改的现象。

六、各级人民法院要健全和执行刑事冤错案件报告制度和违法审判追究制度。原审人民法院发现有原判十五年有期徒刑以上或者具有重大影响，引起社会广泛关注的重大冤错案件，以及造成原判冤错的情况特别典型，具有特殊教育作用，对进一步完善司法制度有参考价值的案件，应尽早向上级法院报告，并采取有效措施及时处理。再审改判后，要在做好相关刑事赔偿和善后工作的同时，组织有关人员深刻分析错判原因，认真总结经验教训，对违法审判人员，要坚决依法追究，切实防止和杜绝冤错案件的发生。

七、各级人民法院必须加强对大案、要案和敏感案件审判工作的领导和指导。各级人民法院在审判工作中，要坚持党的领导，主动向党委汇报工作，及时反映审判情况。下级法院要及时向上级法院报告审判进展情况和遇到的问题，既要依法独立审判，又要自觉接受党委的领导和上级法院的监督指导。对社会关注的案件，要做好宣传和新闻发布工作；对社会反响强烈、裁判确有错误的案件，要及时采取有效措施，依法予以纠正；对少数媒体、网站与事实严重不符的报道，要及时应对，加强与新闻媒体沟通，防止社会舆论的误导。

以上通知，请认真贯彻落实。执行中有何问题，请及时报告最高人民法院。

最高人民法院 最高人民检察院印发《关于人民检察院检察长列席人民法院审判委员会会议的实施意见》的通知

2010年1月12日   法发〔2010〕4号

全国地方各级人民法院、人民检察院，各级军事法院、检察院，各铁路运输中级法院和基层法院、检察院，各海事法院、检察院，新疆生产建设兵团各级法院、检察院：

落实并完善人民检察院检察长、受检察长委托的副检察长列席人民法院审判委员会会议的规定，是中办〔2008〕28号文件规定的改革任务之一。最高人民法院、最高人民检察院在深入调研的基础上，制定了《最高人民法院、最高人民检察院关于人民检察院检察长列席人民法院审判委员会会议的实施意见》，已于2009年10月12日由最高人民法院审判委员会第1475次会议、2009年8月11日由最高人民检察院第十一届检察委员会第17次会议讨论通过。现予以印发，自2010年4月1日起施行。请结合本地实际贯彻执行，在实施过程中如有问题，请分别向最高人民法院、最高人民检察院报告。

附：

最高人民法院 最高人民检察院关于人民检察院检察长列席人民法院审判委员会会议的实施意见

为进一步落实和规范人民检察院检察长列席人民法院审判委员会会议制度，根据《中华人民共和国人民法院组织法》等法律的有关规定，提出如下意见：

一、人民检察院检察长可以列席同级人民法院审判委员会会议。

检察长不能列席时，可以委托副检察长列席同级人民法院审判委员会会议。

二、人民检察院检察长列席人民法院审判委员会会议的任务是，对于审判委员会讨论的案件和其他有关议题发表意见，依法履行法律监督职责。

三、人民法院审判委员会讨论下列案件或者议题，同级人民检察院检察长可以列席：

（一）可能判处被告人无罪的公诉案件；

（二）可能判处被告人死刑的案件；

（三）人民检察院提出抗诉的案件；

（四）与检察工作有关的其他议题。

四、人民法院院长决定将本意见第三条所列案件或者议题提交审判委员会讨论的，人民法院应当通过适当方式告知同级人民检察院。人民检察院检察长决定列席审判委员会会议的，人民法院应当将会议议程、会议时间通知人民检察院。

对于人民法院审判委员会讨论的议题，人民检察院认为有必要的，可以向人民法院提出列席审判委员会会议；人民法院认为有必要的，可以邀请人民检察院检察长列席审判委员会会议。

五、人民检察院检察长列席审判委员会会议的，人民法院应当将会议材料在送审判委员会委员的同时送人民检察院检察长。

六、人民检察院检察长列席审判委员会会议，应当在会前进行充分准备，必要时可就有关问题召开检察委员会会议进行讨论。

七、检察长或者受检察长委托的副检察长列席审判委员会讨论案件的会议，可以在人民法院承办人汇报完毕后、审判委员会委员表决前发表意见。

审判委员会会议讨论与检察工作有关的其他议题，检察长或者受检察长委托的副检察长的发言程序适用前款规定。

检察长或者受检察长委托的副检察长在审判委员会会议上发表的意见，应当记录在卷。

八、人民检察院检察长列席审判委员会会议讨论的案件，人民法院应当将裁判文书及时送达或者抄送人民检察院。

人民检察院检察长列席的审判委员会会议讨论的其他议题，人民法院应当将讨论通过的决定文本及时送给人民检察院。

九、出席、列席审判委员会会议的所有人员，对审判委员会讨论内容应当保密。

十、人民检察院检察长列席审判委员会会议的具体事宜由审判委员会办事机构和检察委员会办事机构负责办理。

最高人民法院　最高人民检察院　公安部
关于办理网络犯罪案件适用刑事诉讼程序若干问题的意见

2014年5月4日　　　　　　　　　　　　公通字〔2014〕10号

各省、自治区、直辖市高级人民法院，人民检察院，公安厅、局，新疆维吾尔自治区高级人民法院生产建设兵团分院，新疆生产建设兵团人民检察院、公安局：

为解决近年来公安机关、人民检察院、人民法院在办理网络犯罪案件中遇到的新情况、新问题，依法惩治网络犯罪活动，根据《中华人民共和国刑法》、《中华人民共和国刑事诉讼法》及有关司法解释的规定，结合侦查、起诉、审判实践，现就办理网络犯罪案件适用刑事诉讼程序问题提出以下意见：

一、关于网络犯罪案件的范围

1. 本意见所称网络犯罪案件包括：
（1）危害计算机信息系统安全犯罪案件；
（2）通过危害计算机信息系统安全实施的盗窃、诈骗、敲诈勒索等犯罪案件；
（3）在网络上发布信息或者设立主要用于实施犯罪活动的网站、通讯群组，针对或者组织、教唆、帮助不特定多数人实施的犯罪案件；
（4）主要犯罪行为在网络上实施的其他案件。

二、关于网络犯罪案件的管辖

2. 网络犯罪案件由犯罪地公安机关立案侦查。必要时，可以由犯罪嫌疑人居住地公安机关立案侦查。

网络犯罪案件的犯罪地包括用于实施犯罪行为的网站服务器所在地，网络接入地，网站建立者、管理者所在地，被侵害的计算机信息系统或其管理者所在地，犯罪嫌疑人、被害人使用的计算机信息系统所在地，被害人被侵害时所在地，以及被害人财产遭受损失地等。

涉及多个环节的网络犯罪案件，犯罪嫌疑人为网络犯罪提供帮助的，其犯罪地或者居住地公安机关可以立案侦查。

3. 有多个犯罪地的网络犯罪案件，由最初受理的公安机关或者主要犯罪地公安机关立案侦查。有争议的，按照有利于查清犯罪事实、有利于诉讼的原则，由共同上级公安机关指定有关公安机关立案侦查。需要提请批准逮捕、移送审查起诉、提起公诉的，由该公安机关所在地的人民检察院、人民法院受理。

4. 具有下列情形之一的，有关公安机关可以在其职责范围内并案侦查，需要提请批准逮捕、移送审查起诉、提起公诉的，由该公安机关所在地的人民检察院、人民法院受理：
（1）一人犯数罪的；
（2）共同犯罪的；
（3）共同犯罪的犯罪嫌疑人、被告人还实施其他犯罪的；
（4）多个犯罪嫌疑人、被告人实施的犯罪存在关联，并案处理有利于查明案件事实的。

5. 对因网络交易、技术支持、资金支付结算等关系形成多层级链条、跨区域的网络犯罪案件，共同上级公安机关可以按照有利于查清犯罪事实、有利于诉讼的原则，指定有关公安机关一并立案侦查，需要提请批准逮捕、移送审查起诉、提起公诉的，由该公安机关所在地的人民检察院、人民法院受理。

6. 具有特殊情况，由异地公安机关立案侦查更有利于查清犯罪事实、保证案件公正处理的跨省（自治区、直辖市）重大网络犯罪案件，可以由公安部商最高人民检察院和最高人民法院指定管辖。

7. 人民检察院对于公安机关移送审查起诉的网络犯罪案件，发现犯罪嫌疑人还有犯罪被其他公安机关立案侦查的，应当通知移送审查起诉的公安机关。

人民法院受理案件后，发现被告人还有犯罪被其他公安机关立案侦查的，可以建议人民检察院补充侦查。人民检察院经审查，认为需要补充侦查的，应当通知移送审查起诉的公安机关。

经人民检察院通知，有关公安机关根据案件具体情况，可以对犯罪嫌疑人所犯其他犯罪并案侦查。

8. 为保证及时结案，避免超期羁押，人民检察院对于公安机关提请批准逮捕、移送审查起诉的网络犯罪案件，第一审人民法院对于已经受理的网络犯罪案件，经审查发现没有管辖权的，可以依法报请共同上级人民检察院、人民法院指定管辖。

9. 部分犯罪嫌疑人在逃，但不影响对已到案共同犯罪嫌疑人、被告人的犯罪事实认定的网络犯罪案件，可以依法先行追究已到案共同犯罪嫌疑人、被告人的刑事责任。在逃的共同犯罪嫌疑人、被告人归案后，可以由原公安机关、人民检察院、人民法院管辖其所涉及的案件。

三、关于网络犯罪案件的初查

10. 对接受的案件或者发现的犯罪线索，在审查中发现案件事实或者线索不明，需要经过调查才能够确认是否达到犯罪追诉标准的，经办案部门负责人批准，可以进行初查。

初查过程中，可以采取询问、查询、勘验、检查、鉴定、调取证据材料等不限制初查对象人身、财产权利的措施，但不得对初查对象采取强制措施和查封、扣押、冻结财产。

四、关于网络犯罪案件的跨地域取证

11. 公安机关跨地域调查取证的，可以将办案协作函和相关法律文书及凭证电传或者通过公安机关信息化系统传输至协作地公安机关。协作地公安机关经审查确认，在传来的法律文书上加盖本地公安机关印章后，可以代为调查取证。

12. 询（讯）问异地证人、被害人以及与案件有关联的犯罪嫌疑人的，可以由办案地公安机关通过远程网络视频等方式进行询（讯）问并制作笔录。

远程询（讯）问的，应当由协作地公安机关事先核实被询（讯）问人的身份。办案地公安机关应当将询（讯）问笔录传输至协作地公安机关。询（讯）问笔录经被询（讯）问人确认并逐页签名、捺指印后，由协作地公安机关协作人员签名或者盖章，并将原件提供给办案地公安机关。询（讯）问人员收到笔录后，应当在首页右上方写明"于某年某月某日收到"，并签名或者盖章。

远程询（讯）问的，应当对询（讯）问过程进行录音录像，并随案移送。

异地证人、被害人以及与案件有关联的犯罪嫌疑人亲笔书写证词、供词的，参照本条第二款规定执行。

五、关于电子数据的取证与审查

13. 收集、提取电子数据，应当由二名以上具备相关专业知识的侦查人员进行。取证设备和过程应当符合相关技术标准，并保证所收集、提取的电子数据的完整性、客观性。

14. 收集、提取电子数据，能够获取原始存储介质的，应当封存原始存储介质，并制作笔录，记录原始存储介质的封存状态，由侦查人员、原始存储介质持有人签名或者盖章；持有人无法签名或者拒绝签名的，应当在笔录中注明，由见证人签名或者盖章。有条件的，侦查人员应当对相关活动进行录像。

15. 具有下列情形之一，无法获取原始存储介质的，可以提取电子数据，但应当在笔录中注明不能获取原始存储介质的原因、原始存储介质的存放地点等情况，并由侦查人员、电子数据持有人、提供人签名或者盖章；持有人、提供人无法签名或者拒绝签名的，应当在笔录中注明，由见证人签名或者盖章；有条件的，侦查人员应当对相关活动进行录像：

（1）原始存储介质不便封存的；

（2）提取计算机内存存储的数据、网络传输的数据等不是存储在存储介质上的电子数据的；

（3）原始存储介质位于境外的；

（4）其他无法获取原始存储介质的情形。

16. 收集、提取电子数据应当制作笔录，记录案由、对象、内容，收集、提取电子数据的时间、地点、方法、过程，电子数据的清单、规格、类别、文件格式、完整性校验值等，并由收集、提取电子数据的侦查人员签名或者盖章。远程提取电子数据的，应当说明原因，有条件的，应当对相关活动进行录像。通过数据恢复、破解等方式获取被删除、隐藏或者加密的电子数据的，应当对恢复、破解过程和方法作出说明。

17. 收集、提取的原始存储介质或者电子数据，应当以封存状态随案移送，并制作电子数据的复制件一并移送。

对文档、图片、网页等可以直接展示的电子数据，可以不随案移送电子数据打印件，但应当附有展示方法说明和展示工具；人民法院、人民检察院因设备等条件限制无法直接展示电子数据的，公安机关应当随案移送打印件。

对侵入、非法控制计算机信息系统的程序、工具以及计算机病毒等无法直接展示的电子数据，应当附有电子数据属性、功能等情况的说明。

对数据统计数量、数据同一性等问题，公安机关应当出具说明。

18. 对电子数据涉及的专门性问题难以确定的，由司法鉴定机构出具鉴定意见，或者由公安部指定的机构出具检验报告。

六、关于网络犯罪案件的其他问题

19. 采取技术侦查措施收集的材料作为证据使用的，应当随案移送批准采取技术侦查措施的法律文书和所收集的证据材料。使用有关证据材料可能危及有关人员的人身安全，或者可能产生其他严重后果的，应当采取不暴露有关人员身份、技术方法等保护措施，必要时，可以由审判人员在庭外进行核实。

20. 对针对或者组织、教唆、帮助不特定多数人实施的网络犯罪案件，确因客观条件限制无法逐一收集相关言词证据的，可以根据记录被害人数、被侵害的计算机信息系统数量、涉案资金数额等犯罪事实的电子数据、书证等证据材料，在慎重审查被告人及其辩护人所提辩解、辩护意见的基础上，综合全案证据材料，对相关犯罪事实作出认定。

二、管辖

最高人民法院研究室
关于刘辉盗窃枪支、盗窃一案管辖问题的电话答复

(1988年2月5日)

安徽省高级人民法院：

你院法研字〔1988〕第10号《关于刘辉盗窃枪支、盗窃一案管辖问题的请示报告》已收悉。经研究，我们同意你院的意见，即：为了及时有力地打击刑事犯罪活动，在与军事法院、军事和地方检察院协商一致的情况下，对被告人刘辉在武汉军区服役期间所犯盗窃枪支罪，可和现在的盗窃罪并案由地方法院按刑法规定处理。

附：

安徽省高级人民法院
关于刘辉盗窃枪支、盗窃一案管辖问题的请示报告

1988年1月30日　　　　　　　　　　　　　法研字〔1988〕第10号

最高人民法院：

被告人刘辉，男，25岁，1983年10月退伍回安庆市。1987年9月因犯盗窃罪（2000余元）被捕，经审查又发现刘在武汉军区服役期间（1983年5月17日）犯有盗窃枪支罪（五四式手枪两支）。现安庆市中级法院对该案应当由原所在军事法院受理，还是由地方法院受理问题提出请示。我院经与有关军事法院联系，一致认为，为了及时有力地打击刑事犯罪活动，刘辉盗窃枪支罪可与盗窃罪并案，由地方法院按刑法处理为宜。但两院、两部（1982）政联字8号文第五条规定："军人退役后，发现其在服役期内作案……属于在服役期间犯下军人违反职责罪的，仍由军事检察院、军事法院处理。"

根据本案的具体情况，我们意见倾向于由地方法院受理。特此请示。

最高人民法院　最高人民检察院　公安部关于公安部证券犯罪侦查局直属分局办理经济犯罪案件适用刑事诉讼程序若干问题的通知

2009年11月4日　　　　　　　　　　　　公通字〔2009〕51号

各省、自治区、直辖市高级人民法院，人民检察院，公安厅、局，新疆维吾尔自治区高级人民法院生产建设兵团分院、新疆生产建设兵团人民检察院、公安局：

根据《国务院办公厅关于印发公安部主要职责内设机构和人员编制规定的通知》（国办发〔2008〕59号）要求，公安部证券犯罪侦查局设立第一、第二、第三分局，分别派驻北京、上海、深圳，按管辖区域承办需要公安部侦查的有关经济犯罪案件。为了规范公安部证券犯罪侦查局第一、第二、第三分局（以下简称"直属分局"）的办案工作，进一步加大打击经济犯罪的力度，现就直属分局办理经济犯罪案件适用刑事诉讼程序的若干问题通知如下：

一、直属分局行使《刑事诉讼法》赋予公安机关的刑事侦查权，按管辖区域立案侦查公安部交办的证券领域以及其他领域重大经济犯罪案件。

二、直属分局管辖区域分别是：

第一分局：北京、天津、河北、山西、内蒙古、辽宁、吉林、黑龙江、陕西、甘肃、青海、宁夏、新疆（含生产建设兵团）；

第二分局：上海、江苏、浙江、安徽、福建、江西、山东、河南、湖北、湖南；

第三分局：广东、广西、海南、重庆、四川、贵州、云南、西藏。

经公安部指定，直属分局可以跨区域管辖案件。

三、直属分局依法对本通知第一条规定的案件立案、侦查、预审。对犯罪嫌疑人分别依法决定传唤、拘传、取保候审、监视居住、拘留；认为需要逮捕的，提请人民检察院审查批准；对依法不追究刑事责任的不予立案，已经立案的予以撤销案件；对侦查终结应当起诉的案件，移送人民检察院审查决定。

四、直属分局依照《刑事诉讼法》和《公安机关办理刑事案件程序规定》等有关规定出具和使用刑事法律文书，冠以"公安部证券犯罪侦查局第×分局"字样，加盖"公安部证券犯罪侦查局第×分局"印章，需要加盖直属分局局长印章的，加盖直属分局局长印章。

五、直属分局在侦查办案过程中，需要逮捕犯罪嫌疑人的，应当按照《刑事诉讼法》及《公安机关办理刑事案件程序规定》的有关规定，制作相应的法律文书，连同有关案卷材料、证据，一并移送犯罪地的人民检察院审查批准。如果由犯罪嫌疑人居住地的人民检察院办理更为适宜的,可以移送犯罪嫌疑人居住地的人民检察院审查批准。

六、直属分局对于侦查终结的案件,犯罪事实清楚,证据确实、充分的,应当按照《刑事诉讼法》的有关规定,制作《起诉意见书》,连同案卷材料、证据,一并移送犯罪地的人民检察院审查决定。如果由犯罪嫌疑人居住地的人民检察院办理更为适宜的,可以移送犯罪嫌疑人居住地的人民检察院审查决定。

七、人民检察院认为直属分局移送的案件,犯罪事实已经查清,证据确实、充分,依法应当追究刑事责任的,应当依照《刑事诉讼法》有关管辖的规定向人民法院提起公诉。人民法院应当依法作出判决。

八、案情重大、复杂或者确有特殊情况需要改变管辖的,人民法院可以依照《刑事诉讼法》第二十三条、第二十六条的规定决定。

九、对经侦查不构成犯罪和人民检察院依法决定不起诉或者人民法院依法宣告无罪、免予刑事处罚的刑事案件,需要追究行政责任的,依照有关行政法规的规定,移送有关部门处理。

十、本通知自2010年1月1日起施行。2005年2月28日下发的《关于公安部证券犯罪侦查局直属分局办理证券期货领域刑事案件适用刑事诉讼程序若干问题的通知》(公通字〔2005〕11号)同时废止。

最高人民法院 最高人民检察院 公安部 国家安全部 司法部 关于外国人犯罪案件管辖问题的通知

2013年1月17日　　　　　　　　　　法发〔2013〕2号

各省、自治区、直辖市高级人民法院、人民检察院、公安厅(局)、国家安全厅(局)、司法厅(局),新疆维吾尔自治区高级人民法院生产建设兵团分院,新疆生产建设兵团人民检察院、公安局、国家安全局、司法局:

为贯彻实施好修改后刑事诉讼法关于犯罪案件管辖的规定,确保外国人犯罪案件办理质量,结合外国人犯罪案件的特点和案件办理工作实际,现就外国人犯罪案件管辖的有关事项通知如下:

一、第一审外国人犯罪案件,除刑事诉讼法第二十条至第二十二条规定的以外,由基层人民法院管辖。外国人犯罪案件较多的地区,中级人民法院可以指定辖区内一个或者几个基层人民法院集中管辖第一审外国人犯罪案件;外国人犯罪案件较少的地区,中级人民法院可以依照刑事诉讼法第二十三条的规定,审理基层人民法院管辖的第一审外国人犯罪案件。

二、外国人犯罪案件的侦查,由犯罪地或者犯罪嫌疑人居住地的公安机关或者国家安全机关负责。需要逮捕犯罪嫌疑人的，由负责侦查的公安机关或者国家安全机关向所在地同级人民检察院提请批准逮捕；侦查终结需要移送审查起诉的案件，应当向侦查机关所在地的同级人民检察院移送。人民检察院受理同级侦查机关移送审查起诉的案件，按照刑事诉讼法的管辖规定和本通知要求，认为应当由上级人民检察院或者同级其他人民检察院起诉的，应当将案件移送有管辖权的人民检察院审查起诉。

三、辖区内集中管辖第一审外国人犯罪案件的基层人民法院，应当由中级人民法院商同级人民检察院、公安局、国家安全局、司法局综合考虑办案质量、效率、工作衔接配合等因素提出，分别报高级人民法院、省级人民检察院、公安厅（局）、国家安全厅（局）、司法厅（局）同意后确定，并报最高人民法院、最高人民检察院、公安部、国家安全部、司法部备案。

各高级人民法院、省级人民检察院、公安厅（局）、国家安全厅（局）要切实加强对基层人民法院、人民检察院、公安机关、国家安全机关办理外国人犯罪案件工作的监督、指导。司法行政机关要加强对外国人犯罪案件中律师辩护、代理工作的指导、监督。对于遇到的法律适用等重大问题要及时层报最高人民法院、最高人民检察院、公安部、国家安全部、司法部。

三、辩 护

最高人民法院
关于第二审人民法院审理死刑案件被告人没有委托辩护人的是否应为其指定辩护人问题的批复

法释〔1997〕7号

（1997年11月6日最高人民法院审判委员会第943次会议通过 1997年11月12日最高人民法院公告公布 自1997年11月20日起施行）

江西省高级人民法院：

你院赣法刑一请字〔1997〕2号《关于第二审死刑案件是否需要全部指定辩护人的请示》收悉。经研究，答复如下：

《中华人民共和国刑事诉讼法》第三十四条第三款关于被告人可能被判处死刑而没有委托辩护人的，人民法院应当指定承担法律援助义务的律师为其提供辩护的规定，也应当适用于第二审死刑案件。即第一审人民法院已判处死刑的被告人提出上诉或者人民检察院提出抗诉，被告人没有委托辩护人的，第二审人民法院应当为其指定辩护人。

此复。

最高人民法院　司法部
印发《关于充分保障律师依法履行辩护职责确保死刑案件办理质量的若干规定》的通知

2008年5月21日　　　　　　　　　　　　　法发〔2008〕14号

各省、自治区、直辖市高级人民法院、司法厅（局），解放军军事法院，新疆维吾尔自治区高级人民法院生产建设兵团分院、新疆生产建设兵团司法局：

现将《关于充分保障律师依法履行辩护职责确保死刑案件办理质量的若干规定》印发给你们，请认真遵照执行。执行情况及遇到的问题，请分别及时报告最高人民法院、司法部。

附：

最高人民法院　司法部
关于充分保障律师依法履行辩护职责确保死刑案件办理质量的若干规定

为确保死刑案件的办理质量，根据《中华人民共和国刑事诉讼法》及相关法律、法规和司法解释的有关规定，结合人民法院刑事审判和律师辩护、法律援助工作的实际，现就人民法院审理死刑案件，律师依法履行辩护职责的具体问题规定如下：

一、人民法院对可能被判处死刑的被告人，应当根据刑事诉讼法的规定，充分保障其辩护权及其他合法权益，并充分保障辩护律师依法履行辩护职责。司法行政机关、律师协会应当加强对死刑案件辩护工作的指导，积极争取政府财政部门落实并逐步提高法律援助工作经费。律师办理死刑案件应当恪尽职守，切实维护被告人的合法权益。

二、被告人可能被判处死刑而没有委托辩护人的，人民法院应当通过法律援助机构指定律师为其提供辩护。被告人拒绝指定的律师为其辩护，有正当理由的，人民法院应当准许，被告人可以另行委托辩护人；被告人没有委托辩护人的，人民法院应当通知法律援助机构为其另行指定辩护人；被告人无正当理由再次拒绝指定的律师为其辩护的，人民法院应当不予准许并记录在案。

三、法律援助机构在收到指定辩护通知书三日以内，指派具有刑事案件出庭辩护经验的律师担任死刑案件的辩护人。

四、被指定担任死刑案件辩护人的律师，不得将案件转由律师助理办理；有正当理由不能接受指派的，经法律援助机构同意，由法律援助机构另行指派其他律师办理。

五、人民法院受理死刑案件后，应当及时通知辩护律师查阅案卷，并积极创造条件，为律师查阅、复制指控犯罪事实的材料提供方便。

人民法院对承办法律援助案件的律师复制涉及被告人主要犯罪事实并直接影响定罪量刑的证据材料的复制费用，应当免收或者按照复制材料所必需的工本费减收。

律师接受委托或者被指定担任死刑案件的辩护人后，应当及时到人民法院阅卷；对于查阅的材料中涉及国家秘密、商业秘密、个人隐私、证人身份等情况的，应当保守秘密。

六、律师应当在开庭前会见在押的被告人，征询是否同意为其辩护，并听取被告人的陈述和意见。

七、律师书面申请人民法院收集、调取证据，申请通知证人出庭作证，申请鉴定或者补充鉴定、重新鉴定的，人民法院应当及时予以书面答复并附卷。

八、第二审开庭前，人民检察院提交新证据、进行重新鉴定或者补充鉴定的，人民法院应当至迟在开庭三日以前通知律师查阅。

九、律师出庭辩护应当认真做好准备工作，围绕案件事实、证据、适用法律、量刑、诉讼程序等，从被告人无罪、罪轻或者减轻、免除其刑事责任等方面提出辩护意见，切实保证辩护质量，维护被告人的合法权益。

十、律师接到人民法院开庭通知后，应当保证准时出庭。人民法院应当按时开庭。法庭因故不能按期开庭，或者律师确有正当理由不能按期出庭的，人民法院应当在不影响案件审理期限的情况下，另行安排开庭时间，并于开庭三日前通知当事人、律师和人民检察院。

十一、人民法院应当加强审判场所的安全保卫，保障律师及其他诉讼参与人的人身安全，确保审判活动的顺利进行。

十二、法官应当严格按照法定诉讼程序进行审判活动，尊重律师的诉讼权利，认真听取控辩双方的意见，保障律师发言的完整性。对于律师发言过于冗长、明显重复或者与案件无关，或者在公开开庭审理中发言涉及国家秘密、个人隐私，或者进行人身攻击的，法官应当提醒或者制止。

十三、法庭审理中，人民法院应当如实、详细地记录律师意见。法庭审理结束后，律师应当在闭庭三日以内向人民法院提交书面辩护意见。

十四、人民法院审理被告人可能被判处死刑的刑事附带民事诉讼案件，在对赔偿事项进行调解时，律师应当在其职责权限范围内，根据案件和当事人的具体情况，依法提出有利于案件处理、切实维护当事人合法权益的意见，促进附带民事诉讼案件调解解决。

十五、人民法院在裁判文书中应当写明指派律师担任辩护人的法律援助机构、律师姓名及其所在的执业机构。对于律师的辩护意见，合议庭、审判委员会在讨论案件时应当认真进行研究，并在裁判文书中写明采纳与否的理由。

人民法院应当按照有关规定将裁判文书送达律师。

十六、人民法院审理案件过程中，律师提出会见法官请求的，合议庭根据案件具体情况，可以在工作时间和办公场所安排会见、听取意见。会见活动，由书记员制作笔录，律师签名后附卷。

十七、死刑案件复核期间，被告人的律师提出当面反映意见要求或者提交证据材料的，人民法院有关合议庭应当在工作时间和办公场所接待，并制作笔录附卷。律师提出的书面意见，应当附卷。

十八、司法行政机关和律师协会应当加强对律师的业务指导和培训，以及职业道德和执业纪律教育，不断提高律师办理死刑案件的质量，并建立对律师从事法律援助工作的考核机制。

最高人民法院关于辩护律师能否复制侦查机关讯问录像问题的批复

2013 年 9 月 22 日　　　　　　　　　　　〔2013〕刑他字第 239 号

广东省高级人民法院：

你院〔2013〕粤高法刑二终字第 12 号《关于辩护律师请求复制侦查机关讯问录像法律适用问题的请示》收悉。经研究，答复如下：

根据《中华人民共和国刑事诉讼法》第三十八条和最高人民法院《关于适用〈中华人民共和国刑事诉讼法〉的解释》第四十七条的规定，自人民检察院对案件审查起诉之日起，辩护律师可以查阅、摘抄、复制案卷材料，但其中涉及国家秘密、个人隐私的，应严格履行保密义务。你院请示的案件，侦查机关对被告人的讯问录音录像已经作为证据材料向人民法院移送并已在庭审中播放，不属于依法不能公开的材料，在辩护律师提出要求复制有关录音录像的情况下，应当准许。

此复。

最高人民法院　司法部
关于开展刑事案件律师辩护全覆盖试点工作的办法

2017 年 10 月 11 日　　　　　　　　　司法通〔2017〕106 号

为推进以审判为中心的刑事诉讼制度改革，加强人权司法保障，促进司法公正，充分发挥律师在刑事案件审判中的辩护作用，开展刑事案件审判阶段律师辩护全覆盖试点工作，根据刑事诉讼法等法律法规，结合司法工作实际，制定本办法。

第一条　被告人有权获得辩护。人民法院、司法行政机关应当保障被告人及其辩护律师依法享有的辩护权和其他诉讼权利。

第二条　被告人除自己行使辩护权外，有权委托律师作为辩护人。

被告人具有刑事诉讼法第三十四条、第二百六十七条规定应当通知辩护情形，没有委托辩护人的，人民法院应当通知法律援助机构指派律师为其提供辩护。

除前款规定外，其他适用普通程序审理的一审案件、二审案件、按照审判监督程序审理的案件，被告人没有委托辩护人的，人民法院应当通知法律援助机构指派律师为其提供辩护。

适用简易程序、速裁程序审理的案件，被告人没有辩护人的，人民法院应当通知法律援助机构派驻的值班律师为其提供法律帮助。

在法律援助机构指派的律师或者被告人委托的律师为被告人提供辩护前，被告人及其近亲属可以提出法律帮助请求，人民法院应当通知法律援助机构派驻的值班律师为其提供法律帮助。

第三条　人民法院自受理案件之日起三日内，应当告知被告人有权委托辩护人以及获得值班律师法律帮助。被告人具有本办法第二条第二款、第三款规定情形的，人民法院应当告知其如果不委托辩护人，将通知法律援助机构指派律师为其提供辩护。

第四条　人民法院通知辩护的，应当将通知辩护公函以及起诉书、判决书、抗诉书、申诉立案通知书副本或者复印件送交法律援助机构。

通知辩护公函应当载明被告人的姓名、指控的罪名、羁押场所或者住所、通知辩护的理由、审判人员姓名和联系方式等；已确定开庭审理的，通知辩护公函应当载明开庭的时间、地点。

第五条　法律援助机构应当自收到通知辩护公函或者作出给予法律援助决定之日起三日内，确定承办律师并函告人民法院。

法律援助机构出具的法律援助公函应当载明辩护律师的姓名、所属单位及联系方式。

人民法院通知辩护公函内容不齐全或者通知辩护材料不齐全的，法律援助机构应当商请人民法院予以补充；人民法院未在开庭十五日前将本办法第四条第一款规定的材料补充齐全，可能影响辩护律师履行职责的，法律援助机构可以商请人民法院变更开庭日期。

第六条 按照本办法第二条第二款规定应当通知辩护的案件，被告人拒绝法律援助机构指派的律师为其辩护的，人民法院应当查明拒绝的原因，有正当理由的，应当准许，同时告知被告人需另行委托辩护人。被告人未另行委托辩护人的，人民法院应当及时通知法律援助机构另行指派律师为其提供辩护。

按照本办法第二条第三款规定应当通知辩护的案件，被告人坚持自己辩护，拒绝法律援助机构指派的律师为其辩护，人民法院准许的，法律援助机构应当作出终止法律援助的决定；对于有正当理由要求更换律师的，法律援助机构应当另行指派律师为其提供辩护。

第七条 司法行政机关和律师协会统筹调配律师资源，为法律援助工作开展提供保障。本地律师资源不能满足工作开展需要的，司法行政机关可以申请上一级司法行政机关给予必要支持。

有条件的地方可以建立刑事辩护律师库，为开展刑事案件律师辩护全覆盖试点工作提供支持。

第八条 建立多层次经费保障机制，加强法律援助经费保障，确保经费保障水平适应开展刑事案件律师辩护全覆盖试点工作需要。

司法行政机关协调财政部门根据律师承办刑事案件成本、基本劳务费用、服务质量、案件难易程度等因素，合理确定、适当提高办案补贴标准并及时足额支付。

有条件的地方可以开展政府购买法律援助服务。

第九条 探索实行由法律援助受援人分担部分法律援助费用。

实行费用分担法律援助的条件、程序、分担标准等，由省级司法行政机关综合当地经济发展水平、居民收入状况、办案补贴标准等因素确定。

第十条 司法行政机关、律师协会应当鼓励和支持律师开展刑事辩护业务，组织资深骨干律师办理刑事法律援助案件，发挥优秀律师在刑事辩护领域的示范作用，组织刑事辩护专项业务培训，开展优秀刑事辩护律师评选表彰活动，推荐优秀刑事辩护律师公开选拔为立法工作者、法官、检察官，建立律师开展刑事辩护业务激励机制，充分调动律师参与刑事辩护工作积极性。

第十一条 第二审人民法院发现第一审人民法院未履行通知辩护职责，导致被告人在审判期间未获得律师辩护的，应当认定符合刑事诉讼法第二百二十七条第三项规定的情形，裁定撤销原判，发回原审人民法院重新审判。

第十二条 人民法院未履行通知辩护职责，或者法律援助机构未履行指派律师等职责，导致被告人审判期间未获得律师辩护的，依法追究有关人员责任。

第十三条 人民法院应当依法保障辩护律师的知情权、申请权、申诉权，以及会见、阅卷、收集证据和发问、质证、辩论等方面的执业权利，为辩护律师履行职责，包括查阅、摘抄、复制案卷材料等提供便利。

第十四条 人民法院作出召开庭前会议、延期审理、二审不开庭审理、宣告判决等重大程序性决定的,应当依法及时告知辩护律师。人民法院应当依托中国审判流程信息公开网,及时向辩护律师公开案件的流程信息。

第十五条 辩护律师提出阅卷要求的,人民法院应当当时安排辩护律师阅卷,无法当时安排的,应当向辩护律师说明原因并在无法阅卷的事由消除后三个工作日以内安排阅卷,不得限制辩护律师合理的阅卷次数和时间。有条件的地方可以设立阅卷预约平台,推行电子化阅卷,允许刻录、下载材料。辩护律师复制案卷材料的,人民法院只收取工本费。法律援助机构指派的律师复制案卷材料的费用予以免收或者减收。

辩护律师可以带一至二名律师助理协助阅卷,人民法院应当核实律师助理的身份。律师发现案卷材料不完整、不清晰等情况时,人民法院应当及时安排核对、补充。

第十六条 辩护律师申请人民法院收集、调取证据的,人民法院应当在三日以内作出是否同意的决定,并通知辩护律师。人民法院同意的,应当及时收集、调取相关证据。人民法院不同意的,应当说明理由;辩护律师要求书面答复的,应当书面说明理由。

第十七条 被告人、辩护律师申请法庭通知证人、鉴定人、有专门知识的人出庭作证的,法庭认为有必要的应当同意;法庭不同意的,应当书面向被告人及辩护律师说明理由。

第十八条 人民法院应当重视律师辩护意见,对于律师依法提出的辩护意见未予采纳的,应当作出有针对性的分析,说明不予采纳的理由。

第十九条 人民法院、司法行政机关和律师协会应当建立健全维护律师执业权利快速处置机制,畅通律师维护执业权利救济渠道。人民法院监察部门负责受理律师投诉。人民法院应当在官方网站、办公场所公开受理机构名称、电话、来信来访地址,及时反馈调查处理结果,切实提高维护律师执业权利的及时性和有效性,保障律师执业权利不受侵害。

第二十条 辩护律师应当坚持以事实为依据、以法律为准绳,依法规范诚信履行辩护代理职责,勤勉尽责,不断提高辩护质量和工作水平,切实维护当事人合法权益、促进司法公正。

在审判阶段,接受法律援助机构指派承办刑事法律援助案件的律师应当会见被告人并制作会见笔录,应当阅卷并复制主要的案卷材料。

对于人民法院开庭审理的案件,辩护律师应当做好开庭前的准备;参加全部庭审活动,充分质证、陈述;发表具体的、有针对性的辩护意见,并向人民法院提交书面辩护意见。对于人民法院不开庭审理的案件,辩护律师应当自收到人民法院不开庭通知之日起十日内向人民法院提交书面辩护意见。

第二十一条 辩护律师应当遵守法律法规、执业行为规范和法庭纪律,不得煽动、教唆和组织被告人监护人、近亲属等以违法方式表达诉求;不得恶意炒作案件,对案件进行歪曲、有误导性的宣传和评论;不得违反规定披露、散布不公开审理案件的信息、材料,或者在办案过程中获悉的案件重要信息、证据材料;不得违规会见被告人,教唆被告人翻供;不得帮助被告人隐匿、毁灭、伪造证据或者串供,威胁、引诱证人作伪证,以及其他干扰司法机关诉讼活动的行为。

第二十二条 司法行政机关和律师协会应当对律师事务所、律师开展刑事辩护业务进行指导监督,并根据律师事务所、律师履行法律援助义务情况实施奖励和惩戒。

法律援助机构、律师事务所应当对辩护律师开展刑事辩护活动进行指导监督,促进辩护律师依法履行辩护职责。

人民法院在案件办理过程中发现辩护律师有违法或者违反职业道德、执业纪律的行为,应当及时向司法行政机关、律师协会提出司法建议,并固定移交相关证据材料,提供必要的协助。司法行政机关、律师协会核查后,应当将结果及时通报建议机关。

第二十三条 人民法院和司法行政机关应当加强协调,做好值班律师、委托辩护要求转达、通知辩护等方面的衔接工作,探索建立工作对接网上平台,建立定期会商通报机制,及时沟通情况,协调解决问题,促进刑事案件律师辩护全覆盖试点工作有效开展。

第二十四条 办理刑事案件,本办法有规定的,按照本办法执行;本办法没有规定的,按照《中华人民共和国刑事诉讼法》《中华人民共和国律师法》《最高人民法院关于适用〈中华人民共和国刑事诉讼法〉的解释》《法律援助条例》《办理法律援助案件程序规定》《关于刑事诉讼法律援助工作的规定》《关于依法保障律师执业权利的规定》等法律法规、司法解释、规章和规范性文件执行。

第二十五条 本办法自发布之日起试行一年。

第二十六条 本办法在北京、上海、浙江、安徽、河南、广东、四川、陕西省(直辖市)试行。试点省(直辖市)可以在全省(直辖市)或者选择部分地区开展试点工作。

四、证　据

中国人民银行　最高人民法院
最高人民检察院　公安部
**关于查询、冻结、扣划企业事业单位、
机关、团体银行存款的通知**

1993年12月11日　　　　　　　　　　　　银发〔1993〕356号

中国人民银行各省、自治区、直辖市分行，计划单列市分行；中国工商银行、中国农业银行、中国银行、中国人民建设银行、交通银行；各省、自治区、直辖市高级人民法院、人民检察院、公安厅（局）；军事法院、军事检察院：

　　为维护社会经济秩序，保证司法部门严格执法，保障有关当事人的合法权益，根据国家有关法律、法规的规定，现就人民法院、人民检察院、公安机关在办理案件中需要通过银行查询、冻结、扣划企事业单位、机关、团体银行存款的问题通知如下：

　　一、关于查询单位存款、查阅有关资料的问题

　　人民法院因审理或执行案件，人民检察院、公安机关因查处经济违法犯罪案件，需要向银行查询企业事业单位、机关、团体与案件有关的银行存款或查阅有关的会计凭证、账簿等资料时，银行应积极配合。查询人必须出示本人工作证或执行公务证和出具县级（含）以上人民法院、人民检察院、公安局签发的"协助查询存款通知书"，由银行行长或其他负责人（包括城市分理处、农村营业所和城乡信用社主任。下同）签字后并指定银行有关业务部门凭此提供情况和资料，并派专人接待。查询人对原件不得借走，需要的资料可以抄录、复制或照相，并经银行盖章。人民法院、人民检察院、公安机关对银行提供的情况和资料，应当依法保守秘密。

　　二、关于冻结单位存款的问题

　　人民法院因审理或执行案件，人民检察院、公安机关因查处经济犯罪案件，需要冻结企业事业单位、机关、团体与案件直接有关的一定数额的银行存款，必须出具县级

（含）以上人民法院、人民检察院、公安局签发的"协助冻结存款通知书"及本人工作证或执行公务证，经银行行长（主任）签字后，银行应当立即凭此并按照应冻结资金的性质，冻结当日单位银行账户上的同额存款（只能原账户冻结，不能转户）。如遇被冻结单位银行账户的存款不足冻结数额时，银行应在 6 个月的冻结期内冻结该单位银行账户可以冻结的存款，直至达到需要冻结的数额。

银行在受理冻结单位存款时，应审查"协助冻结存款通知书"填写的被冻结单位开户银行名称、户名和账号、大小写金额，发现不符的，应说明原因，退回"通知书"。

被冻结的款项在冻结期限内如需解冻，应以作出冻结决定的人民法院、人民检察院、公安机关签发的"解除冻结存款通知书"为凭，银行不得自行解冻。

冻结单位存款的期限不超过 6 个月。有特殊原因需要延长的，人民法院、人民检察院、公安机关应当在冻结期满前办理继续冻结手续。每次续冻期限最长不超过 6 个月。逾期不办理继续冻结手续的，视为自动撤销冻结。

人民法院、人民检察院、公安机关冻结单位银行存款发生失误，应及时予以纠正，并向被冻结银行存款的单位作出解释。

被冻结的款项，不属于赃款的，冻结期间应计付利息，在扣划时其利息应付给债权单位；属于赃款的，冻结期间不计付利息，如冻结有误，解除冻结时应补计冻结期间利息。

三、关于扣划单位存款的问题

人民法院审理或执行案件，人民检察院、公安机关对查处的经济犯罪案件作出免予起诉、不予起诉、撤销案件和结案处理的决定，在执行时，需要银行协助扣划企业事业单位、机关、团体的银行存款，必须出具县级（含）以上人民法院、人民检察院、公安局签发的"协助扣划存款通知书"（附人民法院发生法律效力的判决书、裁定书、调解书、支付令、制裁决定的副本或行政机关的行政处罚决定书副本，人民检察院的免予起诉决定书、不起诉决定书、撤销案件决定书的副本，公安机关的处理决定书、刑事案件立案报告表的副本）及本人工作证或执行公务证，银行应当凭此立即扣划单位的有关存款。

银行受理扣划单位存款时，应审查"协助扣划存款通知书"填写的被执行单位的开户银行名称、户名和账号、大小写金额、如发现不符，或缺少应附的法律文书副本，以及法律文书副本有关内容与"通知书"的内容不符，应说明原因，退回"通知书"和所附的法律文书副本。

为使银行扣划单位存款得以顺利进行，人民法院、人民检察院、公安机关在需要银行协助扣划单位存款时，应向银行全面了解被执行单位的支付能力，银行应如实提供情况。人民法院、人民检察院、公安机关在充分掌握情况之后，实事求是地确定应予执行的期限，对于立即执行确有困难的，可以确定缓期或分期执行。在确定的执行期限内，被执行单位没有正当理由逾期不执行的，银行在接到"协助扣划存款通知"后，只要被执行单位银行账户有款可付，应当立即扣划，不得延误。当日无款或不足扣划的，银行应及时通知人民法院、人民检察院、公安机关，待单位账上有款时，尽快予以扣划。

扣划的款项，属于归还银行贷款的，应直接划给贷款银行，用于归还贷款；属于给付债权单位的款项，应直接划给债权单位；属于给付多个债权单位的款项，需要从多处扣划被转移的款项待结案归还或给付的，可暂扣划至办案单位在银行开立的机关团体一般存款科目赃款暂收户或代扣款户（不计付利息）。待追缴工作结束后，依法分割返还或给付；属于上缴国家的款项，应直接扣划上缴国库。

四、关于异地查询、冻结、扣划问题

作出查询、冻结、扣划决定的人民法院、人民检察院、公安机关与协助执行的银行不在同一辖区的，可以直接到协助执行的银行办理查询、冻结、扣划单位存款，不受辖区范围的限制。

五、关于冻结、扣划军队、武警部队存款的问题

军队、武警部队一类保密单位开设的"特种预算存款"、"特种其他存款"和连队账户的存款，原则上不采取冻结或扣划等项诉讼保全措施。但军队、武警部队的其余存款可以冻结和扣划。

六、关于冻结、扣划专业银行、其他银行和非银行金融机构在人民银行存款的问题

人民法院因审理经济纠纷案件或经济犯罪案件，人民检察院、公安机关因查处经济违法犯罪案件，需要执行专业银行、其他银行和非银行金融机构在人民银行的款项，应通知被执行的银行和非银行金融机构自动履行。

七、关于冻结、扣划单位存款遇有问题的处理原则

两家以上的人民法院、人民检察院、公安机关对同一存款冻结、扣划时，银行应根据最先收取的协助执行通知书办理冻结和扣划。在协助执行时，如对具体执行哪一个机关的冻结、扣划通知有争议，由争议的机关协商解决或者由其上级机关决定。

八、关于各单位的协调与配合

人民法院、人民检察院、公安机关、银行要依法行使职权和履行协助义务，积极配合。遇有问题或人民法院、人民检察院、公安机关与协助执行的银行意见不一致时，不应拘留银行人员，而应提请双方的上级部门共同协商解决。银行人员违反有关法律规定，无故拒绝协助执行、擅自转移或解冻已冻结的存款，为当事人通风报信、协助其转移、隐匿财产的，应依法承担责任。

以上各项规定，请认真贯彻执行。

过去的规定与本文有抵触的，以本规定为准。

附件：协助查询、冻结、解冻、扣划单位存款通知文书格式（略）

最高人民法院 最高人民检察院 公安部
关于对冻结、扣划企业事业单位、机关团体在银行、非银行金融机构存款的执法活动加强监督的通知

1996 年 8 月 13 日　　　　　　　　　　　　　　　法〔1996〕83 号

各省、自治区、直辖市高级人民法院、人民检察院、公安厅（局）、军事法院、军事检察院：

为了加强执法监督，必要时及时纠正地方人民法院、人民检察院、公安机关关于冻结、扣划有关单位在银行、非银行金融机构存款的错误决定，特通知如下：

一、最高人民法院、最高人民检察院、公安部发现地方各级人民法院、人民检察院、公安机关冻结、解冻、扣划有关单位在银行、非银行金融机构存款有错误时，上级人民法院、人民检察院、公安机关发现下级人民法院、人民检察院、公安机关冻结、解冻、扣划有关单位在银行、非银行金融机构存款有错误时，可依照法定程序作出决定或者裁定，送达本系统地方各级或下级有关法院、检察院、公安机关限期纠正。有关法院、检察院、公安机关应当立即执行。

二、有关法院、检察院、公安机关认为上级机关的决定或者裁定有错误的，可在收到该决定或者裁定之日起 5 日以内向作出决定或裁定的人民法院、人民检察院、公安机关请求复议。最高人民法院、最高人民检察院、公安部或上级人民法院、人民检察院、公安机关经审查，认为请求复议的理由不能成立，依法有权直接向有关银行发出法律文书，纠正各自的下级机关所作的错误决定，并通知原作出决定的机关；有关银行、非银行金融机构接到此项法律文书后，应当立即办理，不得延误，不必征得原作出决定机关的同意。

最高人民法院　最高人民检察院　公安部
国家安全部　司法部
印发《关于办理死刑案件审查判断证据若干问题的规定》和《关于办理刑事案件排除非法证据若干问题的规定》的通知

2010年6月13日　　　　　　　　　法发〔2010〕20号

各省、自治区、直辖市高级人民法院、人民检察院、公安厅（局）、国家安全厅（局）、司法厅（局），解放军军事法院、军事检察院、总政治部保卫部，新疆维吾尔自治区高级人民法院生产建设兵团分院、新疆生产建设兵团人民检察院、公安局、司法局、监狱管理局：

为进一步完善我国刑事诉讼制度，根据中央关于深化司法体制和工作机制改革的总体部署，经过广泛深入调查研究，最高人民法院、最高人民检察院、公安部、国家安全部和司法部近日联合制定了《关于办理死刑案件审查判断证据若干问题的规定》和《关于办理刑事案件排除非法证据若干问题的规定》（以下简称两个《规定》），现印发给你们，请遵照执行。

为了在司法实践中严格贯彻执行两个《规定》，现提出以下意见：

一、充分认识制定、执行两个《规定》的重要意义

两个《规定》对政法机关办理刑事案件特别是死刑案件提出了更高的标准、更严的要求，对于完善我国刑事诉讼制度，提高执法办案水平，推进社会主义法治建设，具有十分重要的意义。中央对两个《规定》高度重视，中央政治局常委、中央政法委书记主持召开中央政法委员会全体会议暨司法体制改革专题汇报会，认真讨论了两个《规定》，要求各级人民法院、人民检察院、公安机关、国家安全机关和司法行政机关要依法履行职责，严格执行两个《规定》，讲事实、讲证据、讲法律、讲责任，确保办案质量，依法惩治犯罪、切实保障人权、维护司法公正，确保办理的每一起刑事案件都能经得起法律和历史的检验。各省、自治区、直辖市相关部门要从全面准确执行国家法律，贯彻党和国家刑事政策的高度，积极加强宣传工作，充分认识出台两个《规定》的重要意义。

二、认真组织开展对两个《规定》的培训

各级人民法院、人民检察院、公安机关、国家安全机关、司法行政等单位和部门应当根据实际情况，通过不同途径，采取不同方式，认真、及时地开展对两个《规定》的培训和学习工作，要精心组织相关办案人员参加专项培训，确保使每一名刑事办案人员

都能够全面掌握两个《规定》的具体内容。

三、严格贯彻执行两个《规定》

两个《规定》不仅全面规定了刑事诉讼证据的基本原则，细化了证明标准，还进一步具体规定了对各类证据的收集、固定、审查、判断和运用；不仅规定了非法证据的内涵和外延，还对审查和排除非法证据的程序、证明责任等问题进行了具体的规范。切实把两个《规定》贯彻好、执行好，对于进一步提高执法办案水平，进一步强化执法人员素质，必将发挥重要作用。各相关部门在司法实践中要严格贯彻落实两个《规定》，牢固树立惩罚犯罪与保障人权并重的观念、实体法与程序法并重的观念，依法、全面、客观地收集、审查、判断证据，严把事实关、证据关，切实提高刑事案件审判质量，确保将两个《规定》落到实处，把每一起刑事案件都办成铁案。在贯彻执行中遇到的新情况、新问题和探索出的新经验、新做法，要认真总结，并及时报告中央主管部门。

另，办理其他刑事案件，参照《关于办理死刑案件审查判断证据若干问题的规定》执行。

附一：

关于办理死刑案件审查判断证据若干问题的规定

为依法、公正、准确、慎重地办理死刑案件，惩罚犯罪，保障人权，根据《中华人民共和国刑事诉讼法》等有关法律规定，结合司法实际，制定本规定。

一、一般规定

第一条 办理死刑案件，必须严格执行刑法和刑事诉讼法，切实做到事实清楚，证据确实、充分，程序合法，适用法律正确，确保案件质量。

第二条 认定案件事实，必须以证据为根据。

第三条 侦查人员、检察人员、审判人员应当严格遵守法定程序，全面、客观地收集、审查、核实和认定证据。

第四条 经过当庭出示、辨认、质证等法庭调查程序查证属实的证据，才能作为定罪量刑的根据。

第五条 办理死刑案件，对被告人犯罪事实的认定，必须达到证据确实、充分。

证据确实、充分是指：

（一）定罪量刑的事实都有证据证明；

（二）每一个定案的证据均已经法定程序查证属实；

（三）证据与证据之间、证据与案件事实之间不存在矛盾或者矛盾得以合理排除；

（四）共同犯罪案件中，被告人的地位、作用均已查清；

（五）根据证据认定案件事实的过程符合逻辑和经验规则，由证据得出的结论为唯一结论。

办理死刑案件，对于以下事实的证明必须达到证据确实、充分：

（一）被指控的犯罪事实的发生；

（二）被告人实施了犯罪行为与被告人实施犯罪行为的时间、地点、手段、后果以及其他情节；

（三）影响被告人定罪的身份情况；

（四）被告人有刑事责任能力；

（五）被告人的罪过；

（六）是否共同犯罪及被告人在共同犯罪中的地位、作用；

（七）对被告人从重处罚的事实。

二、证据的分类审查与认定

1. 物证、书证

第六条 对物证、书证应当着重审查以下内容：

（一）物证、书证是否为原物、原件，物证的照片、录像或者复制品及书证的副本、复制件与原物、原件是否相符；物证、书证是否经过辨认、鉴定；物证的照片、录像或者复制品和书证的副本、复制件是否由二人以上制作，有无制作人关于制作过程及原件、原物存放于何处的文字说明及签名。

（二）物证、书证的收集程序、方式是否符合法律及有关规定；经勘验、检查、搜查提取、扣押的物证、书证，是否附有相关笔录或者清单；笔录或者清单是否有侦查人员、物品持有人、见证人签名，没有物品持有人签名的，是否注明原因；对物品的特征、数量、质量、名称等注明是否清楚。

（三）物证、书证在收集、保管及鉴定过程中是否受到破坏或者改变。

（四）物证、书证与案件事实有无关联。对现场遗留与犯罪有关的具备检验鉴定条件的血迹、指纹、毛发、体液等生物物证、痕迹、物品，是否通过DNA鉴定、指纹鉴定等鉴定方式与被告人或者被害人的相应生物检材、生物特征、物品等作同一认定。

（五）与案件事实有关联的物证、书证是否全面收集。

第七条 对在勘验、检查、搜查中发现与案件事实可能有关联的血迹、指纹、足迹、字迹、毛发、体液、人体组织等痕迹和物品应当提取而没有提取，应当检验而没有检验，导致案件事实存疑的，人民法院应当向人民检察院说明情况，人民检察院依法可以补充收集、调取证据，作出合理的说明或者退回侦查机关补充侦查，调取有关证据。

第八条 据以定案的物证应当是原物。只有在原物不便搬运、不易保存或者依法应当由有关部门保管、处理或者依法应当返还时，才可以拍摄或者制作足以反映原物外形或者内容的照片、录像或者复制品。物证的照片、录像或者复制品，经与原物核实无误或者经鉴定证明为真实的，或者以其他方式确能证明其真实的，可以作为定案的根据。原物的照片、录像或者复制品，不能反映原物的外形和特征的，不能作为定案的根据。

据以定案的书证应当是原件。只有在取得原件确有困难时，才可以使用副本或者复制件。书证的副本、复制件,经与原件核实无误或者经鉴定证明为真实的,或者以其他方式确能证明其真实的,可以作为定案的根据。书证有更改或者更改迹象不能作出合理解释的,书证的副本、复制件不能反映书证原件及其内容的,不能作为定案的根据。

第九条 经勘验、检查、搜查提取、扣押的物证、书证,未附有勘验、检查笔录、搜查笔录、提取笔录、扣押清单,不能证明物证、书证来源的,不能作为定案的根据。

物证、书证的收集程序、方式存在下列瑕疵,通过有关办案人员的补正或者作出合理解释的,可以采用:

(一)收集调取的物证、书证,在勘验、检查笔录,搜查笔录,提取笔录,扣押清单上没有侦查人员、物品持有人、见证人签名或者物品特征、数量、质量、名称等注明不详的;

(二)收集调取物证照片、录像或者复制品,书证的副本、复制件未注明与原件核对无异、无复制时间、无被收集、调取人(单位)签名(盖章)的;

(三)物证照片、录像或者复制品,书证的副本、复制件没有制作人关于制作过程及原物、原件存放于何处的说明或者说明中无签名的;

(四)物证、书证的收集程序、方式存在其他瑕疵的。

对物证、书证的来源及收集过程有疑问,不能作出合理解释的,该物证、书证不能作为定案的根据。

第十条 具备辨认条件的物证、书证应当交由当事人或者证人进行辨认,必要时应当进行鉴定。

2. 证人证言

第十一条 对证人证言应当着重审查以下内容:

(一)证言的内容是否为证人直接感知。

(二)证人作证时的年龄、认知水平、记忆能力和表达能力,生理上和精神上的状态是否影响作证。

(三)证人与案件当事人、案件处理结果有无利害关系。

(四)证言的取得程序、方式是否符合法律及有关规定:有无使用暴力、威胁、引诱、欺骗以及其他非法手段取证的情形;有无违反询问证人应当个别进行的规定;笔录是否经证人核对确认并签名(盖章)、捺指印;询问未成年证人,是否通知了其法定代理人到场,其法定代理人是否在场等。

(五)证人证言之间以及与其他证据之间能否相互印证,有无矛盾。

第十二条 以暴力、威胁等非法手段取得的证人证言,不能作为定案的根据。

处于明显醉酒、麻醉品中毒或者精神药物麻醉状态,以致不能正确表达的证人所提供的证言,不能作为定案的根据。

证人的猜测性、评论性、推断性的证言,不能作为证据使用,但根据一般生活经验判断符合事实的除外。

第十三条 具有下列情形之一的证人证言,不能作为定案的根据:

(一)询问证人没有个别进行而取得的证言;

（二）没有经证人核对确认并签名（盖章）、捺指印的书面证言；

（三）询问聋哑人或者不通晓当地通用语言、文字的少数民族人员、外国人，应当提供翻译而未提供的。

第十四条 证人证言的收集程序和方式有下列瑕疵，通过有关办案人员的补正或者作出合理解释的，可以采用：

（一）没有填写询问人、记录人、法定代理人姓名或者询问的起止时间、地点的；

（二）询问证人的地点不符合规定的；

（三）询问笔录没有记录告知证人应当如实提供证言和有意作伪证或者隐匿罪证要负法律责任内容的；

（四）询问笔录反映出在同一时间段内，同一询问人员询问不同证人的。

第十五条 具有下列情形的证人，人民法院应当通知出庭作证；经依法通知不出庭作证证人的书面证言经质证无法确认的，不能作为定案的根据：

（一）人民检察院、被告人及其辩护人对证人证言有异议，该证人证言对定罪量刑有重大影响的；

（二）人民法院认为其他应当出庭作证的。

证人在法庭上的证言与其庭前证言相互矛盾，如果证人当庭能够对其翻证作出合理解释，并有相关证据印证的，应当采信庭审证言。

对未出庭作证证人的书面证言，应当听取出庭检察人员、被告人及其辩护人的意见，并结合其他证据综合判断。未出庭作证证人的书面证言出现矛盾，不能排除矛盾且无证据印证的，不能作为定案的根据。

第十六条 证人作证，涉及国家秘密或者个人隐私的，应当保守秘密。

证人出庭作证，必要时，人民法院可以采取限制公开证人信息、限制询问、遮蔽容貌、改变声音等保护性措施。

3. 被害人陈述

第十七条 对被害人陈述的审查与认定适用前述关于证人证言的有关规定。

4. 被告人供述和辩解

第十八条 对被告人供述和辩解应当着重审查以下内容：

（一）讯问的时间、地点、讯问人的身份等是否符合法律及有关规定，讯问被告人的侦查人员是否不少于二人，讯问被告人是否个别进行等。

（二）讯问笔录的制作、修改是否符合法律及有关规定，讯问笔录是否注明讯问的起止时间和讯问地点，首次讯问时是否告知被告人申请回避、聘请律师等诉讼权利，被告人是否核对确认并签名（盖章）、捺指印，是否有不少于二人的讯问人签名等。

（三）讯问聋哑人、少数民族人员、外国人时是否提供了通晓聋、哑手势的人员或者翻译人员，讯问未成年同案犯时，是否通知了其法定代理人到场，其法定代理人是否在场。

（四）被告人的供述有无以刑讯逼供等非法手段获取的情形，必要时可以调取被告人进出看守所的健康检查记录、笔录。

（五）被告人的供述是否前后一致，有无反复以及出现反复的原因；被告人的所有供述和辩解是否均已收集入卷；应当入卷的供述和辩解没有入卷的，是否出具了相关说明。

（六）被告人的辩解内容是否符合案情和常理，有无矛盾。

（七）被告人的供述和辩解与同案犯的供述和辩解以及其他证据能否相互印证，有无矛盾。

对于上述内容，侦查机关随案移送有录音录像资料的，应当结合相关录音录像资料进行审查。

第十九条 采用刑讯逼供等非法手段取得的被告人供述，不能作为定案的根据。

第二十条 具有下列情形之一的被告人供述，不能作为定案的根据：

（一）讯问笔录没有经被告人核对确认并签名（盖章）、捺指印的；

（二）讯问聋哑人、不通晓当地通用语言、文字的人员时，应当提供通晓聋、哑手势的人员或者翻译人员而未提供的。

第二十一条 讯问笔录有下列瑕疵，通过有关办案人员的补正或者作出合理解释的，可以采用：

（一）笔录填写的讯问时间、讯问人、记录人、法定代理人等有误或者存在矛盾的；

（二）讯问人没有签名的；

（三）首次讯问笔录没有记录告知被讯问人诉讼权利内容的。

第二十二条 对被告人供述和辩解的审查，应当结合控辩双方提供的所有证据以及被告人本人的全部供述和辩解进行。

被告人庭前供述一致，庭审中翻供，但被告人不能合理说明翻供理由或者其辩解与全案证据相矛盾，而庭前供述与其他证据能够相互印证的，可以采信被告人庭前供述。

被告人庭前供述和辩解出现反复，但庭审中供认的，且庭审中的供述与其他证据能够印证的，可以采信庭审中的供述；被告人庭前供述和辩解出现反复，庭审中不供认，且无其他证据与庭前供述印证的，不能采信庭前供述。

5. 鉴定意见

第二十三条 对鉴定意见应当着重审查以下内容：

（一）鉴定人是否存在应当回避而未回避的情形。

（二）鉴定机构和鉴定人是否具有合法的资质。

（三）鉴定程序是否符合法律及有关规定。

（四）检材的来源、取得、保管、送检是否符合法律及有关规定，与相关提取笔录、扣押物品清单等记载的内容是否相符，检材是否充足、可靠。

（五）鉴定的程序、方法、分析过程是否符合本专业的检验鉴定规程和技术方法要求。

（六）鉴定意见的形式要件是否完备，是否注明提起鉴定的事由、鉴定委托人、鉴定机构、鉴定要求、鉴定过程、检验方法、鉴定文书的日期等相关内容，是否由鉴定机构加盖鉴定专用章并由鉴定人签名盖章。

（七）鉴定意见是否明确。

（八）鉴定意见与案件待证事实有无关联。

（九）鉴定意见与其他证据之间是否有矛盾，鉴定意见与检验笔录及相关照片是否有矛盾。

（十）鉴定意见是否依法及时告知相关人员，当事人对鉴定意见是否有异议。

第二十四条 鉴定意见具有下列情形之一的，不能作为定案的根据：

（一）鉴定机构不具备法定的资格和条件，或者鉴定事项超出本鉴定机构项目范围或者鉴定能力的；

（二）鉴定人不具备法定的资格和条件、鉴定人不具有相关专业技术或者职称、鉴定人违反回避规定的；

（三）鉴定程序、方法有错误的；

（四）鉴定意见与证明对象没有关联的；

（五）鉴定对象与送检材料、样本不一致的；

（六）送检材料、样本来源不明或者确实被污染且不具备鉴定条件的；

（七）违反有关鉴定特定标准的；

（八）鉴定文书缺少签名、盖章的；

（九）其他违反有关规定的情形。

对鉴定意见有疑问的，人民法院应当依法通知鉴定人出庭作证或者由其出具相关说明，也可以依法补充鉴定或者重新鉴定。

6. 勘验、检查笔录

第二十五条 对勘验、检查笔录应当着重审查以下内容：

（一）勘验、检查是否依法进行，笔录的制作是否符合法律及有关规定的要求，勘验、检查人员和见证人是否签名或者盖章等。

（二）勘验、检查笔录的内容是否全面、详细、准确、规范；是否准确记录了提起勘验、检查的事由，勘验、检查的时间、地点，在场人员、现场方位、周围环境等情况；是否准确记载了现场、物品、人身、尸体等的位置、特征等详细情况以及勘验、检查、搜查的过程；文字记载与实物或者绘图、录像、照片是否相符；固定证据的形式、方法是否科学、规范；现场、物品、痕迹等是否被破坏或者伪造，是否是原始现场；人身特征、伤害情况、生理状况有无伪装或者变化等。

（三）补充进行勘验、检查的，前后勘验、检查的情况是否有矛盾，是否说明了再次勘验、检查的原由。

（四）勘验、检查笔录中记载的情况与被告人供述、被害人陈述、鉴定意见等其他证据能否印证，有无矛盾。

第二十六条 勘验、检查笔录存在明显不符合法律及有关规定的情形，并且不能作出合理解释或者说明的，不能作为证据使用。

勘验、检查笔录存在勘验、检查没有见证人的，勘验、检查人员和见证人没有签名、盖章的，勘验、检查人员违反回避规定的等情形，应当结合案件其他证据，审查其真实性和关联性。

7. 视听资料

第二十七条 对视听资料应当着重审查以下内容：

（一）视听资料的来源是否合法，制作过程中当事人有无受到威胁、引诱等违反法律及有关规定的情形；

（二）是否载明制作人或者持有人的身份，制作的时间、地点和条件以及制作方法；

（三）是否为原件，有无复制及复制份数；调取的视听资料是复制件的，是否附有无法调取原件的原因、制作过程和原件存放地点的说明，是否有制作人和原视听资料持有人签名或者盖章；

（四）内容和制作过程是否真实，有无经过剪辑、增加、删改、编辑等伪造、变造情形；

（五）内容与案件事实有无关联性。

对视听资料有疑问的，应当进行鉴定。

对视听资料，应当结合案件其他证据，审查其真实性和关联性。

第二十八条 具有下列情形之一的视听资料，不能作为定案的根据：

（一）视听资料经审查或者鉴定无法确定真伪的；

（二）对视听资料的制作和取得的时间、地点、方式等有异议，不能作出合理解释或者提供必要证明的。

8. 其他规定

第二十九条 对于电子邮件、电子数据交换、网上聊天记录、网络博客、手机短信、电子签名、域名等电子证据，应当主要审查以下内容：

（一）该电子证据存储磁盘、存储光盘等可移动存储介质是否与打印件一并提交；

（二）是否载明该电子证据形成的时间、地点、对象、制作人、制作过程及设备情况等；

（三）制作、储存、传递、获得、收集、出示等程序和环节是否合法，取证人、制作人、持有人、见证人等是否签名或者盖章；

（四）内容是否真实，有无剪裁、拼凑、篡改、添加等伪造、变造情形；

（五）该电子证据与案件事实有无关联性。对电子证据有疑问的，应当进行鉴定。

对电子证据，应当结合案件其他证据，审查其真实性和关联性。

第三十条 侦查机关组织的辨认，存在下列情形之一的，应当严格审查，不能确定其真实性的，辨认结果不能作为定案的根据：

（一）辨认不是在侦查人员主持下进行的；

（二）辨认前使辨认人见到辨认对象的；

（三）辨认人的辨认活动没有个别进行的；

（四）辨认对象没有混杂在具有类似特征的其他对象中，或者供辨认的对象数量不符合规定的;尸体、场所等特定辨认对象除外。

(五)辨认中给辨认人明显暗示或者明显有指认嫌疑的。

有下列情形之一的,通过有关办案人员的补正或者作出合理解释的,辨认结果可以作为证据使用:

(一)主持辨认的侦查人员少于二人的;

(二)没有向辨认人详细询问辨认对象的具体特征的;

(三)对辨认经过和结果没有制作专门的规范的辨认笔录,或者辨认笔录没有侦查人员、辨认人、见证人的签名或者盖章的;

(四)辨认记录过于简单,只有结果没有过程的;

(五)案卷中只有辨认笔录,没有被辨认对象的照片、录像等资料,无法获悉辨认的真实情况的。

第三十一条 对侦查机关出具的破案经过等材料,应当审查是否有出具该说明材料的办案人、办案机关的签字或者盖章。

对破案经过有疑问,或者对确定被告人有重大嫌疑的根据有疑问的,应当要求侦查机关补充说明。

三、证据的综合审查和运用

第三十二条 对证据的证明力,应当结合案件的具体情况,从各证据与待证事实的关联程度、各证据之间的联系等方面进行审查判断。

证据之间具有内在的联系,共同指向同一待证事实,且能合理排除矛盾的,才能作为定案的根据。

第三十三条 没有直接证据证明犯罪行为系被告人实施,但同时符合下列条件的可以认定被告人有罪:

(一)据以定案的间接证据已经查证属实;

(二)据以定案的间接证据之间相互印证,不存在无法排除的矛盾和无法解释的疑问;

(三)据以定案的间接证据已经形成完整的证明体系;

(四)依据间接证据认定的案件事实,结论是唯一的,足以排除一切合理怀疑;

(五)运用间接证据进行的推理符合逻辑和经验判断。根据间接证据定案的,判处死刑应当特别慎重。

第三十四条 根据被告人的供述、指认提取到了隐蔽性很强的物证、书证,且与其他证明犯罪事实发生的证据互相印证,并排除串供、逼供、诱供等可能性的,可以认定有罪。

第三十五条 侦查机关依照有关规定采用特殊侦查措施所收集的物证、书证及其他证据材料,经法庭查证属实,可以作为定案的根据。

法庭依法不公开特殊侦查措施的过程及方法。

第三十六条 在对被告人作出有罪认定后,人民法院认定被告人的量刑事实,除审查法定情节外,还应审查以下影响量刑的情节:

（一）案件起因；

（二）被害人有无过错及过错程度，是否对矛盾激化负有责任及责任大小；

（三）被告人的近亲属是否协助抓获被告人；

（四）被告人平时表现及有无悔罪态度；

（五）被害人附带民事诉讼赔偿情况，被告人是否取得被害人或者被害人近亲属谅解；

（六）其他影响量刑的情节。

既有从轻、减轻处罚等情节，又有从重处罚等情节的，应当依法综合相关情节予以考虑。

不能排除被告人具有从轻、减轻处罚等量刑情节的，判处死刑应当特别慎重。

第三十七条 对于有下列情形的证据应当慎重使用，有其他证据印证的，可以采信：

（一）生理上、精神上有缺陷的被害人、证人和被告人，在对案件事实的认知和表达上存在一定困难，但尚未丧失正确认知、正确表达能力而作的陈述、证言和供述；

（二）与被告人有亲属关系或者其他密切关系的证人所作的对该被告人有利的证言，或者与被告人有利害冲突的证人所作的对该被告人不利的证言。

第三十八条 法庭对证据有疑问的，可以告知出庭检察人员、被告人及其辩护人补充证据或者作出说明；确有核实必要的，可以宣布休庭，对证据进行调查核实。法庭进行庭外调查时，必要时，可以通知出庭检察人员、辩护人到场。出庭检察人员、辩护人一方或者双方不到场的，法庭记录在案。

人民检察院、辩护人补充的和法庭庭外调查核实取得的证据，法庭可以庭外征求出庭检察人员、辩护人的意见。双方意见不一致，有一方要求人民法院开庭进行调查的，人民法院应当开庭。

第三十九条 被告人及其辩护人提出有自首的事实及理由，有关机关未予认定的，应当要求有关机关提供证明材料或者要求相关人员作证，并结合其他证据判断自首是否成立。

被告人是否协助或者如何协助抓获同案犯的证明材料不全，导致无法认定被告人构成立功的，应当要求有关机关提供证明材料或者要求相关人员作证，并结合其他证据判断立功是否成立。

被告人有检举揭发他人犯罪情形的，应当审查是否已经查证属实；尚未查证的，应当及时查证。

被告人累犯的证明材料不全，应当要求有关机关提供证明材料。

第四十条 审查被告人实施犯罪时是否已满十八周岁，一般应当以户籍证明为依据；对户籍证明有异议，并有经查证属实的出生证明文件、无利害关系人的证言等证据证明被告人不满十八周岁的，应认定被告人不满十八周岁；没有户籍证明以及出生证明文件的，应当根据人口普查登记、无利害关系人的证言等证据综合进行判断，必要时，可以进行骨龄鉴定，并将结果作为判断被告人年龄的参考。

未排除证据之间的矛盾，无充分证据证明被告人实施被指控的犯罪时已满十八周岁且确实无法查明的，不能认定其已满十八周岁。

第四十一条 本规定自 2010 年 7 月 1 日起施行。

附二：

关于办理刑事案件排除非法证据若干问题的规定

为规范司法行为，促进司法公正，根据刑事诉讼法和相关司法解释，结合人民法院、人民检察院、公安机关、国家安全机关和司法行政机关办理刑事案件工作实际，制定本规定。

第一条 采用刑讯逼供等非法手段取得的犯罪嫌疑人、被告人供述和采用暴力、威胁等非法手段取得的证人证言、被害人陈述，属于非法言词证据。

第二条 经依法确认的非法言词证据，应当予以排除，不能作为定案的根据。

第三条 人民检察院在审查批准逮捕、审查起诉中，对于非法言词证据应当依法予以排除，不能作为批准逮捕、提起公诉的根据。

第四条 起诉书副本送达后开庭审判前，被告人提出其审判前供述是非法取得的，应当向人民法院提交书面意见。被告人书写确有困难的，可以口头告诉，由人民法院工作人员或者其辩护人作出笔录，并由被告人签名或者捺指印。

人民法院应当将被告人的书面意见或者告诉笔录复印件在开庭前交人民检察院。

第五条 被告人及其辩护人在开庭审理前或者庭审中，提出被告人审判前供述是非法取得的，法庭在公诉人宣读起诉书之后，应当先行当庭调查。

法庭辩论结束前，被告人及其辩护人提出被告人审判前供述是非法取得的，法庭也应当进行调查。

第六条 被告人及其辩护人提出被告人审判前供述是非法取得的，法庭应当要求其提供涉嫌非法取证的人员、时间、地点、方式、内容等相关线索或者证据。

第七条 经审查，法庭对被告人审判前供述取得的合法性有疑问的，公诉人应当向法庭提供讯问笔录、原始的讯问过程录音录像或者其他证据，提请法庭通知讯问时其他在场人员或者其他证人出庭作证，仍不能排除刑讯逼供嫌疑的，提请法庭通知讯问人员出庭作证，对该供述取得的合法性予以证明。公诉人当庭不能举证的，可以根据刑事诉讼法第一百六十五条的规定，建议法庭延期审理。

经依法通知，讯问人员或者其他人员应当出庭作证。

公诉人提交加盖公章的说明材料，未经有关讯问人员签名或者盖章的，不能作为证明取证合法性的证据。

控辩双方可以就被告人审判前供述取得的合法性问题进行质证、辩论。

第八条 法庭对于控辩双方提供的证据有疑问的，可以宣布休庭，对证据进行调查核实。必要时，可以通知检察人员、辩护人到场。

第九条　庭审中，公诉人为提供新的证据需要补充侦查，建议延期审理的，法庭应当同意。

被告人及其辩护人申请通知讯问人员、讯问时其他在场人员或者其他证人到庭，法庭认为有必要的，可以宣布延期审理。

第十条　经法庭审查，具有下列情形之一的，被告人审判前供述可以当庭宣读、质证：

（一）被告人及其辩护人未提供非法取证的相关线索或者证据的；

（二）被告人及其辩护人已提供非法取证的相关线索或者证据，法庭对被告人审判前供述取得的合法性没有疑问的；

（三）公诉人提供的证据确实、充分，能够排除被告人审判前供述属非法取得的。

对于当庭宣读的被告人审判前供述，应当结合被告人当庭供述以及其他证据确定能否作为定案的根据。

第十一条　对被告人审判前供述的合法性，公诉人不提供证据加以证明，或者已提供的证据不够确实、充分的，该供述不能作为定案的根据。

第十二条　对于被告人及其辩护人提出的被告人审判前供述是非法取得的意见，第一审人民法院没有审查，并以被告人审判前供述作为定案根据的，第二审人民法院应当对被告人审判前供述取得的合法性进行审查。检察人员不提供证据加以证明，或者已提供的证据不够确实、充分的，被告人该供述不能作为定案的根据。

第十三条　庭审中，检察人员、被告人及其辩护人提出未到庭证人的书面证言、未到庭被害人的书面陈述是非法取得的，举证方应当对其取证的合法性予以证明。

对前款所述证据，法庭应当参照本规定有关规定进行调查。

第十四条　物证、书证的取得明显违反法律规定，可能影响公正审判的，应当予以补正或者作出合理解释，否则，该物证、书证不能作为定案的根据。

第十五条　本规定自 2010 年 7 月 1 日起施行。

最高人民法院办公厅
转发最高人民检察院《关于适用〈关于办理死刑案件审查判断证据若干问题的规定〉和〈关于办理刑事案件排除非法证据若干问题的规定〉的指导意见》的通知

2011 年 3 月 3 日　　　　　　　　　　　　　法办〔2011〕47 号

各省、自治区、直辖市高级人民法院，解放军军事法院，新疆维吾尔自治区高级人民法院生产建设兵团分院：

最高人民检察院《关于适用〈关于办理死刑案件审查判断证据若干问题的规定〉和

〈关于办理刑事案件排除非法证据若干问题的规定〉的指导意见》(以下简称《指导意见》)已于 2010 年 12 月 30 日印发。《指导意见》强化了对于侦查取证工作的法律监督,强化了对于证据合法性的举证责任,强化了对证据的综合审查和运用,可作为人民法院与人民检察院共同落实两个证据规定,审查、判断证据的依据。现转发给你们,请在审判工作中参照《指导意见》的规定,切实贯彻执行好《关于办理死刑案件审查判断证据若干问题的规定》和《关于办理刑事案件排除非法证据若干问题的规定》,确保刑事案件审判质量,争取更好的裁判效果。

附:关于适用《关于办理死刑案件审查判断证据若干问题的规定》和《关于办理刑事案件排除非法证据若干问题的规定》的指导意见(略)

最高人民法院 最高人民检察院 公安部印发《关于办理刑事案件收集提取和审查判断电子数据若干问题的规定》的通知

2016 年 9 月 9 日　　　　　　　　　　　法发〔2016〕22 号

各省、自治区、直辖市高级人民法院、人民检察院、公安厅(局),解放军军事法院、军事检察院,新疆维吾尔自治区高级人民法院生产建设兵团分院、新疆生产建设兵团人民检察院、公安局:

为规范电子数据的收集提取和审查判断,提高刑事案件办理质量,最高人民法院、最高人民检察院、公安部制定了《关于办理刑事案件收集提取和审查判断电子数据若干问题的规定》。现印发给你们,请认真贯彻执行。执行中遇到的问题,请及时分别层报最高人民法院、最高人民检察院、公安部。

附:

关于办理刑事案件收集提取和审查判断电子数据若干问题的规定

为规范电子数据的收集提取和审查判断,提高刑事案件办理质量,根据《中华人民共和国刑事诉讼法》等有关法律规定,结合司法实际,制定本规定。

一、一般规定

第一条　电子数据是案件发生过程中形成的,以数字化形式存储、处理、传输的,能够证明案件事实的数据。

电子数据包括但不限于下列信息、电子文件：

（一）网页、博客、微博客、朋友圈、贴吧、网盘等网络平台发布的信息；

（二）手机短信、电子邮件、即时通信、通讯群组等网络应用服务的通信信息；

（三）用户注册信息、身份认证信息、电子交易记录、通信记录、登录日志等信息；

（四）文档、图片、音视频、数字证书、计算机程序等电子文件。

以数字化形式记载的证人证言、被害人陈述以及犯罪嫌疑人、被告人供述和辩解等证据，不属于电子数据。确有必要的，对相关证据的收集、提取、移送、审查，可以参照适用本规定。

第二条 侦查机关应当遵守法定程序，遵循有关技术标准，全面、客观、及时地收集、提取电子数据；人民检察院、人民法院应当围绕真实性、合法性、关联性审查判断电子数据。

第三条 人民法院、人民检察院和公安机关有权依法向有关单位和个人收集、调取电子数据。有关单位和个人应当如实提供。

第四条 电子数据涉及国家秘密、商业秘密、个人隐私的，应当保密。

第五条 对作为证据使用的电子数据，应当采取以下一种或者几种方法保护电子数据的完整性：

（一）扣押、封存电子数据原始存储介质；

（二）计算电子数据完整性校验值；

（三）制作、封存电子数据备份；

（四）冻结电子数据；

（五）对收集、提取电子数据的相关活动进行录像；

（六）其他保护电子数据完整性的方法。

第六条 初查过程中收集、提取的电子数据，以及通过网络在线提取的电子数据，可以作为证据使用。

二、电子数据的收集与提取

第七条 收集、提取电子数据，应当由二名以上侦查人员进行。取证方法应当符合相关技术标准。

第八条 收集、提取电子数据，能够扣押电子数据原始存储介质的，应当扣押、封存原始存储介质，并制作笔录，记录原始存储介质的封存状态。

封存电子数据原始存储介质，应当保证在不解除封存状态的情况下，无法增加、删除、修改电子数据。封存前后应当拍摄被封存原始存储介质的照片，清晰反映封口或者张贴封条处的状况。

封存手机等具有无线通信功能的存储介质，应当采取信号屏蔽、信号阻断或者切断电源等措施。

第九条 具有下列情形之一，无法扣押原始存储介质的，可以提取电子数据，但应当在笔录中注明不能扣押原始存储介质的原因、原始存储介质的存放地点或者电子数据的来源等情况，并计算电子数据的完整性校验值：
（一）原始存储介质不便封存的；
（二）提取计算机内存数据、网络传输数据等不是存储在存储介质上的电子数据的；
（三）原始存储介质位于境外的；
（四）其他无法扣押原始存储介质的情形。
对于原始存储介质位于境外或者远程计算机信息系统上的电子数据，可以通过网络在线提取。
为进一步查明有关情况，必要时，可以对远程计算机信息系统进行网络远程勘验。进行网络远程勘验，需要采取技术侦查措施的，应当依法经过严格的批准手续。

第十条 由于客观原因无法或者不宜依据第八条、第九条的规定收集、提取电子数据的，可以采取打印、拍照或者录像等方式固定相关证据，并在笔录中说明原因。

第十一条 具有下列情形之一的，经县级以上公安机关负责人或者检察长批准，可以对电子数据进行冻结：
（一）数据量大，无法或者不便提取的；
（二）提取时间长，可能造成电子数据被篡改或者灭失的；
（三）通过网络应用可以更为直观地展示电子数据的；
（四）其他需要冻结的情形。

第十二条 冻结电子数据，应当制作协助冻结通知书，注明冻结电子数据的网络应用账号等信息，送交电子数据持有人、网络服务提供者或者有关部门协助办理。解除冻结的，应当在三日内制作协助解除冻结通知书，送交电子数据持有人、网络服务提供者或者有关部门协助办理。

冻结电子数据，应当采取以下一种或者几种方法：
（一）计算电子数据的完整性校验值；
（二）锁定网络应用账号；
（三）其他防止增加、删除、修改电子数据的措施。

第十三条 调取电子数据，应当制作调取证据通知书，注明需要调取电子数据的相关信息，通知电子数据持有人、网络服务提供者或者有关部门执行。

第十四条 收集、提取电子数据，应当制作笔录，记录案由、对象、内容、收集、提取电子数据的时间、地点、方法、过程，并附电子数据清单，注明类别、文件格式、完整性校验值等，由侦查人员、电子数据持有人（提供人）签名或者盖章；电子数据持有人（提供人）无法签名或者拒绝签名的，应当在笔录中注明，由见证人签名或者盖章。有条件的，应当对相关活动进行录像。

第十五条 收集、提取电子数据，应当根据刑事诉讼法的规定，由符合条件的人员担任见证人。由于客观原因无法由符合条件的人员担任见证人的，应当在笔录中注明情况，并对相关活动进行录像。

针对同一现场多个计算机信息系统收集、提取电子数据的，可以由一名见证人见证。

第十六条 对扣押的原始存储介质或者提取的电子数据，可以通过恢复、破解、统计、关联、比对等方式进行检查。必要时，可以进行侦查实验。

电子数据检查，应当对电子数据存储介质拆封过程进行录像，并将电子数据存储介质通过写保护设备接入到检查设备进行检查；有条件的，应当制作电子数据备份，对备份进行检查；无法使用写保护设备且无法制作备份的，应当注明原因，并对相关活动进行录像。

电子数据检查应当制作笔录，注明检查方法、过程和结果，由有关人员签名或者盖章。进行侦查实验的，应当制作侦查实验笔录，注明侦查实验的条件、经过和结果，由参加实验的人员签名或者盖章。

第十七条 对电子数据涉及的专门性问题难以确定的，由司法鉴定机构出具鉴定意见，或者由公安部指定的机构出具报告。对于人民检察院直接受理的案件，也可以由最高人民检察院指定的机构出具报告。

具体办法由公安部、最高人民检察院分别制定。

三、电子数据的移送与展示

第十八条 收集、提取的原始存储介质或者电子数据，应当以封存状态随案移送，并制作电子数据的备份一并移送。

对网页、文档、图片等可以直接展示的电子数据，可以不随案移送打印件；人民法院、人民检察院因设备等条件限制无法直接展示电子数据的，侦查机关应当随案移送打印件，或者附展示工具和展示方法说明。

对冻结的电子数据，应当移送被冻结电子数据的清单，注明类别、文件格式、冻结主体、证据要点、相关网络应用账号，并附查看工具和方法的说明。

第十九条 对侵入、非法控制计算机信息系统的程序、工具以及计算机病毒等无法直接展示的电子数据，应当附电子数据属性、功能等情况的说明。

对数据统计量、数据同一性等问题，侦查机关应当出具说明。

第二十条 公安机关报请人民检察院审查批准逮捕犯罪嫌疑人，或者对侦查终结的案件移送人民检察院审查起诉的，应当将电子数据等证据一并移送人民检察院。人民检察院在审查批准逮捕和审查起诉过程中发现应当移送的电子数据没有移送或者移送的电子数据不符合相关要求的，应当通知公安机关补充移送或者进行补正。

对于提起公诉的案件，人民法院发现应当移送的电子数据没有移送或者移送的电子数据不符合相关要求的，应当通知人民检察院。

公安机关、人民检察院应当自收到通知后三日内移送电子数据或者补充有关材料。

第二十一条 控辩双方向法庭提交的电子数据需要展示的，可以根据电子数据的具体类型，借助多媒体设备出示、播放或者演示。必要时，可以聘请具有专门知识的人进行操作，并就相关技术问题作出说明。

四、电子数据的审查与判断

第二十二条 对电子数据是否真实，应当着重审查以下内容：

（一）是否移送原始存储介质；在原始存储介质无法封存、不便移动时，有无说明原因，并注明收集、提取过程及原始存储介质的存放地点或者电子数据的来源等情况；

（二）电子数据是否具有数字签名、数字证书等特殊标识；

（三）电子数据的收集、提取过程是否可以重现；

（四）电子数据如有增加、删除、修改等情形的，是否附有说明；

（五）电子数据的完整性是否可以保证。

第二十三条　对电子数据是否完整，应当根据保护电子数据完整性的相应方法进行验证：

（一）审查原始存储介质的扣押、封存状态；

（二）审查电子数据的收集、提取过程，查看录像；

（三）比对电子数据完整性校验值；

（四）与备份的电子数据进行比较；

（五）审查冻结后的访问操作日志；

（六）其他方法。

第二十四条　对收集、提取电子数据是否合法，应当着重审查以下内容：

（一）收集、提取电子数据是否由二名以上侦查人员进行，取证方法是否符合相关技术标准；

（二）收集、提取电子数据，是否附有笔录、清单，并经侦查人员、电子数据持有人（提供人）、见证人签名或者盖章；没有持有人（提供人）签名或者盖章的，是否注明原因；对电子数据的类别、文件格式等是否注明清楚；

（三）是否依照有关规定由符合条件的人员担任见证人，是否对相关活动进行录像；

（四）电子数据检查是否将电子数据存储介质通过写保护设备接入到检查设备；有条件的，是否制作电子数据备份，并对备份进行检查；无法制作备份且无法使用写保护设备的，是否附有录像。

第二十五条　认定犯罪嫌疑人、被告人的网络身份与现实身份的同一性，可以通过核查相关 IP 地址、网络活动记录、上网终端归属、相关证人证言以及犯罪嫌疑人、被告人供述和辩解等进行综合判断。

认定犯罪嫌疑人、被告人与存储介质的关联性，可以通过核查相关证人证言以及犯罪嫌疑人、被告人供述和辩解等进行综合判断。

第二十六条　公诉人、当事人或者辩护人、诉讼代理人对电子数据鉴定意见有异议，可以申请人民法院通知鉴定人出庭作证。人民法院认为鉴定人有必要出庭的，鉴定人应当出庭作证。

经人民法院通知，鉴定人拒不出庭作证的，鉴定意见不得作为定案的根据。对没有正当理由拒不出庭作证的鉴定人，人民法院应当通报司法行政机关或者有关部门。

公诉人、当事人或者辩护人、诉讼代理人可以申请法庭通知有专门知识的人出庭，就鉴定意见提出意见。

对电子数据涉及的专门性问题的报告，参照适用前三款规定。

第二十七条　电子数据的收集、提取程序有下列瑕疵，经补正或者作出合理解释的，可以采用；不能补正或者作出合理解释的，不得作为定案的根据：

（一）未以封存状态移送的；

（二）笔录或者清单上没有侦查人员、电子数据持有人（提供人）、见证人签名或者盖章的；

（三）对电子数据的名称、类别、格式等注明不清的；

（四）有其他瑕疵的。

第二十八条 电子数据具有下列情形之一的，不得作为定案的根据：

（一）电子数据系篡改、伪造或者无法确定真伪的；

（二）电子数据有增加、删除、修改等情形，影响电子数据真实性的；

（三）其他无法保证电子数据真实性的情形。

五、附　则

第二十九条 本规定中下列用语的含义：

（一）存储介质，是指具备数据信息存储功能的电子设备、硬盘、光盘、优盘、记忆棒、存储卡、存储芯片等载体。

（二）完整性校验值，是指为防止电子数据被篡改或者破坏，使用散列算法等特定算法对电子数据进行计算，得出的用于校验数据完整性的数据值。

（三）网络远程勘验，是指通过网络对远程计算机信息系统实施勘验，发现、提取与犯罪有关的电子数据，记录计算机信息系统状态，判断案件性质，分析犯罪过程，确定侦查方向和范围，为侦查破案、刑事诉讼提供线索和证据的侦查活动。

（四）数字签名，是指利用特定算法对电子数据进行计算，得出的用于验证电子数据来源和完整性的数据值。

（五）数字证书，是指包含数字签名并对电子数据来源、完整性进行认证的电子文件。

（六）访问操作日志，是指为审查电子数据是否被增加、删除或者修改，由计算机信息系统自动生成的对电子数据访问、操作情况的详细记录。

第三十条 本规定自 2016 年 10 月 1 日起施行。之前发布的规范性文件与本规定不一致的，以本规定为准。

最高人民法院 最高人民检察院 公安部
国家安全部 司法部
印发《关于办理刑事案件严格排除非法证据若干问题的规定》的通知

2017 年 6 月 20 日　　　　　　　　　　　法发〔2017〕15 号

各省、自治区、直辖市高级人民法院、人民检察院、公安厅（局）、国家安全厅（局）、司法厅（局），解放军军事法院、军事检察院，新疆维吾尔自治区高级人民法院生产建设兵团分院、新疆生产建设兵团人民检察院、公安局、国家安全局、司法局：

　　2017 年 4 月 18 日，中央全面深化改革领导小组第 34 次会议审议通过《关于办理刑事案件严格排除非法证据若干问题的规定》。现予以印发，请结合实际认真贯彻执行。在执行中遇到的新情况、新问题和探索的新经验、新做法，请分别及时报告中央主管部门。

附：

最高人民法院 最高人民检察院 公安部
国家安全部 司法部
关于办理刑事案件严格排除非法证据若干问题的规定

　　为准确惩罚犯罪，切实保障人权，规范司法行为，促进司法公正，根据《中华人民共和国刑事诉讼法》及有关司法解释等规定，结合司法实际，制定如下规定。

　　一、一般规定

　　第一条　严禁刑讯逼供和以威胁、引诱、欺骗以及其他非法方法收集证据，不得强迫任何人证实自己有罪。对一切案件的判处都要重证据，重调查研究，不轻信口供。

　　第二条　采取殴打、违法使用戒具等暴力方法或者变相肉刑的恶劣手段，使犯罪嫌疑人、被告人遭受难以忍受的痛苦而违背意愿作出的供述，应当予以排除。

　　第三条　采用以暴力或者严重损害本人及其近亲属合法权益等进行威胁的方法，使犯罪嫌疑人、被告人遭受难以忍受的痛苦而违背意愿作出的供述，应当予以排除。

　　第四条　采用非法拘禁等非法限制人身自由的方法收集的犯罪嫌疑人、被告人供述,应当予以排除。

第五条 采用刑讯逼供方法使犯罪嫌疑人、被告人作出供述,之后犯罪嫌疑人、被告人受该刑讯逼供行为影响而作出的与该供述相同的重复性供述,应当一并排除,但下列情形除外:

(一)侦查期间,根据控告、举报或者自己发现等,侦查机关确认或者不能排除以非法方法收集证据而更换侦查人员,其他侦查人员再次讯问时告知诉讼权利和认罪的法律后果,犯罪嫌疑人自愿供述的;

(二)审查逮捕、审查起诉和审判期间,检察人员、审判人员讯问时告知诉讼权利和认罪的法律后果,犯罪嫌疑人、被告人自愿供述的。

第六条 采用暴力、威胁以及非法限制人身自由等非法方法收集的证人证言、被害人陈述,应当予以排除。

第七条 收集物证、书证不符合法定程序,可能严重影响司法公正的,应当予以补正或者作出合理解释;不能补正或者作出合理解释的,对有关证据应当予以排除。

二、侦 查

第八条 侦查机关应当依照法定程序开展侦查,收集、调取能够证实犯罪嫌疑人有罪或者无罪、罪轻或者罪重的证据材料。

第九条 拘留、逮捕犯罪嫌疑人后,应当按照法律规定送看守所羁押。犯罪嫌疑人被送交看守所羁押后,讯问应当在看守所讯问室进行。因客观原因侦查机关在看守所讯问室以外的场所进行讯问的,应当作出合理解释。

第十条 侦查人员在讯问犯罪嫌疑人的时候,可以对讯问过程进行录音录像;对于可能判处无期徒刑、死刑的案件或者其他重大犯罪案件,应当对讯问过程进行录音录像。

侦查人员应当告知犯罪嫌疑人对讯问过程录音录像,并在讯问笔录中写明。

第十一条 对讯问过程录音录像,应当不间断进行,保持完整性,不得选择性地录制,不得剪接、删改。

第十二条 侦查人员讯问犯罪嫌疑人,应当依法制作讯问笔录。讯问笔录应当交犯罪嫌疑人核对,对于没有阅读能力的,应当向他宣读。对讯问笔录中有遗漏或者差错等情形,犯罪嫌疑人可以提出补充或者改正。

第十三条 看守所应当对提讯进行登记,写明提讯单位、人员、事由、起止时间以及犯罪嫌疑人姓名等情况。

看守所收押犯罪嫌疑人,应当进行身体检查。检查时,人民检察院驻看守所检察人员可以在场。检查发现犯罪嫌疑人有伤或者身体异常的,看守所应当拍照或者录像,分别由送押人员、犯罪嫌疑人说明原因,并在体检记录中写明,由送押人员、收押人员和犯罪嫌疑人签字确认。

第十四条 犯罪嫌疑人及其辩护人在侦查期间可以向人民检察院申请排除非法证据。对犯罪嫌疑人及其辩护人提供相关线索或者材料的,人民检察院应当调查核实。调查结论应当书面告知犯罪嫌疑人及其辩护人。对确有以非法方法收集证据情形的,人民检察院应当向侦查机关提出纠正意见。

侦查机关对审查认定的非法证据，应当予以排除，不得作为提请批准逮捕、移送审查起诉的根据。

对重大案件，人民检察院驻看守所检察人员应当在侦查终结前询问犯罪嫌疑人，核查是否存在刑讯逼供、非法取证情形，并同步录音录像。经核查，确有刑讯逼供、非法取证情形的，侦查机关应当及时排除非法证据，不得作为提请批准逮捕、移送审查起诉的根据。

第十五条 对侦查终结的案件，侦查机关应当全面审查证明证据收集合法性的证据材料，依法排除非法证据。排除非法证据后，证据不足的，不得移送审查起诉。

侦查机关发现办案人员非法取证的，应当依法作出处理，并可另行指派侦查人员重新调查取证。

三、审查逮捕、审查起诉

第十六条 审查逮捕、审查起诉期间讯问犯罪嫌疑人，应当告知其有权申请排除非法证据，并告知诉讼权利和认罪的法律后果。

第十七条 审查逮捕、审查起诉期间，犯罪嫌疑人及其辩护人申请排除非法证据，并提供相关线索或者材料的，人民检察院应当调查核实。调查结论应当书面告知犯罪嫌疑人及其辩护人。

人民检察院在审查起诉期间发现侦查人员以刑讯逼供等非法方法收集证据的，应当依法排除相关证据并提出纠正意见，必要时人民检察院可以自行调查取证。

人民检察院对审查认定的非法证据，应当予以排除，不得作为批准或者决定逮捕、提起公诉的根据。被排除的非法证据应当随案移送，并写明为依法排除的非法证据。

第十八条 人民检察院依法排除非法证据后，证据不足，不符合逮捕、起诉条件的，不得批准或者决定逮捕、提起公诉。

对于人民检察院排除有关证据导致对涉嫌的重要犯罪事实未予认定，从而作出不批准逮捕、不起诉决定，或者对涉嫌的部分重要犯罪事实决定不起诉的，公安机关、国家安全机关可要求复议、提请复核。

四、辩 护

第十九条 犯罪嫌疑人、被告人申请提供法律援助的，应当按照有关规定指派法律援助律师。

法律援助值班律师可以为犯罪嫌疑人、被告人提供法律帮助，对刑讯逼供、非法取证情形代理申诉、控告。

第二十条 犯罪嫌疑人、被告人及其辩护人申请排除非法证据，应当提供涉嫌非法取证的人员、时间、地点、方式、内容等相关线索或者材料。

第二十一条 辩护律师自人民检察院对案件审查起诉之日起，可以查阅、摘抄、复制讯问笔录、提讯登记、采取强制措施或者侦查措施的法律文书等证据材料。其他辩护人经人民法院、人民检察院许可，也可以查阅、摘抄、复制上述证据材料。

第二十二条 犯罪嫌疑人、被告人及其辩护人向人民法院、人民检察院申请调取公安机关、国家安全机关、人民检察院收集但未提交的讯问录音录像、体检记录等证据材料，人民法院、人民检察院经审查认为犯罪嫌疑人、被告人及其辩护人申请调取的证据材料与证明证据收集的合法性有联系的，应当予以调取；认为与证明证据收集的合法性没有联系的，应当决定不予调取并向犯罪嫌疑人、被告人及其辩护人说明理由。

五、审　判

第二十三条 人民法院向被告人及其辩护人送达起诉书副本时，应当告知其有权申请排除非法证据。

被告人及其辩护人申请排除非法证据，应当在开庭审理前提出，但在庭审期间发现相关线索或者材料等情形除外。人民法院应当在开庭审理前将申请书和相关线索或者材料的复制件送交人民检察院。

第二十四条 被告人及其辩护人在开庭审理前申请排除非法证据，未提供相关线索或者材料，不符合法律规定的申请条件的，人民法院对申请不予受理。

第二十五条 被告人及其辩护人在开庭审理前申请排除非法证据，按照法律规定提供相关线索或者材料的，人民法院应当召开庭前会议。人民检察院应当通过出示有关证据材料等方式，有针对性地对证据收集的合法性作出说明。人民法院可以核实情况，听取意见。

人民检察院可以决定撤回有关证据，撤回的证据，没有新的理由，不得在庭审中出示。

被告人及其辩护人可以撤回排除非法证据的申请。撤回申请后，没有新的线索或者材料，不得再次对有关证据提出排除申请。

第二十六条 公诉人、被告人及其辩护人在庭前会议中对证据收集是否合法未达成一致意见，人民法院对证据收集的合法性有疑问的，应当在庭审中进行调查；人民法院对证据收集的合法性没有疑问，且没有新的线索或者材料表明可能存在非法取证的，可以决定不再进行调查。

第二十七条 被告人及其辩护人申请人民法院通知侦查人员或者其他人员出庭，人民法院认为现有证据材料不能证明证据收集的合法性，确有必要通知上述人员出庭作证或者说明情况的，可以通知上述人员出庭。

第二十八条 公诉人宣读起诉书后，法庭应当宣布开庭审理前对证据收集合法性的审查及处理情况。

第二十九条 被告人及其辩护人在开庭审理前未申请排除非法证据，在法庭审理过程中提出申请的，应当说明理由。

对前述情形，法庭经审查，对证据收集的合法性有疑问的，应当进行调查；没有疑问的，应当驳回申请。

法庭驳回排除非法证据申请后，被告人及其辩护人没有新的线索或者材料，以相同理由再次提出申请的，法庭不再审查。

第三十条 庭审期间，法庭决定对证据收集的合法性进行调查的，应当先行当庭调查。但为防止庭审过分迟延，也可以在法庭调查结束前进行调查。

第三十一条 公诉人对证据收集的合法性加以证明，可以出示讯问笔录、提讯登记、体检记录、采取强制措施或者侦查措施的法律文书、侦查终结前对讯问合法性的核查材料等证据材料，有针对性地播放讯问录音录像，提请法庭通知侦查人员或者其他人员出庭说明情况。

被告人及其辩护人可以出示相关线索或者材料，并申请法庭播放特定时段的讯问录音录像。

侦查人员或者其他人员出庭，应当向法庭说明证据收集过程，并就相关情况接受发问。对发问方式不当或者内容与证据收集的合法性无关的，法庭应当制止。

公诉人、被告人及其辩护人可以对证据收集的合法性进行质证、辩论。

第三十二条 法庭对控辩双方提供的证据有疑问的，可以宣布休庭，对证据进行调查核实。必要时，可以通知公诉人、辩护人到场。

第三十三条 法庭对证据收集的合法性进行调查后，应当当庭作出是否排除有关证据的决定。必要时，可以宣布休庭，由合议庭评议或者提交审判委员会讨论，再次开庭时宣布决定。

在法庭作出是否排除有关证据的决定前，不得对有关证据宣读、质证。

第三十四条 经法庭审理，确认存在本规定所规定的以非法方法收集证据情形的，对有关证据应当予以排除。法庭根据相关线索或者材料对证据收集的合法性有疑问，而人民检察院未提供证据或者提供的证据不能证明证据收集的合法性，不能排除存在本规定所规定的以非法方法收集证据情形的，对有关证据应当予以排除。

对依法予以排除的证据，不得宣读、质证，不得作为判决的根据。

第三十五条 人民法院排除非法证据后，案件事实清楚，证据确实、充分，依据法律认定被告人有罪的，应当作出有罪判决；证据不足，不能认定被告人有罪的，应当作出证据不足、指控的犯罪不能成立的无罪判决；案件部分事实清楚，证据确实、充分的，依法认定该部分事实。

第三十六条 人民法院对证据收集合法性的审查、调查结论，应当在裁判文书中写明，并说明理由。

第三十七条 人民法院对证人证言、被害人陈述等证据收集合法性的审查、调查，参照上述规定。

第三十八条 人民检察院、被告人及其法定代理人提出抗诉、上诉，对第一审人民法院有关证据收集合法性的审查、调查结论提出异议的，第二审人民法院应当审查。

被告人及其辩护人在第一审程序中未申请排除非法证据，在第二审程序中提出申请的，应当说明理由。第二审人民法院应当审查。

人民检察院在第一审程序中未出示证据证明证据收集的合法性，第一审人民法院依法排除有关证据的，人民检察院在第二审程序中不得出示之前未出示的证据，但在第一审程序后发现的除外。

第三十九条 第二审人民法院对证据收集合法性的调查，参照上述第一审程序的规定。

第四十条 第一审人民法院对被告人及其辩护人排除非法证据的申请未予审查,并以有关证据作为定案根据,可能影响公正审判的,第二审人民法院可以裁定撤销原判,发回原审人民法院重新审判。

第一审人民法院对依法应当排除的非法证据未予排除的,第二审人民法院可以依法排除非法证据。排除非法证据后,原判决认定事实和适用法律正确、量刑适当的,应当裁定驳回上诉或者抗诉,维持原判;原判决认定事实没有错误,但适用法律有错误,或者量刑不当的,应当改判;原判决事实不清楚或者证据不足的,可以裁定撤销原判,发回原审人民法院重新审判。

第四十一条 审判监督程序、死刑复核程序中对证据收集合法性的审查、调查,参照上述规定。

第四十二条 本规定自 2017 年 6 月 27 日起施行。

五、强制措施

最高人民法院 最高人民检察院 公安部
关于依法文明管理看守所在押人犯的通知

1992年11月14日　　　　　　　　　公通字〔1992〕139号

各省、自治区、直辖市高级人民法院，人民检察院，公安厅、局：

近年来，各地看守部门加强了对在押人犯依法进行文明管理方面的工作，取得了很大成绩。但是，一些地方的看守所对羁押的人犯，仍采取某些不人道或者有辱人格的做法，如给人犯剃光头或剃"犯人头"，穿印有"囚"、"犯人"等字样的衣服；在审讯、出庭时，一律给人犯戴脚镣、手铐；在公开审判、宣判时，将人犯"五花大绑"、游街示众等，社会影响很坏。还有的地方严重忽视人犯的生活卫生，监室过分拥挤，伙食太差，人犯严重营养不良。这些做法不符合社会主义法制的要求，不仅严重地侵犯了人犯依法享有的人身权利，而且影响我国在人权问题上的国际形象，必须坚决予以纠正。为此，特作如下通知：

一、各有关部门要进一步完善和落实各项管理制度和监督制度，严格按照《看守所条例》的规定关押和管理人犯，严禁打骂、体罚、虐待人犯，坚决杜绝各种不人道或有辱人格的事件发生，对人犯实行文明管理。加强看守所检察工作，对有关人员违法行为严肃查处，及时纠正。

二、除本人要求外，禁止给在押人犯剃光头，禁止剃有辱人格的发型。看守部门应定期组织给人犯理发、洗澡，对要求理怪发型的人犯应予拒绝，并进行教育。

三、为了便于区别和管理，有条件的地方可以给人犯穿统一式样的服装，但禁止在服装上印制"囚"、"犯人"等字样，也不得印有侮辱性的图案。

四、在审讯、审判、宣判等活动中，除对确有可能发生行凶、脱逃、自杀等危险的人犯和重刑犯外，禁止给人犯戴手铐、脚镣或者用警（法）绳捆绑。

五、严禁将死刑罪犯游街示众。对其他已决犯、未决犯和其他违法人员也一律不准游街示众或变相游街示众。

六、加强对人犯生活卫生的管理。人犯伙食必须保证卫生，吃熟、吃热、吃足标准，注意防治疾病，严禁克扣囚粮经费，严禁以"饿饭"作为对人犯的惩罚。人犯如故意浪费食物应按规定处理，严防狱霸强吃他人食物，一经发现要从严处罚。如发生饿死人犯的事件，要坚决追究有关人员的法律责任。

七、各地对外宣传报道务必严格审查，未经批准，任何人不准到看守所采访、参观和进行宣传报道活动。

最高人民检察院　最高人民法院　公安部
关于严格执行刑事诉讼法关于对犯罪嫌疑人、被告人羁押期限的规定坚决纠正超期羁押问题的通知

1998年10月19日　　　　　　　　　　　　　　　高检会〔1998〕1号

各省、自治区、直辖市人民检察院、高级人民法院、公安厅（局），军事检察院，军事法院，总政治部保卫部：

修改后的《刑事诉讼法》对办理刑事案件羁押犯罪嫌疑人、被告人的期限作了更加明确、具体的规定，但有些地方的司法机关在办案中对犯罪嫌疑人、被告人超期羁押的问题仍然比较突出。为维护国家法律的严肃性，保障刑事诉讼活动的顺利进行，保护犯罪嫌疑人、被告人的合法权益，各级司法机关必须采取有效措施，对犯罪嫌疑人、被告人超期羁押的问题坚决予以纠正。现就有关问题通知如下：

一、对犯罪嫌疑人、被告人已经采取刑事拘留、逮捕强制措施的案件，要集中力量查办，在法定期限内办结。对于在法定期限内确实难以办结的案件，应当根据案件的具体情况依法变更强制措施或者释放犯罪嫌疑人、被告人。

二、严格执行《刑事诉讼法》关于延长、重新计算羁押期限的规定。对不符合有关规定的，不得随意延长、重新计算羁押期限；检察机关立案侦查的案件，侦查与审查起诉羁押期限不得互相借用；经最高人民法院核准或授权高级人民法院核准的死刑罪犯，下级人民法院在接到执行死刑命令后，应当按期执行。办理犯罪嫌疑人、被告人在押的案件，需要向上级机关请示的，请示、答复时间应当计入办案期限。

三、对复杂、疑难和重大案件，羁押期限届满的，应当分别不同情况，采取果断措施依法作出处理：（1）对于流窜作案、多次作案的犯罪嫌疑人、被告人的主要罪行或某一罪行事实清楚，证据确实充分，而其他罪行一时又难以查清的，应当对已查清的主要罪行或某一罪行移送起诉、提起公诉或者进行审判；（2）对于共同犯罪案件中主犯或者从犯在逃，在押犯罪嫌疑人、被告人的犯罪事实清楚，证据确实充分的，应当对在押犯罪嫌疑人、被告人移送起诉、提起公诉或者进行审判；犯罪事实一时难以查清的，应当对在押犯罪嫌疑人、被告人依法变更强制措施；（3）对于司法机关之间有争议的案件通过协调后意见仍不能一致的，办案单位应按照各自的职权在法定期限内依法作出处理。

四、各级司法机关必须严格执行对犯罪嫌疑人、被告人羁押换押制度。公安机关移送起诉、检察机关向法院提起公诉以及人民法院审理一审、二审案件递次移送时，均应按照有关规定及时对犯罪嫌疑人、被告人办理换押手续。

五、上级司法机关发现下级司法机关超期羁押犯罪嫌疑人、被告人的，要依法予以纠正，下级司法机关应当将纠正结果报告上级司法机关。本机关负责人发现业务部门承办的案件超期羁押犯罪嫌疑人、被告人的，应当立即研究解决办法，及时予以纠正。

六、看守所发现对犯罪嫌疑人、被告人羁押超过法定期限的，应当将超期羁押的情况报告人民检察院。各级人民检察院应当认真履行法律监督职责，发现办案机关超期羁押犯罪嫌疑人、被告人的，应当及时向办案机关提出纠正意见。办案机关接到人民检察院纠正超期羁押通知后，应当及时进行研究，根据案件的具体情况采取相应的纠正措施，并将纠正情况回复提出纠正意见的人民检察院。

七、办案机关超期羁押犯罪嫌疑人、被告人，经上级机关或人民检察院提出纠正意见后，在1个月内不予纠正的，或者在超期羁押期间造成被羁押人伤残、死亡或其他严重后果的，应当追究办案机关负责人和直接责任人员的责任。

地方各级人民检察院、人民法院、公安厅（局）要组织力量，对本机关超期羁押的案件进行一次全面清理，逐案进行研究，根据本通知的精神，及时依法作出处理。

各省、自治区、直辖市人民检察院、高级人民法院、公安厅（局）要在今年年底前，将本系统清理和纠正超期羁押犯罪嫌疑人、被告人的情况分别书面报告最高人民检察院、最高人民法院、公安部。

最高人民法院　最高人民检察院　公安部
关于严格执行刑事诉讼法切实纠防超期羁押的通知

2003年11月12日　　　　　　　　　　法〔2003〕163号

各省、自治区、直辖市高级人民法院、人民检察院、公安厅（局），解放军军事法院、军事检察院、总政治部保卫部：

目前，超期羁押现象在全国许多地方没有得到有效遏制，"前清后超"、"边清边超"、"押而不决"等现象仍然不断发生，人民群众反映强烈。各级人民法院、人民检察院和公安机关要坚持以"三个代表"重要思想为指导，坚持司法为民的工作要求，严格执行刑事诉讼法的有关规定，切实提高办理刑事案件的质量和效率，维护人民法院、人民检察院和公安机关的公正形象，坚决纠正和预防超期羁押现象，尊重和保障犯罪嫌疑人、被告人的合法权益。现就有关问题通知如下：

一、进一步端正执法思想，牢固树立实体法和程序法并重、打击犯罪和保障人权并重的刑事诉讼观念。社会主义司法制度必须保障在全社会实现公平和正义。人民法院、人民检察院和公安机关依法进行刑事诉讼,既要惩罚犯罪,维护社会稳定,也要尊重和保障人权。尊重和保障犯罪嫌疑人、被告人的合法权益,是依法惩罚犯罪和依法保障人权的有机统一。任何人,在人民法院依法判决之前,都不得被确定有罪。在侦查、起诉、审判等各个阶段,必须始终坚持依法进行诉讼,认真遵守刑事诉讼法关于犯罪嫌疑人、被告人羁押期限的规定,坚决克服重实体、轻程序,重打击、轻保障的错误观念,避免因超期羁押而侵犯犯罪嫌疑人、被告人合法权益现象的发生。

二、严格适用刑事诉讼法关于犯罪嫌疑人、被告人羁押期限的规定,严禁随意延长羁押期限。犯罪嫌疑人、被告人被羁押的,人民法院、人民检察院和公安机关在刑事诉讼的不同阶段,要及时办理换押手续。在侦查阶段,要严格遵守拘留、逮捕后的羁押期限的规定;犯罪嫌疑人被逮捕以后,需要延长羁押期限的,应当符合刑事诉讼法第一百二十四条、第一百二十六条或者第一百二十七条规定的情形,并应当经过上一级人民检察院或者省、自治区、直辖市人民检察院的批准或者决定。在审查逮捕阶段和审查起诉阶段,人民检察院应当在法定期限内作出决定。在审判阶段,人民法院要严格遵守刑事诉讼法关于审理期限的规定;需要延长一个月审理期限的,应当属于刑事诉讼法第一百二十六条规定的情形之一,而且应当经过省、自治区、直辖市高级人民法院批准或者决定。

凡不符合刑事诉讼法关于重新计算犯罪嫌疑人、被告人羁押期限规定的,不得重新计算羁押期限。严禁滥用退回补充侦查、撤回起诉、改变管辖等方式变相超期羁押犯罪嫌疑人、被告人。

三、准确适用刑事诉讼法关于取保候审、监视居住的规定。人民法院、人民检察院和公安机关在对犯罪嫌疑人、被告人采取强制措施时,凡符合取保候审、监视居住条件的,应当依法采取取保候审、监视居住。对已被羁押的犯罪嫌疑人、被告人,在其法定羁押期限已满时必须立即释放,如侦查、起诉、审判活动尚未完成,需要继续查证、审理的,要依法变更强制措施为取保候审或者监视居住,充分发挥取保候审、监视居住这两项强制措施的作用,做到追究犯罪与保障犯罪嫌疑人、被告人合法权益的统一。

四、坚持依法办案,正确适用法律,有罪依法追究,无罪坚决放人。人民法院、人民检察院和公安机关在刑事诉讼过程中,要分工负责,互相配合,互相制约,依法进行,避免超期羁押现象的发生。在侦查、起诉、审判等各个诉讼阶段,凡发现犯罪嫌疑人、被告人不应或者不需要追究刑事责任的,应当依法撤销案件,或者不起诉,或者终止审理,或者宣告无罪。公安机关、人民检察院要严格执行刑事诉讼法关于拘留、逮捕条件的规定,不符合条件的坚决不拘、不提请批准逮捕或者决定不批准逮捕。人民检察院对于经过两次补充侦查或者在审判阶段建议补充侦查并经人民法院决定延期审理的案件,不再退回公安机关;对于经过两次补充侦查,仍然证据不足、不符合起诉条件的案件,要依法作出不起诉的决定。公安机关要依法加强对看守所的管理,及时向办案机关通报超期羁押情况。人民法院对于人民检察院提起公诉的案件,经过审理,认为证据不足,不能认定被告人有罪的,要依法作出证据不足、指控的犯罪不能成立的无罪判决。第二审人民法院经过审理,对于事实不清或者证据不足的案件,只能一次裁定撤销原判、发回原审人民法院重新审判;对于经过查证,只有部分犯罪事实清楚、证据充分的案件，只就该部分罪行进行认定和宣判；对于查证以后，仍然事实不清或者证据不足的案件，要依法作出证据不足、指控的犯罪不能成立的无罪判决，不得拖延不决，迟迟不判。

五、严格执行超期羁押责任追究制度。超期羁押侵犯犯罪嫌疑人、被告人的合法权益，损害司法公正，对此必须严肃查处，绝不姑息。本通知发布以后，凡违反刑事诉讼法和本通知的规定，造成犯罪嫌疑人、被告人超期羁押的，对于直接负责的主管人员和其他直接责任人员，由其所在单位或者上级主管机关依照有关规定予以行政或者纪律处分；造成犯罪嫌疑人、被告人超期羁押，情节严重的，对于直接负责的主管人员和其他直接责任人员，依照刑法第三百九十七条的规定，以玩忽职守罪或者滥用职权罪追究刑事责任。

六、对于重大、疑难、复杂的案件，涉外案件，新类型案件以及危害国家安全案件涉及的适用法律问题，应及时报请全国人大常委会作出立法解释或者最高人民法院、最高人民检察院作出司法解释。

执行本通知的情况，请及时层报最高人民法院、最高人民检察院和公安部。

最高人民法院
关于推行十项制度切实防止产生新的超期羁押的通知

2003年11月30日　　　　　　　　　　　法发〔2003〕22号

各省、自治区、直辖市高级人民法院，解放军军事法院，新疆维吾尔自治区高级人民法院生产建设兵团分院：

为了严格执行刑事诉讼法的有关规定，实现人民法院"公正与效率"的工作主题，牢固树立司法为民的观念，切实提高办理刑事案件的质量和效率，严厉打击犯罪，尊重和保障人权，全国各级人民法院在今年集中清理超审限和超期羁押案件之后，必须建立并完善严格防止超期羁押的司法工作机制，推行十项制度，努力实现防止超期羁押工作的规范化、制度化、法制化。现特作如下通知：

一、全面实行以审限管理为中心的案件流程管理制度，建立超期羁押预警机制，切实防止超期羁押。各级人民法院在审理案件过程中，应当严格遵守刑事诉讼法关于审理期限的规定，进一步实行以审限管理为中心的案件流程管理制度，建立超期羁押预警机制。对被羁押的被告人，及时办理换押手续。对审理时间达到法定审限2/3的案件，以"催办通知"的方式，向承办案件审判庭和承办案件法官催办；对审理时间接近法定审限的案件，以"审限警示"的方式，向承办案件审判庭和承办案件法官发送"审限警示"。

二、实行严格依法适用取保候审、监视居住等法律措施的制度。各级人民法院必须实行严格适用刑事诉讼法关于取保候审、监视居住规定的制度。对被告人符合取保候审、监视居住条件的,应当依法采取取保候审、监视居住。对过失犯罪等社会危险性较小且符合法定条件的被告人,应当依法适用取保候审、监视居住等法律措施。对已被羁押超过法定羁押期限的被告人,应当依法予以释放;如果被告人被羁押的案件不能在法定期限内审结,需要继续审理的,应当依法变更强制措施。

三、建立及时通报制度,告知法院羁押期限。根据法定事由,例如依法延期审理、中止审理、进行司法精神病鉴定等,人民法院依法办理法律手续延长审限的案件,不计入审限。人民法院应当及时将上述不计入审限的情况书面通知看守所、被告人及其家属,并说明审限延长的理由。对于人民检察院因抗诉等原因阅卷的案件,根据《最高人民法院关于严格执行案件审理期限制度的若干规定》(法释〔2000〕29号),其占用的时间不计入审限,人民法院应当及时将情况书面通知看守所、被告人及其家属,并说明理由。

四、完善依法独立审判制度,规范以至逐步取消内部请示的做法。人民法院审理刑事案件,应当依照刑事诉讼法的规定独立审判,坚持两审终审制。除了适用法律疑难案件以外,不得向上级人民法院请示。要规范以至逐步取消内部请示的做法。

五、建立严格的案件发回重审制度。按照刑事诉讼法以及《最高人民法院、最高人民检察院、公安部关于严格执行刑事诉讼法,切实纠防超期羁押通知》的规定,第二审人民法院经过审理,对于原判决事实不清楚或者证据不足的案件,只能裁定撤销原判,发回原审人民法院重新审判一次,严格禁止多次发回重审。

六、坚持依法办案,有罪依法追究,无罪坚决放人。人民法院审理刑事案件,依法惩罚犯罪、保障人权,有罪依法追究,无罪坚决放人。经过审理,对于案件事实清楚、证据确实、充分,依据法律认定被告人有罪的,应当作出有罪判决;对于经过审理,只有部分犯罪事实清楚、证据确实、充分的案件,只就该部分事实和证据进行认定和判决;对于审理后,仍然证据不足,在法律规定的审限内无法收集充分的证据,不能认定被告人有罪的案件,应当坚决依法作出证据不足、指控的犯罪不能成立的无罪判决,绝不能搞悬案、疑案,拖延不决,迟迟不判。

七、完善及时宣判制度。人民法院依法作出判决后,应当按照法律规定及时公开宣判并送达执行通知书,不得为了营造声势而延期宣判和执行。

八、建立高效率的送达、移送卷宗制度。依照刑事诉讼法规定,法定期间不包括路途上的时间。人民法院在审判过程中,因送达裁判文书以及第一审案件审结后进入第二审程序,或者第二审案件审结后进入死刑复核程序等移送卷宗的案件,路途上的时间不计入审限。人民法院应当积极采取各种措施,努力改进送达、移送案卷等工作,尽量缩短占用的时间,使其更加制度化、规范化,不得无故拖延。

九、坚持超期羁押案件月报制度,做到月清月结。人民法院应当坚持超期羁押案件月报制度,每月定期向上级人民法院书面报告,最高人民法院每月定期向全国法院发布《全国法院超期羁押案件情况月报》。积极采取措施,努力做到超期羁押案件月清月结。

十、严格执行超期羁押责任追究制度。凡故意违反刑事诉讼法和《最高人民法院、最高人民检察院、公安部关于严格执行刑事诉讼法，切实纠防超期羁押通知》的规定，造成被告人超期羁押的，对于直接负责的主管人员和其他责任人员，由其所在单位或者上级主管机关依照有关规定予以行政处分或者纪律处分，构成犯罪的，依法追究刑事责任。

最高人民法院　最高人民检察院
公安部　国家安全部
关于机关事业单位工作人员被采取刑事强制措施和受刑事处罚实行向所在单位告知制度的通知

2015 年 11 月 6 日　　　　　　　　　　　　　高检会〔2015〕10 号

各省、自治区、直辖市高级人民法院、人民检察院、公安厅（局）、国家安全厅（局），解放军军事法院、军事检察院，新疆维吾尔自治区高级人民法院生产建设兵团分院、新疆生产建设兵团人民检察院、公安局、国家安全局：

为确保机关事业单位及时规范处理本单位被采取刑事强制措施和受刑事处罚工作人员的工资待遇，有效预防和纠正机关事业单位工作人员"带薪羁押"问题，维护司法公正，提高司法公信力，根据法律规定和刑事政策精神，结合办案工作实际，人民法院、人民检察院、公安机关、国家安全机关对被采取刑事强制措施和受刑事处罚的机关事业单位工作人员，实行向所在单位告知的制度。现将有关事项通知如下：

一、机关事业单位工作人员范围

1. 本通知所称机关事业单位工作人员包括公务员、参照公务员法管理的机关（单位）工作人员、事业单位工作人员和机关工人。

二、告知情形及例外规定

2. 办案机关对涉嫌犯罪的机关事业单位工作人员采取取保候审、监视居住、刑事拘留或者逮捕等刑事强制措施的，应当在采取刑事强制措施后五日以内告知其所在单位。

办案机关对被采取刑事强制措施的机关事业单位工作人员，予以释放、解除取保候审、监视居住的，应当在解除刑事强制措施后五日以内告知其所在单位；变更刑事强制措施的，不再另行告知；

3. 办案机关决定撤销案件或者对犯罪嫌疑人终止侦查的，应当在作出撤销案件或者终止侦查决定后十日以内，告知机关事业单位工作人员所在单位。

人民检察院决定不起诉的，应当在作出不起诉决定后十日以内，告知机关事业单位工作人员所在单位。

人民法院作出有罪、无罪或者终止审理判决、裁定的，应当在判决、裁定生效后十五日以内，告知机关事业单位工作人员所在单位。

4. 具有下列情形之一，有碍侦查的，办案机关不予告知：
（1）可能导致同案犯逃跑、自杀、毁灭、伪造证据的；
（2）可能导致同案犯干扰证人作证或者串供的；
（3）所在单位的其他人员与犯罪有牵连的；
（4）其他有碍侦查的情形。

5. 具有下列情形之一，无法告知的，办案机关不予告知：
（1）办案机关无法确认其机关事业单位工作人员身份的；
（2）受自然灾害等不可抗力阻碍的；
（3）其他无法告知的情形。

6. 可能危害国家安全或者社会公共利益的，办案机关不予告知。

7. 不予告知的情形消失后，办案机关应当及时将机关事业单位工作人员被采取刑事强制措施和受刑事处罚情况告知其所在单位。

三、告知的程序规定

8. 公安机关决定取保候审、监视居住、刑事拘留、提请批准逮捕并经人民检察院批准、撤销案件或者终止侦查的，由公安机关负责告知；国家安全机关决定取保候审、监视居住、刑事拘留、提请批准逮捕并经人民检察院批准或者撤销案件的，由国家安全机关负责告知；人民检察院决定取保候审、监视居住、刑事拘留、逮捕、撤销案件或者不起诉的，由人民检察院负责告知；人民法院决定取保候审、监视居住、逮捕或者作出生效刑事裁判的，由人民法院负责告知。

9. 办案机关一般应当采取送达告知书的形式进行告知。采取或者解除刑事强制措施的，办案机关应当填写《机关事业单位工作人员被采取/解除刑事强制措施情况告知书》并加盖单位公章。公安机关决定撤销案件或者对犯罪嫌疑人终止侦查的，应当填写《机关事业单位工作人员涉嫌犯罪撤销案件/终止侦查情况告知书》并加盖单位公章。

人民检察院决定撤销案件、不起诉的，应当将撤销案件决定书、不起诉决定书送达机关事业单位工作人员所在单位，不再另行送达告知书。人民法院作出有罪、无罪或者终止审理判决、裁定的，应当将生效裁判文书送达机关事业单位工作人员所在单位，不再另行送达告知书。

10. 告知书一般应当由办案机关直接送达机关事业单位工作人员所在单位。告知书应当由所在单位负责人或经其授权的人签收，并在告知书回执上签名或者盖章。

收件人拒绝签收的，办案机关可以邀请见证人到场，说明情况，在告知书回执上注明拒收的事由和日期，由送达人、见证人签名或者盖章，将告知书留在机关事业单位工作人员所在单位。

直接送达告知书有困难的，可以邮寄告知或者传真告知的，通过传真告知的，应当随后及时将告知书原件送达。邮寄告知或者传真告知的，机关事业单位工作人员所在单位签收后,应将告知书回执寄送办案机关。

11. 办案机关应当将告知书回执归入工作卷,作为工作资料存档备查。

四、责任追究

12. 办案机关负责人或者上级办案机关应当督促办案人员及时履行告知责任,未按照上述规定进行告知,造成机关事业单位工作人员"带薪羁押",情节严重或者造成恶劣社会影响的,应当根据有关规定追究相关责任人的纪律责任。

五、附　则

13. 机关事业单位工作人员被收容教育或者行政拘留,参照本通知执行;被强制隔离戒毒的,依照《中华人民共和国禁毒法》、《禁毒条例》的相关规定执行,并送达告知书。

14. 本通知自发布之日施行。

六、刑事附带民事诉讼

最高人民法院研究室
关于判处死刑缓期二年执行的附带民事诉讼
案件制作法律文书有关问题的答复

1993年8月12日　　　　　　　　　　　法明传〔1993〕251号

河南省高级人民法院：

你院豫高法〔1993〕74号《关于被判处死缓刑事附带民事案件法律文书制作有关问题的请示》收悉。经研究，答复如下：

一、对于判处死刑缓期执行的附带民事诉讼案件，被告人不上诉，附带民事诉讼原告人上诉的，刑事部分经死缓复核程序审核，附带民事诉讼部分经第二审程序审理，认为均应裁定维持原判的，在裁定书中，应先写明核准原审法院对被告人判处死刑缓期二年执行的判决，然后再写"……，驳回附带民事诉讼原告人的上诉，维持原判"。

二、对于上述附带民事诉讼上诉案件，如原判刑事部分经复核，认为应予核准死缓，附带民事诉讼部分经第二审审理认为判决不当，需要改判的，应当制作刑事附带民事判决书。在判决书中，应先写明核准原判决中的刑事部分，再写明撤销原判中的附带民事部分及改判结果。

三、审理附带民事诉讼案件，判处被告人赔偿物质损失的，在法律文书中既要援引有关刑法条款，又要根据案件具体情况，援引《民法通则》的有关条款。

附：

河南省高级人民法院
关于被判处死缓刑事附带民事案件法律文书制作有关问题的请示

1993年5月23日　　　　　　　　　　　　　　豫高法〔1993〕74号

最高人民法院：

　　在执行钧院1990年6月5日法（研）复〔1990〕7号批复："对于判处死缓的刑事附带民事案件，被告人不上诉而附带民事原告人上诉的，……该案刑事部分应适用死刑缓期二年执行的复核程序，……而该案附带民事部分则适用第二审程序。……由复核该案死缓的合议庭一并审理"的规定中，在法律文书制作方面我们遇到以下几个问题需要请示：

　　一、对于判处死缓的刑事附带民事案件，被告人不上诉而附带民事原告人上诉的，经复核审理，如原判刑事部分事实清楚、证据确凿，附带民事部分亦无不当，应当裁定维持原判。但在裁定书结论部分的表述上，一种意见认为，应先写明核准原审法院对被告人判处死缓的判决；然后再写"驳回附带民事原告人的上诉，维持原判的附带民事部分"。这种写法可以反映出两种程序的处理结果。另一种意见认为，既然刑事部分经复核没有问题，在裁定上就无需再作表述，结论部分只对整个案件表述为"驳回附带民事原告人的上诉，维持原判"。以上两种表述方式哪种妥当，我们倾向于前一种意见。

　　二、对于上述附带民事上诉案件，经复核审理，如原判刑事部分事实清楚、证据确凿，但附带民事判决不当，需要改判的，在法律文书的种类上，是制作刑事附带民事裁定书，还是制作刑事附带民事判决书？如制作裁定书，民事部分有改判的内容；如制作判决书，刑事部分又没有什么问题，有问题的只是附带民事部分。我们意见倾向于使用裁定书。

　　三、对于上述刑事附带民事案件的法律文书，在引用法律问题上，一种意见认为，只需引用有关刑事法规；另一种意见认为，除应引用刑事法规外，还应引用有关民事法规。我们倾向于前一种意见。

　　当否，请批复。

最高人民法院
关于调休后的工作日、节假日是否适用期间顺延规定的批复

2016年4月29日　　　　　　　　　　　〔2016〕最高法刑他142号

广东省高级人民法院：

你院〔2015〕粤高法立请字第2号《关于调休后的工作日、节假日是否适用期间顺延规定请示》收悉。经研究，答复如下：

《中华人民共和国民事诉讼法》第八十二条第三款规定，期间届满的最后一日是节假日的，以节假日后的第一日为期间届满的日期。据你院请示报告所述的事实，原审刑事附带民事诉讼原告人上诉期限的最后一日为2015年1月4日，是星期日，但根据国务院作出的法定节假日的调休安排，该日仍应上班，是工作日。我们认为，国务院关于法定节假日调休的安排每年不尽相同；而对普通公民而言，星期六、星期日作为假日已经成为生活常态。在此情况下，普通公民将调休后需上班的星期日仍然视为假日亦在情理之中，如果简单地以调休后需上班的星期日已经变为工作日为由，认定当事人的上诉期限已经届满，既不适当地加重了当事人的注意义务，也不利于保护当事人的合法诉权。综上，倾向认为以2015年1月4日的次日作为上诉期限的届满之日为宜，同意你院处理意见。

此复。

七、立 案

最高人民法院
关于在经济犯罪审判中参照适用《最高人民检察院、公安部关于公安机关管辖的刑事案件立案追诉标准的规定（二）》的通知

2010年6月21日　　　　　　　　　　法发〔2010〕22号

全国地方各级人民法院、各级军事法院、各铁路运输中级法院和基层法院，新疆生产建设兵团各级法院：

今年5月18日，最高人民检察院、公安部印发了《最高人民检察院、公安部关于公安机关管辖的刑事案件立案追诉标准的规定（二）》（以下简称《标准二》）。《标准二》规定了公安机关经济犯罪侦查部门管辖的86种刑事案件的立案追诉标准。为切实做好经济犯罪审判工作，及时、准确打击经济犯罪，有效维护市场经济秩序，现就人民法院在审理经济犯罪案件中参照适用《标准二》的有关问题通知如下：

一、最高人民法院对相关经济犯罪的定罪量刑标准没有规定的，人民法院在审理经济犯罪案件时，可以参照适用《标准二》的规定。

二、各级人民法院在参照适用《标准二》的过程中，如认为《标准二》的有关规定不能适应案件审理需要的，要结合案件具体情况和本地实际，依法审慎稳妥处理好案件的法律适用和政策把握，争取更好的社会效果。

三、最高人民法院将在进一步总结审判经验的基础上，对审判实践中急需的相关经济犯罪定罪量刑标准作出具体规定。在此之前，拟通过有关工作会议、司法文件、公布典型案例等方式，对人民法院经济犯罪案件中审判工作加强指导，以不断提高经济犯罪案件审判水平，更好地服务经济社会发展和依法惩处经济犯罪工作的需要。

特此通知。

八、第一审程序

最高人民法院
关于定期宣判的案件人民陪审员因故不能参加宣判时可否由审判员开庭宣判问题的批复

1981年8月4日　　　　　　　　　　　　　　〔81〕法研字第23号

山东省高级人民法院：

你院〔81〕鲁法研字第10号请示报告收悉。关于定期宣判的案件人民陪审员因故不能参加宣判可否由审判员开庭宣判的问题，本院1957年2月15日法研字第3417号批复曾规定："定期宣判的案件，人民陪审员因故不能参加宣判，在不改变原来评议时所作的决定的情况下，可以由原来审判本案的审判员独自开庭宣判；判决书上仍应署审判本案的审判员和人民陪审员的姓名。"我们认为，现在仍可按照这一规定办理，即：当合议庭组成人员中某一人民陪审员因故不能参加宣判时，可由审判员和其他人民陪审员开庭宣判；人民陪审员都因故不能参加宣判时，可由审判员独自开庭宣判。判决书仍应由合议庭全体组成人员署名。

此复。

最高人民法院
关于人民法院公开审判非涉外案件是否准许外国人旁听或采访问题的批复

1982年7月5日　　　　　　　　　　　　〔1982〕法研究字第5号

广东省高级人民法院：

你院粤法研〔1982〕14号请示收悉。关于人民法院公开审判的非涉外案件，是否准许外国人旁听、采访的问题，经与外交部主管部门研究，基本上同意你院的意见。即：

一、外国人（包括使、领馆人员、记者等）要求旁听、采访非涉外案件的公开审判，应向我主管的外事部门提出申请，由外事部门与人民法院共同商定后，凭人民法院发给的旁听证或者采访证，进入法庭旁听或者采访，并应遵守人民法院的法庭规则。

二、对于允许外国人（包括使、领馆人员、记者等）旁听或者采访的公开审判的非涉外案件，应当慎重地予以选择，一般以普通刑事和民事案件为宜，在征得当地外事部门同意后，报上一级人民法院批准。

三、如广州市中级人民法院同广州市外事办公室联系商定，同意邀请美国驻广州领事馆副领事参加旁听非涉外案件的公开审判时，为了不造成突出一个国家的影响，可以同时邀请其他几个外国驻广州的领馆人员或记者参加旁听或采访。

附：

广东省高级人民法院
关于人民法院公开审判非涉外案件是否准许外国人旁听、采访问题的请示

（1982年5月25日）

最高人民法院：

据广州市中级人民法院报告，美国驻广州领事馆领事最近曾要求到该院旁听公开审判，该院为此请示我院，对于非涉外案件的公开审判，是否准许外国人旁听、采访。经查，最高人民法院审判委员会1979年2月11日通过的《法庭规则》第九条规定："公开审判的涉外案件，外国人要求旁听的，或者外国新闻记者要求采访的，可向主管部门

提出，经人民法院许可……"。《中美领事条约》第三十五条第五款也只规定应允许领事官员旁听对其国民的审判。都没有规定可以允许外国人旁听我对非涉外案件的公开审判。据此，我们认为：

一、如果外国领事馆人员或者其他外国人，要求旁听某一特定的非涉外案件的公开审判，人民法院一般应予拒绝。

二、为了对外宣传社会主义法制，人民法院公开审判普通刑事、民事和经济纠纷案件，可以有选择地邀请外国领事馆人员或其他外国人旁听或采访，他们应遵守人民法院的法庭规则。

三、人民法院依法公开审判反革命案件、涉及我内部事务的渎职案件，一般不允许外国人或外国记者参加旁听或采访。对于有损国家、民族声誉的案件，以及其他不适宜外国人了解的案件，依法公开审判时一般不允许外国人或外国记者旁听或采访。

四、外国人或外国记者要求旁听或采访人民法院有关案件的公开审判，应按《法庭规则》第九条的规定办理。案件的选择由法院院长审定，并需征得外事部门的同意，报中级法院批准。反革命案件和渎职案件，要经高级法院批准。对于他们的反映和意见，应及时向上级法院和有关部门汇报。

以上意见当否，请予指示。

最高人民法院
关于应当允许检察院派书记员随检察长或检察员出庭支持公诉的通知

1986年11月7日　　　　　　　　法（司）通〔1986〕3号

湖北省高级人民法院：

近接最高人民检察院转来湖北省人民检察院刑事检察处和远安县人民检察院两位同志的信，反映有的法院拒绝检察院派书记员随检察长或检察员出庭办理记录工作一事。经我们研究认为，虽然刑事诉讼法、人民法院组织法和人民检察院组织法对检察院可否派书记员随检察长或检察员出庭支持公诉问题未作明确规定，但从审判实践来看，检察院派书记员随检察长或检察员出庭有利于工作，应当允许。

特此通知。

最高人民法院
关于减刑、假释案件审理程序的规定

法释〔2014〕5号

（2014年4月10日最高人民法院审判委员会第1611次会议通过 2014年4月23日最高人民法院公告公布 自2014年6月1日起施行）

为进一步规范减刑、假释案件的审理程序，确保减刑、假释案件审理的合法、公正，根据《中华人民共和国刑法》《中华人民共和国刑事诉讼法》有关规定，结合减刑、假释案件审理工作实际，制定本规定。

第一条 对减刑、假释案件，应当按照下列情形分别处理：

（一）对被判处死刑缓期执行的罪犯的减刑，由罪犯服刑地的高级人民法院在收到同级监狱管理机关审核同意的减刑建议书后一个月内作出裁定；

（二）对被判处无期徒刑的罪犯的减刑、假释，由罪犯服刑地的高级人民法院在收到同级监狱管理机关审核同意的减刑、假释建议书后一个月内作出裁定，案情复杂或者情况特殊的，可以延长一个月；

（三）对被判处有期徒刑和被减为有期徒刑的罪犯的减刑、假释，由罪犯服刑地的中级人民法院在收到执行机关提出的减刑、假释建议书后一个月内作出裁定，案情复杂或者情况特殊的，可以延长一个月；

（四）对被判处拘役、管制的罪犯的减刑，由罪犯服刑地中级人民法院在收到同级执行机关审核同意的减刑、假释建议书后一个月内作出裁定。

对暂予监外执行罪犯的减刑，应当根据情况，分别适用前款的有关规定。

第二条 人民法院受理减刑、假释案件，应当审查执行机关移送的下列材料：

（一）减刑或者假释建议书；

（二）终审法院裁判文书、执行通知书、历次减刑裁定书的复印件；

（三）罪犯确有悔改或者立功、重大立功表现的具体事实的书面证明材料；

（四）罪犯评审鉴定表、奖惩审批表等；

（五）其他根据案件审理需要应予移送的材料。

报请假释的，应当附有社区矫正机构或者基层组织关于罪犯假释后对所居住社区影响的调查评估报告。

人民检察院对报请减刑、假释案件提出检察意见的，执行机关应当一并移送受理减刑、假释案件的人民法院。

经审查，材料齐备的，应当立案；材料不齐的，应当通知执行机关在三日内补送，逾期未补送的，不予立案。

第三条 人民法院审理减刑、假释案件,应当在立案后五日内将执行机关报请减刑、假释的建议书等材料依法向社会公示。

公示内容应当包括罪犯的个人情况、原判认定的罪名和刑期、罪犯历次减刑情况、执行机关的建议及依据。

公示应当写明公示期限和提出意见的方式。公示期限为五日。

第四条 人民法院审理减刑、假释案件,应当依法由审判员或者由审判员和人民陪审员组成合议庭进行。

第五条 人民法院审理减刑、假释案件,除应当审查罪犯在执行期间的一贯表现外,还应当综合考虑犯罪的具体情节、原判刑罚情况、财产刑执行情况、附带民事裁判履行情况、罪犯退赃退赔等情况。

人民法院审理假释案件,除应当审查第一款所列情形外,还应当综合考虑罪犯的年龄、身体状况、性格特征、假释后生活来源以及监管条件等影响再犯罪的因素。

执行机关以罪犯有立功表现或重大立功表现为由提出减刑的,应当审查立功或重大立功表现是否属实。涉及发明创造、技术革新或者其他贡献的,应当审查该成果是否系罪犯在执行期间独立完成,并经有关主管机关确认。

第六条 人民法院审理减刑、假释案件,可以采取开庭审理或者书面审理的方式。但下列减刑、假释案件,应当开庭审理:

(一)因罪犯有重大立功表现报请减刑的;

(二)报请减刑的起始时间、间隔时间或者减刑幅度不符合司法解释一般规定的;

(三)公示期间收到不同意见的;

(四)人民检察院有异议的;

(五)被报请减刑、假释罪犯系职务犯罪罪犯,组织(领导、参加、包庇、纵容)黑社会性质组织犯罪罪犯,破坏金融管理秩序和金融诈骗犯罪罪犯及其他在社会上有重大影响或社会关注度高的;

(六)人民法院认为其他应当开庭审理的。

第七条 人民法院开庭审理减刑、假释案件,应当通知人民检察院、执行机关及被报请减刑、假释罪犯参加庭审。

人民法院根据需要,可以通知证明罪犯确有悔改表现或者立功、重大立功表现的证人,公示期间提出不同意见的人,以及鉴定人、翻译人员等其他人员参加庭审。

第八条 开庭审理应当在罪犯刑罚执行场所或者人民法院确定的场所进行。有条件的人民法院可以采取视频开庭的方式进行。

在社区执行刑罚的罪犯因重大立功被报请减刑的,可以在罪犯服刑地或者居住地开庭审理。

第九条 人民法院对于决定开庭审理的减刑、假释案件,应当在开庭三日前将开庭的时间、地点通知人民检察院、执行机关、被报请减刑、假释罪犯和有必要参加庭审的其他人员,并于开庭三日前进行公告。

第十条 减刑、假释案件的开庭审理由审判长主持,应当按照以下程序进行:

(一)审判长宣布开庭,核实被报请减刑、假释罪犯的基本情况;

（二）审判长宣布合议庭组成人员、检察人员、执行机关代表及其他庭审参加人；
（三）执行机关代表宣读减刑、假释建议书，并说明主要理由；
（四）检察人员发表检察意见；
（五）法庭对被报请减刑、假释罪犯确有悔改表现或立功表现、重大立功表现的事实以及其他影响减刑、假释的情况进行调查核实；
（六）被报请减刑、假释罪犯作最后陈述；
（七）审判长对庭审情况进行总结并宣布休庭评议。

第十一条　庭审过程中，合议庭人员对报请理由有疑问的，可以向被报请减刑、假释罪犯、证人、执行机关代表、检察人员提问。

庭审过程中，检察人员对报请理由有疑问的，在经审判长许可后，可以出示证据，申请证人到庭，向被报请减刑、假释罪犯及证人提问并发表意见。被报请减刑、假释罪犯对报请理由有疑问的，在经审判长许可后，可以出示证据，申请证人到庭，向证人提问并发表意见。

第十二条　庭审过程中，合议庭对证据有疑问需要进行调查核实，或者检察人员、执行机关代表提出申请的，可以宣布休庭。

第十三条　人民法院开庭审理减刑、假释案件，能够当庭宣判的应当当庭宣判；不能当庭宣判的，可以择期宣判。

第十四条　人民法院书面审理减刑、假释案件，可以就被报请减刑、假释罪犯是否符合减刑、假释条件进行调查核实或听取有关方面意见。

第十五条　人民法院书面审理减刑案件，可以提讯被报请减刑罪犯；书面审理假释案件，应当提讯被报请假释罪犯。

第十六条　人民法院审理减刑、假释案件，应当按照下列情形分别处理：
（一）被报请减刑、假释罪犯符合法律规定的减刑、假释条件的，作出予以减刑、假释的裁定；
（二）被报请减刑的罪犯符合法律规定的减刑条件，但执行机关报请的减刑幅度不适当的，对减刑幅度作出相应调整后作出予以减刑的裁定；
（三）被报请减刑、假释罪犯不符合法律规定的减刑、假释条件的，作出不予减刑、假释的裁定。

在人民法院作出减刑、假释裁定前，执行机关书面申请撤回减刑、假释建议的，是否准许，由人民法院决定。

第十七条　减刑、假释裁定书应当写明罪犯原判和历次减刑情况，确有悔改表现或者立功、重大立功表现的事实和理由，以及减刑、假释的法律依据。

裁定减刑的，应当注明刑期的起止时间；裁定假释的，应当注明假释考验期的起止时间。

裁定调整减刑幅度或者不予减刑、假释的，应当在裁定书中说明理由。

第十八条　人民法院作出减刑、假释裁定后，应当在七日内送达报请减刑、假释的执行机关、同级人民检察院以及罪犯本人。作出假释裁定的，还应当送达社区矫正机构或者基层组织。

第十九条　减刑、假释裁定书应当通过互联网依法向社会公布。

第二十条　人民检察院认为人民法院减刑、假释裁定不当，在法定期限内提出书面纠正意见的，人民法院应当在收到纠正意见后另行组成合议庭审理，并在一个月内作出裁定。

第二十一条　人民法院发现本院已经生效的减刑、假释裁定确有错误的，应当依法重新组成合议庭进行审理并作出裁定；上级人民法院发现下级人民法院已经生效的减刑、假释裁定确有错误的，应当指令下级人民法院另行组成合议庭审理，也可以自行依法组成合议庭进行审理并作出裁定。

第二十二条　最高人民法院以前发布的司法解释和规范性文件，与本规定不一致的，以本规定为准。

最高人民法院研究室
关于是否可待被告人在法庭或羁押室阅签庭审和宣判笔录后再将其还押问题的答复

2013年8月5日　　　　　　　　　　　　　　　法研〔2013〕105号

广东省高级人民法院：

你院《关于是否可待被告人在法庭或羁押室阅签庭审和宣判笔录后再将其还押的请示》（粤高法〔2013〕204号）收悉。经研究，答复如下：

根据《人民法院司法警察刑事审判警务保障规则》第十七条第一款的规定，一般不得在法庭和羁押室让被告人阅读庭审笔录，以保障法庭安全，降低羁押风险。但是，审判活动结束后，如可在短时间内（实践一般控制在十分钟之内）完成笔录阅签，同时警务安全确有保障的，则可在法庭或羁押室让被告人阅签庭审笔录或者宣判笔录，以降低司法成本。

此复。

最高人民法院
关于印发《人民法院办理刑事案件庭前会议规程（试行）》《人民法院办理刑事案件排除非法证据规程（试行）》《人民法院办理刑事案件第一审普通程序法庭调查规程（试行）》的通知

2017 年 11 月 27 日　　　　　　　　法发〔2017〕31 号

各省、自治区、直辖市高级人民法院，解放军军事法院，新疆维吾尔自治区高级人民法院生产建设兵团分院；全国地方各中级人民法院，各战区、总直属军事法院，新疆生产建设兵团各中级法院：

为贯彻落实最高人民法院、最高人民检察院、公安部、国家安全部、司法部《关于推进以审判为中心的刑事诉讼制度改革的意见》和《关于办理刑事案件严格排除非法证据若干问题的规定》，深入推进以审判为中心的刑事诉讼制度改革，最高人民法院制定了《人民法院办理刑事案件庭前会议规程（试行）》《人民法院办理刑事案件排除非法证据规程（试行）》和《人民法院办理刑事案件第一审普通程序法庭调查规程（试行）》（以下简称"三项规程"），现印发给你们，自 2018 年 1 月 1 日起试行。

为了在司法实践中更好地贯彻执行"三项规程"，现提出以下要求：

一、充分认识"三项规程"的重要意义。推进以审判为中心的刑事诉讼制度改革，是党的十八届四中全会作出的重大改革部署，是坚持严格司法、确保刑事司法公正的现实需要。最高人民法院、最高人民检察院、公安部、国家安全部、司法部先后印发《关于推进以审判为中心的刑事诉讼制度改革的意见》《关于办理刑事案件严格排除非法证据若干问题的规定》，提出改革完善刑事诉讼制度的总体方案。为确保中央改革要求落地见效，优化完善审判特别是庭审程序，最高人民法院在出台《关于全面推进以审判为中心的刑事诉讼制度改革的实施意见》的基础上，制定深化庭审实质化改革的"三项规程"，有助于充分发挥审判特别是庭审在刑事诉讼中的决定性作用，构建更加精密化、规范化、实质化的刑事审判制度。各级人民法院要充分认识制定"三项规程"的重要意义，准确把握改革精神，充分发挥审判程序的职能作用，健全落实证据裁判、非法证据排除、疑罪从无等法律原则和要求，通过法庭审判的程序公正实现案件裁判的实体公正，提升司法公信力。

二、准确把握和执行"三项规程"的试行要求。推进以审判为中心的刑事诉讼制度改革，牵涉政法工作全局，各级人民法院要主动向党委、人大汇报试行工作，密切与其他政法机关的沟通联系，形成改革合力，确保改革稳步推进。要推进案件繁简分流，优化司法资源配置，将有限的司法资源用于审理重大复杂疑难案件，完善刑事案件速裁程序和认罪认罚从宽制度,实现"疑案精审""简案快审"。要以敢于负责、敢于担当的精神,严格落实疑罪从无原则,对定罪证据不足的疑罪案件依法宣告无罪,确保严格执法、公正司法,切实防范冤假错案。在试行期间,各级人民法院包括前期各试点法院要统一贯彻执行"三项规程"的相关规定,不能各行其是。

三、加强对"三项规程"的学习培训工作。最高人民法院在制定"三项规程"过程中,坚持问题导向和目标导向,以中央的改革精神和要求为着眼点,认真总结传统审判经验,充分吸收前期改革成果,注重理念创新和制度创新。根据庭前会议规程,人民法院在庭前会议中可以依法处理可能导致庭审中断的程序性事项,组织控辩双方展示证据,归纳控辩双方争议焦点,明确规范庭前会议与法庭审理的衔接机制。非法证据排除规程重点针对非法证据排除程序适用中存在的启动难、证明难、认定难、排除难等问题,进一步明确人民法院审查和排除非法证据的具体规则和程序。法庭调查规程在总结传统庭审经验基础上,将证据裁判、程序公正、集中审理和诉权保障确立为法庭调查的基本原则,规范开庭讯问、发问程序,落实证人、鉴定人出庭作证制度,完善各类证据的举证、质证、认证规则,确保诉讼证据出示在法庭、案件事实查明在法庭、诉辩意见发表在法庭、裁判结果形成在法庭。各高级人民法院要高度重视,切实督导辖区各级人民法院认真学习"三项规程",精心组织刑事审判人员参加专项培训,确保每一名办案人员能够深刻领会"三项规程"的精神实质,全面掌握具体内容,以便在具体工作中切实、熟练加以运用。

四、注意总结和推广试行"三项规程"的经验做法。各级人民法院要以贯彻"三项规程"为契机,以提高证人、鉴定人、侦查人员出庭作证率、律师辩护率和当庭宣判率为重点,着力推进庭审制度改革。要采取实地考察、庭审观摩等方式,加强法院之间的沟通交流,共享经验,共同提高。要采取积极稳妥的方法,强化正面宣传报道,营造各方共同推进改革的良好氛围。在贯彻执行过程中遇到的新情况、新问题和探索的新经验、新做法,要认真加以总结,并及时层报最高人民法院。

附一:

人民法院办理刑事案件庭前会议规程(试行)

为贯彻落实最高人民法院、最高人民检察院、公安部、国家安全部、司法部《关于推进以审判为中心的刑事诉讼制度改革的意见》,完善庭前会议程序,确保法庭集中持续审理,提高庭审质量和效率,根据法律规定,结合司法实际,制定本规程。

第一条 人民法院适用普通程序审理刑事案件,对于证据材料较多、案情疑难复杂、社会影响重大或者控辩双方对事实证据存在较大争议等情形的,可以决定在开庭审理前召开庭前会议。

控辩双方可以申请人民法院召开庭前会议。申请召开庭前会议的,应当说明需要处理的事项。人民法院经审查认为有必要的,应当决定召开庭前会议;决定不召开庭前会议的，应当告知申请人。

被告人及其辩护人在开庭审理前申请排除非法证据，并依照法律规定提供相关线索或者材料的，人民法院应当召开庭前会议。

第二条 庭前会议中，人民法院可以就与审判相关的问题了解情况，听取意见，依法处理回避、出庭证人名单、非法证据排除等可能导致庭审中断的事项，组织控辩双方展示证据，归纳争议焦点，开展附带民事调解。

第三条 庭前会议由承办法官主持，其他合议庭成员也可以主持或者参加庭前会议。根据案件情况，承办法官可以指导法官助理主持庭前会议。

公诉人、辩护人应当参加庭前会议。根据案件情况，被告人可以参加庭前会议；被告人申请参加庭前会议或者申请排除非法证据等情形的，人民法院应当通知被告人到场；有多名被告人的案件，主持人可以根据案件情况确定参加庭前会议的被告人。

被告人申请排除非法证据，但没有辩护人的，人民法院应当通知法律援助机构指派律师为被告人提供帮助。

庭前会议中进行附带民事调解的，人民法院应当通知附带民事诉讼当事人到场。

第四条 被告人不参加庭前会议的，辩护人应当在召开庭前会议前就庭前会议处理事项听取被告人意见。

第五条 庭前会议一般不公开进行。

根据案件情况，庭前会议可以采用视频会议等方式进行。

第六条 根据案件情况，庭前会议可以在开庭审理前多次召开；休庭后，可以在再次开庭前召开庭前会议。

第七条 庭前会议应当在法庭或者其他办案场所召开。被羁押的被告人参加的，可以在看守所办案场所召开。

被告人参加庭前会议，应当有法警在场。

第八条 人民法院应当根据案件情况，综合控辩双方意见，确定庭前会议需要处理的事项，并在召开庭前会议三日前，将会议的时间、地点、人员和事项等通知参会人员。通知情况应当记录在案。

被告人及其辩护人在开庭审理前申请排除非法证据的，人民法院应当在召开庭前会议三日前，将申请书及相关线索或者材料的复制件送交人民检察院。

第九条 庭前会议开始后，主持人应当核实参会人员情况，宣布庭前会议需要处理的事项。

有多名被告人参加庭前会议，涉及事实证据问题的，应当组织各被告人分别参加，防止串供。

第十条 庭前会议中，主持人可以就下列事项向控辩双方了解情况，听取意见：

（一）是否对案件管辖有异议；

（二）是否申请有关人员回避；

（三）是否申请不公开审理；

（四）是否申请排除非法证据；

（五）是否申请提供新的证据材料；

（六）是否申请重新鉴定或者勘验；

（七）是否申请调取在侦查、审查起诉期间公安机关、人民检察院收集但未随案移送的证明被告人无罪或者罪轻的证据材料；

（八）是否申请向证人或有关单位、个人收集、调取证据材料；

（九）是否申请证人、鉴定人、侦查人员、有专门知识的人出庭，是否对出庭人员名单有异议；

（十）与审判相关的其他问题。

对于前款规定中可能导致庭审中断的事项，人民法院应当依法作出处理，在开庭审理前告知处理决定，并说明理由。控辩双方没有新的理由，在庭审中再次提出有关申请或者异议的，法庭应当依法予以驳回。

第十一条 被告人及其辩护人对案件管辖提出异议，应当说明理由。人民法院经审查认为异议成立的，应当依法将案件退回人民检察院或者移送有管辖权的人民法院；认为本院不宜行使管辖权的，可以请求上一级人民法院处理。人民法院经审查认为异议不成立的，应当依法驳回异议。

第十二条 被告人及其辩护人申请审判人员、书记员、翻译人员、鉴定人回避，应当说明理由。人民法院经审查认为申请成立的，应当依法决定有关人员回避；认为申请不成立的，应当依法驳回申请。

被告人及其辩护人申请回避被驳回的，可以在接到决定时申请复议一次。对于不属于刑事诉讼法第二十八条、第二十九条规定情形的，回避申请被驳回后，不得申请复议。

被告人及其辩护人申请检察人员回避的，人民法院应当通知人民检察院。

第十三条 被告人及其辩护人申请不公开审理，人民法院经审查认为案件涉及国家秘密或者个人隐私的，应当准许；认为案件涉及商业秘密的，可以准许。

第十四条 被告人及其辩护人在开庭审理前申请排除非法证据，并依照法律规定提供相关线索或者材料的，人民检察院应当在庭前会议中通过出示有关证据材料等方式，有针对性地对证据收集的合法性作出说明。人民法院可以对有关证据材料进行核实；经控辩双方申请，可以有针对性地播放讯问录音录像。

人民检察院可以撤回有关证据，撤回的证据，没有新的理由，不得在庭审中出示。被告人及其辩护人可以撤回排除非法证据的申请，撤回申请后，没有新的线索或者材料，不得再次对有关证据提出排除申请。

控辩双方在庭前会议中对证据收集的合法性未达成一致意见，人民法院应当开展庭审调查，但公诉人提供的相关证据材料确实、充分，能够排除非法取证情形，且没有新的线索或者材料表明可能存在非法取证的，庭审调查举证、质证可以简化。

第十五条 控辩双方申请重新鉴定或者勘验，应当说明理由。人民法院经审查认为理由成立，有关证据材料可能影响定罪量刑且不能补正的，应当准许。

第十六条 被告人及其辩护人书面申请调取公安机关、人民检察院在侦查、审查起诉期间收集但未随案移送的证明被告人无罪或者罪轻的证据材料，并提供相关线索或者材料的，人民法院应当调取，并通知人民检察院在收到调取决定书后三日内移交。

被告人及其辩护人申请向证人或有关单位、个人收集、调取证据材料，应当说明理由。人民法院经审查认为有关证据材料可能影响定罪量刑的，应当准许；认为有关证据材料与案件无关或者明显重复、没有必要的，可以不予准许。

第十七条 控辩双方申请证人、鉴定人、侦查人员、有专门知识的人出庭，应当说明理由。人民法院经审查认为理由成立的，应当通知有关人员出庭。

控辩双方对出庭证人、鉴定人、侦查人员、有专门知识的人的名单有异议，人民法院经审查认为异议成立的，应当依法作出处理；认为异议不成立的，应当依法驳回。

人民法院通知证人、鉴定人、侦查人员、有专门知识的人等出庭后，应当告知控辩双方协助有关人员到庭。

第十八条 召开庭前会议前，人民检察院应当将全部证据材料移送人民法院。被告人及其辩护人应当将收集的有关被告人不在犯罪现场、未达到刑事责任年龄、属于依法不负刑事责任的精神病人等证明被告人无罪或者依法不负刑事责任的全部证据材料提交人民法院。

人民法院收到控辩双方移送或者提交的证据材料后，应当通知对方查阅、摘抄、复制。

第十九条 庭前会议中，对于控辩双方决定在庭审中出示的证据，人民法院可以组织展示有关证据，听取控辩双方对在案证据的意见，梳理存在争议的证据。

对于控辩双方在庭前会议中没有争议的证据材料，庭审时举证、质证可以简化。

人民法院组织展示证据的，一般应当通知被告人到场，听取被告人意见；被告人不到场的，辩护人应当在召开庭前会议前听取被告人意见。

第二十条 人民法院可以在庭前会议中归纳控辩双方的争议焦点。对控辩双方没有争议或者达成一致意见的事项，可以在庭审中简化审理。

人民法院可以组织控辩双方协商确定庭审的举证顺序、方式等事项，明确法庭调查的方式和重点。协商不成的事项，由人民法院确定。

第二十一条 对于被告人在庭前会议前不认罪，在庭前会议中又认罪的案件，人民法院核实被告人认罪的自愿性和真实性后，可以依法适用速裁程序或者简易程序审理。

第二十二条 人民法院在庭前会议中听取控辩双方对案件事实证据的意见后，对于明显事实不清、证据不足的案件，可以建议人民检察院补充材料或者撤回起诉。建议撤回起诉的案件，人民检察院不同意的，人民法院开庭审理后，没有新的事实和理由，一般不准许撤回起诉。

第二十三条 庭前会议情况应当制作笔录，由参会人员核对后签名。

庭前会议结束后应当制作庭前会议报告，说明庭前会议的基本情况、与审判相关的问题的处理结果、控辩双方的争议焦点以及就相关事项达成的一致意见等。

第二十四条 对于召开庭前会议的案件，在宣读起诉书后，法庭应当宣布庭前会议报告的主要内容；有多起犯罪事实的案件，可以在有关犯罪事实的法庭调查开始前，分别宣布庭前会议报告的相关内容；对庭前会议处理管辖异议、申请回避、申请不公开审理等事项的，法庭可以在告知当事人诉讼权利后宣布庭前会议报告的相关内容。

第二十五条 宣布庭前会议报告后，对于庭前会议中达成一致意见的事项，法庭向控辩双方核实后当庭予以确认;对于未达成一致意见的事项,法庭可以归纳控辩双方争议焦点,听取控辩双方意见,依法作出处理。

控辩双方在庭前会议中就有关事项达成一致意见,在庭审中反悔的,除有正当理由外,法庭一般不再进行处理。

第二十六条 第二审人民法院召开庭前会议的,参照上述规定。

第二十七条 本规程自 2018 年 1 月 1 日起试行。

附二:

人民法院办理刑事案件排除非法证据规程(试行)

为贯彻落实最高人民法院、最高人民检察院、公安部、国家安全部、司法部《关于推进以审判为中心的刑事诉讼制度改革的意见》和《关于办理刑事案件严格排除非法证据若干问题的规定》,规范非法证据排除程序,准确惩罚犯罪,切实保障人权,有效防范冤假错案,根据法律规定,结合司法实际,制定本规程。

第一条 采用下列非法方法收集的被告人供述,应当予以排除:

(一)采用殴打、违法使用戒具等暴力方法或者变相肉刑的恶劣手段,使被告人遭受难以忍受的痛苦而违背意愿作出的供述;

(二)采用以暴力或者严重损害本人及其近亲属合法权益等进行威胁的方法,使被告人遭受难以忍受的痛苦而违背意愿作出的供述;

(三)采用非法拘禁等非法限制人身自由的方法收集的被告人供述。

采用刑讯逼供方法使被告人作出供述,之后被告人受该刑讯逼供行为影响而作出的与该供述相同的重复性供述,应当一并排除,但下列情形除外:

(一)侦查期间,根据控告、举报或者自己发现等,侦查机关确认或者不能排除以非法方法收集证据而更换侦查人员,其他侦查人员再次讯问时告知诉讼权利和认罪的法律后果,被告人自愿供述的;

(二)审查逮捕、审查起诉和审判期间,检察人员、审判人员讯问时告知诉讼权利和认罪的法律后果,被告人自愿供述的。

第二条 采用暴力、威胁以及非法限制人身自由等非法方法收集的证人证言、被害人陈述,应当予以排除。

第三条 采用非法搜查、扣押等违反法定程序的方法收集物证、书证,可能严重影响司法公正的,应当予以补正或者作出合理解释;不能补正或者作出合理解释的,对有关证据应当予以排除。

第四条 依法予以排除的非法证据,不得宣读、质证,不得作为定案的根据。

第五条 被告人及其辩护人申请排除非法证据,应当提供相关线索或者材料。"线索"是指内容具体、指向明确的涉嫌非法取证的人员、时间、地点、方式等;"材料"是指能够反映非法取证的伤情照片、体检记录、医院病历、讯问笔录、讯问录音录像或者同监室人员的证言等。

被告人及其辩护人申请排除非法证据，应当向人民法院提交书面申请。被告人书写确有困难的，可以口头提出申请，但应当记录在案，并由被告人签名或者捺印。

第六条 证据收集合法性的举证责任由人民检察院承担。

人民检察院未提供证据，或者提供的证据不能证明证据收集的合法性，经过法庭审理，确认或者不能排除以非法方法收集证据情形的，对有关证据应当予以排除。

第七条 开庭审理前，承办法官应当阅卷，并对证据收集的合法性进行审查：

（一）被告人在侦查、审查起诉阶段是否提出排除非法证据申请；提出申请的，是否提供相关线索或者材料；

（二）侦查机关、人民检察院是否对证据收集的合法性进行调查核实；调查核实的，是否作出调查结论；

（三）对于重大案件，人民检察院驻看守所检察人员在侦查终结前是否核查讯问的合法性，是否对核查过程同步录音录像；进行核查的，是否作出核查结论；

（四）对于人民检察院在审查逮捕、审查起诉阶段排除的非法证据，是否随案移送并写明为依法排除的非法证据。

人民法院对证据收集的合法性进行审查后，认为需要补充证据材料的，应当通知人民检察院在三日内补送。

第八条 人民法院向被告人及其辩护人送达起诉书副本时，应当告知其有权在开庭审理前申请排除非法证据并同时提供相关线索或者材料。上述情况应当记录在案。

被告人申请排除非法证据，但没有辩护人的，人民法院应当通知法律援助机构指派律师为其提供辩护。

第九条 被告人及其辩护人申请排除非法证据，应当在开庭审理前提出，但在庭审期间发现相关线索或者材料等情形除外。

第十条 被告人及其辩护人申请排除非法证据，并提供相关线索或者材料的，人民法院应当召开庭前会议，并在召开庭前会议三日前将申请书和相关线索或者材料的复制件送交人民检察院。

被告人及其辩护人申请排除非法证据，未提供相关线索或者材料的，人民法院应当告知其补充提交。被告人及其辩护人未能补充的，人民法院对申请不予受理，并在开庭审理前告知被告人及其辩护人。上述情况应当记录在案。

第十一条 对于可能判处无期徒刑、死刑或者黑社会性质组织犯罪、严重毒品犯罪等重大案件，被告人在驻看守所检察人员对讯问的合法性进行核查询问时，明确表示侦查阶段没有刑讯逼供等非法取证情形，在审判阶段又提出排除非法证据申请的，应当说明理由。人民法院经审查对证据收集的合法性没有疑问的，可以驳回申请。

驻看守所检察人员在重大案件侦查终结前未对讯问的合法性进行核查询问，或者未对核查询问过程全程同步录音录像，被告人及其辩护人在审判阶段提出排除非法证据申请，提供相关线索或者材料，人民法院对证据收集的合法性有疑问的，应当依法进行调查。

第十二条 在庭前会议中，人民法院对证据收集的合法性进行审查的，一般按照以下步骤进行：

（一）被告人及其辩护人说明排除非法证据的申请及相关线索或者材料；

（二）公诉人提供证明证据收集合法性的证据材料；

（三）控辩双方对证据收集的合法性发表意见；

（四）控辩双方对证据收集的合法性未达成一致意见的，审判人员归纳争议焦点。

第十三条　在庭前会议中，人民检察院应当通过出示有关证据材料等方式，有针对性地对证据收集的合法性作出说明。人民法院可以对有关材料进行核实，经控辩双方申请，可以有针对性地播放讯问录音录像。

第十四条　在庭前会议中，人民检察院可以撤回有关证据。撤回的证据，没有新的理由，不得在庭审中出示。

被告人及其辩护人可以撤回排除非法证据的申请。撤回申请后，没有新的线索或者材料，不得再次对有关证据提出排除申请。

第十五条　控辩双方在庭前会议中对证据收集的合法性达成一致意见的，法庭应当在庭审中向控辩双方核实并当庭予以确认。对于一方在庭审中反悔的，除有正当理由外，法庭一般不再进行审查。

控辩双方在庭前会议中对证据收集的合法性未达成一致意见，人民法院应当在庭审中进行调查，但公诉人提供的相关证据材料确实、充分，能够排除非法取证情形，且没有新的线索或者材料表明可能存在非法取证的，庭审调查举证、质证可以简化。

第十六条　审判人员应当在庭前会议报告中说明证据收集合法性的审查情况，主要包括控辩双方的争议焦点以及就相关事项达成的一致意见等内容。

第十七条　被告人及其辩护人在开庭审理前未申请排除非法证据，在庭审过程中提出申请的，应当说明理由。人民法院经审查，对证据收集的合法性有疑问的，应当进行调查；没有疑问的，应当驳回申请。

人民法院驳回排除非法证据的申请后，被告人及其辩护人没有新的线索或者材料，以相同理由再次提出申请的，人民法院不再审查。

第十八条　人民法院决定对证据收集的合法性进行法庭调查的，应当先行当庭调查。对于被申请排除的证据和其他犯罪事实没有关联等情形，为防止庭审过分迟延，可以先调查其他犯罪事实，再对证据收集的合法性进行调查。

在对证据收集合法性的法庭调查程序结束前，不得对有关证据宣读、质证。

第十九条　法庭决定对证据收集的合法性进行调查的，一般按照以下步骤进行：

（一）召开庭前会议的案件，法庭应当在宣读起诉书后，宣布庭前会议中对证据收集合法性的审查情况，以及控辩双方的争议焦点；

（二）被告人及其辩护人说明排除非法证据的申请及相关线索或者材料；

（三）公诉人出示证明证据收集合法性的证据材料，被告人及其辩护人可以对相关证据进行质证，经审判长准许，公诉人、辩护人可以向出庭的侦查人员或者其他人员发问；

（四）控辩双方对证据收集的合法性进行辩论。

第二十条　公诉人对证据收集的合法性加以证明，可以出示讯问笔录、提讯登记、体检记录、采取强制措施或者侦查措施的法律文书、侦查终结前对讯问合法性的核查材料等证据材料，也可以针对被告人及其辩护人提出异议的讯问时段播放讯问录音录像，提请法庭通知侦查人员或者其他人员出庭说明情况。不得以侦查人员签名并加盖公章的说明材料替代侦查人员出庭。

庭审中，公诉人当庭不能举证或者为提供新的证据需要补充侦查，建议延期审理的，法庭可以同意。

第二十一条　被告人及其辩护人可以出示相关线索或者材料，并申请法庭播放特定讯问时段的讯问录音录像。

被告人及其辩护人向人民法院申请调取侦查机关、人民检察院收集但未提交的讯问录音录像、体检记录等证据材料，人民法院经审查认为该证据材料与证据收集的合法性有关的，应当予以调取；认为与证据收集的合法性无关的，应当决定不予调取，并向被告人及其辩护人说明理由。

被告人及其辩护人申请人民法院通知侦查人员或者其他人员出庭说明情况，人民法院认为确有必要的，可以通知上述人员出庭。

第二十二条　法庭对证据收集的合法性进行调查的，应当重视对讯问录音录像的审查，重点审查以下内容：

（一）讯问录音录像是否依法制作。对于可能判处无期徒刑、死刑的案件或者其他重大犯罪案件，是否对讯问过程进行录音录像；

（二）讯问录音录像是否完整。是否对每一次讯问过程录音录像，录音录像是否全程不间断进行，是否有选择性录制、剪接、删改等情形；

（三）讯问录音录像是否同步制作。录音录像是否自讯问开始时制作，至犯罪嫌疑人核对讯问笔录、签字确认后结束；讯问笔录记载的起止时间是否与讯问录音录像反映的起止时间一致；

（四）讯问录音录像与讯问笔录的内容是否存在差异。对与定罪量刑有关的内容，讯问笔录记载的内容与讯问录音录像是否存在实质性差异，存在实质性差异的，以讯问录音录像为准。

第二十三条　侦查人员或者其他人员出庭的，应当向法庭说明证据收集过程，并就相关情况接受发问。对发问方式不当或者内容与证据收集的合法性无关的，法庭应当制止。

经人民法院通知，侦查人员不出庭说明情况，不能排除以非法方法收集证据情形的，对有关证据应当予以排除。

第二十四条　人民法院对控辩双方提供的证据来源、内容等有疑问的，可以告知控辩双方补充证据或者作出说明；必要时，可以宣布休庭，对证据进行调查核实。法庭调查核实证据，可以通知控辩双方到场，并将核实过程记录在案。

对于控辩双方补充的和法庭庭外调查核实取得的证据，未经当庭出示、质证等法庭调查程序查证属实，不得作为证明证据收集合法性的根据。

第二十五条　人民法院对证据收集的合法性进行调查后，应当当庭作出是否排除有关证据的决定。必要时，可以宣布休庭，由合议庭评议或者提交审判委员会讨论，再次开庭时宣布决定。

第二十六条 经法庭审理，具有下列情形之一的，对有关证据应当予以排除：

（一）确认以非法方法收集证据的；

（二）应当对讯问过程录音录像的案件没有提供讯问录音录像，或者讯问录音录像存在选择性录制、剪接、删改等情形，现有证据不能排除以非法方法收集证据的；

（三）侦查机关除紧急情况外没有在规定的办案场所讯问，现有证据不能排除以非法方法收集证据的；

（四）驻看守所检察人员在重大案件侦查终结前未对讯问合法性进行核查，或者未对核查过程同步录音录像，或者录音录像存在选择性录制、剪接、删改等情形，现有证据不能排除以非法方法收集证据的；

（五）其他不能排除存在以非法方法收集证据的。

第二十七条 人民法院对证人证言、被害人陈述、物证、书证等证据收集合法性的审查、调查程序，参照上述规定。

第二十八条 人民法院对证据收集合法性的审查、调查结论，应当在裁判文书中写明，并说明理由。

第二十九条 人民检察院、被告人及其法定代理人提出抗诉、上诉，对第一审人民法院有关证据收集合法性的审查、调查结论提出异议的，第二审人民法院应当审查。

第三十条 被告人及其辩护人在第一审程序中未提出排除非法证据的申请，在第二审程序中提出申请，有下列情形之一的，第二审人民法院应当审查：

（一）第一审人民法院没有依法告知被告人申请排除非法证据的权利的；

（二）被告人及其辩护人在第一审庭审后发现涉嫌非法取证的相关线索或者材料的。

第三十一条 人民检察院应当在第一审程序中全面出示证明证据收集合法性的证据材料。

人民检察院在第一审程序中未出示证明证据收集合法性的证据，第一审人民法院依法排除有关证据的，人民检察院在第二审程序中不得出示之前未出示的证据，但在第一审程序后发现的除外。

第三十二条 第二审人民法院对证据收集合法性的调查，参照上述第一审程序的规定。

第三十三条 第一审人民法院对被告人及其辩护人排除非法证据的申请未予审查，并以有关证据作为定案的根据，可能影响公正审判的，第二审人民法院应当裁定撤销原判，发回原审人民法院重新审判。

第三十四条 第一审人民法院对依法应当排除的非法证据未予排除的，第二审人民法院可以依法排除相关证据。排除非法证据后，应当按照下列情形分别作出处理：

（一）原判决认定事实和适用法律正确、量刑适当的，应当裁定驳回上诉或者抗诉，维持原判；

（二）原判决认定事实没有错误，但适用法律有错误，或者量刑不当的，应当改判；

（三）原判决事实不清或者证据不足的，可以在查清事实后改判；也可以裁定撤销原判，发回原审人民法院重新审判。

第三十五条　审判监督程序、死刑复核程序中对证据收集合法性的审查、调查，参照上述规定。

第三十六条　本规程自2018年1月1日起试行。

附三：

人民法院办理刑事案件第一审普通程序法庭调查规程（试行）

为贯彻落实最高人民法院、最高人民检察院、公安部、国家安全部、司法部《关于推进以审判为中心的刑事诉讼制度改革的意见》，规范法庭调查程序，提高庭审质量和效率，确保诉讼证据出示在法庭、案件事实查明在法庭、诉辩意见发表在法庭、裁判结果形成在法庭，根据法律规定，结合司法实际，制定本规程。

一、一般规定

第一条　法庭应当坚持证据裁判原则。认定案件事实，必须以证据为根据。法庭调查应当以证据调查为中心，法庭认定并依法排除的非法证据，不得宣读、质证。证据未经当庭出示、宣读、辨认、质证等法庭调查程序查证属实，不得作为定案的根据。

第二条　法庭应当坚持程序公正原则。人民检察院依法承担被告人有罪的举证责任，被告人不承担证明自己无罪的责任。法庭应当居中裁判，严格执行法定的审判程序，确保控辩双方在法庭调查环节平等对抗，通过法庭审判的程序公正实现案件裁判的实体公正。

第三条　法庭应当坚持集中审理原则。规范庭前准备程序，避免庭审出现不必要的迟延和中断。承办法官应当在开庭前阅卷，确定法庭审理方案，并向合议庭通报开庭准备情况。召开庭前会议的案件，法庭可以依法处理可能导致庭审中断的事项，组织控辩双方展示证据，归纳控辩双方争议焦点。

第四条　法庭应当坚持诉权保障原则。依法保障当事人和其他诉讼参与人的知情权、陈述权、辩护辩论权、申请权、申诉权，依法保障辩护人发问、质证、辩论辩护等权利，完善便利辩护人参与诉讼的工作机制。

二、宣布开庭和讯问、发问程序

第五条　法庭宣布开庭后，应当告知当事人在法庭审理过程中依法享有的诉讼权利。

对于召开庭前会议的案件，在庭前会议中处理诉讼权利事项的，可以在开庭后告知诉讼权利的环节，一并宣布庭前会议对有关事项的处理结果。

第六条　公诉人宣读起诉书后，对于召开庭前会议的案件，法庭应当宣布庭前会议报告的主要内容。有多起犯罪事实的案件，法庭可以在有关犯罪事实的法庭调查开始前，分别宣布庭前会议报告的相关内容。

对于庭前会议中达成一致意见的事项，法庭可以向控辩双方核实后当庭予以确认；对于未达成一致意见的事项，法庭可以在庭审涉及该事项的环节归纳争议焦点，听取控辩双方意见，依法作出处理。

第七条 公诉人宣读起诉书后，审判长应当询问被告人对起诉书指控的犯罪事实是否有异议，听取被告人的供述和辩解。对于被告人当庭认罪的案件，应当核实被告人认罪的自愿性和真实性，听取其供述和辩解。

在审判长主持下，公诉人可以就起诉书指控的犯罪事实讯问被告人，为防止庭审过分迟延，就证据问题向被告人的讯问可在举证、质证环节进行。经审判长准许，被害人及其法定代理人、诉讼代理人可以就公诉人讯问的犯罪事实补充发问；附带民事诉讼原告人及其法定代理人、诉讼代理人可以就附带民事部分的事实向被告人发问；被告人的法定代理人、辩护人，附带民事诉讼被告人及其法定代理人、诉讼代理人可以在控诉一方就某一问题讯问完毕后向被告人发问。有多名被告人的案件，辩护人对被告人的发问，应当在审判长主持下，先由被告人本人的辩护人进行，再由其他被告人的辩护人进行。

第八条 有多名被告人的案件，对被告人的讯问应当分别进行。

被告人供述之间存在实质性差异的，法庭可以传唤有关被告人到庭对质。审判长可以分别讯问被告人，就供述的实质性差异进行调查核实。经审判长准许，控辩双方可以向被告人讯问、发问。审判长认为有必要的，可以准许被告人之间相互发问。

根据案件审理需要，审判长可以安排被告人与证人、被害人依照前款规定的方式进行对质。

第九条 申请参加庭审的被害人众多，且案件不属于附带民事诉讼范围的，被害人可以推选若干代表人参加或者旁听庭审，人民法院也可以指定若干代表人。

对被告人讯问、发问完毕后，其他证据出示前，在审判长主持下，参加庭审的被害人可以就起诉书指控的犯罪事实作出陈述。经审判长准许，控辩双方可以在被害人陈述后向被害人发问。

第十条 为解决被告人供述和辩解中的疑问，审判人员可以讯问被告人，也可以向被害人、附带民事诉讼当事人发问。

第十一条 有多起犯罪事实的案件，对被告人不认罪的事实，法庭调查一般应当分别进行。

被告人不认罪或者认罪后又反悔的案件，法庭应当对与定罪和量刑有关的事实、证据进行全面调查。

被告人当庭认罪的案件，法庭核实被告人认罪的自愿性和真实性，确认被告人知悉认罪的法律后果后，可以重点围绕量刑事实和其他有争议的问题进行调查。

三、出庭作证程序

第十二条 控辩双方可以申请法庭通知证人、鉴定人、侦查人员和有专门知识的人等出庭。

被害人及其法定代理人、诉讼代理人，附带民事诉讼原告人及其诉讼代理人也可以提出上述申请。

第十三条 控辩双方对证人证言、被害人陈述有异议，申请证人、被害人出庭，人民法院经审查认为证人证言、被害人陈述对案件定罪量刑有重大影响的，应当通知证人、被害人出庭。

控辩双方对鉴定意见有异议，申请鉴定人或者有专门知识的人出庭，人民法院经审查认为有必要的，应当通知鉴定人或者有专门知识的人出庭。

控辩双方对侦破经过、证据来源、证据真实性或者证据收集合法性等有异议，申请侦查人员或者有关人员出庭，人民法院经审查认为有必要的，应当通知侦查人员或者有关人员出庭。

为查明案件事实、调查核实证据，人民法院可以依职权通知上述人员到庭。

人民法院通知证人、被害人、鉴定人、侦查人员、有专门知识的人等出庭的，控辩双方协助有关人员到庭。

第十四条 应当出庭作证的证人，在庭审期间因身患严重疾病等客观原因确实无法出庭的，可以通过视频等方式作证。

证人视频作证的，发问、质证参照证人出庭作证的程序进行。

前款规定适用于被害人、鉴定人、侦查人员。

第十五条 人民法院通知出庭的证人，无正当理由拒不出庭的，可以强制其出庭，但是被告人的配偶、父母、子女除外。

强制证人出庭的，应当由院长签发强制证人出庭令，并由法警执行。必要时，可以商请公安机关协助执行。

第十六条 证人、鉴定人、被害人因出庭作证，本人或者其近亲属的人身安全面临危险的，人民法院应当采取不公开其真实姓名、住址和工作单位等个人信息，或者不暴露其外貌、真实声音等保护措施。

决定对出庭作证的证人、鉴定人、被害人采取不公开个人信息的保护措施的，审判人员应当在开庭前核实其身份，对证人、鉴定人如实作证的保证书不得公开，在判决书、裁定书等法律文书中可以使用化名等代替其个人信息。

审判期间，证人、鉴定人、被害人提出保护请求的，人民法院应当立即审查，确有必要的，应当及时决定采取相应的保护措施。必要时，可以商请公安机关采取专门性保护措施。

第十七条 证人、鉴定人和有专门知识的人出庭作证所支出的交通、住宿、就餐等合理费用，除由控辩双方支付的以外，列入出庭作证补助专项经费，在出庭作证后由人民法院依照规定程序发放。

第十八条 证人、鉴定人出庭，法庭应当当庭核实其身份、与当事人以及本案的关系，审查证人、鉴定人的作证能力、专业资质，并告知其有关作证的权利义务和法律责任。

证人、鉴定人作证前，应当保证向法庭如实提供证言、说明鉴定意见，并在保证书上签名。

第十九条　证人出庭后,先向法庭陈述证言,然后先由举证方发问;发问完毕后,对方也可以发问。根据案件审理需要,也可以先由申请方发问。

控辩双方向证人发问完毕后,可以发表本方对证人证言的质证意见。控辩双方如有新的问题,经审判长准许,可以再行向证人发问。

审判人员认为必要时,可以询问证人。法庭依职权通知证人出庭的情形,审判人员应当主导对证人的询问。经审判长准许,被告人可以向证人发问。

第二十条　向证人发问应当遵循以下规则:
(一) 发问内容应当与案件事实有关;
(二) 不得采用诱导方式发问;
(三) 不得威胁或者误导证人;
(四) 不得损害证人人格尊严;
(五) 不得泄露证人个人隐私。

第二十一条　控辩一方发问方式不当或者内容与案件事实无关,违反有关发问规则的,对方可以提出异议。对方当庭提出异议的,发问方应当说明发问理由,审判长判明情况予以支持或者驳回;对方未当庭提出异议的,审判长也可以根据情况予以制止。

第二十二条　审判长认为证人当庭陈述的内容与案件事实无关或者明显重复的,可以进行必要的提示。

第二十三条　有多名证人出庭作证的案件,向证人发问应当分别进行。

多名证人出庭作证的,应当在法庭指定的地点等候,不得谈论案情,必要时可以采取隔离等候措施。证人出庭作证后,审判长应当通知法警引导其退庭。证人不得旁听对案件的审理。

被害人没有列为当事人参加法庭审理,仅出庭陈述案件事实的,参照适用前款规定。

第二十四条　证人证言之间存在实质性差异的,法庭可以传唤有关证人到庭对质。

审判长可以分别询问证人,就证言的实质性差异进行调查核实。经审判长准许,控辩双方可以向证人发问。审判长认为有必要的,可以准许证人之间相互发问。

第二十五条　证人出庭作证的,其庭前证言一般不再出示、宣读,但下列情形除外:
(一) 证人出庭作证时遗忘或者遗漏庭前证言的关键内容,需要向证人作出必要提示的;
(二) 证人的当庭证言与庭前证言存在矛盾,需要证人作出合理解释的。

为核实证据来源、证据真实性等问题,或者帮助证人回忆,经审判长准许,控辩双方可以在询问证人时向其出示物证、书证等证据。

第二十六条　控辩双方可以申请法庭通知有专门知识的人出庭,协助本方就鉴定意见进行质证。有专门知识的人可以与鉴定人同时出庭,在鉴定人作证后向鉴定人发问,并对案件中的专门性问题提出意见。

申请有专门知识的人出庭,应当提供人员名单,并不得超过二人。有多种类鉴定意见的,可以相应增加人数。

第二十七条 对被害人、鉴定人、侦查人员、有专门知识的人的发问,参照适用证人的有关规定。

同一鉴定意见由多名鉴定人作出,有关鉴定人以及对该鉴定意见进行质证的有专门知识的人,可以同时出庭,不受分别发问规则的限制。

四、举证、质证程序

第二十八条 开庭讯问、发问结束后,公诉人先行举证。公诉人举证完毕后,被告人及其辩护人举证。

公诉人出示证据后,经审判长准许,被告人及其辩护人可以有针对性地出示证据予以反驳。

控辩一方举证后,对方可以发表质证意见。必要时,控辩双方可以对争议证据进行多轮质证。

被告人及其辩护人认为公诉人出示的有关证据对本方诉讼主张有利的,可以在发表质证意见时予以认可,或者在发表辩护意见时直接援引有关证据。

第二十九条 控辩双方随案移送或者庭前提交,但没有当庭出示的证据,审判长可以进行必要的提示;对于其中可能影响定罪量刑的关键证据,审判长应当提示控辩双方出示。

对于案件中可能影响定罪量刑的事实、证据存在疑问,控辩双方没有提及的,审判长应当引导控辩双方发表质证意见,并依法调查核实。

第三十条 法庭应当重视对证据收集合法性的审查,对证据收集的合法性有疑问的,应当调查核实证明取证合法性的证据材料。

对于被告人及其辩护人申请排除非法证据,依法提供相关线索或者材料,法庭对证据收集的合法性有疑问,决定进行调查的,一般应当先行当庭调查。

第三十一条 对于可能影响定罪量刑的关键证据和控辩双方存在争议的证据,一般应当单独举证、质证,充分听取质证意见。

对于控辩双方无异议的非关键性证据,举证方可以仅就证据的名称及其证明的事项作出说明,对方可以发表质证意见。

召开庭前会议的案件,举证、质证可以按照庭前会议确定的方式进行。根据案件审理需要,法庭可以对控辩双方的举证、质证方式进行必要的提示。

第三十二条 物证、书证、视听资料、电子数据等证据,应当出示原物、原件。取得原物、原件确有困难的,可以出示照片、录像、副本、复制件等足以反映原物、原件外形和特征以及真实内容的材料,并说明理由。

对于鉴定意见和勘验、检查、辨认、侦查实验等笔录,应当出示原件。

第三十三条 控辩双方出示证据,应当重点围绕与案件事实相关的内容或者控辩双方存在争议的内容进行。

出示证据时,可以借助多媒体设备等方式出示、播放或者演示证据内容。

第三十四条 控辩双方对证人证言、被害人陈述、鉴定意见无异议,有关人员不需要出庭的,或者有关人员因客观原因无法出庭且无法通过视频等方式作证的,可以出示、宣读庭前收集的书面证据材料或者作证过程录音录像。

被告人当庭供述与庭前供述的实质性内容一致的，可以不再出示庭前供述；当庭供述与庭前供述存在实质性差异的，可以出示、宣读庭前供述中存在实质性差异的内容。

第三十五条　采用技术侦查措施收集的证据，应当当庭出示。当庭出示、辨认、质证可能危及有关人员的人身安全，或者可能产生其他严重后果的，应当采取不暴露有关人员身份、不公开技术侦查措施和方法等保护措施。

法庭决定在庭外对技术侦查证据进行核实的，可以召集公诉人和辩护律师到场。在场人员应当履行保密义务。

第三十六条　法庭对证据有疑问的，可以告知控辩双方补充证据或者作出说明；必要时，可以在其他证据调查完毕后宣布休庭，对证据进行调查核实。法庭调查核实证据，可以通知控辩双方到场，并将核实过程记录在案。

对于控辩双方补充的和法庭庭外调查核实取得的证据，应当经过庭审质证才能作为定案的根据。但是，对于不影响定罪量刑的非关键性证据和有利于被告人的量刑证据，经庭外征求意见，控辩双方没有异议的除外。

第三十七条　控辩双方申请出示庭前未移送或提交人民法院的证据，对方提出异议的，申请方应当说明理由，法庭经审查认为理由成立并确有出示必要的，应当准许。

对方提出需要对新的证据作辩护准备的，法庭可以宣布休庭，并确定准备的时间。

第三十八条　法庭审理过程中，控辩双方申请通知新的证人到庭，调取新的证据，申请重新鉴定或者勘验的，应当提供证人的基本信息、证据的存放地点，说明拟证明的案件事实、要求重新鉴定或者勘验的理由。法庭认为有必要的，应当同意，并宣布延期审理；不同意的，应当说明理由并继续审理。

第三十九条　公开审理案件时，控辩双方提出涉及国家秘密、商业秘密或者个人隐私的证据的，法庭应当制止。有关证据确与本案有关的，可以根据具体情况，决定将案件转为不公开审理，或者对相关证据的法庭调查不公开进行。

第四十条　审判期间，公诉人发现案件需要补充侦查，建议延期审理的，法庭可以同意，但建议延期审理不得超过两次。

人民检察院将补充收集的证据移送人民法院的，人民法院应当通知辩护人、诉讼代理人查阅、摘抄、复制。辩护方提出需要对补充收集的证据作辩护准备的，法庭可以宣布休庭，并确定准备的时间。

补充侦查期限届满后，经人民法院通知，人民检察院未建议案件恢复审理，且未说明原因的，人民法院可以决定按人民检察院撤诉处理。

第四十一条　人民法院向人民检察院调取需要调查核实的证据材料，或者根据被告人及其辩护人的申请，向人民检察院调取在侦查、审查起诉期间收集的有关被告人无罪或者罪轻的证据材料，应当通知人民检察院在收到调取证据材料决定书后三日内移交。

第四十二条　法庭除应当审查被告人是否具有法定量刑情节外，还应当根据案件情况审查以下影响量刑的情节：

（一）案件起因；

（二）被害人有无过错及过错程度，是否对矛盾激化负有责任及责任大小；

（三）被告人的近亲属是否协助抓获被告人；

（四）被告人平时表现，有无悔罪态度；

（五）退赃、退赔及赔偿情况；

（六）被告人是否取得被害人或者其近亲属谅解；

（七）影响量刑的其他情节。

第四十三条 审判期间，被告人及其辩护人提出有自首、坦白、立功等法定量刑情节，或者人民法院发现被告人可能有上述法定量刑情节，而人民检察院移送的案卷中没有相关证据材料的，应当通知人民检察院移送。

审判期间，被告人及其辩护人提出新的立功情节，并提供相关线索或者材料的，人民法院可以建议人民检察院补充侦查。

第四十四条 被告人当庭不认罪或者辩护人作无罪辩护的，法庭对定罪事实进行调查后，可以对与量刑有关的事实、证据进行调查。被告人及其辩护人可以当庭发表质证意见，出示证明被告人罪轻或者无罪的证据。被告人及其辩护人参加量刑事实、证据的调查，不影响无罪辩解或者辩护。

五、认证规则

第四十五条 经过控辩双方质证的证据，法庭应当结合控辩双方质证意见，从证据与待证事实的关联程度、证据之间的印证联系、证据自身的真实性程度等方面，综合判断证据能否作为定案的根据。

证据与待证事实没有关联，或者证据自身存在无法解释的疑问，或者证据与待证事实以及其他证据存在无法排除的矛盾的，不得作为定案的根据。

第四十六条 通过勘验、检查、搜查等方式收集的物证、书证等证据，未通过辨认、鉴定等方式确定其与案件事实的关联的，不得作为定案的根据。

法庭对鉴定意见有疑问的，可以重新鉴定。

第四十七条 收集证据的程序、方式不符合法律规定，严重影响证据真实性的，人民法院应当建议人民检察院予以补正或者作出合理解释；不能补正或者作出合理解释的，有关证据不得作为定案的根据。

第四十八条 证人没有出庭作证，其庭前证言真实性无法确认的，不得作为定案的根据。

证人当庭作出的证言与其庭前证言矛盾，证人能够作出合理解释，并与相关证据印证的，应当采信其庭审证言；不能作出合理解释，而其庭前证言与相关证据印证的，可以采信其庭前证言。

第四十九条 经人民法院通知，鉴定人拒不出庭作证的，鉴定意见不得作为定案的根据。

有专门知识的人当庭对鉴定意见提出质疑，鉴定人能够作出合理解释，并与相关证据印证的，应当采信鉴定意见；不能作出合理解释，无法确认鉴定意见可靠性的，有关鉴定意见不能作为定案的根据。

第五十条 被告人的当庭供述与庭前供述、自书材料存在矛盾，被告人能够作出合理解释，并与相关证据印证的，应当采信其当庭供述；不能作出合理解释，而其庭前供述、自书材料与相关证据印证的，可以采信其庭前供述、自书材料。

法庭应当结合讯问录音录像对讯问笔录进行全面审查。讯问笔录记载的内容与讯问录音录像存在实质性差异的，以讯问录音录像为准。

第五十一条 对于控辩双方提出的事实证据争议，法庭应当当庭进行审查，经审查后作出处理的，应当当庭说明理由，并在裁判文书中写明；需要庭后评议作出处理的，应当在裁判文书中说明理由。

第五十二条 法庭认定被告人有罪，必须达到犯罪事实清楚，证据确实、充分，对于定罪事实应当综合全案证据排除合理怀疑。定罪证据不足的案件，不能认定被告人有罪，应当作出证据不足、指控的犯罪不能成立的无罪判决。定罪证据确实、充分，量刑证据存疑的，应当作出有利于被告人的认定。

第五十三条 本规程自 2018 年 1 月 1 日起试行。

九、第二审程序

最高人民法院研究室
关于刑事第二审案件如何确定
审判时限问题的电话答复

(1990年12月30日)

四川省高级人民法院:

你院川法研〔1990〕43号《关于刑事第二审案件如何确定审判时限的请示》收悉。经研究,现答复如下:

刑事第二审案件的审判时限,应从第二审人民法院收到上诉状或者抗诉书及其案卷、证据材料之日起,至第二审判决、裁定宣告之日止。

附:

四川省高级人民法院
关于刑事第二审案件如何确定审判时限的请示

1990年10月29日　　　　　　　　　　　　　　川法研〔1990〕43号

最高人民法院:

最近,我省法院在审判实践中,就执行刑事诉讼法第一百四十二条的规定,如何计算审判时限问题发生了分歧意见。主要有三种看法:第一种意见认为,刑事二审案件是在一审基础上进行的,刑诉法规定的"审结"与"宣判"含义不同。只要合议庭或审委会对案件作出了评议结论,就应视为"审结"。故第二审结案时间应以合议庭或审委会最后作出结论的时间为准;第二种意见认为,刑事第二审案件的结案方式与一审不同,二审判决、裁定确定之后,可以委托第一审法院宣判。因此,二审刑事案件的审结时间应视不同情况而定。开庭审判的,应以宣判时间为审结时间。没有开庭审判,委托宣判的应以裁定书、判决书寄出的时间为准;第三种意见认为,尽管刑事第二审案件与第一审的结案方式有一定的区别,但是,审理案件是一种诉讼活动,案件是否审结,应以法院的判决、裁定送达的时间为准。故刑事第二审案件的审判时限,应当从上诉、抗诉期满,第二审法院收到上诉状或抗诉书及其案卷、证据材料之日起,第二审判决和裁定送达之日止计算。当庭宣判的,以宣判时为准。

我们倾向于上述第三种意见。当否,请批示。

最高人民法院研究室关于上级人民检察院能否调阅下级人民法院审判卷宗问题的答复

1995年1月17日　　　　　　　　　　法明传〔1995〕16号

四川省高级人民法院:

你院川高法〔1994〕167号《关于上级检察机关能否调阅下级人民法院审判卷宗问题的请示》收悉。经研究,答复如下:

根据刑事诉讼法有关规定的精神,上级人民检察院或者同级人民检察院在办理刑事案件过程中,可以查阅同级人民法院的有关案卷材料或者通过同级人民法院查阅下级人民法院的有关案卷材料,但是不应直接调阅下级人民法院的有关案卷材料。可以查阅的案卷不包括合议庭评议记录、审判委员会讨论记录等法院内部对案件研究处理的意见材料。

附:

四川省高级人民法院关于上级检察机关能否调阅下级人民法院审判卷宗问题的请示

1994年11月9日　　　　　　　　　　川高法〔1994〕167号

最高人民法院:

近年来,我省一些地方人民法院与检察院在检察机关能否调阅人民法院审判卷宗问题上认识不一。讨论中有三种意见:一种意见认为,只有上级法院才有权调阅下级法院的审判卷宗,上级检察机关或同级检察机关因办案需要,可以向下级法院或同级法院借卷;第二种意见认为,根据刑事诉讼法规定精神,上级检察机关或同级检察机关根据办案需要,可以调阅同级法院或通过同级法院调阅下级法院的审判卷宗。但不能调阅法院内部的"审委会笔录"、"请示"、"答复"、"研究记录"、"审理报告"、"合议庭记录"等材料;第三种意见认为,继续执行最高人民检察院 1985 年 4 月 27 日高检研发字〔1985〕第 14 号对云南省人民检察院的请示批复,上级人民检察院有权调阅下级人民法院的审判卷宗,并不受调阅方法和范围的限制。

我们倾向于第二种意见。

当否,请批复。

最高人民法院
关于刑事第二审判决改变第一审判决认定的罪名后能否加重附加刑的批复

法释〔2008〕8 号

(2008 年 5 月 12 日最高人民法院审判委员会第 1448 次会议通过
2008 年 6 月 6 日最高人民法院公告公布 自 2008 年 6 月 12 日起施行)

各省、自治区、直辖市高级人民法院,解放军军事法院,新疆维吾尔自治区高级人民法院生产建设兵团分院:

近来,有的高级人民法院请示,在审理被告人提起上诉的第二审刑事案件时,第二审人民法院判决改变第一审判决认定罪名的,能否增加适用附加刑或者将罚金刑改为没收财产刑等问题不明确。经研究,批复如下:

根据刑事诉讼法第一百九十条的规定,第二审人民法院审判被告人或者他的法定代理人、辩护人、近亲属上诉的案件,不得加重被告人的刑罚。因此,第一审人民法院没有判处附加刑的,第二审人民法院判决改变罪名后,不得判处附加刑;第一审人民法院原判附加刑较轻的,第二审人民法院不得改判较重的附加刑,也不得以事实不清或者证据不足发回第一审人民法院重新审理;必须依法改判的,应当在第二审判决、裁定生效后,按照审判监督程序重新审判。

此复。

最高人民法院关于对被判处死刑的被告人未提出上诉、共同犯罪的部分被告人或者附带民事诉讼原告人提出上诉的案件应适用何种程序审理的批复

法释〔2010〕6号

(2010年3月1日最高人民法院审判委员会第1485次会议通过 2010年3月17日最高人民法院公告公布 自2010年4月1日起施行)

各省、自治区、直辖市高级人民法院,解放军军事法院,新疆维吾尔自治区高级人民法院生产建设兵团分院:

近来,有的高级人民法院请示,对于中级人民法院一审判处死刑的案件,被判处死刑的被告人未提出上诉,但共同犯罪的部分被告人或者附带民事诉讼原告人提出上诉的,应当适用何种程序审理。经研究,批复如下:

根据《中华人民共和国刑事诉讼法》第一百八十六条的规定,中级人民法院一审判处死刑的案件,被判处死刑的被告人未提出上诉,共同犯罪的其他被告人提出上诉的,高级人民法院应当适用第二审程序对全案进行审查,并对涉及死刑之罪的事实和适用法律依法开庭审理,一并处理。

根据《中华人民共和国刑事诉讼法》第二百条第一款的规定,中级人民法院一审判处死刑的案件,被判处死刑的被告人未提出上诉,仅附带民事诉讼原告人提出上诉的,高级人民法院应当适用第二审程序对附带民事诉讼依法审理,并由同一审判组织对未提出上诉的被告人的死刑判决进行复核,作出是否同意判处死刑的裁判。

此复。

最高人民法院 最高人民检察院关于对死刑判决提出上诉的被告人在上诉期满后宣判前提出撤回上诉人民法院是否准许的批复

法释〔2010〕10号

(2010年7月6日最高人民法院审判委员会第1488次会议、2010年6月4日最高人民检察院第11届检察委员会第37次会议通过 2010年8月6日最高人民法院、最高人民检察院公告公布 自2010年9月1日起施行)

各省、自治区、直辖市高级人民法院、人民检察院,解放军军事法院、军事检察院,新疆维吾尔自治区高级人民法院生产建设兵团分院、新疆生产建设兵团人民检察院:

近来,有的高级人民法院、省级人民检察院请示,对第一审被判处死刑立即执行的被告人提出上诉后,在第二审开庭审理中又要求撤回上诉的,是否允许撤回上诉。经研究,批复如下:

第一审被判处死刑立即执行的被告人提出上诉,在上诉期满后第二审开庭以前申请撤回上诉的,依照《最高人民法院 最高人民检察院关于死刑第二审案件开庭审理程序若干问题的规定(试行)》第四条的规定处理。在第二审开庭以后宣告裁判前申请撤回上诉的,第二审人民法院应当不准许撤回上诉,继续按照上诉程序审理。

最高人民法院、最高人民检察院以前发布的司法解释、规范性文件与本批复不一致的,以本批复为准。

最高人民法院关于适用刑事诉讼法第二百二十五条第二款有关问题的批复

法释〔2016〕13号

(2016年6月6日最高人民法院审判委员会第1686次会议通过 2016年6月23日最高人民法院公告公布 自2016年6月24日起施行)

河南省高级人民法院：

你院关于适用《中华人民共和国刑事诉讼法》第二百二十五条第二款有关问题的请示收悉。经研究，批复如下：

一、对于最高人民法院依据《中华人民共和国刑事诉讼法》第二百三十九条和最高人民法院《关于适用〈中华人民共和国刑事诉讼法〉的解释》第三百五十三条裁定不予核准死刑，发回第二审人民法院重新审判的案件，无论此前第二审人民法院是否曾以原判决事实不清楚或者证据不足为由发回重新审判，原则上不得再发回第一审人民法院重新审判；有特殊情况确需发回第一审人民法院重新审判的，需报请最高人民法院批准。

二、对于最高人民法院裁定不予核准死刑，发回第二审人民法院重新审判的案件，第二审人民法院根据案件特殊情况，又发回第一审人民法院重新审判的，第一审人民法院作出判决后，被告人提出上诉或者人民检察院提出抗诉的，第二审人民法院应当依法作出判决或者裁定，不得再发回重新审判。

此复。

最高人民法院　最高人民检察院
印发《最高人民法院、最高人民检察院关于死刑第二审案件开庭审理工作有关问题的会谈纪要》的通知

2006年4月5日

法〔2006〕65号
高检会〔2006〕4号

各省、自治区、直辖市高级人民法院、人民检察院，解放军军事法院、军事检察院，新疆维吾尔自治区高级人民法院生产建设兵团分院、新疆生产建设兵团人民检察院：

现将《最高人民法院、最高人民检察院关于死刑第二审案件开庭审理工作有关问题的会谈纪要》（以下简称《纪要》）印发给你们。请你们根据《纪要》精神，结合工作实际，抓好贯彻落实，切实做好死刑第二审开庭审理工作。

附：

最高人民法院　最高人民检察院
关于死刑第二审案件开庭审理工作有关问题的会谈纪要

2006年1月10日和3月23日，最高人民法院副院长姜兴长、沈德咏、张军、熊选国和最高人民检察院副检察长邱学强等，就死刑第二审案件开庭审理工作的有关问题举行了两次会谈。双方认为，对死刑第二审案件依照法律和有关规定实行开庭审理，对于保证死刑案件审判质量，维护司法公正，加强人权保护，具有重要意义。双方交流、分析了人民法院和人民检察院在死刑第二审案件开庭审工作中的情况及面临的困难和问题，就共同做好此项工作达成共识。现纪要如下：

（一）各高级人民法院开庭审理死刑第二审案件，同级人民检察院应当派员出庭。

（二）各高级人民法院开庭审理上诉、抗诉的死刑案件，应当重点审查上诉、抗诉理由及人民法院认为需要查证的与定罪量刑有关的其他问题。在此基础上，严格依照刑事诉讼法的规定，对第一审判决认定事实和适用法律进行全面审查。

（三）开庭审理死刑第二审案件，下列情形的证人、鉴定人应当出庭：1. 控辩双方对证人证言、鉴定结论有异议，该证言、鉴定结论对定罪量刑有重大影响的；2. 其他人民法院认为应当出庭作证的。证人、鉴定人由人民法院通知到庭作证。

（四）各高级人民法院必须在开庭十日以前通知同级人民检察院查阅案卷。

（五）出席第二审法庭的检察人员在审查第一审案卷材料时，应当讯问原审被告人。各高级人民法院应当规范相关工作制度，保障检察人员及时提讯。

（六）各高级人民法院要严格按照有关规定，落实人民检察院派员列席审判委员会会议制度，并以书面形式及时通知检察机关。检察长、受检察长委托的副检察长，均可列席审判委员会讨论死刑案件的会议。检察长、受检察长委托的副检察长列席审判委员会会议，可以带检察人员作为助手。

（七）各高级人民法院要采取切实有效措施，维护庭审秩序，确保审判人员和出庭检察人员及证人、鉴定人在法庭内的人身安全。

（八）各高级人民法院要严格按照刑事诉讼法的规定，及时向检察机关送达裁判文书和相关诉讼文书。

（九）各高级人民法院应当商请省级财政部门，将证人、鉴定人出庭作证的有关费用列入地方财政预算。

（十）为解决办案人员不足问题，各高级人民法院及同级人民检察院可暂时分别从下级人民法院及人民检察院借调部分审判、检察人员帮助工作。借调的审判、检察人员出席死刑第二审案件法庭前，各高级人民法院及同级人民检察院应当履行必要的任职手续。

（十一）最高人民法院、最高人民检察院和省级人民法院、人民检察院对在死刑第二审案件开庭审理工作中共同面临的人、财、物等保障问题，应当及时沟通，协调步骤，相互配合，必要时可以联合进行调研，联合向党委及有关部门提出报告。

双方商定，最高人民法院和最高人民检察院在已经建立的协调机制的基础上，就死刑第二审案件开庭审理问题及涉及的其他问题进行经常性的协调沟通。今年内，每季度的第一个月上旬举行一次会谈，两院领导轮流主持，有关庭、厅、室负责人参加。工作中的具体问题，两院有关庭、厅、室负责人可以随时沟通，分别向两院领导报告，以便及时研究，共同解决。为方便联系，最高人民法院确定刑一庭庭长黄尔梅、刑四庭庭长杨万明作为联系人，最高人民检察院确定公诉厅厅长张仲芳、副厅长聂建华作为联系人。各高级人民法院及同级人民检察院也应建立相应的协调机制。

最高人民法院
关于死缓期间故意犯罪案件二审应开庭审理的通知

2014年12月22日　　　　　　　　　　法〔2014〕335号

各省、自治区、直辖市高级人民法院,解放军军事法院,新疆维吾尔自治区高级人民法院生产建设兵团分院:

死缓期间故意犯罪案件涉及到决定执行死刑问题,属于死刑案件,应严格依照死刑案件的审理程序进行审理。为依法充分保障被告人的诉讼权利,此类案件二审应适用刑事诉讼法第二百二十三条的规定,予以开庭审理。被告人没有委托辩护人的,应为其指定辩护人。

特此通知。

十、未成年人刑事案件审理程序的规定

最高人民法院
印发《关于进一步加强少年法庭
工作的意见》的通知

2010年7月23日　　　　　　　　　　　　　法发〔2010〕32号

各省、自治区、直辖市高级人民法院,解放军军事法院,新疆维吾尔自治区高级人民法院生产建设兵团分院:

现将《最高人民法院关于进一步加强少年法庭工作的意见》印发给你们,请认真贯彻执行。

附:

关于进一步加强少年法庭工作的意见

为正确贯彻《中华人民共和国未成年人保护法》、《中华人民共和国预防未成年人犯罪法》,切实执行对违法犯罪未成年人"教育、感化、挽救"的方针和"教育为主、惩罚为辅"的原则,努力实现少年司法审判制度改革的工作目标,积极促进少年法庭工作的规范发展,大力推动中国特色社会主义少年司法制度的建立和完善,现对今后一个时期加强少年法庭工作提出如下意见。

一、提高思想认识,高度重视少年法庭工作

1. 未成年人是国家和民族的未来与希望,党和国家历来高度重视未成年人的保护工作,始终把这项工作作为党和国家事业的重要组成部分。维护未成年人合法权益,预防、矫治未成年人犯罪,保障未成年人健康成长,是人民法院的重要职责之一。少年法庭工作是人民法院开展未成年人司法维权、积极参与社会治安综合治理的重要平台。当

前和今后一个时期，少年法庭工作只能加强，不能削弱。

2. 各级法院应当从实践"三个至上"工作指导思想、落实科学发展观、构建和谐社会的高度，充分认识加强少年法庭工作的重要性和必要性，切实贯彻好"坚持、完善、改革、发展"的工作指导方针，把少年法庭工作摆到重要位置。

二、加强组织领导，建立健全少年法庭机构

3. 各级法院应当进一步加强对少年法庭工作的组织领导和业务指导，切实关心和支持少年法庭机构建设，为少年法庭工作全面、健康发展创造良好条件。

4. 最高人民法院设"少年法庭指导小组"，并在研究室设"少年法庭工作办公室"，负责全国法院少年法庭的日常指导工作。

5. 高级人民法院设"少年法庭指导小组"，组长由副院长担任，小组成员应当包括涉及未成年人案件的各相关审判庭和行政部门负责人。高级人民法院少年法庭指导小组下设"少年法庭工作办公室"，负责本辖区内少年法庭的日常指导工作。"少年法庭工作办公室"设在研究室或者审判庭内。高级人民法院可以在刑事审判庭和民事审判庭内分别设立未成年人案件合议庭。暂未设立合议庭的，应当指定专职办理未成年人案件的法官。

6. 中级人民法院应当根据未成年人案件的审判需要，逐步完善未成年人案件审判机构建设。有条件的中级人民法院可以设独立建制的未成年人案件综合审判庭（以下简称少年审判庭）。暂未设独立建制少年审判庭的中级人民法院，应当在刑事审判庭和民事审判庭内分别设立未成年人案件合议庭，或者指定专职办理未成年人案件的法官。

7. 有条件的基层人民法院可以设独立建制的少年审判庭，也可以根据中级人民法院指定管辖的要求，设立统一受理未成年人案件的审判庭。未设独立建制少年审判庭或者未设立统一受理未成年人案件审判庭的基层人民法院，应当在刑事审判庭和民事审判庭内分别设立未成年人案件合议庭，或者指定专职办理未成年人案件的法官。

8. 高级人民法院少年法庭指导小组、少年法庭工作办公室及未成年人案件合议庭的设立、变更情况，应当报告最高人民法院少年法庭工作办公室。中级人民法院和基层人民法院未成年人案件审判机构的设立、变更情况，应当逐级报告高级人民法院少年法庭工作办公室。

三、注重队伍建设，提升少年法庭法官的整体素质

9. 各级法院应当高度重视少年法庭法官队伍建设，着重选拔政治素质高、业务能力强，熟悉未成年人身心特点，热爱未成年人权益保护工作和善于做未成年人思想教育工作的法官，负责审理未成年人案件。

10. 各级法院应当从共青团、妇联、工会、学校等组织的工作人员中选任审理未成年人案件的人民陪审员。审理未成年人案件的人民陪审员应当熟悉未成年人身心特点，具备一定的青少年教育学、心理学知识，并经过必要的培训。

11. 各级法院应当加强少年法庭法官的培训工作，不断提升少年法庭法官队伍的整体素质。最高人民法院、高级人民法院每年至少组织一次少年法庭法官业务培训。中级

人民法院和基层人民法院也应当以多种形式定期开展少年法庭法官的业务培训。

四、完善工作制度，强化少年法庭的职能作用

12. 各级法院应当总结完善审判实践中行之有效的特色工作制度，强化少年法庭的职能作用，提高工作的实效性。

13. 有条件的人民法院在审理未成年人刑事案件时，对有关组织或者个人调查形成的反映未成年人性格特点、家庭情况、社会交往、成长经历以及实施被指控犯罪前后的表现等情况的调查报告，应当进行庭审质证，认真听取控辩双方对调查报告的意见，量刑时予以综合考虑。必要时人民法院也可以委托有关社会组织就上述情况进行调查或者自行调查。

人民法院应当在总结少年审判工作经验的基础上，结合实际情况，积极规范、完善社会调查报告制度，切实解决有关社会调查人员主体资格、调查报告内容及工作程序等方面的问题，充分发挥社会调查报告在审判中的作用。

14. 人民法院对未成年人与成年人共同犯罪案件，一般应当分案审理。对应当分案起诉而未分案起诉的案件，人民法院可以向检察机关提出建议。

15. 人民法院根据未成年人身心特点，对未成年被告人轻微犯罪或者过失犯罪案件、未成年人为一方当事人的民事和行政案件，可以采取圆桌审判方式。

16. 人民法院审理未成年人刑事案件，应当注重对未成年被告人的法庭教育。法庭教育的主要内容包括对相关法律法规的理解，未成年人实施被指控行为的原因剖析，应当吸取的教训，犯罪行为对社会、家庭、个人的危害和是否应当受刑罚处罚，如何正确对待人民法院裁判以及接受社区矫正或者在监管场所服刑应当注意的问题等。人民法院可以邀请有利于教育、感化、挽救未成年罪犯的人员参加法庭教育。

人民法院审理未成年人民事和行政案件，应当注意从有利于未成年人权益保护及解决矛盾纠纷的角度对当事人进行有针对性的教育和引导。

17. 对犯罪情节轻微，或者系初犯、偶犯的未成年罪犯，符合适用非监禁刑条件的，应当依法适用非监禁刑。对非本地户籍的未成年罪犯，人民法院应当加强与本辖区社区矫正部门的联系，或者通过未成年罪犯户籍地的人民法院与当地社区矫正部门联系，确保非监禁刑的依法适用。

18. 对判决、裁定已经发生法律效力的未成年罪犯，人民法院在向执行机关移送执行的法律文书时，应当同时附送社会调查报告、案件审理中的表现等材料。对正在未成年犯管教所服刑或者接受社区矫正的未成年罪犯，人民法院应当协助未成年犯管教所或者社区矫正部门做好帮教工作。

人民法院应当做好未成年人民事和行政案件判后回访工作，努力为未成年人的健康成长创造良好环境。

人民法院应当对判后跟踪帮教和回访情况作出记录或者写出报告，记录或者报告存入卷宗。

五、深化改革探索，推动少年法庭工作有序发展

19. 各级法院应当积极开展少年司法理论成果和工作经验的交流活动，进一步深化少年司法改革。

20. 各级法院应当从维护未成年人的合法权益，预防、矫治和减少未成年人犯罪的实际需要出发，积极探索异地社会调查、心理评估干预、刑事案件和解、量刑规范化、社区矫正与司法救助、轻罪犯罪记录封存等适合未成年人案件特点的审理、执行方式。

21. 各级法院应当坚持"特殊、优先"保护原则，大胆探索实践社会观护、圆桌审判、诉讼教育引导等未成年人民事和行政案件特色审判制度，不断开拓未成年人民事和行政案件审判的新思路、新方法。

六、积极协调配合，构建少年法庭工作配套机制

22. 各级法院应当在党委政法委的领导、协调下，加强与同级公安、检察、司法行政等部门的工作沟通，积极建立和完善"政法一条龙"工作机制，形成有效预防、矫治和减少未成年人违法犯罪的合力。

23. 各级法院应当加强与有关职能部门、社会组织和团体的协调合作，积极建立和完善"社会一条龙"工作机制，努力调动社会力量，推动未成年罪犯的安置、帮教措施的落实，确保未成年人民事和行政案件得到妥善处理，推动涉诉未成年人救助制度的建立和完善。

24. 各级法院应当加强未成年人保护的法制宣传教育工作，促进全社会树立尊重、保护、教育未成年人的良好风尚，教育和帮助未成年人维护自己的合法权益，增强自我保护的意识和能力。

25. 各级法院应当在党委政法委的领导、协调下，积极与有关部门协商，推动制定本地区关于未成年人社会调查、司法救助、复学安置等问题的规范性文件，切实解决相关问题。

七、完善考核保障，夯实少年法庭工作基础

26. 各级法院应当根据本地区少年法庭工作实际，将庭审以外的延伸帮教、参与社会治安综合治理等工作作为绩效考核指标，纳入绩效考察的范围。

27. 各级法院应当针对未成年人案件审判特点，加大少年法庭在经费、装备和人员编制方面的投入，为少年法庭开展庭审以外的延伸帮教、法制宣传教育工作以及参与社会治安综合治理工作提供必要保障。

最高人民法院
关于扩大中级人民法院设立独立建制未成年人案件审判庭试点范围的通知

2012年12月25日　　　　　　　　　　　　法〔2012〕324号

北京、天津、上海、重庆、广东、福建、海南、黑龙江、辽宁、吉林、江苏、浙江、安徽、山东、河南、湖北、湖南、广西、贵州、云南、甘肃、陕西、山西、内蒙古、宁夏等省、自治区、直辖市高级人民法院及新增试点中级人民法院：

自2006年8月最高人民法院在全国17个中级人民法院开展独立建制未成年人案件综合审判庭试点工作以来，各试点法院在推动未成年人案件审判和机构队伍建设方面，取得了显著成效。为进一步推动未成年人审判制度改革完善与少年法庭工作深化发展，经报请中央同意，最高人民法院党组研究决定，扩大中级人民法院设立独立建制未成年人案件审判庭试点范围，增加32个中级人民法院参与此项试点工作（名单附后）。现将试点工作的有关事项通知如下：

一、统一思想，充分认识试点工作的重大意义

改革和完善未成年人司法制度，在人民法院中逐步设立审理未成年人刑事案件和涉及未成年人权益保护案件的机构，是中央确定的司法体制和工作机制改革的一项重要内容，也是人民法院"二五"、"三五"改革纲要提出的重要改革任务。中级人民法院在地方三级人民法院中处于承上启下的地位，其未成年人案件审判组织机构的建设，不仅关系到中级人民法院的机构健全问题，而且关系到整个法院系统未成年人案件审判机构建设的全局。因此，各高级人民法院及各新增试点中级人民法院，一定要充分认识试点工作的重大意义，把试点工作列入重要议事日程，作为司法工作改革的一件大事抓紧、抓好。

二、抓紧行动，确保试点工作按时、顺利开展

试点工作能否顺利开展，不仅关系到未成年人司法制度改革的进程，还直接影响司法体制改革整体目标能否按时完成。各高级人民法院一定要加强指导、加强协调，各新增试点法院要抓紧行动，确保试点工作按时、有序、顺利完成。

人民法院在试点工作中一定要积极争取当地党委、人大、政府及有关部门的支持，就开展试点工作的意义、任务和工作要求及时向当地党委、人大汇报，并制定切实可行的工作方案，报请当地党委批准后，层报最高人民法院。

三、有关试点工作的几个具体问题

（一）关于未成年人案件审判庭的设置和人员配备

各新增试点单位设立的未成年人案件审判庭，应当与人民法院内设的其他审判业务庭同等建制。

各试点单位要按照全国法院第六次少年法庭工作会议和即将实施的刑事诉讼法关于少年法庭法官的标准，从未成年人刑事、民事、行政案件审判工作需要出发，选配具有相关审判经验的法官充实到未成年人案件审判庭，同时注意配齐相应的书记员等辅助人员。

未成年人案件审判庭的设置与人员配备问题，各试点单位在当地党委领导和人大支持下，商编制和组织人事部门确定。

（二）关于未成年人案件审判庭受理案件范围及案件编号

未成年人案件审判庭的受理案件范围如下：

1. 刑事案件

（1）被告人实施被指控的犯罪时不满十八周岁、人民法院立案时不满二十周岁的案件。

（2）被告人实施被指控的犯罪时不满十八周岁、人民法院立案时不满二十周岁，并被指控为首要分子或者主犯的共同犯罪案件。

（3）其他共同犯罪案件有未成年被告人的，或者其他涉及未成年人的刑事案件是否由未成年人案件审判庭审理，由院长根据实际情况决定。

2. 当事人一方或者双方为未成年人的民事案件，以及婚姻家庭、继承纠纷案件中涉及未成年人权益的案件。

3. 当事人为未成年人的行政诉讼案件。

4. 未成年罪犯的减刑、假释案件。

上述案件，包括中级人民法院受理的第一审和第二审案件。其他适合未成年人案件审判庭审理的涉及未成年人权益的案件，各试点单位可以根据机构设置、人员配备及案件数量等实际情况进行调整。

新增设的试点未成年人案件审判庭，有条件的可直接受理未成年人民事案件，或由民事审判庭人员参加审判，或派员参加民事审判庭有关案件审判，具体实施由试点法院视情况酌定。

未成年人案件审判庭受理的案件应当单独编号、单独统计。案号统一编写为：×（年度）×（地名简称）少刑（或民、行）初（或终）字第×号。

（三）关于试点工作的具体安排

接到本通知后，各高级人民法院及新增试点中级人民法院要迅速向地方党委汇报，并于2013年1月31日前，将试点工作方案层报最高人民法院少年法庭工作办公室。经最高人民法院批准后，各试点中级人民法院应当至迟于2013年2月28日前，完成未成年人案件审判庭的建立、人员配备及相关工作制度制定等工作，以确保试点工作顺利进行。最高人民法院少年法庭指导小组拟于2013年上半年对各试点中级人民法院的工作进行检查验收。

(四) 关于配套工作

各试点中级人民法院所辖的基层人民法院,可以结合工作实际,建立与中级人民法院少年审判庭相配套的未成年人案件审判组织机构,具体办法由各地根据实际情况办理。

最高人民法院关于试点工作的日常事务由研究室少年法庭工作办公室具体负责。联系人及联系电话:蒋明 010－67558051;传真:010－67558054。

附件:第二批试点中级人民法院名单(32个)

十一、死刑复核程序

最高人民法院
关于统一行使死刑案件核准权有关问题的决定

法释〔2006〕12号

(2006年12月13日最高人民法院审判委员会第1409次会议通过 2006年12月28日最高人民法院公告公布 自2007年1月1日起施行)

第十届全国人民代表大会常务委员会第二十四次会议通过了《关于修改〈中华人民共和国人民法院组织法〉的决定》,将人民法院组织法原第十三条修改为第十二条:"死刑除依法由最高人民法院判决的以外,应当报请最高人民法院核准。"修改人民法院组织法的决定自2007年1月1日起施行。根据修改后的人民法院组织法第十二条的规定,现就有关问题决定如下:

(一)自2007年1月1日起,最高人民法院根据全国人民代表大会常务委员会有关决定和人民法院组织法原第十三条的规定发布的关于授权高级人民法院和解放军军事法院核准部分死刑案件的通知(见附件),一律予以废止。

(二)自2007年1月1日起,死刑除依法由最高人民法院判决的以外,各高级人民法院和解放军军事法院依法判决和裁定的,应当报请最高人民法院核准。

(三)2006年12月31日以前,各高级人民法院和解放军军事法院已经核准的死刑立即执行的判决、裁定,依法仍由各高级人民法院、解放军军事法院院长签发执行死刑的命令。

附件:

最高人民法院发布的下列关于授权高级人民法院核准部分死刑案件自本通知施行之日起予以废止:

一、《最高人民法院关于对几类现行犯授权高级人民法院核准死刑的若干具体规定的通知》(发布日期:1980年3月18日)

二、《最高人民法院关于执行全国人民代表大会常务委员会〈关于死刑案件核准问题的决定〉的几项通知》（发布日期：1981年6月11日）

三、《最高人民法院关于授权高级人民法院核准部分死刑案件的通知》（发布日期：1983年9月7日）

四、《最高人民法院关于授权云南省高级人民法院核准部分毒品犯罪死刑案件的通知》（发布日期：1991年6月6日）

五、《最高人民法院关于授权广东省高级人民法院核准部分毒品犯罪死刑案件的通知》（发布日期：1993年8月18日）

六、《最高人民法院关于授权广西壮族自治区、四川省、甘肃省高级人民法院核准部分毒品犯罪死刑案件的通知》（发布日期：1996年3月19日）

七、《最高人民法院关于授权贵州省高级人民法院核准部分毒品犯罪死刑案件的通知》（发布日期：1997年6月23日）

八、《最高人民法院关于授权高级人民法院和解放军军事法院核准部分死刑案件的通知》（发布日期：1997年9月26日）

最高人民法院关于死刑缓期执行限制减刑案件审理程序若干问题的规定

法释〔2011〕8号

（2011年4月20日最高人民法院审判委员会第1519次会议通过 2011年4月25日最高人民法院公告公布 自2011年5月1日起施行）

为正确适用《中华人民共和国刑法修正案（八）》关于死刑缓期执行限制减刑的规定，根据刑事诉讼法的有关规定，结合审判实践，现就相关案件审理程序的若干问题规定如下：

第一条 根据刑法第五十条第二款的规定，对被判处死刑缓期执行的累犯以及因故意杀人、强奸、抢劫、绑架、放火、爆炸、投放危险物质或者有组织的暴力性犯罪被判处死刑缓期执行的犯罪分子，人民法院根据犯罪情节、人身危险性等情况，可以在作出裁判的同时决定对其限制减刑。

第二条 被告人对第一审人民法院作出的限制减刑判决不服的，可以提出上诉。被告人的辩护人和近亲属，经被告人同意，也可以提出上诉。

第三条 高级人民法院审理或者复核判处死刑缓期执行并限制减刑的案件，认为原判对被告人判处死刑缓期执行适当，但判决限制减刑不当的，应当改判，撤销限制减刑。

第四条 高级人民法院审理判处死刑缓期执行没有限制减刑的上诉案件,认为原判事实清楚、证据充分,但应当限制减刑的,不得直接改判,也不得发回重新审判。确有必要限制减刑的,应当在第二审判决、裁定生效后,按照审判监督程序重新审判。

高级人民法院复核判处死刑缓期执行没有限制减刑的案件,认为应当限制减刑的,不得以提高审级等方式对被告人限制减刑。

第五条 高级人民法院审理判处死刑的第二审案件,对被告人改判死刑缓期执行的,如果符合刑法第五十条第二款的规定,可以同时决定对其限制减刑。

高级人民法院复核判处死刑后没有上诉、抗诉的案件,认为应当改判死刑缓期执行并限制减刑的,可以提审或者发回重新审判。

第六条 最高人民法院复核死刑案件,认为对被告人可以判处死刑缓期执行并限制减刑的,应当裁定不予核准,并撤销原判,发回重新审判。

一案中两名以上被告人被判处死刑,最高人民法院复核后,对其中部分被告人改判死刑缓期执行的,如果符合刑法第五十条第二款的规定,可以同时决定对其限制减刑。

第七条 人民法院对被判处死刑缓期执行的被告人所作的限制减刑决定,应当在判决书主文部分单独作为一项予以宣告。

第八条 死刑缓期执行限制减刑案件审理程序的其他事项,依照刑事诉讼法和有关司法解释的规定执行。

最高人民法院 最高人民检察院 公安部 司法部
印发《关于进一步严格依法办案确保办理死刑案件质量的意见》的通知

2007年3月9日　　　　　　　　　　　　法发〔2007〕11号

各省、自治区、直辖市高级人民法院、人民检察院、公安厅(局)、司法厅(局),解放军军事法院、军事检察院、总政治部保卫部,新疆维吾尔自治区高级人民法院生产建设兵团分院、新疆生产建设兵团人民检察院、公安局、司法局:

现将《关于进一步严格依法办案确保办理死刑案件质量的意见》印发给你们,请认真遵照执行。执行情况及遇到的问题,请分别及时报告最高人民法院、最高人民检察院、公安部、司法部。

附：

关于进一步严格依法办案确保办理
死刑案件质量的意见

中央决定改革授权高级人民法院行使部分死刑案件核准权的做法，将死刑案件核准权统一收归最高人民法院行使，并要求严格依照法律程序办案，确保死刑案件的办理质量。2006年10月31日，全国人大常委会通过《关于修改〈中华人民共和国人民法院组织法〉的决定》，决定从2007年1月1日起由最高人民法院统一行使死刑案件核准权。为认真落实中央这一重大决策部署，现就人民法院、人民检察院、公安机关、司法行政机关严格依法办理死刑案件提出如下意见：

一、充分认识确保办理死刑案件质量的重要意义

1. 死刑是剥夺犯罪分子生命的最严厉的刑罚。中央决定将死刑案件核准权统一收归最高人民法院行使，是构建社会主义和谐社会，落实依法治国基本方略，尊重和保障人权的重大举措，有利于维护社会政治稳定，有利于国家法制统一，有利于从制度上保证死刑裁判的慎重和公正，对于保障在全社会实现公平和正义，巩固人民民主专政的政权，全面建设小康社会，具有十分重要的意义。

2. 最高人民法院统一行使死刑案件核准权，对人民法院、人民检察院、公安机关和司法行政机关的工作提出了新的、更高的要求。办案质量是人民法院、人民检察院、公安机关、司法行政机关工作的生命线，死刑案件人命关天，质量问题尤为重要。确保办理死刑案件质量，是中央这一重大决策顺利实施的关键，也是最根本的要求。各级人民法院、人民检察院、公安机关和司法行政机关必须高度重视，统一思想，提高认识，将行动统一到中央决策上来，坚持以邓小平理论和"三个代表"重要思想为指导，全面落实科学发展观，牢固树立社会主义法治理念，依法履行职责，严格执行刑法和刑事诉讼法，切实把好死刑案件的事实关、证据关、程序关、适用法律关，使办理的每一起死刑案件都经得起历史的检验。

二、办理死刑案件应当遵循的原则要求

（一）坚持惩罚犯罪与保障人权相结合

3. 我国目前正处于全面建设小康社会、加快推进社会主义现代化建设的重要战略机遇期，同时又是人民内部矛盾凸显、刑事犯罪高发、对敌斗争复杂的时期，维护社会和谐稳定的任务相当繁重，必须继续坚持"严打"方针，正确运用死刑这一刑罚手段同严重刑事犯罪作斗争，有效遏制犯罪活动猖獗和蔓延势头。同时，要全面落实"国家尊重和保障人权"宪法原则，切实保障犯罪嫌疑人、被告人的合法权益。坚持依法惩罚犯罪和依法保障人权并重，坚持罪刑法定、罪刑相适应、适用刑法人人平等和审判公开、程序法定等基本原则，真正做到有罪依法惩处，无罪不受刑事追究。

（二）坚持保留死刑，严格控制和慎重适用死刑

4."保留死刑，严格控制死刑"是我国的基本死刑政策。实践证明，这一政策是完全正确的，必须继续贯彻执行。要完整、准确地理解和执行"严打"方针，依法严厉打击严重刑事犯罪，对极少数罪行极其严重的犯罪分子，坚决依法判处死刑。我国现在还不能废除死刑，但应逐步减少适用，凡是可杀可不杀的，一律不杀。办理死刑案件，必须根据构建社会主义和谐社会和维护社会稳定的要求，严谨审慎，既要保证根据证据正确认定案件事实，杜绝冤错案件的发生，又要保证定罪准确，量刑适当，做到少杀、慎杀。

（三）坚持程序公正与实体公正并重，保障犯罪嫌疑人、被告人的合法权利

5.人民法院、人民检察院和公安机关进行刑事诉讼，既要保证案件实体处理的正确性，也要保证刑事诉讼程序本身的正当性和合法性。在侦查、起诉、审判等各个阶段，必须始终坚持依法进行诉讼，坚决克服重实体、轻程序，重打击、轻保护的错误观念，尊重犯罪嫌疑人、被告人的诉讼地位，切实保障犯罪嫌疑人、被告人充分行使辩护权等诉讼权利，避免因剥夺或者限制犯罪嫌疑人、被告人的合法权利而导致冤错案件的发生。

（四）坚持证据裁判原则，重证据、不轻信口供

6.办理死刑案件，要坚持重证据、不轻信口供的原则。只有被告人供述，没有其他证据的，不能认定被告人有罪；没有被告人供述，其他证据确实充分的，可以认定被告人有罪。对刑讯逼供取得的犯罪嫌疑人供述、被告人供述和以暴力、威胁等非法方法收集的被害人陈述、证人证言，不能作为定案的根据。对被告人作出有罪判决的案件，必须严格按照刑事诉讼法第一百六十二条的规定，做到"事实清楚，证据确实、充分"。证据不足，不能认定被告人有罪的，应当作出证据不足、指控的犯罪不能成立的无罪判决。

（五）坚持宽严相济的刑事政策

7.对死刑案件适用刑罚时，既要防止重罪轻判，也要防止轻罪重判，做到罪刑相当，罚当其罪，重罪重判，轻罪轻判，无罪不罚。对罪行极其严重的被告人必须依法惩处，严厉打击；对具有法律规定"应当"从轻、减轻或者免除处罚情节的被告人，依法从宽处理；对具有法律规定"可以"从轻、减轻或者免除处罚情节的被告人，如果没有其他特殊情节，原则上依法从宽处理；对具有酌定从宽处罚情节的也依法予以考虑。

三、认真履行法定职责，严格依法办理死刑案件

（一）侦查

8.侦查机关应当依照刑事诉讼法、司法解释及其他有关规定所规定的程序，全面、及时收集证明犯罪嫌疑人有罪或者无罪、罪重或者罪轻等涉及案件事实的各种证据，严禁违法收集证据。

9.对可能属于精神病人、未成年人或者怀孕的妇女的犯罪嫌疑人，应当及时进行鉴定或者调查核实。

10. 加强证据的收集、保全和固定工作。对证据的原物、原件要妥善保管，不得损毁、丢失或者擅自处理。对与查明案情有关需要鉴定的物品、文件、电子数据、痕迹、人身、尸体等，应当及时进行刑事科学技术鉴定，并将鉴定报告附卷。涉及命案的，应当通过被害人近亲属辨认、DNA 鉴定、指纹鉴定等方式确定被害人身份。对现场遗留的与犯罪有关的具备同一认定检验鉴定条件的血迹、精斑、毛发、指纹等生物物证、痕迹、物品，应当通过 DNA 鉴定、指纹鉴定等刑事科学技术鉴定方式与犯罪嫌疑人的相应生物检材、生物特征、物品等作同一认定。侦查机关应当将用作证据的鉴定结论告知犯罪嫌疑人、被害人。如果犯罪嫌疑人、被害人提出申请，可以补充鉴定或者重新鉴定。

11. 提讯在押的犯罪嫌疑人，应当在羁押犯罪嫌疑人的看守所内进行。严禁刑讯逼供或者以其他非法方法获取供述。讯问犯罪嫌疑人，在文字记录的同时，可以根据需要录音录像。

12. 侦查人员询问证人、被害人，应当依照刑事诉讼法第九十七条的规定进行。严禁违法取证，严禁暴力取证。

13. 犯罪嫌疑人在被侦查机关第一次讯问后或者采取强制措施之日起，聘请律师或者经法律援助机构指派的律师为其提供法律咨询、代理申诉、控告的，侦查机关应当保障律师依法行使权利和履行职责。涉及国家秘密的案件，犯罪嫌疑人聘请律师或者申请法律援助，以及律师会见在押的犯罪嫌疑人，应当经侦查机关批准。律师发现有刑讯逼供情形的，可以向公安机关、人民检察院反映。

14. 侦查机关将案件移送人民检察院审查起诉时，应当将包括第一次讯问笔录及勘验、检查、搜查笔录在内的证明犯罪嫌疑人有罪或者无罪、罪重或者罪轻等涉及案件事实的所有证据一并移送。

15. 对于可能判处死刑的案件，人民检察院在审查逮捕工作中应当全面、客观地审查证据，对以刑讯逼供等非法方法取得的犯罪嫌疑人供述、被害人陈述、证人证言应当依法排除。对侦查活动中的违法行为，应当提出纠正意见。

（二）提起公诉

16. 人民检察院要依法履行审查起诉职责，严格把握案件的法定起诉标准。

17. 人民检察院自收到移送审查起诉的案件材料之日起三日以内，应当告知犯罪嫌疑人有权委托辩护人；犯罪嫌疑人经济困难的，应当告知其可以向法律援助机构申请法律援助。辩护律师自审查起诉之日起，可以查阅、摘抄、复制本案的诉讼文书、技术性鉴定材料，可以同在押的犯罪嫌疑人会见和通信。其他辩护人经人民检察院许可，也可以查阅、摘抄、复制上述材料，同在押的犯罪嫌疑人会见和通信。人民检察院应当为辩护人查阅、摘抄、复制材料提供便利。

18. 人民检察院审查案件，应当讯问犯罪嫌疑人，听取被害人和犯罪嫌疑人、被害人委托的人的意见，并制作笔录附卷。被害人和犯罪嫌疑人、被害人委托的人在审查起诉期间没有提出意见的，应当记明附卷。人民检察院对证人证言笔录存在疑问或者认为对证人的询问不具体或者有遗漏的，可以对证人进行询问并制作笔录。

19. 人民检察院讯问犯罪嫌疑人时，既要听取犯罪嫌疑人的有罪供述，又要听取犯罪嫌疑人无罪或罪轻的辩解。犯罪嫌疑人提出受到刑讯逼供的，可以要求侦查人员作出说明，必要时进行核查。对刑讯逼供取得的犯罪嫌疑人供述和以暴力、威胁等非法方法收集的被害人陈述、证人证言，不能作为指控犯罪的根据。

20. 对可能属于精神病人、未成年人或者怀孕的妇女的犯罪嫌疑人，应当及时委托鉴定或者调查核实。

21. 人民检察院审查案件的时候，对公安机关的勘验、检查，认为需要复验、复查的，应当要求公安机关复验、复查，人民检察院可以派员参加；也可以自行复验、复查，商请公安机关派员参加，必要时也可以聘请专门技术人员参加。

22. 人民检察院对物证、书证、视听资料、勘验、检查笔录存在疑问的，可以要求侦查人员提供获取、制作的有关情况。必要时可以询问提供物证、书证、视听资料的人员，对物证、书证、视听资料委托进行技术鉴定。询问过程及鉴定的情况应当附卷。

23. 人民检察院审查案件的时候，认为事实不清、证据不足或者遗漏罪行、遗漏同案犯罪嫌疑人等情形，需要补充侦查的，应当提出需要补充侦查的具体意见，连同案卷材料一并退回公安机关补充侦查。公安机关应当在一个月以内补充侦查完毕。人民检察院也可以自行侦查，必要时要求公安机关提供协助。

24. 人民检察院对案件进行审查后，认为犯罪嫌疑人的犯罪事实已经查清，证据确实、充分，依法应当追究刑事责任的，应当作出起诉决定。具有下列情形之一的，可以确认犯罪事实已经查清：（1）属于单一罪行的案件，查清的事实足以定罪量刑或者与定罪量刑有关的事实已经查清，不影响定罪量刑的事实无法查清的；（2）属于数个罪行的案件，部分罪行已经查清并符合起诉条件，其他罪行无法查清的；（3）作案工具无法起获或者赃物去向不明，但有其他证据足以对犯罪嫌疑人定罪量刑的；（4）证人证言、犯罪嫌疑人的供述和辩解、被害人陈述的内容中主要情节一致，只有个别情节不一致且不影响定罪的。对于符合第（2）项情形的，应当以已经查清的罪行起诉。

25. 人民检察院对于退回补充侦查的案件，经审查仍然认为不符合起诉条件的，可以作出不起诉决定。具有下列情形之一，不能确定犯罪嫌疑人构成犯罪和需要追究刑事责任的，属于证据不足，不符合起诉条件：（1）据以定罪的证据存在疑问，无法查证属实的；（2）犯罪构成要件事实缺乏必要的证据予以证明的；（3）据以定罪的证据之间的矛盾不能合理排除的；（4）根据证据得出的结论具有其他可能性的。

26. 人民法院认为人民检察院起诉移送的有关材料不符合刑事诉讼法第一百五十条规定的条件，向人民检察院提出书面意见要求补充提供的，人民检察院应当在收到通知之日起三日以内补送。逾期不能提供的，人民检察院应当作出书面说明。

（三）辩护、提供法律帮助

27. 律师应当恪守职业道德和执业纪律，办理死刑案件应当尽职尽责，做好会见、阅卷、调查取证、出庭辩护等工作，提高辩护质量，切实维护犯罪嫌疑人、被告人的合法权益。

28. 辩护律师经证人或者其他有关单位和个人同意，可以向他们收集证明犯罪嫌疑人、被告人无罪或者罪轻的证据，申请人民检察院、人民法院收集、调取证据，或者申请人民法院通知证人出庭作证，也可以申请人民检察院、人民法院依法委托鉴定机构对有异议的鉴定结论进行补充鉴定或者重新鉴定。对于辩护律师的上述申请，人民检察院、人民法院应当及时予以答复。

29. 被告人可能被判处死刑而没有委托辩护人的，人民法院应当通过法律援助机构指定承担法律援助义务的律师为其提供辩护。法律援助机构应当在收到指定辩护通知书三日以内，指派有刑事辩护经验的律师提供辩护。

30. 律师在提供法律帮助或者履行辩护职责中遇到困难和问题，司法行政机关应及时与公安机关、人民检察院、人民法院协调解决，保障律师依法履行职责。

（四）审判

31. 人民法院受理案件后，应当告知因犯罪行为遭受物质损失的被害人、已死亡被害人的近亲属、无行为能力或者限制行为能力被害人的法定代理人，有权提起附带民事诉讼和委托诉讼代理人。经济困难的，还应当告知其可以向法律援助机构申请法律援助。在审判过程中，注重发挥附带民事诉讼中民事调解的重要作用，做好被害人、被害人近亲属的安抚工作，切实加强刑事被害人的权益保护。

32. 人民法院应当通知下列情形的被害人、证人、鉴定人出庭作证：（一）人民检察院、被告人及其辩护人对被害人陈述、证人证言、鉴定结论有异议，该被害人陈述、证人证言、鉴定结论对定罪量刑有重大影响的；（二）人民法院认为其他应当出庭作证的。经人民法院依法通知，被害人、证人、鉴定人应当出庭作证；不出庭作证的被害人、证人、鉴定人的书面陈述、书面证言、鉴定结论经质证无法确认的，不能作为定案的根据。

33. 人民法院审理案件，应当注重审查证据的合法性。对有线索或者证据表明可能存在刑讯逼供或者其他非法取证行为的，应当认真审查。人民法院向人民检察院调取相关证据时，人民检察院应当在三日以内提交。人民检察院如果没有相关材料，应当向人民法院说明情况。

34. 第一审人民法院和第二审人民法院审理死刑案件，合议庭应当提请院长决定提交审判委员会讨论。最高人民法院复核死刑案件，高级人民法院复核死刑缓期二年执行的案件，对于疑难、复杂的案件，合议庭认为难以作出决定的，应当提请院长决定提交审判委员会讨论决定。审判委员会讨论案件，同级人民检察院检察长、受检察长委托的副检察长均可列席会议。

35. 人民法院应当根据已经审理查明的事实、证据和有关的法律规定，依法作出裁判。对案件事实清楚，证据确实、充分，依据法律认定被告人有罪的，应当作出有罪判决；对依据法律认定被告人无罪的，应当作出无罪判决；证据不足，不能认定被告人有罪的，应当作出证据不足、指控的犯罪不能成立的无罪判决；定罪的证据确实，但影响量刑的证据存有疑点，处刑时应当留有余地。

36. 第二审人民法院应当及时查明被判处死刑立即执行的被告人是否委托了辩护人。没有委托辩护人的，应当告知被告人可以自行委托辩护人或者通知法律援助机构指定承担法律援助义务的律师为其提供辩护。人民法院应当通知人民检察院、被告人及其辩护人在开庭五日以前提供出庭作证的证人、鉴定人名单，在开庭三日以前送达传唤当事人的传票和通知辩护人、证人、鉴定人、翻译人员的通知书。

37. 审理死刑第二审案件，应当依照法律和有关规定实行开庭审理。人民法院必须在开庭十日以前通知人民检察院查阅案卷。同级人民检察院应当按照人民法院通知的时间派员出庭。

38. 第二审人民法院作出判决、裁定后，当庭宣告的，应当在五日以内将判决书或者裁定书送达当事人、辩护人和同级人民检察院；定期宣告的，应当在宣告后立即送达。

39. 复核死刑案件，应当对原审裁判的事实认定、法律适用和诉讼程序进行全面审查。

40. 死刑案件复核期间，被告人委托的辩护人提出听取意见要求的，应当听取辩护人的意见，并制作笔录附卷。辩护人提出书面意见的，应当附卷。

41. 复核死刑案件，合议庭成员应当阅卷，并提出书面意见存查。对证据有疑问的，应当对证据进行调查核实，必要时到案发现场调查。

42. 高级人民法院复核死刑案件，应当讯问被告人。最高人民法院复核死刑案件，原则上应当讯问被告人。

43. 人民法院在保证办案质量的前提下，要进一步提高办理死刑复核案件的效率，公正、及时地审理死刑复核案件。

44. 人民检察院按照法律规定加强对办理死刑案件的法律监督。

（五）执行

45. 人民法院向罪犯送达核准死刑的裁判文书时，应当告知罪犯有权申请会见其近亲属。罪犯提出会见申请并提供具体地址和联系方式的，人民法院应当准许；原审人民法院应当通知罪犯的近亲属。罪犯近亲属提出会见申请的，人民法院应当准许，并及时安排会见。

46. 第一审人民法院将罪犯交付执行死刑前，应当将核准死刑的裁判文书送同级人民检察院，并在交付执行三日以前通知同级人民检察院派员临场监督。

47. 第一审人民法院在执行死刑前，发现有刑事诉讼法第二百一十一条规定的情形的，应当停止执行，并且立即报告最高人民法院，由最高人民法院作出裁定。临场监督执行死刑的检察人员在执行死刑前，发现有刑事诉讼法第二百一十一条规定的情形的，应当建议人民法院停止执行。

48. 执行死刑应当公布。禁止游街示众或者其他有辱被执行人人格的行为。禁止侮辱尸体。

四、人民法院、人民检察院、公安机关依法互相配合和互相制约

49. 人民法院、人民检察院、公安机关办理死刑案件，应当切实贯彻"分工负责，互相配合，互相制约"的基本诉讼原则，既根据法律规定的明确分工，各司其职，各负其责，又互相支持，通力合作，以保证准确有效地执行法律，共同把好死刑案件的质量关。

50. 人民法院、人民检察院、公安机关应当按照诉讼职能分工和程序设置，互相制约，以防止发生错误或者及时纠正错误，真正做到不错不漏，不枉不纵。人民法院、人民检察院和公安机关的互相制约，应当体现在各机关法定的诉讼活动之中，不得违反程序干扰、干预、抵制其他机关依法履行职权的诉讼活动。

51. 在审判过程中，发现被告人可能有自首、立功等法定量刑情节，需要补充证据或者补充侦查的，人民检察院应当建议延期审理。延期审理的时间不能超过一个月。查证被告人揭发他人犯罪行为，人民检察院根据犯罪性质，可以依法自行查证，属于公安机关管辖的，可以交由公安机关查证。人民检察院应当将查证的情况在法律规定的期限内及时提交人民法院。

五、严格执行办案责任追究制度

52. 故意违反法律和本意见的规定，或者由于严重不负责任，影响办理死刑案件质量，造成严重后果的，对直接负责的主管人员和其他直接责任人员，由其所在单位或者上级主管机关依照有关规定予以行政处分或者纪律处分；徇私舞弊、枉法裁判构成犯罪的，依法追究刑事责任。

最高人民法院
关于办理死刑复核案件听取辩护律师意见的办法

2015年1月29日　　　　　　　　　　　　　　　　法〔2014〕346号

为切实保障死刑复核案件被告人的辩护律师依法行使辩护权，确保死刑复核案件质量，根据《中华人民共和国刑事诉讼法》《中华人民共和国律师法》和有关法律规定，制定本办法。

第一条 死刑复核案件的辩护律师可以向最高人民法院立案庭查询立案信息。辩护律师查询时，应当提供本人姓名、律师事务所名称、被告人姓名、案由，以及报请复核的高级人民法院的名称及案号。

最高人民法院立案庭能够立即答复的，应当立即答复，不能立即答复的，应当在二个工作日内答复，答复内容为案件是否立案及承办案件的审判庭。

第二条 律师接受被告人、被告人近亲属的委托或者法律援助机构的指派，担任死刑复核案件辩护律师的，应当在接受委托或者指派之日起三个工作日内向最高人民法院相关审判庭提交有关手续。

辩护律师应当在接受委托或者指派之日起一个半月内提交辩护意见。

第三条 辩护律师提交委托手续、法律援助手续及辩护意见、证据等书面材料的，可以经高级人民法院同意后代收并随案移送，也可以寄送至最高人民法院承办案件的审判庭或者在当面反映意见时提交；对尚未立案的案件，辩护律师可以寄送至最高人民法院立案庭,由立案庭在立案后随案移送。

第四条 辩护律师可以到最高人民法院办公场所查阅、摘抄、复制案卷材料。但依法不公开的材料不得查阅、摘抄、复制。

第五条 辩护律师要求当面反映意见的,案件承办法官应当及时安排。

一般由案件承办法官与书记员当面听取辩护律师意见,也可以由合议庭其他成员或者全体成员与书记员当面听取。

第六条 当面听取辩护律师意见,应当在最高人民法院或者地方人民法院办公场所进行。辩护律师可以携律师助理参加。当面听取意见的人员应当核实辩护律师和律师助理的身份。

第七条 当面听取辩护律师意见时,应当制作笔录,由辩护律师签名后附卷。辩护律师提交相关材料的,应当接收并开列收取清单一式二份,一份交给辩护律师,另一份附卷。

第八条 当面听取辩护律师意见时,具备条件的人民法院应当指派工作人员全程录音、录像。其他在场人员不得自行录音、录像、拍照。

第九条 复核终结后,受委托进行宣判的人民法院应当在宣判后五个工作日内将最高人民法院裁判文书送达辩护律师。

第十条 本办法自 2015 年 2 月 1 日起施行。

十二、审判监督程序

最高人民法院
关于对"文化大革命"前判处的刑事案件
提出的申诉应如何处理的通知

1980年2月15日　　　　　　　　　　　〔80〕法研字第7号

各省、市、自治区高级人民法院：

在复查纠正"文化大革命"期间的冤假错案过程中，各地人民法院也处理了一部分对"文化大革命"以前判处的刑事案件提出的申诉。从各地处理的情况看，"文化大革命"以前判处的刑事案件，大部分是正确的。但在某些时候，由于种种原因，确实也判错了一些案件。对此，要遵照"有反必肃、有错必纠"的方针，和中共中央1979年第96号文件规定的"对'文化大革命'前判处的刑事案件提出申诉的，可作为人民法院的经常工作，认真负责地予以处理"的精神，对确属错判案件，虽时过境迁与情况复杂，仍要不怕麻烦，慎重处理。同时，也要教育申诉当事人向前看，主要是政治上纠正平反，不要纠缠于其他问题。现提出如下几点，希各地人民法院遵照执行。

一、对"文化大革命"前判处的刑事案件当事人提出申诉的，或者有关单位提出要复查的，或者司法人员自己发现可能判错提出复查的，由人民法院作为一项经常工作，认真负责地审查处理。但对"文化大革命"前判处的刑事案件不进行全面复查。

二、处理对"文化大革命"前判处的刑事案件提出的申诉，除了党的十一届三中全会以来，中央对解决历史遗留问题有专门规定的，应按规定复查纠正外，对其他申诉案件，要根据判决时中央的政策和国家法律来衡量原判是否适当，不能以现在的政策和法律去处理过去判处的案件。

三、对于具体的案件，主要事实或者基本性质认定错了，或者按照当时中央的政策和国家法律不构成犯罪、不该判刑而定罪判刑的，要改判纠正。对于主要事实或者基本性质不错的，一般可不改判。对量刑畸重，仍在服刑的，可酌情改判；如已刑满释放，一般可再不改判。

四、向原审人民法院提出申诉的，由原审人民法院处理；向上级人民法院提出申诉的，一般也可转交原审人民法院处理。重大的、疑难的，或者多次申诉又确有理由而未得到妥善处理的，可由上一级人民法院或高级人民法院处理。

对最高人民法院前各大区分院判处的案件提出申诉的，委托有关地区高级人民法院查清事实，提出处理意见后，由最高人民法院处理。

五、对于错判案件改判后的善后工作，可参照中共中央1979年第96号文件的规定办理。改判纠正后善后工作的实际问题，要着重解决在基层，上级人民法院改判的案件，可委托当事人所在地的人民法院或有关的人民法院协助办理。

处理"文化大革命"前判处的刑事案件的申诉，要持慎重态度。遇有重大问题和其他难以解决的问题时，应请示党委解决。

最高人民法院
关于刑事再审案件开庭审理程序的具体规定（试行）

法释〔2001〕31号

（2001年10月18日最高人民法院审判委员会第1196次会议通过 2001年12月26日最高人民法院公告公布 自2002年1月1日起施行）

为了深化刑事庭审方式的改革，进一步提高审理刑事再审案件的效率，确保审判质量，规范案件开庭审理的程序，根据《中华人民共和国刑事诉讼法》、最高人民法院《关于执行〈中华人民共和国刑事诉讼法〉若干问题的解释》的规定，制定本规定。

第一条 本规定适用依照第一审程序或第二审程序开庭审理的刑事再审案件。

第二条 人民法院在收到人民检察院按照审判监督程序提出抗诉的刑事抗诉书后，应当根据不同情况，分别处理：

（一）不属于本院管辖的，决定退回人民检察院；

（二）按照抗诉书提供的原审被告人（原审上诉人）住址无法找到原审被告人（原审上诉人）的，人民法院应当要求提出抗诉的人民检察院协助查找；经协助查找仍无法找到的，决定退回人民检察院；

（三）抗诉书没有写明原审被告人（原审上诉人）准确住址的，应当要求人民检察院在7日内补充，经补充后仍不明确或逾期不补的，裁定维持原判；

（四）以有新的证据证明原判决、裁定认定的事实确有错误为由提出抗诉，但抗诉书未附有新的证据目录、证人名单和主要证据复印件或者照片的，人民检察院应当在7日内补充；经补充后仍不完备或逾期不补的，裁定维持原判。

第三条 以有新的证据证明原判决、裁定认定的事实确有错误为由提出申诉的，应当同时附有新的证据目录、证人名单和主要证据复印件或者照片。需要申请人民法院调取证据的,应当附有证据线索。未附有的,应当在7日内补充;经补充后仍不完备或逾期不补的,应当决定不予受理。

第四条 参与过本案第一审、第二审、复核程序审判的合议庭组成人员,不得参与本案的再审程序的审判。

第五条 人民法院审理下列再审案件,应当依法开庭审理:
(一)依照第一审程序审理的;
(二)依照第二审程序需要对事实或者证据进行审理的;
(三)人民检察院按照审判监督程序提出抗诉的;
(四)可能对原审被告人(原审上诉人)加重刑罚的;
(五)有其他应当开庭审理情形的。

第六条 下列再审案件可以不开庭审理:
(一)原判决、裁定认定事实清楚,证据确实、充分,但适用法律错误,量刑畸重的;
(二)1979年《中华人民共和国刑事诉讼法》施行以前裁判的;
(三)原审被告人(原审上诉人)、原审自诉人已经死亡、或者丧失刑事责任能力的;
(四)原审被告人(原审上诉人)在交通十分不便的边远地区监狱服刑,提押到庭确有困难的;但人民检察院提出抗诉的,人民法院应征得人民检察院的同意;
(五)人民法院按照审判监督程序决定再审,按本规定第九条第(五)项规定,经两次通知,人民检察院不派员出庭的。

第七条 人民法院审理共同犯罪再审案件,如果人民法院再审决定书或者人民检察院抗诉书只对部分同案原审被告人(同案原审上诉人)提起再审,其他未涉及的同案原审被告人(同案原审上诉人)不出庭不影响案件审理的,可以不出庭参与诉讼;

部分同案原审被告人(同案原审上诉人)具有本规定第六条第(三)、(四)项规定情形不能出庭的,不影响案件的开庭审理。

第八条 除人民检察院抗诉的以外,再审一般不得加重原审被告人(原审上诉人)的刑罚。

根据本规定第六条第(二)、(三)、(四)、(五)项、第七条的规定,不具备开庭条件可以不开庭审理的,或者可以不出庭参加诉讼的,不得加重未出庭原审被告人(原审上诉人)、同案原审被告人(同案原审上诉人)的刑罚。

第九条 人民法院在开庭审理前,应当进行下列工作:
(一)确定合议庭的组成人员;
(二)将再审决定书,申诉书副本至迟在开庭30日前,重大、疑难案件至迟在开庭60日前送达同级人民检察院,并通知其查阅案卷和准备出庭;
(三)将再审决定书或抗诉书副本至迟在开庭30日以前送达原审被告人(原审上诉人),告知其可以委托辩护人,或者依法为其指定承担法律援助义务的律师担任辩护人;
(四)至迟在开庭15日前,重大、疑难案件至迟在开庭60日前,通知辩护人查阅案卷和准备出庭;

（五）将开庭的时间、地点在开庭7日以前通知人民检察院；

（六）传唤当事人，通知辩护人、诉讼代理人、证人、鉴定人和翻译人员，传票和通知书至迟在开庭7日以前送达；

（七）公开审判的案件，在开庭7日以前先期公布案由、原审被告人（原审上诉人）姓名、开庭时间和地点。

第十条 人民法院审理人民检察院提出抗诉的再审案件，对人民检察院接到出庭通知后未出庭的，应当裁定按人民检察院撤回抗诉处理，并通知诉讼参与人。

第十一条 人民法院决定再审或者受理抗诉书后，原审被告人（原审上诉人）正在服刑的，人民法院依据再审决定书或者抗诉书及提押票等文书办理提押；

原审被告人（原审上诉人）在押，再审可能改判宣告无罪的，人民法院裁定中止执行原裁决后，可以取保候审；

原审被告人（原审上诉人）不在押，确有必要采取强制措施并符合法律规定采取强制措施条件的，人民法院裁定中止执行原裁决后，依法采取强制措施。

第十二条 原审被告人（原审上诉人）收到再审决定书或者抗诉书后下落不明或者收到抗诉书后未到庭的，人民法院应当中止审理；原审被告人（原审上诉人）到案后，恢复审理；如果超过2年仍查无下落的，应当裁定终止审理。

第十三条 人民法院应当在开庭30日前通知人民检察院、当事人或者辩护人查阅、复制双方提交的新证据目录及新证据复印件、照片。

人民法院应当在开庭15日前通知控辩双方查阅、复制人民法院调取的新证据目录及新证据复印件、照片等证据。

第十四条 控辩双方收到再审决定书或抗诉书后，人民法院通知开庭之日前，可以提交新的证据。开庭后，除对原审被告人（原审上诉人）有利的外，人民法院不再接纳新证据。

第十五条 开庭审理前，合议庭应当核实原审被告人（原审上诉人）何时因何案被人民法院依法裁判，在服刑中有无重新犯罪，有无减刑、假释，何时刑满释放等情形。

第十六条 开庭审理前，原审被告人（原审上诉人）到达开庭地点后，合议庭应当查明原审被告人（原审上诉人）基本情况，告知原审被告人（原审上诉人）享有辩护权和最后陈述权，制作笔录后，分别由该合议庭成员和书记员签名。

第十七条 开庭审理时，审判长宣布合议庭组成人员及书记员，公诉人、辩护人、鉴定人和翻译人员的名单，并告知当事人、法定代理人享有申请回避的权利。

第十八条 人民法院决定再审的，由合议庭组成人员宣读再审决定书。

根据人民检察院提出抗诉进行再审的，由公诉人宣读抗诉书。

当事人及其法定代理人、近亲属提出申诉的，由原审被告人（原审上诉人）及其辩护人陈述申诉理由。

第十九条 在审判长主持下，控辩双方应就案件的事实、证据和适用法律等问题分别进行陈述。合议庭对控辩双方无争议和有争议的事实、证据及适用法律问题进行归纳，予以确认。

第二十条 在审判长主持下，就控辩双方有争议的问题，进行法庭调查和辩论。

第二十一条 在审判长主持下,控辩双方对提出的新证据或者有异议的原审据以定罪量刑的证据进行质证。

第二十二条 进入辩论阶段,原审被告人(原审上诉人)及其法定代理人、近亲属提出申诉的,先由原审被告人(原审上诉人)及其辩护人发表辩护意见,然后由公诉人发言,被害人及其代理人发言。

被害人及其法定代理人、近亲属提出申诉的,先由被害人及其代理人发言,公诉人发言,然后由原审被告人(原审上诉人)及其辩护人发表辩护意见。

人民检察院提出抗诉的,先由公诉人发言,被害人及其代理人发言,然后由原审被告人(原审上诉人)及其辩护人发表辩护意见。

既有申诉又有抗诉的,先由公诉人发言,后由申诉方当事人及其代理人或者辩护人发言或者发表辩护意见,然后由对方当事人及其代理人或辩护人发言或者发表辩护意见。

公诉人、当事人和辩护人、诉讼代理人经审判长许可,可以互相辩论。

第二十三条 合议庭根据控辩双方举证、质证和辩论情况,可以当庭宣布认证结果。

第二十四条 再审改判宣告无罪并依法享有申请国家赔偿权利的当事人,宣判时合议庭应当告知其该判决发生法律效力后即有申请国家赔偿的权利。

第二十五条 人民法院审理再审案件,应当在作出再审决定之日起3个月内审结。需要延长期限的,经本院院长批准,可以延长3个月。

自接到阅卷通知后的第2日起,人民检察院查阅案卷超过7日后的期限,不计入再审审理期限。

第二十六条 依照第一、二审程序审理的刑事自诉再审案件开庭审理程序,参照本规定执行。

第二十七条 本规定发布前最高人民法院有关再审案件开庭审理程序的规定,与本规定相抵触的,以本规定为准。

第二十八条 本规定自2002年1月1日起执行。

最高人民法院研究室
关于对刑罚已执行完毕，由于发现新的证据，又因同一事实被以新的罪名重新起诉的案件，应适用何种程序进行审理等问题的答复

(2002年7月31日)

安徽省高级人民法院：

你院〔2001〕皖刑终字第610号《关于对刑罚已执行完毕的罪犯，又因同一案件被以新的罪名重新起诉，应适用何种程序进行审理及原服完的刑期在新刑罚中如何计算的请示》（以下简称《请示》）收悉。经研究，答复如下：

你院《请示》中涉及的案件是共同犯罪案件，因此，对于先行判决且刑罚已经执行完毕，由于同案犯归案发现新的证据，又因同一事实被以新的罪名重新起诉的被告人，原判人民法院应当按照审判监督程序撤销原判决、裁定，并将案件移送有管辖权的人民法院，按照第一审程序与其他同案被告人并案审理。

该被告人已经执行完毕的刑罚，由收案的人民法院在对被指控的新罪作出判决时依法折抵，被判处有期徒刑的，原执行完毕的刑期可以折抵刑期。

此复。

最高人民法院
关于处理涉枪、涉爆申诉案件有关问题的通知

2003年1月15日　　　　　　　　　　　　　　法〔2003〕8号

各省、自治区、直辖市高级人民法院，解放军军事法院，新疆维吾尔自治区高级人民法院生产建设兵团分院：

我院于2001年9月17日发出《对执行〈关于审理非法制造、买卖、运输枪支、弹药、爆炸物等刑事案件具体应用法律若干问题的解释〉有关问题的通知》（以下简称《通知》）后，一些高级人民法院向我院请示，对于符合《通知》的要求，但是已经依照我院于2001年5月16日公布的《关于审理非法制造、买卖、运输枪支、弹药、爆炸物等刑事案件具体应用法律若干问题的解释》（以下简称《解释》）作出生效裁判的案件，

当事人提出申诉的,人民法院能否根据《通知》精神再审改判等问题。为准确适用法律和司法解释,现就有关问题通知如下:

《解释》公布后,人民法院经审理并已作出生效裁判的非法制造、买卖、运输枪支、弹药、爆炸物等刑事案件,当事人依法提出申诉,经审查认为生效裁判不符合《通知》规定的,人民法院可以根据案件的具体情况,按照审判监督程序重新审理,并依照《通知》规定的精神予以改判。

最高人民法院审判监督庭
印发《关于刑事再审工作几个具体程序问题的意见》的通知

2003年10月15日　　　　　　　　　　　　　　　法审〔2003〕10号

各省、自治区、直辖市高级人民法院,解放军军事法院,新疆维吾尔自治区高级人民法院生产建设兵团分院:

经院领导原则同意,现将《关于刑事再审工作几个具体程序问题的意见》印发给你们,供参照执行。执行中出现新的具体问题,请及时报告我庭。

附:

最高人民法院审判监督庭
关于刑事再审工作几个具体程序问题的意见

最近,各地人民法院提出了一些在刑事再审工作中经常遇到的问题,希望予以解决。经研究并征求本院立案庭意见,现就有关刑事再审工作的几个具体程序问题提出意见如下:

一、对生效裁判再审发回重审的,应由哪一个庭重审,文书如何编号。

此类案件应由审监庭重新审理,编立刑再字号。此类案件在性质上属于再审案件,依法应按审判监督程序审理;由下级法院审监庭审理,便于上一级法院审监庭进行指导、监督。

二、刑事附带民事诉讼案件,原审民事部分已调解结案,刑事部分提起再审后,附带民事诉讼原告人对调解反悔,要求对民事部分也进行再审,如何处理。

调解书生效后,一般不再审,但根据《中华人民共和国民事诉讼法》第一百八十条的规定,当事人对已发生法律效力的调解书,提出证据足以证明调解违反自愿原则,或者调解协议的内容违反法律规定，经人民法院审查属实的，应当再审。

原刑事部分判决以民事调解为基础，刑事部分再审结果可能对原民事部分处理有影响的，附带民事诉讼原告人要求重新对民事部分进行审理，可以在再审时一并重新审理。

三、对可能改判死刑的再审案件，应由哪一部门负责羁押原审被告人。

此类案件的原审被告人应由看守所负责羁押。主要考虑是监狱一般不具备关押这类原审被告人的条件，而且关押在监狱不便于人民法院开庭审理，也可能影响到其他服刑人员的改造，不利于监管秩序的稳定。

四、基层人民法院一审作出的判决生效后，检察院以量刑畸轻为由提出抗诉，上级人民法院受理后审查认为，原判确有错误，应启动再审程序对原审被告人判处无期徒刑以上刑罚。此类案件如果提审则会剥夺原审被告人的上诉权，发回重审则有审级管辖问题，应如何解决。

对于此类案件，可以由中级人民法院撤销原判后，重新按照第一审程序进行审理，作出的判决、裁定，可以上诉、抗诉。这样做符合《中华人民共和国刑事诉讼法》对于可能判处无期徒刑以上刑罚的普通刑事案件，应由中级人民法院按照第一审程序审理的规定，同时也能够保证原审被告人依法行使上诉权。

对于再审改判为死刑立即执行的案件，应当报请最高人民法院核准。具体复核工作由最高人民法院审监庭负责。

五、经上级法院立案庭指令下级人民法院再审的刑事案件，下级人民法院审监庭在审理中遇有适用法律等问题需向上级法院请示的，应由上级人民法院哪一个庭负责办理。

上级法院立案庭指令下级人民法院再审后，案件已进入再审程序，立案庭的审查立案工作已经完结。按照立审分离的原则，上级人民法院立案庭不再对已进入再审程序案件的实体审理进行指导。进入再审程序的案件，下级人民法院审监庭在审理中对适用法律等问题确需向上级人民法院请示的，应由上级人民法院审监庭负责办理。

上列第一、五条规定的原则，民事再审案件可以参照执行。

最高人民法院
关于审理人民检察院按照审判监督程序提出的刑事抗诉案件若干问题的规定

法释〔2011〕23号

(2011年4月18日最高人民法院审判委员会第1518次会议通过 2011年10月14日最高人民法院公告公布 自2012年1月1日起施行)

为规范人民法院审理人民检察院按照审判监督程序提出的刑事抗诉案件,根据《中华人民共和国刑事诉讼法》及有关规定,结合审判工作实际,制定本规定。

第一条 人民法院收到人民检察院的抗诉书后,应在一个月内立案。经审查,具有下列情形之一的,应当决定退回人民检察院:
(一)不属于本院管辖的;
(二)按照抗诉书提供的住址无法向被提出抗诉的原审被告人送达抗诉书的;
(三)以有新证据为由提出抗诉,抗诉书未附有新的证据目录、证人名单和主要证据复印件或者照片的;
(四)以有新证据为由提出抗诉,但该证据并不是指向原起诉事实的。

人民法院决定退回的刑事抗诉案件,人民检察院经补充相关材料后再次提出抗诉,经审查符合受理条件的,人民法院应当予以受理。

第二条 人民检察院按照审判监督程序提出的刑事抗诉案件,接受抗诉的人民法院应当组成合议庭进行审理。涉及新证据需要指令下级人民法院再审的,接受抗诉的人民法院应当在接受抗诉之日起一个月以内作出决定,并将指令再审决定书送达提出抗诉的人民检察院。

第三条 本规定所指的新证据,是指具有下列情形之一,指向原起诉事实并可能改变原判决、裁定据以定罪量刑的事实的证据:
(一)原判决、裁定生效后新发现的证据;
(二)原判决、裁定生效前已经发现,但由于客观原因未予收集的证据;
(三)原判决、裁定生效前已经收集,但庭审中未予质证、认证的证据;
(四)原生效判决、裁定所依据的鉴定结论、勘验、检查笔录或其他证据被改变或者否定的。

第四条 对于原判决、裁定事实不清或者证据不足的案件,接受抗诉的人民法院进行重新审理后,应当按照下列情形分别处理:
(一)经审理能够查清事实的,应当在查清事实后依法裁判;
(二)经审理仍无法查清事实,证据不足,不能认定原审被告人有罪的,应当判决宣告原审被告人无罪；

（三）经审理发现有新证据且超过刑事诉讼法规定的指令再审期限的，可以裁定撤销原判，发回原审人民法院重新审判。

第五条　对于指令再审的案件，如果原来是第一审案件，接受抗诉的人民法院应当指令第一审人民法院依照第一审程序进行审判，所作的判决、裁定，可以上诉、抗诉；如果原来是第二审案件，接受抗诉的人民法院应当指令第二审人民法院依照第二审程序进行审判，所作的判决、裁定，是终审的判决、裁定。

第六条　在开庭审理前，人民检察院撤回抗诉的，人民法院应当裁定准许。

第七条　在送达抗诉书后被提出抗诉的原审被告人未到案的，人民法院应当裁定中止审理；原审被告人到案后，恢复审理。

第八条　被提出抗诉的原审被告人已经死亡或者在审理过程中死亡的，人民法院应当裁定终止审理，但对能够查清事实，确认原审被告人无罪的案件，应当予以改判。

第九条　人民法院作出裁判后，当庭宣告判决的，应当在五日内将裁判文书送达当事人、法定代理人、诉讼代理人、提出抗诉的人民检察院、辩护人和原审被告人的近亲属；定期宣告判决的，应当在判决宣告后立即将裁判文书送达当事人、法定代理人、诉讼代理人、提出抗诉的人民检察院、辩护人和原审被告人的近亲属。

第十条　以前发布的有关规定与本规定不一致的，以本规定为准。

最高人民法院
关于自觉接受检察机关法律监督进一步推进刑事审判工作的通知

2011年4月8日　　　　　　　　　　　　　　　法〔2011〕149号

各省、自治区、直辖市高级人民法院，解放军军事法院，新疆维吾尔自治区高级人民法院生产建设兵团分院：

自2009年5月25日我院印发《关于积极配合检察机关开展刑事审判法律监督检查活动有关事项的通知》以来，各高级人民法院高度重视，周密部署、积极配合最高人民检察院在全国范围内开展的刑事审判法律监督专项检查活动，有力地支持了专项检查活动的顺利开展。

各高级人民法院认真研究检察机关在专项检查活动中反馈的问题，有针对性、有重点地开展了自查活动，对检察机关反映的刑事审判工作中存在的问题，着重进行了整改和规范，取得了明显成效。从此次专项检查和自查活动情况看，目前刑事审判工作中还存在着一些不容忽视的问题，如检法机关工作协调机制不完善、司法标准不统一、案件文书送达不及时、个别职务犯罪案件判处缓刑和免予刑事处罚不当、部分案件审理超审限等问题。为更好地依法自觉接受检察机关法律监督，着力提高审理刑事案件的质量，不断提高刑事审判工作的效率和效果，现就有关事项通知如下：

一、提高认识，自觉接受检察机关法律监督

各级人民法院要充分认识依法接受检察机关法律监督对于服务党和国家工作大局、加强和改进人民法院刑事审判工作的重要意义。要从执行宪法和法律的高度，增强接受检察机关法律监督的自觉性和主动性，要把接受监督的重点放在维护公正司法和提高工作实效上，严格依照法律程序公正审理各类抗诉案件，认真听取检察机关提出的检察建议，及时检查和纠正案件审判过程中存在的问题，确保办案程序合法，裁判实体公正。

二、抓住关键，全面推动刑事审判工作

一是要全面贯彻宽严相济刑事政策。要深刻领会王胜俊院长在全国高、中级法院贯彻落实宽严相济刑事政策培训班上提出的"八个强化、八个着力"要求，切实做到严厉打击严重危害人民群众安全感的犯罪，该宽则宽，当严则严，确保案件处理法律效果和社会效果的统一。二是要依法惩处职务犯罪。各级人民法院要强化大局意识、责任意识，准确把握职务犯罪的打击重点和处罚原则，依法准确认定自首、立功，正确适用缓刑等非监禁刑，防止个别职务犯罪案件量刑失衡情况的出现。三是要加强对下指导。要通过推行量刑规范化试点工作、建立重大典型案例适时发布制度，指导下级人民法院统一司法适用标准。要强化审级监督制度，充分发挥刑事二审程序的监督作用，通过对案件事实、证据及法律适用的严格审查，纠正不当裁判，统一刑事上诉、抗诉案件的改判和发回重审的裁判标准。四是要强化审判管理。要根据我院近日下发的《关于开展案件质量评估工作的指导意见》，重视提高法律文书质量，进一步完善案件质量评查制度。

三、协调配合，建立长效工作机制

各级人民法院要不断总结经验，积极稳妥推进量刑规范化工作，推动检察机关量刑建议工作的开展。要严格依照《关于人民检察院检察长列席人民法院审判委员会会议的意见》，进一步落实检察长列席人民法院审判委员会制度。要研究完善依法接受检察机关法律监督的工作机制，明确与检察机关沟通配合的程序和办法，使人民法院依法接受检察机关法律监督工作逐步制度化、规范化。要争取有关部门的支持，形成工作合力，共同研究、解决影响刑事案件审判质量的基础性问题和影响宽严相济刑事政策贯彻落实的问题。

四、完善制度，加强队伍建设

一是要加强思想政治建设。要牢固树立社会主义法治理念，始终坚持"三个至上"指导思想，深入开展"两项活动"，有效推进"三个提升"，确保刑事审判工作始终坚持正确的政治方向。二是要加强纪律作风建设。要深入进行反腐倡廉教育，提高刑事审判人员拒腐防变能力，确保公正廉洁执法。三是要加强司法能力建设。各级人民法院要在加强刑事司法能力上下功夫，要以审判一线的刑事法官为重点，通过开展业务培训、案

例研讨等方式，不断提高广大刑事法官运用法律和政策的能力。严格贯彻落实《关于办理死刑案件审查判断证据若干问题的规定》和《关于办理刑事案件排除非法证据若干问题的规定》，严把事实关、证据关、适用法律关，确保裁判公正。四是要保证刑事审判队伍尤其是骨干力量的稳定，在保障上向一线审判人员倾斜，切实解决当前一些地方案多人少的矛盾，确保刑事审判工作健康科学发展。

最高人民法院研究室
关于上诉发回重审案件重审判决后确需改判的应当通过何种程序进行的答复

2014年2月24日　　　　　　　　　　　　法研〔2014〕26号

上海市高级人民法院：

你院沪高法〔2013〕279号《关于上诉发回重审案件重审判决后确需改判的应当通过何种程序进行的请示》收悉。经研究，答复如下：

根据刑事诉讼法第二百二十六条第一款规定，对被告人上诉、人民检察院未提出抗诉的案件，第二审人民法院发回原审人民法院重新审判的，只要人民检察院没有补充起诉新的犯罪事实，原审人民法院不得加重被告人的刑罚。原审人民法院对上诉发回重新审判的案件依法作出维持原判的判决后，人民检察院抗诉的，第二审人民法院也不得改判加重被告人的刑罚。

此复。

最高人民法院
关于经最高人民法院裁定核准在法定刑以下量刑的案件当事人申诉应当由哪一级法院受理问题的请示

2014年4月10日　　　　　　　　　　〔2013〕刑立他字第38号

广东省高级人民法院：

你院粤高法〔2013〕199号《关于经最高人民法院裁定核准在法定刑以下量刑的案件当事人申诉应当由哪一级法院受理问题的请示》收悉。经研究，现答复如下：

参照我院《关于适用〈中华人民共和国刑事诉讼法〉的解释》第三百三十六条的规

定精神，经我院核准在法定刑以下判处刑罚案件的申诉可由原审人民法院审查，许霞盗窃案系社会舆论关注案件，许霞及其代理律师坚持向你院提出申诉，你院依法可予受理，提出处理意见后层报我院，并依靠当地党委妥善处理，以避免形成热点。

此复。

十三、刑事涉外的规定

最高人民法院　最高人民检察院　公安部
外交部　司法部　财政部
关于强制外国人出境的执行办法的规定

1992年7月31日　　　　　　　　　　　　公发〔1992〕18号

各省、自治区、直辖市高级人民法院、人民检察院、公安厅（局）、人民政府外事办公室、司法厅（局）、财政厅（局）：

兹对违法犯罪的外国人强制出境的执行问题，作如下规定：

一、适用范围

有下列情形之一需要强制出境的外国人，均按本规定执行：

（一）依据我国刑法的规定，由人民法院对犯罪的外国人判处独立适用或者附加适用驱逐出境刑罚的；

（二）依据《中华人民共和国外国人入境出境管理法》的规定，由公安部对违法的外国人处以限期出境或者驱逐出境的；

（三）依据《中华人民共和国外国人入境出境管理法》以及其他有关法律的规定，由公安机关决定遣送出境或者缩短停留期限、取消居留资格的外国人，未在指定的期限内自动离境，需强制出境的；

（四）我国政府已按照国际条约或《中华人民共和国外交特权与豁免条例》的规定，对享有外交或领事特权和豁免的外国人宣布为不受欢迎的人或者不可接受并拒绝承认其外交或领事人员身份，责令限期出境的人，无正当理由逾期不自动出境的。

二、执行机关

执行和监视强制外国人出境的工作，由公安机关依据有关法律文书或者公文进行：

（一）对判处独立适用驱逐出境刑罚的外国人，人民法院应当自该判决生效之日起十五日内，将对该犯的刑事判决书、执行通知书的副本交付所在地省级公安机关，由省级公安机关指定的公安机关执行。

（二）被判处徒刑的外国人，其主刑执行期满后应执行驱逐出境附加刑的，应在主刑刑期届满的一个月前，由原羁押监狱的主管部门将该犯的原判决书、执行通知书副本或者复印本送交所在地省级公安机关，由省级公安机关指定的公安机关执行。

（三）被公安部处以驱逐出境、限期出境的外国人，凭公安部出入境管理处罚裁决书，由当地的公安机关执行。

（四）被公安机关决定遣送出境、缩短停留期限或者取消居留资格的外国人，由当地公安机关凭决定书执行。

被缩短停留期限或者取消居留资格的外国人，也可以由接待单位安排出境，公安机关凭决定书负责监督。

（五）我国政府已按照国际条约或《中华人民共和国外交特权与豁免条例》的规定，对享有外交或领事特权和豁免的外国人宣布为不受欢迎的人或者不可接受并拒绝承认其外交或领事人员身份，责令限期出境的人，无正当理由逾期不自动出境的，凭外交部公文由公安部指定的公安机关负责执行或者监督执行。

三、执行前的准备工作

（一）对被强制出境的外国人持有的准予在我国居留的证件，一律收缴。对护照上的签证应当缩短有效期，加盖不准延期章，或者予以注销。

（二）凡被驱逐出境的外国人，均须列入不准入境者名单，具体办法按照公安部制订的《关于通报不准外籍人入境者名单的具体办法》（〔1989〕公境字87号）执行。对其他强制出境的外国人，需要列入不准入境者名单的，按规定报批。

凡被列入不准入境者名单的外国人，执行的公安机关应当在执行前向其宣布不准入境年限。

（三）对被强制出境的外国人，执行机关必须查验其本人的有效护照或者其他替代护照的身份证件，以及过境国家或者地区的有效签证。

不具备上述签证或者证件的，应事先同其本国驻华使、领馆联系，由使、领馆负责办理。在华有接待单位的，由接待单位同使、领馆联系。没有接待单位的，由公安部出入境管理局或者领馆所在地公安机关同使、领馆联系。在华无使、领馆或者使、领馆不予配合的，应层报外交部或公安部，通过外交途径解决。

对与我毗邻国家的公民从边境口岸或者通道出境的，可以不办理对方的证件或者签证。

（四）被强制出境的外国人应当办妥离境的机票、车票、船票，费用由本人负担。本人负担不了的，也不属于按协议由我有关单位提供旅费的，须由其本国使、领馆负责解决（同使、领馆联系解决的办法，与前项相同）。对使、领馆拒绝承担费用或者在华无使、领馆的，由我国政府承担。

（五）对已被决定强制出境的外国人，事由和日期是否需要通知其驻华使、领馆，可由当地外事部门请示外交部决定。

（六）对有可能引起外交交涉或者纷争的案件，主管机关应及时将有关案情和商定的对外表态的口径等通知当地外事部门。需对外报道的，须经公安部、外交部批准。

四、执行期限

负责具体执行的公安机关、应当按照交付机关确定的期限立即执行。如有特殊情况，需要延期执行的，报省、自治区、直辖市公安厅、局核准。

五、出境口岸

（一）对被强制出境的外国人，其出境的口岸，应事先确定，就近安排。

（二）如果被强制出境的外国人前往与我国接壤的国家，也可以安排从边境口岸出境。

（三）执行机关应当事先与出境口岸公安机关和边防检查站联系，通报被强制出境人员的情况，抵达口岸时间、交通工具班次，出境乘用的航班号、车次、时间，以及其他与协助执行有关的事项。出境口岸公安机关和边防检查站应当协助安排有关出境事项。

（四）出境时间应当尽可能安排在抵达口岸的当天。无法在当天出境的，口岸所在地公安机关应当协助采取必要的监护措施。

六、执行方式及有关事项

（一）被人民法院判决独立适用驱逐出境和被公安部处以驱逐出境的外国人，由公安机关看守所武警和外事民警共同押送；对主刑执行期满后再驱逐出境的外国人由原羁押监狱的管教干警、看守武警和公安机关外事民警共同押送。对上述两类人员押送途中确有必要时，可以使用手铐。对其他被责令出境的外国人，需要押送的，由执行机关派外事民警押送；不需要押送的，可以在离境时派出外事民警，临场监督。

（二）执行人员的数量视具体情况而定，原则上应不少于2人。

（三）押送人员应提高警惕，保障安全，防止发生逃逸、行凶、自杀、自伤等事故。

（四）边防检查站凭对外国人强制出境的执行通知书、决定书或者裁决书以及被强制出境人的护照、证件安排放行。

（五）执行人员要监督被强制出境的外国人登上交通工具并离境后方可离开。从边境通道出境的，要监督其离开我国国境后方可离开。

（六）对被驱逐出境的外国人入出境交通工具等具体情况，应拍照，有条件的也可录像存查。

七、经　费

执行强制外国人出境所需的费用（包括押送人员食宿、交通费，以及其本人无力承担费用而驻华使、领馆拒不承担或者在华没有使、领馆的外国人在中国境内的住宿、交通费、临时看押场所的租赁费、国际旅费等），应当按照现行财政体制，由办案地财政部门负责解决。

八、执行强制出境任务的人民警察和工作人员，要仪表庄重、严于职守、讲究文明、遵守外事纪律。

今后有关强制外国人出境的执行工作,统一遵照本规定执行。

外交部　最高人民法院　最高人民检察院
公安部　安全部　司法部
关于处理涉外案件若干问题的规定

1995年6月20日　　　　　　　　　　　　外发〔1995〕17号

各省、自治区、直辖市人民政府外事办公室、高级人民法院、人民检察院、公安厅（局）、国家安全厅（局）、司法厅（局）、海关、交通厅（局）、渔政厅（局）、民政厅（局），国务院各部委、各直属机构外事司（局），计划单列市人民政府外事办公室：

随着我国改革开放的不断深化，涉外案件工作中出现了许多新情况、新问题。为进一步妥善处理涉外案件的有关问题，明确分工，减少中间环节，提高效率，便于操作，特制定如下规定。

一、总　则

（一）本规定中"涉外案件"是指在我国境内发生的涉及外国、外国人（自然人及法人）的刑事、民事经济、行政、治安等案件及死亡事件。

（二）处理涉外案件，必须维护我国主权和利益，维护我国国家、法人、公民及外国国家、法人、公民在华合法权益，严格依照我国法律、法规，做到事实清楚，证据确凿。适用法律正确，法律手续完备。

（三）处理涉外案件，在对等互惠原则的基础上，严格履行我国所承担的国际条约义务。当国内法或者我内部规定同我国所承担的国际条约义务发生冲突时，应当适用国际条约的有关规定（我国声明保留的条款除外）。各主管部门不应当以国内法或者内部规定为由拒绝履行我国所承担的国际条约规定的义务。

（四）处理涉外案件，必须依照有关规定和分工，密切配合，互相协调，严格执行请示报告，征求意见和通报情况等制度。

（五）对应当通知外国驻华使、领馆的涉外案件，必须按规定和分工及时通知。

（六）与我国无外交关系的，按对等互惠原则办理。

二、关于涉外案件的内部通报问题

（一）遇有下列情况之一，公安机关、国家安全机关、人民检察院、人民法院，以及其他主管机关应当将有关案情、处理情况，以及对外表态口径于受理案件或采取措施的四十八小时内报上一级主管机关，同时通报同级人民政府外事办公室。

1. 对外国人实行行政拘留、刑事拘留、司法拘留、拘留审查、逮捕、监视居住、取保候审、扣留护照、限期出境、驱逐出境的案件；

2. 外国船舶因在我国内水或领海损毁或搁浅，发生海上交通、污染等事故，走私及其他违法或违反国际公约的行为，被我主管部门扣留或采取其他强制措施的案件；

3. 外国渔船在我管辖水域违法捕捞，发生碰撞或海事纠纷，被我授权执法部门扣留的案件；

4. 外国船舶因经济纠纷被我法院扣留、拍卖的案件；

5. 外国人在华死亡事件或案件；

6. 涉及外国人在华民事和经济纠纷的案件；

7. 其他认为应当通报的案件。

同级人民政府外事办公室在接到通报后应当立即报外交部。案件了结后，也应当尽快向外交部通报结果。

（二）重大涉外案件，或外国政府已向我驻外使、领馆提出交涉或已引起国内外新闻界关注的涉外案件，在案件受理、办理、审理过程中，以及在判决公布前，中央一级主管部门经商外交部后，应当单位或者会同外交部联名将案件进展情况、对外表态口径等及时通报我驻外使、领馆，并答复有关文电。

三、关于通知外国驻华使、领馆问题

（一）凡与我国订有双边领事条约的，按条约的规定办理；未与我签订双边领事条约，但参加《维也纳领事关系公约》的，按照《维也纳领事关系公约》的规定办理；未与我国签订领事条约，也未参加《维也纳领事关系公约》，但与我国有外交关系，可按互惠和对等原则，根据有关规定和国际惯例办理。

在外国驻华领事馆领区内发生的涉外案件，应通知有关外国驻该地区的领事馆；在外国领事馆领区外发生的涉外案件应通知有关外国驻华大使馆。与我国有外交关系，但未设使、领馆的国家，可通知其代管国家驻华使、领馆。无代管国家或代管国家不明的，可不通知。当事人本人要求不通知的，可不通知，但应当由其本人提出书面要求。

（二）通知内容

外国人的外文姓名、性别、入境时间、护照或证件号码、案件发生的时间、地点及有关情况，当事人违章违法犯罪的主要事实，已采取的法律措施及法律依据，各有关主管部门可根据需要制定固定的通知格式。

（三）通知时限

双边领事条约明确规定期限的（四天或七天），应当在条约规定的期限内通知；如无双边领事条约规定，也应当根据或者参照《维也纳领事关系公约》和国际惯例尽快通知，不应超过七天。

（四）通知机关

1. 公安机关、国家安全机关对外国人依法作出行政拘留、刑事拘留、拘留审查、监视居住、取保候审的决定的，由有关省、自治区、直辖市公安厅（局）、国家安全厅（局）通知有关外国驻华使、领馆。

公安机关、国家安全机关对外国人执行逮捕的,由有关省、自治区、直辖市公安厅(局)、国家安全厅(局)通知有关外国驻华使、领馆。

人民法院对外国人依法做出司法拘留、监视居住、取保候审决定的,人民检察院依法对外国人作出监视居住、取保候审决定的,由有关省、自治区、直辖市高级人民法院、人民检察院通知有关外国驻华使、领馆。

依照本规定应予通报并决定开庭审理的涉外案件,人民法院在一审开庭日期确定后,应即报告高级人民法院,由高级人民法院在开庭七日以前,将开庭审理日期通知有关外国驻华使、领馆。

2. 外国船舶因在我国内水或领海损毁、搁浅或发生重大海上交通、污染等事故,各港务监督局应立即报告中华人民共和国港务监督局,由该局通知有关外国驻华使馆。

3. 外国船舶在我国内水或领海走私或有其他违法行为,被我海关、公安机关扣留,有关海关、公安机关应当立即逐级上报海关总署和公安部,由所在省、自治区、直辖市海关或者公安厅(局)通知有关外国驻华使、领馆。

4. 外国渔船在我管辖水域违法捕捞,被我授权执法部门扣留,由公安边防部门监护,渔政渔港监督管理部门处理。有关情况应立即上报国家渔政渔港监督管理局,由该局通知有关外国驻华使馆。

5. 外国船舶因经济纠纷被我海事法院扣留、拍卖的,由海事法院通知有关外国驻华使、领馆。如船籍国与我有外交关系,不论是否订有双边领事条约,均应通知。

6. 外国人在华正常死亡,由接待或者聘用单位通知有关外国驻华使、领馆。如死者在华无接待或者聘用单位,由有关省、自治区、直辖市公安厅(局)通知。

外国人在华非正常死亡,由有关省、自治区、直辖市公安厅(局)通知有关外国驻华使、领馆;在羁押期间或者案件审理中死亡,分别由受理案件的省、自治区、直辖市公安厅(局)、国家安全厅(局)、人民检察院或者高级人民法院通知;在监狱服刑期间死亡的,由省、自治区、直辖市司法厅(局)通知。

外国人在灾难性事故(包括陆上交通事故,空、海难事故)中死亡的,由当事部门通知有关外国驻华使、领馆。省、自治区、直辖市外事办公室予以协助。

7. 在对无有效证件证实死者或者被取保候审、监视居住、拘留审查、拘留、逮捕的人犯的国籍,或者其主要证件存在明显伪造、变造疑点的情况下,我主管机关可以通过查询的方式通告有关外国驻华使、领馆。

外国边民在我国边境地区死亡或者被取保候审、监视居住、拘留审查、拘留、逮捕的,按双边条约规定办理。如无双边条约规定的,也可考虑通过边防会晤的方式通知有关国家。

四、外国驻华使、领馆索要材料、交涉等问题

(一)外国驻华使、领馆如向我索要其公民被取保候审、拘留审查、监视居住、拘留或逮捕等有关材料,请其向省、自治区、直辖市高级人民法院、人民检察院、公安厅(局)、国家安全厅(局)或司法厅(局)提出。凡公开的材料或者法律规定可以提供的材料,我应予提供。地方外事办公室或者外交部予以协助。

(二) 如外国驻华使、领馆要一审和终审判决书副本，可请其向省、自治区、直辖市高级人民法院提出，我可以提供。

(三) 外国驻华使馆就有关案件进行交涉，可请其向外交部或者省级外事办公室提出，或者向中央或者省级主管部门直接提出。外国驻华使馆向主管部门提出的重要交涉，主管部门商外交部后答复外国驻华使馆。外国驻华领馆只同其领区内省级主管部门联系。外事办公室与主管部门之间互通情况，共商对外表态口径及交涉事宜。

五、关于探视被监视居住、拘留审查、拘留、逮捕或正在监狱服刑的外国公民以及与其通信问题

(一) 外国驻华外交、领事官员要求探视被监视居住、拘留、拘留审查、逮捕或正在服刑的本国公民，我主管部门应在双边领事条约规定的时限内予以安排，如无条约规定，亦应尽快安排。如当事人拒绝其所属国家驻华外交、领事官员探视的，我可拒绝安排，但应由其本人提出书面意见。探视要求可请其向省、自治区、直辖市高级人民法院、人民检察院、公安厅（局）、国家安全厅（局）、司法厅（局）提出。地方外事办公室或者外交部可予以协助。外国驻华外交、领事官员探视时应遵守我有关探视规定。

(二) 在侦查终结前的羁押期间，探视的有关事宜由立案侦查的公安机关、国家安全机关或者人民检察院安排；侦查终结后移送人民检察院审查起诉的羁押期间，探视的有关事宜由审查起诉的人民检察院安排；人民法院受理案件后在作出终审判决前的羁押期间，探视的有关事宜由审理案件的人民法院安排；人民法院将案件退回人民检察院，或者人民检察院将案件退回公安机关、国家安全机关补充侦查的羁押期间，探视的有关事宜由补充侦查的人民检察院、公安机关、国家安全机关安排；经人民法院判决后在监狱服刑期间，探视的有关事宜由司法行政机关安排。

(三) 主办机关需要就探视事宜同有关外国驻华使、领馆联系时，应当分别经过各省、自治区、直辖市高级人民法院、人民检察院、公安厅（局）、国家安全厅（局）、司法厅（局）进行。地方外事办公室或者外交部予以协助。

(四) 外国驻华外交、领事官员与其本国在华被监视居住、拘留审查、拘留、逮捕或者正在服刑的本国公民往来信件，我主管部门应按有关领事条约及《维也纳领事关系公约》的规定迅速转交。

六、旁听、新闻报道、司法协助、扣留护照等问题

(一) 外国驻华使、领馆官员要求旁听涉外案件的公开审理，应向各省、自治区、直辖市高级人民法院提出申请，有关法院应予安排。旁听者应遵守人民法院的法庭规则。

对于依法不公开审理的涉外案件，外国驻华使、领馆官员要求旁听的，如有关国家与我国已签订的领事条约中明确承担有关义务的，应履行义务；未明确承担有关义务的，应根据我国法律规定，由主管部门商同级外事部门解决。

(二) 主管部门就重大涉外案件发布新闻或者新闻单位对于上述案件进行报道，要从严掌握，应当事先报请省级主管机关审核，征求外事部门的意见。对危害国家安全的涉外案件的新闻报道，由主管部门商外交部后定。对于应通知外国驻华使、领馆的案件，应当在按规定通知有关外国驻华使、领馆后，再公开报道。

（三）对与我国订有双边司法协助协定、条约或者我与其共同参加载有司法协助条款的公约的国家，我中央机关和各主管部门应按照协定、条约或者公约的有关规定办理。未签订上述协定或条约、也未共同参加上述公约的，在对等互惠的基础上通过外交途径解决。

（四）扣留外国人护照问题

根据《中华人民共和国外国人入境出境管理法》和最高人民法院、最高人民检察院、公安部、国家安全部《关于依法限制外国人和中国公民出境问题的若干规定》（〔87〕公发16号），除我公安机关、国家安全机关、司法机关以及法律明确授权的机关外，其他任何单位或者个人都无权扣留外国人护照，也不得以任何方式限制外国人的人身自由；公安机关、国家安全机关、司法机关以及法律明确授权的机关扣留外国人护照，必须按照规定的权限报批，履行必要的手续，发给本人扣留护照的证明，并把有关情况及时上报上级主管部门，通报同级人民政府外事办公室，有关外事办公室应当及时报告外交部。

本规定自发文之日起生效。以前有关规定凡与本规定相抵的，一律以本规定为准。1987年《关于处理涉外案件若干问题的规定》（外发〔1987〕54号）同时废止。

附件一：

外国人在华死亡后的处理程序

一、死亡的确定

死亡分正常死亡和非正常死亡。因健康原因自然死亡的，谓正常死亡；因意外事故或突发事件死亡的，谓非正常死亡。

发现外国人在华死亡，发现人（包括个人或单位）应立即报告死者接待或聘用单位或当地公安机关、人民政府外事办公室。如属正常死亡，善后处理工作由接待或聘用单位负责。无接待或聘用单位的（包括零散游客），由公安机关会同有关部门共同处理。如属非正常死亡，应保护好现场，由公安机关进行取证并处理。

尸体在处理前应妥为保存（如防腐、冷冻）。

二、通知外国驻华使、领馆及死者家属

根据《维也纳领事关系公约》或双边领事条约的规定，以及国际惯例，外国人在华死亡后应尽快通知死者家属及其所属国家驻华使、领馆。

外国人在华正常死亡，在通报公安机关和地方外办后，由接待或聘用单位负责通知；如死者在华无接待或聘用单位，由有关省、自治区、直辖市公安厅（局）负责通知。

凡属非正常死亡的，由案件查处机关负责通知，在案件审理中死亡的，由案件审理机关负责通知，在监狱服刑过程中死亡的，由司法行政机关负责通知。

通知时限。如死者所属国家已同我国签订领事条约，应按条约规定办；如条约中没有规定，或无双边领事条约，应按《维也纳领事关系公约》的规定和国际惯例尽快通知，但不应超过七天。

通知内容应简单明了。如死因不明，需要调查后方能确定的，可先通知死亡事，同时告死因正在调查中。

三、尸体解剖

正常死亡者或死因明确的非正常死亡者，一般不需作尸体解剖。若死者家属或其所属国家驻华使、领馆要求解剖，我可同意，但必须有死者家属或其所属国家驻华使、领馆有关官员签字的书面要求。

死因不明的非正常死亡者，为查明死因，需进行解剖时由公安、司法机关按有关规定办理。

四、出具证明

正常死亡，由县级或县级以上医院出具"死亡证明书"。如死者生前曾住医院治疗或抢救，应其家属要求，医院可提供"诊断书"或"病历摘要"。

非正常死亡，由公安机关的法医出具"死亡鉴定书"。案件审理中正常死亡，由案件审理机关的法医出具"死亡鉴定书"。在监狱服刑中死亡，由司法行政机关的法医出具"死亡鉴定书"。如案件审理机关或司法行政机关没有法医，可由公安机关代为出具。

"死亡证明书"、"死亡鉴定书"交死者家属或死者所属国家驻华使、领馆。对外公布死因要慎重。如死因尚不明确，或有其他致死原因，待查清或内部意见统一后，再向外公布和提供证明。

外国人死在我村、镇或公民家中，县级或县级以上医院无法出具"死亡证明书"，或者死者所属国家要求或者有关驻华使、领馆提出办理"死亡公证书"时，则应办理"死亡公证书"等公证文件。

"诊断证书"、"病历摘要"、"死亡证明书"、"死亡鉴定书"、"防腐证明书"等证明，如办理认证手续，必须先在死者居所地公证处申办公证，而后办理外交部领事司或外国驻华领馆领区内我地方外办的认证和有关外国驻华使、领馆认证。在"死亡证明书"或"死亡鉴定书"中注明尸体已进行防腐处理的，可不再另行办理"防腐证明书"。

五、对尸体的处理

在华死亡的外国人尸体，可在当地火化，亦可运回其国内。处理时，应尊重死者家属或所属国家驻华使、领馆的意愿。

尸体火化应由死者家属或所属国家驻华使、领馆提出书面要求并签字，由当地殡仪馆负责火化，骨灰由他们带回或运回其国内。

如外方不愿火化，可将尸体运回其国内。运输（尸体及骨灰）手续和费用原则上均由外方自理。接待或聘用单位可在办理手续等方面给予必要的协助。

为做好外方工作和从礼节上考虑，对受聘或有接待单位的死者，在尸体火化或运回其国内前，可由聘用或接待单位酌情为死者举行简单的追悼仪式。有关单位可送花圈。可将追悼仪式拍照送死者家属。

如外方要求举行宗教仪式，应视当地条件，如有教堂和相应的神职人员，条件允许，可安排举行一个简单的宗教仪式。宗教仪式应在我规定的宗教场所举行。

如外方要求将死者在我国土葬，可以我国殡葬改革，提倡火葬为由，予以婉拒。

如外方要求将骨灰埋或撒在我国土地上，一般亦予以婉拒。但如死者是对我国作出特殊贡献的友好知名人士，应报请省级或中央民政部门决定。

六、骨灰和尸体运输出境

1. 骨灰运输：托运人必须提供医院出具的"死亡证明书"或法医出具的"死亡鉴定书"，及殡葬部门出具的"火化证明书"。各证明书一式二份，一份留始发站，一份附在货运单后，随骨灰盒带往目的站。

骨灰应装在封妥的罐内或盒内，外面用木箱套装。

骨灰自带出境，亦需备妥上述证明。

2. 尸体运输：可由中国国际运尸网络服务中心办理（见民事发〔1993〕2号文），也可由其他适当途径办理。尸体运输的包装要求是：首先应做防腐处理，然后装入厚塑料袋中密封，放入金属箱内。箱内应放木屑或碎木炭等吸湿物。连接处用锌焊牢，以防气味或液体外溢。金属箱应套装木棺，木棺两侧应装有便于搬运的把手。

尸体、棺柩出境须备以下证明：（1）由医院或公安、司法机关出具的"死亡证明书"或者"死亡鉴定书"，亦可由有关涉外公证处出具的"死亡公证书"代替上述证明书；（2）由殡仪部门出具的"防腐证明书"；（3）由防疫部门出具的"尸体检疫证明书"；（4）海关凭检疫机关出具的"尸体、棺柩出境许可证明书"放行。

七、遗物的清点和处理

清点死者遗物应有死者家属或其所属国家驻华使、领馆官员和我方人员在场。如家属或者驻华使、领馆官员明确表示不能到场时，可请公证处人员到场，并由公证员将上述人员不能到场的事实和原因注明。遗物清点必须造册，列出清单，清点人均应签字。移交遗物要开出移交书，一式二份，注明移交时间、地点、在场人、物品件数、种类和特征等。签字后办理公证手续。如死者有遗嘱，应将遗嘱拍照或复制，原件交死者家属或其所属国家驻华使、领馆。

八、写出《死亡善后处理情况报告》

死者善后事宜处理结束后，由接待或聘用单位写出《死亡善后处理情况报告》。无接待或聘用单位的，由处理死者善后事宜的公安机关或司法机关写出。《死亡善后处理情况报告》，内容应包括死亡原因、抢救措施、诊断结果、善后处理情况，以及外方反应等。上述死亡报告应报上级主管单位、地方外办、公安厅（局），抄外交部。

附件二：

维也纳领事关系公约有关条款

(1963年4月24日订于维也纳)

第三十六条 与派遣国国民通讯及联络

一、为便于领馆执行其对派遣国国民之职务计：

（一）领事官员得自由与派遣国国民通讯及会见。派遣国国民与派遣国领事官员通讯及会见应有同样自由。

（二）遇有领馆辖区内有派遣国国民受逮捕或监禁或羁押候审、或受任何其他方式之拘禁之情事，经其本人请求时，接受国主管当局应迅即通知派遣国领馆。受逮捕、监禁、羁押或拘禁之人致领馆之信件亦应由该当局迅予递交。该当局应将本款规定之权利迅即告知当事人。

（三）领事官员有权探访受监禁、羁押或拘禁之派遣国国民，与之交谈或通讯，并代聘其法律代表。领事官员并有权探访其辖区内依判决而受监禁、羁押或拘禁之派遣国国民。但如受监禁、羁押或拘禁之国民明示反对为其采取行动时，领事官员应避免采取此种行动。

二、本条第一项所称各项权利应遵照接受国法律规章行使之，但此项法规规章务须使本条所规定之权利之目的得以充分实现。

第三十七条 关于死亡、监护或托管及船舶毁损与航空事故之通知

倘接受国主管当局获有有关情节，该当局负有义务；

（一）遇有派遣国国民死亡时，迅即通知辖区所及之领馆。

（二）遇有为隶籍派遣国之未成年人或其他无充分行为能力人之利益计，似宜指定监护人或托管人时，迅将此项情事通知主管领馆。惟此项通知不得妨碍接受国关于指派此等人员之法律规章之施行。

（三）遇具有派遣国国籍之船舶在接受国领海或内河水域毁损或搁浅时，或遇在派遣国登记之航空机在接受国领域内发生意外事故时，迅即通知最接近出事地点之领馆。

附件三：

参加"维也纳领事关系公约"国家名单

(截止 1995 年 6 月)

亚　洲

中　国	塞浦路斯	印　度
伊　朗	伊拉克	约　旦
科威特	老　挝	黎巴嫩
尼泊尔	阿　曼	巴基斯坦
菲律宾	土耳其	叙利亚
塞舌尔	不　丹	孟加拉
韩　国	朝　鲜	日　本
印度尼西亚		

非　洲

佛得角	阿尔及利亚	贝宁
埃　及	扎伊尔	吉布提
马拉维	阿联酋	赤道几内亚
加　蓬	加　纳	尼日尔
尼日利亚	卢旺达	塞内加尔
索马里	突尼斯	喀麦隆
布基纳法索	莱索托	坦桑尼亚
斐　济	马达加斯加	马　里
毛里求斯	摩洛哥	肯尼亚
多　哥	莫桑比克	圣多美和普林西比

欧　洲

奥地利	比利时	英国
南斯拉夫	冰　岛	梵蒂冈
捷克斯洛伐克	意大利	列支敦士登
卢森堡	挪　威	波　兰
葡萄牙	罗马尼亚	西班牙
瑞　士	瑞　典	丹　麦
芬　兰	法　国	德　国
希　腊	爱尔兰	

南北美洲

苏里南	汤　加	厄瓜多尔

萨尔瓦多	危地马拉	圭亚那
洪都拉斯	牙买加	墨西哥
巴拿马	秘鲁	特立尼达和多巴哥
古巴	美国	阿根廷
玻利维亚	巴西	智利
哥伦比亚	哥斯达黎加	尼加拉瓜
巴拉圭	乌拉圭	委内瑞拉
加拿大		

大洋洲
| 澳大利亚 | 新西兰 | 巴布亚新几内亚 |
| 基里巴斯 | 图瓦卢 | |

参加签字但未获其本国立法机构批准的国家
| 中非 | 以色列 | 刚果 |
| 利比里亚 | 科特迪瓦 | |

附件四：

中国与有关国家签订的领事条约中关于死亡、拘留、逮捕通知时限表

顺序	已签订领事条约的国家	生效日期	通知时限
1	美国	1982.2.18	4天
2	南斯拉夫	1982.11.26	尽快通知
3	波兰	1985.2.21	7天
4	朝鲜	1986.7.2	7天
5	匈牙利	1986.11.28	7天
6	蒙古	1987.2.7	7天
7	苏联	1987.4.16	7天
8	墨西哥	1988.1.14	尽快通知
9	保加利亚	1988.1.2	7天
10	捷克斯洛伐克	1989.7.5	7天
11	老挝	1991.4.6	尽快通知
12	意大利	1991.6.19	7天
13	伊拉克	1991.7.3	7天

顺序	已签订领事条约的国家	生效日期	通知时限
14	土耳其	1991.8.2	5天
15	罗马尼亚	1992.6.28	4天
16	印度	1992.10.30	尽快通知
17	古巴	1993.1.3	4天
18	突尼斯	1993.3.12	6天
19	阿根廷	1993.4.8	4天
20	立陶宛	1993.5.10	尽快通知
21	乌克兰	1994.1.19	4天
22	玻利维亚	1994.3.1	尽快通知
23	白俄罗斯	1994.3.31	4天
24	阿拉伯也门	未生效	
25	摩尔多瓦	未生效	
26	巴基斯坦	未生效	
27	土库曼斯坦	未生效	
28	哈萨克斯坦	1994.4.29	7天
29	吉尔吉斯斯坦	1994.5.23	4天
30	阿塞拜疆	1995.5.10	4天
31	亚美尼亚	已草签	
32	格鲁吉亚	已草签	
33	秘鲁	1995.5.10	尽快通知
34	乌兹别克斯坦	未生效	

注：捷克和斯洛伐克两共和国均宣布继承原条约
　　俄罗斯宣布继承原中苏领事条约

附件五：

中国与有关国家签订的司法协助条约一览表

（截止 1995 年 6 月）

序号	国家	名称	生效日期
1	法国	中华人民共和国和法兰西共和国关于民、商事司法协助的协定	1988 年 2 月 8 日
2	波兰	中华人民共和国和波兰人民共和国关于民事和刑事司法协助的协定	1988 年 2 月 13 日
3	蒙古	中华人民共和国和蒙古人民共和国关于民事和刑事司法协助的条约	1990 年 10 月 29 日
4	罗马尼亚	中华人民共和国和罗马尼亚关于民事和刑事司法协助的条约	1993 年 1 月 22 日
5	俄罗斯	中华人民共和国和俄罗斯联邦关于民事和刑事司法协助的条约	1993 年 11 月 14 日
6	白俄罗斯	中华人民共和国和白俄罗斯共和国关于民事和刑事司法协助的条约	1993 年 11 月 29 日
7	西班牙	中华人民共和国和西班牙王国关于民事、商事司法协助的条约	1994 年 1 月 1 日
8	乌克兰	中华人民共和国和乌克兰关于民事和刑事司法协助的条约	1994 年 1 月 19 日
9	古巴	中华人民共和国和古巴共和国关于民事和刑事司法协助的协定	1994 年 3 月 26 日
10	意大利	中华人民共和国和意大利共和国关于民事司法协助的条约	1995 年 1 月 1 日
11	埃及	中华人民共和国和阿拉伯埃及共和国关于民事、商事和刑事司法协助的协定	1995 年 5 月 31 日
12	保加利亚	中华人民共和国和保加利亚共和国关于民事司法协助的协定	1995 年 6 月 30 日
13	加拿大	中华人民共和国和加拿大关于刑事司法协助的条约	1995 年 7 月 1 日

附件六：

外国驻华领馆领区一览表

（截止1995年6月）

序号	国号	所在地	领　区	建馆日期
1	澳大利亚	上海	上海、江苏、浙江、安徽	1984.7.2
2	加拿大	上海	上海、江苏、浙江	1986.4.30
3	法国	上海	上海、江苏、浙江	1980.10.21
4	德国	上海	上海、江苏、浙江、安徽	1982.10.15
5	伊朗	上海	上海、江苏、浙江、安徽	1989.2.20
6	意大利	上海	上海、江苏、浙江、安徽	1985.6.21
7	日本	上海	上海、江苏、浙江、安徽	1975.9.2
8	波兰	上海	上海、江苏、浙江、安徽、福建	1955.6.17
9	俄罗斯	上海	上海、江苏、浙江、安徽	1986.12.15
10	英国	上海	上海、江苏、浙江	1985.2.11
11	美国	上海	上海、江苏、浙江、安徽	1980.4.28
12	古巴	上海	上海、江苏、浙江	1990.7.24
13	新加坡	上海	上海、江苏、浙江	1992.1.24
14	新西兰	上海	上海、江苏、浙江、安徽	1992.7.17
15	印度	上海	上海、江苏、浙江	1993.1.16
16	韩国	上海	上海、江苏、浙江、安徽	1993.6.11
17	墨西哥	上海	上海、江苏、浙江	1993.10.18
18	丹麦	上海	上海、江苏、浙江、安徽	1994.6.20
19	巴西	上海	上海、江苏、浙江	1994.6.1
20	奥地利	上海	上海、江苏、浙江、安徽	1994.7.15
21	以色列	上海	上海、江苏、浙江	1994.9.8
22	荷兰	上海	上海、江苏、浙江、安徽	1994.9.12
23	捷克	上海	上海、江苏、浙江、安徽	1995.1.11
24	瑞士	上海	上海、江苏、浙江	筹建
25	日本	广州	广东、广西、福建、海南	1980.3.1

序号	国号	所在地	领　区	建馆日期
26	波兰	广州	广东、广西、海南	1989.7.22
27	泰国	广州	广东、广西、福建、海南	1989.2.12
28	美国	广州	广东、广西、福建、海南	1979.8.31
29	澳大利亚	广州	广东、广西、海南	1992.12.9
30	越南	广州	未定	1993.1.18
31	马来西亚	广州	广东、福建、海南、江西、湖南	1993.10.24
32	加拿大	广州	广东、广西	1994.9.28
33	朝鲜	沈阳	辽宁、吉林、黑龙江	1986.9.6
34	美国	沈阳	辽宁、吉林、黑龙江	1984.5.30
35	日本	沈阳	辽宁、吉林、黑龙江	1986.1.16
36	俄罗斯	沈阳	辽宁、吉林、黑龙江	1991.5.7
37	美国	成都	四川、贵州、云南、西藏	1985.10.16
38	尼泊尔	拉萨	未定	1958.5.15
39	蒙古	呼和浩特	内蒙古自治区	1990.7.10
40	老挝	昆明	云南、广东、广西	1993.11.25
41	缅甸	昆明	未定	1993.9.1
42	泰国	昆明	四川、贵州、云南、湖南	1994.7.1
43	韩国	青岛	山东	1994.9.12
44	菲律宾	厦门	福建、广东、海南	1995.2.28

＊＊日本驻沈阳总领事馆常驻大连办公室系日本驻沈阳总领事馆的一部分，1993年6月30日开始对外办公。

＊俄罗斯驻沈阳总领事馆常驻哈尔滨办公室系俄罗斯驻沈阳总领事馆的一部分，在筹建中。

最高人民法院办公厅
关于转发中外领事条约（协定）和设领协议有关采取强制措施的领事通报和探视时限的通知

2017年5月3日　　　　　　　　　　　　　　法办〔2017〕89号

各省、自治区、直辖市高级人民法院：

现将外交部主管部门整理的《中外领事条约（协定）和设领协议有关采取强制措施的领事通报和探视时限一览表》转发给你们，请组织辖区各级人民法院依据相关规定做好领事通报和探视工作。

附：

中外领事条约（协定）和设领协议有关采取强制措施的领事通报和探视时限一览表

（截至2017年4月1日）

	国家	通报时限	探视时限/次数
1	美国	最迟于4天内	最迟于采取措施之日起的2天后不应拒绝探视
2	马其顿	不迟延地	尽快
3	斯洛文尼亚	不迟延地	尽快
4	波黑	不迟延地	尽快
5	黑山	不迟延地	尽快
6	塞尔维亚	不迟延地	尽快
7	波兰	不得迟于第7天	通知之日起3天后不应拒绝探视/合理期限内可继续探视
8	朝鲜	7天内	通知后3日内安排/定期提供探视机会
9	匈牙利	最迟不超过7天	通知后最迟不超过3天做出安排/在合理期限内继续提供探视机会
10	意大利	7天内	通知后2日内作出安排/以后每月应提供不少于两次探视机会

	国家	通报时限	探视时限/次数
11	蒙古	7 天内	通知后的 3 天内/合理期限内可继续探视
12	墨西哥	尽速通知	毫不迟延地提供便利
13	保加利亚	最晚不得迟于第 7 天	通知后 3 天内/可在合理期限内继续探视
14	捷克	最迟不得超过 7 天	领事官员提出探视之日起不得超过 15 天
15	斯洛伐克	最迟不得超过 7 天	领事官员提出探视之日起不得超过 15 天
16	土耳其	5 天内	采取措施后的 7 天内安排/合理期限内可继续探视
17	老挝	尽速	尽速安排
18	伊拉克	7 天内	尽快安排/第一次探视以后每月应通过正式途径提供不少于一次探视机会
19	也门	尽速,最迟于 7 天内	最迟于采取措施 14 天内安排/以后每月应提供不少于两次探视机会
20	古巴	最晚不得迟于第 4 天	最晚不得迟于通知后的第 3 天安排/其后每月应提供一次探视机会
21	阿根廷	4 天内	条约未明确规定,按惯例应尽快安排
22	罗马尼亚	最晚不得迟于第 4 天	最晚不得迟于提出要求后的第 3 天/在合理的期限内可再次探视
23	印度	尽速	尽速安排
24	突尼斯	6 天内	最迟于采取措施 12 天内安排
25	哈萨克斯坦	7 天内	通知后 3 日内安排
26	立陶宛	尽速	尽速安排
27	巴基斯坦	尽速	尽速安排
28	乌克兰	4 天内	通知后 3 日内安排
29	摩尔多瓦	4 天内	通知后 3 日内安排/在合理期限内继续提供探视机会
30	玻利维亚	尽速	尽速安排
31	土库曼斯坦	4 天内	通知后 3 日内安排/合理期限内继续提供探视机会
32	白俄罗斯	4 天内	通知后 3 日内安排/合理期限内继续提供探视机会
33	吉尔吉斯斯坦	4 个工作日内	通知后 3 个工作日内安排/不得少于 2 个月 1 次
34	阿塞拜疆	4 天内	通知后 3 日内安排/合理期限内继续提供探视机会
35	秘鲁	尽速	尽速安排
36	乌兹别克斯坦	7 天内	通知后 3 日内安排/合理期限内继续提供探视机会
37	亚美尼亚	4 天内	通知后 3 日内安排/合理期限内继续提供探视机会
38	格鲁吉亚	尽快	通知后 3 日内安排/合理期限内继续提供探视机会

	国家	通报时限	探视时限/次数
39	克罗地亚	尽速（如派遣国国民明确反对则不适用）	尽速安排
40	加拿大	不延迟	最迟于通知之日起的2日后安排/两次探视之间的间隔不应超过1个月
41	越南	尽速	尽快安排
42	澳大利亚	3日内（除非该国民明示请求不通知派遣国领馆）	通知后2日内/不得少于每月一次
43	俄罗斯	3个工作日内	通知后3个工作日内安排
44	新西兰	3天内	最迟于通知后2日内允许
45	日本	4日内	不延迟地安排
46	菲律宾	4日内	3日内
47	柬埔寨	尽速通知	尽速安排
48	韩国	4日内	4日内
49	英国*	尽快，不迟于7天	2天后/以后按不超过1个月的间隔重复探视
50	法国**	不延迟	最迟应于该公民个人自由受到限制后的第十四天准予探视

　　*《中华人民共和国政府和大不列颠及北爱尔兰联合王国政府关于在曼彻斯特设立中国总领事馆和在上海设立英国总领事馆的协议》中对领事通报及探视安排做出说明。

　　**《中华人民共和国政府和法兰西共和国政府关于设立领事机构的协议》（上海、马赛）中对领事通报及探视安排做出说明。

　　注：以上国家中除克罗地亚、澳大利亚外，均为强制性通知国家。所谓强制性通知是对违法外国人采取限制人身自由强制措施后，有关单位无须询问涉案人意见，即通知涉案人国籍国驻华使领馆。非强制性通知，须询问涉案人意见，如其希望我通知，我有关单位应予以通知。如其不希望通知，可不通知，但其应出具书面声明。

（该表由外交部领事司整理，有关内容请以相关协议文本为准）

十四、执 行

最高人民法院　最高人民检察院　公安部
关于办理罪犯在服刑期间又犯罪案件过程中
遇到被告刑期届满如何处理问题的批复

1982年10月25日　　　　　　　　　　　〔1982〕高检发（监）17号

黑龙江省人民检察院：

你院请示的关于办理罪犯在服刑期间又犯罪案件过程中，遇到被告原判刑期届满如何处理的问题，经共同研究，现答复如下：

办理罪犯在服刑期间又犯罪案件过程中，遇到被告原判刑期届满，如果所犯新罪的主要事实已经查清，可能判处徒刑以上刑罚，有逮捕必要的，仍应依照刑事诉讼法的规定，根据案件所处在的不同诉讼阶段，分别由公安机关、人民检察院、人民法院依法处理。即：尚在侦查的，由公安机关提请人民检察院批准逮捕；正在审查起诉的，由人民检察院办理逮捕，已经起诉到人民法院审判的，由人民法院决定逮捕。公安机关在执行逮捕时，可向被告宣布：前罪所判刑期已执行完毕，现根据所犯新罪，依法予以逮捕。

公安部 最高人民法院 最高人民检察院
关于严格控制在死刑执行现场进行拍摄和采访的通知

1990 年 7 月 16 日   公通字〔1990〕67 号

各省、自治区、直辖市高级人民法院，人民检察院，公安厅、局：

最近，发现美国《新闻周刊》、法国《竞赛画报》、意大利《星期五画报》、西德《星》周刊和港、台的一些报刊连续刊登我国某市处决两名刑事犯的刑场照片十多张。经查，去年 7 月初，某市处决两名刑事犯时，除公安机关、检察院、法院分别派人到刑场拍摄外，还邀请了三个新闻单位的摄影记者到刑场拍照。致使有的现场照片流出境外，被西方和港台的一些报刊大量刊登，并借题发挥对我进行大肆攻击，蒙骗不明真相的人，造成极坏影响。为维护我国法律尊严和国家利益，杜绝再发生此类事件，现对刑场拍摄、采访问题通知如下：

一、死刑执行现场和处决后人犯的照相、录像由法院组织拍摄，随案卷存档，其他政法机关一般不要到现场进行拍摄。检察院、公安机关因工作需要死刑执行现场照片和录像时，可商请法院提供。

二、严禁新闻记者到刑场采访、拍照、录像，特殊案件确因宣传需要，新闻单位要求提供照片和录像资料的，由法院酌情提供，用完收回。新闻稿须经省级法院审核。

三、对刑场照片、底片、录像带等资料，法院要制定管理制度，严格控制，防止流入社会或流出境外、国外。对因违反制度造成不良后果的人员，要严肃处理。

最高人民法院
关于刑事裁判涉财产部分执行的若干规定

法释〔2014〕13 号

(2014 年 9 月 1 日最高人民法院审判委员会第 1625 次会议通过 2014 年 10 月 30 日最高人民法院公告公布 自 2014 年 11 月 6 日起施行)

为进一步规范刑事裁判涉财产部分的执行，维护当事人合法权益，根据《中华人民共和国刑法》《中华人民共和国刑事诉讼法》等法律规定，结合人民法院执行工作实际，制定本规定。

第一条 本规定所称刑事裁判涉财产部分的执行,是指发生法律效力的刑事裁判主文确定的下列事项的执行:

(一)罚金、没收财产;

(二)责令退赔;

(三)处置随案移送的赃款赃物;

(四)没收随案移送的供犯罪所用本人财物;

(五)其他应当由人民法院执行的相关事项。

刑事附带民事裁判的执行,适用民事执行的有关规定。

第二条 刑事裁判涉财产部分,由第一审人民法院执行。第一审人民法院可以委托财产所在地的同级人民法院执行。

第三条 人民法院办理刑事裁判涉财产部分执行案件的期限为六个月。有特殊情况需要延长的,经本院院长批准,可以延长。

第四条 人民法院刑事审判中可能判处被告人财产刑、责令退赔的,刑事审判部门应当依法对被告人的财产状况进行调查;发现可能隐匿、转移财产的,应当及时查封、扣押、冻结其相应财产。

第五条 刑事审判或者执行中,对于侦查机关已经采取的查封、扣押、冻结,人民法院应当在期限届满前及时续行查封、扣押、冻结。人民法院续行查封、扣押、冻结的顺位与侦查机关查封、扣押、冻结的顺位相同。

对侦查机关查封、扣押、冻结的财产,人民法院执行中可以直接裁定处置,无需侦查机关出具解除手续,但裁定中应当指明侦查机关查封、扣押、冻结的事实。

第六条 刑事裁判涉财产部分的裁判内容,应当明确、具体。涉案财物或者被害人人数较多,不宜在判决主文中详细列明的,可以概括叙明并另附清单。

判处没收部分财产的,应当明确没收的具体财物或者金额。

判处追缴或者责令退赔的,应当明确追缴或者退赔的金额或财物的名称、数量等相关情况。

第七条 由人民法院执行机构负责执行的刑事裁判涉财产部分,刑事审判部门应当及时移送立案部门审查立案。

移送立案应当提交生效裁判文书及其附件和其他相关材料,并填写《移送执行表》。《移送执行表》应当载明以下内容:

(一)被执行人、被害人的基本信息;

(二)已查明的财产状况或者财产线索;

(三)随案移送的财产和已经处置财产的情况;

(四)查封、扣押、冻结财产的情况;

(五)移送执行的时间;

(六)其他需要说明的情况。

人民法院立案部门经审查,认为属于移送范围且移送材料齐全的,应当在七日内立案,并移送执行机构。

第八条　人民法院可以向刑罚执行机关、社区矫正机构等有关单位调查被执行人的财产状况，并可以根据不同情形要求有关单位协助采取查封、扣押、冻结、划拨等执行措施。

第九条　判处没收财产的，应当执行刑事裁判生效时被执行人合法所有的财产。

执行没收财产或罚金刑，应当参照被扶养人住所地政府公布的上年度当地居民最低生活费标准，保留被执行人及其所扶养家属的生活必需费用。

第十条　对赃款赃物及其收益，人民法院应当一并追缴。

被执行人将赃款赃物投资或者置业，对因此形成的财产及其收益，人民法院应予追缴。

被执行人将赃款赃物与其他合法财产共同投资或者置业，对因此形成的财产中与赃款赃物对应的份额及其收益，人民法院应予追缴。

对于被害人的损失，应当按照刑事裁判认定的实际损失予以发还或者赔偿。

第十一条　被执行人将刑事裁判认定为赃款赃物的涉案财物用于清偿债务、转让或者设置其他权利负担，具有下列情形之一的，人民法院应予追缴：

（一）第三人明知是涉案财物而接受的；
（二）第三人无偿或者以明显低于市场的价格取得涉案财物的；
（三）第三人通过非法债务清偿或者违法犯罪活动取得涉案财物的；
（四）第三人通过其他恶意方式取得涉案财物的。

第三人善意取得涉案财物的，执行程序中不予追缴。作为原所有人的被害人对该涉案财物主张权利的，人民法院应当告知其通过诉讼程序处理。

第十二条　被执行财产需要变价的，人民法院执行机构应当依法采取拍卖、变卖等变价措施。

涉案财物最后一次拍卖未能成交，需要上缴国库的，人民法院应当通知有关财政机关以该次拍卖保留价予以接收；有关财政机关要求继续变价的，可以进行无保留价拍卖。需要退赔被害人的，以该次拍卖保留价以物退赔；被害人不同意以物退赔的，可以进行无保留价拍卖。

第十三条　被执行人在执行中同时承担刑事责任、民事责任，其财产不足以支付的，按照下列顺序执行：

（一）人身损害赔偿中的医疗费用；
（二）退赔被害人的损失；
（三）其他民事债务；
（四）罚金；
（五）没收财产。

债权人对执行标的依法享有优先受偿权，其主张优先受偿的，人民法院应当在前款第（一）项规定的医疗费用受偿后，予以支持。

第十四条　执行过程中，当事人、利害关系人认为执行行为违反法律规定，或者案外人对执行标的主张足以阻止执行的实体权利，向执行法院提出书面异议的，执行法院应当依照民事诉讼法第二百二十五条的规定处理。

人民法院审查案外人异议、复议，应当公开听证。

第十五条　执行过程中，案外人或被害人认为刑事裁判中对涉案财物是否属于赃款赃物认定错误或者应予认定而未认定，向执行法院提出书面异议，可以通过裁定补正的，执行机构应当将异议材料移送刑事审判部门处理；无法通过裁定补正的，应当告知异议人通过审判监督程序处理。

第十六条　人民法院办理刑事裁判涉财产部分执行案件，刑法、刑事诉讼法及有关司法解释没有相应规定的，参照适用民事执行的有关规定。

第十七条　最高人民法院此前发布的司法解释与本规定不一致的，以本规定为准。

最高人民法院关于人民法院办理接收在台湾地区服刑的大陆居民回大陆服刑案件的规定

法释〔2016〕11号

（2015年6月2日最高人民法院审判委员会第1653次会议通过　2016年4月27日最高人民法院公告公布　自2016年5月1日起施行）

为落实《海峡两岸共同打击犯罪及司法互助协议》，保障接收在台湾地区服刑的大陆居民回大陆服刑工作顺利进行，根据《中华人民共和国刑法》《中华人民共和国刑事诉讼法》等有关法律，制定本规定。

第一条　人民法院办理接收在台湾地区服刑的大陆居民（以下简称被判刑人）回大陆服刑案件（以下简称接收被判刑人案件），应当遵循一个中国原则，遵守国家法律的基本原则，秉持人道和互惠原则，不得违反社会公共利益。

第二条　接收被判刑人案件由最高人民法院指定的中级人民法院管辖。

第三条　申请机关向人民法院申请接收被判刑人回大陆服刑，应当同时提交以下材料：

（一）申请机关制作的接收被判刑人申请书，其中应当载明：

1. 台湾地区法院认定的被判刑人实施的犯罪行为及判决依据的具体条文内容；

2. 该行为在大陆依据刑法也构成犯罪、相应的刑法条文、罪名及该行为未进入大陆刑事诉讼程序的说明；

3. 建议转换的具体刑罚；

4. 其他需要说明的事项。

（二）被判刑人系大陆居民的身份证明；

（三）台湾地区法院对被判刑人定罪处刑的裁判文书、生效证明和执行文书；

（四）被判刑人或其法定代理人申请或者同意回大陆服刑的书面意见，且法定代理人与被判刑人的意思表示一致；

（五）被判刑人或其法定代理人所作的关于被判刑人在台湾地区接受公正审判的权利已获得保障的书面声明；

（六）两岸有关业务主管部门均同意被判刑人回大陆服刑的书面意见；

（七）台湾地区业务主管部门出具的有关刑罚执行情况的说明，包括被判刑人交付执行前的羁押期、已服刑期、剩余刑期，被判刑人服刑期间的表现、退赃退赔情况，被判刑人的健康状况、疾病与治疗情况；

（八）根据案件具体情况需要提交的其他材料。

申请机关提交材料齐全的，人民法院应当在七日内立案。提交材料不全的，应当通知申请机关在十五日内补送，至迟不能超过两个月；逾期未补送的，不予立案，并于七日内书面告知申请机关。

第四条 人民法院应当组成合议庭审理接收被判刑人案件。

第五条 人民法院应当在立案后一个月内就是否准予接收被判刑人作出裁定，情况复杂、特殊的，可以延长一个月。

人民法院裁定准予接收的，应当依据台湾地区法院判决认定的事实并参考其所定罪名，根据刑法就相同或者最相似犯罪行为规定的法定刑，按照下列原则对台湾地区法院确定的无期徒刑或者有期徒刑予以转换：

（一）原判处刑罚未超过刑法规定的最高刑，包括原判处刑罚低于刑法规定的最低刑的，以原判处刑罚作为转换后的刑罚；

（二）原判处刑罚超过刑法规定的最高刑的，以刑法规定的最高刑作为转换后的刑罚；

（三）转换后的刑罚不附加适用剥夺政治权利。

前款所称的最高刑，如台湾地区法院认定的事实依据刑法应当认定为一个犯罪的，是指刑法对该犯罪规定的最高刑；如应当认定为多个犯罪的，是指刑法对数罪并罚规定的最高刑。

对人民法院立案前，台湾地区有关业务主管部门对被判刑人在服刑期间作出的减轻刑罚决定，人民法院应当一并予以转换，并就最终应当执行的刑罚作出裁定。

第六条 被判刑人被接收回大陆服刑前被实际羁押的期间，应当以一日折抵转换后的刑期一日。

第七条 被判刑人被接收回大陆前已在台湾地区被假释或保外就医的，或者被判刑人或其法定代理人在申请或者同意回大陆服刑的书面意见中同时申请暂予监外执行的，人民法院应当根据刑法、刑事诉讼法的规定一并审查，并作出是否假释或者暂予监外执行的决定。

第八条 人民法院作出裁定后，应当在七日内送达申请机关。裁定一经送达，立即生效。

第九条 被判刑人回大陆服刑后，有关减刑、假释、暂予监外执行、赦免等事项，适用刑法、刑事诉讼法及相关司法解释的规定。

第十条 被判刑人回大陆服刑后，对其在台湾地区已被判处刑罚的行为，人民法院不再审理。

第十一条　本规定自 2016 年 5 月 1 日起施行。

最高人民法院
关于报送复核被告人在死缓考验期内故意犯罪应当执行死刑案件时应当一并报送原审判处和核准被告人死缓案卷的通知

2004 年 6 月 15 日　　　　　　　　　　　　法〔2004〕115 号

各省、自治区、直辖市高级人民法院，解放军军事法院：

为贯彻我院 2003 年 11 月 26 日，法〔2003〕177 号《关于报送按照审判监督程序改判死刑和被告人在死缓考验期内故意犯罪应当执行死刑的复核案件的通知》，正确适用法律、确保死刑案件质量，对报送复核被告人在死缓考验期内故意犯罪，应当执行死刑案件的有关事项通知如下：

一、各高级人民法院在审核下级人民法院报送复核被告人在死缓考验期限内故意犯罪，应当执行死刑案件时，应当对原审判处和核准该被告人死刑缓期二年执行是否正确一并进行审查，并在报送我院的复核报告中写明结论。

二、各高级人民法院报请核准被告人在死缓考验期限内故意犯罪，应当执行死刑的案件，应当一案一报。报送的材料应当包括：报请核准执行死刑的报告，在死缓考验期限内故意犯罪应当执行死刑的综合报告和判决书各十五份；全部诉讼案卷和证据；原审判处和核准被告人死刑缓期二年执行，剥夺政治权利终身的全部诉讼案卷和证据。

最高人民法院　最高人民检察院　公安部　司法部
关于印发《社区矫正实施办法》的通知

2012 年 1 月 10 日　　　　　　　　　　　司发通〔2012〕12 号

各省、自治区、直辖市高级人民法院、人民检察院、公安厅（局）、司法厅（局），新疆维吾尔自治区高级人民法院生产建设兵团分院、新疆生产建设兵团人民检察院、公安局、司法局、监狱管理局：

为进一步规范社区矫正工作，加强和创新特殊人群管理，根据中央关于深化司法体制和工作机制改革的总体部署,在深入调研论证和广泛征求意见的基础上,最高人民法院、最高人民检察院、公安部、司法部联合制定了《社区矫正实施办法》。现予以印发,请认真贯彻执行。对于实施情况及遇到的问题,请分别及时报告最高人民法院、最高人民检察院、公安部、司法部。

附:

社区矫正实施办法

第一条 为依法规范实施社区矫正,将社区矫正人员改造成为守法公民,根据《中华人民共和国刑法》、《中华人民共和国刑事诉讼法》等有关法律规定,结合社区矫正工作实际,制定本办法。

第二条 司法行政机关负责指导管理、组织实施社区矫正工作。

人民法院对符合社区矫正适用条件的被告人、罪犯依法作出判决、裁定或者决定。

人民检察院对社区矫正各执法环节依法实行法律监督。

公安机关对违反治安管理规定和重新犯罪的社区矫正人员及时依法处理。

第三条 县级司法行政机关社区矫正机构对社区矫正人员进行监督管理和教育帮助。司法所承担社区矫正日常工作。

社会工作者和志愿者在社区矫正机构的组织指导下参与社区矫正工作。

有关部门、村(居)民委员会、社区矫正人员所在单位、就读学校、家庭成员或者监护人、保证人等协助社区矫正机构进行社区矫正。

第四条 人民法院、人民检察院、公安机关、监狱对拟适用社区矫正的被告人、罪犯,需要调查其对所居住社区影响的,可以委托县级司法行政机关进行调查评估。

受委托的司法行政机关应当根据委托机关的要求,对被告人或者罪犯的居所情况、家庭和社会关系、一贯表现、犯罪行为的后果和影响、居住地村(居)民委员会和被害人意见、拟禁止的事项等进行调查了解,形成评估意见,及时提交委托机关。

第五条 对于适用社区矫正的罪犯,人民法院、公安机关、监狱应当核实其居住地,在向其宣判时或者在其离开监所之前,书面告知其到居住地县级司法行政机关报到的时间期限以及逾期报到的后果,并通知居住地县级司法行政机关;在判决、裁定生效起三个工作日内,送达判决书、裁定书、决定书、执行通知书、假释证明书副本等法律文书,同时抄送其居住地县级人民检察院和公安机关。县级司法行政机关收到法律文书后,应当在三个工作日内送达回执。

第六条 社区矫正人员应当自人民法院判决、裁定生效之日或者离开监所之日起十日内到居住地县级司法行政机关报到。县级司法行政机关应当及时为其办理登记接收手续,并告知其三日内到指定的司法所接受社区矫正。发现社区矫正人员未按规定时间报到的,县级司法行政机关应当及时组织查找,并通报决定机关。

暂予监外执行的社区矫正人员,由交付执行的监狱、看守所将其押送至居住地,与县级司法行政机关办理交接手续。罪犯服刑地与居住地不在同一省、自治区、直辖市，需要回居住地暂予监外执行的，服刑地的省级监狱管理机关、公安机关监所管理部门应当书面通知罪犯居住地的同级监狱管理机关、公安机关监所管理部门，指定一所监狱、看守所接收罪犯档案，负责办理罪犯收监、释放等手续。人民法院决定暂予监外执行的，应当通知其居住地县级司法行政机关派员到庭办理交接手续。

第七条 司法所接收社区矫正人员后，应当及时向社区矫正人员宣告判决书、裁定书、决定书、执行通知书等有关法律文书的主要内容；社区矫正期限；社区矫正人员应当遵守的规定、被禁止的事项以及违反规定的法律后果；社区矫正人员依法享有的权利和被限制行使的权利；矫正小组人员组成及职责等有关事项。

宣告由司法所工作人员主持，矫正小组成员及其他相关人员到场，按照规定程序进行。

第八条 司法所应当为社区矫正人员确定专门的矫正小组。矫正小组由司法所工作人员担任组长，由本办法第三条第二、第三款所列相关人员组成。社区矫正人员为女性的，矫正小组应当有女性成员。

司法所应当与矫正小组签订矫正责任书，根据小组成员所在单位和身份，明确各自的责任和义务，确保各项矫正措施落实。

第九条 司法所应当为社区矫正人员制定矫正方案，在对社区矫正人员被判处的刑罚种类、犯罪情况、悔罪表现、个性特征和生活环境等情况进行综合评估的基础上，制定有针对性的监管、教育和帮助措施。根据矫正方案的实施效果，适时予以调整。

第十条 县级司法行政机关应当为社区矫正人员建立社区矫正执行档案，包括适用社区矫正的法律文书，以及接收、监管审批、处罚、收监执行、解除矫正等有关社区矫正执行活动的法律文书。

司法所应当建立社区矫正工作档案，包括司法所和矫正小组进行社区矫正的工作记录，社区矫正人员接受社区矫正的相关材料等。同时留存社区矫正执行档案副本。

第十一条 社区矫正人员应当定期向司法所报告遵纪守法、接受监督管理、参加教育学习、社区服务和社会活动的情况。发生居所变化、工作变动、家庭重大变故以及接触对其矫正产生不利影响人员的，社区矫正人员应当及时报告。

保外就医的社区矫正人员还应当每个月向司法所报告本人身体情况，每三个月向司法所提交病情复查情况。

第十二条 对于人民法院禁止令确定需经批准才能进入的特定区域或者场所，社区矫正人员确需进入的，应当经县级司法行政机关批准，并告知人民检察院。

第十三条 社区矫正人员未经批准不得离开所居住的市、县（旗）。

社区矫正人员因就医、家庭重大变故等原因，确需离开所居住的市、县（旗），在七日以内的，应当报经司法所批准；超过七日的，应当由司法所签署意见后报经县级司法行政机关批准。返回居住地时，应当立即向司法所报告。社区矫正人员离开所居住市、县（旗）不得超过一个月。

第十四条 社区矫正人员未经批准不得变更居住的县（市、区、旗）。

社区矫正人员因居所变化确需变更居住地的，应当提前一个月提出书面申请，由司法所签署意见后报经县级司法行政机关审批。县级司法行政机关在征求社区矫正人员新居住地县级司法行政机关的意见后作出决定。

经批准变更居住地的,县级司法行政机关应当自作出决定之日起三个工作日内,将有关法律文书和矫正档案移交新居住地县级司法行政机关。有关法律文书应当抄送现居住地及新居住地县级人民检察院和公安机关。社区矫正人员应当自收到决定之日起七日内到新居住地县级司法行政机关报到。

第十五条 社区矫正人员应当参加公共道德、法律常识、时事政策等教育学习活动,增强法制观念、道德素质和悔罪自新意识。社区矫正人员每月参加教育学习时间不少于八小时。

第十六条 有劳动能力的社区矫正人员应当参加社区服务,修复社会关系,培养社会责任感、集体观念和纪律意识。社区矫正人员每月参加社区服务时间不少于八小时。

第十七条 根据社区矫正人员的心理状态、行为特点等具体情况,应当采取有针对性的措施进行个别教育和心理辅导,矫正其违法犯罪心理,提高其适应社会能力。

第十八条 司法行政机关应当根据社区矫正人员的需要,协调有关部门和单位开展职业培训和就业指导,帮助落实社会保障措施。

第十九条 司法所应当根据社区矫正人员个人生活、工作及所处社区的实际情况,有针对性地采取实地检查、通讯联络、信息化核查等措施及时掌握社区矫正人员的活动情况。重点时段、重大活动期间或者遇有特殊情况,司法所应当及时了解掌握社区矫正人员的有关情况,可以根据需要要求社区矫正人员到办公场所报告、说明情况。

社区矫正人员脱离监管的,司法所应当及时报告县级司法行政机关组织追查。

第二十条 司法所应当定期到社区矫正人员的家庭、所在单位、就读学校和居住的社区了解、核实社区矫正人员的思想动态和现实表现等情况。

对保外就医的社区矫正人员,司法所应当定期与其治疗医院沟通联系,及时掌握其身体状况及疾病治疗、复查结果等情况,并根据需要向批准、决定机关或者有关监狱、看守所反馈情况。

第二十一条 司法所应当及时记录社区矫正人员接受监督管理、参加教育学习和社区服务等情况,定期对其接受矫正的表现进行考核,并根据考核结果,对社区矫正人员实施分类管理。

第二十二条 发现社区矫正人员有违反监督管理规定或者人民法院禁止令情形的,司法行政机关应当及时派员调查核实情况,收集有关证明材料,提出处理意见。

第二十三条 社区矫正人员有下列情形之一的,县级司法行政机关应当给予警告,并出具书面决定:

(一)未按规定时间报到的;

(二)违反关于报告、会客、外出、居住地变更规定的;

(三)不按规定参加教育学习、社区服务等活动,经教育仍不改正的;

(四)保外就医的社区矫正人员无正当理由不按时提交病情复查情况,或者未经批准进行就医以外的社会活动且经教育仍不改正的;

(五)违反人民法院禁止令,情节轻微的;

（六）其他违反监督管理规定的。

第二十四条 社区矫正人员违反监督管理规定或者人民法院禁止令，依法应予治安管理处罚的，县级司法行政机关应当及时提请同级公安机关依法给予处罚。公安机关应当将处理结果通知县级司法行政机关。

第二十五条 缓刑、假释的社区矫正人员有下列情形之一的，由居住地同级司法行政机关向原裁判人民法院提出撤销缓刑、假释建议书并附相关证明材料，人民法院应当自收到之日起一个月内依法作出裁定：

（一）违反人民法院禁止令，情节严重的；

（二）未按规定时间报到或者接受社区矫正期间脱离监管，超过一个月的；

（三）因违反监督管理规定受到治安管理处罚，仍不改正的；

（四）受到司法行政机关三次警告仍不改正的；

（五）其他违反有关法律、行政法规和监督管理规定，情节严重的。

司法行政机关撤销缓刑、假释的建议书和人民法院的裁定书同时抄送社区矫正人员居住地同级人民检察院和公安机关。

第二十六条 暂予监外执行的社区矫正人员有下列情形之一的，由居住地县级司法行政机关向批准、决定机关提出收监执行的建议书并附相关证明材料，批准、决定机关应当自收到之日起十五日内依法作出决定：

（一）发现不符合暂予监外执行条件的；

（二）未经司法行政机关批准擅自离开居住的市、县（旗），经警告拒不改正，或者拒不报告行踪，脱离监管的；

（三）因违反监督管理规定受到治安管理处罚，仍不改正的；

（四）受到司法行政机关两次警告，仍不改正的；

（五）保外就医期间不按规定提交病情复查情况，经警告拒不改正的；

（六）暂予监外执行的情形消失后，刑期未满的；

（七）保证人丧失保证条件或者因不履行义务被取消保证人资格，又不能在规定期限内提出新的保证人的；

（八）其他违反有关法律、行政法规和监督管理规定，情节严重的。

司法行政机关的收监执行建议书和决定机关的决定书，应当同时抄送社区矫正人员居住地同级人民检察院和公安机关。

第二十七条 人民法院裁定撤销缓刑、假释或者对暂予监外执行罪犯决定收监执行的，居住地县级司法行政机关应当及时将罪犯送交监狱或者看守所，公安机关予以协助。

监狱管理机关对暂予监外执行罪犯决定收监执行的，监狱应当立即赴羁押地将罪犯收监执行。

公安机关对暂予监外执行罪犯决定收监执行的，由罪犯居住地看守所将罪犯收监执行。

第二十八条 社区矫正人员符合法定减刑条件的，由居住地县级司法行政机关提出减刑建议书并附相关证明材料，经地（市）级司法行政机关审核同意后提请社区矫正人员居住地的中级人民法院裁定。人民法院应当自收到之日起一个月内依法裁定；暂予监外执行罪犯的减刑，案情复杂或者情况特殊的，可以延长一个月。司法行政机关减刑建议书和人民法院减刑裁定书副本，应当同时抄送社区矫正人员居住地同级人民检察院和公安机关。

第二十九条　社区矫正期满前，社区矫正人员应当作出个人总结，司法所应当根据其在接受社区矫正期间的表现、考核结果、社区意见等情况作出书面鉴定，并对其安置帮教提出建议。

第三十条　社区矫正人员矫正期满，司法所应当组织解除社区矫正宣告。宣告由司法所工作人员主持，按照规定程序公开进行。

司法所应当针对社区矫正人员不同情况，通知有关部门、村（居）民委员会、群众代表、社区矫正人员所在单位、社区矫正人员的家庭成员或者监护人、保证人参加宣告。

宣告事项应当包括：宣读对社区矫正人员的鉴定意见；宣布社区矫正期限届满，依法解除社区矫正；对判处管制的，宣布执行期满，解除管制；对宣告缓刑的，宣布缓刑考验期满，原判刑罚不再执行；对裁定假释的，宣布考验期满，原判刑罚执行完毕。

县级司法行政机关应当向社区矫正人员发放解除社区矫正证明书，并书面通知决定机关，同时抄送县级人民检察院和公安机关。

暂予监外执行的社区矫正人员刑期届满的，由监狱、看守所依法为其办理刑满释放手续。

第三十一条　社区矫正人员死亡、被决定收监执行或者被判处监禁刑罚的，社区矫正终止。

社区矫正人员在社区矫正期间死亡的，县级司法行政机关应当及时书面通知批准、决定机关，并通报县级人民检察院。

第三十二条　对于被判处剥夺政治权利在社会上服刑的罪犯，司法行政机关配合公安机关，监督其遵守刑法第五十四条的规定，并及时掌握有关信息。被剥夺政治权利的罪犯可以自愿参加司法行政机关组织的心理辅导、职业培训和就业指导活动。

第三十三条　对未成年人实施社区矫正，应当遵循教育、感化、挽救的方针，按照下列规定执行：

（一）对未成年人的社区矫正应当与成年人分开进行；

（二）对未成年社区矫正人员给予身份保护，其矫正宣告不公开进行，其矫正档案应当保密；

（三）未成年社区矫正人员的矫正小组应当有熟悉青少年成长特点的人员参加；

（四）针对未成年人的年龄、心理特点和身心发育需要等特殊情况，采取有益于其身心健康发展的监督管理措施；

（五）采用易为未成年人接受的方式，开展思想、法制、道德教育和心理辅导；

（六）协调有关部门为未成年社区矫正人员就学、就业等提供帮助；

（七）督促未成年社区矫正人员的监护人履行监护职责，承担抚养、管教等义务；

（八）采取其他有利于未成年社区矫正人员改过自新、融入正常社会生活的必要措施。

犯罪的时候不满十八周岁被判处五年有期徒刑以下刑罚的社区矫正人员,适用前款规定。

第三十四条 社区矫正人员社区矫正期满的,司法所应当告知其安置帮教有关规定,与安置帮教工作部门妥善做好交接,并转交有关材料。

第三十五条 司法行政机关应当建立例会、通报、业务培训、信息报送、统计、档案管理以及执法考评、执法公开、监督检查等制度,保障社区矫正工作规范运行。

司法行政机关应当建立突发事件处置机制,发现社区矫正人员非正常死亡、实施犯罪、参与群体性事件的,应当立即与公安机关等有关部门协调联动、妥善处置,并将有关情况及时报告上级司法行政机关和有关部门。

司法行政机关和公安机关、人民检察院、人民法院建立社区矫正人员的信息交换平台,实现社区矫正工作动态数据共享。

第三十六条 社区矫正人员的人身安全、合法财产和辩护、申诉、控告、检举以及其他未被依法剥夺或者限制的权利不受侵犯。社区矫正人员在就学、就业和享受社会保障等方面,不受歧视。

司法工作人员应当认真听取和妥善处理社区矫正人员反映的问题,依法维护其合法权益。

第三十七条 人民检察院发现社区矫正执法活动违反法律和本办法规定的,可以区别情况提出口头纠正意见、制发纠正违法通知书或者检察建议书。交付执行机关和执行机关应当及时纠正、整改,并将有关情况告知人民检察院。

第三十八条 在实施社区矫正过程中,司法工作人员有玩忽职守、徇私舞弊、滥用职权等违法违纪行为的,依法给予相应处分;构成犯罪的,依法追究刑事责任。

第三十九条 各级人民法院、人民检察院、公安机关、司法行政机关应当切实加强对社区矫正工作的组织领导,健全工作机制,明确工作机构,配备工作人员,落实工作经费,保障社区矫正工作的顺利开展。

第四十条 本办法自2012年3月1日起施行。最高人民法院、最高人民检察院、公安部、司法部之前发布的有关社区矫正的规定与本办法不一致的,以本办法为准。

中央社会治安综合治理委员会办公室 最高人民法院 最高人民检察院 公安部 司法部关于印发《关于加强和规范监外执行工作的意见》的通知

2009年6月25日　　　　　　　　　　　　　高检会〔2009〕3号

各省、自治区、直辖市社会治安综合治理委员会办公室、高级人民法院、人民检察院、公安厅（局）、司法厅（局），新疆生产建设兵团社会治安综合治理委员会办公室、新疆维吾尔自治区高级人民法院生产建设兵团分院、新疆生产建设兵团人民检察院、公安局、司法局、监狱管理局：

为加强和规范监外执行工作，中央社会治安综合治理委员会办公室、最高人民法院、最高人民检察院、公安部、司法部制定了《关于加强和规范监外执行工作的意见》，现印发给你们，请遵照执行。

附：

关于加强和规范监外执行工作的意见

为加强和规范被判处管制、剥夺政治权利、宣告缓刑、假释、暂予监外执行罪犯的交付执行、监督管理及其检察监督等工作，保证刑罚的正确执行，根据《中华人民共和国刑法》、《中华人民共和国刑事诉讼法》、《中华人民共和国监狱法》、《中华人民共和国治安管理处罚法》等有关规定，结合工作实际，提出如下意见：

一、加强和规范监外执行的交付执行

1. 人民法院对罪犯判处管制、单处剥夺政治权利、宣告缓刑的，应当在判决、裁定生效后五个工作日内，核实罪犯居住地后将判决书、裁定书、执行通知书送达罪犯居住地县级公安机关主管部门，并抄送罪犯居住地县级人民检察院监所检察部门。

2. 监狱管理机关、公安机关决定罪犯暂予监外执行的，交付执行的监狱、看守所应当将罪犯押送至居住地，与罪犯居住地县级公安机关办理移交手续，并将暂予监外执行决定书等法律文书抄送罪犯居住地县级公安机关主管部门、县级人民检察院监所检察部门。

3. 罪犯服刑地与居住地不在同一省、自治区、直辖市，需要回居住地暂予监外执行的，服刑地的省级监狱管理机关、公安机关监所管理部门应当书面通知罪犯居住地的同级监狱管理机关、公安机关监所管理部门，由其指定一所监狱、看守所接收罪犯档案，负责办理该罪犯暂予监外执行情形消失后的收监、刑满释放等手续，并通知罪犯居住地县级公安机关主管部门、县级人民检察院监所检察部门。

4. 人民法院决定暂予监外执行的罪犯，判决、裁定生效前已被羁押的，由公安机关依照有关规定办理移交。判决、裁定生效前未被羁押的，由人民法院通知罪犯居住地的县级公安机关执行。人民法院应当在作出暂予监外执行决定后五个工作日内，将暂予监外执行决定书和判决书、裁定书、执行通知书送达罪犯居住地县级公安机关主管部门，并抄送罪犯居住地县级人民检察院监所检察部门。

5. 对于裁定假释的，人民法院应当将假释裁定书送达提请假释的执行机关和承担监所检察任务的人民检察院。监狱、看守所应当核实罪犯居住地，并在释放罪犯后五个工作日内将假释证明书副本、判决书、裁定书等法律文书送达罪犯居住地县级公安机关主管部门，抄送罪犯居住地县级人民检察院监所检察部门。对主刑执行完毕后附加执行剥夺政治权利的罪犯，监狱、看守所应当核实罪犯居住地，并在释放罪犯前一个月将刑满释放通知书、执行剥夺政治权利附加刑所依据的判决书、裁定书等法律文书送达罪犯居住地县级公安机关主管部门，抄送罪犯居住地县级人民检察院监所检察部门。

6. 被判处管制、剥夺政治权利、缓刑罪犯的判决、裁定作出后，以及被假释罪犯、主刑执行完毕后附加执行剥夺政治权利罪犯出监时，人民法院、监狱、看守所应当书面告知其必须按时到居住地公安派出所报到，以及不按时报到应承担的法律责任，并由罪犯本人在告知书上签字。自人民法院判决、裁定生效之日起或者监狱、看守所释放罪犯之日起，在本省、自治区、直辖市裁判或者服刑、羁押的应当在十日内报到，在外省、自治区、直辖市裁判或者服刑、羁押的应当在二十日内报到。告知书一式三份，一份交监外执行罪犯本人，一份送达执行地县级公安机关，一份由告知机关存档。

7. 执行地公安机关收到人民法院、监狱、看守所送达的法律文书后，应当在五个工作日内送达回执。

二、加强和规范监外执行罪犯的监督管理

8. 监外执行罪犯未在规定时间内报到的，公安派出所应当上报县级公安机关主管部门，由县级公安机关通报作出判决、裁定或者决定的机关。

9. 执行地公安机关认为罪犯暂予监外执行条件消失的，应当及时书面建议批准、决定暂予监外执行的机关或者接收该罪犯档案的监狱的上级主管机关收监执行。批准、决定机关或者接收该罪犯档案的监狱的上级主管机关审查后认为需要收监执行的，应当制作收监执行决定书，分别送达执行地公安机关和负责收监执行的监狱。执行地公安机关收到收监执行决定书后，应当立即将罪犯收押，并通知监狱到羁押地将罪犯收监执行。

对于公安机关批准的暂予监外执行罪犯，暂予监外执行条件消失的，执行地公安机关应当及时制作收监执行通知书，通知负责收监执行的看守所立即将罪犯收监执行。

10. 公安机关对暂予监外执行罪犯未经批准擅自离开所居住的市、县，经警告拒不改正，或者拒不报告行踪、下落不明的，可以按照有关程序上网追逃。

11. 人民法院决定暂予监外执行罪犯收监执行的，由罪犯居住地公安机关根据人民法院的决定，剩余刑期在一年以上的送交暂予监外执行地就近监狱执行，剩余刑期在一年以下的送交暂予监外执行地看守所代为执行。

12. 暂予监外执行罪犯未经批准擅自离开所居住的市、县，经警告拒不改正的，或者拒不报告行踪、下落不明的，或者采取自伤、自残、欺骗、贿赂等手段骗取、拖延暂予监外执行的，或者两次以上无正当理由不按时提交医疗、诊断病历材料的，批准、决定机关应当根据执行地公安机关建议，及时作出对其收监执行的决定。

对公安机关批准的暂予监外执行罪犯发生上述情形的，执行地公安机关应当及时作出对其收监执行的决定。

13. 公安机关应当建立对监外执行罪犯的考核奖惩制度，根据考核结果，对表现良好的应当给予表扬奖励；对符合法定减刑条件的，应当依法提出减刑建议，人民法院应当依法裁定。执行机关减刑建议书副本和人民法院减刑裁定书副本应当抄送同级人民检察院监所检察部门。

14. 监外执行罪犯在执行期、考验期内，违反法律、行政法规或者国务院公安部门有关监督管理规定的，由公安机关依照《中华人民共和国治安管理处罚法》第六十条的规定给予治安管理处罚。

15. 被宣告缓刑、假释的罪犯在缓刑、假释考验期间有下列情形之一的，由与原裁判人民法院同级的执行地公安机关提出撤销缓刑、假释的建议：

（1）人民法院、监狱、看守所已书面告知罪犯应当按时到执行地公安机关报到，罪犯未在规定的时间内报到，脱离监管三个月以上的；

（2）未经执行地公安机关批准擅自离开所居住的市、县或者迁居，脱离监管三个月以上的；

（3）未按照执行地公安机关的规定报告自己的活动情况或者不遵守执行机关关于会客等规定，经过三次教育仍然拒不改正的；

（4）有其他违反法律、行政法规或者国务院公安部门有关缓刑、假释的监督管理规定行为，情节严重的。

16. 人民法院裁定撤销缓刑、假释后，执行地公安机关应当及时将罪犯送交监狱或者看守所收监执行。被撤销缓刑、假释并决定收监执行的罪犯下落不明的，公安机关可以按照有关程序上网追逃。

公安机关撤销缓刑、假释的建议书副本和人民法院撤销缓刑、假释的裁定书副本应当抄送罪犯居住地人民检察院监所检察部门。

17. 监外执行罪犯在缓刑、假释、暂予监外执行、管制或者剥夺政治权利期间死亡的，公安机关应当核实情况后通报原作出判决、裁定的人民法院和原关押监狱、看守所，或者接收该罪犯档案的监狱、看守所，以及执行地县级人民检察院监所检察部门。

18. 被判处管制、剥夺政治权利的罪犯执行期满的，公安机关应当通知其本人，并向其所在单位或者居住地群众公开宣布解除管制或者恢复政治权利；被宣告缓刑的罪犯缓刑考验期满，原判刑罚不再执行的，公安机关应当向其本人和所在单位或者居住地群众宣布,并通报原判决的人民法院;被裁定假释的罪犯假释考验期满,原判刑罚执行完毕的,公安机关应当向其本人和所在单位或者居住地群众宣布,并通报原裁定的人民法院和原执行的监狱、看守所。

19. 暂予监外执行的罪犯刑期届满的,执行地公安机关应当及时通报原关押监狱、看守所或者接收该罪犯档案的监狱、看守所,按期办理释放手续。人民法院决定暂予监外执行的罪犯刑期届满的,由执行地公安机关向原判决人民法院和执行地县级人民检察院通报,并按期办理释放手续。

三、加强和规范监外执行的检察监督

20. 人民检察院对人民法院、公安机关、监狱、看守所交付监外执行活动和监督管理监外执行罪犯活动实行法律监督,发现违法违规行为的,应当及时提出纠正意见。

21. 县级人民检察院对人民法院、监狱、看守所交付本县(市、区、旗)辖区执行监外执行的罪犯应当逐一登记,建立罪犯监外执行情况检察台账。

22. 人民检察院在监外执行检察中,应当依照有关规定认真受理监外执行罪犯的申诉、控告,妥善处理他们反映的问题,依法维护其合法权益。

23. 人民检察院应当采取定期和不定期相结合的方法进行监外执行检察,并针对存在的问题,区别不同情况,发出纠正违法通知书、检察建议书或者提出口头纠正意见。交付执行机关和执行机关对人民检察院提出的纠正意见、检察建议无异议的,应当在十五日内纠正并告知纠正结果;对纠正意见、检察建议有异议的,应当在接到人民检察院纠正意见、检察建议后七日内向人民检察院提出,人民检察院应当复议,并在七日内作出复议决定;对复议结论仍然提出异议的,应当提请上一级人民检察院复核,上一级人民检察院应当在七日内作出复核决定。

24. 人民检察院发现有下列情形的,应当提出纠正意见:

(1) 人民法院、监狱、看守所没有依法送达监外执行法律文书,没有依法将罪犯交付执行,没有依法告知罪犯权利义务的;

(2) 人民法院收到有关机关对监外执行罪犯的撤销缓刑、假释、暂予监外执行的建议后,没有依法进行审查、裁定、决定的;

(3) 公安机关没有及时接收监外执行罪犯,对监外执行罪犯没有落实监管责任、监管措施的;

(4) 公安机关对违法的监外执行罪犯依法应当给予处罚而没有依法作出处罚或者建议处罚的;

(5) 公安机关、监狱管理机关应当作出对罪犯收监执行决定而没有作出决定的;

(6) 监狱、看守所应当将罪犯收监执行而没有收监执行的;

(7) 对依法应当减刑的监外执行罪犯,公安机关没有提请减刑或者提请减刑不当的;

(8) 对依法应当减刑的监外执行罪犯,人民法院没有裁定减刑或者减刑裁定不当的;

(9) 监外执行罪犯刑期或者考验期满,公安机关、监狱、看守所未及时办理相关手

续和履行相关程序的；

（10）人民法院、公安机关、监狱、看守所在监外执行罪犯交付执行、监督管理过程中侵犯罪犯合法权益的；

（11）监外执行罪犯出现脱管、漏管情况的；

（12）其他依法应当提出纠正意见的情形。

25. 监外执行罪犯在监外执行期间涉嫌犯罪，公安机关依法应当立案而不立案的，人民检察院应当按照《中华人民共和国刑事诉讼法》第八十七条的规定办理。

四、加强监外执行的综合治理

26. 各级社会治安综合治理部门、人民法院、人民检察院、公安机关、司法行政机关应当充分认识加强和规范监外执行工作对于防止和纠正监外执行罪犯脱管、漏管问题，预防和减少重新犯罪，促进社会和谐稳定的重要意义，加强对这一工作的领导和检查；在监外执行的交付执行、监督管理、检察监督、综治考评等各个环节中，根据分工做好职责范围内的工作，形成各司其职、各负其责、协作配合、齐抓共管的工作格局。各级社会治安综合治理部门应当和人民检察院共同做好对监外执行的考评工作，并作为实绩评定的重要内容，强化责任追究，确保本意见落到实处。

27. 各级社会治安综合治理部门、人民法院、人民检察院、公安机关、司法行政机关应当每年定期召开联席会议，通报有关情况，研究解决监外执行工作中的问题。交付执行机关和县级公安机关应当每半年将监外执行罪犯的交付执行、监督管理情况书面通报同级社会治安综合治理部门和人民检察院监所检察部门。

28. 各省、自治区、直辖市应当按照中央有关部门的统一部署，认真开展并深入推进社区矫正试点工作，加强和规范对社区服刑人员的监督管理、教育矫正工作，努力发挥社区矫正在教育改造罪犯、预防重新违法犯罪方面的重要作用。社区矫正试点地区的社区服刑人员的交付执行、监督管理工作，参照本意见和依照社区矫正有关规定执行。

最高人民法院　最高人民检察院　公安部　司法部
关于全面推进社区矫正工作的意见

2014 年 8 月 28 日　　　　　　　　　　　　司发〔2014〕13 号

各省、自治区、直辖市高级人民法院、人民检察院、公安厅（局）、司法厅（局），新疆维吾尔自治区高级人民法院生产建设兵团分院、新疆生产建设兵团人民检察院、公安局、司法局、监狱局：

党的十八届三中全会通过的《中共中央关于全面深化改革若干重大问题的决定》明确提出，要"健全社区矫正制度"。今年 4 月 21 日，习近平总书记在听取司法部工作汇报时明确指出,社区矫正已在试点的基础上全面推开,新情况新问题会不断出现。要持续跟踪完善社区矫正制度,加快推进立法,理顺工作体制机制,加强矫正机构和队伍建设,切实提高社区矫正工作水平。习近平总书记的重要指示,充分肯定了社区矫正工作取得的成绩,对社区矫正工作的目标、任务、措施等作了全面论述,提出了明确要求,为进一步做好社区矫正工作、完善社区矫正制度指明了方向。今年5月27日,最高人民法院、最高人民检察院、公安部、司法部联合召开了全国社区矫正工作会议,中央政治局委员、中央政法委书记孟建柱同志出席会议并作了重要讲话,对全面推进社区矫正工作提出了明确要求,对做好社区矫正工作具有重要指导意义。要认真学习领会习近平总书记重要指示和孟建柱同志重要讲话精神,切实抓好贯彻落实。现就全面推进社区矫正工作提出如下意见:

一、充分认识全面推进社区矫正工作的重要性和必要性

社区矫正是一项重要的非监禁刑罚执行制度,是宽严相济刑事政策在刑罚执行方面的重要体现,充分体现了社会主义法治教育人、改造人的优越性。在党中央、国务院正确领导下,我国从2003年开始社区矫正试点,2005年扩大试点,2009年全面试行。十多年来,社区矫正工作有序推进,发展顺利,取得了良好的法律效果和社会效果。目前,社区矫正具备了较好的工作基础,法律制度初步确立,领导体制和工作机制逐步完善,机构队伍建设明显加强,保障能力进一步增强,社会参与积极性不断提高,社区矫正法已经列入立法规划,全面推进社区矫正工作的时机和条件已经成熟。全面推进社区矫正,健全社区矫正制度,是维护社会和谐稳定、推进平安中国建设的迫切要求,是完善刑罚执行制度,推进司法体制改革的必然要求,是体现国家尊重和保障人权、贯彻宽严相济刑事政策的内在要求。要切实增强政治意识、大局意识和责任意识,认真做好社区矫正工作,健全社区矫正制度,更好地发挥其在维护社会和谐稳定、推进平安中国建设中的积极作用。

二、全面推进社区矫正工作的指导思想和基本原则

全面推进社区矫正工作的指导思想是:以邓小平理论、"三个代表"重要思想、科学发展观为指导,认真贯彻落实党的十八大、十八届三中全会精神,认真学习贯彻习近平总书记系列重要讲话精神,学习贯彻习近平总书记对司法行政工作重要指示精神,贯彻落实中央深化司法体制和社会体制改革的决策部署,全面推进社区矫正,切实抓好对社区服刑人员的监督管理、教育矫正和社会适应性帮扶,加强中国特色社区矫正法律制度建设、机构队伍建设和保障能力建设,健全完善社区矫正制度,更好地预防和减少重新违法犯罪,为维护社会和谐稳定,建设平安中国、法治中国作出积极贡献。

全面推进社区矫正工作的基本原则是:必须坚持党的领导,立足我国基本国情,探索建立完善中国特色社区矫正制度,不照抄照搬国外的制度模式和做法,坚持社区矫正工作正确方向;必须坚持从实际出发,与本地的经济社会发展水平相适应,充分考虑社会对社区矫正工作的认同感,充分考虑本地社区建设、社会资源、工作力量的承受力;必须坚持依法推进,严格按照刑法、刑事诉讼法的规定开展工作,严格遵守和执行法定

条件和程序,充分体现刑罚执行的严肃性、统一性和权威性;必须坚持把教育改造社区服刑人员作为社区矫正工作的中心任务,切实做好社区服刑人员监管教育和帮困扶助,把社区服刑人员改造成守法公民,预防和减少重新犯罪;必须坚持统筹协调,充分发挥各部门的职能作用,广泛动员社会力量参与社区矫正工作,为社区服刑人员顺利回归社会创造条件;必须坚持改革创新,用创新的思维和改革的办法解决工作中的困难和问题,不断实现新发展、取得新成绩。

三、全面推进社区矫正工作的主要任务

全面推进社区矫正,标志着社区矫正工作进入了一个新的发展阶段。各地要适应新形势新任务的要求,抓住机遇,顺势而为,依法规范履行职责,积极稳妥推进工作。

(一)全面落实社区矫正工作基本任务。严格执行刑罚,加强监督管理、教育矫正和社会适应性帮扶,是社区矫正的基本任务,也是全面推进社区矫正工作的前提和条件。要切实加强监督管理。严格落实监管制度,防止社区服刑人员脱管、漏管和重新违法犯罪。严格检查考核,及时准确掌握社区服刑人员的改造情况,按规定实施分级处遇,调动社区服刑人员的改造积极性。大力创新管理方式,充分发挥矫正小组的作用,充分利用现代科技手段,进一步推广手机定位、电子腕带等信息技术在监管中的应用,提高监管的可靠性和有效性。强化应急处置,健全完善应急处置预案,确保突发事件防范有力、处置迅速。要切实加强教育矫正。认真组织开展思想道德、法制、时事政治等教育,帮助社区服刑人员提高道德修养,增强法制观念,自觉遵纪守法。要组织开展社区服务,培养社区服刑人员正确的劳动观念,增强社会责任感,帮助他们修复社会关系,更好地融入社会。大力创新教育方式方法,实行分类教育和个别教育,普遍开展心理健康教育,做好心理咨询和心理危机干预,不断增强教育矫治效果。建立健全教育矫正质量评估体系,分阶段对社区服刑人员进行评估,并及时调整完善矫正对策措施,增强教育矫正的针对性和实效性。要切实加强社会适应性帮扶工作。制定完善并认真落实帮扶政策,协调解决社区服刑人员就业、就学、最低生活保障、临时救助、社会保险等问题,为社区服刑人员安心改造并融入社会创造条件。广泛动员企事业单位、社会团体、志愿者等各方面力量,发挥社会帮扶的综合优势,努力形成社会合力,提高帮扶效果。

(二)积极推进社区矫正制度化规范化法制化建设。积极推进社区矫正立法,努力从法律层面解决有关重大问题,为社区矫正工作长远发展提供法律保障。加强规章制度建设,在《社区矫正实施办法》基础上,进一步健全完善工作规定,使社区矫正工作制度覆盖调查评估、交付接收、管理教育、考核奖惩、收监执行、解除矫正等各个环节,确保社区矫正工作规范运行。深入推进社区矫正执法规范化建设,健全执法机制、完善执法流程、加强执法检查,切实规范执法行为,维护社区服刑人员合法权益,努力在每一个执法环节、每一起执法案件办理上使人民群众、社区服刑人员及其家属感受到公平正义。

(三)进一步健全社区矫正工作领导体制和工作机制。理顺社区矫正工作体制机制。建立和完善党委政府统一领导,司法行政部门组织实施、指导管理,法院、检察院、公

安等相关部门协调配合，社会力量广泛参与的社区矫正领导体制和工作机制。进一步完善社区矫正联席会议制度、信息共享制度、情况通报制度等协作配合机制，及时发现和解决社区矫正全面推进过程中出现的新情况和新问题，共同制定和完善有关规章制度。司法行政机关要加强对社区矫正工作的组织实施、指导管理，完善监管教育制度，创新工作方法，依法规范、积极有序推进社区矫正工作。人民法院要依法适用社区矫正，对符合条件的被告人、罪犯，依法及时作出适用、变更社区矫正的判决、裁定；在社区矫正适用前，可委托司法行政机关进行调查评估；判决、裁定生效后，及时与社区矫正机构办理社区服刑人员及法律文书等相关移送手续，积极参与对社区服刑人员的回访和帮教。人民检察院要依法加强对社区矫正的法律监督，对违反法律规定的，及时提出纠正意见和检察建议，维护刑罚执行公平正义，维护社区服刑人员的合法权益，保障社区矫正依法公正进行。公安机关对重新犯罪、应予治安管理处罚的社区服刑人员，要依法及时处理。司法所、公安派出所、派驻乡镇检察室、人民法庭要建立健全社区矫正工作衔接配合机制，及时协调解决社区矫正工作中遇到的实际问题，确保社区矫正工作顺利推进。积极争取立法、编制、民政、财政、人力资源和社会保障等部门支持，为社区矫正工作全面推进创造有利条件。

（四）切实加强社区矫正机构和队伍建设。加强社区矫正机构建设，建立健全省、市、县三级社区矫正机构，重点加强县级司法行政机关社区矫正专门机构建设，切实承担起社区矫正工作职责。切实加强社区矫正工作队伍建设，着力加强县、乡两级专职队伍建设，配齐配强工作人员，保证执法和管理工作需要。各地要从各自实际出发，积极研究探索采取政府购买服务的方式，充实社区矫正机构工作人员，坚持专群结合，发展社会工作者和社会志愿者队伍，组织和引导企事业单位、社会团体、社会工作者和志愿者参与社区矫正工作。大力加强思想政治建设，教育引导社区矫正工作者坚定理想信念，牢固树立执法为民、公正执法的理念，培育职业良知，忠诚履行职责。大力加强执法能力和作风建设，加大业务培训力度，开展经常性岗位练兵活动，不断提高业务素质和工作能力，努力建设一支高素质的社区矫正工作队伍。切实加强司法所建设，改善装备条件，做好社区矫正日常工作。加强村（居）社区矫正工作站建设，落实帮教帮扶措施。

（五）进一步加强社区矫正工作保障能力建设。切实抓好社区矫正经费落实，按照财政部、司法部关于进一步加强社区矫正经费保障工作的意见，将社区矫正经费纳入各级财政预算，并探索建立动态增长机制，以适应社区矫正工作发展需要。大力推进场所设施建设，多形式、多渠道建立社区矫正场所设施，对社区服刑人员进行接收宣告、集中学习和培训。大力加强社区矫正信息化建设，科学规划，统一规范，健全完善全国社区服刑人员数据库，建立社区矫正信息平台，与有关部门互联互通、资源共享，推动实施对社区服刑人员网上监管、网上教育、网上服务帮扶，不断提升社区矫正工作的信息化水平。

四、切实加强对全面推进社区矫正工作的组织领导

要紧紧依靠党委政府的领导，把社区矫正工作纳入经济社会发展总体规划，及时研究解决工作中的重大问题。要加强部门之间的沟通协调和衔接配合，落实各项政策措施，确保社区矫正工作全面推进。要切实加强调查研究，持续跟踪社区矫正工作发展，及时研究解决社区矫正工作中出现的新情况新问题，尤其要围绕健全组织机构、完善工作制度、落实经费场所设施保障、加强队伍建设等，深入调查研究，切实解决问题，推动社区矫正工作不断深入。要加大社区矫正工作宣传力度。及时总结推广社区矫正工作的好经验好做法，充分发挥典型示范作用。大力表彰社区矫正工作中涌现出来的先进事迹，激励广大社区矫正工作者和社会各方力量在教育矫正社区服刑人员、维护社会和谐稳定中建功立业。要坚持改革创新，创造性地开展工作，创新监督管理方法手段，丰富教育矫正内容，注重社会适应性帮扶的针对性和实效性。要坚持求真务实、真抓实干，发扬钉钉子精神，把社区矫正工作各项任务落到实处、见到实效，切实提高社区矫正工作水平。

最高人民法院　最高人民检察院　公安部
司法部　国家卫生计生委
关于印发《暂予监外执行规定》的通知

2014年10月24日　　　　　　　　　　司发通〔2014〕112号

各省、自治区、直辖市高级人民法院、人民检察院、公安厅（局）、司法厅（局）、卫生计生委，新疆维吾尔自治区高级人民法院生产建设兵团分院、新疆生产建设兵团人民检察院、公安局、司法局、监狱管理局、卫生局：

为了正确贯彻实施修改后的刑事诉讼法，进一步完善暂予监外执行制度，保障暂予监外执行工作严格依法规范进行，按照中央司法体制改革的要求，最高人民法院、最高人民检察院、公安部、司法部、国家卫生计生委联合制定了《暂予监外执行规定》，现予以印发，请认真贯彻执行。对于实施情况及遇到的问题，请分别及时报告最高人民法院、最高人民检察院、公安部、司法部、国家卫生计生委。

附：

暂予监外执行规定

第一条　为了规范暂予监外执行工作，严格依法适用暂予监外执行，根据刑事诉讼法、监狱法等有关规定，结合刑罚执行工作实际，制定本规定。

第二条　对罪犯适用暂予监外执行，分别由下列机关决定或者批准：

（一）在交付执行前，由人民法院决定；
（二）在监狱服刑的，由监狱审查同意后提请省级以上监狱管理机关批准；
（三）在看守所服刑的，由看守所审查同意后提请设区的市一级以上公安机关批准。
对有关职务犯罪罪犯适用暂予监外执行，还应当依照有关规定逐案报请备案审查。

第三条 对暂予监外执行的罪犯，依法实行社区矫正，由其居住地的社区矫正机构负责执行。

第四条 罪犯在暂予监外执行期间的生活、医疗和护理等费用自理。

罪犯在监狱、看守所服刑期间因参加劳动致伤、致残被暂予监外执行的，其出监、出所后的医疗补助、生活困难补助等费用，由其服刑所在的监狱、看守所按照国家有关规定办理。

第五条 对被判处有期徒刑、拘役或者已经减为有期徒刑的罪犯，有下列情形之一，可以暂予监外执行：

（一）患有属于本规定所附《保外就医严重疾病范围》的严重疾病，需要保外就医的；
（二）怀孕或者正在哺乳自己婴儿的妇女；
（三）生活不能自理的。

对被判处无期徒刑的罪犯，有前款第二项规定情形的，可以暂予监外执行。

第六条 对需要保外就医或者属于生活不能自理，但适用暂予监外执行可能有社会危险性，或者自伤自残，或者不配合治疗的罪犯，不得暂予监外执行。

对职务犯罪、破坏金融管理秩序和金融诈骗犯罪、组织（领导、参加、包庇、纵容）黑社会性质组织犯罪的罪犯适用保外就医应当从严审批，对患有高血压、糖尿病、心脏病等严重疾病，但经诊断短期内没有生命危险的，不得暂予监外执行。

对在暂予监外执行期间因违法违规被收监执行或者因重新犯罪被判刑的罪犯，需要再次适用暂予监外执行的，应当从严审批。

第七条 对需要保外就医或者属于生活不能自理的累犯以及故意杀人、强奸、抢劫、绑架、放火、爆炸、投放危险物质或者有组织的暴力性犯罪的罪犯，原被判处死刑缓期二年执行或者无期徒刑的，应当在减为有期徒刑后执行有期徒刑七年以上方可适用暂予监外执行；原被判处十年以上有期徒刑的，应当执行原判刑期三分之一以上方可适用暂予监外执行。

对未成年罪犯、六十五周岁以上的罪犯、残疾人罪犯，适用前款规定可以适度从宽。

对患有本规定所附《保外就医严重疾病范围》的严重疾病，短期内有生命危险的罪犯，可以不受本条第一款规定关于执行刑期的限制。

第八条 对在监狱、看守所服刑的罪犯需要暂予监外执行的，监狱、看守所应当组织对罪犯进行病情诊断、妊娠检查或者生活不能自理的鉴别。罪犯本人或者其亲属、监护人也可以向监狱、看守所提出书面申请。

监狱、看守所对拟提请暂予监外执行的罪犯，应当核实其居住地。需要调查其对所居住社区影响的，可以委托居住地县级司法行政机关进行调查。

监狱、看守所应当向人民检察院通报有关情况。人民检察院可以派员监督有关诊断、检查和鉴别活动。

第九条 对罪犯的病情诊断或者妊娠检查,应当委托省级人民政府指定的医院进行。医院出具的病情诊断或者检查证明文件,应当由两名具有副高以上专业技术职称的医师共同作出,经主管业务院长审核签名,加盖公章,并附化验单、影像学资料和病历等有关医疗文书复印件。

对罪犯生活不能自理情况的鉴别,由监狱、看守所组织有医疗专业人员参加的鉴别小组进行。鉴别意见由组织鉴别的监狱、看守所出具,参与鉴别的人员应当签名,监狱、看守所的负责人应当签名并加盖公章。

对罪犯进行病情诊断、妊娠检查或者生活不能自理的鉴别,与罪犯有亲属关系或者其他利害关系的医师、人员应当回避。

第十条 罪犯需要保外就医的,应当由罪犯本人或者其亲属、监护人提出保证人,保证人由监狱、看守所审查确定。

罪犯没有亲属、监护人的,可以由其居住地的村(居)民委员会、原所在单位或者社区矫正机构推荐保证人。

保证人应当向监狱、看守所提交保证书。

第十一条 保证人应当同时具备下列条件:

(一)具有完全民事行为能力,愿意承担保证人义务;

(二)人身自由未受到限制;

(三)有固定的住处和收入;

(四)能够与被保证人共同居住或者居住在同一市、县。

第十二条 罪犯在暂予监外执行期间,保证人应当履行下列义务:

(一)协助社区矫正机构监督被保证人遵守法律和有关规定;

(二)发现被保证人擅自离开居住的市、县或者变更居住地,或者有违法犯罪行为,或者需要保外就医情形消失,或者被保证人死亡的,立即向社区矫正机构报告;

(三)为被保证人的治疗、护理、复查以及正常生活提供帮助;

(四)督促和协助被保证人按照规定履行定期复查病情和向社区矫正机构报告的义务。

第十三条 监狱、看守所应当就是否对罪犯提请暂予监外执行进行审议。经审议决定对罪犯提请暂予监外执行的,应当在监狱、看守所内进行公示。对病情严重必须立即保外就医的,可以不公示,但应当在保外就医后三个工作日以内在监狱、看守所内公告。

公示无异议或者经审查异议不成立的,监狱、看守所应当填写暂予监外执行审批表,连同有关诊断、检查、鉴别材料、保证人的保证书,提请省级以上监狱管理机关或者设区的市一级以上公安机关批准。已委托进行核实、调查的,还应当附县级司法行政机关出具的调查评估意见书。

监狱、看守所审议暂予监外执行前,应当将相关材料抄送人民检察院。决定提请暂予监外执行的,监狱、看守所应当将提请暂予监外执行书面意见的副本和相关材料抄送人民检察院。人民检察院可以向决定或者批准暂予监外执行的机关提出书面意见。

第十四条 批准机关应当自收到监狱、看守所提请暂予监外执行材料之日起十五个工作日以内作出决定。批准暂予监外执行的，应当在五个工作日以内将暂予监外执行决定书送达监狱、看守所，同时抄送同级人民检察院、原判人民法院和罪犯居住地社区矫正机构。暂予监外执行决定书应当上网公开。不予批准暂予监外执行的，应当在五个工作日以内将不予批准暂予监外执行决定书送达监狱、看守所。

第十五条 监狱、看守所应当向罪犯发放暂予监外执行决定书，及时为罪犯办理出监、出所相关手续。

在罪犯离开监狱、看守所之前，监狱、看守所应当核实其居住地，书面通知其居住地社区矫正机构，并对其进行出监、出所教育，书面告知其在暂予监外执行期间应当遵守的法律和有关监督管理规定。罪犯应当在告知书上签名。

第十六条 监狱、看守所应当派员持暂予监外执行决定书及有关文书材料，将罪犯押送至居住地，与社区矫正机构办理交接手续。监狱、看守所应当及时将罪犯交接情况通报人民检察院。

第十七条 对符合暂予监外执行条件的，被告人及其辩护人有权向人民法院提出暂予监外执行的申请，看守所可以将有关情况通报人民法院。对被告人、罪犯的病情诊断、妊娠检查或者生活不能自理的鉴别，由人民法院依照本规定程序组织进行。

第十八条 人民法院应当在执行刑罚的有关法律文书依法送达前，作出是否暂予监外执行的决定。

人民法院决定暂予监外执行的，应当制作暂予监外执行决定书，写明罪犯基本情况、判决确定的罪名和刑罚、决定暂予监外执行的原因、依据等，在判决生效后七日以内将暂予监外执行决定书送达看守所或者执行取保候审、监视居住的公安机关和罪犯居住地社区矫正机构，并抄送同级人民检察院。

人民法院决定不予暂予监外执行的，应当在执行刑罚的有关法律文书依法送达前，通知看守所或者执行取保候审、监视居住的公安机关，并告知同级人民检察院。监狱、看守所应当依法接收罪犯，执行刑罚。

人民法院在作出暂予监外执行决定前，应当征求人民检察院的意见。

第十九条 人民法院决定暂予监外执行，罪犯被羁押的，应当通知罪犯居住地社区矫正机构，社区矫正机构应当派员持暂予监外执行决定书及时与看守所办理交接手续，接收罪犯档案；罪犯被取保候审、监视居住的，由社区矫正机构与执行取保候审、监视居住的公安机关办理交接手续。

第二十条 罪犯原服刑地与居住地不在同一省、自治区、直辖市，需要回居住地暂予监外执行的，原服刑地的省级以上监狱管理机关或者设区的市一级以上公安机关监所管理部门应当书面通知罪犯居住地的监狱管理机关、公安机关监所管理部门，由其指定一所监狱、看守所接收罪犯档案，负责办理罪犯收监、刑满释放等手续，并及时书面通知罪犯居住地社区矫正机构。

第二十一条 社区矫正机构应当及时掌握暂予监外执行罪犯的身体状况以及疾病治疗等情况，每三个月审查保外就医罪犯的病情复查情况，并根据需要向批准、决定机关或者有关监狱、看守所反馈情况。

第二十二条 罪犯在暂予监外执行期间因犯新罪或者发现判决宣告以前还有其他罪没有判决的，侦查机关应当在对罪犯采取强制措施后二十四小时以内，将有关情况通知罪犯居住地社区矫正机构；人民法院应当在判决、裁定生效后，及时将判决、裁定的结果通知罪犯居住地社区矫正机构和罪犯原服刑或者接收其档案的监狱、看守所。

罪犯按前款规定被判处监禁刑罚后，应当由原服刑的监狱、看守所收监执行；原服刑的监狱、看守所与接收其档案的监狱、看守所不一致的，应当由接收其档案的监狱、看守所收监执行。

第二十三条 社区矫正机构发现暂予监外执行罪犯依法应予收监执行的，应当提出收监执行的建议，经县级司法行政机关审核同意后，报决定或者批准机关。决定或者批准机关应当进行审查，作出收监执行决定的，将有关的法律文书送达罪犯居住地县级司法行政机关和原服刑或者接收其档案的监狱、看守所，并抄送同级人民检察院、公安机关和原判人民法院。

人民检察院发现暂予监外执行罪犯依法应予收监执行而未收监执行的，由决定或者批准机关同级的人民检察院向决定或者批准机关提出收监执行的检察建议。

第二十四条 人民法院对暂予监外执行罪犯决定收监执行的，决定暂予监外执行时剩余刑期在三个月以下的，由居住地公安机关送交看守所收监执行；决定暂予监外执行时剩余刑期在三个月以上的，由居住地公安机关送交监狱收监执行。

监狱管理机关对暂予监外执行罪犯决定收监执行的，原服刑或者接收其档案的监狱应当立即赴羁押地将罪犯收监执行。

公安机关对暂予监外执行罪犯决定收监执行的，由罪犯居住地看守所将罪犯收监执行。

监狱、看守所将罪犯收监执行后，应当将收监执行的情况报告决定或者批准机关，并告知罪犯居住地县级人民检察院和原判人民法院。

第二十五条 被决定收监执行的罪犯在逃的，由罪犯居住地县级公安机关负责追捕。公安机关将罪犯抓捕后，依法送交监狱、看守所执行刑罚。

第二十六条 被收监执行的罪犯有法律规定的不计入执行刑期情形的，社区矫正机构应当在收监执行建议书中说明情况，并附有关证明材料。批准机关进行审核后，应当及时通知监狱、看守所向所在地的中级人民法院提出不计入执行刑期的建议书。人民法院应当自收到建议书之日起一个月以内依法对罪犯的刑期重新计算作出裁定。

人民法院决定暂予监外执行的，在决定收监执行的同时应当确定不计入刑期的期间。

人民法院应当将有关的法律文书送达监狱、看守所，同时抄送同级人民检察院。

第二十七条 罪犯暂予监外执行后，刑期即将届满的，社区矫正机构应当在罪犯刑期届满前一个月以内，书面通知罪犯原服刑或者接收其档案的监狱、看守所按期办理刑满释放手续。

人民法院决定暂予监外执行罪犯刑期届满的，社区矫正机构应当及时解除社区矫正，向其发放解除社区矫正证明书，并将有关情况通报原判人民法院。

第二十八条 罪犯在暂予监外执行期间死亡的,社区矫正机构应当自发现之日起五日以内,书面通知决定或者批准机关,并将有关死亡证明材料送达罪犯原服刑或者接收其档案的监狱、看守所,同时抄送罪犯居住地同级人民检察院。

第二十九条 人民检察院发现暂予监外执行的决定或者批准机关、监狱、看守所、社区矫正机构有违法情形的,应当依法提出纠正意见。

第三十条 人民检察院认为暂予监外执行不当的,应当自接到决定书之日起一个月以内将书面意见送交决定或者批准暂予监外执行的机关,决定或者批准暂予监外执行的机关接到人民检察院的书面意见后,应当立即对该决定进行重新核查。

第三十一条 人民检察院可以向有关机关、单位调阅有关材料、档案,可以调查、核实有关情况,有关机关、单位和人员应当予以配合。

人民检察院认为必要时,可以自行组织或者要求人民法院、监狱、看守所对罪犯重新组织进行诊断、检查或者鉴别。

第三十二条 在暂予监外执行执法工作中,司法工作人员或者从事诊断、检查、鉴别等工作的相关人员有玩忽职守、徇私舞弊、滥用职权等违法违纪行为的,依法给予相应的处分;构成犯罪的,依法追究刑事责任。

第三十三条 本规定所称生活不能自理,是指罪犯因患病、身体残疾或者年老体弱,日常生活行为需要他人协助才能完成的情形。

生活不能自理的鉴别参照《劳动能力鉴定—职工工伤与职业病致残等级分级》(GB/T16180—2006)执行。进食、翻身、大小便、穿衣洗漱、自主行动等五项日常生活行为中有三项需要他人协助才能完成,且经过六个月以上治疗、护理和观察,自理能力不能恢复的,可以认定为生活不能自理。六十五周岁以上的罪犯,上述五项日常生活行为有一项需要他人协助才能完成即可视为生活不能自理。

第三十四条 本规定自2014年12月1日起施行。最高人民检察院、公安部、司法部1990年12月31日发布的《罪犯保外就医执行办法》同时废止。

附件:保外就医严重疾病范围(略)

最高人民法院　最高人民检察院
公安部　司法部
关于对因犯罪在大陆受审的台湾居民依法适用缓刑实行社区矫正有关问题的意见

2016年7月26日　　　　　　　　　　　　法发〔2016〕33号

为维护因犯罪在大陆受审的台湾居民的合法权益,保障缓刑的依法适用和执行,根据《中华人民共和国刑法》《中华人民共和国刑事诉讼法》和《社区矫正实施办法》等有关规定，结合工作实际，制定本意见。

第一条 对因犯罪被判处拘役、三年以下有期徒刑的台湾居民，如果其犯罪情节较轻、有悔罪表现、没有再犯罪的危险且宣告缓刑对所居住社区没有重大不良影响的，人民法院可以宣告缓刑，对其中不满十八周岁的人、怀孕的妇女和已满七十五周岁的人，应当宣告缓刑。

第二条 人民检察院建议对被告人宣告缓刑的，应当说明依据和理由。

被告人及其法定代理人、辩护人提出宣告缓刑的请求，应当说明理由，必要时需提交经过台湾地区公证机关公证的被告人在台湾地区无犯罪记录证明等相关材料。

第三条 公安机关、人民检察院、人民法院需要委托司法行政机关调查评估宣告缓刑对社区影响的，可以委托犯罪嫌疑人、被告人在大陆居住地的县级司法行政机关，也可以委托适合协助社区矫正的下列单位或者人员所在地的县级司法行政机关：

（一）犯罪嫌疑人、被告人在大陆的工作单位或者就读学校；

（二）台湾同胞投资企业协会、台湾同胞投资企业；

（三）其他愿意且有能力协助社区矫正的单位或者人员。

已经建立涉台社区矫正专门机构的地方，可以委托该机构所在地的县级司法行政机关调查评估。

根据前两款规定仍无法确定接受委托的调查评估机关的，可以委托办理案件的公安机关、人民检察院、人民法院所在地的县级司法行政机关。

第四条 司法行政机关收到委托后，一般应当在十个工作日内向委托机关提交调查评估报告；对提交调查评估报告的时间另有规定的，从其规定。

司法行政机关开展调查评估，可以请当地台湾同胞投资企业协会、台湾同胞投资企业以及犯罪嫌疑人、被告人在大陆的监护人、亲友等协助提供有关材料。

第五条 人民法院对被告人宣告缓刑时，应当核实其居住地或者本意见第三条规定的有关单位、人员所在地，书面告知被告人应当自判决、裁定生效后十日内到社区矫正执行地的县级司法行政机关报到，以及逾期报到的法律后果。

缓刑判决、裁定生效后，人民法院应当在十日内将判决书、裁定书、执行通知书等法律文书送达社区矫正执行地的县级司法行政机关，同时抄送该地县级人民检察院和公安机关。

第六条 对被告人宣告缓刑的，人民法院应当及时作出不准出境决定书，同时依照有关规定办理边控手续。

实施边控的期限为缓刑考验期限。

第七条 对缓刑犯的社区矫正，由其在大陆居住地的司法行政机关负责指导管理、组织实施；在大陆没有居住地的，由本意见第三条规定的有关司法行政机关负责。

第八条 为缓刑犯确定的社区矫正小组可以吸收下列人员参与：

（一）当地台湾同胞投资企业协会、台湾同胞投资企业的代表；

（二）在大陆居住或者工作的台湾同胞；

（三）缓刑犯在大陆的亲友；

（四）其他愿意且有能力参与社区矫正工作的人员。

第九条 根据社区矫正需要，司法行政机关可以会同相关部门，协调台湾同胞投资企业协会、台湾同胞投资企业等，为缓刑犯提供工作岗位、技能培训等帮助。

第十条 对于符合条件的缓刑犯，可以依据《海峡两岸共同打击犯罪及司法互助协议》，移交台湾地区执行。

第十一条 对因犯罪在大陆受审、执行刑罚的台湾居民判处管制、裁定假释、决定或者批准暂予监外执行，实行社区矫正的，可以参照适用本意见的有关规定。

第十二条 本意见自2017年1月1日起施行。

最高人民法院
关于进一步做好刑事财产执行工作的通知

2016年8月16日　　　　　　　　　　　法明传〔2016〕497号

各省、自治区、直辖市高级人民法院，解放军军事法院，新疆维吾尔自治区高级人民法院生产建设兵团分院：

2016年7月29日，最高人民检察院下发高检发执检字〔2016〕11号《关于全国检察机关开展财产刑执行专项检察活动的通知》，决定于2016年8月至12月在全国开展刑事财产执行专项检察活动。本次专项活动针对罚金刑、没收财产刑、没收违法所得、责令退赔、没收供犯罪所用本人财物的执行。借此执行专项检察活动契机，为进一步做好刑事财产执行工作，现将相关事项通知如下：

一、高度重视，积极配合

各级人民法院要高度重视本次刑事财产执行专项检察活动，依法接受检察机关法律监督，积极配合检察机法律监督工作，保障刑事财产执行工作依法进行，提高执行工作规范化水平。

二、具体工作要求

（一）核查清理，摸清底数

各级人民法院应对近年来的刑事财产执行案件进行全面核查清理，摸清各类案件底数。掌握依法应当移送执行机构执行而未移送、移送执行后尚未执结的刑事财产执行案件数量，核实清楚案件信息，为本次专项检察活动做好准备工作。

（二）梳理问题，自查自纠

各级人民法院对刑事财产执行工作中存在的问题，应进行梳理总结。在专项检察活动开展的同时，积极进行自查自纠，及时发现问题并予以纠正，改进刑事财产执行工作。对于依法应当移送执行而未移送的案件，应当协调刑事审判部门及时移送立案执行。对于已经进入执行程序尚未执行完毕的案件,应当加大执行力度,尽快依法执结。

(三)重点做好五类犯罪案件执行工作

本次专项检察活动将对 2013 年 1 月 1 日至 2016 年 6 月 30 日人民法院刑事裁判确定的所有涉财产部分执行案件开展检察监督。检察监督的重点对象是刑事财产尚未执行完毕的"五类犯罪":

一是职务犯罪,即国家工作人员实施的刑法分则第八章规定的贪污贿赂犯罪、第九章规定的渎职犯罪,以及国家机关工作人员利用职权实施的非法拘禁、非法搜查、刑讯逼供、暴力取证、虐待被监管人、报复陷害、破坏选举等侵犯公民人身权利、民主权利的犯罪。

二是金融犯罪,即刑法分则第三章第四节规定的破坏金融管理秩序犯罪、第三章第五节规定的金融诈骗犯罪。

三是涉黑犯罪,即《刑法》第二百九十四条规定的组织、领导、参加、包庇、纵容黑社会性质组织犯罪。

四是破坏环境资源犯罪,即刑法分则第六章第六节规定的破坏环境资源保护犯罪。

五是危害食品药品安全犯罪,即刑法分则第三章第一节规定的生产、销售伪劣商品犯罪中有关危害食品药品安全的犯罪。

对于以上"五类犯罪"刑事财产执行案件,各级人民法院在本次专项检察活动中,应当予以重点关注。

(四)加强与检察机关沟通协调

各级人民法院对检察机关提出的检察建议,应依法妥善处理,遇到相关问题,可以与检察机关沟通协调解决。本级法院处理确有困难的,可以逐级报请上级法院协调处理。

三、抓住机遇,改革执行机制

刑事财产案件执行中的问题,与该项工作很多机制不健全有密切关系。各级人民法院应结合执行改革抓住本次专项检察活动契机,深入研究总结刑事财产执行工作特点和规律,探索建立破解执行难的长效机制。各级人民法院要注意及时总结,向上级法院报送动态信息、经验做法、典型案例以及工作中遇到的问题等相关情况。同时还要注意与检察机关建立信息沟通和交流机制,及时通报有关情况,共同研究解决刑事财产执行中遇到的困难和问题,形成工作合力。有条件的法院,可以与检察机关共同制定有关规章制度,联合出台相关文件,提高工作规范化水平。

特此通知。

最高人民法院
关于罪犯交付执行前暂予监外执行
组织诊断工作有关问题的通知

2014 年 12 月 11 日　　　　　　　　　　　　法〔2014〕319 号

各省、自治区、直辖市高级人民法院,解放军军事法院,新疆维吾尔自治区高级人民法院生产建设兵团分院:

2014 年 4 月 24 日,第十二届全国人民代表大会常务委员会第八次会议通过《关于〈中华人民共和国刑事诉讼法〉第二百五十四条第五款、第二百五十七条第二款的解释》,规定罪犯在被交付执行前,因有严重疾病、妇女怀孕或正在哺乳自己婴儿、生活不能自理等原因,依法提出暂予监外执行申请的,有关病情诊断、妊娠检查和生活不能自理的鉴别,由人民法院负责组织进行。最高人民法院、最高人民检察院、公安部、司法部、国家卫生计生委于同年 10 月 24 日联合发布的《暂予监外执行规定》第十七条规定,被告人及其辩护人提出暂予监外执行申请的,对其病情诊断、妊娠检查和生活不能自理的鉴别,由人民法院依照规定程序组织进行。为贯彻落实上述立法解释和司法解释的要求,现就有关问题通知如下:

一、要规范工作内容。罪犯交付执行前暂予监外执行组织诊断工作,包括对罪犯的病情诊断、妊娠检查和生活不能自理的鉴别。

二、要落实工作责任。中级人民法院司法技术部门负责本辖区罪犯交付执行前暂予监外执行组织诊断工作。高级人民法院司法技术部门负责本辖区罪犯交付执行前暂予监外执行组织诊断工作的监督指导和组织复核诊断工作。最高人民法院司法技术部门监督指导地方各级人民法院罪犯交付执行前暂予监外执行组织诊断工作。

三、要严格工作程序。罪犯交付执行前暂予监外执行组织诊断工作应当由法医人员进行或组织相关专业的临床医学人员和法医人员共同进行,临床医学人员应当具有副主任医师以上职称,法医人员应当具有副主任法医师以上职称。相关医学检查应当在省级人民政府指定的医院进行。

四、要加强工作监管。组织诊断应当采用合议的形式进行,按照少数服从多数的原则出具诊断意见。罪犯或利害关系人对诊断意见有异议的,可在接到诊断意见之日起十日内向本地高级人民法院申请复核诊断,高级人民法院复核诊断意见为最终意见。地方各级人民法院要加强调查研究,对工作中遇到的问题,应当逐级报最高人民法院,上级法院要加强工作的监督指导。

五、高级人民法院应当结合工作实际,制定具体实施细则,并报最高人民法院备案。

最高人民法院
关于印发《罪犯生活不能自理鉴别标准》的通知

2016年7月26日　　　　　　　　　　　　　法〔2016〕305号

各省、自治区、直辖市高级人民法院，解放军军事法院，新疆维吾尔自治区高级人民法院生产建设兵团分院：

　　2014年4月24日，第十二届全国人民代表大会常务委员会第八次会议通过《关于〈中华人民共和国刑事诉讼法〉第二百五十四条第五款、第二百五十七条第二款的解释》，规定罪犯在被交付执行前，因有严重疾病、妇女怀孕或正在哺乳自己婴儿、生活不能自理等原因，依法提出暂予监外执行申请的，有关病情诊断、妊娠检查和生活不能自理的鉴别，由人民法院负责组织进行。最高人民法院、最高人民检察院、公安部、司法部、卫生计生委于同年10月24日联合发布的《暂予监外执行规定》第十七条规定，被告人及其辩护人提出暂予监外执行申请的，对其病情诊断、妊娠检查和生活不能自理的鉴别，由人民法院依照规定程序组织进行。为贯彻落实上述规定，最高人民法院已于2014年12月11日印发《最高人民法院关于罪犯交付执行前暂予监外执行组织诊断工作有关问题的通知》，现将《罪犯生活不能自理鉴别标准》予以印发，请认真贯彻执行。

　　罪犯交付执行前因生活不能自理依法提出暂予监外执行申请的，对生活不能自理的鉴别，由人民法院司法技术辅助部门根据《罪犯生活不能自理鉴别标准》，按照《最高人民法院关于罪犯交付执行前暂予监外执行组织诊断工作有关问题的通知》组织进行。在执行中遇到问题，请及时报告最高人民法院。

　　附件：罪犯生活不能自理鉴别标准（略）

十五、赃款赃物处理

最高人民法院 最高人民检察院
关于适用犯罪嫌疑人、被告人逃匿、死亡案件违法所得没收程序若干问题的规定

法释〔2017〕1号

（2016年12月26日最高人民法院审判委员会第1705次会议、最高人民检察院第十二届检察委员会第59次会议通过 2017年1月4日最高人民法院、最高人民检察院公告公布 自2017年1月5日起施行）

为依法适用犯罪嫌疑人、被告人逃匿、死亡案件违法所得没收程序，根据《中华人民共和国刑事诉讼法》《中华人民共和国刑法》《中华人民共和国民事诉讼法》等法律规定，现就办理相关案件具体适用法律若干问题规定如下：

第一条 下列犯罪案件，应当认定为刑事诉讼法第二百八十条第一款规定的"犯罪案件"：

（一）贪污、挪用公款、巨额财产来源不明、隐瞒境外存款、私分国有资产、私分罚没财物犯罪案件；

（二）受贿、单位受贿、利用影响力受贿、行贿、对有影响力的人行贿、对单位行贿、介绍贿赂、单位行贿犯罪案件；

（三）组织、领导、参加恐怖组织，帮助恐怖活动，准备实施恐怖活动，宣扬恐怖主义、极端主义，煽动实施恐怖活动，利用极端主义破坏法律实施，强制穿戴宣扬恐怖主义、极端主义服饰、标志，非法持有宣扬恐怖主义、极端主义物品犯罪案件；

（四）危害国家安全、走私、洗钱、金融诈骗、黑社会性质的组织、毒品犯罪案件。

电信诈骗、网络诈骗犯罪案件，依照前款规定的犯罪案件处理。

第二条 在省、自治区、直辖市或者全国范围内具有较大影响，或者犯罪嫌疑人、被告人逃匿境外的，应当认定为刑事诉讼法第二百八十条第一款规定的"重大"。

第三条 犯罪嫌疑人、被告人为逃避侦查和刑事追究潜逃、隐匿，或者在刑事诉讼

过程中脱逃的,应当认定为刑事诉讼法第二百八十条第一款规定的"逃匿"。

犯罪嫌疑人、被告人因意外事故下落不明满二年,或者因意外事故下落不明,经有关机关证明其不可能生存的,依照前款规定处理。

第四条 犯罪嫌疑人、被告人死亡,依照刑法规定应当追缴其违法所得及其他涉案财产的,人民检察院可以向人民法院提出没收违法所得的申请。

第五条 公安机关发布通缉令或者公安部通过国际刑警组织发布红色国际通报,应当认定为刑事诉讼法第二百八十条第一款规定的"通缉"。

第六条 通过实施犯罪直接或者间接产生、获得的任何财产,应当认定为刑事诉讼法第二百八十条第一款规定的"违法所得"。

违法所得已经部分或者全部转变、转化为其他财产的,转变、转化后的财产应当视为前款规定的"违法所得"。

来自违法所得转变、转化后的财产收益,或者来自已经与违法所得相混合财产中违法所得相应部分的收益,应当视为第一款规定的"违法所得"。

第七条 刑事诉讼法第二百八十一条第三款规定的"利害关系人"包括犯罪嫌疑人、被告人的近亲属和其他对申请没收的财产主张权利的自然人和单位。

刑事诉讼法第二百八十一条第二款、第二百八十二条第二款规定的"其他利害关系人"是指前款规定的"其他对申请没收的财产主张权利的自然人和单位"。

第八条 人民检察院向人民法院提出没收违法所得的申请,应当制作没收违法所得申请书。

没收违法所得申请书应当载明以下内容:

(一)犯罪嫌疑人、被告人的基本情况;

(二)案由及案件来源;

(三)犯罪嫌疑人、被告人涉嫌犯罪的事实及相关证据材料;

(四)犯罪嫌疑人、被告人逃匿、被通缉、脱逃、下落不明、死亡的情况;

(五)申请没收的财产的种类、数量、价值、所在地以及已查封、扣押、冻结财产清单和相关法律手续;

(六)申请没收的财产属于违法所得及其他涉案财产的相关事实及证据材料;

(七)提出没收违法所得申请的理由和法律依据;

(八)有无利害关系人以及利害关系人的姓名、身份、住址、联系方式;

(九)其他应当载明的内容。

上述材料需要翻译件的,人民检察院应当将翻译件随没收违法所得申请书一并移送人民法院。

第九条 对于没收违法所得的申请,人民法院应当在三十日内审查完毕,并根据以下情形分别处理:

(一)属于没收违法所得申请受案范围和本院管辖,且材料齐全、有证据证明有犯罪事实的,应当受理;

(二)不属于没收违法所得申请受案范围或者本院管辖的,应当退回人民检察院;

(三)对于没收违法所得申请不符合"有证据证明有犯罪事实"标准要求的,应当

通知人民检察院撤回申请,人民检察院应当撤回;

(四)材料不全的,应当通知人民检察院在七日内补送,七日内不能补送的,应当退回人民检察院。

第十条 同时具备以下情形的,应当认定为本规定第九条规定的"有证据证明有犯罪事实":

(一)有证据证明发生了犯罪事实;

(二)有证据证明该犯罪事实是犯罪嫌疑人、被告人实施的;

(三)证明犯罪嫌疑人、被告人实施犯罪行为的证据真实、合法。

第十一条 人民法院受理没收违法所得的申请后,应当在十五日内发布公告,公告期为六个月。公告期间不适用中止、中断、延长的规定。

公告应当载明以下内容:

(一)案由、案件来源以及属于本院管辖;

(二)犯罪嫌疑人、被告人的基本情况;

(三)犯罪嫌疑人、被告人涉嫌犯罪的事实;

(四)犯罪嫌疑人、被告人逃匿、被通缉、脱逃、下落不明、死亡的情况;

(五)申请没收的财产的种类、数量、价值、所在地以及已查封、扣押、冻结财产的清单和相关法律手续;

(六)申请没收的财产属于违法所得及其他涉案财产的相关事实;

(七)申请没收的理由和法律依据;

(八)利害关系人申请参加诉讼的期限、方式以及未按照该期限、方式申请参加诉讼可能承担的不利法律后果;

(九)其他应当公告的情况。

第十二条 公告应当在全国公开发行的报纸、信息网络等媒体和最高人民法院的官方网站刊登、发布,并在人民法院公告栏张贴。必要时,公告可以在犯罪地、犯罪嫌疑人、被告人居住地或者被申请没收财产所在地张贴。公告最后被刊登、发布、张贴日期为公告日期。人民法院张贴公告的,应当采取拍照、录像等方式记录张贴过程。

人民法院已经掌握境内利害关系人联系方式的,应当直接送达含有公告内容的通知;直接送达有困难的,可以委托代为送达、邮寄送达。经受送达人同意的,可以采用传真、电子邮件等能够确认其收悉的方式告知其公告内容,并记录在案;人民法院已经掌握境外犯罪嫌疑人、被告人、利害关系人联系方式,经受送达人同意的,可以采用传真、电子邮件等能够确认其收悉的方式告知其公告内容,并记录在案;受送达人未作出同意意思表示,或者人民法院未掌握境外犯罪嫌疑人、被告人、利害关系人联系方式,其所在地国(区)主管机关明确提出应当向受送达人送达含有公告内容的通知的,受理没收违法所得申请案件的人民法院可以决定是否送达。决定送达的,应当将公告内容层报最高人民法院,由最高人民法院依照刑事司法协助条约、多边公约,或者按照对等互惠原则,请求受送达人所在地国(区)的主管机关协助送达。

最高人民法院
关于被告人亲属主动为被告人退缴赃款应如何处理的批复

1987年8月26日　　　　　　　　　　　法（研）复〔1987〕32号

广东省高级人民法院：

你院〔1986〕粤法刑经文字第42号《关于被告人亲属主动为被告人退缴赃款法院应如何处理的请示报告》收悉。经研究，答复如下：

一、被告人是成年人，其违法所得都由自己挥霍，无法追缴的，应责令被告人退赔，其家属没有代为退赔的义务。

被告人在家庭共同财产中有其个人应有部分的，只能在其个人应有部分的范围内，责令被告人退赔。

二、如果被告人的违法所得有一部分用于家庭日常生活，对这部分违法所得，被告人和家属均有退赔的义务。

三、如果被告人对责令其本人退赔的违法所得已无实际上的退赔能力，但其亲属应被告人的请求，或者主动提出并征得被告人的同意，自愿代被告人退赔部分或者全部违法所得的，法院也可考虑具体情况，收下其亲属自愿代被告人退赔的款项，并视为被告人主动退赔的款项。

四、属于以上三种情况，已作了退赔的，均可视为被告人退赃较好，可以酌情从宽处罚。

五、如果被告人的罪行应当判处死刑，并必须执行，属于以上第一、二两种情况的，法院可以接收退赔的款项；属于以上第三种情况的，其亲属自愿代为退赔的款项，法院不应接收。

最高人民法院研究室
关于对诈骗后抵债的赃款能否
判决追缴问题的电话答复

(1992年8月26日)

新疆维吾尔自治区高级人民法院：

你院〔1992〕新法研3号《关于对诈骗后抵债的赃款能否判决追缴的请示》收悉。

经研究，我们认为，犯罪分子以诈骗手段，非法骗取的赃款，即使用以抵债归还了债权人的，也应依法予以追缴。追缴赃款赃物的方式法律规定有多种，判决追缴只是其中一种。根据最高人民法院、最高人民检察院、公安部、财政部1965年12月1日〔65〕法研字第40号《关于没收和处理赃款赃物若干问题的暂行规定》第三条关于"检察院、公安机关依法移送人民法院判处案件的赃款赃物，应该随案移送，由人民法院在判决时一并作出决定"的规定，人民法院对需要追缴的赃款赃物，通过判决予以追缴符合法律规定的原则。赃款赃物的追缴并不限于犯罪分子本人，对犯罪分子转移、隐匿、抵债的，均应顺着赃款赃物的流向，一追到底，即使是享有债权的人善意取得的赃款，也应追缴。刑法并不要求善意取得赃款的债权人一定要参加刑事诉讼，不参加诉讼不影响判令其退出取得的赃款。

另外，华联奎副院长在年初高级法院院长会议上关于协助执行的讲话，不只是针对民事、经济纠纷案件的执行讲的，也应当包括刑事案件中的财产部分的执行在内。

附：

新疆维吾尔自治区高级人民法院
关于对诈骗后抵债的赃款能否判决追缴的请示

1992年4月24日　　　　　　　　　　　　〔1992〕新法研3号

最高人民法院：

新疆生产建设兵团农九师中级人民法院和所辖叶尔盖提垦区人民法院（简称垦区法院）两审以诈骗罪判处被告人蒋安全有期徒刑八年。对被告诈骗后用以顶债的20.5万元赃款，予以追缴返还受骗单位（附原审判决和二审裁定）。在请乌鲁木齐市沙依巴克区人民法院（简称沙区法院）协助执行追缴赃款中，双方意见分歧，请示我院。

据垦区法院报告称：在此案发生前，被告蒋安全持盖有伊犁华侨投资有限公司已声明作废的公章的合同，与自治区林业厅物资供应站崔站长，在双方从未见面洽谈的情况下，由乌市沙区银行办事处工业信贷股干部孔祥岚（女）从中搭桥双方签定了三合板购销合同，总标的50万元。物资供应站给蒋预付款20万元，但合同未履行。物资供应站多次追蒋还款并责成孔负责追回。当蒋至农九师一六一团进行诈骗活动时，孔也跟至一六一团。蒋将羊毛骗到手后，孔坐上拉羊毛的车到昌吉毛纺厂，并赴昌吉市工行营业所，以蒋借的是银行贷款请给予协助。该营业所的一个熟人带着孔到昌吉毛纺厂的开户银行，将诈骗的一六一团的18万羊毛款划拨给林业厅物资供应站。

在对蒋安全诈骗案的侦查过程中，公安局、检察院都曾到乌市追缴此款，但当地银行不予协助，其理由是：划拨在企事业单位账上的款，只认法院的判决、裁定。故本案的大部分诈骗款在侦查起诉阶段，未被追回。判决生效后，法院派人对赃款进行追缴。在追缴林业厅物资供应站的18万元赃款时，是由沙区法院协助执行的。1991年8月31日我们从银行拿回18万元的汇票，当从乌市返回兑现时，银行告诉我们，9月6日乌市沙区法院通知此款不能解付。理由是：执行程序有误，故停止支付。现汇票在手无法兑现。追缴三运司的0.5万元是直接给该单位做工作后，以汇票形式带回，现已兑现。在追缴自治区体训大队2万元时，乌市天山区法院在我院出具的协助执行书上签了同意协助的意见。次日当我们从银行取款时才知道，天山区法院又以书面形式通知银行不协助我们。至此，此案的诈骗赃款20万元，因当地法院不协助执行而无法追回。

他们认为：此案被告人蒋安全以单位名义签订假合同诈骗一六一团的羊毛，将得款大部分用以偿还了单位欠款，使受害单位一六一团遭受了重大损失。该案羊毛款的所有权属一六一团，蒋对该款没有所有权，亦不能用来偿还债务，其将属于他人所有的财产用以偿债的行为是非法的、无效的。林业厅物资供应站、自治区体训大队虽有从蒋所在单位受偿的权利，但也不能将本应属于一六一团的财产收归已有，其债权可以以其他形式向蒋所在单位追偿。至于法院能否以判决形式追赃和予以执行的问题。他们认为：1.《刑法》第六十条已赋予司法机关追赃的义务；2.从现行司法解释来看，进入单位账户的款的追缴只能凭法院的判决或裁定；3.《民诉法》二百零七条规定了刑事判决、裁定中的财产部分由人民法院执行。根据最高人民法院、中国人民银行《关于查询、冻结和扣划企业、事业单位、机关、团体的银行存款的联合通知》，扣划被执行单位的存款的，应委托被执行单位所在地的人民法院协助执行。

乌鲁木齐市两级法院不予协助执行的理由是：

1.《刑法》第六十条规定：犯罪分子违法所得的一切财物，应当予以追缴或者责令退赔。而垦区法院判决被追缴的对象不是犯罪分子本人，而是对犯罪分子享有债权的法人，在这些单位未参加诉讼的情况下，判决这些单位承担义务与人民法院进行诉讼的基本原则不符。

2.在目前刑事审判实践中，通常是追缴犯罪分子的违法所得，包括犯罪分子隐藏、转移、存放在他人处的赃款、赃物，而这些人明知是赃款、赃物而拒不交出，可以追究他们窝赃的刑事责任，但垦区法院判决确定的追缴对象，由于享受债权而得到了犯罪分子的还款，是不能构成窝赃罪的。由以上两点，认为协助执行此案，将会在法律上、经济上、社会上造成不良影响。

针对乌市法院的上述理由,农九师中院、叶尔盖提垦区法院最近又提出:根据今年一月全国高级法院院长会议上华联奎副院长的讲话,被委托执行的法院对于按委托法院发生法律效力的法律文书执行有疑义经与委托法院协商仍意见不一致时,即应按委托法院发生法律效力的法律文书执行,执行后如发生问题由委托法院负责。

对农九师法院和乌市法院的不同意见,我院讨论后认为这两种意见都有一定道理,法律和司法解释上又没有明确规定,很难决定应支持哪一种意见。对于华联奎副院长关于协助执行所讲的那段话,只仅指民事、经济纠纷案件的执行还是包括了刑事案件中的财产部分的执行,也不明确。

究竟如何处理,请研究答复。

最高人民法院 最高人民检察院 公安部 国家计委
关于统一赃物估价工作的通知

1994 年 4 月 22 日　　　　　　　　　　　　　法发〔1994〕9 号

各省、自治区、直辖市高级人民法院,人民检察院,公安厅(局),物价局(委员会):

为了进一步做好赃物估价工作,统一估价原则和估价标准,正确办理刑事案件,现就赃物估价工作的有关事项通知如下:

一、人民法院、人民检察院、公安机关在办理刑事案件过程中,对于价格不明或者价格难以确定的赃物应当估价。案件移送时,应附《赃物估价鉴定结论书》。

二、国家计委及地方各级政府物价管理部门是赃物估价的主管部门,其设立的价格事务所是指定的赃物估价机构。

三、人民法院、人民检察院、公安机关在办案中需要对赃物估价时,应当出具估价委托书,委托案件管辖地的同级物价管理部门设立的价格事务所进行估价。估价委托书一般应当载明赃物的品名、牌号、规格、数量、来源、购置时间、以及违法犯罪获得赃物的时间、地点等有关情况。

四、价格事务所应当参照最高人民法院、最高人民检察院 1992 年 12 月 11 日《关于办理盗窃案件具体应用法律的若干问题的解释》第三条的规定估价。价格事务所应当在接受估价委托后七日内作出估价鉴定结论,但另有约定的除外。

五、价格事务所对赃物估价后,应当出具统一制作的《赃物估价鉴定结论书》,由估价工作人员签名并加盖价格事务所印章。

六、委托估价的机关应当对《赃物估价鉴定结论书》进行审查。如果对同级价格事务所出具的《赃物估价鉴定结论书》提出异议,可退回价格事务所重新鉴定或者委托上一级价格事务所复核。经审查,确认无误的赃物估价鉴定结论,才能作为定案的根据。

国家计委指定的直属价格事务所是赃物估价的最终复核裁定机构。

七、赃物估价是一项严肃的工作。各级政府价格主管部门及其价格事务所应积极配合人民法院、人民检察院、公安机关认真做好这项工作。一些尚未组建价格事务所的地区，赃物估价工作暂由物价管理部门承担。

八、关于赃物估价的具体规定和办法，另行制定。

本通知自下达之日起执行。

最高人民法院
关于严格执行有关走私案件涉案财物处理规定的通知

2006年4月30日　　　　　　　　　　　　　　法〔2006〕114号

各省、自治区、直辖市高级人民法院，解放军军事法院，新疆维吾尔自治区高级人民法院生产建设兵团分院：

日前，据海关总署反映，有的地方法院在审理走私刑事案件中有不判或部分判决涉案赃款赃物的现象。对人民法院没有判决追缴、没收的涉案财物，海关多以行政处罚的方式予以没收或收缴，从而导致行政诉讼等不良后果。为严肃规范执法，现就有关规定重申如下：

关于刑事案件赃款赃物的处理问题，相关法律、司法解释已经规定的很明确。《海关法》第九十二条规定，"海关依法扣留的货物、物品、运输工具，在人民法院判决或者海关处罚决定作出之前，不得处理"；"人民法院判决没收或者海关决定没收的走私货物、物品、违法所得、走私运输工具、特制设备，由海关依法统一处理，所得价款和海关决定处以的罚款，全部上缴中央国库。"《最高人民法院、最高人民检察院、海关总署关于办理走私刑事案件适用法律若干问题的意见》第二十三条规定，"人民法院在判决走私罪案件时，应当对随案清单、证明文件中载明的款、物审查确认并依法判决予以追缴、没收；海关根据人民法院的判决和海关法的有关规定予以处理，上缴中央国库。"

据此，地方各级人民法院在审理走私犯罪案件时，对涉案的款、物等，应当严格遵循并切实执行上述法律、司法解释的规定，依法作出追缴、没收的判决。对于在审理走私犯罪案件中遇到的新情况、新问题，要加强与海关等相关部门的联系和协调，对于遇到的适用法律的新问题，应当及时报告最高人民法院。

最高人民法院 最高人民检察院 公安部 中国证券监督管理委员会 关于查询、冻结、扣划证券和证券交易结算资金有关问题的通知

2008年1月10日　　　　　　　　　　　　　　　　法发〔2008〕4号

各省、自治区、直辖市高级人民法院、人民检察院、公安厅（局）、证监局，解放军军事法院、军事检察院，新疆维吾尔自治区高级人民法院生产建设兵团分院，新疆生产建设兵团人民检察院、公安局：

为维护正常的证券交易结算秩序，保护公民、法人和其他组织的合法权益，保障执法机关依法执行公务，根据《中华人民共和国刑事诉讼法》、《中华人民共和国民事诉讼法》、《中华人民共和国证券法》等法律以及司法解释的规定，现就人民法院、人民检察院、公安机关查询、冻结、扣划证券和证券交易结算资金的有关问题通知如下：

一、人民法院、人民检察院、公安机关在办理案件过程中，按照法定权限需要通过证券登记结算机构或者证券公司查询、冻结、扣划证券和证券交易结算资金的，证券登记结算机构或者证券公司应当依法予以协助。

二、人民法院要求证券登记结算机构或者证券公司协助查询、冻结、扣划证券和证券交易结算资金，人民检察院、公安机关要求证券登记结算机构或者证券公司协助查询、冻结证券和证券交易结算资金时，有关执法人员应当依法出具相关证件和有效法律文书。

执法人员证件齐全、手续完备的，证券登记结算机构或者证券公司应当签收有关法律文书并协助办理有关事项。

拒绝签收人民法院生效法律文书的，可以留置送达。

三、人民法院、人民检察院、公安机关可以依法向证券登记结算机构查询客户和证券公司的证券账户、证券交收账户和资金交收账户内已完成清算交收程序的余额、余额变动、开户资料等内容。

人民法院、人民检察院、公安机关可以依法向证券公司查询客户的证券账户和资金账户、证券交收账户和资金交收账户内的余额、余额变动、证券及资金流向、开户资料等内容。

查询自然人账户的，应当提供自然人姓名和身份证件号码；查询法人账户的，应当提供法人名称和营业执照或者法人注册登记证书号码。

证券登记结算机构或者证券公司应当出具书面查询结果并加盖业务专用章。查询机关对查询结果有疑问时，证券登记结算机构、证券公司在必要时应当进行书面解释并加

盖业务专用章。

四、人民法院、人民检察院、公安机关按照法定权限冻结、扣划相关证券、资金时，应当明确拟冻结、扣划证券、资金所在的账户名称、账户号码、冻结期限，所冻结、扣划证券的名称、数量或者资金的数额。扣划时，还应当明确拟划入的账户名称、账号。

冻结证券和交易结算资金时，应当明确冻结的范围是否及于孳息。

本通知规定的以证券登记结算机构名义建立的各类专门清算交收账户不得整体冻结。

五、证券登记结算机构依法按照业务规则收取并存放于专门清算交收账户内的下列证券，不得冻结、扣划：

（一）证券登记结算机构设立的证券集中交收账户、专用清偿账户、专用处置账户内的证券；

（二）证券公司在证券登记结算机构开设的客户证券交收账户、自营证券交收账户和证券处置账户内的证券。

六、证券登记结算机构依法按照业务规则收取并存放于专门清算交收账户内的下列资金，不得冻结、扣划：

（一）证券登记结算机构设立的资金集中交收账户、专用清偿账户内的资金；

（二）证券登记结算机构依法收取的证券结算风险基金和结算互保金；

（三）证券登记结算机构在银行开设的结算备付金专用存款账户和新股发行验资专户内的资金，以及证券登记结算机构为新股发行网下申购配售对象开立的网下申购资金账户内的资金；

（四）证券公司在证券登记结算机构开设的客户资金交收账户内的资金；

（五）证券公司在证券登记结算机构开设的自营资金交收账户内最低限额自营结算备付金及根据成交结果确定的应付资金。

七、证券登记结算机构依法按照业务规则要求证券公司等结算参与人、投资者或者发行人提供的回购质押券、价差担保物、行权担保物、履约担保物等担保物，在交收完成之前，不得冻结、扣划。

八、证券公司在银行开立的自营资金账户内的资金可以冻结、扣划。

九、在证券公司托管的证券的冻结、扣划，既可以在托管的证券公司办理，也可以在证券登记结算机构办理。不同的执法机关同一交易日分别在证券公司、证券登记结算机构对同一笔证券办理冻结、扣划手续的，证券公司协助办理的为在先冻结、扣划。

冻结、扣划未在证券公司或者其他托管机构托管的证券或者证券公司自营证券的，由证券登记结算机构协助办理。

十、证券登记结算机构受理冻结、扣划要求后，应当在受理日对应的交收日交收程序完成后根据交收结果协助冻结、扣划。

证券公司受理冻结、扣划要求后，应当立即停止证券交易，冻结时已经下单但尚未撮合成功的应当采取撤单措施。冻结后，根据成交结果确定的用于交收的应付证券和应付资金可以进行正常交收。在交收程序完成后，对于剩余部分可以扣划。同时，证券公司应当根据成交结果计算出同等数额的应收资金或者应收证券交由执法机关冻结或者扣划。

十一、已被人民法院、人民检察院、公安机关冻结的证券或证券交易结算资金,其他人民法院、人民检察院、公安机关或者同一机关因不同案件可以进行轮候冻结。冻结解除的,登记在先的轮候冻结自动生效。

轮候冻结生效后,协助冻结的证券登记结算机构或者证券公司应当书面通知做出该轮候冻结的机关。

十二、冻结证券的期限不得超过二年,冻结交易结算资金的期限不得超过六个月。

需要延长冻结期限的,应当在冻结期限届满前办理续行冻结手续,每次续行冻结的期限不得超过前款规定的期限。

十三、不同的人民法院、人民检察院、公安机关对同一笔证券或者交易结算资金要求冻结、扣划或者轮候冻结时,证券登记结算机构或者证券公司应当按照送达协助冻结、扣划通知书的先后顺序办理协助事项。

十四、要求冻结、扣划的人民法院、人民检察院、公安机关之间,因冻结、扣划事项发生争议的,要求冻结、扣划的机关应当自行协商解决。协商不成的,由其共同上级机关决定;没有共同上级机关的,由其各自的上级机关协商解决。

在争议解决之前,协助冻结的证券登记结算机构或者证券公司应当按照争议机关所送达法律文书载明的最大标的范围对争议标的进行控制。

十五、依法应当予以协助而拒绝协助,或者向当事人通风报信,或者与当事人通谋转移、隐匿财产的,对有关的证券登记结算机构或者证券公司和直接责任人应当依法进行制裁。

十六、以前规定与本通知规定内容不一致的,以本通知为准。

十七、本通知中所规定的证券登记结算机构,是指中国证券登记结算有限责任公司及其分公司。

十八、本通知自 2008 年 3 月 1 日起实施。

最高人民法院 最高人民检察院 公安部等
关于印发《公安机关办理刑事案件适用查封、冻结措施有关规定》的通知

2013年9月1日　　　　　　　　　　　　公通字〔2013〕30号

各省、自治区、直辖市高级人民法院，人民检察院，公安厅、局，国家安全厅、局，司法厅、局，国土资源厅、局，住房和城乡建设厅、局，交通运输厅、委，农业（渔业）厅、局、委，林业厅、局，银监局，证监局，保监局；中国人民银行上海总部，各分行、营业管理部，省会（首府）城市中心支行，副省级城市中心支行；国家开发银行，各政策性银行，国有商业银行，股份制商业银行，中国邮政储蓄银行；中国民用航空局各地区管理局；新疆维吾尔自治区高级人民法院生产建设兵团分院，新疆生产建设兵团人民检察院、公安局、国家安全局、司法局、国土资源局、建设局、交通局、农业局、林业局：

　　为了保障《中华人民共和国刑事诉讼法》的正确实施，规范公安机关办理刑事案件适用查封、冻结措施，加强法律监督，强化公安机关与相关行政监管、经济管理部门以及金融机构、证券公司等单位的协作配合，公安部会同有关部门和单位共同研究制定了《公安机关办理刑事案件适用查封、冻结措施有关规定》。现印发给你们，请各地公安机关和各有关部门、单位认真贯彻执行，执行中遇到的问题，请及时上报。

附：

公安机关办理刑事案件适用查封、冻结措施有关规定

第一章　总　　则

　　第一条　为进一步规范公安机关办理刑事案件适用查封、冻结措施，加强人民检察院的法律监督，保护公民、法人和其他组织的合法权益，保障刑事诉讼活动的顺利进行，根据《中华人民共和国刑事诉讼法》及其他有关法律、法规、规章，制定本规定。

　　第二条　根据侦查犯罪的需要，公安机关依法对涉案财物予以查封、冻结，有关部门、单位和个人应当协助和配合。

　　本规定所称涉案财物，是指公安机关在办理刑事案件过程中，依法以查封、冻结等

方式固定的可以用以证明犯罪嫌疑人有罪或者无罪的各种财产和物品，包括：

（一）犯罪所得及其孳息；

（二）用于实施犯罪行为的工具；

（三）其他可以证明犯罪行为是否发生以及犯罪情节轻重的财物。

第三条 查封、冻结以及保管、处置涉案财物，必须严格依照法定的适用条件和程序进行。与案件无关的财物不得查封、冻结。查封、冻结涉案财物，应当为犯罪嫌疑人及其所扶养的家属保留必要的生活费用和物品。

严禁在立案之前查封、冻结财物。对于境外司法、警察机关依据国际条约、协议或者互惠原则提出的查封、冻结请求，可以根据公安部的执行通知办理有关法律手续。

查封、冻结的涉案财物，除依法应当返还被害人或者经查明确实与案件无关的以外，不得在诉讼程序终结之前作出处理。法律和有关规定另有规定的除外。

第四条 查封、冻结的涉案财物涉及国家秘密、商业秘密、个人隐私的，应当保密。

第二章 查　　封

第五条 根据侦查犯罪的需要，公安机关可以依法查封涉案的土地、房屋等不动产，以及涉案的车辆、船舶、航空器和大型机器、设备等特定动产。必要时，可以一并扣押证明其财产所有权或者相关权益的法律文件和文书。

置于不动产上的设施、家具和其他相关物品，需要作为证据使用的，应当扣押；不宜移动的，可以一并查封。

第六条 查封涉案财物需要国土资源、房地产管理、交通运输、农业、林业、民航等有关部门协助的，应当经县级以上公安机关负责人批准，制作查封决定书和协助查封通知书，明确查封财物情况、查封方式、查封期限等事项，送交有关部门协助办理，并及时告知有关当事人。

涉案土地和房屋面积、金额较大的，应当经设区的市一级以上公安机关负责人批准，制作查封决定书和协助查封通知书。

第七条 查封期限不得超过二年。期限届满可以续封一次，续封应当经作出原查封决定的县级以上公安机关负责人批准，在期限届满前五日以内重新制作查封决定书和协助查封通知书，送交有关部门协助办理，续封期限最长不得超过一年。

案件重大复杂，确需再续封的，应当经设区的市一级以上公安机关负责人批准，在期限届满前五日以内重新制作查封决定书和协助查封通知书，且每次再续封的期限最长不得超过一年。

查封期限届满，未办理续封手续的，查封自动解除。

公安机关应当及时将续封决定告知有关当事人。

第八条 查封土地、房屋等涉案不动产，需要查询不动产权属情况的，应当经县级以上公安机关负责人批准，制作协助查询财产通知书。

侦查人员到国土资源、房地产管理等有关部门办理查询时，应当出示本人工作证件，提交协助查询财产通知书，依照相关规定办理查询事项。

需要查询其他涉案财物的权属登记情况的，参照上述规定办理。

第九条 国土资源、房地产管理等有关部门应当及时协助公安机关办理查询事项。公安机关查询并复制的有关书面材料，由权属登记机构或者权属档案管理机构加盖印章。

因情况特殊，不能当场提供查询的，应当在五日以内提供查询结果。

无法查询的，有关部门应当书面告知公安机关。

第十条 土地、房屋等涉案不动产的权属确认以国土资源、房地产管理等有关部门的不动产登记簿或者不动产权属证书为准。不动产权属证书与不动产登记簿不一致的，除有证据证明不动产登记簿确有错误外，以不动产登记簿为准。

第十一条 国土资源、房地产管理等有关部门在协助公安机关办理查封事项时，认为查封涉案不动产信息有误无法办理的，可以暂缓办理协助事项，并向公安机关提出书面审查建议，公安机关应当及时审查处理。

第十二条 查封土地、房屋等涉案不动产的，应当经县级以上公安机关负责人批准，制作协助查封通知书，明确涉案土地、房屋等不动产的详细地址、权属证书号、权利人姓名或者单位名称等事项，送交国土资源、房地产管理等有关部门协助办理，有关部门应当在相关通知书回执中注明办理情况。

侦查人员到国土资源、房地产管理等有关部门办理土地使用权或者房屋查封登记手续时，应当出示本人工作证件，提交查封决定书和协助查封通知书，依照有关办理查封事项。

第十三条 查封土地、房屋等涉案不动产的侦查人员不得少于二人，持侦查人员工作证件和相关法律文书，通知有关当事人、见证人到场，制作查封笔录，并会同在场人员对被查封的财物查点清楚，当场开列查封清单一式三份，由侦查人员、见证人和不动产所有权人或者使用权人签名后，一份交给不动产所有权人或者使用权人，一份交给公安机关保管人员，一份连同照片、录像资料或者扣押的产权证照附卷备查，并且应当在不动产的显著位置张贴公告，必要时，可以张贴制式封条。

查封清单中应当写明涉案不动产的详细地址、相关特征和置于该不动产上不宜移动的设施、家具和其他相关物品清单，注明已经拍照或者录像以及是否扣押其产权证照等情况。

对于无法确定不动产相关权利人或者权利人拒绝签名的，应当在查封笔录中注明情况。

第十四条 国土资源、房地产管理等有关部门对被公安机关依法查封的土地、房屋等涉案不动产，在查封期间不予办理变更、转让或者抵押权、地役权登记。

第十五条 对依照有关规定可以分割的土地、房屋等涉案不动产，应当只对与案件有关的部分进行查封，并在协助查封通知书中予以明确；对依照有关规定不可分割的土地、房屋等涉案不动产，可以进行整体查封。

第十六条 国土资源、房地产管理等有关部门接到协助查封通知书时，已经受理该土地、房屋等涉案不动产的转让登记申请，但尚未记载于不动产登记簿的，应当协助公安机关办理查封登记。

第十七条 对下列尚未进行权属登记的房屋，公安机关可以按照本规定进行查封：

（一）涉案的房地产开发企业已经办理商品房预售许可证但尚未出售的房屋；

（二）犯罪嫌疑人购买的已经由房地产开发企业办理房屋权属初始登记的房屋；

（三）犯罪嫌疑人购买的已经办理商品房预售合同登记备案手续或者预购商品房预告登记的房屋。

第十八条 查封地上建筑物的效力及于该地上建筑物占用范围内的建设用地使用权，查封建设用地使用权的效力及于地上建筑物，但建设用地使用权与地上建筑物的所有权分属不同权利人的除外。

地上建筑物和土地使用权的登记机构不是同一机构的，应当分别办理查封登记。

第十九条 查封车辆、船舶、航空器以及大型机器、设备等特定动产的，应当制作协助查封通知书，明确涉案财物的名称、型号、权属、地址等事项，送交有关登记管理部门协助办理。必要时，可以扣押有关权利证书。

执行查封时，应当将涉案财物拍照或者录像后封存，或者交持有人、近亲属保管，或者委托第三方保管。有关保管人应当妥善保管，不得转移、变卖、损毁。

第二十条 查封土地、房屋等涉案不动产或者车辆、船舶、航空器以及大型机器、设备等特定动产的，可以在保证侦查活动正常进行的同时，允许有关当事人继续合理使用，并采取必要保值保管措施。

第二十一条 对以公益为目的的教育、医疗、卫生以及福利机构等场所、设施，保障性住房，原则上不得查封。确有必要查封的，应当经设区的市一级以上公安机关负责人批准。

第二十二条 查封土地、房屋以外的其他涉案不动产的，参照本规定办理。查封共有财产、担保财产以及其他特殊财物的，依照相关规定办理。

第三章 冻 结

第二十三条 根据侦查犯罪的需要，公安机关可以依法冻结涉案的存款、汇款、证券交易结算资金、期货保证金等资金，债券、股票、基金份额和国务院依法认定的其他证券，以及股权、保单权益和其他投资权益等财产。

第二十四条 在侦查工作中需要冻结财产的，应当经县级以上公安机关负责人批准，制作协助冻结财产通知书，明确冻结财产的账户名称、账户号码、冻结数额、冻结期限、冻结范围以及是否及于孳息等事项，送交银行业金融机构、特定非金融机构、邮政部门、证券公司、证券登记结算机构、证券投资基金管理公司、保险公司、信托公司、公司登记机关和银行间市场交易组织机构、银行间市场集中清算机构、银行间市场登记托管结算机构、经国务院批准或者同意设立的黄金交易组织机构和结算机构等单位协助办理，有关单位应当在相关通知书回执中注明办理情况。

第二十五条 有关单位接到公安机关协助冻结财产通知书后，应当立即对涉案财物予以冻结，办理相关手续，不得推诿拖延，不得泄露有关信息。有关单位办理完毕冻结手续后,在当事人查询时可以予以告知。

第二十六条 冻结存款、汇款、证券交易结算资金、期货保证金等资金,或者投资权益等其他财产的期限为六个月。需要延长期限的,应当经作出原冻结决定的县级以上公安机关负责人批准,在冻结期限届满前五日以内办理续冻手续。每次续冻期限最长不得超过六个月。

对重大、复杂案件,经设区的市一级以上公安机关负责人批准,冻结存款、汇款、证券交易结算资金、期货保证金等资金的期限可以为一年。需要延长期限的,应当按照原批准权限和程序,在冻结期限届满前五日以内办理续冻手续。每次续冻期限最长不是超过一年。

冻结债券、股票、基金份额等证券的期限为二年。需要延工冻结期限的,应当经作出原冻结决定的县级以上公安机关负责人批准,在冻结期限届满前五日以内办理续冻手续。每次续冻期限最长不得超过二年。

冻结期限届满,未办理续冻手续的,冻结自动解除。

第二十七条 冻结涉案账户的款项数额,应当与涉案金额相当。不得超出涉案金额范围冻结款项。

第二十八条 冻结股权的,应当经设区的市一级以上公安机关负责人批准,冻结上市公司股权应当经省级以上公安机关负责人批准,并在协助冻结财产通知书中载明公司名称、股东姓名或者名称、冻结数额或者股份等与登记事项有关的内容。冻结股权期限为六个月。需要延长期限的,应当按照原批准权限和程序,在冻结期限届满前五日以内办理续冻手续。每次续冻期限最长不得超过六个月。

第二十九条 冻结保单权益的,应当经设区的市一级以上公安机关负责人批准,冻结保单权益期限为六个月。需要延长期限的,应当按照原批准权限和程序,在冻结期限届满前五日以内办理续冻手续。每次续冻期限最长不得超过六个月。

冻结保单权益没有直接对应本人账户的,可以冻结相关受益人的账户,并要求有关单位协助,但不得变更受益人账户,不得损害第三方利益。

人寿险、养老险、交强险、机动车第三者责任险等提供基本保障的保单原则上不得冻结,确需冻结的,应当经省级以上公安机关负责人批准。

第三十条 对下列账户和款项,不得冻结:

(一)金融机构存款准备金和备付金;

(二)特定非金融机构备付金;

(三)封闭贷款专用账户(在封闭贷款未结清期间);

(四)商业汇票保证金;

(五)证券投资者保障基金、保险保障基金、存款保险基金;

(六)党、团费账户和工会经费集中户;

(七)社会保险基金;

(八)国有企业下岗职工基本生活保障资金;

(九)住房公积金和职工集资建房账户资金;

(十)人民法院开立的执行账户;

（十一）军队、武警部队一类保密单位开设的"特种预算存款"、"特种其他存款"和连队账户的存款；

（十二）金融机构质押给中国人民银行的债券、股票、贷款；

（十三）证券登记结算机构、银行间市场交易组织机构、银行间市场集中清算机构、银行间市场登记托管结算机构、经国务院批准或者同意设立的黄金交易组织机构和结算机构等依法按照业务规则收取并存放于专门清算交收账户内的特定股票、债券、票据、贵金属等有价凭证、资产和资金，以及按照业务规则要求金融机构等登记托管结算参与人、清算参与人、投资者或者发行人提供的、在交收或者清算结算完成之前的保证金、清算基金、回购质押券、价差担保物、履约担保物等担保物，支付机构客户备付金。

（十四）其他法律、行政法规、司法解释、部门规章规定不得冻结的账户和款项。

第三十一条 对金融机构账户、特定非金融机构账户和以证券登记结算机构、银行间市场交易组织机构、银行间市场集中清算机构、银行间市场登记托管结算机构、经国务院批准或者同意设立的黄金交易组织机构和结算机构、支付机构等名义开立的各类专门清算交收账户、保证金账户、清算基金账户、客户备付金账户，不得整体冻结，法律另有规定的除外。

第三十二条 办案地公安机关需要异地办理冻结的，应当由二名以上侦查人员持办案协作函、法律文书和工作证件前往协作地联系办理，协作地公安机关应当协助执行。

在紧急情况下，可以将办案协作函、相关法律文书和工作证件复印件通过传真、电传等方式发至协作地县级以上公安机关委托执行，或者通过信息化应用系统传输加盖电子签章的办案协作函、相关法律文书和工作证件扫描件。协作地公安机关收到材料后，经审查确定，应当在传来法律文书上加盖本地公安机关印章，及时到有关银行业金融机构执行冻结，有关银行金融机构应当予以协助。

第三十三条 根据侦查犯罪的需要，对于涉案账户较多，办案地公安机关需要对其集中冻结的，可以分别按照以下程序办理：

涉案账户开户地属同一省、自治区、直辖市的，应当由办案地公安机关出具协助冻结财产通知书，填写冻结申请表，经该公安机关负责人审核，逐级上报省级公安机关批准后，由办案地公安机关指派二名以上侦查人员持工作证件，将冻结申请表、协助冻结财产通知书等法律文书送交有关银行业金融机构的省、区、市分行，该分行应当在二十四小时以内采取冻结措施，并将有关法律文书传至相关账户开户的分支机构。

涉案账户开户地分属不同省、自治区、直辖市的，应当由办案地公安机关出具协助冻结财产通知书，填写冻结申请表，经该公安机关负责人审核，逐级上报公安部按照规定程序批准后，由办案地公安机关指派二名以上侦查人员持工作证件，将冻结申请表、协助冻结财产通知书等法律文书送交有关银行业金融机构总部。该总部应当在二十四小时以内采取冻结措施，并将有关法律文书传至相关账户开户的分支机构。

有关银行业金融机构因技术条件等客观原因，无法按照前款要求及时采取冻结措施的，应当向公安机关书面说明原因，并立即向中国银行业监督管理委员会或者其派出机构报告。

第三十四条 冻结市场价格波动较大或者有效期限即将届满的债券、股票、基金份额等财产的，在送达协助冻结财产通知书的同时，应当书面告知当事人或者其法定代理人、委托代理人有权申请出售、如期受偿或者变现。如果当事人或者其法定代理人、委托代理人书面申请出售或者变现被冻结的债券、股票、基金份额等财产，不损害国家利益、被害人利益、其他权利人利益，不影响诉讼正常进行的，以及冻结的汇票、本票、支票的有效期即将届满的，经作出冻结决定的县级以上公安机关负责人批准，可以依法在三日以内予以出售或者变现，所得价款应当继续冻结在其对应的银行账户中；没有对应的银行账户的，所得价款由公安机关在银行专门账户保管，并及时告知当事人或者其近亲属。

第四章 解除查封冻结

第三十五条 公安机关在采取查封、冻结措施后，应当及时查清案件事实，在法定期限内对涉案财物依法作出处理。

经查明查封、冻结的财物确实与案件无关的，应当在三日以内解除查封、冻结。

第三十六条 对查封、冻结的涉案财物及其孳息，应当制作清单，随案移送。对作为证据使用的实物应当随案移送，对不宜移送的，应当将其清单、照片或者其他证明文件随案移送。对于随案移送的财物，人民检察院需要继续查封、冻结的，应当及时书面通知公安机关解除原查封、冻结措施，并同时依法重新作出查封、冻结决定。

第三十七条 人民检察院决定不起诉并对涉案财物解除查封、冻结的案件，公安机关应当在接到人民检察院的不起诉决定和解除查封、冻结财物的通知之日起三日以内对不宜移送而未随案移送的财物解除查封、冻结。对于人民检察院提出的对被不起诉人给予行政处罚、行政处分等检察意见中涉及查封、冻结涉案财物的，公安机关应当及时予以处理或者移送有关行政主管机关处理，并将处理结果通知人民检察院。

第三十八条 公安机关决定撤销案件或者对犯罪嫌疑人终止侦查的，除依照法律和有关规定另行处理的以外，应当在作出决定之日起三日以内对侦查中查封、冻结的涉案财物解除查封、冻结。需要给予行政处理的，应当及时予以处理或者移交有关行政主管机关处理。

第三十九条 解除查封的，应当在三日以内制作协助解除查封通知书，送交协助查封的有关部门办理，并通知所有权人或者使用权人。张贴制式封条的，启封时应当通知当事人到场；当事人经通知不到场，也未委托他人到场的，办案人员应当在见证人的见证下予以启封。提取的有关产权证照应当发还。必要时，可以予以公告。

第四十条 解除冻结的，应当在三日以内制作协助解除冻结财产通知书，送交协助办理冻结的有关单位，同时通知被冻结财产的所有人。有关单位接到协助解除冻结财产通知书后，应当及时解除冻结。

第四十一条 需要解除集中冻结措施的，应当由作出冻结决定的公安机关出具协助解除冻结财产通知书，银行业金融机构应当协助解除冻结。

上级公安机关认为应当解除集中冻结措施的，可以责令下级公安机关解除。

第五章 协作配合

第四十二条 有关行政主管机关与公安机关在案件移送过程中,涉及查封、冻结涉案财物的,应当密切配合,加强协作,防止涉案财物发生转移、隐匿、损毁、灭失。

第四十三条 已被有关国家机关依法查封、冻结的涉案财物,不得重复查封、冻结。需要轮候查封、冻结的,应当依照有关部门共同发布的规定执行。查封、冻结依法解除或者到期解除后,按照时间顺序登记在先的轮候查封、冻结自动生效。

第四十四条 不同国家机关之间,对同一涉案财物要求查封、冻结的,协助办理的有关部门和单位应当按照送达相关通知书的先后顺序予以登记,协助首先送达通知书的国家机关办理查封、冻结手续,对后送达通知书的国家机关作轮候查封、冻结登记,并书面告知该涉案财物已被查封、冻结的有关情况。

第四十五条 查封、冻结生效后,协助办理的有关部门和单位应当在其他轮候查封、冻结的公安机关出具的查封、冻结通知书回执中注明该涉案财物已被查封、冻结以及轮候查封、冻结的有关情况。相关公安机关可以查询轮候查封、冻结的生效情况。

第四十六条 公安机关根据侦查犯罪的需要,对其已经查封、冻结的涉案财物,继续办理续封、续冻手续的,或者公安机关移送审查起诉,人民检察院需要重新办理查封、冻结手续的,应当在原查封、冻结期限届满前办理续时、续冻手续。申请轮候查封、冻结的其他国家机关不得以送达通知书在先为由,对抗相关办理续封、续冻手续的效力。

第四十七条 要求查封、冻结涉案财物的有关国家机关之间,因查封、冻结事项发生争议的,应当自行协商解决。协商不成的,由其共同上级机关决定;分属不同部门的,由其各自的上级机关协商解决。

协助执行的部门和单位按照有关争议机关协商一致后达成的书面意见办理。

第四十八条 需要查封、冻结的或者已被查封、冻结的涉案财物,涉及扣押或者民事诉讼中的抵押、质押或者民事执行等特殊情况的,公安机关应当根据查封、冻结财物的权属状态和争议问题,与相关国家机关协商解决。协商不成的,各自报请上级机关协商解决。

协助执行的部门和单位按照有关争议机关协商一致后达成的书面意见办理。

第六章 执法监督与法律责任

第四十九条 公安机关应当加强对办理刑事案件适用查封、冻结措施的执法监督。违法采取查封、冻结措施的,根据人民警察在办案中各自承担的职责,区分不同情况,分别追究案件审批人、审核人、办案人及其他直接责任人的责任。构成犯罪的,依法追究刑事责任。

需要异地办理查封、冻结措施的,应当严格办案协作的有关规定。违反办案协作的有关规定,造成严重后果的,按照前款规定处理。

第五十条　公安机关应当严格执行有关规定，建立健全涉案财物管理制度，指定专门部门，建立专门台账，对涉案财物加强管理、妥善保管。任何单位和个人不得贪污、侵占、挪用、私分、调换、抵押或者违反规定使用、处置查封、冻结的涉案财物，造成查封、冻结的涉案财物损毁或者灭失的，应当承担相应的法律责任。

第五十一条　当事人和辩护人、诉讼代理人、利害关系人对于公安机关及其侦查人员有下列行为之一的，有权向该机关申诉或者控告：

（一）对与案件无关的财物采取查封、冻结措施的；

（二）明显超出涉案范围查封、冻结财物的；

（三）应当解除查封、冻结不解除的；

（四）贪污、侵占、挪用、私分、调换、抵押、质押以及违反规定使用、处置查封、冻结财物的。

受理申诉或者控告的公安机关应当及时进行调查核实，并在收到申诉、控告之日起三十日以内作出处理决定，书面回复申诉人、控告人。发现公安机关及其侦查人员有上述行为之一的，应当立即纠正。

当事人及其辩护律师、诉讼代理人、利害关系人对处理决定不服的，可以向上级公安机关或者同级人民检察申诉。上级公安机关发现下级公安机关存在前款规定的违法行为或者对申诉、控告事项不按照规定处理的，应当责令下级公安机关限期纠正，下级公安机关应当立即执行。必要时，上级公安机关可以就申诉、控告事项直接作出处理决定。人民检察院对申诉查证属实的，应当通知公安机关予以纠正。

第五十二条　公安机关办理刑事案件适用查封、冻结措施，因违反有关规定导致国家赔偿的，应当承担相应的赔偿责任，并依照《国家赔偿法》的规定向有关责任人员追偿部分或者全部赔偿费用，协助执行的部门和单位不承担赔偿责任。

第五十三条　国土资源、房地产管理等有关部门根据有关国家机关的协助查封通知书作出的协助查封行为，公民、法人或者其他组织不服提起行政诉讼的，人民法院不予受理，但公民、法人或者其他组织认为协助查封行为与协助查封文书内容不一致的除外。

第五十四条　根据本规定依法应当协助办理查封、冻结措施的有关部门、单位和个人有下列行为之一的，公安机关应当向有关部门和单位通报情况，依法追究相应责任：

（一）对应当查封、冻结的涉案财物不予查封、冻结，致使涉案财物转移的；

（二）在查封冻结前向当事人泄露信息的；

（三）帮助当事人转移、隐匿财产的；

（四）其他无正当理由拒绝协助配合的。

第五十五条　公安机关对以暴力、威胁等方法阻碍有关部门和单位协助办理查封、冻结措施的行为，应当及时制止。依法查处。

第七章　附　　则

第五十六条　对查封、冻结、保管和处理涉案财物，本规定未规范的，依照《公安机关办理刑事案件程序规定》等有关规定办理。此前有关公安机关查封、冻结的规范性文件与本规定不一致的，以本规定为准。

第五十七条 本规定施行后适用查封、冻结措施的，按照本规定办理。本规定施行前已生效的查封、冻结措施，依照措施适用时的有关规定执行。

第五十八条 国家安全机关依照法律规定，办理危害国家安全的刑事案件适用查封、冻结措施的，适用本规定。

第五十九条 本规定的"有关国家机关"，是指人民法院、人民检察院、公安机关、国家安全机关，以及其他法律法规规定有权实施查封、冻结措施的行政机关或者具有管理公共事务职能的组织。

第六十条 本规定自印发之日起施行。

十六、法律援助、救助

最高人民法院 最高人民检察院 公安部 司法部
关于在部分地区就加强和规范刑事诉讼
法律援助工作进行试点的通知

(2003年12月30日)

广东省、福建省、黑龙江省、湖南省、浙江省、云南省、青海省高级人民法院、人民检察院、公安厅、司法厅:

　　为进一步加强和规范刑事法律援助工作,最高人民法院、最高人民检察院、公安部、司法部经过调查研究,认为有必要制定加强刑事诉讼法律援助工作的统一的规范性文件。为使将来制定的规范性文件更好地适应基层工作的实际需要,具有较强的针对性和可操作性,决定在广东省广州市、福建省泉州市、黑龙江省大庆市、湖南省长沙市、浙江省温州市、云南省昆明市和青海省西宁市先行试点,试点时间从2004年2月到7月。现将《最高人民法院、最高人民检察院、公安部、司法部关于刑事诉讼法律援助工作的规定》(试点稿,以下简称《规定》)印发你们,作为开展试点工作的基本依据。试点期间,要按照《规定》(试点稿)办理刑事诉讼法律援助案件,相互支持,加强配合,确保试点工作顺利进行。要实事求是,联系实际,加强探索,注意总结经验,积极解决问题,不因试点影响法律援助工作的正常发展。重要情况请及时上报。

附件:

最高人民法院 最高人民检察院 公安部 司法部
关于刑事诉讼法律援助工作的规定(试点稿)

　　为加强和规范刑事诉讼法律援助工作,根据《中华人民共和国刑事诉讼法》、《中华人民共和国律师法》、《法律援助条例》以及其他关于法律援助工作的规定,结合实际情况，制定本规定。

第一条 刑事案件中经济困难的犯罪嫌疑人、被告人，公诉案件中的被害人及其法定代理人或者近亲属，以及自诉案件中的自诉人及其法定代理人可以申请法律援助。

经济困难的标准，按省级人民政府规定的标准执行。省级人民政府规定的标准出台前，在城市参照当地城市居民最低生活保障标准；在农村参照当地农村居民最低生活保障标准，尚未制定农村居民最低生活保障标准的，参照邻近城市的居民最低生活保障标准确定。

申请人住所地的经济困难标准与受理申请的法律援助机构所在地的经济困难标准不一致的，按照受理申请的法律援助机构所在地的经济困难标准执行。

本条第一款规定的人员申请法律援助的，应向办理案件的人民法院、人民检察院、公安机关所在地的法律援助机构提出申请。

第二条 申请刑事法律援助应当填写统一的法律援助申请表，并提交下列证件、证明材料：

（一）公民身份证明或者其他有效的身份证明，代申请人还应当提交有代理权的证明；

（二）住所地民政部门或者乡镇人民政府、城市街道办事处出具的申请人及其家庭成员经济收入状况的证明；

（三）与所申请法律援助事项有关的诉讼文书；

（四）法律援助机构认为需要提供的其他证明材料。

第三条 公安机关、人民检察院立案侦查的刑事案件，在对犯罪嫌疑人第一次讯问后，或者采取强制措施之日起，应当告知其如果经济困难，有申请法律援助的权利。对于涉及国家秘密的案件，应当告知犯罪嫌疑人申请法律援助必须经侦查机关批准。

侦查机关移送审查的刑事案件，人民检察院自收到移送审查起诉的案件材料之日起3日内，在告知犯罪嫌疑人有权聘请律师的同时，对因经济困难无力聘请律师的，应当告知其有申请法律援助的权利。

告知可以采取口头或者书面方式。口头告知的，应当记明笔录，由被告知人签名；书面告知的，应当将送达回执入卷。

第四条 在押的犯罪嫌疑人申请法律援助的，可以通过公安机关、人民检察院向所在地的法律援助机构提出申请，或者由看守所经办理案件的公安机关或人民检察院同意后向法律援助机构转交申请。

第五条 公安机关、人民检察院在收到在押犯罪嫌疑人提交的法律援助书面申请后24小时内，应当将法律援助申请转交所在地的法律援助机构，并通知犯罪嫌疑人的法定代理人或近亲属协助将申请法律援助所需要的相关证件和证明材料提供给法律援助机构。

在押犯罪嫌疑人将法律援助申请交给看守所的，看守所应当在经办理案件的公安机关、人民检察院同意后24小时内，将法律援助申请转交所在地的法律援助机构，并通知犯罪嫌疑人的法定代理人或近亲属协助将申请法律援助所需要的相关证件和证明材料提供给法律援助机构。

犯罪嫌疑人的法定代理人或近亲属地址不详无法通知的，公安机关、人民检察院、看守所应当在转交申请材料时一并告知法律援助机构。

第六条 法律援助机构接到申请后，认为申请人提交的证明材料不齐全或者有疑义的，应当及时通知申请人补充有关材料或作出必要的说明。申请人未按要求补充材料或作出说明的，视为撤销申请。

第七条 法律援助机构接到申请后，应当在5日内审查并作出决定。对符合法律援助条件的，作出同意提供法律援助的决定，并于3日内指派承担法律援助义务的律师提供法律援助，向公安机关、人民检察院发出《刑事法律援助函》和《法律援助工作征询意见表》；对不符合法律援助条件的，作出不予援助的书面决定，及时告知申请人，并在决定之日起3日内书面通知公安机关、人民检察院。

第八条 申请人对法律援助机构不予援助决定有异议的，可以在收到书面通知之日起3日内向主管该法律援助机构的司法行政部门申请重新审查，司法行政部门经审查认为申请人符合法律援助条件的，应当责令该法律援助机构及时对该申请人提供法律援助。

第九条 对律师提供法律援助的刑事案件，公安机关在撤销案件或移送审查起诉后，人民检察院在提起公诉或者作出不起诉决定后，应当在5日内将案件办理结果告知承办法律援助案件的律师。

第十条 被告人没有委托辩护人且有下列情形之一的，人民法院应当为其指定辩护人：

（一）盲、聋、哑人或者限制行为能力人；
（二）开庭审理时不满十八周岁的未成年人；
（三）可能被判处死刑的。

第十一条 被告人没有委托辩护人且有下列情形之一的，人民法院可以为其指定辩护人：

（一）经济困难的；
（二）本人确无经济来源，其家庭经济状况无法查明的；
（三）本人确无经济来源，其家属经多次劝说仍不愿意为其承担辩护律师费用的；
（四）共同犯罪案件中，其他被告人已委托辩护人的；
（五）具有外国国籍或无国籍的；
（六）案件有重大社会影响的；
（七）人民法院认为人民检察院的起诉意见和移送的案件证据材料可能影响正确定罪量刑的。

第十二条 人民法院对需要指定辩护人的法律援助案件，应按规定函告所在地的法律援助机构，由法律援助机构统一接受并组织实施。人民法院不在法院所在地审判的，可以将指定辩护通知书和人民检察院的起诉书副本送交审判地的法律援助机构。

第十三条 人民法院指定辩护的公函应当载明案件性质、被告人姓名、指定辩护的理由、案件承办人姓名和联系方式，已确定开庭审理的还应载明开庭时间、地点。

开庭审判的案件，人民法院应当在开庭10日以前将下列材料送交审判地的法律援助机构；

（一）法院指定辩护通知书；

（二）起诉书或者一审判决书副本；

（三）被告人经济困难的证明材料或其他原因需要指定辩护的说明材料。

通知书应载明指定辩护的情形和出庭时间、地点、联系人以及联系方式。

第十四条 对指定辩护的刑事法律援助案件，法律援助机构应当在收到人民法院指定辩护通知书之日起 3 日内指派辩护律师，法律援助机构在确定承办律师后应填写《刑事法律援助公函》告知人民法院，并向人民法院发出《法律援助工作征询意见表》。

第十五条 人民法院决定变更开庭时间的，应在开庭前 3 日内通知辩护律师。接受指派承办法律援助案件的律师如有正当理由无法按时出庭的，可以申请人民法院延期开庭。人民法院同意延期开庭的，应及时通知辩护律师。

第十六条 人民法院决定不开庭审理的案件，辩护律师应当在接到法律援助机构指派函次日起 10 日内向人民法院提交书面辩护意见。

第十七条 被告人坚持自己行使辩护权，拒绝人民法院已为其指定的辩护人为其辩护的，人民法院应当准许，并记录在案；被告人具有本规定第十条规定情形之一，拒绝人民法院指定的辩护人为其辩护的，人民法院应当查明拒绝辩护的原因，如有正当理由的，应当准许，但被告人需另行委托辩护人，或者人民法院应当为其另行指定辩护人。

人民法院根据前款规定决定为被告人另行指定辩护人的，应在决定之日起 3 日内函告作出指派的原法律援助机构。

第十八条 承担法律援助义务的律师接受法律援助机构指派后，应按照《律师办理刑事案件规范》办理有关委托和代理手续。

接受指派的法律援助机构专职人员办理有关委托和代理手续时，参照《律师办理刑事案件规范》办理。

第十九条 受理跨省（区、市）的刑事法律援助案件，法律援助机构可以委托外地法律援助机构提供相应的协作。

第二十条 公安机关、人民检察院应当依法支持法律援助律师开展工作，应当告知律师犯罪嫌疑人涉嫌的罪名，依法安排律师会见在押的犯罪嫌疑人，为律师履行向犯罪嫌疑人提供法律咨询、代理申诉、控告，为已逮捕的犯罪嫌疑人申请取保候审等职责提供必要的便利条件。

第二十一条 在审查起诉阶段，人民检察院应当为法律援助律师查阅、摘抄、复制案件的诉讼文书、技术性鉴定材料以及同在押的犯罪嫌疑人会见和通信提供便利条件，减免复制材料等相关费用；法律援助律师可以申请人民检察院收集、调取证据，经人民检察院许可，并经被害人或其近亲属、被害人提供的证人同意，可以向其收集与本案有关的材料。

人民检察院审查案件，应当听取法律援助律师的意见。

第二十二条 人民法院应当支持法律援助律师行使辩护职责所开展的法律援助工作，为其提供查阅、摘抄、复制案件所指控犯罪事实的材料及同在押的被告人会见和通信等方面的便利条件，并减免收取相关费用。

第二十三条　律师在办理法律援助事项中应当尽职尽责、恪守职业道德和执业纪律。法律援助机构对律师的法律援助活动进行监督指导，以保证法律援助案件质量。

第二十四条　接受指派承办法律援助案件的律师应在开庭前会见被告人，询问被告人是否同意法院指定辩护人为其辩护，被告人不同意的，律师应记录在案，并函告人民法院和法律援助机构；被告人同意的，律师应及时办理有关委托辩护手续，履行辩护职责。

第二十五条　人民法院发现被告人有下列情形之一的，应当及时作出撤销指定辩护的决定，并将该决定函告法律援助机构，法律援助机构应当通知律师终止法律援助；

（一）被告人及其法定代理人、近亲属已另行委托辩护人的；

（二）被告人及其法定代理人、近亲属提供虚假材料骗取法律援助的；

（三）其他不符合法律援助条件的情形。

法律援助机构发现法院指定辩护的刑事法律援助案件的被告人具有本条第一款的情形之一的，可以作出撤销法律援助的决定，同时通知律师终止法律援助，并应函告作出指定的人民法院。

法律援助律师发现被告人有本条第一款规定的情形的，应当将有关情况告知法律援助机构，经法律援助机构作出撤销法律援助的决定后，应当终止法律援助，并由法律援助机构函告作出指定的人民法院。

第二十六条　人民法院应当通过作出指派的法律援助机构给予法律援助律师适当补贴，具体数额由人民法院与法律援助机构协商解决。

第二十七条　对于法律援助机构提供刑事法律援助的案件，人民法院在判决书、裁定书中应当写明作出指派的法律援助机构名称及具体承办案件的律师姓名。

人民法院对刑事法律援助案件当庭宣告判决的，应当在5日内将判决书一并送达当事人和承办律师。定期宣告判决的，应当在宣告后立即将判决书一并送达当事人和承办律师。对于已办结的刑事法律援助案件，由承办法官填写《法律援助工作征询意见表》，于结案10日内送回法律援助机构。

第二十八条　本规定供试点单位在试点工作中执行。

最高人民法院
贯彻落实《关于开展刑事被害人救助工作的若干意见》的通知

2009年3月30日　　　　　　　　　　　　　　　法〔2009〕132号

各省、自治区、直辖市高级人民法院，解放军军事法院，新疆维吾尔自治区高级人民法院生产建设兵团分院：

2009年3月9日，中央政法委员会、最高人民法院、最高人民检察院、公安部、民政部、司法部、财政部、人力资源和社会保障部联合印发了《关于开展刑事被害人救助工作的若干意见》（法发〔2009〕10号文件，以下简称《若干意见》），对开展刑事被害人救助工作提出明确意见，要求在全国范围内积极、稳妥、有序地开展刑事被害人救助工作。现就人民法院贯彻落实《若干意见》，积极开展刑事被害人救助工作，通知如下：

一、充分认识开展刑事被害人救助工作的重要意义，抓紧抓好《若干意见》的贯彻落实

建立刑事被害人救助制度，对因受犯罪侵害而陷入生活困境的受害群众，实行国家救助，是中央确定深化司法体制和工作机制改革的一项重要内容，是我国司法领域人权保护不断进步的重要标志，体现了社会主义司法制度的人文关怀，对于人民法院贯彻宽严相济刑事政策，统筹兼顾被告人的人权保障与被害人的权益保障，实现司法公正，对于人民法院及时化解矛盾纠纷，最大限度地减少不和谐因素，确保案件事了，促进社会和谐，都具有重要的现实意义。近年来，一些地方法院在当地党委政法委领导下，积极探索和尝试对刑事被害人开展救助，取得了很好的社会效果。《若干意见》总结并推广这一做法，从政策层面对在全国范围内开展刑事被害人救助工作提出了指导性意见。各地法院要把贯彻落实《若干意见》作为一项重要任务，紧紧抓住这一契机，迅速把刑事被害人救助工作全面开展起来。要按照《若干意见》的要求，主动向当地党委政法委请示，与有关部门沟通联系，研究制定具体实施办法，在当地具体实施办法出台前，人民法院可以根据审判工作的需要，依据《若干意见》，积极争取相关部门支持和政法委同意，对陷入生活困境急需救助的刑事被害人先行给予救助。已经开展这项工作的地方，要根据《若干意见》精神，进一步完善相关工作机制，推动救助工作深入发展。

二、准确把握刑事被害人救助工作的重点，确保救助取得实际效果

在开展刑事被害人救助工作中，要吃透《若干意见》精神，牢牢把握工作重点，确

保救助工作的顺利开展。刑事被害人救助是在被害人或其近亲属通过诉讼不能依法获得有效赔偿的情况下,由国家给予适当经济资助,帮助其解决暂时困难的措施,具有补充性、抚慰性和应急性,不是国家赔偿或补偿。遭受严重暴力犯罪侵害导致严重伤残或者死亡的被害人,是开展刑事被害人救助工作的对象。有条件的地方,在此基础上可以根据当地经济、社会发展状况和刑事案件情况确定具体的救助对象范围。刑事被害人救助工作情况复杂,在制定具体救助办法时,要遵循公正、便捷、及时原则,坚持以办案机关依职权提起为主,被害人个人申请为辅的救助启动模式,谨防因救助的申请、救助数额等问题产生新的矛盾,确保救助工作平稳实施,切实把好事办好。

三、将刑事被害人救助与审判工作紧密结合,切实维护好刑事被害人的合法权益

人民法院在依法惩处犯罪的同时,要充分发挥刑事附带民事诉讼制度的作用,依法保障被害人行使诉讼权利,用足用好现有法律规定,及时采取财产保全措施,完善调解工作机制,加大执行工作力度,切实维护好刑事被害人的合法权益。对于无法通过诉讼及时从被告人处获得赔偿,符合救助条件的被害人及其近亲属,要主动、及时启动救助程序予以救助。对于暂时未纳入救助范围的刑事被害人或者实施救助后仍然面临生活困难的,要积极协调相关部门,通过民政救济、社会保险等途径解决其生活困难。要充分发挥刑事被害人救助在贯彻宽严相济刑事政策,确保案结事了方面的积极作用,保证案件正常审理。对于因婚姻家庭、邻里纠纷等民间矛盾激化引发的案件,特别是被害人一方有明显过错或对矛盾激化有直接责任,或者被告人有法定从轻处罚情节的,要通过及时救助,纾缓被害人或其近亲属的情绪,为正确执行国家法律和党的刑事政策创造良好的社会氛围;对于严重危害社会治安的严重犯罪,必须毫不动摇地依法严惩犯罪分子,同时注重通过及时救助,帮助被害人或其近亲属克服暂时急困,维护社会稳定,促进社会和谐。

四、加强指导,确保救助工作顺利开展

《若干意见》的出台,是我国建立刑事被害人救助制度的重要步骤。由于我国刑事被害人救助方面的法律还不完备,开展这项工作涉及面广,政策性强,必须加强指导。《若干意见》是人民法院开展刑事被害人救助工作的基本依据。各高级人民法院要根据《若干意见》精神,在当地党委政法委领导协调下,与有关部门加强联系,从当地经济、社会发展的实际情况出发,抓紧研究提出切实可行的具体实施办法,采取有效措施,督促和指导各级人民法院,尤其是各中级人民法院抓紧落实相关工作要求,切实发挥刑事被害人救助工作在维护稳定、促进和谐、救助急迫、有利于刑事案件依法妥善处理等方面的积极作用。对下级法院在开展工中遇到的困难和问题,要深入研究、加强协调、指导,推动刑事被害人救助工作在辖区范围内全面开展。同时,要注意总结工作经验,及时完善相关制度,及时反馈工作情况,为今后的立法工作提供实践经验。

今年 6 月 30 日前,请各高级人民法院将本辖区刑事被害人救助工作的进展情况书面报告我院;12 月 31 日前,向我院书面报告本辖区开展刑事被害人救助工作的情况总结,包括形成的文件、实施情况(救助人数、救助金额、典型案例等)以及存在的问题

和建议等。

最高人民法院　最高人民检察院　公安部　司法部
关于印发《关于刑事诉讼法律援助工作的规定》的通知

2013年2月4日　　　　　　　　　　　　　　　司发通〔2013〕18号

各省、自治区、直辖市高级人民法院、人民检察院、公安厅（局）、司法厅（局），解放军军事法院、军事检察院、总政司法局、新疆维吾尔自治区高级人民法院生产建设兵团分院、新疆生产建设兵团人民检察院、公安局、司法局、监狱管理局：

　　为贯彻实施修改后刑事诉讼法有关法律援助的规定，加强和规范刑事法律援助工作，在深入调研论证和广泛征求意见的基础上，最高人民法院、最高人民检察院、公安部、司法部对2005年9月28日联合印发的《关于刑事诉讼法律援助工作的规定》进行了修改。现印发你们，请遵照执行。

附：

关于刑事诉讼法律援助工作的规定

　　第一条　为加强和规范刑事诉讼法律援助工作，根据《中华人民共和国刑事诉讼法》、《中华人民共和国律师法》、《法律援助条例》以及其他相关规定，结合法律援助工作实际，制定本规定。

　　第二条　犯罪嫌疑人、被告人因经济困难没有委托辩护人的，本人及其近亲属可以向办理案件的公安机关、人民检察院、人民法院所在地同级司法行政机关所属法律援助机构申请法律援助。

　　具有下列情形之一，犯罪嫌疑人、被告人没有委托辩护人的，可以依照前款规定申请法律援助：

　　（一）有证据证明犯罪嫌疑人、被告人属于一级或者二级智力残疾的；

　　（二）共同犯罪案件中，其他犯罪嫌疑人、被告人已委托辩护人的；

　　（三）人民检察院抗诉的；

　　（四）案件具有重大社会影响的。

　　第三条　公诉案件中的被害人及其法定代理人或者近亲属，自诉案件中的自诉人及其法定代理人，因经济困难没有委托诉讼代理人的，可以向办理案件的人民检察院、人民法院所在地同级司法行政机关所属法律援助机构申请法律援助。

第四条 公民经济困难的标准,按案件受理地所在的省、自治区、直辖市人民政府的规定执行。

第五条 公安机关、人民检察院在第一次讯问犯罪嫌疑人或者采取强制措施的时候,应当告知犯罪嫌疑人有权委托辩护人,并告知其如果符合本规定第二条规定,本人及其近亲属可以向法律援助机构申请法律援助。

人民检察院自收到移送审查起诉的案件材料之日起3日内,应当告知犯罪嫌疑人有权委托辩护人,并告知其如果符合本规定第二条规定,本人及其近亲属可以向法律援助机构申请法律援助;应当告知被害人及其法定代理人或者近亲属有权委托诉讼代理人,并告知其如果经济困难,可以向法律援助机构申请法律援助。

人民法院自受理案件之日起3日内,应当告知被告人有权委托辩护人,并告知其如果符合本规定第二条规定,本人及其近亲属可以向法律援助机构申请法律援助;应当告知自诉人及其法定代理人有权委托诉讼代理人,并告知其如果经济困难,可以向法律援助机构申请法律援助。人民法院决定再审的案件,应当自决定再审之日起3日内履行相关告知职责。

犯罪嫌疑人、被告人具有本规定第九条规定情形的,公安机关、人民检察院、人民法院应当告知其如果不委托辩护人,将依法通知法律援助机构指派律师为其提供辩护。

第六条 告知可以采取口头或者书面方式,告知的内容应当易于被告知人理解。口头告知的,应当制作笔录,由被告知人签名;书面告知的,应当将送达回执入卷。对于被告知人当场表达申请法律援助意愿的,应当记录在案。

第七条 被羁押的犯罪嫌疑人、被告人提出法律援助申请的,公安机关、人民检察院、人民法院应当在收到申请24小时内将其申请转交或者告知法律援助机构,并于3日内通知申请人的法定代理人、近亲属或者其委托的其他人员协助向法律援助机构提供有关证件、证明等相关材料。犯罪嫌疑人、被告人的法定代理人或者近亲属无法通知的,应当在转交申请时一并告知法律援助机构。

第八条 法律援助机构收到申请后应当及时进行审查并于7日内作出决定。对符合法律援助条件的,应当决定给予法律援助,并制作给予法律援助决定书;对不符合法律援助条件的,应当决定不予法律援助,制作不予法律援助决定书。给予法律援助决定书和不予法律援助决定书应当及时发送申请人,并函告公安机关、人民检察院、人民法院。

对于犯罪嫌疑人、被告人申请法律援助的案件,法律援助机构可以向公安机关、人民检察院、人民法院了解案件办理过程中掌握的犯罪嫌疑人、被告人是否具有本规定第二条规定情形等情况。

第九条 犯罪嫌疑人、被告人具有下列情形之一没有委托辩护人的,公安机关、人民检察院、人民法院应当自发现该情形之日起3日内,通知所在地同级司法行政机关所属法律援助机构指派律师为其提供辩护:

(一)未成年人;

(二)盲、聋、哑人;

(三)尚未完全丧失辨认或者控制自己行为能力的精神病人;

（四）可能被判处无期徒刑、死刑的人。

第十条 公安机关、人民检察院、人民法院通知辩护的，应当将通知辩护公函和采取强制措施决定书、起诉意见书、起诉书、判决书副本或者复印件送交法律援助机构。

通知辩护公函应当载明犯罪嫌疑人或者被告人的姓名、涉嫌的罪名、羁押场所或者住所、通知辩护的理由、办案机关联系人姓名和联系方式等。

第十一条 人民法院自受理强制医疗申请或者发现被告人符合强制医疗条件之日起3日内，对于被申请人或者被告人没有委托诉讼代理人的，应当向法律援助机构送交通知代理公函，通知其指派律师担任被申请人或被告人的诉讼代理人，为其提供法律帮助。

人民检察院申请强制医疗的，人民法院应当将强制医疗申请书副本一并送交法律援助机构。

通知代理公函应当载明被申请人或者被告人的姓名、法定代理人的姓名和联系方式、办案机关联系人姓名和联系方式。

第十二条 法律援助机构应当自作出给予法律援助决定或者自收到通知辩护公函、通知代理公函之日起3日内，确定承办律师并函告公安机关、人民检察院、人民法院。

法律援助机构出具的法律援助公函应当载明承办律师的姓名、所属单位及联系方式。

第十三条 对于可能被判处无期徒刑、死刑的案件，法律援助机构应当指派具有一定年限刑事辩护执业经历的律师担任辩护人。

对于未成年人案件，应当指派熟悉未成年人身心特点的律师担任辩护人。

第十四条 承办律师接受法律援助机构指派后，应当按照有关规定及时办理委托手续。

承办律师应当在首次会见犯罪嫌疑人、被告人时，询问是否同意为其辩护，并制作笔录。犯罪嫌疑人、被告人不同意的，律师应当书面告知公安机关、人民检察院、人民法院和法律援助机构。

第十五条 对于依申请提供法律援助的案件，犯罪嫌疑人、被告人坚持自己辩护，拒绝法律援助机构指派的律师为其辩护的，法律援助机构应当准许，并作出终止法律援助的决定；对于有正当理由要求更换律师的，法律援助机构应当另行指派律师为其提供辩护。

对于应当通知辩护的案件，犯罪嫌疑人、被告人拒绝法律援助机构指派的律师为其辩护的，公安机关、人民检察院、人民法院应当查明拒绝的原因，有正当理由的，应当准许，同时告知犯罪嫌疑人、被告人需另行委托辩护人。犯罪嫌疑人、被告人未另行委托辩护人的，公安机关、人民检察院、人民法院应当及时通知法律援助机构另行指派律师为其提供辩护。

第十六条 人民检察院审查批准逮捕时，认为犯罪嫌疑人具有应当通知辩护的情形，公安机关未通知法律援助机构指派律师的，应当通知公安机关予以纠正，公安机关应当将纠正情况通知人民检察院。

第十七条 在案件侦查终结前，承办律师提出要求的，侦查机关应当听取其意见，并记录在案。承办律师提出书面意见的，应当附卷。

第十八条 人民法院决定变更开庭时间的，应当在开庭3日前通知承办律师。承办律师有正当理由不能按时出庭的，可以申请人民法院延期开庭。人民法院同意延期开庭的，应当及时通知承办律师。

第十九条 人民法院决定不开庭审理的案件，承办律师应当在接到人民法院不开庭通知之日起10日内向人民法院提交书面辩护意见。

第二十条 人民检察院、人民法院应当对承办律师复制案卷材料的费用予以免收或者减收。

第二十一条 公安机关在撤销案件或者移送审查起诉后，人民检察院在作出提起公诉、不起诉或者撤销案件决定后，人民法院在终止审理或者作出裁决后，以及公安机关、人民检察院、人民法院将案件移送其他机关办理后，应当在5日内将相关法律文书副本或者复印件送达承办律师，或者书面告知承办律师。

公安机关的起诉意见书，人民检察院的起诉书、不起诉决定书，人民法院的判决书、裁定书等法律文书，应当载明作出指派的法律援助机构名称、承办律师姓名以及所属单位等情况。

第二十二条 具有下列情形之一的，法律援助机构应当作出终止法律援助决定，制作终止法律援助决定书发送受援人，并自作出决定之日起3日内函告公安机关、人民检察院、人民法院：

（一）受援人的经济收入状况发生变化，不再符合法律援助条件的；

（二）案件终止办理或者已被撤销的；

（三）受援人自行委托辩护人或者代理人的；

（四）受援人要求终止法律援助的，但应当通知辩护的情形除外；

（五）法律、法规规定应当终止的其他情形。

公安机关、人民检察院、人民法院在案件办理过程中发现有前款规定情形的，应当及时函告法律援助机构。

第二十三条 申请人对法律援助机构不予援助的决定有异议的，可以向主管该法律援助机构的司法行政机关提出。司法行政机关应当在收到异议之日起5个工作日内进行审查，经审查认为申请人符合法律援助条件的，应当以书面形式责令法律援助机构及时对该申请人提供法律援助，同时通知申请人；认为申请人不符合法律援助条件的，应当维持法律援助机构不予援助的决定，并书面告知申请人。

受援人对法律援助机构终止法律援助的决定有异议的，按照前款规定办理。

第二十四条 犯罪嫌疑人、被告人及其近亲属、法定代理人，强制医疗案件中的被申请人、被告人的法定代理人认为公安机关、人民检察院、人民法院应当告知其可以向法律援助机构申请法律援助而没有告知，或者应当通知法律援助机构指派律师为其提供辩护或者诉讼代理而没有通知的，有权向同级或者上一级人民检察院申诉或者控告。人民检察院应当对申诉或者控告及时进行审查，情况属实的，通知有关机关予以纠正。

第二十五条 律师应当遵守有关法律法规和法律援助业务规程，做好会见、阅卷、调查取证、解答咨询、参加庭审等工作，依法为受援人提供法律服务。

律师事务所应当对律师办理法律援助案件进行业务指导，督促律师在办案过程中尽职尽责，恪守职业道德和执业纪律。

第二十六条 法律援助机构依法对律师事务所、律师开展法律援助活动进行指导监督，确保办案质量。

司法行政机关和律师协会根据律师事务所、律师履行法律援助义务情况实施奖励和惩戒。

公安机关、人民检察院、人民法院在案件办理过程中发现律师有违法或者违反职业道德和执业纪律行为，损害受援人利益的，应当及时向法律援助机构通报有关情况。

第二十七条 公安机关、人民检察院、人民法院和司法行政机关应当加强协调，建立健全工作机制，做好法律援助咨询、申请转交、组织实施等方面的衔接工作，促进刑事法律援助工作有效开展。

第二十八条 本规定自2013年3月1日起施行。2005年9月28日最高人民法院、最高人民检察院、公安部、司法部下发的《关于刑事诉讼法律援助工作的规定》同时废止。

最高人民法院　最高人民检察院　公安部　国家安全部　司法部
关于开展法律援助值班律师工作的意见

2017年8月28日　　　　　　　　　　　司发通〔2017〕84号

为深入贯彻落实中共中央办公厅、国务院办公厅《关于完善法律援助制度的意见》（中办发〔2015〕37号），充分发挥法律援助值班律师在以审判为中心的刑事诉讼制度改革和认罪认罚从宽制度改革试点中的职能作用，依法维护犯罪嫌疑人、刑事被告人诉讼权利，加强人权司法保障，促进司法公正，现提出以下意见。

一、法律援助机构在人民法院、看守所派驻值班律师，为没有辩护人的犯罪嫌疑人、刑事被告人提供法律帮助。

人民法院、人民检察院、公安机关应当告知犯罪嫌疑人、刑事被告人有获得值班律师法律帮助的权利。犯罪嫌疑人、刑事被告人及其近亲属提出法律帮助请求的，人民法院、人民检察院、公安机关应当通知值班律师为其提供法律帮助。

二、法律援助值班律师应当依法履行下列工作职责：

（一）解答法律咨询。

（二）引导和帮助犯罪嫌疑人、刑事被告人及其近亲属申请法律援助，转交申请材料。

（三）在认罪认罚从宽制度改革试点中，为自愿认罪认罚的犯罪嫌疑人、刑事被告人提供法律咨询、程序选择、申请变更强制措施等法律帮助,对检察机关定罪量刑建议提出意见,犯罪嫌疑人签署认罪认罚具结书应当有值班律师在场。

(四)对刑讯逼供、非法取证情形代理申诉、控告。

(五)承办法律援助机构交办的其他任务。

法律援助值班律师不提供出庭辩护服务。符合法律援助条件的犯罪嫌疑人、刑事被告人,可以依申请或通知由法律援助机构为其指派律师提供辩护。

三、法律援助机构可以根据人民法院、人民检察院、看守所实际工作需要,通过设立法律援助工作站派驻值班律师或及时安排值班律师等形式提供法律帮助。

工作站应当悬挂统一标牌,配备必要的办公设施,设立指引标识,并放置法律援助格式文书以及相关业务介绍资料。

工作站应当公示法律援助范围、条件、值班律师工作职责及当日值班律师基本信息等。

四、法律援助机构综合社会律师和法律援助机构律师政治素质、职业道德水准、业务能力、执业年限等确定法律援助值班律师人选,建立法律援助值班律师名册。有条件的地方可以组建法律援助值班律师库。

五、法律援助机构根据人民法院、看守所法律援助工作站法律咨询需求量和当地律师资源状况,合理安排值班律师工作时间。律师值班可以相对固定专人或者轮流值班,在律师资源短缺地区可以探索采用现场值班和电话、网络值班相结合的方式。

六、法律援助机构应当将值班律师名册或人员信息送交或告知人民法院、人民检察院、公安机关及看守所。法律援助值班律师在人民法院、看守所法律援助工作站提供值班律师服务应持律师执业证书,实行挂牌上岗,向当事人表明法律援助值班律师身份。

值班律师在接待当事人时,应当现场记录当事人咨询的法律问题和提供的法律解答,解释法律援助的条件和范围,对认为初步符合法律援助条件的当事人引导其申请法律援助。

社会律师和法律援助机构律师应当接受法律援助机构的安排提供值班律师服务。值班律师应当遵守相关法律规定、职业道德、执业纪律,不得误导当事人诉讼行为,严禁收受财物,严禁利用值班便利招揽案源、介绍律师有偿服务及其它违反值班律师工作纪律的行为。值班律师应当依法保守工作中知晓的国家秘密、商业秘密和当事人隐私,犯罪嫌疑人、刑事被告人或者其他人准备或者正在实施危害国家安全、公共安全以及严重危害他人人身安全的犯罪事实和信息除外。

七、法律援助机构要加强对法律援助值班律师工作运行的业务指导,组织开展对值班律师职责、服务内容、执业纪律、刑事诉讼法律知识方面的业务培训,及时统计汇总犯罪嫌疑人、刑事被告人涉嫌罪名、简要案情、咨询意见等信息,定期运用征询所驻单位意见、当事人回访等措施了解值班律师履责情况,对值班律师实行动态化管理。

法律援助机构要向律师协会通报法律援助值班律师履责情况。律师协会要将法律援助值班律师履责情况纳入律师年度考核及律师诚信服务记录。

司法行政机关要加强对律师提供值班律师服务的日常监督管理,总结并不断提升值班律师服务质量水平。对律师在值班律师工作中违反职业道德和执业纪律的行为依法依规处理。

八、人民法院、人民检察院、看守所为法律援助工作站提供必要办公场所和设施。看守所为法律援助值班律师会见提供便利。

人民法院、人民检察院、公安机关、国家安全机关、司法行政机关建立刑事法律援助工作联席会议制度,定期沟通法律援助值班律师工作情况。

九、对于律师资源短缺的地区和单位,法律援助机构要根据律师资源和刑事法律援助需求等,统筹调配律师资源,探索建立政府购买值班律师服务机制,保障法律援助值班律师工作正常有序开展。

十、国家安全机关适用本意见中有关公安机关的规定。

十七、其　他

最高人民法院
关于人民法院应否受理当事人不服治安管理处罚而提起的刑事自诉问题的批复

1993年9月3日　　　　　　　　　　　　　　法复〔1993〕8号

各省、自治区、直辖市高级人民法院，解放军军事法院：

近年来，一些高级法院请示，对于公安机关的治安管理处罚决定生效后，当事人在法定期间内未提起行政诉讼，而向人民法院提起刑事自诉的，人民法院是否应当受理的问题。经研究，现批复如下：

治安管理处罚决定生效后，当事人在法定期间内未就治安管理处罚决定提起行政诉讼，而就同一事实向人民法院提起刑事自诉的，只要符合刑事诉讼法的有关规定，并且被告人的行为是在追诉时效期限内的，人民法院均应受理。经审理，如果认为被告人的行为构成犯罪，应当依法追究刑事责任。被告人被判处管制、拘役或者有期徒刑的，如果其在原治安管理处罚决定中已受过拘留处罚，应当将拘留处罚天数折抵刑期。对于自诉人提起附带民事诉讼，人民法院经调解或判决被告人赔偿损失的，应当将原治安管理处罚决定中的赔偿部分一并考虑。人民法院审理这类自诉案件所制作的调解书、裁定书或判决书，一经生效即送达作出原治安管理处罚决定的公安机关。

最高人民法院
关于印发《人民法院司法警察刑事审判警务保障规则》的通知

2009年7月30日　　　　　　　　　　法发〔2009〕46号

各省、自治区、直辖市高级人民法院，解放军军事法院，新疆维吾尔自治区高级人民法院生产建设兵团分院：

现将最高人民法院《人民法院司法警察刑事审判警务保障规则》印发给你们，请认真贯彻执行。

附：

人民法院司法警察刑事审判警务保障规则

一、总　则

第一条　为规范人民法院司法警察（以下简称司法警察）刑事审判警务保障工作，根据《中华人民共和国刑事诉讼法》、《中华人民共和国人民警察法》、《中华人民共和国人民法院法庭规则》和《人民法院司法警察暂行条例》等有关法律、行政法规，制定本规则。

第二条　刑事审判警务保障（以下简称警务保障）是指司法警察为保证人民法院刑事审判工作的顺利进行，依法实施的职务行为。

本规则所指警务保障包括：在刑事审判工作中维护审判秩序，警卫法庭安全；保护审判人员、公诉人、辩护人和其他诉讼参与人的人身安全；预防、制止妨碍刑事审判活动的违法犯罪行为；依法押解、看管被告人和罪犯；依法对旁听人员进行安全检查；传唤证人、鉴定人，传递、展示证据。

第三条　司法警察在执行警务保障工作中应当做到：严格遵守法律、行政法规的规定，严格执法、文明执法、规范执法；保守审判秘密和工作秘密；按规定着装，保持警容严整，举止端庄；持有警官证等有效身份证明。

值庭司法警察在法庭审判活动中，根据审判长、独任审判员的指令，依法履行职责。

第四条　司法警察在执行警务保障任务中，配备、使用警械和武器，必须遵守《中华人民共和国人民警察使用警械和武器条例》的有关规定。

二、组织指挥

第五条 在警务保障工作中，司法警察部门应当根据案件性质、被告人数量和审理方式等情况，安排、部署警力；配备车辆和武器、警械具。

按照规定配备警力，根据警务保障要求，分别设立押解、看管、值庭、安全检查和处置突发事件分队（组）；

配备指挥车、囚车，必要时配备备用车辆；

配备武器、警械具。

执行警务保障任务前，应当对车辆、武器和警械具进行维护、检查，确保车辆、武器和警械具处于适用状态。

第六条 检查审判法庭、羁押场所的设施，对于妨碍警务保障工作的设施和物品进行改造和清除。

第七条 对于被告人人数较多或其他重大刑事案件的警务保障工作，司法警察部门应当制定"警务保障实施方案"。实施方案包含组织指挥、警力部署和"突发事件应急处置方案"等内容。

第八条 在警务保障工作中，遇有警力不足情况时，按照《人民法院调动使用司法警察暂行规则》执行。

第九条 各高级人民法院司法警察总队负责死刑第二审案件的警务保障工作，统一组织、协调警力的部署和安排。最高人民法院、各高级人民法院需要在被告人羁押地法院审理和提讯被告人的死刑第二审案件，原则上由被告人羁押地法院司法警察部门提供警务保障。

三、实施要求

第十条 司法警察部门应当根据所在人民法院刑事审判工作的需要，及时提供警务保障。

第十一条 对于被告人人数较多或其他重大刑事案件的警务保障，申请使用司法警察提供警务保障的刑事审判部门，应当在用警前三个工作日向司法警察部门提出用警申请。

用警申请应当包含申请用警部门、用警时间、案件性质、被告人数量和旁听人员情况等信息。

第十二条 司法警察部门领受任务后，应当认真审核提押手续和申请部门提供的相关信息是否完备。对于手续、信息不完备或有错误的，可以要求申请部门予以补正。

第十三条 执行押解任务的司法警察到达看守所或被告人羁押场所后，应当按照规定办理提押手续。将被告人提押出监区时，应当对照提押票逐个核对被告人的身份、案由等情况，并对被告人进行搜身，防止其携带危险、违禁物品。

对被告人必须使用戒具。对有可能判处无期徒刑、死刑等较重刑罚的被告人，应当使用脚镣。

同案被告人应当分车押解，不具备分车押解条件的，应当采取措施确保不发生串供事件。重大案件的被告人应当专车押解。

押解途中，司法警察应当严密监控被告人，防止被告人脱逃、行凶、自伤、自残及串供。

押解途中，司法警察应当按照规定正确使用警灯、警报器，使用文明、规范的用语。执行押解任务的囚车不得搭乘无关人员。

第十四条 将被告人押解至羁押室或临时羁押场所后，押解司法警察与执行看管任务的司法警察应当履行交接手续。看管司法警察应当核对被告人的数量、身份、案由，了解、掌握被告人身体和情绪状况等情况。

对被告人出入羁押室的时间、被告人姓名、人数和押解司法警察等，要逐一进行登记，并认真填写看管记录。

看管司法警察应当使用告知词，告知被告人在羁押期间应遵守的规定和纪律，同时告知被告人所享有的权利。

同案被告人、成年被告人与未成年被告人、男性被告人与女性被告人应当分别关押，重大案件的被告人应当单独关押。

看管期间可以解除被告人的戒具，对于有可能判处无期徒刑、死刑等较重刑罚和有迹象显示具有脱逃、行凶和自杀、自残可能的被告人，不得解除戒具。

看管司法警察应当经常巡视看管场所，严密监控被告人的动态，防止发生意外事件。对于重大案件的被告人应当加强看管措施。

第十五条 值庭司法警察应当在法庭审判活动开始前进入法庭，确定警卫法庭的位置。

对于违反法庭规则的人员，值庭司法警察应当予以劝阻和制止，对不服从劝阻和制止的人员，值庭司法警察在审判长或独任审判员的指令下，依法采取强制措施制止其违法行为或强制将其带出法庭。

对于严重扰乱法庭秩序的人员，值庭司法警察应当依法采取强制措施予以控制；经院长批准予以罚款、拘留的，由司法警察执行。

值庭司法警察在审判长或独任审判员的指令下，负责传唤证人、鉴定人，传递、展示证据；引导证人、鉴定人出入法庭，并保护证人、鉴定人在法庭上的人身安全。

第十六条 负责法庭押解的司法警察在审判长或独任审判员的指令下，押解被告人进、出法庭；在法庭审判活动进行过程中，要严密监控被告人，始终将被告人置于可以控制的范围内。

未经批准，严禁被害人及其亲属、被告人的亲属和其他无关人员接近被告人。

在法庭审判活动中，应当为被告人解除戒具；对于有可能判处无期徒刑、死刑等较重刑罚和有迹象显示具有脱逃、行凶和自杀、自残可能的被告人，可以不解除戒具。

第十七条 审判活动结束后，司法警察应及时将被告人还押看守所或羁押场所，一般不得在法庭和羁押室让被告人阅读庭审笔录。

经批准，可以让被告人在羁押室签收判决书或裁定书。

四、特殊情况处置

第十八条 在警务保障工作中发生突发紧急情况，司法警察必须果断予以处置，待险情消除后，立即向司法警察部门领导或审判长、独任审判员报告或请示，根据命令或指令采取进一步措施。

第十九条 在警务保障工作中，遇有下列情况之一，经警告无效，司法警察可以根据《中华人民共和国人民警察使用警械和武器条例》使用警械：

（一）被告人、罪犯脱逃的；

（二）被告人、罪犯或其他人员企图袭击审判人员、公诉人、辩护人或其他诉讼参与人的；

（三）围堵、攻击执行警务保障任务的司法警察的；

（四）强行冲越司法警察为履行警务保障职责设置的警戒线的；

（五）其他危害法庭秩序、人民法院工作秩序的行为，需要当场制止的；

（六）法律、行政法规规定可以使用警械的其他情形。

司法警察依照前款规定使用警械，应当以制止违法犯罪行为为限度，当违法犯罪行为得到制止时，应当立即停止使用。

第二十条 在警务保障工作中，遇有下列紧急情况之一，经警告无效，司法警察可以根据《中华人民共和国人民警察使用警械和武器条例》使用武器：

（一）被告人、罪犯实施凶杀、劫持人质等暴力行为的；

（二）被告人、罪犯脱逃，非使用武器不能制止的；

（三）劫夺被告人、罪犯的；

（四）抢劫、抢夺枪支、弹药，严重危害公共安全的；

（五）以暴力方法抗拒或者阻碍司法警察依法履行职责或者暴力袭击司法警察，危及司法警察生命安全的；

（六）法律、行政法规规定可以使用武器的其他情形。

司法警察依照前款规定使用武器，来不及警告或者警告后可能导致更为严重危害后果的，可以直接使用武器。

司法警察使用武器时，遇有《中华人民共和国人民警察使用警械和武器条例》规定的不得使用武器和立即停止使用武器的情形时，禁止使用武器和应当立即停止使用武器。

五、责任追究

第二十一条 在警务保障工作中，发生审判秩序受到严重干扰、造成恶劣影响和被告人脱逃等事故，有下列情形之一的，依法追究相关人员的责任：

（一）擅离职守的；

（二）玩忽职守，不认真履行职责的；

（三）与被告人或其家属相互串通，为被告人传递信件、物品，通风报信，致使发生严重后果的；

（四）对于发生在警务保障工作中的突发紧急情况，没有采取措施及时予以处置，致使造成严重后果的；

（五）违反工作纪律和相关规定，致使发生严重事故的。

第二十二条 在警务保障工作中，发生审判秩序受到严重干扰、造成恶劣影响和被告人脱逃等事故，有下列情形之一的，依法追究相关人民法院司法警察部门领导责任：

（一）没有按照规定制定"警务保障实施方案"的；

（二）司法警察的警力不足以完成警务保障任务，而又不向相关领导报告，违反规定强行命令司法警察执行警务保障任务的；

（三）执行警务保障任务的武器、车辆和警械具不符合警务保障工作的需要，而又不向相关领导报告，致使发生严重事故的；

（四）对于发生在警务保障工作中的突发紧急情况，应对不及时，指挥不正确，致使造成严重后果的；

（五）具有其他需追究司法警察部门领导责任的情节。

第二十三条 在警务保障工作中，发生审判秩序受到严重干扰、造成恶劣影响和被告人脱逃等事故，有下列情形之一的，依法追究相关人民法院主管院领导责任：

（一）法庭、羁押室设施和设备不符合警务保障工作要求，没有采取措施进行完善和改造的；

（二）司法警察的警力不足以完成警务保障任务，违反规定强行命令司法警察部门执行警务保障任务的；

（三）执行警务保障任务的武器、车辆和警械具不符合警务保障工作的需要，没有采取措施进行补救的；

（四）具有其他需追究领导责任的情节。

第二十四条 在警务保障工作中发生事故，根据事故的性质和严重程度，对相关责任人给予纪律处分。构成犯罪的，依法追究刑事责任。

六、附　则

第二十五条 本规则适用于各级人民法院的刑事审判警务保障工作。

第二十六条 本规则由最高人民法院负责解释。

第二十七条 本规则自发布之日起施行。

最高人民法院
关于办理被告人丧失受审能力久押不决案件有关事项的通知

2014年8月25日　　　　　　　　　　法〔2014〕227号

各省、自治区、直辖市高级人民法院,解放军军事法院,新疆维吾尔自治区高级人民法院生产建设兵团分院:

久押不决案件清理工作开展以来,全国各级人民法院集中精力,多措并举,清理了大批积案,取得了很好的成效。为进一步推动清理工作,依法保障被告人合法权益,现就办理被告人丧失受审能力久押不决案件的有关事项通知如下:

一、刑事被告人经法定程序鉴定患有精神疾病或其他严重疾病等丧失受审能力,导致案件无法审理或无法继续审理,形成久押不决案件的,适用本通知。

二、刑事案件因被告人丧失受审能力,无法审理或无法继续审理,符合中止审理条件的,可以依法中止审理。

对依法中止审理的案件,不作为长期未结和久押不决案件统计和督办。

三、对丧失受审能力的在押被告人,人民法院应建议看守所积极治疗,除不关押确有社会危险性或有串供、自杀可能的重大案犯外,也可以变更强制措施,以保障被告人合法权益。

四、本通知自下发之日起执行。

环境资源保护篇

最高人民法院
关于审理环境侵权责任纠纷案件适用法律若干问题的解释

法释〔2015〕12号

（2015年2月9日最高人民法院审判委员会第1644次会议通过 2015年6月1日最高人民法院公告公布 自2015年6月3日起施行）

为正确审理环境侵权责任纠纷案件，根据《中华人民共和国侵权责任法》《中华人民共和国环境保护法》《中华人民共和国民事诉讼法》等法律的规定，结合审判实践，制定本解释。

第一条 因污染环境造成损害，不论污染者有无过错，污染者应当承担侵权责任。污染者以排污符合国家或者地方污染物排放标准为由主张不承担责任的，人民法院不予支持。

污染者不承担责任或者减轻责任的情形，适用海洋环境保护法、水污染防治法、大气污染防治法等环境保护单行法的规定；相关环境保护单行法没有规定的，适用侵权责任法的规定。

第二条 两个以上污染者共同实施污染行为造成损害，被侵权人根据侵权责任法第八条规定请求污染者承担连带责任的，人民法院应予支持。

第三条 两个以上污染者分别实施污染行为造成同一损害，每一个污染者的污染行为都足以造成全部损害，被侵权人根据侵权责任法第十一条规定请求污染者承担连带责任的，人民法院应予支持。

两个以上污染者分别实施污染行为造成同一损害，每一个污染者的污染行为都不足以造成全部损害，被侵权人根据侵权责任法第十二条规定请求污染者承担责任的，人民法院应予支持。

两个以上污染者分别实施污染行为造成同一损害，部分污染者的污染行为足以造成全部损害，部分污染者的污染行为只造成部分损害，被侵权人根据侵权责任法第十一条规定请求足以造成全部损害的污染者与其他污染者就共同造成的损害部分承担连带责任，并对全部损害承担责任的，人民法院应予支持。

第四条 两个以上污染者污染环境，对污染者承担责任的大小，人民法院应当根据污染物的种类、排放量、危害性以及有无排污许可证、是否超过污染物排放标准、是否超过重点污染物排放总量控制指标等因素确定。

第五条 被侵权人根据侵权责任法第六十八条规定分别或者同时起诉污染者、第三人的，人民法院应予受理。

被侵权人请求第三人承担赔偿责任的,人民法院应当根据第三人的过错程度确定其相应赔偿责任。

污染者以第三人的过错污染环境造成损害为由主张不承担责任或者减轻责任的,人民法院不予支持。

第六条　被侵权人根据侵权责任法第六十五条规定请求赔偿的,应当提供证明以下事实的证据材料:

(一)污染者排放了污染物;

(二)被侵权人的损害;

(三)污染者排放的污染物或者其次生污染物与损害之间具有关联性。

第七条　污染者举证证明下列情形之一的,人民法院应当认定其污染行为与损害之间不存在因果关系:

(一)排放的污染物没有造成该损害可能的;

(二)排放的可造成该损害的污染物未到达该损害发生地的;

(三)该损害于排放污染物之前已发生的;

(四)其他可以认定污染行为与损害之间不存在因果关系的情形。

第八条　对查明环境污染案件事实的专门性问题,可以委托具备相关资格的司法鉴定机构出具鉴定意见或者由国务院环境保护主管部门推荐的机构出具检验报告、检测报告、评估报告或者监测数据。

第九条　当事人申请通知一至两名具有专门知识的人出庭,就鉴定意见或者污染物认定、损害结果、因果关系等专业问题提出意见的,人民法院可以准许。当事人未申请,人民法院认为有必要的,可以进行释明。

具有专门知识的人在法庭上提出的意见,经当事人质证,可以作为认定案件事实的根据。

第十条　负有环境保护监督管理职责的部门或者其委托的机构出具的环境污染事件调查报告、检验报告、检测报告、评估报告或者监测数据等,经当事人质证,可以作为认定案件事实的根据。

第十一条　对于突发性或者持续时间较短的环境污染行为,在证据可能灭失或者以后难以取得的情况下,当事人或者利害关系人根据民事诉讼法第八十一条规定申请证据保全的,人民法院应当准许。

第十二条　被申请人具有环境保护法第六十三条规定情形之一,当事人或者利害关系人根据民事诉讼法第一百条或者第一百零一条规定申请保全的,人民法院可以裁定责令被申请人立即停止侵害行为或者采取污染防治措施。

第十三条　人民法院应当根据被侵权人的诉讼请求以及具体案情,合理判定污染者承担停止侵害、排除妨碍、消除危险、恢复原状、赔礼道歉、赔偿损失等民事责任。

第十四条　被侵权人请求恢复原状的,人民法院可以依法裁判污染者承担环境修复责任,并同时确定被告不履行环境修复义务时应当承担的环境修复费用。

污染者在生效裁判确定的期限内未履行环境修复义务的,人民法院可以委托其他人进行环境修复,所需费用由污染者承担。

第十五条　被侵权人起诉请求污染者赔偿因污染造成的财产损失、人身损害以及为防止污染扩大、消除污染而采取必要措施所支出的合理费用的，人民法院应予支持。

第十六条　下列情形之一，应当认定为环境保护法第六十五条规定的弄虚作假：

（一）环境影响评价机构明知委托人提供的材料虚假而出具严重失实的评价文件的；

（二）环境监测机构或者从事环境监测设备维护、运营的机构故意隐瞒委托人超过污染物排放标准或者超过重点污染物排放总量控制指标的事实的；

（三）从事防治污染设施维护、运营的机构故意不运行或者不正常运行环境监测设备或者防治污染设施的；

（四）有关机构在环境服务活动中其他弄虚作假的情形。

第十七条　被侵权人提起诉讼，请求污染者停止侵害、排除妨碍、消除危险的，不受环境保护法第六十六条规定的时效期间的限制。

第十八条　本解释适用于审理因污染环境、破坏生态造成损害的民事案件，但法律和司法解释对环境民事公益诉讼案件另有规定的除外。

相邻污染侵害纠纷、劳动者在职业活动中因受污染损害发生的纠纷，不适用本解释。

第十九条　本解释施行后，人民法院尚未审结的一审、二审案件适用本解释规定。本解释施行前已经作出生效裁判的案件，本解释施行后依法再审的，不适用本解释。

本解释施行后，最高人民法院以前颁布的司法解释与本解释不一致的，不再适用。

最高人民法院
关于审理海洋自然资源与生态环境损害赔偿纠纷案件若干问题的规定

法释〔2017〕23号

（2017年11月20日最高人民法院审判委员会第1727次会议通过　2017年12月29日最高人民法院公告公布　自2018年1月15日起施行）

为正确审理海洋自然资源与生态环境损害赔偿纠纷案件，根据《中华人民共和国海洋环境保护法》《中华人民共和国民事诉讼法》《中华人民共和国海事诉讼特别程序法》等法律的规定，结合审判实践，制定本规定。

第一条　人民法院审理为请求赔偿海洋环境保护法第八十九条第二款规定的海洋自然资源与生态环境损害而提起的诉讼，适用本规定。

第二条　在海上或者沿海陆域内从事活动，对中华人民共和国管辖海域内海洋自然资源与生态环境造成损害，由此提起的海洋自然资源与生态环境损害赔偿诉讼，由损害行为发生地、损害结果地或者采取预防措施地海事法院管辖。

第三条 海洋环境保护法第五条规定的行使海洋环境监督管理权的机关，根据其职能分工提起海洋自然资源与生态环境损害赔偿诉讼，人民法院应予受理。

第四条 人民法院受理海洋自然资源与生态环境损害赔偿诉讼，应当在立案之日起五日内公告案件受理情况。

人民法院在审理中发现可能存在下列情形之一的，可以书面告知其他依法行使海洋环境监督管理权的机关：

（一）同一损害涉及不同区域或者不同部门；

（二）不同损害应由其他依法行使海洋环境监督管理权的机关索赔。

本规定所称不同损害，包括海洋自然资源与生态环境损害中不同种类和同种类但可以明确区分属不同机关索赔范围的损害。

第五条 在人民法院依照本规定第四条的规定发布公告之日起三十日内，或者书面告知之日起七日内，对同一损害有权提起诉讼的其他机关申请参加诉讼，经审查符合法定条件的，人民法院应当将其列为共同原告；逾期申请的，人民法院不予准许。裁判生效后另行起诉的，人民法院参照《最高人民法院关于审理环境民事公益诉讼案件适用法律若干问题的解释》第二十八条的规定处理。

对于不同损害，可以由各依法行使海洋环境监督管理权的机关分别提起诉讼；索赔人共同起诉或者在规定期限内申请参加诉讼的，人民法院依照民事诉讼法第五十二条第一款的规定决定是否按共同诉讼进行审理。

第六条 依法行使海洋环境监督管理权的机关请求造成海洋自然资源与生态环境损害的责任者承担停止侵害、排除妨碍、消除危险、恢复原状、赔礼道歉、赔偿损失等民事责任的，人民法院应当根据诉讼请求以及具体案情，合理判定责任者承担民事责任。

第七条 海洋自然资源与生态环境损失赔偿范围包括：

（一）预防措施费用，即为减轻或者防止海洋环境污染、生态恶化、自然资源减少所采取合理应急处置措施而发生的费用；

（二）恢复费用，即采取或者将要采取措施恢复或者部分恢复受损害海洋自然资源与生态环境功能所需费用；

（三）恢复期间损失，即受损害的海洋自然资源与生态环境功能部分或者完全恢复前的海洋自然资源损失、生态环境服务功能损失；

（四）调查评估费用，即调查、勘查、监测污染区域和评估污染等损害风险与实际损害所发生的费用。

第八条 恢复费用，限于现实修复实际发生和未来修复必然发生的合理费用，包括制定和实施修复方案和监测、监管产生的费用。

未来修复必然发生的合理费用和恢复期间损失，可以根据有资格的鉴定评估机构依据法律法规、国家主管部门颁布的鉴定评估技术规范作出的鉴定意见予以确定，但当事人有相反证据足以反驳的除外。

预防措施费用和调查评估费用，以实际发生和未来必然发生的合理费用计算。

责任者已经采取合理预防、恢复措施，其主张相应减少损失赔偿数额的，人民法院应予支持。

第九条 依照本规定第八条的规定难以确定恢复费用和恢复期间损失的，人民法院可以根据责任者因损害行为所获得的收益或者所减少支付的污染防治费用，合理确定损失赔偿数额。

前款规定的收益或者费用无法认定的，可以参照政府部门相关统计资料或者其他证据所证明的同区域同类生产经营者同期平均收入、同期平均污染防治费用，合理酌定。

第十条 人民法院判决责任者赔偿海洋自然资源与生态环境损失的，可以一并写明依法行使海洋环境监督管理权的机关受领赔款后向国库账户交纳。

发生法律效力的裁判需要采取强制执行措施的，应当移送执行。

第十一条 海洋自然资源与生态环境损害赔偿诉讼当事人达成调解协议或者自行达成和解协议的，人民法院依照《最高人民法院关于审理环境民事公益诉讼案件适用法律若干问题的解释》第二十五条的规定处理。

第十二条 人民法院审理海洋自然资源与生态环境损害赔偿纠纷案件，本规定没有规定的，适用《最高人民法院关于审理环境侵权责任纠纷案件适用法律若干问题的解释》《最高人民法院关于审理环境民事公益诉讼案件适用法律若干问题的解释》等相关司法解释的规定。

在海上或者沿海陆域内从事活动，对中华人民共和国管辖海域内海洋自然资源与生态环境形成损害威胁，人民法院审理由此引起的赔偿纠纷案件，参照适用本规定。

人民法院审理因船舶引起的海洋自然资源与生态环境损害赔偿纠纷案件，法律、行政法规、司法解释另有特别规定的，依照其规定。

第十三条 本规定自2018年1月15日起施行，人民法院尚未审结的一审、二审案件适用本规定；本规定施行前已经作出生效裁判的案件，本规定施行后依法再审的，不适用本规定。

本规定施行后，最高人民法院以前颁布的司法解释与本规定不一致的，以本规定为准。

最高人民法院
关于审理矿业权纠纷案件适用法律若干问题的解释

法释〔2017〕12号

（2017年2月20日最高人民法院审判委员会第1710次会议通过
2017年6月24日最高人民法院公告公布　自2017年7月27日起施行）

为正确审理矿业权纠纷案件，依法保护当事人的合法权益，根据《中华人民共和国物权法》《中华人民共和国合同法》《中华人民共和国矿产资源法》《中华人民共和国环境保护法》等法律法规的规定，结合审判实践，制定本解释。

第一条 人民法院审理探矿权、采矿权等矿业权纠纷案件，应当依法保护矿业权流转，维护市场秩序和交易安全，保障矿产资源合理开发利用，促进资源节约与环境保护。

第二条 县级以上人民政府国土资源主管部门作为出让人与受让人签订的矿业权出让合同，除法律、行政法规另有规定的情形外，当事人请求确认自依法成立之日起生效的，人民法院应予支持。

第三条 受让人请求自矿产资源勘查许可证、采矿许可证载明的有效期起始日确认其探矿权、采矿权的，人民法院应予支持。

矿业权出让合同生效后、矿产资源勘查许可证或者采矿许可证颁发前，第三人越界或者以其他方式非法勘查开采，经出让人同意已实际占有勘查作业区或者矿区的受让人，请求第三人承担停止侵害、排除妨碍、赔偿损失等侵权责任的，人民法院应予支持。

第四条 出让人未按照出让合同的约定移交勘查作业区或者矿区、颁发矿产资源勘查许可证或者采矿许可证，受让人请求解除出让合同的，人民法院应予支持。

受让人勘查开采矿产资源未达到国土资源主管部门批准的矿山地质环境保护与治理恢复方案要求，在国土资源主管部门规定的期限内拒不改正，或者因违反法律法规被吊销矿产资源勘查许可证、采矿许可证，或者未按照出让合同的约定支付矿业权出让价款，出让人请求解除出让合同的，人民法院应予支持。

第五条 未取得矿产资源勘查许可证、采矿许可证，签订合同将矿产资源交由他人勘查开采的，人民法院应依法认定合同无效。

第六条 矿业权转让合同自依法成立之日起具有法律约束力。矿业权转让申请未经国土资源主管部门批准，受让人请求转让人办理矿业权变更登记手续的，人民法院不予支持。

当事人仅以矿业权转让申请未经国土资源主管部门批准为由请求确认转让合同无效的，人民法院不予支持。

第七条 矿业权转让合同依法成立后，在不具有法定无效情形下，受让人请求转让人履行报批义务或者转让人请求受让人履行协助报批义务的，人民法院应予支持，但法律上或者事实上不具备履行条件的除外。

人民法院可以依据案件事实和受让人的请求，判决受让人代为办理报批手续，转让人应当履行协助义务，并承担由此产生的费用。

第八条 矿业权转让合同依法成立后，转让人无正当理由拒不履行报批义务，受让人请求解除合同、返还已付转让款及利息，并由转让人承担违约责任的，人民法院应予支持。

第九条 矿业权转让合同约定受让人支付全部或者部分转让款后办理报批手续，转让人在办理报批手续前请求受让人先履行付款义务的，人民法院应予支持，但受让人有确切证据证明存在转让人将同一矿业权转让给第三人、矿业权人将被兼并重组等符合合同法第六十八条规定情形的除外。

第十条 国土资源主管部门不予批准矿业权转让申请致使矿业权转让合同被解除，

受让人请求返还已付转让款及利息，采矿权人请求受让人返还获得的矿产品及收益，或者探矿权人请求受让人返还勘查资料和勘查中回收的矿产品及收益的，人民法院应予支持，但受让人可请求扣除相关的成本费用。

当事人一方对矿业权转让申请未获批准有过错的，应赔偿对方因此受到的损失；双方均有过错的，应当各自承担相应的责任。

第十一条 矿业权转让合同依法成立后、国土资源主管部门批准前，矿业权人又将矿业权转让给第三人并经国土资源主管部门批准、登记，受让人请求解除转让合同、返还已付转让款及利息，并由矿业权人承担违约责任的，人民法院应予支持。

第十二条 当事人请求确认矿业权租赁、承包合同自依法成立之日起生效的，人民法院应予支持。

矿业权租赁、承包合同约定矿业权人仅收取租金、承包费，放弃矿山管理，不履行安全生产、生态环境修复等法定义务，不承担相应法律责任的，人民法院应依法认定合同无效。

第十三条 矿业权人与他人合作进行矿产资源勘查开采所签订的合同，当事人请求确认自依法成立之日起生效的，人民法院应予支持。

合同中有关矿业权转让的条款适用本解释关于矿业权转让合同的规定。

第十四条 矿业权人为担保自己或者他人债务的履行，将矿业权抵押给债权人的，抵押合同自依法成立之日起生效，但法律、行政法规规定不得抵押的除外。

当事人仅以未经主管部门批准或者登记、备案为由请求确认抵押合同无效的，人民法院不予支持。

第十五条 当事人请求确认矿业权之抵押权自依法登记时设立的，人民法院应予支持。

颁发矿产资源勘查许可证或者采矿许可证的国土资源主管部门根据相关规定办理的矿业权抵押备案手续，视为前款规定的登记。

第十六条 债务人不履行到期债务或者发生当事人约定的实现抵押权的情形，抵押权人依据民事诉讼法第一百九十六条、第一百九十七条规定申请实现抵押权的，人民法院可以拍卖、变卖矿业权或者裁定以矿业权抵债，但矿业权竞买人、受让人应具备相应的资质条件。

第十七条 矿业权抵押期间因抵押人被兼并重组或者矿床被压覆等原因导致矿业权全部或者部分灭失，抵押权人请求就抵押人因此获得的保险金、赔偿金或者补偿金等款项优先受偿或者将该款项予以提存的，人民法院应予支持。

第十八条 当事人约定在自然保护区、风景名胜区、重点生态功能区、生态环境敏感区和脆弱区等区域内勘查开采矿产资源，违反法律、行政法规的强制性规定或者损害环境公共利益的，人民法院应依法认定合同无效。

第十九条 因越界勘查开采矿产资源引发的侵权责任纠纷，涉及国土资源主管部门批准的勘查开采范围重复或者界限不清的，人民法院应告知当事人先向国土资源主管部门申请解决。

第二十条 因他人越界勘查开采矿产资源，矿业权人请求侵权人承担停止侵害、排除妨碍、返还财产、赔偿损失等侵权责任的，人民法院应予支持，但探矿权人请求侵权人返还越界开采的矿产品及收益的除外。

第二十一条 勘查开采矿产资源造成环境污染，或者导致地质灾害、植被毁损等生态破坏，法律规定的机关和有关组织提起环境公益诉讼的，人民法院应依法予以受理。

法律规定的机关和有关组织提起环境公益诉讼的，不影响因同一勘查开采行为受到人身、财产损害的自然人、法人和其他组织依据民事诉讼法第一百一十九条的规定提起诉讼。

第二十二条 人民法院在审理案件中，发现无证勘查开采，勘查资质、地质资料造假，或者勘查开采未履行生态环境修复义务等违法情形的，可以向有关行政主管部门提出司法建议，由其依法处理；涉嫌犯罪的，依法移送侦查机关处理。

第二十三条 本解释施行后，人民法院尚未审结的一审、二审案件适用本解释规定。本解释施行前已经作出生效裁判的案件，本解释施行后依法再审的，不适用本解释。

最高人民法院
关于全面加强环境资源审判工作为推进生态文明建设提供有力司法保障的意见

2014年6月23日　　　　　　　　　　法发〔2014〕11号

为深入贯彻党的十八大、十八届三中全会和习近平总书记系列重要讲话精神，充分发挥人民法院审判职能作用，为推进生态文明建设提供有力司法保障，现就全面加强人民法院环境资源审判工作，提出如下意见。

一、新形势下全面加强环境资源审判工作的重大意义

1. 全面加强环境资源审判工作是贯彻中央决定，推进生态文明建设的必然要求。当前，我国面临资源约束趋紧、环境污染严重、生态系统退化的严峻形势，已经影响到人民群众的生命健康和经济社会的可持续发展。为从源头上扭转生态环境恶化趋势，建设美丽中国，实现中华民族的永续发展，党的十八大把生态文明建设纳入中国特色社会主义事业五位一体总体布局。党的十八届三中全会作出的《中共中央关于全面深化改革若干重大问题的决定》进一步指出，要建设生态文明，必须建立系统完整的生态文明制度体系，用制度保护生态环境。习近平总书记强调，走向生态文明新时代，建设美丽中国，是实现中华民族伟大复兴的中国梦的重要内容。面对新的形势和任务，各级人民法院要认真学习中央关于加强生态文明建设的新思想、新论断，统一思想认识，全面加强环境资源审判工作，以法律的手段制裁污染环境、破坏生态等违法行为，切实保障自然资源和环境保护制度的落实，维护人民群众生命健康，促进社会和谐安定，推动经济社会可持续发展。

2. 全面加强环境资源审判工作是回应人民群众环境资源司法新期待，维护人民群众环境资源权益的必然要求。习近平总书记提出了"山水林田湖是一个生命共同体""绿水青山就是金山银山""人民对美好生活的向往，就是我们的奋斗目标"等一系列新思想新要求。随着经济的快速发展和物质生活水平的日益提高，广大人民群众的环境资源意识正在逐步增强，对于洁净的水源、清新的空气、安全的食品等良好生态环境和优质生态产品的需求越来越迫切，要求参与环境资源保护的呼声也越来越高。各级人民法院要积极回应人民群众对环境资源司法的新期待新要求，通过依法审理环境资源类案件，切实维护公众环境资源权益，为中华民族子孙后代永享优美宜居的生活空间、山清水秀的生态空间提供坚实的司法保障。

3. 全面加强环境资源审判工作是统一裁判尺度、保障环境资源法律正确实施的必然要求。民事诉讼法规定了环境公益诉讼制度，修订后的环境保护法大大强化了对生态环境的保护力度，进一步明确了环境公益诉讼主体范围，与其他环境资源保护法律一起形成了较为完善的环境资源保护法律体系，成为预防和惩治污染环境、破坏生态行为的有力法律武器。各级人民法院要认真学习、贯彻环境资源法律，深入研究环境资源审判规律，更新环境资源司法理念，规范环境资源审判程序，统一裁判尺度，通过优质高效的案件审理和执行工作，促进和保障环境资源法律的全面正确施行。

二、环境资源审判工作的指导思想、基本原则和目标任务

4. 指导思想。以党的十八大和十八届二中、三中全会精神为指导，认真学习贯彻习近平总书记系列重要讲话精神，深入贯彻中央关于全面深化改革的重大部署，紧紧围绕"让人民群众在每一个司法案件中都感受到公平正义"的目标，牢牢坚持司法为民、公正司法工作主线，切实贯彻节约资源和保护环境的基本国策，更加重视和全面加强环境资源审判工作，依法审理环境资源保护类案件，积极推进环境资源司法理论和制度研究，促进完善最严格的源头保护制度、损害赔偿制度、责任追究制度，为推进生态文明建设，增进人民福祉，建设美丽中国提供有力司法保障。

5. 基本原则。一要坚持依法保护。依照法律和行政法规的规定履行环境资源司法保护职责，切实维护人民群众环境资源权益。注意加强与检察机关、公安机关和环境资源保护行政执法机关的工作沟通，分工负责、各司其职、协调联动，共同扭转生态环境恶化趋势。二要坚持保护优先。积极创新审判机制和执行措施，按照环境资源保护优先的要求，加大对污染环境和破坏资源行为的惩处力度。三要坚持注重预防。在案件审理过程中积极采取司法措施预防、减少环境损害和资源破坏，通过事前预防措施降低环境风险发生的可能性及损害程度。四要坚持损害担责。落实全面赔偿规定，探索建立环境修复、惩罚性赔偿等制度，依法严肃追究违法者的法律责任。

6. 目标任务。环境资源纠纷司法救济渠道畅通；环境资源源头保护、损害赔偿、责任追究制度得到落实；环境公益诉讼、环境资源案件管辖等制度不断完善；环境资源刑事、民事、行政、执行等司法保护体系更加健全；环境资源法官队伍专业化水平和司法能力显著提高；环境资源审判工作全面加强，职能作用充分发挥。

三、充分发挥环境资源审判职能作用

7. 依法严惩污染环境、破坏资源犯罪。加大对涉及环境资源保护刑事案件的审判力度，依法严惩污染环境、乱砍滥伐、滥捕野生动物、乱采滥挖矿产资源、非法占用农用地、制污排污、非法处置进口固体废物、擅自进口固体废物等污染环境和破坏资源违法犯罪行为。严厉惩治环境监管失职犯罪。对造成环境污染严重后果的投放危险物质犯罪、重大安全责任事故犯罪，以及受害群众较多的涉众型案件，积极配合有关部门做好善后处置工作，最大限度地维护人民群众的合法权益。

8. 依法审理环境资源民事案件。畅通司法救济渠道，完善司法便民措施，依法及时受理环境资源保护民事案件。妥善审理与土地、矿产、草场、林场、渔业、水、电、气、热力以及海洋等环境资源保护相关的物权、合同和侵权案件，特别要加强对污染土壤、污染水源等环境侵权案件的审理。对于涉及到矿业权、林权及其他自然资源权属的股权转让、承包、联营、出租、抵押等案件，要将保护生态环境和自然资源作为裁判的重要因素予以综合考量。充分发挥保全和先予执行措施的预防和减损作用，对于保全和先予执行申请，要及时受理、迅速审查、依法裁定、立即执行。依法确定当事人举证责任，对于因污染环境、破坏生态发生的纠纷，原告应当就存在污染行为和损害承担举证责任，并提交污染行为和损害之间可能存在因果关系的初步证据，被告应当就法律规定的不承担责任或者减轻责任的情形及其行为与损害之间不存在因果关系承担举证责任。

9. 依法审理环境资源行政案件。依法受理环境资源行政案件，充分保障当事人诉权。案件审理既要从程序上审查行政机关的执法程序是否合法，也要从实体上审查行政许可、行政处罚等行为是否符合法定标准，特别要加强对行政机关不履行查处违反环境资源保护法律法规行为职责案件的审理，督促行政机关依法履职。谨慎适用协调手段结案，最大限度保护行政相对人的合法权益以及社会公众的环境健康与安全。妥善审理山林权属纠纷及确权行政案件，促进健全自然资源资产产权制度，加强对土地、矿产、水源、森林等自然资源的保护。妥当处理因同一环境资源纠纷引发的民事诉讼与行政诉讼的关系，避免不同审判组织对同一行政行为作出矛盾认定。积极探索环境行政诉讼与民事诉讼的合并审理，不断完善环境行政诉讼证据规则和法律适用规则。

10. 加大环境资源案件执行力度。执行过程中积极争取环境资源保护行政执法机关的支持和配合，确保被执行人应承担的行政责任及民事责任落实到位。适当采取限期履行、代为履行等方式实现恢复生态环境的目的。创新执行方式，探索建立环境资源保护案件执行回访制度，密切监督判决后责任人对污染的治理、整改措施以及生态恢复是否落实到位。依法审查环境行政非诉案件，对环境资源保护行政执法机关依法申请人民法院强制执行生效行政处罚决定，人民法院经审查裁定准予强制执行的，应当及时组织实施强制执行。

四、大力推进环境民事公益诉讼

11. 充分保障法律规定的机关和有关组织的环境民事公益诉权。依照民事诉讼法、环境保护法和海洋环境保护法等有关法律规定，充分保障环境公益诉讼原告诉权，及时受理符合条件的公益诉讼。对于负有监督、管理、保护环境公共利益职责的海洋环境监督管理部门等机关依法提起的公益诉讼，以及符合环境保护法第五十八条规定的社会组织提起的公益诉讼，应当依法受理。同一污染环境、破坏生态行为既损害社会公共利益，又损害公民、法人和其他组织民事权益的，有关机关和组织提起公益诉讼，不影响受害人另行提起民事诉讼。

12. 依法确定环境民事公益诉讼的管辖法院。环境公益诉讼一般由侵权行为地或者被告住所地的中级人民法院管辖。同一原告或者不同原告对同一行为分别向两个或者两个以上有管辖权的人民法院提起环境公益诉讼的，由最先受理的人民法院管辖。共同上级人民法院也可以在有管辖权的法院中指定一个法院集中管辖。

13. 探索完善环境民事公益诉讼的审判程序。探索立案沟通协调机制，及时将环境公益诉讼起诉情况通报环境资源保护行政执法机关。探索建立受理公告制度，及时公告环境公益诉讼受理情况。对于审理案件需要的涉及社会公共利益的证据原告因客观原因无法取得的，可以依职权调取。对于原告承担举证责任的涉及社会公共利益的事实需要鉴定的，可以依职权委托鉴定。对于当事人达成的调解协议或者和解撤诉申请，应当特别注重审查是否损害国家利益、社会公共利益或者他人合法权益。对于需要采取强制执行措施的生效判决，可以依法移送执行。

14. 依法确定环境民事公益诉讼的责任方式和赔偿范围。人民法院审理环境公益诉讼案件，可以根据原告请求判令被告停止侵害、排除妨碍、消除危险、返还财产、恢复原状、赔偿损失。探索研究环境公益诉讼的赔偿范围及其与私益诉讼赔偿范围的关系。环境公益诉讼的原告请求被告赔偿预防损害发生或恢复环境费用、破坏自然资源等生态环境造成的损失以及合理的律师费、调查取证费、鉴定评估费等诉讼支出的，可以根据案件审理情况予以支持。探索设立环境公益诉讼专项基金，将环境赔偿金专款用于恢复环境、修复生态、维护环境公共利益；尚未设立基金的地方，可以与环境资源保护行政执法机关、政府财政部门等协商确定环境赔偿金的交付使用方式。

15. 探索构建合理的诉讼成本负担机制。加大对环境公益诉讼原告的司法救助力度，法律规定的机关和有关组织向人民法院依法申请缓交、减交或者免交案件受理费、保全申请费的，可以予以准许。合理确定诉讼费用的负担主体，在原告胜诉时，原告支出的合理的律师费、调查取证费、鉴定评估费等费用可以判令由被告承担。鼓励从环境公益诉讼基金中支付原告环境公益诉讼费用的做法，充分发挥环境公益诉讼主体维护环境公共利益的积极作用。

五、有序推进环境资源司法体制改革

16. 合理设立环境资源专门审判机构。本着确有需要、因地制宜、分步推进的原则，建立环境资源专门审判机构，为加强环境资源审判工作提供组织保障。高级人民法院要按照审判专业化的思路，理顺机构职能，合理分配审判资源，设立环境资源专门审判机构。中级人民法院应当在高级人民法院的统筹指导下，根据环境资源审判业务量，合理设立环境资源审判机构，案件数量不足的地方，可以设立环境资源合议庭。个别案件较多的基层人民法院经高级人民法院批准，也可以考虑设立环境资源审判机构。

17. 积极探索环境资源刑事、民事、行政案件归口审理。结合各地实际，积极探索环境资源刑事、民事、行政案件由环境资源专门审判机构归口审理，优化审判资源，实现环境资源案件的专业化审判。未实行环境资源案件归口审理的地方，要注重加强刑事、民事、行政审判机构之间的业务协调与沟通。

18. 探索建立与行政区划适当分离的环境资源案件管辖制度。逐步改变目前以行政区划分割自然形成的流域等生态系统的管辖模式，着眼于从水、空气等环境因素的自然属性出发，结合各地的环境资源案件量，探索设立以流域等生态系统或以生态功能区为单位的跨行政区划环境资源专门审判机构，实行对环境资源案件的集中管辖，有效审理跨行政区划污染等案件。

六、建立健全环境资源司法工作机制

19. 加强环境资源司法解释和调研工作。紧密结合我国环境资源司法保护需求，加强对环境资源司法保护新问题的法律适用和诉讼制度研究，借鉴国际环境资源司法保护的有益经验，适时就环境资源损害民事责任、环境民事公益诉讼、矿业权等环境资源纠纷适用法律问题制定司法解释。加强对碳排放交易、排污权交易、水权交易、新能源开发利用及环境服务相关纠纷等新课题的研究，待条件成熟时出台司法解释或者指导意见。积极参与环境资源立法，深入调研及时提出立法建议，推动环境资源法律体系的不断完善。

20. 充分发挥专家在环境资源审判工作中的作用。建立环境资源审判专家库，在审理重大疑难案件、研讨疑难专业问题、制定规范性文件时，充分听取专家意见。可以聘请环境资源领域的专家担任特邀调解员，运用专业技术知识促使当事人自觉认识错误，修复环境，赔偿损失。保障当事人要求专家出庭发表意见的权利，对于符合条件的申请及时通知专家出庭就鉴定意见和专业问题提出意见。

21. 加强环境资源保护职能部门之间的协调联动。加强环境资源审判机构与立案、执行和审判监督机构之间的工作衔接，加强上下级法院之间的信息通报和业务交流。充分运用司法建议促进环境执法。积极推动建立审判机关、检察机关、公安机关和环境资源保护行政执法机关之间的环境资源执法协调机制。加强与环境资源保护行政执法机关和司法鉴定主管部门的沟通，推动完善环境资源司法鉴定和损害结果评估机制。

七、加大环境资源司法公开和宣传力度

22. 加大环境资源审判公众参与和司法公开力度。积极回应人民群众参与环境资源保护意愿，在环境资源审判领域全面推行人民陪审员参与案件审理。自觉接受社会公众监督，推动建立中国环境资源裁判文书网，及时上网公开生效裁判文书。对于有重大影响的案件，邀请人大代表、政协委员、社会公众等旁听庭审，增强环境资源审判的公开性和公信力。

23. 加大环境资源司法保护宣传力度。充分运用传统媒体和微信、微博、新闻客户端等新媒体，通过公开审判、以案说法、发布环境资源司法重要新闻和典型案例等形式,宣传环境资源保护法律法规,提高公众环境资源保护意识。定期发布《中国环境资源审判白皮书》,增进社会公众对环境资源司法保护制度及保护状况的客观全面了解。

八、大力加强环境资源审判队伍建设

24. 加强环境资源审判队伍的思想政治建设。按照习近平总书记提出的"五个过硬"的标准,结合环境资源审判工作的政策性与专业性要求,强化队伍的政治意识、大局意识、群众意识、国情意识、稳定意识,确保环境资源审判工作为党和国家工作大局服务。

25. 加强环境资源审判队伍专业化建设。按照环境资源专业审判要求,适时引进人才,注重培养人才。加大环境资源审判队伍的培训力度,学习环境资源专业知识,研究审判疑难问题,更新司法理念,提升司法能力,努力打造一支政治强、业务精、素质高的专业化环境资源审判队伍。

26. 加强环境资源审判机构领导班子建设。选优配强环境资源审判机构领导班子,增强领导班子把握环境资源审判工作全局和破解环境资源保护实践难题的能力,提高领导班子集体决策能力和整体合力,形成讲政治、顾大局、有凝聚力、有战斗力的领导核心,为全面加强人民法院环境资源审判工作提供坚强的组织领导。